JN428950

운영체제론

Operating Systems 3rd Ed.

PEARSON
Prentice Hall

한빛아카데미
Hanbit Academy, Inc.

운영체제론 : Operating Systems 3rd Ed.

초판발행 2020년 01월 30일

지은이 하비 디텔, 폴 디텔, 데이빗 쇼픈스 / **옮긴이** 송경희 / **감수** 김명섭 / **펴낸이** 전태호
펴낸곳 한빛아카데미(주) / **주소** 서울시 서대문구 연희로2길 62 한빛아카데미(주) 2층
전화 02-336-7112 / **팩스** 02-336-7199
등록 2013년 1월 14일 제2017-000063호 / **ISBN** 979-11-5664-484-2 93000

총괄 김현용 / **책임편집** 유경희 / **기획** 박현진 / **진행** 이재욱
영업 이윤형, 길진철, 김태진, 김성삼, 이정훈, 임현기, 이성훈, 김주성 / **영업기획** 김호철, 주희

이 책에 대한 의견이나 오탈자 및 잘못된 내용에 대한 수정 정보는 아래 이메일로 알려주십시오.
잘못된 책은 구입하신 서점에서 교환해 드립니다. 책값은 뒤표지에 표시되어 있습니다.

홈페이지 www.hanbit.co.kr / 이메일 question@hanbit.co.kr

원리를 알면 IT가 맛있다
IT COOKBOOK

1시간 강의를 위해 3시간을 준비하는 마음!

:: 군더더기 없는 핵심 원리 + 말랑말랑 쉬운 컨텐츠

핵심 원리 하나만 제대로 알면 열 가지 상황도 해결할 수 있습니다.
친절한 설명과 명확한 기승전결식 내용 전개로 학습 의욕을 배가시켜줍니다.

:: 핵심 원리 → 풍부한 예제와 연습문제 → 프로젝트로 이어지는 계단 학습법

기본 원리를 다져주는 예제, 본문에서 배운 내용을 촘촘하게 점검해볼 수 있는 연습문제,
현장에서 바로 응용할 수 있는 프로젝트를 단계별로 구성해 학습의 완성도를 높였습니다.

:: 학습욕구를 높여주는 현장 이야기가 담긴 IT 교과서

필드 어드바이저의 인터뷰와 주옥 같은 현업 이야기를 담았습니다.
강의실 밖 현장의 요구를 접하는 기회를 제공하고,
학생들 스스로 필요한 공부를 할 수 있도록 방향을 제시합니다.

>> 저자/역자/감수자 소개

저자 소개

하비 디텔 Harvey M. Deitel

Deitel & Associates의 회장이자 기획부장으로, 42년간 컴퓨터 산업 현장과 학계에서 경험을 쌓은 베테랑이다. MIT에서 운영체제를 전공하여 학사, 석사 학위를 받았고, 보스턴 대학교에서 박사 학위를 받았다. MIT에서 학부와 석사 과정을 밟을 때 IBM(OS/360과 TSS/360)과 MIT(멀틱스)를 사용해 당시 개척 분야인 가상 메모리 운영체제 프로젝트를 진행했다. 이를 통해 현재 유닉스, 리눅스, 윈도우 XP 등에서 널리 구현된 기술을 발전시켰다. 디텔은 20년 동안 운영체제를 강의했고, 이후 보스턴 대학교 컴퓨터 과학 학과장을 맡았다. 이후 아들인 폴 디텔과 함께 Deitel & Associates, Inc.를 설립하여 책 수십 권과 멀티미디어 패키지를 제작했고, 현재도 왕성하게 저술 활동을 하고 있다. 저서는 일어, 독일어, 러시아어, 스페인어, 중국어 번체자와 간체자, 한국어, 프랑스어, 폴란드어, 이탈리아어, 포르투갈어, 그리스어, 우르두어, 터키어 등으로 번역되었고, 세계적인 명성을 얻었다. 디텔 박사는 대기업과 정부 기관, 군 기관 등에서 전문 세미나를 개최하고 있다.

폴 디텔 Paul J. Deitel

Deitel & Associates, Inc.의 CEO이자 기술부장이다. MIT의 Sloan School of Management 대학원에 다니며, 정보 기술과 운영체제를 공부했다. Deitel & Associates, Inc.에서 근무하면서 포춘지 선정 500위 안에 드는 학교와 기관, 군 고객에게 수백 번 넘게 교육 과정을 진행했다. 아버지인 하비 디텔 박사와 함께 컴퓨터 분야에서 세계적인 베스트셀러 저자다.

데이빗 쇼픈스 David R. Choffnes

애머스트(Amherst) 대학교를 졸업하고, 컴퓨터 과학의 고급 주제를 연구하면서 물리학과 프랑스어 학위를 받았다. 주요 연구 분야는 운영체제와 컴퓨터 구조, 컴퓨터 생태학과 분자 컴퓨팅이다. 『Simply Java™ Programming』(Prentice Hall, 2003)과 『Simply Visual Basic® .NET』(Prentice Hall, 2003) 등 디텔이 다른 책을 저술하는 데도 공헌했다.

역자 소개

송경희 rodems@hanmail.net

고려대학교 영어교육을 전공한 후 IT 업계에서 일하다가 뒤늦게 서울여자대학교 컴퓨터공학 석사 학위를 취득했다. 현재 디지털 멀티미디어 방송 솔루션 관련 일을 하고 있다.

감수자 소개

김명섭 tmskim@korea.ac.kr

POTECH 컴퓨터공학과를 졸업한 후 동 대학원에서 박사 학위를 취득했다. 2006년부터 고려대학교 컴퓨터정보학과 교수로 재직 중이며, 운영체제, 멀티미디어 시스템, 컴퓨터 네트워크를 강의한다.

>> 역자 머리말 얻고자 하는 바를 이 책에서 찾을 수 있기를 바라며

1. 안개

전 세계 어딜 가든 써먹을 수 있는 전문 분야라는 기대를 안고 컴퓨터의 세계에 발을 들였었다.

기본도 없이 처음 프로그래밍을 배울 때, 망망 대해 앞에서 발목을 겨우 담근 아이처럼 컴퓨터의 세계는 너무 넓고, 깊고, 아득하게만 느껴졌다.

여러 프로젝트를 뛰고, 경험하는 만큼 감을 익히고, 직위와 책임을 감당해내면서도 늘 그 깊은 세계의 밑바닥을, 그 방대한 세계의 주춧돌을 알고 싶은 목마름이 있었다. 기초를 알기 전에는 짙은 안개 위에 뭔가를 쌓아올린 것처럼, 마음 한 구석에 불안함이 남아 있었다.

2. 손바닥 반대쪽

갈증을 이기지 못하고 늦깎이로 학교에 몸을 담았을 때, 대학원 수업을 통해서는, 사물의 이치를 터득해 가는 학문의 세계를 엿볼 수 있었다. 그러나 그에 못지 않게, 어리디 어린 후배들과 듣던 기본 과목들 또한 오래도록 나를 괴롭혔던 짙은 안개를 거둬내고, 내 손에 예쁘게 와 안기는 투명한 컴퓨터의 속내들을 보여 주었다.

사람의 언어를 알아듣고 기계 덩어리들이 척척 일을 할 수 있도록 하기까지 개체를 창조하고, 생명을 불어넣고, 갈 길과 순서와 몸 누일 공간을 알려주고, 그렇게 이룬 복잡한 시스템들이 더 큰 울타리를 만들고 더불어 일하는 능력을 얻기까지, 정말 많은 이들이 뚝심 있게 연구하고 창조해낸 역사를 보았다. 나는 그저 해산의 수고를 감당한 그 모든 이들에게 아낌 없이 박수를 보낼 뿐이었다.

3. 신기루

운영체제도 그런 과목 중 하나였다. 누군가 내 눈높이에 맞게 차근차근 설명해주길, 그래서 그 복잡한 것을 제발 이해할 수 있기를 간절히 바랬던 과거를 떠올리며, 후학들에게 조금이나마 보탬이 되고자 반 년의 시간을 이 책과 몸부림치는 씨름을 했다. 이제 잘났든 못났든, 많은 이들의 땀방울을 먹고, 자식 같은 책이 세상에 나온다.

돌아보면, 그 길 또한 신기루였음을 느낀다. 손을 뻗으면 잡힐 듯, 멀어지고, 더욱 목마름을 주었던 크고 작은 희망들 … 이제는 내려놓고, 쉬며, 결과를 기다리려 한다.

부디 독자들이, 얻어야 할 것을 얻어갈 수 있는 책이 되기를 소망한다.

옮긴이 송경희

>> 저자 머리말 따로 떨어진 조각배 삶은 이제 그만. 오직 연결하라! _Edward Morgan Forster

운영체제 세계에 온 것을 환영한다! 이 책은 컴퓨터학과 3~4학년 학부생 또는 대학원생을 대상으로 하는 운영체제 교재다(ACM/IEEE 커리큘럼 준수). 1~2학기용 교재로 사용할 수 있으며, 운영체제 설계자나 시스템 프로그래머에게도 유용한 참고서가 될 것이다.

이 책은 전판을 수정하고 갱신한 내용을 포함하여, 광범위하고 새로운 내용을 담고 있다. 특히 분산 컴퓨팅에 관한 최근 기술과 이슈에 초점을 맞춘 점에서 다른 책들과는 다르다. 임베디드 시스템, 실시간 시스템, 분산 시스템을 위한 절을 새롭게 추가했다. 개정판의 주요 특징은 다음과 같다.

■ 3판에서 달라진 점

- ACM/IEEE CC2001에서 요구하는 운영체제 과목의 핵심 요건을 모두 충족한다.
- 셸 스크립트를 제외하면 운영체제와 관련해 CC2001에서 정의한 선택적 주제를 모두 다루고 있다.
- 최신 하드웨어를 소개하며 산업계를 이끄는 첨단 기술과 이들 기술이 운영체제 설계에 미치는 영향을 설명한다.
- 현재 응용 프로그램의 요구를 반영하는 프로세스, 스레드, 메모리, 디스크 관리 해결책을 제시한다.
- 실시간, 임베디드, 슈퍼스칼라 구조에 적합한 컨셉을 띤 범용 시스템을 광범위하게 다룬다.
- 운영체제 구성 요소를 효과적으로 비교, 분석할 수 있는 주요 평가 기술을 강조한다.
- 인증, 보안 프로토콜, 백신 연구, 접근 제어 방법, 무선 네트워크 보안 등 보안 관련 내용을 강화했다.
- 풍부한 그림과 표, 실제 코드 예제, 의사 코드 예제, 알고리즘을 제공한다.
- 스레드 관련 장을 별도로 추가했다.
- C, C++, 자바 언어가 널리 알려진 점을 고려해(실제로 컴퓨터를 전공하는 학생이라면 적어도 하나는 알고 있으므로) 자바 언어와 유사한 의사 코드를 사용한다.
- 멀티스레딩 기법을 의사 코드와 자바 코드로 제시해 원하는 방식으로 병행 프로그래밍을 다룰 수 있게 했다. 자바의 멀티스레딩은 새로 도입된 기술로, 학습 여건에 따라 생략할 수도 있다. http://java.sun.com/j2se/downloads.html에서 최신 자바 버전을 다운로드할 수 있다.
- 스레드 스케줄링과 실시간 스케줄링을 다루는 절을 새롭게 추가했다.
- RAID에 관한 설명을 담았다.
- 유닉스 프로세스에 관한 사례 연구를 담았다.
- 메모리 관리와 디스크 스케줄링에 관한 최신 기법을 설명한다.
- 2장, 12~13장의 사례 연구를 통해 중요한 입출력 시스템을 설명한다.
- 각 절마다 스스로 풀어보는 문제를 제시해 학습 내용을 바로 확인할 수 있게 했다.

■ 감사의 글

서문을 쓰면서 가장 기쁠 때는 책 표지에 이름을 모두 적지는 못해도 책을 출간하기까지 수고하고 도와준 모든 이에게 감사를 표할 수 있는 지금이다. Jeff Listfield, Su Zhang, Abbey Deitel, Barbara Deitel, Christi Kelsey 등 Deitel & Associates, Inc.의 동료들은 꽤 오랫동안 이 책과 부록을 완성하는 데 수고해줬다. 특히 이 책의 2판 원고를 교정하는 데 힘써 준 Ben Wiedermann에게 감사한다. 그는 원고를 검토하고, 글과 그림을 많이 수정해줬다. Deitel 인턴들은 팀을 꾸려 최신 운영체제를 연구하고, 그 결과를 이 책에 반영하도록 도와줬다. Ben은 현재 텍사스 대학교에서 컴퓨터 과학 박사 과정을 밟고 있다. 또한 이 책의 내용과 부록을 위해 일한 Deitel & Associates, Inc.의 대학 인턴십 프로그램 관계자들에게도 감사의 말을 전한다.

Prentice Hall의 재능있고 헌신적인 편집부와 일한 것은 정말 행운이었다. 특별히 컴퓨터 과학 부문 편집자 Kate Hargett와 그녀의 상사 그리고 출판일에서 우리의 멘토가 된 Prentice Hall의 공학 및 컴퓨터 과학부 편집장 Marcia Horton에게 감사한다.

그러나 누구보다 감사해야 할 사람은 추천 도서 저자와 인용 자료 목록에 수록된 글을 쓴 수천 명의 저자다. 이들이 쓴 다양하고 흥미로운 연구 논문과 기사, 저서 덕분에 운영체제가 훨씬 매력적인 분야가 될 수 있었다.

이 책은 저명한 학계 인사들과 산업계 전문가들의 감수를 거쳤다. 감수를 맡은 분들에게 감사를 표하며, 각별한 노력을 기울여 감수 과정을 관리해 준 Prentice Hall의 Carole Snyder과 Jennifer Cappello에게 특별히 감사를 표한다. 감수자들은 빠듯한 스케줄을 지켜가며 이 책의 내용을 꼼꼼히 살피고, 많은 조언을 해주었다. 그토록 능력있고 다망하신 전문가의 도움을 받은 것은 일종의 특권이었다. 지면 관계상 감수에 참여한 사람을 모두 나열하지 못하는 점 양해바란다.

■ 독자 서비스

책을 보다가 궁금한 점이 있으면 메일(deitel@deitel.com)을 보내면 최대한 빨리 답변해줄 것이다. 필자들은 웹사이트와 뉴스레터를 통해 독자들과 대화하고 있으니 웹사이트(http://www.deitel.com)를 정기적으로 방문하거나 Deitel® Buzz Online 이메일 뉴스레터에 가입하기 바란다(http://www.deitel.com/newsletter/subscribe.html).

이 책을 위한 사이트(http://www.deitel.com/books/os3e)에서는 갱신한 내용, 정오표, 학생들을 위한 추천 프로젝트(학기 프로젝트, 연구 과제 및 논문), 샘플 개요와 이전 판의 연구에 사용한 참고 문헌 등 다양한 보조 자료를 제공한다. Pearson 사이트에서도 이 책과 관련한 자료를 제공한다(http://www.Pearsonhighered.com/deitel).

하비 디텔, 폴 디텔, 데이빗 쇼픈스

>> 이 책의 구성 요소

이 책에는 학생이 공부를 하거나 교수/강사들이 강의하는 데 도움을 주기 위해 다음과 같은 다양한 구성 요소를 사용했다. 주요 내용과 디자인 요소, 교재 내용 외에 운영체제에 대한 흥미를 일으키는 다양한 요소를 담았다.

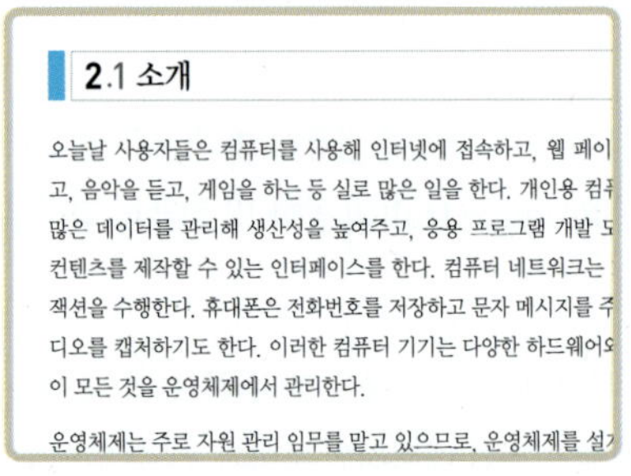

● **소개**
각 장을 본격적으로 학습하기 전에 각 장에서 제시하는 개념이 무엇인지 예측할 수 있고, 알맞은 학습 속도를 정할 수 있다.

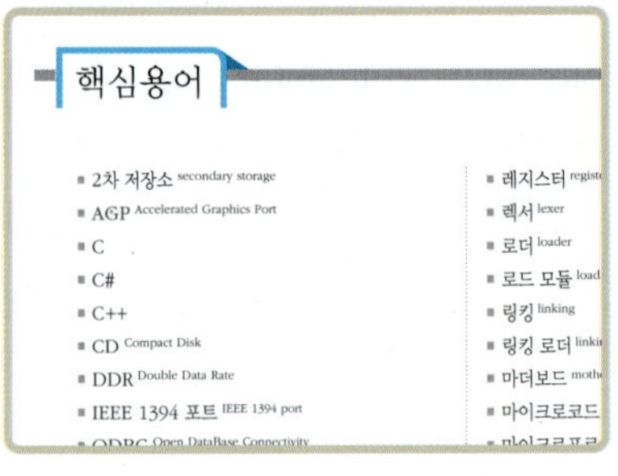

● **핵심 용어**
각 장에서 꼭 알아두어야 할 용어를 볼드체로 표시했고, 해당 장에서 나온 용어를 각 장의 끝에 정리했다. 이렇게 정리한 용어에 뜻을 달아 PDF로 제공한다.

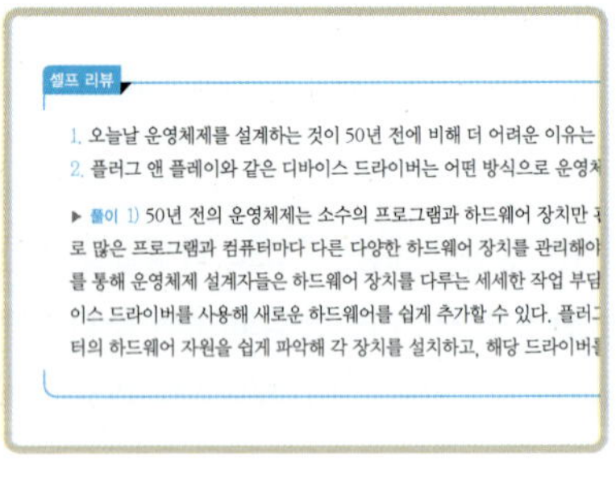

● **셀프 리뷰**
본문 중 절이 끝나는 부분에 나오며, 학습자가 내용을 잘 이해하고 있는지 점검할 수 있다. 답과 해설이 함께 나오므로 이해하지 못한 내용을 다시 한번 익힐 수 있다.

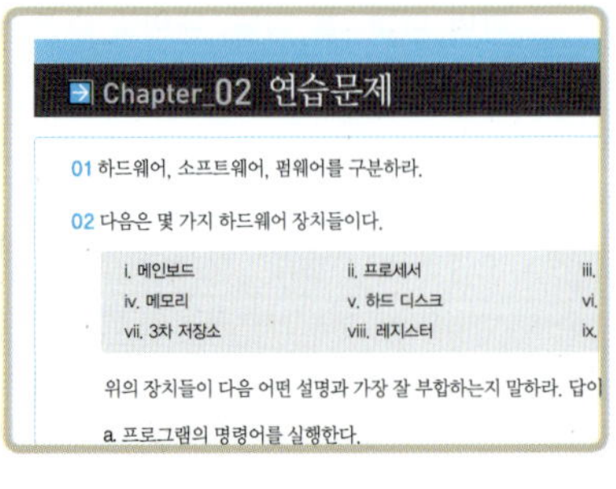

● **연습문제/추천 프로젝트/추천 시뮬레이션**
운영체제 원리에 관한 간단한 질문부터 복잡한 추론과 연구 프로젝트에 이르기까지 난이도가 다양한 연습문제를 제공한다. 운영체제 강의자를 위한 자료로, 해답은 제공하지 않으며, 학생들에게 프로젝트를 제시하기에 적합하다.

● 쉬어가는 요소

운영체제라는 학문에 흥미를 느끼게 할 만한 재미있는 철학과 이 책의 저자가 운영체제를 강의하면서 수집한 다양한 에피소드를 담았다.

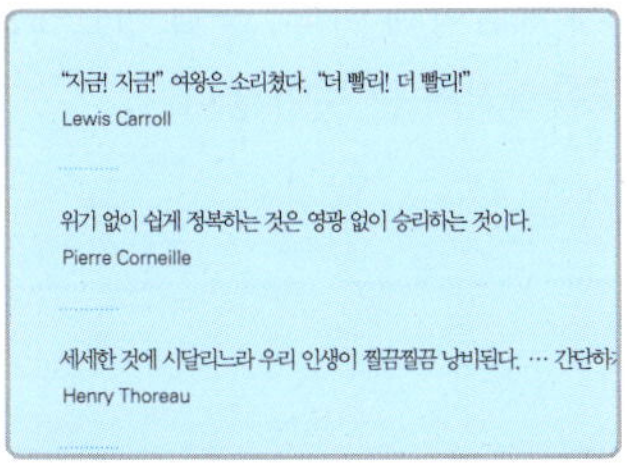
"지금! 지금!" 여왕은 소리쳤다. "더 빨리! 더 빨리!"
Lewis Carroll
위기 없이 쉽게 정복하는 것은 영광 없이 승리하는 것이다.
Pierre Corneille
세세한 것에 시달리느라 우리 인생이 찔끔찔끔 낭비된다. … 간단히
Henry Thoreau

❶ 인용문

각 장은 인용문으로 시작한다. 철학적인 것도 있고, 흥미로운 통찰력을 제공하는 것도 있다. 각 장을 학습하고 나면 서두의 인용문이 의미하는 바에 공감할 것이다.

❷ 인물사

운영체제 분야에서 지대한 공헌을 한 인물의 흥미로운 이야기를 소개한다.

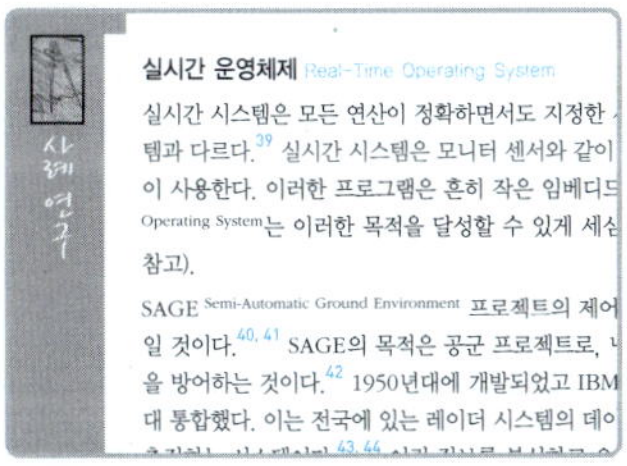

❸ 사례 연구

리눅스뿐만 아니라 역사적으로나 산업계에서 중요한 다른 운영체제의 사례를 살펴본다.

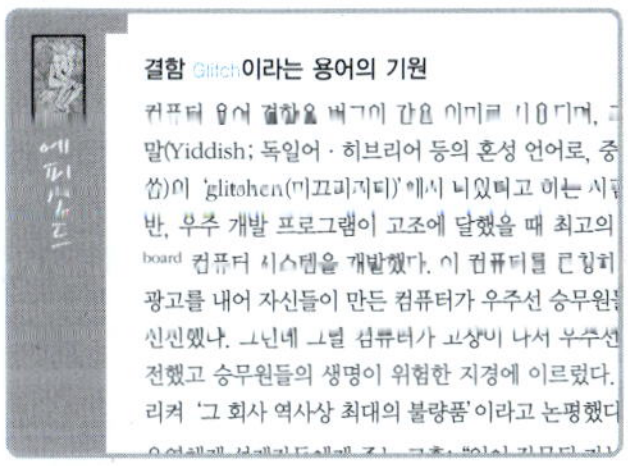

❹ 에피소드

수십 년 동안 학계와 산업계에서 운영체제를 가르치며 수집한 에피소드를 선정하여 담았다. 재미있는 것도 있고, 철학적인 문제를 다뤄 깊이 생각해야 하는 것도 있다.

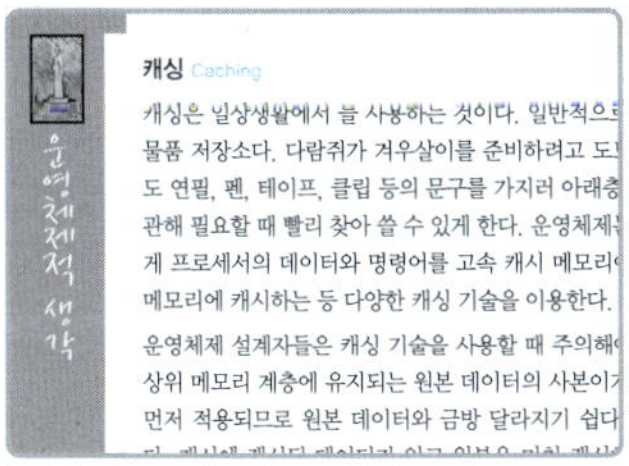

❺ 운영체제적 생각

운영체제 설계와 구현에서 널리 사용되는 주요 개념을 소개한다.

>> 강의계획표

강의 가이드

1학기 강의를 기준으로 작성한 강의계획표다. 이 책에서 다루는 내용이 워낙 방대하기 때문에 수업 시간에 모든 내용을 소화하기 어려우므로, 일반적으로 운영체제 수업 시간에 다루지 않는 분산 시스템 소개(14장), 보안(15장)은 계획표에 넣지 않았다. 매주 학습할 내용을 미리 학생들에게 예습하게 하고, 수업 시간에는 개념 위주로 설명한 후 셀프 리뷰와 연습문제로 학생 스스로 이해할 수 있도록 도와주는 것이 좋다.

주	해당 장/과제	주 제
1	1장	운영체제 소개
2	2장	하드웨어와 소프트웨어 개념
3	3장	프로세스 개념
4	4장	스레드 개념
5	5장	비동기식 병행 실행
6	6장	병행 프로그래밍
7	7장	교착 상태와 무기한 연기
8		**중간고사**
9	8장	프로세서 스케줄링
10	9장	실제 메모리 구성과 관리
11	10장	가상 메모리 구성
12	11장	가상 메모리 관리
13	12장	디스크 성능 최적화
14	13장	파일과 데이터베이스 시스템
15	16장	리눅스 사례 연구 * PDF 제공
16		**기말고사**

>> 워밍업

이 책을 읽기 전에

누구를 위한 책인가

이 책의 주 대상층은 운영체제에 관한 지식을 익히고자 하는 컴퓨터 관련 학과 3~4학년 학부생 또는 대학원생이다. 운영체제 입문에 필요한 기본적인 개념과 원리를 사례 중심으로 쉽게 설명했기 때문에 운영체제 강의 교재로 적합하며, 독학용으로도 활용할 수 있다. 운영체제 설계자나 시스템 프로그래머에게도 유용한 참고서가 될 것이다.

선수 연계 과목

운영체제는 컴퓨터 시스템의 하드웨어와 소프트웨어를 관리하는 상당히 넓은 학문이다. 컴퓨터 개론, 컴퓨터 구조, 자료 구조 등과 같은 컴퓨터 과학의 기본 과목을 수강했다면 운영체제를 이해하는 데 많은 도움이 될 것이다.

이 책의 주요 내용

■ PART 01 하드웨어, 소프트웨어, 운영체제 소개

1장. 운영체제 소개

운영체제(OS)의 정의, 20세기 후반까지 운영체제 발전사와 함께 운영체제가 어떻게 응용 프로그램 개발 플랫폼 역할을 하는지 살펴본다. 운영체제의 핵심 구성 요소와 주요 목표를 보여주고, 여러 운영체제 아키텍처를 설명한다.

2장. 하드웨어와 소프트웨어 개념

운영체제가 관리하는 하드웨어와 소프트웨어 자원에 대해 개괄적으로 살펴본다. 이 장에서는 하드웨어 설계 동향이 운영체제 설계에 미치는 영향, 반대로 운영체제의 변화가 하드웨어에 미치는 영향을 살펴본다. 고급 언어, 구조적 프로그래밍, 객체지향 프로그래밍, 응용 프로그래밍 인터페이스 등 중요한 소프트웨어 관련 개념도 살펴본다.

■ PART 02 프로세스와 스레드

3장. 프로세스 개념

프로세스의 근본적인 개념을 정의하고, 운영체제의 기본과 프로세스 생명 주기에 대해 다룬다. 특히 프로세스를 프로세스 제어 블록 혹은 프로세스 기술자로 나타낼 때는 운영체제에서 자료 구조의 중요성에 중점을 두어 논의한다. 멀티프로그래밍을 다룰 때는 프로세스 실행 일시 정지와 문맥 교환을 소개한다. 인터럽트 방식과 인터럽트 분류, 신호와 메시지 전달을 이용한 프로세스 간 통신을 설명한다. 마지막으로 유닉스 프로세스에 대한 사례 연구를 제공한다.

4장 스레드 개념

스레드 개념과 프로세스와의 관계를 살펴보고, 스레드 생명 주기와 여러 스레드 상태에서 어떤 변화가 일어나는지 논의한다. 사용자 수준 스레드, 커널 수준 스레드, 그 조합 등 다양한 스레딩 아키텍처 모델을 다룬다. 또한 스레드 신호 전달 및 스레드 종료 등 스레드를 구현할 때 고려해야 할 점에 관해 설명한다. 마지막으로 리눅스, 윈도우 XP, 자바 스레딩 구현을 살펴본다.

5장. 비동기식 병행 실행

병행 프로세스와 병행 스레드를 동기화할 때 해결해야 할 문제를 살펴본다. 임계 영역의 의미와 상호 배제 문제의 해결책으로 임계 영역에 접근하지 못하게 하는 메커니즘을 소개한다. 또한 상호 배제 알고리즘을 쉽게 구현하도록 돕는 하드웨어 메커니즘도 소개한다. 마지막으로 상호 배제와 스레드 동기화를 위한 고급 메커니즘인 세마포어를 소개한다.

>> 워밍업

6장. 병행 프로그래밍

고수준 상호 배제 구조인 모니터의 개념을 설명하고, 모니터가 정보 은닉을 돕는 방법, 모니터 조건 변수가 전통적인 변수와 다른 점을 살펴본다. 간단한 모니터를 사용해 배타적으로 접근해야 하는 자원에 대한 접근을 통제하는 방법을 살펴본다. 또한 두 가지 고전적인 문제인 원형 버퍼와 리더/라이터 문제를 논의한다.

7장. 교착 상태와 무기한 연기

교착 상태의 문제와 교착 상태에 관한 네 가지 주요 연구 주제인 교착 상태 방지, 회피, 탐지, 복구에 관해 논의한다. 또한 교착 상태와 연관이 많은 무기한 연기도 알아본다. 다익스트라의 은행원 알고리즘을 사용한 교착 상태 회피 방법을 소개하고, 은행원 알고리즘의 약점에 대해서도 논의한다. 자원 할당 그래프 소거를 사용한 교착 상태 탐지 방법을 설명한 후 마지막으로 현재와 미래 시스템에서 교착 상태 관련 전략을 논의한다.

8장. 프로세서 스케줄링

프로세스와 스레드에 프로세서 시간을 할당하는 개념과 알고리즘을 논의하고, 스케줄링 수준과 목적, 기준 등을 살펴본다. 선점형 및 비선점형 스케줄링 방식을 비교하고 스케줄링 알고리즘에서 우선순위와 퀀텀(유한 크기의 프로세서 시간 할당량)을 주의해서 설정하는 이유를 설명한다. 또한 몇 가지 고전적, 현대적 스케줄링 알고리즘을 살펴본다. 자바 스레드 스케줄링과 소프트 실시간 스케줄링, 하드 실시간 스케줄링, 데드라인 스케줄링에 대해서도 논한다.

■ PART 03 물리 메모리와 가상 메모리

9장. 실제 메모리 구성과 관리

운영체제가 실제 메모리를 어떻게 구성하는지, 물리적 메모리 자원을 어떻게 관리해 왔는지 그 역사를 간략하게 정리한다. 캐시와 메인 메모리, 2차 저장소로 이루어지는 메모리 분류 체계와 세 가지 메모리 관리 전략과 연속/비연속 메모리 할당 방식에 대해 설명한다. 또한 고정 파티션 멀티프로그래밍에서 가변 파티션 멀티프로그래밍으로 발전해온 과정, 메모리 단편화와 이를 줄이기 위한 메모리 압축, 병합에 대해서도 살펴본다. 메모리 배치 전략과 메모리 스왑핑을 통한 멀티프로그래밍에 대해서도 논한다.

10장. 가상 메모리 구성

기본적인 가상 메모리 개념과 가상 메모리를 지원하는 하드웨어 기능에 대해 논의한다. 가상 메모리 구성의 핵심적인 접근법인 페이징과 세그먼테이션에 대해 설명하고, 각각의 장단점을 분석한다. 직접 맵핑을 사용한 세그먼테이션 주소 변환, 세그먼테이션 시스템에서의 공유, 세그먼테이션 시스템에 대한 보호와 제어 문제를 다룬다. 또한 세그먼테이션/페이징 조합 시스템에 대해 설명하고, 동적 주소 변환과 공유, 보호 문제에 대해서도 다룬다. 마지막으로 잘 알려진 IA-32 인텔 아키텍처의 가상 메모리 구현에 대해 공부한다.

11장. 가상 메모리 관리

가상 메모리 시스템에서 메모리 관리에 대해 논의한다. 지역성 현상을 시간적, 공간적 관점에서 살펴보고, 페이징 시스템의 성능을 최적화할 수 있는 페이지 교체 전략에 관해 집중적으로 살펴본다. 페이징 시스템에서 프로그램 실행에 관한 관찰, 분석, 개선 프레임워크를 제공하는 데닝의 작업 집합 모델을 통해 프로그램의 동작 방식도 논의한다. 또한 자발적인 페이지 반환 가능성에 대해서도 논의한다. 작은 페이지와 큰 페이지에 관한 논쟁과 페이징을 위해 프로그램이 어떻게 동작하는가도 살펴본다. 마지막으로 리눅스 페이지 교체 방법을 살펴보고 전역/지역 페이지 교체 전략을 논의한다.

PART 04 2차 저장소, 파일, 데이터베이스

12장. 디스크 성능 최적화

무빙 헤드 디스크 저장소의 특징을 알아보고, 운영체제 설계자가 프로세스에 더 나은 서비스를 제공하기 위해 이 장치를 어떻게 관리하는지 살펴본다. 또한 디스크 요청을 재정렬해 처리량을 높이고, 응답 시간을 줄이고, 응답 시간의 변량을 줄임으로써 디스크의 성능을 최적화하는 방법에 관해서도 설명한다. 또한 운영체제가 디스크의 데이터를 재구성하고 버퍼와 캐시를 사용해 성능을 향상시키는 방법을 논의한다. 마지막으로 한꺼번에 여러 디스크를 사용해 서비스함으로써 디스크 접근 시간을 개선하고 장애 내구성을 증진하는 RAID도 살펴본다.

13장. 파일과 데이터베이스 시스템

데이터 계층, 파일, 파일 시스템, 디렉토리, 링크, 메타데이터, 마운팅 등 데이터와 관련한 주요 개념을 알아본다. 연속, 직접, 인덱스 순차, 파티션 방식 등 다양한 파일 구성을 설명한다. 또한 연속 파일 할당, 연결 리스트를 사용한 불연속 파일 할당, 테이블을 사용한 불연속 파일 할당, 인덱스를 사용한 불연속 파일 할당 등 다양한 파일 할당 기술을 살펴본다. 사용자 카테고리와 접근 제어 매트릭스에 의한 파일 접근 제어도 설명한다. 기본적인 접근 방식, 큐잉 접근 방식, 예측 버퍼링과 메모리 맵 파일을 통한 데이터 접근 기술을 살펴본다. 데이터의 무결성을 보장하는 기술과 파일 서버와 분산 시스템에 대해 설명한다. 마지막으로 데이터베이스 시스템의 개념과 장점을 분석하며, 데이터 접근, 관계형 데이터베이스 모델과 이를 지원하는 운영체제의 기능에 대해 살펴본다.

PART 05 분산 컴퓨팅

14장. 분산 시스템 소개

분산 운영체제에 대한 소개로 시작하여 성능, 규모 확장성, 연결성, 보안, 신뢰성, 장애 내구성, 투명성 등 분산 시스템의 속성을 설명한다. 특히 네트워크 운영체제와 분산 운영체제를 비교한다. 분산 시스템에서의 통신과 원격 프로시저 호출, RMI, CORBA, 마이크로소프트의 DCOM 등의 미들웨어 기술을 살펴보고, 분산 시스템에서의 프로세스 이동과 동기화, 상호 배제를 살펴본다. 또한 공유 메모리가 없을 때의 상호 배제, Agrawala와 Ricart의 분산 상호 배제 알고리즘에 대해서도 살펴본다. 분산 시스템의 교착 상태, 특히 교착 상태 방지와 교착 상태 탐지에 초점을 두어 설명한다.

PART 06 보안

15장. 보안

컴퓨터와 네트워크 보안에 대한 일반적인 소개와 비밀키, 공개키 암호, 잘 알려진 RSA와 PGP 공개키 암호 설계 등을 설명한다. 안전한 시스템을 만드는 인증 기술의 역할과 종류를 살펴본다. 또한 접근 제어와 관련하여 접근 권한, 보호 도메인, 접근 제어 모델, 접근 제어 정책, 접근 제어 메커니즘을 살펴본다. 이제까지 시도된 여러 가지 보안 공격을 살펴보고, 전자상거래의 필수 요소인 디지털 서명과 디지털 증명서, 인증기관에 대해 살펴본다. 독점 솔루션과 오픈 소스 방식의 보안 솔루션을 비교 분석하고, 유닉스 시스템의 보안에 대한 사례 연구를 제공한다.

PART 07 운영체제 사례 연구 * PDF 제공

16장. 리눅스 사례 연구

리눅스 커널 2.6과 리눅스 사례 연구를 다룬다. 오늘날 세계에서 가장 많이 쓰이는 오픈 소스 운영체제의 역사와 커뮤니티, 소프트웨어 배포 등에 대해 이야기한다. 리눅스 운영체제의 핵심 구성 요소가 실제로 어떻게 구현되었는가에 초점을 맞추어 설명한다. 커널 아키텍처, 프로세스 관리, 메모리 구성과 관리, 파일 시스템, 입출력 관리, 동기화, IPC, 네트워킹, 규모 확장성, 보안 등 모든 주제에 대해 분석하고 설명한다.

>> 학습 로드맵

운영체제 관련 학습 로드맵

>> 강의보조자료와 참고자료

강의보조자료

- 한빛아카데미 홈페이지에서 '교수 회원'으로 가입하신 분은 인증 후 교수용 강의 자료를 제공받을 수 있습니다. 한빛아카데미 홈페이지 상단의 〈교수 전용 공간〉 메뉴를 클릭하세요.

·· http://www.hanbit.co.kr/academy

연습문제 해답 안내

- 본 도서는 대학 강의용 교재로 개발되었으므로 연습문제 해답은 제공하지 않습니다.

참고자료 및 참고사이트

웹 자료 * PDF 제공(App_B.pdf)

- 이 책을 집필할 때 참고한 웹 자료를 정리했습니다.

·· http://www.hanbit.co.kr/src/4484

인용 자료 * PDF 제공(App_B.pdf)

- 이 책을 집필하면서 참고하거나 인용한 도서 및 자료를 정리했습니다. 각 자료 앞에 붙은 번호는 해당 장의 본문에 표시한 윗첨자 번호와 같습니다.

·· http://www.hanbit.co.kr/src/4484

참고 사이트

- DEITEL® Buzz Online 무료 이메일 뉴스레터를 신청하는 곳입니다. Deitel 사의 출간 도서와 출간 예정도서 관련 기사와 자료에 대한 링크들, 정오표 등 유용한 정보들을 담고 있습니다.

·· http://www.deitel.com/newsletter/subscribe.html

Contents

저자/역자/감수자 소개 • 04
역자 머리말 • 05
저자 머리말 • 06
이 책의 구성 요소 • 08
강의 계획표 • 10
워밍업 • 11
학습 로드맵 • 14
강의보조자료와 참고자료 • 15

Part 01 하드웨어, 소프트웨어, 운영체제 소개

Chapter 01 운영체제 소개 • 33

01 소개 • 35
02 운영체제란 무엇인가 • 35
03 초기 역사: 1940, 1950년대 • 37
04 1960년대 • 38
05 1970년대 • 43
06 1980년대 • 44
07 인터넷과 월드 와이드 웹의 역사 • 46
08 1990년대 • 49
09 2000년 이후 • 53
10 응용 프로그램 기반 • 55
11 운영체제 환경 • 56
12 운영체제의 구성 요소와 목표 • 59
01 운영체제의 핵심 구성 요소 • 59
02 운영체제의 목표 • 62
13 운영체제 아키텍처 • 64
01 모놀리식 아키텍처 • 65
02 계층적 아키텍처 • 66
03 마이크로커널 아키텍처 • 68
04 네트워크 운영체제와 분산 운영체제 • 69
요약 • 71
연습문제 • 77
핵심용어 • 80

Chapter 02 하드웨어와 소프트웨어 개념 • 83

01 소개 • 85

02 하드웨어 장치의 발전 • 85

03 하드웨어 구성 요소 • 88
- 01 메인보드 • 88
- 02 프로세서 • 90
- 03 클록 • 92
- 04 메모리 계층 • 93
- 05 메인 메모리 • 96
- 06 2차 저장소 • 96
- 07 버스 • 98
- 08 직접 메모리 접근 • 99
- 09 주변 장치 • 101

04 하드웨어의 운영체제 지원 • 103
- 01 프로세서 • 103
- 02 타이머와 클록 • 106
- 03 부트스트랩핑 • 107
- 04 플러그 앤 플레이 • 108

05 캐싱과 버퍼링 • 109

06 소프트웨어 개관 • 111
- 01 기계어와 어셈블리 언어 • 111
- 02 인터프리터와 컴파일러 • 112
- 03 고급 언어 • 113
- 04 구조적 프로그래밍 • 114
- 05 객체지향 프로그래밍 • 115

07 응용 프로그래밍 인터페이스 • 117

08 컴파일링, 링킹, 로딩 • 118
- 01 컴파일링 • 118
- 02 링킹 • 119
- 03 로딩 • 124

09 펌웨어 • 126

10 미들웨어 • 127

요약 • 128

연습문제 • 131

핵심용어 • 134

Contents

Part 02 프로세스와 스레드

Chapter 03 프로세스 개념 • 141

01 소개 • 143
01 프로세스 정의 • 143

02 프로세스 상태: 프로세스 생명 주기 • 146

03 프로세스 관리 • 147
01 프로세스 상태와 상태 전이 • 147
02 프로세스 제어 블록/프로세스 기술자 • 149
03 프로세스 연산 • 151
04 일시 정지와 재시작 • 153
05 문맥 교환 • 155

04 인터럽트 • 157
01 인터럽트 처리 • 158
02 인터럽트 클래스 • 161

05 프로세스 간 통신 • 163
01 신호 • 163
02 메시지 전달 • 164

06 사례 연구: 유닉스 프로세스 • 167

요약 • 170
연습문제 • 173
핵심용어 • 177

Chapter 04 스레드 개념 • 179

01 소개 • 181

02 스레드 정의 • 182

03 스레드 사용 동기 • 184

04 스레드 상태: 스레드 생명 주기 • 186

05 스레드 연산 • 188

06 스레딩 모델 • 190
01 사용자 수준 스레드 • 190
02 커널 수준 스레드 • 192
03 사용자 수준 스레드와 커널 수준 스레드의 조합 • 194

07 스레드 구현 시 고려 사항 • 197
01 스레드 신호 전달 • 197
02 스레드 종료 • 200

08 POSIX와 Pthread • 201

09 리눅스 스레드 • 203

10 윈도우 XP 스레드 • 205

11 자바 멀티스레딩 사례 연구 1: 자바 스레드 소개 • 209

요약 • 214
연습문제 • 218
핵심용어 • 220

Chapter 05 비동기식 병행 실행 • 223

01 소개 • 225

02 상호 배제 • 225
01 자바 멀티스레딩 사례 연구 2: 생산자/소비자 관계 • 227
02 임계 영역 • 236
03 상호 배제 프리미티브 • 237

03 상호 배제 프리미티브 구현 • 238

04 상호 배제 문제에 대한 소프트웨어 해결책 • 239
01 데커의 알고리즘 • 240
02 페터슨의 알고리즘 • 252
03 n-thread 상호 배제: 램포트의 베이커리 알고리즘 • 256

05 상호 배제 문제에 대한 하드웨어 해결책 • 263
01 인터럽트 비활성화 • 263
02 테스트 후 설정 명령어 • 264
03 스왑 명령어 • 267

06 세마포어 • 269
01 세마포어를 사용한 상호 배제 • 269
02 세마포어를 사용한 스레드 동기화 • 272
03 카운팅 세마포어 • 274
04 세마포어 구현 • 275

요약 • 277
연습문제 • 280
핵심용어 • 286

Contents

Chapter 06 병행 프로그래밍 • 289

01 소개 • 291

02 모니터 • 293
01 조건 변수 • 295
02 모니터를 사용한 간단한 자원 할당 • 297
03 모니터 예제: 원형 버퍼 • 299
04 모니터 예제: 리더와 라이터 • 302

03 자바 모니터 • 305

04 자바 멀티스레딩 사례 연구 3: 자바 생산자/소비자 관계 • 307

05 자바 멀티스레딩 사례 연구 4: 자바 원형 버퍼 • 316

요약 • 326
연습문제 • 329
핵심용어 • 331

Chapter 07 교착 상태와 무기한 연기 • 333

01 소개 • 335

02 교착 상태의 예 • 336
01 도로에서 발생하는 교착 상태 • 336
02 간단한 자원 교착 상태 • 337
03 스풀링 시스템에서의 교착 상태 • 339
04 예제: 철학자들의 만찬 • 340

03 관련 문제: 무기한 연기 • 342

04 자원의 개념 • 343

05 교착 상태가 성립되기 위한 네 가지 필요조건 • 344

06 교착 상태 해결책 • 345

07 교착 상태 방지 • 346
01 '대기' 조건 거부 • 347
02 '비선점' 조건 거부 • 349
03 '순환 대기' 조건 거부 • 350

08 다익스트라의 은행원 알고리즘을 사용한 교착 상태 회피 • 352
01 안전 상태의 예 • 354
02 불안전 상태의 예 • 355

03 안전 상태에서 불안전 상태로의 전이 • 356
04 은행원 알고리즘을 사용한 자원 할당 • 357
05 은행원 알고리즘의 약점 • 358

09 교착 상태 탐지 • 359
01 자원 할당 그래프 • 359
02 자원 할당 그래프 소거 • 361

10 교착 상태 복구 • 363

11 현재와 미래 시스템의 교착 상태 전략 • 365
요약 • 367
연습문제 • 371
핵심용어 • 380

Chapter 08 프로세서 스케줄링 • 383

01 소개 • 385

02 스케줄링 수준 • 385

03 선점형/비선점형 스케줄링 • 388

04 우선순위 • 390

05 스케줄링 목적 • 391

06 스케줄링 기준 • 393

07 스케줄링 알고리즘 • 395
01 선입선출 스케줄링 • 395
02 라운드로빈 스케줄링 • 396
03 최단 프로세스 우선 스케줄링 • 400
04 최고 응답률 우선 스케줄링 • 401
05 최소 잔여 시간 스케줄링 • 402
06 다수준 피드백 큐 • 403
07 공평 분배 스케줄링 • 407

08 데드라인 스케줄링 • 409

09 실시간 스케줄링 • 410

10 자바 스레드 스케줄링 • 414
요약 • 416
연습문제 • 420
핵심용어 • 427

>> Contents

Part 03 물리 메모리와 가상 메모리

Chapter 09 실제 메모리 구성과 관리 • 433

01 소개 • 435

02 메모리 구성 • 435

03 메모리 관리 • 437

04 메모리 계층 • 438

05 메모리 관리 전략 • 440

06 연속/불연속 메모리 할당 • 441

07 단일 사용자 연속 메모리 할당 • 442
01 중첩 • 443
02 단일 사용자 시스템에서의 보호 • 444
03 단일 스트림 배치 처리 • 446

08 고정 파티션 멀티프로그래밍 • 447

09 가변 파티션 멀티프로그래밍 • 453
01 가변 파티션의 특성 • 453
02 메모리 배치 전략 • 457

10 메모리 스왑핑을 사용한 멀티프로그래밍 • 459

요약 • 461
연습문제 • 464
핵심용어 • 470

Chapter 10 가상 메모리 구성 • 473

01 소개 • 475

02 가상 메모리: 기본 개념 • 478

03 블록 맵핑 • 482

04 페이징 • 484
01 직접 맵핑을 사용한 페이징 주소 변환 • 488
02 연관 맵핑을 사용한 페이징 주소 변환 • 490
03 직접/연관 맵핑을 사용한 페이징 주소 변환 • 491
04 다수준 페이지 테이블 • 494

05 역 페이지 테이블 • 497
06 페이징 시스템에서의 공유 • 500

05 세그먼테이션 • 503
01 직접 맵핑을 사용한 세그먼테이션 주소 변환 • 505
02 세그먼테이션 시스템에서의 공유 • 508
03 세그먼테이션 시스템에서의 보호와 접근 제어 • 509

06 세그먼테이션/페이징 시스템 • 512
01 세그먼테이션/페이징 시스템에서의 동적 주소 변환 • 513
02 세그먼테이션/페이징 시스템에서의 공유와 보호 • 517

07 사례 연구: IA-32 인텔 아키텍처 가상 메모리 • 518
요약 • 525
연습문제 • 531
핵심용어 • 536

Chapter 11 가상 메모리 관리 • 539

01 소개 • 541

02 지역성 • 542

03 요구 페이징 • 543

04 예측 페이징 • 546

05 페이지 교체 • 547

06 페이지 교체 전략 • 549
01 공칩 • 549
02 선입선출 페이지 교체 • 550
03 FIFO 이상 현상 • 551
04 최소 최근 사용 페이지 교체 • 553
05 최소 사용 빈도 페이지 교체 • 554
06 최근 미사용 페이지 교체 • 555
07 FIFO 수정안 : 2차 기회와 클록 페이지 교체 • 557
08 원거리 페이지 교체 • 558

07 작업 집합 모델 • 560

08 페이지 폴트 빈도 페이지 교체 • 565

09 페이지 해제 • 566

10 페이지 크기 • 567

>> Contents

11 페이징에서의 프로그램 동작 • 570

12 전역 대 지역 페이지 교체 • 572

13 사례 연구: 리눅스 페이지 교체 • 573

요약 • 575

연습문제 • 579

핵심용어 • 586

Part 04 2차 저장소, 파일, 데이터베이스

Chapter 12 디스크 성능 최적화 • 591

01 소개 • 593

02 2차 저장소의 발전 • 593

03 무빙 헤드 디스크 저장소의 특징 • 594

04 디스크 스케줄링이 필요한 이유 • 597

05 디스크 스케줄링 전략 • 599

01 FCFS 디스크 스케줄링 • 601

02 최단 탐색 시간 우선 디스크 스케줄링 • 602

03 SCAN 디스크 스케줄링 • 603

04 C-SCAN 디스크 스케줄링 • 604

05 FSCAN과 *N*-Step SCAN 디스크 스케줄링 • 606

06 LOOK과 C-LOOK 디스크 스케줄링 • 607

06 회전 최적화 • 609

01 SLTF 스케줄링 • 609

02 SPTF와 SATF 스케줄링 • 610

07 시스템 고려 사항 • 613

08 캐싱과 버퍼링 • 615

09 기타 디스크 성능 기술 • 617

10 RAID • 620

01 RAID 개관 • 620

02 수준 0(스트라이핑) • 623

03 수준 1(미러링) • 624
04 수준 2(비트 수준 해밍 ECC 패리티) • 627
05 수준 3(비트 수준 XOR ECC 패리티) • 629
06 수준 4(블록 수준 XOR ECC 패리티) • 631
07 수준 5(블록 수준 분산 XOR ECC 패리티) • 633

요약 • 635
연습문제 • 644
핵심용어 • 649

Chapter 13 파일과 데이터베이스 시스템 • 653

01 소개 • 655

02 데이터 계층 • 655

03 파일 • 657

04 파일 시스템 • 658
01 디렉토리 • 660
02 메타데이터 • 665
03 마운팅 • 667

05 파일 구성 • 669

06 파일 할당 • 670
01 연속 파일 할당 • 671
02 연결 리스트 불연속 파일 할당 • 672
03 테이블 형식 불연속 파일 할당 • 674
04 인덱스를 사용한 불연속 파일 할당 • 677

07 여유 공간 관리 • 681

08 파일 접근 제어 • 683
01 접근 제어 메트릭스 • 684
02 사용자 클래스를 사용한 접근 제어 • 685

09 데이터 접근 기술 • 685

10 데이터 무결성 보호 • 687
01 백업과 복구 • 687
02 데이터 무결성과 로그 구조 파일 시스템 • 689

11 파일 서버와 분산 시스템 • 693

>> Contents

12 데이터베이스 시스템 • 694
01 데이터베이스 시스템의 장점 • 694
02 데이터 접근 • 695
03 관계형 데이터베이스 모델 • 696
04 운영체제와 데이터베이스 시스템 • 699
요약 • 699
연습문제 • 707
핵심용어 • 712

Part 05 분산 컴퓨팅

Chapter 14 분산 시스템 소개 • 719
01 소개 • 721
02 분산 시스템의 속성 • 722
01 성능과 규모 확장성 • 722
02 연결성과 보안 • 722
03 신뢰성과 장애 내구성 • 723
04 투명성 • 724
05 네트워크 운영체제 • 726
06 분산 운영체제 • 726
03 분산 시스템에서의 통신 • 727
01 미들웨어 • 727
02 원격 프로시저 호출 • 729
03 원격 메소드 호출 • 730
04 CORBA • 731
05 DCOM • 732
06 분산 시스템에서의 프로세스 이동 • 733
04 분산 시스템에서의 동기화 • 734
05 분산 시스템에서의 상호 배제 • 735
01 공유 메모리 없는 상호 배제 • 735
02 Agrawala와 Ricart의 분산 상호 배제 알고리즘 • 736
06 분산 시스템에서의 교착 상태 • 738
01 분산 교착 상태 • 738
02 교착 상태 방지 • 739
03 교착 상태 탐지 • 740
04 분산 자원 교착 상태 알고리즘 • 741

07 사례 연구: 스프라이트 분산 운영체제 • 744

08 사례 연구: 아메바 분산 운영체제 • 745

요약 • 747
연습문제 • 752
핵심용어 • 753

Part 06 보안

Chapter 15 보안 • 759

01 소개 • 761

02 암호 기법 • 762
01 비밀키 암호 기법 • 764
02 공개키 암호 기법 • 766

03 인증 • 770
01 기본 인증 • 771
02 생체 인식과 스마트 카드 • 773
03 커베로스 • 774
04 싱글 사인 온 • 776

04 접근 제어 • 777
01 접근 권한과 보호 도메인 • 777
02 접근 제어 모델과 정책 • 778
03 접근 제어 메커니즘 • 780

05 보안 공격 • 783
01 암호 분석법 • 784
02 바이러스와 웜 • 784
03 서비스 거부 공격 • 787
04 소프트웨어 취약점 악용 • 788
05 시스템 침투 • 789

06 공격 예방과 보안 해결책 • 790
01 방화벽 • 791
02 침입 탐지 시스템 • 793
03 안티바이러스 소프트웨어 • 794
04 보안 패치 • 796
05 보안 파일 시스템 • 798
06 오렌지북 보안 • 800

07 보안 통신 • 801

08 키 합의 프로토콜 • 802
01 키 관리 • 804
02 디지털 서명 • 804

>> Contents

09 공개키 기반 구조, 인증서, 인증기관 • 806

10 보안 통신 프로토콜 • 808
01 보안 소켓 계층 • 808
02 가상 사설망과 IP 보안 • 810
03 무선 보안 • 811

11 스테가노그라피 • 813

12 독점 소스와 오픈 소스 보안 • 814

13 사례 연구: 유닉스 시스템 보안 • 816
요약 • 819
연습문제 • 823
핵심용어 • 826

찾아보기 • 830

PDF 제공

16장과 부록은 PDF로만 제공합니다. ·· http://www.hanbit.co.kr/exam/1684

Part 07 운영체제 사례 연구

Chapter 16 리눅스 사례 연구 • 5

01 소개 • 7

02 역사 • 7

03 리눅스 개관 • 10

04 커널 아키텍처 • 14

05 프로세스 관리 • 19

06 메모리 관리 • 28

07 파일 시스템 • 40

08 입출력 관리 • 54

09 커널 동기화 • 68

10 프로세스 간 통신 • 73

11 네트워킹 • 81

12 규모 확장성 • 84

13 보안 • 89

연습문제 • 93

핵심용어 • 96

Appendix A 용어해설 • 100

Appendix B 웹 자료 • 169

Appendix C 인용 자료 • 183

지성, 그것은 인공물 특히 도구를 만들 도구를 만들어내는 능력이다.

Henri Bergson

1부에 있는 각 장에서는 운영체제라는 용어에 대한 정의를 내리고, 하드웨어와 소프트웨어의 개념에 대한 기초를 제공하고, 운영체제의 역사를 설명한다. 운영체제의 역사를 학습하면서 성능 향상이라는 논제와 이를 위해 자원을 어떻게 관리해야 하는지 계속해서 강조하는 것을 느낄 것이다. 또한 하드웨어 성능이 크게 향상됨에 따라 그 비용 또한 현격히 줄어드는 것을 볼 것이다. 오픈 소스 진영을 대표하는 리눅스와 독점적 소유권 방식을 대표하는 윈도우 XP가 어떻게 생겨났는지도 볼 수 있다. 다음으로, 중요한 운영체제 아키텍처들을 학습할 것이다. 운영체제가 하드웨어를 어떻게 관리하는지, 하드웨어가 운영체제의 기능을 어떻게 지원하는지도 학습한다. 그리고 첫 번째 성능 향상 기술인 프로세스에 관해 살펴볼 것이다. 프로세스에 관한 이야기는 책 전반에 걸쳐 계속된다.

Part 1

하드웨어, 소프트웨어, 운영체제 소개

Introduction to Hardware, Software and Operating Systems

Chapter 1 | 운영체제 소개
Chapter 2 | 하드웨어와 소프트웨어 개념

Chapter 01

운영체제 소개

Introduction to Operating Systems

이 장에서 다루는 내용

- 운영체제란 무엇인가
- 간략한 운영체제의 역사
- 간략한 인터넷과 월드 와이드 웹의 역사
- 운영체제의 핵심 구성 요소
- 운영체제의 목표
- 운영체제 아키텍처

01 소개
02 운영체제란 무엇인가
03 초기 역사: 1940, 1950년대
04 1960년대
05 1970년대
06 1980년대
07 인터넷과 월드 와이드 웹의 역사
08 1990년대
09 2000년 이후
10 응용 프로그램 기반
11 운영체제 환경
12 운영체제의 구성 요소와 목표
13 운영체제 아키텍처

* 요약
* 연습문제
* 핵심용어

따로 떨어진 조각배 삶은 이제 그만. 오직 연결하라!

Edward Morgan Forster

....

효율이란 일이 '올바로' 되게 하는 것이고, 효과란 '올바른 일'이 성취되게 하는 것이다.

Zig Ziglar

....

'변화' 한 가지를 제외하면 아무것도 지속될 수 없다.

Heraclitus

....

"열려라 참깨!"

The History of Ali Baba

1.1 소개

운영체제의 세계에 온 여러분을 환영한다. 지난 수십 년 동안 컴퓨팅 분야는 전례 없는 속도로 진화해왔다. 컴퓨터를 만드는 데 드는 비용이 현격히 줄어듦에 따라 성능은 경이로운 비율로 증가하고 있다. 오늘날 사용자는 초당 수십 억 개 명령어 BIPS, Billions of Instructions Per Second를 실행하는 데스크톱 워크스테이션을 보유하고 있고, 이미 초당 조 단위가 넘는 명령어를 실행하는 슈퍼컴퓨터가 만들어졌다. 이는 몇 년 전만 해도 상상조차 못한 수치다.

프로세서가 강력해지고 가격이 많이 낮아지면서, 일상생활의 거의 모든 영역에서 컴퓨터를 사용할 수 있게 되었다. 사용자는 개인용 컴퓨터를 사용해 문서를 작성하고 게임, 음악, 비디오를 즐기고, 개인 자산 관리를 할 수 있다. 노트북, PDA, 휴대폰, MP3 플레이어 같은 휴대 장치는 모두 컴퓨터를 핵심 구성 요소로 내장하고 있다. 유무선 네트워크 아키텍처 덕분에 상호 연결성 interconnectivity이 증가해, 사용자가 아주 먼 거리에서도 즉시 통신할 수 있게 되었다. 인터넷과 월드 와이드 웹은 초당 엄청난 수의 트랜잭션을 서비스하는 거대하고 강력한 컴퓨터들의 네트워크에 대한 요구를 불러일으키며 비즈니스에 혁명을 가져왔다. 컴퓨터 네트워크는 지구의 기후 변화 모델이나 인공 지능, 생생한 3D 애니메이션과 같은 복잡한 연구와 시뮬레이션 프로젝트를 수행할 만큼 강력해졌다. 이렇게 널리 퍼져나가는 강력한 컴퓨팅은 운영체제의 역할과 책임을 바꾸고 있다.

이 책에서는 운영체제의 원리를 짚어보고, 운영체제의 정의를 바꾸고 있는 컴퓨팅 분야의 최첨단 발전을 설명한다. 또한 운영체제의 구조와 책임을 살펴본다. 성능 performance, 장애 내구성 fault tolerance, 보안 security, 모듈성 modularity, 비용 cost 등 운영체제 설계 시 고려 사항을 자세히 알아본다. 아울러 인터넷과 월드 와이드 웹으로 인해 급속히 발전한 분산 컴퓨팅 distributed computing과 관련하여 최근 발생하는 운영체제 설계 관련 이슈들도 살펴본다.

필자들은 독자에게 유용한 정보를 제공하면서도 도전이 되고 즐거운 경험이 될 좋은 책을 만들려고 노력했다. 이 책을 학습하면서 각 주제에 관한 갱신된 내용과 부가적인 정보는 웹사이트 http://www.deitel.com에서 얻을 수 있다. 필자들에게 연락하고 싶으면 deitel@deitel.com으로 문의하기 바란다.

1.2 운영체제란 무엇인가

1960년대에는 운영체제의 개념이 '하드웨어를 제어하는 소프트웨어' 정도였다. 그러나 컴퓨터 시스템에 대한 견해가 많이 달라져 더 정확하고 풍부한 정의가 필요하게 되었다. 오늘날의 하드웨어는 수많은 응용 소프트웨어를 실행한다. 하드웨어 사용 효율을 높이려면 응용 프로그램들을 동시에 실행하도록 설계해야 한다. 응용 프로그램들을 신중하게 프로그래밍하지 않으면 다른 프로그램에 방해가 된다. 결과적으로 **운영체제** OS, Operating System라는 또 다른 계층의 소프트웨어에서 응용 프로그램들을 하드웨어에서 분리하여 각 응용 프로그램이 안전하고 효율적으로 돌아가도록 서비스를 제공한다.

운영체제는 응용 프로그램이 컴퓨터 하드웨어와 상호 작용할 수 있게 해주는 소프트웨어다. 운영체제의 핵심 구성 요소를 담은 소프트웨어를 **커널** kernel이라고 한다. 휴대폰과 자동차에서부터 개인 컴퓨터, 기업용 대형 컴퓨터에 이르기까지 수많은 기기에서 운영체제를 찾아볼 수 있다. 거의 모든 컴퓨터 시스템에서 사용자가 문서를 출력하거나 프로그램을 실행하는 등의 동작을 요청하면, 운영체제는 주어진 입력에 맞는 결과를 보장하도록 소프트웨어와 하드웨어를 조작한다.

대부분의 사용자 입장에서 운영체제는 응용 프로그램과 하드웨어 사이를 조정해 적합한 결과가 나오게 하는 일종의 블랙박스 blackbox다. 운영체제는 기본적으로는 자원 관리자 resource manager로, 프로세서, 메모리, 입출력 장치, 통신 장치 같은 하드웨어 자원을 관리한다. 또한 하드웨어처럼 물리적으로 만질 수 없는 객체인 응용 프로그램들과 기타 추상적인 소프트웨어 객체들도 관리해야 한다.

이후에 나오는 절에서 운영체제의 역사를 간략히 소개할 것이다. 1950년대의 단일 사용자용 배치 시스템에서부터 오늘날의 복잡한 멀티프로세서, 분산, 다중 사용자 플랫폼에 이르기까지 운영체제의 역사를 살펴보자.

셀프 리뷰

1. (참/거짓) 운영체제는 하드웨어만을 관리한다.
2. 운영체제의 주요 목적은 무엇인가?

▶ **풀이** 1) 거짓. 운영체제는 응용 프로그램이나 가상 머신과 같은 소프트웨어도 관리한다. 2) 운영체제의 주요 목적은 응용 프로그램들이 컴퓨터 하드웨어와 상호 작용하도록 돕고, 시스템의 하드웨어와 소프트웨어 자원을 관리하는 것이다.

1.3 초기 역사: 1940, 1950년대

운영체제는 지난 60여 년 동안 몇 번의 뚜렷한 변화를 보이며 발전했다. 대체로 10년 단위로 컴퓨터 분야의 세대교체와 변혁이 이루어졌다고 볼 수 있다('운영체제적 생각: 혁신' 참고).[3] 1940년대에는 초기 디지털 컴퓨터들이 운영체제를 포함하고 있지 않았다.[4,5,6] 당시 기기들은 매우 원시적인 수준이어서 프로그래머들이 쭉 나열된 기계 스위치를 조작해 기계어 프로그램을 한 번에 한 비트씩 입력해야 했다. 그러다가 프로그래머들은 마침내 기계어 프로그램을 천공 카드 punched card에 입력해 넣었다. 이후 어셈블리 언어가 개발되어 영어와 비슷한 약어들을 사용해 컴퓨터의 기본 연산들을 나타냈고, 프로그래밍 절차가 많이 빨라졌다.

1950년대 초에는 제너럴 모터스 General Motors의 연구실에서 IBM 701 컴퓨터용으로 최초의 운영체제를 개발했다.[7] 1950년대의 컴퓨터는 대체로 한 번에 한 가지 작업만 수행했지만, 컴퓨터의 사용 효율을 극대화하려고 작업 간 이동을 원활하게 하는 기술을 사용했다.[8] **작업** job은 급여 대장이나 재고 목록과 같이 특정 계산 작업에 대응하는 일련의 명령어로 이루어져 있었고, 주로 사용자의 입력 없이 몇 분, 몇 시간 혹은 며칠에 걸쳐 수행되었다. 이러한 초기 컴퓨터를 **단일 스트림 배치 처리 시스템** single- stream batch-processing system이라고 한다. 프로그램과 데이터를 순서대로 테이프나 디스크에 로드해서 그룹 혹은 일괄로 처리하기 때문이다. 작업 스트림 프로세서 job stream processor는 작업을 제어하는 명령문(각 작업의 수행 방법을 정의함)들을 읽고 다음 작업을 위한 환경을 마련한다. 현재 작업이 종료하면 작업 스트림 리더 job stream reader가 다음 작업을 위한 제어문들을 읽어들이고, 해당 작업으로 쉽게 전환할 수 있게 자질구레한 일들을 적절히 처리해준다. 1950년대의 운영체제들은 한 작업에서 다른 작업으로 전환하는 시간을 줄여주긴 했지만, 프로그래머들은 종종 메모리나 입출력 장치 같은 시스템 자원을 직접 제어해야 했다. 이는 시간도

혁신

혁신이란 운영체제 설계자들에게 근본적인 도전거리다. 새로운 운영체제를 만들거나 기존 운영체제를 업그레이드하려면 끊임없이 새로운 기술과 응용 프로그램, 통신 기술을 평가해야 하고, 시스템을 만들 방법에 관한 새로운 사고를 해야 한다. 이 책에서는 수천 가지 인용구와 수백 가지 웹 문서를 통해 독자들이 특별히 관심 있는 주제를 더 자세히 연구할 거리를 소개한다. 또한 ACM(http://www.acm.org), IEEE(http://www.ieee.org), USENIX(http://www.usenix.org) 같은 전문 기관 사이트에 등록하면 컴퓨터 분야의 최근 연구 결과나 개발에 관한 자료를 얻을 수 있다. 중요한 개발 사항을 알고 싶으면 웹사이트에 자주 방문하는 것이 좋다. 혁신에는 늘 위험 부담이 따르지만 결과는 대단히 크다.

운영체제적 생각

많이 들고, 고되고 어려운 일이었다. 게다가 이러한 초기 시스템에서 작업하려면 프로그램 전체를 메모리에 로드해야 했다. 때문에 프로그래머들은 작은 용량을 고려해 제한된 작업을 수행하는 작은 프로그램을 만들 수밖에 없었다.[9]

셀프 리뷰

1. 어셈블리 언어가 개발된 이유는 무엇인가?
2. 1950년대에 프로그램의 크기와 기능이 제한된 이유는 무엇인가?

▶ **풀이** 1) 어셈블리 언어는 프로그래밍 속도를 향상할 목적으로 개발되었다. 프로그래머는 어셈블리 언어를 통해 영어와 비슷한 약어들을 사용하여 특정 명령어들을 나타내고, 이러한 약어를 기계어 명령어보다 훨씬 쉽게 인지할 수 있다. 2) 1950년대에는 프로그램을 수행하려면 프로그램 전체를 메모리에 로드해야 했다. 당시는 메모리가 상대적으로 비싼 편이어서 컴퓨터의 메모리 용량이 제한적이었고, 결과적으로 프로그램 크기도 제한되었다.

1.4 1960년대

1960년대 역시 배치 처리 시스템이지만 여러 작업을 한 번에 실행하면서 컴퓨터 자원을 더 효율적으로 사용했다. 시스템은 카드 리더기나 카드 펀치(천공 카드), 프린터, 테이프 드라이브, 디스크 드라이브 등 많은 주변 장치를 포함했다. 한 작업으로 시스템 자원을 효율적으로 사용하기는 어렵다. 대개는 프로세서를 잠시 사용한 후 시스템 주변 장치를 사용해 입출력 작업을 수행한다. 이때 프로세서는 입출력 작업이 끝날 때까지 쉬고 있을 수밖에 없다.

1960년대의 시스템은 특정 작업이 주변 장치를 사용하고 있을 때 다른 작업에서 프로세서를 사용할 수 있게 해서 자원 활용도를 높였다. 여러 작업을 뒤섞어 실행하면 자원 활용도를 최적화하는 것처럼 보인다(주로 프로세서를 사용하는 작업을 **프로세서 중심 작업** processor-bound job 혹은 **계산 중심 작업** compute-bound job이라고 한다. 한편 주로 주변 장치를 사용해 입출력하는 시간이 많이 드는 작업을 **입출력 중심 작업** I/O-bound job이라고 한다). 운영체제 설계자들은 이를 염두에 두고 한 번에 여러 작업을 처리하는 **멀티프로그래밍** multiprogramming 시스템을 만들었다.[10, 11, 12] 멀티프로그래밍 환경에서 운영체제는 각 작업 사이에서 프로세서를 재빠르게 전환하며 주변 장치들을 사용하는 동안 여러 작업이 각자 맡은 일을 진행하게 한다. 시스템의 **멀티프로그래밍 정도(수준)** degree(level) of multiprogramming란 동시에 몇 가지 작업을 관리할 수 있는지 나타내는 척도다. 그러므로 운영체제는 한 가지 작업을 처리하는 데서 몇 가지 작업을 동시에 처리하는 방향으로 발전했다.

멀티프로그래밍 컴퓨팅 시스템에서는 자원 공유가 주요 목표 중 하나다. 프로세서들이 자원을 공유할 때, 각 프로세서가 특정 자원을 독점하기도 하고, 몇몇 프로세서는 결코 자기 차례를 만나지 못한 채 대기만 할 수도 있다. 이런 경우 해당 프로세서는 작업을 수행할 수 없게 되고, 사용자는 그때까지 작업한 내용을 모두 날리고 처음부터 다시 시작해야 할 수도 있다. 7장에서 교착 상태와 무기한 연기 문제를 다루며, 운영체제에서 이런 문제를 처리하는 방법을 논의할 것이다.

1960년대에는 사용자가 자신의 작업을 지켜보며 직접 처리하지 않는 것이 보통이었다. 처리할 작업을 구멍을 뚫은 천공 카드나 컴퓨터 테이프에 담아 제출하고, 시스템 운영자는 작업을 로드할 때까지 입력 테이블에서 기다렸다. 한 작업이 몇 시간 혹은 며칠까지 걸렸다. 그러다가 프로그램에 작은 오류만 있어도 작업은 헛수고가 되고 말았다. 잔뜩 속이 상해서 오류를 수정해 시스템 운영자에게 다시 제출하고 다시 몇 시간, 며칠씩 실행해야 하는 형편이었다. 이러한 환경에서 소프트웨어를 개발하기란 참으로 더디고 힘든 일이었다.

1964년에는 IBM에서 System/360 계열 컴퓨터를 발표했다('360'이란 전 세계적으로 적용할 수 있음을 나타내기 위해 나침반의 전체 각인 360도에서 따온 것이다).[13, 14, 15, 16] 다양한 360 컴퓨터 모델은 하드웨어와 잘 융화되기 위해 OS/360이라는 운영체제를 사용하도록 설계되었다. 그리고 이 시리즈의 높은 버전으로 갈수록 더 강력한 성능을 제공했다.[17] 해를 거듭하면서 IBM은 360 아키텍처를 발전시켜 370 시리즈[18, 19]를 발표했으며 최근에는 390 시리즈[20]와 zSeries[21]를 발표하는 데 이르렀다.

이후 더 발전된 운영체제가 개발되어 여러 **대화식 사용자** interactive user를 동시에 서비스하게 되었다. '대화식 사용자'란 작업을 실행하는 동안 시스템과 상호 작용하는 사용자를 의미한다. 1960년대에는 사용자들이 (인터페이스는 제공하지만 프로세서 파워는 주지 않는) 단순 단말기 dumb terminal를 통해 컴퓨터와 통신할 수 있었는데, 이는 활성 연결 active connection을 통해 컴퓨터에 직접 붙는 **온라인** online 형태였다. 사용자가 현장에 자리해 컴퓨터와 상호 작용하므로, 시스템은 사용자의 요청에 신속하게 응답해야 했다. 그렇지 않으면 사용자의 생산성이 떨어질 우려가 있었다. '운영체제적 생각: 인적 자원과 컴퓨터 자원의 상대적 가치'에서도 언급하겠지만 컴퓨터 자원에 비해 인적 자원의 비용이 훨씬 높아지면서 컴퓨터의 생산성 productivity 향상이 중요한 목표가 되었다. 시분할 timesharing 시스템은 여러 사용자가 동시에 컴퓨터와 상호 작용하게 할 목적으로 개발되었다.[22]

1960년대 시분할 시스템 중 다수가 멀티모드 시스템 multimode system, 즉 배치 처리와 함께 산업 공정 제어 시스템 등과 같은 실시간 응용 프로그램을 동시에 지원하는 시스템이었다.[23] **실시간 시스템** real-time system은 특정한 제한 시간 안에 반응해야 한다. 예를 들어, 석유 정유 회사에서 온도가 너무 높아지는지 측정하는 장치는 폭발을 방지할 수 있게 즉각적인 반응을 보여야 한다. 실시간 시스템의 자원은 활용도가 심각하게 떨어지곤 했다. 실시간 시스템에서는 자원을 효율적으로 사용하는 것보다 신속하게 응답하는 것이 훨씬 중요하기 때문이다. 배치 작업과 실시간 작업을 모두 지원하려면 운영체제가 사용자 유형을 구별해내고, 각 사용자의 목적에 맞는 적절한 수준의 서비스를 제공할 수 있어야 한다. 예를 들어, 배치 처리 작업에는 적절한 범위 안에서 시간 지연을 허용하고, 사용자와 상호 작용하는 응용 프로그램에는 더 높은 수준의 서비스를 제공하며, 중대한 실시간 응용 프로그램에는 가장 높은 수준의 서비스를 제공하는 등 차별을 둬야 한다.

이 시기에 중대한 시분할 시스템이 개발되었는데, 바로 MIT의 **CTSS** Compatible Time-Sharing System[24, 25], IBM의 **TSS** Time Sharing System[26], CTSS와 **CP/CMS** Control Program/Conversational Monitor System(이 시스템은 IBM의 Cambridge Scientific Center[28, 29]에서 개발한 것으로, 훗날 IBM의 **VM** Virtual Machine 운영체제로 발전했다)의 후속으로 MIT, GE, 벨 연구소가 개발한 **멀틱스** Multics 시스템이다.[27] 이들 시스템은 기초적인 대화식 컴퓨팅을 지원하도록 설계되었지만, 진정한 가치는 프로그램과 데이터의 공유, 개발 환경에서 대화식 컴퓨팅의 가치를 증명해낸 점이다.

멀틱스 시스템 설계자들은 운영체제 환경에서 실행되는 프로그램에 처음으로 **프로세스** process라는 용어를 사용했다. 사용자들은 동시에 실행할 수 있는 여러 프로세스를 담은 작업을 제출할 때가 많았다. '3장. 프로세스 개념'에서 멀티프로그래밍 운영체제에서 동시에 실행 중인 여러 프로세스를 다루는 방법을 살펴볼 것이다.

운영체제적 생각

인적 자원과 컴퓨터 자원의 상대적 가치

1965년에는 어느 정도 경험 있는 프로그래머들이 시간당 $4 임금을 받고 있었다. 메인프레임 컴퓨터는 오늘날의 데스크톱 컴퓨터보다 성능이 떨어지는데도 대여료가 시간당 $500 이상이었다. 1965년의 $500는 인플레이션을 고려할 때 오늘날의 수천 달러에 해당한다. 40년 전 성능이 훨씬 못한 메인프레임을 1시간 대여하는 비용이면, 현재 최첨단의 강력한 데스크톱 컴퓨터를 구입하고도 남는다. 컴퓨터에 드는 비용이 급격히 낮아지면서 인적 자원에 드는 임금은 상대적으로 훨씬 높아졌다.

컴퓨터 하드웨어, 운영체제, 소프트웨어 응용 프로그램은 모두 사람에게 풍부한 시간을 주고 효율성과 생산성을 높이는 수단으로 개발된 것이다. 이에 대한 고전적인 예로, 1960년대 시분할 시스템을 들 수 있다. 몇 시간 심지어 며칠씩 걸리던 배치 처리 시스템에 비해 즉각적인 반응을 줄 수 있는 대화식 시스템은 프로그래머들의 생산성을 크게 높여주었다. 또 다른 예로 1970년대에 제록스 Xerox 팔로 알토 연구소 PARC, Palo Alto Research Center에서 개발한 GUI graphical user interface를 들 수 있다. 컴퓨터는 저렴해지고 강력해진 반면, 사람에게 드는 비용이 급격히 증가하면서 운영체제 설계자들은 기계보다 사람을 우선하는 기능들을 제공해야 했다. 이는 운영체제가 처음 태동한 초기와는 정반대 양상이다.

병행 프로세스들은 대체로 독립적으로 실행하지만, 멀티프로그래밍 시스템은 여러 프로세스가 협력해 공통 임무를 수행하게 한다. '5장. 비동기식 병행 실행'과 '6장. 병행 프로그래밍'에서 프로세스가 작업을 동기화하는 방법과 운영체제에서 이를 지원하는 방법을 논의할 것이다. 이 책에서는 의사 코드와 널리 사용되는 자바 언어를 통해 여러 가지 병행 프로그램의 예를 보여준다.

처리 시간 turnaround time이란 작업을 전송한 후 결과를 돌려받기까지 걸린 시간을 말한다. 이 처리 시간은 이제 몇 분에서 몇 초 정도로 줄어서 프로그래머들이 더는 작은 오류를 고치느라 몇 시간 혹은 며칠씩 기다리지 않아도 되었다. 프로그래머는 프로그램을 입력하고 컴파일한 후, 구문 오류를 확인해서 바로 고치고 다시 컴파일하는 등 일련의 작업을 반복할 수 있게 되었다. 따라서 프로그래머가 시간을 절약하는 것처럼 프로그램도 빠른 시간 안에 실행, 디버깅, 수정되어 오류 없는 상태로 완성할 수 있게 되었다.

시분할 시스템이 프로그램 개발에 기여한 가치는 MIT, GE, 벨 연구소에서 CTSS 시스템을 이용하여 후속 버전인 멀틱스를 개발할 때 잘 드러났다. 멀틱스는 어셈블리 언어 대신 고급 언어(IBM의 PL/1을 기초로 모델링한 EPL)를 주로 사용하여 개발된 최초의 운영체제다. **유닉스** UNIX의 설계자들은 이 개발 경험을 통해 지식을 얻고, 유닉스 시스템을 개발하기 위한 고급 언어인 C 언어를 만들어냈다. 유닉스 기반 운영체제 군으로 리눅스 Linux, BSD Berkeley Software Distribution 유닉스 등이 있다. 이들은 1960년대 후반에 벨 연구소의 데니스 리치 Dennis Ritchie와 켄 톰슨 Ken Thompson이 만든 원시 시스템에서 발전했다('인물사: 켄 톰슨과 데니스 리치' 참고).

TSS, 멀틱스, CP/CMS 모두 **가상 메모리** virtual memory를 갖추고 있다. '10장. 가상 메모리 구성'과 '11장. 가상 메모리 관리'에서 가상 메모리를 자세히 다룬다. 가상 메모리를 갖춘 시스템에서는 프로그램이 메인 메모리에서 실제로 할당받은 실제 메모리(물리 메모리) real memory(physical memory)보다 많은 메모리 주소를 사용할 수 있다.[30, 31] '9장. 실제 메모리 구성과 관리'에서 실제 메모리를 알아본다. 가상 메모리 시스템은 프로그래머들이 메모리 관리라는 무거운 부담을 덜고 응용 프로그램 개발에만 집중할 수 있게 해준다.

프로그램은 메인 메모리에 로드되고 나면 빠르게 실행할 수 있다. 그러나 메인 메모리는 많은 프로그램을 한꺼번에 로드하기에는 가격이 너무 높았다. 1960년대 이전에는 천공 카드나 테이프를 사용해 작업을 메모리에 로드했는데, 이는 단조롭고 시간이 많이 걸리는 작업이기 때문에 그 사이 시스템은 다른 작업을 실행하지도 못하고 한가하게 쉴 수밖에 없었다. 1960년대 시스템은 이렇게 쉬는 시간을 줄이려고 테이프나 디스크, 드럼 같은 비교적 저렴한 마그네틱 저장 매체에 다시 쓸 수 있는 데이터를 다량 저장했다. 하드 디스크 덕분에 테이프보다는 빠르게 프로그램과 데이터에 접근할 수 있게 되었지만, 여전히 메인 메모리보다는 현저히 느렸다. '12장. 디스크 성능 최적화'에서 운영체제가 성능 향상을 위해 디스크 입출력 요청을 관리하는 방법을 살펴보고, '13장. 파일과 데이터베이스 시스템'에서는 운영체제가 데이터를 파일이라는 이름 있는 객체들로 구성하고, 디스크 같은 저장소의 공간을 관리하는 방법을 알아본다. 또한 운영체제에서 허가받지 않은 사용자들의 데이터 접근을 방지하는 방법과 시스템이 다운되거나 사고가 생겼을 때 데이터 손실을 예방하는 방법을 살펴볼 것이다.

인물사

켄 톰슨 Ken Thompson**과 데니스 리치** Dennis Ritchie

켄 톰슨과 데니스 리치는 운영체제 분야에서 유닉스 운영체제와 C 프로그래밍 언어 개발로 유명한 인물이다. 두 사람은 그 공로를 인정받아 ACM 튜링상, National Medal of Technology, NEC C&C Prize, IEEE Emmanuel Piore Award, IEEE Hamming Medal 등을 수상했다. 또한 미국 National Academy of Engineering과 벨 연구소의 National Fellowship[32]이 되었다.

켄 톰슨은 **캘리포니아 주립 버클리 대학교** UC Berkeley에서 이학 학사 학위와 컴퓨터 과학 석사 학위를 받았다.[33] 1966년에 졸업하여 벨 연구소에 들어가고 데니스 리치와 함께 멀틱스 프로젝트에 참여했다.[34] 프로젝트에서 일하는 동안 톰슨은 B 언어를 개발했는데, 이는 리치가 만든 C 언어의 시초가 되었다.[35] 멀틱스 프로젝트를 거쳐 1969년에 마침내 유닉스 운영체제가 탄생했다. 톰슨은 1970년대 초반에 유닉스를 개발했으며, 리치의 C 언어로 이를 개선했다.[36] 톰슨이 유닉스 개발을 완료한 후 다시 1980년에 Belle를 통해 뉴스거리를 제공했다. Belle는 체스 게임을 하는 컴퓨터로, 톰슨과 조 콘든 Joe Condon이 개발했으며 세계 컴퓨팅 체스 대회에서 우승했다. 톰슨은 캘리포니아 대학교 California University, 오스트레일리아의 시드니 대학교 Sydney University에서 교수로 일했다. 그는 계속해서 벨 연구소에서 일하다가 2000년 은퇴했다.[37]

데니스 리치는 하버드 대학교 Harvard University에서 물리학과를 졸업한 후 수학 박사 학위를 받았다. 이후 벨 연구소에 들어가 1968년 톰슨과 함께 멀틱스 프로젝트에 참여했다. 리치는 1972년에 완성한 C 언어로 가장 유명하다.[38] C 언어는 톰슨이 만든 B 언어에 기능을 추가하고 구문을 더 사용하기 쉽게 수정한 언어다. 리치는 여전히 벨 연구소에서 일하며 운영체제 연구를 계속하고 있다.[39] 지난 10년 동안 플랜 9 Plan 9과 인퍼노 Inferno라는 새로운 운영체제를 개발했다.[40] 플랜 9 시스템은 의사소통과 생산 품질 향상을 목적으로 개발되었다.[41] 한편 인퍼노는 더 발전된 네트워크 기능을 위해 고안되었다.[42]

셀프 리뷰

1. 대화식 컴퓨팅은 어떤 식으로 처리 시간을 개선하고 프로그래머들의 생산성을 높였는가?
2. TSS, 멀틱스, CP/CMS는 어떤 새로운 개념을 결합했는가? 이 개념이 프로그래머들에게 큰 도움이 된 이유는 무엇인가?

▶ **풀이** 1) 작업을 제출하고 결과를 받기까지 걸리는 시간이 몇 시간, 며칠 단위에서 몇 분, 몇 초 수준으로 줄었다. 이 덕분에 프로그래머들은 컴퓨터와 상호 작용하며 입력하고, 컴파일하고, 구문 오류가 없어질 때까지 프로그램을 수정할 수 있게 되었다. 또한 이와 유사한 방식으로 프로그램을 테스트하고 디버깅할 수 있게 되었다. 2) TSS, 멀틱스, CP/CMS 모두 가상 메모리를 도입했다. 가상 메모리는 응용 프로그램들이 실제 할당받은 물리 메모리보다 많은 메모리를 사용할 수 있게 해줬다. 덕분에 프로그래머들이 더 크고 강력한 기능을 갖춘 응용 프로그램을 개발할 수 있게 되었다. 또한 가상 메모리 시스템은 프로그래머들이 메모리 관리의 부담에서 벗어나게 해줬다.

1.5 1970년대

1970년대 시스템은 주로 멀티모드 멀티프로그래밍 시스템으로, 배치 처리와 시분할, 실시간 응용 프로그램을 지원했다. 또한 마이크로프로세서 기술에 힘입어 개인 컴퓨팅이 태동하기 시작했다.[43] 시분할 시스템은 1960년대에 실험적으로 사용된 이후 1970년대에 와서 견고해져 상용 제품으로 발전했다. 미국에서 컴퓨터 간 통신이 점차 증가해 국방부의 TCP/IP 통신 표준이 널리 사용되게 되었고, 특히 국방 분야와 대학교 컴퓨팅 환경을 중심으로 널리 확대되었다.[44, 45, 46] 그리고 제록스 Xerox 의 팔로알토 연구소에서 개발한 이더넷 Ethernet 표준 덕분에 근거리 통신망 LAN, Local Area Network 환경 통신이 더 실제적이고 경제적으로 발전했다.[47, 48]

취약한 통신 매체를 통해 오가는 정보의 양이 점차 증가하면서 보안 문제가 대두되었고('에피소드: 아브라함 링컨의 기술 신중노선' 참고), 암호 작성/해독 기술이 크게 주목받기 시작했다. 지적 재산권을 보호받아야 하거나 사적인 데이터를 암호화해서 의도한 수신자 외에는 손상된 데이터조차 볼 수 없게 정보를 감춰야 하기 때문이다. '15장. 보안'에서는 운영체제에서 허가받지 않은 사용자가 중요한 정보에 함부로 접근하지 못하게 방지하는 방법을 알아본다. 1970년대에는 운영체제가 네트워킹과 보안을 아우르는 수준으로 발전했고, 상업적인 요구를 충족할 만큼 성능이 개선되었다.

1970년대 후반에는 애플 II Apple II 등으로 개인 컴퓨팅 혁명이 시작되어 1980년대에 들어 폭발적으로 증가했다.

셀프 리뷰

1. 1970년대에는 어떤 발전을 통해 컴퓨터 시스템 간 통신이 향상되었는가?
2. 컴퓨터 간 통신이 증가하면서 어떤 새로운 문제가 대두되었는가? 또한 이 문제를 어떻게 처리했는가?

▶ **풀이** 1) 네트워크 통신 분야, 특히 대학교와 국방 컴퓨팅 환경에서 DoD의 TCP/IP 표준을 널리 채택했다. 또한 제록스 PARC에서 이더넷 표준을 개발해 비교적 고속인 근거리 통신망이 실용성과 경제성을 갖추게 되었다. 2) 컴퓨터 간 통신은 취약한 통신 회선을 통해 데이터들을 전송했기 때문에 보안 문제를 야기했다. 따라서 암호화 기법을 통해 의도한 수신자 외에는 데이터를 알아볼 수 없게 하는 방법을 도입했다.

1.6 1980년대

1980년대는 개인용 컴퓨터와 워크스테이션의 시대였다.[49] 소형 컴퓨터의 중앙 처리 장치 CPU, Central Processing Unit인 마이크로프로세서 기술이 발전하여, 워크스테이션 workstation이라는 고성능 데스크톱 컴퓨터가 십여 년 전의 메인프레임만큼이나 강력해진 것이다. 1981년에 IBM 개인용 컴퓨터가 출시되었고, 1984년에는 애플의 매킨토시 개인용 컴퓨터가 출시되었다. 덕분에 소규모 업체들이 자신들만의 컴퓨터 시스템을 갖출 수 있게 되었다. 시스템들이 통신 설비를 갖추면서 서로 데이터를 빠르고 경제적으로 전송할 수 있게 되었다. 데이터를 중앙에 위치한 대형 컴퓨터로 가져오는 대신 필요한 위치마다 컴퓨터를 놓을 수 있게 되었다. 스프레드시트나 워드 프로세서, 데이터베이스, 그래픽 패키지 등의 소프트웨어는 개인용 컴퓨터 혁명을 도왔다. 비즈니스 영역에서 이러한 소프트웨어를 사용하여 생산성을 높이려는 움직임이 퍼져간 것이다.

에피소드

아브라함 링컨의 기술 신중노선

이야기는 미국 남북 전쟁 당시로 거슬러 올라간다. 링컨 대통령 휘하의 젊은 중위들이 상기된 얼굴로 뛰어왔다. "무슨 일인가, 중위?" "각하, 각하, 저희가 전보 telegraph라는 멋진 신기술을 이용해서 전방에 메시지를 전하고 있지 않겠습니까! 그게 어떤 건지 이해하시겠습니까, 각하?" "모르겠군, 중위. 그게 무슨 말인가?" "각하, 그건 말씀입니다. 우리가 빛의 속도로 의사 결정을 할 수 있게 되었다는 말씀입니다." 연륜 있고 지혜로운 링컨 대통령은 잠시 중위를 내려 보다가 조용히 말했다. "알겠네, 중위. 그렇다면 우리가 잘못된 결정 역시 빛의 속도로 내릴 수 있다는 뜻도 되는군!"

운영체제 설계자들에게 주는 교훈: 여러분이 평가할 모든 신기술은 좋은 점과 나쁜 점을 지니고 있다. 성능 문제 때문에 엄청난 시간을 투자할 테지만, 속도를 향상시킨 결과로 오히려 나쁜 일들이 생길 수도 있다.

개인용 컴퓨터는 익히고 사용하기가 더 수월했다. 이는 부분적으로는 윈도우, 아이콘, 메뉴 같은 가시적인 심볼을 사용한 **그래픽 사용자 인터페이스** GUI, Graphical User Interface 덕분에 사용자가 프로그램과 쉽게 상호 작용할 수 있기 때문이다. 제록스의 PARC는 마우스와(마우스의 기원에 관한 더 자세한 정보는 '인물사: 더그 엥겔바트'를 참고하기 바란다) GUI를 개발했다. 애플은 1984년 매킨토시 개인용 컴퓨터를 출시했는데, 그 결과 마우스와 GUI 사용이 늘었다. 매킨토시 컴퓨터에서는 운영체제에 GUI가 내장되어 모든 응용 프로그램의 룩앤필 look and feel이 비슷했다.[50] 일단 매킨토시 GUI에 친숙해지자 사용자들은 새로운 응용 프로그램을 빠르게 익힐 수 있게 되었다.

기술 비용이 감소해 네트워크에서 컴퓨터 간 정보 이동이 더 경제적이고 현실적인 수준이 되었다. 이메일, 파일 전송과 원격 데이터베이스 접속 프로그램이 늘어났다. **분산 컴퓨팅** distributed com-

인물사

더그 엥겔바트 Doug Engelbart

더그 엥겔바트는 컴퓨터 마우스를 발명했고, 초기 그래픽 디스플레이와 윈도우를 설계한 핵심 멤버 중 한 명이다.

엥겔바트의 전공은 전자 공학 분야다. 2차 세계 대전 동안에는 RADAR와 SONAR 등을 포함해 다양한 시스템을 이용하여 전자 공학 기술자로 일했다.[53] 군대를 떠난 후 오레곤 주로 돌아와 1948년에 전기 공학 학위를 마쳤다.[54] 이후 UC Berkeley에서 박사 학위를 밟고 스탠포드 연구소 SRI, Stanford Research Institute에 취직하여 컴퓨터 분야에서 처음 경험을 쌓았다.[55] 1968년 샌 프란시스코 San Francisco에 있는 연합 컴퓨터 회의 Joint Computer Conference에서 엥겔바트와 동료들은 자신들의 컴퓨터 시스템인 NLS, oNLine System를 선보였으며, 이때 마우스와 윈도우 형태의 그래픽 인터페이스를 보여줬다.[56] 이렇게 탄생한 최초의 마우스를 디스플레이 시스템용 X-Y 위치 인식기 X-Y Position Indicator for a Display System라고 했으며, 당시에는 버튼 하나로만 되어 있었다.[57] 마우스는 바닥에 있는 수직 및 수평 바퀴로 움직임을 감지했다.[58] 마우스와 그래픽 윈도우는 서로 의존적이었다. 마우스는 윈도우 간 이동에 매우 유용했고, 윈도우 없이는 마우스도 그다지 쓸모가 없었다.

엥겔바트는 일생을 인공 지능 연구에 헌신했다. 최초에 NLS 시스템에 대한 아이디어는 사람들이 문제를 더 빨리 해결하고, 지능을 강화하는 시스템을 만드는 것이었다. 한편 부트스트랩 연구소 Bootstrap Institute를 설립해 자신의 취지를 전 세계에 알리고자 했다. 엥겔바트는 부트스트래핑 bootstrapping이란 '사람의 개선 방법을 향상시켜주는 아이디어' idea of improving one' s methods of improvement라고 정의하며, 이것이 인간의 지능을 높이는 최상의 길이라고 믿는다.[59]

그는 현재도 부트스트랩 연구소에서 일하고 있으며, 공로를 인정받아 레멀슨-MIT 상 Lemelson-MIT Prize, 국가 기술 훈상 National Medal of Technology을 수여했고, 미국 발명가 명예의 전당 National Inventors Hall of Fame에도 올랐다.[60]

puting, 즉 독립적인 컴퓨터 여러 대로 공동 작업을 수행하는 일은 클라이언트/서버 모델에서 보편적인 형태가 되었다. 여기서 **클라이언트** client는 다양한 서비스를 요청하는 사용자들의 컴퓨터, **서버** server는 요청받은 서비스를 수행하는 컴퓨터를 말한다. 서버는 종종 그래픽을 보여주거나 데이터베이스를 관리하거나 웹 서비스를 하는 등 특정한 임무를 할당받는 것이 일반적이었다.

소프트웨어 공학 분야에서 발전을 거듭하여, 미국 정부는 국방부의 소프트웨어 프로젝트를 더 면밀하게 통제할 필요를 느낄 정도가 되었다.[51] 처음에는 코드 재사용을 촉진하고, 프로토타입 개발을 쉽게 하여, 소프트웨어 개발 초기 단계부터 개발자들과 사용자들이 수정 방향을 잡게 하려는 목표도 있었다.[52]

셀프 리뷰

1. 애플의 매킨토시 덕분에 대중화된 개인용 컴퓨터는 어떤 면에서 배우기 쉽고 사용이 편리했는가?
2. (참/거짓) 서버는 클라이언트가 될 수 없다.

▶ **풀이** 1) GUI는 사용하기 쉽고 응용 프로그램들이 일관성 있는 인터페이스를 제공할 수 있게 하여 개인용 컴퓨터 사용을 촉진했다. 이렇게 일관성 있는 인터페이스 덕분에 사용자들이 다른 응용 프로그램도 쉽고 빠르게 배울 수 있게 되었다. 2) 거짓. 컴퓨터 한 대가 클라이언트인 동시에 서버가 될 수 있다. 예를 들어, 웹 서버는 클라이언트도 되고 서버도 된다. 예를 들어, 사용자가 웹 페이지를 요청할 때는 서버 역할을 하지만, 데이터베이스 시스템에 정보를 요청할 때는 데이터베이스 시스템의 클라이언트가 된다.

1.7 인터넷과 월드 와이드 웹의 역사

1960년대 후반, 미 국방부의 **ARPA** Advanced Research Projects Agency는 십여 군데의 ARPA 지원 대학교와 연구 기관의 메인 컴퓨터들을 네트워크로 연결하는 청사진을 내놓았는데, 당시에는 놀라운 속도인 초당 56KB 통신 회선에 각 컴퓨터를 연결한다는 내용이다. 그 당시 대부분의 사람이 전화선을 이용하여 컴퓨터를 연결했을 때 초당 110bps였다. HMD는 당시 회의에서 느낀 흥분을 생생하게 기억하고 있다. 하버드의 연구자들은 컴퓨터 그래픽 연구를 위해 복잡한 계산 문제를 풀어야 할 일이 있었다. 이를 해결하기 위해 유타 대학교에 유니박 Univac 1108 '슈퍼컴퓨터'를 설치하고 컴퓨터 간 통신을 도모하려고 했다. 학술 연구는 이른 바 거대한 도약을 하기에 이르렀다. 이 컨퍼런스 이후 얼마 지나지 않아 ARPA는 **ARPAnet**을 구현했는데, 이는 오늘날 사용하는 **인터넷** Internet의 시조가 되었다.

ARPAnet은 연구자들이 자신들의 컴퓨터를 네트워크에 연결할 수 있게 해줬지만, 가장 유용한 점은 이후 이메일 e-mail, electronic mail로 알려진 기술을 통한 빠르고 쉬운 통신 능력이다. 이는 현재 사용하는 인터넷에서도 여전한 사실이다. 이메일, 메시지 전송, 파일 전송 등을 가능하게 함으로써 전 세계 사람 수억 명이 서로 통신할 수 있게 되었다.

ARPAnet은 중앙 집중적인 통제 없이 작동하도록 설계되었는데, 이는 네트워크의 일부가 고장나도 남은 부분에서는 다른 경로를 통해 데이터 패킷을 송수신할 수 있음을 의미한다.

ARPAnet을 이용해 통신하기 위한 통신 규약, 즉 프로토콜 protocol은 **TCP/IP** Transmission Control Protocol/Internet Protocol다. TCP/IP는 응용 프로그램 사이의 통신을 관리하는 데 사용되었다. 이 프로토콜은 메시지가 송신자로부터 수신자에게 올바르고 손실 없이 전달되는 것을 보장했다. TCP/IP가 등장하면서 전 세계 컴퓨팅 산업은 더욱 빠르게 발전했다. 처음에는 대학교와 연구기관에서만 인터넷을 사용할 수 있었지만 이후 군에서 이 기술을 채택했다.

결국 정부 기관에서 인터넷을 상업 목적으로 활용하는 것을 허가하게 되었다. 연구자들과 국방 분야 관계자들 사이에서는 이런 결정을 우려하는 목소리가 있었다. 사용자가 너무 많으면 통신망이 정체되어 응답 속도가 늦어질 것이라는 우려다. 그러나 사실은 그 반대였다. 기업인들은 인터넷을 활용해 업무를 관리하고 고객에게 더 나은 서비스를 제공할 수 있음을 재빨리 알아차렸다. 마침내 여러 회사에서 막대한 자금을 투자해 인터넷에 뛰어들어 통신사들과 증가하는 통신 인프라의 요구 조건을 충족하는 하드웨어와 소프트웨어 공급자들 간 경쟁이 치열해졌다. 그 결과 인터넷의 **대역폭** bandwidth(통신 회선에서 정보를 나르는 용량)이 엄청나게 증가했고, 하드웨어와 통신 비용이 급격히 떨어졌다.

월드 와이드 웹 덕분에 컴퓨터 사용자들은 거의 모든 주제에 대해 멀티미디어 기반 문서(예를 들면, 텍스트와 그래픽, 애니메이션, 음향과 비디오 등을 포함하는 웹 문서)를 검색하고 조회할 수 있게 되었다. 인터넷이 개발된 시점은 30년 전이지만, 월드 와이드 웹을 도입한 시점은 비교적 최근이다. 1989년에 CERN European Center for Nuclear Research의 팀 버너스 리 Tim Berners-Lee는 하이퍼링크 hyperlink 문서를 통해 정보를 공유하는 방법을 개발하기 시작했다('인물사: 팀 버너스 리' 참고). 버너스 리는 이 신기술을 구현하려고 **HTML** HyperText Markup Language을 만들었다. 이어 더해 **HTTP** HyperText Transfer Protocol를 사용해 '월드 와이드 웹'이라는 하이퍼텍스트 정보 시스템의 통신 근간을 만들고자 했다.

역사가들은 분명 인터넷과 월드 와이드 웹을 가장 중요하고 심오한 발명 중 하나라고 평가할 것이다. 과거 대부분의 컴퓨터 응용 프로그램은 '독립형' 컴퓨터(다른 컴퓨터에 연결되지 않은 컴퓨터)에서 실행되었다. 그러나 현재는 전 세계에 있는 수억 대 컴퓨터와 통신할 수 있게 응용 프로그램을 개발하기도 한다. 인터넷과 월드 와이드 웹은 컴퓨팅과 통신 기술을 접목해 일상 업무를 간편하게 해줬고, 결과적으로 많은 사람이 정보를 편리하고 빠르게 찾을 수 있게 되었다. 또한 개인이나 소규모 사업주들이 자신들의 사업을 전 세계에 홍보할 수 있게 되었다. 이 때문에 운영체제 설계도 다른 방식으로 생각하게 되었다. 현대 운영체제는 인터넷과 웹을 통해 사용자들이 거리감을 느끼지 않고, 마치 지역 local 시스템을 사용하는 것처럼 '전 세계에 닿을 수 있게' GUI를 지원해야 한다. 1980년대의 운영체제가 지역 컴퓨터의 자원을 관리하는 데 중점을 뒀다면, 현재 사용하는 분산 운영체제는 전 세계 컴퓨터 자원을 활용하는 데 중점을 둔다. 이는 앞으로 계속해서 논의할 다양하고 흥미로운 도전거리를 제공하는데, 특히 네트워킹과 분산 컴퓨팅, 보안에 관해서 중점적으로 알아볼 것이다.

셀프 리뷰

1. ARPAnet은 전통적인 컴퓨터 네트워크와 어떻게 달랐는가? 가장 큰 장점은 무엇인가?
2. 버너스 리가 인터넷을 통한 데이터 공유를 장려할 목적으로 개발한 것은 무엇인가?

▶▶

인물사

팀 버너스 리 Tim Berners-Lee

1990년에 팀 버너스 리는 월드 와이드 웹을 개발했다. 웹을 통해 사용자들은 거의 모든 주제에 관해 멀티미디어 기반 웹 문서를 찾아볼 수 있게 되었다.

버너스 리는 1976년 옥스퍼드 Queen's College에서 물리학을 공부했다. 그는 1980년에 대규모 프로젝트에서 수많은 문서를 빨리 찾을 수 있게 하이퍼텍스트 링크를 사용하는 Enquire라는 프로그램을 만들었다. 1984년에 CERN European Center for Nuclear Research의 멤버가 되어 실시간 네트워크 시스템의 통신 소프트웨어들을 경험했다.[61, 62, 63]

버너스 리는 CERN에서 일하던 1989년에 HTTP, HTML 그리고 최초의 월드 와이드 웹 서버와 브라우저를 개발했다.[64, 65] 그는 웹이 모든 공유 지식과 경험에 접근할 수 있는 열린 메커니즘이 되길 원했다.[66]

버너스 리는 1993년까지 개인적으로 HTTP와 HTML의 변경을 관리하고, 초기 웹 사용자들의 제안을 토대로 수정을 계속했다. 이후 웹 커뮤니티가 확대되어 1994년 월드 와이드 웹 컨소시엄 W3C(http://www.w3.org)을 출범하게 되었다. W3C는 웹 기술을 모니터링하고 표준을 확립하는 기관이다.[67] 버너스 리는 이 기관의 리더로서 왕성한 활동을 보이며 열린 기술을 통해 정보를 자유롭게 접근하고 활용하게 한다는 원칙을 장려했다.[68]

▶ **풀이** 1) ARPAnet은 중앙 집중식이 아니라서 네트워크의 일부가 손상되어도 다른 경로로 정보를 보낼 수 있었다. 가장 큰 장점은 이메일을 통한 빠르고 쉬운 의사소통 능력이다. 2) 버너스 리는 HTML과 HTTP를 개발해 월드 와이드 웹의 가능성을 열었다.

1.8 1990년대

1990년대에 하드웨어 성능은 기하급수적으로 발전했다.[69] 1990년대 말에는 전형적인 개인용 컴퓨터의 성능이 초당 수억 개 명령어MIPS를 실행하고, 하드 디스크에 기가바이트가 넘는 정보를 저장할 수 있게 되었다. 몇몇 슈퍼컴퓨터는 초당 1조 개가 넘는 명령어를 실행할 수 있었다.[70] 처리 성능이 향상되고 저장 매체들이 저렴해지면서, 개인 사용자들이 크고 복잡한 프로그램을 개인용 컴퓨터에서 실행하게 되었다. 또한 중소기업에서도 이전에는 메인프레임 시스템에서 처리했을 만한 작업과 데이터베이스 처리 시스템을 경제적인 비용으로 구비할 수 있게 되었다. 기술 비용이 낮아지면서 많이 가정에서 컴퓨터를 보유해 일과 여가에 활용하게 되었다.

1990년대에는 월드 와이드 웹의 탄생으로 분산 컴퓨팅이 폭발적으로 증가했다. 애초에는 운영체제가 한 컴퓨터에서 독립된 자원을 관리하면 그만이었지만, 월드 와이드 웹의 탄생과 점차 가속화되는 인터넷 연결 때문에 개인용 컴퓨터 사이에서 분산 컴퓨팅이 일반적인 일이 되었다. 사용자들은 원격 컴퓨터에 저장된 데이터를 요청하거나, 원격 프로세서에서 프로그램을 실행하기도 했다. 한편 큰 조직에서는 분산 멀티프로세서, 즉 프로세서가 여러 개 있는 컴퓨터들의 네트워크를 이용하여 자원을 확대하고 효율을 높일 수 있게 되었다.[71] 그러나 분산 응용 프로그램에는 여전히 한계가 있었는데, 네트워크를 통해 통신하는 속도가 개인 컴퓨터에서 내부적으로 처리하는 속도를 따라가지 못한 것이다. 분산 컴퓨팅에 관한 자세한 내용은 '14장. 분산 시스템 소개'에서 다룰 것이다.

인터넷 연결 수요가 늘어나면서 운영체제에서 네트워크 지원이 표준이 되었다. 가정과 기관의 사용자들은 네트워크에 있는 컴퓨터 자원에 접근해 생산성을 늘렸다. 그러나 접속량이 많아짐에 따라 컴퓨터 보안 위협 문제도 심각해졌다. 따라서 운영체제 설계자들은 컴퓨터를 악의적인 공격으로부터 보호하는 기술들을 발전시켰다. 그러나 훨씬 더 복잡한 위협들이 계속해서 컴퓨터 산업계의 도전거리가 되었다. 컴퓨터 산업계는 이러한 공격을 막을 역량을 키워야 했다.

1990년대에 마이크로소프트Microsoft는 굴지의 기업으로 성장했다. 1981년에 IBM 개인용 컴퓨터를 위한 DOS 운영체제의 첫 버전을 출시했고, 1980년대 중반에는 윈도우 운영체제를 개발했다. 윈도우Windows는 DOS 위에 GUI를 얹은 운영체제다. 마이크로소프트는 1990년에 윈도우 3.0을 출시하고 이를 통해 사용자 친화적인 인터페이스와 기능들을 선보였다. 윈도우 운영체제는 1993년 윈도우 3.1 출시 이후 엄청난 인기를 끌었다. 윈도우 3.1 후속으로 윈도우 95와 윈도우 98을 출시했으며, 90년대 후반에 데스크톱 운영체제 시장을 사실상 잠식했다. 이 운영체제들은 아이콘이나 메뉴, 윈도우 등 초기 매킨토시 운영체제의 개념을 많이 도입해 사용자들이 한꺼번에 여러 응용 프로그램을 손쉽게 실행할 수 있게 했다. 마이크로소프트는 또한 1993년에 윈도우 NT를 출시하며 기업용 운영체제 시장에 뛰어들었다. 윈도우 NT는 매우 빠른 속도로 기업용 워크스테이션 운영체제로 자리 잡았다.[72] 윈도우 XP는 윈도우 NT에 기반을 둔 운영체제다.

객체 기술

객체지향 프로그래밍 object-oriented programming 언어인 C++나 자바 Java로 작성한 응용 프로그램 수가 꾸준히 증가하면서, 객체 기술은 컴퓨터 분야의 여러 영역에서 유행하기 시작했다. 객체 object라는 개념은 컴퓨팅에서 새로운 접근 방법을 제공한다. 각 소프트웨어 객체는 속성 attribute과 동작 action을 캡슐화한다. 이는 다른 응용 프로그램에서 사용한 컴포넌트 component를 재사용해서 프로그램을 개발함으로써 개발 시간을 단축할 수 있게 해준다. **객체지향 운영체제** OOOS, Object-Oriented Operating System에서는 운영체제의 구성 요소와 시스템 자원을 객체로 표현한다.[73] 상속 inheritance, 인터페이스 interface 같은 객체지향 개념은 이전 기술로 만든 운영체제보다 유지보수와 확장이 쉬운 모듈화된 운영체제를 개발하는 데 공헌했다. 모듈화를 통해 운영체제가 새롭고 다양한 아키텍처를 지원할 수 있게 되었다. 다양한 플랫폼과 언어를 아우르는 객체들을 통합할 목적으로 썬 Sun의 자바나 마이크로소프트의 닷넷 .NET(Visual Basic .NET, Visual C++ .NET, C#) 등 다양한 프로그래밍 언어에서 객체 개념을 지원하게 되었다.

오픈 소스 운동

1990년대의 컴퓨팅 커뮤니티, 특히 운영체제 분야에서 일어난 또 다른 발전은 **오픈 소스 소프트웨어** OSS, Open-Source Software를 지향하는 운동이다. 대부분의 소프트웨어는 고급 프로그래밍 언어로 소스 코드를 작성해 만든다. 그러나 상용 소프트웨어는 보통 오브젝트 코드(목적 코드) object code 형태로 배포한다. 오브젝트 코드는 컴퓨터가 이해할 수 있는 컴파일된 소스 코드로, 머신 코드 machine code 혹은 바이너리 binary라고도 한다. 소스 코드나 프로그래밍 기술은 공개되지 않고 제작사의 독점적인 지적 소유물이 된다. 그러나 1990년대에는 무료 및 오픈 소스 소프트웨어가 점차 보편화되었다. 오픈 소스 소프트웨어는 소스 코드와 함께 배포하기 때문에 개인이 살펴보고 수정한 후 컴파일하고 실행할 수 있다. 예를 들어, 리눅스 운영체제와 아파치 Apache 웹 서버는 모두 오픈 소스며 1990년대에 사용자 수백만 명이 다운로드해 설치했고, 2000년대에 들어서는 다운로드 수가 더욱 증가하고 있다.[74] 리누스 토발즈('인물사: 리누스 토발즈' 참고)가 개발한 리눅스에 관해서는 '16장. 리눅스 사례 연구'에서 자세히 다룬다.

1980년대에 MIT의 소프트웨어 개발자 리처드 스톨만은 AT&T의 유닉스 운영체제에 있는 대부분의 도구를 수정 및 개선해서 무상으로 코드를 제공하는 프로젝트를 시작했다. 스톨만('인물사: 리처드 스톨만' 참고)은 자유 소프트웨어 재단 FSF, Free Software Foundation을 설립하고 GNU GNU's Not UNIX 프로젝트를 시작했는데, 그 이유는 소프트웨어를 사용할 수 있는 권한을 판매한다는 생각에 반대했기 때문이다.[75] 스톨만은 사용자에게 소프트웨어를 수정하고 배포할 자유를 허용하면, 특정 개인이나 기업의 이윤을 목적으로 개발하는 것보다 많은 사용자의 요구를 반영해 더 나은 소프트웨어가 탄생할 것이라고 믿었다. 리누스 토발즈는 리눅스 운영체제의 원본을 개발할 때 GNU에서 발표한 많은 도구를 **GPL** General Public License을 통해 무료로 도입했다. GPL은 http://www.gnu.org/licenses/gpl.html을 통해 발표되었으며, GPL 라이선스 소프트웨어는 누구든지 자유롭게 수정하고 재배포할 수 있다고 명시하고 있다. 다만 수정 사실을 분명하게 표시하고, 수정해서 나온 제품 역시 GPL 라이선스에 따라 배포하는 것을 전제로 한다.[76] 대부분의 GPL 라이선스 소프트웨어는 무료로 사용 가능하지만, GPL은 사용자가 해당 소프트웨어를 자유롭게 수정, 재배포할 수 있게 한다는 의미에서 무료다. 따라서 개발 업체들은 사용자들이 수정하고 재배포하는 일을 막을 수는 없지만, GPL 라이선스 소프트웨어와 소스 코드 사용

리누스 토발즈 Linus Torvalds

리누스 토발즈는 1969년 핀란드 헬싱키에서 태어났다. 그는 어렸을 때 Commodore VIC-20을 가지고 놀면서 프로그래밍 방법을 터득했다. 1988년에는 헬싱키 대학교 University of Helsinki에 들어가 컴퓨터 과학을 공부했고, 이곳에서 앤드류 타넨바움 Andrew Tanenbaum 교수의 미닉스 Minix를 토대로 자신의 새 PC에서 실행할 유닉스 클론 clone을 만들었다.[77, 78] 1991년에 기본적인 리눅스 커널의 최초 버전을 완성했고, 이는 인텔 80386 프로세서에서 실행되었다.[79] 토발즈는 GPL[80]을 사용해 리눅스를 오픈 소스 코드로 배포했고, 다른 프로그래머들로부터 수정안과 부가 기능들을 기꺼이 받아들였다.[81, 82] 1994년에는 리눅스가 세상에 나와 사용할 만한 운영체제로 완성되어 1.0 버전을 발표했다.[83] 대형 시스템에서 유닉스를 사용하던 프로그래머들과 교수들은 리눅스를 반겼다. 그리 비싸지 않은 데스크톱 시스템에 유닉스에 버금가는 특징들과 능력을 무료로 탑재할 수 있었기 때문이다.[84, 85] 토발즈는 현재 OSDL Open Source Development Labs의 일원이다. OSDL은 그가 전업으로 커널 연구에 전념할 수 있도록 지원한다. 그는 오픈 소스 리눅스 프로젝트를 인도하고, 커널 변경과 새로운 버전 발표를 관리한다.[86, 87] 리눅스는 가장 크고 잘 알려진 오픈 소스 개발 산물로, 특히 서버 시장에서 성공을 거두었다. '16장. 리눅스 사례 연구'에서 리눅스에 관해 더 자세히 다룰 것이다.

인물사

료를 부과할 수는 있다. 1990년대 후반에는 OSI Open Source Initiative가 조직되어 오픈 소스 소프트웨어를 보호하고, 오픈 소스 프로그램의 이익 증진을 도모했다(http://www.opensource.org 참고).

오픈 소스 소프트웨어는 개발자 커뮤니티에서 누구든지 응용 프로그램을 테스트하고 디버깅해 개선할 수 있게 함으로써, 소프트웨어 제품을 더욱 개선할 수 있는 길을 만들었다. 덕분에 발견되지 않을 경우 보안 허점이 되거나 논리적 오류가 될 만한 미묘한 버그들을 발견하고 수정할 수 있게 되고, 각 개인과 회사에서 소프트웨어를 자신들의 목적과 환경에 맞게 커스터마이즈할 수 있게 되었다. 한편 많은 오픈 소스 소프트웨어 개발 업체에서 기술 지원과 커스터마이징을 통해 개인이나 기관으로부터 수익을 거둘 수 있게 되었다.[88] 1990년대의 거의 모든 시스템이

인물사

리처드 스톨만 Richard Stallman

리처드 스톨만은 GNU 프로젝트의 원년 개발자로서 1980년대부터 무료 소프트웨어를 개발하기 시작했다. 스톨만은 1974년 물리학 전공으로 하버드 대학교를 졸업했다.[89] 대학교 때부터 졸업 이후까지 MIT 인공 지능 실험실 Artificial Intelligence Lab에서 일하며 동료들과 함께 공유 소프트웨어 shared software를 연구했다.[90]

공유 소프트웨어란 다른 사람의 실행 프로그램을 받을 때 해당 소스 코드도 함께 받는다는 개념이다. 이로써 프로그래머는 기존 제품에 새 기능을 더할 수 있다는 장점이 있다.[91] 스톨만의 특별한 업적은 연구소에서 사용하던 ITS 운영체제를 수정, 발전시켰다는 점이다. 그러나 1980년대 초에는 공유 소프트웨어가 거의 없었다.[92] 결국 연구소의 새 운영체제는 공유되지 않았고, 자신이 수정할 수 없는 운영체제나 드라이버 때문에 좌절감을 느꼈다.[93] 1984년 MIT 인공 지능 실험실을 떠나 GNU라는 새로운 공유 운영체제를 연구하기 시작했다.[94]

스톨만의 GNU 프로젝트에 대한 관심이 증가하면서 1985년에는 자유 소프트웨어 재단 FSF, Free Software Foundation을 발족해 자유 소프트웨어를 장려하고 GNU 운영체제 개발을 지속했다.[95] 스톨만과 FSF 동료들은 몇 가지 GNU 프로그램을 개발했다. 예를 들면, 텍스트 에디터인 GNU 이맥스 Emacs, C 컴파일러인 GCC와 GDB라는 디버거 등이 있다.[96] 1992년 스톨만은 자신의 시스템을 완성하는 데 리눅스 커널을 사용했다. 거누/리눅스 GNU/Linux라고 부르는 이 시스템은 다양한 프로그램들을 포함하고 기능을 온전히 갖춘 운영체제다.[97]

스톨만은 그 업적을 인정받아 Grace Hopper Award, MacArthur Foundation Fellowship, Electric Frontier Foundation Pioneer Award, Yuri Rubinksi Award, Takeda Award 등을 수여했고, National Academy of Engineering에 선발되었다. 또한 스웨덴의 Institute of Technology와 Glasgow 대학교에서 명예 박사 학위를 받았다. 스톨만은 계속해서 전 세계에 자유 소프트웨어 운동을 촉진하는 데 힘쓰고 있다.[98]

IBM 메인프레임 운영체제나 유닉스 시스템, 애플의 매킨토시, MS 윈도우처럼 라이선스를 구매해야 하는 운영체제를 이용했지만, 리눅스나 FreeBSD, OpenBSD 같은 오픈 소스 운영체제가 점차 큰 경쟁자로 부상했다.

오픈 소스 운영체제들은 앞으로 제품 개선과 산업계 표준화, 상호 운용성, 제품의 커스터마이징, 비용 절감 등을 통해 독점 제품들을 대체해나갈 것이 분명하다.

1990년대에는 운영체제가 점차 사용자들에게 친숙해졌다. 1980년대에 애플의 매킨토시에서 선보인 GUI의 특징들이 1990년대에 들어 더 정교해졌다. 운영체제에 플러그 앤 플레이 plug-and-play 기능도 생겨서 사용자들이 운영체제를 수동으로 재구성하지 않고도 하드웨어 구성 요소를 추가, 삭제할 수 있게 되었다. 또한 운영체제는 사용자 프로파일을 관리해 권한 여부를 확인하고, 각 사용자에 맞게 운영체제 인터페이스를 커스터마이즈할 수 있었다.

셀프 리뷰

1. 객체지향 기술은 운영체제에 어떤 영향을 미쳤는가?
2. 오픈 소스 개발의 이점은 무엇인가?

▶ **풀이** 1) 객체지향 기술 덕분에 운영체제 설계자들은 새로운 컴포넌트를 개발할 때 기존 객체들을 재사용할 수 있게 되었다. 또한 쉽게 모듈화해서 운영체제가 새로운 이기종 아키텍처들을 지원할 수 있게 했다. 2) 오픈 소스 소프트웨어는 개발 커뮤니티에 속한 모든 사람이 수정할 수 있다. 사람들이 끊임없이 테스트하고 디버깅하기 때문에, 미묘한 버그까지 발견하고 수정할 확률이 훨씬 높다. 또한 오픈 소스 소프트웨어는 개인 사용자나 기관이 자신들에 맞는 특별한 요구를 반영해 소프트웨어를 커스터마이즈할 수 있게 한다.

1.9 2000년 이후

2000년 이후 들어 현재까지 네트워크 등을 통해 두 독립적인 응용 프로그램을 서로 연결하는 소프트웨어인 **미들웨어** middleware의 역할이 아주 중요해졌다. 이는 응용 프로그램들이 인터넷을 통해 서비스를 제공하고, 소비자들은 케이블 TV 선이나 디지털 가입자 회선 DSL, Digital Subscriber Line 등 고속의 인터넷 연결을 이용해 해당 프로그램을 접근하기 때문이다. 미들웨어는 웹 애플리케이션에서 보편적으로 사용된다. 사용자의 웹 브라우저에 데이터를 보내는 웹 서버는 데이터베이스의 도움을 받아 사용자의 요청에 따른 내용을 생성해야 한다. 미들웨어는 웹 서버와 데이터베이스 사이에서 메시지를 전달하는 가이드 역할을 한다. 다시 말해 미들웨어에서 다양한 아키텍처 사이의 통신을 간략하게 해준다. **웹 서비스** web service는 이기종 컴퓨터의 응용 프로그램들이 인터넷을 통해 통신하고 데이터를 주고받는 데 필요한 표준들을 포함한다. 웹 서비스는 네트워크를 통해 통신하며, 다른 응용 프로그램들이 호출할 수 있는 연산들을 지원한다. HTTP 같은 표준 프로토콜을 이용해 데이터를 주고받으며, 일반적인 웹 페이지를 보내는 데 같은 프로토콜을 사용한다. 웹 서비스는 개방된 텍스트 기반 표준을 사용해 서로 다른 언어와 플랫폼에서 만든 컴포넌트들이 서로 통신할 수 있게 해준다. 말하자면 각 컴포넌트는 인터넷에 있는 '바로 사용할 수 있는' 소프트웨어 부품이다.

웹 서비스는 진정한 분산 컴퓨팅으로 전환을 촉진할 것이다. 예를 들어, 온라인 서점 아마존 amazon.com에서는 개발자들이 웹 서비스(http://www.amazon.com/gp/aws/landing.html)를 통해 아마존의 상품 DB를 검색하고, 상세 정보를 보여주는 온라인 상점을 구축하도록 허용하고 있다. 구글 검색 엔진 역시 Google Web API(http://www.google.com/apis)를 통해 다른 기능들과 통합할 수 있다. 이러한 기능은 구글의 웹 서비스 목록으로 연결된다.

멀티프로세서와 네트워크 아키텍처는 새로운 하드웨어와 소프트웨어 설계 기술을 개발할 수 있는 수많은 기회를 제공한다. 한 번에 한 가지 계산을 지정하는 순차적 sequential 프로그래밍 언어가 이제 자바와 같은 병행 concurrent 프로그래밍 언어로 보완되었다. 자바는 스레드를 사용해 병렬 계산 parallel computation을 정의할 수 있는 메커니즘을 제공한다. 스레드와 멀티스레딩에 관해서는 '4장. 스레드 개념'에서 자세히 다룬다.

점차 많은 시스템에서 **고도 병렬성** massive parallelism을 보이고 있다. 고도 병렬성이란 프로세서를 다수 보유해 여러 독립적인 계산을 병렬로 수행하는 것으로, 지난 60여 년 동안 사용해온 순차적 컴퓨팅 방식과는 근본적으로 다른 개념이다. 이러한 병렬성을 지원하기 위해 소프트웨어 개발에 많은 문제와 중대한 도전거리들이 생겼다.

운영체제는 다양한 프로그램을 지원하고 사용을 용이하게 하려고 사용자와 응용 프로그램의 인터페이스를 표준화한다. 마이크로소프트는 윈도우 운영체제의 소비자와 전문가 집단을 윈도우 XP로 흡수했다. MS의 차세대 운영체제(코드명 롱혼 Longhorn)에서는 다른 유형의 파일 포맷 format(형식)을 통합하려는 계획을 두고 있다. 이는 사용자들이 특정 키워드를 사용해서 스프레드시트, 이메일 등 시스템에 있는 모든 문서를 검색할 수 있게 할 것이다. 롱혼은 또한 더 강화된 3D 사용자 인터페이스와 보안 기능을 제공하고, 기록 가능한 DVD recordable Digital Versatile Disc를 지원할 계획이다.[99, 100] 리눅스를 비롯한 오픈 소스 운영체제는 사용 영역이 더욱 확대되고, POSIX Portable Operating System Interface 같은 표준 API를 도입해 다른 유닉스 기반 운영체제와 호환성을 높이려고 노력할 것이다.

모바일 기기들이 점차 강력한 프로세서를 탑재하면서 PDA나 휴대폰 같은 기기에서 컴퓨팅이 점점 더 보편적인 일이 되고 있다. 이러한 기기는 이제 이메일을 확인하고, 웹 브라우저를 제공하고, 디지털 이미지를 보여주는 기능까지 갖추고 있다. 모바일 기기에서도 풀 모션 full-motion 비디오처럼 자원을 많이 쓰는 응용 프로그램이 급격히 늘어나고 있다. 그러나 모바일 기기의 자원은 자체의 용량 때문에 제한적일 수밖에 없어서 PDA나 휴대폰은 원격 컴퓨터에 점점 많은 데이터와 처리 성능을 요구한다. 따라서 분산 컴퓨팅이 훨씬 큰 역할을 담당할 것이다.

셀프 리뷰

1. 이기종 운영체제 사이의 간격을 메우는 데 어떤 기술을 사용할 수 있는가? 이러한 기술은 어떤 방식으로 같은 응용 프로그램을 다른 플랫폼에서 실행할 수 있게 하는가?
2. 모바일 기기에서 분산 컴퓨팅을 유용하게 활용할 수 있는 이유는 무엇인가?

▶ **풀이** 1) 가상 머신과 운영체제 에뮬레이터는 이기종 운영체제 사이의 간격을 메우는 역할을 한다. 풀어서 설명하면 가상 머신이나 에뮬레이터를 대상으로 응용 프로그램을 한 번만 작성하고, 가상 머신이나 에뮬레이터를 하부 플랫폼에 맞게 구현하는 것이다. 결과적으로 응용 프로그램은 기반 플랫폼을 몰라도 가상 머신과 에뮬레이터의 기능을 사용해 작동한다. 2) 분산 컴퓨팅은 모바일 기기들이 하기 어려운 일이나 대용량 데이터를 자원이 넉넉한 다른 기기로 위임할 수 있게 해준다. 모바일 기기는 자원이나 배터리 수명이 제한되어 있기 때문에 데이터와 복잡한 계산을 네트워크로 연결된 다른 컴퓨터에 요청하는 것이다.

1.10 응용 프로그램 기반

1981년에 IBM 개인용 컴퓨터 PC, Personal Computer는 등장하자마자 거대한 소프트웨어 산업을 활성화했다. **독립 소프트웨어 개발사** ISV, Independent Software Vendor들은 MS-DOS(IBM 버전은 DOS라고 한다)에서 동작하는 IBM PC용 응용 프로그램들을 시장에 발표하게 되었다. 운영체제는 응용 소프트웨어 개발자들이 메모리 관리, 입출력과 통신 회선을 다루는 등 복잡하고 세밀한 하드웨어를 조작해야 하는 부담을 덜어주었다. 운영체제는 개발자들이 일련의 **응용 프로그래밍 인터페이스** API, Application Programming Interface를 호출할 수 있게 하여, 하드웨어 조작 등을 간단히 해결하게 해준다. API는 **시스템 호출** system call을 제공하는데, 사용자 프로그램은 이를 통해 운영체제가 필요한 작업을 하게 한다. 응용 프로그램 개발자는 특정 작업을 위해 어떤 루틴을 호출해야 하는지만 알면 된다([그림 1-1]). [그림 1-1]에서 점선 위에 나타낸 사용자 영역 user space에 있는 소프트웨어 구성 요소는 운영체제의 일부가 아니며, 시스템의 물리적 자원에 직접 접근할 수 없음을 알 수 있다. 점선 아래에 나타낸 커널 영역 kernel space은 운영체제의 일부인 소프트웨어 구성 요소가 시스템 자원에 제한 없이 접근함을 나타낸다. 이 책에 있는 그림에서는 보통 이러한 방식으로 소프트웨어 구성 요소들이 실행 시 지니는 권한을 나타낸다. 응용 프로그램이 시스템 자원을 잘못 사용하려 하거나, 허용받지 않은 시스템 자원에 접근하려고 하면, 운영체제는 해당 응용 프로그램을 막아 시스템을 손상시키거나 다른 응용 프로그램을 방해하는 일이 없게 해야 한다.

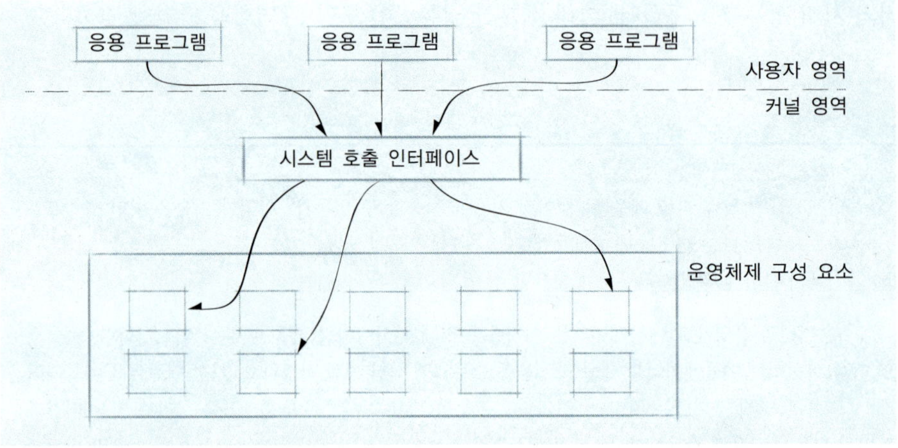

[그림 1-1] 응용 프로그램과 운영체제의 상호 작용

운영체제가 응용 프로그램을 빠르고 쉽게 개발할 수 있는 좋은 환경을 제공한다면, 해당 운영체제와 하드웨어는 시장에서 성공할 가능성이 크다. MS-DOS의 응용 프로그램 개발 환경은 수만 가지 소프트웨어 패키지가 나오게 했다. 또한 사용자들이 IBM PC 및 호환 제품을 구매하도록 했다. 윈도우는 수십만 가지 응용 프로그램의 응용 프로그램 기반을 갖추게 되었다.

응용 프로그램 기반 application base(응용 프로그램 개발 환경을 구성하는 운영체제와 하드웨어의 조합)이 일단 확립되면, 사용자나 소프트웨어 개발자들이 완전히 새로운 응용 프로그램 개발 환경으로 옮겨가기 어렵다. 따라서 향후 몇 년 동안 발전할 새로운 아키텍처는 현존하는 주요 응용 프로그램 기반을 지원하는 방향으로 노력을 기울일 것이다.

1.11 운영체제 환경

이 책은 범용 컴퓨터와 관련된 운영체제 개념에 초점을 둔다. 범용 컴퓨터는 비교적 넉넉한 메인 메모리와 고속 프로세서, 대용량 디스크, 다양한 주변 장치를 갖추고 있으며, 대개 개인용 컴퓨터나 워크스테이션으로 사용된다.

범용 컴퓨터에 해당하는 다양한 개념을 고성능 하드웨어를 갖춘 고사양 웹 서버와 데이터베이스 서버에도 적용할 수 있다. 고성능 환경에서 사용하는 운영체제는 대용량 메모리와 특수 목적 하드웨어, 여러 프로세스 등을 지원하도록 설계해야 한다.

한편 **임베디드 시스템** embedded system에서는 다른 운영체제 설계 방식을 요구한다. 임베디드 시스템은 휴대폰이나 PDA 같은 소형 기기에 기능을 제공하는 특화된 소규모 자원을 특징으로 꼽을 수 있다. 임베디드 시스템 환경에서는 효율적인 자원 관리가 성공적인 운영체제의 관건이라 할 수 있다. 임베디드 운영체제는 저장 공간이 제한될 때가 많기 때문에 될 수 있으면 적은 코드로 서비스를 제공해야 한다. 또한 전력 관리나 사용자 친화적인 인터페이스도 고려해야 하기 때문에 임베디드 운영체제를 설계할 때는 또 다른 이슈가 생겨난다.

실시간 시스템은 정해진 시간 안에 특정 작업을 완료해야 한다. 예를 들어, 비행기의 자동 제어 시스템은 속도와 고도, 방향 등을 끊임없이 조절해야 한다. 그리고 이러한 동작을 무한정 기다릴 수 없다. 때로는 잠시도 지연 없이 바로 결과를 내야 할 수도 있다. 실시간 운영체제는 중대한 이벤트가 발생할 때 프로세스가 즉시 반응할 수 있게 한다. 소프트 실시간 시스템 soft real-time system은 실시간 작업이 우선순위를 높여주지만, 반드시 지정한 시간에 완료를 보장하지는 않는다. 하드 실시간 시스템 hard real-time system은 모든 작업이 제시간에 완료함을 보장한다. '16장. 리눅스 사례 연구'에서 시스템이 실시간 응용 프로그램을 다루는 방법을 알아본다. 이러한 시스템은 로봇 공학 robotics이나 항공, 기타 제어 시스템 등에서 찾아볼 수 있다. 하드 실시간 시스템은 **미션 크리티컬 시스템** mission-critical system, 즉 한 가지 일이라도 제시간에 완료하지 못하면 목적을 달성하지 못하는 시스템에서 많이 사용한다. 예를 들어, 항공 운항 통제나 핵 원자로 모니터, 무기 제어 등을 위한 미션 크리티컬 시스템은 목적에 실패하면 큰 인명 피해를 초래할 수도 있다.

웹 서버나 데이터베이스 같은 **비즈니스 크리티컬 시스템** business-critical system은 중간에 고장 없이 해당 목적을 수행해야 한다. 이러한 비즈니스에서는 인터넷으로 상품을 구매하는 고객들에게 빠르게 응답함을 보장해야 한다. 대기업에서는 직원들이 정보를 효율적으로 공유하고, 전력이 나가거나 디스크 오류가 발생해도 중요한 정보를 손실하지 않아야 한다. 한편, 미션 크리티컬 시스템과 다른 점은 비즈니스 크리티컬 시스템이 제대로 작동하지 않는다고 해서 해당 비즈니스가 모두 실패하지는 않는다는 점이다.

어떤 운영체제는 기기 안에 물리적으로 존재할 수도 있고 존재하지 않을 수도 있는 하드웨어를 관리해야 한다. **가상 머신** VM, Virtual Machine은 실제 운영체제 위에서 사용자 응용 프로그램처럼 작동하는 컴퓨터를 소프트웨어로 추상화한 것이다.[101] 가상 머신 운영체제는 가상 머신에서 제공하는 자원을 관리한다. 가상 머신을 적용한 한 가지 예는 여러 운영체제의 인스턴스를 동시에 실행하는 것이다. 또 다른 예는 에뮬레이션으로, 소프트웨어나 하드웨어를 사용해 시스템에 존재하지 않는 하드웨어나 소프트웨어의 기능을 흉내 내는 것이다.

가상 머신은 하부 운영체제를 통해 시스템에 있는 하드웨어들과 인터페이스한다. 한편 다른 사용자 프로그램들은 VM과 상호 작용한다. 가상 머신은 프로세서, 메모리, 통신 채널, 디스크, 클록 clock 등 물리적인 시스템을 대표하는 소프트웨어 구성 요소를 만들어낼 수 있다([그림 1-2]).[102] 따라서 시스템을 혼자 독점하고 있는 것처럼 느끼는 가운데, 여러 사용자가 하드웨어를 공유할 수 있다. 이로써 가상 머신은 소프트웨어의 **이식성** portability, 즉 다양한 이기종 플랫폼에서 실행할 수 있는 능력을 높여준다.

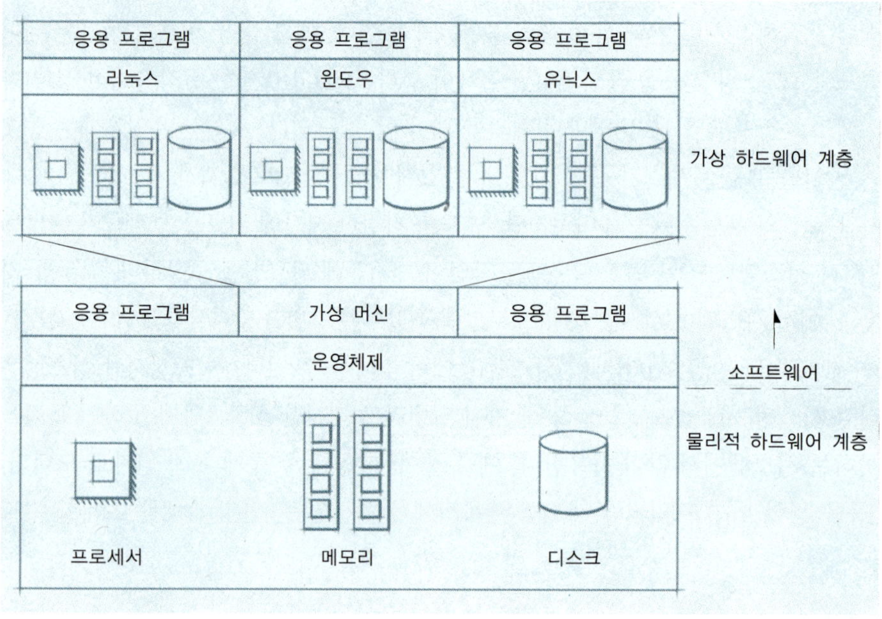

[그림 1-2] 가상 머신 개념도

자바 가상 머신 JVM, Java Virtual Machine은 가장 널리 사용하는 가상 머신 중 하나다. JVM은 자바 플랫폼의 기초를 이루며, JVM이 설치된 시스템이면 어떤 플랫폼이든 자바 프로그램이 동작할 수 있게 해준다. VMware 사에서도 가상 머신, 특히 인텔 아키텍처를 위한 가상 머신을 만들어 인텔 x86 기반 컴퓨터 사용자들이 한 컴퓨터에서 동시에 리눅스나 윈도우 같은 여러 운영체제를 사용할 수 있게 해준다(각 가상 머신은 자체 윈도우에 나타난다).[103]

가상 머신은 실제 시스템보다는 덜 효율적이다. 하드웨어에 직접 접근하지 못하거나 실제로 컴퓨터에 연결되지 않은 하드웨어를 시뮬레이션하기 때문이다. 하드웨어를 간접으로 접근하거나 시뮬레이션 방식으로 접근하는 방식은 하드웨어를 동작하게 하는 데 필요한 명령어의 수를 증가시키기 때문이다.[104]

셀프 리뷰

1. 핵 발전소에 있는 온도 모니터의 시스템은 어떤 유형으로 설명할 수 있는가? 또한 그 이유는 무엇인가?
2. 가상 머신의 장단점을 설명하라.

▶ **풀이** 1) 하드 실시간 시스템이다. 핵 발전소의 온도 모니터를 통해 온도가 늘 적정 수준을 유지하게 하고 문제가 생기면 실시간으로(즉시) 조절기에 알려야 한다. 2) 가상 머신은 소프트웨어가 여러 플랫폼에서 동작할 수 있게 해서 이식성을 높여준다. 그러나 가상 머신은 실제 머신보다는 효율이 떨어진다. 가상 머신은 소프트웨어 명령어를 직접 실행하지 못하고 하드웨어 기능을 시뮬레이션해 간접적으로 실행하기 때문이다.

1.12 운영체제의 구성 요소와 목표

컴퓨터 시스템은 운영체제가 없던 초기 시스템에서부터 멀티프로그래밍, 시분할 시스템, 개인용 컴퓨터 등으로 발전했다. 최종적으로는 진정한 의미에서 분산 시스템으로 발전했다. 새로운 기능과 효율 개선에 대한 요구가 증가하고 하드웨어가 변하면서, 운영체제는 새로운 역할을 맡게 되었다. 이 절에서는 다양한 운영체제의 핵심 구성 요소를 살펴보고, 운영체제의 목표를 설명한다.

1.12.1 운영체제의 핵심 구성 요소

사용자는 한 개 이상의 응용 프로그램이나 **셸**(명령어 해석기) shell(command interpreter)이라는 특별한 응용 프로그램을 통해 운영체제와 상호 작용한다.[105] 현재 사용하는 셸 프로그램 대부분은 텍스트 기반으로 구현되어 사용자가 키보드를 통해 명령을 입력하거나, GUI를 통해 대상을 클릭하거나, 아이콘을 드래그 앤 드롭하는 방식으로 운영체제에 서비스를 요청하게 한다. 예를 들면, 마이크로소프트의 윈도우 XP는 사용자들이 명령을 보낼 수 있는 GUI를 제공한다. 또는 사용자가 명령 프롬프트를 열어서 명령을 입력할 수도 있다.

운영체제의 핵심 구성 요소를 담은 소프트웨어를 커널 kernel이라고 한다. 운영체제들이 공통으로 포함하는 핵심 요소를 살펴보면 다음과 같다.

- **프로세스 스케줄러** process scheduler는 프로세서에서 프로세스를 실행할 시점과 기간을 결정한다.
- **메모리 관리자** memory manager는 프로세스에 메모리를 할당할 시점과 방식, 메인 메모리가 가득 찼을 때 처리 방법을 결정한다.

- **입출력 관리자** I/O manager는 하드웨어 장치들과 연동해 입출력 요청을 처리한다.
- **프로세스 간 통신 관리자** IPC(InterProcess Communication) manager는 프로세스들이 서로 통신할 수 있게 한다.
- **파일 시스템 관리자** file system manager는 저장 장치에 있는 이름 있는 데이터 모음을 조직화하고, 해당 데이터에 접근할 수 있는 인터페이스를 제공한다.

거의 모든 현대 운영체제에서 멀티프로그래밍 환경을 지원해 여러 응용 프로그램을 동시에 실행할 수 있게 한다. 운영체제의 가장 기본적인 역할 중 하나는 특정 프로세서가 프로세스를 얼마 동안 실행하게 할 것인지 결정하는 것이다.

한 프로그램에 데이터를 공유하고 동시에 실행할 수 있는 여러 요소가 있을 수도 있다. 예를 들어, 웹 브라우저는 웹 페이지의 HTML을 읽어들이고, 페이지에서 이미지나 텍스트, 비디오 등의 미디어를 추출하고, 브라우저 창에 페이지의 내용을 배치해서 보여주는 구성 요소를 별도로 포함할 수 있다. 이처럼 독립적으로 실행하지만 공통 메모리 공간에서 작업하는 프로그램 구성 요소를 **스레드** thread라고 한다. 스레드에 관해서는 '4장. 스레드 개념'에서 자세히 설명한다.

대개는 여러 프로세스가 프로세서를 사용하려고 경쟁한다. 프로세스 스케줄러 process scheduler는 프로세스의 중요도나 예상 실행 시간 또는 프로세서를 얻으려고 대기한 시간 등 몇 가지 기준에 따라 프로세스를 선정한다. 프로세서 스케줄링에 관해서는 '8장. 프로세서 스케줄링'에서 자세히 다룬다.

메모리 관리자 memory manager는 운영체제와 프로세스에 메모리를 할당한다. 또한 프로세스가 운영체제나 다른 프로세스를 방해하지 않도록 해당 프로세스에서 할당받지 않은 메모리에 접근하는 일을 방지한다. 10장과 11장에서 살펴보겠지만, 오늘날 거의 모든 운영체제에서 가상 메모리를 지원한다.

운영체제의 또 다른 핵심 기능은 컴퓨터의 입출력 장치 I/O(Input/Output) device들을 관리하는 것이다. 입력 장치로는 키보드, 마우스, 마이크, 스캐너 등이 있고, 출력 장치로는 모니터, 프린터, 스피커 등이 있다. 하드 디스크, 재기록 가능한 광학 디스크, 테이프 같은 저장 장치와 네트워크 카드는 입력 장치 및 출력 장치 기능을 모두 한다. 프로세스가 입출력 장치에 접근하려면 운영체제에 시스템 호출을 보내야 한다. 이러한 시스템 호출은 **디바이스 드라이버** device driver에서 처리한다. 디바이스 드라이버는 하드웨어와 직접 상호 작용하는 소프트웨어 구성 요소로, 요청한 입출력 연산에 필요한 각 장치 고유의 명령어와 기타 명령어를 포함한다.

대부분의 컴퓨터 시스템은 데이터를 영구적으로 (즉, 컴퓨터 종료 이후까지도) 저장할 수 있다.

메인 메모리는 비교적 소용량이고, 전원이 나가면 데이터를 잃기 때문에 영구적인 보조 저장 장치(주로 하드 디스크)를 사용한다. 디스크 입출력은 입출력 중에서도 가장 빈번하게 일어나는 형태로, 프로세스가 디스크 장치에 있는 정보에 접근할 때 발생한다.

그런데 보조 저장 장치는 프로세서나 메인 메모리보다 훨씬 느리다. 운영체제의 **디스크 스케줄러** disk scheduler 구성 요소는 디스크 입출력 요청을 재정렬해서 성능을 최적화하고, 프로세스가 디스크 입출력 때문에 대기하는 시간을 최소화하는 역할을 한다. RAID Redundant Array of Independent Disks 시스템은 입출력 요청을 서비스하기 위해 여러 디스크를 사용해 프로세스가 디스크 입출력을 기다리는 시간을 줄인다. 디스크 스케줄링 알고리즘과 RAID 시스템에 관해서는 '12장. 디스크 성능 최적화'에서 자세히 다룬다.

운영체제는 파일 시스템을 사용해 데이터들을 파일 file이라는 이름 있는 데이터 집합으로 구성하고 효율적인 접근 방법을 제공한다. '13장. 파일과 데이터베이스 시스템'에서 파일 시스템을 자세히 다룬다.

프로세스(또는 스레드)들은 일반적으로 공통 목표를 달성하려고 서로 협력한다. 따라서 많은 운영체제에서 이러한 병행 프로그래밍 concurrent programming을 간편하게 하기 위해 프로세스 간 통신과 동기화 synchronization 메커니즘을 제공한다. 프로세스 간 통신은 프로세스 (또는 스레드) 사이에서 전달되는 메시지를 통해 프로세스들이 서로 통신할 수 있게 해준다. 동기화는 프로세스와 스레드가 데이터를 올바로 공유할 수 있는 구조를 제공한다. 프로세스와 스레드에 관해서는 3장 ~8장에서 설명한다.

셀프 리뷰

1. 다음 각 기능을 수행하는 운영체제의 구성 요소가 무엇인지 답하라.
   a. 디스크에 기록하는 일
   b. 다음 번 실행할 프로세스를 결정하는 일
   c. 새로운 프로세스를 메모리의 어느 위치에 배치할 것인지 결정하는 일
   d. 디스크에 파일을 구성하는 일
   e. 프로세스가 다른 프로세스에 데이터를 보낼 수 있게 하는 일
2. 사용자가 디스크의 모든 영역을 임의로 접근해서 읽고 쓸 수 있게 하면 위험한 이유는 무엇인가?

▶ **풀이** 1) a. 입출력 관리자 I/O manager b. 프로세서 스케줄러 processor scheduler c. 메모리 관리자 memory manager d. 파일 시스템 관리자 file system manager e. 프로세스 간 통신 관리자 IPC(InterProcess Communication) manager 2) 허가받지 않은 사용자가 우연히 혹은 악의로 운영체제 파일과 같은 중요한 데이터를 덮어쓰거나 기밀 문서 같은 민감한 정보를 권한 없이 읽을 수 있다.

1.12.2 운영체제의 목표

사용자는 운영체제가 다음과 같은 특징을 갖추고 있을 것이라 기대한다.

- 효율성 efficiency
- 견고함 robustness
- 규모 확장성 scalability
- 확장성 extensibility
- 이식성 portability
- 보안 security
- 상호 작용성 interactivity
- 사용성 usability

효율적인 운영체제 efficient operating system는 **처리량** throughput이 높고 평균 처리 시간 average turnaround time이 짧다. 처리량은 프로세서가 특정 시간 안에 완료할 수 있는 작업의 양을 나타낸다. 운영체제의 역할 중 하나가 많은 응용 프로그램에 서비스를 제공하는 것임을 떠올려보자. 효율적인 운영체제는 이러한 서비스를 제공하는 데 소요하는 시간을 최소로 단축한다('운영체제적 생각: 성능' 참고).

운영체제적 생각

성능 Performance

운영체제의 가장 중요한 목표 중 하나는 시스템의 성능을 극대화하는 것이다. 우리는 일상생활에서 늘 성능을 생각한다. 자동차의 가솔린 마일리지를 따지고, 다양한 스피드 기록을 살핀다. 교수는 학생에게 학점을 주고, 고용주는 피고용인의 업무 성과를 평가한다. 또한 기업은 수익에 따라 평가받고, 정치가는 때마다 선거와 투표를 통해 능력을 평가받는다.

좋은 성능은 성공적인 운영체제가 되기 위한 필수 조건이다. 그러나 성능은 보는 관점에 따라 다를 때가 많다. 즉, 운영체제의 성능을 분류하는 방법은 여러 가지다. 배치 처리 시스템에서는 '처리량'이 중요한 측정 기준이다. 대화식 시분할 시스템에서는 빠른 응답 시간 response time이 더 중요하다.

이 책 전반에 걸쳐 많은 성능 향상 기술을 다룬다. 예를 들어, '8장. 프로세서 스케줄링'에서는 프로세스에 프로세서 시간 processor time을 할당해 상호 작용성과 처리량으로 측정하는 시스템 성능을 개선하는 내용을 살펴본다. '11장. 가상 메모리 관리'에서는 프로세스에 메모리를 효율적으로 할당해 실행 시간을 가능한 줄이는 방법을 논의한다. '12장. 디스크 성능 최적화'에서는 입출력 요청을 재정렬해서 디스크 성능을 향상시키는 방법을 논의한다. '16장. 리눅스 사례 연구'에서는 리눅스 운영체제의 성능 관련 이슈를 논의한다.

견고한 운영체제 robust operating system는 장애 내구성과 신뢰성을 갖추고 있다. 즉, 특정 응용 프로그램이나 하드웨어의 오류 때문에 시스템 전체가 망가지거나 하지 않고, 설령 다운되더라도 작업 손실을 최소화하며 시스템 하드웨어의 손상을 예방한다. 견고한 운영체제는 하드웨어가 고장 나지 않는 한 각 응용 프로그램에 서비스를 제공할 수 있다.

규모 확장성 있는 운영체제 scalable operating system는 자원을 추가하면 해당 자원을 사용할 수 있다. 운영체제가 규모 확장성이 없으면, 금세 추가적인 자원을 충분히 활용하지 못하는 상황에 이른다. 규모 확장성 있는 운영체제는 멀티프로그래밍 수준을 재빨리 조절할 수 있다. 따라서 규모 확장성은 멀티프로세서 시스템에서 특히 중요한 속성이다. 시스템에 더 많은 프로세서를 추가하면, 이상적으로는 처리 능력이 그 수에 비례해서 증가해야 하지만 실제로는 성능이 '비례적으로' 증가하지 않는다.

확장성 있는 운영체제 extensible operating system는 새로운 기술에 잘 적응하고, 운영체제를 원래 설계보다 확장해서 더 큰 역량을 발휘할 수 있게 해준다.

이식성 있는 운영체제 portable operating system는 다양한 하드웨어 구성에서 동작할 수 있게 설계되어 있다. 응용 프로그램의 이식성 역시 중요한데, 응용 프로그램 개발은 비용이 들기 때문에 동일한 응용 프로그램이 다양한 하드웨어 구성에서 동작해 개발 비용을 줄일 수 있어야 한다. 운영체제에서 이러한 이식성은 매우 중대한 요소다.

보안성 있는 운영체제 secure operating system는 사용자나 소프트웨어가 허가받지 않은 서비스나 시스템 자원에 접근하는 일을 예방한다. **보호** protection란 시스템의 보안 정책을 구현하는 메커니즘을 말한다.

대화식 운영체제 interactive operating system는 응용 프로그램이 사용자 또는 시스템에서 일어나는 이벤트에 빠르게 응답하게 해준다. **사용성 있는 운영체제** usable operating system는 많은 사용자 기반을 지원할 수 있는 역량이 있는 시스템으로, 대체로 사용하기 쉬운 사용자 인터페이스를 제공한다. 리눅스, 윈도우 XP, 맥 OS X 같은 운영체제는 사용성이 높은 운영체제로 인식된다. 이들 시스템은 많은 응용 프로그램을 지원하고, 표준 사용자 인터페이스를 제공하기 때문이다. 이에 비해, 실험용 운영체제나 학계에서 연구용으로 사용하는 시스템은 많은 응용 프로그램을 지원하지 못하거나 사용자 친화적인 인터페이스를 제공하지 않는 경우가 많다.

셀프 리뷰

1. 다음 특징에 부합하는 운영체제 목적은 무엇인가?
   a. 사용자들은 적절한 권한이 없는 서비스나 정보에 접근할 수 없다.

b. 운영체제는 다양한 하드웨어 구성에서 동작할 수 있다.
c. 시스템 성능은 메모리와 프로세서를 추가함에 따라 꾸준히 향상될 수 있다.
d. 운영체제가 최초 설계 시에는 가능하지 않던 장치들을 지원할 수 있다.
e. 하드웨어 오류가 생겨도 시스템 전체의 고장을 유발하지 않는다.

2. 디바이스 드라이버는 운영체제의 확장성에 어떻게 공헌하는가?

▶ **풀이** 1) a. 보안 security b. 이식성 portability c. 규모 확장성 scalability d. 확장성 extensibility e. 견고함 robustness
2) 디바이스 드라이버는 개발자들이 운영체제 설계 시에는 없었던 하드웨어들을 추가 지원할 수 있게 해준다. 새로운 유형의 장치가 추가될 때마다 해당 디바이스 드라이버를 설치해야 한다.

1.13 운영체제 아키텍처

현대 운영체제는 많은 서비스를 제공하고 다양한 하드웨어와 소프트웨어 자원을 지원하기 때문에 매우 복잡하다('운영체제적 생각: KIS'와 '에피소드: 시스템 설계자와 시스템 엔지니어' 참고). 운영체제 아키텍처는 설계자들이 운영체제 구성 요소를 구성하고 각 구성 요소가 실행될 권한을 지정할 수 있게 함으로써 이러한 복잡성을 해결하게 한다. 모놀리식 설계 monolithic design에서는 운영체제의 모든 구성 요소를 커널에 포함한다. 마이크로커널 설계 microkernel design에서는 필수 구성 요소만 커널에 포함한다. 이어 나오는 절에서 몇 가지 중요한 아키텍처를 살펴볼 것이다('운영체제적 생각: 아키텍처' 참고).

운영체제적 생각

KIS Keep It Simple

복잡한 시스템은 설계나 구현, 테스트, 디버그 및 유지보수가 어렵다. 흔히 운영체제 설계자들은 특정 문제를 해결하기 위해 가장 간단한 접근법들을 선택할 것이다. 그러나 때로는 더 복잡한 접근법이 성능 향상에 도움을 주거나, 도움이 될 만한 다른 개선안을 파생하기도 한다. 이러한 상충성 trade-off은 컴퓨팅 분야에서 흔히 볼 수 있는 일이다. 단순한 배열을 이용한 검색은 만들기 쉽지만 복잡한 바이너리 검색과 비교해 너무 느리다. 트리 구조는 배열보다 복잡하지만, 특정 유형의 데이터 삽입과 삭제는 훨씬 쉽고 빠를 수 있다. 운영체제 문제를 해결하거나 자원 관리 전략을 개발하기 위해서 여러 가지 대안이 될 만한 접근법을 고려할 때가 많다. 이러한 해법들을 논의할 때 단순성과 복잡성 사이의 상충성을 발견할 것이다. 여러 접근법에 관해 논의할 때 특정 접근법을 선호하는 마음이 생길 때가 있을 것이다. 그러나 미래에 맞닥뜨릴 구체적인 특정 시스템은 다른 접근법을 요구할 수도 있다. 필자들의 철학은 잘 알려진 접근법들에 대하여 찬반론 pros and cons을 제시하여 독자들이 실제 산업계에서 일할 때, 때와 상황에 맞는 최선의 판단을 할 수 있게 준비시키는 것이다.

1.13.1 모놀리식 아키텍처

모놀리식 운영체제 monolithic operating system는 가장 초기에 생겨난 가장 보편적인 운영체제 아키텍처다. 운영체제의 모든 구성 요소를 커널에 포함하며, 단순히 기능 호출만으로도 다른 구성 요소와 직접 통신할 수 있다. 이런 유형의 커널은 컴퓨터 시스템에 제한 없이 접근해 실행할 수 있다([그림 1-3]). OS/360, VMS, 리눅스는 크게 모놀리식 운영체제로 볼 수 있다.[106] 모놀리식 커널은 구성 요소들을 함께 그룹화하기 때문에 모놀리식 운영체제의 구성 요소 간 직접적인 상호 통신은 효율을 높여준다. 그러나 버그의 원인이나 기타 오류를 구분하기 어렵다. 더욱이 모든 코드가 제한 없이 시스템에 접근하므로 모놀리식 커널 시스템은 특히 오류나 악성 코드로부터 해를 입기 쉽다.

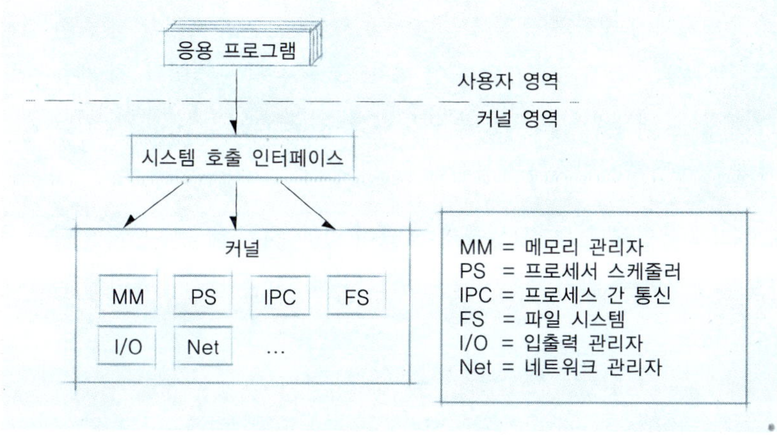

[그림 1-3] 모놀리식 운영체제 커널의 아키텍처

에피소드

시스템 설계자와 시스템 엔지니어

여러분이 운영체제 개발 분야에 뛰어들어 점점 직위가 올라가고, 시스템 설계자 architect 또는 시스템 엔지니어 engineer와 같은 직책을 얻을 수도 있다. 몇 년 전에 한 컨퍼런스에서 소프트웨어 전문가인 동료가 초청 강연을 했다. 그 동료는 시스템 설계자로 소개되었다.

그는 말했다. "시스템 설계자와 시스템 엔지니어의 차이점이 뭔지 궁금하시죠?" 그는 겸손하게, 건축을 비유로 차이점을 설명했다. "엔지니어가 빌딩을 짓는다면, 매우 튼튼하게 지어질 well built 것입니다. 하지만 너무 보기 흉해서 사람들은 건물을 부수고 말 것입니다. 반면, 설계자가 건물을 지으면 아주 아름다운 건물이 나오겠지만 곧 저절로 무너지죠."

운영체제 설계자에게 주는 교훈: 튼튼하면서도 우아한 시스템이 되려면 아키텍처와 엔지니어링이라는 두 가지 측면을 모두 결합해야 한다. 그래도 우아하게 만드는 것은 튼튼하게 하는 것보다는 중요성이 떨어진다.

셀프 리뷰

1. 모놀리식 운영체제를 정의하는 특성은 무엇인가?
2. 모놀리식 운영체제가 왜 효율적인가? 모놀리식 커널의 큰 약점은 무엇인가?

▶ **풀이** 1) 모놀리식 운영체제에서는 운영체제의 모든 요소를 커널 안에 포함한다. 2) 모놀리식 커널은 사용자 영역에서 커널 영역으로의 호출이 적기 때문에 효율적이다. 한편, 커널 안에 있는 모든 운영체제 코드가 컴퓨터의 하드웨어와 소프트웨어에 제한 없이 접근할 수 있기 때문에 시스템이 오류성 코드에 특히 민감하게 영향을 받을 수 있다.

1.13.2 계층적 아키텍처

운영체제가 점점 커지고 복잡해짐에 따라 순수한 모놀리식 설계는 점점 다루기 어려워졌다. 이 문제를 해결하기 위해 운영체제에 대한 **계층적** 접근법 layered approach이 시도되었다. 계층적 접근법은 유사한 기능을 수행하는 요소들을 그룹으로 묶어 계층으로 구분하는 것이다. 각 계층은 오직 바로 상위 또는 하위에 있는 계층과 상호 작용할 수 있다. 하위 계층은 구체적인 구현을 숨긴 채 인터페이스를 통해 상위 계층에 서비스를 제공한다.

계층적 운영체제는 모놀리식 운영체제보다 모듈화가 잘 되어 있다. 다른 계층에 전혀 영향을 주지 않고 각 계층의 구현을 수정할 수 있기 때문이다. 모듈화된 시스템은 시스템 전반에 걸쳐 재

운영체제적 생각

아키텍처 Architecture

건축가들이 건물을 설계할 때 각기 다른 접근법을 사용하듯이, 운영체제 설계자 역시 운영체제를 설계할 때 각기 다른 아키텍처로 접근한다. 때로는 이런 접근법이 특정한 한 가지 성향만 반영할 수도 있고, 때로는 다른 아키텍처 개념을 혼합해 각 장점을 취하기도 한다. 설계자들이 선택하는 접근법은 초기 구현과 운영체제의 발전에 막대한 영향을 미친다. 개발이 진행될수록 점점 더 아키텍처를 변경하기 어려워지므로, 시스템을 개발할 때 적절한 아키텍처를 선택하는 것이 매우 중요하다. 더 일반적으로 말하면 건물을 처음부터 올바르게 짓는 방법이 다 지은 후에 고치는 방법보다 훨씬 쉽다.

운영체제와 같은 소프트웨어 시스템에서 가장 많이 사용하는 아키텍처 접근법은 계층화 layering다. 소프트웨어는 특정 임무를 수행하는 '계층'이라는 모듈로 나뉜다. 각 계층은 하위 계층에서 제공하는 서비스를 호출하고, 상위 계층에는 자신의 구현을 감춘다. 계층화는 모듈성 modularity과 정보 은닉 information hiding이라는 소프트웨어 공학 기술을 도입하여 품질 좋은 시스템 개발을 도모한다. 계층적 소프트웨어 접근법에 관해서는 다익스트라가 언급한 THE 시스템('1.13.2 계층적 아키텍처' 참고)에서 시작해 책 전반에 걸쳐 논의하며, '16장. 리눅스 사례 연구'에서 계층을 사용한 방법을 살펴볼 것이다.

사용할 수 있는 자기 충족적인self-contained 구성 요소들을 포함한다. 각 구성 요소는 작업을 수행하는 내부적인 방법은 감추고, 표준 인터페이스를 보여줌으로써 다른 구성 요소들이 서비스를 요청할 수 있게 한다. 모듈화는 운영체제에 구조structure와 일관성consistency을 부여한다. 또한 소프트웨어 검증과 디버깅 및 수정 과정을 간편하게 해준다. 그러나 계층적 접근법은 사용자 프로세스의 요청을 수행하는 데 많은 계층을 거쳐야 한다. 한 계층에서 다음 계층으로 데이터를 전달할 때마다 추가적인 함수 호출이 발생하므로, 호출 한 번으로 서비스를 받는 모놀리식 커널에 비하면 성능이 떨어진다. 또한 모든 계층이 시스템에 제한 없이 접근할 수 있기 때문에, 계층적 커널은 오류나 악성 코드에 민감하게 영향받을 수 있다. THE 운영체제THE operating system는 계층적 운영체제의 초기 예라 할 수 있다([그림 1-4]).[107] 윈도우 XP와 리눅스를 비롯해 현재 사용하는 운영체제의 다수가 몇 수준의 계층적 구조를 구현하고 있다.

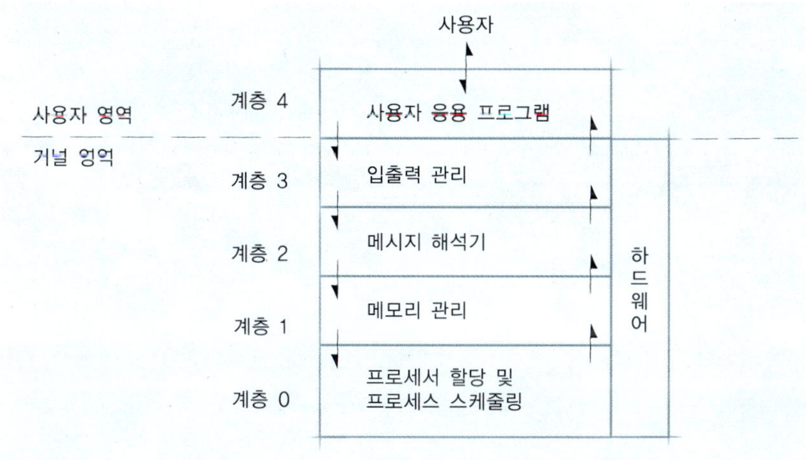

[그림 1-4] THE 운영체제의 계층

셀프 리뷰

1. 계층적 운영체제는 모놀리식 운영체제에 비해 어떻게 모듈화되어 있는가?
2. 계층적 운영체제가 모놀리식 운영체제에 비해 효율성이 떨어지는 이유는 무엇인가?

▶ **풀이** 1) 계층적 운영체제에서는 구현과 인터페이스가 계층마다 분리되어 있다. 덕분에 각 계층을 독립적으로 디버깅하거나 수정할 수 있다. 따라서 설계자들은 다른 계층에 영향을 주지 않으면서 특정 계층의 구현을 수정할 수 있다. 2) 계층적 운영체제에서는 계층 간 통신하는 데 호출이 몇 번 필요하다. 모놀리식 커널에서는 이와 같은 오버헤드가 발생하지 않는다.

1.13.3 마이크로커널 아키텍처

마이크로커널 운영체제 microkernel operating system 아키텍처는 커널의 규모를 줄이고 규모 확장성을 높이려고 소수의 서비스만 제공한다. 여기에 포함되는 서비스는 전형적으로 저수준 메모리 관리, 프로세스 간 통신, 프로세스 간 협력을 위한 기본적인 동기화 기능 등이다. 마이크로커널 설계에서는 프로세스 관리, 네트워킹, 파일 시스템 상호 작용과 장치 관리 등 대부분의 운영체제 구성 요소를 더 낮은 수준의 권한을 통해 커널 외부에서 실행한다([그림 1-5]).[108, 109, 110, 111]

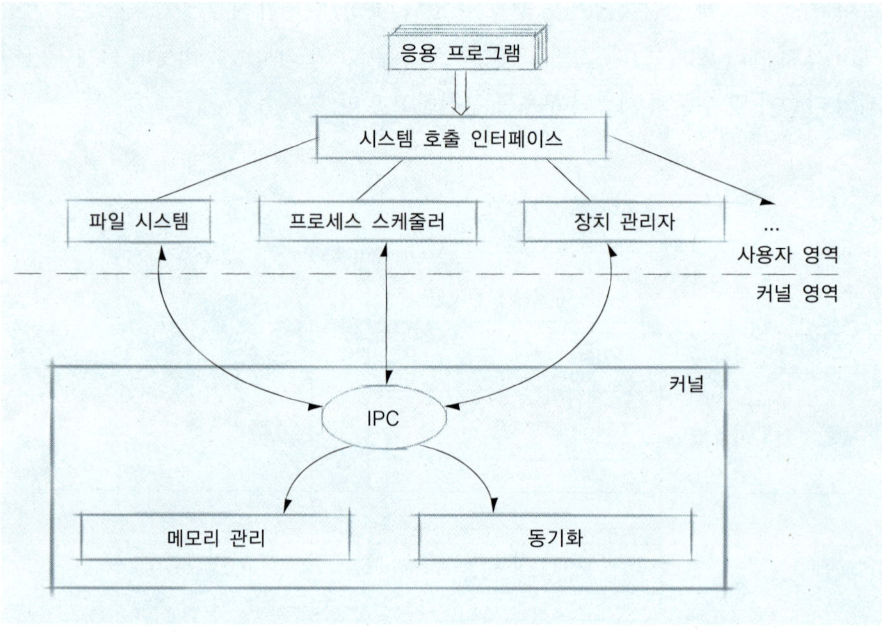

[그림 1-5] 마이크로커널 운영체제 아키텍처

마이크로커널은 모듈화 정도가 높아서 확장성, 이식성, 규모 확장성이 높다.[112] 더 나아가 실행을 위해 각 구성 요소에 의존하지 않기 때문에, 한두 개 구성 요소에 오류가 발생해도 운영체제 전체가 마비되지 않는다. 그러나 이러한 모듈화는 모듈 간 통신 정도가 높아지는 대가를 치러야 한다. 이 때문에 시스템의 성능이 떨어질 수도 있다. 대표적인 운영체제 중 마이크로커널 설계를 전적으로 채택한 것은 거의 없지만, 모듈화된 구성 요소는 포함하고 있다.[113]

셀프 리뷰

1. 순수한 계층적 아키텍처와 마이크로커널 아키텍처의 차이점은 무엇인가?
2. 마이크로커널은 어떤 식으로 이식성을 높여주는가?

▶ **풀이** 1) 계층적 아키텍처는 운영체제 구성 요소들이 인접한 계층 사이에서만 통신할 수 있게 한다. 마이크로커널 아키텍처는 모든 운영체제 구성 요소가 마이크로커널을 통해 통신할 수 있게 한다. 2) 마이크로커널은 특정 하드웨어 플랫폼에 종속되지 않는다. 해당 모듈만 새로 로드하면 새로운 하드웨어를 지원할 수 있다.

1.13.4 네트워크 운영체제와 분산 운영체제

원거리 통신 기술의 발전은 운영체제에 중대한 영향을 주었다. **네트워크 운영체제** network operating system는 프로세스들이 네트워크에 있는 다른 컴퓨터의 자원에 접근할 수 있게 해준다.[114] 많은 네트워크 운영체제와 분산 운영체제의 구조가 클라이언트/서버 모델에 기반을 둔다([그림 1-6]). 클라이언트 컴퓨터는 적절한 네트워크 프로토콜을 이용해 파일이나 프로세서 시간과 같은 자원을 요청하고, 서버는 해당 자원을 통해 응답을 준다. 이러한 네트워크에서 운영체제 설계자는 데이터와 컴퓨터 간 통신을 관리할 방안을 고려해야 한다.

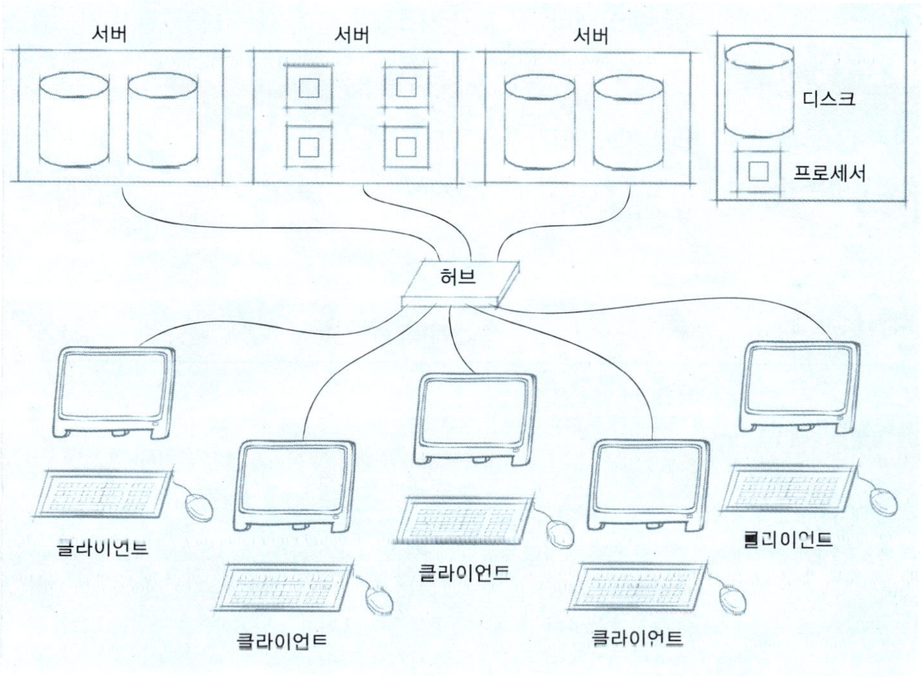

[그림 1-6] 클라이언트/서버 기반 네트워크 운영체제 모델

몇몇 운영체제는 다른 것보다 '네트워크' 성격이 강하다. 즉, 네트워크로 연결된 환경이라면 프로세스들이 자신을 생성한 컴퓨터에서든, 네트워크에 있는 다른 컴퓨터에서든 모두 실행할 수 있다. 어떤 네트워크 운영체제에서는 사용자가 자신의 프로세스를 실행할 지점을 명확히 지정

하게 하기도 하고, 또 다른 경우에는 운영체제가 프로세스 실행 지점을 결정하기도 한다. 예를 들면, 시스템이 부하가 낮은 컴퓨터에서 프로세스를 실행하는 것이 효율적이라고 판단할 수 있다.[115]

네트워크 파일 시스템 networked file system은 네트워크 운영체제의 중요한 구성 요소다. 가장 낮은 수준의 경우, 사용자가 가시적으로 다른 컴퓨터에 접속해 해당 시스템의 자원을 얻어간다. 고수준 네트워크 파일 시스템에서는 사용자가 원격 파일에 접근하면서도 마치 지역 시스템을 이용하는 것처럼 느끼게 해준다. 네트워크 파일 시스템의 예로, 썬의 네트워크 파일 시스템 NFS, Network File System과 CMU의 Andrew and Coda 파일 시스템을 들 수 있다.

분산 운영체제 distributed operating system는 한 대 이상의 컴퓨터에 있는 자원을 관리하는 특별한 운영체제다. **분산 시스템** distributed system은 여러 컴퓨터를 강력한 컴퓨터 한 대처럼 보이게 해서, 프로세스가 네트워크의 어느 곳에 위치하든 시스템들에 있는 모든 자원에 접근할 수 있게 해준다.[116] 분산 운영체제는 구현이 어렵고, 프로세스가 공유 데이터에 접근하기 때문에 복잡한 알고리즘을 요구한다. 분산 운영체제의 예로 MIT의 코드 Chord 운영체제와 암스테르담 브리예 Vrije 대학교의 아메바 Amoeba 운영체제를 들 수 있다.[117, 118] 분산 시스템에 관해서는 '14장. 분산 시스템 소개'에서 자세히 설명한다.

지금까지 수많은 역사적 사실과 이슈, 어지러운 약어로 된 시스템 이름 등을 거론했다. 이제 '2장. 하드웨어와 소프트웨어 개념'에서 컴퓨터 하드웨어와 소프트웨어에 관한 기본적인 원칙을 논의할 차례다.

셀프 리뷰

1. 네트워크 운영체제와 분산 운영체제의 중요한 차이점은 무엇인가?
2. 분산 운영체제의 주요 장점은 무엇인가? 분산 운영체제를 설계할 때 가장 어려운 점은 무엇인가?

▶ **풀이** 1) 네트워크 운영체제는 한 컴퓨터를 제어하지만 네트워크로 연결된 다른 컴퓨터들과 협력한다. 분산 운영체제는 한 운영체제가 네트워크로 연결된 여러 컴퓨터를 제어한다. 2) 분산 운영체제의 중요한 장점은 프로세스에서 사용하는 자원의 위치를 신경 쓰지 않기 때문에 응용 프로그램이 간단해진다는 점이다. 이는 시스템 프로그래머가 프로세스들의 통신과 컴퓨터 간 데이터 공유를 위해 복잡한 알고리즘을 구현함으로써 얻을 수 있는 이점이다. 덕분에 사용자는 고성능 컴퓨터 한 대를 사용하고 있는 것처럼 느낄 수 있다.

요약 Summary

몇 년 전만 해도, 운영체제는 '하드웨어를 제어하는 소프트웨어' 정도로 정의되었다. 그러나 컴퓨터 시스템이 상당히 발전해 이제는 더 정교한 정의가 필요하다. 하드웨어의 활용도를 높이기 위해 응용 프로그램을 병행으로 실행하도록 설계한다. 그러나 이런 응용 프로그램을 신중을 기해서 작성하지 않으면 다른 프로그램을 방해할 수도 있다. 그 결과 운영체제라는 소프트웨어 계층은 응용 프로그램(소프트웨어 계층)을 이들이 접근하는 하드웨어와 분리하고 있다.

사용자가 문서를 출력하거나 프로그램을 실행하는 등의 동작을 요청하면, 운영체제는 주어진 입력에 맞는 결과를 보장하도록 소프트웨어와 하드웨어를 조작한다. 운영체제는 기본적으로 자원 관리자resource manager로, 프로세서, 메모리, 입출력 장치, 통신 장치 같은 하드웨어 자원을 관리한다. 또한 하드웨어처럼 물리적으로 만질 수 없는 객체인 응용 프로그램들과 기타 추상적인 소프트웨어 객체들도 관리해야 한다.

운영체제는 지난 60여 년 동안 몇 번의 뚜렷한 변화를 보이며 발전했다. 대체로 10년 단위로 컴퓨터 분야의 세대교체와 변혁이 이루어졌다고 볼 수 있다. 1940년대에는 초기 디지털 컴퓨터들이 운영체제를 포함하고 있지 않았다. 1950년대의 컴퓨터는 대체로 한 번에 한 가지 작업만 수행했지만, 컴퓨터의 사용 효율을 극대화하려고 작업 간 이동을 원활하게 하는 기술을 사용했다. 작업 job은 프로그램이 실행할 일련의 명령어로 이루어져 있었다. 이러한 초기 컴퓨터를 단일 스트림 배치 처리 시스템single- batch-processing system이라고 한다. 프로그램과 데이터를 순서대로 테이프나 디스크에 로드해서 그룹 혹은 일괄로 처리하기 때문이다.

1960년대 역시 배치 처리 시스템이지만 여러 작업을 한 번에 실행하면서 컴퓨터 자원을 더 효율적으로 사용했다. 1960년대의 시스템은 특정 작업이 주변 장치를 사용하고 있을 때 다른 작업에서 프로세서를 사용할 수 있게 해서 자원 활용도를 높였다. 운영체제 설계자들은 이를 염두에 두고 한 번에 여러 작업을 처리하는 멀티프로그래밍 multiprogramming 시스템을 만들었다. 시스템의 멀티프로그래밍 정도 degree of multiprogramming란 동시에 몇 가지 작업을 관리할 수 있는지 나타내는 척도다.

1964년에는 IBM에서 System/360 계열 컴퓨터를 발표했다. 다양한 360 컴퓨터 모델은 하드웨어와 잘 융화되기 위해 OS/360이라는 운영체제를 사용하도록 설계되었다. 그리고 이 시리즈의 높은 버전으로 갈수록 더 강력한 성능을 제공했다. 이후 더 발전된 운영체제가 개발되어 여러 대화식 사용자 interactive user를 동시에 서비스하게 되었다. 시분할timesharing 시스템은 여러 사용자가 동시에 컴퓨터와 상호 작용하게 할 목적으로 개발되었다.

실시간 시스템 real-time system은 특정한 제한 시간 안에 반응해야 한다. 실시간 시스템의 자원은 활용도가 심각하게 떨어지곤 했다. 실시간 시스템에서는 자원을 효율적으로 사용하는 것보다 신속하게 응답하는 것이 훨씬 중요하기 때문이다.

처리 시간 turnaround time이란 작업을 전송한 후 결과를 돌려받기까지 걸린 시간을 말한다. 이 처리 시간은 이제 몇 분에서 몇 초 정도로 줄었다. 시분할 시스템이 프로그램 개발에 기여한 가치는 MIT에서 CTSS 시스템을 이용하여 후속 버전인 멀틱스를 개발할 때 잘 드러났다. TSS, 멀틱스, CP/CMS 모두 가상 메모리 virtual memory를 갖추고 있다. 가상 메모리를 갖춘 시스템에서는 프로그램이 메인 메모리에서 실제로 할당받은 실제 메모리(물리 메모리) real memory(physical memory)보다 많은 메모리 주소를 사용할 수 있다.

1970년대 시스템은 주로 멀티모드 멀티프로그래밍 시스템으로, 배치 처리와 시분할, 실시간 응용 프로그램을 지원했다. 또한 마이크로프로세서 기술에 힘입어 개인 컴퓨팅이 태동하기 시작했다. 미국에서 컴퓨터 간 통신이 점차 증가해 국방부의 TCP/IP 통신 표준이 널리 사용되게 되었고, 특히 국방 분야와 대학교 컴퓨팅 환경을 중심으로 널리 확대되었다. 취약한 통신 매체를 통해 오가는 정보의 양이 점차 증가하면서 보안 문제가 대두되었다.

1980년대는 개인용 컴퓨터와 워크스테이션의 시대였다. 데이터를 중앙에 위치한 대형 컴퓨터로 가져오는 대신 필요한 위치마다 컴퓨터를 놓을 수 있게 되었다. 개인용 컴퓨터는 익히고 사용하기가 더 수월했다. 이는 부분적으로는 윈도우, 아이콘, 메뉴 같은 가시적인 심볼을 사용한 그래픽 사용자 인터페이스 GUI, Graphical User Interface 덕분에 사용자가 프로그램과 쉽게 상호 작용할 수 있기 때문이다. 기술 비용이 감소해 네트워크에서 컴퓨터 간 정보 이동이 더 경제적이고 현실적인 수준이 되었다. 클라이언트/서버 분산 컴퓨팅 모델이 보편적인 형태가 되었다. 클라이언트 client는 다양한 서비스를 요청하는 사용자들의 컴퓨터, 서버 server는 요청받은 서비스를 수행하는 컴퓨터를 말한다.

소프트웨어 공학 분야에서 발전을 거듭하여, 미국 정부는 국방부의 소프트웨어 프로젝트를 더 면밀하게 통제할 필요를 느낄 정도가 되었다. 처음에는 코드 재사용을 촉진하고, 프로그래밍 언어에서 추상화 수준을 높이려는 목표도 있었다. 또 다른 소프트웨어 공학 발전은 독립적으로 실행할 수 있는 여러 스레드를 포함하는 프로세스를 구현한 것이다.

1960년대 후반, 미 국방부의 ARPA Advanced Research Projects Agency는 십여 군데의 ARPA 지원 대학교와 연구 기관의 메인 컴퓨터들을 네트워크로 연결하는 청사진을 내놓았다. ARPA는 ARPAnet을 구현했는데, 이는 오늘날 사용하는 인터넷 Internet의 시조가 되었다. ARPAnet의 가장 유용한 점은 이메일 e-mail(electronic mail)로 알려진 기술을 통한 빠르고 쉬운 통신 능력이다. 이는 현재 사용하는 인터넷에서도 여전한 사실이다. 이메일, 메시지 전송, 파일 전송 등을 가능하게 함으로써 전 세계 사람 수억 명이 서로 통신할 수 있게 되었다.

ARPAnet은 중앙 집중적인 통제 없이 작동하도록 설계되었다. ARPAnet을 이용해 통신하기 위한 통신 규약, 즉 프로토콜 protocol은 TCP/IP Transmission Control Protocol/Internet Protocol다. TCP/IP는 응용 프로그램 사이의 통신을 관리하는 데 사용되었다. 이 프로토콜은 메시지가 송신자로부터 수신자에게 올바르고 손실 없이 전달되는 것을 보장했다. 결국 정부 기관에서 인터넷을 상업 목적으로 활용하는 것을 허가하게 되었다.

월드 와이드 웹 덕분에 컴퓨터 사용자들은 거의 모든 주제에 대해 멀티미디어 기반 문서(예를 들면, 텍스트와 그래픽, 애니메이션, 음향과 비디오 등을 포함하는 웹 문서)를 검색하고 조회할 수 있게 되었다. 인터넷이 개발된 시점은 30년 전이지만, 월드 와이드 웹을 도입한 시점은 비교적 최근이다. 1989년에 CERN European Center for Nuclear Research의 팀 버너스 리는 하이퍼링크 hyperlink 문서를 통해 정보를 공유하는 방법을 개발하기 시작했다. 버너스 리는 이 신기술을 구현하려고 HTML HyperText Markup Language을 만들었다. 이어 더해 HTTP HyperText Transfer Protocol를 사용해 '월드 와이드 웹'이라는 하이퍼텍스트 정보 시스템의 통신 근간을 만들고자 했다.

1990년대에 하드웨어 성능은 기하급수적으로 발전했다. 처리 성능이 향상되고 저장 매체들이 저렴해지면서, 개인 사용자들이 크고 복잡한 프로그램을 개인용 컴퓨터에서 실행하게 되었다. 또한 중소기업에서도 이전에는 메인프레임 시스템에서 처리했을 만한 작업과 데이터베이스 처리 시스템을 경제적인 비용으로 구비할 수 있게 되었다. 1990년대에는 분산 컴퓨팅으로의 전환이 가속화되었다. 분산 컴퓨팅이란 독립적인 컴퓨터 여러 대가 공동 작업을 수행하는 것이다. 인터넷 연결 수요가 늘어나면서 운영체제에서 네트워크 지원이 표준이 되었다. 가정과 기관의 사용자들은 네트워크에 있는 컴퓨터 자원에 접근해 생산성을 늘렸다.

1990년대에 마이크로소프트는 굴지의 기업으로 성장했다. 아이콘이나 메뉴, 윈도우 등 초기 매킨토시 운영체제의 개념을 많이 도입한 마이크로소프트의 윈도우 운영체제는 한꺼번에 여러 응용 프로그램을 손쉽게 실행할 수 있게 했다.

객체지향 프로그래밍 object-oriented programming 언어인 C++나 자바 Java로 작성한 응용 프로그램 수가 꾸준히 증가하면서, 객체 기술은 컴퓨터 분야의 여러 영역에서 유행하기 시작했다. 객체지향 운영체제 OOOS, Object-Oriented Operating System에서는 운영체제의 구성 요소와 시스템 자원을 개체로 표현한다. 상속 inheritance, 인터페이스 interface 같은 객체지향 개념은 이전 기술로 만든 운영체제보다 유지보수와 확장이 쉬운 모듈화된 운영체제를 개발하는 데 공헌했다.

상용 소프트웨어는 보통 오브젝트 코드(목적 코드) object code 형태로 배포한다. 소스 코드나 프로그래밍 기술은 공개되지 않고 제작사의 독점적인 지적 소유물이 된다. 1990년대에는 무료 및 오픈 소스 소프트웨어가 점차 보편화되었다. 오픈 소스 소프트웨어는 소스 코드와 함께 배포하기 때문에 개인이 살펴보고 수정한 후 컴파일하고 실행할 수 있다. 리눅스 운영체제와 아파치 Apache 웹 서버는 모두 오픈 소스다.

1980년대에 MIT의 소프트웨어 개발자 리처드 스톨만은 AT&T의 유닉스 운영체제에 있는 대부분의 도구를 수정 및 개선해서 무상으로 코드를 제공하는 프로젝트를 시작했다. 스톨만은 GNU 프로젝트를 시작했는데, 그 이유는 소프트웨어를 사용할 수 있는 권한을 판매한다는 생각에 반대했기 때문이다. OSI Open Source Initiative가 조직되어 오픈 소스 프로그램의 이익 증진을 도모했다. 오픈 소스 소프트웨어는 개발자 커뮤니티에서 누구든지 응용 프로그램을 테스트하고 디버깅해 개선할 수 있게 함으로써, 소프트웨어 제품을 더욱 개선할 수 있는 길을 만들었다. 덕분에 발견되지 않을 경우 보안 허점이 되거나 논리적 오류가 될 만한 미묘한 버그들을 발견하고 수정할 수 있게 되고, 각 개인과 회사에서 소프트웨어를 자신들의 목적과 환경에 맞게 커스터마이즈할 수 있게 되었다.

1990년대에는 운영체제가 점차 사용자들에게 친숙해졌다. 1980년대에 애플의 매킨토시에서 선보인 GUI의 특징들이 1990년대에 들어 더 정교해졌다. 운영체제에 '플러그 앤 플레이' Plug-and-play 기능도 생겨서 사용자들이 운영체제를 수동으로 재구성하지 않고도 하드웨어 구성 요소를 추가, 삭제할 수 있게 되었다.

미들웨어는 네트워크 등을 통해 두 독립적인 응용 프로그램을 서로 연결하는 소프트웨어다. 이는 특히 웹 서비스에서 중요하다. 왜냐하면 여러 아키텍처 간 통신을 간략하게 해주기 때문이다. 웹 서비스 web service는 이기종 컴퓨터의 응용 프로그램들이 인터넷을 통해 통신하고 데이터를 주고받는 데 필요한 표준들을 포함한다. 이들은 인터넷에 있는 '바로 사용할 수 있는' 소프트웨어 부품이다.

IBM 개인용 컴퓨터 PC, Personal Computer는 등장하자마자 거대한 소프트웨어 산업을 활성화했다. 독립 소프트웨어 개발사 ISV, Independent Software Vendor들은 MS-DOS에서 동작하는 IBM PC용 응용 프로그램들을 시장에 발표하게 되었다. 운영체제가 응용 프로그램을 빠르고 쉽게 개발할 수 있는 좋은 환경을 제공한다면, 해당 운영체제와 하드웨어는 시장에서 성공할 가능성이 크다. 응용 프로그램 기반 application base(응용 프로그램 개발 환경을 구성하는 운영체제와 하드웨어의 조합)이 일단 확립되면, 사용자나 소프트웨어 개발자들이 완전히 새로운 응용 프로그램 개발 환경으로 옮겨가기 어렵다.

고성능 환경에서 사용하는 운영체제는 대용량 메모리와 특수 목적 하드웨어, 여러 프로세스 등을 지원하도록 설계해야 한다. 임베디드 시스템 embedded system 은 휴대폰이나 PDA 같은 소형 기기에 기능을 제공하는 특화된 소규모 자원을 특징으로 꼽을 수 있다. 임베디드 시스템 환경에서는 효율적인 자원 관리가 성공적인 운영체제의 관건이라 할 수 있다.

실시간 시스템은 정해진 시간 안에 특정 작업을 완료해야 한다. 예를 들어, 비행기의 자동 제어 시스템은 속도와 고도, 방향 등을 끊임없이 조절해야 한다. 그리고 이러한 동작을 무한정 기다릴 수 없다. 때로는 잠시도 지연 없이 바로 결과를 내야 할 수도 있다.

어떤 운영체제는 기기 안에 물리적으로 존재할 수도 있고 존재하지 않을 수도 있는 하드웨어를 관리해야 한다. 가상 머신 VM, Virtual Machine 은 실제 운영체제 위에서 사용자 응용 프로그램처럼 작동하는 컴퓨터를 소프트웨어로 추상화한 것이다. 가상 머신 운영체제는 가상 머신에서 제공하는 자원을 관리한다. 가상 머신을 적용한 한 가지 예는 여러 운영체제의 인스턴스를 동시에 실행하는 것이다. 또 다른 예는 에뮬레이션으로, 소프트웨어나 하드웨어를 사용해 시스템에 존재하지 않는 하드웨어나 소프트웨어의 기능을 흉내 내는 것이다. 시스템을 혼자 독점하고 있는 것처럼 느끼는 가운데, 여러 사용자가 하드웨어를 공유할 수 있다. 이로써 가상 머신은 소프트웨어의 이식성 portability, 즉 다양한 이기종 플랫폼에서 실행할 수 있는 능력을 높여준다.

사용자는 한 개 이상의 응용 프로그램이나 셸(명령어 해석기) shell(command interpreter)이라는 특별한 응용 프로그램을 통해 운영체제와 상호 작용한다. 운영체제의 핵심 구성 요소를 담은 소프트웨어를 커널 kernel이라고 한다. 운영체제들은 프로세스 스케줄러 process scheduler, 메모리 관리자 memory manager, 입출력 관리자 I/O manager, 프로세스 간 통신 관리자 IPC(InterProcess Communication) manager, 파일 시스템 관리자 file system manager라는 핵심 요소를 공통으로 포함한다.

거의 모든 현대 운영체제에서 멀티프로그래밍 환경을 지원해 여러 응용 프로그램을 동시에 실행할 수 있게 한다. 커널은 프로세스의 실행을 관리한다. 독립적으로 실행하지만 공통 메모리 공간에서 작업하는 프로그램 구성 요소를 스레드 thread라고 한다.

프로세스가 입출력 장치에 접근하려면 운영체제에 시스템 호출을 보내야 한다. 이러한 시스템 호출은 디바이스 드라이버 device driver에서 처리한다. 디바이스 드라이버는 하드웨어와 직접 상호 작용하는 소프트웨어 구성 요소로, 요청한 입출력 연산에 필요한 각 장치 고유의 명령어와 기타 명령어를 포함한다.

사용자는 운영체제가 효율성 efficiency, 견고함 robustness, 규모 확장성 scalability, 확장성 extensibility, 이식성 portability, 보안 security, 상호 작용성 interactivity, 사용성 usability 같은 특징을 갖추고 있을 것이라 기대한다.

모놀리식 운영체제 monolithic operating system는 모든 구성 요소를 커널에 포함한다. 따라서 모든 구성 요소가 다른 구성 요소와 직접 통신할 수 있다. 모놀리식 운영체제는 효율이 높은 편이다. 모놀리식 설계의 단점은 미묘한 오류의 원인을 판단하기 어렵다는 것이다.

이 문제를 해결하기 위해 운영체제에 대한 계층적 접근법 layered approach이 시도되었다. 계층적 접근법은 유사한 기능을 수행하는 요소들을 그룹으로 묶어 계층으로 구분하는 것이다. 각 계층은 오직 바로 상위 또는 하위에 있는 계층과 상호 작용할 수 있다. 계층적 접근법은 사용자 프로세스의 요청을 수행하는 데 많은 계층을 거쳐야 한다. 한 계층에서 다음 계층으로 데이터를 전달할 때마다 추가적인 함수 호출이 발생하므로, 호출 한 번으로 서비스를 받는 모놀리식 커널에 비하면 성능이 떨어진다.

마이크로커널 운영체제 microkernel operating system 아키텍처는 커널의 규모를 줄이고 규모 확장성을 높이려고 소수의 서비스만 제공한다. 마이크로커널은 모듈화 정도가 높아서 확장성, 이식성, 규모 확장성이 높다. 그러나 이러한 모듈화는 모듈 간 통신 정도가 높아지는 대가를 치러야 한다. 이 때문에 시스템의 성능이 떨어질 수도 있다.

네트워크 운영체제 network operating system는 한 컴퓨터에서 실행하며, 프로세스들이 원격 컴퓨터의 파일과 프로세서 같은 자원에 접근할 수 있게 해준다. 분산 운영체제 distributed operating system는 한 대 이상의 컴퓨터에 있는 자원을 관리하는 단일 운영체제다. 분산 운영체제 distributed operating system의 목표는 투명한 성능, 규모 확장성, 장애 내구성, 일관성을 보장하는 것이다.

Chapter_01 연습문제

01 멀티프로그래밍과 멀티프로세싱은 어떻게 다른가? 각각 어떤 동기로 개발되었는가?

02 이 장에서 언급한 다음 시스템의 중요성을 설명해보자.

a. MS-DOS
b. CTSS
c. 멀틱스
d. OS/360
e. TSS
f. 유닉스
g. 매킨토시

03 무엇이 개발되어, 개인 컴퓨팅이 쉬워졌는가?

04 소프트 실시간 시스템을 위해 가상 머신을 사용하는 방법이 비현실적인 이유는 무엇인가?

05 GUI는 개인용 컴퓨터 혁명에서 어떤 역할을 했는가?

06 GPL은 자유 소프트웨어를 장려한다. 어떤 방식으로 이러한 자유를 제공할 수 있는가?

07 분산 컴퓨팅이 운영체제 설계에 준 영향은 무엇인가?

08 컴퓨터 간 통신의 장단점은 무엇인가?

09 다음 각 용어를 정의하고 비교, 대조하라.

a. 온라인
b. 실시간
c. 대화식 컴퓨팅
d. 시분할

10 미들웨어와 웹 서비스는 어떻게 상호 운용성을 높이는가?

11 모놀리식 아키텍처, 계층적 아키텍처, 마이크로커널 아키텍처에 대하여 다음을 비교하라.

a. 효율성
b. 견고함
c. 확장성
d. 보안

[추천 프로젝트]

12 리눅스 운영체제에 관한 연구 보고서를 작성하라. 리눅스는 어떤 방식으로 소프트웨어에 대한 스톨만의 신조인 'free as in freedom'(무료, 무상이라는 의미보다는 '자유로움'의 의미를 담은 'free'다. 사용과 수정, 새로운 버전 창조의 자유로움을 가리킨다)을 지원하는가? 리눅스는 또한 어떤 점에서 이 철학과 모순되는가?

13 인터넷에 관한 연구 보고서와 수많은 인터넷 사용자가 운영체제에 준 영향에 관한 연구 보고서를 작성하라.

14 오픈 소스 소프트웨어 운동에 대해 연구 보고서를 작성하라. 모든 오픈 소스 소프트웨어가 가격과 사용권 모두 무료인가? GPL이나 이와 유사한 라이선스는 어떻게 오픈 소스 소프트웨어를 촉진하는가?

15 운영체제의 발전에 관한 연구 보고서를 작성하라. 새로운 운영체제가 탄생하는 데 도움을 준 하드웨어나 소프트웨어, 통신 기술로는 어떤 것이 있는가?

16 미래에 나타날 수 있는 운영체제에 관한 연구 보고서를 작성하라.

17 과거와 현재의 운영체제에 대해 상세히 분류하고 보고서를 작성하라.

18 웹 서비스에 관한 연구 보고서를 작성하라. 웹 서비스 하부 구조가 만들어지는 핵심 기술을 논의하라. 웹 서비스 사용은 응용 프로그램 개발에 어떤 영향을 미쳤는가?

19 비즈니스 크리티컬 응용 프로그램과 미션 크리티컬 응용 프로그램에 관한 연구 보고서를 작성하라. 이러한 유형의 응용 프로그램을 지원하는 시스템을 만들 때 하드웨어와 통신 소프트웨어, 운영체제의 중요한 속성이 무엇인지 논하라.

20 가상 머신에 관한 연구 보고서를 작성하라. IBM의 VM 운영체제와 썬의 자바 가상 머신에 관해 조사하라.

21 운영체제 관련 법률 조항을 조사하라.

22 운영체제가 비즈니스와 경제에 미친 영향에 관한 연구 보고서를 작성하라.

23 운영체제와 보안, 사생활 보호 문제에 관한 연구 보고서를 작성하라. 버그와 바이러스의 문제를 고려하기 바란다.

24 운영체제 설계자들이 고려해야 할 윤리적인 문제들에 관한 연구 보고서를 작성하라. 컴퓨터 시스템을 전쟁에 사용하는 문제나 생명을 위협하는 상황, 바이러스 혹은 다른 중요한 주제들을 포함해 논하라.

25 미래의 운영체제 설계를 인도하는 몇 가지 흐름을 나열하라. 각 흐름이 미래의 시스템에 어떤 영향을 미칠 것인지 논하라.

26 대규모 병렬 시스템 설계에 관해 논하고, 연구 보고서를 작성하라. 휴렛팩커드 슈퍼돔 Hewlett-Packard Superdome 슈퍼컴퓨터 같은 대규모 멀티프로세서 시스템(프로세서를 64개까지 장착 수 있다. http://www.hp.com/products1/servers/scalableservers/superdome/)과 클러스터 시스템 clustered system 그리고 종단 컴퓨터 수천 대가 협력해 공동 작업을 수행하는 서버 팜 farm을 비교하라(예를 들어,

http://www.beowulf.org 참고). http://www.top500.org를 참고해 세계에서 가장 강력한 슈퍼 컴퓨터 목록을 찾아보고, 이 고도의 병렬 시스템들이 수행하는 업무 유형이 무엇인지 파악하라.

27 병렬 컴퓨팅을 극적으로 늘린 흐름은 무엇인가? 병렬 컴퓨팅이 널리 사용되려면 하드웨어와 소프트웨어 설계자들이 어떤 점을 해결해야 하는가?

28 MIT의 Exokernel(http://www.pdos.lcs.mit.edu/exo.html)과 CMU의 마크 Mach 마이크로커널(http://www.2.cs.cmu.edu/afs/cs.cmu.edu/project/mach/public/www/mach.html)을 비교해 연구 보고서를 작성하라.[119] 각 운영체제가 중점을 두는 부분은 무엇인가? 연구자들이 메모리 관리, 디스크 스케줄링, 프로세스 관리 등의 구성 요소를 어떻게 구성하는지 조사하라. 이들 중 상업적으로 성공을 거둔 시스템이 있는가? 또한 상업적으로 성공을 거둔 운영체제에 영향을 미친 시스템은 무엇인가?

29 유닉스와 유닉스 기반 시스템이 최근 인기를 얻은 이유는 무엇인가? 리눅스가 미래의 유닉스 시스템에 어떤 영향을 주는가?

핵심용어

- ARPA Advanced Research Projects Agency
- ARPAnet
- C
- CP/CMS
- CTSS
- GNU GNU's Not UNIX
- GPL General Public License
- HTML HyperText Markup Language
- HTTP Hypertext Transfer Protocol
- POSIX Portable Operating Systems Interface
- TCP/IP Transmission Control Protocol/Internet Protocol
- 가상 머신 VM, Virtual Machine
- 가상 머신 운영체제 VM(Virtual Machine) operating system
- 가상 메모리 virtual memory
- 객체지향 운영체제 OOOS, Object-Oriented Operating System
- 견고한 운영체제 robust operating system
- 계산 중심 compute-bound
- 계층적 운영체제 layered operating system
- 고도 병렬성 massive parallelism
- 규모 확장성 있는 운영체제 scalable operating system
- 그래픽 사용자 인터페이스 GUI, Graphical User Interface
- 네트워크 운영체제 network operating system
- 단일 스트림 배치 처리 시스템 single-stream batch-processing system
- 대역폭 bandwidth
- 대화식 사용자 interactive user
- 대화식 운영체제 interactive operating system
- 독립 소프트웨어 개발사 ISV, Independent Software Vendor
- 디바이스 드라이버 device driver
- 디스크 스케줄러 disk scheduler
- 마이크로커널 운영체제 microkernel operating system
- 멀티프로그래밍 multiprogramming
- 멀티프로그래밍 수준 level of multiprogramming
- 멀티프로그래밍 정도 degree of multiprogramming
- 멀틱스 Multics
- 메모리 관리자 memory manager
- 모놀리식 운영체제 monolithic operating system
- 미들웨어 middleware
- 미션 크리티컬 시스템 mission-critical system
- 보안성 있는 운영체제 secure operating system
- 보호 protection
- 분산 시스템 distributed system
- 분산 운영체제 distributed operating system
- 분산 컴퓨팅 distributed computing
- 비즈니스 크리티컬 시스템 business-critical system
- 사용성 있는 운영체제 usable operating system
- 서버 server
- 셸 shell
- 스레드 thread
- 시분할 시스템 timesharing system
- 시분할 시스템 TSS, Time Sharing System
- 시스템 호출 system call
- 실시간 시스템 real-time system
- 오픈 소스 소프트웨어 OOS, Open-Source Software
- 오픈 소스 진영 OSI, Open-Source Initiative
- 온라인 online
- 운영체제 OS, Operating System
- 월드 와이드 웹 WWW, World Wide Web
- 웹 서비스 web service
- 유닉스 UNIX
- 응용 프로그램 기반 application base
- 응용 프로그래밍 인터페이스 API, Application Programming Interface
- 이식성 portability
- 이식성 있는 운영체제 portable operating system
- 인터넷 internet

- 임베디드 시스템 embedded system
- 입출력 관리자 I/O manager
- 입출력 중심 I/O-bound
- 자바 가상 머신 JVM, Java Virtual Machine
- 작업 job
- 장애 내구성 fault tolerance
- 처리 시간 turnaround time
- 처리량 throughput
- 커널 kernel
- 클라이언트 client
- 파일 시스템 관리자 file system manager
- 프로세서 중심 processor-bound
- 프로세스 process
- 프로세스 간 통신 관리자 interprocess communication manager
- 프로세스 스케줄러 process scheduler
- 프로세스 우선순위 priority of a process
- 확장성 있는 운영체제 extensible operating system
- 효율적인 운영체제 efficient operating system

추천도서

Recommended Reading

여기서는 각 장에서 다루는 주제와 관련해 세미나 자료와 논문, 최신 연구 자료 등 다양한 추천 자료를 소개한다. 각 장에서 인용한 많은 논문은 ACM Association of Computing Machinery이나 IEEE Institute of Electrical and Electronics Engineers 사이트에 등록된 여러 저널을 통해 찾아볼 수 있다. 「Communications of the ACM」은 ACM의 대표적인 저널로, 연구 논문과 논설, 컴퓨터 과학 분야의 최신 기사를 많이 다루고 있다.

ACM은 또한 컴퓨터 과학의 특정 분야들을 연구하는 여러 SIG Special-Interest Group를 지원한다. SIGOPS (http://www.acm.org/sigops/)는 운영체제 분야의 SIG로, 해마다 컨퍼런스를 열고 「Operating Systems Review」라는 저널을 발행한다. IEEE Computer Society(http://www.computer.org)는 가장 큰 IEEE 조직으로 유명한 「IEEE Computer」(http://www.computer.org/computer/)를 비롯해 컴퓨터 과학과 관련 있는 여러 저널을 발행한다. 독자들이 ACM, SIGOPS, IEEE Computer Society 등에 가입하길 권장한다. PDF로 제공하는 '웹 자료'에는 운영체제의 상세한 역사를 알 수 있는 자료들을 링크해두었다. OS/360 운영체제의 설계와 개발에 관한 기사는 프레데릭 브룩스 Frederick P. Brooks, Jr.가 저술한 『The Mythical Man-Month』(Addison-Wesley, 1995)에서 찾아볼 수 있다.[120] 페르 브린치 한센 Per Brinch Hansen이 저술한 『Classic Operating Systems: From Batch to Distributed Systems』(Springer, 2001)는 운영체제의 혁신적인 설계와 개발에 대해 기술하는 논문 선집을 제공한다.[121] 이 장의 참고 문헌 목록은 http://www.deitel.com/books/os3e/Bibliography.pdf를 참고하기 바란다.

Chapter 02

하드웨어와 소프트웨어 개념

Hardware and Software Concepts

이 장에서 다루는 내용

- 운영체제에서 관리해야 하는 하드웨어 구성 요소
- 운영체제의 기능을 지원하는 하드웨어의 발전 과정
- 다양한 하드웨어 기기의 성능을 최적화하는 방법
- 응용 프로그래밍 인터페이스의 개념
- 컴파일, 링킹, 로딩 과정

01 소개
02 하드웨어 장치의 발전
03 하드웨어 구성 요소
04 하드웨어의 운영체제 지원
05 캐싱과 버퍼링
06 소프트웨어 개관
07 응용 프로그래밍 인터페이스
08 컴파일링, 링킹, 로딩
09 펌웨어
10 미들웨어

* 요약
* 연습문제
* 핵심용어

"지금! 지금!" 여왕은 소리쳤다. "더 빨리! 더 빨리!"

Lewis Carroll

....

위기 없이 쉽게 정복하는 것은 영광 없이 승리하는 것이다.

Pierre Corneille

....

세세한 것에 시달리느라 우리 인생이 찔끔찔끔 낭비된다. … 간단하게, 간단하게 만들라.

Henry Thoreau

....

오 거룩한 단순함이여!

John Huss

2.1 소개

오늘날 사용자들은 컴퓨터를 사용해 인터넷에 접속하고, 웹 페이지를 검색하고, 비디오를 보고, 음악을 듣고, 게임을 하는 등 실로 많은 일을 한다. 개인용 컴퓨터와 회사 업무용 컴퓨터는 많은 데이터를 관리해 생산성을 높여주고, 응용 프로그램 개발 도구를 제공하며, 직관적으로 컨텐츠를 제작할 수 있는 인터페이스를 한다. 컴퓨터 네트워크는 1초에도 수많은 계산과 트랜잭션을 수행한다. 휴대폰은 전화번호를 저장하고 문자 메시지를 주고받으며, 심지어 사진과 비디오를 캡처하기도 한다. 이러한 컴퓨터 기기는 다양한 하드웨어와 소프트웨어를 포함하는데, 이 모든 것을 운영체제에서 관리한다.

운영체제는 주로 자원 관리 임무를 맡고 있으므로, 운영체제를 설계할 때는 관리할 하드웨어와 소프트웨어 자원들과 밀접하게 연계해야 한다. 이러한 자원으로 프로세서, 메모리, 하드 디스크와 같은 2차 저장소 등을 들 수 있다. 컴퓨터가 발전함에 따라 운영체제는 새로운 하드웨어와 소프트웨어 기술에 적응하고, 이미 설치된 하드웨어나 소프트웨어 기반과도 잘 양립할 수 있어야 한다. 이 장에서는 하드웨어와 소프트웨어의 개념을 알아본다.

셀프 리뷰

1. 운영체제에서 관리하는 보편적인 하드웨어, 소프트웨어 자원을 나열하라.
2. 본문에서 언급한 데이터 유형을 나열하라.

▶ **풀이** 1) 프로세서, 메모리, 2차 저장소와 기타 장치, 프로세스, 스레드, 파일, 데이터베이스 등 2) 웹 페이지, 그래픽, 비디오, 음악, 게임 데이터, 사무실의 데이터, 컨텐츠, 트랜잭션 데이터, 휴대폰 번호, 문자 메시지, 사진, 메모리의 데이터, 2차 저장소의 데이터, 입출력 장치로 입출력하는 데이터, 프로세서에서 처리하는 데이터 등

2.2 하드웨어 장치의 발전

기술 발달로 컴퓨팅 속도가 증가할 때마다 의욕적인 응용 프로그램들이 속속 등장해 금세 큰 용량과 성능을 요구하곤 했다. 컴퓨팅은 끝이 없는 자원처럼 보인다. 무어의 법칙('인물사: 고든 무어와 무어의 법칙' 참고)에서 예견한 것처럼, 컴퓨터 시스템이 아무리 강력해져도, 이에 상응하는 만만찮은 문제들이 기다리고 있다. 우리는 '닭이 먼저냐, 달걀이 먼저냐' 하는 상황을 맞는

다. 응용 프로그램들의 요구가 증가해 컴퓨팅 기술이 진화하는 것인가, 아니면 기술이 발달해 더 혁신적이고 새로운 응용 프로그램이 나오는 것인가?

원래 **시스템 프로그래밍** systems programming은 하드웨어를 관리하고 프로그램에 서비스를 제공하도록 코딩하는 것으로, 비교적 간단하고 분명한 일이었다. 운영체제에서 소수의 프로그램과 하드웨어 자원을 관리했기 때문이다. 운영체제는 **응용 프로그래밍** application programming을 가능하게 해준다. 개발자들은 장치를 다루는 코딩을 직접 하지 않고 운영체제에 서비스를 요청해 문서를 편집하거나 웹 페이지를 로드하는 등 목표하는 일을 수행하는 응용 프로그램을 작성할 수 있기 때문이다. 하드웨어 제조업체와 주변 장치가 확대되면서 운영체제는 더욱 복잡해졌다. 대부분의 운영체제는 시스템 프로그래밍을 지원하고 확장성을 높이려고 시스템의 특정 하드웨어 구성에 의존하지 않게 구현된다. 운영체제에서 특정 장치를 대상으로 입출력할 때는 보통 해당 하드웨

인물사

고든 무어 Gordon E. Moore**와 무어의 법칙** Moore's law

고든 무어 박사는 버클리 대학교에서 화학을 전공하고 California Institute of Technology에서 화학과 물리학 박사 학위를 받았다.[2] 컴퓨터 산업계에서 가장 큰 프로세서 제조사인 인텔 Intel Corporation의 공동 설립자며, 현재 명예 회장으로 있다.[3] 무어는 컴퓨팅 성능이 어떻게 진화할지 예측해낸 **무어의 법칙**으로도 유명하다. 법칙이라고는 하지만 검증된 사실은 아니다. 1965년에 발표한 논문 「Cramming More Components onto Integrated Circuits」에서 "프로세서의 트랜지스터 수는 해마다 약 두 배 정도로 증가한다"는 관찰 결과를 기술했다.[4] **트랜지스터** transistor는 전기의 흐름을 제어하는 작은 스위치다. 스위치가 빨리 켜졌다 꺼질수록 프로세서는 그만큼 빨리 작동할 수 있다. 트랜지스터가 많아질수록 프로세서가 한 번에 더 많은 작업을 처리할 수 있다. 무어는 약 10년 동안 트랜지스터 수가 증가할 것이라고 예견했다. 1975년에 이르러 자신의 법칙을 수정해 트랜지스터 수가 24개월마다 배가될 것이라고 했다.

현재는 프로세서 성능이 대략 18개월마다 배가되고, 트랜지스터 수는 24개월마다 배가되고 있다([그림 2-1]). 이를 가능하게 하는 것은 프로세서에 사용하는 트랜지스터 가격이 기하급수적으로 감소한다는 점이다.* 무어의 법칙과 관련 있는 또 다른 경향이 있다. 우선, 트랜지스터의 크기가 기하급수적으로 작아지고 있다. 크기 감소 속도가 프로세서를 담은 칩인 다이 die 내의 트랜지스터 수가 증가하는 속도를 이미 앞질렀다. 이 때문에 더 작은 프로세서를 사용해 컴퓨팅 능력을 향상시키게 되었다. 크기가 작은 트랜지스터는 큰 트랜지스터보다 속도가 빠르다.

최근 나노 기술(분자 수준 정밀 기술)의 발달 덕분에 반도체 제조업체는 원자 몇 개로 이루어진 트랜지스터를 만들게 되었다. 그러나 머지않아 연구자들은 트랜지스터를 설계할 때 원자의 크기 때문에 제한을 받게 될 것이다. 무어의 법칙을 계속 확장하기 위해 인텔과 같은 회사들은 트랜지스터의 구성을 수정해 대안이 될 만한 성능 좋은 신제품을 개발하는 데 투자하고 있다.[5]

어 제조사가 제공한 디바이스 드라이버를 사용한다. 이처럼 운영체제가 새로운 장치를 지원할 때는 이에 맞는 적절한 디바이스 드라이버를 사용한다. 사실 디바이스 드라이버는 오늘날 시스템에서 매우 중요한 부분이다. 리눅스 커널의 소스 코드 중 60%는 이와 같은 디바이스 드라이버로 구성되어 있다.[1]

많은 하드웨어 구성 요소가 운영체제의 확장성을 지원하는 방식으로 운영체제와 상호 작용하도록 설계되었다. 예를 들어, **플러그 앤 플레이**plug-and-play 장치는 컴퓨터에 연결할 때 자신이 어떤 장치인지 운영체제에 알리게 되어 있다('2.4.4, 플러그 앤 플레이' 참고). 따라서 운영체제는 사용자 입력 없이도 적합한 장치를 선택해 사용할 수 있고, 새로운 장치를 설치하는 과정도 간편해졌다. 사용자 관점에서 볼 때 시스템에 추가하는 장치들은 대부분 사용 준비가 되어 있다.

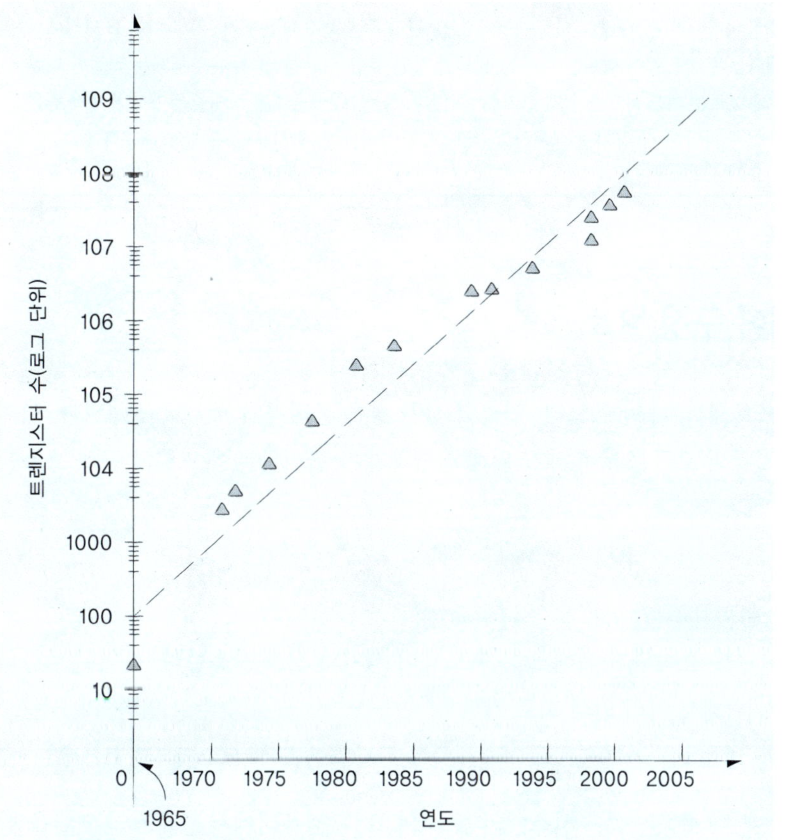

[그림 2-1] 인텔 프로세서의 연도별 트랜지스터 수[6]

* 감수자주: 무어의 법칙이 가능한 근본적 원인은 트랜지스터의 집적률 증가에 있다. 트랜지스터의 가격 감소가 프로세스의 성능과 트랜지스터의 수를 배가하는 직접적인 원인이 될 수 없다.

다음에 나오는 몇 개 절에서 특히 개인용 컴퓨터나 서버와 같은 범용 컴퓨터에서 사용하는 하드웨어에 관해 논의할 것이다. 휴대폰이나 자동차에 사용하는 특수 목적 컴퓨터는 여기서 다루는 범위를 넘어서는 주제다. 이 책에서는 전형적인 컴퓨터 시스템에서 공통적으로 찾아볼 수 있는 하드웨어 구성 요소를 살펴보고, 그 중에서도 운영체제의 기능을 지원할 목적으로 설계된 하드웨어를 살펴볼 것이다.

셀프 리뷰

1. 오늘날 운영체제를 설계하는 것이 50년 전에 비해 더 어려운 이유는 무엇인가?
2. 플러그 앤 플레이와 같은 디바이스 드라이버는 어떤 방식으로 운영체제의 확장성을 지원하는가?

▶ **풀이** 1) 50년 전의 운영체제는 소수의 프로그램과 하드웨어 장치만 관리했지만, 오늘날의 운영체제는 대체로 많은 프로그램과 컴퓨터마다 다른 다양한 하드웨어 장치를 관리해야 하기 때문이다. 2) 디바이스 드라이버를 통해 운영체제 설계자들은 하드웨어 장치를 다루는 세세한 작업 부담을 덜게 된다. 운영체제는 적절한 디바이스 드라이버를 사용해 새로운 하드웨어를 쉽게 추가할 수 있다. 플러그 앤 플레이 장치들은 운영체제가 컴퓨터의 하드웨어 자원을 쉽게 파악해 각 장치를 설치하고, 해당 드라이버를 쉽게 사용할 수 있게 해준다.

2.3 하드웨어 구성 요소

컴퓨터 하드웨어는 프로세서, 메인 메모리, 입출력 장치 같은 물리적인 장치로 구성된다. 이어지는 항목에서 사용자들의 요구를 충족하기 위해 운영체제가 관리하는 하드웨어 구성 요소를 설명한다.

2.3.1 메인보드

컴퓨터는 시스템의 요구를 충족하기 위해 많은 하드웨어 장치와 상호 작용한다. 독립된 컴퓨터는 장치들과 통신하기 위해서 여러 **인쇄 회로 기판** PCB, Printed Circuit Board을 갖추고 있다. PCB는 보드 여기저기에 위치한 장치들을 전기적으로 연결해주는 하드웨어 구성 요소다.

메인보드(마더보드) mainboard(motherboard)는 시스템의 중심 PCB로, 컴퓨터에서 중추적인 역할을 한다. 메인보드는 프로세서나 메인 메모리를 포함한 여러 하드웨어 구성 요소를 꽂을 수 있는 슬롯 slot을 내장하고 있다. 슬롯은 다양한 하드웨어 구성 요소를 전기적으로 연결하고, 사용자가 슬롯에 장치를 추가하거나 제거해 컴퓨터 하드웨어의 구성을 필요에 따라 변경할 수 있게 해준다. 메인보드는 범용 컴퓨터에서 요청받은 명령어를 실행하는 데 필요한 네 가지 하드웨어 구성 요소 중 하나다. 남은 세 가지는 프로세서와 메인 메모리, 2차 저장소다.

전통적인 금속 선은 오늘날의 시스템에서처럼 여러 구성 요소를 연결하기에는 너무 크다. 따라서 메인보드를 아주 가는 실리콘 층으로 구성하는 것이 보통이다. 실리콘에는 **트레이스** trace라는 아주 작은 전기적 연결선이 들어 있어서 통신 채널 역할을 하고 보드에 연결된다. 이 트레이스의 집합체로 **버스** bus라는 고속 통신 채널을 만든다.

대부분의 메인보드는 저수준 기능을 담당하는 컴퓨터 칩을 몇 개 포함한다. 예를 들어, 메인보드는 **바이오스** BIOS, Basic Input/Output System 칩을 포함해 기본적인 하드웨어 초기화와 관리를 위한 명령어를 저장하는 것이 보통이다. 바이오스는 또한 운영체제의 초기 부분 initial portion을 메모리에 로드하는 역할을 하는데, 이를 **부트스트랩핑** bootstrapping이라고 한다('2.4.3, 부트스트랩핑' 참고). 운영체제를 메모리에 로드하고 나면 바이오스를 사용해 시스템 하드웨어와 통신하여 저수준(즉, 기본적인) 입출력을 수행할 수 있다. 메인보드는 또한 컨트롤러라는 칩을 포함한다. **컨트롤러** controller는 보드의 버스를 통해 데이터 이동을 관리한다. 메인보드의 **칩셋** chipset은 컨트롤러, 보조 프로세서 coprocessor, 버스 같은 하드웨어의 집합으로, 메인보드에 통합되어 시스템의 하드웨어 능력을 결정한다. 즉, 칩셋을 통해 지원할 프로세서와 메모리를 결정한다.

최근에는 메인보드를 설계할 때, PCB에 강력한 하드웨어 구성 요소를 통합하는 경향이 있다. 전통적으로는 이들 요소를 **애드온 카드** add-on card 형태로 슬롯에 삽입했다. 오늘날 많은 메인보드가 그래픽 프로세싱과 네트워킹, RAID 기능을 수행하는 칩을 포함한다. 이러한 온보드 장치 on-board device는 전체적인 시스템 비용을 줄이고, 컴퓨터 가격을 큰 폭으로 낮춘다. 단점이라면 이러한 칩이 메인보드에 영구적으로 부착되어 제거하기 쉽지 않다는 점이다.

셀프 리뷰

1. 메인보드의 주요 기능은 무엇인가?
2. 바이오스가 컴퓨터 시스템에서 중요한 이유는 무엇인가?

▶ **풀이** 1) 메인보드는 하드웨어 구성 요소 사이를 전기적으로 연결해 통신에 중추적인 역할을 한다. 2) 바이오스는 기본적인 하드웨어 초기화를 담당하고, 운영체제의 초기 부분을 메모리에 로드한다. 바이오스는 운영체제가 시스템의 하드웨어와 통신할 수 있는 명령어들을 제공한다.

2.3.2 프로세서

프로세서 processor는 일련의 기계어 명령어를 실행하는 하드웨어 구성 요소다. 프로세서는 컴퓨터에서 **중앙 처리 장치** CPU, Central Processing Unit, 그래픽 **보조 프로세서** coprocessor 또는 디지털 신호 처리기 DSP, Digital Signal Processor 등 여러 형태를 띨 수 있다. CPU는 프로그램의 명령어를 실행하는 프로세서다. 그래픽이나 디지털 신호 처리기 등의 보조 프로세서는 3D 변환 같은 특수 목적 명령어들을 효율적으로 실행할 목적으로 설계되었다. 임베디드 시스템에서는 DSP와 같이 프로세서가 디지털 신호를 아날로그 오디오 신호로 변환하는 등의 특정한 임무를 수행하기도 한다. CPU는 시스템의 주요 프로세서로 많은 명령어를 실행할 수도 있지만, 계산 강도가 높은 특정 업무들은 해당 부분만 전문적으로 다루는 보조 프로세서에 넘겨서 효율성을 높일 수 있다. 이 책에서는 CPU를 '프로세서' 또는 '범용 프로세서'라고 부르기로 한다.

프로세서가 실행할 수 있는 명령어는 해당 명령어 집합이 어떤지에 따라 정의된다. 각 명령어의 크기(혹은 **명령어 길이** instruction length)는 아키텍처에 따라 다를 수 있다. 때로는 한 아키텍처의 프로세서가 다양한 크기의 명령어를 지원하기도 한다. 프로세서 아키텍처는 또한 한 번에 실행할 수 있는 데이터의 단위를 결정한다. 예를 들어, 32비트 프로세서는 32비트 단위로 데이터를 조작한다.

현재 사용하는 프로세서는 하드웨어에서 많은 시스템의 자원 관리 연산을 수행해 성능을 향상시킨다. 이러한 기능으로 가상 메모리, 하드웨어 인터럽트 지원이 있다. 이 두 가지 중요한 개념은 이후에 자세히 설명한다.

다양한 프로세서 아키텍처에도 불구하고 몇 가지 구성 요소는 현대의 거의 모든 프로세서에 공통적이다. 이러한 구성 요소로는 명령어 페치기, 분기 예측기 branch predictor, 실행 처리기 execution unit, 레지스터 register, 캐시 cache, 버스 인터페이스 bus interface 등이 있다([그림 2-2]). **명령어 페치기** instruction fetch unit는 명령어 레지스터 instruction register라는 고속의 메모리에 명령어를 로드해 프로세서가 명령어를 빨리 실행할 수 있게 해준다. **명령어 해석기** instruction decode unit는 명령어를 해석하고 이에 해당하는 입력 정보를 실행 처리기에 전달한다. 실행 처리기의 주요 부분은 **산술 논리 장치** ALU, Arithmetic and Logic Unit다. ALU는 덧셈, 곱셈 같은 기본적인 산술 연산과 대소 비교 같은 논리 연산을 수행한다(ALU의 V자 형태는 아키텍처 다이어그램에서 흔히 볼 수 있는 특징적인 모양이다).

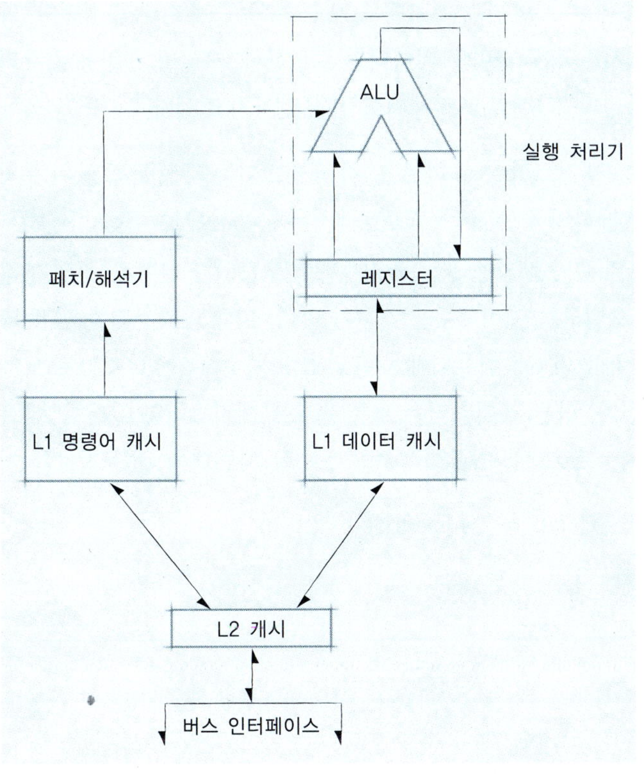

[그림 2-2] 프로세서 구성 요소

버스 인터페이스는 프로세서가 메모리나 다른 장치들과 상호 작용할 수 있게 해준다. 프로세서는 보통 메인 메모리보다 훨씬 빠른 속도로 작동하므로, 시스템은 캐시라는 고속 메모리를 포함한다. 캐시는 메인 메모리에 있는 데이터의 복사본을 저장하는 메모리로, 프로세서의 데이터와 명령어에 빠르게 접근할 수 있게 해서 효율을 높여준다. 고속 캐시는 메인 메모리보다 훨씬 비싸기 때문에 보통은 용량이 제한되기 마련이다. 캐시는 여러 수준으로 분류된다. L1 Level 1 캐시는 가장 빠르고 비싸며 프로세서에 위치한다. L2 Level 2 캐시는 L1 캐시에 비해 비용이 저렴하고 용량이 크며, 흔히 메인보드에 위치한다. 하지만 성능 향상을 위해 점점 프로세서에 통합되고 있다.[7]

레지스터 register는 프로세서에 위치한 고속 메모리로, 프로세서가 바로 사용할 수 있는 데이터를 담는다. 프로세서가 데이터를 조작하려면 해당 데이터가 레지스터에 위치해야 한다. 프로세서 명령어를 다른 저속 메모리에 로드하는 일은 비효율적이다. 프로세서가 데이터에 접근하는 것을 기다리는 동안 쉬고 있어야 하기 때문이다. 레지스터는 프로세서 회로에 프로그램이 아닌 물리적인 방식으로 배선 처리가 되어 있고, 처리기 가까이에 위치해 L1 캐시에 접근하는 것보다도 빠르다. 레지스터의 크기는 프로세서가 한 번에 처리할 수 있는 비트 수에 따라 결정된다. 예를 들어, 32비트 프로세서는 각 레지스터에 32비트 데이터를 로드한다. 오늘날 개인용 컴퓨터는 대부분 32비트 프로세서를 사용한다. 64비트 프로세서도 점점 많아지고 있다.[8]

각 프로세서 아키텍처마다 제공하는 레지스터 수가 다르고, 각 레지스터는 특정 목적을 위해 서비스를 제공한다. 예를 들어, 인텔 펜티엄 4 Intel Pentium 4 프로세서는 16개 프로그램을 실행하는 레지스터를 제공한다. 이 레지스터의 절반은 응용 프로그램이 데이터 값이나 실행 중 포인터 값을 빠르게 읽어야 할 때 사용하려고 별도로 예비해두는 경우가 많다. 이런 레지스터를 **범용 레지스터** general-purpose register라고 한다. 애플의 G5 컴퓨터에 사용된 IBM의 PowerPC 970 프로세서는 범용 레지스터 32개를 포함한다. 다른 레지스터는 보통 컨트롤 레지스터라고 하며, 다음 실행할 명령어가 무엇인지 알려주는 프로그램 카운터 program counter 등 시스템에 관한 정보를 저장한다.[9]

셀프 리뷰

1. CPU와 보조 프로세서의 차이점을 설명하라. 시스템이 여러 CPU를 포함하면 어떤 이점이 있는가? 한편 시스템이 보조 프로세서를 여러 개 포함하면 어떤 이점이 있는가?
2. 프로세서 아키텍처는 시스템의 어떤 특성을 결정하는가?
3. L1 캐시를 비롯한 기타 메모리보다 레지스터 메모리에 대한 접근이 가장 빠른 이유는 무엇인가?

▶ **풀이** 1) CPU는 기계어 명령어 machine-language instruction들을 실행한다. 보조 프로세서는 특수 목적 명령어를 실행하는 데 최적화되어 있다. CPU가 여러 개 있으면, 시스템이 프로그램을 한 번에 하나 이상 실행할 수 있다. 보조 프로세서가 여러 개 있으면 CPU와 병렬로 실행되어 성능을 향상시킬 수 있다. 2) CPU의 아키텍처는 컴퓨터의 명령어 집합, 가상 메모리 지원과 인터럽트 구조를 결정한다. 3) 레지스터는 프로세서 회로에 직접 배선되며, 물리적으로 실행 처리기 근처에 위치한다.

2.3.3 클록

컴퓨터 시간은 흔히 **사이클(클록틱)** cycle(clocktick)을 통해 측정한다. 사이클은 시스템 클록 생성기 system clock generator가 보낸 전기 신호의 한 진폭 oscillation을 말한다. 클록 생성기는 마치 오케스트라의 지휘자와 같이 컴퓨터 시스템의 리듬 cadence을 형성한다. 특히 클록 생성기는 버스가 데이터를 나르는 주기를 결정한다. 이는 대체로 초당 사이클 수, 즉 헤르츠 Hz, hertz로 측정한다. 예를 들어, **프론트사이드 버스** FSB, Front Side Bus는 프로세서들을 메모리 모듈에 연결하는데, 흔히 몇 백 메가헤르츠 정도로 작동한다(1메가헤르츠는 백만 헤르츠다).

대부분의 데스크톱 프로세서는 수백 메가헤르츠의 높은 속도로 작업하며, 이는 대개 프론트사이드 버스보다 빠른 속도다. 프로세서와 다른 장치는 프론트사이드 버스의 속도를 나누거나 곱해 **도출 속도** derived speed를 생성한다.[10] 예를 들어, 200MHz 프론트사이드 버스를 사용하는 2GHz 프로세서는 사이클을 생성하기 위해 10배수를 곱하고 66MHz 사운드 카드인 경우 사이클 생성을 위해 2.5로 나눈다.

셀프 리뷰

1. (참/거짓) 시스템의 모든 구성 요소는 동일한 클록 속도로 작동한다.
2. 버스에 있는 어떤 구성 요소는 매우 높은 곱수를 가지고, 동일 버스에 있는 다른 구성 요소는 매우 높은 제수를 가진다면 어떤 문제가 있을 수 있는가?

▶ **풀이** 1) 거짓. 각 장치는 프론트사이드 버스를 기준으로 각 장치의 속도를 결정하는 곱수나 제수를 사용한다. 2) 병목 현상이 일어날 수 있다. 제수가 큰 장치는 곱수가 큰 장치에 비해 훨씬 느린 속도로 작동할 것이고, 곱수를 크게 한 장치는 제수가 높은 장치의 정보에 의존하므로 많이 기다려야 할 것이다.

2.3.4 메모리 계층

메모리의 속도나 크기는 물리적, 경제적 여건 때문에 제한된다. 대부분의 전자 장치는 PCB의 트레이스를 통해 전자를 보내는 방식으로 데이터를 이동한다. 전자가 이동할 수 있는 속도에도 제한이 있다. 두 단말 terminal 사이의 선이 길수록 데이터 이동 시간이 길다. 게다가 프로세서에 근접한 속도로 데이터 요청에 응할 만큼 빠른 메모리를 넉넉하게 구비하는 것은 비용이 너무 많이 들어 거의 불가능한 일이다.

비용과 성능의 상충성 때문에 [그림 2-3]과 같은 **메모리 계층** memory hierarchy이 생긴다. 가장 빠르고 비싼 메모리는 최상위 계층에 있고, 대개 용량이 작다. 최하위에 있는 것은 가장 저렴하고 속도가 느린 메모리로, 대체로 큰 용량을 갖출 수 있다. 아래 쪽에 있는 느린 메모리 계층으로 갈수록 블록의 크기가 점점 증가함을 볼 수 있다. 그러나 일정한 규모가 아닌 피라미드 형태로 증가한다.

레지스터는 시스템에서 가장 빠르고 비싼 메모리다. 레지스터는 프로세서와 같은 속도로 작동한다. 캐시 메모리의 속도는 지연 시간 latency, 즉 데이터를 이동하는 데 소요되는 시간으로 측정한다. 지연 시간은 대체로 나노초 nanosecond(10억 분의 1초) 또는 프로세서 사이클로 측정한다. 예를 들면, 인텔 펜티엄 4 프로세서의 L1 캐시의 지연 시간은 '2×프로세서 사이클'이다.[11] L2 캐시는 지연 시간이 약 10사이클이다. 오늘날 사용하는 대부분의 프로세서에서는 L1과 L2 캐시가 프로세서에 통합되어 프로세서의 고속 상호 연결 interconnection을 활용할 수 있게 한다. L2 캐시가 수백 킬로바이트, 수 메가바이트를 저장하는 반면, L1 캐시는 수십 킬로바이트 데이터를 저장한다. 고사양 프로세서가 L2 캐시보다 느린 L3 캐시를 포함할 수도 있는데, L3 캐시도 메인 메모리보다는 빠르다.

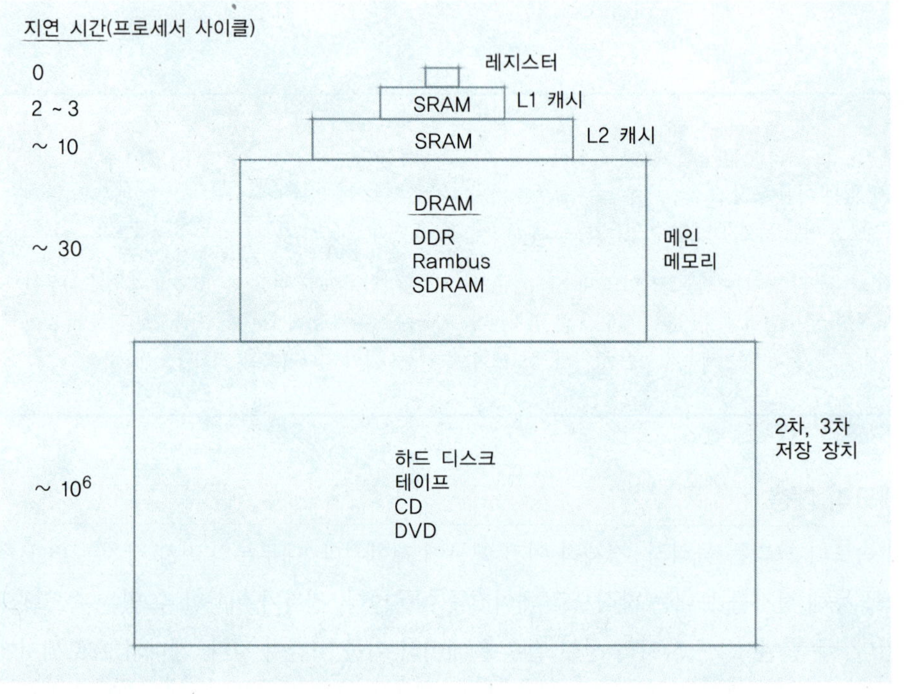

[그림 2-3] 메모리 계층

계층에서 다음 단계는 **메인 메모리** main memory로, **실제 메모리(물리 메모리)** real memory(physical memory)라고도 한다. 데이터가 프론트사이드 버스를 통과하여 이동하므로 메인 메모리는 추가적인 지연 시간이 있으며, 대체로 프로세서의 몇 분의 일 fraction 정도 속도다. 최근 아키텍처의 메인 메모리는 수십에서 수백 프로세서 사이클 정도 지연 시간을 보인다.[12] 현재 사용하는 범용 메인 메모리 크기는 PC처럼 수백 메가바이트인 것에서부터 고사양 서버처럼 수십, 수백 기가바이트에 이르기도 한다. 메인 메모리는 '2.3.5 메인 메모리'와 '9장. 실제 메모리 구성과 관리'에서 자세히 논의한다. 레지스터, 캐시, 메인 메모리는 대체로 **휘발성** volatile 매체로, 전원을 끄면 데이터가 사라진다.

하드 디스크와 CD, DVD, 테이프 같은 다른 저장 장치들은 가장 느리고 값이 저렴한 데이터 저장 매체다. 디스크 저장 장치의 지연 시간은 대개 밀리초 단위며, 보통 프로세서 캐시 지연 시간보다 백만 배 정도 느리다. 운영체제는 프로세스가 2차 저장소로부터 데이터가 오기를 기다리는 동안 쉬게 하기보다는 대개 다른 프로세스를 실행하게 해서 프로세서 활용도를 높인다. 하드디스크와 같은 2차 저장소의 주요 장점은 용량이 크다는 점이다(보통 수백 기가바이트에 달한다). 또한 2차 저장소는 데이터를 영구적으로 저장할 수 있다. 따라서 전원이 나가도 2차 저장소의 데이터는 사라지지 않는다. 시스템 설계자는 사용자의 요구를 충족하도록 다양한 저장 장치의 비용과 성능 사이의 균형을 맞춰야 한다('운영체제적 생각: 캐싱' 참고).

셀프 리뷰

1. 영구 저장 매체와 휘발성 저장 매체의 차이점은 무엇인가?
2. 메모리 계층 구조가 피라미드 형태를 이루는 이유는 무엇인가?

▶ **풀이** 1) 휘발성 매체는 컴퓨터 전원이 나가면 데이터를 잃지만, 영구 저장 매체는 데이터를 유지할 수 있다. 대체로 휘발성 저장소는 영구 저장 매체보다 빠르고 비싸다. 2) 저장 매체가 더 저렴하면, 사용자가 더 많은 용량을 구매할 수 있으므로 저장 공간이 늘어나게 된다.

운영체제적 생각

캐싱 Caching

캐싱은 일상생활에서 늘 사용하는 것이다. 일반적으로 말하면 캐시란 재빨리 접근할 수 있는 예비 물품 저장소다. 다람쥐가 겨우살이를 준비하려고 도토리를 저장하는 것도 일종의 캐싱이다. 우리도 연필, 펜, 테이프, 클립 등의 문구를 가지러 아래층 공구함까지 내려가기보다는 책상 서랍에 보관해 필요할 때 빨리 찾아 쓸 수 있게 한다. 운영체제는 프로그램이 실행할 때 빠르게 접근할 수 있게 프로세서의 데이터와 명령어를 고속 캐시 메모리에 캐시하거나, 디스크에 있는 데이터를 메인 메모리에 캐시하는 등 다양한 캐싱 기술을 이용한다.

운영체제 설계자들은 캐싱 기술을 사용할 때 주의해야 한다. 컴퓨터 시스템에서 캐시된 데이터는 상위 메모리 계층에 유지되는 원본 데이터의 사본이기 때문이다. 캐시된 사본은 변경 사항이 가장 먼저 적용되므로 원본 데이터와 금방 달라지기 쉽다. 따라서 데이터의 일관성이 깨질 우려가 있다. 캐시에 갱신된 데이터가 있고 원본을 미처 갱신하지 못한 채 시스템이 다운되면 수정된 데이터를 잃는다. 그러므로 운영체제는 캐시된 데이터를 원본 데이터에 빈번하게 복사한다. 이러한 과정을 캐시 플러싱 flushing(많은 것을 한꺼번에 쏟아내는 일)이라고 한다. 분산 파일 시스템은 서버와 클라이언트 모두에 캐시를 둘 때가 많다. 이는 캐시 데이터와 원본 데이터의 일관성 유지를 더 복잡하게 만든다.

2.3.5 메인 메모리

메인 메모리는 휘발성 **임의 접근 메모리** RAM, Random Access Memory 다. '임의'라 함은 프로세스가 어떤 순서로든 데이터에 접근할 수 있다는 의미다. 이와 대조적으로 테이프와 같은 연속적인 저장 매체는 순차적으로 읽어야 한다. 메인 메모리에 접근하는 데 걸리는 지연 시간은 테이프나 하드 디스크와 달리 어느 위치든 동일하다.

RAM의 가장 흔한 형태는 **동적 램** DRAM, Dynamic RAM 이다. DRAM은 재생 회로 refresh circuit 에서 일정 주기마다(밀리초마다 몇 번씩) 데이터를 읽어야 한다. 이렇게 하지 않으면 데이터를 손실하게 된다. **정적 램** SRAM, Static RAM 은 이와 달리 저장하는 데이터를 유지하려고 다시 읽을 필요가 없다. SRAM은 주로 프로세서 캐시로 사용하며, DRAM보다 빠르고 비싸다.

DRAM 제조사들의 중요한 목표는 프로세서의 속도와 메모리 전환 속도의 간격을 줄이는 데 있다. 메모리 모듈은 모듈 안에서 데이터 접근 지연 시간을 최소화하고 초당 데이터 이동량을 늘리는 쪽으로 설계된다. 이러한 기술은 전반적인 지연 시간은 줄이고 **대역폭** bandwidth (단위 시간당 이동하는 데이터양)은 높인다. 제조사들이 새로운 메모리 기술을 개발할 때마다 무어의 법칙에 따라 메모리 속도와 용량은 증가하고, 저장소 비용은 감소하는 경향이 있다.

셀프 리뷰

1. 접근 시간, 용량, 휘발성 측면에서 메인 메모리와 디스크를 비교하라.
2. 메인 메모리를 임의 접근 메모리라고 하는 이유는 무엇인가?

▶ **풀이** 1) 메인 메모리 접근 시간은 디스크에 접근하는 시간보다 훨씬 짧다. 디스크는 일반적으로 메인 메모리보다 용량이 크다. 단위 크기당 가격이 메인 메모리보다 낮기 때문이다. 메인 메모리는 대개 휘발성이지만 디스크는 데이터를 영구적으로 저장한다. 2) 프로세스는 어떤 순서로든 모든 메인 메모리 위치에 비슷한 속도로 접근할 수 있다.

2.3.6 2차 저장소

메인 메모리는 용량이 제한되어 있고 휘발성이기 때문에, 대용량 데이터나 전원이 나간 후에도 영구적으로 보관해야 하는 데이터를 저장하는 데는 적합하지 않다. 컴퓨터에서 데이터 파일이나 응용 프로그램 소프트웨어 등 대용량 데이터를 영구적으로 보관하려면, 전원이 나간 후에도 데이터를 영구 저장할 수 있는 **2차 저장소** secondary storage (**영구 저장소** persistent storage 또는 **보조 저장소** auxiliary storage 라고도 한다)를 사용한다. 대부분의 컴퓨터는 2차 저장소로 하드 디스크를 사용한다.

하드 디스크 드라이브는 RAM보다 저렴한 비용으로 더 많은 양을 저장할 수 있지만, 메인 메모리에 접근하는 것보다 속도가 현저히 느리기 때문에 주 메모리로 사용하기에는 실용성이 떨어진다. 하드 디스크에 저장된 데이터에 접근하려면 읽기/쓰기 헤드 read/write head가 물리적으로 움직여야 하고 데이터가 헤드까지 돌아가는 회전 지연 시간 rotational latency과 헤드를 통해 데이터가 통과하는 전송 시간 transfer time이 필요하다. 이러한 기계적인 움직임은 메인 메모리와 프로세서 사이의 전기 신호 속도보다 훨씬 느리다. 또한 프로세서가 접근하기 전에 데이터를 디스크에서 메인 메모리로 로드해야 한다.[13] 하드 디스크는 데이터를 고정 크기(대체로 수백 바이트에서 수십 킬로바이트에 이른다) 바이트 블록으로 옮기기 때문에 **블록 장치** block device의 일종이다.

몇몇 2차 저장 장치는 데이터를 용량이 작은 매체에 저장한다. 이들 매체는 컴퓨터에서 제거할 수 있고, 컴퓨터 간에 데이터를 백업하거나 이동할 수 있게 해준다. 그러나 일반적으로 하드 디스크와 같은 다른 장치보다 지연 시간이 길다. 이러한 저장소 중 널리 사용하는 것은 CD Compact Disk로, 장당 700MB에 이르는 데이터를 저장할 수 있다. CD 데이터는 디지털 형태로 인코딩해 CD에 굽는다. 표면이 평평한 CD 판에 작은 구멍을 내서 1 또는 0을 나타낸다. CD-R이나 DVD-R처럼 한 번 쓰고 여러 번 읽는 WORM Write-Once, Read-Many 디스크는 제거가 가능하다. 다른 영구 저장소로는 집 디스크 Zip disk, 플로피 디스크 floppy disk, 플래시 메모리 카드 flash memory card, 테이프 tape 등이 있다.

재기록 가능한 rewritable CD-RW에서 데이터는 플라스틱 디스크 안에 있는 금속 재료에 저장된다. 레이저 광선이 기록 매체의 반사 속성을 변하게 해서 1과 0을 나타낸다. CD-R과 CD-ROM은 플라스틱 층 사이에 한 번 레이저로 구우면 변경할 수 없는 염료 dye를 포함한다.

DVD Digital Versatile Disk(Digital Video Disk) 기술은 애초에는 영화를 녹화하기 위한 매체였는데, 최근 들어 유용한 데이터 저장 매체가 되었다. DVD는 CD와 크기가 같지만 각 면마다 가는 트랙에 두 층까지 데이터를 저장할 수 있다. 각 층에는 5.6GB 데이터를 저장할 수 있다.

어떤 시스템은 2차 저장소를 넘어서는 수준의 메모리를 갖추고 있다. 예를 들어, 대용량 데이터를 처리하는 시스템은 종종 로봇 팔 robotic arm로 접근하는 테이프 라이브러리를 갖추고 있다. 이러한 저장 시스템은 흔히 3차 저장소 tertiary storage로 분류하며, 2차 저장소보다 대용량이고 접근 시간이 긴 것이 특징이다.

셀프 리뷰

1. 디스크에 저장된 데이터에 접근하는 것이 메인 메모리에 저장된 데이터에 접근하는 것보다 느린 이유는 무엇인가?
2. CD와 DVD를 비교, 대조하라.

▶ **풀이** 1) 메인 메모리는 전자 신호만으로 접근할 수 있지만 디스크는 읽기/쓰기 헤드의 기계적인 움직임이 필요하다. 또한 요청한 데이터를 헤드에 위치하도록 디스크가 돌면서 회전 지연 시간이 발생하고, 데이터를 헤드에 보내는 전송 시간도 발생한다. 2) CD와 DVD는 크기가 같고 레이저 광선으로 접근한다. 그러나 DVD는 가는 트랙을 사용해 여러 층에 데이터를 저장하므로 용량이 더 크다.

2.3.7 버스

버스는 하드웨어 장치 간에 정보를 나르는 트레이스의 집합 혹은 전기적 연결이다. 하드웨어 장치는 다른 장치와 통신할 때 버스를 통해 전기 신호를 보낸다. 대부분의 버스는 데이터를 나르는 **데이터 버스** data bus, 해당 데이터의 위치나 수신 위치를 결정하는 **주소 버스** address bus로 구성된다.[14] **포트** port는 정확히 두 장치를 연결하는 버스다. 서너 개 장치에서 입출력 기능을 수행할 때 공유하는 버스는 **입출력 채널** I/O channel이라고 한다.[15]

메인 메모리 접근은 채널과 프로세서를 얻으려는 경쟁이 발생하는 부분이다. 보통은 한 시점에 특정한 메모리 모듈 하나에만 접근할 수 있다. 그러나 입출력 채널과 프로세서는 메인 메모리에 동시에 접근하려고 할 것이다. 컨트롤러 controller라는 하드웨어 장치는 버스에서 두 신호가 충돌하는 일을 방지하려고 메모리 접근에 우선순위를 부여한다. 채널들은 보통 프로세서보다 우위에 있다. 이를 **사이클 가로채기** cycle stealing라고 하는데, 입출력 채널이 실제로 프로세서로부터 사이클을 가로채기 때문이다. 입출력 채널은 총 프로세서 사이클의 일부를 소비하는데, 이 비용은 향상된 입출력 장치 활용을 통해 상쇄된다.

앞에서 프론트사이드 버스 FSB가 프로세서를 메인 메모리에 연결한다는 사실을 배웠다. FSB 속도가 증가하면 메인 메모리와 프로세서 사이에 전송되는 데이터양이 증가해 성능이 향상된다. 버스의 속도는 MHz로 측정한다(예를 들면, 133MHz와 200MHz). 몇몇 칩셋은 클록 사이클당 메모리 전송을 두 번 수행해 200MHz FSB가 400MHz로 작동하도록 구현한다. 이런 특징은 칩셋과 RAM 모두에서 지원해야 하며, **DDR** Double Data Rate이라고 한다. 또 다른 방법으로 **쿼드 펌핑** quad pumping이라는 기술이 있는데, 사이클당 데이터 전송을 네 번 수행해 시스템의 메모리 대역폭을 네 배로 만든다.

PCI 버스 PCI(Peripheral Component Interconnect) bus는 사운드 카드나 네트워크 카드 등의 주변 장치를 시스템의 나머지 부분에 연결한다. 처음 나온 PCI 명세에서는 PCI 버스가 33MHz로 작동하고 32

비트 폭으로 작동하도록 요구했는데, 이는 주변 장치에서 데이터를 이동하는 속도를 제한했다. 최근 표준으로 나온 PCI Express는 버스의 대역폭이 다양하게 변하는 것을 허용한다. PCI Express를 사용하면 각 장치는 최대 32개 통로 lane를 통해 시스템과 연결되며, 각 통로는 각 방향으로 초당 250MB를 전송할 수 있다(전체적으로는 링크당 최대 16GB/s 대역폭).[16]

AGP Accelerated Graphics Port는 주로 그래픽 카드와 함께 사용하며, 실시간으로 3D 그래픽을 조작하는 데 수십에서 수백 메가바이트 RAM을 요구한다. 원래 AGP 명세는 32비트 66MHz 버스를 요구했는데, 이는 초당 약 260MB 대역폭을 제공한다. 제조사들은 이 버스의 속도를 증가시키며 2배 증가를 2x, 4배 증가를 4x 등으로 표기했다. 현재 명세에는 이 프로토콜의 2x, 4x, 8x 버전이 있으며 초당 최대 2GB 대역폭을 허용한다.

셀프 리뷰

1. FSB의 속도가 시스템 성능에 어떤 영향을 주는가?
2. 컨트롤러는 공유 버스 접근을 어떤 방법으로 간단하게 해주는가?

▶ **풀이** 1) FSB는 한 사이클마다 프로세서와 메인 메모리 사이에 전송되는 데이터양을 결정한다. 프로세서가 사이클당 전송 가능한 양보다 많은 데이터를 요청하면 시스템 성능이 감소한다. 프로세서에서 요청한 데이터를 한 사이클에 받지 못하고 전송이 완료될 때까지 기다려야 하기 때문이다. 2) 컨트롤러는 버스에 동시 접근하는 여러 요청에 우선순위를 부여해 시스템에 있는 각 장치가 다른 장치를 방해하지 않게 한다.

2.3.8 직접 메모리 접근

대부분의 입출력 연산은 메인 메모리와 입출력 장치 사이에서 데이터를 전송한다. 초창기 컴퓨터는 **프로그래밍된 입출력** PIO, Programmed I/O을 사용해 데이터 전송을 수행했다. PIO는 메인 메모리와 입출력 장치 사이에서 전송할 바이트 또는 워드를 명시하고, 해당 연산이 완료되기를 한가롭게 기다렸다. 그동안 상당한 프로세서 사이클이 낭비되었다. 따라서 설계자들은 프로세서가 입출력 요청을 한 즉시 다른 소프트웨어 명령어를 실행할 수 있게 해주는 인터럽트 구동 입출력 interrupt-driven I/O을 구현했다. 입출력 장치는 연산을 마치고 인터럽트를 발생시켜 완료 사실을 프로세서에 알렸다.[17]

직접 메모리 접근 DMA, Direct Memory Access은 이러한 기술을 개선해 장치들과 컨트롤러들이 데이터 블록을 메인 메모리에 직접 전송할 수 있게 했다. 이 덕분에 프로세서는 자유롭게 소프트웨어 명령어들을 실행할 수 있게 되었다([그림 2-4]). DMA 채널은 입출력 컨트롤러 I/O controller를 사용해 입출력 장치와 메인 메모리 사이의 데이터 전송을 관리한다. 입출력 연산이 완료되면 입출력 컨트롤러는 인터럽트를 발생시켜 프로세서에 알린다.

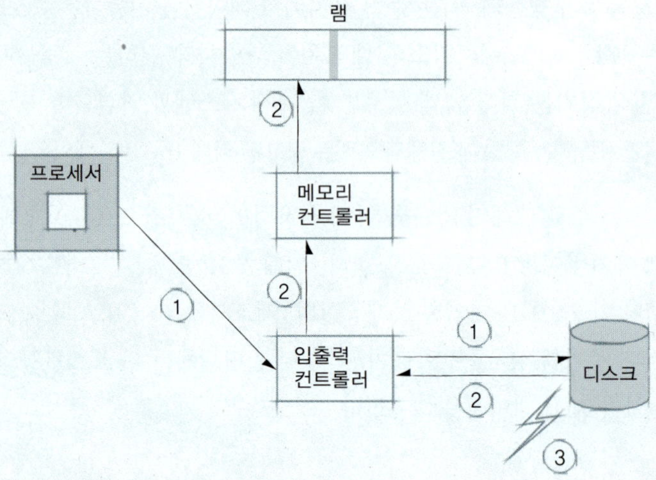

① 프로세서는 입출력 컨트롤러에 입출력 요청을 보내고, 입출력 컨트롤러는 해당 요청을 디스크에 보냄. 프로세서는 계속해서 다른 명령어를 실행함

② 디스크는 입출력 컨트롤러에 데이터를 보냄. 이 데이터는 DMA 명령이 지정한 메모리 주소에 위치함

③ 디스크는 프로세서에 인터럽트를 보내어 입출력이 완료되었음을 알림

[그림 2-4] 직접 메모리 접근(DMA)

DMA는 메인프레임이나 서버처럼 다량의 입출력 기능을 담당하는 시스템의 성능을 크게 향상시킨다.[18] DMA는 몇 가지 버스 아키텍처와 어울릴 수 있다. 레거시 legacy 아키텍처는 아직까지 사용은 되고 있지만 과도기를 거쳐 새로운 시스템으로 대체될 기존 시스템으로, 산업 표준 아키텍처 ISA, Industry Standard Architecture, 확장 ISA EISA 혹은 마이크로 채널 아키텍처 MCA, Micro Channel Architecture 버스 등을 말한다. DMA 컨트롤러는 써드파티 장치 third-party device라고도 하며, 메인 메모리와 입출력 장치 사이의 전송을 관리한다('운영체제적 생각: 레거시 하드웨어와 소프트웨어' 참고). PCI

운영체제적 생각

레거시 하드웨어와 소프트웨어

최신 버전의 운영체제는 가장 최근의(바로 앞선) 하드웨어와 소프트웨어의 기능을 지원하도록 설계된다. 그러나 '거기 있는' 대다수의 하드웨어와 소프트웨어는 개인이나 기관이 투자를 많이 한 오래된 장비나 응용 프로그램인 경우가 많고, 새로운 운영체제가 설치되더라도 계속 사용되길 원할 때가 많다. 이처럼 오래된 항목을 레거시 하드웨어, 레거시 소프트웨어라고 한다. 운영체제 설계자가 맞닥뜨린 커다란 도전거리는 그와 같은 레거시 시스템을 지원할 수 있도록 하는 것으로, 실세계에서 사용될 운영체제라면 반드시 갖추어야 할 요건이다.

버스는 **버스 마스터링** bus mastering을 사용하는 퍼스트파티 first-party DMA를 사용한다. PCI 장치는 버스를 관리해 원하는 기능을 수행한다. 대개 퍼스트파티 DMA 전송은 써드파티 전송보다 효율적이며, 현대적인 버스 아키텍처 대부분이 이를 구현하고 있다.[19]

셀프 리뷰

1. DMA가 PIO보다 효율적인 이유는 무엇인가?
2. 퍼스트파티 DMA는 써드파티 DMA와 어떻게 다른가?

▶ **풀이** 1) PIO를 사용하는 시스템에서 프로세서는 각각의 메모리 전송이 완료될 때까지 기다려야 한다. DMA는 메인 메모리와 입출력 장치 사이에 데이터를 전송하는 데 필요한 작업을 덜어주어 프로세서가 다른 명령어들을 실행할 수 있게 해준다. 2) 써드파티 DMA는 버스 접근을 관리하는 컨트롤러를 요구한다. 퍼스트파티 DMA는 장치에서 하드웨어를 추가하지 않고도 버스를 제어할 수 있게 해준다.

2.3.9 주변 장치

주변 장치 peripheral device란 컴퓨터가 소프트웨어 명령어를 실행하는 데 필수적이지 않은 하드웨어를 말한다. 주변 장치는 프린터나 스캐너, 마우스 등 다양한 입출력 장치와 네트워크 인터페이스 카드, 모뎀 같은 네트워크 장치, CD나 DVD, 디스크 같은 저장 장치를 가리킨다. 프로세서나 메인보드, 메인 메모리 등은 주변 장치에 속하지 않는다. 내부 주변 장치는 컴퓨터 케이스의 안쪽에 위치한 장치로, 흔히 통합 주변 장치 integrated peripheral device라고 한다. 여기에는 모뎀, 사운드 카드, 내부 CD-ROM 드라이브 등이 속한다. 아마도 가장 보편적인 주변 장치는 하드 디스크일 것이다. [표 2-1]은 몇 가지 주변 장치를 나열하고 있다.[20] 키보드와 마우스는 **문자 장치** character device에 속하며, 한 번에 한 문자 데이터를 전송한다. 주변 장치는 포트와 기타 버스를 통해 컴퓨터에 추가한다.[21] **직렬 포트** serial port는 한 번에 한 바이트 데이터를 전송하며, 대체로 키보드나 마우스 등과 연결된다. **병렬 포트** parallel port는 한 번에 여러 비트를 전송하며, 보통 프린터와 연결한다.[22] **USB** Universal Serial Bus와 **IEEE 1394 포트**는 고속 직렬 인터페이스로 널리 사용하고 있다. **SCSI** Small Computer Systems Interface도 널리 사용하는 병렬 인터페이스다.

USB 포트는 외장 디스크 드라이브나 디지털 카메라, 프린터 같은 장치에서 데이터를 전송하거나 장치에 전원을 공급한다. USB 장치는 시스템이 켜져 있는 동안 하드웨어에 지장을 주지 않고(기술적인 용어로 핫 스왑핑 hot swapping이라고 한다) 추가 및 인식하고 제거할 수 있다. USB 1.1은 초당 1.5Mbit와 12Mbit(메가비트 megabit는 백만 비트 bit며, 8비트는 1바이트다) 속도로 데이터를 전송할 수 있다. 컴퓨터는 디스크와 같은 USB 장치에 있는 대량의 데이터에 접근해야 하기 때문에 초당 480Mbit 속도로 데이터를 옮길 수 있는 USB 2.0이 개발되었다.[23]

[표 2-1] 주변 장치

장치	설명
CD-RW 드라이브	광학 디스크에 있는 데이터를 읽고 쓴다.
집 드라이브(Zip drive)	제거 가능하고 내구성 있는 마그네틱 디스크와 데이터를 주고받는다.
플로피 드라이브(floppy drive)	제거 가능한 마그네틱 디스크에서 데이터를 읽고 쓴다.
마우스(mouse)	GUI의 포인터 혹은 커서의 위치 변화를 전송한다.
키보드(keyboard)	사용자가 입력하는 글자나 명령어를 전송한다.
다목적 프린터(multifunction printer)	문서를 인쇄, 복사, 스캔하고 팩스도 전송할 수 있다.
사운드 카드(sound card)	디지털 신호를 스피커의 오디오 신호로 변환한다. 또한 마이크를 통해 입력되는 오디오 신호를 디지털 신호로 변환한다.
비디오 가속기(video accelerator)	화면에 그래픽을 보여주고 2D, 3D 그래픽을 가속한다.
네트워크 카드(network card)	다른 컴퓨터와 데이터를 주고받는다.
디지털 카메라(digital camera)	디지털 영상을 녹음하고 보여준다.
생체 인식 장치(biometric device)	특히 신원 파악이나 인증의 목적으로 지문, 망막 등 사람의 특성을 스캔한다.
적외선 장치(infrared device)	가시 경로 무선 연결을 통해 장치들 사이에서 데이터를 전송한다.
무선 장치(wireless device)	전방향 무선 연결을 통해 장치들 사이에서 데이터를 전송한다.

소니 Sony 에서는 'iLink', 애플에서는 'FireWire'라는 브랜드를 단 IEEE 1394 표준은 디지털 비디오 카메라나 대용량 저장 장치에서 흔히 볼 수 있다. FireWire는 초당 800Mbit까지 데이터를 전송할 수 있다. 향후 개선 버전에서는 초당 2Gbit(십억 비트)까지 가능할 것으로 예상한다. USB와 마찬가지로 FireWire는 하드웨어에 지장을 주지 않고 장치를 추가, 인식, 제거할 수 있게(핫 스왑 가능 hot swappable 하게) 하고 장치들에 전원을 공급할 수 있다. 게다가 FireWire 명세에 따르면 한 컴퓨터에 연결하지 않아도 여러 장치가 통신할 수 있다.[24] 예를 들어, 사용자는 FireWire 하드 디스크 두 개를 직접 연결해 데이터를 복사할 수 있다.

시스템에 주변 장치들을 연결하기 위한 또 다른 인터페이스로는 SCSI Small Computer Systems Interface 와 ATA Advanced Technology Attachment 등이 있다. ATA는 IDE Integrated Drive Electronics 인터페이스를 구현한다. 이러한 인터페이스는 하드 드라이브나 DVD 드라이브 등에 있는 데이터를 메인 보드 컨트롤러에 전송하고, 메인보드에서 각 데이터에 적합한 버스를 찾는다.[25] 더 최근에 나온 인터페이스로는 ATA보다 높은 전송률을 자랑하는 SATA Serial ATA 가 있다. 이외에도 블루투스 bluetooth (근거리 무선 연결), IEEE 802.11g(중거리 고속 무선 연결) 등 몇 가지 무선 인터페이스가 있다.

SCSI('스커-지' scuh-zee 라고 읽는다)는 1980년대 초반에 대용량 저장 장치를 고속으로 연결하려는 목적으로 개발되었다. 주로 많은 광대역 장치를 고속으로 연결하는 데 사용한다.[26] 원래 SCSI 명세에 따르면 초당 최대 5MB의 데이터 전송을 가능하게 하고 8비트 버스에 장치 여덟 개를 지원하도록 되어 있었다. Ultra320 SCSI 같은 현재 명세에는 초당 320MB까지 속도를 내고 16비트 버스에 장치 16개를 지원하도록 되어 있다.[27]

셀프 리뷰

1. 프린터 등의 주변 장치와 프로세서와 같은 장치의 주된 차이점이 무엇인가?
2. USB와 FireWire를 비교, 대조하라.

▶ **풀이** 1) 주변 장치는 컴퓨터가 소프트웨어 명령어를 실행하는 데 직접적으로 필요하지 않은 장치다. 반면에 프로세서는 반드시 하나 이상 있어야 소프트웨어 명령어를 실행할 수 있다. 2) USB와 FireWire는 넓은 대역폭을 지원하고 장치들에 연결되어 전원도 공급해준다. 그런데 FireWire는 USB보다 용량이 크고, 컴퓨터에 장치들을 연결하지 않고도 통신할 수 있게 한다.

2.4 하드웨어의 운영체제 지원

컴퓨터 아키텍처는 성능 향상을 위해 운영체제가 더 빨리 기능할 수 있도록 하드웨어적으로 지원하는 몇 가지 기능을 포함한다. 또한 운영체제가 엄격한 방어 체계를 갖추어 시스템의 보안과 무결성을 보장하도록 한다.

2.4.1 프로세서

대부분의 운영체제는 프로세서를 통해 보호 메커니즘을 구현한다. 프로세서는 프로세스가 할당받지 않은 메모리에 접근하는 일을 막는다. 프로세스가 시스템의 보호 메커니즘을 위반하려고 하면, 프로세서는 이를 운영체제에 알려 적절히 반응하게 한다. 또한 프로세서는 하드웨어 장치에서 보내는 신호 signal에 반응하도록 운영체제를 호출한다.

사용자 모드, 커널 모드, 특권 명령어

컴퓨터 시스템은 흔히 몇 가지 다른 **실행 모드** execution mode를 갖는다.[28] 시스템의 모드를 변경함으로써 더 견고하고 장애 내구성이 있고 안전한 시스템을 만들 수 있다. 흔히 시스템이 특정 모드에서 동작할 때 응용 프로그램들은 시스템 명령어의 하위 집합에만 접근할 수 있다. 사용자 응용 프로그램에서는 사용자가 **사용자 모드** user mode(**사용자 상태** user state 또는 **문제 상태** problem state라고도 한다)로 실행할 수 있는 명령어의 부분 집합에서 입출력 명령어를 직접 실행하는 일 등은 제외한다. 사용자 응용 프로그램이 임의로 입출력 명령어를 수행할 수 있다면, 시스템의 마스터 패스워드 리스트를 보여주거나 다른 사용자의 정보를 출력하게 하거나, 심지어 운영체제를 파괴할 수도 있다. 운영체제는 보통 **커널 모드(슈퍼바이저 상태)** kernel mode(supervisor state)로, **가장 신뢰받는 사용자 상태** most trusted user status에서 실행된다. 즉, 시스템의 모든 명령어 집합에 접근할 수 있다. 커널 모드에서는 프로세서가 특권 명령어를 실행하거나 원하는 작업을 수행하려고 자원에 접근할 수 있다. 대부분의 현대 운영체제에서 이렇게 사용자 모드, 커널 모드로 구분하는 방법을 채택한다. 보안 수준이 높은 시스템에서는 이 두 가지 외에도 권한을 더 세분화해 시스템을 보호하는 것이 좋다. 여러 단계의 상태를 사용할 때는 **최소 권한의 원칙** principle of least privilege에 따라 권한을 부여한다. 다시 말해 특정 사용자는 정해진 임무를 수행하는 데 필요한 최소 권한을 받아야 한다('운영체제적 생각: 최소 권한의 원칙' 참고).

컴퓨터 아키텍처가 진화하면서 **특권 명령어** privileged instruction(즉, 사용자 모드에서는 접근할 수 없는 명령어)의 수가 증가하는 점은 주목할 만한 일이다. 이는 하드웨어에 운영체제와 협력하는 기능이 더욱 증가하는 경향을 보여준다.

메모리 보호와 관리

대부분의 프로세서는 메모리 보호와 관리 메커니즘을 제공한다. **메모리 보호** memory protection는 프로세스가 다른 사용자의 메모리나 운영체제의 메모리 등 자신이 할당받지 않은 메모리에 접근하는 것을 방지한다. 메모리 방지 기능은 특권 명령어로만 수정할 수 있는 프로세서 레지스터를 사용해 구현한다('운영체제적 생각: 보호' 참고). 프로세서는 이러한 레지스터들의 값을 확인해 프로세스가 자신이 할당받지 않은 메모리에 접근하지 못하게 한다. 예를 들어, 가상 메모리를 사용하지 않는 시스템에서는 프로세스들이 메모리 주소의 연속적인 블록만 할당받는다. 시스템은 프로세스가 할당받은 메모리의 시작과 끝 위치를 명시하는 **경계 레지스터** bounds register를 제공해 프로세스들이 자신이 할당받지 않은 메모리 위치에 접근하는 것을 막는다. 특정 주소가 할당된 블록 안에 있는지 확인해 메모리 보호를 강화할 수도 있다. 대부분의 하드웨어 보호는 프로그램 명령어를 실행하는 것과 병행해 수행되므로 성능 저하를 야기하지는 않는다.

대부분의 프로세서는 또한 프로세스에서 참조하는 가상 메모리 주소를 대응하는 메인 메모리 주소로 해석하는 하드웨어를 포함한다. 가상 메모리 시스템은 프로그램이 메인 메모리에 있는 제한된 일련의 **실제(물리) 주소** real(physical) address에 대응하지 않아도 되는 주소를 참조할 수 있게

운영체제적 생각

최소 권한의 원칙 Principle of Least Privilege

일반적으로 볼 때 최소 권한의 원칙이란, 어떤 시스템이든 다양한 객체에 자기 임무를 수행하는 데 필요한 능력 이상을 부여하면 안 됨을 나타낸다. 정부에서도 보안 허가에 이 원칙을 적용한다. 누군가에게 내 집을 드나들도록 여분의 열쇠를 줄 때도 이런 원칙을 적용할 것이다. 기업들이 사원들에게 중요한 기밀 정보에 대한 접근 권한을 주는 것도 마찬가지일 것이다. 운영체제는 여러 영역에서 최소 권한의 원칙을 적용한다.

해준다.[29] 운영체제는 하드웨어를 사용해 실행 시 프로세스의 가상 주소를 물리 주소로 바꿔준다. 가상 메모리 시스템은 프로세스가 메인 메모리에서 사용 가능한 것보다 훨씬 많은 공간의 주소를 참조할 수 있게 해준다. 따라서 프로그래머들은 물리적 메모리 제한에 구애받지 않고 응용 프로그램을 작성할 수 있다. 가상 메모리는 또한 시분할 시스템을 위한 프로그램을 가능하게 해준다. 프로세스들이 메인 메모리에 있는 데이터의 실제 위치를 알 필요가 없기 때문이다. 메모리 관리와 보호는 9~11장에서 자세히 논의한다.

인터럽트와 예외

프로세서는 운영체제에 프로그램 실행 중 발생하는 오류나 장치의 상태 변화 등 여러 이벤트(예를 들면, 네트워크 패킷이 도착하거나 디스크의 입출력이 완료되는 등)를 알려준다. 프로세서는 각 장치의 상태를 반복적으로 확인하는 **폴링** polling이라는 기술을 통해 이렇게 할 수 있다. 그러나 장치에 변화가 없는데도 이렇게 상태를 계속해서 확인한다면 상당한 실행 부하를 주게 된다.

대부분의 장치는 이런 방법 대신 이벤트가 발행할 때 프로세서에 **인터럽트** interrupt라는 신호 signal를 보낸다. 그러면 운영체제는 이에 반응하여 해당 유형의 이벤트를 기다리고 있는 프로세스에 알려준다. **예외** exception는 하드웨어 고장이나 로직 logic 오류, 보안 규칙 위반 같은 여러 오류에 대한 반응으로 발생하는 인터럽트다('에피소드: 결함이라는 용어의 기원' 참고). 프로세서는 시스템이 다운되지 않게 하려고 보통은 운영체제를 호출해 반응할 방법을 결정하게 한다. 예를 들어, 운영체제는 오류를 유발하는 프로세스를 종료하거나 시스템이 다시 시작하게 할 수도 있다. 만약 시스템이 다운되어야 한다면 운영체제는 작업 손실을 최소화하도록 우아하게 종료할 수 있다. 프로세스는 운영체제에 예외 처리기 exception handler를 등록할 수도 있다. 운영체제가 이에 대

보호 Protection

초창기 컴퓨터에 있던 원시적인 운영체제는 한 번에 한 가지 작업만 실행할 수 있었다. 하지만 지역 시스템에 병렬 처리 능력이 추가되고, 네트워크를 통해 병렬 처리가 가능한 분산 시스템이 개발되면서 급격하게 변했다. 운영체제는 다양한 유형의 보호, 특히 인터넷에 연결할 때 시스템 보호를 신중하게 고려해야 한다. 운영체제와 그 데이터가 우연이든 고의든 잘못된 사용자 프로그램 때문에 손상받지 않도록 보호해야 한다. 사용자 프로그램 역시 서로를 방해하지 않게 보호해야 한다. 지역 시스템과 사용자 그리고 네트워크에 퍼져 있는 컴퓨터 운영체제 구성 요소 모두 이런 보호가 필요하다. 이러한 보호 메커니즘에 관해서는 '9장. 실제 메모리 구성과 관리'와 '10장. 가상 메모리 구성'을 비롯해 여러 장에 걸쳐 논의한다. 또한 파일에 대한 접근을 제어하는 형태의 보호 메커니즘에 관해서는 '13장. 파일과 데이터베이스 시스템'에서 살펴본다. 보호에 관한 일반적인 주제에 관해서는 책 전반에 걸쳐 다루며, 리눅스 사례 연구를 통해서도 살펴본다.

운영체제적 생각

응하는 예외를 받으면 프로세스의 예외 처리기를 호출해서 응답하게 한다. 인터럽트 메커니즘과 예외 처리는 '3.4 인터럽트'에서 다룬다.

셀프 리뷰

1. 여러 실행 상태 execution state를 구현하는 이유는 무엇인가?
2. 예외가 다른 유형의 인터럽트와 다른 점은 무엇인가?

▶ **풀이** 1) 여러 실행 상태가 있어서 모든 소프트웨어가 우연 혹은 고의로 시스템에 손상을 주거나 허가받지 않은 자원에 접근하는 것을 막아 시스템을 보호한다. 이러한 기능은 커널 모드에 국한된 것으로, 운영체제가 특권 명령어를 실행할 수 있게 한다. 2) 예외는 0으로 나누기, 보안 위반 등 오류 발생 여부를 알려주고 운영체제를 호출해 응답 방법을 결정하게 한다. 운영체제는 아무 일도 하지 않을 수도 있고, 프로세스를 종료할 수도 있다. 운영체제가 적절히 실행하지 못할 정도로 심각한 오류를 만나면 시스템을 재부팅하기도 한다.

2.4.2 타이머와 클록

간격 타이머 interval timer는 주기적으로 인터럽트를 발생시켜 프로세서가 운영체제를 호출하게 한다. 운영체제는 이 타이머를 사용해 특정 프로세스가 프로세서를 독점하는 것을 막는다. 예를 들면, 운영체제에서 타이머가 인터럽트를 보내올 때 현재 프로세스를 제거하고 다른 프로세스가 프로세서를 사용할 수 있게 한다. **시간 클록** time-of-day clock은 컴퓨터가 수천 초 분의 1 또는 수만 초 분의 1 정도의 오차 안에서 정확한 '실제 시간' wall clock time을 따라잡을 수 있게 한다. 몇몇

에피소드

결함 Glitch이라는 용어의 기원

컴퓨터 용어 결함은 버그와 같은 의미로 사용되며, 그 어원에 대해서는 여러 이론이 있다. 이디시말(Yiddish; 독일어 · 히브리어 등의 혼성 언어로, 중부[동부] 유럽 여러 나라, 미국 등의 유대인이 씀)의 'glitshen(미끄러지다)'에서 나왔다고 하는 사람이 많다. 또 다른 이론도 있다. 1960년대 중반, 우주 개발 프로그램이 고조에 달했을 때 최고의 컴퓨터 제조사 중 하나가 최초로 온보드 on-board 컴퓨터 시스템을 개발했다. 이 컴퓨터를 론칭하기로 한 날 아침, 전 세계 주요 출판물에 전면 광고를 내어 자신들이 만든 컴퓨터가 우주선 승무원들이 안전하게 임무를 수행하도록 도와준다고 선전했다. 그런데 그날 컴퓨터가 고장이 나서 우주선의 캡슐이 전혀 손쓸 수 없을 정도로 마구 회전했고 승무원들의 생명이 위험한 지경에 이르렀다. 다음날 아침, 주요 일간지들은 이 사건을 가리켜 '그 회사 역사상 최대의 불량품'이라고 논평했다.

운영체제 설계자들에게 주는 교훈: "일이 잘못될 가능성이 있다면, 꼭 잘못된다."는 머피의 법칙을 항상 염두에 두기 바란다. 아울러 흔히 덧붙이는 말인 "그것도, 가장 안 좋을 때" 역시 잊지 말자.

시간 클록은 배터리 충전기를 포함하고 있어서 외부 전력 공급이 없을 때도 정확하게 작동하기도 한다. 이러한 클록은 시스템의 연속성을 유지하는 수단이 된다. 예를 들면, 운영체제가 로드되었을 때 시간 클록을 읽어 현재 시각과 날짜를 결정할 수 있다.

셀프 리뷰

1. 간격 타이머는 특정 프로세스가 프로세서를 독점하는 것을 어떻게 방지할 수 있는가?
2. 프로세서는 흔히 각 프로세서 사이클마다 1씩 증가하는 카운터를 포함해 나노초 정밀도로 시각의 정확성을 측정할 수 있다. 이렇게 시각을 측정하는 방법과 시간 클록의 기능을 비교, 대조하라.

▶ **풀이** 1) 간격 타이머는 주기적으로 인터럽트를 발생시킨다. 프로세서는 인터럽트가 발생할 때마다 운영체제를 호출하고, 운영체제는 현재 실행 중인 프로세스 대신 다른 프로세스를 선택해 프로세서에 할당한다. 2) 프로세서 카운터는 이벤트 사이에 경과한 시간을 시스템이 매우 정확하게 결정할 수 있게 해준다. 그러나 시스템 전원이 나가면 그 정보를 유지하지 않는다. 이에 비해 시간 클록은 배터리로 전력을 공급받아 실제 시간을 더 적절하게 결정할 수 있다. 그러나 프로세서 카운터보다 정확도는 떨어진다.

2.4.3 부트스트래핑

운영체제에서 자원을 관리하려면 먼저 자신이 메모리에 로드되어야 한다. 컴퓨터를 켜면 바이오스가 시스템 하드웨어들을 초기화하고, 플로피 디스크나 하드 디스크, CD 같은 2차 저장소에 있는 부트 섹터 boot sector에서 명령어들을 읽어 메인 메모리에 로드한다. 이 과정을 부트스트래핑 bootstrapping이라고 한다([그림 2-5]). 프로세서는 이러한 명령어를 실행하도록 만들어진다. 이때 실행하는 명령어는 대개 운영체제의 구성 요소를 메모리에 로드하고, 프로세서 레지스터를 초기화하며 시스템이 사용자 응용 프로그램을 실행할 준비를 하게 하는 것이다.

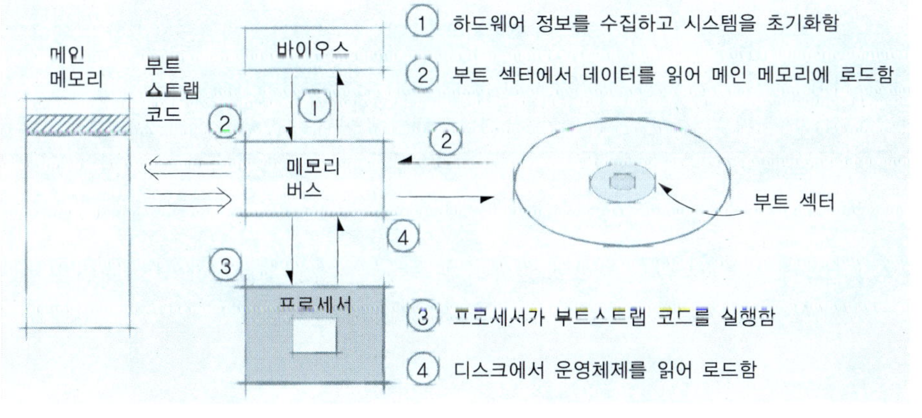

[그림 2-5] 부트스트래핑

많은 시스템에서 바이오스를 통해 몇몇 장치들의 미리 정의된 위치(예를 들면, 하드 디스크나 CD의 부트 섹터 등)에서 운영체제를 읽어 로드한다. 만약 해당 장치에서 부트 섹터를 찾지 못하면 시스템을 로드하지 못하고 사용자는 컴퓨터의 어떤 하드웨어에도 접근할 수 없게 된다. 인텔은 부팅 시에 더 많은 기능을 지원하려고 바이오스 대신 **확장 펌웨어 인터페이스** EFI, Extensible Firmware Interface를 개발했다. EFI는 셸을 지원해 사용자들이 컴퓨터 장치에 직접 접근할 수 있게 하고, 컴퓨터 전원이 들어오는 즉시 디바이스 드라이버들이 하드 드라이브와 네트워크에 접근할 수 있도록 돕는다.[30]

셀프 리뷰

1. EFI는 바이오스의 한계를 어떻게 극복했는가?
2. 운영체제는 왜 사용자들이 부트 섹터에 접근하지 못하게 하는가?

▶ **풀이** 1) 전형적인 바이오스는 저수준 명령어들을 포함하고 있어서 제한된 기능만 수행하고 소프트웨어가 처음 로드되는 방식을 제한한다. EFI는 드라이버를 지원하고 셸을 제공해 사용자가 시스템과 상호 작용하고 운영체제가 로드되는 방식을 필요에 맞게 커스터마이즈할 수 있게 해준다. 2) 사용자가 부트 섹터에 접근할 수 있게 되면 우연이나 고의로 운영체제 코드를 수정할 수도 있다. 그러면 시스템이 제대로 작동하지 않거나 외부의 공격을 받을 수 있다.

2.4.4 플러그 앤 플레이

플러그 앤 플레이 기술은 운영체제가 새로 설치한 하드웨어를 사용자와 교류 없이 자동으로 인식하고 사용 가능하게 해준다. 플러그 앤 플레이 plug-and-play 하드웨어 장치는 다음과 같은 특징이 있다.

1. 운영체제에서 자신이 어떤 장치인지 유일하게 식별할 수 있게 한다.
2. 운영체제와 통신해 해당 장치가 올바르게 작동하는 데 필요한 자원과 서비스를 요청할 수 있다.
3. 해당 장치와 대응하는 드라이버를 식별하고 운영체제가 해당 드라이버를 사용해 장치를 구성 configure할 수 있게 해준다(예를 들면, 장치를 DMA 채널에 할당하고 메인 메모리의 일정 부분을 장치에 할당해주는 일 등).[31]

이러한 특징 덕분에 사용자는 시스템에 하드웨어를 추가하고 운영체제의 적절한 지원을 받아 즉시 사용할 수 있다.

분산 컴퓨팅이 확산되면서 점점 많은 시스템이 전력 공급을 충전기에 의존한다. 그 결과 플러그 앤 플레이 기술도 전력 관리 기능을 갖추어 시스템이 전력 소비 상태에 동적으로 적응해 배터리 수명을 연장할 수 있게 한다. **고급 구성 및 전원 인터페이스** ACPI, Advanced Configuration and Power Interface는 운영체제가 장치들을 구성하고 전력 소비를 관리하는 표준을 정의하고 있다. 모든 최신 윈도우 운영체제는 플러그 앤 플레이를 지원하며, 리눅스 버전 2.6 역시 많은 플러그 앤 플레이 장치를 지원한다.[32]

셀프 리뷰

1. 플러그 앤 플레이 장치가 운영체제에서 자신을 유일하게 식별하게 해야 하는 이유는 무엇인가?
2. 모바일 기기에서 전원 관리 기능이 특히 중요한 이유는 무엇인가?

▶ **풀이** 1) 운영체제가 하드웨어를 구성하고 사용자가 장치를 사용하기 전에 해당 장치에 필요한 자원이 무엇인지 파악할 수 있어야 한다. 2) 모바일 기기는 배터리에 의존해야 하기 때문이다. 따라서 기기의 전력 소비를 관리해 배터리 수명을 최대한 늘려야 한다.

2.5 캐싱과 버퍼링

'2.3.4 메모리 계층'에서 컴퓨터 저장 장치들의 계층을 살펴보았다. 각 계층은 속도 면에서 차이가 있다. 대부분의 시스템은 성능을 향상시키려고 캐싱 caching을 수행한다. 프로세스가 참조하는 데이터를 더 빠른 저장 공간에 복사하는 것이다. 그러나 빠른 저장소일수록 비싸기 때문에 캐시할 수 있는 데이터양이 제한된다. 따라서 캐시 엔트리(**캐시 라인**) cache entry(cache line)를 잘 관리해 참조하는 정보가 캐시 메모리에 없는 경우(이를 **캐시 실패** cache miss라고 한다)의 수를 최소화해야 한다. 캐시 실패가 발생하면, 시스템은 속도가 낮은 원래의 저장소에서 참조하는 정보를 얻어와야 한다. 참조하는 정보가 캐시 메모리에 있는 경우를 **캐시 적중** cache hit이라고 하며, 이 경우 시스템은 비교적 빠른 속도로 필요한 데이터에 접근할 수 있다.[33]

캐싱을 통해 성능을 향상시키려면 메모리 참조의 상당수가 캐시 적중되어야 한다. '11.3 요구 페이징'에서 논의하겠지만, 프로세스들이 곧 어떤 데이터를 참조할지 예측하기는 어렵다. 그러므로 대부분의 캐시는 경험과 통계에 근거해 **경험적 방법** heuristic을 사용한다. 즉 직전의 정보를 분석해볼 때 비교적 적은 실행 부하로 좋은 결과를 얻었다면, 이를 근사치로 활용해 다음에 참조할 데이터를 예측한다('운영체제적 생각: 경험적 방법' 참고).

캐시의 예로 L1과 L2 프로세서 캐시가 있다. 이들 캐시는 최근에 사용한 데이터를 저장해 프로세서가 쉬는 사이클 수를 최소화한다. 많은 운영체제에서 메인 메모리의 일정 부분을 할당해 디스크 같은 2차 저장소의 데이터를 캐시하는 데 활용한다.

버퍼 buffer는 장치들 사이 혹은 서로 다른 속도로 동작하는 프로세스들 사이에서 데이터를 전송할 때 일시적으로 데이터를 보관하는 저장 영역을 말한다.[34] 버퍼는 소프트웨어와 하드웨어 장치들이 데이터를 **비동기적으로** asynchronously(즉, 서로 의존하지 않고 독립적으로) 전송하게 함으로써 시스템 성능을 향상시킨다. 버퍼에는 하드 디스크 버퍼, 키보드 버퍼, 프린터 버퍼 등이 있다.[35,36] 하드 디스크는 메인 메모리보다 훨씬 느리게 작동하므로, 운영체제는 대개 쓰기 요청된 데이터를 버퍼링한다. 버퍼는 하드 디스크에 쓰기 작업을 마칠 때까지 데이터를 보관해, 운영체제가 입출력 작업 중에도 다른 프로세스를 실행할 수 있게 해준다. 키보드 버퍼는 프로세스에서 인식하고 대응하는 키보드 인터럽트에 반응할 때까지 사용자가 입력한 글자를 보관한다.

스풀링 spooling, Simultaneous Peripheral Operations OnLine은 한 프로세스와 저속 또는 버퍼가 제한된 입출력 장치 사이에 디스크와 같은 중간 매개체를 두는 기술이다. 예를 들어, 한 프로세스가 인쇄를 시도하는데 프린터가 다른 문서를 인쇄하고 있다면, 프로세스는 프린터를 사용할 수 있게 될 때까지 기다리는 대신 출력물을 디스크에 쓴다. 프린터가 앞선 작업을 마치면 디스크에 있는 데이터를 인쇄하기 시작한다. 스풀링은 주변 장치들이 곧바로 서비스를 수행할 준비가 안 되어 있을

운영체제적 생각

경험적 방법 Heuristic

경험적 방법이란 '경험 법칙' rule of thumb, 즉 그럴듯하게 들리고 실제 적용해볼 때 일반적으로 좋은 결과를 내는 전략들을 말한다. 이 방법은 수학적 이론이나 근거가 없는 경우가 많다. 경험적 방법을 적용하는 것은 간편한 수학적 분석을 시도하기에는 너무 복잡한 시스템이다. 예를 들어, 매일 아침 집을 나설 때도 이런 경험적 방법을 사용한다. '비가 올 것 같아 보이면 우산을 들고 가라'는 전략을 사용한다. 이는 경험을 통해 '비가 올 것 같아 보이는 것'이 실제로 비가 오는 것에 대한, 완벽하게 맞아 떨어지지는 않지만 그래도 믿을 만한 지표임을 알기 때문이다. 과거에 이런 경험적 방법을 사용해 우산도 없이 비에 흠씬 젖는 불상사를 예방했기 때문에, 이제 이 방법에 의존하는 것이다. 또 책상에 서류 뭉치가 쌓인 것을 보고 하루 일과를 계획할 때, 경험적 방법에 따라 "짧게 걸릴 일을 가장 먼저 하자"는 전략을 세울 수도 있다. 그러면 빠른 시간 안에 몇 가지 일을 마치고 만족감을 얻을 수 있기 때문이다. 그러나 뒤집어서 생각해보면, 오래 걸리는 일(더 중요한 일일 수도 있다)을 자꾸만 미루게 되는 부작용도 낳는다. 더 나쁘게는 단시간에 해낼 수 있는 일이 계속 추가될 경우, 오래 걸리지만 꼭 해야 할 중요한 일을 무한정 미루게 된다. 이 책의 여러 장에서 운영체제의 경험적 방법들을 다룬다. 특히 '8장. 프로세서 스케줄링'과 '12장. 디스크 성능 최적화'와 같이 자원 관리를 다루는 장에서 많이 논의한다.

때도 프로세스들이 제2, 제3의 서비스를 요청할 수 있게 해준다.[37] 'spooling'이라는 용어는 실을 실패에 감아놓고 필요할 때마다 풀어서 쓰는 데서 나왔다.

셀프 리뷰

1. 캐싱은 시스템의 성능을 어떻게 향상시키는가?
2. 어떤 장치가 데이터를 가져다 쓰는 장치나 프로세스보다 너무 빠른 속도로 데이터를 내놓는다면 버퍼링을 해도 성능을 크게 향상시킬 수 없다. 그 이유는 무엇인가?

▶ **풀이** 1) 캐시는 프로세스가 곧 참조할 가능성이 높은 정보를 더 빠른 저장소에 복사해두어 성능을 향상시킨다. 따라서 프로세스들은 메인 메모리에서 가져오는 것보다 훨씬 빠른 속도로 캐시에 있는 데이터를 참조할 수 있게 된다. 2) 데이터를 내놓는 개체가 이를 소비하는 개체보다 지나치게 빠르면, 버퍼가 계속 가득 차게 되어 결국 소비하는 개체의 속도로 떨어질 수밖에 없다. 즉, 데이터를 빨리 내놓는 개체는 버퍼가 비기를 기다리느라 속도를 늦춰야 한다. 소비하는 개체가 생산하는 개체보다 너무 빨라도 마찬가지다. 데이터를 소비하는 개체는 계속 빈 버퍼만 발견하게 되고, 데이터가 생길 때까지 기다리느라 느린 생산자 개체의 속도만큼 느려진다.

2.6 소프트웨어 개관

이 절에서는 컴퓨터 프로그래밍과 소프트웨어의 기본 개념을 살펴본다. 프로그래머들은 다양한 프로그래밍 언어를 사용해 명령어를 작성한다. 몇몇 언어는 컴퓨터가 바로 이해할 수 있고, 몇몇은 해석이 필요하다. 프로그래밍 언어는 대체로 기계어나 어셈블리 언어 또는 고급 언어로 분류할 수 있다.

2.6.1 기계어와 어셈블리 언어

컴퓨터는 오직 자신의 **기계어** machine language만 이해할 수 있다. 특정 컴퓨터의 자연어 natural language처럼 기계어는 컴퓨터의 하드웨어 설계에 따라 정의된다. 기계어는 대체로 숫자의 연속으로 구성되는데, 이는 궁극적으로 1과 0 두 숫자의 스트림 stream으로, 컴퓨터가 자신의 가장 기초적인 연산을 어떻게 수행할지를 명령하는 것이다. 기계어는 머신에 종속적이다. 즉, 특정 기계어는 그에 상응하는 종류의 컴퓨터에서만 사용할 수 있다.

다음은 초기 기계어 프로그램으로, 급여에 초과 근무 수당을 더해 총 급여 결과를 저장하는 로직이다. 이 코드를 보면 사람이 기계어를 얼마나 이해하기 어려운지 알 수 있다.

```
1300042774
1400593419
1200274027
```

컴퓨터 사용자가 증가하는 것과 비교할 때, 기계어 프로그래밍은 너무 느리고 오류를 유발하기 쉬운 조악한 도구였다. 따라서 프로그래머들은 컴퓨터가 직접 이해할 수 있는 숫자 스트림 대신, 영어와 비슷한 약어들을 사용해 컴퓨터의 기본 연산을 나타내기 시작했다. 그리고 이 약어들은 **어셈블리 언어** assembly language 의 기초를 형성했다. **어셈블러** assembler 라는 번역 프로그램은 어셈블리 언어 프로그램을 기계어로 변환한다. 다음은 어셈블리 언어 프로그램을 간략하게 표현한 것으로, 기본 급여에 초과 근무 수당을 더해 총 급여를 계산하고 있다. 우리 눈으로 더 명확하게 읽을 수 있음을 알 수 있다.

```
LOAD BASEPAY
ADD OVERPAY
STORE GROSSPAY
```

이러한 어셈블리 언어 코드는 사람에게는 쉬워졌지만 컴퓨터가 직접 이해할 수 없다. 따라서 어셈블러 프로그램을 통해 기계어로 변환해야 한다.

셀프 리뷰

1. (참/거짓) 일반적으로 컴퓨터는 어셈블리 코드를 직접 실행한다.
2. 기계어로 작성한 소프트웨어는 이식성이 있는가?

▶ **풀이** 1) 거짓. 어셈블러로 어셈블리 코드를 기계어로 해석해야 컴퓨터가 이해하고 실행할 수 있다. 2) 아니다. 기계어는 각 머신에 따라 다르다. 그러므로 기계어로 작성한 소프트웨어는 동종 머신에서만 실행할 수 있다.

2.6.2 인터프리터와 컴파일러

어셈블리 언어 프로그래밍은 기계어 프로그래밍보다 빠르지만, 아주 간단한 작업을 하는 데도 여전히 많은 명령어가 필요했다. 따라서 프로그래머들이 더 효율적으로 작업할 수 있는 **고급 언어** high-level language 를 개발하게 되었다. 고급 언어는 적은 문장으로도 상당한 작업을 수행할 수 있게 해준다. 하지만 고급 언어를 기계어로 변환하려면 **컴파일러** compiler 라는 번역 프로그램이 필요하다. 프로그래머들은 고급 언어를 통해 일상 영어와 유사하고 일반적인 수학 기호를 포함하는 프로그램을 작성할 수 있다. 예를 들면, 고급 언어로 작성한 급여 대장 프로그램에서는 다음과 유사한 문장을 볼 수 있다.

```
grossPay = basePay + overTimePay
```

이 문장은 앞서 예시한 기계어나 어셈블리 언어 프로그램과 같은 결과를 낸다. 컴파일러가 고급 언어를 기계어로 변환하는 반면, **인터프리터** interpreter는 소스 코드로 혹은 기계어는 아니어도 좀 더 낮은 수준의 언어로 축약된 프로그램을 직접 실행하는 프로그램이다. 자바와 같은 프로그래밍 언어는 (기계어로 컴파일할 수 있는데도) **바이트코드** bytecode 형태로 변환해 가상 머신의 기계어처럼 실행한다. 그러므로 바이트코드는 실행하는 물리적 시스템에 한정되지 않아 응용 프로그램의 이식성을 높여준다. 자바 인터프리터는 각 문장을 분석하고 물리적인 머신에서 바이트코드를 실행한다. 인터프리터로 실행하는 프로그램은 실행하려면 해석을 해야 하는 오버헤드가 발생해 기계어 코드로 컴파일해 실행하는 프로그램보다 느린 경향이 있다.[38, 39]

셀프 리뷰

1. 고급 프로그래밍 언어가 어셈블리 언어보다 좋은 점은 무엇인가?
2. 바이트코드로 된 프로그램이 기계어로 컴파일한 프로그램보다 이식성이 높은 이유는 무엇인가?

▶ **풀이** 1) 고급 언어로 작성한 프로그램은 어셈블리 언어보다 훨씬 적은 문장으로 프로그래밍할 수 있다. 또한 고급 언어는 일상적인 영어 문장이나 보편적인 수학 기호들과 비슷하기 때문에 어셈블리 언어로 코드를 작성하는 것보다 사람이 인식하기가 훨씬 쉽다. 2) 기계어로 컴파일한 프로그램은 타깃 머신과 같은 종류의 시스템에서만 실행할 수 있다. 그러나 바이트코드는 여러 플랫폼에 설치하는 가상 머신을 대상으로 컴파일한 것으로, 물리적인 머신의 종류에 종속되지 않는다.

2.6.3 고급 언어

지금까지 수백 가지 고급 언어가 생겨났지만 널리 사용하는 것은 소수에 불과하다. 오늘날 프로그래밍 언어는 구조적 언어 혹은 객체지향 언어로 분류할 수 있다. 여기서는 비교적 잘 알려진 프로그래밍 언어들을 살펴보고 이들이 어떤 프로그래밍 모델과 관련이 있는지 살펴본다.

IBM은 복잡한 수학 계산이 필요한 과학 및 엔지니어링 분야 응용 프로그램을 개발할 목적으로 1950년대 중반에 **포트란** Fortran을 개발했다. 포트란은 주로 메인프레임과 슈퍼컴퓨터와 같은 고성능 환경에서 아직도 널리 사용되고 있다.

코볼 COBOL, COmmon Business Oriented Language은 1950년대 후반에 컴퓨터 제조사와 정부 기관, 산업계의 컴퓨터 사용자 그룹이 개발한 언어로, 대용량 데이터를 조작하는 비즈니스 응용 프로그램 개발을 목적으로 설계되었다. 오늘날 비즈니스 소프트웨어의 상당량이 여전히 코볼로 작성되어 있다.

C 언어는 1970년대에 벨 연구소의 데니스 리치Dennis Ritchie가 개발했고, 유닉스 운영체제를 개발한 언어로 유명해졌다. 1980년대 초에는 벨 연구소의 비아네 스트롭스트룹Bjarne Stroustrup이 C 언어를 확장하여 C++를 개발했다. C++는 **객체지향 프로그래밍**OOP, Object-Oriented Programming을 지원한다. **객체**object는 실세계 사물을 모델로 한 재사용 가능한 소프트웨어 컴포넌트다. 객체지향 프로그램은 이전 기술로 개발한 프로그램보다 이해하기 쉽고 디버깅과 수정이 용이하다. 현대의 유명한 운영체제들은 C나 C++로 개발되었다.

1993년에 웹이 폭발적으로 증가했을 때 썬 마이크로시스템즈Sun Microsystems는 새로운 객체지향 언어인 **자바**Java의 가능성을 즉시 간파했다. 자바는 웹에서 내려받고, 웹 브라우저로 실행할 수 있는 응용 프로그램을 개발하는 데 적합한 언어였다. 썬은 1995년 자바 언어를 공개했다. 당시는 웹에 대한 관심이 커서, 자바는 곧 비즈니스 분야에서 큰 관심을 얻고 소프트웨어 개발 언어로 널리 사용되기에 이르렀다. 자바 언어를 사용해 웹 페이지를 동적으로 생성하고, 대규모 엔터프라이즈급 응용 프로그램도 개발했다. 또한 웹 서버 기능을 강화하며 휴대폰이나 호출기, PDA용 응용 프로그램이나 기타 여러 목적으로 사용할 수 있다.

2000년대에는 마이크로소프트에서 **C#**('씨샵'이라고 발음한다)과 닷넷.NET 전략을 발표했다. C# 프로그래밍 언어는 특히 닷넷 플랫폼용 언어로 설계되었다. C#은 C, C++와 자바 언어를 근간으로 한 객체지향 언어로 닷넷의 강력한 라이브러리 컴포넌트들을 사용해 응용 프로그램을 빨리 개발할 수 있게 설계되었다.

셀프 리뷰

1. 다음의 각 언어가 구조적 언어인지, 객체지향 언어인지 분류하라.
   a) C#   b) C   c) 자바   d) C++
2. OOP의 주요 장점은 무엇인가?

▶ **풀이** 1) a. C# : 객체지향 언어 b. C : 구조적 언어 c. 자바 : 객체지향 언어 d. C++ : 객체지향 언어 2) 객체지향 언어는 이전 기술보다 이해하기 쉽고 디버깅과 수정이 용이하다. 또한 재사용 가능한 소프트웨어 컴포넌트를 개발할 수 있게 해준다.

2.6.4 구조적 프로그래밍

1960년대에는 소프트웨어 개발이 촉박한 일정에 쫓기고, 예산을 초과하고, 결과물은 품질이 떨어지는 것이 큰 문제로 대두되었다. 사람들은 소프트웨어 개발이 생각보다 매우 복잡한 활동임을 인식하게 되었다. 소프트웨어 개발을 위한 연구 결과로 **구조적 프로그래밍**structured programming이 발전하게 되었다. 구조적 프로그래밍은 좀더 명확하고 정확하며, 수정이 용이한 방법으로 프로그램을 개발하는 잘 구조화된 접근법이다.

이러한 연구 결과로 1971년에 니클라우스 워스 Nicklaus Wirth는 **파스칼** Pascal이라는 프로그래밍 언어를 개발했다. 파스칼은 17세기의 수학자이자 철학자인 블레이즈 파스칼 Blaise Pascal의 이름을 딴 것이다. 파스칼은 구조적 프로그래밍을 교육할 목적으로 설계되었고, 이내 대부분의 대학교에서 프로그래밍 언어 입문 교육용으로 널리 사용했다. 그러나 파스칼은 산업과 정부 기관, 상용 응용 프로그램을 개발하기에는 부족한 면이 많았다.

프로그래밍 언어 **에이다** Ada는 1970년대와 1980년대 초기에 미 국방성의 후원을 받아 개발되었다. 에이다는 시인 바이런 경 Lord Byron의 딸인 에이다 러브레이스 백작부인 Lady Ada Lovelace의 이름을 딴 것이다. 러브레이스 백작부인은 1800년대 중반에 찰스 배비지 Charles Babbage가 설계한 공학 계산 기계인 해석 기관 Analytical Engine을 위한 응용 프로그램을 작성한 세계 최초의 프로그래머로 알려져 있다. 에이다는 병행 프로그래밍 concurrent programming을 지원한 최초의 언어 중 하나다. 병행 프로그래밍은 '5장. 비동기식 병행 실행', '6장. 병행 프로그래밍'에서 자바 의사 코드로 된 예제를 사용해 자세히 학습한다.

셀프 리뷰

1. 초기 소프트웨어 개발 시에 어떤 어려운 점이 있었으며, 구조적 프로그래밍은 이를 어떻게 해결했는가?
2. 에이다 프로그래밍 언어는 파스칼이나 C와 같은 다른 구조적 프로그래밍 언어와 어떻게 다른가?

▶ **풀이** 1) 프로그래밍 초기에는 개발자들이 복잡한 프로그램을 작성할 만한 체계적인 접근법이 없었다. 따라서 필요 이상으로 비용이 많이 들고 납기일을 맞추지 못할 때가 많았고, 생산된 소프트웨어 제품 또한 신뢰성이 떨어졌다. 구조적 프로그래밍은 소프트웨어 개발을 위한 체계적이고 훈련된 접근법을 제공해주었다. 2) 에이다는 병행 프로그래밍을 지원하기 위해 설계되었다.

2.6.5 객체지향 프로그래밍

1970년대에 구조적 프로그래밍의 장점이 널리 인식되면서 더 발전된 소프트웨어 기술이 나타나기 시작했다. 그러나 1980년대와 1990년대에 들어, 객체지향 프로그래밍이 널리 확산된 후에야 비로소 소프트웨어 개발 과정을 획기적으로 개선할 만한 도구들이 갖추어졌다.

객체 기술은 의미 있는 소프트웨어 단위를 생성하기 위한 패키지 스키마다. 객체 object는 색상이나 크기, 무게 같은 프로퍼티(속성) property(attribute)를 갖는다. 또한 객체는 움직이기, 잠자기, 그리기 같은 **동작** action(**행동** behavior 또는 **메소드** method)을 한다. **클래스** class는 관련된 객체들의 타입 type

을 말한다. 예를 들면, 모든 차량은 연식이나 모델, 색상, 옵션 등이 달라도 'car' 클래스에 속할 수 있다. 클래스는 해당 클래스 타입에 속하는 객체들의 일반적인 형태를 명시하고, 각 클래스마다 필요한 프로퍼티와 동작이 결정된다. 빌딩마다 설계도가 있듯이, 각 객체는 속하는 클래스가 있다.

객체지향 언어가 나타나기 전에 포트란, 파스칼, BASIC, C 등의 **절차적 프로그래밍 언어** procedural programming language는 객체(명사)보다는 동작(동사)에 초점을 두었다. 이러한 프로그래밍은 약간 어색한 면들이 있었다. 그러나 C++, 자바, C# 등 오늘날 널리 사용하는 객체지향 프로그래밍 언어를 사용해 객체지향 방식으로 프로그램을 작성할 수 있게 되었고, 이는 사람들이 실세계 사물을 인식하는 방식을 더 자연스럽게 반영할 수 있게 해준다. 따라서 프로그래머들의 생산성을 크게 높여준다.

객체 기술은 적절하게 설계한 클래스들을 여러 프로젝트에서 재사용할 수 있게 해준다. 클래스 라이브러리를 사용하면, 새로운 시스템을 개발하는 노력을 많이 절약할 수 있다. 그러나 몇몇 기관은 객체지향 프로그래밍의 핵심 장점이 소프트웨어 재사용성 reusability보다는 이해하기 쉬운 소프트웨어 제품 자체라고 한다. 이런 소프트웨어는 잘 구조화되어 있고 유지보수하기 쉽기 때문이다.

객체지향 프로그래밍은 프로그래머들이 좀더 '큰 그림' big picture에 집중할 수 있게 해준다. 재사용 가능한 객체를 어떻게 설계할 것인가 하는 세세하고 복잡한 사항들을 걱정하는 대신 객체들의 동작과 상호 작용에 초점을 맞출 수 있기 때문이다. 또한 한 객체를 수정할 때, 다른 객체들에 미칠 파장을 염려하지 않아도 되었다. 집안의 통로나 나무 한 그루, 한 그루를 세세하게 보여주는 지도는 가능하긴 해도 읽기 어려울 것이다. 이러한 세부 사항을 생략하고 필수 정보만 남겨두면 지도가 읽기 쉬워지고 유용해질 것이다. 이처럼 독립된 객체들로 나뉜 응용 프로그램은 세부 내용을 감추고 간략하게 함으로써 이해하기 쉽고 향후 수정이나 유지보수가 용이하게 되었다.

셀프 리뷰

1. 객체지향 프로그래밍이 초점을 두는 것은 구조적 프로그래밍이 중점을 두는 것과 어떻게 다른가?
2. 객체는 기존 소프트웨어를 수정하는 작업을 어떻게 용이하게 해주는가?

▶ **풀이** 1) 객체지향 프로그래밍은 객체(명사)를 조작하는 데 초점을 둔다. 반면에 절차적 프로그래밍은 행동(동사)에 초점을 둔다. 2) 객체는 응용 프로그램 전반의 세부적인 정보를 대부분 감춘다(이를 정보 은닉이라고 한다). 이로써 프로그래머는 큰 그림에 집중할 수 있다. 그리고 프로그래머가 한 객체를 수정할 때 다른 객체에 미치는 변화와 영향을 염려하지 않아도 된다.

2.7 응용 프로그래밍 인터페이스

오늘날 응용 프로그램은 디스크에 있는 파일이나 원격 컴퓨터의 데이터 등 운영체제가 관리하는 여러 자원에 접근해야 한다. 운영체제는 자원을 관리하기 때문에 프로세스들이 이런 자원에 접근하기 전에 반드시 자원에 대한 접근 요청을 하게 한다.

응용 프로그래밍 인터페이스API, Application Programming Interface는 프로그래머들이 운영체제에 서비스를 요청할 수 있는 일련의 루틴을 제공한다([그림 2-6]). 오늘날 사용하는 대부분의 운영체제에서 소프트웨어와 운영체제 간 통신은 오직 API를 통해 수행된다. API의 예로는 POSIX 표준과 MS 윈도우 응용 프로그램을 개발할 때 사용하는 **윈도우 API** 등이 있다. POSIX는 초기 유닉스 시스템에 기초한 API를 제공하며, 유닉스 기반 운영체제에서 널리 사용하고 있다. Win32 API는 윈도우 환경에서 실행할 응용 프로그램용 마이크로소프트 인터페이스다.

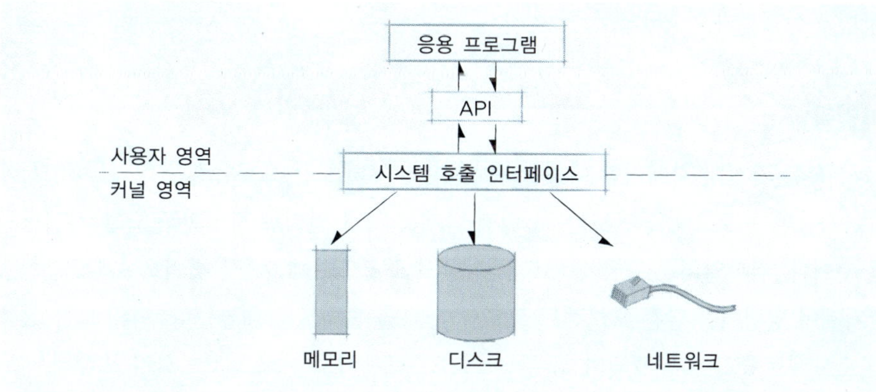

[그림 2-6] 응용 프로그래밍 인터페이스

프로세스는 API에 정의된 함수를 실행해 시스템의 하위 계층 서비스에 접근한다. 이러한 함수 호출은 운영체제의 서비스를 요구하는 **시스템 호출**system call을 발생시킬 수 있다. 시스템 호출은 하드웨어 장치들에 인터럽트를 거는 것과 유사하다. 시스템 호출이 발생하면 시스템은 커널 모드로 바뀌고, 운영체제는 시스템 호출에 맞게 서비스를 수행한다.

셀프 리뷰

1. 프로세스가 운영체제에 서비스를 요청할 때 시스템 호출을 해야 하는 이유는 무엇인가?
2. POSIX는 응용 프로그램의 이식성을 높이기 위해 어떤 노력을 했는가?

▶ **풀이** 1) 운영체제는 시스템을 보호하기 위해 프로세스들이 운영체제 서비스나 특권 명령에 직접 접근하는 것을 금지한다. 운영체제에서 프로세스에 제공할 수 있는 서비스는 API로 묶어 제공한다. 프로세스는 시스템 호출 인터페이스를 통해서만 이러한 서비스에 접근할 수 있다. 이로써 운영체제가 시스템을 제어할 수 있게 된다. 2) 특정 API를 사용해 작성한 소프트웨어는 동일 API를 구현한 시스템에서만 동작할 수 있다. POSIX는 유닉스 기반 시스템을 위한 표준 API를 지정해 이 문제를 해결하려고 했다. 현재는 유닉스 기반 시스템이 아니어도 POSIX를 지원하는 시스템이 많다.

2.8 컴파일링, 링킹, 로딩

고급 언어로 작성한 프로그램을 실행하려면 먼저 기계어로 컴파일해야 하고, 실행에 필요한 여러 기계어 프로그램과 링크해야 하며, 메모리에 로드해야 한다. 이 절에서는 고급 언어로 작성한 프로그램을 기계어 코드로 **컴파일** compile하는 방법과 링커와 로더가 컴파일된 코드의 실행을 준비하는 방법을 살펴본다.[40]

2.8.1 컴파일링

각 유형의 컴퓨터는 자신의 기계어만 이해할 수 있지만, 거의 모든 프로그램은 고급 언어로 작성한다. 실행 가능한 프로그램을 만드는 첫 번째 단계는 고급 언어로 작성한 코드를 기계어로 컴파일하는 것이다. 컴파일러는 고급 언어로 작성한 **소스 코드** source code를 입력으로 받고, 실행할 수 있는 기계어 명령어를 담은 **오브젝트 코드** object code를 출력물로 내놓는다. 거의 모든 상용 프로그램이 오브젝트 코드로 배포되며, 오픈 소스 소프트웨어들은 소스 코드까지 포함해 배포된다.[41]

컴파일 과정은 몇 가지 단계로 나뉜다. [그림 2-7]은 컴파일 과정을 표현한 예다. 각 단계마다 프로그램을 수정해 다음 단계에서 해석이 가능하게 만들고 최종적으로 기계어 코드가 될 때까지 변환한다. 먼저 소스 코드를 **렉서** lexer(**어휘 분석기** lexical analyzer 또는 **스캐너** scanner라고도 한다)에 보내면, 렉서는 프로그램의 문자 character들을 **토큰** token으로 분리한다. 토큰으로는 if, else, int 등의 키워드나 이름 있는 변수와 상수 등의 식별자 identifier, 덧셈, 곱셈, 뺄셈, 나눗셈 등의 연산자 operator, 세미콜론 등의 구두점 등이 있다.

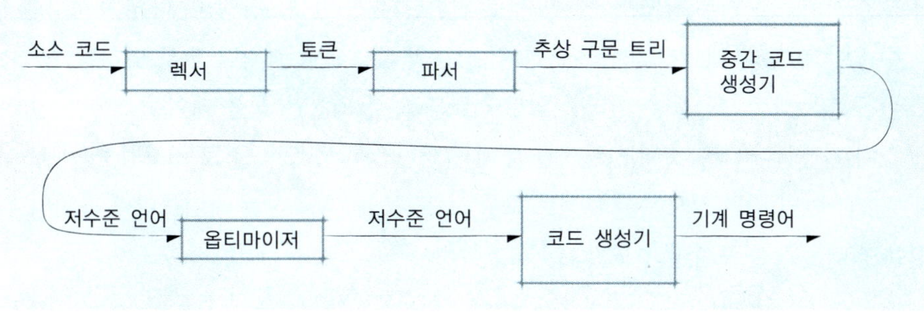

[그림 2-7] 컴파일 단계

렉서는 이러한 일련의 토큰을 **파서(구문 해석기)** parser(syntax analyzer)에 보내고, 파서는 토큰을 구문적으로 올바른 문장으로 그룹화한다. **중간 코드 생성기** intermediate code generator는 이 구문 구조를 어셈블리 언어를 닮은 간단한 명령어 스트림으로 변환한다(이 단계는 아직 각 연산을 위한 레지스터가 명시되지 않은 상태다). 옵티마이저 optimizer는 코드의 실행 효율을 높이고 프로그램의 메모리 요구량을 줄이는 역할을 한다. 마지막 단계에서는 **코드 생성기** code generator가 기계어 명령어를 담고 있는 오브젝트 파일을 만들어낸다.[42, 43]

셀프 리뷰

1. 컴파일링과 어셈블링의 차이점은 무엇인가?
2. 자바 프로그램을 가상 머신 대신 물리적 시스템에서 직접 실행할 수 있는가?

▶ **풀이** 1) 어셈블리 과정은 단순히 어셈블리 언어 명령어를 기계어로 변환하는 것이다. 컴파일러는 고급 언어로 작성한 코드를 기계어 코드로 변환하며, 코드 최적화 기능을 포함하기도 한다. 2) 자바 프로그램은 컴파일러를 사용해 자바 소스 코드 또는 바이트코드를 이에 상응하는 기계어로 변환해 물리적 시스템에서 실행할 수 있다.

2.8.2 링킹

일반적으로 프로그램은 독립적으로 개발된 몇 개의 하위 프로그램(이를 **모듈** module이라고 한다)으로 구성된다. 입출력 조작이나 난수 발생 등 공통적인 컴퓨터 루틴을 수행하는 기능은 **라이브러리** library라는 미리 컴파일된 모듈 패키지로 준비된다. **링킹** linking은 프로그램에서 참조하는 다양한 모듈을 실행 가능한 한 단위로 통합하는 과정이다.

프로그램을 컴파일해 얻은 오브젝트 모듈은 프로그램의 소스 파일에서 얻은 프로그램 데이터와 명령어들을 포함한다. 만약 프로그램이 다른 모듈로부터 함수나 데이터를 참조하면, 컴파일러는 이런 참조 사항들을 **외부 참조** external reference로 변환한다. 또한 프로그램이 다른 프로그램에서 사용할 수 있는 함수나 데이터를 만들면, 이런 함수와 데이터들은 각각 **외부 명칭** external name으로 제공된다. 오브젝트 모듈들은 이러한 외부 참조와 외부 명칭을 **심볼 테이블** symbol table이라는 자료 구조에 저장한다([그림 2-8]). 링커를 통해 생성한 통합된 모듈을 **로드 모듈** load module이라고 한다. 링커 linker의 입력 정보는 오브젝트 모듈, 로드 모듈, 참조하는 라이브러리 파일의 위치 등과 같은 제어 문장을 포함할 수도 있다.[44]

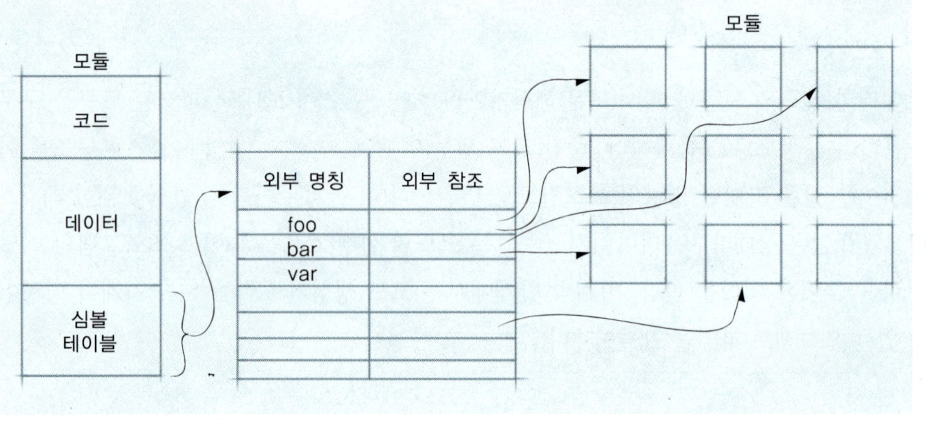

[그림 2-8] 오브젝트 모듈

링커는 종종 한 프로그램을 형성하는 오브젝트 파일을 몇 개 제공받는다. 이 오브젝트 파일들은 일반적으로 **상대 주소** relative address라는 각 파일의 상대적인 시작 주소를 사용해 데이터와 명령어들의 위치를 명시한다.

[그림 2-9]에서 오브젝트 모듈 A의 심볼인 X와 오브젝트 모듈 B의 심볼인 Y의 상대 주소가 같음을 볼 수 있다. 링커는 모듈들을 결합해 연결된 프로그램을 형성할 때, 이 주소들을 수정해 유효하지 않은 데이터나 명령어를 참조하지 않게 해야 한다. 주소를 **재배치** relocating하는 것은 각 문장이 파일 내의 한 주소로 유일하게 식별되게 하기 위해서다. 주소가 수정되면 그에 대한 모든 참조도 새로 바뀐 위치로 갱신해야 한다. 그 결과로 나오는 로드 모듈에서 X와 Y는 유일한 새 상대 주소로 다시 배치되었다. 링커는 흔히 로드 모듈에서 상대 주소를 제공하기도 한다. 그러나 로드 모듈 전체의 시작에서부터 상대적인 주소가 되는 방식으로 할당받는다.

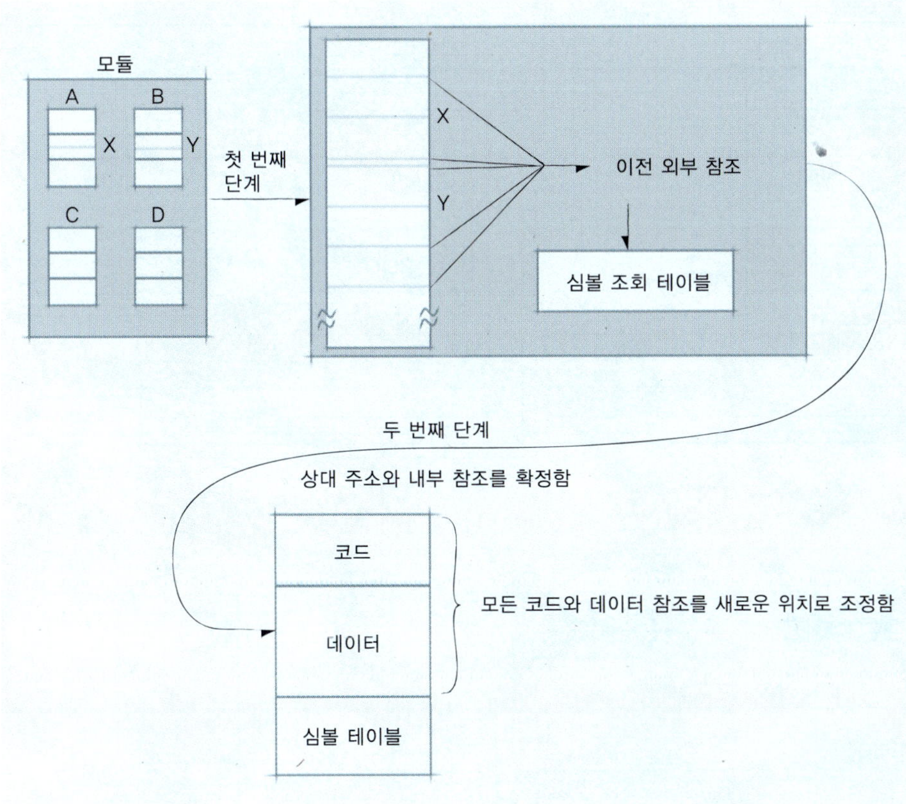

[그림 2-9] 링킹 과정

링커는 또한 한 모듈의 외부 참조를 다른 모듈의 대응하는 외부 명칭으로 변환하는 **심볼 확정**symbol resolution도 수행한다.[45, 46] [그림 2-10]에서 오브젝트 모듈 2의 심볼 C에 대한 외부 참조는 오브젝트 모듈 1의 외부 명칭 C로 결정된다. 외부 참조를 다른 모듈에 있는 대응하는 이름과 짝지은 다음에는 이 통합 사항을 반영하기 위해 외부 참조의 주소를 수정해야 한다.

링크 과정은 보통 두 단계로 일어난다. 첫 번째 단계는 각 모듈의 크기를 결정하고 심볼 테이블을 형성한다. 심볼 테이블은 변수 이름과 같은 각 심볼을 주소와 연결해 링커가 참조 위치를 찾게 해준다. 두 번째 단계에서는 링커가 다른 명령어와 데이터에 주소를 부여하고 외부 심볼 참조를 결정한다.[47]

코드 모듈은 또 다른 링크 단계의 입력 정보가 될 수 있으므로, 외부 명칭들만 담은 심볼 테이블을 포함하게 된다. [그림 2-10]에서 심볼 Y에 대한 외부 참조는 확정되었기 때문에 코드 모듈의 심볼 테이블 목록에 더는 포함되지 않는다.

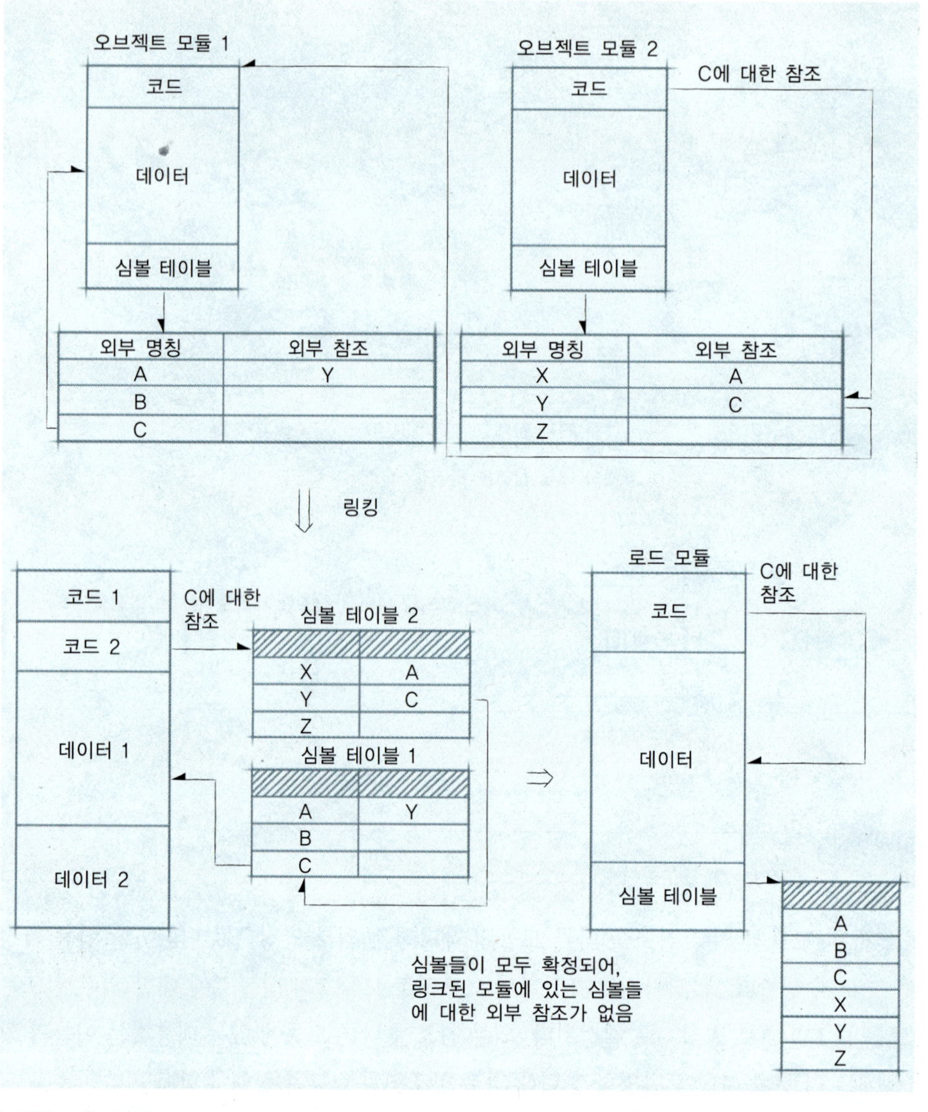

[그림 2-10] 심볼 확정

프로그램이 링크되는 시점은 환경에 따라 다르다. 프로그래머가 모든 필요한 코드를 소스 파일에 포함한 경우에는 외부 명칭에 대한 참조가 없기 때문에, 컴파일 시점에 링크될 수 있다. 즉, 외부에서 참조하는 심볼이 있는지 소스 코드를 조사하고 이러한 심볼을 결과 오브젝트 파일에 두는 것이다. 많은 프로그램에서 **공유 라이브러리** shared library 에 의존하므로 이러한 방식은 적절하지 않다. 공유 라이브러리는 여러 다른 프로세스에서 공유할 수 있는 함수들의 집합이다. 많은 프로그램이 입출력 스트림을 다루는 함수 등 동일한 함수를 오브젝트 코드에 포함하지 않은 채 참조할 수 있다. 이러한 유형의 링킹은 주로 컴파일 후 로딩 전에 수행된다. '사례 연구: 마크'에서 다루겠지만, 공유 라이브러리는 마크 마이크로커널이 다수의 운영체제를 에뮬레이션할 수 있게 해주기도 한다.

이와 똑 같은 과정이 로드 시간에도 수행될 수 있다('2.8.3 로딩' 참고). 링킹과 로딩 모두 **링킹 로더** linking loader라는 응용 프로그램으로 수행되기도 한다. 링킹은 또한 실행 시에 수행될 수도 있는데, 이를 **동적 링킹** dynamic linking이라고 한다. 이 경우 외부 함수 참조는 프로세스가 메모리에 로드되거나 함수 호출을 발생시키기 전까지는 결정되지 않는다. 이러한 방식은 다른 쪽에서 제어하는 대규모 프로그램에 유용하다. 동적으로 링크되는 프로그램은 사용하는 라이브러리가 수정되었을 때 다시 링크할 필요가 없기 때문이다.[60] 더 나아가 메인 메모리에 있기 전에는 링크되지 않으므로, 다른 프로그램 코드로부터 공유 라이브러리 코드를 분리해 저장할 수 있다. 몇 개의 프로그램에서 사용하려고 하더라도 대상 공유 라이브러리 사본을 하나만 저장하고 있기 때문에 동적 링킹은 2차 저장소의 공간도 절약해준다.

셀프 리뷰

1. 링킹은 어떻게 많은 개발자가 대규모 프로그램을 좀더 쉽게 개발할 수 있게 해주는가?
2. 동적 링커를 사용할 때 있을 수 있는 단점은 무엇인가? 또한 장점은 무엇인가?

▶▶

사례 연구

마크 Mach

마크 시스템은 1985년부터 1994년까지 카네기멜론 대학교에서 개발되었다. 이 시스템은 CMU의 초기 액센트 Accent 연구용 운영체제에 기초했다.[48] 이 프로젝트를 감독한 사람은 리처드 라시드 Richard Rashid로, 현재 마이크로소프트 연구소의 부사장으로 있다.[49] 마크는 가장 잘 알려진 최초의 마이크로커널 운영체제다('1.13.3 마이크로커널 아키텍처' 참고).

이 시스템은 맥 OS X, NeXT, OSF/1 등을 비롯한 차후 시스템에 통합되었다. 또한 윈도우 NT, 윈도우 XP 등에 큰 영향을 미쳤다.[50, 51, 52] 오픈 소스 구현물인 GNU 마크 GNU Mach는 현재도 개발 중인 GNU 허드 GNU Hurd 운영체제의 커널로 사용되었다.[53]

마크 마이크로커널 시스템의 막강한 능력은 다른 운영체제를 에뮬레이션할 수 있다는 점이다. 마크는 '투명한 공유 라이브러리'를 사용해 에뮬레이션을 수행한다.[54] 투명한 공유 라이브러리는 자신이 에뮬레이션하는 운영체제의 시스템 호출에 따른 동작을 구현하고, 에뮬레이션되는 운영체제에서 실행하는 프로그램이 발생시키는 시스템 호출을 가로챈다.[55, 56] 이렇게 가로챈 시스템 호출은 마크 시스템 호출로 변환되고, 모든 결과가 다시 에뮬레이션된 형태로 변환된다.[57, 58] 그러므로 사용자 프로그램은 마크가 실행되는 시스템에 포팅하지 않아도 된다. 이외에도 이러한 투명한 라이브러리가 메모리에 몇 개든 있을 수 있기 때문에, 마크는 복수의 운영체제를 동시에 에뮬레이션할 수 있다.[59]

▶ **풀이** 1) 링킹은 프로그램을 다수의 개별 모듈로 작성할 수 있게 해준다. 프로그램의 모든 모듈을 컴파일한 후 링커는 이 모듈들을 최종 로드 모듈 하나로 결합한다. 2) 실행 중에 라이브러리를 찾지 못하면 실행 중이던 프로그램이 종료할 것이다. 이때 해당 시점까지 수행한 작업을 모두 손실한다. 반면, 장점은 동적으로 링크된 프로그램은 해당 라이브러리가 수정되었을 때 다시 링크할 필요가 없다는 점이다.

2.8.3 로딩

링커는 일단 로드 모듈을 생성하고 나면 **로더** loader 프로그램에 보낸다. 로더는 각 명령어와 데이터 유닛을 특정 메모리 주소에 배치하는 책임이 있다. 이를 **주소 바인딩** address binding이라고 한다. 프로그램을 메인 메모리에 로드하는 방법은 여러 가지인데, 대부분은 가상 메모리를 지원하지 않는 시스템에서만 중요하다. 로드 모듈이 이미 메모리에서 물리 주소를 명시하는 경우, 로더는 단순히 명령어와 데이터를 프로그래머나 컴파일러가 명시한 주소에 두면 된다. 이를 **절대 로딩** absolute loading이라고 한다. **재배치 가능한 로딩** relocatable loading은 로드 모듈이 실제 메모리 주소로 변환해야 하는 상대 주소를 포함할 때 수행된다. 로더는 프로그램을 둘 메모리 블록을 요청하고, 프로그램의 주소를 메모리에 재배치해야 한다.

[그림 2-11]에서 운영체제는 주소 10000을 시작으로 메모리 블록을 할당했다. 프로그램이 로드될 때 로더는 로드 모듈의 주소에 각각 10000을 더해야 한다. 예를 들어, 로더는 Example이라는 변수의 주소를 원래의 상대 주소 450에서 10450으로 변경했다.

동적 로딩 dynamic loading은 프로그램의 모듈을 처음 사용하는 시점에 로딩하는 기술이다.[61] 많은 가상 메모리 시스템에서 각 프로세스는 0에서 시작하는 자신의 가상 주소 집합을 가지고 있다. 그러므로 로더는 유효한 메모리 영역에 프로그램을 로딩해야 한다.

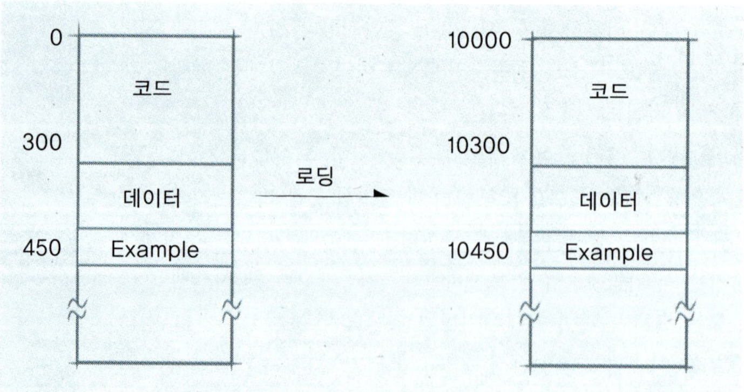

[그림 2-11] 로딩

[그림 2-12]에서 로드 시점 주소 바인딩 load time address binding을 통해 소스 코드에서 실행까지 전체적인 컴파일링, 링킹, 로딩 과정을 살펴보자. 프로그래머는 고급 언어로 소스 코드를 작성한다. 이 예제에서는 C 언어를 사용하고 있다.

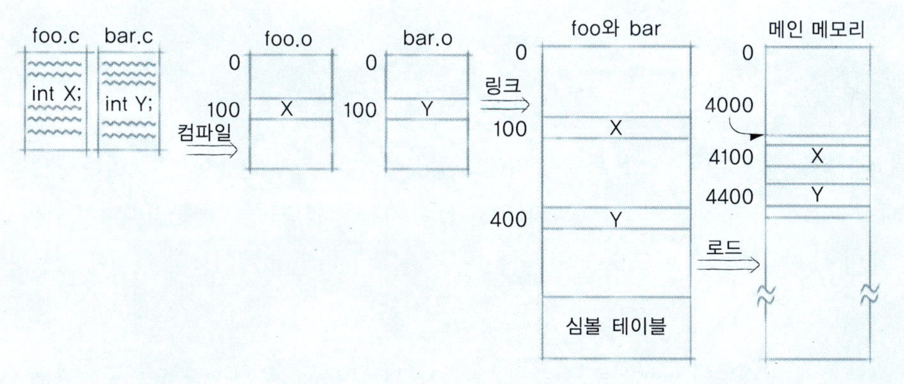

[그림 2-12] 컴파일링, 링킹, 로딩

다음으로 컴파일러가 foo.c, bar.c 소스 코드 파일을 기계어로 변환해 오브젝트 모듈 foo.o와 bar.o를 만든다. 프로그래머는 소스 코드 foo.c에서 변수 X를 정의하고, bar.c에서 변수 Y를 정의했다. 두 변수 모두 각 오브젝트 모듈에서 상대 주소 100을 갖고 있다. 이들 오브젝트 모듈은 사용자나 다른 프로세스가 요청할 때까지 2차 저장소에 저장되어 있다가 요청 시점에 링크되어야 한다.

다음 단계에서는 링커가 두 모듈을 한 로드 모듈로 통합한다. 링커는 첫 번째 단계에서 모듈의 크기나 외부 심볼 등의 정보를 수집하고, 두 번째 단계에서는 파일들을 모두 링크함으로써 이 일을 수행한다. 그림에서 링커가 변수 Y를 상대 주소 400으로 재배치한 것을 볼 수 있다.

세 번째 단계에서는 로더가 프로그램을 위해 메모리 블록을 요청한다. 운영체제는 4000에서 5050까지 주소를 제공해준다. 따라서 로더는 변수 X를 절대 주소 4100에, 변수 Y를 절대 주소 4400에 재배치한다.

셀프 리뷰

1. 절대 로딩은 시스템의 멀티프로그래밍 정도를 어떻게 제한하는가?
2. 동적 로딩은 시스템의 멀티프로그래밍 정도를 어떻게 높여주는가?

▶ **풀이** 1) 메모리의 특정 위치에는 한 번에 한 프로그램만 위치할 수 있으므로, 만약 두 프로그램이 주소를 겹쳐서 사용했다면 이들을 동시에 실행할 수 없게 된다. 2) 모듈이 필요할 때 로드되므로, 메모리에는 사용하는 모듈만 포함되어 동시에 더 많은 프로그램을 실행할 수 있다.

2.9 펌웨어

대부분의 컴퓨터는 하드웨어와 소프트웨어 외에도 **펌웨어** firmware를 포함한다. 펌웨어는 종종 읽기 전용 메모리가 부착된 영구 저장소에 저장되는 실행 가능한 명령어들이다. 펌웨어는 **마이크로프로그래밍** microprogramming으로 프로그래밍하는데, 이는 컴퓨터의 기계어보다 아래에 있는 프로그래밍 계층을 말한다.

마이크로프로그램 명령어인 **마이크로코드** microcode는 대체로 모든 기계어 연산을 구현하는 데 필요한 간단하고 기초적인 명령어를 포함한다.[62] 예를 들어, 전형적인 시스템 명령어 중 하나로, 하드웨어가 덧셈 연산을 수행하는 것을 생각해보자. 이 명령어를 위한 마이크로코드는 하드웨어가 수행해야 할 실제 기본 연산 primitive operation을 명시한다. 예를 들면, 현재 머신 명령어를 가리키는 참조 포인터를 하나 증가시켜 다음을 가리키게 하는 연산, 각 수의 비트를 증가시키는 연산, 결과 값을 새로운 레지스터에 저장한 후 다음 명령어를 가져오는 연산 등이다.[63, 64]

초기의 에드삭 EDSAC 컴퓨터를 만든 모리스 윌키스 Maurice Wilkes 교수는 1951년에 처음으로 마이크로프로그래밍의 개념을 소개했다.[65] 그러나 1964년 IBM System/360이 출시된 후에야 널리 사용하기 시작했다. 마이크로코드로 구현한 머신 명령어 집합은 VAX 운영체제에 이르러 최고조에 이르렀다. 그러나 마이크로코드 명령어가 프로세서의 최적 속도를 제한하기 때문에 최근에는 사용이 감소하고 있다. 따라서 이전에 마이크로코드 명령어로 수행하던 연산들은 이제 프로세서 하드웨어로 수행한다.[66] 오늘날 하드 드라이브와 주변 장치를 비롯한 많은 하드웨어 장치는 소형 miniature 프로세서를 포함한다. 이러한 프로세서의 명령어들을 흔히 마이크로코드를 사용해 구현한다.[67]

셀프 리뷰

1. (참/거짓) 기계어 명령어보다 하위 수준인 명령어는 없다.
2. 컴퓨터 시스템에서 펌웨어의 역할은 무엇인가?

▶ **풀이** 1) 거짓. 마이크로코드는 프로세서의 기계어보다 하위 수준 명령어들을 명시한다. 2) 펌웨어는 기계어 명령어들을 구현하는 데 필요한 간단하고 기초적인 명령어들을 명시한다.

2.10 미들웨어

소프트웨어는 많은 컴퓨터가 네트워크로 연결된 분산 시스템에서 중요한 역할을 한다. 분산 시스템을 구성하는 컴퓨터는 이기종 하드웨어와 운영체제, 다양한 프로토콜을 사용하는 서로 다른 네트워크 아키텍처를 갖는 이기종 시스템인 경우가 많다. 분산 시스템의 특성상 네트워크에서 여러 컴퓨터에서 실행되고 있는 프로세스들이 서로 상호 작용하려면 미들웨어 역할이 필요하다.

미들웨어 middleware는 한 컴퓨터에서 실행하는 응용 프로그램이 원격 컴퓨터에서 실행하는 다른 응용 프로그램과 통신할 수 있게 해준다. 따라서 분산 시스템 환경의 컴퓨터 사이에 통신이 가능해진다. 또한 컴퓨터가 미들웨어를 설치하고 있으면 이기종 컴퓨터 플랫폼에서 응용 프로그램들을 실행할 수 있다. 개발자들은 미들웨어가 어떻게 임무를 수행하는지 몰라도 된다. 통신 프로토콜을 어떻게 개발해야 하는지 몰라도 미들웨어를 통해 이를 해결하고 응용 프로그램 개발에 집중할 수 있다. ODBC Open DataBase Connectivity는 데이터베이스 API의 한 예다. 응용 프로그램들은 ODBC 드라이버라는 미들웨어를 통해 데이터베이스에 접근할 수 있다. 응용 프로그램에서는 자신이 연결해야 할 데이터베이스를 지정한다. ODBC 드라이버는 지정된 데이터베이스에 연결하고 응용 프로그램이 요구하는 정보들을 읽을 수 있게 해준다. 이 책에서는 '14.3.1 미들웨어'에서부터 '14.3.4 CORBA'에 이르기까지 널리 사용하는 미들웨어 구현체와 여러 분산 시스템의 근간을 형성하는 프로토콜에 관해 살펴본다.

셀프 리뷰

1. 미들웨어를 사용할 때 치르는 대가는 무엇이며, 장점은 무엇인가?
2. 미들웨어는 이기종 시스템 사이의 차이를 어떻게 극복하게 해주는가?

▶ **풀이** 1) 미들웨어를 사용할 때, 개발자들은 프로세스 간 상호 작용을 처리하는 코드를 작성하는 부담을 덜게 된다. 따라서 미들웨어는 프로그램을 모듈로 세분화하도록 돕고, 응용 프로그램을 쉽게 작성하게 해준다. 그러나 직접 통신하는 것에 비하면 프로세스들이 미들웨어와 통신하는 과정에서 추가적인 오버헤드가 발생한다. 2) 송수신자가 메시지를 주고받을 때, 미들웨어는 프로토콜에 맞춰 메시지를 적절한 형태로 변환함으로써 이기종 컴퓨터 사이에 통신이 가능하게 해준다.

요약 Summary

운영체제는 주로 자원 관리 임무를 맡고 있으므로, 운영체제를 설계할 때는 관리할 하드웨어와 소프트웨어 자원들과 밀접하게 연계해야 한다.

PCB는 보드 여기저기에 위치한 장치들을 전기적으로 연결해주는 하드웨어 구성 요소다. 메인 보드는 프로세서나 메인 메모리 등의 장치를 장착하는 PCB다.

프로세서 processor는 일련의 기계어 명령어를 실행하는 하드웨어 구성 요소다. CPU는 프로그램의 명령어를 실행하는 프로세서다. 보조 프로세서는 그래픽이나 오디오 등 특수 목적 명령어들을 효율적으로 실행할 목적으로 설계되었다. 이 책에서는 CPU를 지칭하는 데 '프로세서'라는 용어를 사용한다. 레지스터 register는 프로세서에 위치한 고속 메모리로, 프로세서가 바로 사용할 수 있는 데이터를 담는다. 프로세서가 데이터를 조작하려면 해당 데이터가 레지스터에 위치해야 한다. 명령어 길이는 기계어 명령어의 크기다. 때로는 한 아키텍처의 프로세서가 다양한 크기의 명령어를 지원하기도 한다.

컴퓨터 시간은 흔히 사이클 cycle을 통해 측정한다. 사이클은 시스템 클록 생성기가 보낸 전기 신호의 한 진폭을 말한다. 프로세서 속도는 흔히 GHz(초당 수십억 사이클)로 측정된다.

메모리 계층은 메모리를 계층화하기 위한 구조로, 가장 빠르고 비싼 메모리를 최상위에 두고, 느리고 저렴한 메모리는 최하위 층에 둔다. 이를 도식화해보면 가파른 피라미드 구조를 보이며, 레지스터 메모리가 최상위 계층에 있고, L1 캐시 메모리, L2 캐시 메모리, 메인 메모리, 2차 저장소, 3차 저장소 등의 순서가 된다. 시스템의 메인 메모리 main memory는 프로세서가 직접 참조할 수 있는 메모리 중 최하위 계층에 속한다. 메인 메모리는 휘발성으로, 전원을 끄면 데이터가 사라진다. 하드 디스크나 CD, DVD, 플로피 디스크 등의 2차 저장소는 단위 공간당 비용이 저렴하며 대용량 데이터를 영구적으로 저장할 수 있다.

버스는 트레이스라는 가는 전기적 연결의 집합으로, 하드웨어 장치들 사이에서 정보를 전달한다. 포트는 두 장치를 연결하는 버스다. 입출력 채널은 컴퓨터 시스템의 메인 프로세서에 독립적으로 입출력을 처리하기 위한 특수한 구성 요소다.

주변 장치는 컴퓨터가 명령어들을 실행하는 데 지장을 주지 않는 하드웨어로, 프린터, 스캐너, 마우스 등을 가리킨다. 프로세서와 메인 메모리는 주변 장치라고 할 수 없다.

어떤 하드웨어는 성능을 향상시키고 운영체제의 설계를 간략하게 하려고 존재하기도 한다. 컴퓨터 시스템은 흔히 몇 가지 다른 실행 상태를 갖는다. 사용자 프로그램의 경우, 사용자들이 사용자 모드에서 실행할 수 있는 부분적인 명령어 집합을 가지며, 여기서 입출력 명령어를 직접 실행하는 것 등은 배제된다. 운영체제는 대체로 커널 모드에서 가장 신뢰받는 사용자 상태에서 실행된다. 커널 모드에서는 프로세서가 특권 명령을 실행하고, 프로세스를 대신해 요청받은 작업을 수행하는 데 필요한 자원에 접근한다. 메모리 보호란 프로세스들이 다른 사용자나 운영 체제의 메모리 등 자신이 할당받지 않은 메모리에 접근하지 못하게 막는 것이다. 메모리 보호는 오직 특권 명령어를 통해서만 수정할 수 있는 프로세서 레지스터를 사용해 구현한다. 대부분의 장치는 이벤트가 발생할 때 프로세서에 인터럽트라는 신호를 보낸다. 운영체제는 장치의 상태에 변화가 생길 때, 해당 유형의 이벤트를 대기하고 있는 프로세스에 이벤트 발생 사실을 알려준다.

프로그래밍된 입출력 PIO, Programmed I/O 기술은 데이터가 장치 간에 혹은 메인 메모리에 전송될 때 프로세서가 쉬게 만든다. 이와 대조적으로 직접 메모리 접근 DMA, Direct Memory Access 기술은 장치와 컨트롤러들이 데이터 블록을 메인 메모리와 직접 주고받게 함으로써 프로세서가 그동안 다른 소프트웨어 명령어를 수행할 수 있게 해준다.

인터럽트는 하드웨어가 프로세서에 신호를 보낼 수 있게 함으로써 운영체제에 인터럽트 발생을 알린다. 운영체제는 인터럽트에 대응해 어떤 조치를 취할지 결정한다.

컴퓨터는 몇 가지 유형의 클록과 타이머를 포함하고 있다. 간격 타이머 interval timer는 한 프로세스가 프로세서를 오래 독점하는 것을 방지해준다. 타이머는 지정된 시간이 지나면 인터럽트를 발생시켜 프로세서의 주의를 끈다. 그러면 프로세서는 현재 실행되고 있는 프로세스를 쉬게 하고 다른 응용 프로세스를 실행한다. 시간 클록은 '실제 시간' wall clock time을 잘 따라간다.

부트스트래핑 bootstrapping은 초기 운영체제 부분을 메모리에 로드하는 과정으로, 컴퓨터의 바이오스를 통해 수행한다.

플러그 앤 플레이 기술 덕분에 운영체제는 새로 설치한 하드웨어를 사용자와 상호 작용 없이 구성할 수 있다. 하드웨어 장치는 플러그 앤 플레이 기술을 지원하기 위해 운영체제에서 자신을 식별하게 하고, 해당 장치가 적절히 일을 수행하는 데 필요한 자원과 서비스를 알리며, 장치를 지원하는 드라이버가 무엇인지 알려야 한다. 또한 장치를 DMA 채널에 할당하는 등 소프트웨어가 장치를 구성할 수 있게 해줘야 한다.

캐시는 비교적 속도가 빠른 메모리로, 곧 이용할 데이터의 사본을 저장함으로써 프로그램 실행 속도를 높이려고 설계되었다. L1, L2 프로세서 캐시나 하드 디스크를 위한 메인 메모리 캐시 등이 그 예다.

버퍼는 입출력 전환 시 데이터를 저장하기 위한 임시 저장소다. 버퍼 메모리는 주로 수행 속도에서 차이가 나는 장치들 간 통신을 조절하는 데 사용된다. 버퍼는 비동기적 처리에 사용하는 데이터를 저장할 수 있다. 또한 속도가 다른 장치들 간 입출력을 조절하고, 신호가 비동기적으로 전달되게 해준다.

스풀링은 일종의 버퍼링 기술로, 디스크 같은 중간 매체가 프로세스와 저속 장치 혹은 버퍼가 적은 입출력 장치 사이에 위치한다. 스풀링을 통해 프로세스들은 주변 장치들이 서비스를 수행할 준비가 되지 않았을 때도 기능 수행을 요청할 수 있다.

프로그래밍 언어에는 기계어, 어셈블리 언어, 고급 언어라는 세 가지 유형이 있다. 기계어는 궁극적으로는 1 또는 0으로 결정되는 숫자의 스트림이다. 기계어는 컴퓨터에 가장 기본적인 연산들을 수행하는 법을 지시한다. 특정 컴퓨터는 자신의 기계어만 이해할 수 있다. 어셈블리 언어는 기계어 명령어들을 영어와 비슷한 약어들을 사용해 나타낸다. 고급 언어는 프로그래머들이 일상에서 쓰는 영어와 비슷한 명령어와 보편적인 수학적 기호로 프로그램을 작성하게 해준다. 고급 언어는 적은 문장으로도 상당량의 작업을 수행하게 할 수 있다. 그러나 고급 언어는 컴파일러라는 번역 프로그램을 통해 기계어로 변환해야 한다. C, C++, 자바, C# 등은 고급 언어다.

오늘날에는 고급 프로그래밍 언어를 두 가지 유형, 즉 구조적 언어와 객체지향 언어로 나눌 수 있다. 구조적 프로그래밍은 명확하고 수정이 용이한 프로그램을 만들기 위한 잘 정비된 접근법이다. 파스칼과 포트란이 구조적 프로그래밍 언어에 속한다. 객체지향 프로그램은 재사용 가능하며 이해와 수정이 용이한 소프트웨어를 만들려고 객체(명사)를 조작하는 데 초점을 둔다. C++, C#, 자바 등이 객체지향 프로그래밍 언어다.

프로그램은 API를 사용해 운영체제에 서비스를 요청한다. 프로그램은 API 함수를 호출하고, API 함수는 시스템 호출을 발생시켜 운영체제에 접근한다.

고급 언어로 작성한 프로그램을 실행하려면 먼저 기계어 코드로 컴파일하고 메모리에 로드해야 한다. 컴파일러는 고급 언어 코드를 기계어로 번역한다. 링커는 여러 다른 프로그램이나 데이터 유닛에 상대 주소를 부여하고 하위 프로그램(모듈) 사이의 외부 참조를 결정한다. 로더는 이 주소들을 물리 주소로 변환하고 프로그램이나 데이터 유닛을 메인 메모리에 로드하는 역할을 한다.

대부분의 컴퓨터는 펌웨어를 포함한다. 펌웨어는 소프트웨어 명령어들을 명시하지만 물리적으로는 하드웨어 장치의 일부라고 할 수 있다. 대부분의 펌웨어는 마이크로프로그래밍으로 작성하는데, 이는 컴퓨터의 기계어보다도 낮은 계층에 있는 가장 기본적인 명령어를 사용한다.

미들웨어는 네트워크에 있는 여러 컴퓨터에서 실행되는 여러 프로세스가 통신할 수 있게 해준다. 또한 이기종 분산 시스템 간에 통신을 지원해 응용 프로그래밍을 더 쉽고 용이하게 해준다.

Chapter_02 연습문제

01 하드웨어, 소프트웨어, 펌웨어를 구분하라.

02 다음은 몇 가지 하드웨어 장치들이다.

i. 메인보드	ii. 프로세서	iii. 버스
iv. 메모리	v. 하드 디스크	vi. 주변 장치
vii. 3차 저장소	viii. 레지스터	ix. 캐시

위의 장치들이 다음 어떤 설명과 가장 잘 부합하는지 말하라. 답이 둘 이상 있을 수도 있다.

a. 프로그램의 명령어를 실행한다.
b. 컴퓨터가 프로그램 명령어를 실행하는 데는 필요하지 않다.
c. 휘발성 저장 매체다.
d. 시스템의 프로세서를 메모리, 2차 저장소, 주변 장치 등과 연결하는 PCB다.
e. 컴퓨터 시스템에서 가장 빠른 메모리다.
f. 하드웨어 장치 간에 데이터를 전송하는 트레이스들의 집합이다.
g. 응용 프로그램의 성능을 향상시키는 빠른 메모리다.
h. 프로세서가 직접 참조할 수 있는 것 중 메모리 계층 구조에서 가장 낮은 수준의 메모리다.

03 프로세서 속도는 18개월마다 두 배로 증가해왔다. 전반적으로 볼 때 컴퓨터의 성능도 이에 발맞춰 증가했다고 할 수 있는가? 그 이유는 무엇인가?

04 다음 목록을 가장 빠르고 비싼 메모리에서 가장 느리고 저렴한 메모리 순서로 정렬하라.

2차 저장소	레지스터	메인 메모리	3차 메모리	L2 캐시	L1 캐시

시스템은 왜 다른 크기, 다른 속도의 데이터 저장소를 가지는가?
캐싱 기술의 배경에 있는 동기는 무엇인가?

05 모든 캐시와 메인 메모리에서 비휘발성 RAM을 사용한다면 그 비용과 장점이 무엇인가?

06 레거시 아키텍처를 지원하는 것이 왜 중요한가?

07 최소 권한의 원칙과 사용자 모드, 커널 모드, 특권 명령어의 관계를 설명하라.

08 메모리 보호를 구현하기 위한 몇 가지 기술을 설명하라.

09 이중 버퍼링은 입출력 채널과 프로세서가 병행해 동작할 수 있게 해주는 기술이다. 예를 들면, 이중 버퍼링 입력 시에 프로세서가 한 버퍼에서 데이터 일부분을 소비하는 동안, 채널은 다음 부분의 데이터를 다른 버퍼에 읽어들인다. 따라서 프로세서가 다음 데이터를 바로 읽을 수 있도록 준비한다. 삼중 버퍼링 구조가 어떻게 작동할 것인지 설명하라. 어떤 환경일 때 삼중 버퍼링이 효율적이겠는가?

10 프로세서와 장치들 사이의 통신을 다룰 수 있는 두 가지 기술은 무엇인가?

11 DMA가 시스템 성능을 향상시키는 방법을 설명하라.

12 채널 컨트롤러가 메모리에 접근할 때 프로세서의 사이클을 가로채는 것이 왜 적절한 일인가?

13 스풀링의 개념을 설명하고 스풀링이 왜 유용한지 설명하라. 카드 리더기에서 천공 카드를 읽도록 고안된 스풀링 시스템은 어떻게 작동할 것인지 설명하라.

14 다음 유형의 프로그래밍 언어에 대해 생각해보자.

i. 기계어	ii. 어셈블리 언어	iii. 고급 언어
iv. 객체지향 프로그래밍 언어	v. 구조적 프로그래밍 언어	

위의 분류 중 다음에 묘사하는 것과 가장 잘 부합하는 것은 무엇인가? 답이 여러 개 있을 수도 있다.

a. 사물(명사)을 조작하는 데 초점을 둔다.
b. 특정 프로세서가 이해할 수 있는 형태로 변환하는 번역 프로그램이 필요하다.
c. 0과 1을 사용해 작성한다.
d. 소프트웨어 개발에 대한 체계적인 접근법을 정의하며 동작(동사)에 초점을 둔다.
e. 영어와 유사한 약어들을 사용해 기초적인 컴퓨터 기능을 명시한다.
f. 자바와 C++가 이에 속한다.
g. 포트란과 파스칼이 이에 속한다.
h. 프로그래머들이 일상적인 영어 단어를 사용하여 프로그램을 작성할 수 있게 해주며, 일반적인 수학적 기호들을 포함한다.

15 고급 언어로 작성한 프로그램을 실행하려면 어떤 준비가 필요한지 설명하라.

16 절대 로더와 재배치 가능한 로더를 비교하라. 재배치 가능한 로딩 개념과 관련된 몇 가지 동기를 설명하라.

17 마이크로프로그래밍이란 무엇인가? '펌웨어'라는 용어가 하드웨어 장치의 일부인 마이크로코드를 묘사하는 데 적합한 이유는 무엇인가?

[추천 프로젝트]

18 일종의 비휘발성 RAM인 MRAM에 관한 연구 보고서를 작성하라(http://www.research.ibm.com/resources/news/20030610_mram.shtml 참고).

19 하드 디스크에 대한 접근 속도를 향상시키기 위해 개발된 2차 저장소 MEMS MicroElectro Mechanical System에 대해 조사하고 보고서를 작성하라(http://www.pdl.cmu.edu/MEMS/ 참고).

20 2차 저장소를 위한 SCSI 인터페이스와 IDE 인터페이스를 비교, 대조하라. IDE를 더 많이 선택하는 이유는 무엇인가?

21 마이크로소프트의 닷넷 프레임워크의 설계와 구현에 관한 연구 보고서를 작성하라.

핵심용어

- 2차 저장소 secondary storage
- AGP Accelerated Graphics Port
- C
- C#
- C++
- CD Compact Disk
- DDR Double Data Rate
- IEEE 1394 포트 IEEE 1394 port
- ODBC Open DataBase Connectivity
- PCI 버스 PCI(Peripheral Components Interconnect) bus
- SCSI Small Computer Systems Interface
- USB Universal Serial Bus
- WORM 매체 WORM(Write-Once, Read-Many) medium
- 가장 신뢰받는 사용자 상태 most trusted user status
- 간격 타이머 interval timer
- 객체 object
- 객체지향 프로그래밍 OOP, Object-Oriented Programming
- 경계 레지스터 bounds register
- 경험적 방법 heuristic
- 고급 구성 및 전원 인터페이스 ACPI, Advanced Configuration and Power Interface
- 고급 언어 high-level language
- 공유 라이브러리 shared library
- 구문 해석기 syntax analyzer
- 구조적 프로그래밍 structured programming
- 기계어 machine language
- 대역폭 bandwidth
- 데이터 버스 data bus
- 도출 속도 derived speed
- 동적 RAM DRAM, Dynamic RAM
- 동적 로딩 dynamic loading
- 동적 링킹 dynamic linking
- 라이브러리 모듈 library module
- 레인 lane
- 레지스터 register
- 렉서 lexer
- 로더 loader
- 로드 모듈 load module
- 링킹 linking
- 링킹 로더 linking loader
- 마더보드 motherboard
- 마이크로코드 microcode
- 마이크로프로그래밍 microprogramming
- 마크 Mach
- 메모리 계층 memory hierarchy
- 메모리 보호 memory protection
- 메소드 method
- 메인 메모리 main memory
- 메인보드 mainboard
- 명령어 길이 instruction length
- 명령어 페치기 instruction fetch unit
- 명령어 해석기 instruction decode unit
- 모듈 module
- 무어의 법칙 Moore's law
- 문자 장치 character device
- 문제 상태 problem state
- 물리 메모리 physical memory
- 물리 주소 physical address
- 바이오스 BIOS, Basic Input/Output System
- 바이트코드 bytecode
- 버스 bus
- 버스 마스터링 bus mastering
- 버퍼 buffer
- 범용 레지스터 general-purpose register
- 병렬 포트 parallel port
- 보조 저장소 auxiliary storage
- 보조 프로세서 coprocessor
- 부트 섹터 boot sector

- 부트스트랩핑 bootstrapping
- 블록 장치 block device
- 비동기 전송 asynchronous transmission
- 사용자 모드 user mode
- 사용자 상태 user state
- 사이클 cycle
- 사이클 가로채기 cycle stealing
- 산술 논리 장치 ALU, Arithmetic and Logic Unit
- 상대 주소 relative address
- 소스 코드 source code
- 속성 attribute
- 슈퍼바이저 상태 supervisor state
- 스캐너 scanner
- 스풀 spool, Simultaneous Peripheral Operations OnLine
- 시간 클록 time-of-day clock
- 시스템 프로그래밍 systems programming
- 시스템 호출 system call
- 실제 메모리 real memory
- 실제 주소 real address
- 실행 모드 execution mode
- 심볼 테이블 symbol table
- 심볼 확정 symbol resolution
- 애드온 카드 add-on card
- 어셈블러 assembler
- 어셈블리 언어 assembly language
- 어휘 분석기 lexical analyzer
- 에이다 Ada
- 영구 저장소 persistent storage
- 예외 exception
- 오브젝트 코드 object code
- 온보드 장치 on-board device
- 옵티마이저 optimizer
- 외부 명칭 external name
- 외부 참조 external reference
- 윈도우 API Windows API
- 응용 프로그래밍 application programming
- 응용 프로그래밍 인터페이스 API, Application Programming Interface
- 인쇄 회로 기판 PCB, Printed Circuit Board
- 인터럽트 interrupt
- 인터프리터 interpreter
- 임의 접근 메모리 RAM, Random Access Memory
- 입출력 채널 I/O channel
- 자바 Java
- 재배치 relocating
- 재배치 가능한 로딩 relocatable loading
- 절대 로딩 absolute loading
- 절차적 프로그래밍 언어 procedural programming language
- 정적 RAM SRAM, Static RAM
- 주소 바인딩 address binding
- 주소 버스 address bus
- 중간 코드 생성기 intermediate code generator
- 중앙 처리 장치 CPU, Central Processing Unit
- 직렬 포트 serial port
- 직접 메모리 접근 DMA, Direct Memory Access
- 최소 권한의 원칙 principle of least privilege
- 칩셋 chipset
- 캐시 라인 cache line
- 캐시 실패 cache miss
- 캐시 적중 cache hit
- 커널 모드 kernel mode
- 컨트롤러 controller
- 컴파일 compile
- 컴파일러 compiler
- 코드 생성기 code generator
- 코볼 COBOL, COmmon Business Oriented Language
- 쿼드 펌핑 quad pumping

핵심용어

Key Terms

- 클래스 class
- 클록틱 clocktick
- 토큰 token
- 트랜지스터 transistor
- 트레이스 trace
- 특권 명령어 privileged instruction
- 파서 parser
- 파스칼 Pascal
- 펌웨어 firmware
- 포트 port
- 포트란 Fortran
- 폴링 polling
- 프로그래밍된 입출력 PIO, Programmed I/O
- 프로세서 processor
- 프로퍼티 property
- 프론트사이드 버스 FSB, FrontSide Bus
- 플러그 앤 플레이 plug-and-play
- 행동 behavior
- 확장 펌웨어 인터페이스 EFI, Extensible Firmware Interface
- 휘발성 저장소 volatile storage

추천도서

Recommended Reading

컴퓨터 구조와 아키텍처에 대해 설명하는 책이 몇 권 있다. 헤네시 Hennessy와 패터슨 Patterson이 쓴 책은 컴퓨터 아키텍처에 대해 잘 요약해주는 뛰어난 책이다.[68] 블로우 Blaauw와 브룩스 Brooks, Jr.도 컴퓨터 아키텍처에 대해 설명하며, 특히 컴퓨터의 낮은 수준의 메커니즘까지도 상세히 다루고 있다.[69] 최신의 하드웨어 기술에 대한 논의들을 보려면, PDF로 제공하는 '웹 자료'에서 소개하는 온라인 저널들을 참조하라.

OS/360 개발에 대한 멋진 소프트웨어 공학 논문은 프레데릭 브룩스 Frederick P. Brooks가 쓴 『The Mythical Man-Month』(Addison-Wesley, 1995)다.[70] 스티브 맥과이어 Steve Maguire가 쓴 『Debugging the Development Process』(Microsoft Press, 1994)는 마이크로소프트 관리자 경험에 근거하여 프로젝트 팀을 어떻게 관리할 것인지 다루고 있다.[71] 스티브 맥코넬 Steve McConnell이 쓴 『Code Complete, 2nd Ed.』(Microsoft Press, 2004)은 좋은 프로그래밍 습관과 소프트웨어 설계에 관한 훌륭한 지식을 제공한다.[72]

컴파일러 설계와 기술에 대한 평가를 보려면 아호 Aho 등이 저술한 책을 참고하라.[73] 현대의 컴파일러 기술에 관심이 있다면 그룬 Grune 등이 지은 책을 참고하라.[74] 레빈 Levine의 책은 응용 프로그램의 링킹과 로딩 기술과 논의 거리들을 소개해준다.[75] 이 장의 참고 문헌 목록은 http://www.deitel.com/books/os3e/Bibliography.pdf를 참고하기 바란다.

사업을 함에 있어서 신속하게 처리하는 것보다 필수적인 것은 없다.

Joseph Addison

운영체제는 성능을 극대화하고 사용자들의 요구를 충족하려고 프로세스와 스레드라는 추상 객체를 사용해 많은 활동을 동시에 수행하고, 병렬 활동을 추적한다. 다음 여섯 개 장을 통해 운영체제에서 프로세스와 스레드들이 서로 충돌 없이 협조적으로 공존하면서 작업할 수 있게 이들을 다루는 방법을 학습한다. 때때로 프로세스와 스레드는 자원을 둘러싸고 경쟁이 일어날 경우 대기해야 한다. 이때, 대기하는 개체를 적절히 관리하지 않을 때 발생하는 무기한 연기와 교착 상태 문제에 관해 학습한다. 운영체제에서 프로세스와 스레드들이 효율적으로 진행하도록 하기 위해 중요한 하드웨어 자원인 프로세서를 스케줄링하는 방법을 살펴본다.

Part 2

프로세스와 스레드

Processes and Threads

Chapter 3 | 프로세스 개념

Chapter 4 | 스레드 개념

Chapter 5 | 비동기식 병행 실행

Chapter 6 | 병행 프로그래밍

Chapter 7 | 교착 상태와 무기한 연기

Chapter 8 | 프로세서 스케줄링

Chapter

03

프로세스 개념

Process Concepts

이 장에서 다루는 내용

- 프로세스 개념
- 프로세스 생명 주기
- 프로세스 상태와 상태 전이
- 프로세스 제어 블록/프로세스 기술자
- 프로세서가 문맥 교환을 통해 프로세스를 바꾸는 방법
- 인터럽트를 사용해 하드웨어가 소프트웨어와 통신하게 하는 방법
- IPC를 통해 프로세스가 다른 프로세스와 통신하는 방법
- 유닉스 프로세스

01 소개

02 프로세스 상태: 프로세스 생명 주기

03 프로세스 관리

04 인터럽트

05 프로세스 간 통신

06 사례 연구: 유닉스 프로세스

* 요약

* 연습문제

* 핵심용어

땀 흘려 노동하고 기다리는 법을 배워라.

Henry Wadsworth Longfellow

....

많은 사람이 이리저리 왕래하며 지식이 많아지리라.

다니엘서 12장 2절

....

당신을 깨우치고, 기억하고, 이해할 것이다.

Robert Browning

....

악행이 그토록 판을 치는 속에서도 자연이 묵묵히 자신의 일을 지속해내었다는 게 참 놀라운 일이다.

Stephen Crane

3.1 소개

많은 시스템이 본래 동시에 여러 활동을 수행할 수 있는 능력을 갖추고 있다. 예를 들면, 사람의 신체는 굉장히 다양한 기능을 병렬 혹은 **병행으로** concurrently 수행할 수 있다. 호흡을 하고, 혈액 순환이 이루어지고, 시각, 촉각, 미각, 청각 등 감각 기관들을 통해 느끼고, 생각하고, 걷고, 소화하는 일들을 동시에 할 수 있다. 컴퓨터 역시 동시에 여러 기능을 수행한다. 데스크톱 컴퓨터는 프로그램을 컴파일하고, 파일을 프린터에 보내고, 웹 페이지를 화면에 보여주면서 동시에 이메일을 받고 비디오를 상영할 수 있다('운영체제적 생각: 고객이 궁극적으로 원하는 것은 응용 프로그램이다' 참고).

이 장에서는 **프로세스** process 의 개념을 정식으로 살펴볼 것이다. 프로세스는 오늘날 컴퓨터 시스템의 동작 원리와 동시에 수행되는 많은 활동을 관리하는 방법을 이해하는 데 필요한 핵심 개념이다. 먼저 더 일반적인 프로세스 개념을 소개하고 자세한 **프로세스 상태** process state 와 이 프로세스들이 상태 변화를 일으키는 방법과 그 이유를 살펴본다. 또한 프로세스를 생성에서부터 종료, 일시 정지, 재시작, 깨우기 등 운영체제가 프로세스를 서비스할 때 수행하는 다양한 연산을 논의한다.

3.1.1 프로세스 정의

운영체제 문맥에서 '프로세스'라는 용어는 1960년대 멀틱스 설계자들이 처음 사용하기 시작했다('사례 연구: CTSS와 멀틱스'와 '인물사: 페르난도 코베이토' 참고).[1] 그 이후로 프로세스를 어느 정도 **작업** task 과 바꿔 쓸 수 있는 용어처럼 여기게 되고, 이외에도 여러 정의가 생겼다. 예를 들면, '실행 중인 프로그램' program in execution, '비동기 활동' asynchronous activity, 프로시저에 '생명을 불

> **운영체제적 생각**
>
> **고객들이 궁극적으로 원하는 것은 응용 프로그램이다**
>
> 컴퓨터는 궁극적으로 유용한 응용 프로그램을 실행하기 위해 존재한다. 그런데 운영체제 설계자들은 운영체제 아키텍처와 복잡한 기술적인 문제에 매여 이 사실을 잊어버리기 쉽다. 그러나 컴퓨터는 텅 빈 공간에서 제 기능을 할 수 없다. 따라서 설계자들은 사용자 커뮤니티를 알아야 한다. 사용자들이 실행할 응용 프로그램이 어떤 종류며, 원하는 결과가 무엇인지 알아야 한다. 공구점에서는 집안일을 수월하게 할 만한 여러 가지 도구를 판매한다. 도구를 설계하는 사람은 고객이 단순히 도구를 구입하는 데 관심이 있는 것이 아니라 해당 도구를 사용해 무언가를 작업하고, 원하는 결과를 내려고 한다는 사실을 잘 알고 있다. 즉, 고객의 목적은 톱이나 해머, 드릴이 아니다. 그들이 진정 원하는 것은 그 톱으로 '켜고', 나무에 못을 '박고', 송곳으로 구멍을 '뚫는' 것이다.

어넣은 것' animated spirit, 실행 중인 프로시저의 '통제 소재' locus of control라고도 한다. 한편 운영체제에 있는 프로세스 기술자 process descriptor 또는 프로세스 제어 블록 process control block이라는 자료 구조로 정의되는 것이라고도 한다. 또한 프로세서가 할당되는 개체, 디스패치 가능한 dispatchable 단위로 지칭하기도 한다. 프로그램이 낱장 악보들이라면, 프로세스는 음악을 연주하는 심포니 오케스트라에 비유할 수도 있다.

위의 정의들을 살펴보면, 두 가지 중요한 개념을 볼 수 있다. 먼저, 프로세스는 개체 entity라는 것이다. 각 프로세스는 자신의 주소 공간을 가지고 있다. 주소 공간은 대개 **텍스트 영역** text region, **데이터 영역** data region, **스택 영역** stack region으로 구성된다.* 텍스트 영역은 프로세서가 실행하는 코드를 저장하는 영역이다. 데이터 영역은 변수들을 저장하는 영역과 프로세스가 실행 중에 사용

사례 연구

CTSS와 멀틱스

1960년대 초에 페르난도 코베이토 Fernando Corbató 교수가 지휘하던 MIT의 Project MAC 팀의 프로그래머들은 CTSS Compatible Time-Sharing System를 개발했다. CTSS 덕분에 타자기와 비슷한 단말기를 사용해 IBM 7090(훗날 IBM 7094로 발전했다)의 컴퓨팅 성능을 구사할 수 있게 되었다.[2,3] CTSS는 편집과 디버깅을 수행하는 사용자에게 신속하게 반응하면서도 컴퓨터가 계속 일하도록 전통적인 배치 스트림을 실행했다. CTSS에서 제공한 컴퓨팅 능력은 오늘날 개인용 컴퓨터가 제공하는 능력과 유사하다. 즉, 컴퓨터가 다수의 비교적 사소한 요청에 빠르게 응답하게 해서 상호 작용성을 높인 것이다.

1965에는 같은 MIT 그룹에서 벨 연구소 및 GE와 협력해 CTSS의 후신인 멀틱스 Multics, Multiplexed Information and Computing Service 운영체제를 연구하기 시작했다. 멀틱스는 크고 복잡한 시스템이었다. 설계자들은 '모든사람에게 모든 것' all things to all people이 될 만한 범용 컴퓨터를 원했다. 멀틱스는 비록 상업적으로 성공하지는 못했지만, 2000년에 마지막 시스템이 단종될 때까지 다양한 연구소에서 사용되었다.[4]

다양한 멀틱스 기능은 유닉스, TSS/360, TENEX, TOPS-20 등을 비롯한 이후의 운영체제 개발에 많은 영향을 미쳤다.[5] 멀틱스는 가상 메모리 시스템을 위해 세그먼테이션과 페이징을 조합하는 방법을 사용했다. 페이지는 운영체제에서만 제어하고, 세그먼트는 운영체제뿐 아니라 사용자 프로그램에서도 다뤘다.[6] 멀틱스는 고급 시스템 프로그래밍 언어인 IBM의 PL/I로 작성한 초기 운영체제 중 하나다.[7,8] 멀틱스 설계자들은 오늘날 운영체제에서 사용하는 '프로세스'라는 용어를 만들어냈다. 멀틱스는 보안 기능이 강화했으며, **접근 제어 목록** ACL, Access Control List이라는 자유재량 접근 메커니즘을 갖추고 있었다. ACL은 메모리 세그먼트에 대한 접근 권한 목록으로, 유닉스 사용자들에게는 친숙하게 보였을 것이다. 이후 버전은 ACL을 강화한 강제적인 접근 제어인 **접근 격리 메커니즘** AIM, Access Isolation Mechanism을 포함했다. AIM은 모든 사용자와 객체가 보안 등급을 부여받게 한다. 이 때문에 멀틱스는 미국 정부에서 보안 등급 B2로 인정받은 최초의 운영체제가 되었다.[9,10,11] 1976년에는 최초의 상용 관계형 데이터베이스인 **멀틱스 관계형 데이터 저장소** Multics Relational Data Store가 만들어졌다.[12]

하려고 동적으로 할당받은 메모리 공간이다.[**] 스택 영역은 호출된 프로시저용으로 지역 변수와 명령어들을 저장하는 공간이다.[***] 스택의 내용은 프로세스가 중첩되게 프로시저 호출을 할수록 증가하고, 호출된 프로시저가 수행을 마치고 반환할 때마다 줄어든다.[13] 두 번째로, 프로세스는 '실행 중인 프로그램'이다. 프로그램은 살아 있는 개체가 아니다. 프로세서가 프로그램에 '생명을 불어넣을' 때야 비로소 프로세스라는 활성 개체active entity가 된다.

셀프 리뷰

1. 프로세스의 주소 공간을 여러 영역으로 나누는 이유는 무엇인가?
2. (참/거짓) '프로세스'와 '프로그램'은 동의어다.

▶ **풀이** 1) 주소 공간의 각 영역은 비슷한 방식으로 접근할 수 있는 정보를 담고 있는 것이 보통이다. 예를 들어, 대부분의 프로세스는 명령어를 읽고 실행하지만, 수정하지는 않는다. 프로세스는 후입선출LIFO 순서로 스택에서 읽고 쓴다. 프로세스는 어떤 순서로든 데이터를 읽고 쓸 수 있다. 프로세스의 주소 공간을 여러 독립된 공간으로 분리함으로써 운영체제가 그러한 접근 규칙을 강화할 수 있게 한다. 2) 거짓. 프로세스는 실행 중인 프로그램이다. 프로그램은 아직 활성화되지 않은 개체다.

* 감수자주: 일반적으로 텍스트 영역, 데이터 영역, 힙 영역, 스택 영역으로 구성된다. 즉, 본문에서 데이터 영역을 데이터 영역 + 힙 영역으로 구분한다.

** 감수자주: 데이터 영역은 전역 변수가 저장되는 공간이고, 힙 영역은 프로세스가 실행 중에 사용하기 위해 동적으로 할당받은 메모리 공간이다. 함수 내의 지역 변수는 스택에 저장된다.

*** 감수자주: 스택 영역은 함수 파라미터와 지역 변수, 함수 호출 시 함수의 반환 주소가 저장된다.

인물사

페르난도 코베이토 Fernando J. Corbató

페르난도 호세 코베이토Fernando Jose Corbató는 1956년 MIT에서 물리학 박사 학위를 받았다. 코베이토는 1965년부터 1996년까지 MIT에서 교수로 역임했고, 퇴임 시 전기 공학과 컴퓨터 과학 학과의 명예 교수였다.[14] MIT의 Project MAC 창시자 중 한 명이고, CTSS와 멀틱스 프로젝트를 인도했다.[15,16] 그는 멀틱스 시스템의 기술 논문과 MIT Project MAC과 GE, 벨 연구소와의 방대한 공동 작업을 토대로 프로젝트 관리에 관한 논문을 공동 저술했다.

코베이토는 CTSS와 멀틱스에 대한 공로로 1990년 튜링상을 수상했다.[17] 수상 강연 제목은 「실패할 시스템을 만드는 것에 관하여On Building Systems That Will Fail」다. 이 강연에서 자신이 멀틱스 프로젝트 경험을 토대로 본질적으로 복잡하고 혁신적인 대규모 프로젝트들이 어떻게 항상 실패로 향하는지 설명했다. 또한 개발자들에게 어떤 오류가 내재되어 있든 결국은 발생할 것이라 가정하고 이런 오류들을 처리할 방법을 반드시 계획하라고 충고했다.[18]

3.2 프로세스 상태: 프로세스 생명 주기

운영체제는 각 프로세스가 충분한 프로세서 시간을 할당받을 수 있게 해야 한다. 어떤 시스템이든 동시에 실행되는 프로그램이 프로세서 수만큼만 존재할 수 있다. 하지만 시스템에는 보통 프로세서 수보다 훨씬 많은 프로세스가 있다. 그러므로 임의의 특정 시간을 두고 볼 때, 몇몇 프로세스는 실행되고 몇몇은 실행되지 못한다.

프로세스는 생명 주기 동안 구분된 **프로세스 상태** process state들을 거친다. 다양한 이벤트를 만날 때, 프로세스의 상태가 바뀐다. 프로세스가 프로세서에서 실행되고 있으면 **실행 중** running (즉, **실행 상태** running state에 있다)이라고 한다. 프로세스가 프로세서에서 실행 가능하면 **준비** ready 되었다(즉, **준비 상태** ready state에 있다)고 말한다. 또한 프로세스가 작업을 진행하기에 앞서 **입출력 완료 이벤트** I/O completion event 등의 특정 이벤트 발생을 대기하고 있다면 **블록** blocked되었다 (즉, **블록 상태** blocked state에 있다)고 말한다. 다른 프로세스 상태도 있지만 지금은 이 세 가지 상태에 집중하기로 한다.

논의를 간단하게 하기 위해, 단일 프로세서 시스템을 다루고 있다고 가정해보자. 단일 프로세서 시스템에서는 한 번에 한 프로세스만 실행할 수 있지만, 준비 상태나 블록 상태 프로세스는 여러 개 존재할 수 있다. 운영체제는 준비 상태 프로세스들을 담은 **준비 리스트** ready list와 블록 상태 프로세스들을 담은 **블록 리스트** blocked list를 보유할 수 있다. 준비 리스트는 우선순위 정보를 포함하기 때문에 준비 리스트에서 우선순위가 가장 높은 첫 번째 프로세스가 프로세서를 할당받아 실행한다. 블록 리스트에는 순서가 없다. 따라서 우선순위에 따라 프로세스들이 **블록 해제** unblocked(즉, 준비 상태)되는 것은 아니다. 그보다는 블록된 프로세스가 기다리고 있는 이벤트가 발생하는 순서로 블록이 해제된다. 이후에 살펴보겠지만 몇몇 프로세스가 같은 이벤트를 기다리며 블록되어 있을 수도 있다. 이런 경우에는 기다리는 프로세스들에 우선순위를 부여하는 것이 보통이다.

셀프 리뷰

1. (참/거짓) 특정 시간에 컴퓨터에서 오직 한 프로세스만 실행할 수 있다.
2. 프로세스는 이벤트 발생을 대기할 때 블록 상태에 들어간다. 프로세스가 블록 상태에 들어갈 만한 몇 가지 이벤트를 나열하라.

▶ **풀이** 1) 거짓. 멀티프로세서 컴퓨터에서는 프로세서 수만큼 프로세스를 동시에 실행할 수 있다. 2) 프로세스가 하드 디스크처럼 지연 시간이 긴 위치에 있는 데이터를 요청하거나 다른 프로세스에 할당되어 현재 사

▶▶

용이 불가능한 자원을 요청하는 경우 블록 상태에 들어간다. 프로세스는 사용자가 키보드를 누르거나 마우스를 움직이는 등의 이벤트가 발생할 때도 블록될 수 있다.

3.3 프로세스 관리

운영체제는 프로세스들의 실행 사이에 끼어들면서 프로세스들이 인터럽트되고 재시작할 때 오류가 발생하지 않게 관리해야 한다. 프로세스들은 새로운 프로세스를 시작하거나 프로세스 실행 완료를 알리는 등 단순한 일을 위해서도 운영체제와 통신할 수 있어야 한다. 이 절에서는 운영체제가 어떤 방식으로 프로세스에 기본적인 서비스를 수행해주는지 살펴본다. 기본 서비스란 프로세스들을 생성 create, 소멸 destroy, 일시 정지 suspend, 재시작 resume, 우선순위 변경, 블록 block, 깨우기 wake up, 디스패치 dispatch, 프로세스들이 IPC를 통해서 통신할 수 있게 하는 일 등을 말한다. 또한 운영체제가 프로세스 자원을 어떻게 관리해 여러 프로세스가 프로세서 시간을 얻으려고 경쟁하는지 살펴본다.

3.3.1 프로세스 상태와 상태 전이

사용자가 프로그램을 하나 실행할 때 프로세스가 생성되고 준비 리스트 ready list에 추가된다. 프로세스는 다른 프로세스들이 프로세서 사용을 마칠 때마다 준비 리스트의 머리 쪽으로 이동한다. 준비 리스트의 머리 쪽에 있는 프로세스는 프로세서가 사용 가능한 상태가 되면 프로세서를 할당받는다. 이때 프로세스는 준비 ready 상태에서 실행 running 상태로 **상태 전이** state transition한다([그림 3-1]). 준비 리스트에 있는 첫 번째 프로세스에 프로세서를 할당하는 것을 **디스패칭** dispatching이라고 하며, **디스패처** dispatcher라는 시스템 개체가 이 일을 수행한다. 준비 상태 또는 실행 상태에 있는 프로세스를 '깨어 있다' awake고 한다. 프로세서를 차지하려고 활발히 경쟁하는 상태기 때문이다. 운영체제는 시스템에 있는 프로세스들을 가장 잘 서비스할 수 있게 프로세스들이 상태 전이를 관리한다. 운영체제는 한 프로세스가 우연이든 고의든 시스템의 프로세서를 독점하는 일을 방지하려고 하드웨어 **인터럽팅 클록(간격 타이머)** interrupting clock(interval timer)을 두어, 프로세스가 특정 시간 간격 또는 퀀텀 quantum 동안만 실행할 수 있게 한다. 프로세스가 시간이 만료되기 전에 프로세서를 자발적으로 반납하지 않으면, 인터럽팅 클록이 인터럽트를 발생시키며 프로세서에 대한 제어를 운영체제가 갖는다('3.4 인터럽트' 참고). 그리고 운영체제는 이전에 실행하던 프로세스 상태를 준비 상태로 바꾸고, 준비 리스트에 있는 맨 처음 프로세스의 상태를 준비 상태에서 실행 상태로 바꾼다. 실행 상태에 있는 프로세스가 자신에 주어진 만료 시간 전에 입출력 작업을 시작하고, 프로세서를 다시 사용하기 전에 입출력이 완료되기를 대기해야 한다면, 자발적으로 프로세서를 반납한다. 이는 프로세스가 입출력 작업이 완료될 때까지 자신을 **블록** block하는 것이다. 블록 상태에 있는 프로세스를 '잠들어 있다' asleep고 말한다. 이런 프로세스는 비록 프로세서가 쉬고 있다 해도 실행할 수 없기 때문이다. 세 가지 상태 중 마지막으로 가능한 상태 전이는 입출력 조작(또는 프로세스가 기다려야 할 다른 이벤트)이 완료될 때 발생한다. 이 경우에는 운영체제가 프로세스를 블록 상태에서 준비 상태로 바꾼다.

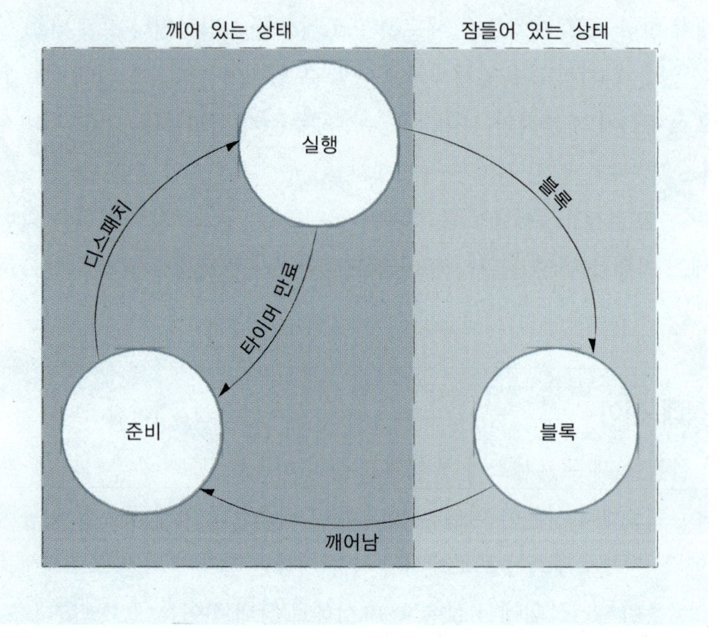

[그림 3-1] 프로세스 상태 전이

지금까지 네 가지 상태 전이를 정의했다. 프로세스가 프로세서를 할당받으면 프로세스의 상태가 준비 상태에서 실행 상태로 변한다. 프로세스가 할당받은 시간이 만료되면 실행 상태에서 준비 상태로 변한다. 프로세스가 블록되면 실행 상태에서 블록 상태로 변한다. 마지막으로, 대기하던 이벤트가 완료되면 프로세스가 깨어나고 블록 상태에서 준비 상태로 변한다. 사용자 프로세스가 스스로 일으키는 상태 전이는 블록 상태뿐이다. 다른 세 가지 상태 전이는 운영체제가 일으킨다.

여기서는 운영체제가 각 프로세스에 제한 시간을 부여한다고 가정한다. 인터럽팅 클록 없이 프로세서에서 작동하던 몇몇 초기 운영체제는 **협력형 멀티태스킹** cooperative multitasking 방식을 취하기도 했다. 이는 다른 프로세스를 실행하려면 각 프로세스가 자발적으로 프로세서를 반납해야 함을 의미한다. 현재 사용하는 시스템에서는 협력형 멀티태스킹을 잘 사용하지 않는다. 프로세스들이 우연히 또는 고의로 프로세서를 독점할 우려가 있기 때문이다. 예를 들면, 프로세스가 무한 루프를 돌거나 제시간에 프로세서를 반납하는 것을 거절할 수도 있다.

셀프 리뷰

1. 운영체제는 한 프로세스가 프로세서를 독점하는 것을 어떻게 방지하는가?
2. 깨어 있는 프로세스와 잠들어 있는 프로세스의 차이점은 무엇인가?

▶ **풀이** 1) 인터럽팅 클록은 특정 시간 간격 후에 인터럽트를 생성하고, 운영체제는 다른 프로세스가 실행하도록 프로세서를 할당한다. 인터럽트된 프로세스는 준비 리스트에 들어갔다가 점점 머리 쪽으로 이동해 맨 처음 순서에 도달할 때 프로세서를 다시 사용할 수 있게 된다. 2) 깨어 있는 프로세스는 프로세서를 얻으려고 활발하게 경쟁한다. 잠들어 있는 프로세스는 프로세서가 작업을 쉬고 있다 해도 사용할 수 없다.

3.3.2 프로세스 제어 블록/프로세스 기술자

운영체제는 프로세스를 생성할 때 몇 가지 연산을 수행한다. 먼저 운영체제가 각 프로세스를 식별할 수 있어야 하므로, 프로세스에 **프로세스 식별 번호** PID(Process IDentification) number를 부여한다. 그런 다음 **프로세스 제어 블록**(**프로세스 기술자**) PCB, Process Control Block(process descriptor)을 생성해 프로세스를 관리하는 데 필요한 정보를 보관한다. PCB는 대체로 다음과 같은 정보를 포함한다.

- PID
- 프로세스 상태
- **프로그램 카운터** program counter(즉, 프로세서가 다음에 실행할 명령어를 가리키는 값)
- 스케줄링 우선순위
- 권한 credential(즉, 프로세스가 접근할 수 있는 자원을 결정하는 정보)
- 프로세스의 **부모 프로세스** parent process(즉, 해당 프로세스를 생성한 프로세스)를 가리키는 포인터
- 프로세스의 **자식 프로세스** child process(즉, 해당 프로세스가 생성한 프로세스)들을 가리키는 포인터
- 프로세스의 데이터와 명령어가 있는 메모리 위치를 가리키는 포인터
- 프로세스에 할당된 자원들을 가리키는 포인터

PCB는 또한 실행 프로세스가 실행 상태에서 빠져나올 때 마지막으로 실행한 프로세서의 레지스터 내용(**실행 문맥** execution context이라고 한다)을 저장하기도 한다. 프로세스의 실행 문맥은 아키텍처에 종속적이지만 프로세스의 주소 공간에 대한 포인터를 저장하는 프로세스 관리 레지스

터 외에도 범용 레지스터(프로세서가 직접 접근할 수 있는 프로세스 데이터를 담고 있다)의 내용을 포함하는 것이 보통이다. 운영체제는 이를 이용해 프로세스가 다시 실행 상태로 돌아올 때 해당 프로세스의 실행 문맥을 복구할 수 있게 된다.

운영체제는 프로세스가 상태 전이를 할 때 해당 프로세스의 PCB 안에 있는 상태 정보도 갱신해야 한다. 운영체제는 각 프로세스의 PCB를 가리키는 포인터를 시스템 전체 혹은 사용자별 **프로세스 테이블** process table 에 유지해 PCB에 빠르게 접근할 수 있다([그림 3-2]). 프로세스 테이블은 이 책에서 다루는 운영체제의 여러 자료 구조 중 하나다('운영체제적 생각: 운영체제에서의 자료 구조' 참고). 프로세스가 자발적으로든 운영체제에 의해서든 종료하면, 운영체제는 프로세스의 메모리와 기타 자원을 해제해 다른 프로세스가 사용할 수 있게 하고, 프로세스 테이블에서 해당 프로세스를 제거한다. 다른 프로세스 조작 기능에 관해서도 잠깐 살펴볼 것이다.[19]

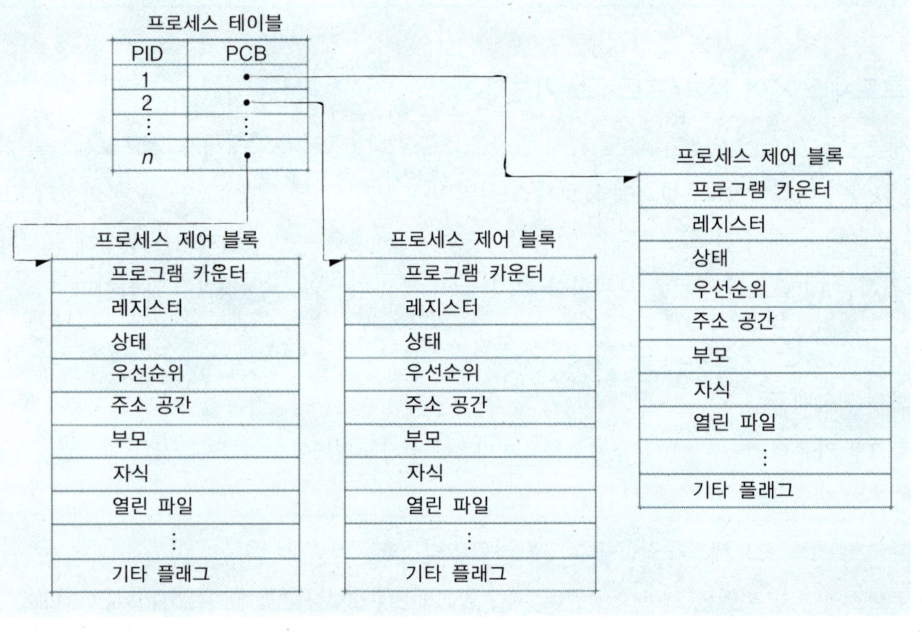

[그림 3-2] 프로세스 테이블과 프로세스 제어 블록

셀프 리뷰

1. 프로세스 테이블이 존재하는 목적은 무엇인가?
2. (참/거짓) PCB 구조는 운영체제의 구현에 따라 다르다.

▶ **풀이** 1) 운영체제는 각 프로세스의 PCB를 프로세스 테이블에 넣어 참조한다. 2) 참

3.3.3 프로세스 연산

운영체제는 다음을 포함하는 프로세스 연산을 수행할 수 있어야 한다.

- 프로세스 생성
- 프로세스 소멸
- 프로세스 일시 정지
- 프로세스 재시작
- 프로세스의 우선순위 변경
- 프로세스 블록킹
- 프로세스 깨우기
- 프로세스 디스패치
- 프로세스가 다른 프로세스와 통신할 수 있게 하는 일(프로세스 간 통신)

프로세스는 새로운 프로세스를 **생성** spawn할 수 있다. 이때 프로세스를 생성하는 프로세스를 **부모 프로세스** parent process라고 하고, 생성된 프로세스를 **자식 프로세스** child process라고 한다. 각 자식 프로세스는 정확히 한 부모 프로세스를 통해 생성된다. 이러한 프로세스 생성은 [그림 3-3]과 유사한 **계층적 프로세스 구조** hierarchical process structure를 형성한다. 그림에서 보듯이 각 자식 프로세스에는 부모가 하나만 있다(A는 C의 유일한 부모고, H는 I의 유일한 부모다). 반면에 각 부모 프로세스에는 여러 자식이 있다(B, C, D는 A의 자식이고, F와 G는 C의 자식이다). 리눅스와 같은 유닉스 기반 시스템에서는 커널이 메모리에 로드될 때 생성되는 init 프로세스에서 많은 프로세스를 생성한다([그림 3-4]). 리눅스에서 이렇게 생성되는 프로세스로는 kswapd, xfs, khubd

운영체제적 생각

운영체제에서의 자료 구조

대부분의 컴퓨터 과학도는 주요 과목으로 혹은 컴파일러나 데이터베이스, 네트워크, 운영체제 등 고급 과정의 한 부분으로 자료 구조를 공부한다. 자료 구조는 운영체제에서 매우 많이 사용된다. 예를 들어, 개체들이 대기해야 할 때는 큐 구조를 사용한다. 프로세서를 대기하는 프로세스들의 큐나 필요한 장치들을 대기하고 있는 입출력 요청 큐, 임계 영역 critical section에 접근하려고 대기하는 프로세스의 큐가 그 예다. 함수 호출과 반환 메커니즘에는 스택을 사용한다. 한편, 파일 시스템의 디렉토리 구조를 표현하는 데는 트리를 사용한다. 트리로 디스크 공간에 파일을 어떻게 할당했는지 추적하고 계층적인 페이지 디렉토리 구조를 형성해 가상 주소로 변환할 수 있다. 네트워크 구성과 교착 상태, 자원 할당 등을 연구할 때는 그래프를 사용한다. 한편 PID를 키로 사용해 PCB에 빠르게 접근하려면 해시 테이블을 사용한다.

등이 있으며 각각 메모리, 파일, 장치 관리 기능을 수행한다. 이들 프로세스에 관해서는 '16장. 리눅스 사례 연구'에서 자세히 논의한다. login 프로세스는 사용자들이 운영체제를 사용할 수 있는지 인증한다. 대개는 사용자가 유효한 사용자 이름과 패스워드를 입력하게 해서 인증한다. 다른 인증 방법들은 '15장. 보안'에서 살펴보기로 한다. login 프로세스가 사용자를 인증하면 이 프로세스는 배시 bash, Bourne-again shell와 같은 셸을 생성해 사용자가 운영체제와 상호 작용할 수 있게 한다([그림 3-4]). 그러면 사용자는 셸이 텍스트 에디터 vi와 사용자 정보를 보여주는 finger 같은 프로그램을 실행하게 할 수 있다. 프로세스 소멸은 프로세스를 시스템에서 완전히 없애는 과정을 포함한다. 이때 프로세스가 사용한 메모리나 다른 자원들을 시스템에 반납하고, 시스템의 모든 리스트나 테이블에서 프로세스를 지우고, 프로세스 PCB도 지운다. 즉, PCB의 메모리 공간은 시스템의 다른 프로세스들이 사용할 수 있게 정돈된다. 프로세스가 자식 프로세스를 생성한 경우에는 프로세스를 소멸하는 과정이 더 복잡해진다. 몇몇 운영체제에서는 부모 프로세스가 소멸될 때 자동으로 자식 프로세스들도 소멸한다. 또 다른 운영체제들은 자식 프로세스가 부모에 독립적으로 계속 실행되어, 부모 프로세스의 소멸이 자식에 영향을 미치지 않는다.

프로세스의 우선순위를 변경하려면 PCB에 있는 우선순위 값을 변경해야 한다. 운영체제가 프로세스 스케줄링을 구현한 방법에 따라 PCB를 가리키는 포인터를 놓는 우선순위 큐가 달라진다('8장. 프로세서 스케줄링' 참고). 앞서 나열한 프로세스 조작 연산에 관해서는 이어지는 절들에서 설명하기로 한다.

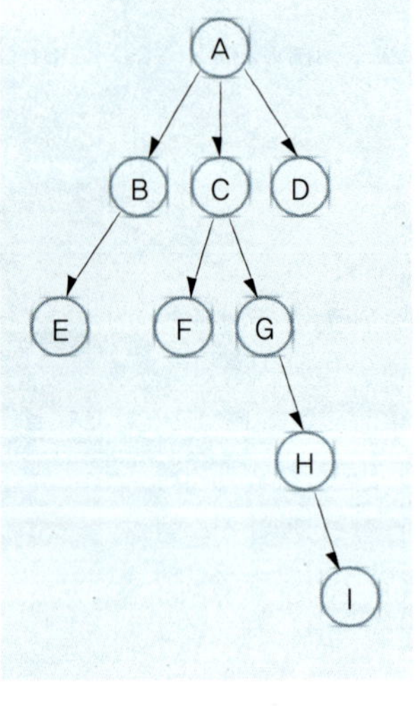

[그림 3-3] 프로세스 생성 계층

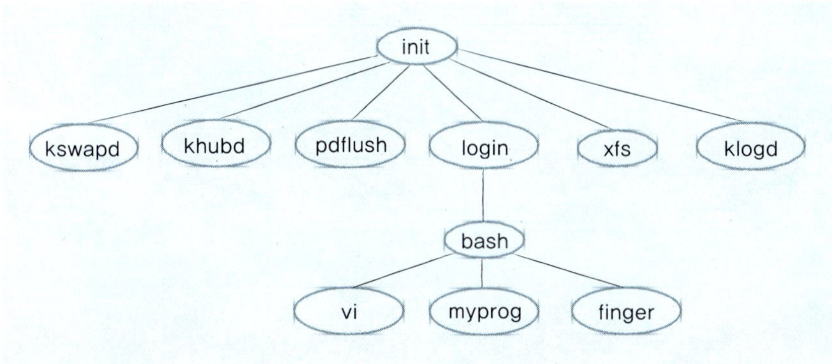

[그림 3-4] 리눅스의 프로세스 계층

셀프 리뷰

1. (참/거짓) 한 프로세스가 부모 프로세스를 전혀 갖지 않을 수도 있다.
2. 프로세스 구조를 계층적 구조로 하는 것이 연결 리스트보다 어떤 점에서 이로운가?

▶ **풀이** 1) 참. 유닉스 시스템에서 첫 번째 생성된 init 프로세스는 부모 프로세스가 없다. 몇몇 시스템에서는 부모 프로세스가 소멸될 때 자식 프로세스들이 영향을 받지 않고 독립적으로 실행되기도 한다. 2) 프로세스 구조를 계층적으로 하면 운영체제가 부모/자식 관계를 파악하기 쉽다. 예를 들어, 특정 부모 프로세스가 종료될 때 운영체제는 해당 프로세스의 모든 자식 프로세스의 위치를 쉽게 찾을 수 있다.

3.3.4 일시 정지와 재시작

많은 운영체제에서 관리자, 사용자, 프로세스들이 프로세스를 일시적으로 정지할 수 있게 허용한다. **일시 정지** suspended 프로세스는 아직 소멸되지는 않고 프로세서를 차지하려고 하는 경쟁 대열에서 무기한으로 배제된다. 역사적으로 시스템 운영자는 일시 정지 기능을 통해 수동으로 시스템 부하를 조절하고 시스템이 다운될 위험에 대처했다. 오늘날 대부분의 컴퓨터는 이렇게 수동적으로 대처하기에는 너무 빨리 실행한다. 그러나 운영자나 사용자가 특정 프로세스의 실행 결과가 의심스럽다고 느낄 때, 해당 프로세스를 **중단** aborting하기보다는 프로세스가 제대로 작동하는 게 확실하다고 판단할 때까지 일시 정지할 수 있다. 이는 악성 코드 실행과 같은 보안 위협 요인을 추적하거나 디버깅할 때 유용하다. [그림 3-5]는 [그림 3-1]의 프로세스 상태 전이 다이어그램을 수정해 일시 정지와 재시작으로 전이를 포함해 보여준다. 두 가지 새로운 상태인 **일시 정지 준비** suspendedready와 **일시 정지 블록** suspendedblocked을 볼 수 있다. 그림에서 점선 위는 **활성 상태** active state, 아래는 **일시 정지 상태** suspended state다.

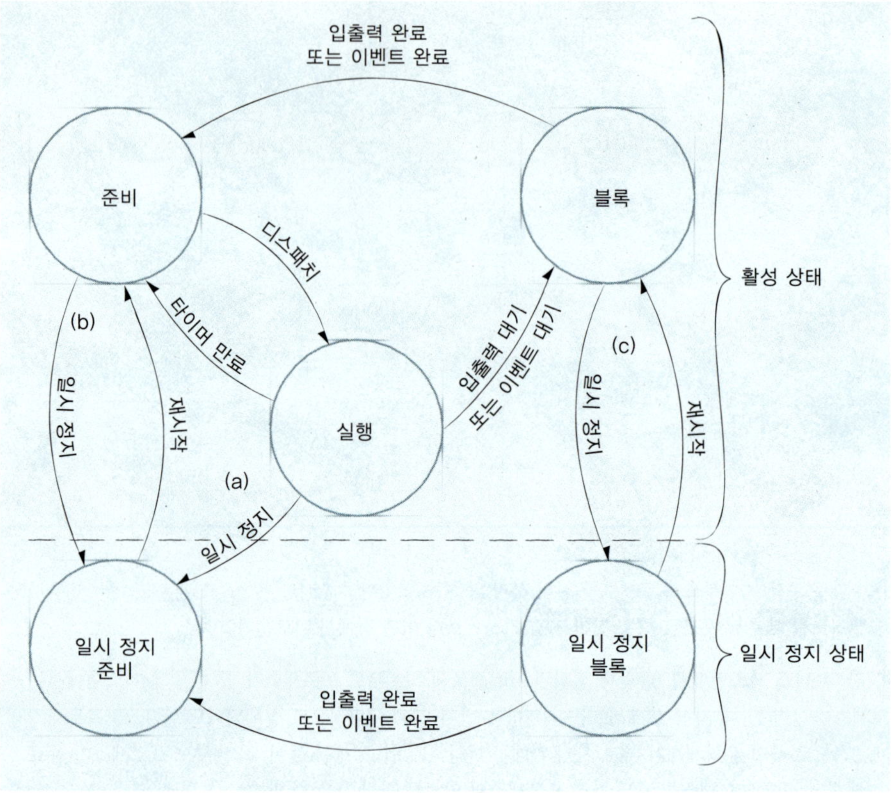

[그림 3-5] 일시 정지와 재시작을 포함한 프로세스 상태 전이도

일시 정지는 해당 프로세스 혹은 다른 프로세스에 의해 발생할 수 있다. 단일 프로세서 시스템에서는 [그림 3-5](a)에서 보는 것처럼 실행 중인 프로세스가 자신을 일시 정지한다. 일시 정지를 발생시킬 다른 프로세스가 동시에 실행될 수 없기 때문이다. [그림 3-5](b)와 [그림 3-5](c)에 묘사된 것처럼 실행 프로세스가 준비 프로세스나 블록된 프로세스를 일시 정지할 수도 있다. 그러나 멀티프로세서 시스템에서는 실행 중인 프로세스가 다른 프로세서에서 실행되는 다른 프로세스에 의해 일시 정지될 수도 있다. 분명한 사실은 자신을 일시 정지할 수 있는 것은 오직 실행 상태 프로세스뿐이라는 점이다. 이 경우 프로세스는 실행 상태에서 일시 정지 준비 suspended-ready 상태로 변한다. 프로세스가 실행 상태인 프로세스를 일시 정지할 때도 해당 프로세스는 실행 상태에서 일시 정지 준비 상태로 변한다. 일시 정지 준비 상태 프로세스는 다른 프로세스에 의해 준비 상태로 변할(즉, **재시작** resume) 수 있다. 이때 프로세스는 일시 정지 준비 상태에서 준비 상태가 된다. 블록된 프로세스가 다른 프로세스에 의해 일시 정지되면 블록 상태에서 일시 정지 블록 상태로 변한다. 일시 정지 블록 상태 프로세스는 다른 프로세스에 의해 재시작할 수 있고, 이때 일시 정지 블록 상태에서 블록 상태로 변한다.

블록 상태 프로세스를 일시 정지하기보다는 입출력 혹은 이벤트 완료 시까지 대기했다가 프로세스가 준비 상태가 되는 것이 낫다고 하는 사람이 있을지도 모른다. 그러면 프로세스가 일시 정지되어 일시 정지 준비 상태가 될 것이다. 그러나 불행히도 계속해서 작업이 완료되지 못하거나 무기한 연기되는 경우도 있다. 설계자는 블록 상태 프로세스를 일시 정지할 것인지, 아니면 입출력이나 이벤트가 완료될 때 준비 상태에서 일시 정지를 만들어내는 메커니즘을 고안해낼 것인지 선택해야 한다. 일시 정지는 우선순위가 높은 활동이므로 즉시 수행된다. 마침내 입출력이나 이벤트 종료가 발생하면 일시 정지 블록 프로세스는 일시 정지 블록 상태에서 일시 정지 준비 상태로 변한다.

셀프 리뷰

1. 프로세스가 일시 정지 준비 상태가 될 수 있는 세 가지 경우는 무엇인가?
2. 어떤 경우에 프로세스를 중지하는 것보다 일시 정지하는 것이 좋은가?

▶ **풀이** 1) 실행 상태에서 일시 정지될 때, 준비 상태에서 다른 실행 프로세스에 의해 일시 정지될 때, 프로세스가 일시 정지 블록 상태에 있을 때 입출력 완료나 기다리던 이벤트가 완료되면 일시 정지 준비 상태가 된다.
2) 사용자나 시스템 운영자가 볼 때 프로세스가 이상하게 작동한다고 의심이 들지만 이제까지 한 작업을 잃지 않고 싶을 때, 해당 프로세스를 일시 정지해 면밀히 조사하는 것이 좋다.

3.3.5 문맥 교환

운영체제는 실행 중인 프로세스를 멈추고 준비 상태에 있던 다른 프로세스를 실행할 때, **문맥 교환** context switch을 수행한다.[20] 문맥 교환을 위해서 커널은 먼저 실행 중인 프로세스의 실행 문맥을 해당 프로세스의 PCB에 저장한 후, 이후 실행할 준비 상태 프로세스의 이전 실행 문맥을 PCB에서 읽어 로드한다([그림 3-6]).

문맥 교환은 멀티프로그래밍 환경에서는 필수적인 것으로, 운영체제에 몇 가지 도전거리를 준다. 먼저 문맥 교환은 기본적으로 프로세스에 투명transparent해야 한다. 즉, 프로세스가 자신이 프로세서에서 제거되는 상황을 인식하지 못해야 한다. 문맥 교환이 일어나는 동안 프로세서는 '의미 있는' 작업을 전혀 수행할 수 없다. 즉, 문맥 교환을 위해 운영체제에 필수적인 작업은 하지만 어떤 프로세스의 명령어도 실행하면 안 된다. 문맥 교환은 순전히 '오버헤드'며 매우 빈번하게 발생하므로 운영체제는 문맥 교환에 드는 시간을 최소화해야 한다.

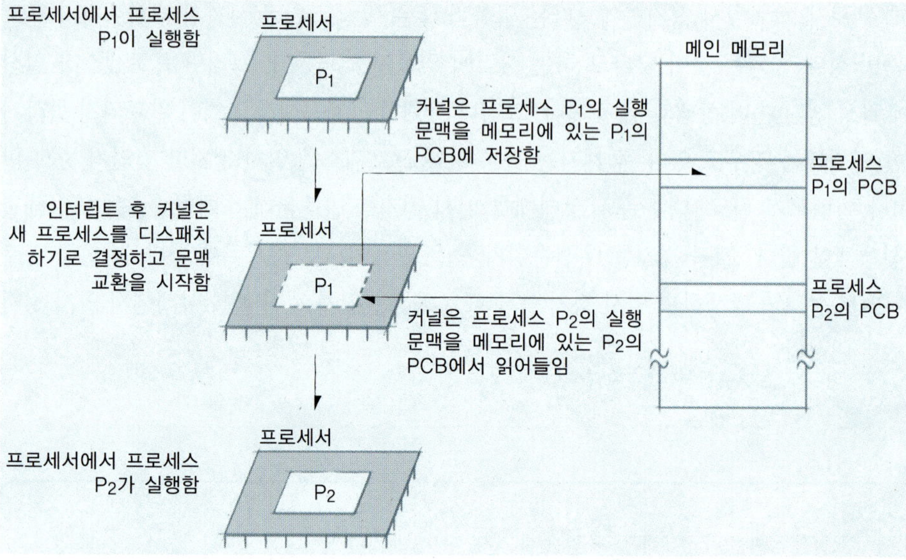

[그림 3-6] 문맥 교환

운영체제는 PCB에 자주 접근한다. 따라서 효율적으로 문맥 교환을 하기 위해 많은 프로세서에서 현재 실행 중인 프로세스의 PCB를 가리키는 하드웨어 레지스터를 포함한다. 운영체제가 문맥 교환을 시작하면 프로세서는 현재 실행 중인 프로세스의 실행 문맥을 PCB에 안전하게 저장한다. 이렇게 함으로써 운영체제나 다른 프로세스들이 해당 프로세스의 레지스터 값을 덮어쓰는 일을 방지한다. 더 나아가 프로세서는 프로세스의 실행 문맥을 PCB에 저장하고 복구하는 명령어들을 제공함으로써 문맥 교환을 좀더 간략하고 빠르게 수행한다.

IA-32 아키텍처에서는 운영체제가 프로세서에 새로운 프로세스를 보낼 때 메모리에서 PCB의 위치를 명시하기도 한다. 그리고 프로세서는 문맥 교환을 위해 이전에 실행 중이던 프로세스의 실행 문맥을 저장한다. IA-32 아키텍처는 프로세스의 실행 문맥을 저장하고 복구하는 명령어를 제공하지 않는다. 프로세서가 소프트웨어의 개입 없이 이런 기능을 수행하기 때문이다.[21]

셀프 리뷰

1. 운영체제는 문맥 교환 동안 프로세서에 할당할 프로세스의 실행 문맥을 어디서 로드하는가?
2. 운영체제가 문맥 교환에 드는 시간을 최소화해야 하는 이유는 무엇인가?

▶ **풀이** 1) 프로세서에 할당할 프로세스는 자신의 PCB에 저장된 문맥 정보를 갖고 있다. 2) 문맥 교환이 일어나는 동안 프로세서는 프로세스들의 명령어를 실행할 수 없기 때문에 문맥 교환이 오래 걸리면 처리량이 줄어든다.

3.4 인터럽트

2장에서 논의한 것처럼 인터럽트는 소프트웨어가 하드웨어로부터 오는 신호에 반응할 수 있게 해준다. 운영체제는 **인터럽트 처리기** interrupt handler라는 일련의 명령어를 지정해 각 유형의 인터럽트가 발생할 때 실행되게 한다. 이렇게 해서 운영체제는 프로세서에 대한 제어를 가지고 시스템 자원을 관리할 수 있다.

프로세서는 프로세스의 명령어를 실행한 결과로 인터럽트를 발생시킬 수 있다. 이런 경우를 **트랩** trap이라 하고, 프로세스의 작동과 **동기** synchronous라고 말한다. 예를 들면, 동기 인터럽트는 프로세스가 0으로 나눈다거나 보호되는 메모리 위치를 참조하려는 등 잘못된 동작을 하려고 할 때 발생한다.

또한 프로세스의 현재 명령어와 관련 없는 이벤트에 의해서도 인터럽트가 발생할 수 있다. 이런 경우를 프로세스 작동과 **비동기** asynchronous라고 말한다('운영체제적 생각: 비동기성 대 동기성' 참고). 하드웨어 장치들은 프로세서에 상태 변화를 알리기 위해 비동기 인터럽트를 발생시킨다. 예를 들어, 사용자가 키보드의 키를 하나 누르면 키보드는 인터럽트를 발생시킨다. 또한 마우스를 움직이거나 버튼을 누를 때도 인터럽트를 발생시킨다.

인터럽트는 적은 오버헤드로 프로세서의 주의를 끌 수 있는 방법이다. 인터럽트의 대안으로, 프로세서가 각 장치의 상태를 반복적으로 확인하는 방법이 있다. 이러한 접근법을 **폴링** polling이

비동기성 대 동기성 Asynchronism vs. Synchronism

이벤트가 프로세스의 수행과 비동기적으로 asynchronously 발생한다는 것은 프로세스의 작동과 무관하게 이벤트가 발생한다는 의미다. 입출력 기능은 실행 프로세스와 병행으로 concurrently 비동기적으로 발생할 수 있다. 프로세스가 비동기 입출력을 시작하면 해당 프로세스는 입출력 작업이 진행되는 동안에도 실행을 계속할 수 있다. 입출력 작업이 완료될 때 프로세스에 이 사실이 통지된다. 작업 완료에 대한 통지는 언제라도 올 수 있다. 프로세스는 완료 통지를 받았을 때 입출력 완료 인터럽트를 즉시 처리할 수도 있고, 다른 작업을 진행한 후 적당한 시간에 처리할 수도 있다. 그러므로 인터럽트는 비동기식 메커니즘으로 인식될 때가 많다. 이에 비해 폴링 polling은 동기 synchronous 메커니즘의 한 예다. 프로세서는 입출력이 완료될 때까지 반복적으로 장치들을 점검한다. 동기 메커니즘은 이벤트가 발생할 때까지 장치를 재차 테스트하는 데 많은 시간을 소비한다. 이에 비해 비동기 메커니즘은 아직 발생하지도 않은 이벤트를 재차 확인하는 데 들어가는 시간을 절약하고 다른 작업을 진행해 성능을 향상시킨다.

운영체제적 생각

라고 하며, 컴퓨터 시스템의 복잡도가 증가할수록 오버헤드가 증가한다. 인터럽트는 프로세서가 계속적으로 장치들의 상태를 확인해야 하는 부담을 없애준다.

폴링과 인터럽트의 차이점을 전자레인지와 오븐의 예에서 간단히 찾아볼 수 있다. 요리사는 두 가지 방식으로 접근할 수 있다. 하나는 적정한 시간을 정해 타이머를 맞춰놓을 수 있다. 지정된 시간이 흘러 타이머에서 소리가 나면, 이 소리가 주방장의 주의를 끈다. 즉, 인터럽트한다. 또 다른 방법으로 주방장은 오븐에 요리를 하며 주기적으로 오븐의 유리문을 들여다 보면서 음식이 알맞게 익었는지 확인할 수도 있다. 이렇듯 주기적으로 모니터링하는 것이 폴링의 한 예다.

인터럽트 지향 시스템은 과부하가 걸릴 수도 있다. 만약 인터럽트가 너무 빨리 오면 시스템이 인터럽트를 모두 처리하지 못할 수도 있다. 예를 들어, 사람이 항공 운항을 통제하는 시스템에서는 너무 많은 비행기가 좁은 지역에 모여들면 통제가 어려워진다.

네트워크 시스템에서는 네트워크 인터페이스가 적은 메모리를 가지고 다른 컴퓨터에서 받은 데이터 패킷 packet들을 저장한다. 네트워크 인터페이스는 패킷을 받을 때마다 프로세서에 인터럽트를 발생시켜 처리할 데이터가 준비되어 있음을 알린다. 만일 프로세서가 인터페이스의 메모리가 차기 전에 네트워크에서 받은 데이터를 처리하지 못한다면, 패킷을 잃어버릴 수도 있다. 대부분의 시스템들은 처리할 인터럽트를 저장하는 데 큐를 사용한다. 이 큐들은 물론 제한된 크기의 메모리를 소비한다. 부하가 많이 걸릴 때는 시스템이 모든 인터럽트를 큐에 저장하기 어려울 수도 있다. 즉, 몇몇 인터럽트는 잃을 수도 있다.

셀프 리뷰

1. 인터럽트가 동기라는 것은 무엇을 의미하는가?
2. 인터럽트를 대체할 만한 것은 무엇이며 잘 사용하지 않는 이유는 무엇인가?

▶ **풀이** 1) 동기 인터럽트는 소프트웨어 실행에 의해 발생하는 인터럽트를 말한다. 2) 시스템은 인터럽트 대신 폴링을 수행할 수도 있다. 폴링을 통해 프로세서는 장치들의 상태를 주기적으로 확인한다. 장치의 상태가 변하지 않는데도 계속 폴링할 경우, 상당한 오버헤드가 발생하므로 이 기술은 잘 사용하지 않는다. 이에 비해 인터럽트는 장치의 상태가 변할 때만 프로세서에 알려주기 때문에 불필요한 오버헤드를 줄일 수 있다.

3.4.1 인터럽트 처리

이제는 컴퓨터 시스템이 하드웨어 인터럽트를 주로 어떤 방법으로 처리하는지 살펴보자. 여기서 논의하는 방법 외에도 다른 인터럽트 처리 방법들이 있다.

1. 인터럽트 라인(메인보드와 프로세서 사이의 전기적 연결)이 활성화된다. 타이머나 주변 장치 카드, 컨트롤러와 같은 장치들은 인터럽트 라인을 활성화하는 신호를 보내 프로세서에 일정 시간이 지났다거나 입출력 작업이 끝났다는 이벤트를 알려준다. 대부분의 프로세서는 인터럽트들을 우선순위에 따라 정렬해 중요한 인터럽트가 먼저 서비스받도록 하는 인터럽트 컨트롤러를 가지고 있다. 다른 인터럽트들은 우선순위가 높은 인터럽트들이 모두 서비스받을 때까지 큐에서 대기한다.
2. 인터럽트 라인이 활성화된 후, 프로세서는 현재 명령어 실행을 완료하면 현재 프로세스의 실행을 멈춘다. 이때 프로세서는 후에 해당 프로세스를 정확한 위치, 정확한 레지스터 정보로 다시 시작할 수 있게 충분한 정보를 저장해야 한다. 초기의 IBM 시스템에서는 이런 데이터를 프로그램 상태 워드 PSW, Program Status Word라는 자료 구조에 저장했다. 인텔 IA-32 아키텍처에서는 이러한 프로세스 상태를 작업 상태 세그먼트 TSS, Task Status Segment라고 한다. TSS는 대체로 프로세스의 PCB에 저장된다.[22]
3. 프로세서는 제어권을 적절한 인터럽트 처리기에 넘겨준다. 각 유형의 인터럽트는 프로세서가 **인터럽트 벡터** interrupt vector의 인덱스로 사용하는 유일한 값을 부여받는다. 인터럽트 벡터는 인터럽트 처리기를 가리키는 포인터들의 배열이다. 이들은 프로세스들이 접근하지 못하는 메모리 영역에 위치하므로, 프로세스들이 내용을 잘못 변경할 수 없게 되어 있다.
4. 인터럽트 처리기는 인터럽트 유형을 기반으로 적절한 일을 수행한다.
5. 인터럽트 처리기가 작업을 완료하면 인터럽트된 프로세스의 상태(혹은 커널이 문맥 교환을 시작했을 경우는 '다음 프로세스')가 복구된다.
6. 인터럽트된 프로세스(혹은 다음 프로세스)가 실행된다. 인터럽트된 프로세스 또는 다음 프로세스 중 무엇을 실행할지 결정하는 일은 운영체제의 책임이다. 이는 중요한 결정으로, 각 응용 프로그램이 서비스받는 수준에 큰 영향을 미친다. 이에 관해서는 '8장. 프로세서 스케줄링'에서 다룬다. 예를 들어, 인터럽트가 입출력 완료 이벤트 신호를 보내면, 우선순위가 높은 프로세스가 블록 상태에서 준비 상태로 바뀌고, 운영체제가 인터럽트된 프로세스를 선점 preempt해 프로세서를 우선순위가 높은 프로세스에 할당할 수도 있다.

운영체제와 하드웨어가 클록 인터럽트에 반응해 상호 작용하는 방법을 살펴보자([그림 3-7]). 인터럽팅 클록은 일정한 시간 간격마다 인터럽트를 발생시켜 운영체제가 프로세스 스케줄링과 같은 시스템 관리 기능을 수행하도록 한다. 이 경우 프로세서는 프로세스 P_1을 실행하고 있다(1). 이때 클록이 인터럽트를 생성한다(2). 인터럽트를 받자, 프로세서는 타이머 인터럽트에 해당하는 인터럽트 벡터 엔트리에 접근한다(3). 그 후 프로세서는 프로세스의 실행 문맥을 메모리에 저장해(4), 인터럽트 처리기가 실행될 때 P_1의 실행 문맥을 잃지 않게 한다.[23] 그리고 프로세서는 인터럽트 처리기를 실행해 인터럽트에 적절한 반응을 한다(5). 그 후 인터럽트 처리기는 이전에 실행하던 프로세스(P_1)의 상태를 복구하거나 운영체제 프로세서 스케줄러를 호출해

'다음' 프로세스를 선택하게 한다. 이 경우는 처리기가 프로세스 스케줄러를 호출하고, 스케줄러는 대기 중인 프로세스 중 우선순위가 가장 높은 프로세스 P_2가 프로세서를 차지하게 하고 있다(6). 그 후 PCB에서 프로세스 P_2의 문맥을 로드하고 프로세스 P_1의 실행 문맥을 메인 메모리에 있는 P_1의 PCB에 저장한다.

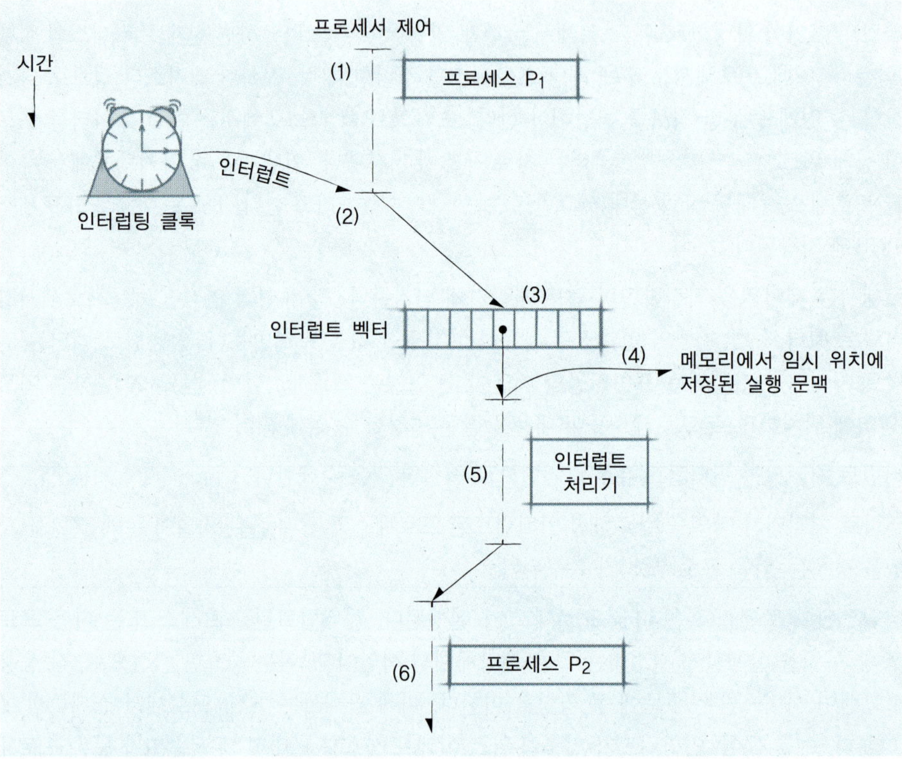

[그림 3-7] 인터럽트 처리

셀프 리뷰

1. 인터럽트 처리기는 대체로 연결 리스트에 저장하지 않는다. 그 이유는 무엇인가?
2. 인터럽트 처리기가 실행되는 동안 프로세스의 실행 문맥을 메모리에 저장하는 이유는 무엇인가?

▶ **풀이** 1) 인터럽트가 많이 발생할 때 이에 압도당하지 않으려면 시스템이 각 인터럽트를 재빨리 처리할 수 있어야 한다. 인터럽트 유형이 많을 경우, 연결 리스트를 사용하면 탐색 오버헤드로 시스템 반응 시간이 상당히 느려진다. 그러므로 대부분의 시스템은 인터럽트 벡터, 즉 배열을 사용해 인터럽트 처리기의 위치에 빨리 접근한다. 2) 프로세스의 문맥을 메모리에 저장하지 않으면 인터럽트 처리기가 프로세스의 레지스터를 덮어 쓸 수도 있다.

3.4.2 인터럽트 클래스

컴퓨터가 지원하는 인터럽트 집합은 시스템 아키텍처에 따라 다르지만 몇 가지 인터럽트 유형은 많은 아키텍처에서 공통으로 지원한다. 여기서는 인텔 IA-32 명세 specification에서 지원하도록 명시된 인터럽트 구조를 살펴본다.[24] 인텔® 펜티엄® 프로세서에서 인텔 IA-32 명세를 구현한다. 인텔은 2002년에 출시된 개인용 컴퓨터에 사용된 프로세서의 80% 이상을 생산했다.[25]

IA-32 명세에서는 프로세서가 받을 수 있는 신호를 '인터럽트'와 '예외' 두 가지로 구분한다. **인터럽트** interrupt는 프로세서에 이벤트가 발생했거나 외부 장치의 상태가 변경되었음을 알려준다. IA-32 아키텍처는 또한 **소프트웨어 생성 인터럽트** software-generated interrupt를 제공한다. 프로세스는 소프트웨어 생성 인터럽트를 사용해 시스템 호출을 수행한다. **예외** exception는 하드웨어나 소프트웨어 명령어의 실행 결과 오류가 발생했음을 알려준다. IA-32 아키텍처는 코드의 중단점 breakpoint에 도달할 때 예외를 사용해 프로세스를 멈추기도 한다.[26]

인터럽트를 발생시키는 장치들은 프로세서에는 외부 개체들이다(특히 입출력 신호와 타이머 인터럽트 형태로). 이러한 인터럽트들은 실행되는 명령어들과 무관하게 발생하므로 실행 중인 프로세스와 비동기적이다. 한편, 시스템 호출과 같은 소프트웨어 생성 인터럽트들은 소프트웨어의 특정 명령어 때문에 인터럽트가 생성되므로 실행 중인 프로세스와 동기적이다. [표 3-1]은 IA-32 아키텍처에서 인식하는 몇 가지 인터럽트 유형을 보여주고 있다.

[표 3-1] IA-32 아키텍처에서 인식하는 공통 인터럽트 유형

인터럽트 유형	각 유형의 인터럽트 상세 내용
입출력	입출력 하드웨어에서 발생하는 인터럽트다. 입출력 인터럽트는 프로세서에 채널이나 장치의 상태가 변한 사실을 알려준다. 예를 들면, 입출력 인터럽트는 입출력 작업이 완료될 때 발생한다.
타이머	시스템은 주기적으로 인터럽트를 발생시키는 장치를 가질 수도 있다. 이러한 인터럽트는 시간을 점검하거나 성능 모니터링 임무 등에 사용할 수 있다. 운영체제는 타이머를 통해 프로세스들의 퀀텀이 다 되었는지 확인할 수 있다.
프로세서 간 인터럽트	이 유형의 인터럽트는 멀티프로세서 시스템에서 한 프로세서가 다른 프로세서에 메시지를 보낼 수 있게 해준다.

IA-32 명세는 예외를 **폴트** fault, **트랩** trap 또는 **중단** abort으로 분류한다([표 3-2]). 폴트와 트랩은 예외 처리기가 프로세스들의 실행을 지속할 수 있도록 허용하는 예외다. 폴트는 예외 처리기가 수정할 수 있는 오류를 말한다. 예를 들어, 페이지 폴트는 프로세스가 메모리에 없는 데이터에 접근하려고 할 때 발생한다(페이지 폴트에 관해서는 '10장. 가상 메모리 구성'과 '11장. 가상 메모리 관리'에서 자세히 다룬다). 운영체제는 요청된 데이터를 메인 메모리에 놓음으로써 이 문제를 해결할 수 있다. 문제를 해결하고 난 후에는 프로세서가 프로세스의 오류를 유발한 명령어에서부터 다시 실행한다.

[표 3-2] 인텔 IA-32의 예외 분류

예외 분류	상세 설명
폴트	폴트는 프로그램의 기계어 명령어가 실행될 때 발생하는 넓은 범위의 문제 때문에 발생한다. 이런 예외의 예로는 0으로 나누려 하거나 처리 중인 데이터의 포맷이 잘못되었거나 유효하지 않은 코드를 실행하거나 실제 메모리의 한계를 넘어서는 메모리 위치 참조, 사용자 프로세스가 특권 명령어를 실행하거나, 보호되는 자원에 접근하려고 하는 일 등을 포함한다.
트랩	트랩은 오버플로우(레지스터에 저장된 값이 레지스터의 용량을 초과하는 것)와 같은 예외 때문에 발생하거나 프로그램 제어권이 코드의 중단점에 도달할 때 발생한다.
중단	중단은 프로세서가 프로세스가 극복해낼 수 없는 오류를 탐지할 때 발생한다. 예를 들어, 예외 처리 루틴 자체가 예외를 발생시킬 때 프로세서가 두 가지 오류를 순차적으로 처리할 수 없을 때 발생한다. 이를 이중 폴트 예외라고 하며, 이 경우, 예외를 발생시킨 프로세스가 종료된다.

트랩은 수정 가능한 오류가 아닌 오버플로우 overflow 나 중단점 breakpoint 등의 조건에 대응하는 경우가 많다. 예를 들면, 프로세스가 프로세서에 누산기 accumulator 의 값을 증가시키도록 명령할 때 값이 누산기의 용량을 초과할 경우에 트랩이 발생한다. 이 경우 운영체제는 단순히 프로세스에 오버플로우가 발생했다는 사실을 알려준다. 트랩의 예외 처리기를 실행하고 나면 프로세서는 예외를 일으킨 다음 번 명령어를 시작으로 프로세스를 재시작한다.

중단은 하드웨어 오류와 같이 프로세스나 시스템조차 복구할 수 없는 오류와 관련이 있다. 이 경우 프로세서가 프로세스의 실행 문맥을 저장함을 보장할 수 없다. 그 결과 운영체제는 중단을 일으킨 프로세스를 중도에 종료 terminate 하는 경우가 많다.

대부분의 아키텍처와 운영체제는 인터럽트에 우선순위를 부여한다. 어떤 인터럽트는 다른 것보다 즉각적인 조치를 요구하기 때문이다. 예를 들면, 하드웨어 오류는 입출력 완료 이벤트에 반응하는 일보다 중요하다. 인터럽트 우선순위는 하드웨어와 소프트웨어 모두를 통해 구현할 수 있다. 예를 들어, 프로세서는 현재 처리하고 있는 인터럽트보다 우선순위가 낮은 인터럽트를 블록하거나 큐에 저장할 수도 있다. 때로는 인터럽트 과부하가 걸려 커널이 인터럽트에 반응할 수 없는 경우도 있다. 인터럽트에 신속하게 반응하고 인터럽트된 프로세스들에 제어를 돌려주는 일은 자원 사용을 극대화하고 상호 작용성을 높이는 데 필수적이다. 그러므로 대부분의 프로세서들은 커널이 인터럽트 유형을 **비활성화(마스크)** disable(mask) 하도록 한다. 그러면 프로세서는 비활성화된 유형의 인터럽트들을 무시 ignore 하고 해당 유형의 인터럽트가 다시 활성화 enabled 될 때까지 보류 인터럽트 큐 pending interrupt queue 에 저장한다. IA-32 아키텍처에서는 프로세서가 레지스터를 제공해 인터럽트가 비활성화되었는지 여부를 알려준다.[27]

셀프 리뷰

1. IA-32 아키텍처에서 프로세서가 받을 수 있는 두 가지 유형의 신호는 무엇인가?
2. IA-32 아키텍처에서 폴트와 트랩의 차이점은 무엇인가?

▶ **풀이** 1) 프로세서는 인터럽트나 예외를 받을 수 있다. 인터럽트는 특정 이벤트가 발생했다는 사실을 알리고, 예외는 오류가 발생했다는 사실을 알린다. 2) 폴트는 예외를 일으킨 명령어에서부터 프로세스를 재시작한다. 폴트는 대체로 수정할 수 있는 오류들이다. 트랩은 예외를 일으킨 코드의 다음 명령어에서부터 프로세스를 재시작한다. 트랩은 대체로 시스템 호출이나 프로그램 제어가 중단점에 도달했을 때 발생한다.

3.5 프로세스 간 통신

멀티프로그래밍 네트워크 환경에서는 프로세스들이 서로 통신하는 일이 흔히 일어난다. 많은 운영체제에서 프로세스 간 통신IPC, InterProcess Communication 메커니즘을 제공한다. 예를 들면, 텍스트 에디터가 문서를 프린터 스풀러에 보낼 수 있게 하거나 웹 브라우저가 원격 서버에서 데이터를 조회할 수 있게 한다. 또한 프로세스 간 통신은 공통의 목적을 달성하려고 서로 협력(즉, 동기화)해야 하는 프로세스들에 필수적이다. 리눅스에서의 사례 연구('16.10절 프로세스 간 통신' 참고)를 통해 리눅스 운영체제에서 IPC를 구현한 방법을 살펴본다.

3.5.1 신호

신호signal는 프로세스에 이벤트가 발생했음을 알리는 소프트웨어 인터럽트다. 신호는 앞에서 논의한 다른 IPC 메커니즘과 달리, 프로세스들이 다른 프로세스와 교환할 데이터를 명시할 수 있게 하지 않는다.[28] 시스템의 신호는 운영체제와 특정 프로세서에서 지원하는 소프트웨어 생성 인터럽트에 따라 달라진다. 운영체제는 신호가 발생할 때 먼저 해당 신호를 받을 프로세스와 해당 프로세스가 신호에 반응할 방법을 결정한다.

프로세스는 신호를 잡아내거나 무시하거나 마스크할 수 있다. 프로세스는 신호를 전달할 때 운영체제가 호출하는 루틴을 정함으로써 신호를 **잡는다**catch.[29] 프로세스는 신호를 **무시**ignore할 수도 있다. 이 경우 프로세스는 신호 처리를 위한 운영체제의 **기본 동작**default action에 의존한다. 공통적인 기본 동작은 **중단**abort으로, 프로세스를 즉시 종료하는 것이다. 다른 공통적인 기본 동작은 **메모리 덤프**memory dump다. 중단과 비슷하게 메모리 덤프를 할 때 프로세스가 종료하지만, 그 전에 프로세스가 **코어 파일**core file을 만든다. 코어 파일은 디버깅에 유용한 프로세스의 실행 문맥과 주소 공간의 데이터를 담고 있다. 세 번째 기본 동작은 신호를 그냥 무시하는 것이다. 그 외의 기본 동작은 프로세스를 일시 정지 suspend하고, 이어서 재시작하는 것이다.[30]

프로세스는 **마스킹** masking을 통해 신호를 막을 수도 있다. 프로세스가 특정 유형의 신호(예를 들면, 일시 정지 신호)를 마스크하면, 운영체제는 프로세스가 이 시그널 마스크를 없앨 때까지 해당 유형의 신호를 전달하지 않는다. 프로세스들은 대개 특정 시그널을 처리하고 있을 때 같은 유형의 시그널들을 블록한다. 마스크된 인터럽트와 유사하게 운영체제의 구현에 따라 마스크된 신호를 잃을 수도 있다.

셀프 리뷰

1. IPC를 위해서 신호를 사용할 때 어떤 단점이 있는가?
2. 프로세스가 신호에 응답할 수 있는 세 가지 방법은 무엇인가?

▶ **풀이** 1) 신호는 프로세스 사이의 데이터 교환을 지원하지 않는다. 2) 프로세스는 신호를 잡아내거나 무시하거나 마스크할 수 있다.

3.5.2 메시지 전달

분산 시스템이 크게 증가하면서 메시지 기반 프로세스 간 통신에 대한 관심도 커졌다.[31, 32, 33, 34, 35, 36] 여기서는 메시지 기반 통신에 관해 살펴보고, 구체적인 구현은 '16장. 리눅스 사례 연구'에서 설명한다.[37, 38]

메시지는 한 번에 한 방향으로 보낼 수 있다. 어떤 메시지든 한 프로세스가 송신자가 되고 다른 하나는 수신자가 된다. 메시지 전달이 양방향으로 일어날 수도 있다. 즉 각 프로세스가 프로세스 간 통신에서 전송자인 동시에 수신자로 동작할 수 있다. 다음은 메시지 전달의 한 모델로, 프로세스들은 다음과 같은 함수를 호출해 메시지를 전송하고 수신한다.

```
send(receiverProcess, message);
receive(senderProcess, message);
```

send와 receive 호출은 많은 프로그래밍 언어 환경에서 접근할 수 있는 시스템 호출로 구현되어 있다. **블록킹 송신** blocking send은 수신자가 메시지를 수신할 때까지 기다려야 하고, 수신자가 메시지를 수신하면 이 사실을 송신자에게 알려주도록 요구한다(이렇게 수신 사실을 알려주는 것을 승인 acknowledgment이라고 한다). **넌블록킹 송신** nonblocking send은 송신자가 수신자로부터 메시지를 받지 않았을(따라서 수신에 대한 승인을 하지 않았을) 때도 다른 작업을 계속할 수 있는 전송 방식이다. 이를 위해서는 수신자가 메시지를 모두 수신할 때까지 메시지를 보유할 수 있는 메시지 버퍼링 메커니즘이 필요하다. 블록킹 송신은 **동기 통신** synchronous communication, 넌블록킹 송신은 **비동기 통신** asynchronous communication의 예다. 송신 호출은 수신할 프로세스의 이름을 명시할 수도 있고, 이름을 생략하여 메시지가 모든 프로세스(또는 송신자가 주로 통신하는 작업 그룹 working group)에 **브로드캐스트** broadcast되게 할 수도 있다.

넌블록킹 송신을 사용해 비동기 통신을 하면 프로세스들이 대기하는 시간이 감소하므로 처리량을 늘릴 수 있다. 예를 들어, 송신자는 바쁘게 작업 중인 프린터에 정보를 보낼 수 있다. 시스템은 프린트 서버가 수신 준비가 될 때까지 이 정보를 버퍼에 저장할 수 있다. 따라서 송신자는 프린트 서버를 기다릴 필요 없이 작업을 계속 실행할 수 있다.

메시지를 보낸 게 전혀 없으면, 블록킹 수신 blocking receive 호출은 수신자가 기다리게 만든다. 넌블록킹 수신 nonblocking receive 호출은 수신자가 다음 수신을 시도하기 전에 다른 처리를 계속할 수 있게 해준다. receive 호출은 메시지를 받을 특정 송신자를 명시할 수도 있고, 어떤 송신자(혹은 송신자 그룹의 어떤 멤버)에게서든 메시지를 수신할 수도 있다.

잘 알려진 메시지 전달 구현은 **파이프** pipe다. 파이프는 운영체제에서 보호하는 메모리 영역으로, 버퍼 역할을 해 프로세스 둘 이상이 데이터를 교환할 수 있게 해준다. 운영체제는 버퍼에 대한 접근을 동기화한다. 라이터 writer가 버퍼에 쓰는 것을 마치면 운영체제는 라이터의 실행을 멈추고 리더 reader가 버퍼의 데이터를 읽게 한다. 프로세스가 데이터를 읽을 때 해당 데이터는 파이프에서 지워진다. 리더가 버퍼에서 읽는 작업을 마치면 운영체제는 리더의 실행을 중지하고 라이터가 버퍼에 데이터를 쓰게 한다.[39] 파이프에 관한 자세한 내용은 '16장. 리눅스 사례 연구'에서 다룰 것이다('16.10.2 파이프' 참고).

이 책에서 동일한 컴퓨터에 있는 프로세스 사이의 통신을 논의할 때 항상 오류 없이 전송이 일어난다고 가정한다. 그러나 분산 시스템에서는 전송에 오류가 생기거나 심지어 데이터를 잃어버릴 수도 있다. 그러므로 송신자와 수신자는 각각의 데이터 전송이 적절히 이루어지는지 확인할 수 있게 **승인 프로토콜** acknowledgment protocol을 사용하는 것이 보통이다. 수신자로부터 승인 acknowledgment 메시지를 기다리는 송신자는 타임아웃 메커니즘을 사용할 수도 있다. 송신자는 타임아웃이 되도록 승인이 도착하지 않으면 메시지를 재전송할 수 있다. 이러한 재전송 retransmission 기능을 갖춘 메시지 전달 시스템은 새로운 메시지들을 일련번호를 통해 식별할 수 있다. 수신자는 이 번호들을 검사해 모든 메시지를 받았는지 확인하며, 순서가 맞지 않는 메시지들은 번호를 다시 매긴다. 만약 승인 메시지를 잃어버려 송신자가 재전송을 결정하면, 재전송된 메시지에는 원래 전송되었던 메시지와 똑같은 일련번호를 부여한다. 수신자는 일련번호가 같은 메시지를 여러 번 받으면 그 중 하나만 유지하면 된다는 사실을 알고 있다.

분산 시스템에서 메시지 전달이 복잡한 이유 중 하나는 특정 프로세스를 명시한 메시지를 송수신할 때, 올바른 프로세스를 대상으로 명시적인 send/receive 호출을 하도록 모호하지 않은 프로세스 이름을 지어야 한다는 점이다. 프로세스를 생성하고 소멸할 때 중앙 집중화된 명명 naming 메커니즘과 연결할 수도 있지만, 이렇게 하면 개별 시스템이 새 이름을 사용할 때마다 허가를 받아야 하므로 상당한 통신 부하가 생긴다. 이에 대한 대안은 각 컴퓨터에서 자신의 프로세스들이 유일한 프로세스 이름을 갖게 하는 것이다. 그러면 프로세스들은 컴퓨터 이름과 프로세스 이름을 결합해 사용할 수 있다. 이렇게 하려면 분산 시스템에 있는 각 컴퓨터가 유일한 이름을 갖도록 중앙에서 통제해야 한다. 이 또한 컴퓨터가 네트워크에서 빈번하게 추가, 제거될 경우 상당한 오버헤드를 야기할 수 있다. 실제로 분산 시스템들은 번호가 부여된 포트들을 통해 컴퓨터들 사이에서 메시지를 전송함으로써 이름이 중복되는 문제를 피한다.

'14장. 분산 시스템 소개'에서 다루듯이 분산 시스템에서 메시지 기반 통신은 심각한 보안 문제를 야기한다. 그 중 하나가 **인증 문제** authentication problem다. 송수신자는 자신이 통신하는 대상이 데이터를 훔치거나 손상시키려는 사기꾼이 아닌지 알 방법이 없다. '15장. 보안'에서는 이와 관련해 몇 가지 인증 방안을 논의한다.

이 책의 후반에서는 몇 가지 IPC 기술을 논의할 것이다. 프로세스들은 신호와 파이프 외에도 공유 메모리 shared memory('10장. 가상 메모리 구성' 참고), 소켓 socket, 원격 프로시저 호출 RPC, Remote Procedure Call(14장 참고) 등을 통해 통신할 수도 있다. 또한 세마포어나 모니터를 사용해 통신함으로써 작업을 동기화할 수도 있다. 세마포어 semaphore와 모니터 monitor에 관해서는 각각 '5장. 비동기식 병행 실행'과 '6장. 병행 프로그래밍'에서 다룬다.

셀프 리뷰

1. 분산 시스템들이 신호 대신 메시지 교환에 의존하는 이유는 무엇인가?
2. 프로세스가 블로킹 송신 blocking send을 할 때는 승인 메시지를 받아야 블록 해제 unblock할 수 있다. 이러한 구조에서는 어떤 문제가 발생할 수 있는가? 또 이런 문제를 어떻게 피할 수 있는가?

▶ **풀이** 1) 신호는 대체로 아키텍처에 종속적이다. 즉 한 컴퓨터에서 지원하는 신호들은 다른 컴퓨터에서 지원하는 신호들과 호환되지 않을 수도 있다. 또한 신호들은 대부분의 분산 시스템에 필요한 기능인 '프로세스의 데이터 전송'을 지원하지 않는다. 2) 송신자는 승인 메시지를 전혀 받지 못할 수도 있다. 이 경우 프로세스가 무기한으로 블록될 수 있다. 이 문제는 타임아웃 메커니즘을 통해 해결할 수 있다. 만약 송신자가 일정 시간 안에 승인 메시지를 받지 못하면 송신에 실패한 것으로 간주하고 재전송을 시도한다.

3.6 사례 연구: 유닉스 프로세스

유닉스와 유닉스 기반 운영체제는 여러 운영체제에서 빌려온 프로세스 구현을 제공한다('사례 연구: 유닉스 시스템' 참고). 이 절에서는 유닉스 프로세스의 구조를 살펴보고 이어지는 장들에서 논의할 유닉스 시스템의 특징을 몇 가지 살펴볼 것이다. 또한 유닉스 시스템에서 어떤 방식으로 사용자들의 프로세스 관리를 돕는지 논의할 것이다.

각 프로세스는 실행 중에 자신의 코드와 데이터, 스택을 메모리에 저장해야 한다. 실제 메모리 시스템에서는 프로세스들이 물리적 주소를 참조해 이러한 정보의 위치를 찾아낼 것이다. 각 프로세스를 위한 유효한 메인 메모리 범위는 메인 메모리 크기와 다른 프로세스들이 소비한 메모리 용량에 따라 결정된다. 유닉스는 가상 메모리를 구현하므로 모든 유닉스 프로세스는 **가상 주소 공간** virtual address space이라는 일련의 메모리 주소를 제공받으며, 프로세스들은 여기에 정보를 저장할 수 있다. 가상 주소 공간은 텍스트 영역과 데이터 영역, 스택 영역을 포함한다.[40]

커널은 프로세스의 PCB를 사용자 프로세스가 접근할 수 없는 보호된 메모리 영역에 유지한다. 유닉스 시스템에서는 PCB에 프로세서 레지스터의 내용과 프로세스 식별자 PID, Process IDentifier, 프로그램 카운터, 시스템 스택 등의 정보를 저장한다.[41, 42] 모든 프로세스의 PCB는 프로세스 테이블에 리스트되고, 이 때문에 운영체제가 모든 프로세스의 정보에 접근할 수 있다.[43]

유닉스 프로세스들은 시스템 호출을 통해 운영체제와 상호 작용한다. [표 3-3]은 몇 가지 시스템 호출을 보여준다. 프로세스는 부모 프로세스의 사본을 생성하는 fork 시스템 호출을 통해 자식 프로세스를 생성할 수 있다.[44, 45] 자식 프로세스는 부모 프로세스의 데이터와 스택 세그먼트 stack segment, 기타 자원들의 사본을 받는다.[46, 47] 텍스트 세그먼트 text segment는 부모의 읽기 전용 명령어를 포함하는 것으로, 자식 프로세스와 공유된다. fork 호출 즉시 부모와 자식 프로세스가 동일한 데이터와 명령어를 갖게 된다. 이는 부모나 자식 프로세스 중 하나가 자신을 구별하지 않는 한 두 프로세스가 동일한 작업을 수행함을 의미한다. 그러므로 fork 시스템 호출은 다른 값을 반환한다. 즉, 부모 프로세스는 자식 프로세스의 PID를 반환받고, 자식 프로세스는 0 값을 받는다. 이런 규칙으로 자식 프로세스들이 방금 새로 만들어졌음을 알 수 있다. 응용 프로그래머들은 이런 규칙을 사용해 자식 프로세스가 실행할 새로운 명령어를 지정할 수 있다.

프로세스는 exec 함수를 호출해 파일로부터 새로운 프로그램을 로드할 수 있다. exec 함수는 종종 자식 프로세스가 생성된 직후 수행된다.[67] 부모 프로세스가 자식 프로세스를 생성할 때, 부모 프로세스는 wait 시스템 호출을 통해 특정 자식 프로세스가 종료될 때까지 부모 프로세스를 블록한다.[68] 프로세스가 작업을 완료한 후에는 exit 시스템 호출을 한다. 이는 프로세스가 종료했음을 커널에 알린다. 그러면 커널은 프로세스의 메모리와 열린 파일 같은 자원을 모두 해제한다. 부모 프로세스가 종료하면 프로세스 계층 구조를 재배치해서 종료된 프로세스의 자식 프로세스들은 init 프로세스의 자식 프로세스가 된다.[69, 70] 다른 프로세스로부터 오는 kill 신호 때문에 부모 프로세스가 종료하면, 해당 신호는 자식 프로세스들에도 전달된다.*

유닉스 프로세스 우선순위는 −20~19(포함) 범위에 있는 정수로, 시스템은 이 우선순위 값을 사용해 다음에 실행할 프로세스를 결정한다. 숫자가 낮을수록 스케줄링 우선순위가 높음을 나타낸다.[71] 운영체제에 속한 프로세스를 '커널 프로세스' kernel process라고 하며, 대체로 음수 값을 가져 사용자 프로세스들보다 스케줄링 우선순위가 높다.[72] 주기적으로 관리 기능을 수행하는 운영체제 프로세스를 데몬 daemon이라고 하며, 대체로 우선순위가 가장 낮다.

* 감수자주: 이 경우, 신호의 전달은 운영체제의 설정에 따라 다를 수 있다.

사례 연구

유닉스 시스템

윈도우, 매킨토시, 리눅스, 심지어 도스조차 생기기 전에는 운영체제가 대체로 한 가지 컴퓨터 모델에서만 작동했다. 그 당시 운영체제는 시스템 자원을 관리하고, 배치 스트림을 실행하고, 몇 가지 기본 기능을 수행하는 정도였다.[48] 1965년부터 1969년까지 벨 연구소와 GE, MIT의 Project MAC에서의 몇몇 연구팀이 **멀틱스** Multics 운영체제를 개발했다. 이는 범용 컴퓨터 유틸리티로, '모든 사람을 위한 모든 것' all things to all people을 목표로 했다.[49] 멀틱스는 규모가 크고 복잡하며 고가 시스템이었다. 1969년에는 벨 연구소가 프로젝트에서 나와서 켄 톰슨 Ken Thompson이 이끄는 자체 팀으로 벨 연구소에서 사용할 더 실용적인 운영체제를 설계하기 시작했다. 톰슨은 운영체제의 기본적인 구성 요소들을 구현했다. 브라이언 커니핸 Brian Kernighan은 이를 UNICS라 불렀다. 멀틱스가 다양한 양상들을 가진 것에 대조적인 의미로 붙인 이름이었다. 철자는 최종적으로 UNIX로 바뀌었다. 이어서 유닉스는 몇 년 동안 톰슨의 언어인 B(마틴 리처드 Martin Richard의 BCPL에 기초한 언어)로 다시 작성되었다. 그리고 곧 데니스 리치 Dennis Ritchie의 더 빠르고 컴파일되는 C 언어로 다시 작성했다.[50]

미연방의 반독점 anti-trust 법에 따라 벨 연구소를 소유했던 AT&T는 컴퓨터 제품 판매를 금지당했고, AT&T는 마그네틱 테이프를 생산하는 데 지출한 비용을 감당하기 위해 헐값으로 여러 대학교에 유닉스 소스 코드를 배포했다. 이때, 버클리 대학교의 한 학생 그룹이 후에 썬 마이크로시스템즈 Sun Microsystems를 세운 빌 조이 Bill Joy의 주도 하에 유닉스 소스 코드를 수정해 오늘날 **BSD** Berkeley Software Distribution **유닉스**라고 알려진 운영체제로 발전했다.[51]

산업계의 소프트웨어 개발자들은 무료에, 작고 커스터마이즈할 수 있는 유닉스에 많이 끌렸다. 개발자들은 유닉스로 작업하기 위해 C 언어를 배워야 했지만, 이 역시 호응을 얻었다. 또한 이들 중 많은 개발자가 대학교 강단에 서면서, 대학교 프로그래밍 과정의 언어로 파스칼 대신 C를 사용하

많은 응용 프로그램이 실행 중에 통신을 하기 위해 프로세스 간 통신을 요구하며, 몇 가지 독립적인 구성 요소를 요구한다. 유닉스는 프로세스들이 데이터를 교환할 수 있도록 신호나 파이프 등 몇 가지 메커니즘을 제공한다('3.5 프로세스 간 통신'과 '16.10.2 파이프' 참고).[73]

[표 3-3] 유닉스 시스템 호출

시스템 호출	설명
fork	자식 프로세스를 생성하고 부모 프로세스 자원의 사본을 할당한다.
exec	파일에 있는 프로세스의 명령어들과 데이터를 그 주소 공간에 로드한다.
wait	자식 프로세스들이 종료되기까지 호출하는 프로세스가 블록되게 한다.
signal	프로세스가 특정 유형의 신호를 위한 신호 처리기를 지정하게 한다.
exit	호출하는 프로세스를 종료한다.
nice	프로세스의 스케줄링 우선순위를 수정한다.

게 되었다. 썬 마이크로시스템즈는 BSD 유닉스에 기초해 SunOS를 만들었다. 훗날 AT&T와 한 팀이 되어, AT&T 시스템 V 릴리즈 4 System V Release 4 유닉스에 기초한 **솔라리스** solaris 운영체제를 만들었다.[52] 유닉스 개발자들은 썬이 AT&T와 연합해 다른 개발자들과의 경쟁에서 우위를 차지하고 불공평하게 사업 주도권을 가지게 될 것을 우려했다. 그들은 OSF Open Software Foundation를 설립해 독자적으로 OSF/1이라는 유닉스의 비독점 nonproprietary 버전을 만들었다. OSF와 AT&T의 지지를 받는 썬의 치열한 경쟁은 유닉스 전쟁이라는 별명을 얻을 정도였다.[53]

몇 가지 중요한 운영체제는 유닉스 기술에 기반을 두고 있다. 암스테르담 브리예 대학교의 앤드류 타넨바움 Andrew Tanenbaum 교수는 1987년에 미닉스 Minix를 만들었다. 미닉스는 유닉스를 축소한 stripped-down 버전으로 OS 기초를 가르치기 위해 만들어졌다. 아직도 몇몇 대학교에서는 이런 목적으로 미닉스를 사용하기도 한다. 핀란드의 대학원생 리누스 토발즈는 오픈 소스 운영체제 리눅스를 개발하기 위해 미닉스를 사용했다. 리눅스 운영체제는 이제 자신만의 권리를 가진 총체적인 시스템 군을 형성하게 되었다('16장. 리눅스 사례 연구' 참고).[54] 리눅스는 가장 널리 알려진 오픈 소스 운영체제다. IBM, 휴렛팩커드, 썬 마이크로시스템즈, 인텔 같은 회사들이 서버 운영체제로 리눅스 버전을 지원한다. OpenBSD는 또 다른 오픈 소스 프로젝트로, Theo de Raadt가 이끌며, 가장 안전한 운영체제로 인정받고 있다('15장. 보안' 참고).[55, 56, 57, 58] FreeBSD 역시 오픈 소스며 사용이 쉬운 것으로 특히 유명하다.[59] BSD의 후속 제품 중 하나는 NetBSD로, 다양한 시스템으로 이식성을 높이는 데 주안점을 두었다.[60, 61] IBM의 AIX는 시스템 V와 BSD 모두에 기반을 두었고,[62] 여러 IBM 서버에서 작동한다. IBM에서는 AIX가 리눅스와 소스 코드 호환성이 높다고 말한다.[63] 휴렛팩커드의 HP-UX는 AIX와 솔라리스의 강력한 경쟁자로 부상했으며, 2002 D.H. Brown Associates 보고서에서 모든 부문에서 상위 등급으로 인정받았고, 솔라리스나 AIX 모두를 앞선 것으로 나타났다.[64, 65, 66]

셀프 리뷰

1. fork 시스템 호출 이후, 부모와 자식 프로세스들이 부모의 텍스트 세그먼트를 공유할 수 있는 이유는 무엇인가?
2. 프로세스가 다른 프로세스들과 데이터를 공유하기 위해서 IPC를 사용해야 하는 이유는 무엇인가?

▶ **풀이** 1) 텍스트 세그먼트는 부모나 자식 프로세스들이 수정할 수 없는 명령어들을 가지고 있다. 즉, 운영체제가 하나 혹은 여러 세그먼트 사본을 메모리에 유지한다 해도 부모나 자식 프로세스가 모두 동일한 명령어를 수행한다. 그러므로 운영체제는 부모와 자식 프로세스가 텍스트 영역에 대한 접근을 공유하게 해서 메모리 소비를 줄일 수 있다. 2) 운영체제는 무관한 프로세스들이 주소 공간의 데이터 세그먼트를 공유하게 하지 않는다. 즉, 한 프로세스가 저장한 데이터에 무관한 프로세스가 접근할 수 없다. 그러므로 운영체제는 한 프로세스에서 나온 데이터를 다른 프로세스들이 사용할 수 있게 하는 메커니즘을 제공해야 한다.

요약 Summary

프로세스란 '실행 중인 프로그램'으로, 현재 사용하는 컴퓨터 시스템이 여러 병행 작업을 실행하고 관리하는 방법을 이해하는 데 필요한 핵심 개념이다. 각 프로세스는 자신만의 주소 공간 address space을 갖는다. 주소 공간은 텍스트 영역 text region, 데이터 영역 data region, 스택 영역 stack region으로 구성된다. 프로세스는 구분된 프로세스 상태를 갖는다. 즉, 프로세스는 생명 주기 동안 실행 running 상태일 수도 있고, 준비 ready 상태 또는 블록 blocked 상태에 있을 수도 있다. 준비 리스트 ready list와 블록 리스트 blocked list는 실행 중이지 않은 프로세스들에 대한 참조를 저장한다.

어떤 프로세스가 준비 리스트의 머리 쪽에 도달했을 때, 사용 가능한 상태라면 해당 프로세스는 프로세서를 할당받고 '준비 상태에서 실행 상태로 전이'되었다고 한다. 준비 리스트의 첫 번째 프로세스에 프로세서를 할당하는 것을 디스패칭 dispatching이라고 한다. 운영체제는 한 프로세스가 시스템을 독점하는 일을 방지하려고 하드웨어 인터럽팅 클록(간격 타이머) hardware interrupting clock(interval timer)을 지정해 프로세스가 특정 시간 간격 또는 퀀텀 quantum 동안만 실행할 수 있게 한다. 실행 프로세스가 퀀텀이 만료되기 전에 입출력 작업을 시작하면, 프로세스는 입출력 작업이 완료될 때까지 자신을 블록한다. 또는 운영체제가 협력형 멀티태스킹 cooperative multitasking 방식을 도입해 각 프로세스가 완료될 때까지 혹은 자발적으로 프로세서를 반납할 때까지 계속 실행되게 할 수도 있다. 하지만 이는 위험한 방법이다. 협력형 멀티태스킹으로는 프로세스들이 프로세서를 독점하는 일을 방지할 수 없기 때문이다.

운영체제는 프로세스를 생성할 때 몇 가지 기능을 수행한다. 프로세스에 식별 번호 PID(Process IDentification) number를 부여하고, 프로세스 제어 블록(프로세스 기술자) PCB, Process Control Block(process descriptor)를 생성한다. PCB에는 프로그램 카운터(프로세서가 수행할 프로세스의 다음 명령어를 가리키는 포인터), PID, 스케줄링 우선순위, 프로세스의 실행 문맥 execution context이 저장된다. 운영체제는 프로세스 테이블 process table에 각 프로세스의 PCB를 가리키는 포인터를 유지해 PCB에 빠르게 접근할 수 있다. 프로세스가 종료되거나 운영체제에 의해 중단될 때, 운영체제는 프로세스 테이블에서 해당 프로세스를 제거하고, 해당 프로세스가 사용한 메모리와 기타 자원들을 해제한다.

프로세스는 새로운 프로세스를 생성 spawn할 수 있다. 이때 프로세스를 생성하는 프로세스를 부모 프로세스 parent process라고 하고, 생성된 프로세스를 자식 프로세스 child process라고 한다. 한 부모 프로세스가 자식 프로세스를 생성하므로 모든 자식 프로세스는 부모 프로세스를 하나만 갖는다. 이런 규칙 때문에 계층적 프로세스 구조 hierarchical process structure가 형성된다. 어떤 시스템에서는 부모 프로세스가 소멸되면 자식 프로세스도 자동으로 소멸되고, 다른 시스템에서는 자식 프로세스들이 부모와 독립적으로 계속 실행되기도 한다.

일시 정지 suspended 프로세스는 소멸되지는 않지만, 프로세서를 차지하기 위한 경쟁에서 무기한으로 제외된다. 일시 정지 상태에는 일시 정지 준비 suspendedready 상태와 일시 정지 블록 suspended-blocked 상태가 있다. 일시 정지는 일시 정지되는 프로세스 자신이나 다른 프로세스에 의해 발생한다. 일시 정지된 프로세스는 다른 프로세스에 의해 재시작되어야 한다.

운영체제가 준비 상태 프로세스에 프로세서를 할당할 때, 운영체제는 문맥 교환 context switch을 일으킨다. 문맥 교환은 프로세스에 투명해야 한다. 문맥 교환이 일어나는 동안 프로세서는 의미 있는 작업을 전혀 수행할 수 없다. 따라서 운영체제는 문맥 교환에 드는 시간을 최소화해야 한다. 어떤 아키텍처에서는 하드웨어에서 문맥 교환을 수행하게 하여 오버헤드를 줄이기도 한다.

인터럽트는 하드웨어에서 보낸 신호에 소프트웨어가 반응할 수 있게 해준다. 인터럽트는 실행 중인 프로세스에 의해 발생할 수도 있다. 이러한 인터럽트를 특별히 트랩 trap이라 하고, 프로세스의 작동과 동기 synchronous라고 한다. 이와 대조적으로 인터럽트가 실행 중인 프로세스와 무관하게 다른 이벤트에 의해 발생할 수도 있다. 이런 경우를 프로세스의 작동과 비동기 asynchronous라고 한다. 인터럽트 대신 프로세서가 각 장치의 상태를 주기적으로 점검하는 폴링 polling을 사용할 수도 있다.

인터럽트는 생산적이고 보호된 컴퓨팅 환경을 유지하는 데 필수적이다. 인터럽트가 발생하면 프로세서는 커널의 인터럽트 처리 함수 중 하나를 실행할 것이다. 인터럽트 처리기 interrupt handler는 시스템이 인터럽트에 반응할 방법을 결정한다. 인터럽트 처리기의 위치는 인터럽트 벡터 interrupt vector라는 포인터 배열에 저장된다. 컴퓨터가 지원하는 인터럽트 집합은 시스템의 아키텍처에 따라 달라진다. IA-32 명세에서는 프로세서가 받을 수 있는 신호의 유형을 인터럽트와 예외로 구분하고 있다.

많은 운영체제에서 프로세스 간 통신 IPC 메커니즘을 제공한다. 예를 들면, IPC를 통해 웹 브라우저가 원격 서버에서 데이터를 받아 보여줄 수 있다. 신호 signal는 프로세스에 이벤트가 발생했음을 알리는 소프트웨어 인터럽트다. 신호는 프로세스들이 다른 프로세스들과 교환할 데이터를 명시하도록 허용하지 않는다. 프로세스들은 신호를 잡아내거나 무시하거나 마스크할 수도 있다.

메시지 기반 message-based 프로세스 간 통신은 한 번에 한 방향으로 일어날 수도 있고 또는 양방향으로 일어날 수도 있다. 메시지 전달에 대한 한 가지 모델은 프로세스들이 함수 호출을 통해 메시지를 주고받는 것을 명시하는 것이다. 잘 알려진 메시지 전달 구현으로 파이프 pipe가 있다. 파이프는 운영체제에서 보호하는 메모리의 한 영역으로, 프로세스 둘 이상이 데이터를 교환할 수 있게 해준다. 분산 시스템에서 메시지 교환이 복잡한 것은 프로세스를 명시하여 메시지를 송수신하는 경우 명시한 대로 적절한 프로세스들을 참조하기 위해 프로세스들의 이름을 명확히 지칭해야 한다는 것이다.

유닉스 프로세스들은 가상 주소 공간이라는 일련의 메모리 주소를 제공받는다. 가상 주소 공간에는 텍스트 영역, 데이터 영역, 스택 영역이 있다. 유닉스 시스템에서는 PCB가 프로세서 레지스터의 내용, 프로세스 식별자, 프로그램 카운터, 시스템 스택 등의 정보를 저장한다. 모든 프로세스는 프로세스 테이블에 나열되며, 운영체제는 모든 프로세스에 관한 정보에 빨리 접근할 수 있다. 유닉스 프로세스는 시스템 호출을 통해 운영체제와 상호 작용한다. 프로세스는 부모 프로세스의 사본을 만들어내는 fork 시스템 호출을 통해 자식 프로세스를 생성할 수 있다. 유닉스 프로세스 우선순위는 -20~19 범위에 있는 정수로 표시되며, 시스템은 이를 통해 다음에 실행할 프로세스를 결정한다. 숫자가 낮을수록 스케줄링 우선순위가 높음을 의미한다. 커널은 또한 파이프와 같은 IPC 메커니즘을 제공해 연관성이 없는 프로세스들이 서로 데이터를 교환할 수 있게 해준다.

Chapter_03 연습문제

01 프로세스에 대한 몇 가지 정의를 내려라. 모두가 인정할 만한 정의가 없는 이유가 무엇이라 생각하는가?

02 때로는 사용자와 프로세스라는 용어를 동의어처럼 사용하기도 한다. 각 용어에 대해 정의하라. 어떤 상황에서 두 용어가 유사한 의미를 지니는가?

03 블록 리스트의 원소들을 우선순위 정보로 정렬하는 것이 무의미한 이유는 무엇인가?

04 한 프로세스가 새 프로세스를 생성하는 것은 중요한 기능이지만 위험성이 없는 것은 아니다. 사용자가 다음과 같은 프로세스를 실행할 수 있게 허용한다면 어떤 결과가 발생하는가? 여기서 fork( )는 자식 프로세스를 생성할 수 있는 시스템 호출이다.

```
int main() {

    while(true) {
        fork();
    }

}
```

a. 시스템이 그러한 프로세스를 실행하도록 허용했다고 가정할 때 결과는 어떠할 것인가?

b. 여러분이 운영체제 설계자며 이러한 프로세스들로부터 안전하게 보호받는 시스템을 만들도록 요청받았다고 가정해보자. (계산 이론의 정지 문제 Halting Problem 때문에) 대부분은 프로그램이 취할 경로를 예측하는 것이 불가능함을 안다. 컴퓨터 과학의 이런 근본적인 결과를 놓고 볼 때, 여러분이 운영체제 설계자라면 위와 같은 프로세스들이 실행되는 것을 왜 방지해야 하는가?

c. 어떤 프로세스들을 거절하는 것이 부적절하다고 판단했다고 가정하자. 또한 최선의 방법은 프로세스들에 런타임 제어를 두는 것이라고 결정했다고 하자. 실행 시 위와 같은 프로세스들을 탐지하려면 운영체제는 어떤 방법을 사용할 수 있는가?

d. 여러분이 제안한 제어가 프로세스에서 자식 프로세스를 생성하는 데 방해가 되는가?

e. 여러분이 제안한 제어 구현은 시스템의 프로세스 처리 메커니즘에 어떤 영향을 주는가?

05 단일 사용자를 위한 시스템에서 프로그램이 무한 루프에 빠지면 대체로 그 사실을 명확히 알 수 있다. 그러나 여러 사용자가 많은 프로세스를 실행할 때는 각 프로세스가 진행되지 않고 있음을 명확히 알기 어렵다.

a. 운영체제는 한 프로세스가 무한 루프에 빠졌다는 사실을 알 수 있는가?

b. 무한 루프에 빠진 프로세스들이 무한정 실행되지 않도록 운영체제에 둘 만한 합리적인 보호 장치는 무엇인가?

06 퀀텀 quantum 크기를 잘 정하는 일은 효율적인 운영체제를 만드는 데 매우 중요하다. 이 책의 후반부에서 퀀텀 크기 결정에 관해 자세히 다룰 것이다. 그러나 지금 단계에서 몇 가지 문제점을 예상해보자.

가령, 다수의 대화식 사용자들을 지원하는 단일 프로세서 시분할 시스템이 있다고 가정해보자. 프로세스가 프로세서를 차지할 때마다 인터럽팅 클록이 설정되어 퀀텀만큼 시간이 지나면 인터럽트를 발생하게 될 것이다. 이렇게 해서 운영체제는 어떤 한 프로세스가 프로세서를 독점하는 일을 방지하고 대화식 프로세스에 신속하게 응답할 수 있을 것이다. 시스템의 모든 프로세스들에 한 가지 크기의 퀀텀을 적용했다고 가정해보자.

a. 퀀텀을 매우 긴 시간, 예를 들면 10분으로 정한다면 어떤 영향을 줄 것인가?
b. 퀀텀을 매우 짧은 시간, 예를 들면 몇 프로세서 사이클 정도로 정한다면 어떻게 될 것인가?
c. 분명히 적절한 퀀텀은 (a)와 (b) 사이의 값이 될 것이다. 다이얼 장치를 돌려 퀀텀의 크기를 조절할 수 있다고 가정해보자. 작은 값에서 시작해서 점차 증가할 때, '적절한' 값을 골랐다는 사실을 어떻게 알 수 있는가?
d. 사용자 관점에서 볼 때 어떤 요인들이 이 값을 올바른 값이 되게 하는가?
e. 시스템 관점에서 볼 때 어떤 요인들이 이 값을 올바른 값이 되게 하는가?

07 블록/깨우기 메커니즘에서, 프로세스는 어떤 이벤트가 발생하기를 대기할 때 자신을 블록한다. 다른 프로세스는 해당 이벤트 발생을 추적해야 하고 블록된 프로세스를 깨워야 한다. 프로세스가 전혀 발생하지 않을 이벤트를 기다리느라 자신을 블록할 가능성도 있다.

a. 운영체제가 전혀 발생하지 않을 이벤트를 기다리느라 프로세스가 블록된 사실을 탐지할 수 있는가?
b. 프로세스들이 무한정 이벤트를 기다리는 일을 방지하기 위해 운영체제에 어떤 적절한 안전 장치를 둘 수 있는가?

08 퀀텀을 사용해 '적정' reasonable 시간 후에 실행 중인 프로세스를 인터럽트하는 것은 운영체제가 프로세서를 다시 얻어 새로운 프로세스에 할당할 수 있게 하기 위함이다. 인터럽팅 클록이 없이 프로세스가 프로세서를 잃는 유일한 방법은 자발적으로 프로세서를 반환하는 것이라고 가정하자. 또한 운영체제에 디스패치 메커니즘이 없다고 가정하자.

a. 사용자 제어 디스패치 메커니즘 user controlled dispatching mechanism 효과를 내기 위해서 한 그룹의 사용자 프로세스들이 어떻게 서로 협력할 수 있을지 기술하라.
b. 이러한 구조에서는 근본적으로 어떤 위험이 잠재되어 있는가?
c. 이런 방법이 사용자들에게 시스템 제어 디스패치 메커니즘 system controlled dispatching mechanism 보다 이로운 점이 무엇인가?

09 어떤 시스템에서는 부모 프로세스가 소멸될 때 자식 프로세스들이 자동적으로 소멸된다. 다른 시스템에서는 자식 프로세스들이 부모 프로세스에 독립적으로 진행되므로, 부모 프로세스의 종료가 자식 프로세스에 전혀 영향을 미치지 않는다.

a. 두 가지 접근법의 장점과 단점을 논하라.
b. 부모 프로세스가 종료되었다고 자식 프로세스까지 종료되면 안 되는 상황의 예를 들어보라.

10 대부분의 장치에서 인터럽트가 비활성화되면, 다시 활성화되어 진행이 가능해질 때까지 기다려야 한다. 더 이상의 인터럽트는 허용되지 않는다. 장치들의 기능은 멈춘다. 그러나 실시간 시스템에서는 인터럽트를 발생하는 환경이 흔히 컴퓨터 시스템에 연결되어 있지 않다. 컴퓨터 시스템에서 인터럽트가 비활성화되어 있을 때도 이 환경에서는 계속해서 인터럽트를 발생한다. 이 경우 발생한 인터럽트들은 잃을 수 있다.

a. 인터럽트를 잃을 때 어떤 결과가 발생하는지 논의하라.
b. 실시간 시스템에서 간간히 인터럽트를 잃는 것이 나은가, 아니면 인터럽트가 활성화될 때까지 시스템을 잠시 멈추는 것이 나은가?

11 이 책에서 반복적으로 살펴보겠지만 대기 waiting 관리는 운영체제서 필수적인 부분이다. 이 장에서는 몇 가지 대기 상태, 즉 준비 ready, 블록 blocked, 일시 정지 준비 suspendedready, 일시 정지 블록 suspended-blocked 상태를 살펴봤다. 프로세스가 어떻게 각 상태가 되는지, 프로세스가 무엇을 대기하는지, 프로세스가 해당 상태에서 무한정 대기하다가 잘못될 확률에 대해 논의하라.

프로세스들이 결코 발생하지 않을 이벤트들을 기다리기 시작할 가능성에 대처하기 위해 운영체제들은 어떤 특징을 갖춰야 하는가?

12 대기 중인 프로세스들은 다양한 시스템 자원을 소비한다. 누군가가 프로세스 생성을 반복하거나 프로세스가 결코 발생하지 않을 이벤트를 기다리게 함으로써 시스템을 파괴할 가능성이 있는가? 이 문제를 막으려면 어떤 안전 장치를 둘 수 있는가?

13 단일 프로세서 시스템이 준비 상태 프로세스나 실행 상태 프로세스를 모두 포함하지 않을 수도 있는가? 이 시스템은 죽은 dead 시스템인가? 왜 그런지 답과 관련해 설명하라.

14 상태 전이 다이어그램에 데드 상태를 추가하면 유용한 이유는 무엇인가?

15 시스템 A는 사용자당 정확히 한 프로세스를 실행한다. 시스템 B는 사용자마다 여러 프로세스를 지원할 수 있다. A와 B 시스템의 운영체제 구조가 어떤 차이가 있는지 프로세스 지원과 관련해 논의하라.

16 신호와 메시지 교환을 사용해 IPC를 비교, 대조하라.

17 '3.6 사례 연구: 유닉스 프로세스'에서 논의한 것처럼 유닉스 프로세스들은 nice 시스템 호출을 사용해 우선순위를 수정할 수 있다. 유닉스는 이 시스템 호출을 사용하는 데 어떤 제한을 가할 수 있는가? 그 이유는 무엇인가?

[추천 프로젝트]

18 리눅스와 마이크로소프트 윈도우 XP, 애플 OS X에 있는 PCB에는 어떤 정보들이 저장되는지 비교, 대조하라. 각 시스템의 운영체제에는 어떤 프로세스 상태들이 정의되어 있는가?

19 문맥 교환 메커니즘을 개선하기 위해 지난 수년 동안 이루어진 업적들을 연구 조사하라. 프로세스가 문맥 교환을 위해 소비하는 시간이 어떻게 개선되어왔는가? 하드웨어는 문맥 교환을 어떻게 지원하는가?

20 인텔 아이테니엄 계열 프로세서는 고성능 컴퓨팅을 위해 설계되었고 IA-64(64비트) 명세를 구현한다. 이 장에서는 IA-32 아키텍처의 인터럽트 처리 방법을 살펴봤다. IA-64 아키텍처의 방법과 비교, 대조하라.

21 이 장에서 논의한 인터럽트 방법 외에 인터럽트 설계에 관해 논의하라. 그리고 두 가지 설계를 비교하라.

핵심용어

Key Terms

- BSD 유닉스 BSD(Berkeley Software Distribution) UNIX
- OSF Open Software Foundation
- OSF/1
- 가상 주소 공간 virtual address space
- 계층적 프로세스 구조 hierarchical process structure
- 데이터 영역 data region
- 디스패처 dispatcher
- 멀틱스 MRDS Multics Relational Data Store
- 메시지 전달 message passing
- 문맥 교환 context switching
- 병행 프로그램 실행 concurrent program execution
- 부모 프로세스 parent process
- 블록 리스트 blocked list
- 블록 상태 blocked state
- 블록 해제 unblock
- 상태 전이 state transition
- 솔라리스 Solaris
- 스택 영역 stack region
- 신호 signal
- 실행 상태 running state
- 예외 exception
- 인터럽트 interrupt
- 인터럽트 벡터 interrupt vector
- 인터럽트 비활성화(마스크) disable(mask) interrupts
- 인터럽트 처리기 interrupt handler
- 인터럽팅 클록(간격 타이머) interrupting clock(interval timer)
- 일시 정지 블록 상태 suspendedblocked state
- 일시 정지 상태 suspended state
- 일시 정지 준비 상태 suspendedready state
- 입출력 완료 인터럽트 I/O completion interrupt
- 자식 프로세스 child process
- 재시작 resume
- 접근 격리 메커니즘 AIM, Access Isolation Mechanism
- 접근 제어 목록 ACL, Access Control List
- 주소 공간 address space
- 준비 리스트 ready list
- 준비 상태 ready state
- 중단 abort
- 퀀텀 quantum
- 텍스트 영역 text region
- 트랩 trap
- 파이프 pipe
- 폴링 polling
- 폴트 fault
- 프로그램 카운터 program counter
- 프로세스 process
- 프로세스 기술자 process descriptor
- 프로세스 상태 process state
- 프로세스 생성 spawning a process
- 프로세스 식별 번호 PID(Process IDentification) number
- 프로세스 우선순위 process priority
- 프로세스 제어 블록 PCB, Process Control Block
- 프로세스 테이블 process table
- 협력형 멀티태스킹 cooperative multitasking

추천도서

Recommended Reading

랜델 Randell과 호닝 Horning은 기본적인 프로세스 개념과 복수의 프로세스들을 관리하는 방법을 설명한다.[74] 람슨 Lampson은 문맥 교환을 비롯한 기본적인 프로세스 개념을 다룬다.[75] 쿼터만 Quarterman, 실버샤츠 Silberschatz, 페터슨 Peterson은 BSD 유닉스 4.3 시스템이 프로세스들을 관리하는 방법을 설명한다.[76] 사례 연구를 통해 리눅스가 프로세스들을 구현하고 관리하는 방법을 다룬다. 프로세서들이 인터럽트를 처리하는 방법에 관한 정보는 페터슨와 헤네시가 저술한 컴퓨터 아키텍처 책인 『Computer Organization and Design, 4th Ed.』(Morgan Kaufmann, 2008)에 잘 나와 있다.[77]

프로세스 간 통신은 마이크로커널과 외부커널 exokernel 운영체제 아키텍처의 핵심적인 문제다('1.13.3 마이크로커널 아키텍처' 참고). 이러한 시스템의 성능은 IPC 메커니즘이 얼마나 효율적으로 작동하는가에 달렸다. 따라서 IPC의 성능 향상을 위해 많은 연구가 이루어졌다. 코러스 Chorus와 같은 초기 메시지 기반 아키텍처[78]는 분산 운영체제였다. 그러나 1986년에 벌써 마크 Mach[79] 같은 마이크로커널이 개발되었다. IPC 성능이 개선되어 마이크로커널을 효율적으로 지원하는 내용들을 책에서 살펴볼 수 있다.[80, 81]

IPC 메커니즘은 운영체제마다 다르다. 유닉스 시스템들은 이 장에서 제시된 메커니즘들을 공유한다. 구현에 대한 자세한 설명은 리눅스 매뉴얼에 나와 있다. 그러나 '16장. 리눅스 사례 연구'를 먼저 읽어볼 것을 권한다. 『리눅스 커널의 이해, 개정 3판』(한빛미디어, 2006)[82]에서는 리눅스 시스템의 IPC에 관해 설명하고, 『Inside Microsoft Windows 2000, 3rd Ed.』(Microsoft Press, 2000)[83]에서는 윈도우 2000에서의 IPC에 관해 논의한다(이들 대부분은 윈도우 XP에도 적용된다). 이 장의 참고 문헌 목록은 http://www.deitel.com/books/os3e/Bibliography.pdf를 참고하기 바란다.

Chapter

04

스레드 개념

Thread Concepts

이 장에서 다루는 내용

- 스레드 생성 동기
- 프로세스와 스레드의 유사점 및 차이점
- 스레드를 지원하는 다양한 수준
- 스레드 생명 주기
- 스레드 신호와 취소
- POSIX, 리눅스, 윈도우 XP 및 자바 스레드의 기초

01 소개
02 스레드 정의
03 스레드 사용 동기
04 스레드 상태: 스레드 생명 주기
05 스레드 연산
06 스레딩 모델
07 스레드 구현 시 고려 사항
08 POSIX와 Pthread
09 리눅스 스레드
10 윈도우 XP 스레드
11 자바 멀티스레딩 사례 연구 1: 자바 스레드 소개

* 요약
* 연습문제
* 핵심용어

거미의 손길, 얼마나 절묘하고 섬세한지! 실 한 가닥 한 가닥을 느끼며, 선을 따라 사는 모습이란.

Alexander Pope

하나부터 시작하지 않으면 많은 것을 생각할 수 없다.

Plato

많은 말을 할 때가 있고, 또한 잠 잘 때가 있느니

Homer

깨어 있는 것이 살아 있는 것이다.

Henry David Thoreau

어둠 속에서 오직 하나의 깃발만 보이고, 희미한 목소리만 들렸다.

Henry Wadsworth Longfellow

4.1 소개

초기의 운영체제들도 컴퓨터가 여러 프로그램을 동시에 실행할 수 있게 했다. 그러나 당시 프로그래밍 언어들은 프로그래머가 동시에 수행할 행동을 명시할 방법을 지원하지 않았다('운영체제적 생각: 병행성' 참고). 이 언어들은 대개 간단한 제어 구조만 제공해, 프로그래머들이 단일한 프로그램 흐름만 제어할 수 있었다. 병행 작업의 유형은 대체로 경험이 많은 시스템 프로그래머들만 가능한 운영체제 프리미티브 primitive를 사용해 구현되었다.

1970년대 후반에서 1980년대 초 사이에 미 국방부에서 에이다 Ada라는 프로그래밍 언어를 개발했는데, 명시적으로 병행성을 지원한 최초의 언어다. 에이다는 군의 지휘 시스템을 개발하는 방위 산업 업체들에서 널리 사용되었지만 학계나 산업계에서는 널리 채택되지 않았다.

최근에는 자바, C#, 비주얼 C++ 닷넷 Visual C++ .NET, 비주얼 베이직 닷넷 Visual Basic .NET, 파이썬 Python 등을 포함한 다양한 범용 프로그래밍 언어에서 응용 프로그래머가 병행 프리미티브 concurrency primitive를 사용할 수 있게 하고 있다. 프로그래머들은 응용 프로그램이 '스레드 실행'을 포함하도록 프로그램을 작성하며, 이때 각 스레드는 프로그램의 한 부분을 이루는 병행으로 실행될 작업들을 지정한다. 이러한 기술을 **멀티스레딩** multithreading이라고 하며, C와 C++ 같은 언어에서는

운영체제적 생각

병행성 Concurrency

병행으로 발생 가능한 다양한 일을 생각해보자. 입출력 기능은 프로그램 실행과 동시에 진행될 수 있다. 몇몇 프로세서를 병행으로 실행할 수도 있고, 여러 사용자가 시스템을 병행으로 사용할 수도 있다. 몇몇 프로세스가 공유 데이터에 병행으로 접근할 수도 있다. 또한 네트워크에서 여러 컴퓨터가 병행으로 작동하고 있을 수도 있다.

필자들은 책 전반에 걸쳐 병행성 문제를 논의할 것이다. 3장과 4장에서는 프로세스와 스레드에 관해 논의한다. 스레드와 프로세스는 운영체제가 병행으로 발생하는 활동을 관리할 목적으로 사용하는 추상 개념이다. 5장과 6장에서는 병행 프로그래밍을 다루며, 병행 프로세스와 스레드가 공통 문제를 해결하고 데이터를 공유하려고 협력할 수 있도록 지원해야 하는 미묘한 문제들을 살펴본다. 7장에서는 병렬 스레드와 프로세스의 교착 상태 deadlock와 무기한 연기 indefinite postponement에 관해 살펴본다. 8장에서는 프로세서가 병렬 프로세스와 스레드를 스케줄링하는 방법을 알아본다. 9장과 11장에서는 병렬 스레드와 프로세스를 위한 메모리 구성과 관리에 관해 학습한다. 14장에서는 컴퓨터 네트워크에 산재하는 병렬 응용 프로그램을 만들 때 해결해야 할 문제점을 짚어본다. 15장에서는 개별 컴퓨터나 네트워크에 있는 여러 컴퓨터를 사용해 여러 사용자가 병행으로 작업할 때 필요한 보안과 보호 메커니즘을 다룬다. '16장. 리눅스 사례 연구'에서는 병행성 제어를 실제로 어떻게 구현하는지 학습한다.

직접 지원하지 않던 강력한 기능을 제공한다. 자바와 C#의 기초가 된 C와 C++는 단일 스레드 언어 single-threaded language라고 한다.* 멀티스레딩을 지원하는 프로그래밍 언어를 뒷받침하려면 반드시 운영체제에서 스레드를 지원해야 한다.

멀티스레드 프로그램 작성은 고도의 기술이 필요한 힘든 작업이다. 사람의 머리는 동시에 여러 기능을 수행할 수 있지만, 병렬로 진행되는 '사고의 맥락' trains of thought을 넘나드는 것은 힘든 일이다. 멀티스레드 응용 프로그램 작성이 어려운 이유를 이해하기 위해 다음과 같은 실험을 해보자. 책 세 권을 펴서 1페이지부터 동시에 읽어보자. 첫 번째 책 몇 단어를 읽고 두 번째 책, 또 세 번째 책을 몇 단어씩 읽는다. 다시 첫 번째 책으로 돌아와서 몇 단어를 이어 읽는 식으로 반복한다. 실제로 실험해보면 멀티스레딩에서 도전거리가 되는 몇 가지 문제점을 이해할 수 있을 것이다. 즉, 이 책에서 저 책으로 바꾸고, 짧게 읽고, 각 책에서 어디까지 읽었고 어디부터 이어서 읽어야 할지 기억하고, 시야에 들어오게 각 책을 가까이 가져오고, 다음 책으로 바꾸면서 방금 읽은 책을 옆으로 치우고, 이 모든 와중에 책의 내용을 생각하고 이해해야 한다!

셀프 리뷰

1. 앞의 내용에서 C나 C++에서는 멀티스레딩을 직접 지원하지 않는다고 언급했다. 그렇다면 프로그래머들이 이들 언어를 사용해서 멀티스레드 코드를 작성하려면 어떻게 해야 하는가?
2. 멀티프로세서 시스템에서 멀티스레드 응용 프로그램을 실행하면, 단일 프로세서 시스템에서 실행할 때보다 어떤 점이 유리한가?

▶ **풀이** 1) 멀티스레딩을 지원하는 특정한 코드 라이브러리가 있다. 그러나 이 라이브러리들은 ANSI/ISO 표준 C와 C++는 아니다. 그러므로 이 라이브러리들을 사용하여 작성한 프로그램은 '표준 C와 C++'와 같은 이식성이 없다. 2) 응용 프로그램의 여러 스레드가 병렬로 작업을 수행할 경우, 진정한 의미로 각 프로세서에서 동시에 실행될 수 있다. 이 경우 단일 프로세서보다 실행 속도가 빠르다.

4.2 스레드 정의

많은 프로그래밍 언어에서 멀티스레딩을 지원하므로 사실상 최근의 모든 운영체제는 어느 정도 스레드를 지원한다고 할 수 있다. 스레드는 종종 **경량 프로세스** LWP, LightWeight Process라고도 하며, 많은 프로세스 속성을 공유한다. 프로세서에서 스케줄링되면 각 스레드는 다른 프로세스나

* C와 C++ 프로그램은 여러 컴퓨터 플랫폼에서 특정한 코드 라이브러리를 통해 멀티스레딩을 수행할 수 있다. 그러나 이들 라이브러리는 ANSI/ISO 표준 버전은 아니다.

스레드와 독립적으로 일련의 명령어를 실행할 수 있다. 그러나 스레드가 홀로 존재한다는 의미는 아니다. 스레드는 일반적으로 전통적인 프로세스(때로는 **중량 프로세스** HWP, HeavyWeight Process라고 한다)에 속한다. 한 프로세스에 속한 스레드들은 프로세스의 여러 자원을 공유한다. 특히 프로세스의 주소 공간과 열린 파일들을 공유해 업무 수행 효율을 높인다. '스레드' 라는 명칭은 명령어들의 한 줄기, 프로그램 제어 흐름 한 가닥을 나타낸다. 프로세스에 있는 스레드들은 병행으로 실행되면서 공통의 목표를 이루려고 협력할 수 있다. 멀티프로세서 시스템에서는 여러 스레드를 동시에 실행할 수 있다.

스레드들은 한 프로세스에 포함된 자원의 일부를 소유한다. 프로세서 레지스터나 스택, 신호 마스크(한 스레드가 특정 신호를 받지 않게 지정하는 데이터다. '4.7.1 스레드 신호 전달'에서 다룬다)처럼 스레드마다 있는 특정 데이터들은 각 스레드에 국한되어 있지만, 프로세스에 속한 주소 공간은 해당 프로세스에 속한 모든 스레드에 공통적이다([그림 4-1]). 특정 플랫폼에서 스레드를 구현한 방식에 따라 스레드를 운영체제에서 관리하기도 하고, 스레드를 생성한 사용자 프로그램에서 관리하기도 한다.

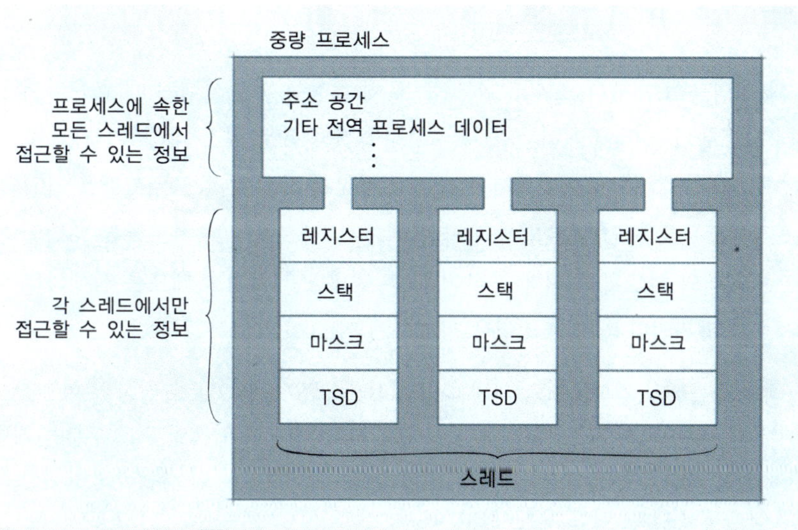

[그림 4-1] 스레드와 프로세스의 관계

많은 운영체제에서 스레드를 지원하지만 구현은 상당히 다르다. 예를 들어, Win32 스레드[1], C 스레드[2], POSIX 스레드[3]는 서로 다른 스레딩 라이브러리를 갖는다. **Win32 스레드** Win32 thread는 마이크로소프트의 32비트 윈도우 운영체제에서 사용된다. **C 스레드** C-thread는 맥 OS X이 기반을 둔 마크 Mach 마이크로커널의 스레드 라이브러리로부터 생성되며, 솔라리스와 윈도우 NT

운영체제에서도 지원한다. POSIX 명세는 **Pthread** 표준을 지원함을 명시하고 있다. Pthread의 주요 목적은 여러 운영체제 플랫폼에 멀티스레드 프로그램을 이식하는 것이다. 솔라리스, 리눅스, 윈도우 XP를 비롯해 다양한 운영체제에서 POSIX를 구현한다.

셀프 리뷰

1. 전통적인 프로세스를 중량 프로세스라고 하는 이유는 무엇인가?
2. 이식성이 있는 멀티스레드 응용 프로그램을 작성하는 것이 어려운 이유는 무엇인가?

▶ **풀이** 1) 전통적인 프로세스와 스레드의 무게 차이는 주로 주소 공간이 할당된 방법에 달렸다. 프로세스가 하나 생성되면 자신만의 주소 공간을 할당받는다. 그러나 스레드가 생성되면 프로세스의 주소 공간을 공유한다. 따라서 스레드는 프로세스보다 경량급이라고 할 수 있다. 2) 모든 플랫폼에서 구현한 표준 스레딩 라이브러리가 없기 때문이다.

4.3 스레드 사용 동기

3장에서 프로세스의 개념을 소개했다. 그리고 여러 프로세스가 동시에 실행될 때 효율과 성능이 향상되어 컴퓨터 시스템이 어떤 점에서 좋아지는지 설명했다. 프로세스 개념은 1960년대에 멀틱스에서 소개했다. 멀틱스는 단일 프로세서를 갖추고 비교적 작은 응용 프로그램을 가진 컴퓨터다.[4] 당시의 프로세스들은 단일 프로세서로 한 번에 한 스레드를 실행하도록 설계되었다. 그런데 컴퓨터 소프트웨어와 하드웨어 설계 경향이 한 프로세스당 여러 스레드를 실행하는 시스템이 이롭다는 쪽으로 바뀌었다. 멀티스레딩을 선호하게 된 요인은 다음과 같다.

- 소프트웨어 설계 – 모듈화와 컴파일러 설계에 따라 오늘날 많은 응용 프로그램이 응용 프로그램의 나머지 부분과는 독립적인 코드 세그먼트들을 포함하고 있다. 독립적인 코드 부분을 개별 스레드로 분리해 응용 프로그램의 성능을 향상시키고 병렬 작업 처리를 더 간단하게 표현할 수 있게 되었다('운영체제적 생각: 병렬 처리' 참고).
- 성능 – 단일 스레드 응용 프로그램의 문제는 멀티프로세서 시스템에서 독립된 작업을 수행하도록 스케줄링할 수 없다는 점이다. 멀티스레드 응용 프로그램에서는 스레드가 프로세서 하나 또는 여러 개를 공유해 여러 작업을 병렬로 수행할 수 있다. 동시에 병렬로 실행하면, 한 프로세서에서 순차적으로 작업을 수행하는 단일 스레드 프로그램과 비교할 때 멀티스레드 응용 프로그램이 작업을 완료하는 데 필요한 시간이 크게 줄어든다. 특히 프로세서가 여러 개 있는 시스템에서는 더욱 그러하다. 또한 멀티스레드 프로세스에서는 다른 스레드가 입출력 완료를 기다리느라 블록되어 있는 동안 준비 상태 스레드가 실행할 수 있다.

- 협력 – 많은 응용 프로그램은 통신하고 동기화하는 활동을 독립적인 구성 요소에 의존한다. 스레드가 등장하기 전에는 커널을 통해 프로세스 간 통신 채널을 구축하는 여러 중량 프로세스로 이들 구성 요소를 실행했다.[5, 6] 그런데 이보다는 여러 경량 스레드를 사용하는 접근법이 훨씬 좋다. 한 프로세스에 속한 스레드들은 주소 공간을 공유하기 때문에 이를 이용해 서로 통신할 수 있기 때문이다.

현재 사용하는 컴퓨터 시스템에서는 멀티스레드 응용 프로그램을 어디서나 볼 수 있다. 웹 서버는 스레드를 사용해 성능과 상호 작용성을 한층 향상시킬 수 있는 환경이다. 웹 서버는 보통 원격에 있는 응용 프로그램으로부터 웹 페이지나 이미지, 파일 등을 요청받는다. 흔히 웹 서버는 각 요청마다 스레드를 하나씩 할당해 서비스한다. 요청을 받는 프로세스는 인터넷을 통해 들어오는 요청을 감지하는 스레드를 하나 포함할 것이다. 그리고 요청이 들어올 때마다 새로운 스레드를 생성해 요청을 해석하고 특정 웹 페이지를 조회하고 웹 페이지를 클라이언트(대개 웹 브라우저)에 전송한다. 새로운 스레드를 생성한 후 그 부모 스레드는 계속해서 새로운 요청을 받을 수 있다. 많은 웹 서버가 멀티프로세서 시스템이기 때문에, 한꺼번에 여러 요청을 받고 서로 다른 스레드들이 동시에 작업함으로써 처리량과 반응 속도를 모두 향상시킬 수 있다. 각 서비스 요청에 따라 스레드를 생성하고 소멸한다면 오버헤드가 많이 들 것이다. 따라서 오늘날 대부분의 웹 서버는 스레드 풀thread pool을 유지하고, 서비스 요청이 도착할 때마다 스레드를 하나씩 할당한다. 이러한 스레드는 서비스를 수행한 후에도 소멸되지 않고 풀에 있다가 새로운 서비스 요청이 들어오면 할당되어 재사용된다. '4.6.3 사용자 수준 스레드와 커널 수준 스레드의 조합'에서 스레드 풀링을 자세히 설명한다.

운영체제적 생각

병렬 처리

병렬 처리를 구현하기 위해 지역 시스템에서 멀티프로그래밍이나 멀티스레딩, 멀티프로세싱, 고도 병렬 처리massive parallelism 등의 기술을 사용할 수도 있다. 컴퓨터 하드웨어는 입출력 작업을 병렬로 수행할 수 있게 만들어졌다. 멀티프로세서는 여러 프로세서를 사용해 병렬로 작업하게 만들어졌다. 특히 고도 병렬 처리에서는 프로세스를 많게는 수백 또는 수천 개 이상 사용해 병렬로 처리한다.

오늘날 또 다른 종류의 병렬 처리가 두드러지게 나타나는데, 바로 컴퓨터 네트워크를 통한 분산 컴퓨팅이다. 14장에서 컴퓨터 네트워킹과 분산 운영체제와 관련한 이슈들을 살펴보며 분산 컴퓨팅에 관해 학습할 것이다. 운영체제는 기본적으로는 자원 관리자다. 오랫동안 이러한 자원은 지역 컴퓨터의 하드웨어와 소프트웨어, 데이터 등을 의미했다. 그러나 분산 운영체제에서는 지역 시스템뿐 아니라 인터넷과 같은 컴퓨터 네트워크로 연결된 어떤 시스템에 있는 자원도 관리할 수 있어야 한다.

워드 프로세서는 사용자의 생산성과 상호 작용성을 향상시키려고 스레드를 사용한다. 사용자가 키보드의 한 글자를 타이핑할 때마다 운영체제는 키보드 인터럽트를 받고 워드 프로세서에 신호를 보낸다. 그러면 워드 프로세서는 해당 글자를 메모리에 저장하고 화면에 보여준다.

현재 사용하는 컴퓨터들은 키보드의 키를 연달아 타이핑하는 동안에도 수억 개의 프로세서 명령어를 수행할 수 있다. 따라서 워드 프로세서는 키보드 인터럽트 중간에도 여러 다른 스레드를 실행할 수 있다. 예를 들면, 많은 워드 프로세서에서 사용자가 타이핑할 때마다 철자가 틀렸는지 확인할 수 있고, 주기적으로 문서의 사본을 디스크에 저장해 데이터를 뜻하지 않게 잃는 사고를 방지해주기도 한다. 각 기능은 개별 스레드로 구현한다. 그 결과 워드 프로세서는 사본을 디스크에 저장하는 등의 입출력 기능 때문에 스레드 한두 개가 블록되어 있을 때도 키보드 인터럽트에 반응할 수 있다.

셀프 리뷰

1. 개선된 소프트웨어 설계는 멀티스레드 응용 프로그램의 실행 속도를 어떻게 향상시키는가?
2. 같은 프로세스에 속한 스레드들이 통신하는 것이 여러 독립된 프로세스들이 통신하는 것보다 특히 효율적인 이유는 무엇인가?

▶ **풀이** 1) 많은 응용 프로그램은 서로 독립적으로 실행할 수 있는 코드 세그먼트들을 포함하고 있다. 이러한 코드 세그먼트들을 개별 스레드로 만들어 여러 프로세서에서 동시에 실행할 수 있다. 2) 같은 프로세스에 속한 스레드들은 프로세스의 주소 공간을 공유해 서로 통신할 수 있다. 따라서 커널을 호출하는 IPC 메커니즘에 의존하지 않고 통신할 수 있다.

4.4 스레드 상태: 스레드 생명 주기

'3.2 프로세스 상태: 프로세스 생명 주기'에서 논의했듯이 각 프로세스는 일련의 구분된 프로세스 상태를 가지며, 이 상태 변화를 통해 프로세스의 생명 주기를 알 수 있다. 이 모델에서 각 프로세스는 프로그램 제어 흐름 하나, 즉 단일 스레드를 가졌다. 따라서 한 제어 흐름에 여러 구분된 상태가 있다고 볼 수 있다. 프로세스에서 프로그램 제어 흐름이 여러 개 있으면, 각 스레드가 다양한 **스레드 상태** thread state로 변함을 볼 수 있다. 따라서 3.2절에서 설명한 프로세스 상태와 상태 전이에 관한 많은 내용이 스레드에도 적용된다.

예를 들어, 자바로 구현한 다음 스레드를 기초로 스레드 상태를 생각해보자.[7] 자바에서 새로운 스레드는 **탄생** born 상태에서부터 출발한다. 프로그램이 스레드를 시작할 때까지 탄생 상태로 있다가, 시작되면 스레드가 **준비** ready 상태가 된다(때로는 **실행 가능** runnable 상태라고도 한다). 다른 운영체제에서는 스레드가 생성되면서 바로 시작되어 탄생 상태가 없는 경우도 있다. 우선순위가 높은 준비 상태 스레드는 프로세서를 할당받을 때 **실행** running 상태가 되어 실행하기 시작한다.

실행 상태 스레드가 작업을 완료하거나 다른 방식으로 종료하면 **데드** dead 상태가 된다. 몇몇 스레딩 라이브러리는 한 스레드가 다른 스레드를 종료할 수 있게 한다. 이런 경우 종료한 스레드는 데드 상태가 된다. 스레드가 한 번 데드 상태에 들어가면 자원을 해제하고 시스템에서 제거된다.

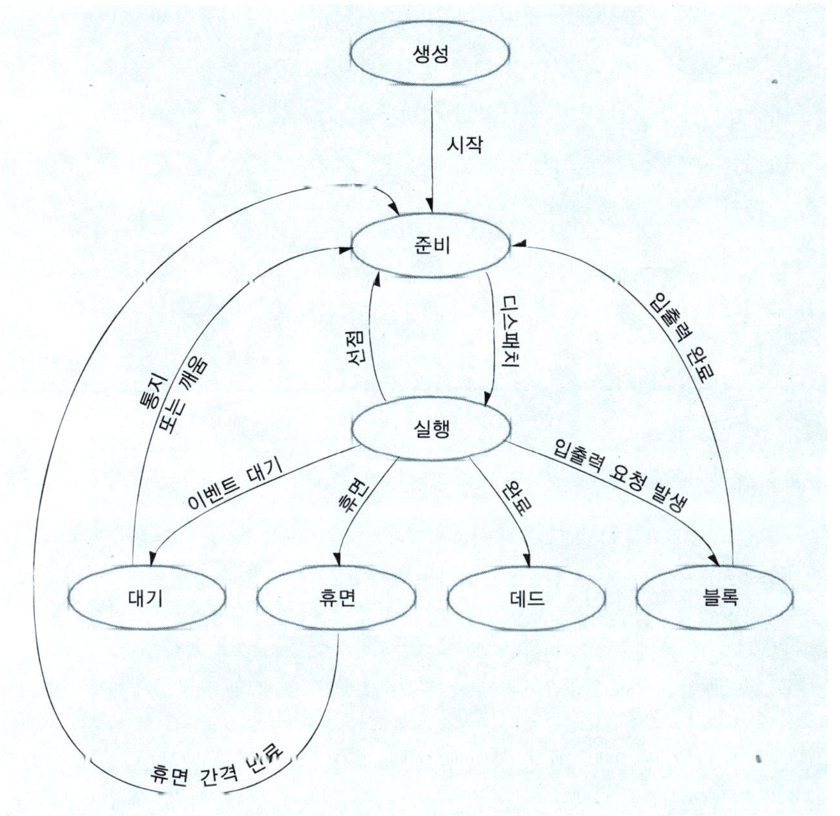

[그림 4-2] 스레드 생명 주기

스레드는 입출력 요청이 완료되기를 대기해야 할 때 **블록** blocked 상태에 들어간다. 블록 상태 스레드는 입출력 요청이 완료될 때까지 프로세서를 할당받지 못한다. 입출력이 완료되면 스레드는 준비 상태로 돌아가고 프로세서를 사용할 수 있을 때 다시 실행할 수 있다.

스레드가 특정 이벤트 발생(예를 들면, 마우스 움직임이나 다른 스레드가 보낸 신호 등)을 대기해야 할 때 **대기** waiting 상태에 들어간다. 대기 상태에 들어가면 다른 스레드가 **통지**(**깨우기**) notify(awaken)할 때 준비 상태가 된다. 즉, 대기 스레드가 통지 이벤트를 받으면 대기 상태에서 준비 상태로 바뀐다.

실행 스레드는 **휴면 간격** sleep interval이라는 일정 시간 동안 **휴면** sleeping 상태에 들어갈 수 있다. 휴면 스레드는 휴면 간격 시간이 지나면 준비 상태로 돌아올 수 있다. 휴면 스레드는 프로세서가 비어 있을 때도 이를 사용할 수 없다. 스레드는 일시적으로 실행할 일이 없을 때에 휴면할 수도 있다. 예를 들면, 워드 프로세서에는 복구를 위해 현재 문서의 사본을 주기적으로 디스크에 저장하는 스레드를 갖는 경우가 있다. 이 스레드가 여러 번 백업하는 동안 중간에 휴면하지 않는다면, 문서의 사본을 디스크에 저장해야 할지 여부를 계속 확인하면서 루프를 돌아야 할 것이다. 그러는 동안 프로세서 시간을 소비해 생산성과 성능을 떨어뜨릴 것이다. 이 경우 스레드에 휴면 간격을 줘서 백업을 수행하고 다음 백업 때까지 휴면 상태로 있게 하는 것이 효율적이다. 휴면 스레드는 휴면 간격이 만료되면 준비 상태가 되고, 이 시점에 문서의 사본을 디스크에 저장한 후 다음 백업 시간까지 다시 휴면 상태에 들어간다.

셀프 리뷰

1. 스레드가 데드 상태가 되는 경우를 기술하라.
2. 대기, 블록, 휴면 상태는 어떤 점이 유사한가? 또 어떻게 다른가?

▶ **풀이** 1) 스레드는 작업을 완료하거나 다른 스레드에 의해 종료될 때 데드 상태가 된다. 2) 이 상태들은 프로세서가 비어 있을 때도 프로세서를 할당받아 실행될 수 없다는 점이 공통적이다. 블록 상태 스레드는 입출력 작업 등이 완료될 때까지 대기해야 하므로 프로세서를 할당받을 수 없다. 이 경우 운영체제가 책임지고 결국은 해당 스레드를 블록 해제 unblock해야 한다. 대기 스레드는 운영체제가 일으키지 않은 하드웨어나 소프트웨어로부터 발생한 이벤트(예를 들면, 키보드의 키 입력이나 다른 스레드로부터의 신호 등)를 받을 때까지 프로세서를 할당받지 못한다. 이 경우 운영체제에서 대기 스레드가 결국은 깨어나야 하는지 여부와 깨어날 시점을 제어할 수 없다. 휴면 스레드는 자신의 휴면 간격이 만료될 때까지 실행할 수 없다고 시스템에 명시했기 때문에 해당 시간이 지나야만 실행할 수 있다.

4.5 스레드 연산

스레드와 프로세스는 다음과 같은 공통적인 연산들을 갖는다.

- 생성

- 종료
- 일시 정지
- 재시작
- 휴면
- 깨어남

여러 측면에서 스레드 생성은 프로세스 생성과 유사하다. 프로세스가 스레드를 생성할 때 스레딩 라이브러리는 스레드마다 별도로 자료 구조를 할당해 레지스터 내용이나 프로그램 카운터, 스레드 ID 등의 정보를 저장한다. 프로세스를 생성할 때와 달리, 스레드를 생성할 때는 운영체제가 부모 프로세스와 그 자식 스레드 간에 공유할 자원(예를 들면, 주소 공간)을 초기화할 필요가 없다. 많은 운영체제에서 자원을 초기화할 때보다는 공유할 때 명령어가 적게 든다. 따라서 이런 시스템에서는 스레드 생성이 프로세스 생성보다 빠르다.[8] 마찬가지로 스레드 종료 또한 프로세스 종료보다 빠르다. 프로세스보다는 스레드 생성과 종료를 통해 오버헤드를 줄일 수 있기 때문에 소프트웨어 개발자들은 멀티프로세스보다는 가능하면 멀티스레드를 사용해 병렬 작업을 구현한다.

다음과 같은 몇몇 스레드 연산은 프로세스 연산과 정확하게 일치하지는 않는다.

- **취소** cancel – 스레드나 프로세스는 취소를 통해 프로세스나 스레드를 실행 중간에 종료할 수도 있다. 그러나 프로세스 종료와 달리 스레드 취소 cancellation는 스레드가 종료함을 보장하지 않는다. 스레드가 비활성화되어 있거나 비활성화 마스크로 가려 있을 수도 있기 때문이다. 스레드가 취소 신호를 마스크로 가린 경우, 이 신호 유형을 다시 활성화할 때까지는 취소 신호를 받지 않는다.[9] 하지만 스레드가 중단 abort 신호를 마스킹할 수는 없다.
- **결합** join – 윈도우 XP와 같은 스레드 구현에서는 프로세스가 초기화될 때 **주 스레드** primary thread를 생성하기도 한다. 주 스레드는 다른 스레드와 같은 방식으로 동작하지만, 반환 시 프로세스가 종료한다. 프로세스가 자신의 모든 스레드에서 작업을 완료하기 전에 종료하는 것을 방지하려고 주 스레드는 각 스레드가 작업을 완료할 때까지 휴면하는 것이 보통이다. 이 경우 주 스레드가 자신이 생성한 스레드를 결합한다고 표현한다. 한 스레드가 다른 스레드를 결합하면 이전 스레드는 후자의 스레드가 종료할 때까지 실행되지 않는다.[10]

대부분의 스레드 구현이 이 절에서 논의한 연산을 지원하지만 몇몇 스레드 연산은 특정 스레드 라이브러리에 따라 다르다. 다음 절에서는 잘 알려진 몇몇 스레드 구현을 소개하고, 스레딩 라이브러리 설계자가 고려해야 할 문제를 논의한다.

셀프 리뷰

1. '3.5.1 신호'에서 논의한 내용과 비교할 때, 취소 신호는 중단 신호와 어떻게 다른가?
2. 스레드 생성이 프로세스 생성보다 적은 프로세서 사이클을 요구하는 이유는 무엇인가?

▶ **풀이** 1) 스레드가 중단 신호를 받으면 즉시 종료한다. 즉, 스레드는 중단 신호를 마스킹해 막을 수 없다. 반면 취소 신호는 마스킹이 가능하기 때문에, 마스킹한 경우 마스크를 없앨 때까지 취소 신호를 받지 않고 계속 실행할 수 있다. 2) 프로세스 생성과 달리 스레드 생성에서는 운영체제가 해당 스레드를 제어하는 데 필요한 일부 자원만 초기화하면 된다. 프로세스의 주소 공간과 같은 전역 자원은 포인터를 사용해 공유할 수 있다. 이는 초기화보다 훨씬 적은 프로세서 사이클로도 가능하다.

4.6 스레딩 모델

스레드 구현은 운영체제에 따라 다양하다. 그러나 대부분의 운영체제는 세 가지 중 한 가지 스레딩 모델을 구현한다. 이 절에서는 가장 잘 알려진 스레딩 모델인 사용자 수준 스레드 user-level thread, 커널 수준 스레드 kernel-level thread 그리고 이 두 가지의 조합 combination 방식을 살펴본다.

4.6.1 사용자 수준 스레드

초기 운영체제들은 단일 실행 문맥을 가진 프로세스들만 지원했다.[11] 그 결과 각 멀티스레드 프로세스가 스레드의 상태 정보, 스레드 스케줄링, 스레드 동기화 프리미티브들을 책임지고 구현해야 했다. 이러한 **사용자 수준 스레드** user-level thread는 사용자 영역에서 스레드 연산을 수행한다. 즉, 특권 명령을 실행할 수 없거나 커널 프리미티브에 직접 접근할 수 없는 런타임 라이브러리가 스레드를 생성한다.[12] 사용자 수준 스레드는 운영체제에 투명하다. 다시 말해, 운영체제는 각각의 멀티스레드 프로세스를 단일 실행 문맥으로 인식하고 실행한다. 운영체제는 각 스레드가 아닌, 멀티스레드를 포함하는 프로세스 한 단위를 대상으로 프로세서를 할당한다. 이 때문에 사용자 수준 스레드 구현을 **다대일 스레드 맵핑** many-to-one thread mapping이라고도 한다. 운영체제가 멀티스레드 프로세스 하나에 있는 모든 스레드에 실행 문맥 하나를 맵핑하기 때문이다([그림 4-3]).

프로세스가 사용자 수준 스레드를 사용할 때는 사용자 수준 라이브러리로 프로세스의 스레드를 스케줄링하고 디스패치한다. 운영체제 입장에서는 프로세스가 여러 스레드를 포함하고 있다는 사실을 인식하지 못하기 때문이다. 멀티스레드 프로세스는 자신에 할당된 퀀텀이 만료되거나, 다른 이유 때문에 커널에 프로세서를 선점당할 때까지 실행을 계속한다.[13]

커널 영역 대신 사용자 영역에서 스레드를 구현하면 여러 가지 장점이 있다. 우선, 사용자 수준 스레드는 운영체제에서 스레드를 지원할 필요가 없다. 따라서 특정 운영체제의 스레딩 API에 의존하지 않고, 이식성이 높아진다. 또 다른 장점은 운영체제가 아닌 스레딩 라이브러리에서 스레드 스케줄링을 제어하기 때문에, 응용 프로그램 개발자들이 자신의 응용 프로그램 요구에 맞게 스레딩 라이브러리의 스케줄링 알고리즘을 수정할 수 있다는 점이다.[14]

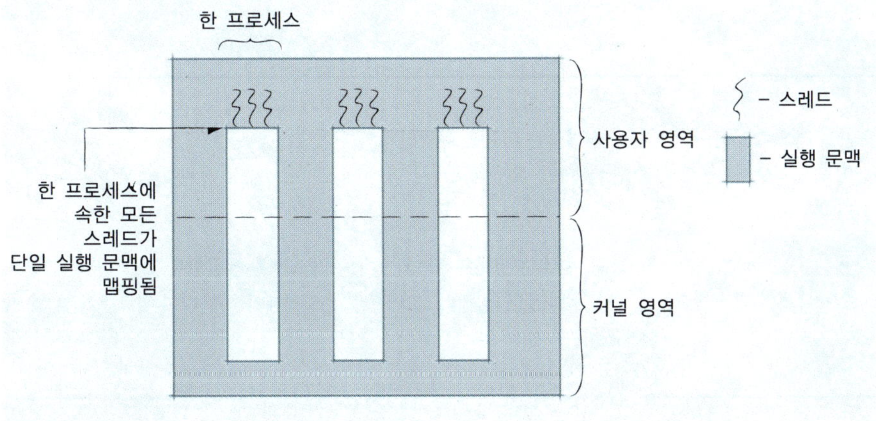

[그림 4-3] 사용자 수준 스레드

또한 사용자 수준 스레드는 스케줄링 결정이나 프로시저 동기화를 위해 커널을 호출하지 않는다. '3.4.1 인터럽트 처리'에서 살펴본 것처럼 시스템 호출과 같은 인터럽트가 발생할 때, 시스템은 프로세서 사이클을 몇 개 사용해야 하는 오버헤드가 발생한다. 따라서 (스케줄링이나 동기화 등) 빈번하게 스레딩 연산을 수행하는 사용자 수준 멀티스레드 프로세스들은 이러한 연산을 커널에 의존해야 하는 스레드보다 오버헤드가 적다.[15]

사용자 수준 스레드의 성능은 시스템과 프로세스 동작에 따라 다르다. 사용자 수준 스레드의 단점은 커널이 멀티스레드 프로세스를 한 스레드로 간주한다는 데 있다. 예를 들어, 사용자 수준 스레드는 멀티프로세서 시스템에서 규모를 확장하기 어렵다. 커널이 한 프로세스에 속한 스레드들을 여러 프로세서에 동시에 할당할 수 없기 때문이다.

따라서 멀티프로세서 시스템에서는 사용자 수준 스레드가 차선의 성능만 낼 뿐이다.[16] 다대일 스레드 맵핑에서는 프로세스에 속한 스레드 중 어느 하나만 입출력 작업을 위해 블록되어도 프로세스 전체가 블록된다. 운영체제에서 여러 스레드를 포함하는 프로세스를 프로그램 제어 흐름의 한 스레드로 인식하기 때문이다. 해당 프로세스가 준비 상태에 있는 스레드를 많이 포함하더라도 블록 스레드가 준비 상태가 될 때까지는 이들 중 어떤 스레드도 실행하지 못한다. 따라서 멀티스레드 프로세스에 블록이 빈번히 일어나면 전체적인 진행이 느려진다. 커널은 사용자 수준 스레드가 블록되면 다른 프로세스를 실행한다. 그런데 해당 프로세스가 블록된 프로세스에 있는 준비 상태 스레드보다 우선순위가 낮을 수도 있다. 따라서 사용자 수준 스레드는 시스템 전반에 걸친 스케줄링 우선순위를 지원하지 않는다. 이는 특히 실시간 멀티스레드 프로세스의 경우 매우 위험한 결과를 가져올 수도 있다.[17] 이런 문제를 해결하기 위해 몇몇 스레딩 라이브러리에서는 블로킹blocking 시스템 호출을 넌블록킹nonblocking 시스템 호출로 변환하기도 한다.[18]

셀프 리뷰

1. 사용자 수준 스레드의 구현이 이식성을 높여주는 이유는 무엇인가?
2. 다대일 스레드 맵핑에서 한 스레드가 블록되면, 운영체제에서 멀티스레드 프로세스 전체를 블록하는 이유는 무엇인가?

▶ **풀이** 1) 사용자 수준 스레드는 응용 프로그램에 운영체제 API와 독립적인 API를 제공한다. 2) 운영체제에는 멀티스레드 프로세스 전체가 제어 스레드 하나로 인식된다. 그러므로 운영체제가 블록킹이 필요한 입출력 요청을 받으면 프로세스 전체를 블록한다.

4.6.2 커널 수준 스레드

커널 수준 스레드kernel-level thread는 각 스레드마다 고유한 실행 문맥을 맵핑하는 방법으로 사용자 수준 스레드의 한계를 해결하려고 한다. 따라서 커널 수준 스레드를 종종 **일대일 스레드 맵핑**one-to-one thread mapping이라고 표현한다([그림 4-4]). 스레드를 일대일 맵핑하려면 운영체제에서 디스패치할 수 있는 커널 스레드를 각 사용자 스레드에 제공해야 한다. 커널 스레드는 프로세스의 주소 공간을 공유하기 때문에 중량 프로세스들과는 차이가 있다. 각 커널 스레드는 또한 레지스터 내용이나 스레드 식별자처럼 개별 스레드에 국한되는 내용도 저장한다. 사용자 프로세스가 운영체제 API로 정의된 시스템 호출을 통해 커널 수준 스레드를 요청할 때, 운영체제는 사용자 스레드의 명령어를 실행하는 커널 스레드를 생성한다.

일대일 맵핑에는 몇 가지 이점이 있다. 커널은 프로세스의 스레드들을 몇몇 프로세서에 한꺼번에 디스패치할 수 있기 때문에 병렬 실행하도록 설계된 응용 프로그램의 성능을 높여준다.[19] 또한 커널이 각 스레드를 개별적으로 관리할 수 있다. 즉, 프로세스에 있는 스레드 중 어느 하나가 블록된 상태일 때도 운영체제는 다른 준비 상태 스레드들을 실행할 수 있다. 그러므로 응용 프로그램은 입출력 작업이 끝날 때까지 다른 스레드를 사용해 다른 작업을 진행할 수 있다. 이러한 방식은 사용자 입력에 빨리 반응할 수 있게 해서 응용 프로그램의 상호 작용성을 높여준다. 또한 병렬 실행의 이점을 이용해 성능도 높일 수 있다.

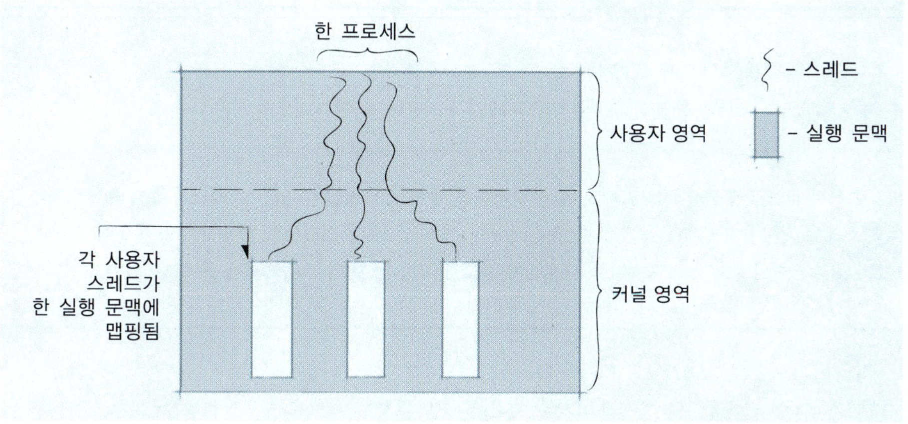

[그림 4-4] 커널 수준 스레드

운영체제의 디스패처는 커널 수준 스레드를 통해 사용자 스레드를 개별적으로 인식할 수 있다. 운영체제가 우선순위 기반 스케줄링 알고리즘으로 구현되어 있다면, 커널 수준 스레드를 사용하는 프로세스는 각 스레드의 우선순위를 다르게 부여해서 스레드가 운영체제에 받을 서비스의 수준을 조절할 수 있다.[20] 예를 들어, 프로세스는 사용자 요청에 반응하는 스레드에는 높은 우선순위를 부여하고, 다른 스레드들에는 낮은 우선순위를 부여해 상호 작용성을 높일 수 있다.

커널 수준 스레드가 멀티스레드 응용 프로그램에서 항상 최적의 해결책은 아니다. 커널 수준 스레드의 구현은 사용자 수준 스레드보다는 덜 효율적일 때가 있다. 스케줄링과 동기화를 위해 커널을 호출해야 하는데, 이는 오버헤드를 증가시키기 때문이다. 또한 커널 수준 스레드를 사용하는 소프트웨어는 사용자 수준 스레드를 사용할 때보다 이식성이 떨어진다. 커널 수준 스레드를 사용하는 응용 프로그램 프로그래머는 실행될 시스템이 달라지면 해당 운영체제에서 제공하는 스레드 API를 사용해 프로그램을 수정해야 한다.[21] POSIX와 같은 표준 인터페이스를 준수하는 운영체제는 이런 문제를 없애준다('운영체제적 생각: 표준 적합성' 참고). 커널 수준 스레드를 사용할 때 또 다른 단점은 사용자 수준 스레드보다 자원을 더 많이 소비하는 경향이 있다는 점이다.[22] 결국 커널 수준 스레드를 사용하려면 운영체제가 시스템에 있는 모든 스레드를 관리해야 한다. 사용자 수준 라이브러리가 수십, 수백 개 스레드를 관리해야 한다면, 운영체제는 수천 개 스레드를 관리해야 하는 것이다. 그 결과 응용 프로그램 개발자는 운영체제의 메모리 관리나 스케줄링 서브시스템이 막대한 수의 스레드를 커버할 수 있는지 확인해야 한다.

셀프 리뷰

1. 어떤 경우에 커널 수준 스레드가 사용자 수준 스레드보다 효율적인가?
2. 커널 수준 스레드로 작성한 응용 프로그램 소프트웨어가 사용자 수준 스레드를 사용하는 것보다 이식성이 떨어지는 이유는 무엇인가?

▶ **풀이** 1) 응용 프로그램에 블록되는 스레드 혹은 명령어를 병렬로 실행할 수 있는 스레드가 포함되어 있다면 커널 수준 스레드가 사용자 수준 스레드보다 효율적이다. 2) 커널 수준 스레드를 사용하는 응용 프로그램 소프트웨어는 특정 운영체제의 스레드 API를 사용해야 하므로, 각 시스템의 운영체제에 종속적이다.

4.6.3 사용자 수준 스레드와 커널 수준 스레드의 조합

솔라리스나 윈도우 XP를 비롯한 몇몇 운영체제는 다대일 맵핑과 일대일 맵핑을 조합한 스레드를 구현해 각 솔루션의 한계를 극복하려고 한다. 사용자 수준 스레드와 커널 수준 스레드를 조합한 구현을 **다대다 스레드 맵핑** many-to-many thread mapping이라고 한다([그림 4-5]).[23] 이름에서 알 수 있듯이, 이 방식은 많은 사용자 수준 스레드를 한 그룹의 커널 스레드에 맵핑한다. 어떤 사람은 이러한 기술을 ***m*대*n* 스레드 맵핑** m-to-n thread mapping이라고 한다. 사용자 스레드 수와 커널 스레드 수가 다를 수 있기 때문이다.[24]

운영체제적 생각

표준 적합성 Standard Conformance

표준화된 네트워크 프로토콜 없이 인터넷에 접근한다고 상상해보자. 혹은 벽에 붙은 플러그들이 표준화되지 않은 상황에서 램프를 하나 산다고 가정해보자. 더 근본적으로, 여러 도시에서 현재처럼 빨간 불과 파란 불이 '멈춤'과 '진행'이라는 의미를 지니지 않고 다른 의미를 지닐 수도 있다고 해보자. 어떤 일이 일어날 것인가? 컴퓨터 산업의 표준을 장려하는 국내, 국제 기구들이 있다. 예를 들면, 미국의 POSIX, ANSI American National Standards Institute, ISO International Organization for Standardization, OMG Object Management Group, W3C World Wide Web Consortium 등이다.

운영체제 설계자들은 시스템이 따라야 할 많은 표준들을 인식하고 있어야 한다. 이러한 표준은 종종 고정되지 않고 전 세계 컴퓨터 관련 커뮤니티와 정보 통신 사용자의 요구에 맞게 발전한다. 표준으로 인한 단점도 있다. 표준이 혁신과 변화를 느리게 하거나 방해할 수도 있다. 또한 많은 부분 모호하거나 심지어 구닥다리가 된 광범위한 표준 체계를 따라가느라 운영체제 개발 기관 등이 많은 시간과 비용을 소비하기도 한다. 이 책에서는 표준과 표준 제정 기관들을 살펴보고, 표준의 의미와 표준을 준수하는 데서 오는 영향에 관해 상세히 논의할 것이다.

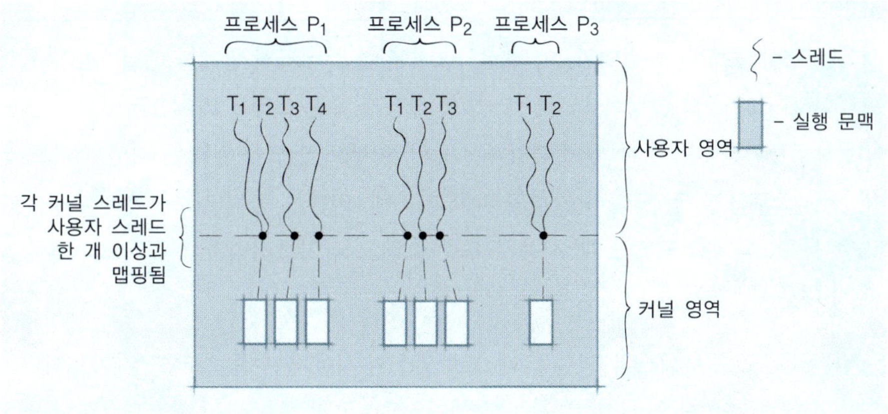

[그림 4-5] 하이브리드 스레딩 모델

일대일 스레드 맵핑을 하려면 운영체제가 커널 스레드를 나타내는 자료 구조를 할당해야 한다. 결과적으로 시스템의 스레드가 증가함에 따라 커널 스레드에서 소비하는 자료 구조의 용량이 크게 늘어난다. 다대다 스레드 맵핑은 **스레드 풀링** thread pooling을 통해 이 오버헤드 문제를 해결한다. 이 기술을 사용하려면 응용 프로그램에서 필요한 커널 수준 스레드의 수를 명시해야 한다. 예를 들면, [그림 4-5]에서 프로세스 P_1은 커널 수준 스레드 세 개를 요청했다. 스레드 T_1과 T_2가 커널 수준 스레드 한 개와 맵핑된 것을 볼 수 있다. 즉, 다대일 맵핑이다. 이를 위해서는 응용 프로그램이 각 스레드의 상태 정보를 유지해야 한다. 응용 프로그램 개발자들은 낮은 수준의 병렬성(즉, 동시 실행에서 얻는 이점이 별로 없는 경우)을 갖는 스레드에는 다대일 맵핑을 사용하는 것이 좋다. 프로세스 P_1의 다른 스레드들(T_3과 T_4)은 각각 커널 수준 스레드 하나씩과 맵핑되고 있다. 앞에서 설명했듯이 이러한 스레드는 운영체제에서 관리한다.

스레드 풀링은 비용이 많이 소모되는 스레드 생성 및 소멸 횟수를 많이 줄일 수 있다. 예를 들어, 웹과 데이터베이스 시스템은 서비스 요청이 들어올 때마다 새로운 스레드를 생성한다. 스레드 풀링은 사용자 스레드가 종료한 후에도 커널 스레드가 시스템에 남을 수 있게 해준다. 이러한 커널 스레드를 이후 새로 생성되는 사용자 스레드에 할당할 수 있다. 각 요청이 이미 풀에 있는 스레드를 할당받기 때문에 웹 서버와 같은 환경에서 시스템의 반응 속도를 높여줄 수 있다. 이렇게 풀에서 지속되는 커널 스레드는 할당된 스레드에 따라 몇 가지 다른 기능을 수행하기 때문에 **작업자 스레드** worker thread라고 한다.[25]

다대일 스레드 맵핑의 장점은 응용 프로그램들이 스레딩 라이브러리의 스케줄링 알고리즘을 필요에 맞게 커스터마이즈해 성능을 향상시킬 수 있다는 점이다. 그러나 '4.6.1 사용자 수준 스레드'에서 논의한 것처럼 한 사용자 수준 스레드가 블록되면 운영체제가 멀티스레드 프로세스 전체를 블록한다. 다대일 스레드 맵핑의 또 다른 한계는 멀티프로세서에서도 프로세스의 스레드들을 동시에 실행할 수 없다는 점이다. 이러한 사용자 수준 스레드의 한계를 해결하는 방법이 스케줄러 활성화다. **스케줄러 활성화** scheduler activation는 사용자 수준 스레드 라이브러리에 (스레드가 블록되거나 프로세서를 사용할 수 있게 되었다는 등의) 이벤트 발생을 알리는 커널 스레드다. 이런 형태의 커널 스레드를 '스케줄러 활성화'라고 하는데, 이벤트 통지(때로는 상향 호출 upcall 이라고 한다)를 통해 '활성화'되었을 때 사용자 수준 스레드 라이브러리가 스레드 스케줄링을 수행할 수 있기 때문이다.

운영체제는 멀티스레드 프로세스가 생성될 때 프로세스의 사용자 수준 스레드 라이브러리의 초기화 코드를 수행하는 스케줄러 활성화를 생성한다. 이는 스레드를 생성하고 필요하면 스레드에 필요한 추가적인 프로세서를 요청한다. 운영체제는 프로세스에 할당된 프로세서마다 추가적인 스케줄러 활성화를 생성해서 사용자 수준 라이브러리가 멀티프로세서에 여러 스레드를 할당해 동시 실행할 수 있게 해준다.

운영체제는 사용자 수준 스레드가 블록되면 스레드의 상태를 해당 스케줄러 활성화에 저장하고, 새로운 스케줄러 활성화를 생성해 사용자 수준 라이브러리에 자신의 스레드 중 하나가 블록되었음을 알려준다. 그러면 사용자 수준 스레드 라이브러리는 스케줄러 활성화로부터 블록된 스레드의 상태를 저장하고, 해당 스케줄러 활성화에 다른 스레드를 할당한다. 이러한 메커니즘으로 한 스레드만 블록되어도 멀티스레드 프로세스 전체가 블록되는 현상을 방지할 수 있다.[26]

다대다 스레딩 모델의 중요한 단점은 운영체제 설계가 복잡해지고 구현에 대한 표준적인 방법이 없다는 점이다.[27] 예를 들어, 솔라리스 2.2의 다대다 스레딩 모델에서는 사용자 응용 프로그램들이 각 프로세스에 할당할 커널 스레드의 수를 명시하게 하고 있다. 솔라리스 2.6에서는 스케줄러 활성화를 도입했다. 흥미롭게도 솔라리스 8에서는 이전의 다대다 스레드 맵핑을 없애고 더 간단하고 확장이 용이한 일대일 스레드 맵핑을 사용했다.[28] 윈도우 XP는 스케줄러 활성화를 지원하지 않는 시스템으로, 시스템의 부하에 따라 스레드 풀의 작업자 스레드 수를 동적으로 조절한다.[29, 30]

셀프 리뷰

1. 응용 프로그램이 스레드 풀의 크기를 정할 때, 프로그램이 실행될 때 준비 상태에 있는 사용자 스레드 수가 최대치일 때보다 크게 잡으면 어떤 점에서 비효율적인가?
2. 스케줄러 활성화는 다대다 스레드 맵핑의 효율을 어떻게 높이는가?

▶ **풀이** 1) 스레드 풀에 있는 각 작업자 스레드는 메모리 같은 시스템 자원을 소비한다. 작업자 스레드 수가 준비 상태에 있는 사용자 스레드 수보다 많으면 불필요한 스레드 생성에 오버헤드가 들고 메모리 할당도 비효

▶▶

율적이다. 2) 스케줄러 활성화는 응용 프로그램이 처리량을 최대화하기 위해 스레드 스케줄링 방법을 지정할 수 있게 해준다.

4.7 스레드 구현 시 고려 사항

이 절에서는 스레드 신호 전달과 스레드 취소와 관련해 스레드 구현들의 차이점을 살펴본다. 특히 스레드 연산 및 관리와 관련해 가장 기본이 되는 이슈들을 통해 차이점을 알아보자.

4.7.1 스레드 신호 전달

신호 signal는 하드웨어 인터럽트와 같이 프로세스 실행을 중단한다. 그러나 신호는 운영체제나 사용자 프로세스 같은 소프트웨어에서 발생시킨다. 신호는 유닉스 운영체제에서 도입한 이후 표준적인 프로세스 간 통신 메커니즘이 되었다. 원래 유닉스 운영체제는 스레드를 지원하지 않아서 신호를 프로세스 사이에서 사용하도록 설계했다.[31]

'3.5.1 신호'에서 논의한 것처럼 운영체제가 프로세스에 신호를 전달할 때 프로세스는 실행을 중단하고 신호에 반응할 **신호 처리기** signal handler를 호출한다. 신호 처리기가 처리를 마치면 프로세스는 (종료 exit되지 않은 경우) 실행을 재개한다.[32]

신호에는 동기 신호와 비동기 신호라는 두 가지 유형이 있다. **동기 신호** synchronous signal는 프로세스나 스레드가 실행한 명령어의 직접적인 결과로 발생한다. 예를 들어, 프로세스나 스레드가 불법적인 메모리 조작을 수행하려고 하면, 운영체제는 프로세스에 동기 신호를 보내 예외를 알린다. **비동기 신호** asynchronous signal는 현재 실행하는 명령어와 무관한 다른 이벤트에서 발생한다. 이러한 신호는 신호를 받을 프로세스 ID를 명시해야 한다. 비동기 신호는 프로세스에 입출력 완료, 프로세스 일시 정지, 프로세스 계속 실행을 통지하거나 프로세스를 종료해야 함을 알리는 등 다양한 목적으로 사용한다('16.10.1 신호'에 있는 POSIX 신호 리스트 참고).

시스템에 있는 모든 프로세스가 프로그램 제어 흐름을 단 하나만 포함한다면, 신호 전달은 매우 분명할 것이다. 신호가 동기적인 경우, 신호를 발생시킨 프로세서가 지금 실행하고 있는 프로세스에 신호를 전달하거나, 수신할 프로세스가 실행 상태가 될 때까지 기다렸다가 전달하도록 **보류 신호** pending signal 큐에 저장할 수도 있다

이제 멀티스레드 프로세스인 경우를 생각해보자. 동기 신호면 인터럽트를 생성해 신호를 발생시킨 프로세서에서 현재 실행되는 스레드에 해당 신호를 보내야 할 것이다. 반면, 비동기 신호

면 운영체제에서 신호의 수신자를 식별할 수 있어야 한다. 한 가지 방법은 송신자가 스레드 ID를 명시하도록 요청하는 것이다. 그러나 프로세스가 사용자 수준 스레드 라이브러리를 사용하는 경우, 운영체제는 신호를 받을 스레드를 결정할 수 없다.

이에 대한 대안으로, 운영체제가 신호의 송신자가 프로세스 ID를 명시하도록 신호를 구현할 수도 있다. 이 경우 운영체제는 신호를 모든 스레드에 보낼지, 몇몇 스레드 혹은 한 스레드에 보낼지 결정해야 한다. 이상하게 보일 수도 있지만, 실제로 이 방식이 유닉스 시스템과 POSIX 명세에서 채택한 신호 전달 모델이다. 이는 유닉스 운영체제용으로 작성한 원래의 응용 프로그램들과 호환성을 유지하려는 것이다('에피소드: 엔지니어링' 참고).

POSIX 명세에 따르면 프로세스들은 스레드 ID가 아닌 프로세스 식별자를 명시해 신호를 전달한다. POSIX는 스레드 신호 전달 문제를 해결하려고 신호 마스킹을 사용한다. 스레드는 **신호 마스크** signal mask를 사용해 특정 유형의 신호를 비활성화하고, 해당 유형의 신호들을 받지 않을 수 있다. 이렇게 해서 스레드는 자신이 받고 싶은 신호를 제외하고 다른 신호를 모두 마스킹할 수 있다([그림 4-6]). 이러한 접근법을 사용하면, 운영체제가 한 프로세스를 위한 신호를 받을 때 해당 프로세스에 속한 스레드 중 해당 유형의 신호를 마스킹하지 않은 모든 스레드에 신호를 보낸다. 신호 유형과 기본 동작 default action에 따라 ('3.5.1 신호' 참고) 신호들은 자신에 대한 마스크가 풀릴 때까지 큐에 대기할 수도 있고, 단순히 버려질 수도 있다. 예를 들면, [그림 4-6]에서 각 모형은 일시 정지, 재시작, 종료 등 상이한 유형의 신호들을 나타낸다. 이 경우 운영체제는 삼각형 유형의 신호를 멀티스레드 프로세스에 보내려고 한다. 스레드 1과 3이 삼각형 신호를 마스킹하고 있고 스레드 2는 마스킹하지 않고 있다. 따라서 운영체제는 삼각형 신호를 스레드 2에 보내고, 이어서 프로세스가 가진 신호 처리기 중 삼각형에 대응하는 처리기를 호출한다.

프로세스는 신호 마스킹을 통해 여러 스레드가 받을 신호를 나눌 수 있다. 예를 들어, 워드 프로세서에는 키보드 이벤트를 제외한 모든 신호를 마스킹하는 스레드가 있을 수 있다. 이 스레드의

에피소드

엔지니어링

운영체제 분야는 종종 과학이라기보다는 공학, 즉 엔지니어링에 속한 것처럼 보인다. 한 친구가 한 번은 엔지니어링에 대해 정의하기를 "긁힌 데가 있으면 페인트 칠을 하라. 만약 맞지 않는 부분이 있으면 부숴버려라. 그러면 맞을 것이다"라고 했다. 이런 정의는 비록 투박하지만 운영체제 설계자들이 얼마나 꾀가 많은지를 잘 지적해준다.

운영체제 설계자들에게 주는 교훈: 가끔 운영체제의 심층을 파고들다 보면 이런 식의 땜빵과 때려부순 흔적들을 만나게 될 것이다.

유일한 목적은 사용자의 키 입력을 기록하는 것이다. 신호 마스킹은 또한 운영체제가 신호를 받을 스레드를 결정할 수 있게 해준다.

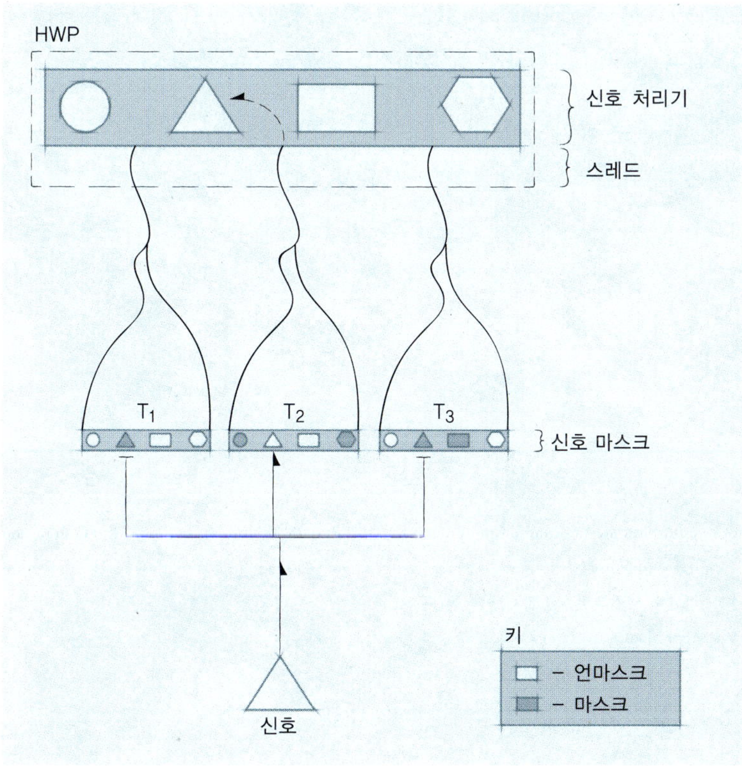

[그림 4-6] 신호 마스킹

POSIX 신호 전달 메커니즘을 구현할 때, 운영체제는 각 사용자 스레드를 위한 신호 마스크의 위치를 찾을 수 있어야 한다. 일대일 스레드 맵핑은 이 문제를 간단하게 해준다. 운영체제가 각 커널 스레드에 신호 마스크를 붙일 수 있고, 이는 사용자 스레드 하나와 정확히 대응하기 때문이다. 그러나 시스템이 다대다 모델을 사용하는 경우, 신호 마스킹이 복잡한 문제가 될 수 있다. 한 프로세스를 위해 비동기 신호가 생성되고 해당 신호를 마스킹하지 않은 유일한 스레드가 현재 실행 상태가 아닐 경우를 생각해보자. 이 경우 운영체제는 신호를 보류 신호 리스트에 추가할 수도 있고 그냥 잃는 경우도 있다. 일반적으로는 프로세스나 스레드들에 중요한 이벤트를 알리는 데 신호를 사용하므로, 운영체제가 신호를 버리면 안 된다.*

* POSIX 명세에는 프로세스의 모든 스레드가 신호를 마스킹하고, 대응하는 신호 처리기가 해당 신호를 무시하는 방식이라면 운영체제가 신호를 버릴 수도 있다고 나와 있다.[33]

다대다 스레딩 모델에서 신호들을 보류하는 방식을 구현하는 한 가지 방법은, 각 멀티스레드 프로세스마다 커널 스레드 한 개를 생성하는 것이다. 이러한 커널 스레드는 비동기 신호들을 모니터링하고 전달한다. 솔라리스 7 운영체제는 비동기 신호 경량 프로세스 ASLWP, Asynchronous Signal LightWeight Process라는 스레드를 만들어 신호 발생 시 스레드가 실행 상태가 아닌 경우에도 신호들을 모니터링하고 보류 신호들을 관리해 적절한 스레드에 전달되게 해준다.[34]

멀티스레드 프로세스가 사용자 수준 라이브러리를 사용하면, 각 스레드를 구별할 수 없으므로 운영체제는 단순히 모든 신호를 프로세스에 전달한다. 사용자 수준 라이브러리는 운영체제에 신호 처리기를 등록해 신호를 받을 때 실행되게 한다. 그러면 프로세스의 사용자 수준 스레드 라이브러리는 자신의 스레드들 중 해당 신호를 마스킹하지 않은 모든 스레드에 해당 신호를 보낸다.[35, 36]

셀프 리뷰

1. 동기 신호 전달이 비동기 신호 전달보다 간단한 이유는 무엇인가?
2. 다대다 스레딩 모델에서 ASLWP는 신호 처리 문제를 어떻게 해결했는가?

▶ **풀이** 1) 비동기 신호와 달리 동기 신호는 프로세서에서 현재 실행 중인 프로세스나 스레드에서 발생한다. 운영체제는 신호에 대응하는 인터럽트를 발생시킨 프로세서에서 현재 실행되고 있는 프로세스나 스레드가 무엇인지 파악함으로써 신호 수신자를 쉽게 식별할 수 있다. 2) 운영체제는 각 신호를 저장할 수 있는 스레드를 생성하고, 비동기 수신자가 실행 상태가 될 때까지 대기했다가 수신자가 실행 상태가 될 때 신호를 전달한다.

4.7.2 스레드 종료

스레드가 실행을 완료하고 정상적으로 종료할 때(즉, 스레딩 라이브러리에 exit 호출을 하거나 스레드의 코드를 담은 메소드를 빠져나올 때) 운영체제는 시스템에서 스레드를 제거한다. 스레드는 또한 불법적인 메모리 참조 등의 예외 혹은 프로세스나 스레드로부터의 취소 cancellation 신호 때문에 도중에 중단될 수도 있다. 스레드는 공유 데이터를 수정하거나 해서 협력하기 때문에, 응용 프로그램은 자신의 스레드 중 어느 하나가 예상치 못하게 종료할 때 미묘한 오류를 일으킬 수도 있다. 결과적으로 스레딩 라이브러리들은 언제, 어떻게 시스템에서 스레드를 제거해야 할지 신중하게 결정해야 한다. 스레드는 취소 신호를 마스킹해 취소 신호를 비활성화할 수도 있다. 대개는 공유 데이터의 값을 수정하는 등 종료 전에 꼭 완료해야 할 작업을 수행할 때만 취소 신호 마스킹을 사용한다.[37]

셀프 리뷰

1. 스레드가 종료될 수 있는 세 가지 경우는 무엇인가?
2. 스레드가 취소 신호를 비활성화할 수 있게 허용해야 하는 이유는 무엇인가?

▶ **풀이** 1) 스레드는 실행을 완료함으로써 종료할 수 있다. 또는 치명적인 예외가 발생하거나 취소 신호를 받아 종료하기도 한다. 2) 프로세스의 공유 주소 영역의 값을 수정하는 스레드가 작업 도중에 중단되면 데이터가 일치하지 않는 상태로 마칠 우려가 있다. 따라서 필수 작업을 마칠 때까지 취소 신호를 마스킹해야 한다.

4.8 POSIX와 Pthread

POSIX Portable Operating System Interface for Computing Environments는 IEEE의 PASC Portable Application Standards Committee에서 발표한 운영체제 인터페이스의 표준 집합으로, 대체로 유닉스 시스템 V[38]에 기초한다. POSIX 명세는 스레드와 자신의 스레딩 라이브러리 사이의 표준 인터페이스를 정의한다('에피소드: 표준과 적합성 – 플러그별 호환성' 참고). POSIX 스레딩 API를 사용하는 스레드를 **Pthread**라고 하며, 때로는 'POSIX 스레드' 혹은 'POSIX 1003.1c 스레드'라고도 한다.[39]

에피소드

표준과 적합성 – 플러그별 호환성 Plug-to-Plug Compatibility

이야기의 배경은 이렇다. 1960년대의 테이프 드라이버 제조업체들은 주요 컴퓨터 제조업체들이 만든 테이프 드라이브를 따라잡을 수 있는 제품을 만들려고 했다. 그들의 비즈니스 전략은 자신들이 만든 드라이브가 주요 컴퓨터 제조업체들의 제품과 '플러그별 호환 가능' plug-to-plug compatible하면서도 저렴하다고 홍보하는 것이었다. 그래서 주요 컴퓨터 제조사들의 명세를 준수해 드라이브를 제조하기 시작했다. 문제는 이 드라이브들을 실제로 컴퓨터에 추가하려고 했을 때, 드라이브들이 도무지 작동을 하지 않았다. 제품을 아무리 테스트해도 당황스러울 뿐이었다.

명세를 완벽히 준수해 만든 테이프 드라이브들이 왜 작동하지 않는단 말인가? 좀더 자세히 검토해 보니 바로 명세에 문제가 있었다. 제조업체들은 이 오류들을 수정했다. 그리고 우스갯소리로 주요 컴퓨터 제조사들의 제품과 '버그별 호환 가능' bug to bug compatible한 드라이브라고 광고했어야 옳았을 것이라고 말했다.

운영체제 설계자들에게 주는 교훈 : 우리는 허다한 표준들이 있고, 또 그 표준들이 진화해가는 세계에 살고 있다. 현대 운영체제에서 표준 적합성은 매우 중요한 성공 요인이다. 그러나 표준을 준수했다고 해서 제품이 완벽하다고 믿으면 안 된다. 운영체제가 그러하듯 표준 자체도 불완전한 인간의 오류가 개입될 수 있다.

POSIX 명세는 스레딩 인터페이스의 세부 구현 내용은 고려하지 않는다. Pthread는 커널이나 사용자 수준 라이브러리에서 구현할 수 있다.

POSIX는 프로세서 레지스터, 스택, 신호 마스크는 각 스레드마다 고유하게 유지하고, 기타 자원과 정보는 프로세스에 있는 모든 스레드에서 접근할 수 있다고 명시한다.[40] POSIX는 또한 '4.7 스레드 구현 시 고려 사항'에서 논의한 여러 문제를 해결하기 위한 신호 모델을 정의하고 있다. POSIX에 따르면 스레드가 잘못된 메모리 연산 같은 예외 때문에 동기 신호를 생성할 때, 해당 신호는 오직 해당 스레드에만 전달된다. 그러나 신호가 한 스레드에 국한된 것이 아니면, 스레딩 라이브러리는 해당 신호 유형을 마스킹하지 않은 스레드에 전달한다. 만일 여러 스레드에서 kill 신호를 마스킹하지 않은 채로 있다면, 이 신호는 이러한 스레드 중 하나에 전달된다. 더 중요한 점은 특정 스레드를 종료하기 위해 kill 신호를 사용하지 않을 수도 있다는 점이다. 어떤 스레드가 kill 신호에 따라 행동하면 프로세스 전체가 자신의 스레드를 모두 포함해 종료할 것이기 때문이다. 이 예는 POSIX 신호 모델의 또 다른 중요한 특징을 보여준다. 다시 말해 신호 마스크는 개별 스레드마다 저장되지만, 신호 처리기는 프로세스에 있는 모든 스레드에서 공유한다.[41, 42]

POSIX는 특정 스레드를 종료할 목적으로 목표 스레드를 지정하는 취소 기능을 제공한다. 그 결과는 목표 스레드의 취소 모드에 따라 달라진다. 목표 스레드가 **비동기 취소** asynchronous cancellation를 선택하면 스레드는 실행 중 어느 때든 종료할 수 있다. 스레드가 **취소 지연** defers cancellation을 하면 명시적으로 취소 요청을 확인할 때까지 취소되지 않을 것이다. 취소 지연은 스레드가 갑작스럽게 종료되기 전에 일련의 작업을 완료할 수 있게 해준다. 스레드는 또한 **취소 비활성화** disable cancellation를 할 수도 있다. 즉, 취소 요청을 스레드에 알리지 않는다.[43]

POSIX 명세는 '4.5 스레드 연산'에서 다룬 공통적인 기능 외에도 더 발전된 기능들을 제시한다. POSIX는 프로그램들이 다양한 수준의 병렬성을 명시하고, 사용자 정의 알고리즘과 실시간 스케줄링 등을 비롯해 다양한 스케줄링 정책을 구현할 수 있게 해준다. POSIX 명세에는 또한 잠금 lock, 세마포어 semaphore, 조건 변수 condition variable를 사용한 동기화에 관해서도 언급하고 있다('5장. 비동기식 병행 실행' 참고).[44, 45, 46]

오늘날 가장 널리 사용되는 운영체제 중 완전한 네이티브 native Pthread를 구현(즉, 커널에서 구현)하는 것은 거의 없다. 그러나 POSIX 스레딩 라이브러리는 다양한 운영체제를 폭넓게 지원하기 위해 존재한다. 예를 들어, 리눅스는 POSIX를 따르지 않지만 네이티브 POSIX 스레드 라이브러리 NPTL 프로젝트는 리눅스 시스템을 커널 수준 스레드를 사용하는 POSIX 스레딩 라이브러리에 적합하게 만드는 것을 목적으로 한다.[47]

이와 유사하게 마이크로소프트 윈도우 인터페이스(말하자면 Win32 API)에서는 일련의 운영체제에서 POSIX를 따르지는 않았지만 사용자들은 POSIX 서브시스템을 설치할 수 있다.*

셀프 리뷰

1. Pthread와 같은 표준 스레드 인터페이스를 사용하는 주요 이유는 무엇인가?
2. POSIX 표준은 어떤 스레딩 모델을 요구하는가?

▶ **풀이** 1) 표준 스레딩 인터페이스를 사용하면 응용 프로그램의 이식성이 높아지고, 덕분에 여러 플랫폼에서 동작해야 하는 응용 프로그램을 개발하는 시간을 줄일 수 있다. 2) POSIX 표준은 특정한 구현을 요구하지 않는다. 따라서 스레드는 사용자 수준, 커널 수준 혹은 두 가지를 조합한 스레드 모델로 구현할 수 있다.

4.9 리눅스 스레드

리눅스 운영체제의 스레드 지원은 1.0.9 버전에서는 사용자 수준 스레드로, 1.3.56 버전에서는 커널 수준 스레드로 소개되었다.[49] 리눅스가 스레드를 지원하지만 많은 리눅스 커널 서브시스템은 스레드와 프로세스를 구별하지 않는다는 사실을 인식하는 것이 중요하다. 사실 리눅스는 프로세스와 스레드에 동일한 유형의 프로세스 기술자 process descriptor를 할당한다. 리눅스에서는 프로세스와 스레드를 모두 **작업** task이라고 한다. 리눅스는 유닉스 기반 시스템 호출인 fork를 사용해 자식 작업을 생성한다. 리눅스는 fork 시스템 호출에 대한 응답으로 그 부모 작업들의 모든 자원(주소 공간, 레지스터 내용, 스택 등)에 대한 사본을 생성한다.

리눅스는 스레딩을 가능하게 하려고 clone이라는 수정된 버전의 fork 시스템 호출을 제공한다. clone은 fork와 유사하게 자신을 호출하는 작업의 사본을 생성한다. 프로세스 계층에서 사본은 clone 시스템 호출을 한 작업의 자식 작업이 된다. 그런데 clone은 fork와 달리 자식 프로세스와 공유할 자원이 무엇인지 명시하는 인자 argument를 받는다. 자원 공유의 최상위 수준에서 볼 때, clone으로 생성한 작업은 '4.3 스레드의 정의'에서 언급한 스레드에 해당한다.

리눅스 커널 버전 2.6에서는 시스템에서 임의의 수의 스레드를 지원하는 일대일 스레드 맵핑을 제공한다. 모든 작업은 동일한 스케줄러로 관리한다. 즉, 프로세스와 스레드는 동등한 우선순

* 썬 마이크로시스템즈의 솔라리스 9 운영체제는 POSIX를 준수하는 Pthread 라이브러리와 레거시 솔라리스 스레드 라이브러리(UI 스레드라고 한다)라는 두 가지 스레딩 라이브러리를 제공한다. Pthread와 솔라리스 스레드에는 차이가 별로 없다. 솔라리스는 Pthread 함수 호출과 솔라리스 스레드 함수 호출이 동일한 응용 프로그램에서 오는 것이라면 유효한 것으로 인정되도록 설계되었다.[48]

위로 동일한 수준의 서비스를 받는다. 스케줄러는 다수의 프로세스나 스레드에 맞게 규모 확장성 scalability을 갖도록 설계되었다. 리눅스는 일대일 맵핑과 효율적인 스케줄링 알고리즘의 조합으로 규모를 쉽게 확장할 수 있는 스레드 구현을 갖추게 되었다('운영체제적 생각: 규모 확장성' 참고). 리눅스가 기본으로 POSIX 스레드를 지원하는 것은 아니지만 POSIX 스레딩 라이브러리를 포함해 배포된다. 2.4 커널에서는 LinuxThread라는 스레딩 라이브러리가 POSIX의 기능을 지원했다. 그러나 POSIX 명세와 완벽하게 맞는 것은 아니었다. 좀더 최근의 프로젝트인 NPTL Native POSIX Thread Library은 거의 완벽하게 POSIX 명세를 준수하며 2.6 커널의 기본 스레딩 라이브러리가 될 가능성이 크다.[50]

프로세스 테이블에 있는 각 작업은 현재 작업 상태(실행 running, 정지 stopped, 데드 dead 등) 정보를 저장한다. 실행 상태의 작업은 프로세서를 할당받을 수 있다([그림 4-7]). 작업이 휴면하거나 블록되거나, 다른 이유로 프로세스에서 실행될 수 없을 때 휴면 상태에 들어간다. 작업은 정지(일시 정지) 신호를 받으면 정지 stopped 상태에 들어간다. 좀비 zombie 상태는 작업이 종료되었는데 시스템에서 아직 제거되지 않은 상태를 가리킨다. 예를 들면, 작업이 몇몇 스레드를 포함하면 자신의 스레드에 종료 신호를 받았음을 알릴 때까지 좀비 상태에 들어간다. 데드 상태에 있는 작업은 시스템에서 제거할 수 있다. 이러한 상태들은 '16.5.1 프로세스와 스레드 구성'에서 자세히 논의한다.

운영체제적 생각

규모 확장성 Scalability

사용자들의 컴퓨팅 양은 시간이 지날수록 늘어나는 경향이 있다. 그러므로 운영체제는 규모를 쉽게 확장 가능 scalable해야 한다. 즉, 하드웨어와 소프트웨어 기능이 추가되고 늘어날 때, 컴퓨터에 동적으로 추가될 수 있어야 한다. 예를 들어, 멀티프로세서 운영체제는 프로세서 두 개를 관리하는 데서 네 개를 관리하는 구성으로 용이하게 확장될 수 있어야 한다.

오늘날 대부분의 시스템은 디바이스 드라이버 device driver 아키텍처를 사용해 운영체제를 처음 설계할 때는 존재하지도 않던 새로운 유형의 장치도 쉽게 추가할 수 있게 한다. 이 책 전반에 걸쳐 운영체제의 규모를 확장할 수 있는 기술들을 논의한다. 특히 리눅스 규모 확장성에 관해 살펴볼 것이다.

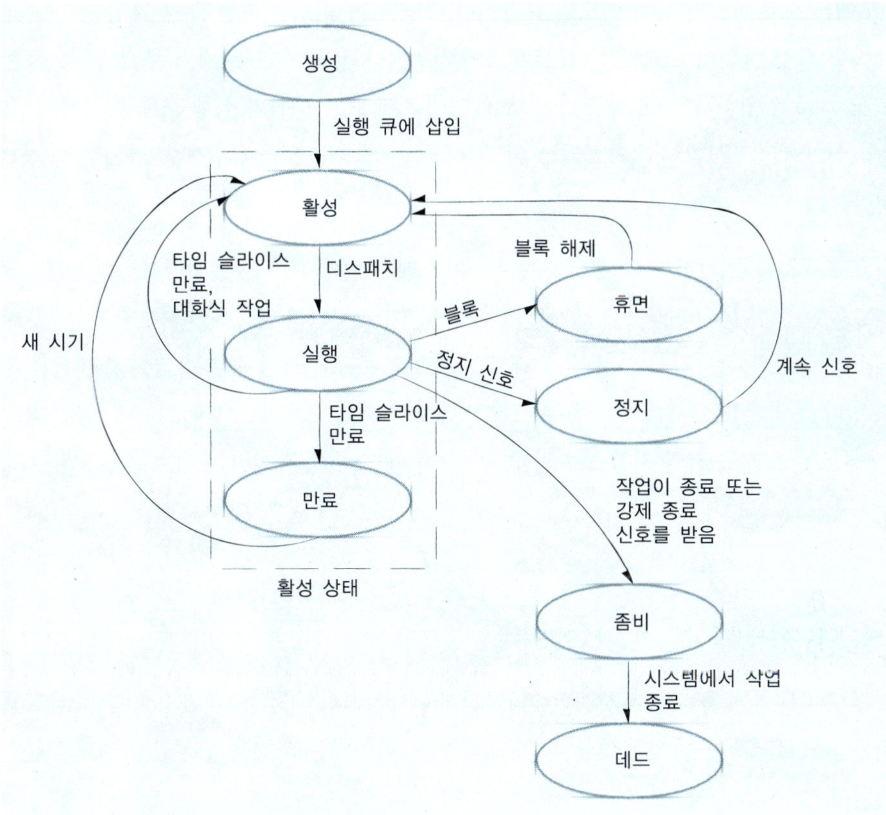

[그림 4-7] 리눅스 작업의 상태 전이 다이어그램

셀프 리뷰

1. 리눅스 시스템에서 fork와 clone 시스템 호출의 차이점은 무엇인가?
2. 좀비 상태와 데드 상태의 차이점은 무엇인가?

▶ **풀이** 1) 작업이 fork 시스템 호출을 하면 자식 작업을 생성하고 부모 작업 자원의 사본을 할당한다. 작업이 clone 시스템 호출을 할 때는 자식 작업과 공유할 자원을 인자로 명시한다. clone으로 생성한 작업은 스레드와 유사하다. 2) 좀비 zombie 상태 작업은 시스템에서 제거되지 않은 것으로, 다른 스레드들이 종료 사실을 통지받을 수 있게 한다. 데드 dead 상태 작업은 시스템에서 즉시 제거할 수 있다.

4.10 윈도우 XP 스레드

윈도우 XP에서는 프로세스가 프로그램 코드와 실행 문맥, 자원, 관련 스레드 한두 개로 구성된다. 실행 문맥은 프로세스의 가상 메모리 공간이나 다양한 속성(보안 속성 등)을 포함한다. 스레드는 실제적인 실행 단위다. 스레드는 프로세스의 자원을 사용하여, 프로세스 문맥에서 프로세스 코드의 일부를 실행한다. 프로세스의 문맥에 더해 스레드는 자신의 실행 문맥을 가지며, 여기에는 런타임 스택, 시스템의 레지스터 상태, 기타 여러 가지(스케줄링 우선순위 등) 속성 정보가 포함된다.[51]

시스템이 프로세스를 초기화할 때, 프로세스는 **주 스레드** primary thread를 생성한다. 주 스레드는 다른 스레드들과 같이 동작하지만, 반환되면 (주 스레드가 종료하지 않도록 명시하지 않는 한) 해당 프로세스가 종료한다는 점이 다르다. 스레드는 자신의 프로세스에 속하는 다른 스레드를 생성할 수도 있다.[52] 같은 프로세스에 속하는 모든 스레드는 해당 프로세스의 가상 주소 공간을 공유한다. 스레드는 **스레드 지역 저장소** TLS, Thread Local Storage에 스레드 자신만의 정보들을 저장할 수 있다.

파이버

스레드는 **파이버** fiber*를 생성할 수 있다. 파이버는 스레드와 유사하며, 스케줄러 대신 자신을 생성하는 스레드에서 스케줄링한다는 점만 다르다. 파이버는 개발자들이 사용자 수준 스레드를 사용하는 응용 프로그램을 쉽게 포팅할 수 있게 해준다. 파이버는 자신을 생성한 스레드의 문맥에서 실행된다.[53]

파이버는 프로세서 레지스터에 다음 실행할 명령어 등의 상태 정보를 유지해야 한다. 스레드는 각 파이버에 대한 상태 정보를 저장한다. 스레드도 한 실행 단위므로 다른 파이버들로부터 자신의 상태 정보를 구분해 유지하려면 파이버로 변환해야 한다. 실제로 윈도우 API에서는 스레드가 파이버를 생성하거나 다른 파이버를 스케줄링하기 전에 먼저 자신을 파이버로 변환하게 하고 있다. 스레드의 문맥은 유지되고, 해당 스레드와 연관된 모든 파이버는 이 문맥에서 실행된다.[54]

커널이 실행을 위해 파이버로 변환된 스레드를 스케줄링할 때마다, 변환된 파이버나 해당 스레드에 속한 다른 파이버가 실행된다. 파이버가 프로세서를 얻으면 자신이 실행되고 있는 문맥의 스레드가 선점당하거나, 파이버가 스레드에 있는 다른 파이버로 실행을 전환할 때까지 실행을 계속한다. 스레드가 자신의 스레드 지역 저장소를 갖듯이, 파이버도 자신만의 **파이버 지역 저장소** FLS, Fiber Local Storage를 갖는다. FLS는 각 파이버를 대상으로 스레드의 TLS와 유사한 기능을 한

* 역자주: 스레드와 같이 '섬유', '실'을 의미한다.

다. 또한 파이버는 자신이 속한 스레드의 TLS에도 접근할 수 있다. 파이버가 자신을 삭제하면 (즉, 종료되면) 해당 스레드도 종료된다.[55]

스레드 풀

윈도우 XP는 각 프로세스에 스레드 풀thread pool을 제공한다. 스레드 풀에는 몇몇 작업자 스레드가 있다. 이들 스레드는 사용자 스레드로 지정한 기능을 수행하는 커널 모드 스레드다. 사용자 스레드로 지정한 기능 수가 작업자 스레드 수보다 많아질 수 있기 때문에 윈도우 XP는 실행할 기능 요청들을 큐에 보관한다. 스레드 풀에서는 작업자 스레드들이 휴면하고 있다가 풀의 큐에 요청이 들어오면 하나씩 할당된다.[56] 요청들을 큐에 저장하는 스레드는 실행할 기능을 명시하고 문맥 정보를 제공해야 한다.[57] 스레드가 기능을 풀에 제출할 때 스레드 풀이 처음 생성된다.

스레드 풀을 사용하는 데는 여러 가지 목적이 있다. 웹 서버와 데이터베이스는 스레드 풀을 이용해 클라이언트의 요청을 처리한다. 요청할 때마다 스레드 생성과 소멸이 있으면 오버헤드가 크므로, 프로세스는 스레드 풀 큐에 요청들을 넣어둔다. 또한 (예를 들면, 이벤트 발생을 대기하며) 대부분의 시간을 휴면하는 스레드들은 해당 이벤트들이 발생할 때마다 깨어나는 한 작업자 스레드로 대체될 수도 있다. 더 나아가 응용 프로그램들은 스레드 풀을 사용해 비동기 입출력을 수행할 수도 있다. 즉, 요청을 풀의 큐에 넣고 입출력 루틴을 실행하는 것이다. 스레드 풀을 사용하면 개발자가 많은 스레드를 생성하고 소멸해야 할 필요가 없기 때문에 응용 프로그램은 더 간단하고 효율적으로 될 수 있다. 그러나 스레드 풀은 프로그램의 제어 흐름을 프로그래머가 아닌 시스템에 주기 때문에 비효율적일 수도 있다. 예를 들면, 시스템은 요청의 양에 따라 프로세스의 스레드 풀 크기를 늘리거나 줄인다. 그러나 프로그래머가 스레드가 몇 개 필요할지 더 잘 예측할 수 있는 경우도 있다.[58]

스레드 상태

윈도우 XP에서 스레드는 8가지 상태를 지닐 수 있다([그림 4-8]). 스레드는 처음 생성될 때 **초기화 상태**initialized state에 있다. 일단 초기화가 끝나면 스레드는 **준비 상태**ready state가 된다. 준비 상태 스레드는 프로세서를 사용할 수 있는 때를 기다린다.

디스패처가 다음 번에 실행하기로 결정한 스레드는 **즉시 대기 상태**standby state가 되고 프로세서가 자기 차례가 될 때까지 기다린다. 예를 들면, 이전에 실행되던 스레드에서 자신으로 문맥 교환이 일어나는 동안 즉시 대기 상태에 들어간다. 스레드가 프로세서를 차지하면 **실행 상태**running state가 된다. 그리고 실행을 마치거나 퀀텀이 만료되거나, 선점당하거나, 일시 정지되거나, 어떤 객체를 시중들 때 실행 상태에서 빠져나오게 된다. 스레드의 명령들이 모두 실행되면 스레드는

종료 상태 terminated state가 된다. 시스템이 종료된 스레드를 즉시 삭제할 필요는 없다. 프로세스가 해당 스레드를 다시 초기화할 경우, 스레드 생성에 드는 오버헤드를 줄일 수 있기 때문이다. 시스템은 종료된 스레드의 자원을 해제하고 나면 해당 스레드를 제거한다. 실행 스레드가 선점당하거나 퀀텀이 만료될 경우에는 준비 상태가 된다.

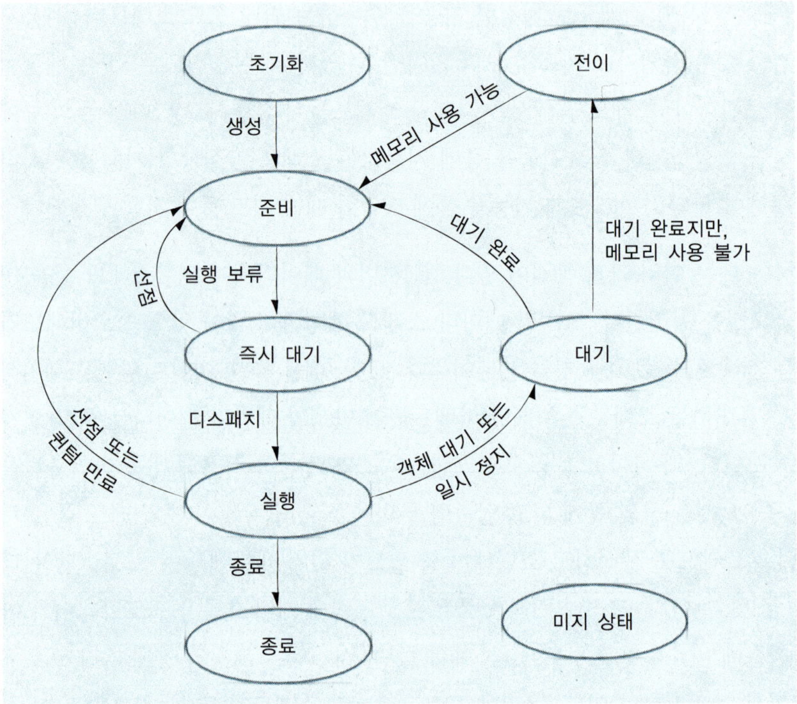

[그림 4-8] 윈도우 XP 스레드 상태 전이 다이어그램

실행 상태 스레드는 입출력 완료 등의 이벤트를 대기하는 동안 **대기 상태** waiting state에 들어간다. 또한 충분한 접근 권한이 있는 다른 스레드나 시스템이 스레드를 일시 정지하면 스레드가 재시작될 때까지 대기 상태가 되게 하기도 한다. 스레드의 대기가 끝나면 준비 상태로 돌아가거나 **전이 상태** transition state에 들어간다. 스레드의 데이터를 현재 사용할 수 없을 때(예를 들어, 스레드가 최근에 실행되지 않았고, 시스템이 다른 목적으로 스레드의 메모리를 요구하는 경우)는 시스템이 스레드를 전이 상태에 둔다. 그렇지 않은 경우에는 스레드가 실행 준비가 된다. 시스템이 스레드의 커널 스택을 메모리에 다시 페이지하면 스레드는 준비 상태에 들어간다. 스레드의 상태가 불분명할 때(대체로 오류 때문에 이런 경우가 발생한다), 시스템은 스레드를 **미지 상태** unknown state로 둔다.[59, 60]

셀프 리뷰

1. 윈도우 XP에서 파이버는 어떤 목적으로 사용되는가?
2. 주 스레드는 다른 스레드들과 어떻게 다른가?

▶ **풀이** 1) 파이버는 자신의 스레드(예를 들면, 사용자 수준 스레드)를 스케줄링하는 응용 프로그램들과 호환성을 높이려고 사용한다. 2) 다른 스레드들과 달리 주 스레드가 반환되면 해당 스레드가 속한 프로세스가 종료된다.

4.11 자바 멀티스레딩 사례 연구 1: 자바 스레드 소개

이어지는 장들에서 보겠지만, 프로세스와 스레드를 통해 소개한 병행성 concurrency 은 소프트웨어 설계에 큰 영향을 줬다. 이번과 다음 사례 연구에서 병행성 관련 문제를 기술하고, 이를 해결하는 실제 프로그램 예제를 제공한다. 예제 프로그램은 대부분의 유명한 플랫폼에서 이식성이 높은 자바를 사용해 작성했다. 이 사례 연구에서는 자바에 관한 기초적인 지식을 전제한다.

이 절에서는 자바 API에서 제공하는 다양한 스레드 관련 메소드를 살펴본다. 실제 코드 예제에서 이러한 메소드를 많이 사용했다. 각 메소드의 사용법, 특히 각 메소드가 생성할 수 있는 예외 등에 관한 상세한 정보를 얻으려면 직접 자바 API를 참고하기 바란다(http://java.sun.com/j2se/1.4/docs/api/java/lang/Thread.html).

java.lang 패키지에 있는 Thread 클래스는 생성자 constructor 를 여러 개 가지고 있다. 생성자 public Thread(String threadName)는 이름이 threadName인 스레드 객체를 생성한다. 또 다른 생성자 public Thread( )는 Thread-1, Thread-2 등과 같이 이름이 'Thread-'로 시작하고 숫자가 붙는 스레드를 생성한다.

스레드에서 실제적으로 일을 하는 코드는 run 메소드 안에 작성한다. run 메소드는 Thread의 서브클래스에서 재정의하거나 Runnable 객체에서 구현할 수 있다. Runnable은 프로그래머가 스레드의 생명 주기를 제어할 수 있게 해주는 자바 인터페이스다. Thread 클래스를 상속하지 않아도 Runnable 인터페이스를 사용하여 클래스의 객체에 있는 run 메소드를 통해 스레드가 할 일을 정의할 수 있다.

프로그램은 스레드의 start 메소드를 호출해 스레드 실행을 시작한다. 이어서 start 메소드는 run 메소드를 호출한다. start로 스레드를 시작한 직후 start 메소드는 자신을 호출한 쪽으로 리턴한다. 그러면 호출한 객체와 방금 시작된 스레드가 병행으로 실행된다.

정적 메소드 static method **sleep**은 밀리초 단위로 휴면할 시간을 지정하는 인자를 전달해 호출한다. 스레드가 휴면하는 동안에는 프로세서를 차지하려고 경쟁하지 않으며, 다른 스레드들이 실행될 수 있다. 그러면 우선순위가 낮은 스레드들도 실행 기회를 얻을 수 있다.

setName 메소드는 스레드의 이름을 지정해 프로그래머가 어떤 스레드가 실행되고 있는지 쉽게 파악하고 디버깅할 수 있게 해준다. **getName** 메소드는 스레드의 이름을 반환한다. **toString** 메소드는 스레드의 이름과 스레드의 우선순위, 스레드가 속한 **ThreadGroup**(스레드 그룹의 부모 프로세스에 해당한다)을 조합한 문자열을 반환한다. static 메소드인 **currentThread**는 현재 실행되고 있는 스레드 객체에 대한 참조 reference를 반환한다.

join 메소드는 호출하는 스레드가 작업을 계속 진행하기 전에 메시지를 받은 스레드가 종료할 때까지 기다린다. 인자가 없거나 인자 값이 0밀리초일 경우, 현재 스레드가 목표 스레드 종료 시까지 무한정 대기하게 만든다. 이런 식으로 대기하게 하면 위험할 수 있다. 교착 상태나 무기한 연기라는 두 가지 심각한 문제를 야기할 수 있기 때문이다. 이 개념들에 관해서는 '7장. 교착 상태와 무기한 연기'에서 자세히 다룬다.

자바에서는 **interrupt** 메소드를 사용해 스레드 신호 전달을 구현한다. 스레드의 wait, join 또는 sleep 메소드가 호출되어 블록된 스레드에 interrupt 메소드를 호출하면 InterruptedException에 대한 예외 처리기를 호출한다. static 메소드인 **interrupted**는 현재의 스레드가 인터럽트되었으면 true를 리턴하고, 그렇지 않으면 false를 리턴한다. 프로그램은 특정한 스레드의 **isInterrupted** 메소드를 호출해 해당 스레드가 인터럽트되었는지 여부를 확인할 수 있다.

스레드 생성과 실행

[예제 4-1]에서는 기본적인 스레드 객체를 생성하고 sleep 메소드를 사용하는 등의 스레드 기법을 보여주고 있다. 이 프로그램은 스레드 세 개를 생성한다. 각 스레드는 자신들이 0 ~ 5000 밀리초 사이의 임의 시간 동안 휴면할 것임을 알리는 메시지를 보여준 직후, 그 시간 동안 휴면한다. 각 스레드가 깨어날 때는 스레드의 이름을 출력하며, 이는 휴면이 끝났고 곧 종료되어 데드 상태가 됨을 나타낸다. 또한 main 메소드(즉 실행의 주체가 되는 스레드)가 응용 프로그램이 종료되기 전에 종료됨을 볼 수 있다. 프로그램은 클래스 두 개로 구성되어 있다. ThreadTester(4~23행)는 스레드 세 개를 생성한다. PrintThread(25~59행)는 run 메소드에 각 PrintThread가 수행할 작업을 기술하고 있다.

예제 4-1 자바 스레드가 생성, 시작, 휴면, 출력되는 예제

```
// [예제 4-1] ThreadTester.java
// 상이한 시간 차로 문장을 출력해 보이는 여러 스레드

public class ThreadTester {

    public static void main(String [] args)
    {
        // 각 스레드를 생성하고 이름을 지정함
        PrintThread thread1 = new PrintThread("thread1");
        PrintThread thread2 = new PrintThread("thread2");
        PrintThread thread3 = new PrintThread("thread3");

        System.err.println("Starting threads");

        thread1.start(); // thread1을 시작하고 준비 상태가 되게 함
        thread2.start(); // thread2를 시작하고 준비 상태가 되게 함
        thread3.start(); // thread3을 시작하고 준비 상태가 되게 함

        System.err.println("Threads started, main ends\n");

    } // main 메소드 끝

} // ThreadTester 클래스 끝

// PrintThread 클래스. 스레드에서 실행할 작업을 지정함
class PrintThread extends Thread  {
    private int sleepTime;

    // 상위 클래스의 생성자를 호출해 스레드의 이름을 지정함
    public PrintThread(String name)
    {
        super(name);

        // 0~5초 사이의 임의의 시간을 휴면 시간(sleep time)으로 정함
        sleepTime = (int) (Math.random() * 5001);
    } // PrintThread 생성자 끝

    // run 메소드는 새로운 스레드에서 실행할 코드를 정의함
    public void run()
    {
        // sleepTime만큼 스레드를 휴면함
        try {
            System.err.println(getName() + " going to sleep for " +
```

```
44              sleepTime + "  milliseconds");
45
46              Thread.sleep(sleepTime);
47           } // try 끝
48
49           // 휴면하는 동안 인터럽트되면 스택 트레이스를 출력함
50           catch (InterruptedException  exception) {
51              exception.printStackTrace();
52           } // catch 끝
53
54           // 스레드의 이름을 출력함
55           System.err.println(getName() + " done sleeping");
56
57        } // run 메소드 끝
58
59  }  // PrintThread 클래스 끝
```

결과 1

```
Starting threads
Threads started, main ends

thread1 going to sleep for 1217 milliseconds
thread2 going to sleep for 3989 milliseconds
thread3 going to sleep for 662 milliseconds
thread3 done sleeping
thread1 done sleeping
thread2 done sleeping
```

결과 2

```
Starting threads
thread1 going to sleep for 314 milliseconds
thread2 going to sleep for 1990 milliseconds
Threads started, main ends

thread3 going to sleep for 3016 milliseconds
thread1 done sleeping
thread2 done sleeping
thread3 done sleeping
```

PrintThread(25~59행) 클래스는 Thread를 상속한다. 따라서 각 PrintThread 객체는 동시에 실행될 수 있다. 이 클래스는 객체 변수인 sleepTime(27행)과 생성자(29~36행), run 메소드

(38~57행)로 구성된다. 변수 sleepTime은 새로운 PrintThread 객체의 생성자가 호출될 때 선택된 임의의 정수 값을 저장한다. PrintThread 객체로 제어하는 각 스레드는 대응하는 PrintThread 객체의 sleepTime으로 지정된 시간 동안 휴면한 후 스레드 이름을 출력한다.

PrintThread 생성자(29~36행)는 sleepTime의 값을 0 ~ 5000 범위의 숫자로 초기화한다. PrintThread가 처음으로 프로세서를 할당받아 실행될 때 run 메소드가 실행되기 시작한다. 43~44행은 현재 실행되고 있는 스레드의 이름을 출력하고, 해당 스레드가 얼마 동안 휴면할 것임을 보여준다. 43행은 현재 실행되고 있는 스레드의 getName 메소드를 사용해 스레드 이름을 얻는다. 스레드 이름은 PrintThread 생성자의 인자 값으로 지정되어 32행에서 슈퍼클래스 생성자에 문자열로 전달된다.[43] 메시지를 출력하기 위해 System.err 객체를 사용함을 볼 수 있다. System.err는 버퍼링되지 않기 때문에 출력 함수가 호출될 때 인자를 즉시 출력한다. 46행에서는 Thread 클래스의 static 메소드인 sleep을 호출해 스레드가 휴면 상태가 되게 한다. 이 시점에서 이 스레드는 프로세서를 잃고, 시스템은 다른 스레드가 실행되게 한다. 이 스레드가 깨고 나면 다시 준비 상태에 들어가고 프로세서를 할당받을 때까지 대기한다. PrintThread 객체가 다시 실행 상태가 되면 55행과 같이 스레드의 이름을 출력해 해당 스레드가 휴면을 마치고 깨어나 실행 중임을 나타낸다. 그 후 run 메소드는 종료되고, 스레드는 데드 상태가 되며 이 시점에 스레드가 사용한 자원들이 해제된다.

ThreadTester의 main 메소드(6~21행)는 PrintThread 객체 세 개를 생성하고 이름을 지정한다(9~11행). 멀티스레드 프로그램을 디버깅할 때 이러한 이름을 통해 어떤 스레드가 실행되고 있는지 알 수 있다. 15~17행에서는 각 스레드의 start 메소드를 호출하여 세 PrintThread 객체가 탄생 상태에서 준비 상태로 변하게 한다. start 메소드는 호출된 이후 즉시 반환한다. 그러면 19행에서 스레드가 시작되었다는 메시지가 출력된다. run 메소드의 코드를 제외하면 이 프로그램에 있는 모든 코드가 main 스레드에서 수행됨을 볼 수 있다. 모든 PrintThread 객체가 main 메소드에서 생성되었으므로 PrintThread 생성자 역시 main 스레드에서 실행된다. main 메소드가 종료할 때(21행), 프로그램 자신은 실행을 계속한다. 데몬 daemon 스레드가 아니면서 아직 살아 있는 스레드들이 있기 때문이다(즉, 스레드는 시작되었고 아직 데드 상태가 되지 않았다). 프로그램은 마지막 스레드가 죽을 때 종료된다. 시스템이 처음으로 PrintThread에 프로세서를 할당할 때 이 스레드는 실행 상태에 들어가고 스레드의 run 메소드가 실행을 시작한다.

실행 결과에서는 스레드들이 휴면을 시작할 때 각 스레드의 이름과 휴면 시간을 보여준다. 보통 가장 짧은 휴면 시간을 가진 스레드가 가장 먼저 깨어나서 휴면을 마치고 종료됨을 보여준다. 결과 2에서는 thread1과 thread2가 main 메소드 실행 완료 전에 이름과 휴면 시간을 출력함을 볼 수 있다. 이러한 상황을 통해, 여러 스레드가 일단 준비 상태에 들어가면 어떤 스레드든 프로세서를 할당받을 수 있음을 알 수 있다.

셀프 리뷰

1. 프로그래머들이 코드를 작성할 때 자바 스레드에 이름을 붙여야 하는 이유는 무엇인가?
2. 자바를 이용하여 Thread 클래스를 상속하지 않는 객체를 통해서 스레드를 생성할 수 있는 방법은 무엇인가?

▶ **풀이** 1) 자바 스레드의 이름을 지정함으로써 프로그래머들이 멀티스레드 프로그램을 디버깅할 때 어떤 스레드인지 식별할 수 있다. 2) Runnable 인터페이스를 구현하는 클래스에서 run 메소드를 사용해 스레드 생명 주기를 제어할 수 있다.

요약 Summary

최근 몇 년 동안 자바, C#, 비주얼 C++ 닷넷, 비주얼 베이직 닷넷, 파이썬 같은 범용 프로그래밍 언어들이 개발되어 응용 프로그램 개발자들이 병렬 프로그램을 작성할 수 있도록 지원하기 시작했다. 프로그래머들은 응용 프로그램이 실행 스레드를 포함하도록 코드를 작성하며, 각 스레드들은 다른 스레드들과 병렬로 실행되면서 프로그램의 한 부분을 맡아 수행된다. 멀티스레딩이라는 이 기술 덕분에 프로그래머들은 강력한 기능을 구현할 수 있게 되었다. 멀티스레딩 개념을 가진 언어를 지원하려면 운영체제가 필수적으로 스레드를 지원해야 한다.

스레드는 때때로 경량 프로세스LWP, LightWeight Process라고도 하는데, 많은 서로 자원을 공유하여(특히 스레드들이 속한 프로세스의 주소 영역을 공유한다) 성능과 효율을 향상시키기 때문이다. 스레드라는 명칭은 명령어들의 한 줄기, 프로그램 제어 흐름 한 가닥을 나타낸다. 프로세스에 있는 스레드들은 공통의 목적을 달성하기 위해 병렬로 수행된다. 프로세서 레지스터, 스택 그리고 다른 스레드 특정 데이터TSD, Thread Specific Data들은 각 스레드에 국한된다. 반면 소속 프로세스의 주소 영역은 모든 스레드가 공유한다. 스레드 구현 방법에 따라 운영체제 혹은 사용자 응용 프로그램에서 스레드를 관리한다. 많은 운영체제에서 스레드를 지원하지만 구현은 운영체제에 따라 상당히 다르다.

스레드는 소프트웨어의 규모 확장성, 협력의 문제 등 설계 추세가 변화하면서 매우 두드러진 개념이 되었다. 각 스레드는 생명 주기 동안 구분된 스레드 상태들 사이에서 변한다. 스레드와 프로세스들은 생성과 종료, 일시 정지나 재시작 등, 기능 면에서 많은 공통점을 갖는다. 그런데 프로세스 생성과 달리 스레드의 생성에서는 운영체제가 부모 프로세스와 공유할 자원들을 초기화할 필요가 없다. 따라서 프로세스를 생성/소멸하는 것과 비교할 때 스레드의 생성과 종료를 위한 오버헤드가 훨씬 적다. 한편 취소 cancel나 결합 join과 같은 몇몇 스레드 연산은 프로세스의 연산과 정확히 일치하지는 않는다.

스레드 구현은 운영체제에 따라 다르지만 대부분의 운영체제들은 사용자 수준 스레드와 커널 수준 스레드 혹은 두 모드의 조합 방식 중 하나를 사용한다. 사용자 수준 스레드는 사용자 영역에서 스레드 연산을 수행한다. 즉, 커널 프리미티브에 직접 접근하거나 특권 명령을 수행할 수 없는 런타임 라이브러리에서 스레드를 생성한다. 사용자 수준 스레드 구현을 다대일 스레드 맵핑 many-to-one thread mapping이라고도 한다. 운영체제가 멀티스레드를 가진 프로세스 안에 있는 모든 스레드를 한 실행 문맥에 맵핑하기 때문이다. 사용자 수준 스레드의 성능은 응용 프로그램들에 따라 다르지만, 커널이 멀티스레드 프로세스를 단일 제어 흐름 single thread of control으로 본다는 점에서 성능상 불리한 경우가 많다.

커널 수준 스레드 kernel-level thread는 각 스레드마다 고유한 실행 문맥을 맵핑하는 방법으로 사용자 수준 스레드의 한계를 해결하려고 한다. 따라서 커널 수준 스레드는 일대일 스레드 맵핑 one-to-one thread mapping을 지원한다. 이러한 방식의 장점은 규모 확장성 scalability이 뛰어나고 상호 작용적이며 처리량이 높다는 점이다. 그러나 오버헤드가 많고 이식성이 떨어지기 때문에 멀티스레드를 사용한 응용 프로그램에서 커널 수준 스레드가 항상 최적의 솔루션이라고 할 수는 없다.

사용자 수준 스레드와 커널 수준 스레드의 조합 combination 방식은 다대다 스레드 맵핑 many-to-many thread mapping으로 알려져 있다. 사용자 수준 스레드와 커널 수준 스레드의 수가 같을 필요가 없다는 의미로 이 기술을 m대n 스레드 맵핑 m-to-n thread mapping이라고도 한다. 다대다 스레드 맵핑에서는 스레드 풀링 기법을 통해 일대일 스레드 맵핑에서의 오버헤드를 줄인다. 스레드 풀링은 실행에 필요한 커널 수준 스레드의 수를 응용 프로그램에서 명시하게 한다. 스레드 풀에서 계속 남아 일하는 커널 스레드들을 작업자 스레드라고 부른다. 사용자 수준 라이브러리가 자신의 스레드를 스케줄링할 수 있게 하는 기술을 스케줄러 활성화 scheduler activation라고 한다. 스케줄러 활성화는 운영체제가 자신의 스레드들 중 어느 하나라도 다시 스케줄링해야 할 필요가 있는지 파악하는 사용자 수준 스레드 라이브러리를 호출할 때 일어난다. 스케줄러 활성화는 스레드 라이브러리에서 응용 프로그램의 요구에 맞게 최적의 스케줄링 정책을 결정하게 함으로써, 커널에서 부적절한 문맥 교환 context-switching으로 인한 오버헤드를 줄일 수 있게 해준다.

운영체제가 프로세스에 신호를 전달할 때 프로세스는 실행을 멈추고 신호 처리기 signal handler를 호출하여 신호에 반응한다. 신호에는 동기 신호(실행되는 명령어의 결과로 발생하는 신호)와 비동기 신호(실행되는 명령어와 무관한, 다른 이벤트의 결과로 발생하는 신호)라는 두 가지 유형이 있다. 신호 전달을 위해서는 스레드 설계에서 몇 가지 해결해야 할 문제들이 있다. 스레드 라이브러리는 각 신호의 수신자가 어떤 스레드인지 결정하여 비동기 신호가 올바르게 전달되게 해야 한다. 각 스레드들은 스레드가 실행 중일 때 전달된 보류 신호 pending signal의 집합과 연결되어 있다. 어떤 스레드가 특정 신호를 받을지 조절하는 한 가지 방법은 각 스레드들에 신호 마스크를 지정하게 해서 받지 않을 신호 유형을 비활성화하는 것이다. 즉, 스레드들은 자신이 받을 신호 유형을 제외하고 모두 마스크로 가릴 수 있다.

스레드 종료 termination 혹은 취소 cancellation도 스레드 구현에 따라 방식이 다르다. 여러 스레드가 동일한 주소 영역을 공유하기 때문에 중도에 스레드를 중단하는 것은 프로세스에서 미묘한 오류를 유발할 수도 있다. 몇몇 스레드 구현에서는 프로세스의 데이터와 상태가 불일치하게 되는 일을 방지하기 위해, 종료 시점을 스레드가 결정할 수 있도록 허용하기도 한다.

POSIX 스레드 API를 사용하는 스레드를 Pthread(혹은 POSIX 스레드, POSIX 1003.1c 스레드)라고 한다. POSIX에서는 프로세서 레지스터, 스택, 신호 마스크가 개별 스레드들을 위해 따로 유지하고, 기타의 자원 정보는 프로세스에 있는 모든 스레드에 접근할 수 있게 하도록 명시하고 있다. POSIX는 스레드 취소 모드뿐만 아니라 운영체제가 어떻게 Pthread에 신호를 전달해야 하는가도 명시하고 있다.

리눅스는 프로세스와 스레드를 모두 작업 task이라고 하며, 프로세스의 스레드 모두에 동일한 유형의 프로세스 기술자 process descriptor를 할당한다. 리눅스는 유닉스 기반의 시스템 호출인 fork를 사용하여 자식 작업을 생성한다. 스레드 기능을 위해서 리눅스는 clone이라는 수정된 버전을 제공한다. clone 함수는 자식 작업과 어떤 자원을 공유할지 지정하는 인자 값을 받는다. 최고 수준의 자원 공유 모드에서 clone으로 생성한 작업은 '4.2 스레드 정의'에서 논의한 스레드와 같다.

윈도우 XP에서는 프로세스가 아닌 스레드에 프로세서가 할당된다. 스레드는 프로세스 문맥에서, 프로세스의 자원을 사용하여 프로세스 코드의 일부분을 실행한다. 프로세스 문맥 외에도 스레드는 자신의 실행 문맥을 가지며 여기에 런타임 스택과 시스템의 레지스터 정보, 스케줄링 우선순위와 같은 정보를 보관한다. 시스템이 프로세스를 시작할 때 프로세스는 주 스레드를 생성한다. 보통 주 스레드가 완료되고 반환할 때 해당 프로세스도 종료된다. 윈도우 XP 스레드는 스레드와 유사한 파이버 fiber를 생성할 수 있다. 스레드와 다른 점은 파이버는 스케줄러가 아닌 자신을 생성한 스레드에서 스케줄링한다는 점이다. 윈도우 XP는 각 프로세스에 일정 수의 작업자 스레드 worker thread가 담겨 있는 스레드 풀을 제공한다. 작업자 스레드는 사용자 스레드에서 지정한 기능을 수행하는 커널 모드 스레드다.

자바 프로그래밍 언어는 응용 프로그램 개발자들이 여러 컴퓨터 플랫폼에 이식할 수 있는 스레드를 만들 수 있게 해준다. 자바는 Thread 클래스를 사용해 스레드를 생성하게 하고 이 스레드는 Runnable 객체의 run 메소드에서 정의된 명령어들을 실행한다. 자바는 라이브러리를 통해 스레드 이름을 붙이거나 스레드 객체를 시작하거나 결합하는 기능들을 지원한다.

Chapter_04 연습문제

01 커널 수준 스레드와 사용자 수준 스레드에서 스레드 디스패치의 같은 점과 차이점은 무엇인지 비교, 대조하라.

02 몇 가지 독립적인 계산을 동시에 수행하는 알고리즘에 대해 스레드를 사용하는 경우와 사용하지 않는 경우 어느 쪽이 더 효율적인가? 이 질문에 답하기 어려운 이유는 무엇인가?

03 웹과 데이터베이스 이외에 스레드 풀링이 유용한 상황 두 가지를 생각해보라. 또 다른 가능성은 온라인 멀티플레이어 게임이다. 이런 게임은 수백 명의 플레이어와 동시에 상호 작용할 수 있고, 각 플레이어를 한 스레드로 표현할 수 있다. 이러한 환경에서 사용자들은 종종 게임에 참여하고 또 빠져나간다. 즉, 스레드 풀이 스레드를 할당하는 효율적인 수단이 될 수 있다. 일반적으로 스레드가 빠른 속도로 생성되고 소멸되며, 임의의 시점에 스레드 전체 수의 변화가 적은 시스템에서는 스레드 풀을 사용할 때 유익을 얻을 수 있다.

04 스케줄러 활성화가 사용자 수준 스레드나 커널 수준 스레드에 비해 이식성이 떨어지는 이유는 무엇인가?

05 '4.7.1 스레드 신호 전달'에서 신호가 스레드 식별자나 프로세스 식별자를 사용해 대상을 명시함을 설명했다. 이에 대한 대안으로 비동기 신호를 전달할 때의 문제점을 해결하기 위해 신호 메커니즘을 어떻게 구현하는 것이 좋은가?

06 '4.7.1 스레드 신호 전달'에서 솔라리스 7이 ASLWP ASynchronous LightWeight Process라는 스레드를 사용하여 보류 중인 비동기식 신호를 모니터링하고 전달하는 방법을 살펴봤다. 만일 운영체제가 일대일 스레드 맵핑을 사용해 스레드를 표현한다면 이 방법이 어떻게 간단해질 수 있는가?

07 Pthread에서 비동기적 취소, 지연된 취소, 비활성화된 취소의 유사점과 차이점을 비교 대조하라.

08 리눅스의 fork와 clone 시스템 호출은 어떻게 다른가? 또 어떤 점이 같은가?

09 '4.10 윈도우 XP 스레드'에서 논의한 내용에 따르면 윈도우 XP는 어떤 스레드 맵핑을 지원하는가?

[추천 프로젝트]

10 윈도우 XP, OS X, 리눅스에서 스레드가 어떻게 구현되었는지 연구, 조사하라. 또한 각 구현을 비교, 대조하라. 이 구현들은 POSIX Pthread와 어떻게 다른가?

11 자바의 스레드 구현에 대해 연구하고 보고서를 작성하라. 각 스레드에 대해 추적하기 위해 자바 가상 머신은 어떤 정보를 유지하는가? 이 구현은 자바 가상 머신이 실행되는 플랫폼에 종속적인가?

12 솔라리스와 호환성 있는 스레드 라이브러리를 조사해보자. 이 라이브러리들이 어떻게 작용하는지 연구 보고서를 작성하라. 이 라이브러리들은 본문에서 언급한 스레드 신호 전달과 종료 문제를 어떻게 처리하고 있는가? 이 방식들은 POSIX 표준에 적합한가?

13 스레드 풀링을 사용하는 세 가지 유형의 시스템에 대해 연구하라. 이 시스템들은 평균 몇 개의 스레드를 풀에 보유하는가?

14 멀티프로세서 시스템과 분산 시스템에서 스레드를 어떻게 관리하는지 조사하라.

핵심용어

Key Terms

- C 스레드 C-thread
- m대n 스레드 맵핑 m-to-n thread mapping
- Pthread POSIX 1003.1c thread
- Win32 스레드 Win32 thread
- 결합 join
- 경량 프로세스 LWP, LightWeight Process
- 깨우기 wake
- 다대다 스레드 맵핑 many-to-many thread mapping
- 다대일 스레드 맵핑 many-to-one thread mapping
- 대기 상태 waiting state
- 데드 상태 dead state
- 동기 신호 synchronous signal
- 멀티스레딩 multithreading
- 미지 상태 unknown state
- 보류 신호 pending signal
- 블록 상태 blocked state
- 비동기 신호 asynchronous signal
- 비동기 취소 asynchronous cancellation
- 비활성화된 취소 disabled cancellation
- 사용자 수준 스레드 user-level thread
- 스레드 thread
- 스레드 상태 thread state
- 스레드 지역 저장소 TLS, Thread Local Storage
- 스레드 취소 cancellation of a thread
- 스레드 풀링 thread pooling
- 스케줄러 활성화 scheduler activation
- 신호 마스크 signal mask
- 신호 마스킹 mask a signal
- 신호 처리기 signal handler
- 실행 상태 running state
- 일대일 맵핑 one-to-one mapping
- 작업 task
- 작업자 스레드 worker thread
- 전이 상태 transition state
- 종료 상태 terminated state
- 주 스레드 primary thread
- 주 실행 스레드 main thread of execution
- 준비(실행 가능) 상태 ready(runnable) state
- 중량 프로세스 HWP, HeavyWeight Process
- 즉시 대기 상태 standby state
- 지연된 취소 deferred cancellation
- 초기화 상태 initialized state
- 커널 수준 스레드 kernel-level thread
- 탄생 상태 born state
- 통지 notify
- 파이버 fiber
- 파이버 지역 저장소 FLS, Fiber Local Storage
- 휴면 간격 sleep interval
- 휴면 상태 sleeping state

추천도서

경량 프로세스의 개념은 썬 마이크로시스템즈의 경량 프로세스에 기원을 두고 있다.[61] 경량 프로세스들은 POSIX Pthread 명세와 자바 언어로 인해 곧 스레드와 동의어가 되었다. 프로그래머들이 응용 프로그램에서 스레드를 많이 사용함에 따라 운영체제 설계자들은 여러 수준에서 스레드를 지원하기 시작했다. 좀더 성공적인 모델 중 하나는 앤더슨Anderson과 동료들이 만든 스케줄러 활성화scheduler activation다.[62] 논문은 또한 사용자 수준 스레드, 커널 수준 스레드와 관련한 많은 이슈를 다루고 있다. 이와 유사하게 벤자민Benjamin은 스레드 모델들에 관한 명쾌한 논증을 제공한다.[63] 또한 독자들은 썬 마이크로시스템즈의 솔라리스 운영체제가 멀티스레딩 지원을 위해 어떻게 발전했으며, 스레드 구현에 매우 민감한 운영체제로 설계되었는지 알게 될 것이다.[64]

근래에는 여러 운영체제에서 Pthread를 지원하는 수준이 매우 높아졌다. Blelloch는 Pthread 구현과 관련하여 고려해야 할 점들에 대해 설명하고 솔라리스 스레드에 관한 사례 연구를 제공한다.[65] Butenhof가 저술한 『Programming with POSIX Threads』(Addison-Wesley, 1997)는 POSIX 명세에 대해 설명하고 Pthread를 가지고 어떻게 프로그래밍해야 하는지 시범을 보여준다.[66] 스레드와 스레드 프로그래밍에 관한 너 자세한 정보를 얻으려면 Kleiman과 동료들이 저술한 『Programming with Thread』(Prentice Hall, 1996)[67] 또는 Birrell이 저술한 「An Introduction to Programming with Threads」[68]를 권한다. Ousterhout는 스레드를 잘못 사용할 때 어떻게 성능을 저해할 수 있는지 설명한다.[69]

Chapter 05

비동기식 병행 실행

Asynchronous Concurrent Execution

이 장에서 다루는 내용

- 병행 프로세스와 병행 스레드를 동기화할 때 해결해야 할 문제점
- 임계 영역의 의미와 상호 배제의 필요성
- 소프트웨어에서 상호 배제 프리미티브를 구현하는 방법
- 하드웨어 상호 배제 프리미티브
- 세마포어 사용법과 구현

01 소개
02 상호 배제
03 상호 배제 프리미티브 구현
04 상호 배제 문제에 대한 소프트웨어 해결책
05 상호 배제 문제에 대한 하드웨어 해결책
06 세마포어
* 요약
* 연습문제
* 핵심용어

나를 소인배라 하지 말라. 비평하지 않으면 나는 아무것도 아니므로.
William Shakespeare

....

시계를 하나 가진 사람은 몇 시인지 안다. 그러나 두 개 가진 사람은 몇 시인지 결코 확신할 수 없다.
Proverb

....

바쁜 여가 시간
Johann Elias Schlegel

....

정말 바쁜 사람은 자신이 얼마나 많은 짐을 지고 있는지 알지 못한다.
Edgar Watson Howe

....

일을 미루는 것에는 위험이 따른다.
John Lyly

....

그는 일을 미룸으로써 현 상태를 유지했다.
Quintus Ennius

5.1 소개

'3장. 프로세스 개념'과 '4장. 스레드 개념'에서 두 가지 실행 단위인 프로세스와 스레드를 소개했다. 이 장에서도 스레드를 중점으로 논의할 것이다. 여기서 논의하는 내용은 대부분 프로세스에도 해당한다. 한 시스템에서 동시에 여러 스레드가 존재하는 것을 가리켜 스레드들이 **병행** concurrent한다고 한다.[1,2,3] 두 병행 스레드는 서로 완전히 독립적으로 실행할 수도 있고, 서로 협력하며 실행할 수도 있다. 서로 독립적으로 실행하지만 때로는 서로 의사소통하고 동기화해 협력하는 가운데 특정 업무를 실행해야 하는 스레드들을 **비동기적으로** asynchronously 실행한다고 표현한다.[4,5] 비동기성 asynchronism은 복잡한 주제다. 이 장과 '6장. 병행 프로그래밍'에서 **비동기 병행 스레드** asynchronous concurrent thread를 지원하는 시스템의 구성과 관리에 관해 살펴본다.

우선 자바로 만든 예제를 통해 비동기 스레드가 두 개만 공존해도 프로그램을 올바르게 동작하는 것이 얼마나 어려운 일인지 살펴볼 것이다. 이런 프로그램은 정확하게 코딩하지 않으면 전혀 의도하지 않은 결과를 초래한다. 이 장에서는 비동기식 병행 스레드 프로그램을 정확하게 작성하는 다양한 메커니즘을 논할 것이다. 다음 장에서는 비동기식 프로그램과 관련해 고전적인 문제 두 가지를 예로 살펴보고, 자바로 구현할 것이다.

셀프 리뷰

1. (참/거짓) 스레드 간 의사소통과 동기화는 비동기로 실행되는 스레드들 간에만 필요하다.
2. (참/거짓) 전반적으로 서로 독립적으로 동작하는 스레드들이라도 이따금씩 의사소통하는 경우라면 동기 실행이라고 한다.

▶ **풀이** 1) 거짓. 비동기로 실행하는 스레드나 프로세스에서 의사소통과 동기화는 필수다. 2) 거짓. 이러한 스레드를 비동기 실행이라고 한다.

5.2 상호 배제

어떤 조직에 이메일을 관리하는 메일 서버가 있다고 하자. 사용자가 이 시스템이 하루에 이메일을 몇 개나 받는지 계속해서 모니터링하려는 상황을 가정해보자. 이 시스템에는 병행 스레드가 여러 개 있으며, 한 스레드는 이메일 하나를 수신한다. 사용자로부터 이메일을 하나 수신할 때마다 프로세스 전체에서 공유하는 변수 mailCount의 값이 1씩 증가한다. 이때 두 스레드가 이 변수의 값을 동시에 증가시키려고 할 때 어떤 일이 일어나겠는가? 먼저 각 스레드가 다음 어셈블리 언어 코드를 실행한다고 가정해보자.

```
LOAD mailCount
ADD 1
STORE mailCount
```

LOAD 명령어는 메모리의 mailCount 값을 레지스터로 복사하고, ADD 명령어는 레지스터의 값에 메모리에 내장된 상수 1을 더하며, STORE 명령어는 레지스터의 값을 메모리로 복사한다. mailCount는 현재 21687이다. 첫 번째 스레드가 LOAD, ADD 명령어를 실행해 레지스터의 값이 21688이 되었다. 그리고 아직은 메모리의 mailCount 변수를 갱신하지 못한 상태다. 따라서 메모리의 mailCount의 값은 21687이다. 이때 시간이 만료되어 첫 번째 스레드가 프로세서를 놓고 시스템의 실행 문맥이 두 번째 스레드에 맞게 바뀌었다. 두 번째 스레드는 위의 세 가지 명령어를 모두 수행해 mailCount 값이 21688이 되었다. 그 후 두 번째 스레드가 프로세서를 놓고 실행 문맥이 다시 첫 번째 스레드에 맞게 바뀌었다. 첫 번째 스레드는 STORE 명령어에서부터 하던 작업을 계속한다. 이제 메모리의 mailCount의 값을 21688로 갱신한다. mailCount가 실제로는 21689여야 하는데, 공유 변수 mailCount에 대한 접근을 제어하지 못해서 시스템은 메일 발송 한 건을 놓친 것이다. 이메일 관리 프로그램에서는 이런 오류를 작은 것으로 치부할 수도 있을 것이다. 그러나 항공기 운행을 통제하는 시스템처럼 중차대한 임무를 수행하는 미션 크리티컬 응용 프로그램에서 비슷한 오류가 발생하면, 막대한 인명 피해를 초래할 수도 있다.

이 예제에서 부정확한 결과는 공유 변수 mailCount에 대한 접근을 제어하지 못한 데서 비롯된다. 분명히 말하지만, 많은 병행 스레드에서 쉽게 공유 데이터에 접근할 수 있다. 그리고 한 스레드가 데이터를 읽고 있을 때 다른 스레드가 데이터를 변경하거나, 어느 한 스레드가 갱신하고 있는 데이터를 다른 스레드도 접근해 갱신하려고 할 때 오류가 발생한다.[6, 7, 8]

이 문제를 해결하려면 각 스레드가 mailCount에 **배타적인 접근**exclusive access을 해야 한다. 한 스레드가 공유 변수의 값을 증가시키는 동안에는 다른 모든 스레드에서 이 변수를 접근하지 않고 우선 대기한다. 그리고 실행 중인 스레드가 공유 변수를 사용하는 작업을 마치고 나서야 시스템이 대기 중인 프로세스 중 하나가 공유 변수를 접근할 수 있게 해야 한다. 이를 공유 변수에 대한 접근을 순차화serializing한다고 한다. 이러한 방식으로 스레드들이 공유 변수에 동시에 접근하는 일을 막을 수 있다. 즉, 어느 한 스레드가 공유 변수를 갱신하는 동안에는 다른 스레드들이 동시에 접근하는 일을 막는다. 이를 **상호 배제**mutual exclusion라고 한다.[9, 10, 11] 이 장과 다음 장에서 살펴보겠지만, 대기 중인 스레드들을 잘 관리해 적절한 시간 안에 스레드들이 공유 변수에 접근해서 자신의 작업을 할 수 있게 보장해야 한다.

셀프 리뷰

1. 앞의 mailCount 예제에서 여러 스레드가 공유 변수의 값을 갱신하지 않고 읽기만 한다면, 동시 접근을 허용할 수 있는가?
2. (참/거짓) 한 변수를 공유하는 스레드 두 개가 있다고 하자. 각 스레드는 실행 중 특정 시점에 해당 변수를 갱신해야 한다. 이때 스레드들이 상호 배제를 통해 다른 스레드에서 공유 변수를 동시에 갱신하는 일을 방지하도록 프로그래밍하지 않았다면, 둘 중 어떤 스레드가 실행되더라도 시스템은 항상 부정확한 결과를 내게 된다.

▶ **풀이** 1) 허용할 수 있다. 상호 배제는 스레드들이 공유 변수를 갱신할 때만 필요하다. 2) 거짓. 스레드들이 공유 변수를 다른 시간에 갱신할 수도 있으므로, 운이 좋으면 시스템의 실행 결과가 맞을 수도 있다.

5.2.1 자바 멀티스레딩 사례 연구 2: 생산자/소비자 관계

생산자/소비자 관계 producer/consumer relationship에서 **생산자** producer는 데이터를 생산해 공유 객체에 저장하고, **소비자** consumer는 공유 객체에서 데이터를 읽는다. 프린터의 스풀링 기능에서 생산자/소비자 관계의 한 예를 찾아볼 수 있다. 워드 프로세스가 버퍼(보통 파일)에 데이터를 차곡차곡 쌓으면, 데이터는 프린터에서 문서를 출력할 때마다 소비된다. 이와 유사하게 데이터를 CD에 복사하는 응용 프로그램에서도 데이터를 고정 크기 버퍼에 놓으면, CD-RW 드라이브가 CD에 데이터를 구울 때마다 버퍼에서 데이터를 가져가 버퍼를 비운다.

자바 언어를 사용한 멀티스레드 생산자/소비자 구현을 생각해보자. **생산자 스레드** producer thread는 데이터를 생성해 값을 하나만 넣을 수 있는 버퍼에 놓는다. **소비자 스레드** consumer thread는 버퍼에서 데이터를 읽어간다. 생산자가 다음 데이터를 버퍼에 놓으려고 할 때 소비자가 아직 이전에 넣은 데이터를 읽어가지 않은 사실을 발견하면, 대기 wait할 것이다. 먼저 소비자가 데이터를 읽어가야 이전에 쓴 데이터를 덮어쓰지 않기 때문이다. 소비자가 데이터를 읽을 때는 대기 중인 생산자가 다음 값을 버퍼에 저장하도록 통지해야 한다. Object 클래스의 **notify** 메소드는 스레드가 대기 상태에서 준비 상태로 변하게 해준다. 생산자가 첫 번째 데이터도 아직 생산하지 않아서 버퍼가 비어 있다거나 소비자가 이전 데이터를 이미 읽어간 것을 발견하면, 소비자는 **wait** 메소드를 호출해 자신을 대기 상태로 만들어야 한다. 그렇지 않으면 소비자 스레드는 빈 버퍼에서 가비지 garbage 데이터를 읽어가거나 같은 데이터를 두 번 읽는 오류를 범하게 된다. 생산자가 다음 데이터를 버퍼에 넣을 때도 notify를 호출해 혹시 대기 중인 소비자 스레드가 있으면 깨워서 새로 생긴 데이터를 읽어가게 해야 한다. 프로그램에 있는 스레드 중 대기 스레드가 없으면 notify를 호출해도 아무 변화가 없다.

이 예제를 자바로 구현해서 병행 스레드들이 공유 데이터를 조작하는 것을 **동기화**synchronize하지 않으면 어떤 오류가 발생하는지 알아보자. 다음 예([예제 5-1]~[예제 5-5])는 생산자/소비자 관계를 구현한 것이다. 생산자는 연속적으로 1~4 범위의 숫자를 공유 버퍼([예제 5-4]에서 버퍼는 두 스레드에서 공유하는 메모리 위치로 buffer라는 int 타입 변수로 되어 있다)에 쓴다. 소비자 스레드는 이 데이터를 공유 버퍼에서 읽어서 화면에 출력한다. 프로그램의 출력([예제 5-5]에서 세 가지 결과를 예로 보여준다)을 보면 생산자가 쓰는 값과 소비자가 읽는 값을 알 수 있다.

생산자가 공유 버퍼에 쓰는 모든 값을 정확히 한 번씩 순서대로 소비해야 한다. 그러나 이 예에서는 스레드들을 동기화하지 않았다. 즉, 각 스레드가 자신의 일을 수행할 때 서로 협력하지 않는다(스레드 간 협력은 앞서 살펴본 것처럼 한 스레드가 버퍼의 값을 갱신하는 경우에 특히 중요한 사안이다). 그러므로 소비자가 이전 데이터를 소비하기도 전에 생산자가 새 값을 넣어 이전 데이터를 덮어쓰거나, 생산자가 다음 값을 넣기 전에 소비자가 같은 값을 여러 번 읽는 오류가 발생할 수 있다. 여러 스레드에서 공유 데이터에 접근하는 것을 동기화하지 않으면, 마치 교통량이 많은 교차로에 신호등이 없을 때와 유사한 일이 발생한다.

이 예제에서는 이런 일이 실제로 발생하는지 확인하려고 소비자가 값을 읽어낸 횟수를 합산하고 있다. 생산자는 숫자 1~4를 순서대로 생산한다. 전통적인 생산자/소비자 관계에서는 소비자가 각 값을 한 번만 읽는다. 또한 소비자는 생산자가 값을 생산하지 않은 상태에서는 값을 읽을 수 없다. 따라서 생산자는 소비자가 읽기 전에 값을 생산해야 하며, 예제에서 소비한 총 횟수는 10이어야 한다. 그러나 이 프로그램을 여러 번 실행하면 총 횟수가 10이 되는 경우는 드물다([예제 5-5]의 결과 예시 참고). 생산자와 소비자 스레드는 각각 3초 이내인 임의의 시간 동안 휴면한 후 다음 번 동작을 반복하게 되어 있다. 이를 통해 사용자 입력이나 어떤 이벤트가 발생하기를 대기하는 지연을 시뮬레이션한다고 볼 수 있다. 그러므로 생산자가 새 데이터를 쓰거나 소비자가 데이터를 읽는 정확한 시점을 알 수 없다.

이 자바 프로그램은 Buffer 인터페이스([예제 5-1])와 Producer([예제 5-2]), Consumer([예제 5-3]), UnsynchronizedBuffer([예제 5-4]), SharedBufferTest([예제 5-5])라는 네 클래스로 구성된다. Buffer 인터페이스는 set, get 메소드를 선언하고 있으므로, 구현 클래스는 set, get 메소드를 구현해 Producer 스레드가 버퍼에 값을 쓰고, Consumer 스레드가 버퍼에서 값을 읽게 해야 한다. 이 인터페이스의 구현은 [예제 5-4]에 있다.

예제 5-1 생산자/소비자 예제에서 사용하는 Buffer 인터페이스

```java
// [예제 5-1] Buffer.java
// Buffer 인터페이스는 버퍼 데이터에 접근하는 메소드들을 명시함

public interface Buffer
{
    public void set(int value); // Buffer에 값을 넣음
    public int get();           // Buffer에서 값을 반환함
}
```

Producer 클래스([예제 5-2])는 Thread의 하위 클래스로, sharedLocation 필드를 포함한다(7행). 또한 생성자(9~14행)와 run 메소드(18~40행)를 포함한다. 생성자에서는 Buffer 객체를 가리키는 sharedLocation 변수가 Buffer 인터페이스를 구현하는 객체를 가리키도록 초기화한다. 이 객체는 main 함수에서 생성되어([예제 5-5]의 6~18행) 생성자에 shared 파라미터로 전달된다([예제 5-2]의 10행). 생성자는 Buffer 타입 객체 변수 sharedLocation(13행)에 파라미터로 넘어온 shared를 할당해 초기화한다. 이 프로그램의 생산자 스레드는 run 메소드에서 정의한 작업을 수행한다(18~40행). 20~35행에 있는 for 문은 루프를 4번 돈다. 매번 반복할 때마다 Thread 클래스의 sleep 메소드를 호출해서(25행) 생산자 스레드가 0~3초 사이의 임의의 시간 동안 휴면 상태가 되게 한다(이는 시간 지연을 시뮬레이션하기 위해서다).*

예제 5-2 생산자/소비자 관계에서 생산자 스레드를 나타내는 Producer 클래스

```java
01  // [예제 5-2] Producer.java
02  // Producer의 run 메소드는 생산자 스레드가
03  // 1~4 값을 Buffer 타입 sharedLocation에 넣도록 동작함
04
05  public class Producer extends Thread
06  {
07      private Buffer sharedLocation; // 공유 객체 참조
08
09      // Producer 생성자
10      public Producer(Buffer shared)
11      {
```

* 보통 스레드는 휴면 시간이 만료되면 깨어난다. 만약 다른 스레드가 휴면 중인 스레드의 interrupt 메소드를 호출하면, 휴면 시간이 되기 전에 깨어난다. 이 경우 sleep 메소드는 InterruptedException을 발생해서 휴면 시간 만료 전에 깨어났음을 알린다. 자바에서는 이 예외를 반드시 처리해야 하므로, sleep 메소드를 호출하는 코드를 try ~ catch로 처리해야 한다. try 절에는 예외를 발생할 수 있는 코드를 포함하고, catch 처리기는 해당 블록에서 처리할 예외 타입을 명시한다. 이 예제에서 catch 처리기는 스택 트레이스 stack trace를 출력하는 일을 하며, 이후 프로그램은 try ~ catch 다음에 있는 문장부터 계속해서 실행한다.

```
12          super("Producer");         // "Producer"라는 스레드를 생성함
13          sharedLocation = shared; // sharedLocation을 shared로 초기화함
14       } // Producer 생성자 끝
15
16       // Producer의 run 메소드
17       // 1~4 값을 sharedLocation 버퍼에 넣음
18       public void run()
19       {
20          for (int count = 1; count <= 4; count++)
21          {
22                // 0~3초 사이의 시간 동안 휴면한 후 버퍼에 값을 넣음
23                try
24                {
25                   Thread.sleep((int) (Math.random() * 3001));
26                   sharedLocation.set(count); // 버퍼에 쓰기
27                } // try 끝
28
29                // 휴면 스레드가 인터럽트되면 스택 트레이스를 출력함
30                catch (InterruptedException exception)
31                {
32                   exception.printStackTrace();
33                } // catch 끝
34
35          } // for 문끝
36
37          System.err.println(getName() + " done producing." +
38                "\nTerminating " + getName() + ".");
39
40       } // run 메소드끝
41
42    } // Producer 클래스끝
```

스레드가 휴면에서 깨어나면 26행에서 버퍼 객체의 set 메소드에 count 변수를 전달해 버퍼 값을 변경한다. 이 루프가 끝나면 37~38행에서 콘솔 창에 메시지를 출력해 스레드가 데이터 생산을 마치고 종료함을 나타낸다. 다음으로 run 메소드가 종료하고(40행) 생산자 스레드는 데드 상태가 된다. Buffer의 set 메소드처럼 스레드의 run 메소드에서 호출한 메소드들은 해당 스레드의 일부처럼 실행된다는 점을 주목하기 바란다. 실제로 각 스레드는 자신의 메소드 호출 스택을 가지고 있다.

Consumer 클래스([예제 5-3])는 인스턴스 변수 sharedLocation(7행), 생성자(9~14행), run 메소드(16~41행)를 포함한다. 생성자는 Buffer 객체 참조인 sharedLocation(13행)을 Buffer

인터페이스를 구현하는 객체 참조reference로 초기화한다. 이 객체는 main 함수([예제 5-5])에서 생성되어 파라미터 shared([예제 5-3]의 10행)를 통해 생성자에 전달된다. [예제 5-5]의 12~13행에서 볼 수 있듯이, 이는 동일한 UnsynchronizedBuffer 객체로 Consumer 객체를 초기화하는 데 사용된다. 이렇게 함으로써 생산자와 소비자 스레드는 객체를 공유한다. 소비자 스레드는 run 메소드에 정의된 작업을 수행한다([예제 5-3]의 16~41행). 22~36행에 있는 루프는 4번 반복된다. 매번 반복될 때마다 Thread의 sleep 메소드(27행)를 호출해 소비자 스레드가 0~3초 사이에서 임의의 시간 동안 휴면 상태가 되게 한다. 다음으로 28행에서는 Buffer의 get 메소드를 사용해 공유 버퍼의 값을 읽어와서 sum 변수에 더한다. 루프를 모두 돌면 38~39행에서 콘솔 창에 소비된 값을 출력하고, 소비자 스레드가 종료함을 알린다. 그런 다음 run 메소드가 종료하고, 소비자 스레드는 데드 상태에 들어간다.*

예제 5-3 생산자/소비자 관계에서 소비자 스레드를 나타내는 Consumer 클래스

```
01 // [예제 5-3] Consumer.java
02 // Consumer의 run 메소드는 스레드가 루프를 네 번 돌면서
03 // 매번 sharedLocation의 값을 읽어오게 함
04
05 public class Consumer extends Thread
06 {
07     private Buffer sharedLocation; // 공유 객체 참조
08
09     // Consumer 생성자
10     public Consumer(Buffer shared)
11     {
12         super("Consumer"); // "Consumer"라는 스레드를 생성함
13         sharedLocation = shared; // sharedLocation을 shared로 초기화함
14     } // Consumer 생성자 끝
15
16     // sharedLocation의 값을 네 번 읽고 sum에 합산함
17     public void run()
18     {
19         int sum = 0 ;
20
```

* Producer, Consumer 클래스 모두 run 메소드에서 임의의 시간 동안 휴면하게 함으로써 멀티스레드를 사용한 응용 프로그램에서 각 스레드가 언제, 얼마나 자기 일을 수행할지 알 수 없다는 사실을 강조한다. 이러한 스레드 스케줄링은 대체로 운영체제에서 해결해야 할 일이다. 이 프로그램에서는 스레드가 수행하는 일이 꽤나 단순한 것이다. 생산자는 4번 루프를 돌며 공유 버퍼에 값을 넣고, 소비자는 4번 루프를 돌며 공유 버퍼에서 값을 읽어내서 sum 변수에 더한다. sleep 메소드 호출이 없고 생산자가 먼저 실행된다면 아마도 소비자가 실행될 기회를 얻지도 못한 채 생산자가 일을 마칠 가능성이 크다. 반대로 소비자 스레드가 먼저 수행된다면 생산자가 첫 번째 값을 생산하기도 전에 소비자가 공유 변수에 접근해 널 값([예제 5-4]의 6행에서 명시된 대로라면 -1)을 가져갈 것이다.

```
        // 휴면 상태에서 Buffer 값을 읽어오는 것으로 바꿈
        for (int count = 1; count <= 4; ++count)
        {
            // 0~3초 휴면 후 Buffer 값을 읽고 sum에 합산함
            try
            {
                Thread.sleep((int) (Math.random() * 3001));
                sum += sharedLocation.get();
            }

            // 스레드가 휴면 시간이 만료되지 않은 채 인터럽트되면 스택 트레이스를 출력함
            catch (InterruptedException exception)
            {
                exception.printStackTrace();
            }
        } // for 문 끝

        System.err.println(getName() + " read values totaling: "
            + sum + ".\nTerminating " + getName() + ".");

    } // run 메소드 끝

} // Consumer 클래스 끝
```

UnsynchronizedBuffer 클래스([예제 5-4])는 [예제 5-1]에 정의한 Buffer 인터페이스(4행)를 구현하고 생산자와 소비자 사이에서 공유하는 변수 buffer를 선언한다(6행). buffer 변수는 -1 값으로 초기화된다. 이 값은 생산자가 버퍼에 값을 넣기 전에 소비자가 소비를 시도하는 경우를 보여주려고 사용한다. set 메소드(8~15행), get 메소드(17~24행)는 buffer 필드에 대한 접근을 동기화하지 않는다(뒤에서 동기화 방법을 살펴볼 것이다). set 메소드는 단순히 파라미터를 buffer의 값으로 대입하고(14행), get 메소드도 단순히 buffer의 값을 반환한다(23행). 두 메소드 모두 현재 실행되고 있는 스레드에 대한 참조를 얻는 데 Thread 클래스의 정적static 메소드인 currentThread를 사용하고, 출력을 위해 스레드 이름을 알아내는 데 getName 메소드를 사용함을 볼 수 있다(11, 20행).

예제 5-4 생산자와 소비자 스레드가 set, get 메소드를 통해 공유하는 정수 값을 관리하는 UnsynchronizedBuffer 클래스

```
01  // [예제 5-4] UnsynchronizedBuffer.java
02  // UnsynchronizedBuffer는 공유되는 정수 값 하나를 나타냄
03
04  public class UnsynchronizedBuffer implements Buffer
```

```java
{
    private int buffer = -1; // 생산자, 소비자가 공유함

    // buffer 값을 설정하는 루틴
    public void set(int value)
    {
        System.err.println(Thread.currentThread().getName() +
                " writes " + value);

        buffer = value;
    } // set 메소드 끝

    // buffer 값을 반환하는 루틴
    public int get()
    {
        System.err.println(Thread.currentThread().getName() +
                " reads " + buffer);

        return buffer;
    } // get 메소드 끝

} // UnsynchronizedBuffer 클래스 끝
```

SharedBufferTest 클래스([예제 5-5])는 프로그램을 시작하는 main 메소드를 포함한다(6~18행). 9행에서는 공유 객체인 UnsynchronizedBuffer를 생성해 Buffer 타입 객체 변수 sharedLocation에 참조를 할당한다. 이 객체는 생산자와 소비자 스레드 사이에서 공유하는 데이터를 저장한다. 12~13행에서는 Producer 객체인 producer와 Consumer 객체인 consumer를 생성하고 있다. 각 생성자를 호출할 때 sharedLocation을 인자로 넘긴다. [예제 5-2]에 있는 Producer 클래스의 9~14행과 [예제 5-3]에 있는 Consumer 클래스의 9~14행과 비교해보자. 두 스레드가 같은 버퍼에 접근한다. 다음으로 [예제 5-5]의 15~16행에서 생산자와 소비자 스레드의 start 메소드를 호출해 준비 상태가 되게 한다. 그러면 그 안에서 스레드의 run 메소드를 호출해 두 스레드가 실행을 시작한다. 스레드의 run 메소드는 스레드가 프로세서를 처음 할당받을 때 호출된다. 생산자와 소비자 스레드가 시작된 후 실행의 주 스레드인 main 메소드는 종료되고 데드 상태에 들어간다. 그리고 두 스레드가 데드 상태에 들어가면(run 메소드가 종료할 때 일어난다) 프로그램이 종료된다.

예제 5-5 비동기식으로 스레드들이 공유 객체의 데이터를 수정하게 해주는 SharedBuffer 클래스

```
// [예제 5-5] SharedBufferTest.java
// SharedBufferTest는 생산자와 소비자 스레드를 생성함

public class SharedBufferTest
{
    public static void main(String[] args)
    {
        // 스레드들이 사용할 공유 객체를 생성함
        Buffer sharedLocation = new UnsynchronizedBuffer();

        // 생산자와 소비자 객체를 생성함
        Producer producer = new Producer(sharedLocation);
        Consumer consumer = new Consumer(sharedLocation);

        producer.start(); // producer 스레드 시작
        consumer.start(); // consumer 스레드 시작

    } // main 메소드 끝

} // SharedBufferTest 클래스 끝
```

결과 1

```
Consumer reads -1
Producer writes 1
Consumer reads 1
Consumer reads 1
Consumer reads 1
Consumer read values totaling: 2.
Terminating Consumer.
Producer writes 2
Producer writes 3
Producer writes 4
Producer done producing.
Terminating Producer.
```

결과 2

```
Producer writes 1
Producer writes 2
Consumer reads 2
Producer writes 3
Consumer reads 3
Producer writes 4
Producer done producing.
```

```
Terminating Producer.
Consumer reads 4
Consumer reads 4
Consumer read values totaling: 13.
Terminating Consumer.
```

🔈 결과 3

```
Producer writes 1
Consumer reads 1
Producer writes 2
Consumer reads 2
Producer writes 3
Consumer reads 3
Producer writes 4
Producer done producing.
Terminating Producer.
Consumer reads 4
Consumer read values totaling: 10.
Terminating Consumer.
```

이 예제를 살펴볼 때 생산자 스레드는 소비자 스레드가 값을 소비하기 전에 생산해야 하며, 생산자가 생산한 모든 값을 소비자에서 정확히 한 번 소비해야 함을 상기하기 바란다. 그러나 [예제 5-5]의 첫 번째 결과를 보면, 생산자가 버퍼에 값을 한 번도 넣지 않았을 때, 소비자가 -1 값을 조회한 것을 볼 수 있다. 또한 처음 생산자가 넣은 값 1은 세 번이나 중복 소비되었다. 게다가 생산자가 2, 3, 4 값을 생산하기도 전에 소비자 스레드가 실행을 마쳤고, 세 값은 읽히지도 않았다. 합산한 값 2도 잘못된 값이다.

두 번째 결과에서는 소비자가 1을 읽기 전에 생산자가 1 값에 이어 2를 생산해 1을 유실했다.

따라서 버퍼에 있던 값 1을 생산자가 2로 덮어썼다. 또한 4는 두 번 소비되었다. 총 합산 역시 잘못된 값이다. 마지막 결과 예제에서처럼 어쩌다 운이 좋으면 원하는 방식으로 동작할 수도 있음을 볼 수 있다. 그러나 프로그램이 이런 방식으로 동작할 것이라고 절대로 보장할 수 없다.

이 예제는 동시 실행되는 스레드들이 공유 데이터에 접근할 때 주의를 기울여 조절해야 함을 증명해준다. 그렇지 않으면 프로그램은 잘못될 결과를 낼 것이다. 이 문제를 해결하는 방법은 다음 장에서 제시한다. 이 장의 나머지 부분에서는 스레드들이 상호 배제를 통해 공유 데이터에 동시에 접근하는 것을 조절하는 방법을 논의할 것이다.

셀프 리뷰

1. (참/거짓) [예제 5-1]~[예제 5-5]에 걸쳐 나오는 생산자/소비자 예제에서 sleep 함수를 없앤다면 결과가 바르게 나올 것이다.
2. [예제 5-1]~[예제 5-5]의 예제에서 나올 수 있는 가장 작은 총 합의 값은 얼마인가? 어떤 경우 이런 값을 총 합으로 얻을 수 있는가?

▶ **풀이** 1) 거짓. sleep 함수의 호출은 명령어들이 실행되는 순서나 시간이 불확실하다는 사실을 강조하는 것뿐이다. sleep 함수가 없더라도 두 스레드가 작업을 진행하는 속도를 예측할 수 없어서 결과가 부정확할 것이다. 2) 생산자가 값을 하나도 생산하지 않은 채 소비자가 네 번 값을 소비하는 경우 최종 합이 최소가 될 수 있다. 이 경우 sum 값은 −4가 된다. 반대로 최대는 소비자가 하나도 소비하지 않은 채 생산자가 네 값을 생산하는 경우다. 이때 소비자는 동일한 값을 네 번 소비하고, sum의 값은 16이 된다.

5.2.2 임계 영역

상호 배제는 여러 스레드에서 공유하고 수정 가능한 데이터에 접근할 때만 사용해야 한다. 변수 값을 단순히 조회하는 등 스레드들이 서로 충돌하지 않는 기능을 수행하면 시스템은 스레드들이 동시에 진행하는 것을 허용해야 한다. 스레드가 수정 가능한 공유 데이터에 접근할 때 스레드가 **임계 영역** critical section(critical region)에 있다고 말한다.[12] 시스템은 앞에서 다룬 오류들을 방지하기 위해 한 번에 한 스레드만 임계 영역의 특정 자원에 접근해 실행하도록 보장해야 한다. 스레드가 임계 영역에 들어가려고 할 때 다른 스레드가 이미 임계 영역 안에 있다면, 다음 스레드는 실행 중인 스레드가 임계 영역을 나올 때까지 대기해야 한다. 스레드가 임계 영역을 빠져나오면 대기하던 스레드(혹은 대기하던 여러 스레드 중 하나)가 임계 영역에 들어가 실행할 수 있다. 임계 영역에 들어갈 필요가 없는 스레드는 임계 영역에 다른 스레드가 있든 없든 진행을 계속할 수 있다.

상호 배제를 시행하는 시스템은 임계 영역에 대한 접근과 그 안에서 일어나는 실행을 주의 깊게 제어해야 한다. 임계 영역에 있는 스레드는 수정 가능한 공유 데이터에 대해 배타적인 접근 권한을 가지며, 현재 접근을 시도하는 다른 모든 스레드는 대기한다. 그러므로 스레드는 임계 영역에서는 가능하면 빨리 실행해야 한다. 스레드가 임계 영역 안에서 블록되면 안 된다. 또한 임계 영역은 무한 루프 등 잘못된 코드가 없도록 특히 신중을 기해 프로그래밍해야 한다. 임계 영역에 있는 스레드가 종료되면 운영체제는 **종료 정리 작업** termination housekeeping을 수행할 때 상호 배제를 해제해 다른 스레드들이 임계 영역에 들어올 수 있게 해야 한다.

임계 영역에 상호 배제 접근을 하게 하는 것은 병행 프로그래밍의 중요한 문제 중 하나다. 이를 위해 많은 해결책이 고안되었다. 몇몇은 소프트웨어 해결책이고, 몇몇은 하드웨어 해결책이다.

또한 저수준 해결책과 고수준 해결책이 있다. 또한 스레드 사이의 자발적인 협력을 요구하는 것도 있고, 엄격한 프로토콜을 준수해야 하는 것도 있다. 다음 절에서 다양한 해결책을 살펴볼 것이다.

셀프 리뷰

1. 스레드가 임계 영역을 가능하면 빨리 실행해야 하는 이유가 무엇인가?
2. 운영체제가 종료 정리 작업을 수행하지 않으면 어떤 일이 일어날 수 있는가?

▶ **풀이** 1) 어느 한 스레드가 자신의 임계 영역 안에 있는 경우, 다른 스레드들이 자신들의 임계 영역을 수행하지 못하고 대기해야 하기 때문이다. 임계 영역을 빨리 수행하지 못하면 전반적인 시스템 성능이 떨어질 수 있다. 2) 스레드가 임계 영역에서 종료되고 상호 배제를 해제할 수 없는 경우가 있다. 그러면 임계 영역에 들어가려고 대기 중인 다른 스레드들이 계속 진입하지 못하게 된다. '7장. 교착 상태와 무기한 연기'에서 다루듯이 이런 스레드들은 교착 상태에 빠진다.

5.2.3 상호 배제 프리미티브

다음 의사 코드pseudocode는 '5.2 상호 배제'의 이메일 카운팅 메커니즘을 묘사한 것이다. 코드에서는 **enterMutualExclusion()**, **exitMutualExclusion()**이라는 명칭을 사용하고 있다. 이들 명칭은 스레드의 임계 영역에서 일어나는 일을 캡슐화한다. 자신의 임계 영역에 들어가려고 할 때, 스레드는 먼저 enterMutualExclusion( )을 수행해야 하고, 임계 영역을 나올 때는 exitMutualExclusion( )을 수행해야 한다. 이러한 구조는 상호 배제와 관련된 가장 기본적인 연산을 호출하기 때문에 때때로 **상호 배제 프리미티브**mutual exclusion primitive*라고 한다.

```
while (true) {
    이메일 수신                    // 임계 영역 외부 수행 중
    enterMutualExclusion()      // 임계 영역에 들어가려고 함
        mailCount 증가           // 임계 영역 내부 수행
    exitMutualExclusion()       // 임계 영역을 빠져나옴
}
```

이 프리미티브들이 어떻게 상호 배제 기능을 제공할 수 있는지 살펴보자. 논의를 간단하게 하기 위해 이 절과 다음 절에 있는 예제에서는 병행 스레드 두 개의 프로세서 한 개만 있다고 가정하자. *n*개의 병행 프로세스나 스레드는 상당히 복잡한 주제며, '5.4.3 *n*-thread 상호 배제: 램포

* 역자주: '원시 형태', '기본', '원시 함수' 등의 의미를 내포한다.

트의 베이커리 알고리즘'에서 다룰 것이다. 또한 멀티프로세서 시스템에서 상호 배제를 수행하는 방법도 살펴볼 것이다.

동일한 프로세스의 스레드 T_1과 T_2 모두 실행 중이라고 가정해보자. 각 스레드는 이메일 메시지를 관리하고, 앞의 의사 코드에 대응하는 명령어들을 포함한다고 하자. T_1이 enterMutualExclusion() 부분에 도달했을 때 시스템은 T_2가 벌써 자신의 임계 영역에 도달했는지 확인해야 한다. T_2가 임계 영역에 있지 않으면 T_1은 자신의 임계 영역에 들어가 공유 변수인 mailCount의 값을 증가시키고 exitMutualExclusion()을 수행해 T_1이 임계 영역을 빠져나옴을 알려준다. 반대로 T_1이 enterMutualExclusion()을 수행할 때 T_2가 자신의 임계 영역에 있다면, T_1은 T_2가 exitMutualExclusion()을 수행할 때까지 대기해야 한다. T_1과 T_2가 동시에 enterMutualExclusion()을 수행하면 두 스레드 중 하나만 진입이 허용되고, 다른 하나는 계속 대기한다. 지금은 시스템이 진입할 스레드를 임의로 선택한다고 가정해보자.* 다음 몇 개 절에서 enterMutualExclusion()과 exitMutualExclusion() 상호 배제 프리미티브를 구현하는 다양한 방법을 살펴볼 것이다.

셀프 리뷰

1. 만일 스레드가 임계 영역에 있는 공유 변수에 접근하기 전에 enterMutualExclusion()을 호출하지 않으면 어떻게 되는가?
2. 만일 임계 영역에 있는 스레드가 exitMutualExclusion()을 호출하지 않으면 어떻게 되는가?

▶ **풀이** 1) 다른 스레드들도 자신들의 임계 영역에 들어간다면, 심각한 문제를 야기하는 모호한 결과가 나올 수 있다. 2) 임계 영역에 들어가려고 대기 중인 다른 모든 스레드가 임계 영역에 들어갈 수 없게 된다. 7장에서 논의하듯이 이 스레드들은 결국 교착 상태에 빠진다.

5.3 상호 배제 프리미티브 구현

여기서 논의하는 초기 상호 배제 해결책은 enterMutualExclusion()과 exitMutualExclusion() 구현에서 다음과 같은 속성을 지닌다.

1. 특별히 상호 배제를 위해 설계된 기계어 명령어 없이, 순수하게 소프트웨어로 구현된 해결책이다. 각 기계어 명령어는 분할할 수 없게 indivisibly 실행된다(즉 일단 시작되면 인터럽트되지 않고

* 이런 방식에서는 다른 한 쪽이 계속 선택되어 한 스레드가 무기한 연기되는 상황이 발생할 수도 있다.

끝까지 완료한다). 시스템에 프로세서가 여러 개 있으면 동시에 여러 스레드가 동일한 데이터에 접근을 시도할 수도 있다. 앞으로 살펴보겠지만, 단일 프로세서 시스템의 상호 배제 해결책은 공유 데이터에 대한 접근에 의존하는 경우가 많다. 이런 해결책은 멀티프로세서 시스템에서는 전혀 해결책이 되지 못할 수도 있다. 여기서는 논의를 간단하게 하기 위해, 시스템에 프로세서가 하나만 있다고 가정한다. 멀티프로세서 시스템은 뒤에서 다시 다룬다.

2. 비동기 병행 스레드들 간의 상대적인 속도에 대해서는 아무런 가정도 하지 않는다. 이는 어느 해결책이든 실행 중인 스레드가 선점당하거나 재시작할 수 있음을 고려해야 한다는 의미다. 또한 각 스레드의 실행 비율이 일정하지 않고 예측할 수 없을 수도 있다는 의미다.
3. 임계 영역 밖에서 명령어를 실행하는 스레드는 다른 스레드들이 자신들의 임계 영역에 들어가는 것을 막을 수 없다.
4. 스레드가 임계 영역에 들어가는 일이 무기한 연기되면 안 된다.*

셀프 리뷰

1. 비동기 병행 스레드들의 상대적인 속도를 예측하지 못하는 이유가 무엇이라고 생각하는가?
2. 잘못 코딩된 스레드는 어떻게 무기한 연기나 교착 상태를 일으키는가?

▶ **풀이** 1) 한 가지 이유는 임의로 분배될 수 있는 하드웨어 인터럽트가 어느 순간에 스레드의 실행을 방해할지 모른다는 데 있다. 어떤 기간에든 이러한 인터럽트는 몇몇 스레드가 다른 스레드들보다 오래 실행되게 할 가능성이 있다. 게다가 자원 스케줄링 알고리즘은 특정 스레드를 선호하는 경향이 있다. 2) 자신의 임계 영역을 전혀 빠져나가지 않는 스레드(예를 들면, 임계 영역 안에서 무한 루프에 빠진 경우)는 결국 임계 영역에 들어가려고 하는 다른 스레드들을 무기한 연기하거나 교착 상태에 빠뜨릴 수 있다.

5.4 상호 배제 문제에 대한 소프트웨어 해결책

상호 배제를 위한 훌륭한 소프트웨어 해결책은 네덜란드 수학자 데커 Dekker가 처음 제시했다. 다음 절에서 두 스레드의 상호 배제를 구현한 **데커의 알고리즘** Dekker's Algorithm을 다익스트라 Dijkstra가 개선한 버전을 볼 것이다.[13] 제시한 논제들은 병행 프로그래밍에서 나타나는 여러 미묘한 문제들을 보여준다. 따라서 이 문제들은 흥미로운 연구 영역이기도 하다. 그 후에는 페터슨 G. L. Peterson[14]과 램포트 L. Lamport[15]가 개발한 더 간단하고 효율적인 알고리즘을 살펴볼 것이다.

* 잘못 코딩된 임계 영역에 들어가게 되면 스레드는 무기한 연기 혹은 교착 상태를 초래하는 '오동작'을 할 수 있다. 이 문제에 대해서는 '7장. 교착 상태와 무기한 연기'에서 자세히 다룬다.

5.4.1 데커의 알고리즘

이제 상호 배제를 구현하려고 시도한 몇 가지 방안을 살펴볼 것이다. 각 구현마다 문제점이 있었고, 이 문제를 해결하려는 또 다른 해결책이 뒤를 이었다. 여기서는 교착 상태나 무기한 연기의 위험 없이 소프트웨어적으로 올바르게 상호 배제를 구현하는 법을 살펴본다.

첫 번째 버전(고정된 동기화와 바쁜 대기 문제 야기)

[예제 5-6]은 두 스레드 간의 상호 배제를 구현하는 예제의 첫 번째 버전을 보여준다. 의사 코드는 C 언어와 유사한 구문을 사용하고 있다. 각 스레드의 명령어들은 세 부분으로 나눌 수 있다. 즉 비임계 명령어 noncritical instruction(공유 데이터를 수정하지 않는 명령어), 임계 명령어 critical instruction(공유 데이터를 수정하는 명령어), 상호 배제를 이루는 명령어(enterMutualExclusion( )과 exitMutualExclusion( )을 구현하는 명령어) 부분이다. 각 스레드는 실행을 마칠 때까지 반복적으로 임계 영역에 들어가고 나온다.

예제 5-6 상호 배제 구현-버전 1

```
시스템:

int threadNumber = 1;

startThreads(); // 두 스레드를 초기화하고 시작함

스레드 T1:

void main() {

    while (!done)
    {
        while (threadNumber == 2); // enterMutualExclusion

        // 임계 영역 코드

        threadNumber = 2; // exitMutualExclusion

        // 임계 영역 외부 코드

    } // 바깥쪽 while 문끝

} // 스레드 T1 끝

```

```
25 스레드 T2:
26
27 void main() {
28
29     while (!done)
30     {
31         while (threadNumber == 1); // enterMutualExclusion
32
33         // 임계 영역 코드
34
35         threadNumber = 1; // exitMutualExclusion
36
37         // 임계 영역 외부 코드
38
39     } // 바깥쪽 while 문 끝
40
41 } // 스레드 T2 끝
```

이 버전의 상호 배세 구현에서는 시스템이 threadNumber라는 변수를 사용한다. 두 스레드가 이 변수를 서로 접근한다. 시스템이 스레드를 시작하기 전에 threadNumber는 1 값을 저장한다(3행). 다음으로 시스템이 두 스레드를 시작한다. enterMutualExclusion( ) 프리미티브는 threadNumber의 값이 스레드의 수와 같아질 때까지 반복하는 while 루프 한 개로 구성된다(스레드 T_1의 13행, T_2의 31행). exitMutualExclusion( ) 프리미티브는 threadNumber 변수를 다른 스레드의 수로 설정하는 명령어 한 개로 구성된다(스레드 T_1의 17행, T_2의 35행).

이러한 구현을 사용해 실행할 수 있는 한 가지 방법을 고려해보자. T_1이 먼저 실행을 시작한다고 가정하자. 이 스레드는 enterMutualExclusion( )의 역할을 하는 while 루프를 실행할 것이다(13행). threadNumber의 값이 처음에 1이기 때문에, T_1이 먼저 자신의 임계 영역에 들어간다(15행에서 주석으로 나타낸 코드). 이제 시스템이 T_1을 일시 정지하고 T_2를 실행한다고 가정하자. 두 번째 스레드는 threadNumber 값이 1인 것을 발견하고 while 루프 안에서 '고정'된다(31행). 이 방식은 상호 배제를 보장한다. T_1이 자신의 임계 영역을 나오고 threadNumber 값을 2로 설정하기 전에는 T_2가 자신의 임계 영역에 들어갈 수 없기 때문이다(17행).

결국 언젠가는 T_1이 임계 영역 내에서 실행을 마치고(임계 영역에 무한 루프가 없으며, 스레드들이 임계 영역 안에서 종료되거나 블록되는 일이 없음을 가정한다), 이때 T_1이 threadNumber 값을 2로 바꿀 것이다(17행). 그리고 자신의 임계 영역 외부에 있는 '비임계' 명령어들을 계속 실행할 것이다. 그러면 T_2도 자신의 임계 영역에 들어갈 수 있게 된다.

이 구현으로 상호 배제를 이룰 수는 있지만, 이 방법에는 심각한 문제점이 있다. enterMutualExclusion( ) 프리미티브에서 스레드는 본질적으로 아무 일도 아닌 데 프로세서를 사용한다. 즉, 스레드는 반복해서 threadNumber의 값을 확인할 뿐이다. 이러한 스레드를 바쁜 대기 busy waiting를 한다고 표현한다. 단일 프로세서 시스템에서 바쁜 대기는 상호 배제를 구현하는 데 비효율적인 기술이다. 멀티프로그래밍의 목표 중 하나가 프로세서 활용도 processor utilization를 높이는 일임을 상기하기 바란다. 위의 상호 배제 프리미티브가 스레드에 필수적이지 않은 일을 수행하는 데 프로세서 사이클을 사용한다면 프로세서 시간만 낭비할 뿐이다. 그러나 이 오버헤드는 짧은 시간(즉, 스레드들이 자신들의 임계 영역에 들어가려고 경쟁하는 동안)으로 제한되어 있다.

이 구현에서 더욱 나쁜 점은 '5.3 상호 배제 프리미티브 구현'에서 정의한 핵심적인 제한 조건을 어기고 있다는 것이다. 5.3절에서 임계 영역 안에 있지 않은 스레드가 임계 영역에 들어가려는 다른 스레드에 영향을 미치면 안 됨을 밝혔다. 예를 들어, 시스템에서 threadNumber의 값을 1로 초기화했기 때문에 T_1이 먼저 임계 영역에 들어가야 한다. T_2가 먼저 들어가려고 시도하는 경우, 먼저 실행을 시작해도 임계 영역에 들어가지 못할 것이다. 결국 T_1이 실행되어 자신의 임계 영역에 들어가고 threadNumber의 값을 2로 설정할 것이다. 그러므로 T_2는 자신의 임계 영역에 들어가기 전에 지연된다. 사실 스레드들은 자신들의 임계 영역에 드나들 때 엄격하게 교대해야 한다. 한 스레드가 다른 스레드보다 빈번하게 임계 영역에 들어가야 한다면 더 빠른 스레드가 더 느린 스레드의 속도에 맞추느라 제한될 것이다. 이를 **고정된 동기화** lockstep synchronization 문제라고 한다.* 다음 상호 배제 구현은 이 문제를 해결했지만, 역시 새로운 문제가 있다.

두 번째 버전(상호 배제 위반)

[예제 5-7]은 앞에서 설명한 구현의 고정된 동기화 문제를 없앴다. 첫 번째 해결책에서 시스템은 전역 변수 하나만을 포함해서 고정된 동기화 문제를 야기했다. 두 번째 버전에서는 변수 두 개를 포함한다. t1Inside 변수는 T_1이 자신의 임계 영역에 있으면 true고, t2Inside는 T_2가 자신의 임계 영역에 있을 때 true다.

* 물론 '5.2.1 자바 멀티스레딩 사례 연구 2: 생산자/소비자 관계'에서 다룬 문제는 고정된 동기화를 요구했다. 버퍼의 크기가 단위 크기였기 때문이다. 그러나 대부분의 버퍼는 여러 엔트리를 포함한다. 즉, 생산자와 소비자의 수행 속도가 다르면 고정된 동기화는 효율을 떨어뜨릴 것이다.

예제 5-7 상호 배제 구현 - 버전 2

```
시스템:

boolean t1Inside = false;
boolean t2Inside = false;

startThreads(); // 두 스레드를 초기화하고 시작함

스레드 T1:

void main() {

    while (!done)
    {
        while (t2Inside); // enterMutualExclusion

        t1Inside = true;  // enterMutualExclusion

        // 임계 영역 코드

        t1Inside = false; // exitMutualExclusion

        // 임계 영역 외부 코드

    } // 바깥쪽 while 문 끝

} // 스레드 T1 끝

스레드 T2:

void main() {

    while (!done)
    {
        while (t1Inside); // enterMutualExclusion

        t2Inside = true;  // enterMutualExclusion

        // 임계 영역 코드

        t2Inside = false; // exitMutualExclusion

        // 임계 영역 외부 코드

```

```
44        } // 바깥쪽 while 문 끝
45
46  } // 스레드 T2 끝
```

두 번째 상호 배제 구현에서는 각 스레드당 하나씩, 변수를 총 두 개 사용해 임계 영역에 대한 접근을 관리함으로써 고정된 동기화 문제를 해결했다. t2Inside 값이 false일 때 T_1은 자신의 임계 영역에 원하는 대로 들어갈 수 있다. T_1이 임계 영역에 들어가고 t1Inside 값을 true로 설정하면 T_2는 바쁜 대기 상태에 들어갈 것이다. 결국 T_1은 자신의 임계 영역 수행을 마치고 상호 배제 exit 코드를 수행해 t1Inside 값을 false로 놓을 것이다.

이 해결책이 고정된 동기화 문제를 해결하긴 했지만, 불행하게도 상호 배제를 보장하지는 않는다. 다음의 경우를 생각해보자. 변수 t1Inside와 t2Inside는 모두 false고, 두 스레드가 동시에 자신들의 임계 영역에 들어가려고 한다고 가정해보자. T_1은 t2Inside의 값을 확인하고(14행), false임을 알고는 다음 문장으로 진행한다. 이 시점에서 T_1이 16행을 실행해 T_2가 임계 영역 밖에 머물게 하기 전에 시스템이 프로세서를 선점했다고 가정해보자. 이번에는 T_2가 실행되어 t1Inside 값이 false임을 확인하고 자신의 임계 영역에 들어간다. 그런데 또 T_2가 임계 영역에 있는 동안 프로세서를 선점당하고, T_1이 재시작되어 16행을 수행해 t1inside 값을 true로 만들고 임계 영역에 들어간다. 두 스레드 모두 자신의 임계 영역을 동시에 수행할 수 있었다. 즉, 상호 배제를 어긴 것이다.

세 번째 버전(교착 상태 야기)

두 번째 버전은 실패작이다. 한 스레드가 while 문에서 진행을 계속할지 판단하는 시간(14행, 34행)과 스레드가 자신이 임계 영역 안에 들어왔다는 표시를 하는 틈(16행, 36행)에 다른 스레드가 제어를 얻고 while 테스트를 통과해 임계 영역에 들어갈 가능성이 있기 때문이다. 이 문제를 해결하기 위해 일단 스레드가 while 문의 테스트를 시작하면, 다른 프로세스가 while 테스트를 통과할 수 없게 해야 한다. 세 번째 버전([예제 5-8])은 각 스레드가 while 루프 안으로 들어가기 전에 자신의 플래그를 설정하게 함으로써 이 문제를 해결한다. 그러므로 T_1은 t1WantsToEnter 값을 true로 설정해 자신의 임계 영역에 들어가고 싶다는 의도를 표현한다. t2WantsToEnter 값이 false면 T_1은 자신의 임계 영역에 들어가고 T_2가 자신의 임계 영역에 들어가는 것을 방지한다. 이렇게 해서 상호 배제를 보장하고, 이제 올바른 해결책을 얻은 것처럼 보인다. 일단 스레드가 임계 영역에 들어가려는 의도를 밝히면 다른 스레드가 임계 영역에 들어가지 못해 상호 배제를 확신할 수 있다.

예제 5-8 상호 배제 구현 - 버전 3

```
시스템:

boolean t1WantsToEnter = false;
boolean t2WantsToEnter = false;

startThreads(); // 두 스레드를 초기화하고 시작함

스레드 T1:

void main()
{
     while (!done)
     {
          t1WantsToEnter = true;  // enterMutualExclusion

          while (t2WantsToEnter); // enterMutualExclusion

          // 임계 영역 코드

          t1WantsToEnter = false; // exitMutualExclusion

          // 임계 영역 외부 코드

     } // 바깥쪽 while 문끝

} // 스레드 T1 끝

스레드 T2:

void main()
{
     while (!done)
     {
          t2WantsToEnter = true;  // enterMutualExclusion

          while (t1WantsToEnter); // enterMutualExclusion

          // 임계 영역 코드

          t2WantsToEnter = false; // exitMutualExclusion

          // 임계 영역 외부 코드

```

```
    } // 바깥쪽 while 문끝

} // 스레드 T2 끝
```

그러나 또 다른 문제가 생겼다. 만약 두 스레드 모두 while 테스트를 시작하기 전에 임계 영역에 들어가려는 의도를 true로 표시하면, 상대방의 플래그를 보고 계속 while 문만 반복할 것이다. 이는 두 프로세스가 **교착 상태** deadlock에 빠지는 예다. 교착 상태에 관해서는 '7장. 교착 상태와 무기한 연기'에서 자세히 다룬다.

네 번째 버전(무기한 연기 야기)

상호 배제를 효과적으로 구현하려면 앞의 버전에서 문제가 된 무한 루프를 '빠져나올' break out 방법이 있어야 한다. 네 번째 버전([예제 5-9])은 루프를 도는 각 스레드가 짧은 기간 자신의 플래그를 false로 바꾸게 함으로써 이 문제를 해결한다. 그러면 다른 스레드가 자신의 플래그를 true로 놓고 while 루프를 통과할 수 있다.

예제 5-9 상호 배제 구현 - 버전 4

```
시스템:

boolean t1WantsToEnter = false;
boolean t2WantsToEnter = false;

startThreads(); // 두 스레드를 초기화하고 시작함

스레드 T1:

void main()
{
    while (!done)
    {
        t1WantsToEnter = true; // enterMutualExclusion

        while (t2WantsToEnter) // enterMutualExclusion
        {
            t1WantsToEnter = false; // enterMutualExclusion

            // 임의의 짧은 시간 동안 대기함

            t1WantsToEnter = true;
```

```
        } // while 문 끝

        // 임계 영역 코드

        t1WantsToEnter = false; // exitMutualExclusion

        // 임계 영역 외부 코드

    } // 바깥쪽 while 문 끝

} // 스레드 T1 끝

스레드 T2:

void main()
{
    while (!done)
    {
        t2WantsToEnter = true; // enterMutualExclusion

        while (t1WantsToEnter) // enterMutualExclusion
        {
            t2WantsToEnter = false; // enterMutualExclusion

            // 임의의 짧은 시간 동안 대기함

            t2WantsToEnter = true;
        } // while 문 끝

        // 임계 영역 코드

        t2WantsToEnter = false; // exitMutualExclusion

        // 임계 영역 외부 코드

    } // 바깥쪽 while 문 끝

} // 스레드 T2 끝
```

네 번째 버전은 상호 배제를 보장하고 교착 상태를 방지한다. 그러나 **무기한 연기** indefinite postponement라는 또 다른 잠재적인 문제를 야기한다. 비동기적 병행 스레드들의 상대적인 속도를 예측하기 어렵기 때문에 모든 실행 가능성을 고려해야 한다. 예를 들어, 스레드들이 나란히 연속적으로 진행하는 상황을 생각해보자. 각 스레드는 자신의 플래그를 true로 설정하고(14행), 16행에 있는 while 테스트를 수행한다. 그리고 while 루프 내부로 진입해 플래그를 잠시 false(18행)로 바꾸고 임의의 시간 동안 대기한다(20행). 이후 플래그를 true로 놓고(22행), while 테스트로 시작해 명령문을 차례대로 반복한다. 스레드들이 이렇게 실행되는 동안 테스트된 조건들(18행, 45행)은 true로 남아 있을 것이다. 물론 이러한 실행 순서는 발생할 확률이 낮지만, 그럼에도 불구하고 일어날 수는 있다. 이런 식의 상호 배제를 사용하는 시스템이 우주선 조정이나 심장 박동 조절기 혹은 항공 제어 시스템이라면 무기한 연기와 이로 인한 오류는 사람의 생명을 앗아갈 수도 있다. 그러므로 네 번째 버전은 상호 배제 문제를 해결하는 해결책으로 인정하기 어렵다.

데커의 알고리즘(적합한 해결책)

[예제 5-10]은 **데커의 알고리즘** Dekker's Algorithm을 보여준다. 데커의 알고리즘은 두 스레드가 있는 시스템에서 순수하게 소프트웨어로 상호 배제를 적절히 구현한 것이다. 이 알고리즘에서도 스레드가 임계 영역에 들어가려는 의도를 알리는 데 플래그를 사용한다. 그러나 한 걸음 더 나아가 '선호 스레드' favored thread 개념을 더했다. 선호 스레드는 여러 스레드가 동시에 임계 영역에 들어가려고 할 때 먼저 임계 영역에 진입할 수 있다.

예제 5-10 상호 배제를 구현하는 데커의 알고리즘

```
시스템:

int favoredThread = 1;
boolean t1WantsToEnter = false;
boolean t2WantsToEnter = false;

startThreads(); // 두 스레드를 초기화하고 시작함

스레드 T1:

void main()
{
    while (!done)
    {
        t1WantsToEnter = true;

        while (t2WantsToEnter)
        {
            if (favoredThread == 2)
            {
```

```
                t1WantsToEnter = false;
                while (favoredThread == 2); // 바쁜 대기
                t1WantsToEnter = true;
            } // if 문 끝

        } // while 문 끝

        // 임계 영역 코드

        favoredThread = 2;
        t1WantsToEnter = false;

        // 임계 영역 외부 코드

    } // 바깥쪽 while 문 끝

} // 스레드 T1 끝

스레드 T2:

void main()
{
    while (!done)
    {
        t2WantsToEnter = true;

        while (t1WantsToEnter)
        {
            if (favoredThread == 1)
            {
                t2WantsToEnter = false;
                while (favoredThread == 1); // 바쁜 대기
                t2WantsToEnter = true;
            } // if 문 끝

        } // while 문 끝

        // 임계 영역 코드

        favoredThread = 1;
        t2WantsToEnter = false;

        // 임계 영역 외부 코드

```

```
65        } // 바깥쪽 while 문 끝
66
67  } // 스레드 T2 끝
```

데커의 알고리즘이 네 번째 버전에서 살펴본 무기한 연기 문제를 해결한 방법을 살펴보자. 먼저, 이 알고리즘에서는 15~26행과 45~56행을 통해 enterMutualExclusion 프리미티브를 구현한다. exitMutualExclusion 프리미티브는 30~31행과 60~61행에서 구현한다. T1은 플래그를 true로 바꾸어 임계 영역으로 들어가려는 의도를 알린다(15행). 그 후 스레드는 while 테스트로 들어가고(17행), T_2도 임계 영역에 들어가려고 하는지 확인한다. T_2의 플래그가 false면 스레드 사이의 경쟁은 없다. 따라서 T_1은 while 루프의 내부를 생략하고 자신의 임계 영역에 들어간다(28행).

그러나 T_1이 while 테스트를 수행할 때(17행), T_2의 플래그가 true인 경우를 생각해보자. 이 경우 스레드들이 각각 자신의 임계 영역에 들어가려고 경쟁한다. 스레드 T_1은 while 루프 내부로 들어가고 favoredThread의 값을 확인한다. 이 변수는 이러한 경쟁에서 어느 쪽을 진행할지 결정해준다. T_1이 선호 스레드면 if 문 내부를 생략하고 반복적으로 while 테스트를 수행하며, T_2가 t2WantsToEnter 변수의 값을 false로 놓을 때까지 대기한다. 결국에는 이 값이 false로 바뀔 때가 있다. 만일 T_1이 T_2가 선호 스레드라는 사실을 알게 되면(19행), if 문 내부로 들어가 t1WantsToEnter 변수의 값을 false로 놓고(21행) T_2가 선호 스레드로 남아 있는 동안 while 문 내부를 수행하며 대기한다(22행). t1WantsToEnter 값을 false로 설정해 T_1은 T_2가 임계 영역에 들어갈 수 있게 해준다.

최종적으로 작업을 마치고 나면 T_2가 자신의 임계 영역에서 빠져나오고 상호 배제 exit 코드를 수행한다(60~61행). 이 문장들은 favoredThread를 다시 T_1로 돌려놓고 t2WantsToEnter 값을 false로 놓는다. T_1은 이제 while 테스트 문 내부로 들어가(22행) t1WantsToEnter 값을 true로 놓고(23행) while 테스트 바깥쪽을 실행한다(17행). 방금 false로 설정한 t2WantsToEnter 값이 여전히 false면, T_1은 자신의 임계 영역에 들어가고(28행) 안전하게 혼자만 공유 데이터에 접근할 수 있다. 그러나 T_2가 금방 자신의 임계 영역에 다시 들어가려고 하면 t2WantsToEnter 값은 true가 되고, T_1은 다시 한 번 바깥쪽 while 문을 수행해야 한다(19행).

그러나 이번에는 T_1이 선호 스레드다. 따라서 T_1은 if 문 내부를 생략하고 T_2가 t2WantsToEnter 값을 false로 설정할 때까지 while 테스트 바깥쪽을 반복적으로 수행한다(17행). false가 되면 T_1이 자신의 임계 영역에 들어갈 수 있다.

데커의 알고리즘은 상호 배제를 보장하면서 동시에 교착 상태와 무기한 연기를 방지한다. 그러나 상호 배제의 복잡한 특성 때문에 즉시 확인할 수는 없다. 예를 들면, 다음과 같은 재미있는 경우도 발생할 수 있다. T_1이 바쁜 대기 루프의 안쪽을 빠져 나갈 때(22행), T_1이 t1WantsToEnter 값을 true로 놓기 전에 시스템이 프로세서를 선점할 수도 있다. 이 경우 T_2가 자신의 임계 영역에 들어가려고 한다. T_2는 t2WantsToEnter 값을 true로 놓고 자신의 임계 영역에 들어갈 것이다. 후에 T_1이 실행을 재시작할 때 t1WantsToEnter 값을 true로 놓을 것이다. 이제 T_1차례가 되고 t1WantsToEnter 값이 true로 되어 있으므로, T_2가 임계 영역에 다시 들어가려고 하면(47행) t2WantsToEnter 값을 false로 놓고 바쁜 대기 상태로 들어가야 한다(52행). 이제 T_1은 자신의 임계 영역에 들어갈 수 있다. 그러므로 이 상황은 처음에는 복잡한 것처럼 보였지만 무기한 연기와 같은 문제를 초래하지는 않는다. 알고리즘이 무기한 연기를 절대로 일으키지 않음을 엄밀하게 증명해내는 것은 더 복잡한 작업이다('에피소드: 당신이 만든 소프트웨어가 올바르게 동작한다고 어떻게 확신하는가' 참고). 참고 문헌에서 이런 증명 작업에 대한 예를 볼 수 있다.[16]

에피소드

당신이 만든 소프트웨어가 올바르게 동작한다고 어떻게 확신하는가

다익스트라는 항상 생각을 불러일으키는 사람이었다. 그의 최고의 논제 중 하나를 생각해보자. 임의의 큰 수가 소수인지 여부를 판단하는 소프트웨어가 있다고 가정하자. 이 소프트웨어가 특정 수를 소수가 아니라고 판단할 때, 프로그램은 해당 수의 인수들을 출력하며, 그 인수들을 곱해서 소프트웨어가 올바른 답을 냈는지 확인할 수 있다. 그러나 소프트웨어에서 특정 수를 소수라고 하면 어떻게 할 것인가? 어떻게 그것을 믿을 수 있겠는가?

운영체제 설계자들에게 주는 교훈: 이 문제는 컴퓨팅에 대해 생각할 수 있는 가장 심오한 질문 중 하나일 것이다. 우리는 일상생활이나 회사 업무에서 컴퓨터를 대단히 신뢰한다. 그러나 복잡한 소프트웨어가 정말 올바른 답을 낸다는 것을 어떻게 확신할 수 있는가? 특히 복잡한 소프트웨어에 대해 철저하게 검사하는 것이 불가능하다는 사실을 알 때 해당 소프트웨어가 내는 결과가 정확하다는 사실을 어떻게 증명할 수 있는가? 해답은 '프로그램 정확성 증명' proving program correctness이라는 연구 분야에 달렸다. 이 분야는 아직도 중요한 미해결 문제들을 많이 가지고 있다. 오늘날까지 작고 사소한 프로그램들만 오류 존재 여부가 확인되었다. 이 문제는 컴퓨터 과학 분야에서 박사 학위 논문의 아주 멋진 소재가 될 것이다.

셀프 리뷰

1. 앞서 설명한 네 가지 상호 배제 구현 시도에서 각각 무엇이 문제인가?
2. (참/거짓) [예제 5-9]에 나타낸 알고리즘에서 스레드들이 대기하는 시간을 다르게 하면(즉, T_1은 0~0.2초를 대기하고, T_2는 0.5~0.7초를 대기하는 식으로) 무기한 연기 문제가 사라질 것이다.

▶ **풀이** 1) 버전 1: T_1이 먼저 가도록 하고 엄격하게 교대되는 것을 요구한다. 버전 2: 상호 배제를 위반한다. 두 스레드가 동시에 임계 영역에 들어갈 수 있다. 버전 3: 두 스레드가 교착 상태에 빠질 수 있다. 둘 중 아무것도 임계 영역에 들어갈 수 없는 경우가 있다. 버전 4: 비록 확률은 낮지만 두 스레드가 순차적으로 나란히 진행할 경우 서로를 무한정 대기하게 할 수 있다. 2) 거짓. 문제의 핵심은 비동기적 병행 스레드들의 상대적인 속도를 전혀 예측할 수 없다는 데 있다. 임의의 시간 간격을 두 스레드에 다르게 적용해도 알고리즘의 나머지 부분이 얼마나 빨리 실행될지 알 수 없다.

5.4.2 페터슨의 알고리즘

앞에서 데커의 알고리즘은 멀티프로그램 시스템의 병행성과 비동기성 때문에 발생할 수 있는 미묘한 문제들을 소개해주었다. 여러 해 동안 이 알고리즘은 상호 배제를 위해 바쁜 대기 방법을 쓰는 최고의 실전state of the practice 해결책을 나타내주었다. 그런데 1981년 페터슨G. L. Peterson은 두 프로세스가 있을 때 바쁜 대기를 사용해 상호 배제를 이루는 더 간단한 알고리즘을 발표했다([예제 5-11]).[17]

예제 5-11 페터슨의 상호 배제 알고리즘

```
시스템:

int favoredThread = 1;
boolean t1WantsToEnter = false;
boolean t2WantsToEnter = false;

startThreads(); // 두 스레드를 초기화하고 시작함

스레드 T1:

void main()
{
    while (!done)
    {
        t1WantsToEnter = true;
        favoredThread = 2;

        while (t2WantsToEnter && favoredThread == 2);
```

```
19
20            // 임계 영역 코드
21
22            t1WantsToEnter = false;
23
24            // 임계 영역 외부 코드
25
26        } // while 문 끝
27
28    } // 스레드 T1 끝
29
30    스레드 T2:
31
32    void main()
33    {
34        while (!done)
35        {
36            t2WantsToEnter = true;
37            favoredThread = 1;
38
39            while (t1WantsToEnter && favoredThread == 1);
40
41            // 임계 영역 코드
42
43            t2WantsToEnter = false;
44
45            // 임계 영역 외부 코드
46
47        } // while 문 끝
48
49    } // 스레드 T2 끝
```

페터슨의 알고리즘이 맞는지 보이기 위해 스레드 T_1이 실행될 상황에서 알고리즘을 검토해보자. T_1은 자신의 임계 영역에 들어가기 전에 t1WantsToEnter의 값을 true로 설정해 자신의 의도를 알린다(15행). 무기한 연기를 피하기 위해 T_1은 favoredThread 값을 2로 놓고(16행), T_2가 임계 영역에 들어갈 수 있게 한다. 그 다음 t2WantsToEnter 값이 true고 favoredThread 값도 2인 동안 T_1은 바쁜 대기 상태가 된다. 둘 중 한 조건이 false가 되면 T_1은 안전하게 자신의 임계 영역에 들어갈 수 있다(20행). T_1은 자신의 임계 영역에 있는 명령어들을 수행한 후, t1WantsToEnter 값을 false로 설정해(22행) 자신이 임계 영역 안에서 작업을 마쳤음을 표시한다.

이제 프로그램의 제어를 선점당하면 스레드 T_1이 어떤 영향을 받는지 살펴보자. 스레드 T_1이 상호 배제 진입 코드를 실행할 때 경쟁이 없다면, 18행을 수행할 때 t2WantsToEnter 값은 false다. 따라서 스레드 T_1은 임계 영역에 들어갈 수 있다(20행). 스레드 T_1이 임계 영역에 들어가자마자 제어를 선점당하는 경우를 생각해보자. 스레드 T_2는 favoredThread 값을 1로 설정해야 하므로(37행), 39행을 수행하는 T_2는 스레드 T_1이 임계 영역을 나오고 t1WantsToEnter를 false로 설정할 때까지 바쁜 대기 상태에 들어갈 것이다.

그러나 스레드 T_1이 자신의 임계 영역에 들어가려고 할 때(18행) t2WantsToEnter가 true면, T_2는 틀림없이 임계 영역으로 들어가려고 시도하는 중 선점당한 것이다. 한 가지 가능성으로, T_2가 임계 영역 코드를 실행하는 도중 선점당해 favoredThread = 2인 동시에 t2WantsToEnter = true가 되었을 수 있다. 이 경우, T_1은 T_2가 자신의 임계 영역을 마치고 t2WantsToEnter를 false로 설정할 때까지 단순히 바쁜 대기(18행)를 하게 되어 18행에 있는 while 조건이 안 맞아 T_1이 진행하게 된다.

스레드 T_1이 18행에서 t2WantsToEnter 값이 true고, favoredThread 값이 2임을 발견하면 while 루프에서 바쁜 대기 상태에 머물 것이다(18행). 18행을 실행하기 직전에 favoredThread 값을 2로 설정하기 때문이다. 스레드 T_1은 T_2가 프로세서를 다시 얻고 favoredThread 값을 1로 설정할 때까지 대기한다(37행). 이 시점에 T_2는 바쁜 대기를 해야 한다. t1WantsToEnter 값이 true고, favoredThread 값이 1이기 때문이다. 스레드 T_1이 프로세서의 제어를 다시 얻으면 while 루프의 테스트를 하고 자신의 임계 영역에 들어간다(20행).

스레드 T_1이 t2WantsToEnter가 true고, favoredThread 값이 1임을 발견하면(18행) 안전하게 자신의 임계 영역에 들어갈 수 있다. t1WantsToEnter 값이 true고, favoredThread 값이 1이기 때문이다. 스레드 T_2는 T_1이 자신의 임계 영역을 실행한 후 t1WantsToEnter 값을 false로 설정할 때까지 바쁜 대기를 해야 한다.

이제 정식으로 페터슨의 알고리즘이 상호 배제를 보증하는지 증명해보자. 그러려면 T_2는 T_1이 자신의 임계 영역 내부를 수행할 때 진행되지 않음을 보여야 한다. 1과 2 모두 반대로 바뀌지 않으면 알고리즘이 변하지 않는다는 점을 주목하자. 결과적으로 T_1이 자신의 임계 영역에 있을 동안 T_2가 수행할 수 없다면 그 역도 증명하는 셈이 된다.

증명을 시작하기 위해 스레드가 while 루프를 수행하기 직전에 favoredThread 값이 설정되는지 살펴보자. 더 나아가 두 스레드 모두 임계 영역에 들어가려고 할 때 각 스레드가 favoredThread 값을 다른 스레드에 유리하게 설정하는지 살펴보자. 또한 오직 스레드 T_1에서 배타적으로 t1WantsToEnter 값을 제어하는지 알아봐야 한다. 이와 유사하게 t2Wants

ToEnter 값도 스레드 T_2에서만 제어해야 한다. 이제 T_1이 임계 영역에서 실행되고 있는 유일한 스레드라고 가정해보자. 이는 t1WantsToEnter=true고, favoredThread=1이거나 t2WantsToEnter=false임을 의미한다.

T_2가 자신의 임계 영역에 들어가려면(39행), 다음 중 한 가지 조건을 충족해야 한다.

- t1WantsToEnter 값이 false여야 한다.
- favoredThread 값이 2여야 한다.
- t1WantsToEnter 값이 false고, 동시에 favoredThread 값은 2여야 한다.

이 증명은 T_1이 임계 영역 내부에서 수행할 때 T_2가 성공적으로 자신의 임계 영역에 들어갔음을 가정한다. 그리고 이런 일이 발생할 수 없기 때문에 페터슨의 알고리즘이 상호 배제를 보장한다는 사실이 증명된다. 즉, 역을 사용해 알고리즘을 증명하는 것이다. 첫 번째 경우(t1WantsToEnter 값이 false)에 T_2는 자신의 임계 영역에 들어갈 수 있다. t1WantsToEnter 값이 false고 favoredThread 값은 1 또는 2기 때문이다. 그러나 이 절에서 먼저 설명했듯이 T_1이 자신의 임계 영역에서 수행할 수 있으려면 t1WantsToEnter 값이 true여야 한다. t1WantsToEnter 값이 false가 되는 경우는 T_1이 자신의 임계 영역을 나오고(22행) 다시 들어가려고 시도하기 전 뿐이다(15행). 따라서 t1WantsToEnter 값이 false였으므로 스레드 T_2는 임계 영역에 들어갈 수 없을 것이다. 이는 또한 스레드 T_2가 세 번째 조건(t1WantsToEnter 값이 false고, favoredThread 값이 2)일 때도 임계 영역에 들어갈 수 없음을 암시한다.

이제 역으로 T_2가 임계 영역에 들어갈 수 없음을 보여야 한다. T_1이 임계 영역에서 실행되는 동안 favoredThread 값이 2로 설정될 수 없기 때문이다. T_2가 임계 영역에 들어가려면 t2WantsToEnter 값이 true로 설정되어 있어야 하고(36행), 39행에 있는 while 루프를 빠져나오기 전에(37행) favoredThread 값이 1로 설정되어야 한다. 그러므로 스레드 T_1이 자기 임계 영역에서 실행되는 동안, 스레드 T_2가 임계 영역에서 실행되면 favoredThread 값은 스레드 T_2가 37행을 실행한 후 변해야 한다. favoredThread 값이 2로 설정되는 것은 T_1이 16행의 상호 배제 진입 코드를 수행해 자신의 임계 영역에 들어가려고 요청할 때뿐이라는 점을 기억하기 바란다. 또한 스레드 T_2는 36행에서 이미 t2WantsToEnter 값을 true로 설정했다. 결과적으로 스레드 T_1이 자신의 임계 영역에 들어가려면(18행), 바쁜 대기를 해야 한다. t2WantsToEnter 값은 true고, favoredThread 값은 2기 때문이다. T_2가 임계 영역에 들어갈 수 있어도 이제 T_1은 T_2가 임계 영역을 나갈 때까지 대기해야 한다. 이는 T_2와 T_1 모두 자신의 임계 영역에 있어야 한다는 가정과 모순된다. 역을 통해 T_2와 T_1이 동시에 임계 영역에서 실행할 수 없음을 보였으므로 페터슨의 알고리즘이 상호 배제를 보증함을 알 수 있다.

스레드들이 갑자기 종료되지 않는 한, 페터슨의 알고리즘에서 교착 상태와 무기한 연기는 일어나지 않는다.* 교착 상태가 일어나려면 T_1과 T_2 모두 동시에 자신의 while 루프에서 바쁜 대기를 해야 한다. 그런데 이런 일은 일어나지 않는다. favoredThread는 1 또는 2고, while 루프 안에서 수정되지 않아야 하기 때문이다. 즉, while 테스트는 항상 한 스레드가 실패해서 임계 영역에 들어가게 한다. 무기한 연기가 일어나려면 다른 스레드가 바쁜 대기를 하는 동안 한 스레드가 계속해서 완료하고 임계 영역에 들어가야 한다. 각 스레드는 while 루프에 들어가기 전에 favoredThread 값을 다른 스레드의 번호로 설정한다. 페터슨의 알고리즘은 두 스레드가 자신의 임계 영역 수행을 교대할 수 있게 해서 무기한 연기를 피한다.

셀프 리뷰

1. 데커의 알고리즘과 페터슨의 알고리즘 사이의 큰 유사점은 무엇인가?
2. 무기한 연기를 예방하려면 어떤 변수가 필요한가?

▶ **풀이** 1) 동일한 전역 변수 세 개를 갖는다. 2) favoredThread 변수가 필요하다. 이 변수를 제거하면 무기한 연기 가능성이 생긴다.

5.4.3 *n*-thread 상호 배제: 램포트의 베이커리 알고리즘

다익스트라 Dijkstra는 n-thread 상호 배제 프리미티브를 최초로 소프트웨어로 구현한 사람이다.[18] 커누스 Knuth는 다익스트라의 알고리즘에 대해 무기한 연기를 제거하는 해결책을 내놓았지만, 이는 여전히 프로세스가 오래 지연될 가능성을 내재했다.[19] 이에 지연 시간을 줄일 수 있는 알고리즘을 개발하려는 노력이 많이 있었다. 아이젠베르그 Eisenberg와 맥과이어 McGuire는 n−1번 이내의 시도로 프로세스가 임계 영역에 들어갈 수 있는 해결책을 만들었다.[20] 램포트는 특히 컴퓨터 네트워크에 응용 가능한 해결책을 개발했다('인물사: 레슬리 램포트' 참고).[21] 여기서 논의하는 알고리즘은 바쁜 제과점에서 활용하는 것과 같은 '티켓 뽑기' take-a-ticket 시스템을 사용한다. 이 알고리즘은 **램포트의 베이커리 알고리즘** Lamport's Bakery Algorithm이라는 별명을 얻게 되었다. 번즈 Burns와 동료들은 n-thread 상호 배제를 위해 공유 변수 한 개를 사용하는 알고리즘을 개발했다.[22] 카르발료 Carvalho와 류카이롤 Roucairol은 컴퓨터 네트워크에서 상호 배제를 강화할 방법들을 논의했다.[23]

* 언제나 그렇듯이 교착 상태와 무기한 연기는 상호 배제 진입이나 종료 코드에서는 발생할 수 없다. 그러나 스레드들이 자신의 임계 영역 안에서 오동작하면 발생할 수도 있다.

램포트는 임계 영역 진입을 위한 경쟁이 없을 경우, 스레드들이 더 빨리 임계 영역에 진입할 수 있게 하는 알고리즘을 선보였다.[24] 그러나 이러한 **빠른 상호 배제 알고리즘** fast mutual exclusion algorithm은 임계 영역에 대한 경쟁이 있는 경우에는 비효율적일 수 있다. 앤더슨 Anderson과 킴 Kim은 임계 영역에 대한 경쟁이 없을 때는 빨리 진입하고, 경쟁이 있을 때도 비교적 좋은 성능을 내는 알고리즘을 내놓았다.[25]

인물사

레슬리 램포트 Leslie Lamport

레슬리 램포트는 1972년 브랜다이스 대학교 Brandeis University에서 수학 박사 학위를 받았다.[26] 메사추세츠 컴퓨터 협회와 SRI International, DEC Digital Equipment Corporation/컴팩 Compaq에서 일했고, 현재 마이크로소프트 연구소 Microsoft Research에 있다.[27] 그는 자신이 이룬 최고의 업적은 좀더 읽기 쉬운 계층적 방법으로 논리적인 증명을 할 수 있는 방법을 개발한 것이라고 믿는다.[28] 그러나 데이터를 공유하는 프로세스 간의 상호 배제와 관련해 컴퓨터 과학에 크게 기여한 것으로도 유명하다.

램포트의 주요 공헌 중 하나는 FCFS First-Come-First-Served 우선순위를 사용해 프로세스들의 동기화를 조절하는 베이커리 알고리즘을 개발한 것이다('5.4.3 *n*-thread 상호 배제: 램포트의 베이커리 알고리즘' 참고). 이 알고리즘의 중요한 특징은 무기한 연기의 위험성을 제거했고, 실행 도중 중단되는 프로세스들에 대해서도 탄력적으로 대처한다는 점이다. 이 간단한 알고리즘은 제과점에서 고객들을 대상으로 사용하는 동기화를 본뜬 것이다.[29] 임계 영역 출입구에 이른 프로세스는 이전 프로세스의 번호보다 하나 더 큰 번호를 얻는다. 제과점에 온 손님들마다 오름차순으로 올라가는 번호 표를 뽑는 것과 마찬가지다. 프로세스가 임계 영역을 나갈 때 그 다음 번호가 '호출'되고 해당 번호를 가진 프로세스가 진행할 수 있게 된다.[30]

램포트는 병행 프로그램에 관해 공식적인 명세를 작성하는 방법과 프로그램의 정확성을 증명하는 방법에 관한 다양한 논문을 썼다. 증명 작업의 일환으로 TLA Temporal Logic of Actions라는 로직 시스템도 설계했다. 이 시스템은 회로 로직과 소프트웨어 로직을 증명하는 데 사용하는 시스템이다.[31, 32]

램포트의 몇몇 상호 배제 관련 작업에서 특별한 하드웨어 지원이 필요한 원자적 문장을 사용하지 않고도 상호 배제를 이룰 수 있음을 보여주었다.[33] 그는 복잡도나 장애 내구성 정도를 달리 해가며 최소한 네 가지 알고리즘을 설계했다.[34] 또한 현재 임계 영역에서 실행 중인 프로세스가 없는 한, 일정하고 짧은 시간 동안 실행되는 상호 배제 알고리즘을 처음으로 개발했다.[35]

램포트의 가장 유명한 논문인 「분산 시스템에서의 시간, 클록, 이벤트의 순서 Time, Clocks, and the Ordering of Events in a Distributed System」에서는 이벤트 발생 순서를 결정하는 데 사용하는 논리적 클록 메커니즘과 이러한 클록을 이용해 분산 프로세스들을 동기화하는 방법을 설명했다.[36, 37, 38]

램포트는 상호 배제 관련 업적 외에도 1985년에 도널드 커누스 Donald Knuth의 텍 조판 TeX typesetting 언어에 기반을 둔 레이텍 조판 LaTeX typesetting 시스템을 개발하기도 했다.[39]

n-thread 상호 배제를 위한 초기 알고리즘 문제들은 많은 공유 변수를 포함하고 스레드가 임계 영역에 들어갈 수 있을지 결정하는 복잡한 루프가 많아서 이해하기 어렵다. 램포트의 알고리즘은 흔한 실세계의 시나리오, 즉 바쁜 제과점에서 자기 차례를 기다리는 손님들의 상황을 사용해 간단한 해결책을 제공한다. 게다가 램포트의 알고리즘에서는 어떤 동작이든 원자적으로 atomically 실행할 필요가 없다.

램포트의 알고리즘은 직원 한 명이 일을 보고 손님들이 빵을 사려고 하는 제과점을 모델로 하고 있다. 이 직원은 한 번에 한 손님에게만 서비스할 수 있다. 손님이 한 명뿐이면 간단한 일이다. 손님은 빵을 요청하고, 직원은 빵을 꺼내주면 빵 값을 지불하고 제과점을 나서면 된다. 그러나 여러 손님이 동시에 빵을 사려고 하면 직원은 어떤 순서로 서비스할지 결정해야 한다. 많은 제과점에서 먼저 온 손님에게 먼저 서비스하는 FCFS First-Come-First-Served 순서를 적용한다. 손님들이 제과점에 들어가면서 순서가 적힌 티켓을 뽑게 하는 것이다. 티켓의 번호는 오름차순이다. 현재 티켓의 번호가 n이면, 다음 티켓의 번호는 $n+1$이 된다. 한 손님에 대한 서비스가 끝날 때마다 직원은 가장 낮은 수의 티켓을 가진 손님에게 서비스할 것이다. 이렇게 해서 손님들은 먼저 온 순서대로 서비스를 받을 수 있다.

[예제 5-12]는 스레드 n개를 위한 램포트의 알고리즘 구현을 보여준다. 램포트의 알고리즘에서 각 스레드는 티켓을 가진 손님을 나타낸다. 티켓은 해당 스레드가 임계 영역에 들어갈 시점을 결정할 수 있게 해준다. 스레드가 가장 낮은 수의 티켓을 가지고 있으면 임계 영역에 들어갈 수 있다. 상호 배제는 임계 영역을 빠져나올 때 스레드의 티켓 값을 재설정함으로써 이루어진다. 실세계의 티켓 발급기와 달리 램포트의 알고리즘은 복수의 스레드들이 동일한 번호를 갖도록 허용한다. 램포트의 알고리즘은 한 번에 한 스레드만 임계 영역에서 실행되게 하려고 균형 깨기 tie-breaking 메커니즘을 사용한다.

예제 5-12 램포트의 베이커리 알고리즘

```
시스템:

// 스레드들이 가진 티켓의 번호를 기록하는 배열
boolean choosing[n];

// 각 스레드의 티켓 값을 0으로 초기화함
int ticket[n];

startThreads(); // 모든 스레드를 초기화하고 시작함

스레드 Tx:
```

```

void main()
{
    x = threadNumber(); // 현재 스레드 수를 저장함

    while (!done)
    {
        // 티켓을 뽑음
        choosing[x] = true; // 티켓 선택 프로세스를 시작함
        ticket[x] = maxValue(ticket) + 1;
        choosing[x] = false; // 티켓 선택 프로세스를 마침

        // 현재 티켓 값과 다른 스레드의 티켓 값을 비교해
        // 호출될 번호를 기다림
        for (int i = 0; i < n; i++)
        {
            if (i == x)
            {
                continue; // 자신의 티켓은 확인할 필요 없음
            } // if 문 끝

            // thread[i]가 선택 상태일 동안 바쁜 대기를 함
            while (choosing[i] != false);

            // 현재 티켓 값이 가장 낮은 값이 될 때까지 바쁜 대기를 함
            while (ticket[i] != 0 && ticket[i] < ticket[x]);

            // 균형 깨기 코드는 더 작은 스레드 번호를 선호함
            if (ticket[i] == ticket[x] && i < x)

                // thread[i]가 임계 영역을 떠날 때까지 루프를 돎
                while (ticket[i] != 0); // 바쁜 대기
        } // for 문 끝

        // 임계 영역 코드

        ticket[x] = 0; // exitMutualExclusion

        // 임계 영역 외부 코드

    } // while 문 끝

} // 스레드 Tx 끝
```

3~7행은 상호 배제에 참여하는 스레드 n개가 모두 공유하는 배열 두 개를 선언하고 있다. boolean 타입 배열 choosing(4행)은 크기가 n이다. 스레드 T_x가 현재 티켓 값을 선택하고 있으면 choosing[x] 값이 true, 그렇지 않으면 false다. 정수 값 배열 ticket(7행)은 각 스레드의 티켓 값에 상응하는 값들을 담는다. choosing과 마찬가지로 스레드 T_x의 티켓 값은 ticket[x]에 들어 있다. 이 예에서는 각 스레드의 티켓 값은 0으로 초기화된다.

13~54행은 스레드 T_x에서 실행하는 코드를 나타낸다. 스레드 n개 중 하나는 임계 영역을 실행하려고 시도한다. 베이커리 알고리즘에 참여하는 각 스레드는 동일한 enterMutualExclusion(19~44행)과 exitMutualExclusion(48행)을 수행한다. 스레드가 시작할 때, 15행을 수행해 변수 x에 정수 값을 저장해 해당 스레드의 유일한 식별자 역할을 하게 한다. 스레드는 이 값을 이용해 choosing과 ticket 배열에 있는 상응하는 값을 판단한다.

각 스레드는 19~22행을 수행해 '티켓을 받는다.' 20행에서는 현재의 스레드가 choosing[x] 값을 true로 설정해 티켓을 얻으려고 하는 것을 나타낸다. 여러 스레드가 동시에 티켓 값을 얻으려고 할 때, 상호 배제를 보증하려면 이 단계가 필수적이다. 스레드는 maxValue 메소드를 호출한다(21행). 이 메소드는 정수 배열 ticket에서 가장 큰 수를 반환한다. 그러면 스레드는 그 수에 1을 더해 티켓의 값으로 ticket[x]에 저장한다(21행). 시스템에 많은 스레드가 있으면 maxValue 메소드를 수행하는 데 꽤 많은 시간이 걸릴 수 있다. 그러면 이 메소드를 호출한 스레드가 메소드를 완료하기도 전에 선점될 확률이 높아진다. 스레드가 ticket[x]에 티켓 값을 설정하고 나면(21행), 스레드는 choosing[x] 값을 false로 바꿔서(22행) 더는 티켓 값을 선택하지 않음을 나타낸다. 스레드가 임계 영역을 나갈 때(48행) 티켓 값은 다시 0이 된다. 즉, 스레드가 임계 영역에 들어가려고 할 때만 티켓 값이 0이 아니라는 의미다.

점원이 손님을 부르는 실세계 제과점과 달리, 베이커리 알고리즘에서는 각 스레드가 언제 임계 영역에 들어갈지 결정한다(24~44행). 자신의 임계 영역에 들어가기 전에 스레드는 시스템에 있는 모든 스레드의 상태를 결정하는 for 루프(26~44행)를 실행해야 한다. 검사할 스레드 T_i와 for 문을 실행할 스레드인 T_x가 동일하면(28행), T_x는 continue 문을 실행한다(30행). 이 문장은 for 루프 내부에 있는 나머지 문장들을 건너뛰고 26행에서 직접 i를 증가시키게 한다.

그렇지 않으면 T_x는 T_i가 티켓 값을 선택하고 있는지 확인한다(34행). T_i가 자신의 티켓을 선택할 때까지 대기하지 않고 T_x가 임계 영역에 들어가면 상호 배제를 위반하게 된다. 그 이유를 이해하기 위해 먼저 for 루프의 각 반복에서 테스트하는 다른 두 조건을 살펴보자.

37행에서는 현재 스레드의 티켓 값이 조사하고 있는 스레드의 티켓 값보다 작거나 같은지 확인한다. 이 조건은 실세계 제과점과 유사하다. 각 스레드는 0이 아니면서 가장 작은 값을 가질 때까지 대기해야 한다.

그러나 실세계와 다른 점은 시스템에 있는 두세 개 스레드가 같은 티켓 값을 가질 수 있다는 점이다. 예를 들어, 스레드 T*a*가 maxValue 메소드 반환 후 새로운 값을 ticket[a]에 할당하기 전에(21행) 선점됐다고 가정해보자. 다음 스레드가 maxValue를 호출하면 이 메소드는 T*a*에 준 값과 같은 값을 반환할 것이다. 그 결과 스레드들이 동일한 티켓 값을 가질 수 있다. 따라서 값이 같을 때는 스레드 식별자 값이 낮은 것부터 진행한다(40행).

34행으로 돌아가 스레드 T*i*가 티켓 값을 선택할 동안 T*x*가 대기하지 않으면 상호 배제가 어떻게 위반되는지 검토해보자. 예를 들어, 스레드 T*a*가 maxValue 메소드가 반환했지만 아직 티켓 값에 1을 더하지 못했을 때(21행) 선점당하면 어떤 일이 일어나겠는가? 일례로 maxValue가 215를 반환했다고 가정해보자. T*a*가 선점당한 후 몇몇 다른 스레드가 자신들의 상호 배제 진입 코드를 수행한다. T*a*가 선점당한 후 T*b*와 T*c* 두 스레드가 실행되고 티켓 선택 코드를 실행했다면(19~22행), 스레드 T*b*에는 티켓 값으로 216(현재 T*a*의 티켓 값은 0이다), T*c*의 티켓 값으로 217을 줬을 것이다. T*a*가 프로세서 제어권을 다시 획득하기 전에 T*b*가 자신의 상호 배제 진입 코드를 수행하고(19~44행), 임계 영역을 마치고(46행) 나올 수 있다(48행).

T*c*가 임계 영역에 있는 코드를 모두 수행하기 전에 선점당하고 T*a*가 프로세서 제어를 다시 얻으면, T*a*는 티켓 값을 216으로 설정하며 21행을 수행한다. 이는 T*c*의 티켓 값보다 작은 수다. 따라서 T*a*는 T*c*가 임계 영역을 나오기 전에 상호 배제 진입 코드를 수행하고 임계 영역에 들어갈 수 있다. 이는 상호 배제를 위반하는 것이다. 이런 이유로 T*x*는 T*i*가 티켓 선택을 마칠 때까지 대기했다가(34행) 36~43행과 같이 티켓 값을 비교해야 한다.

T*x*가 각 스레드를 모두 확인해 통과했다면(28~43행), T*x*는 혼자서만 임계 영역에 들어갈 수 있다. T*x*가 자신의 임계 영역을 빠져나오면 티켓 값을 0으로 바꿔서(48행) 더는 임계 영역에서 실행되거나 임계 영역에 들어가려는 의도가 없음을 표시한다.

램포트의 베이커리 알고리즘은 가장 간단한 *n*-thread 상호 배제 알고리즘일 뿐 아니라, 몇 가지 흥미로운 특징이 있다. 예를 들어, 명령어들을 원자적으로 실행할 필요가 없다. '5.3 상호 배제 프리미티브 구현'에서는 명령어들을 원자적으로 실행해야 했다. 데커와 피터슨의 알고리즘 모두 여러 스레드가 임계 영역에 접근하는 것을 제어하려고 공유 변수 하나를 수정하기 때문이다. 각 스레드가 이 변수를 수정할 때 다른 프로세서들을 통해 동시에 접근한다면 스레드들은 공유 변수에서 불일치한 값들을 읽어갈 수도 있다. 그러면 스레드들이 동시에 임계 영역에 들어가 상호 배제 원칙을 위반하는 경우가 생긴다. 많은 아키텍처에서 원자적인 명령어 집합을 제공하지만('5.5 상호 배제 문제를 위한 하드웨어 해결책' 참고), 스레드들이 동시에 데이터를 읽고 쓰는 것을 막으려고 멀티프로세서 시스템용 하드웨어 해결책을 제공하는 시스템은 거의 없다.

램포트의 베이커리 알고리즘은 멀티프로세서 시스템에서 상호 배제를 위한 멋진 해결책을 제시한다. 각 스레드가 임계 영역에 접근하는 것을 제어하기 위한 자신만의 변수를 갖기 때문이다. 시스템에 있는 모든 스레드가 choosing과 ticket 배열을 공유해도 스레드 T_x 하나만 choosing[x]와 ticket[x]의 값을 수정할 수 있다. 한 스레드가 자신의 상호 배제 진입 코드를 수행하는 동안 검토하는 변수는 다른 스레드에서 동시에 수정할 수 없기 때문에 스레드들이 잘못된 데이터를 읽어가는 것을 방지한다.

베이커리 알고리즘의 또 한 가지 흥미로운 점은 임계 영역에 들어가려고 대기하는 스레드들이 같은 티켓 번호를 가지지만 않으면 FCFS 순서로 목적을 이룰 수 있다는 점이다. 마지막으로 램포트의 알고리즘은 한두 스레드가 실패할 때도 시스템이 실패한 스레드들의 choosing 배열 값을 false로 설정하고 각 스레드의 ticket 배열 값이 0이 되게 해서 상호 배제를 이룰 수 있다는 점이다. 이 조건이 성립하면 램포트의 베이커리 알고리즘은 멀티프로세서와 분산 시스템에서 중요한 문제인 교착 상태나 무기한 연기가 일어날 염려가 없다. 즉, 프로세서와 같은 하드웨어 장치의 고장 때문에 전체 시스템이 실패하는 일이 없다.

셀프 리뷰

1. 분산 시스템이나 네트워크 시스템에서는 왜 n-thread 상호 배제가 어려울 수 있는가?
2. 시스템이 종료된 스레드의 티켓 값을 0으로 바꾸고 choosing 값을 false로 놓는 등 종료 정리 작업을 하지 않으면 어떤 일이 발생할 수 있는가?
3. 여러 스레드가 동일한 티켓 값을 가진 경우를 가정해보자. 예제 코드에서 볼 때, 가장 낮은 식별자를 가진 스레드가 임계 영역에 먼저 들어간다. 이 스레드들이 임계 영역에 들어가는 순서가 중요한 문제인가?

▶ **풀이** 1) 컴퓨터가 메시지를 보내고 실제로 해당 메시지를 받는 데는 약간의 지연 시간이 걸린다. 즉, 상호 배제 알고리즘은 한 스레드가 공유 변수를 수정하는 시간과 다른 변수가 임계 영역에 들어가려고 시도하는 시간과의 간격을 처리해야 한다. 2) 전체 시스템이 무기한 연기 상태에 들어갈 수도 있다. 한 스레드가 티켓 번호를 선택하는 동안 종료되는 경우를 생각해보자. 이때 해당 스레드의 choosing 값은 영원히 true로 남게 된다. 다른 스레드들은 이미 종료된 스레드가 choosing 배열의 값을 false로 바꾸기를 기다리면서 끝없기 대기하게 된다. 3) 프로그래머가 동일한 티켓 번호를 가진 스레드들에 우선순위를 부여하고 싶지 않다면, 어떤 스레드가 먼저 임계 영역에 들어가느냐는 문제가 되지 않는다. [예제 5-12]에서 34행과 37행은 같은 티켓 번호를 가진 스레드들이 들어가기 전에 더 높은 수나 낮은 수를 가진 스레드가 진입하는 일을 방지한다. 이 시스템은 동일한 티켓 번호를 가진 스레드들이 결국에는 자신들의 임계 영역에 들어갈 수 있게만 보장하려는 것이다.

5.5 상호 배제 문제에 대한 하드웨어 해결책

앞서 논의한 상호 배제 문제에 대한 소프트웨어 해결책에서는 시스템의 명령어 집합과 하드웨어 능력에 대해 몇 가지 가정을 했다. 2장에서 논의한 것처럼 하드웨어 설계자들은 이전에 소프트웨어로 처리하던 메커니즘을 하드웨어로 구현해 성능을 향상시키고 개발 시간을 단축할 때가 많다. 이 절에서는 상호 배제 문제를 해결할 목적으로 제공하는 몇 가지 하드웨어 메커니즘을 살펴본다.

5.5.1 인터럽트 비활성화

단일 프로세서 시스템에서 상호 배제 프리미티브가 필요한 이유는 크게 프로세서 선점이 여러 스레드에서 공유 데이터에 비동기적으로 접근하게 해서 프로그램 오류를 유발할 수 있기 때문이다. 퀀텀 만료를 알리는 인터럽팅 클록 등 인터럽트가 발생할 때 스레드들은 프로세서를 선점당하는 것이 일반적이다. 그러므로 상호 배제를 강화할 간단한 방법으로 인터럽트 비활성화(마스킹) interrupt disabling(masking)을 생각할 수 있다. 그러나 불행히도 인터럽트 비활성화는 소프트웨어가 임계 영역 안에서 할 수 있는 일에 제한을 준다. 예를 들면, 임계 영역에서 무한 루프를 도는 스레드가 있는데 인터럽트가 비활성화되어 있다면, 해당 스레드는 결코 프로세서를 반납하지 않을 것이다. 단일 프로세서 시스템에서는 운영체제가 타이머 인터럽트를 써서 프로세서 제어를 얻어올 수 없을 것이고, 그러면 시스템이 멈출 것이다. 항공 통제 시스템과 같은 실시간 시스템에서 이런 일이 벌어진다면 사람들의 목숨이 위태로워질 것이다.

멀티프로세서 시스템에서도 인터럽트 비활성화는 상호 배제를 실현할 수 있는 현실적인 방법이 아니다. 결국 목적은 프로세서 선점이 일어나지 않게 하는 것이다. 그런데 멀티프로세서 시스템에서는 서로 다른 프로세서에서 두 스레드를 동시에 실행할 수 있다. 이 스레드들이 비동기화되면 인터럽트 비활성화만으로 상호 배제를 이룰 수 없다. 그러므로 단순히 인터럽트를 비활성화하는 것은 단일 프로세서든, 멀티프로세서든 상호 배제를 위한 올바른 방법이 아니다. 대체로 운영체제 설계자들은 인터럽트를 비활성화해서 상호 배제를 구현하지 않는다. 그러나 제한적으로 사용할 수는 있다. 짧은 시간이 필요한 신뢰할 만한 코드에 대해 커널이 인터럽트를 비활성화해서 최적화를 이룰 수 있다. 현대 운영체제들이 인터럽트 비활성화를 사용해 상호 배제를 이루는 예에 대해서는 '16장. 리눅스 사례 연구'를 참고하기 바란다.

셀프 리뷰

1. (참/거짓) 멀티프로세서 시스템에서 스레드가 인터럽트 비활성화 이후 무한 루프에 들어가면 운영체제가 더는 실행할 수 없다.

▶▶

2. 단일 프로세서 시스템에서 인터럽트가 비활성화되어 있을 동안 스레드가 자신의 임계 영역에서 블록킹 입출력을 요청하면 안 되는 이유는 무엇인가?

▶ **풀이** 1) 거짓. 운영체제는 인터럽트가 비활성화되지 않은 다른 프로세서에서도 실행할 수 있다. 무한 루프에 빠진 스레드는 중단되거나 재시작될 수 있지만, 다른 스레드들과 공유하는 데이터는 불일치한 상태로 남아 프로그램 오류를 야기할 수 있다. 2) 스레드가 블록킹 입출력을 요청하면, 운영체제는 입출력 완료 이벤트가 발생할 때까지 해당 스레드가 블록 상태에 있게 한다. 이러한 이벤트는 하드웨어 인터럽트 때문에 발생하는데, 운영체제는 인터럽트가 비활성화되어 있는 동안에는 이 신호를 받을 수 없다. 그 결과 스레드는 계속 블록 상태에 머물면서 결코 발생하지 않을 이벤트를 대기하게 된다. 이는 교착 상태의 예로, '7장. 교착 상태와 무기한 연기'에서 자세히 논의한다.

5.5.2 테스트 후 설정 명령어

인터럽트 비활성화는 동기화 문제를 위한 실제적인 해결책이 되지 못하므로, 특별한 하드웨어 명령어를 사용하는 등의 다른 기법이 필요하다. 앞서 살펴본 예들을 통해 스레드가 메모리 위치에 있는 값을 읽은 후 새로운 값을 쓰기 전에 선점당할 경우, 공유 데이터가 손상될 수 있음을 살펴봤다. 현재 값을 확인한 후 새 값을 설정하는 **테스트 후 설정** test-and-set 명령어는 스레드가 이 기능을 **원자적으로** atomically(즉, 분할할 수 없게 indivisibly) 수행할 수 있게 해준다.[40, 41] 이러한 기능을 원자적 **읽기-수정-쓰기 메모리 연산** RMW(Read-Modify-Write) memory operation이라고도 한다. 프로세스가 방해받지 않고 메모리에서 값을 읽고, 레지스터에서 해당 값을 수정하고, 수정된 값을 메모리에 쓸 수 있기 때문이다.[42]

앞서 살펴본 소프트웨어 상호 배제 예제에서는 스레드가 변수를 읽고 임계 영역에서 수행하는 스레드가 없음을 확인한 후 **잠금** lock 변수를 설정해 자신이 임계 영역을 수행하고 있음을 표시했다. 소프트웨어에서 임계 영역 접근에 대해 상호 배제를 보장하기 어려운 부분은 스레드가 임계 영역에 들어갈 수 있는지 여부를 확인한 후, 다른 스레드들이 자신들의 임계 영역에 들어가지 못하게 잠그는 사이에 프로세서를 선점당할 수 있다는 점이다. testAndSet 명령어는 이 사이에 선점이 일어날 수 있는 가능성을 제거한다.

testAndSet(a, b)라는 명령어는 다음과 같이 동작한다. 먼저 b의 값을 읽는다. 이 값은 true 또는 false일 수 있다. 다음으로 이 값을 a에 복사하고 b를 true로 설정한다.

[예제 5-13]에서는 스레드가 상호 배제를 강화할 목적으로 testAndSet 명령어를 사용하는 방법을 보여준다. boolean 타입 전역 변수 occupied는 어느 한 스레드라도 임계 영역 안에 있으면 true다. 스레드 T_1은 자신의 지역 변수 p1MustWait를 근거로 임계 영역에 진입할지 결정한다. p1MustWait의 값이 true면 T_1은 대기해야 한다. 그렇지 않으면 스레드는 자신의 임계 영

역에 들어갈 수 있다. 스레드 T_1은 p1MustWait 값을 true로 초기화한다. 그 후 스레드는 반복적으로 testAndSet을 호출해 p1MustWait와 전역 변수 occupied를 확인한다. T_2가 임계 영역에 있지 않으면 occupied 값은 false다. 이 경우 testAndSet은 p1MustWait에 false를 설정하고 occupied 값을 true로 설정한다. 이 시점에서 while 문은 조건이 성립되지 않으므로 T_1은 자신의 임계 영역에 들어간다. 분할할 수 없는 하드웨어 명령어로 occupied 값을 true로 설정했기 때문에 T_2는 T_1이 다시 occupied 값을 false로 바꿀 때까지 임계 영역에 들어갈 수 없다.

예제 5-13 상호 배제를 위한 testAndSet 명령어

```
시스템:

boolean occupied = false;

startThreads(); // 두 스레드를 초기화하고 시작함

스레드T1:

void main()
{
     boolean p1MustWait = true;

     while (!done)
     {
          while (p1MustWait)
          {
               testAndSet(p1MustWait, occupied);
          }

          // 임계 영역 코드

          p1MustWait = true;
          occupied = false;

          // 임계 영역 외부 코드

     } // while 문 끝

} // 스레드 T1 끝

스레드 T2:

void main()
```

```
{
    boolean p2MustWait = true;

    while (!done)
    {
        while (p2MustWait)
        {
            testAndSet(p2MustWait, occupied);
        }

        // 임계 영역 코드

        p2MustWait = true;
        occupied = false;

        // 임계 영역 외부 코드

    } // while 문 끝

} // 스레드 T2 끝
```

이제 T_2가 벌써 임계 영역에 들어가 있는 경우를 생각해보자. T_1이 반복적으로 while 테스트를 하는 동안 occupied 값은 계속 true로 남는다. 그러므로 T_1은 T_2가 임계 영역을 나오고 occupied 값을 false로 바꿀 때까지 계속 바쁜 대기를 하게 된다. occupied 값이 false로 바뀌면 testAndSet은 occupied 값을 p1MustWait에 복사해 T_1이 자신의 임계 영역에 들어갈 수 있다.

여기서 사용한 testAndSet은 상호 배제를 보장하지만 이 해결책은 무기한 연기의 위험성이 있다. 경쟁하는 스레드가 다시 실행할 기회를 얻기 전에 한 스레드가 임계 영역을 나와 루프를 돌며 testAndSet을 계속 호출할 수도 있다.

셀프 리뷰

1. [예제 5-13]에 있는 알고리즘은 무기한 연기를 방지하는가?
2. (참/거짓) testAndSet 명령어는 상호 배제를 강제한다.

▶ **풀이** 1) 무기한 연기를 방지하지 못한다. 이 알고리즘에서 무기한 연기의 위험성을 없애려면 '5.4.1 데커의 알고리즘'에서처럼 favoredProcess 변수가 필요하다. 2) 거짓. 프로그래머들은 testAndSet 명령어를 사용해 소프트웨어로 상호 배제 구현을 간략하게 할 수는 있지만 명령어 자체가 상호 배제를 강제하지는 않는다.

5.5.3 스왑 명령어

대부분의 아키텍처는 동기화 코드를 간단하게 하고 프로그램 효율성을 향상시키려고 몇 가지 원자적 명령어를 제공한다. 그러나 아키텍처들마다 서로 다른 원자적 기능을 제공한다. 즉, 응용 프로그램이나 시스템 프로그래머가 testAndSet 명령어를 사용하지 못하는 경우도 있다. 여기서는 원소적으로 읽기-수정-쓰기 메모리 조작을 통해 testAndSet 명령어와 동일한 기능을 제공하는 또 다른 명령어를 살펴본다.

프로그램에서 서로 다른 두 변수의 값을 교환하는 스왑핑은 흔히 있는 일이다(예를 들어, 퀵 정렬 Quicksort 알고리즘을 생각해보자). 개념은 간단하지만 고급 프로그래밍 언어를 사용해 두 변수의 값을 제대로 교환하려면 새로운 임시 변수를 하나 더 사용해야 하고, 최소한 세 문장이 필요하다.

```
temp = a;
a = b;
b = temp;
```

이러한 스와핑 연산은 정기적으로 수행되므로 많은 아키텍처에서 **스왑** swap 명령어를 지원해 스레드가 두 변수의 값을 원자적으로 교환할 수 있게 해준다.

swap(a, b) 명령어는 다음과 같이 동작한다. 먼저 b의 값을 임시 레지스터에 로드한다. b의 값은 true 또는 false다. 다음으로 a의 값을 b로 복사하고 임시 레지스터의 값을 a로 복사한다.

[예제 5-14]는 스레드가 swap 명령어를 사용해 상호 배제를 강제하는 방법을 보여준다. [예제 5-13]과 유사하게 boolean 타입 전역 변수 occupied를 사용하며, 이는 두 스레드 중 어느 하나라도 임계 영역 내부에 있으면 true 값을 저장한다. 스레드 T_1은 자신의 지역 변수 p1MustWait를 보고 임계 영역에 들어갈지 여부를 판단한다. 이와 비슷하게 스레드 T_2도 자신의 지역 변수 p2MustWait를 보고 임계 영역에 들어갈지 여부를 판단한다. 이 알고리즘에서 swap 명령어를 testAndSet 명령어와 바꿔서 사용할 수 있음을 주목하기 바란다. [예제 5-13]과 [예제 5-14]의 유일한 차이점은 [예제 5-14]에서 임계 영역으로 가는 '빠른 길' fast track을 만들었다는 점이다. 여기서는 하나 더 적은 명령어를 사용해(즉, swap 명령어를 수행한 후 루프 조건을 확인함으로써) 임계 영역에 대한 제어를 얻을 수 있다.

예제 5-14 상호 배제를 위한 swap 명령어

```
시스템:

boolean occupied = false;
```

```
startThreads(); // 두 스레드를 초기화하고 시작함

스레드 T1:

void main()
{
    boolean p1MustWait = true;

    while (!done)
    {
        do
        {
            swap(p1MustWait, occupied);
        } while (p1MustWait);

        // 임계 영역 코드

        p1MustWait = true;
        occupied = false;

        // 임계 영역 외부 코드

    } // while 문 끝

} // 스레드 T1 끝

스레드 T2:

void main()
{
    boolean p2MustWait = true;

    while (!done)
    {
        do
        {
            swap(p2MustWait, occupied);
        } while (p2MustWait);

        // 임계 영역 코드

        p2MustWait = true;
        occupied = false;
```

```

            // 임계 영역 외부 코드

        } // while 문끝

    } // 스레드 T2 끝
```

셀프 리뷰

1. 시스템에서 testAndSet보다 swap 명령어를 사용할 확률이 높은 이유는 무엇인가?

▶ **풀이** 1) 많은 알고리즘이 일종의 스왑핑을 요구한다. 따라서 하드웨어 명령어인 swap은 단순히 상호 배제 기능만을 제공하는 다른 명령어들보다 훨씬 유용하다.

5.6 세마포어

다익스트라가 협력형 순차 프로세스들에 관한 논문에서 언급한 것처럼 시스템이 상호 배제를 이루는 또 다른 방법으로 **세마포어** semaphore가 있다('인물사: 다익스트라' 참고).[43] 세마포어는 **보호 변수** protected variable를 하나 갖는다. 이 변수의 정수 값은 일단 초기화된 후 ***P***와 ***V*** 중 한 연산에서만 접근하고 수정할 수 있다.* 스레드가 임계 영역에 들어가고 싶으면 *P* 연산(**대기** wait 연산이라고도 한다)을 호출하고, 임계 영역을 나오고 싶으면 *V* 연산(**신호** signal 연산이라고도 한다)을 호출한다. 세마포어는 동기화를 위해 사용하기 전에 먼저 초기화되어야 한다. 초기화에서는 보호되는 변수의 값으로 임계 영역에 스레드가 없음을 나타낸다. 또한 그 세마포어로 보호하는 임계 영역에 들어가려고 대기하는 스레드들에 대한 참조를 저장하는 큐도 생성한다. *P*와 *V*는 상호 배제의 세세한 구현을 캡슐화하기 위한 추상 개념일 뿐임을 기억하기 바란다. 이 연산들은 아무리 많은 협력 스레드가 있는 시스템에도 여전히 적용할 수 있다.

5.6.1 세마포어를 사용한 상호 배제

[예제 5-15]는 세마포어를 사용해 상호 배제를 강제하는 법을 보여준다. 시스템은 세마포어 occupied를 1로 초기화한다. 이러한 세마포어를 **바이너리 세마포어** binary semaphore라고 한다. 이

* *P*와 *V*는 네덜란드 말 proberen과 verhogen의 약어다. proberen은 '확인하기'를 나타내고 verhogen은 '증가시키기'를 나타낸다.

값은 임계 영역을 사용할 수 있음을 나타낸다.

인물사

다익스트라 Edsger Wybe Dijkstra

컴퓨터 과학 분야에서 가장 유명하고 다양한 결실을 맺은 연구자 중 하나가 다익스트라다. 1930년에 네덜란드에서 출생해 암스테르담 대학교에서 컴퓨터 과학 박사 학위를 받았고 암스테르담의 Mathematisch Centrum에서 프로그래머로 일했다. 후에 Eindhoven Institute of Technology에서 수학과 교수로 일했고, 그 후에는 오스틴의 텍사스 대학교에서 컴퓨터 과학과 교수로 재직했다. 그는 2002년에 사망했다.[44]

아마도 컴퓨터 과학 분야에서 다익스트라의 최대 공헌은 구조적 프로그래밍 혁명을 일으킨 글인 「해로운 GOTO 문 GOTO Considered Harmful」[45]일 것이다. 이 기사는 Communications of the ACM 편집자에게 보내진 편지였고 1968년 3월에 출간되었다. 다익스트라는 GOTO 문을 신중하게 사용하지 않으면, 금세 '스파게티 코드' spaghetti code를 만들 것이라고 지적했다. 스파게티 코드란 실행 경로를 추적하기 어려운, 복잡하게 얽힌 코드를 말한다.[46]

다익스트라가 운영체제 설계에 공헌한 점은 세마포어 설계(세마포어는 상호 배제 알고리즘을 위해 고안된 첫 번째 객체였다)와 계층적 설계(이전의 모놀리식 접근법을 개선한 것으로, 유사한 기능을 제공하는 구성 요소들을 계층으로 그룹화하는 것)다. 그는 두 개념 모두를 자신의 운영체제인 **THE 멀티프로그래밍 시스템** THE multiprogramming system에서 구현했다. 이 시스템은 Dutch EL X8 컴퓨터를 위한 것이었다.[47] 후에 계층적 시스템 개념을 확장해 더 일반적인 운영체제를 만들 수 있게 했다. 범용 운영체제에 더 발전된 계층적 설계를 사용해 어떤 컴퓨터에든 적용될 수 있는 운영체제를 만들었다.[48] 다익스트라는 THE 시스템을 설명하면서 세마포어를 사용해 동기화를 이루는 법을 설명했다. 그는 또한 '철학자들의 만찬' Dining Philosophers 동기화 문제를 제기한 것으로도 유명하다. 이 문제는 병렬 프로그래밍에서 일어나는 미묘한 문제점들을 보여준다('7.2.4 예제: 철학자들의 만찬' 참고).

다익스트라는 1972년 알골 ALGOL 프로그래밍 언어와 대부분의 현대 언어에 사용되는 기타 개념들에 대한 공로로 컴퓨터 과학 분야의 최고의 영예인 튜링상을 수상했다. 알골은 변수의 유효 범위와 제어 구조 몸체를 정의할 수 있는 블록 구조를 소개했다.[49, 50, 51] 다익스트라의 또 다른 업적은 **다익스트라 알고리즘** Dijkstra's algorithm이다. 이 효율적인 알고리즘은 가중치 그래프 weighted graph를 사용해 특정 노드에서 각 노드로 가는 최단 경로를 찾는다.

다익스트라는 1300편이 넘는 문서를 남겼다. 대부분의 글은 그의 이름자를 따서 명명한 EWD라는 짧은 에세이 형식이다. EWD는 순차적으로 번호를 붙였고 컴퓨터 과학 커뮤니티에 비공식적으로 배포되었다.[52] 어떤 글은 기술적이고 깊이가 있는 한편, 「빼아픈 진실들을 어떻게 말할 수 있는가? How Do We Tell Truths That Might Hurt?」와 같이 유머 있는 것도 있다.[53] 2000년에 작성한 「컴퓨터 과학의 끝? The End of Computer Science?」에서 그는 오늘날 소프트웨어의 품질에 의문을 제기하며, 기본적인 설계 개념을 개선하기 위해 컴퓨터 과학 연구가 더 이루어져야 함을 지적했다.[54]

예제 5-15 세마포어를 사용한 상호 배제

```
시스템:

// 세마포어를 생성하고 값을 1로 초기화함
Semaphore occupied = new Semaphore(1);

startThreads(); // 두 스레드를 초기화하고 시작함

스레드 Tx:

void main()
{
    while (!done)
    {
        P(occupied); // 대기

        // 임계 영역 코드

        V(occupied); // 신호

        // 임계 영역 외부 코드
    } // while 문끝
} // 스레드 Tx
```

[예제 5-15]에 나타낸 프로그램은 *P*, *V*를 enterMutualExclusion()과 exitMutualExclusion() 프리미티브로 사용하고 있다. 스레드가 세마포어 *S*로 보호하는 임계 영역에 들어가려고 할 때 스레드는 다음과 같이 동작하는 *P*(*S*)를 호출한다.

```
If S > 0
    S = S - 1
Else
    호출하는 스레드를 세마포어의 대기 스레드 큐에 넣음
```

[예제 5-15]에서 세마포어의 값을 1로 초기화했기 때문에 한 번에 한 스레드만 임계 영역에 들어갈 수 있다. 이 스레드가 *P*를 호출할 때 세마포어의 값은 0으로 감소한다. 다른 스레드가 *P*를 호출하면 해당 스레드는 블록될 것이다.

한 스레드는 자신의 임계 영역 수행을 마친 후 *V*(*S*)를 호출한다. 연산은 다음과 같이 동작한다.

```
If  S를 대기하는 스레드가 있으면
    세마포어의 큐에서 대기하는 '다음' 스레드를 시작함
```

```
Else
    S = S + 1
```

따라서 세마포어에 대기 스레드가 하나라도 있으면 '다음' 스레드가 실행된다(이는 세마포어 구현마다 다르다). 그렇지 않으면 *S*의 값이 하나 증가해 스레드가 하나 더 임계 영역에 들어갈 수 있게 해준다.

세마포어를 올바르게 구현하려면 *P*와 *V*가 분할할 수 없고 원자적으로 기능해야 한다. 또한 여러 스레드가 동시에 *P*(S)를 호출하려고 할 때, 한 스레드만 진행하게 해야 한다. 다른 스레드들은 계속 대기해야 한다. 그러나 *P*, *V*를 구현하면 스레드들이 무기한 연기에 빠질 위험은 없다. 예를 들어, 한 스레드가 세마포어에 막혀도 시스템은 해당 스레드를 세마포어에 연결된 큐에 저장할 것이다. 다른 스레드가 *P*를 호출하면 시스템은 큐에 있는 스레드 중 하나를 선택해 놓아줄 것이다. (무기한 연기를 막기 위해) 세마포어에 막힌 스레드에 선입선출 큐잉 원칙을 쓴다고 가정한다.

셀프 리뷰

1. 스레드가 *P*를 호출하지 않은 상태에서 *V*를 호출한다면 어떤 일이 일어날 수 있는가?
2. 세마포어에 막힌 스레드들이 큐에서 나올 때 선입선출 방식이 아니면 어떤 일이 일어날 수 있는가?

▶ **풀이** 1) 한 가지 시나리오는 세마포어가 1로 초기화되고 아무 스레드도 대기하지 않는 것이다. *V*를 호출해 세마포어의 값을 2로 증가시키고, 두 스레드가 *P*를 사용해 모두 임계 영역에 들어갈 수 있게 된다. 2) 스레드가 무기한 연기에 빠질 수 있다.

5.6.2 세마포어를 사용한 스레드 동기화

앞에서 세마포어를 사용해 임계 영역에 대한 접근을 보호하는 프로그램을 살펴봤다. 세마포어는 또한 둘 이상의 병행 스레드를 동기화하는 데도 사용할 수 있다. 예를 들어, 스레드 T_1이 특정 이벤트의 발생을 알고 싶어 한다고 가정해보자. 다른 스레드 T_2가 이 이벤트가 발생하는지 여부를 추적할 수 있다. 이 두 스레드를 동기화하려고 T_1은 어떤 예비 명령어들 이후에 0으로 초기화된 세마포어에 *P*를 호출해 T_1을 블록한다. 이후 해당 이벤트가 발생할 때 T_2가 *V*를 실행해 이벤트 발생을 알리고, T_1이 작업을 진행할 수 있게 된다(세마포어 값은 여전히 0이다).

이러한 메커니즘을 사용하면 T_1이 *P*를 호출해 대기하기 전에 T_2가 이벤트를 감지하고 *V*로 신호를 줄 때도 성공적으로 동작한다. 세마포어는 0에서 1로 증가하고 T_1이 *P*를 호출할 때 간단하게 세마포어를 1에서 0으로 줄인 후 T_1은 대기할 필요 없이 바로 다음 작업으로 진행할 것이다.

V 호출은 세마포어를 1씩 증가시켜 스레드가 자원을 풀로 돌려주었고, 이 자원을 다른 스레드에 할당할 수 있음을 나타낸다. 세마포어가 0까지 줄어들었을 때 스레드가 P를 호출하면, 스레드는 V를 통해 자원을 풀로 반납할 때까지 대기해야 한다.

셀프 리뷰

1. 카운팅 세마포어를 이용해 바이너리 세마포어를 어떻게 만들 수 있는가?
2. (참/거짓) 카운팅 세마포어에서 V 연산은 항상 1만 더한다.

▶ **풀이** 1) 카운팅 세마포어의 값을 1로 초기화하면 된다. 2) 거짓. 스레드 하나 이상이 대기하고 있다면 V 연산은 이들 스레드 중 하나가 진행하게 하고 카운트를 증가시키지 않을 수도 있다.

5.6.4 세마포어 구현

사용자 응용 프로그램과 커널에서 세마포어를 구현할 수 있다. 데커의 알고리즘이나 testAndSet 또는 swap 기계어 명령어를 사용할 수 있다고 할 때 P, V를 사용해 바쁜 대기를 하게 하는 것은 매우 간단하다. 그러나 바쁜 대기는 멀티프로그램 시스템에서 더 유용한 일에 사용할 수 있는 프로세서 사이클을 낭비하게 만든다. 앞서 '3장. 프로세스 개념'에서 커널에서 스레드 상태 변화 메커니즘을 살펴봤다. 특히, 입출력 연산을 요구하는 스레드가 입출력 완료 때까지 자발적으로 자신을 블록하는 것을 봤다. 블록된 스레드는 바쁜 대기를 하지 않는다. 시스템이 깨워서 준비 리스트로 옮겨줄 때까지 휴면한다.

세마포어 연산은 대기 스레드들을 블록해 바쁜 대기를 피하게 함으로써 커널에서 구현할 수 있다.[55] 세마포어는 보호 변수와 V 연산을 대기하는 스레드들을 대기하게 하는 큐를 사용해 구현할 수 있다. 스레드가 값이 0인 세마포어에 P 연산을 시도하면 스레드는 프로세서를 양보하고 자신을 블록해 세마포어의 V 연산을 대기한다. 시스템은 세마포어 대기 큐에 이 스레드를 놓는다(선입선출 큐잉 방식이라고 가정한다. 다른 순서들도 연구되고 있다).[56] 그러면 시스템은 프로세서를 다음 스레드에 할당한다. 세마포어 큐에 대기하는 스레드는 결국에는 큐의 머리 쪽으로 이동한다. 이어서 V 연산이 발생할 때 세마포어 큐에 있는 스레드가 큐에서 제거되고 준비 리스트에 놓인다.[57]

물론 세마포어의 P, V 연산을 동시에 시도하는 스레드들은 커널을 통해 세마포어에 배타적으로 접근해야 한다. 단일 프로세서 시스템에서는 P, V 연산이 매우 짧기 때문에, 이 연산들이 실행되는 동안 간단히 인터럽트 비활성화를 해서 원자적 수행을 보장받을 수 있다. 인터럽트 비활성화는 연산이 완료될 때까지 프로세서를 빼앗기는 일을 방지한다. 연산이 완료되는 시점에 인터럽트는 다시 활성화된다. 이런 방식을 사용할 때 매우 신중을 기해야 한다. 그렇지 않으면 성능이 저하되거나 심지어 교착 상태에 빠질 수도 있다('에피소드: 모호한 요구 사항' 참고).

멀티프로세서 시스템의 커널은 프로세서 중 하나가 준비 리스트를 제어하고, 어떤 프로세서가 어떤 스레드를 실행할지 결정하게 한다.[58] 멀티프로세서 시스템용 커널을 구현하는 또 다른 방법은 바쁜 대기를 통해 공유된 준비 리스트에 대한 접근을 통제하는 것이다.[59] 분산 운영체제 커널은 한 프로세서가 준비 리스트를 제어하게 할 수 있지만 대체로 각 프로세서가 자신만의 준비 리스트를 관리하고, 자기 커널을 필수적으로 갖는다.[60, 61, 62, 63] 분산 시스템에서 스레드들이 여러 프로세서 사이를 이동할 때는 스레드에 대한 제어도 한 커널에서 다른 커널로 이동한다.

셀프 리뷰

1. 커널에서 세마포어를 구현할 때 주요 장점은 무엇인가?
2. V 연산이 호출될 때 세마포어가 스레드에 가장 높은 우선순위를 부여해 진행하게 하는 방법을 생각해보자. 이런 방식은 어떤 문제를 내재하고 있는가?

▶ **풀이** 1) 세마포어는 바쁜 대기를 피할 수 있다. 세마포어의 현재 값이 0일 때 P 연산을 시도하는 스레드가 있으면 커널이 이를 일시 정지했다가 V 연산이 호출될 때 준비 큐에 넣을 수 있다. 이렇게 하면 성능을 높일 수 있다. 2) 세마포어의 대기 큐에 있는 스레드들은 우선순위가 더 높은 스레드에 계속 밀려 무기한 연기될 수 있다.

에피소드

모호한 요구 사항

HMD는 산업 분야에 처음 발을 내딛었을 때 광범위한 고객을 대상으로 소프트웨어 솔루션을 개발하는 회사에서 일했다. 한 고객(보험회사)이 다음과 같은 요구 사항을 보냈다.

"올해 알파벳 순으로 사망한 코네티컷 주 연금 수령자들을 출력하는 리포트 프로그램을 개발해 주십시오." HMD는 이상하다는 생각이 들었다. 연금 수령자들이 알파벳 순으로 죽으란 법이 없잖은가! 고객은 며칠 동안 연락이 닿지 않았다. 그래서 HMD는 자신이 생각하기에 올바른 리포트 프로그램(그 해 죽은 코네티컷 연금 수혜자들을 알파벳 순으로 출력하는 프로그램)을 작성했다. 후에 보니 고객이 원하는 것도 바로 이것이었다. 고객은 이제 앞으로 있을 프로젝트를 위해 요구 사항을 명시할 때 좀더 신중을 기하게 되었다.

운영체제 설계자들에게 주는 교훈: 운영체제의 실제적인 구성 요소와 같이 복잡한 소프트웨어의 일부분을 개발하기 전에 요구 사항이 분명한 것인지 확인하라. '문제를 올바르게 해결하는 것'뿐만 아니라 '올바른 문제를 해결하는 것'이 먼저 필요하다.

요약 Summary

시스템에서 동시에 여러 스레드가 존재하는 것을 가리켜 스레드들이 병행 concurrent 한다고 한다. 두 병행 스레드는 서로 완전히 독립적으로 실행할 수도 있고, 서로 협력하며 실행할 수도 있다. 서로 독립적으로 실행하지만 때로는 서로 의사소통하고 동기화해 협력하는 가운데 특정 업무를 실행해야 하는 스레드들을 비동기적으로 asynchronously 실행한다고 표현한다.

한 스레드가 쓰고 있는 데이터를 다른 스레드가 읽으려고 하거나 한 스레드가 쓰려는 데이터를 다른 스레드 역시 쓰려고 할 때 부정확한 결과가 생길 수 있다. 이 문제를 해결하려면 공유 변수에 대한 배타적인 접근을 보장해야 한다. 한 스레드가 공유 변수의 값을 증가시킬 때 동일한 일을 하려고 하는 다른 스레드들은 모두 대기해야 한다. 이를 상호 배제 mutual exclusion 라고 한다. 실행 중인 스레드가 공유 변수 접근을 마치면, 시스템은 대기 중인 프로세스 중 하나가 진행을 계속할 수 있게 한다. 이를 공유 변수에 대한 접근을 순차화한다고 한다. 이러한 방식으로 스레드들이 공유 데이터에 동시에 접근할 수 없게 한다.

생산자/소비자 관계에서 생산자 스레드는 데이터를 생산해 공유 객체에 저장하고, 소비자 스레드는 공유 객체에서 데이터를 읽어간다. 여러 스레드가 공유 데이터에 접근할 때 어떤 로직 오류가 발생하는지 살펴봤다. 즉, 소비자가 이전 데이터를 읽어가기 전에 생산자가 새 데이터를 공유 버퍼에 저장하면 데이터를 유실하게 되고, 생산자가 다음 값을 생산하기 전에 소비자가 값을 두세 번 읽으면 중복 오류가 발생한다. 이러한 오류가 항공 관제 시스템과 같은 미션 크리티컬 시스템에서 발생한다면 사람들의 목숨이 위태로운 상황까지 생길 수 있다.

상호 배제는 스레드들이 수정 가능한 공유 데이터에 접근할 때만 강제해야 한다. 스레드들이 서로 충돌하지 않는 연산(예를 들어, 데이터를 읽기만 하는 연산)을 수행하는 경우, 시스템은 스레드들이 공유 데이터에 동시에 접근할 수 있게 해야 한다. 스레드가 수정 가능한 공유 데이터에 접근할 때, 해당 스레드가 '임계 영역 critical section(critical region)에 있다'고 한다. 시스템은 앞에서 다룬 오류들을 방지하기 위해 한 번에 한 스레드만 임계 영역에 있는 명령어를 수행할 수 있게 보장해야 한다. 어떤 스레드가 자신의 임계 영역에서 실행되는 동안 또 다른 스레드가 자신의 임계 영역에 들어가려고 시도하면, 해당 스레드는 먼저 임계 영역에 들어간 스레드가 실행을 마치고 나올 때까지 대기해야 한다. 앞서 들어간 스레드가 임계 영역을 나오면, 대기 중인 스레드(혹은 대기 중인 여러 스레드 중 하나)는 자신의 임계 영역에 들어갈 수 있다. 임계 영역에 있는 스레드가 자발적으로든 강제로든 종료되면, 종료 정리 작업을 처리하는 운영체제는 상호 배제를 해제해 다른 스레드들이 자신들의 임계 영역에 들어갈 수 있게 조치해야 한다.

또한 상호 배제와 관련된 가장 기본적인 연산을 호출하는 프리미티브인 enterMutualExclusion()과 exitMutualExclusion()도 살펴봤다. 이 프리미티브들은 다음과 같은 속성을 지닌다.

- 각 기계어 명령어는 더는 분할할 수 없고 원자적으로 수행된다.
- 비동기적 병행 스레드들의 상대적인 속도에 대해서는 어떤 전제도 없다.
- 임계 영역 밖에서 명령어들을 수행하고 있는 스레드는 다른 스레드들이 자신들의 임계 영역에 들어가는 것을 막을 수 없다.
- 어느 한 스레드가 임계 영역에 들어가는 것을 무기한 연기하면 안 된다.

상호 배제 프리미티브를 처음 소프트웨어적으로 멋지게 구현한 사람은 데커다. 이 장에서는 다익스트라가 개발한 데커의 알고리즘을 따라가며 바쁜 대기, 고정된 동기화, 교착 상태, 무기한 연기 문제를 해결하며 상호 배제 기능을 제공하는 것을 살펴봤다. 그리고 페터슨과 램포트가 개발한 더 단순하고 효율적인 알고리즘도 살펴봤다. 램포트의 베이커리 알고리즘은 분산 시스템을 위해 설계되었는데, 멀티프로세서 시스템에서 유효한 스레드 n개를 위한 소프트웨어적 상호 배제 알고리즘이며, 연산들이 원자적으로 실행되지 않아도 된다.

상호 배제 구현을 돕기 위해 몇 가지 하드웨어적 메커니즘도 개발되었다. 하드웨어를 사용해 상호 배제를 강화하는 간단한 방법으로는 인터럽트를 비활성화 혹은 마스킹 방법이 있다. 이 해결책은 단순하다는 장점은 있지만, 스레드가 임계 영역에서 오동작하는 경우 인터럽트 비활성화가 치명적인 결과를 가져올 수도 있다. 게다가 인터럽트 비활성화는 멀티프로세서 시스템에서의 상호 배제를 이룰 수는 없다. 이외에도 다른 하드웨어 기술도 개발되었다. 여기에는 특별한 하드웨어 명령어를 사용하는 방법이 포함된다. 테스트 후 설정 test-and-set과 스왑 swap 명령어는 스레드가 읽기-수정-쓰기 RMW(Read-Modify-Write) 메모리 연산을 원자적으로 수행하게 해준다. 이 명령어들은 스레드가 임계 영역에 들어갈 수 있는지 확인하는 명령어와 다른 스레드들이 임계 영역에 들어오지 못하게 변수 값을 설정하는 명령어 사이에서 프로세서 선점이 발생할 가능성을 제거해준다.

또 다른 상호 배제 메커니즘은 다익스트라가 설명한 세마포어다. 세마포어는 보호되는 정수형 변수를 가지며, 이 변수는 한 번 초기화되면 오직 P와 V 연산을 호출해서만 접근하고 수정할 수 있다. 스레드는 임계 영역에 들어가려고 할 때, P 연산(wait 연산이라고도 한다)을 호출한다. 임계 영역에서 나오려는 스레드는 V 연산(signal 연산이라고도 한다)을 호출한다. 동기화를 위해 세마포어를 사용해 전에 반드시 먼저 세마포어를 초기화해야 한다. 초기화를 통해 보호되는 변수에 값을 설정해 아무 스레드도 임계 영역에서 실행되지 않고 있음을 나타낸다. 카운팅 세마포어(일반 세마포어) counting semaphore(general semaphore)는 1 이상으로 초기화될 수 있다. 카운팅 세마포어는 동일한 자원이 있는 풀을 사용해 자원을 할당하는 상황에서 특히 유용하다. 세마포어 연산은 사용자 응용 프로그램이나 커널에서 구현할 수 있다. 데커의 알고리즘이나 testAndSet 또는 swap 기계어 명령어를 사용할 수 있을 경우 바쁜 대기 방식을 사용해 P와 V를 쉽게 구현할 수 있다. 그러나 바쁜 대기는 멀티프로그램 시스템에서 더 유용한 작업에 사용할 수 있는 프로세서 사이클을 낭비하는 경향이 있다. 세마포어 연산은 또한 대기 중인 스레드들을 블록시켜 바쁜 대기를 피하게 함으로써 커널에서 구현할 수도 있다.

Chapter_05 연습문제

01 운영체제 학습자들에게 병행성에 관한 연구가 적당한 주제인 몇 가지 이유를 기술하라.

02 다음 문장이 틀린 이유를 기술하라. "몇몇 스레드가 메인 메모리에 있는 공유 정보에 접근할 때 모호한 결과가 나오는 것을 방지하기 위해 상호 배제를 강제해야 한다."

03 데커의 알고리즘, testAndSet, swap 그리고 세마포어 연산 P, V는 상호 배제를 강제하는 데 사용할 수 있는 다양한 방법이다. 이들을 비교 대조하라. 각각의 장단점을 생각해보라.

04 두 스레드가 동시에 enterMutualExclusion( )을 시도할 때 '승자'는 임의로 선택된다고 가정한다. 이런 가정의 결과가 어떠할지 논의하라. 더 나은 방식은 무엇인가? 멀티프로세서 시스템에서는 실제로 정확히 한 시점에 여러 스레드가 enterMutualExclusion( )을 시도할 확률이 높다. 이러한 방법을 어떻게 구현할 수 있을지 논의하라.

05 [예제 5-17]에서 상호 배제 프리미티브 사용에 관해 주석을 달아보라.

예제 5-17 [연습문제 5-5] 코드

```
// 임계 영역 외부에 있는 명령어들을 수행함

enterMutualExclusion();

    // 임계 영역 내부에 있는 명령어들을 수행함.

    enterMutualExclusion();

        // 중첩된 임계 영역 내부에 있는 명령어들을 수행함

    exitMutualExclusion();

    // 임계 영역 내부에 있는 명령어들을 수행함

exitMutualExclusion();

// 임계 영역 외부에 있는 명령어들을 수행함
```

06 데커의 알고리즘이 중요한 진짜 이유는 무엇인가?

07 데커의 알고리즘([예제 5-10])에서 T_2가 자신의 임계 영역을 떠나고, 상호 배제 종료 코드를 수행하고, 상호 배제 진입 코드를 수행하고, 궁극적으로 대기 중이던 T_1이 임계 영역에 들어갈 기회를 얻기

전에 자신의 임계 영역에 다시 들어갈 수도 있다. T_1이 한 번이라도 기회를 얻기 전에 T_2가 실제로 자신의 임계 영역에 여러 번 들어가는 것이 가능한가? 만약 그렇다면 어떻게 이런 상황이 발생할 수 있는지 정확히 설명하고, 이런 상황이 무기한 연기의 예라고 할 수 있는지 판단하라. 만약 발생할 수 없다면 어떻게 방지되는지 정확히 설명하라.

08 testAndSet([예제 5-13])을 사용해 상호 배제를 강제하는 예제 병행 프로그램이 어떻게 무기한 연기 상태에 빠질 수 있는지 설명하라. 또한 그럼에도 불구하고 이런 일이 발생할 확률이 낮은 이유를 설명하라. 어떤 상황에서 이러한 상호 배제 기법 사용이 허용될 것인가? 반면, 어떤 상황에서 절대 수용 불가능한 기법인가?

09 데커의 알고리즘을 철저히 분석하라. 어떤 약점이 있는가? 약점이 없다면 그 이유를 설명하라.

10 아이젠베르그와 맥과이어[64]가 제시한 스레드 n개를 위한 상호 배제 해결책은 최악의 경우에도 $n-1$번 시도 후에는 단일 프로세스가 자신의 임계 영역에 들어가는 것을 보장한다. 프로세스 n개를 가진 시스템에서 이보다 더 나은 성능을 기대할 수 있는가?

11 상호 배제 프리미티브는 바쁜 대기나 블록킹을 사용해 구현할 수 있다. 각 접근법의 적용 가능성과 상대적인 장점을 논의하라.

12 운영체제 커널에서 바이너리 세마포어와 바이너리 세마포어 연산을 구현하는 방법을 자세히 설명하라.

13 단일 프로세서 시스템에서 상호 배제 프리미티브를 구현할 때, 인터럽트 활성화와 비활성화를 유용하게 사용하는 방법을 설명하라.

14 testAndSet을 사용해 세마포어 연산을 구현하는 방법을 보여라.

15 몇몇 컴퓨터는 testAndSet과 같이 상호 배제 프리미티브의 구현을 간단하게 할 수 있는 swap 명령어를 가지고 있다. 참고로 swap 명령어는 두 boolean 타입 변수의 값을 단순히 교환하며, 임시 저장 공간을 요구한다. 또한 swap 명령어는 원자적으로 수행된다.

a. 고급 언어를 사용해 프로시저 헤더로 swap을 작성하라.

b. 작성한 swap 프로시저를 사용해(원자적으로 수행된다고 가정할 때) enterMutualExclusion()과 exitMutualExclusion() 프리미티브를 구현하는 방법을 보여라.

16 본문에서 언급했듯이 공유 변수의 비교차 nonintersecting 집합을 참조하는 임계 영역은 실제로 동시에 실행될 수 있다. 상호 배제 프리미티브가 임계 영역에서 참조될 특정 공유 변수의 파라미터 리스트를 포함하도록 각각 수정되었다고 가정하자.

a. [예제 5-18]에서 이 새로운 방식의 상호 배제 프리미티브를 사용하는 데 대한 주석을 달아보자.

예제 5-18 [연습문제 5-16](a)를 위한 새로운 상호 배제 프리미티브

```
// 임계 영역 외부에 있는 명령어들을 수행함

enterMutualExclusion(a);

    // 임계 영역 내부에 있는 명령어들을 수행함

    enterMutualExclusion(b);

    // 중첩된 임계 영역 내부에 있는 명령어들을 수행함

    exitMutualExclusion(b);

    // 임계 영역 내부에 있는 명령어들을 수행함

exitMutualExclusion(a);

// 임계 영역 외부에 있는 명령어들을 수행함
```

b. 다음 두 스레드가 동시에 실행된다고 하자. 어떤 결과가 나올 수 있는가?

스레드 T_1	스레드 T_2

enterMutualExclusion(a);
enterMutualExclusion(b);
exitMutualExclusion(b);
exitMutualExclusion(a);
	enterMutualExclusion(b);
	enterMutualExclusion(a);
	exitMutualExclusion(a);
	exitMutualExclusion(b);

17 데커의 알고리즘에서 만약 상호 배제 종료 코드에 있는 두 문장의 순서가 뒤바뀐다면 어떤 일이 발생할 수 있는가?

18 페터슨의 알고리즘([예제 5-11])이 'bounded fair'[65], 즉 무한 반복과 함께 발생하는 어떤 지연으로도 어느 한 스레드가 무기한 연기되지 않음을 보여라. 특히 다른 스레드가 한 차례 임계 영역에 들어가고 나오는 시간보다 어느 한 스레드가 임계 영역에 들어가는 시간이 더 지체되는 경우가 없음을 보여라.

19 페터슨의 알고리즘을 자세히 분석해 올바로 동작함을 보여라. 특히 교착 상태나 무기한 연기가 일어날 수 없고, 상호 배제가 강제됨을 보여라.

20 램포트의 베이커리 알고리즘을 구현하는 시스템이 종료 정리 작업을 하지 않으면 시스템에 무기한 연기에 빠질 수 있음을 보여라.

21 커널과 인터럽트 처리에 관한 이해를 기초로 단일 프로세서 시스템에서 어떻게 세마포어 연산을 구현할 수 있는지 설명하라.

22 본문에서 바쁜 대기가 낭비적일 수 있음을 언급했다. 항상 낭비적인가? 어떤 대안이 있는가? 바쁜 대기의 장단점을 설명하라.

23 많은 스레드가 *P* 연산을 호출하려고 한다면 어떤 스레드를 선택해서 진행하게 해야 하는가? 여기서 주요 쟁점은 무엇인가? 단일 프로세서 시스템에서는 어떤 기준으로 스레드를 결정할 수 있는가? 멀티프로세서 시스템에서는 어떤 기준으로 다음 진행할 스레드를 선택하는가?

24 바이너리 세마포어만을 지원하는 시스템이 있다고 하자. 이 시스템에서 바이너리 세마포어를 사용해 카운팅 세마포어를 시뮬레이션할 수 있음을 보여라.

25 *P*와 *V*를 구현할 때 한 가지 요구 사항은 각 연산이 더는 분할되지 않고 실행하는 것이다. 즉, 한 번 시작되면 각 연산은 방해받지 않고 마칠 때까지 계속 실행해야 한다. 이 연산들이 원자적으로 실행되지 않을 때, 상호 배제가 제대로 이루어질 수 없는 예를 들어라.

26 사용자 수준 스레드들에 제공하는 유일한 상호 배제 프리미티브가 다음 32개 명령어에 대한 인터럽트 비활성화를 하고, 그 후 다시 활성화하는 것이라고 해보자. 이런 방식의 장단점은 무엇인가?

27 협력 스레드들을 사용해 앞의 연습문제에서 언급한 상호 배제 프리미티브를 어떻게 구현할 수 있는가?

28 [예제 5-19] 코드가 상호 배제를 지원하는가? 그렇지 않다면 상호 배제가 지켜지지 않는 부분을 지적하라.

29 [예제 5-19]의 알고리즘에서 위반하고 있는 또 다른 상호 배제 제약 조건은 무엇인가?

예제 5-19 [연습문제 5-28]을 위한 알고리즘

```
시스템:

int turn = 1;
boolean t1WantsToEnter = false;
boolean t2WantsToEnter = false;
```

```

startThreads(); // 두 스레드를 초기화하고 시작함

스레드 T1:

void main()
{
    while (!done)
    {
        t1WantsToEnter = true;

        while (turn != 1)
        {
            while (t2WantsToEnter);

            turn = 1;
        } // while 문끝

        // 임계 영역 코드

        t1WantsToEnter = false;

        // 임계 영역 외부 코드
    } // 바깥쪽 while 문끝
} // 스레드 T1 끝

스레드 T2:

void main()
{
    while (!done)
    {
        t2WantsToEnter = true;

        while (turn != 2)
        {
            while (t1WantsToEnter);

            turn = 2;
        } // while 문끝

```

```
            // 임계 영역 코드

            t2WantsToEnter = false;

            // 임계 영역 외부 코드
        } // 바깥쪽 while 문 끝
    } // 스레드 T2
```

[추천 프로젝트]

30 램포트의 빠른 상호 배제 fast mutual exclusion 알고리즘에 관해 연구하고 보고서를 작성하라. 이 알고리즘은 어떻게 동작하는가? 어디에 사용되는가?

31 분산 시스템에서 상호 배제에 관해 조사하라. 이 분야에서는 현재 어떤 연구가 수행되고 있는가?

32 상호 배제 멀티프로세서 시스템에 관해 조사하라. 분산 시스템에서의 상호 배제보다 멀티프로세서 환경에서의 상호 배제가 더 쉬울 수 있는 이유는 무엇인가?

33 컴퓨터 프로그램을 통해 많은 상호 배제 알고리즘을 검증한다. 특정 알고리즘이 맞는지 검증하기 위해 이 프로그램들을 어떻게 관리해야 하는지 조사하라.

34 다익스트라는 아마도 자신의 최단 경로 shortest-path 알고리즘으로 가장 유명할 것이다. 그러나 컴퓨터 과학의 다른 분야에도 크게 공헌했다. 예를 들어, 본문을 통해 세마포어를 발명해낸 사실을 배웠다. 다익스트라에 관한 전기를 준비하고 컴퓨터 과학 분야에서의 그의 중요한 업적들이 무엇인지 조사하라(http://www.cs.utexas.edu/users/EWD/의 예를 참고하라).

35 에이다의 병행 프리미티브에 관해 조사하라. 이 언어에서는 상호 배제를 어떻게 보장하는가?

[추천 시뮬레이션]

36 세마포어를 자바로 구현하라. 그리고 이들을 사용해 생산자/소비자 관계 프로그램의 두 스레드 간의 동기화를 구현하라.

핵심용어

Key Terms

- *P* 연산 *P* operation
- THE 멀티프로그래밍 시스템 THE multiprogramming system
- *V* 연산 *V* operation
- wait
- 고정된 동기화 lockstep synchronization
- 교착 상태 deadlock
- 다익스트라 알고리즘 Dijkstra's Algorithm
- 데커의 알고리즘 Dekker's Algorithm
- 램포트의 베이커리 알고리즘 Lamport's Bakery Algorithm
- 무기한 연기 indefinite postponement
- 바쁜 대기 busy waiting
- 바이너리 세마포어 binary semaphore
- 병행 concurrent
- 보호 변수 protected variable
- 분할할 수 없는 연산 indivisible operation
- 비동기 병행 스레드 asynchronous concurrent thread
- 빠른 상호 배제 알고리즘 fast mutual exclusion algorithm
- 상호 배제 mutual exclusion
- 상호 배제 잠금 mutual exclusion lock
- 상호 배제 프리미티브 mutual exclusion primitive
- 생산자 producer
- 생산자 스레드 producer thread
- 생산자/소비자 관계 producer/consumer relationship
- 세마포어 semaphore
- 소비자 consumer
- 소비자 스레드 consumer thread
- 순차화 serialize
- 스왑 명령어 swap instruction
- 신호 signal
- 원자적 연산 atomic operation
- 인터럽트 비활성화 disable interrupts
- 일반 세마포어 general semaphore
- 읽기-수정-쓰기 메모리 연산 RMW(Read-Modify-Write) memory operation
- 임계 영역 critical section(critical region)
- 종료 정리 작업 termination housekeeping
- 카운팅 세마포어 counting semaphore
- 테스트 후 설정 test-and-set

추천도서

Recommended Reading

프로세스 동기화 문제는 초기 문헌들을 통해 많이 밝혀졌다.[66, 67, 68] 상호 배제 관련 문제들이 상세히 연구되었고 해결책을 제시하는 많은 자료가 있다.[69, 70, 71] 다익스트라는 상호 배제 문제를 처음 설명했고, 임계 영역을 파악했으며 데커의 알고리즘을 적용해 이 문제를 해결했다.[72] 이어서 페터슨[73]과 램포트[74]도 더 구조적인 접근을 통해 간단한 코드로 훌륭한 소프트웨어적 상호 배제 구현을 제시했다. 다익스트라가 맨 처음 스레드 n개를 위한 상호 배제를 제시했지만, 커누스[75], 아이젠베르그, 맥과이어[76], 램포트[77], 앤더슨, 킴[78], 그 외의 많은 사람이 원래의 알고리즘을 지속적으로 개선했다. 다익스트라도 상호 배제를 위해 세마포어를 소개했다.[79] 이에 대한 반응으로 연구자들은 세마포어 개념을 향상시키는 기술을 개발했다.[80, 81, 82, 83] 이 장의 참고 문헌 목록은 http://www.deitel.com/books/os3e/Bibliography.pdf를 참고하기 바란다.

Chapter

06

병행 프로그래밍

Concurrent Programming

이 장에서 다루는 내용

- 모니터를 이용해 데이터에 대한 접근을 동기화하는 방법
- 모니터와 함께 조건 변수를 사용하는 방법
- 리더/라이터, 원형 버퍼 등 병렬 프로그래밍을 위한 고전적 문제들에 대한 자바 모니터
- 원격 프로시저 호출

01 소개

02 모니터

03 자바 모니터

04 자바 멀티스레딩 사례 연구 3: 자바 생산자/소비자 관계

05 자바 멀티스레딩 사례 연구 4: 자바 원형 버퍼

* 요약
* 연습문제
* 핵심용어

고차원적인 생각을 하려면 고차원적인 언어가 필요하다.

Aristophanes

글 쓰는 이들이 더욱 많아지므로 독자들이 게을러지는 것은 당연하다.

Oliver Goldsmith

마지막 독자가 더는 읽지 않을 때

Oliver Wendell Holmes

첫 번째 원칙은 추호의 의심도 없을 정도로 알 때까지는 어떤 것을 진리라고 믿지 말라는 것이었다.

René Descartes

이로써 올바르게 하는 것보다 비판하는 것이 훨씬 더 쉽다는 것을 볼 수 있다.

Benjamin Disraeli

6.1 소개

5장에서는 상호 배제 프리미티브 구현을 위한 데커의 알고리즘과 페터슨의 알고리즘을 소개했다. 또한 다익스트라의 세마포어를 학습했다. 하지만 이들 메커니즘에는 몇 가지 약점이 있다. 이들은 너무 원시적이고 기초적이어서 좀더 복잡한 병행성 문제에 대한 해결책을 표현하기 어렵다. 이 방법들을 사용하면 그렇지 않아도 어려운 프로그램의 정확성을 증명하기가 더욱 어려워진다. 이들을 고의든, 고의가 아니든 잘못 사용하면 병행 시스템의 기능을 망칠 수도 있는 미묘한 오류들이 생길 수 있다.

특히 세마포어 접근법은 많은 취약점이 있다.[1] P 연산을 생략하면 상호 배제를 강제할 수 없다. V 연산을 생략하면 P 연산 때문에 대기하고 있는 스레드들이 교착 상태에 빠질 수 있다. 일단 P 연산이 시작되면 스레드는 세마포어가 사용되고 있는 동안 다시 나오거나 다른 경로를 취할 수 없다. 스레드는 한 번에 오직 한 세마포어만 대기할 수 있다. 이는 자원을 할당하는 상황에서는 교착 상태를 초래할 수도 있다. 예를 들어, 두 스레드가 각각 한 자원을 보유하고, 다른 스레드가 상대방의 자원을 사용하려고 대기하는 경우를 생각해보자. 이는 고전적인 두 스레드 교착 상태의 경우로 '7장. 교착 상태와 무기한 연기' 에서 다룰 것이다.

이 문제를 해결하기 위해 연구자들은 고수준 상호 배제 개념을 개발했다. 이로써 복잡한 병행성 문제를 간략하게 표현하고 프로그램의 정확성을 증명하고, 프로그래머들이 잘못 사용할 수 있는 위험성을 줄일 수 있다.

병행 프로그래밍은 순차적 프로그래밍보다 훨씬 어렵다. 병행 프로그램을 코딩, 디버깅, 수정하고 정확성을 증명하는 일은 어려운 작업이다('에피소드: 전수 검사는 불가능하다' 참고). 그런데 프로그래밍 커뮤니티에서 그토록 병행 프로그래밍에 몰두하는 이유는 무엇인가?

그동안 병행 프로그래밍 언어에 대한 관심이 급증했다. 병행 프로그래밍concurrent programming은 본래부터 병렬성이 있는 문제를 더 자연스럽게 표현해주기 때문이다. 게다가 프로세서가 여러 개 있는 신성한 하드웨어 병렬성과 분산 시스템은 오직 병행 프로그래밍을 통해서만 유용하게 사용할 수 있다. 병행 프로그래밍을 적용할 수 있는 응용 프로그램은 아주 많다. 컴퓨터 네트워크[2]와 분산 시스템[3, 4, 5, 6, 7], 실시간 시스템[8, 9, 10]에서 병행성에 대한 많은 논의가 있어왔다. 분명히 운영체제 자체는 중요한 병행 시스템의 예다. 항공 관제 시스템, 미션 크리티컬 시스템, 실시간 프로세스 제어 시스템도 마찬가지다. 석유 정제를 제어하거나 화학 제조 공장, 식품 가공 처리 공장도 그러하다. 사람의 시력도 근본적으로 병행으로 처리되는 작업이라는 인식이 있다. 만약 병렬 프로세스 수십 억 개를 쓸 수 있을 정도로 고도 병렬 처리가 가능해진다면 일기 예보는 분명 커다란 진보를 이룰 수 있을 것이다.

이 장에서는 병행 프로그래밍을 위한 고수준 구조와 고수준 언어에 관해 살펴볼 것이다. 특히 모니터 monitor, 조건 변수 condition variable, 원격 프로시저 호출 RPC, Remote Procedure Call을 사용한 프로세스 간 통신, 자바 언어의 병행 프로그래밍 지원을 사용한 프로그래밍을 논의할 것이다. '6.2 모니터'에 있는 의사 코드에서는 C 언어와 유사한 구문을 사용한다. 다른 부분은 자바 프로그램을 사용한다. 이 장의 결론 부분에서는 많은 문헌을 통해 병행 프로그래밍 분야에서 활발한 연구가 진행되고 있음을 볼 수 있다.

현재 사용하는 병행 시스템을 만들 때 어떤 접근법을 사용해야 하는가? 1990년대 전에는 고수준 병행 프로그래밍 언어로 에이다 Ada[11], 병행 파스칼 Concurrent Pascal[12, 13], 분산 프로세스 Distributed Processes[14], 병행 C Concurrent C[15], 통신 순차 프로세스 Communicating Sequential Processes[16,17], 모듈라-2 Modula-2[18, 19, 20], VAL[21] 분산 프로그래밍을 위한 *MOD[22] 등이 있었다. 에이다를 제외하고, 이 언어들

에피소드

전수 검사는 불가능하다

테스팅은 어려운 작업이다. 오토마타 automata 이론에서 배우듯이 컴퓨터는 유한 상태 머신 finite state machine으로 간주할 수 있다. 컴퓨터는 몇 가지 상태를 가질 수 있는가? 한 가지 가능한 관점은 만약 머신이 n비트를 저장한다면 상태 수는 2^n이다. 더 적은 메인 메모리(예를 들면, 수십 메가바이트)를 보유한 머신도 우주의 원자 수보다 많은 상태 수를 가질 수 있다! 다음과 같은 실험을 생각해 보자. 복잡한 소프트웨어 하나가 입력으로 1이나 0 값을 취하고 결과로 1 또는 0을 내놓는다. 테스터는 많은 테스트 케이스에 입력 값으로 1을 넣고, 소프트웨어는 결과로 1을 내놓는다. 테스터가 0을 입력하면 소프트웨어는 결과로 0을 내놓는다. 테스터는 소프트웨어가 단순히 입력 값을 결과 값으로 내놓는다고 생각하고, 겉보기에는 제대로 동작하는 것처럼 보인다. 그러나 소프트웨어가 실제로는 자신이 호출되는 수를 세고 해당 수가 특정한 큰 수에 도달할 때 뭔가 다른 행동, 예를 들면 큰 오류를 가져올 만한 행동을 보일 수도 있다. 해당 소프트웨어를 테스트할 때는 더 적은 횟수로 하고, 소프트웨어의 '문제'가 드러나지 않는다.

다익스트라는 "테스팅은 오류가 존재함을 드러낼 뿐, 오류가 없음을 증명할 수는 없다"고 말했다. 모든 시스템에 대한 전수 검사 exhaustive test는 불가능하다. 이는 시스템을 철저하게 테스트한 후에도 여전히 '잠복된 버그'들이 있을 수 있다는 의미다. 이러한 버그는 소프트웨어가 시스템에 설치되고 한참 지나서야 발견되는 경우도 있다. 이 사실은 운영체제 설계자들에게 큰 부담을 준다. 그러면 언제 시스템을 사용할 수 있다고 말할 수 있는가? 분명히 시스템이 지닌 속성에 따라 다르다. 미션 크리티컬 시스템인가, 비즈니스 크리티컬 시스템인가, 사람의 생명이 왔다 갔다 할 만큼 중요한 시스템인가, 혹은 협소하고 통제 가능한 대상을 위한 특수 목적의 시스템인가, 아니면 시스템을 설계할 때는 잘 파악하기 어려운 다양한 환경에 탑재될 범용 시스템인가?

운영체제 설계자들에게 주는 교훈: 시스템을 전수 테스트할 수 있는 가능성이 적기 때문에 시스템을 설계할 때 '테스트 가능한 시스템'으로 만들어야 한다. 즉 버그의 가능성을 최소화하고 테스터가 시스템의 정확성에 대해 판단할 수 있게 테스팅 능력을 갖춘 시스템을 만들어야 한다.

은 대체로 연구 목적을 위해 학교에서 개발되었고 실제 시스템에 필요한 여러 기능이 결여된 경향이 있다. 오늘날 자바, C#, 비주얼 C++ 닷넷, 비주얼 베이직 닷넷, 파이썬 등 많은 프로그래밍 언어에서 병행성을 지원한다. 병행 프로그래밍은 컴퓨터 과학도들이 사회 진출을 준비할 때 많은 기회를 준다. 이 복잡한 주제에 대해서 경험 있는 전문가가 매우 드물기 때문이다.

셀프 리뷰

1. 연구자들이 고수준 상호 배제 구조를 추구하는 이유는 무엇인가?
2. 1990년대 이전에 개발된 이름 있는 고수준 병행 프로그래밍 언어 중 실제 시스템을 구현하는 데 필요한 기능을 갖춘 것은 무엇인가?

▶ **풀이** 1) 고수준 상호 배제 구조를 사용할 때 실수할 가능성이 적어지고, 프로그램의 정확성을 확보할 수 있기 때문이다. 2) 에이다

6.2 모니터

모니터 monitor는 데이터와 프로시저를 모두 포함하는 객체다. 이 데이터와 프로시저들은 **순차적으로 재사용 가능한** serially reusable 특정 공유 자원을 할당하는 데 필요하다. 모니터의 개념은 다익스트라[23]와 브린치 한센 Brinch Hansen[24, 25]이 제안했고, 호어 Hoare[26]가 정비했다. 이 중요한 주제를 다룬 많은 문헌이 있다.[27, 28, 29, 30, 31, 32, 33, 34, 35] 모니터는 소프트웨어 구조가 되었다. 실제로 자바 프로그래밍 언어는 상호 배제를 구현하기 위해 모니터를 광범위하게 사용한다.

스레드는 모니터를 사용해 자원을 할당할 때 **모니터 진입 루틴** monitor entry routine을 호출해야 한다. 한꺼번에 많은 스레드가 모니터에 진입하려 할 수도 있다. 그러나 모니터 경계에서는 상호 배제를 엄격히 지켜야 한다. 즉, 한 번에 한 스레드만 진입할 수 있다. 모니터가 사용되고 있을 때 들어가려는 스레드는 대기해야 한다. 모니터는 상호 배제를 보장하기 때문에(불확실한 결과와 같은) 병행성 문제를 피할 수 있다.

모니터 안에 있는 데이터는 모니터에 있는 모든 루틴을 위한 전역 global 데이터일 수도 있고, 특정 루틴만 사용하는 지역 local 데이터일 수도 있다. 모니터에 있는 데이터는 오직 모니터 안에서만 접근할 수 있다. 모니터 밖에 있는 스레드가 모니터에 있는 데이터에 접근할 수 있는 방법은 없다. 이는 일종의 **정보 은닉** information hiding이다. 정보 은닉은 모듈화를 돕고, 개발자들이 더 신뢰

성 있는 소프트웨어 시스템을 만들 수 있게 돕는 소프트웨어 아키텍처 기술이다('운영체제적 생각: 정보 은닉' 참고).

모니터에서 실행되는 다른 스레드가 없는 동안 스레드가 모니터 진입 루틴을 호출하면, 해당 스레드는 모니터에 대한 잠금lock을 얻고 모니터에 들어간다. 스레드가 모니터 안에 있는 동안에는 다른 스레드가 자원을 얻으려고 모니터에 진입할 수 없다. 모니터가 잠긴 동안 다른 스레드가 모니터 진입 루틴을 호출하면, 스레드가 더는 모니터 안에서 실행되지 않고 잠금이 해제될 때까지 호출하는 스레드를 모니터 밖에서 대기하게 만든다. 일단 모니터 안에 들어간 스레드가 원하는 자원이 다른 스레드에 할당되어 대기해야 할 수도 있다. 모니터 경계에서는 상호 배제가 강제되므로 자원을 대기하는 스레드는 모니터 밖에서 대기해야 한다. 다른 스레드가 모니터 안에 들어가 자원을 반납할 수 있게 해야 하기 때문이다.

결국 자원을 가진 스레드는 자원을 반납하려고 모니터 진입 루틴을 호출할 것이다. 이 루틴은 단지 자원을 해제하고, 해당 자원을 요구하는 또 다른 스레드가 도착할 때까지 대기할 것이다. 그러나 자원을 대기하는 스레드가 있을 수도 있으므로 모니터 진입 루틴은 대기 중인 스레드 중 하나가 모니터에 들어가 자원을 얻을 수 있도록 신호signal를 보낸다. 만일 스레드가 자원에 대한 반환(해제release라고도 한다) 신호를 했는데 대기 중인 스레드가 없다면, 신호에 대해 아무 일도 일어나지 않을 것이다(물론 모니터는 자원을 다시 회수했으므로 새로 도착하는 스레드에 할당할 수 있다). 모니터는 무기한 연기가 발생하는 것을 막으려고 새로 도착한 스레드보다는 이미 대기 중인 스레드에 더 높은 우선순위를 부여한다.

운영체제적 생각

정보 은닉 Information Hiding

정보 은닉은 소프트웨어 공학에서 가장 기본적인 기술 중 하나다. 운영체제에서는 정보 은닉을 다양한 방법으로 구현한다. 한 함수 또는 메소드가 다른 함수나 메소드를 호출할 때 호출자는 피호출자가 어떻게 구현되어 있는지 상세한 정보를 알 필요가 없다. 호출자는 호출받는 함수나 메소드의 인터페이스만 알면 된다. 즉, 인자들의 타입과 순서 그리고 함수나 메소드의 반환 값 정보만 알면 된다. 정보 은닉은 많은 장점이 있다. 피호출자의 복잡한 구현을 알 필요가 없기 때문에 쉽게 호출할 수 있다. 또한 시스템을 수정하는 일도 쉬워진다. 호출받는 함수는 기존 인터페이스만 동일하게 해주면 호출자를 수정할 필요 없이 다른 것으로 쉽게 대체할 수 있다.

오늘날의 운영체제는 구성 요소를 수만 개 이상 포함한다. 그런데 각 구성 요소는 새로운 하드웨어와 소프트웨어 추세에 맞게 그리고 더 나은 성능을 위해 끊임없이 진화한다. 이 거대하고 고도로 모듈화된 시스템들을 더 쉽게 이해하고, 용이하게 유지보수하려면 정보 은닉이 결정적인 역할을 한다.

셀프 리뷰

1. 스레드가 모니터 밖에서 자원을 대기하는 이유는 무엇인가?
2. 모니터 안에서 여러 스레드가 동시에 실행되는 것을 막는 방법은 무엇인가?

▶ **풀이** 1) 스레드가 모니터 안에서 자원을 대기하면 다른 스레드가 모니터에 들어와 자원을 반납할 수 없다. '7장. 교착 상태와 무기한 연기'에서 다루듯이, 이는 자원을 대기하는 모든 스레드를 교착 상태에 빠지게 할 수도 있다. 2) 모니터는 '5장. 비동기식 병행 실행'에서 논의한 기술들을 사용해 모니터 경계에 대한 상호 배제를 구현한다.

6.2.1 조건 변수

모니터는 실행되는 스레드 간 상호 배제와 동기화 두 가지를 모두 구현한다. 현재 모니터 안에 있는 스레드는 다른 스레드가 모니터 안에서 어떤 동작을 수행할 때까지 모니터 밖에서 대기해야 할 경우도 있다. 예를 들어, 공유 버퍼 한 개를 가진 생산자/소비자 관계에서 생산자가 확인했을 때 소비자가 아직 이전 값을 읽어가지 않은 것을 발견하면, 공유 버퍼를 관리하는 모니터 밖에서 대기해야 한다. 그래야 소비자가 버퍼의 내용을 소비할 수 있다. 이와 유사하게 공유 버퍼가 비어 있음을 발견하면 소비자 역시 생산자가 버퍼를 채울 때까지 모니터 밖에서 대기해야 한다. 모니터 내부에 있는 스레드는 모니터 밖에서 조건을 대기할 때 **조건 변수**condition variable를 사용한다. 모니터는 구별된 조건 변수를, 스레드를 대기하게 할 수 있는 구별된 상황들과 연관 짓는다. wait와 signal 연산을 다음과 같이 정의한다.

```
wait(conditionVariable)
signal(conditionVariable)
```

조건 변수는 전통적인 변수와 다르다. 모든 조건 변수에는 관련된 큐가 있다. 특정 조건 변수에 **wait**를 호출하는 스레드는 해당 조건 변수와 연관된 큐에 놓인다(해당 큐에 있는 동안 모니터 밖에서 다른 스레드들이 모니터에 들어가 **signal**을 호출할 수 있게 된다). 스레드가 특정 조건 변수에 대해 signal을 호출하면 해당 조건 변수와 연관된 큐에서 대기 중이던 스레드를 큐에서 제거해 모니터에 들어갈 수 있게 해준다. 어떤 상황에서는 우선순위를 부여하는 것이 유용할 수도 있지만, 여기서는 선입선출FIFO, First-In-First-Out 큐잉 방식이라고 가정한다.[36, 37]

스레드가 모니터에 다시 들어가기 전에 signal을 호출한 스레드가 먼저 모니터를 빠져나가야 한다. 브린지 한센('인물사: 페르 브린지 한센' 참고)은 많은 signal 문이 return 문 직전에(즉, 스레드가 모니터를 나가기 직전에) 온다는 특징을 발견하고, **신호 후 종료**signal-and-exit 모니터를 제안했다. 이는 스레드가 신호를 받으면 모니터를 나가는 것이다.[38] 다음 예제에서 사용하는 모니터는 신호 후 종료 모니터다. 이 모니터 대신 **신호 후 계속** signal-and-continue 모니터를 사용하면 모니터에 있는 스레드에 '모니터를 곧 사용할 수 있음' 을 신호하지만, 모니터 밖으로 나갈 때까지 여전히 모니터에 대한 잠금을 쥐고 있게 할 수 있다. 스레드는 조건 변수를 대기하거나 모니터로 보호하는 코드를 모두 완료함으로써 모니터 밖으로 나갈 수 있다. 신호 후 계속 모니터를 통해 큐에서 풀린 스레드는 신호를 보낸 스레드가 모니터를 나갈 때까지 대기해야 한다. '6.3 자바 모니터'에서 논의하는 것처럼 자바 프로그래밍 언어는 신호 후 계속 모니터를 제공한다.

셀프 리뷰

1. 조건 변수에 FIFO 큐 대신 우선순위 큐를 사용한다면 어떤 문제가 일어날 수 있는가?
2. (참/거짓) 각 모니터는 조건 변수를 정확히 하나만 포함한다.

▶ **풀이** 1) 우선순위가 높은 일련의 스레드들이 wait를 호출하면 우선순위가 낮은 스레드가 무기한 연기될 수 있다. 2) 거짓. 모니터는 스레드가 wait를 호출할 수 있는 상황 수만큼 구별된 조건 변수를 포함한다.

인물사

페르 브린치 한센 Per Brinch Hansen

브린치 한센은 병행 프로그래밍 연구에 몰두했다. 병행 프로그래밍은 실행 경로가 병행으로 진행하는 소프트웨어를 설계하는 기술이다. 그는 1962년 덴마크 Technical University에서 전자 공학 석사 학위를 받았고 California Institute of Technology, University of Southern California, 덴마크의 University of Copenhagen에서 교수로 역임했다. 현재 Syracuse University에서 전자 공학 및 컴퓨터 학과 교수로 있다.[39]

한센은 코펜하겐의 Regnecentralen에서 일하는 동안 RC RegneCentralen 4000 컴퓨터를 위한 RC 4000 멀티프로그래밍 시스템을 개발했다. 이 운영체제는 처음으로 시스템 함수를 커널 모듈로 구분했다.[40] 저서인 『Operating System Principles』(Prentice Hall, 1973)를 통해 모니터 구조의 개념을 소개했다. 모니터는 공유 데이터와 해당 데이터를 조작하는 프로시저를 캡슐화한 객체다('6.2 모니터' 참고).[41] 그는 순차적 프로그래밍만 가능했던 파스칼을 확장한 병행 파스칼 Concurrent Pascal 언어에 모니터를 추가했다. 이 언어를 사용해 공유 데이터에 대한 접근 제어를 정의할 수 있고, 따라서 병행 파스칼로 작성한 프로그램은 컴파일 시점에 공유에 대한 위반 사항이 있는지 점검할 수 있다.[42] 한센은 병행 파스칼의 시연을 위해 Solo를 작성했다. Solo는 간단한 운영체제로 하드웨어 지원 없이 안전성을 보장하는 시스템이다(여기서는 흔히 말하는 '공격으로부터 안전' 하다는 것이 아닌 프로그램을 중단하는 대신에 시스템이 오류를 추적할 수 있다는 의미에서 안전을 말한다).[43, 44, 45] 그는 후에 병행 프로그래밍 언어인 조이스 Joyce를 개발했다.[46]

6.2.2 모니터를 사용한 간단한 자원 할당

몇몇 스레드가 배타적으로 접근해야 하는 자원 하나를 놓고 경쟁하는 상황을 생각해보자. [예제 6-1]은 이러한 자원을 할당하고 회수하는 간단한 모니터를 보여준다.

예제 6-1 모니터를 이용한 간략한 자원 할당(의사 코드)

```
01  // [예제 6-1] 자원 할당자 모니터
02
03  // 모니터 초기화(한 번만 수행됨)
04  boolean inUse = false; // 간단한 상태 변수
05  Condition available; // 조건 변수
06
07  // 자원 요청
08  monitorEntry void getResource()
09  {
10      if (inUse) // 자원을 사용 중인가?
11      {
12          wait(available); // 사용 가능 신호가 올 때까지 대기함
13      } // if 문 끝
14
15      inUse = true; // 자원이 사용 중임을 나타냄
16
17  } // getResource 끝
18
19  // 자원 반납
20  monitorEntry void returnResource()
21  {
22      inUse = false; // 자원을 사용 중이지 않음을 나타냄
23      signal(available); // 대기 중인 스레드에 진행하라고 알림
24
25  } // returnResource 끝
```

4행에서는 상태 변수 inUse를 선언하고 있다. 이 변수는 자원의 사용 여부를 나타낸다. 5행에서는 조건 변수를 선언하고 있다. 자원을 사용할 수 없음을 발견한 스레드들은 이 조건 변수를 대기[wait]하고, 자원을 반납하는 스레드는 이 조건 변수를 신호[signal] 해야 한다. 7~17행과 19~25행은 두 모니터 진입 루틴을 보여준다. 이들이 모니터 자체의 루틴이 아닌 모니터 진입 루틴임을 나타내려고 의사 코드 키워드인 monitorEntry 접두어를 사용했다.

8행은 메소드 getResource의 시작이다. 스레드가 조건 변수 available과 관련 자원이 필요할 때 이 메소드를 호출한다. 10행에서는 상태 변수 inUse를 확인해 자원을 사용 중인지 확인한다. 이 값이 true면 자원이 다른 스레드에 할당되어 있다는 의미고, 호출한 스레드는 조건 변수 available을 대기해야 한다(12행). wait를 호출한 후 스레드는 모니터를 나오고 조건 변수 available과 관련된 큐에 놓인다. 앞으로 보겠지만, 이는 자원을 사용하고 있는 스레드가 모니터에 진입해 조건 변수 available을 신호함으로써 자원을 반납할 수 있게 하기 위해서다. 자원을 사용 중이지 않을 경우에는 자원을 요청하는 스레드가 15행을 실행한다. 여기서는 inUse의 값을 true로 설정해 이 스레드가 자원에 단독으로 접근할 수 있게 한다.

20행은 메소드 returnResource의 시작이다. 스레드가 자원을 반납할 때 이 메소드를 호출한다. 22행은 inUse의 값을 false로 놓고 자원이 더는 사용되지 않아 다른 스레드에 할당할 수 있음을 표시한다. 23행은 조건 변수 available에 대해 signal을 호출해 이 자원을 대기하고 있는 스레드들을 자유롭게 해준다. 대기 큐에서 대기 중인 스레드가 하나라도 있으면 다음 번 대기 스레드가 모니터에 재진입하고 15행을 수행해 자원에 대한 배타적인 접근권을 얻는다. available을 대기 중인 스레드가 없다면 signal을 해도 아무 변화가 없다.

[예제 6-1]에 있는 모니터가 훌륭한 점은 정확히 바이너리 세마포어로 동작한다는 것이다. getResource 메소드는 *P* 연산처럼, returnResource 메소드는 *V* 연산처럼 동작한다. 간단한 자원 하나짜리 모니터를 사용해 세마포어를 구현할 수 있기 때문에, 모니터는 적어도 세마포어만큼은 강력하다. 스레드가 모니터를 사용하기 전에 모니터가 초기화되는 점을 주목하기 바란다(3~5행). 이 경우 inUse 변수는 false로 초기화되어 처음 상태에서는 자원이 사용 가능한 상태임을 나타낸다.

셀프 리뷰

1. returnResource()에서 조건 변수 available에 signal을 주지 않으면 어떤 일이 일어나는가?
2. monitorEntry 키워드를 사용하는 목적은 무엇인가?

▶ **풀이** 1) 조건 변수 available을 대기하는 모든 스레드가 계속 대기하느라 교착 상태 deadlock에 빠진다.
2) monitorEntry 키워드는 모니터 진입 루틴과 모니터 자신의 메소드를 구별해준다. 모니터 진입 루틴은 모든 스레드가 접근할 수 있으며, 한 번에 한 스레드만 실행할 수 있다. 모니터의 메소드는 모니터 안에서만 접근할 수 있다.

6.2.3 모니터 예제: 원형 버퍼

여기서는 **원형 버퍼(경계 버퍼)** circular buffer(bounded buffer)를 살펴보고, 생산자 스레드가 소비자 스레드에 데이터를 건네주는 것과 같은 상황에서 원형 버퍼를 유용하게 사용하는 방법을 알아본다. 생산자와 소비자가 동일한 데이터에 접근할 수 있고, 다른 속도로 동작할 수 있기 때문에 두 스레드 간 동기화가 필수적이다.

원형 버퍼를 구현하는 데 배열을 사용할 수 있다. 생산자/소비자 문제에서 원형 버퍼를 구현할 때는 생산자가 배열의 연속적인 요소에 데이터를 맡긴다. 소비자는 데이터가 저장된 순서대로 데이터를 제거해간다. 생산자는 소비자보다 몇 개의 데이터를 앞서 갈 수 있다. 결국 생산자는 배열의 마지막 칸까지 채워나갈 것이다. 생산자가 데이터를 더 생산해내면 배열은 둥그렇게 말려 다시 배열의 첫 번째 칸부터 데이터를 채워나가야 한다(물론 앞서 생산자가 넣어둔 데이터는 소비자가 소비했다고 가정한다. 배열은 둥근 고리를 만들면서 닫히므로 효율적이다. 그래서 이 배열을 원형(순환) 버퍼 circular buffer라고 한다.

원형 버퍼의 크기가 고정되어 있으므로 생산자는 때때로 배열이 가득 찬 것을 발견할 것이다. 이 경우 생산자는 소비자가 배열의 요소들을 소비해 비울 때까지 대기해야 한다. 이와 유사하게 소비자가 빈 버퍼를 발견할 때는 생산자가 데이터를 배열에 넣을 때까지 대기해야 한다. [예제 6-2]의 모니터는 (호어가 제시한 예제에 따르면)[47] 생산자/소비자 관계를 다룰 원형 버퍼와 적절한 동기화 메커니즘을 제공한다.

예제 6-2 원형 버퍼의 모니터 구현(의사 코드)

```
// [예제 6-2] 원형 버퍼 모니터

char circularBuffer[] = new char[BUFFER_SIZE]; // 버퍼
int writerPosition = 0; // 다음 번에 쓸 슬롯
int readerPosition = 0; // 다음 번에 읽을 슬롯
int occupiedSlots = 0;  // 데이터가 있는 슬롯의 수
Condition hasData;  // 조건 변수
Condition hasSpace; // 조건 변수

// 데이터를 쓸 생산자가 호출하는 모니터 진입 루틴
monitorEntry void putChar(char slotData)
{
    // 버퍼가 가득 찬 경우 조건 변수 hasSpace를 대기함
    if (occupiedSlots == BUFFER_SIZE)
    {
        wait(hasSpace); // hasSpace가 신호될 때까지 대기함
    } // if 문 끝
```

```
18
19         // 버퍼에 문자를 씀
20         circularBuffer[writerPosition] = slotData;
21         ++occupiedSlots; // 데이터를 가진 슬롯이 하나 늘어남
22         writerPosition = (writerPosition + 1) % BUFFER_SIZE;
23         signal(hasData); // 데이터를 사용할 수 있음을 신호함
24     } // putChar 끝
25
26     // 데이터를 읽으려는 소비자가 호출하는 모니터 진입 루틴
27     monitorEntry void getChar(outputParameter slotData)
28     {
29         // 버퍼가 비어 있다면 조건 변수 hasData를 대기함
30         if (occupiedSlots == 0)
31         {
32             wait(hasData); // hasData가 신호될 때까지 대기함
33         } // if 문끝
34
35         // 버퍼에서 문자를 읽어 파라미터 slotData에 할당함
36         slotData = circularBuffer[readPosition];
37         occupiedSlots--; // 데이터를 가진 슬롯이 하나 줄어듦
38         readerPosition = (readerPosition + 1) % BUFFER_SIZE;
39         signal(hasSpace); // 문자를 읽었음을 신호함
40     } // getChar 끝
```

circularBuffer 배열이 BUFFER_SIZE개 엔트리에 한 글자씩 저장한다고 가정하자(3행). 변수 writerPosition과 readerPosition(4~5행)은 각각 생산자가 데이터 항목을 넣고, 소비자가 데이터를 읽어갈 다음 번 슬롯을 가리킨다.

생산자는 putChar 메소드를 호출해 데이터를 더한다(10~24행). 14행은 버퍼가 가득 찼는지 확인해, 가득 찼으면 생산자가 조건 변수 hasSpace를 대기한다(16행). 그러면 생산자는 모니터를 떠나 조건 변수 hasSpace와 연관된 큐에 들어가 대기한다. 그러면 소비자는 모니터에 진입해 버퍼의 데이터를 소비하고 조건 변수 hasSpace를 신호할 것이다. 이 때문에 생산자가 또 작업할 수 있게 된다. 생산자는 버퍼에 데이터를 쓰고(20행), 데이터를 저장한 슬롯의 수를 증가시키고(21행) writerPosition 변수를 갱신한다(22행). 마지막으로 23행은 조건 변수 hasData를 신호해 데이터가 없어서 대기 중인 소비자가 있다면 작업을 진행할 수 있게 한다.

소비자는 getChar 메소드(26~40행)를 호출해 데이터를 소비한다. 27행에서 키워드 outputParameter를 통해 출력 파라미터 slotData를 사용한다는 점을 주목하기 바란다. 많은 언어에서 이러한 기능을 지원한다. 출력 파라미터에 쓴 데이터는 호출자의 인자에서 즉시 사용

할 수 있다. 30행에서는 버퍼가 비어 있는지 확인한다. 만약 비어 있다면 소비자는 조건 변수 hasData를 대기한다(32행). 소비자가 작업을 계속할 수 있을 때 버퍼에서 데이터를 출력 파라미터인 slotData로 직접 읽어들인다(36행). 그 즉시 데이터는 호출한 스레드의 인자로 전달될 수 있다. 그러면 소비자는 데이터가 들어있는 슬롯의 수를 감소시키고(37행) readerPosition을 갱신한다(38행). 39행은 대기 중인 생산자에 조건 변수 hasSpace를 신호해 진행을 계속하게 한다.

원형 버퍼가 훌륭한 점은 생산자가 소비자를 앞서 갈 수 있게 한다는 점이다. 생산자는 소비자가 이전 값을 읽어갈 때까지 대기할 필요 없이(이는 단일 버퍼를 사용하는 생산자/소비자 관계에서는 필수적인 일이다) 새로운 값들을 생산할 수 있다. 이 여분의 값들은 원형 버퍼의 빈 슬롯에 놓인다. 소비자는 여전히 올바른 순서로 데이터를 읽어갈 것이다. 원형 버퍼는 생산자가 값을 더 생산하기 전에 대기할 필요가 없기 때문에 시스템의 성능을 향상시킨다. 더 큰 원형 버퍼는 소비자가 버퍼를 비우기를 대기하기 전에 더 많은 값을 생산할 수 있다. 생산자와 소비자가 대략 비슷한 속도로 동작하면 원형 버퍼를 사용해 응용 프로그램의 평균 속도를 향상시킬 수 있다. 그러나 스레드 간 평균 속도가 다르면 이런 장점을 살릴 수 없다. 위의 예제에서 생산자가 소비자보다 항상 빨리 동작한다면 원형 버퍼는 금방 차게 되고, 생산자는 소비자가 값을 소비해 공간을 확보할 때까지 매번 대기해야 할 것이다. 이와 유사하게 소비자가 항상 빠른 경우에도 소비자는 대체로 빈 버퍼만 발견해 생산자가 값을 생산할 때까지 대기하는 시간이 많아진다. 이 두 가지 경우 원형 버퍼를 사용하면 속도 향상보다는 메모리 낭비를 초래한다.

운영체제는 원형 버퍼를 사용해 스풀링 제어를 구현할 수 있다. 스풀링은 흔히 프린터와 같이 비교적 느린 장치를 이용할 때, 스레드가 출력할 행들을 생성하는 데 사용한다. 프린터의 출력 속도보다 스레드가 출력 행을 생성하는 속도가 훨씬 빠르고, 스레드가 작업을 가능하면 빨리 완료하는 것이 좋으므로, 스레드의 출력 행을 원형 버퍼에 저장한다. 원형 버퍼는 주 기억 장치에 있을 수도 있고, 디스크에 있을 가능성은 더 크다. 출력할 행을 생성하는 스레드를 흔히 **스풀러**spooler라고 한다. 다른 스레드는 circularBuffer에서 데이터 행들을 읽어 프린터에 쓴다. 이런 스레드를 흔히 **디스풀러**despooler라고 하며, 프린터의 낮은 속도로 동작한다. circularBuffer는 충분한 공간이 있어서 스풀러와 디스풀러의 속도 차이를 극복할 수 있다. 물론 시스템이 프린터보다 빠른 속도로 무한정 출력 행을 생성하지 않을 것이라고 가정한다. 만약 이런 사태가 발생한다면 버퍼는 늘 가득 찬 상태가 되고, 프린트 작업에서 속도를 조절하는 역할을 잘 해낼 수 없을 것이다.

셀프 리뷰

1. 생산자/소비자 관계에서 단일 버퍼보다 원형 버퍼가 비효율적인 경우는 언제인가?
2. 이 모니터는 한 생산자와 두 소비자를 지원해 생산자가 생산하는 각 요소를 정확히 한 소비자가 소비하게 할 수 있는가? 그 이유는 무엇인가?

▶ **풀이** 1) 생산자와 소비자의 평균 속도 차이가 너무 크면 원형 버퍼를 써도 이점이 없다. 생산자가 항상 소비자보다 빠르게 동작하면 대부분 버퍼가 가득 찬 상태가 되고, 매번 소비자가 소비할 때까지 대기해야 할 것이다. 소비자가 너무 빠른 경우도 마찬가지다. 이 경우 단일 값을 담은 버퍼는 성능 손실 없이 사용할 수 있다.
2) 지원할 수 있다. 이러한 문제에서도 여전히 모니터를 사용해 상호 배제를 강제할 수 있다. 생산자는 평소처럼 계속 값을 생산하고, 오직 한 소비자만 각 데이터를 소비할 것이다.

6.2.4 모니터 예제: 리더와 라이터

컴퓨터 시스템에서 데이터를 읽는 소비자 스레드(리더 reader라고 한다)와 데이터를 쓰는 생산자 스레드(라이터 writer라고 한다)를 갖추는 것은 흔한 일이다. 예를 들면, 항공 예약 시스템에는 라이터보다 리더가 훨씬 많을 수 있다. 특정 비행기의 특정 좌석을 실제로 선택할 때까지 사용 가능한 티켓 정보를 얻기 위해 데이터베이스에 많은 조회와 서비스 요청이 있을 것이다.

리더는 데이터베이스의 내용을 고치지 않기 때문에, 많은 리더가 한꺼번에 데이터베이스에 접근할 수 있다. 그러나 라이터는 데이터를 수정할 수 있으므로 배타적으로 접근해야 한다. 라이터 스레드가 활성화되어 있을 때 다른 리더나 라이터는 활성화되어 있을 수 없다. 이런 배타성은 오직 레코드 수준 record level에서만 필요하다. 데이터베이스 전체에 대한 접근에 대해 라이터에 배타적 접근을 줄 필요는 없다. 만약 그렇게 하면 시스템의 성능이 터무니없이 떨어질 것이다.

꾸흐트와 Courtois, 헤이만스 Heymans, 파나스 Parnas는 최초로 리더와 라이터의 데이터베이스 접근을 제어하는 병행 프로그램을 설계했다.[48] [예제 6-3]에 나타낸 해결책은 호어가 개발한 해결책에 기반을 두고 있다.[49]

[예제 6-3]에 있는 모니터는 전체 데이터베이스 또는 여러 레코드로 구성된 부분 집합이나 심지어 한 레코드에 대한 접근을 제어하는 데도 사용할 수 있다. 어떤 경우든 여기서 논의하는 내용을 모두 적용할 수 있다. 한 번에 오직 한 라이터만 활성화될 수 있다. 라이터가 활성화되어 있을 때 boolean 변수 writeLock(4행)은 true다. 라이터가 활성화되어 있는 동안에는 어떤 리더도 활성화될 수 없다. 정수 변수 readers(3행)는 활성화된 리더의 수를 나타낸다. 리더 수가 0까지 감소하면(29행), (만약 대기 중인 라이터 있을 경우) 대기 중인 라이터 하나가 활성화된다(31행). 만일 새로운 리더가 진행할 수 없다면(13행), 조건 변수 canRead를 대기한다(15행). 새로운 라이터가 진행할 수 없을 때는(40행) 조건 변수 canWrite를 대기한다(42행).

예제 6-3 리더/라이터 문제를 해결하는 모니터(의사 코드)

```
// [예제 6-3] 리더/라이터 문제

int readers = 0; // 리더의 수
boolean writeLock = false; // 라이터가 쓰고 있을 경우 true
Condition canWrite; // 조건 변수
Condition canRead;  // 조건 변수

// 읽기 전에 수행되는 모니터 진입 루틴
monitorEntry void beginRead()
{
    // 라이터가 현재 쓰고 있거나 쓰려고 대기 중이면
    // 모니터 밖에서 대기함
    if (writeLock || queue(canWrite))
    {
        wait(canRead); // 읽기가 허용될 때까지 대기함
    } // if 문 끝

    ++readers; // 또 다른 리더가 존재함

    signal(canRead); // 대기 중인 리더들을 진행시킴
} // beginRead 끝

// 읽은 후에 호출되는 모니터 진입 루틴
monitorEntry void endRead()
{
    --readers; // 리더가 하나 줄어듦

    // 읽고 있는 리더가 없다면 라이터가 쓸 수 있게 허용함
    if (readers == 0)
    {
        signal(canWrite); // 라이터가 진행하도록 허용함
    } // if 문 끝

} // endRead 끝

// 쓰기를 수행하기 전에 호출되는 모니터 진입 루틴
monitorEntry void beginWrite()
{
    // 리더가 읽고 있거나 라이터가 쓰고 있으면 대기함
    if (readers > 0 || writeLock)
    {
        wait(canWrite); // 쓰기가 허용될 때까지 대기함
    } // if 문 끝
```

```
44
45       writeLock = true; // 모든 리더, 라이터를 막음
46   } // beginWrite 끝
47
48   // 쓰기 수행 후에 호출되는 모니터 진입 루틴
49   monitorEntry void endWrite()
50   {
51       writeLock = false; // 잠금 해제
52
53       // 리더가 진입하려고 대기 중이면 신호함
54       if (queue(canRead))
55       {
56           signal(canRead); // 대기 중인 리더들에 캐스케이딩함
57       } // if 문 끝
58       else // 대기 중인 리더가 없으면 라이터에 신호함
59       {
60           signal(canWrite); // 대기 중인 라이터 중 하나가 작업을 진행할 수 있음
61       } // else 끝
62
63   } // endWrite 끝
```

리더가 읽으려고 할 때는 모니터 진입 루틴인 beginRead를 호출한다(8~21행). 작업을 마친 리더는 endRead를 호출한다(23~34행). beginRead에서 새로운 리더는 쓰고 있는 스레드가 없거나 라이터 스레드가 쓰려고 대기하지 않는 한 계속 진행할 수 있다(13행). 대기 중인 라이터가 무기한 연기에 빠지지 않으려면 두 번째 조건이 중요하다. 이를 확인하려고 boolean 함수 queue를 사용해 스레드가 인자에서 지정한 조건 변수를 대기하고 있는지 여부를 판단한다. 프로시저 beginRead는 canRead를 신호해(20행) 대기 중인 다른 리더가 읽기를 시작하도록 허용하는 것으로 끝난다. 이는 큐에 있는 다음 리더가 활성화되고, 대기 중인 다음 리더가 진행하게 해준다. 이와 같은 '연쇄 반응' chain reaction을 캐스케이드 cascade라고도 하며, 대기 중인 모든 리더가 활성화될 때까지 계속 일어난다. 이런 연쇄 반응이 일어나는 동안 도착하는 모든 스레드는 대기해야 한다. 모니터는 새로 도착하는 스레드보다 신호를 받은 스레드를 먼저 서비스한다는 규칙을 준수하기 때문이다. 도착하는 리더들이 작업을 진행하도록 허용되면, 연속적으로 리더들이 도착해 대기 중인 라이터가 무기한 연기되는 사태가 발생할 수 있다. 리더 간에는 서로 간섭하지 않고 멀티프로세서 시스템에서 병행으로 실행할 수 있기 때문에, 이는 스레드에 효율적으로 서비스를 제공할 수 있는 방법이다.

스레드가 읽기를 다 마칠 때 모니터 진입 루틴인 endRead(23~34행)를 호출해 리더의 수를 1만큼 감소시킨다(26행). 궁극적으로 수가 점점 줄어 리더 수가 0이 되고 이 시점에 스레드는

canWrite(31행)를 신호해 대기 중인 라이터가 있으면 작업을 계속할 수 있게 해준다(이로써 대기 중인 라이터의 무기한 연기를 방지한다).

스레드가 쓰기를 원할 때는 모니터 진입 루틴 beginWrite(36~46행)를 호출한다. 라이터가 배타적으로 접근해야 하므로 리더가 있거나 활성화된 라이터가 있으면(40행), 새로운 라이터는 조건 변수 canWrite(42)를 대기해야 한다. canWrite가 신호되고(31행 또는 60행) 라이터가 작업을 진행할 수 있을 때, writeLock을 true로 설정해(45행) 다른 리더와 라이터가 접근할 수 없게 한다.

라이터가 작업을 마치면 모니터 진입 루틴 endWrite를 호출한다(48~63행). 이 프로시저는 writeLock을 false로 설정해(51행) 리더나 다른 라이터가 활성화되게 한다. 그러면 모니터는 대기 중인 다른 스레드가 진행할 수 있게 신호해야 한다(53~61행). 이때 대기 중인 리더와 라이터 중 어떤 것을 선호해야 할까? 라이터를 선호한다면 끊임없이 라이터들이 들어와 대기 중인 리더가 무기한 연기될 가능성이 있다. 따라서 라이터가 작업을 마칠 때 먼저 대기 중인 리더가 있는지를 확인해(54행), 만약 있다면 canRead를 신호하고(56행) 대기 중이던 리더가 진행하게 한다. 이는 물론 대기 중인 모든 리더에 캐스케이드한다). 대기 중인 리더가 없으면 canWrite를 신호해(60행) 대기 중인 라이터를 진행시킨다.

셀프 리뷰

1. [예제 6-3]은 대기 중인 리더들에는 캐스케이드하지만 대기 중인 라이터들에는 하지 않는다. 그 이유는 무엇인가?
2. 리더들이 계속 들어와 라이터를 무기한 연기하는 것을 막는 안전 장치는 무엇인가?

▶ **풀이** 1) 리더들은 서로 간섭하지 않기 때문에 한꺼번에 많은 러더가 안전하게 읽을 수 있다. 그러나 각 라이터는 배타적인 접근권을 가져야 한다. 그렇지 않으면 모호한 결과를 초래할 수 있다. 2) 모니터의 진입 루틴 beginRead에서 대기 중인 라이터가 있으면(13행) 읽으려는 스레드는 조건 변수 canRead를 대기해야 한다 (15행).

6.3 자바 모니터

지금부터 일반적인 병행 프로그래밍 문제를 해결하는 완전하고 실행 가능한 자바 멀티스레드 예제를 살펴볼 것이다. 모니터는 자바에서 생성한 모든 객체와 연관되어 있다. 모니터는 또한 멀티스레드를 사용하는 자바 응용 프로그램에서 상호 배제와 동기화를 제공하는 주요 메커니즘이다. **synchronized** 키워드는 자바 객체에 상호 배제 기능을 부여한다. 이 절에서는 자바 모니터가 앞서 살펴본 의사 코드 모니터와 어떻게 다른지 논의한다.

스레드가 자바 모니터로 보호하는(synchronized로 선언한) 메소드를 실행하려고 하면 먼저 해당 모니터의 **엔트리 집합(엔트리 큐)** entry set(entry queue)에 들어가야 한다. 엔트리 집합은 해당 모니터에 진입하려고 하는 스레드들이 대기하는 큐다. 모니터에 진입하려는 경쟁자가 없으면 스레드는 즉시 모니터에 진입할 수 있다. 어떤 스레드가 이미 모니터 내부에 들어갔다면 다른 스레드들은 모니터를 사용할 수 있을 때까지 엔트리 집합에서 대기해야 한다.

흔히 자바 모니터를 신호 후 계속signal-and-continue 모니터라고 한다.[50] 신호 후 계속 모니터는 모니터를 곧 사용할 수 있음을 나타내지만, 스레드가 모니터를 빠져나올 때까지는 계속 잠금을 유지한다고 배웠다. 스레드는 조건 변수를 대기하거나 모니터로 보호하는 코드를 모두 완료하면 모니터를 빠져나올 수 있다.

모니터 안에서 실행되는 스레드가 조건 변수를 대기하면 wait 호출을 발생시킨다. wait 메소드는 스레드가 모니터에 대한 잠금을 해제하고 익명unnamed 조건 변수를 대기하게 한다. wait를 호출한 후 스레드는 **대기 집합(대기 큐)** wait set(wait queue)에 놓인다. 이 큐는 객체의 모니터에 다시 들어가려는 스레드들이 대기하는 큐다. 스레드는 다른 스레드가 신호할 때까지(통지notify할 때까지) 대기 집합에서 대기해야 한다. 자바에서 조건 변수는 암시적implicit이기 때문에, 스레드가 신호를 받고 모니터에 재진입했을 때 해당 스레드가 대기하는 조건을 충족하지 않음을 발견할 수도 있다. 따라서 스레드가 대기하는 조건을 충족할 때까지 몇 번씩 신호를 받을 수도 있다.

스레드는 notify 혹은 notifyAll 메소드를 호출해 신호한다. **notify** 메소드는 대기 집합에 있는 스레드 중 하나를 깨운다. 모니터에 진입할 다음 스레드를 결정하는 알고리즘은 자바 가상 머신 구현에 따라 다르다. 따라서 프로그래머는 notify가 호출될 때 특정한 큐잉 규칙에 의존할 수 없다.

notify 메소드의 또 다른 함정은 어떤 JVM 구현에서는 엔트리와 대기 집합에서 스레드를 제거하므로, 특정 스레드가 서비스받는 시간이 오래 지연되며 무기한 연기될 수 있다는 점이다. 따라서 둘 이상의 스레드가 모니터에 접근한다면 notifyAll 메소드를 호출하는 것이 가장 좋다. **notifyAll** 메소드는 엔트리와 대기 집합에 있는 모든 스레드를 깨운다. 모든 스레드가 깨어나면 스레드 스케줄러가 모니터에 들어갈 스레드를 선정한다. 스레드 스케줄러는 무기한 연기를 방지하는 큐 방식을 사용한다.[51, 52] notifyAll 메소드가 모니터에 들어가려고 대기 중인 모든 스레드를 깨우기 때문에, 한 스레드만을 깨우는 notify보다는 오버헤드가 많다. 스레드가 두 개만 있는 동기화에서 notify를 쓰면 무기한 연기가 발생할 위험을 걱정하지 않고도 notifyAll보다 좋은 성능을 낼 수 있다.

셀프 리뷰

1. 신호 후 계속 모니터와 신호 후 종료 모니터의 차이점은 무엇인가? 자바는 어떤 유형의 모니터를 사용하는가?

▶ **풀이** 1) 자바는 신호 후 계속 모니터를 사용한다. 이 모니터를 사용하면 스레드가 곧 모니터를 나올 것을 알려주지만 여전히 모니터에 대한 제어를 쥐고 있을 수 있다. 신호 후 종료 모니터를 사용하는 경우에는 신호를 보내는 즉시 모니터에 대한 잠금을 해제해야 한다.

6.4 자바 멀티스레딩 사례 연구 3: 자바 생산자/소비자 관계

이 절에서는 '5.2.1 자바 멀티스레딩 사례 연구 2: 생산자/소비자 관계'에서 살펴본 생산자/소비자 관계를 자바로 구현해 보여준다. [예제 6-4]와 [예제 6-5]에 있는 프로그램은 단일 공유 버퍼에 접근하는 생산자와 소비자 관계에서 모니터를 사용한 동기화를 구현하고 있다. 이 경우 생산자는 버퍼가 비었을 때만 새 값을 생산해 버퍼를 채운다. 소비자는 버퍼가 찼을 때만 값을 소비해 버퍼를 비운다. 이 예제는 5.2.1의 예제에서 사용한 Buffer 인터페이스([예제 5-1])와 Producer([예제 5-2]), Consumer([예제 5-3]) 클래스를 재사용한다. 이 클래스들을 동기화 없이 재사용함으로써 공유 객체에 접근하는 스레드가 자신들이 동기화되는 것을 알아채지 못하게 한다는 사실을 증명할 수 있다. 동기화를 수행하는 코드는 Buffer 인터페이스를 구현하는 SynchronizedBuffer 클래스([예제 6-4])의 set, get 메소드에 있다. 따라서 생산자와 소비자의 run 메소드는 5.2.1에 있는 예제처럼 단순히 공유 객체의 set, get 메소드를 호출한다.

SynchronizedBuffer 클래스([예제 6-4])는 buffer(6행)와 occupiedBuffers(7행)라는 두 필드를 포함한다. 여기서 메소드 set(9~43행)과 get(45~79행)은 synchronized 메소드(10행과 46행)다. 따라서 특정 SynchronizedBuffer 객체의 set, get 메소드를 사용하려는 스레드들은 한 번에 하나씩만 접근할 수 있다. occupiedBuffers(7행)는 이론적으로는 조건 변수지만, 이 예제에서는 int 타입이다. 자바에는 조건 변수를 직접 표현하는 객체나 데이터 타입이 없다. SynchronizedBuffer에 있는 메소드는 occupiedBuffers를 조건으로 표현해(16행과 52행) 생산자가 수행할 차례인지, 소비자가 수행할 차례인지 판단한다. occupiedBuffers 값이 0이면 buffer는 비어 있고 생산자가 buffer에 값을 넣는다(34행). 이 조건(52행)은 또한 소비자가

buffer 값을 읽으려면 대기해야 함(59행)을 의미한다. occupiedBuffers 값이 1인 경우에는 소비자가 buffer에서 값을 읽을 수 있다. 이 조건(16행)은 또한 생산자 입장에서는 buffer가 가득 찼으므로 값을 넣지 못하고 대기해야 함을 의미한다. 각 PrintThread가 수행할 작업을 기술하고 있다.

예제 6-4 공유 정수에 대한 접근을 동기화하는 SynchronizedBuffer 클래스

```
01 // [예제 6-4] SynchronizedBuffer.java
02 // SynchronizedBuffer는 공유 정수에 대한 접근을 동기화함
03
04 public class SynchronizedBuffer implements Buffer
05 {
06     private int buffer = -1;            // 생산자와 소비자가 공유하는 변수
07     private int occupiedBuffers = 0; // 값이 들어 있는 버퍼의 수를 셈
08
09     // 버퍼에 값을 넣음
10     public synchronized void set(int value)
11     {
12         // 출력을 위해 메소드를 호출한 스레드의 이름을 얻음
13         String name = Thread.currentThread().getName();
14
15         // 빈 버퍼가 없는 동안 스레드를 대기 상태에 둠
16         while (occupiedBuffers == 1)
17         {
18             // 스레드와 버퍼 정보를 출력하고 대기함
19             try
20             {
21                 System.err.println(name + " tries to write.");
22                 displayState("Buffer full." + name + " waits.");
23                 wait(); // 버퍼가 빌 때까지 대기함
24             } // try 끝
25
26             // 대기 중인 스레드가 인터럽트되면 스택 트레이스를 출력함
27             catch (InterruptedException exception)
28             {
29                 exception.printStackTrace();
30             } // catch 끝
31
32         } // while 문 끝
33
34         buffer = value; // 새로운 버퍼 값을 할당함
35
36         // 소비자가 현재 버퍼 값을 읽어가기 전까지는
```

```java
        // 생산자가 다른 값을 저장할 수 없음을 나타냄
        ++occupiedBuffers;

        displayState(name + " writes " + buffer);

        notify(); // 대기 중인 스레드를 준비 상태가 되도록 깨워줌
    } // set 메소드 끝. SynchronizedBuffer에 대한 잠금을 해제함

    // 버퍼의 값을 반환함
    public synchronized int get()
    {
        // 출력을 위해 메소드를 호출한 스레드의 이름을 얻음
        String name = Thread.currentThread().getName();

        // 읽을 데이터가 없는 동안은 스레드를 대기 상태에 둠
        while (occupiedBuffers == 0)
        {
            // 스레드와 버퍼의 정보를 출력한 후 대기함
            try
            {
                System.err.println(name + " tries to read.");
                displayState("Buffer empty. " + name + " waits.");
                wait();// 버퍼에 새 값이 생길 때까지 대기함
            } // try 끝

            // 대기 중인 스레드가 인터럽트되면 스택 트레이스를 출력함
            catch (InterruptedException exception)
            {
                exception.printStackTrace();
            } // catch 끝

        } // while 문 끝

        // 소비자가 버퍼 값을 가져갔으므로
        // 생산자가 추가로 값을 저장할 수 있음을 알림
        --occupiedBuffers;

        displayState(name + " reads " + buffer);

        notify(); // 대기 중인 스레드가 준비 상태가 되도록 알림

        return buffer;
    } // get 메소드 끝. SynchronizedBuffer에 대한 잠금을 해제함

```

```
81      // 현재 연산과 버퍼 상태를 보여줌
82      public void displayState(String operation)
83      {
84          StringBuffer outputLine = new StringBuffer(operation);
85          outputLine.setLength(40);
86          outputLine.append(buffer + "\t\t" + occupiedBuffers);
87          System.err.println(outputLine);
88          System.err.println();
89      } // displayState 메소드 끝
90
91  } // SynchronizedBuffer 클래스 끝
```

Producer 스레드의 run 메소드가 synchronized 메소드인 set([예제 5-2]의 26행)을 호출하면, 해당 스레드는 SynchronizedBuffer 모니터 객체에 대한 잠금을 얻으려고 시도한다.[*] 잠금을 사용할 수 있다면 Producer 스레드는 잠금을 얻는다. 다음으로 set 메소드에 있는 루프([예제 6-4]의 16~32행)에서 occupiedBuffers 값이 1인지 확인한다. 값이 1이면 buffer가 찬 것이므로, 21행에서 Producer 스레드가 값을 쓰려고 시도하는 중임을 알리는 메시지를 출력하고, 22행에서는 displayState 메소드를 호출해(81~89행) 버퍼가 가득 찼고 Producer 스레드가 대기 상태임을 알리는 메시지를 출력한다. displayState 메소드는 synchronized로 선언되어 있지 않음을 볼 수 있다. 왜냐하면 이 메소드는 생산자와 소비자 스레드가 생성되기 전에 main 메소드([예제 6-5]의 18행)에서 호출되며, 두 스레드가 생성된 이후 synchronized 메소드인 get과 set([예제 6-4]의 10행과 46행)에서만 호출될 수 있기 때문이다. 한 번에 한 스레드만 SynchronizedBuffer의 모니터 내부에서 실행할 수 있고, displayState는 모니터 내부에서만 접근할 수 있다. 따라서 displayState는 synchronized 선언 없이 상호 배제 접근이 가능하다.

23행에서는 wait 메소드를 호출한다. 이 메소드는 SynchronizedBuffer가 Object 객체에서 상속받은 것으로(모든 자바 클래스는 직·간접적으로 Object 클래스를 상속한다), set 메소드를 호출한 스레드(즉, Producer 스레드)를 SynchronizedBuffer 객체에 대해 대기 상태가 되게 한다. wait는 호출하는 스레드가 SynchronizedBuffer 객체에 대한 잠금을 해제하게 한다. 그렇지 않으면 이 스레드가 현재 자신의 업무를 수행하지 못한 채 잠금을 쥐고 다른 스레드들마저 객체에 접근하지 못하게 막기 때문에 이것은 중요한 일이다. 이렇게 하면 앞선 스레드가 대기하고 있는 것과 같은 조건 변수 변화는 결코 일어나지 않아 결과적으로 교착 상태에 빠질 수 있다.

* 자바 모니터에서 '잠금을 얻는다'는 말은 '모니터에 대한 상호 배제 접근을 얻는다'는 의미다.

생산자 스레드가 23행에서 wait를 호출하면 또 다른 스레드가 SynchronizedBuffer 객체의 잠금을 얻으려고 시도하고, 객체의 set과 get 메소드를 호출할 수 있다. 궁극적으로는 소비자 스레드가 버퍼를 비우고, 대기 중인 생산자가 작업을 진행할 수 있게 해준다.

생산자 스레드는 다른 스레드가 진입 가능을 알려줄 때까지 대기 상태에 머문다. 그리고 진입이 가능하다고 통지받으면 준비 상태가 되어 프로세서를 대기한다. 생산자 스레드가 실행 상태로 돌아가면 스레드는 암시적으로 SynchronizedBuffer 객체에 대한 잠금을 얻으려고 시도한다. 생산자는 잠금을 사용할 수 있으면 이를 얻고, set 메소드는 wait 다음에 오는 문장을 실행한다. wait는 루프 안에서 호출되므로(15~32행) 루프를 지속하는 조건을 확인해 스레드가 진행할 수 있는지 확인한다. 진행할 수 없으면 다시 wait를 호출한다. 그렇지 않을 경우 set 메소드의 루프 이후에 있는 문장을 계속한다.

set 메소드에 있는 34행에서는 인자로 받은 value의 값을 buffer에 할당한다. 38행은 occupiedBuffers의 값을 증가시켜 현재 buffer에 값이 있음을 알려준다. 즉, 소비자는 읽을 수 있지만 생산자는 추가로 값을 생산할 수 없다. 40행은 displayState 메소드를 호출해 생산자가 buffer에 새 값을 쓴다는 사실을 콘솔 창에 출력한다. 42행은 Object 클래스에서 상속받은 notify 메소드를 호출하고 있다. 소비자 스레드가 대기 중이면 준비 상태가 되어 프로세서를 할당받자마자 자기 작업을 시도할 수 있다. notify 메소드는 즉시 반환하고, set 메소드가 호출자로 반환한다.* set 메소드가 반환할 때 암시적으로 SynchronizedBuffer 객체에 대한 잠금을 해제한다.

get과 set 메소드는 비슷하게 구현된다. 소비자 스레드의 run 메소드가 synchronized 메소드인 get([예제 5-3]의 28행)을 호출할 때, 스레드는 SynchronizedBuffer 객체에 대한 잠금을 얻으려고 시도한다. 잠금을 얻으면 while 루프([예제 6-4]의 51~68행)를 통해 occupiedBuffers의 값이 0인지 판단한다. 0이면 버퍼가 비었으므로 57행에서 소비자 스레드가 값을 얻으려고 함을 나타내는 메시지를 출력하고, 58행에서 메소드 displayState를 호출해 버퍼가 비어서 소비자 스레드가 대기한다는 내용을 추가로 출력한다. 59행은 wait 메소드를 호출해 get 메소드를 호출한 소비자 스레드가 SynchronizedBuffer 객체에 대해 대기 상태가 되게 한다. 여기서도 wait 호출은 호출하는 스레드가 SynchronizedBuffer에 대한 잠금을 해제해 다른 스레드가 잠금을 획득하고, 객체의 set과 get 메소드를 호출할 수 있게 해준다. 생산자 스레드가 set 메소드를 마치지 못해 SynchronizedBuffer에 대한 잠금의 사용이 여의치 않을 경우 소비자 스레드는 잠금을 사용할 수 있을 때까지 블록된다.

---

* 이 프로그램에서는 notify 메소드 호출이 올바르게 동작한다. 임의의 시점에 한 소비자 스레드가 get 메소드를 호출하기 때문이다. 여러 스레드를 사용하는 프로그램은 notifyAll을 호출해 스레드들이 제대로 통지받을 수 있게 해야 한다.

소비자 스레드 객체는 생산자 스레드가 통지할 때까지 대기 상태에 남는다. 진행이 가능하다는 통지를 받으면 소비자 스레드는 준비 상태로 돌아가고 프로세서를 할당받아 실행 상태가 되었을 때 SynchronizedBuffer 객체에 대한 잠금을 얻으려고 시도한다. 잠금을 사용할 수 있을 경우 소비자 스레드가 잠금을 획득하고 get 메소드의 wait 이후 문장들을 계속 실행한다. wait는 루프(51~68행) 안에서 호출되므로 스레드가 작업을 계속할지 판단하려고 루프의 조건을 확인한다. 계속 진행할 수 없는 경우에는 다시 wait를 호출하고, 그렇지 않으면 get 메소드의 루프 다음 문장들을 계속 실행한다. 72행에서 occupiedBuffers 값을 감소시켜 버퍼가 비었음을 나타내고, 74행에서 콘솔 창에 소비자가 방금 읽은 값을 출력하며, 76행에서는 메소드 notify를 호출한다. 이때 SynchronizedBuffer 객체에 대한 잠금을 대기하는 생산자 스레드가 있다면, 해당 스레드는 준비 상태가 된다. 이 스레드는 프로세서를 할당받자마자 잠금을 얻으려고 시도하고 작업을 계속한다. notify 메소드는 즉시 반환하고, get 메소드는 buffer의 값을 호출자에 반환한다(78행).* get 메소드가 반환하면 SynchronizedBuffer 객체에 대한 잠금이 해제된다.

SharedBufferTest2 클래스([예제 6-5])는 SharedBufferTest 클래스([예제 5-5])와 유사하다. SharedBufferTest2는 응용 프로그램을 시작하는 main 메소드(6~27행)를 포함한다. 9행에서 공유되는 SynchronizedBuffer 인스턴스를 생성해, 이에 대한 참조를 SynchronizedBuffer 타입 변수 sharedLocation에 할당한다. 여기서는 Buffer 변수보다는 SynchronizedBuffer 변수를 사용해 main 메소드가 Buffer 인터페이스에는 선언되어 있지 않은 Synchronized Buffer의 displayState 메소드를 호출할 수 있게 한다. SynchronizedBuffer 객체는 생산자와 소비자 스레드가 공유하는 데이터를 저장한다. 11~18행은 출력 데이터의 열 제목을 보여준다. 21~22행은 Producer 객체와 Consumer 객체를 생성하고, 각 생성자에 sharedLocation을 전달해 각 객체가 동일한 SynchronizedBuffer로 초기화되게 한다. 그 다음 24~25행에서는 생산자와 소비자 스레드의 start 메소드를 호출해 두 스레드를 준비 상태로 만든다. 이 호출은 각 스레드의 run 메소드를 처음 호출해 스레드의 실행을 시작한다. 마지막으로 main 메소드가 종료되고 main 스레드도 죽는다.

예제 6-5 동기화 메커니즘을 사용해 공유 객체를 수정하는 스레드

```
01  // [예제 6-5] SharedBufferTest2.java
02  // SharedBufferTest2는 생산자와 소비자 스레드를 생성함
03
04  public class SharedBufferTest2
05  {
```

* 여기서도 마찬가지로 notify 메소드 호출은 제대로 동작한다. 이 프로그램에서는 임의의 시점에 오직 한 생산자 스레드가 set 메소드를 호출하기 때문이다.

```
    public static void main(String [] args)
    {
        // 스레드들이 사용하는 공유 객체를 생성함
        SynchronizedBuffer sharedLocation = new SynchronizedBuffer();

        // 출력을 위해 열의 제목을 지정함
        StringBuffer columnHeads =
            new StringBuffer("Operation ");
        columnHeads.setLength(40);
        columnHeads.append("Buffer\t\tOccupied Count");
        System.err.println(columnHeads);
        System.err.println();
        sharedLocation.displayState("Initial State");

        // 생산자와 소비자 객체를 생성함
        Producer producer = new Producer(sharedLocation);
        Consumer consumer = new Consumer(sharedLocation);

        producer.start(); // 생산자 스레드를 시작함
        consumer.start(); // 소비자 스레드를 시작함

    } // main 끝

} // SharedBufferTest2 클래스 끝
```

결과 1

```
Operation                           Buffer    Occupied Count

Initial State                        -1         0

Consumer tries to read.
Buffer empty. Consumer waits.        -1         0

Producer writes 1                     1         1

Consumer reads 1                      1         0

Consumer tries to read.
Buffer empty. Consumer waits.         1         0

Producer writes 2                     2         1

Consumer reads 2                      2         0
```

```
Producer writes 3                  3        1

Consumer reads 3                   3        0

Consumer tries to read.
Buffer empty. Consumer waits.      3        0

Producer writes 4                  4        1

Consumer reads 4                   4        0
Producer done producing.
Terminating Producer.

Consumer read values totaling: 10.
Terminating Consumer.
```

결과 2

```
Operation                         Buffer    Occupied Count

Initial State                      -1        0

Consumer tries to read.
Buffer empty. Consumer waits.      -1        0

Producer writes 1                   1        1

Consumer reads 1                    1        0

Producer writes 2                   2        1

Producer tries to write.
Buffer full. Producer waits.        2        1

Consumer reads 2                    2        0

Producer writes 3                   3        1

Consumer reads 3                    3        0

Producer writes 4                   4        1

Producer done producing.
Terminating Producer.
```

```
Consumer reads 4                    4         0

Consumer read values totaling: 10.
Terminating Consumer.
```

결과 3

```
Operation                        Buffer    Occupied Count

Initial State                      -1         0

Producer writes 1                   1         1

Consumer reads 1                    1         0

Producer writes 2                   2         1

Consumer reads 2                    2         0

Producer writes 3                   3         1

Consumer reads 3                    3         0

Producer writes 4                   4         1

Producer done producing.
Terminating Producer.
Consumer reads 4                    4         0

Consumer read values totaling: 10.
Terminating Consumer.
```

[예제 6-5]에 있는 세 가지 결과 예시를 살펴보자. 생산된 모든 정수 값이 정확히 한 번씩 소비된 것을 볼 수 있다. 동기화와 변수 occupiedBuffers는 생산자와 소비자가 자기 차례가 되었을 때만 실행할 수 있게 보장한다. 생산자가 먼저 시작해야 한다. 그리고 소비자는 생산자가 아직 값을 생산하지 않았을 때는 대기해서 다음에 소비해야 한다. 생산자가 최근 생산한 값을 소비자가 소비하지 못했을 때는 생산자도 대기해야 한다. 첫 번째와 두 번째 결과 예시를 보면 생산자와 소비자가 각자 작업을 수행하기 위해 언제 대기해야 하는지 알려주고 있다. 세 번째 결과 예시에서는 우연히 생산자와 소비자가 대기할 필요 없이 자신의 작업을 진행한 경우도 볼 수 있다.

셀프 리뷰

1. displayState 메소드를 synchronized로 선언하지 않은 이유는 무엇인가?
2. (참/거짓) get 메소드에서 notify 메소드를 호출하지 않으면, 생산자는 [예제 6-4]의 23행에서 무기한 연기되어 작업을 결코 완료할 수 없을 것이다

▶ **풀이** 1) occupiedBuffers가 공유 자원이지만, displayState가 호출되는 시점은 오직 synchronized 메소드 내부에 있을 때나 프로그램이 한 스레드만 포함할 때다. 2) 거짓. 버퍼가 결코 채워질 수 없는 상황도 가능하다. 그러면 생산자는 23행을 실행하지 않는다. [예제 6-5]의 세 번째 결과가 이 경우다.

6.5 자바 멀티스레딩 사례 연구 4: 자바 원형 버퍼

앞 절에 나타낸 프로그램은 두 스레드가 공유 버퍼에 있는 데이터를 올바르게 조작하도록 스레드 동기화를 사용한다. 그러나 응용 프로그램은 최적의 상태로 동작하지 않을 수도 있다. 두 스레드의 속도가 다르다면, 둘 중 하나는 대기하는 데 많은 시간을 소비할 것이다. 심지어 두 스레드가 서로 동일한 속도로 동작해도 어떤 때는 '동기되지 않아' out of sync 둘 중 하나가 다른 스레드를 대기해야 하는 상황도 발생할 수 있다. 비동기 병행 스레드들의 상대적인 속도에 대해 어떤 가정도 할 수 없다. 운영체제와 네트워크, 사용자, 기타 시스템 구성 요소 간에 너무 많은 일이 일어나서 스레드가 예상치 못하게 다른 속도로 동작할 수 있다. 생산자/소비자 예제에서 이런 일이 발생한다면 한 스레드가 다른 스레드를 대기해야 한다. 스레드가 대부분의 시간을 대기하는 데 보내면 프로그램 효율이 떨어지고 시스템의 반응 속도가 느려질 것이다.

자원을 공유하는 스레드가 대기하는 시간을 최소화하고 평균 속도를 동일하기 하기 위해, 생산자가 소비자보다 빨리 동작하는 경우 값을 넣을 수 있는 별도의 버퍼를 제공하도록 원형 버퍼를 구현할 수 있다.

원형 버퍼를 사용하는 핵심은 여분의 데이터를 처리할 수 있는 충분한 버퍼 슬롯을 제공하는 것이다. 예를 들어, 일정 시간에 걸쳐 생산자가 소비자의 소비 속도보다 세 개 정도 빨리 생산한다는 사실을 파악한다면, 슬롯을 3개 이상 가진 버퍼를 제공해 여분의 데이터를 보관하게 할 수 있다. 버퍼의 슬롯 수가 너무 적으면 스레드는 역시 대기해야 할 것이다. 또 너무 많으면 메모리를 낭비하게 될 것이다.

[예제 6-6]~[예제 6-7]의 프로그램은 동기화되어 원형 버퍼(이 경우 셀 세 개를 가진 공유 배열)에 접근하는 생산자와 소비자를 보여준다. 이 버전의 생산자/소비자 관계에서 소비자는 배열이 비어 있지 않을 때만 값을 소비하고, 생산자는 배열이 가득 차 있지 있을 때만 값을 생산한다.

Producer 클래스는 [예제 5-2]에 나타낸 내용에서 약간 수정되었다. 이 버전에서는 1~4가 아닌 11~20 값을 생산한다. Consumer 클래스도 [예제 5-3]에서 약간 수정되어 원형 버퍼로부터 값 10개를 소비한다.

[예제 6-4]~[예제 6-5]에서 가장 큰 변화는 CircularBuffer([예제 6-6])로 SynchronizedBuffer([예제 6-4])를 대체하고 있다. CircularBuffer는 필드 네 개를 포함한다. buffers 배열(8행)은 세 요소를 갖는 정수 배열의 원형 버퍼를 구현한다. 변수 occupiedBuffers(11행)는 생산자가 원형 버퍼에 쓸 수 있는지(즉, occupiedBuffers 값이 버퍼의 요소 수보다 작은지), 소비자가 원형 버퍼에서 데이터를 읽어갈 수 있는지(occupiedBuffers 값이 0보다 큰지) 판단하는 조건 변수다. readLocation 변수(14행)는 소비자가 값을 읽어갈 수 있는 buffers의 위치, writeLocation(15행) 변수는 생산자가 다음 값을 놓을 수 있는 buffers의 위치를 표시한다.

예제 6-6 SynchronizedBuffer가 공유 정수 배열에 대한 접근을 제어하는 예제

```
01 // [예제 6-6] CircularBuffer.java
02 // CircularBuffer는 공유되는 버퍼 배열에 대한
03 // 접근을 동기화함
04
05 public class CircularBuffer implements Buffer
06 {
07     // 배열의 각 요소는 버퍼임
08     private int buffers[] = { -1, -1, -1 };
09
10     // occupiedBuffers는 값이 들어 있는 버퍼의 수를 유지함
11     private int occupiedBuffers = 0;
12
13     // 읽고 쓸 버퍼의 위치를 유지하는 변수
14     private int readLocation = 0;
15     private int writeLocation = 0;
16
17     // 버퍼에 값을 넣음
18     public synchronized void set(int value)
19     {
20         // 이 메소드를 호출한 스레드의 이름을 알아냄
21         String name = Thread.currentThread().getName();
22
23         // 버퍼가 가득 차 있는 동안 스레드를 대기 상태에 놓음
24         while (occupiedBuffers == buffers.length)
25         {
26             // 스레드와 버퍼의 정보를 출력하고 대기함
27             try
```

```
            {
                System.err.println("\nAll buffers full. " +
                    name + " waits.");
                wait(); // 여유 공간이 생길 때까지 대기함
            } // try 끝

            // 대기 중인 스레드가 인터럽트되면 스택 트레이스를 출력함
            catch (InterruptedException exception)
            {
                exception.printStackTrace();
            } // catch 끝

        } // while 문 끝

        // writeLocation이 가리키는 버퍼의 위치에 값을 넣음
        buffers[writeLocation] = value;

        // 생산된 값을 출력함
        System.err.println("\n" + name + " writes " +
            buffers[writeLocation] + " ");

        // 값을 가진 버퍼가 하나 더 늘었음을 나타냄
        ++occupiedBuffers;

        // 이후의 쓰기 연산을 위해 writeLocation 값을 갱신함
        writeLocation = (writeLocation + 1) % buffers.length;

        // 공유 버퍼의 내용을 출력함
        System.err.println(createStateOutput());

        notify(); // 대기 중인 스레드를 준비 상태로 돌림
    } // set 메소드 끝

    // 버퍼의 값을 반환함
    public synchronized int get()
    {
        // 이 메소드를 호출한 스레드의 이름을 얻어냄
        String name = Thread.currentThread().getName();

        // 버퍼가 비어 있는 동안 스레드를 대기 상태에 둠
        while (occupiedBuffers == 0)
        {
            // 스레드와 버퍼의 정보를 출력한 후 대기함
```

```
            try
            {
                System.err.println("\nAll buffers empty. " +
                    name + " waits.");
                wait(); // 버퍼가 새 값을 가질 때까지 대기함
            } // try 끝

            // 대기 중인 스레드가 인터럽트되면 스택 트레이스를 출력함
            catch (InterruptedException exception)
            {
                exception.printStackTrace();
            } // catch 끝

        } // while 문 끝

        // 현재 readLocation 위치에 있는 값을 얻어냄
        int readValue = buffers[readLocation];

        // 소비한 값에 대한 정보를 출력함
        System.err.println("\n" + name + " reads " +
            readValue + " ");

        // 값이 있는 버퍼의 수를 감소시킴
        --occupiedBuffers;

        // 이후 읽기 연산을 위해 readLocation의 값을 갱신함
        readLocation = (readLocation + 1) % buffers.length;

        // 공유 버퍼의 내용을 출력함
        System.err.println(createStateOutput());

        notify(); // 대기 중인 스레드를 준비 상태로 되돌림

        return readValue;
    } // get 메소드 끝

    // 상태 정보를 생성함
    public String createStateOutput()
    {
        // 상태 정보의 첫 번째 행
        String output = "(buffers occupied: " +
            occupiedBuffers + ")\nbuffers: ";

```

```
        for (int i = 0; i < buffers.length; ++i)
        {
            output += " " + buffers[i] + "  ";
        } // for 문 끝

        // 상태 정보의 두 번째 행
        output += "\n          ";

        for (int i = 0; i < buffers.length; ++i)
        {
            output += "---- ";
        } // for 문 끝

        // 상태 정보의 세 번째 행
        output += "\n          ";

        // 적절한 버퍼 위치 아래에
        // readLocation(R)과 writeLocation(W) 표시를 덧붙임
        for (int i = 0; i < buffers.length; ++i)
        {
            if (i == writeLocation &&
                writeLocation == readLocation)
            {
                output += " WR  ";
            } // if 문 끝
            else if (i == writeLocation)
            {
                output += " W   ";
            } // if 문 끝
            else if (i == readLocation)
            {
                output += "  R  ";
            } // if 문 끝
            else
            {
                output += "     ";
            } // else 끝

        } // for 문 끝

        output += "\n";

        return output;
    } // createStateOutput 메소드 끝
```

```
158
159 } // CircularBuffer 클래스 끝
```

CircularBuffer의 set 메소드(17~59행)는 몇 가지 수정된 방식으로 [예제 6-4]의 SynchronizedBuffer와 같은 업무를 수행한다. 23~40행의 while 루프는 버퍼가 가득 차서 생산자가 대기해야 하는지 판단한다. 만약 그렇다면 29~30행에서 생산자는 대기해야 한다. 그 후 31행에서는 CircularBuffer 객체를 위해 wait 메소드를 호출해 생산자 스레드를 대기 상태에 둔다. while 루프 이후에 실행이 계속되어 43행에 도달하면 생산자가 쓴 값은 원형 버퍼의 writeLocation이 가리키는 위치에 놓일 것이다. 다음에는 46~47행에서 생산된 값을 출력한다. 50행은 occupiedBuffers 값을 증가시킨다. 현재는 소비자가 읽어갈 수 있는 값이 적어도 하나 이상 있다. 그 후 53행은 다음 번 set 메소드 호출을 대비해 writeLocation 값을 갱신한다. 계속해서 56행에서 메소드 createStateOutput을 호출해(107~157행) 값이 들어 있는 버퍼의 수와 버퍼 내용, 현재 writeLocation과 readLocation 값을 출력해준다. 마침내 58행에서 notify를 호출해 대기 중인 소비자 스레드가 있다면 깨워서 진행하게 한다.

CircularBuffer 클래스의 get 메소드(61~105행) 또한 약간 수정되어 [예제 6-4]와 같이 작업한다. 67~84행의 while 루프에서는 버퍼 슬롯이 비어 소비자가 대기해야 하는지 여부를 확인한다. 소비자 스레드가 대기해야 할 경우 73~74행의 출력에서 소비자 스레드가 대기함을 표시한 후, 75행에서 wait 메소드를 호출해 소비자 스레드가 CircularBuffer 객체에 대해 대기 상태가 되게 한다. while 루프 이후 실행이 계속되어 궁극적으로 87행까지 오면, 버퍼의 readLocation에 위치한 값을 읽어 readValue에 할당한다. 90~91행에서 소비된 값을 출력하고, 94행에서 occupiedBuffers의 값을 감소시킨다. 현재로써는 빈 공간이 적어도 하나는 있어서 생산자가 값을 새로 넣을 수 있다. 그 후 97행에서 다음 번 CircularBuffer의 get 메소드 호출을 대비해 readLocation의 값을 갱신한다. 100행에서는 메소드 createStateOutput을 호출해 데이터가 들어 있는 버퍼의 수와 버퍼의 내용, 현재 writeLocation과 readLocation을 출력한다. 최종적으로 102행에서는 메소드 notify를 호출해, CircularBuffer 객체를 대기하는 생산자 스레드가 있다면 깨워서 진행을 계속하게 한다. 그리고 104행에서는 소비된 값을 호출한 메소드에 반환한다. 자바에서는 신호 후 계속 모니터를 구현하므로 이 프로그램은 '6.2.3 모니터 예제: 원형 버퍼'에서 논의한 것과 같은 결과 파라미터가 필요 없음을 볼 수 있다.

CircularBufferTest 클래스([예제 6-7])는 프로그램을 시작하는 main 메소드(8~24행)를 포함한다. 13행은 CircularBuffer 객체 sharedLocation을 생성하고 있다. 19~20행에서는 생산자와 소비자 스레드를 생성하고, 22~23행에서는 각 스레드를 시작한다. 결과 예시는 현재

occupiedBuffers 수와 버퍼의 내용, 현재 writeLocation과 readLocation을 보여주고 있다. 결과에서 볼 때 W와 R 문자는 각각 현재 writeLocation과 readLocation을 가리킨다. 세 번째 값이 버퍼의 세 번째 셀에 놓인 후 네 번째 값은 배열의 첫 번째 셀에 삽입된 것을 볼 수 있다. 이것이 바로 원형 버퍼 효과다.

예제 6-7 생산자와 소비자 스레드를 생성하는 CircularBufferTest

```
// [예제 6-7] CircularBufferTest.java
// CircularBufferTest는 두 스레드가
// 원형 버퍼를 조작하는 것을 보여줌

// 생산자와 소비자 스레드를 생성하고 시작함
public class CircularBufferTest
{
    public static void main (String args[])
    {
        // 스레드들을 위한 공유 객체를 생성함
        // CircularBuffer의 createStateOutput 메소드를 호출하기 위해
        // Buffer에 대한 참조가 아닌 CircularBuffer에 대한 참조를 사용함
        CircularBuffer sharedLocation = new CircularBuffer();

        // CircularBuffer에 있는 버퍼의 초기 상태를 출력함
        System.err.println(sharedLocation.createStateOutput());

        // 스레드 생성 및 시작
        Producer producer = new Producer(sharedLocation);
        Consumer consumer = new Consumer(sharedLocation);

        producer.start(); // 생산자 스레드 시작
        consumer.start(); // 소비자 스레드 시작
    } // main 메소드 끝

} // CircularBufferTest 클래스 끝
```

결과

```
(buffers occupied: 0)
buffers:  -1   -1   -1
         ---- ---- ----
          WR


All buffers empty. Consumer waits.
```

```
Producer writes 11
(buffers occupied: 1)
buffers:  11   -1   -1
         ---- ---- ----
           R   W

Consumer reads 11
(buffers occupied: 0)
buffers:  11   -1   -1
         ---- ---- ----
               WR

Producer writes 12
(buffers occupied: 1)
buffers:  11   12   -1
         ---- ---- ----
                R   W


Producer writes 13
(buffers occupied: 2)
buffers:  11   12   13
         ---- ---- ----
          W     R

Consumer reads 12
(buffers occupied: 1)
buffers:  11   12   13
         ---- ---- ----
          W          R


Producer writes 14
(buffers occupied: 2)
buffers:  14   12   13
         ---- ---- ----
               W     R


Producer writes 15
(buffers occupied: 3)
buffers:  14   15   13
         ---- ---- ----
                    WR
```

```
All buffers full. Producer waits.

Consumer reads 13
(buffers occupied: 2)
buffers:  14   15   13
         ---- ---- ----
           R         W


Producer writes 16
(buffers occupied: 3)
buffers:  14   15   16
         ---- ---- ----
          WR


All buffers full. Producer waits.

Consumer reads 14
(buffers occupied: 2)
buffers:  14   15   16
         ---- ---- ----
          W     R

Producer writes 17
(buffers occupied: 3)
buffers:  17   15   16
         ---- ---- ----
               WR


Consumer reads 15
(buffers occupied: 2)
buffers:  17   15   16
         ---- ---- ----
               W     R


Consumer reads 16
(buffers occupied: 1)
buffers:  17   15   16
         ---- ---- ----
           R   W
```

```
Consumer reads 17
(buffers occupied: 0)
buffers:  17   15   16
         ---- ---- ----
               WR


Producer writes 18
(buffers occupied: 1)
buffers:  17   18   16
         ---- ---- ----
                R    W


Consumer reads 18
(buffers occupied: 0)
buffers:  17   18   16
         ---- ---- ----
                    WR


All buffers empty. Consumer waits.

Producer writes 19
(buffers occupied: 1)
buffers:  17   18   19
         ---- ---- ----
          W          R


Consumer reads 19
(buffers occupied: 0)
buffers:  17   18   19
         ---- ---- ----
          WR


Producer writes 20
(buffers occupied: 1)
buffers:  20   18   19
         ---- ---- ----
           R    W

Producer done producing.
```

```
Terminating Producer.

Consumer reads 20
(buffers occupied: 0)
buffers:  20   18   19
        ---- ---- ----
             WR

Consumer read values totaling: 155.
Terminating Consumer.
```

셀프 리뷰

1. 원형 버퍼를 좀더 크게 만들면 어떤 잠재적인 비용과 이점이 있는가?
2. [예제 6-6]에서 102행을 생략하면 어떤 일이 발생할 수 있는가?

▶ **풀이** 1) 잠재적인 이점은 소비자가 일시적으로 생산자보다 느리게 동작할 때 생산자가 더 많이 생산할 수 있고 블록되는 횟수가 적어진다는 점이다. 그러나 생산자나 소비자 모두 동일한 속도로 동작하거나 어느 한 쪽이 다른 스레드보다 너무 빨리 동작할 때 또는 드문 경우지만 생산자가 소비자보다 충분히 빠르지 못해 여분의 공간을 이용하지 못할 때는 메모리를 낭비하는 셈이 된다. 2) 소비자 스레드는 작업을 완료할 때 통지를 발생시키지 않을 것이다. 만일 우연히도 생산자가 한 번도 소비자를 대기한 적이 없다면(이는 거의 희박한 일이다) 시스템은 이상 없이 동작할 것이다. 그러나 더 일반적으로는 소비자의 작업 완료를 대기하는 생산자가 있다면 더는 진행하지 못하고 교착 상태에 빠질 것이다.

요약 Summary

병행 프로그램은 코딩, 디버깅, 수정, 정확성을 증명하는 것이 순차적 프로그램보다 훨씬 어렵다. 그럼에도 불구하고 병행 프로그래밍 언어에 대한 관심이 급증했다. 병행 프로그램은 본래부터 병렬성이 있는 문제를 더 자연스럽게 표현해주기 때문이다. 멀티프로세싱 시스템의 증가와 분산 시스템, 고도의 병행 아키텍처 또한 이러한 경향에 일조했다.

모니터 monitor는 데이터와 프로시저를 모두 포함하는 객체다. 이 데이터와 프로시저들은 순차적으로 재사용 가능한 serially reusable 특정 공유 자원을 할당하는 데 필요하다. 모니터에 있는 데이터는 오직 모니터 안에서만 접근할 수 있다. 모니터 밖에 있는 스레드가 모니터에 있는 데이터를 접근할 수 있는 방법은 없다. 일단 모니터 안에 들어간 스레드가 원하는 자원이 다른 스레드에 할당되어 대기해야 할 수도 있다. 많은 스레드가 다양한 시간에 모니터에 들어가길 원하겠지만 모니터 경계에서는 상호 배제가 강화되므로 자원을 대기하는 스레드는 모니터 밖에서 대기해야 한다.

결국 자원을 가진 스레드는 자원을 반납하려고 모니터 진입 루틴을 호출할 것이다. 자원을 대기하는 스레드가 있을 수도 있으므로 모니터 진입 루틴은 대기 중인 스레드 중 하나가 모니터에 들어가 자원을 얻을 수 있도록 신호 signal를 보낸다. 모니터는 무기한 연기가 발생하는 것을 막으려고 새로 도착한 스레드보다는 이미 대기 중인 스레드에 더 높은 우선순위를 부여한다.

스레드가 모니터에 다시 들어가기 전에 signal을 호출한 스레드가 먼저 모니터를 빠져나가야 한다. 신호 후 종료 signal-and-exit 모니터는 스레드가 신호를 보냄과 동시에 즉시 모니터를 빠져나가게 한다. 또 다른 방식인 신호 후 계속 signal-and-continue 모니터를 쓰면 모니터에 있는 스레드에 모니터를 곧 사용할 수 있다고 신호하지만, 모니터 밖으로 나갈 때까지 여전히 모니터에 대한 잠금을 쥐고 있게 할 수 있다.

현재 모니터 안에 있는 스레드는 다른 스레드가 모니터 안에서 어떤 동작을 수행할 때까지 모니터 밖에서 대기해야 할 경우도 있다. 모니터는 구별된 조건 변수 condition variable를, 스레드를 대기하게 할 수 있는 구별된 상황들과 연관짓는다. 모든 조건 변수에는 관련된 큐가 있다. 특정 조건 변수에 wait를 호출하는 스레드는 해당 조건 변수에 딸린 큐에 놓인다. 스레드가 특정 조건 변수에 대해 signal을 호출하면 해당 조건 변수와 연관된 큐에서 대기 중이던 스레드를 큐에서 제거해 모니터에 들어갈 수 있게 해준다.

생산자/소비자 문제에서 원형 버퍼를 구현할 때는 생산자가 배열의 연속적인 요소에 데이터를 맡긴다. 소비자는 데이터가 저장된 순서대로 데이터를 제거해간다. 생산자는 소비자보다 몇 개의 데이터를 앞서 갈 수 있다. 결국 생산자는 배열의 마지막 방까지 채워나갈 것이다. 생산자가 데이터를 더 생산해내면 배열은 둥그렇게 말려 다시 배열의 첫 번째 방부터 데이터를 채워나가야 한다.

원형 버퍼의 크기가 고정되어 있으므로 생산자는 때때로 배열이 가득 찬 것을 발견할 것이다. 이 경우 생산자는 소비자가 배열의 요소들을 소비해 비울 때까지 대기해야 한다. 이와 유사하게 소비자가 빈 버퍼를 발견할 때는 생산자가 데이터를 배열에 넣을 때까지 대기해야 한다.

두 스레드의 속도가 다르다면, 둘 중 하나는 대기하느라 많은 시간을 소비할 것이다. 생산자 스레드가 빠를 경우, 생산자 스레드는 소비자가 배열의 다음 값을 읽어가기를 대기해야 하고, 이와 유사하게 소비자 스레드가 빠른 경우는 생산자가 배열에 다음 값을 생산해 넣을 때까지 대기해야 한다.

컴퓨터 시스템에서 데이터를 읽는 소비자 스레드(리더 reader라고 한다)와 데이터를 쓰는 생산자 스레드(라이터 writer라고 한다)를 갖추는 것은 흔한 일이다. 리더는 데이터베이스의 내용을 고치지 않기 때문에, 많은 리더가 한꺼번에 데이터베이스에 접근할 수 있다. 그러나 라이터는 데이터를 수정할 수 있으므로 배타적으로 접근해야 한다. 새로운 리더는 쓰고 있는 스레드가 없거나 라이터 스레드가 쓰려고 대기하지 않는 한 계속 진행할 수 있다. 각각의 새 리더는 대기 중인 다음 리더들에 작업을 진행하라고 알려준다. 이를 '연쇄 반응' 이라고 하며, 모든 대기 중인 리더가 활성화될 때까지 계속 일어난다. 이 연쇄 반응이 일어나는 동안 도착하는 모든 스레드는 대기해야 한다. 모니터는 신호를 받은 스레드를 새로 도착하는 스레드보다 먼저 서비스한다는 규칙을 준수하기 때문이다. 도착하는 리더들이 작업을 진행하도록 허용되면, 연속적으로 리더들이 도착해 대기 중인 라이터가 무기한 연기되는 사태가 발생할 수 있다. 스레드가 읽기를 다 마치면 스레드는 대기 중인 라이터가 작업을 진행할 수 있도록 신호를 보낸다. 라이터가 작업을 끝낼 때는 대기 중인 리더가 있는지를 먼저 확인해서 만약 있으면 대기하던 리더가 진행하게 하며, 이때 다시 모든 대기 중인 리더를 활성화하는 연쇄 반응(캐스케이딩 cascading)이 일어난다. 한편 대기 중인 리더가 없을 때는 대기 중인 라이터를 진행시킨다.

모니터는 또한 멀티스레드를 사용하는 자바 응용 프로그램에서 상호 배제와 동기화를 제공하는 주요 메커니즘이다. synchronized 키워드는 자바 객체에 상호 배제 기능을 부여한다. 자바 모니터는 흔히 신호 후 계속 signal-and-continue 모니터로, 모니터를 곧 사용할 수 있음을 나타내지만, 신호 후에도 스레드가 모니터를 빠져 나올 때까지는 계속 잠금을 유지한다.

자바에서 wait 메소드는 스레드가 모니터에 대한 잠금을 해제하고 익명 조건 변수를 대기하게 한다. wait를 호출한 후 스레드는 대기 집합 wait set(흔히 대기 큐 wait queue라고도 한다)에 놓인다. 스레드는 다른 스레드가 신호를 보낼 때까지(통지 notify할 때까지) 대기 집합에서 대기해야 한다. 자바에서 조건 변수는 암시적이기 때문에, 스레드가 신호를 받고 모니터에 재진입했을 때 해당 스레드가 대기하는 조건을 충족하지 않는다는 점을 발견할 수도 있다.

스레드는 notify 혹은 notifyAll 메소드를 호출해 신호를 보낸다. notify 메소드는 대기 집합에 있는 스레드 중 하나를 깨운다. 둘 이상의 스레드가 모니터에 접근한다면 notifyAll 메소드를 호출하는 것이 가장 좋다. notifyAll 메소드는 엔트리와 대기 집합에 있는 모든 스레드를 깨운다. notifyAll 메소드가 모니터에 들어가려고 대기 중인 모든 스레드를 깨우기 때문에, 한 스레드만을 깨우는 notify보다는 오버헤드가 크다. 스레드가 두 개만 있는 동기화에서 notify를 쓰면 무기한 연기가 발생할 위험을 걱정하지 않고도 notifyAll보다 좋은 성능을 낼 수 있다.

Chapter_06 연습문제

01 모니터와 세마포어 연산을 비교, 대조하라.

02 스레드가 자원을 반납할 때, 모니터는 새로 요청해오는 스레드보다 대기하고 있던 스레드에 우선권을 준다. 그 이유는 무엇인가?

03 조건 변수는 전통적인 변수들과 어떻게 다른가? 조건 변수를 초기화하는 것이 의미가 있는가?

04 본문에서는 비동기식 병행 스레드들의 상대적인 속도에 대해서는 어떤 가정도 하지 않도록 반복해서 언급하고 있다. 그 이유는 무엇인가?

05 설계자가 원형 버퍼의 슬롯 수를 선택할 때, 중요한 요인은 무엇인가?

06 순차적 프로그램에 비해 병행 프로그램의 작성이나 수정, 테스트, 정확성 검증이 훨씬 어려운 이유는 무엇인가?

07 본문에서 정보 은닉은 더 신뢰할 수 있는 소프트웨어 시스템을 개발할 수 있게 하는 기술이라고 했다. 그 이유는 무엇인가?

08 [예제 6-2]에 나타낸 모니터를 살펴보고 각 질문에 답하라.

a. 어떤 프로시저가 원형 버퍼에 데이터를 넣는가?
b. 어떤 프로시저가 원형 버퍼에서 데이터를 가져가는가?
c. 원형 버퍼 연산을 가장 잘 묘사하는 큐잉 원리는 무엇인가?
d. 다음 식은 참인가? writerPosition >= readerPosition
e. 어떤 문장이 모니터 초기화를 수행하는가?
f. 어떤 문장(들)이 조건 변수를 대기하고 있는 스레드를 '깨울' 수 있는가?
g. 어떤 문장(들)이 스레드가 '휴면' 상태가 되게 할 수 있는가?
h. 어떤 문장(들)이 버퍼가 '처음으로 되돌아가도록' 보장하는가?
i. 어떤 문장(들)이 공유 변수를 수정해 버퍼의 또 다른 슬롯을 사용할 수 있음을 알려주는가?

09 [예제 6-3]에 나타낸 리더/라이터 모니터에서 모든 대기 중인 리더를 연쇄적으로 활성화하는 것이 왜 의미가 있는가? 이 때문에 대기 중인 라이터가 무기한 연기에 빠질 수도 있는가? 읽기가 허용되었을 때, 시작하게 할 대기 중인 리더의 수를 제한한다면 어떤 상황일 때인가?

10 휴면 중인 이발사 문제[53]

어떤 이발관에서 이발 서비스 룸에는 의자가 하나 있고, 대기실에는 n개가 있다. 손님들은 공간이 있으면 한 번에 한 명씩 대기실에 들어오고, 없으면 다른 이발소를 찾아간다. 이발사가 작업을 마칠 때마다 손님은 이발소를 나가고, 대기 중인 손님이 있다면 서비스 룸에 들어와 이발한다. 손님들은 한 번에 한 명씩 대기실에 들어오기도 하고, 대기 중인 손님들은 한 번에 한 명씩 서비스 룸에 들어간다.

그러나 이 이벤트들은 상호 배타적이다. 만일 이발사가 대기실이 빈 것을 발견하면 대기실에서 휴면할 것이다. 도착하는 손님은 휴면 중인 이발사를 보고 깨워 이발 서비스를 받을 것이다. 모니터를 사용해 이발사와 손님들이 협력하는 연산들을 작성하라. 자바를 안다면 자바로 모니터를 작성하라.

11 흡연가 문제[54*]

이 문제는 병행성 제어에서 고전적인 문제가 되었다. 흡연가들은 스레드 S1, S2, S3을 통해 표현한다. 스레드 V1, V2, V3는 담배 제조 공장 세 개를 나타낸다. 각 흡연자는 담배[tobacco], 궐련지[wrapper], 피울 성냥[match]이 필요하다. 이 자원들을 사용할 수 있을 때 흡연가는 담배를 피우고, 모두 피우고 나면 다시 피울 수 있게 된다. S1은 담배, S2는 궐련지, S3는 성냥을 가지고 있다. V1은 담배와 궐련지를 생산하고, V2는 궐련지와 성냥을 제공하며, V3는 성냥과 담배를 생산한다. V1, V2, V3는 상호 배제 상황에서 동작한다. 즉, 한 번에 한 스레드만 동작할 수 있고, 다음 제조업체는 이전 업체에서 공급한 자원을 흡연가가 소비할 때까지 동작할 수 없다. 흡연가와 제조업체 스레드가 서로 협력해 연산하도록 모니터를 사용하라.

12 세마포어는 적어도 모니터만큼 강력하다. 세마포어를 사용해 어떻게 모니터를 구현하는 방법을 보여라.

13 세마포어를 사용해 리더/라이터 문제를 해결하라.

14 [예제 6-2]의 해결책과 [예제 6-6], [예제 6-7]에서 보여주는 자바 기반 원형 버퍼를 모델로 삼아 리더/라이터 문제에 대한 해결책을 구현하라.

15 모니터에 들어가려고 처음으로 시도하는 스레드보다 대기 중인 스레드에 우선권을 줘야 하는가? (만약 우선순위가 주어진다면) 대기 중인 스레드들에 어떤 우선순위를 부여해야 하는가?

[추천 프로젝트]

16 비디오 게임 콘솔에서 사용하는 병행 프로그램에 관한 연구 보고서를 작성하라. 하드웨어가 응용 프로그램 개발자에게 상호 배제 프리미티브를 제공하는가?

[추천 시뮬레이션]

17 [예제 6-1]에 제시된 생산자/소비자 해결책을 원형 버퍼 없이 확장해 다수의 생산자를 조작하는 프로그램을 작성하라.

* 저자 중 한 명인 HMD는 M.I.T.의 Project Mac에 있던 Computation Structures Group에서 S. Patil, Jack Dennis와 함께 일했다.

핵심용어

Key Terms

- notify
- notifyAll
- Solo
- synchronized
- 경계 버퍼 bounded buffer
- 대기 집합 wait set
- 대기 큐 wait queue
- 동기화 synchronization
- 모니터 monitor
- 모니터 진입 루틴 monitor entry routine
- 순차적으로 재사용 가능한 공유 자원 serially reusable shared resource
- 신호 후 계속 모니터 signal-and-continue monitor
- 신호 후 종료 모니터 signal-and-exit monitor
- 엔트리 집합 entry set
- 엔트리 큐 entry queue
- 정보 은닉 information hiding
- 조건 변수 condition variable

추천도서

Recommended Reading

병행 프로그래밍 문제는 꽤 오랜 시간 동안 알려져왔다. 다익스트라[55]는 이 문제들을 진정한 의미에서 다룬 첫 번째 인물이었고, 이어서 다른 많은 사람도 해결책을 내놓았다.[56, 57, 58, 59] 상호 배제 알고리즘에 대한 최근의 개발들은 분산 시스템에 적합한 것이고, 이 장에서 다루는 범위를 넘어서는 내용이다. 그러나 독자들이 상호 배제 문제에 대한 램포트의 연구와 몇 가지 중요한 결과들을 살펴보는 것도 좋을 것이다.[60, 61] 모니터 개념에 대한 초기 개발은 브린치 한센[62]과 호어가 이루어냈다.[63] Buhr는 모니터에 대한 훌륭한 연구서를 통해 모니터에 대한 역사, 사용법에 대한 분류 등을 설명한다.[64] 자바 프로그래밍 언어와 병행 프로그램에 대한 상세한 내용은 『Java How to Program, 8th Ed.』(Prentice Hall, 2009)[65]과 『Concurrent Programming in Java: Design Principles and Patterns, 2nd Ed.』(Prentice Hall, 1999)[66]을 참고하기 바란다. 이 장의 참고 문헌 목록은 http://www.deitel.com/books/os3e/Bibliography.pdf를 참고하기 바란다.

Chapter

07

교착 상태와 무기한 연기

Deadlock and Indefinite Postponement

이 장에서 다루는 내용

- 교착 상태의 문제
- 교착 상태가 성립되기 위한 네 가지 필요조건
- 무기한 연기의 문제
- 교착 상태 방지, 회피, 탐지, 복구의 개념
- 교착 상태 회피와 탐지 알고리즘
- 시스템을 교착 상태에서 복구하는 방법

01 소개

02 교착 상태의 예

03 관련 문제: 무기한 연기

04 자원의 개념

05 교착 상태가 성립되기 위한 네 가지 필요조건

06 교착 상태 해결책

07 교착 상태 방지

08 다익스트라의 은행원 알고리즘을 사용한 교착 상태 회피

09 교착 상태 탐지

10 교착 상태 복구

11 현재와 미래 시스템의 교착 상태 전략

* 요약

* 연습문제

* 핵심용어

우리는 기다려 보는 게 좋겠어요.
H.H.Asquith

모든 사람은 원의 중심이다. 운명적인 원주를 넘어갈 수 없다.
John James Ingalls

나를 불멸자의 시야 속에 다만 안전하게 붙들어 주소서.
Robert Browning

수사는 정확한 과학이거나 과학이어야 한다. 똑같이 냉철하게, 감정이 개입되지 않은 방식으로 이루어져야 한다.
Sir Arthur Conan Doyle

미루는 것의 끝에는 위험이 도사리고 있다.
William Shakespeare

7.1 소개

3장~6장에서 비동기 병행 프로세스와 스레드에 관해 논의했다. 멀티프로그래밍 시스템은 많은 이점이 있지만, '6장. 병행 프로그래밍'에서 논의한 것처럼 멀티프로그래밍에는 복잡한 문제들이 따른다. 멀티프로그래밍 시스템의 문제 중 하나가 바로 **교착 상태** deadlock다. 프로세스나 스레드가 결코 일어날 수 없는 특정 이벤트를 기다린다면 해당 프로세스나 스레드가 **'교착 상태에 빠졌다'** deadlocked고 한다. 시스템 교착 상태에서는 하나 혹은 여러 프로세스가 교착 상태에 빠져 있다.[1,2] 이 장에서는 프로세스에 초점을 맞춰 논의하겠지만 대부분은 스레드에도 적용된다.

멀티프로그래밍 컴퓨팅 시스템에서는 자원 공유가 주요 목적 중 하나다. 프로세스 집합 사이에서 자원을 공유할 때, 각 프로세스는 자신에 할당된 특정 자원에 대해 배타적인 제어권을 유지하고, 몇몇 프로세스가 결코 실행을 마칠 수 없는 상황이라면 교착 상태가 발생한다. 그 결과 작업한 내용을 잃어버리고, 시스템의 처리량은 감소하고, 시스템이 다운될 수도 있다.

이 장에서는 교착 상태의 문제와 교착 상태에 관한 네 가지 주요 연구 주제인 **교착 상태 방지** deadlock prevention, **회피** avoidance, **탐지** detection, **복구** recovery에 관해 논의한다. 또한 교착 상태와 연관이 많은 무기한 연기(**기아**) indefinite postponement(starvation)에 관해서도 알아본다. 무기한 연기는 교착 상태에 빠지지 않은 프로세스가 시스템의 자원 스케줄링 정책 때문에 아주 먼 미래에 일어나거나 전혀 일어나지 않을 이벤트를 대기하는 상황을 말한다. 경우에 따라서는 교착 상태에 빠질 염려가 없는 안전한 시스템을 만들려면 많은 비용이 필요하다. 그러나 미션 크리티컬 시스템과 같이 중요한 시스템은 비용이 얼마든 반드시 교착 상태의 위험을 제거해야 한다. 이 장에서는 이런 현상을 방지하는 데 드는 오버헤드와 예상 이점 사이의 균형을 염두에 두며, 교착 상태와 무기한 연기에 대한 해결책도 논의한다.

셀프 리뷰

1. 몇몇 시스템 설계자는 자원을 공유하지 않는 멀티프로그래밍 시스템을 만들어 교착 상태의 위험을 아예 피하기도 한다. 이런 생각이 잘못된 이유는 무엇인가?
2. 교착 상태와 무기한 연기를 비교, 대조하라.

▶ **풀이** 1) 그렇게 되면 각 프로세스가 자신만의 자원을 요구하기 때문에 매우 비효율적인 시스템이 될 것이다. 또한 비동기식 병행 프로그램은 종종 세마포어와 같은 공유 자원을 사용해야 한다. 2) 교착 상태와 무기한 연기는 프로세스가 이벤트를 대기할 때 발생한다는 점에서 비슷하다. 교착 상태는 대기하는 이벤트가 결코 발생하지 않는 상황이고, 무기한 연기는 시스템의 자원 스케줄링 정책 때문에 해당 이벤트가 일어날 시점 혹은 이벤트 발생 여부도 불확실한 상황을 말한다.

7.2 교착 상태의 예

교착 상태는 여러 가지 방법으로 발생할 수 있다. 만일 프로세스가 어떤 이벤트 발생을 대기해야 할 때, 시스템이 해당 이벤트를 신호할 장치가 준비되어 있지 않다면, 단일 프로세스 교착 상태가 된다.[3] 이러한 교착 상태는 매우 추적하기 어렵다. 실제 시스템에서 교착 상태는 흔히 다양한 유형의 자원을 대상으로 경쟁하는 여러 프로세스 때문에 발생한다. 몇 가지 일반적인 예를 생각해보자.

7.2.1 도로에서 발생하는 교착 상태

[그림 7-1]은 도심에서 흔히 발생하는 교착 상태 유형을 보여주고 있다. 자동차 여러 대가 혼잡하고 바쁜 자동차 행렬을 뚫고 지나가려고 애쓰고 있다. 각 방향이 꽉 막혀버린 상황에서 저마다 먼저 가겠다고 으르렁거리고 있다. 경찰이 천천히, 조심스럽게 혼잡한 지역에서 차들을 빼서 체증을 풀어줘야 한다. 결국 정체가 풀리고 정상적으로 소통되겠지만, 그러기까지 많은 시간과 노력을 들여야만 한다('에피소드: 외나무다리' 참고).

셀프 리뷰

1. [그림 7-1]에서 생략 표시 밖에는 차가 없다고 가정할 때 교착 상태를 해결하기 위해 뒤로 후진해야 하는 차는 최소 몇 대며, 어떤 차들인가?
2. [그림 7-1]에서 공중에서 차를 들어 올리는 장비가 있다면, 교착 상태를 해결하려면 최소 몇 대와 어떤 차를 들어내야 하는가?

▶▶

에피소드

외나무다리

HMD의 운영체제 수업을 듣던 한 학생은 IBM 개인용 컴퓨터를 처음 설계한 사람 중 하나다. 강의 시간에 교착 상태에 대해 배울 때 그 학생과 교착 상태에 관한 에피소드를 나누었다. 두 사람이 차를 몰고 1차선 크기밖에 안 되는 다리 쪽으로 접근하고 있었다. 그들은 동시에 다리 중간에 다다랐다. 두 사람은 차에서 나와 서로 얼굴을 맞댈 정도로 대치했다. 한 사람이 말했다. "나는 바보 녀석을 위해 후진을 해주진 않아!" 그러자 다른 사람은 말없이 돌아가 차를 후진하기 시작하며 말했다. "걱정 마세요. 나는 (바보를 위해서도 후진을) 해주니까."

운영체제 설계자들에게 주는 교훈: 프로세스들은 고집스럽거나 협력적이거나 둘 중 하나다. 그러므로 교착 상태는 잘 해봐야 아주 곤혹스런 경험이다. 대게는 프로세스 하나 이상이 그때까지 작업한 내용을 부분적으로 혹은 몽땅 잃은 채 물러나야 한다.

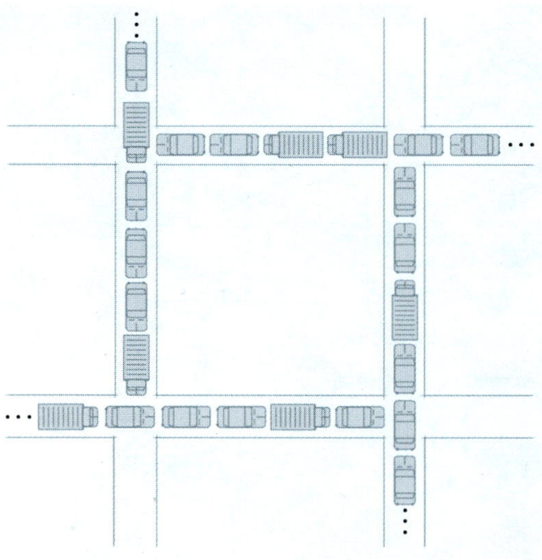

[그림 7-1] 도로에서 발생하는 교착 상태의 예[4]

▶ **풀이** 1) [그림 7-1]에서 단 두 대만 후진하면 다른 모든 차가 움직일 수 있다. 생략 표시가 달린 차와 그 앞에 있는 교차로를 가로막은 차가 후진하면 된다. 2) 교차로에 있는 차 네 대 중에서 한 대만 들어 올리면 된다.

7.2.2 간단한 자원 교착 상태

운영체제에서 대부분의 교착 상태는 **전용 자원** dedicated resource(즉, 일정 시간 동안 여러 프로세스에서 사용하지만 한 순간에는 한 프로세스에서만 사용하는 자원으로, 종종 **순차적으로 재사용 가능한 자원** serially reusable resource이라고도 한다)을 차지하려는 경쟁에서 발생한다. 예를 들어, 프린터는 한 번에 한 프로세스를 위한 출력 작업만 할 수 있다. [그림 7-2]에 자원 교착 상태의 간단한 예를 묘사했다. 이 **자원 할당 그래프** resource allocation graph는 두 프로세스를 사각형으로, 두 자원을 원으로 나타내고 있다. 자원에서 프로세스로 향하는 화살표는 자원이 해당 프로세스에 속함, 즉 할당되었음을 나타낸다. 프로세스에서 자원으로 향하는 화살표는 프로세스가 해당 자원을 요청하고 있지만 아직 할당받지 못했음을 나타낸다. 이 그림은 교착 상태에 빠진 시스템을 보여준다. 프로세스 P_1은 자원 R_1을 가지고 있고 작업을 계속하려면 자원 R_2가 필요하다. 프로세스 P_2는 자원 R_2를 보유하고 있고 작업을 계속하려면 자원 R_1이 필요하다. 각 프로세스는 다른 프로세스에서 놔주지 않을 자원을 대기하고 있다. 이러한 **순환 대기** circular wait는 교착 상태에 놓인 시스템의 특성이다('운영체제적 생각: 대기, 교착 상태, 무기한 연기' 참고). 이런 식으로 자원을 고집스레 붙들고 있는 상황을 **죽음의 포옹** deadly embrace이라고도 한다.

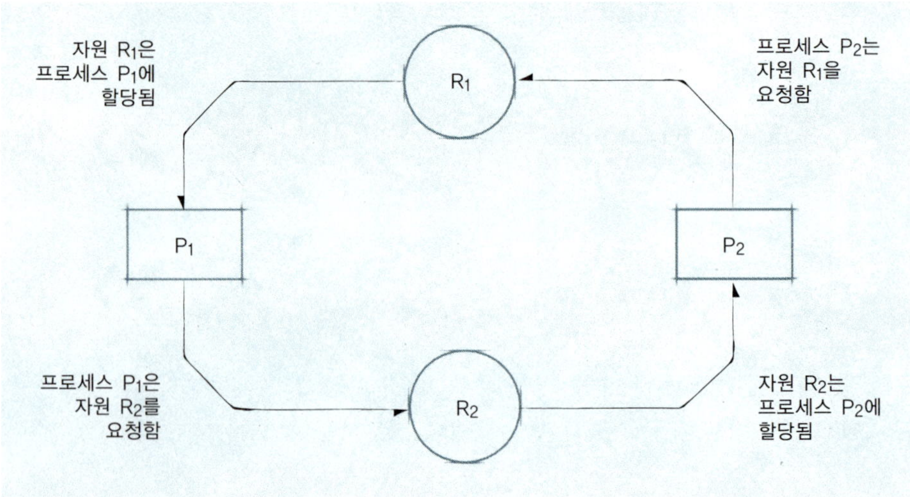

[그림 7-2] 자원 교착 상태의 예(각 프로세스가 보유한 자원을 다른 프로세스에서 요구하는데, 어떤 프로세스도 자신이 보유한 자원을 해제하려고 하지 않아 교착 상태에 빠진 시스템)

운영체제적 생각

대기 Waiting, **교착 상태** Deadlock, **무기한 연기** Indefinite Postponement

운영체제는 다양한 대기 상황을 관리할 수 있어야 한다. 이렇게 하려면 대기자들을 관리할 수 있는 많은 큐를 사용하는 것이 관건이다. 프로세스와 스레드가 실행하려면 프로세서를 사용할 수 있을 때까지 대기해야 한다. 이들은 종종 입출력이 완료되길 대기하기도 하고 요청한 자원을 사용할 수 있을 때를 대기하기도 한다. 입출력 요청에서는 입출력 장치들을 사용할 수 있을 때까지 대기해야 한다. 데이터를 공유하는 프로세스와 스레드는 현재 해당 데이터에 접근하고 있는 프로세스나 스레드가 작업을 마치고 임계 영역을 떠날 때를 대기해야 하기도 한다. 생산자/소비자 관계에서 생산자는 메모리의 공유 영역을 통해 정보를 소비자에 전달한다. 해당 영역이 가득 차면 생산자는 정보를 더 생산할 수 없고 소비자가 데이터를 비울 때까지 대기해야 한다.

이 책 전반에 걸쳐 이러한 대기 상황의 예를 많이 보게 될 것이다. 운영체제는 이러한 대기 상태를 잘 관리해 두 가지 심각한 문제인 교착 상태와 무기한 연기를 피해야 한다. 이 장에서는 두 문제에 관해 상세히 논의한다. 교착 상태 시나리오에서 프로세스와 스레드는 결코 발생하지 않을 이벤트를 대기한다. 두 프로세스가 있는 간단한 교착 상태에서는 각 프로세스가 한 번에 한 프로세스만 사용할 수 있으며, 현재 다른 프로세스에 점유된 자원을 대기한다. 결국 두 프로세스 모두 진행을 멈춘다. 이러한 현상은 사람의 생명이 걸려 있는 것과 같은 미션 크리티컬 시스템에서는 매우 치명적이다. 무기한 연기(또는 기아)는 프로세스들이 줄을 서서 대기하고 있을 때, 우선순위가 높은 프로세스가 대기 중인 프로세스보다 먼저 들어가도록 동작하는 시스템에서 흔히 발생한다. 우선순위가 높은 프로세스가 끊임없이 연속으로 도착하면, 이들이 우선순위가 낮은 프로세스를 '무기한 연기한다'고 한다. 미션 크리티컬 시스템에서는 이런 무기한 연기가 교착 상태만큼이나 위험할 수 있다. 따라서 여러 대기 유형을 신중히 다뤄야 한다. 잘못 관리하면 시스템이 다운될 수도 있다.

셀프 리뷰

1. [그림 7-1]에 있는 도로에서 발생하는 교착 상태 상황을 자원 할당 그래프로 표현한다면 무엇이 프로세스가 되는가? 자원은 무엇인가?
2. 자원 할당 그래프에 프로세스로부터 자원을 향하는 화살표가 여러 개 있다고 가정해보자. 이는 무엇을 의미하는가? 이 상황은 교착 상태 발생 가능성에 어떤 영향을 미치는가?

▶ **풀이** 1) 자동차들은 프로세스가 되고, 자원은 자동차들이 차지하는 도로의 구간이 될 것이다. 한 차선에 있는 차들은 자신이 현재 밟고 있는 차선의 교차로를 차지하면서 차선 앞에 있는 교차로를 요구한다. 2) 해당 프로세스가 여러 자원을 요구하고 있다는 의미다. 교착 상태가 발생할 확률은 이들 자원 중 일부가 다른 프로세스에 할당되어 있고, 해당 프로세스가 보유한 자원을 다른 프로세스에서 요구하는지 여부에 달렸다.

7.2.3 스풀링 시스템에서의 교착 상태

스풀링 시스템은 프로그램을 프린터처럼 느린 장치와 분리해서 시스템의 처리량을 늘린다. 예를 들어, 프로그램이 프린터에 인쇄할 행들을 보낼 때, 다음 페이지를 보내기 전에 이전 페이지가 모두 출력될 때까지 대기해야 한다면 매우 느리게 동작할 것이다. 프로그램 실행 속도를 향상시키기 위해 스풀링 시스템은 출력할 페이지를 디스크와 같은 훨씬 빠른 장치로 보내서 출력할 수 있게 될 때까지 임시로 저장한다.

스풀링 시스템은 쉽게 교착 상태에 빠질 수 있다. 몇몇 스풀링 시스템은 출력을 시작하기 전에 프로그램에서 출력물을 완전히 보내도록 요구하기도 한다. 이때 스풀 파일을 위해 페이지를 생성하는 작업 중 어느 하나가 완료되지 않은 상태에서 디스크 여유 공간이 모두 차버리면 교착 상태에 빠질 수 있다. 사용자나 시스템 운영자가 남은 작업을 완료하려면 한두 작업을 종료해서 스풀링 공간을 확보해야 한다.

일반적으로 시스템 운영자는 스풀링 파일에 공간을 얼마나 줄지 지정한다. 교착 상태 발생 가능성을 좀더 줄이는 방법은 필요한 것보다 좀더 충분하게 스풀링 파일 공간을 제공하는 것이다. 디스크 공간이 귀한 상황에서는 이런 방법을 쓸 수 없다. 더 일반적인 해결책은 스풀링 파일이 75%라든가 하는 어떤 **포화 임계치**saturation threshold에 도달하면 입력 스풀러를 억제해 추가적인 출력 요청을 받지 않게 하는 것이다. 이런 방법은 시스템의 처리량을 감소시킬 수 있지만, 교착 상태의 위험을 줄이려면 감수해야 하는 대가다.

현대 시스템은 이보다는 좀더 복잡하다. 작업을 완료하기 전에 출력을 시작할 수 있게 해서 작업 중에도 가득 차거나, 가득 차려고 하는 스풀링 파일을 비우기 시작하게 할 수 있다. 이 개념은 오디오 스트리밍과 비디오 클립에 적용할 수 있다. 오디오와 비디오는 파일을 모두 다운로드하지 않아도 재생할 수 있다. 여러 시스템에서 스풀링 공간을 동적으로 할당해서 공간이 부족하기 시작할 때는 좀더 많은 공간을 사용할 수 있게 하는 방식을 사용한다.

셀프 리뷰

1. 스풀링 시스템에서 75%를 포화 임계치로 설정하고, 각 파일의 최대 크기가 스풀링 파일 전체 크기의 25%를 넘지 못하게 제한했다고 가정하자. 이 시스템에서 교착 상태가 발생할 수 있는가?
2. 스풀링 시스템에서 75%를 포화 임계치로 설정하고, 각 파일의 최대 크기가 스풀링 파일 전체 크기의 25%를 넘지 못하게 제한했다고 가정하자. 이 시스템에서 교착 상태가 발생하지 않게 보장하는 간단한 방법은 무엇인가? 이 방법들이 자원 할당을 비효율적이게 할 수 있는 이유를 설명하라.

▶ **풀이** 1) 그렇다. 이 시스템에서도 여전히 교착 상태가 발생할 수 있다. 예를 들어, 여러 작업이 출력물을 전달하기 시작할 수 있다. 스풀링 파일이 75%라는 임계치에 도달할 때 새로운 작업은 허용되지 않지만, 이미 시작한 작업은 계속 스풀링할 것이다. 그리고 스풀링 파일의 용량이 부족할 경우 교착 상태에 빠질 수 있다. 2) 간단하게 조절하는 방법은 파일이 임계치에 도달할 때 한 작업만 스풀링을 지속할 수 있게 하는 것이다. 그러나 이렇게 하면 사용 가능한 스풀링 공간보다 훨씬 작은 작업 크기로 제한되기 때문에 비효율적이다.

7.2.4 예제: 철학자들의 만찬

다익스트라의 **철학자들의 만찬** Dining Philosophers 문제[5,6]는 병행 프로그래밍이 내재하고 있는 많은 미묘한 문제를 보여준다. 철학자들의 만찬 문제는 다음과 같다.

> 철학자 다섯 명이 둥근 식탁에 둘러앉아 있다. 이들의 삶은 아주 단순하다. 즉, 철학자답게 생각하고, 배가 고프면 스파게티를 먹는 두 가지 행동만 한다. 각 철학자들 앞에는 스파게티 접시가 있고, 음식이 떨어지면 시중을 드는 하인이 계속 채워준다. 그리고 식탁에는 포크가 정확히 다섯 개 놓여 있다. 다섯 철학자가 앉은 탁자에서 각각 두 철학자 사이에 하나씩 있는 식이다. '품위 있게' 스파게티를 먹으려면 철학자들이 자기 양 옆에 있는 포크 둘을 '동시에' 사용해야 한다. 이 철학자들의 행동을 모델로 해서 교착 상태나 무기한 연기의 위험이 없는 병행 프로그램을 작성하라.

이 문제에 대한 해결책을 얻어내 교착 상태나 무기한 연기를 해결하지 못한다면, 한 명 이상이 굶주리게 된다. 물론 프로그램은 상호 배제를 보장해야 한다. 두 철학자가 한꺼번에 한 포크를 사용할 수는 없기 때문이다. 철학자의 행동 양식은 [예제 7-1]과 같이 표현할 수 있다.

예제 7-1 만찬석에 앉은 철학자들의 행동 양식

```
void typicalPhilosopher()
{
    while (true)
    {
```

```
        think();
        eat();
    } // while 문끝

} // typicalPhilosopher 메소드 끝
```

상호 배제와 교착 상태, 무기한 연기 문제는 eat 메소드의 구현에 달렸다. [예제 7-2]는 아직은 위험한 구현이지만 함께 살펴보자. 철학자들은 비동기적으로, 병행으로 행동하기 때문에 각 철학자는 다른 철학자가 4행을 실행하기 전에 3행을 실행할 수 있다. 이 경우 각 철학자는 정확히 한 포크를 집어 들고 식탁에는 포크가 남아 있지 않을 것이다. 결국 철학자들은 모두 교착 상태에 빠져 굶주리게 될 것이다.

예제 7-2 eat 메소드 구현

```
01 void eat()
02 {
03     pickUpLeftFork();
04     pickUpRightFork();
05     eatForSomeTime();
06     putDownRightFork();
07     putDownLeftFork();
08 } // eat 메소드 끝
```

교착 상태를 없애는 한 가지 방법은 각 철학자가 왼쪽 포크를 집어 들었을 때 한두 철학자가 다시 식탁에 내려놓게 해서 다른 철학자들이 자신의 오른쪽 포크로 사용할 수 있게 하는 것이다. 이의 구현으로 pickUpRightFork( ) 메소드에서 오른쪽 포크를 얻지 못한 철학자는 자신의 왼쪽 포크도 포기하고 내려놓게 할 수 있다. 그러나 이 경우 비록 드물지만 각 철학자가 줄줄이 포크를 집어 들었다가 다시 놓았다 할 뿐, 결코 스파게티를 먹을 수 있도록 두 포크를 얻지 못할 수도 있다. 이 경우 철학자들은 교착 상태에 빠진 것은 아니라고 해도 'livelocked'* 상태가 될 수 있다. 즉, 두 포크를 집는 것이 무기한 연기되어 굶게 된다. 해결책은 철학자들이 한쪽 포크를 양보하게 해 교착 상태를 방지하게 하면서도 livelock(무기한 연기)도 막아야 한다. 궁극적으로는 철학자마다 이따금씩 두 포크를 모두 획득해 스파게티를 먹을 수 있게 해야 한다. 연습문제를 통해 '철학자들의 만찬' 문제에 대한 완전한 해결책을 구현하는 문제를 접할 것이다.

* 역자주: 교착 상태 deadlock에서 앞에 붙은 'dead' 대신 'live'를 붙인 조어로, 교착 상태보다는 낫지만 여전히 막힌 '무기한 연기' 상태를 나타낸다.

셀프 리뷰

1. [예제 7-2]에서 eat 메소드는 철학자들이 굶지 않고 조화롭게 살 수 있게 구현되어 있는가?
2. [예제 7-2]의 eat 메소드를 살펴보자. 3행과 4행을 pickUpBothForksAtOnce( )로 변경했다고 가정하자. 교착 상태를 방지하는 구현인가? 철학자들이 굶는 것을 방지할 수 있는가?

▶ **풀이** 1) 그렇다. 비동기식 병행 프로세스들의 상대적인 속도를 예측할 수 없다. 철학자 다섯 명 모두가 동시에 왼쪽 포크를 들지는 않을 수 있다. 여러 철학자가 번갈아 두 포크를 집어 스파게티를 먹은 후 식탁에 놓아 다른 철학자들이 먹을 기회를 얻을 수도 있다. 2) 그렇다. pickUpBothForksAtOnce( )를 원자적으로 실행한다고 가정할 때 교착 상태를 방지할 수 있다. 그러나 여전히 무기한 연기는 발생할 수 있다. 예를 들면, 두 명이 계속해서 포크 두 개를 집어 들어 먹은 후 내려놓았다가, 다른 철학자들이 들기 전에 다시 포크를 점유할 수도 있다. 이 경우 다른 철학자들은 굶게 된다.

7.3 관련 문제: 무기한 연기

어느 시스템에서든 자원 할당과 프로세스 스케줄링 결정을 위해 프로세스가 대기해야 하는 상황에서는 다른 프로세스가 시스템의 주의를 끄는 동안 어느 한 프로세스가 무기한으로 지연될 가능성이 있다. 이런 상황을 무기한 연기 indefinite postponement, 무기한 블록킹 indefinite blocking, 기아 starvation라고 하며 교착 상태만큼이나 심각한 문제를 야기할 수 있다.

무기한 연기는 시스템의 자원 스케줄링 정책이 어느 한쪽으로 기울었을 때 발생할 수 있다. 자원들이 우선순위에 따라 스케줄링될 때, 우선순위가 더 높은 프로세스들이 연속으로 도착한다면, 특정 프로세스는 자원을 얻으려고 무한정 대기하게 될 수 있다. 대기는 삶의 엄연한 실제며, 컴퓨터 시스템의 내부에서는 중요한 양상이기도 하다. 따라서 대기 프로세스들을 공정하고 효율적으로 관리할 수 있게 시스템을 설계해야 한다. 몇몇 시스템은 어떤 자원을 얼마나 오래 대기했느냐에 따라 프로세스의 우선순위를 높여주는 방법으로 무기한 연기를 방지하기도 한다. 이런 기술을 **에이징** aging이라고 한다. 시간이 많이 지나면 결국 대기하는 프로세스의 우선순위가 가장 높아져서 서비스를 받을 수 있게 되기 때문이다.

셀프 리뷰

1. 데커의 알고리즘과 페터슨의 알고리즘은 프로세스가 자신의 임계 영역에 들어가는 것이 무기한 연기되는 것을 방지한다. 무기한 연기를 어떻게 방지했는지 설명하라. 이 방법은 에이징과 어떤 관계가 있는가?
2. 대화식 프로세스가 '기능이 멈춘' 것처럼 보인다고 가정하자. 이때 프로세스가 분명히 교착 상태에 빠졌다고 할 수 있는가? 아니면 무기한 연기되고 있는 것인가? 다른 가능성도 있는가?

▶▶

▶ **풀이** 1) 데커의 알고리즘과 페터슨의 알고리즘은 자원을 사용할 수 있게 될 때 이미 대기 중인 프로세스를 '선호' 프로세스가 되게 한다. 이는 에이징과 유사하다. 대기 시간이 길수록 프로세스가 더 높은 우선순위를 부여받기 때문이다. 2) 흥미로운 질문이다. 사용자 관점에서 볼 때 대화식 프로세스가 사용자의 서비스 요청에 대해 단순히 반응을 멈추어도 '기능이 멈춘' 것처럼 보일 것이다. 해당 프로세스는 교착 상태에 빠져 있을 수도 있지만 꼭 그렇다고 확언할 수는 없다. 무기한 연기 상태에 있을 수도 있지만, 이 역시 장담할 수 없다. 곧 발생할 이벤트를 대기하고 있을 수도 있고, 무한 루프에 빠진 것일 수도 있고, 곧 끝날 복잡한 계산을 하고 있을 수도 있다. 시스템이 멈춘 것처럼 보일 때 누구든 당혹스럽다. 이런 상황에서 운영체제는 사용자들을 돕기 위해 어떤 서비스를 제공해야 하는가? 이 책 전반에 걸쳐 이 문제를 다룰 것이다.

7.4 자원의 개념

운영체제는 자원 관리자로서 광범위하고 다양한 유형의 자원을 할당해야 하는 책임이 있다. 이 부분은 운영체제 설계에서 매우 흥미로운 사항이다. 프로세서나 메인 메모리와 같은 **선점 가능** preemptible 자원에 관해 논의해보자. 프로세서들은 아마 컴퓨터 시스템에서 가장 빈번하게 선점되는 자원일 것이다. 프로세서는 프로세스들이 적절한 속도로 진행하게 하려고 시스템 서비스를 받으려고 경쟁하는 모든 프로세스 사이에서 재빨리 전환 switch(multiplex)해야 한다. 운영체제는 특정 프로세스가 입출력 완료를 위해 오래 대기해야 하는 등 프로세서를 효율적으로 사용할 수 없을 때 프로세서를 다른 프로세스에 할당한다. '9장. 실제 메모리 구성과 관리', '10장. 가상 메모리 구성', '11장. 가상 메모리 관리'에서 논의하겠지만, 현재 메인 메모리의 특정 범위를 차지하고 있는 사용자 프로그램이 제거되고 다른 프로그램에 선점될 수도 있다. 선점 preemption은 멀티프로그래밍 시스템이 성공적으로 동작하는 데 매우 중요한 요소다.

반면에 몇몇 자원은 **선점 불가능** nonpreemptible하다. 일단 자원을 특정 프로세스에 할당하면, 해당 프로세스가 자발적으로 반납할 때까지 자원을 뺏을 수 없다. 예를 들어, 테이프 드라이브와 광학 스캐너는 대게 일정 시간 혹은 몇 시간 동안이나 특정 프로세스에 할당된다.

몇몇 자원은 여러 프로세스 사이에서 **공유** share될 수도 있고, 몇몇은 한 번에 한 프로세스에만 점유될 수도 있다. 단일 프로세서는 보통 한 번에 한 프로세스에만 할당되지만, 많은 프로세스 사이에 분배되어 동시에 공유되는 것과 같은 착시 효과를 줄 수도 있다. 디스크 드라이브는 때때로 한 프로세스에만 할당되기도 하지만, 보통은 여러 프로세스에서 접근할 수 있는 파일을 포함하고 있다. 디스크는 입출력을 요구하는 많은 프로세스 사이에서 다중으로 사용될 수 있다.

데이터와 프로그램은 분명히 운영체제가 관리하고 할당해야 하는 자원이다. 멀티프로그래밍 시스템에서는 많은 사용자가 동시에 에디터 프로그램을 사용하려 할 수도 있다. 만일 운영체제가 각 프로그램을 위한 에디터 사본을 메인 메모리에 보관하고 있다면 상당한 데이터 중복과 메모리 낭비를 야기할 것이다. 더 나은 방법은 운영체제 코드의 사본 하나를 메모리에 로드해 각 사용자가 사용할 수 있게 하는 것이다. 프로세스가 이 공유 코드를 수정할 수 있게 허용한다면, 다른 프로세스는 예측할 수 없는 행동을 보일 것이다. 따라서 이러한 코드는 **재진입 가능** reentrant 해야 한다. 즉, 코드는 실행 시 수정되면 안 된다. 한편, 수정은 가능하지만 사용할 때마다 다시 초기화해야 하는 코드를 **순차적으로 재사용 가능** serially reusable 하다고 한다. 재진입 가능 코드는 동시에 여러 프로세스에서 공유할 수 있는 반면, 순차적으로 재사용 가능한 코드는 한 번에 한 프로세스에서만 올바르게 사용할 수 있다.

특정 자원이 공유된다고 할 때는 한 번에 여러 프로세스에서 사용할 수 있는지 또는 한 프로세스에서만 사용할 수 있는지 명확히 해야 한다. 후자의 경우, 즉 순차적으로 재사용 가능한 자원은 교착 상태에 빠지기 쉬운 경향이 있다.

셀프 리뷰

1. (참/거짓) 프로세서를 얻으려고 경쟁하는 프로세스들은 이 경쟁 때문에 교착 상태에 빠지지는 않는다.
2. (참/거짓) 선점 불가능한 자원은 반드시 하드웨어다.

▶ **풀이** 1) 참. 프로세서는 선점 가능한 자원으로, 특정 프로세스에서 쉽게 빼앗아 다른 프로세스에 할당했다가 원래 프로세스에 돌려주어 정상적으로 작업하게 할 수 있다. 2) 거짓. 모니터와 같이 선점 불가능한 소프트웨어 자원도 있다.

7.5 교착 상태가 성립되기 위한 네 가지 필요조건

Coffman, Elphick, Shoshani[7]는 교착 상태가 발생하려면 다음 네 가지 조건을 반드시 충족해야 함을 증명했다.

1. 자원은 한 번에 한 프로세스에서만 배타적으로 점유할 수 있다(**상호 배제 조건** mutual exclusion condition).
2. 배타적으로 자원을 획득한 프로세스가 해당 자원을 점유한 채 다른 자원을 얻으려고 대기할 수 있다(**대기 조건** wait-for condition 또는 **보유 후 대기 조건** hold-and-wait condition).
3. 일단 프로세스가 자원을 확보하면 해당 프로세스가 자원을 모두 사용할 때까지 시스템이 프로세스의 제어를 빼앗을 수 없다(**비선점 조건** nopreemption condition).

4. 두 프로세스 이상이 '순환 고리' circular chain에 갇혀 있다. 즉, 각 프로세스는 고리 안에 있는 다음 프로세스가 점유하고 있는 자원을 대기한다(**순환 대기 조건** circular-wait condition).

위의 네 가지는 필요조건이기 때문에 교착 상태에 있다면 위의 네 가지가 모두 성립함을 의미한다. 이후에 살펴보겠지만, 이러한 관찰 결과 덕분에 교착 상태를 방지할 수 있는 구조를 고안할 수 있다. 네 가지 조건이 교착 상태 **필요충분** necessary and sufficient 조건이다. 즉, 네 가지 조건이 모두 발생하면 시스템은 교착 상태에 빠진다.

셀프 리뷰

1. 교착 상태가 발생하기 위한 네 가지 필요조건이 스풀링 시스템에 어떻게 적용되는지 설명하라.
2. 만약 사용자가 스풀링 시스템에서 작업들을 제거할 수 있다면, 네 가지 조건 중 무엇을 깨는 것인가?

▶ **풀이** 1) 스풀링 파일의 동일 위치에 둘 이상의 작업이 동시에 쓰는 것은 불가능하다. 부분적으로 스풀된 작업은 사용 가능한 공간이 더 생길 때까지 스풀링 파일 안에 남아 있다. 작업들은 다른 작업을 스풀링 파일에서 제거할 수 없다. 마지막으로 스풀링 파일이 찼을 때, 각 작업은 다른 작업들이 공간을 비워주길 기다린다. 2) 비선점 조건에 대한 위반이다.

7.6 교착 상태 해결책

그동안 컴퓨터 과학과 운영체제 분야에서 교착 상태에 관한 활발한 연구가 있었다. 교착 상태와 관련해 교착 상태 방지, 교착 상태 회피, 교착 상태 탐지, 교착 상태 복구라는 네 가지 주요 관심 주제가 있다.

교착 상태 방지 deadlock prevention에서 주요 관심사는 시스템을 조절해 교착 상태가 발생할 만한 모든 가능성을 제거하는 것이다. 이는 교착 상태 자체만 놓고 보면 명쾌한 해결책이다. 그러나 방지하려다 보면 자원 활용도가 떨어지는 결과를 초래할 수도 있다.

교착 상태 회피 deadlock avoidance의 목적은 교착 상태 방지보다는 덜 엄격한 제약 조건을 부여해 자원 활용도를 좀더 높이는 것이다. 교착 상태 회피 방법은 시스템이 교착 상태의 가능성을 모두 제거하는 것을 전제로 하지 않는다. 대신 교착 상태의 가능성이 어느 정도 있을 수 있지만 교착 상태가 발생하려는 조짐이 보일 때마다 조심스럽게 비켜서는 전략을 취한다.

교착 상태 탐지 deadlock detection는 교착 상태가 발생할 수 있는 시스템에서 사용한다. 교착 상태 탐지의 목적은 교착 상태 발생 여부와 관련 프로세스 및 자원을 밝히는 것이다.

교착 상태 복구 deadlock recovery는 시스템에서 교착 상태를 없애서 교착 상태에 빠진 프로세스들이 실행을 완료하고 정상적으로 자원을 반납하게 하는 것이다. 복구는 잘 해봐야 아주 까다로운 문제다. 시스템에서 교착 상태에 빠진 프로세스들이 한꺼번에 쏟아져 나올 수도 있다. 이런 프로세스들은 자원을 다시 사용할 수 있을 때 일반적으로 처음부터 재시작한다. 이때 이전에 수행한 작업의 상당 부분 또는 모두를 손실한다.

셀프 리뷰

1. 교착 상태 방지와 교착 상태 회피를 비교, 대조하라.
2. 어떤 시스템은 교착 상태 문제를 무시하기도 한다. 이런 방식의 비용과 이점을 논의하라.

▶ **풀이** 1) 교착 상태 방지는 아예 교착 상태의 가능성을 없애느라 자원 활용도를 떨어뜨린다. 교착 상태 회피 방법은 교착 상태가 발생할 위험이 생길 때 이를 피해가는 방법으로, 자원 활용도를 좀더 높일 수 있다. 교착 상태 방지나 회피 방법을 사용하는 시스템은 교착 상태가 없는 것을 목표로 한다는 점에서 같다. 2) 교착 상태를 무시하는 시스템은 실제로 교착 상태가 발행할 때 해결책이 없기 때문에 다운된다. 이는 미션 크리티컬 시스템에서는 있으면 안 될 큰 위험이다. 하지만 교착 상태가 아주 드물게 발생하며, 이따금씩 발생하는 교착 상태를 처리하는 것이 교착 상태 방지나 회피를 구현하는 비용보다 적은 시스템에서는 교착 상태 문제를 아예 무시하는 방법이 적합할 수도 있다.

7.7 교착 상태 방지

이 절에서는 다양한 교착 상태 방지 기법을 살펴보고 특히 성능 관점에서 사용자와 시스템에 미치는 영향을 검토해본다.[8, 9, 10, 11, 12, 13] 하벤더 Havender[14]는 시스템이 네 가지 조건 중 하나라도 거부하면 교착 상태가 발생할 수 없음을 발견하고, 다음과 같은 교착 상태 방지 전략을 제안했다.

- 각 프로세스는 필요한 모든 자원을 한꺼번에 요청해야 하고, 요청한 자원을 모두 제공받기 전까지는 작업을 진행할 수 없다.
- 프로세스가 어떤 자원을 보유하고 있다면, 해당 프로세스는 자원을 더 요청할 때 거부된다. 먼저 보유한 자원을 내놓고 추가로 필요한 자원과 함께 다시 요청해야 한다.
- 모든 프로세스에 자원을 순서대로 할당해야 한다. 즉 프로세스가 어떤 자원을 할당받았다면, 해당 프로세스가 뒤이어 요청하는 자원은 순서가 뒤에 있어야 한다.

지금부터 각 전략을 하나씩 살펴보고, 각 전략이 교착 상태의 필요조건들을 거부하는 방법을 논의할 것이다('에피소드: 나사나 나사못은 모두 사절' 참고). 하벤더가 제안한 전략은 네 가지가 아닌 세 가지임을 주목하자. 첫 번째 조건, 즉 프로세스가 자원에 대한 배타적인 사용을 주장하는 것은 꺼려는 조건이 아니다. 우리가 원하는 것 자체가 한 프로세스 전용 dedicated (즉, 순차적으로 재사용 가능한) 자원이기 때문이다.

셀프 리뷰

1. 하벤더의 교착 상태 방지에 관한 연구에서 기본 전제가 되는 것은 무엇인가?

▶ **풀이** 1) 교착 상태가 발생하기 위한 필요조건 중 어느 하나라도 배제한다면 시스템에서 교착 상태가 발생할 수 없다는 점이다.

7.7.1 '대기' 조건 거부

하벤더의 첫 번째 전략은 프로세스가 작업을 완료하는 데 필요한 모든 자원을 한 번에 요청해야 한다는 점이다. 시스템은 자원을 'all or none' 법칙에 따라 할당해야 한다. 한 프로세스가 요

나사나 나사못은 모두 사절

HMD는 몇 년 전에 최대 컴퓨터 제조업체 중 하나를 방문할 기회가 있었다. 그 공장은 거의 로봇으로만 가동하는 전자동화 공장이었고, 당시 개인용 컴퓨터용 소형 프린터를 생산하고 있었다. 공장장은 프린터에 움직이는 부분이 아주 많음을 발견했다. 그리고 회사의 엔지니어들은 이전 생산 라인의 실패가 기계적인 움직임의 결과로 헐거워진 나사와 나사못이 원인이었음을 추적해냈다. 그래서 이 공장에서는 프린터를 설계할 때 프린터의 모든 부품(케이스를 포함해 80여 가지)이 '딸깍' 하고 제자리에 맞춰지게 하도록 계약을 맺었다. 즉, 프린터 설계에는 어떤 나사나 나사못도 허용되지 않았다. 그 후 공장장은 자신의 탁자 위에서 부품들을 가지고 손수 프린터를 조립하기 시작했다. 조립을 마친 후 그는 프린터 전원을 꽂았고, 몇 장을 출력하며 프린터 설정을 마치고 제대로 동작함을 보여주었다. 공장장은 이런 유형의 프린터는 이전 방식의 프린터보다 '평균 고장 시간' mean-time-to-failure이 훨씬 길다고 말했다.

운영체제 설계자들에게 주는 교훈: 시스템이 실패할 가능성을 최소화하는 한 가지 방법은 '실패 지점' points of failure을 가능하면 제거하는 것이다. 이는 또 한 설계 경험론인 KIS Keep It Simple와도 상통한다. 두 가지 경험론 모두 그럴 듯하지만, 구현은 어려울 수 있다. 이 책을 읽으며 이 에피소드를 염두에 두고, 향후 운영체제 설계를 할 때 제거할 수 있는 실패 지점들을 찾아보는 것도 좋을 것이다.

에피소드

청하는 자원을 모두 사용할 수 있으면 해당 자원들을 한꺼번에 주고, 그렇지 않으면 프로세스는 대기해야 한다. 그러나 프로세스가 대기하는 동안은 어떤 자원도 보유할 수 없다. 따라서 '대기' wait-for 조건이 성립되지 않고 교착 상태도 발생하지 않는다.

이 전략은 교착 상태를 성공적으로 방지할 수 있지만 자원을 낭비한다는 단점이 있다. 예를 들어, 실행 시 테이프 드라이브 네 개가 필요한 프로그램은 실행을 시작하려면 네 개를 한꺼번에 요청하고 할당받아야 한다. 만일 드라이브 네 개를 실행 내내 동시에 사용한다면 낭비가 아니겠지만, 프로그램이 처음에는 하나만 필요하다거나, 더 나쁜 경우 시작하는 데는 하나도 필요하지 않은 경우도 있다. 그리고 몇 시간 동안 네 개 중 일부만 사용할 경우도 있다. 실행을 시작하기 전에 네 개 모두를 요구하고 또 할당받아야 한다는 것은 상당한 자원을 몇 시간 동안이나 한가하게 놀릴 수도 있음을 의미한다.

자원 활용도를 좀더 높이는 방법은 프로그램을 몇몇 스레드로 나누어 서로에 독립적으로 실행되게 하는 것이다. 그러면 자원 할당도 전체 프로세스가 아닌 각 스레드에 맞게 제어할 수 있다. 그러나 이러한 방식으로 낭비를 줄일 수는 있지만 응용 프로그램 설계와 실행에서 많은 오버헤드가 발생한다.

또한 이러한 하벤더의 전략은 무기한 연기를 유발할 수도 있다. 예를 들어, 이 전략에서는 많은 자원을 요청하는 프로세스보다 적은 자원을 요청하는 프로세스를 선호한다. 이때, 적은 자원을 요청하는 프로세스들이 끊임없이 밀려들어올 경우, 많은 자원을 요구하는 프로세스를 무기한 대기하게 할 위험이 있다. 이를 해결하는 한 가지 방법은 대기 프로세스들을 선착 우선 서비스 FCFS, First-Come-First-Served하는 것이다. 불행히도 한 프로세스에 필요한 자원이 모두 확보될 때까지 자원들을 모아놓으려 할 때, 점점 많은 자원이 그저 대기하게 되어 심각한 낭비를 초래할 수 있다.

고가의 자원을 가진 대형 메인프레임 컴퓨터 환경에서는 이들 자원이 사용되지 못하고 대기하는 시간이 많을 때, 누가 비용을 부담하느냐가 논쟁거리가 될 수 있다. 특정 사용자에게 필요한 자원을 모두 모을 때까지 자원들을 축적하기 때문에, 몇몇 설계자들은 자원을 놀리는 부분까지 포함해 해당 사용자가 비용을 지불해야 한다고 여긴다. 또 다른 설계자들은 여러 상황을 고려할 때 **자원 비용 예측 가능성** predictability of resource charges을 깨뜨린다고 말한다. 예를 들어, 사용자가 바쁜 날 프로세스를 실행하려고 하면 시스템이 한가할 때 작업하는 것보다 훨씬 많이 부담해야 할 것이다.

셀프 리뷰

1. '대기' 조건을 거부하는 것이 시스템의 멀티프로그래밍 정도를 어떻게 떨어뜨리는지 설명하라.
2. 하벤더의 전략을 사용해 대기 조건을 거부할 때, 어떤 상황에서 프로세스를 무기한 연기하게 되는가?

▶ **풀이** 1) 시스템에 있는 프로세스가 사용할 수 있는 것보다 많은 자원을 요구할 경우, 시스템은 다른 프로세스들이 작업을 마치고 필요한 자원을 반납할 때까지 해당 프로세스가 대기하게 해야 한다. 그런데 최악의 경우, 시스템이 한 번에 한 프로세스만 실행하도록 제한되어 있을 수도 있다. 2) 프로세스는 상당량의 시스템 자원을 요청할 수도 있다. 운영체제가 자원을 적게 요청하는 프로세스에 높은 우선순위를 부여할 경우, 많은 자원을 요청한 프로세스는 적은 자원만 필요한 프로세스에 밀려 무기한 연기될 수 있다.

7.7.2 '비선점' 조건 거부

하벤더의 두 번째 전략은 '비선점' 조건을 깨뜨리는 것이다. 시스템에서 프로세스가 다른 자원을 추가로 요구하는 동안 몇 가지 자원을 보유할 수 있게 허용한다고 생각해보자. 모든 요구를 충족할 만큼 충분한 자원이 있다면 시스템은 교착 상태에 빠지지 않는다. 그러나 추가로 요구한 자원을 제공할 수 없을 때는 어떤 일이 벌어지겠는가? 예를 들어, 어떤 프로세스는 다른 프로세스에 필요한 자원을 보유한 채, 해당 프로세스가 보유한 자원을 얻으려고 한다. 이는 두 프로세스의 교착 상태를 보여주는 예다.

하벤더의 두 번째 전략은 자원을 보유한 프로세스는 추가적인 자원 요청을 할 수 없다는 것이다. 해당 프로세스는 일단 보유한 자원을 반납한 후 추가로 필요한 자원과 함께 한꺼번에 다시 요청해야 한다. 이러한 전략은 비선점 조건을 효과적으로 깨뜨린다. 즉, 실제로 특정 프로세스가 실행을 완료하기 전에 자원을 빼앗는다.

여기서도 역시 교착 상태를 방지하려면 값비싼 비용을 치러야 한다. 프로세스가 자원을 반납할 때 해당 시점까지 수행한 작업을 잃을 수 있기 때문이다. 이러한 손실은 꽤 크지만, 진정한 문제는 '이런 경우가 얼마나 자주 발생하는가'다. 이런 일이 빈번하게 발생하지 않는다면, 이 전략은 상대적으로 비용을 적게 들이면서 교착 상태를 예방하는 좋은 수단이라 할 수 있다. 만일 빈번히 발생하는 상황이라면 비용이 아주 많이 드는 것이고, 효과는 반감할 것이다. 특히 자원 선점을 반복하느라 우선순위가 높거나 데드라인이 임박한 프로세스가 제시간에 완료하지 못하면 큰 문제가 될 것이다.

이 전략에 무기한 연기의 위험성이 있는가? 이는 경우에 따라 다르다. 만일 시스템이 적은 자원을 요청하는 프로세스를 선호한다면, 그 자체만으로 무기한 연기를 발생시킬 수 있다. 더 나쁜 경우 프로세스가 추가 자원을 요청할 때, 이 전략은 해당 프로세스가 보유한 자원을 모두 해제하고 더 많은 자원을 새로 요청하게 한다. 따라서 바쁜 시스템에서는 무기한 연기 문제가 발생할 수 있다. 또한 이 전략은 모든 자원이 선점 가능해야 함을 요구하는데, 실제로는 시스템의 모든 자원이 선점 가능한 것은 아니다. 예를 들어, 출력 작업을 하는 동안 프린터가 선점되면 여러 문서가 뒤엉켜 출력될 것이다.

셀프 리뷰

1. '비선점' 조건을 거부할 때 주로 감수해야 하는 비용은 무엇인가?
2. 하벤더의 두 가지 교착 상태 전략 중 어떤 것이 바람직해 보이나? 그 이유는 무엇인가?

▶ **풀이** 1) 프로세스는 자원을 선점당하는 시점에 그때까지 수행한 작업을 잃을 수 있다. 또한 시스템의 자원 할당 전략에 따라 프로세스가 무기한 연기 상태에 빠질 수도 있다. 2) 대부분의 사람이 첫 번째 전략, 즉 프로세스가 필요한 자원을 한꺼번에 미리 요청하는 방법을 선호할 것이다. 두 번째 전략은 프로세스가 사용하던 자원을 포기하게 하므로 그때까지 일한 만큼 낭비를 야기한다. 재미있는 점은 첫 번째 전략도 동일한 자원 낭비를 야기한다는 것이다. 원하는 자원을 모두 확보할 때까지 자원을 하나씩 축적하고 있는 동안 자원들을 계속 놀리고 있어야 하기 때문이다.

7.7.3 '순환 대기' 조건 거부

하벤더의 세 번째 전략은 순환 대기의 가능성을 배제하는 것이다. 이 전략에서는 시스템이 관리하는 프린터, 스캐너, 파일 등 자원마다 고유 번호를 할당하고, 자원에 대한 **선형 순서** linear ordering 를 만든다. 프로세스는 엄격하게 오름차순을 지키며 필요한 자원을 요청해야 한다. 예를 들어, 만일 프로세스가 자원 R_3(아래첨자 3은 자원 번호다)을 요청했다면, 해당 프로세스는 이후 번호가 3보다 큰 자원만 요청할 수 있다. 자원이 모두 고유 번호를 가지고, 프로세스가 오름차순으로 자원을 요청해야 하므로 순환 대기가 발생하지 않는다([그림 7-3]).*

'순환 대기' circular-wait 조건을 거부하는 것은 예전의 몇몇 운영체제에서 구현한 방법이다. 그러나 어려움이 많이 있었다.[15, 16, 17, 18] 이 전략의 단점 중 하나는 우리가 생각하는 것만큼 유연하거나 동적이지 못하다는 점이다. 자원은 고유 번호에 따라 오름차순으로 요청해야 한다. 자원의 번호는 컴퓨터 시스템에 할당되어 오랜 기간(몇 달 혹은 몇 년) 동안 유효해야 한다. 새로운 자원을 추가하거나 오래된 자원을 제거하면 기존 프로그램도 다시 수정해야 한다.

* 이 전략의 증명은 매우 간단하다. 선형 순서로 자원을 분배하는 시스템을 생각해보자. 여기서 R_i, R_j는 정수 i와 j로 순서가 매겨진 자원이다(i와 j는 다른 수다). [그림 7-3]에 따라, 만일 시스템이 교착 상태가 일어날 만한 순환 대기를 포함한다면, 적어도 한 화살표가 R_i에서 R_j로 위쪽을 향하고, 또 화살표 하나 이상이 R_j에서 R_i로 아래쪽을 향해야 한다. 그러나 선형 순서를 가진 자원들은 자원을 오름차순으로 요청하도록 제한하기 때문에 $j > i$인 상태에서 어떤 화살표도 R_j에서 R_i로 향할 수 없다. 따라서 이 시스템에서 교착 상태가 발생할 수 없음이 증명된다.

또 다른 난제는 시스템에 있는 자원의 순서를 결정하는 것이다. 분명 대부분의 프로세스에서 실제로 자원을 사용할 순서를 반영해 자원 번호를 할당해야 한다. 이 순서와 부합하는 프로세스는 더 효율적으로 동작할 것이다. 그러나 시스템에 부여한 번호 순서와 다른 순서로 자원을 요구하는 프로세스는 자원을 얻어 사용하기 전까지 오래 기다려야 하므로 시스템의 성능이 떨어진다.

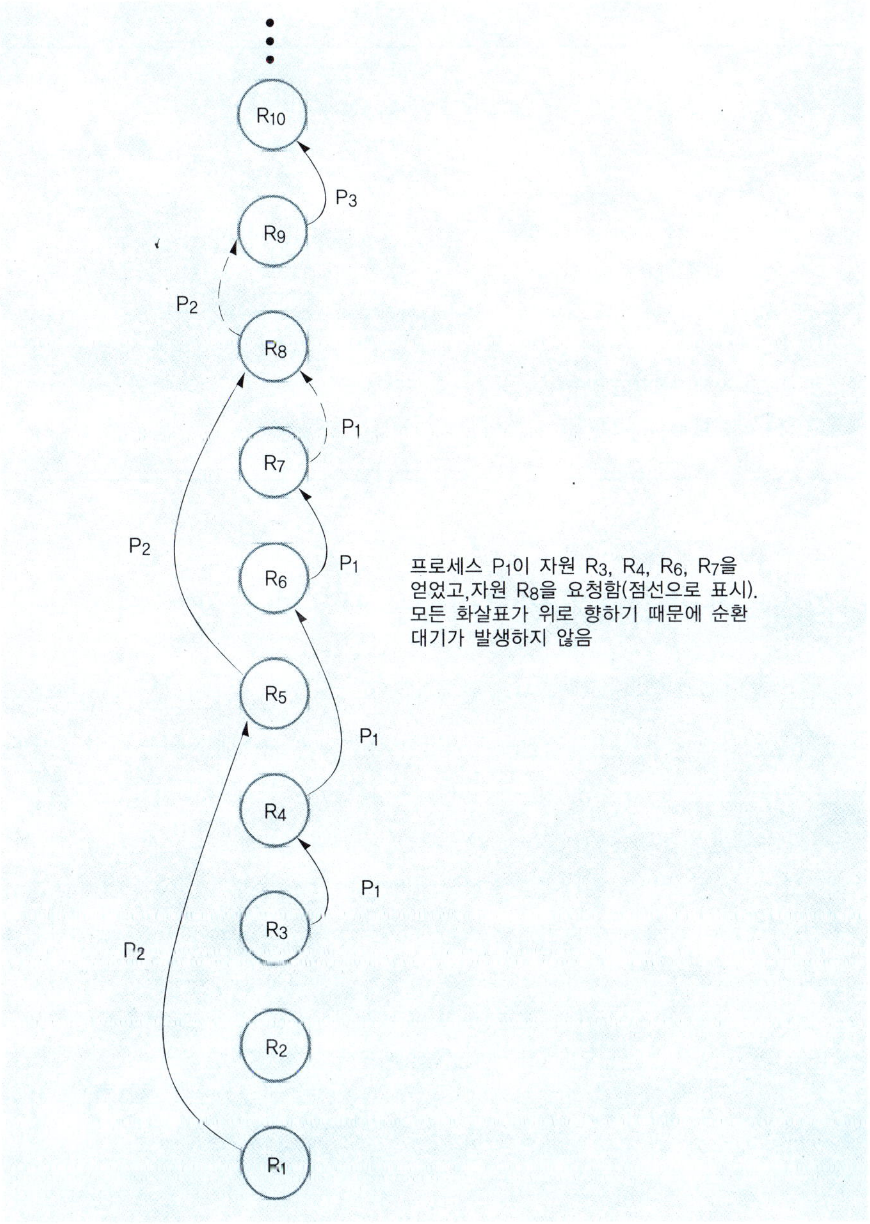

[그림 7-3] 교착 상태 방지를 위한 하벤더의 선형 자원 순서

현대 운영체제의 중요한 목적은 다양한 환경에서 소프트웨어의 이식성 portability 향상이다. 프로그래머들은 이상한 하드웨어, 소프트웨어의 제한에 영향받지 않고 응용 프로그램을 작성할 수 있어야 한다. 하벤더의 선형 순서는 순환 대기의 가능성을 제거하는 것이 사실이지만, 프로그래머들이 최적의 성능을 내는 좋은 응용 프로그램을 자유롭게 작성하기 어렵다.

셀프 리뷰

1. 자원 할당을 위한 선형 순서 구조는 응용 프로그램의 이식성을 어떻게 떨어뜨리는가?
2. (참/거짓) 자원을 요청할 때 선형 순서를 지키게 하는 것이 비선점 조건을 거부하는 것보다 좋은 성능을 낼 것이다.

▶ **풀이** 1) 시스템마다 보유한 자원이 다르고 자원에 순서를 매기는 것도 다르기 마련이다. 따라서 한 시스템용으로 작성한 응용 프로그램을 다른 시스템에서도 효율적으로 실행하려면, 해당 시스템의 자원 순서에 맞게 수정해야 한다. 2) 거짓. 두 전략은 오버헤드가 적은 방법이다. 따라서 경우에 따라 두 전략 모두 다른 전략보다 높은 성능을 낼 수도 있다. 예를 들어, 시스템에 있는 프로세스들이 자원을 산발적으로 요청한다면 비선점 조건을 거부하는 전략이 훨씬 효율적인 것이다. 그러나 어떤 프로세스가 자원을 요청하는 순서가 시스템의 선형 순서에 부합한다면 순환 대기 조건 거부 전략이 더 좋은 성능을 낼 것이다.

7.8 다익스트라의 은행원 알고리즘을 사용한 교착 상태 회피

몇몇 시스템에서는 앞 절에서 논의한 교착 상태 방지 전략을 구현하는 것이 비현실적인 경우도 있다. 그러나 교착 상태가 발생하는 필요조건들이 적합한 경우라면, 시스템 자원을 주의 깊게 할당해 교착 상태를 회피하는 것도 가능성 있는 얘기다. 가장 유명한 교착 상태 회피 알고리즘은 아마도 **다익스트라의 은행원 알고리즘** Dijkstra's Banker's Algorithm일 것이다. 이 해결책은 자금 풀 capital pool 에서 대출을 해주고, 이를 돌려받을 때 대출료를 받는 은행원을 본떴기 때문에 이런 명칭을 붙이게 되었다.[19, 20, 21, 22, 23] 여기서는 이 알고리즘을 운영체제의 자원 할당 문맥에 맞게 재구성해보자. 이 알고리즘에 이어서 교착 상태 회피에 관한 많은 연구가 진행되었다.[24, 25, 26, 27, 28, 29, 30, 31]

은행원 알고리즘은 특정 시스템이 사용자들에 대한 자원 할당을 신중하게 조절해 교착 상태를 방지하는 방법을 정의하고 있다('에피소드: 두문자어' 참고). 시스템은 관리하는 모든 자원을 **자원 유형** resource type에 따라 묶는다. 각 자원 유형은 자원들의 고유한 기능에 맞게 설정된다. 여기서는 간략하게 은행원 알고리즘을 파악하도록 한 가지 자원 유형만 관리하는 시스템으로 제한해보자. 이 알고리즘은 다양한 유형의 자원 풀을 갖춘 시스템으로 쉽게 확장할 수 있다. 연습문제에서 이 문제를 접할 수 있다.

은행원 알고리즘은 다음과 같은 속성이 있는 운영체제에서 교착 상태를 방지한다.

- 운영체제는 고정된 수(n)의 프로세스 간에 고정된 수(t)의 자원을 공유하게 한다.
- 각 프로세스는 작업을 완료하는 데 필요한 최대 자원 수를 미리 결정한다.
- 운영체제는 프로세스의 **최대 필요치** maximum need가 시스템에서 사용 가능한 최대 자원 수 t를 초과하지 않을 때 프로세스의 요청을 받아들인다(즉, 프로세스들은 시스템의 가용 자원 수의 총합을 초과해 요청할 수 없다).
- 때때로 프로세스가 추가 자원을 획득하려고 대기해야 할 수도 있지만, 운영체제는 제한된 대기 시간 안에 자원을 얻을 수 있음을 보장한다.
- 만일 운영체제가 특정 프로세스의 최대 필요치를 들어준다면, 해당 프로세스는 자원을 제한된 시간 안에 사용하고 운영체제에 반납함을 보장한다.

만일 운영체제에서 현재 실행 중인 모든 프로세스가 제한 시간 안에 작업을 마칠 수 있음을 보장한다면 해당 시스템이 **안전 상태** safe state에 있다고 말한다. 그렇지 않으면 시스템이 **불안전 상태** unsafe state에 있다고 말한다.

또한 프로세스들에 자원을 분배하는 것을 기술하기 위해 네 가지 수식을 정의한다.

- 프로세스 P_i가 실행 중 요청하는 최대 자원 수를 max(P_i)라고 하자. 예를 들어, 프로세스 P_3이 두 개를 초과해 자원을 요청하는 일이 없다면 max(P_3) = 2다.
- loan(P_i)는 프로세스 P_i가 현재 **대여** loan한 자원 수를 가리킨다고 하자. 여기서 대여란 프로세스가 시스템으로부터 이미 얻은 자원 수를 말한다. 예를 들어, 시스템이 프로세스 P_5에 자원 네 개를 할당한 상태라면 loan(P_5) = 4로 표현한다.
- claim(P_i)는 프로세스의 현재 **요구** claim를 나타낸다. 즉, 프로세스의 요구란 최대 요청에서 현재 대여한 것을 뺀 수를 말한다. 예를 들어, 프로세스 P_7이 최대 여섯 개 자원이 필요하고, 현재 네 개를 대여했다면 다음과 같다.

두문자어 Acronym

컴퓨터 업계에서 일하는 대부분의 사람은 WYSIWYG이라는 두문자어와 친숙하다. 이는 '보는 대로 얻는다' what you see is what you get는 의미다. 그런데 두문자어 IWWIWWIWI, YGWIGWIGI를 아는 사람은 드물다. 이들은 각각 자원을 요청하는 프로세스와 자원을 할당하는 운영체제와의 관계를 아주 잘 묘사하는 말이다. 프로세스가 "나는 필요한 것을, 필요할 때 요청한다" I want what I want when I want it라고 하면, 운영체제는 다음과 같이 대답할 것이다. "너는 내가 가진 것을, 가지고 있을 때 받을 수 있을 뿐이다." You'll get what I've got when I get it

에피소드

$$\text{claim}(P_7) = \max(P_7) - \text{loan}(P_7) = 6 - 4 = 2$$

- 시스템이 현재 할당해줄 수 있는 자원의 수를 a라 하자. 이는 시스템의 전체 자원 수(t)에서 모든 프로세스에 대여해준 자원 수의 합을 뺀 수를 의미한다. 즉, 다음과 같다.

$$a = t - \sum_{i=1}^{n} \text{loan}(P_i)$$

따라서 시스템이 프로세스 세 개와 자원 12개를 보유하고 있고, 시스템이 프로세스 P_1에 자원 두 개, 프로세스 P_2에 자원 한 개, 프로세스 P_3에 자원 네 개를 할당했다면, 사용 가능한 자원 수는 다음과 같다.

$$a = 12 - (2 + 1 + 4) = 12 - 7 = 5$$

다익스트라의 은행원 알고리즘은 시스템이 안전 상태일 경우에만 프로세스에 자원을 할당하도록 한다. 이런 식으로 모든 프로세스는 항상 안전 상태에 있고, 시스템은 교착 상태에 빠지지 않게 된다.

셀프 리뷰

1. (참/거짓) 불안전 상태란 교착 상태를 말한다.
2. 은행원 알고리즘이 프로세스에 주는 제약 사항은 무엇인가?

▶ **풀이** 1) 거짓. 불안전 상태에 있는 프로세스는 실제로 교착 상태에 빠질 수도 있지만, 그렇지 않고 실행을 완료할 수도 있다. 불안전 상태는 운영체제가 모든 프로세스가 작업을 완료할 수 있음을 보장할 수 없다는 의미다. 불안전 상태 시점에서부터 프로세스들이 작업을 완료할 수도 있지만 이를 보장할 수는 없다. 따라서 불안전 상태에 있는 시스템이 교착 상태에 빠질 가능성이 있음을 의미한다. 2) 각 프로세스는 실행 전에 실행에 필요한 최대 자원 수를 명시해야 한다. 또한 각 프로세스는 할당받은 자원을 제한 시간 안에 시스템에 반납함을 보장해야 한다.

7.8.1 안전 상태의 예

[표 7-1]과 같이 어떤 시스템이 동일한 자원 12개와 해당 자원들을 공유하는 프로세스 세 개를 보유한다고 가정하자. 두 번째 열은 각 프로세스에 필요한 최대 자원 수, 세 번째 열은 현재 대여한 자원 수, 네 번째 열은 각 프로세스가 현재 요구하는 수를 나타낸다. 사용 가능한 자원 수 a는 현재 2다. 이는 전체 자원 수 $t = 12$에서 현재 대여 자원 수를 빼서 얻은 수다.

[표 7-1] 안전 상태

프로세스	max(P_i) (최대 필요 수)	loan(P_i) (현재 대여 수)	claim(P_i) (현재 요청 수)
P_1	4	1	3
P_2	6	4	2
P_3	8	5	3
총 자원 수 t = 12		가용 자원 수 a = 2	

이 상태는 '안전 상태'다. 세 프로세스를 모두 마칠 수 있기 때문이다. 프로세스 P_2는 현재 자원 네 개를 대여했고, 시스템에서 가용 자원 두 개를 추가로 받아 최대 필요 수인 6을 충족할 수 있다. 시스템이 이 두 자원을 P_2에 할당하면, P_2는 필요한 최대 자원을 얻고 작업을 마칠 수 있다. 그 후에는 자원 여섯 개를 모두 반납해 시스템은 즉시 P_1(3)과 P_3(3)의 최대 필요 자원을 제공할 수 있고, 이 두 프로세스도 작업을 마칠 것이다. 따라서 [표 7-1]의 안전 상태에서 모든 프로세스가 작업을 마칠 수 있다.

셀프 리뷰

1. [표 7-1]에서 일단 P_2가 실행을 완료하면 P_1, P_3은 순차적으로 실행해야 하는가, 아니면 동시에 실행할 수 있는가?
2. P_1이나 P_3보다는 P_2가 먼저 작업을 마치는 데 초점을 두는 이유는 무엇인가?

▶ **풀이** 1) P_1, P_3에는 각각 자원 세 개가 더 필요하다. P_2가 작업을 마칠 때 자원 여섯 개를 반납하므로 P_1과 P_3이 동시에 실행하는 데 충분하다. 2) 시스템의 가용 자원에 비추어 P_2는 현재 요구를 충족할 수 있는 유일한 프로세스기 때문이다.

7.8.2 불안전 상태의 예

시스템에 있는 자원 12개가 [표 7-2]와 같이 할당되어 있다고 가정하자. 세 번째 열에 있는 수를 합하고 12에서 빼면 현재 가용 자원 수 a를 얻을 수 있다. 이 시점에서 어떤 프로세스가 자원을 요구하더라도 세 프로세스 모두 작업을 마칠 수 있음을 보장할 수 없다. 프로세스 P_1이 자원을 요청해 하나 남은 마지막 가용 자원을 가져간 상태에서 프로세스들이 자원을 풀에 반납하기 전에 어느 하나라도 더 요청하면 삼중 교착 상태가 발생할 것이다. 여기서 '불안전 상태가 교착 상태를 의미하거나, 결국은 교착 상태가 발생할 것을 의미하지는 않는다'는 점을 주목하기 바란다. 불안전 상태는 단지 '이벤트가 어떤 운 나쁜 순서로 발생할 경우 교착 상태에 빠질 수도 있다'는 의미다.

[표 7-2] 불안전 상태

프로세스	max(P1) (최대 필요 수)	loan(P1) (현재 대여 수)	claim(P1) (현재 요청 수)
P_1	10	8	2
P_2	5	2	3
P_3	3	1	2
총 자원 수 t = 12		가용 자원 수 a = 1	

셀프 리뷰

1. 시스템이 불안전 상태에 들어갈 때 교착 상태의 가능성은 있지만 반드시 발생한다고 할 수 없는 이유는 무엇인가?
2. [표 7-2]에서 시스템을 안전 상태로 만들려면 자원을 최소 몇 개 더해야 하는가?

▶ **풀이** 1) 프로세스가 자원을 일찍 반납해 가용 자원 수가 늘어나면 시스템이 안전 상태가 될 수도 있다. 그러면 다른 모든 프로세스가 작업을 마칠 수 있다. 2) 한 자원을 추가하면 가용 자원 수는 2가 되고, P_1이 작업을 마치고 자기 자원을 반납할 수 있다. 이어서 P_2와 P_3이 작업을 완료해 다시 안전 상태가 될 수 있다.

7.8.3 안전 상태에서 불안전 상태로의 전이

자원 할당 정책에서는 프로세스에 자원을 허용하기 전에 모든 자원 요청을 신중하게 고려해야 한다. 그렇지 않으면 안전 상태에 있는 프로세스가 불안전 상태로 들어갈 수도 있다. 예를 들어, [표 7-1]처럼 시스템의 현재 상태가 안전 상태라고 가정해보자. 현재 a 값은 2다. 이때 프로세스 P_3이 추가 자원을 요청한다고 하자. 시스템이 이 요청을 들어준다면 [표 7-3]과 같이 상태가 변할 것이다. 이제 가용 자원 수 a는 1이며, 이 수로는 어떤 프로세스의 요구도 들어줄 수 없으므로 불안전 상태가 된다.

[표 7-3] 안전 상태에서 불안전 상태로 전이

프로세스	max(P1) (최대 필요 수)	loan(P1) (현재 대여 수)	claim(P1) (현재 요청 수)
P_1	4	1	3
P_2	6	4	2
P_3	8	6	2
총 자원 수 t = 12		가용 자원 수 a = 1	

셀프 리뷰

1. [표 7-1]에서 프로세스 P_2가 자원 하나를 추가로 요청한다면 시스템은 안전 상태인가, 불안전 상태인가?
2. (참/거짓) 시스템은 불안전 상태에서 안전 상태로는 전이할 수 없다.

▶ **풀이** 1) 시스템은 여전히 안전 상태에 머물 것이다. 교착 상태에 빠지지 않을 실행 경로가 있기 때문이다. 예를 들어, P_2가 자원을 추가로 요청한 후 실행을 마치면 가용 자원 여섯 개가 생길 것이다. 이는 P_1과 P_3이 작업을 마치는 데 충분한 자원이다. 2) 거짓. 프로세스들이 자원을 반납하면 가용 자원이 충분히 늘어나 시스템이 불안전 상태에서 안전 상태로 전이할 수 있다.

7.8.4 은행원 알고리즘을 사용한 자원 할당

이제 다익스트라의 은행원 알고리즘으로 어떻게 자원을 할당할지 분명해졌을 것이다. 이 알고리즘은 '상호 배제', '대기', '비선점' 조건을 충족할 수 있다. 프로세스는 한편으로 자원들을 보유하면서 다른 자원을 추가로 요청하거나 특정 자원을 위해 대기할 수 있다. 또한 프로세스들이 보유하고 있는 자원이 선점되지도 않는다. 프로세스는 평소처럼 필요한 자원을 배타적으로 점유한다. 또한 프로세스는 시스템에 한 번에 한 자원을 요청한다. 시스템은 해당 요청을 허용할 수도 있고 거부할 수도 있다. 요청을 거부당하면 프로세스는 대여한 자원을 보유한 채 요청한 자원을 받을 때까지 유한한 시간 동안 대기한다. 시스템은 안전 상태를 유지하는 한에서만 요청을 들어준다. 불안전 상태를 초래할 만한 자원 요청은 계속 거부되다가 가용 자원이 늘어날 때 충족된다. 시스템이 항상 안전 상태를 유지하므로 조만간, 즉 유한한 시간 안에 모든 요청을 충족하고 사용자는 모두 작업을 마칠 수 있다.

셀프 리뷰

1. (참/거짓) [표 7-4]에 기술한 상태는 안전 상태다.
2. [표 7-4]에 나타낸 시스템에 자원을 최소 몇 개 추가하면 안전 상태가 될 수 있는가?

▶ **풀이** 1) 거짓. 모든 프로세스가 작업을 마칠 수 있다고 보장할 수 없다. P_2는 남은 두 가용 자원을 할당받아 작업을 마칠 수 있지만, 이후 시스템에 반납하는 자원은 세 개뿐이다. 시스템의 현재 가용 자원 수는 3으로, P_1의 요구 4개 혹은 P_3의 요구 5개 모두에 부족한 수다. 2) 한 자원만 추가하면 P_2가 작업을 마치고 세 자원을 반납할 때 총 가용 자원은 네 개가 된다. 이어서 P_1이 작업을 마치고 다섯 개를 반납해 최종적으로 P_3도 작업을 마칠 수 있다.

▶▶

[표 7-4] 세 프로세스의 상태 기술

프로세스	max(P_i)	loan(P_i)	claim(P_i)
P_1	5	1	4
P_2	3	1	2
P_3	10	5	5
		a = 2	

7.8.5 은행원 알고리즘의 약점

은행원 알고리즘은 교착 상태 방지를 위해 대기해야 할 수도 있는 프로세스들이 작업을 진행할 수 있게 해주기 때문에 매우 강력하지만, 몇 가지 약점이 있다.

- 할당할 자원 수가 고정되어야 한다. 그런데 자원들은 자주 고장 나거나 점검 서비스를 받아야 한다. 따라서 시스템의 자원 수가 고정되리라 장담할 수 없다. 이와 유사하게 교체 가능한 장치(예를 들면, USB 장치)를 지원하는 운영체제에서는 자원 수가 유동적이다.
- 프로세스 수 또한 고정되어야 한다. 이 또한 불합리한 것이다. 오늘날 사용하는 대화식인 동시에 여러 프로그램이 실행되는 시스템에서는 프로세스 수가 끊임없이 변하기 마련이다.
- 은행원(즉, 시스템)이 '제한된 시간' 안에 모든 요청을 수락해야 한다. 그러나 실제 시스템(특히 실시간 시스템)에서는 이보다 훨씬 구체적인 요건들을 보장해야 한다.*
- 클라이언트(즉, 프로세스)가 '제한된 시간' 안에 자원을 모두 반납해야 한다. 여기서도 실제 시스템에서는 더 명확한 보장이 필요하다.
- 프로세스들이 실행에 필요한 최대 자원 수를 명시해야 한다. 자원 할당이 점점 동적으로 변하기 때문에 프로세스가 필요한 최대 자원 수를 점점 더 파악하기 어려워진다. 사실, 오늘날 사용하는 고급 프로그래밍 언어나 사용자에게 친숙한 그래픽 인터페이스의 장점은 사용자가 자원 사용과 같은 하위 수준의 세부 사항을 알 필요가 없다는 점이다. 사용자나 프로그래머는 시스템이 파일을 출력하고 메시지를 보내는 등 알아서 작업을 처리해주리라 기대한다. 이런 작업을 위해 시스템에 어떤 자원이 얼마나 필요한지 알 필요가 없다.

이와 같은 이유 때문에 현대 운영체제에서는 다익스트라의 은행원 알고리즘을 잘 활용하지 않는다. 실제로 교착 상태 회피 전략을 위한 오버헤드를 부담할 수 있는 시스템은 거의 없다.

* 역자주: 특히 실시간 시스템에서는 거의 지체 없이 원하는 결과를 보장해야 한다.

셀프 리뷰

1. 장치를 자주 교체하는 시스템에서는 은행원 알고리즘이 실패하는 원인은 무엇인가?

▶ **풀이** 1) 은행원 알고리즘은 각 유형의 자원 수가 고정되어야 한다. 교체가 자주 일어나는 장치는 시스템에서 언제든지 추가, 제거할 수 있으므로 특정 유형의 자원 수가 고정적일 수 없다.

7.9 교착 상태 탐지

지금까지 시스템에서 교착 상태가 발생하지 않게 보장하는 두 가지 전략인 교착 상태 방지와 교착 상태 회피에 관해 논의했다. 또 다른 전략은 교착 상태 발생을 허용하면서 교착 상태의 위치를 추적하고 제거하는 것이다. **교착 상태 탐지** deadlock detection는 교착 상태 존재 여부와, 교착 상태와 연관된 프로세스와 자원을 알아내는 과정을 말한다.[32, 33, 34, 35, 36, 37, 38, 39, 40] 교착 상태 탐지 알고리즘은 대체로 교착 상태 성립을 위한 다른 조건들을 충족함을 전제로 할 때 '순환 대기 존재 여부'에 초점을 맞춘다.

교착 상태 탐지 알고리즘은 실행 시 심각한 부담을 줄 수 있다. 따라서 운영체제를 다룰 때 늘 부딪치는 상충성 trade-off 문제에 직면한다. 과연 교착 상태 탐지에 드는 오버헤드를 감수해 교착 상태의 원인을 파악하고 제거하는 일을 할 만한가 하는 문제다. 일단 이 문제는 배제하고 교착 상태 탐지 알고리즘을 알아보자.

7.9.1 자원 할당 그래프

교착 상태를 탐지하려면 [그림 7-4]와 같이 잘 알려진 표기법을 사용한다. 여기서 그래프는 자원 할당과 요구를 나타낸다.[41] 정사각형은 프로세스를 나타내고, 큰 원은 같은 유형의 자원이 들어 있는 집합을 나타낸다. 큰 원 안에 있는 작은 원은 특정 유형 집합 안에 있는 각 자원을 나타낸다. 예를 들어, 작은 원 두 개를 포함하고 있는 'R1'이라는 큰 원은 R1 유형의 사용 자원이 두 개 있음을 나타낸다.

[그림 7-4]는 자원 할당 및 요청 그래프 resource allocation and request graph에서 나타날 수 있는 관계를 보여준다. [그림 7-4](a)에서는 프로세스 P1이 R1 유형의 자원을 요청하고 있다. P1에서 나온 화살표가 큰 원까지만 닿은 것은 자원 요청을 허용할지 여부를 고려하고 있음을 의미한다.

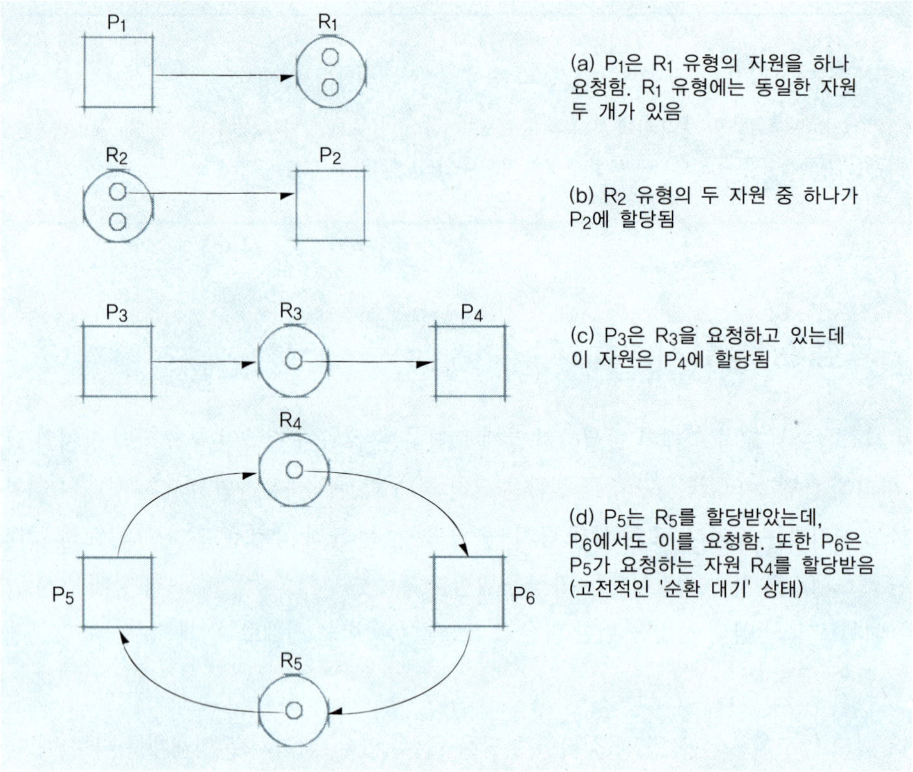

[그림 7-4] 자원 할당 및 요청 그래프

[그림 7-4](b)에서 프로세스 P_2는 R_2 유형의 자원 두 개 중 하나를 할당받았다. 화살표가 작은 원에서부터 정사각형인 P_2까지 이어진다. 이는 시스템이 특정 유형의 자원 하나를 해당 프로세스에 할당했다는 의미다.

[그림 7-4](c)에서는 잠재적으로 교착 상태가 될 수 있는 상황을 볼 수 있다. 프로세스 P_3은 R_3 유형의 자원을 하나 요청하고 있고, 시스템은 R_3 유형의 유일한 자원을 프로세스 P_4에 이미 할당했다.

[그림 7-4](d)는 교착 상태에 빠진 시스템을 보여준다. 프로세스 P_5는 R_4 유형의 자원을 하나 요청하고 있고, 시스템은 이 유형의 유일한 자원을 이미 프로세스 P_6에 할당한 상태다. 또한 프로세스 P_6은 R_5 유형의 자원을 하나 요청하고 있고, 이 유형의 유일한 자원은 이미 프로세스 P_5에 할당되었다. 이 상황이 바로 교착 상태의 필요조건인 '순환 대기'의 예다.

자원 할당 및 요청 그래프는 프로세스들이 자원을 요청하고, 얻고, 궁극적으로 모두 사용한 후 운영체제에 반납함에 따라 변한다.

셀프 리뷰

1. 한 프로세스가 R_1 유형의 자원 중 하나를 제어할 수 있다고 가정하자. 자원 할당 그래프에서 어떤 작은 원이 프로세스를 가리켜야 하는지에 영향을 미치는가?
2. 교착 상태 필요조건 중 시스템에 있는 모든 프로세스의 자원 할당 데이터를 분석하는 것보다 자원 할당 그래프를 통해 더 쉽게 발견할 수 있는 것은 무엇인가?

▶ **풀이** 1) 아니다. 유형이 같은 모든 자원은 같은 기능을 제공한다고 보기 때문에, R_1 유형에 있는 작은 원 중 어떤 것이 프로세스를 가리키든 상관없다. 2) 자원 할당 그래프는 '순환 대기'를 금방 파악할 수 있게 해준다.

7.9.2 자원 할당 그래프 소거

교착 상태 탐지를 위한 유용한 방법 중 하나는 그래프 소거 graph reduction로, 자신의 실행을 완료할 수 있는 그래프가 있는지, 교착 상태로 남는 프로세스가 있는지 (그리고 이에 연관된 자원이 무엇인지) 확인하는 방법이다.[42]

만일 한 프로세스의 자원 요청을 허용할 수 있다면 해당 프로세스를 통해 그래프를 **소거** reduce할 수 있다고 말한다. 이렇게 그래프를 소거해나가는 것은 프로세스들이 실행을 완료하고, 할당받은 자원을 시스템에 반납하고 난 후 그래프가 어떻게 보일지를 보여준다. 특정 프로세스를 통해 그래프를 소거한다는 것은 자원에서 해당 프로세스로 향하는 화살표를 제거함을 의미한다. 즉, 해당 프로세스에 할당된 자원들과의 관계를 지우는 것이다. 또한 해당 프로세스에서 자원으로 향하는 화살표(즉, 프로세스의 현재 자원 요청)도 지운다. 만일 그래프가 모든 프로세스에 대해 소거될 수 있다면 교착 상태는 없을 것이다. 그러나 그렇지 않다면, 소거할 수 없는 프로세스는 그래프에서 교착 상태를 형성한다.

[그림 7-5]는 일련의 그래프 소거를 통해 특정 프로세스 집합이 교착 상태가 아님을 보여준다. [그림 7-4](d)에서는 소거할 수 없는 프로세스 집합이 교착 상태를 형성하는 것을 봤다. 여기서 그래프 소거 순서는 중요하지 않음을 알아두자. 어떤 순서로 소거하든 최종 결과는 같다. 이에 대한 증명은 연습문제로 넘겨둔다([연습문제 7-29]).

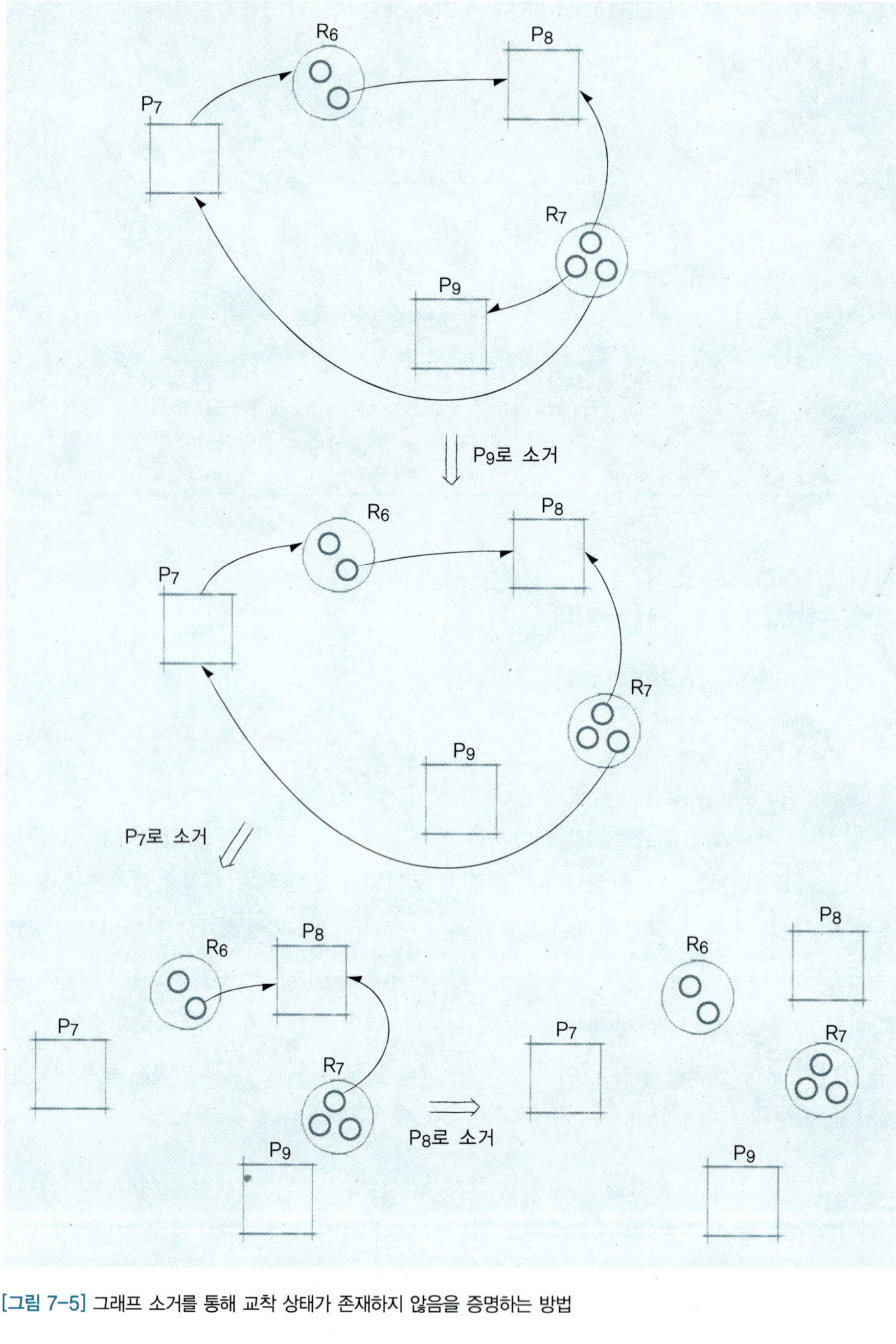

[그림 7-5] 그래프 소거를 통해 교착 상태가 존재하지 않음을 증명하는 방법

셀프 리뷰

1. 교착 상태 탐지는 어떤 면에서 교착 상태 방지 또는 회피보다 좋은 방법인가? 어떤 점에서 더 나쁜 정책이 될 수 있는가?
2. 시스템이 교착 상태 탐지를 프로세스가 여러 개 있을 때만 실행해 오버헤드를 줄이려 하는 상황을 가정해 보자. 이 전략의 단점은 무엇인가?

▶ **풀이** 1) 일반적으로 교착 상태 탐지는 자원 할당에 대한 제약 사항이 적어서 자원 활용도를 높일 수 있다. 그러나 교착 상태 탐지 알고리즘은 정기적으로 실행해야 하므로 상당한 오버헤드가 있다. 2) 교착 상태는 두 프로세스 사이에서도 일어날 수 있으므로 시스템에 프로세스 수가 적을 때 교착 상태 탐지를 실행하지 않으면 문제가 될 수 있다.

7.10 교착 상태 복구

시스템이 교착 상태에 빠지면 네 가지 조건 중 하나를 깨뜨려서 교착 상태를 제거해야 한다. 대제로 몇몇 프로세스는 수행한 작업을 잃을 것이다. 그러나 시스템이 자원을 사용할 수 없는 상태로 남는 것보다는 감수할 만한 비용이다.

시스템을 교착 상태로부터 복구하는 일은 몇 가지 요인 때문에 복잡한 문제다. 첫째, 시스템이 교착 상태에 빠졌는지 분명하지 않을 때가 있다. 예를 들어, 대부분의 시스템에는 주기적으로 깨어나는 프로세스들이 있다. 이들 프로세스는 어떤 작업을 수행한 후 휴면 상태가 된다. 이러한 프로세스들은 시스템이 종료될 때까지 계속 살아있고, 아주 가끔 활성 상태가 되기 때문에 교착 상태인지, 아닌지 확인하기 어렵다. 둘째, 대부분의 시스템은 프로세스를 무기한으로 정지하고, 시스템에서 제거했다가 나중에 작업 손실 없이 재시작하는 방법을 제공하지 않는다. 사실 실시간 프로세스와 같은 몇몇 프로세스는 계속해서 실행해야 하며, 일시 정지 후 재시작하는 것이 도저히 불가능한 경우가 있다. 효율적인 일시 정지/재시작이 가능하더라도 상당한 오버헤드가 있을 것이고, 아마도 숙련된 시스템 운영자가 주의를 기울여 작업해야 할 것이다. 그리고 이런 운영자들이 있다고 해도, 항상 여유 있는 것은 아니다. 마지막으로 교착 상태로부터 복구하는 일은 교착 상태가 수십 혹은 수백 개 프로세스와 연관될 수 있으므로 매우 복잡한 작업이다. 교착 상태에서 복구하는 일이 소수의 프로세스와 연관된 작업이라도 상당한 작업이 필요한데, 많은 프로세스라면 말할 것도 없다.

현대 시스템에서 복구 작업은 일상적으로 일어나는 일이다. 즉, 특정 프로세스를 강제로 제거하고 자원을 반납하라고 요구하는 것이다.[43, 44] 이때, 시스템에서는 제거되는 프로세스가 그때까지 작업한 것을 잃는 것이 보통이다. 그러나 다른 남은 프로세스는 실행을 계속할 수 있다. 때로는 남은 프로세스가 작업을 완료할 만큼 충분한 자원을 확보하려면 프로세스 몇 개를 제거해야 할 수도 있다. 이런 점에서 '복구' recovery란 조금은 부적절한 용어처럼 보이기도 한다. 다른 프로세스를 위해 프로세스 몇 개가 '죽고' 해당 작업을 잃어야 하기 때문이다.

프로세스를 제거할 때 어떤 우선순위가 있을 수도 있다. 여기에도 몇 가지 어려움이 도사리고 있다. 예를 들면, 교착 상태에 빠진 프로세스가 존재하지 않을 수 있으므로, 시스템은 임의적인 결정을 해야 할 것이다. 우선순위는 또한 특별하게 신경 써야 할 어떤 사항들 때문에 부정확한 것이 되거나 혼란을 야기할 수도 있다. 예를 들어, **데드라인 스케줄링** deadline scheduling을 할 때, 임박한 데드라인 때문에 상대적으로 우선순위가 낮은 프로세스가 일시적으로 높은 우선순위를 가져야 할 때가 있다. 게다가 제거할 프로세스를 제대로 결정하려면 상당한 노력을 기울여야 한다.

일시 정지/재시작 메커니즘은 시스템이 프로세스를 일시적으로 정지하고(즉, 해당 자원을 일시적으로 선점하고) 안전 상태가 되었을 때 해당 프로세스를 작업 손실 없이 놓아주는 것을 의미한다. 교착 상태 복구 외에도 이 분야에 관한 연구가 중요한 이유들이 있다. 예를 들어, 시스템 전반에 걸쳐 일시 정지/재시작 메커니즘을 적용하면, 사용자는 전체 시스템을 종료했다가 작업 손실 없이 후에 재시작할 수 있다. 많은 노트북 컴퓨터 시스템에서 이러한 기술을 적용해 배터리의 수명이 다하려고 하면 사용자가 전력 소비를 최소화하도록 하기도 한다. **고급 구성 및 전원 인터페이스** ACPI, Advanced Configuration and Power Interface는 잘 알려진 전력 관리 명세 specification로, 메모리나 레지스터의 내용 또는 시스템 상태 정보를 하드 디스크와 같은 비휘발성 매체에 기록한 후, 시스템 전원을 종료하는 휴면 상태를 정의하고 있다. 윈도우 XP에서는 이러한 기능을 '최대 절전 모드' suspend to disk 혹은 '하이버네이트' hibernate라고도 한다. 시스템이 다시 가동되면 작업 손실 없이 휴면 상태로 들어간 시점에서부터 다시 시작한다.[45]

일시 정지/재시작의 선구자 격인 **체크포인트/롤백** checkpoint/rollback은 오늘날 데이터베이스 시스템에서 널리 사용하고 있다. 체크포인트/롤백은 시스템 다운이나 교착 상태에 대처하기 위해 종료되는 각 프로세스로부터 가능하면 많은 데이터를 보존하는 기능이다. 체크포인트/롤백은 작업 손실의 양을 마지막 **체크포인트** checkpoint(즉, 시스템을 정상적으로 저장한 상태)까지로 제한함으로써 일시 정지/재시작을 돕는다. 시스템의 프로세스가 교착 상태 복구 알고리즘을 통해 우연히 혹은 의도적으로 종료될 때, 시스템은 마지막 체크포인트 이후 종료된 프로세스와 관련한 작업이 있다면 모두 취소해 **롤백** rollback을 수행한다.

데이터베이스가 배타적으로 접근해야 할 수백, 수천 혹은 그 이상으로 많은 자원을 보유할 때 교착 상태가 발생할 위험이 크다. 데이터베이스 시스템은 보통 교착 상태 프로세스가 종료할 때 데이터의 일관성을 유지하려고 **트랜잭션** transaction을 사용해 자원을 할당한다. 트랜잭션으로 명시된 변화는 해당 트랜잭션을 성공적으로 수행했을 때만 영구적으로 보존된다. 트랜잭션에 관해서는 '13장. 파일과 데이터베이스 시스템'에서 자세히 다룬다.

교착 상태는 실시간 시스템에서는 아주 끔찍한 결과를 초래할 수 있다. 석유 정제 과정을 모니터링하는 실시간 프로세스가 안전하고 올바르게 수행하려면, 방해받지 않고 정확한 시간에 동작해야 한다. 또한 컴퓨터 맥박 조절기는 말 그대로 한 박자도 놓치지 말아야 한다. 이러한 환경에서는 교착 상태의 위험성을 철저히 배제해야 한다. 또한 만에 하나 교착 상태가 발생할 때는 즉시 탐지하고 복구해야 한다. 그러나 이것이 항상 가능한 일인가? 이런 점이 바로 운영체제 설계자가 단잠을 못 이루는 고민거리일 것이다.

셀프 리뷰

1. (참/거짓) 시스템은 자원 할당 그래프에서 소거하기 어려운 프로세스 중 임의의 프로세스를 하나 선택해 제거함으로써 교착 상태를 풀 수 있다.
2. 교착 상태를 해결하기 위해 특정 프로세스를 '종료'한 시스템이 이후에 해당 프로세스를 재시작하면 성능 저하가 오는 이유는 무엇인가?

▶ **풀이** 1) 거짓. 교착 상태가 탐지된 시점에 순환 대기가 여러 개 있을 수 있다. 이때는 어느 한 프로세스만 제거한다고 해서 문제가 해결되지 않는다. 2) 첫째, 프로세스를 종료하는 일은 작업 손실을 가져오기 때문이다. 둘째, 재시작된 프로세스가 처음에 교착 상태를 초래한 동일한 코드를 실행할 것이기 때문이다. 시스템의 상태가 변하지 않았다면 이 때문에 반복해서 교착 상태에 빠지고 말 것이다.

7.11 현재와 미래 시스템의 교착 상태 전략

개인용 컴퓨터 시스템과 워크스테이션에서 교착 상태는 일반적으로 제한된 문제 limited annoyance 로 인식되었다. 어떤 시스템은 하벤더가 제안한 기본적인 교착 상태 방지 방법을 사용하기도 하고, 다른 시스템은 이 문제를 아예 무시하기도 한다. 그런데 이 방법도 꽤 쓸 만하다. 교착 상태를 무시하는 일은 매우 위험해 보일 수도 있지만, 이러한 접근법이 실제로는 효율을 높이기도 한다. 현대 시스템이 순차적으로 재사용 가능한 객체 수천, 수만 개를 포함하고 있고, 이 때문에 프로세스나 스레드가 교착 상태에 빠질 수 있다고 생각해보자. 교착 상태 탐지 알고리즘을 실행하는 데 드는 시간은 시스템에서 이러한 객체 수가 증가할수록 기하급수적으로 늘어날 것이다. 교착 상태가 드물게 발생한다면 교착 상태를 확인하느라 프로세서를 사용하는 시간이 늘어나 시스템 성능이 떨어진다. 미션 크리티컬 또는 비즈니스 크리티컬 시스템이 아니라면, 성능을 위해 교착 상태를 무시하는 것이 간혹 발생하는 교착 상태를 해결하려고 큰 비용을 치르는 것보다 나을 수 있다.

어떤 시스템은 사용자 프로세스 때문에 발생하는 교착 상태를 무시하기도 하지만 운영체제에서 교착 상태를 방지하는 것은 훨씬 중요한 일이다. 마이크로소프트 윈도우와 같은 시스템은 디버그 기능을 지원해, 개발자가 드라이버와 응용 프로그램을 철저히 테스트해 교착 상태를 유발하지 않고 자원을 얻을 수 있게 보장한다. 즉, 이 프로그램들이 순환적으로 잠금 lock을 얻으려 하지 않거나 잠금 획득에 어떤 순서를 명시한다.[46] 흥미로운 점은 이러한 프로그램을 일단 배포하고 나면, 효율성 향상을 위해 이러한 테스팅 메커니즘을 활용할 수 없게 된다는 것이다.[47]

실시간 미션 크리티컬 시스템이나 비즈니스 크리티컬 시스템에서는 교착 상태의 가능성을 간과할 수 없다. 연구자들은 데이터 손실을 최소화하고 좋은 성능을 유지하면서 교착 상태를 처리할 수 있는 기술을 연구해왔다. 예를 들면, 교착 상태는 분산 데이터베이스 시스템에서 흔히 발생한다. 이런 시스템에서는 사이트 수천 개를 통해 사용자 수백만 명에게 정보를 제공하려고 데이터베이스 레코드 수십억 개를 동시에 접근할 수도 있다.[48] 분산 데이터베이스 시스템은 규모가 워낙 크기 때문에 흔히 교착 상태 방지 또는 교착 상태 회피 알고리즘을 쓰지 않는다. 대신 트랜잭션을 사용해 체크포인트/롤백을 통해 교착 상태 탐지와 복구 방법을 사용한다.[49] 이 기술들은 이 장에서 다루는 범위를 벗어나는 것으로, '14장. 분산 시스템 소개'에서 살펴본다.

현재 경향을 놓고 볼 때, 교착 상태는 다음과 같은 몇 가지 이유 때문에 계속해서 중요한 연구 분야가 될 것으로 보인다.

- 많은 대규모 시스템이 과거의 순차적 연산보다 비동기식 병렬 연산 쪽으로 기우는 경향이 있다. 멀티프로세싱은 일반화되고, 병렬 컴퓨팅 또한 널리 유행할 것이다. 네트워크와 분산 시스템은 도처에 퍼지게 될 것이다. 분명히 더 많은 연산이 병렬로 이루어질 것이고, 자원을 차지하기 위한 경쟁이 많아져 교착 상태가 일어날 가능성도 커질 것이다. 그러므로 분산 시스템에서 교착 상태 탐지와 복구에 관한 연구가 아주 활발해질 것이다.
- 운영체제 설계자들이 데이터를 자원으로 보는 경향이 증가하면서 운영체제가 관리해야 하는 자원 수가 극적으로 증가하고 있다. 이는 특히 웹 서비스와 데이터베이스 시스템에서는 분명한 양상이다. 이 두 유형의 시스템에서는 자원 활용도와 성능이 매우 중요하다. 따라서 대부분의 교착 상태 방지 기술은 실현 가능성이 떨어지고, 대신 교착 상태 복구 알고리즘의 중요성이 부각된다. 연구자들은 교착 상태 복구의 비용을 낮추면서도 자원 활용도를 높일 수 있는 더 발전된 트랜잭션 기반 알고리즘을 개발해왔다.[50]

* 역자주: 한 칩에 완전한 구동 가능 제품, 즉 시스템이 들어 있는 것을 말한다.

- 수백만, 수천만 대 컴퓨터가 휴대폰이나 PDA, 내비게이션과 같이 작고 휴대 가능한 기기에 탑재되고 있다. 이런 시스템들은 점점 SoC System-on-a-Chip* 성격을 띤다. 또한 사용할 수 있는 자원은 제한적이고, 실시간 업무 요구는 높아지고 있다.[51, 52] 이러한 시스템에서는 별도로 숙련된 시스템 관리자가 있어서 교착 상태를 탐지하고 시스템에서 제거할 수 있는 게 아니기 때문에 교착 상태의 위험 없이 자원을 할당할 수 있는 능력을 점점 더 요구한다.

셀프 리뷰

1. 교착 상태 방지가 여러 운영체제에서 주요한 관심사가 아닌 이유는 무엇인가?
2. 분산 시스템에서 교착 상태를 탐지하는 것이 컴퓨터 한 대에 대해서만 탐지하는 것보다 어려운 이유는 무엇인가?

▶ **풀이** 1) 대부분의 개인용 컴퓨터 사용자가 교착 상태를 드물고 사소한 문제라고 여기기 때문이다. 사용자는 운영체제의 성능과 기능에 더 많은 관심이 있다. 2) 분산 시스템에서는 각 컴퓨터를 서로 다른 운영체제로 관리하기 때문에 교착 상태를 감지하기 어렵다. 각 운영체제가 자원 할당 그래프를 구성하려면 다른 컴퓨터들로부터 정보를 수집해야 한다.

요약 Summary

멀티프로그래밍 시스템에서 발생하는 문제 중 하나는 교착 상태 deadlock다. 프로세스나 스레드가 결코 발생하지 않을 특정 이벤트를 대기하고 있다면 해당 프로세스나 스레드가 '교착 상태에 빠졌다'고 한다. 시스템 교착 상태에서는 프로세스 하나 이상이 교착 상태에 있게 된다. 대부분의 교착 상태는 배타적으로 점유되는 자원(즉 한 번에 한 사용자가 사용할 수 있는 자원)을 대상으로 경쟁할 때 발생한다. 순환 대기 circular wait는 교착 상태에 빠진 시스템의 특징이다.

교착 상태에 빠지기 쉬운 시스템의 한 예가 스풀링 시스템이다. 일반적인 해결책은 스풀링 파일이 특정한 포화 임계치에 도달할 때 스풀러 입력을 제한하는 것이다. 즉, 출력할 작업을 더 읽어 들이지 못하게 한다. 현대 시스템은 작업을 완료하기 전에 출력을 시작할 수 있게 한다. 따라서 작업을 진행하는 중에도 가득 차거나 거의 차 가는 스풀링 파일을 비우거나 부분적으로 제거할 수 있게 해준다. 이 개념은 오디오 스트리밍이나 비디오 클립에도 적용된다. 오디오와 비디오는 파일 다운로드를 완료하지 않은 상태에서도 재생할 수 있다.

시스템에서 자원 할당과 프로세스 스케줄링을 결정하려고 프로세스를 대기하게 만들 때 다른 프로세스에는 관심을 주면서 특정 프로세스는 기약 없이 스케줄이 밀릴 수 있다. 이러한 상황을 무기한 연기 indefinite postponement, 무기한 블록킹 indefinite blocking 혹은 기아 starvation라고 하며, 교착 상태만큼이나 심각한 문제를 야기할 수 있다. 무기한 연기는 시스템의 자원 스케줄링 정책이 어느 한쪽으로 기울 때 발생할 수 있다. 어떤 시스템은 자원을 위해 대기한 시간이 지난 만큼 프로세스의 우선순위를 높여줌으로써 이를 방지하려고 한다. 이런 기술을 에이징 aging이라고 한다.

프로세서나 메인 메모리와 같은 몇몇 자원은 선점될 수도 있다. 즉, 자원을 사용하고 있는 프로세스로부터 작업 손실 없이 자원을 빼앗을 수 있다. 한편 테이프 드라이버나 광학 스캐너와 같이 선점 불가능한 자원도 있다. 선점 불가능한 자원은 할당된 프로세스로부터 강제로 빼앗을 수 없다. 데이터와 프로그램은 분명히 운영체제가 제어하고 할당해야 하는 자원이다. 사용 중에 수정할 수 없는 코드를 재진입 가능 reentrant하다고 한다. 이에 비해, 수정할 수 없지만 사용할 때마다 다시 초기화해야 하는 코드를 순차적으로 재사용 가능 serially reusable하다고 한다. 순차적으로 재사용 가능한 코드는 한 번에 한 프로세스에서만 사용할 수 있지만, 재진입 코드는 몇몇 프로세스에서 동시에 공유할 수 있다. 특정 자원이 공유되었다고 할 때 여러 프로세스에서 동시에 사용할 수 있는지, 여러 프로세스에서 사용하되 한 번에 하나씩만 사용할 수 있는지 명확히 구분해야 한다. 후자, 즉 '순차적으로 재사용 가능한 자원'이 교착 상태에 빠지기 쉬운 경향을 띤다.

교착 상태가 발생하는 네 가지 필요조건은 다음과 같다. 자원은 한 번에 오직 한 프로세스에서만 배타적으로 점유할 수 있다(상호 배제 조건). 배타적으로 점유할 수 있는 자원을 얻은 프로세스가 해당 자원을 보유한 채 다른 자원을 얻으려고 대기할 수 있다(대기 wait-for 조건 또는 보유 후 대기 hold-and-wait 조건). 프로세스가 일단 자원을 얻으면 시스템은 해당 프로세스가 작업을 마칠 때까지 프로세스로부터 자원을 뺏을 수 없다(비선점 no-preemption 조건). 프로세스 둘 이상이 순환 고리에 갇힌 형태를 띤다. 순환 고리에서 각 프로세스는 다음 프로세스가 보유하고 있는 자원을 대기한다(순환 대기 circular wait 조건). 이 네 가지가 교착 상태가 성립하기 위한 필요조건이므로, 교착 상태가 발생했다는 것은 네 가지 조건을 모두 충족한다는 의미다. 즉, 이 네 조건이 교착 상태를 위한 필요충분조건이다.

교착 상태 연구에서 네 가지 주요 분야는 교착 상태 방지 deadlock prevention, 교착 상태 회피 deadlock avoidance, 교착 상태 탐지 deadlock detection, 교착 상태 복구 deadlock recovery다. 교착 상태 방지는 시스템에서 교착 상태가 발생할 만한 가능성을 모두 제거하는 것이 주요 관건이다. 하벤더는 네 가지 교착 상태 성립 조건 중 어느 하나라도 맞지 않을 때 교착 상태가 일어날 수 없음을 관찰했다. 첫째, 프로세스가 필요한 자원을 배타적으로 점유하는 조건은 깨지면 안 되는 원칙이다. 여기서는 특별히 한 프로세스에서 점유하는 자원, 즉 순차적으로 재사용 가능한 자원에 대한 교착 상태 방지를 원하기 때문이다. 둘째, 대기 조건을 거부하려면 프로세스가 작업을 완료하는 데 필요한 모든 자원을 한꺼번에 요청해야 한다. 그런데 이는 자원의 활용도를 상당히 떨어뜨릴 수 있다. 또한 누가 자원 사용에 대한 비용을 부담하느냐가 논쟁거리가 될 수 있다. 셋째, 비선점 조건 거부는 비용이 많이 들 수 있다. 프로세스가 자원을 선점당할 때, 그때까지 수행한 작업을 손실하게 되기 때문이다. '순환 대기' 조건을 거부하는 것은 자원에 대한 선형 순서를 사용해 교착 상태를 방지하는 방법이다. 이 전략은 다른 전략들보다는 효율성을 높일 수도 있지만 여전히 난제가 있다.

교착 상태 회피의 목적은 자원 활용도를 높이려고 교착 상태 방지보다는 제한을 덜 가하는 것이다. 회피 방법은 교착 상태가 발생할 가능성을 내재하지만, 교착 상태가 일어나려고 할 때마다 신중하게 상황을 비켜간다. 다익스트라의 은행원 알고리즘 Dijkstra's Banker's Algorithm은 교착 상태 회피의 한 예다. 은행원 알고리즘에서는 시스템에서 프로세스의 최대 자원이 시스템 전체에서 사용 가능한 자원의 수를 초과하지 않게 한다. 운영체제에서 현재 있는 모든 프로세스가 작업을 제한된 시간 안에 마칠 수 있음을 보장한다면 해당 시스템이 '안전 상태'에 있다고 한다. 그렇지 않으면 시스템이 '불안전 상태'에 있다고 한다. 다익스트라의 은행원 알고리즘은 프로세스들이 자원을 요구할 때, 해당 자원을 할당해도 안전 상태를 유지하는 경우에만 할당해준다. 이 알고리즘에는 프로세스와 자원의 수가 고정되어야 하는 등 몇 가지 제약이 있어서 실제 시스템에서 구현되지는 못한다.

교착 상태 탐지 방법은 교착 상태가 발생할 가능성이 있는 시스템에서 사용한다. 교착 상태 탐지의 목적은 교착 상태 발생 여부와, 이를 유발하는 프로세스와 관련 자원을 밝혀내는 데 있다. 교착 상태 탐지 알고리즘은 실행 시 상당한 오버헤드를 가져올 수 있다. 교착 상태를 탐지하려면 자원 요청 및 할당 그래프를 사용한다. 특히 그래프 소거 graph reduction를 통해 교착 상태를 탐지할 수 있다. 프로세스의 자원 요청이 허용되면 해당 프로세스를 통해 그래프를 소거할 수 있다고 말한다. 모든 프로세스에 대해 그래프를 소거하면 교착 상태가 없는 것이다. 그렇지 않으면 소거되지 않는 프로세스가 교착 상태를 일으킨다.

교착 상태 복구란 시스템에서 교착 상태를 제거해 시스템이 교착 상태 없이 다시 동작할 수 있게 하는 것이다. 즉, 교착 상태에 빠진 프로세스가 작업을 마치고 자원을 반환할 수 있게 한다. 교착 상태로부터 복구하려면 보통 교착 상태 프로세스 하나 이상을 시스템에서 밀어내야 한다. 일시 정지/재시작 메커니즘은 시스템이 프로세스를 일시 정지했다가(즉 일시적으로 프로세스의 자원을 선점했다가) 안전 상태가 되었을 때 작업 손실 없이 재시작할 수 있게 해준다. 체크포인트/롤백 메커니즘은 작업의 손실을 마지막 체크포인트 시점(즉, 시스템을 정상적으로 저장한 상태)까지로 제한함으로써 일시 정지/재시작 기능을 가능하게 해준다. 시스템에 있는 프로세스가 교착 상태 복구 알고리즘 때문에 종료할 때, 시스템은 마지막 체크포인트 이후로 해당 프로세스와 관련해 발생한 모든 작업을 취소함으로써 롤백을 수행한다. 데이터베이스 시스템은 보통 교착 상태 프로세스가 종료할 때 데이터베이스에 있는 데이터의 일관성을 유지하려고 트랜잭션을 사용해 자원 할당을 수행한다.

개인용 컴퓨터나 워크스테이션에서는 보통 교착 상태를 비교적 사소하고 제한된 문제로 여긴다. 어떤 시스템은 하벤더가 제안한 기본적인 교착 상태 방지 방법을 구현하기도 하고, 다른 시스템은 아예 이 문제를 무시하기도 한다. 교착 상태를 무시하는 일이 위험해 보이지만, 실제로는 이 방법이 어느 정도 효율적이기도 하다. 교착 상태가 드물게 발생하는 경우라면, 교착 상태를 확인하려고 프로세서 시간을 소비하는 것은 시스템 성능을 현저히 떨어뜨리는 일이다. 그러나 현재 추세를 놓고 볼 때, 교착 상태는 계속해서 중요한 연구 분야가 될 것이다. 여러 가지 병렬 연산이 늘어나고, 자원 수가 방대해지고 멀티프로세서 시스템이나 분산 시스템이 증가하는 등 교착 상태가 발생할 가능성이 커지기 때문이다. 또한 많은 실시간 시스템이 점점 증가하고 있으며, 이런 시스템에서는 교착 상태의 위험 없이 자원을 할당할 수 있는 방법이 절실하다.

Chapter_07 연습문제

01 교착 상태가 무엇인지 정의하라.

02 한 프로세스와 한 자원을 가질 때 교착 상태의 예를 들어라.

03 프로세스 세 개와 자원 세 개가 연관된 간단한 자원 교착 상태의 예를 들어라. 자원 할당 그래프를 그려라.

04 무기한 연기는 무엇인가? 교착 상태와 어떻게 다른가? 무기한 연기와 교착 상태의 유사점은 무엇인가?

05 시스템이 개체들의 무기한 연기 가능성을 고려한다고 생각해보자. 여러분이 시스템 설계자라면 무기한 연기를 어떻게 예방하겠는가?

06 다음 각 시스템 유형에서 무기한 연기가 어떤 결과를 가져오는가?

a. 배치 처리 시스템
b. 시분할 시스템
c. 실시간 시스템

07 필요한 자원이 사용되고 있을 경우, 도착하는 프로세스들이 서비스를 얻을 때까지 대기하게 하는 시스템이 있다. 이 시스템은 무기한 연기를 위해 대기 프로세스들의 우선순위를 높여주는 에이징 aging 기법을 사용하지 않는다. 무기한 연기를 방지하는 다른 방법이 있는가?

08 프로세스 n개가 있는 시스템에서 이 프로세스들의 부분 집합인 m이 현재 무기한 연기 상태에 빠져 있다. 시스템에서 어떤 프로세스가 무기한 연기되고 있는지 파악할 수 있는가?

09 철학자들의 만찬 문제

다익스트라의 업적 중 좀더 재미있는 것이 '철학자들의 만찬' 문제에 관한 것이다.[53, 54] 이 문제를 통해 병행 프로그래밍에 내재된 많은 미묘한 문제를 그려내고 있다. 모니터를 사용해 철학자들의 행동을 시뮬레이션하는 병행 프로그램을 작성하라. 프로그램은 교착 상태나 무기한 연기의 위험이 없어야 한다. 그렇지 않으면 어떤 철학자는 굶주려야 할 것이다. 물론 프로그램은 상호 배제를 보장해야 한다. 두 철학자가 동일한 포크를 한꺼번에 사용하면 안 된다. [예제 7-3]은 철학자들의 전형적인 행동 양식을 보여준다. 다음 각 구현에 주석을 달아보자.

a. [예제 7-4] 참고
b. [예제 7-5] 참고
c. [예제 7-6] 참고
d. [예제 7-7] 참고

예제 7-3 철학자들의 전형적인 행동 양식([연습문제 7-9])

```
typicalPhilosopher()
{
    while (true)
    {
        think();
        eat();
    } // while 문 끝
} // typicalPhilosopher 메소드 끝
```

예제 7-4 철학자들의 행동 양식([연습문제 7-9](a))

```
typicalPhilosopher()
{
    while (true)
    {
        think();

        pickUpLeftFork();
        pickUpRightFork();

        eat();

        putDownLeftFork();
        putDownRightFork();
    } // while 문 끝

} // typicalPhilosopher 메소드 끝
```

예제 7-5 철학자들의 행동 양식([연습문제 7-9](b))

```
typicalPhilosopher()
{
    while (true)
    {
        think();

        pickUpBothForksAtOnce();

        eat();
```

```

            putDownBothForksAtOnce();
        } // while 문 끝

    } // typicalPhilosopher 메소드 끝
```

예제 7-6 철학자들의 행동 양식([연습문제 7-9](c))

```
typicalPhilosopher()
{
    while (true)
    {
        think();

        while (notHoldingBothForks)
        {
            pickUpLeftFork();

            if (rightForkNotAvailable)
            {
                putDownLeftFork();
            } // if 문 끝
            else
            {
                pickUpRightFork();
            } // else 끝
        } // while 문 끝

        eat();

        putDownLeftFork();
        putDownRightFork();
    } // while 문 끝

} // typicalPhilosopher 메소드 끝
```

예제 7-7 철학자들의 행동 양식([연습문제 7-9](d))

```
typicalPhilosopher()
{
```

```
    while (true)
    {
        think();

        if (philosopherID mod 2 == 0)
        {
            pickUpLeftFork();
            pickUpRightFork();

            eat();

            putDownLeftFork();
            putDownRightFork();
        } // if 문 끝
        else
        {
            pickUpRightFork();
            pickUpLeftFork();

            eat();

            putDownRightFork();
            putDownLeftFork();
        } // else 끝
    } // while 문 끝

} // typicalPhilosopher 메소드 끝
```

10 다음 각 자원의 개념을 정의하고 논하라.

a. 선점 가능 자원

b. 어떤 프로시저가 원형 버퍼에서 데이터를 가져가는가?

c. 선점 불가능 자원

d. 공유 자원

e. 재진입 코드

f. 순차적으로 재사용 가능한 코드

g. 동적 자원 할당

11 교착 상태가 발생하기 위한 네 가지 필요 조건을 기술하라. 각 조건이 왜 필요한지 직관적으로 생각나는 이유들에 대해 논하라.

12 [그림 7-1]에 나타낸 도로의 교착 상태에서 교착 상태의 필요조건들을 설명하라.

13 이 책에 따르면 교착 상태와 관련한 네 가지 연구 분야는 무엇인가? 각각을 간단히 설명하라.

14 '대기' 조건을 거부하기 위한 하벤더의 방법은 프로세스들에 필요한 모든 자원을 한꺼번에 요청하도록 한다. 시스템은 'all-or-none' 원칙에 따라 자원을 할당한다. 이러한 방법의 장단점을 논하라.

15 '비선점' 조건을 거부하는 하벤더의 알고리즘이 교착 상태 방지를 위한 수단으로 널리 사용되지 않는 이유는 무엇인가?

16 하벤더의 방법으로 '순환 대기' 조건을 거부할 때 장단점을 논하라.

17 순환 대기 조건을 거부하기 위해 자원에 선형 순서를 매겨 할당하는 하벤더의 방법은 어떻게 해서 자인 할당 그래프에서 순환 고리가 생기지 않게 하는가?

18 R_1, R_2 유형의 자원을 순서대로 한 번에 하나씩 반복적으로 요청하고 반납하는 프로세스가 있다. 각 유형의 자원은 정확히 하나씩만 있다. 두 번째 프로세스도 이 자원들을 한 번에 하나씩 반복해서 요청하고 반납한다. 어떤 상황에서 프로세스들이 교착 상태를 일으키는가? 그렇다면 이를 방지하려면 어떤 조치를 취할 수 있는가?

19 교착 상태 회피가 교착 상태 방지보다 직관적으로 호소력이 있는 이유는 무엇인가?

20 다익스트라의 은행원 알고리즘의 맥락에서 [표 7-5]와 [표 7-6]에 나타낸 각 상태가 안전한지, 불안전한지 논하라. 안전 상태면 모든 프로세스가 어떻게 작업을 완료할 수 있는지 보여라. 불안전 상태면 교착 상태가 어떻게 발생할 수 있는지 보여라.

[표 7-5] 상태 A의 자원 설명

프로세스	$max(P_i)$	$loan(P_i)$	$claim(P_i)$
P_1	4	1	3
P_2	6	4	2
P_3	8	5	3
P_4	2	0	2
a = 1			

[표 7-6] 상태 B의 자원 설명

프로세스	max(P_i)	loan(P_i)	claim(P_i)
P_1	8	4	4
P_2	8	3	5
P_3	8	5	3
	a = 2		

21 불안전 상태는 반드시 시스템이 교착 상태에 빠질 것이라는 의미는 아니다. 그 이유를 설명하라. 불안전 상태 시스템에서 프로세스들이 교착 상태 발생 없이 모두 완료할 수 있는 경우를 들어라.

22 다익스트라의 은행원 알고리즘은 몇 가지 약점이 있어서 실제 시스템에서 효과적으로 사용하기 어렵다. 다음 제약 사항들이 은행원 알고리즘의 약점으로 작용하는 원인을 설명하라.

a. 할당할 자원 수가 고정되어야 한다.
b. 프로세스 수가 고정되어야 한다.
c. 운영체제는 자원에 대한 요청을 제한된 시간 안에 수락해야 한다.
d. 사용자는 보유한 자원을 제한된 시간 안에 반납해야 한다.
e. 사용자는 필요한 최대 자원 수를 명시해야 한다.

23 여러 유형의 자원을 위한 은행원 알고리즘

'7.8 다익스트라의 은행원 알고리즘을 사용한 교착 상태 회피'에 있는 다익스트라의 은행원 알고리즘을 생각해보자. 이 교착 상태 회피 스키마를 사용하는 시스템이 프로세스 n개와 자원 m개 유형을 포함한다고 가정하자. 각 유형에는 여러 자원이 있을 수 있고, 그 수를 알고 있다고 가정한다. 이러한 시스템에서 교착 상태를 회피할 수 있는 은행원 알고리즘을 개발하라. (어떤 상황에서 특정 프로세스가 실행을 완료하고, 자원을 풀에 반납하는 것이 보장되는가?)

24 자원을 그룹으로 할당하면 은행원 알고리즘이 여전히 제대로 동작할 수 있는가? 답을 상세히 설명하라.

25 은행원 알고리즘을 사용해 교착 상태 회피 방법을 사용하는 시스템이 다섯 개 프로세스(1, 2, 3, 4, 5 프로세스)와 네 가지 유형(A, B, C, D)의 자원을 포함하고 있다. 각 유형에는 여러 자원이 있다. [표 7-7]과 [표 7-8]에 나타낸 이 시스템은 안전 상태인가? 답을 설명하라. 안전 상태면 모든 프로세스가 성공적으로 실행을 마칠 수 있는 방법을 보여라. 불안전 상태면 교착 상태가 어떻게 발생할 수 있는지 보여라.

[표 7-7] 현재 할당 수, 최대 필요 수, 현재 요청 수를 나타내는 시스템 상태

프로세스	현재 대여 수	최대 필요 수	현재 요청 수
	A B C D	A B C D	A B C D
1	1 0 2 0	3 2 4 2	2 2 2 2
2	0 3 1 2	3 5 1 2	3 2 0 0
3	2 4 5 1	2 7 7 5	0 3 2 4
4	3 0 0 6	5 5 0 8	2 5 0 2
5	4 2 1 3	6 2 1 4	2 0 0 1

[표 7-8] 총 자원 수와 가용 자원 수를 나타내는 시스템 상태

총 자원 수	가용 자원 수
A B C D	A B C D
13 13 9 13	3 4 0 1

26 프로세스 n개와 동일한 자원 m개가 있는 시스템에서 은행원 알고리즘을 사용한 교착 상태 회피를 사용한다고 하자. 시스템이 안전 상태인지 확인하는 boolean isSafeState1(int[][] maximumNeed, int[][] loans, int[] available) 함수를 작성하라.

27 프로세스 n개와 m가지 유형의 자원 그리고 각 유형마다 여러 자원을 가진 시스템에서 은행원 알고리즘을 사용한다고 하자. 시스템이 안전 상태에 있는지 확인하는 boolean isSafeState2(int[][] maximumNeed, int[][] loans, int[] available) 함수를 작성하라.

28 교착 상태가 발생할 가능성이 있는 시스템에서 어떤 경우에 교착 상태 탐지 알고리즘을 사용하겠는가?

29 그래프 소거를 사용하는 교착 상태 탐지 알고리즘에서 그래프를 소거하는 순서에 상관없이 마지막 결과는 동일함을 보여라.(순서가 어떠하든 매번 소거한 후 가용 자원의 풀은 증가한다.)

30 교착 상태 복구는 왜 그토록 어려운 문제인가?

31 교착 상태 복구에서 어떤 프로세스를 플러시할 것인지 선택하는 것이 왜 어려운가?

32 교착 상태로부터 복구하는 한 가지 방법은 교착 상태와 관련된 것 중 우선순위가 가장 낮은 프로세스(혹은 프로세스들)를 종료하는 것이다. 이 프로세스는 재시작되어 컴퓨터 자원을 다시 사용할 수 있게 된다. 이러한 알고리즘을 사용하는 시스템에서는 어떤 문제가 발생할 수 있는가? 이 문제를 어떻게 해결하는가?

33 교착 상태 문제가 현대 운영체제보다는 앞으로 더 심각한 문제가 되는 이유는 무엇인가?

34 자원이 고장 나서 사용이 어려워지면, 일반적으로 교착 상태와 무기한 연기의 위험이 증가하는가, 감소하는가? 답을 설명하라.

35 오늘날 사용하는 컴퓨터 시스템 대다수는 최소한의 교착 상태 및 무기한 연기 상황이 발생할 가능성을 가지고 있다. 또한 이러한 시스템 중 다수가 자동 탐지나 복구 기능을 갖추고 있지 않다. 실제로 많은 설계자가 시스템에서 교착 상태와 무기한 연기의 가능성을 완전히 배제하는 것은 불가능하다고 믿는다. 이러한 관찰 결과가 '미션 크리티컬' 시스템을 설계할 때 어떤 영향을 미칠 수 있을지 논의하라.

36 [표 7-9]는 불안전 상태 시스템을 보여준다. 어떻게 하면 이 시스템이 교착 상태에 빠지지 않고 모든 프로세스가 실행을 마칠 수 있는지 설명하라.

[표 7-9] 불안전 상태 시스템의 예

프로세스	loan(P_i)	max(P_i)	claim(P_i)
P_1	1	5	4
P_2	1	3	2
P_3	5	10	5
	a = 1		

37 어떤 시스템에 프로세스 세 개와 동일한 자원 네 개가 있다. 각 프로세스는 이들 자원 중에서 한 번에 최대 두 개를 요구한다.

a. 이 시스템에서 교착 상태가 발생할 수 있는가? 이유를 설명하라.
b. 프로세스 m개가 있고, 각 프로세스가 n개까지 자원을 요청할 수 있다면, 교착 상태가 발생하지 않으려면 가용 자원이 몇 개 있어야 하는가?
c. 프로세스 m개와 자원 r개를 포함하는 시스템이 있다. 모든 프로세스의 최대 필요 자원 수가 같으면, 각 프로세스가 요청할 수 있는 최대 자원 수 n은 얼마인가?

[추천 프로젝트]

38 현대 운영체제들이 교착 상태를 어떻게 처리하고 있는지 연구 보고서를 작성하라.

39 실시간 시스템들이 교착 상태가 일어나지 않게 조치하는 방법을 조사하라. 어떤 방법으로 성능을 유지하면서도 교착 상태 가능성을 제거하는가?

40 웹 서버나 기타 비즈니스 크리티컬 시스템은 교착 상태 문제를 어떻게 다루고 있는지 조사하라.

추천 시뮬레이션

41 교착 상태 탐지와 복구 프로젝트

동종의 자원 n개와 프로세스 m개를 포함하는 시스템에서 교착 상태 발생 여부를 결정하는 시뮬레이션 프로그램을 작성하라. 각 프로세스가 자신에 필요한 자원 집합을 생성하게 하라(예를 들면, 자원 A 셋, 자원 B 하나, 자원 C 다섯 등). 그리고 각 집합에서 임의의 순서로 한 번에 한 가지 유형의 자원을 요청하고, 각 유형 사이에 임의의 정지 시간을 둬라. 각 프로세스들이 원하는 것을 모두 얻을 때까지 얻은 자원들을 보유하게 하라. 교착 상태가 발생하기 시작해야 한다. 이제 다른 스레드가 몇 초 간격으로 교착 상태를 확인하게 하라. 교착 상태가 발생하면 보고한 뒤 교착 상태에 연관된 스레드를 종료해야 한다. 종료할 스레드를 선정할 때 여러 가지 경험적 방법을 사용해보고, 어떤 방법이 평균적으로 최적의 결과를 내는지 살펴보라.

42 교착 상태 방지 시뮬레이션 프로젝트

'7.7 교착 상태 방지'에서 논의한 다양한 교착 상태 방지 방법을 비교하는 시뮬레이션 프로그램을 작성하라. 특히 '대기' 조건 거부를 통한 교착 상태 방지(7.7.1)와 '비신점' 조건을 거부하는 방법(7.7.2)을 비교하라. 프로그램은 사용자 수와 사용자의 도착 시간, 사용자의 자원 요구에 대한 샘플을 생성해야 한다(시스템은 동종의 자원 n개를 포함한다). 이때 필요한 최대 자원 수와 실제로 자원을 요청하는 시점 등을 명시하라. 각 시뮬레이션은 작업의 처리 시간, 자원 활용도, 한 번에 진행되는 작업의 수(현재 필요한 자원 n개를 할당받은 작업들이 진행할 수 있다고 가정) 등에 대한 통계 정보를 축적해야 한다. 시뮬레이션 결과를 관찰해 여러 교착 상태 방지 방법의 상대적인 효과를 비교하고 결론을 도출하라.

43 교착 상태 회피 시뮬레이션 프로젝트

동종의 자원 n개와 프로세스 m개를 포함하는 시스템에서 은행원 알고리즘을 사용해 자원 할당을 하고 있다. 이 시스템의 성능을 검토하는 시뮬레이션 프로그램을 작성하라. [연습문제 7-42]에서 작성한 프로그램을 모델로 하라. 시뮬레이션을 실행하고 자신의 교착 상태 방지 시뮬레이션에서 관찰한 결과와 비교하라. 교착 상태 회피와 방지의 상대적 효율성이 어떠한지 결론을 도출하라.

44 교착 상태 방지와 회피 비교

다양한 자원이 필요한 작업들이 도착하는 시뮬레이션 프로그램을 작성하라(이들에 필요한 각 자원의 목록과 필요한 시간을 보여준다). 이는 임의의 수에 기초한 드라이버 프로그램일 수도 있다. 교착 상태 방지와 회피 전략이 어떻게 자원 활용도를 낮추는지 파악할 수 있도록 시뮬레이션을 사용하라.

핵심용어

Key Terms

- 고급 구성 및 전원 인터페이스 ACPI, Advanced Configuration and Power Interface
- 공유 자원 shared resource
- 교착 상태 deadlock
- 교착 상태 방지 deadlock prevention
- 교착 상태 복구 deadlock recovery
- 교착 상태 비선점 필요조건 no-preemption necessary condition for deadlock
- 교착 상태 상호 배제 필요조건 mutual exclusion necessary condition for deadlock
- 교착 상태 순환 대기 필요조건 circular-wait necessary condition for deadlock
- 교착 상태 충분조건 sufficient conditions for deadlock
- 교착 상태 탐지 deadlock detection
- 교착 상태 필요조건 necessary condition for deadlock
- 교착 상태 회피 deadlock avoidance
- 그래프 소거 graph reduction
- 기아 starvation
- 다익스트라의 은행원 알고리즘 Dijkstra's Banker's Algorithm
- 대기 조건 wait-for condition
- 데드라인 스케줄링 deadline scheduling
- 불안전 상태 unsafe state
- 선점 가능 자원 preemptible resource
- 선점 불가능 자원 nonpreemptible resource
- 선형 순서 linear ordering
- 순차적으로 재사용 가능한 자원 serially reusable resource
- 순차적으로 재사용 가능한 코드 serially reusable code
- 순환 대기 circular wait
- 안전 상태 safe state
- 에이징 aging
- 일시 정지/재시작 suspend/resume
- 자원 유형 resource type
- 자원 할당 그래프 resource allocation graph
- 재진입 코드 reentrant code
- 전용 자원 dedicated resource
- 죽음의 포옹 deadly embrace
- 철학자들의 만찬 Dining Philosophers
- 체크포인트 checkpoint
- 체크포인트/롤백 checkpoint/rollback
- 최대 필요치 maximum need
- 트랜잭션 transaction
- 포화 임계치 saturation threshold
- 하벤더의 선형 순서 Havender's linear ordering

추천도서

Recommended Reading

많은 운영체제에서 교착 상태 문제를 단순히 무시해버리지만, 현장에서는 이 문제를 해결하는 효과적인 알고리즘을 만들려고 많은 연구를 진행해왔다. 다익스트라, Isloor, Marsland[55], Zobel[56]은 교착 상태 문제의 성격을 규명했다. 다익스트라는 멀티프로그래밍 시스템에서 교착 상태 문제를 처음으로 문서화해 교착 상태 회피 전략을 위한 '철학자들의 만찬'과 '은행원 알고리즘'을 제시했다.[57, 58] 후에 Coffman과 Elphick, Shoshani는 교착 상태를 위한 네 가지 필요조건을 분류함으로써 이 분야의 연구 기반을 제공했다.[59] Holt[60, 61]는 교착 상태 방지에 도움이 되는 자원 할당 그래프를 개발했고, Habermann[62]은 여러 교착 상태 회피 기술을 제시했다. 한편, 바흐 Bach는 유닉스 시스템 V 운영체제를 논의하면서 인터럽트 처리와 같은 부분에서 어떻게 교착 상태가 발생할 수 있는지 설명했다.[63] Kenah와 그의 동료들은 DEC의 VAX/VMS 운영체제와 관련해 교착 상태 탐지와 처리 방법을 논의했다.[64]

현대 시스템은 대부분 교착 상태 방지나 회피 메커니즘을 구현하지 않는다. 사실 분산 시스템에서는 전통적인 교착 상태 방지와 회피 메커니즘이 적합하지 않다. 분산 시스템에 있는 각 컴퓨터를 서로 다른 운영체제로 관리하기 때문이다. 연구자들은 작업 손실을 줄이려고 체크포인트/롤백 기능[66]을 사용한 교착 상태 탐지 메커니즘[65]을 연구해왔다. 교착 상태에 관한 연구는 현재 효율적인 교착 상태 탐지 알고리즘 개발과 이들을 분산 시스템, 네트워크 시스템, 기타 교착 상태가 발생하기 쉬운 환경에 적용하는 방법에 중점을 두고 있다.[67] 이 장의 참고 문헌 목록은 http://www.deitel.com/books/os3e/Bibliography.pdf를 참고하기 바란다.

Chapter

08

프로세서 스케줄링

Processor Scheduling

이 장에서 다루는 내용

- 프로세서 스케줄링의 목표
- 선점형/비선점형 스케줄링
- 스케줄링에서 우선순위의 역할
- 스케줄링의 기준
- 보편적인 스케줄링 알고리즘
- 데드라인 스케줄링과 실시간 스케줄링의 개념
- 자바 스레드 스케줄링

01 소개
02 스케줄링 수준
03 선점형/비선점형 스케줄링
04 우선순위
05 스케줄링 목적
06 스케줄링 기준
07 스케줄링 알고리즘
08 데드라인 스케줄링
09 실시간 스케줄링
10 자바 스레드 스케줄링

* 요약
* 연습문제
* 핵심용어

하늘과 행성과 이 중심이 각도와 우선순위 그리고 위치를 준수한다네.

William Shakespeare

…………

무릇 진보하는 모든 것은 애초의 계획에 안주할 수 없다. 그것은 다 큰 어른을 요람에 눕히고 흔들어 주는 것만큼 우스꽝스러운 일이다.

Edmund Burke

…………

모든 문제에는 아주 간단하고 깔끔한, 그러나 잘못된 해결책이 있기 마련이다.

H. L. Mencken

…………

사업을 함에 있어서 신속하게 처리하는 것보다 필수적인 것은 없다.

Joseph Addison

8.1 소개

지금까지 운영체제에서 멀티프로그래밍을 통해 자원을 더 효율적으로 사용하는 방법을 살펴봤다. 시스템이 실행할 프로세스를 선택할 때는 이를 위한 전략, 즉 **프로세서 스케줄링 정책(규칙)** processor scheduling policy(discipline)이 있어야 한다. 스케줄링 정책은 단위 시간 안에 작업을 완료하는 프로세스 수를 높여 처리량 throughput을 최대화하거나 각 프로세스가 실행 전 대기해야 하는 지연 시간 latency을 최소화하는 일, 프로세스가 무기한 연기되는 것을 방지하는 일, 각 프로세스가 명시된 데드라인 전에 작업을 완료하는 일, 프로세스 활용도를 극대화하는 일 등 여러 성능 요건을 충족해야 한다. 이런 목표 중에서 프로세서 활용도나 처리량 등은 상호 보완적이지만, 다른 목표들은 상충하기도 한다. 예를 들어, 프로세스들이 데드라인 전에 작업을 완료하도록 보장하는 시스템에서는 처리량을 최대화하기 힘들다. 이 장에서는 언제, 어떤 프로세스에 프로세서를 할당해야 하는지 논의한다. 이 장에서는 프로세스에 초점을 맞추지만, 여기서 논의하는 많은 주제가 작업 job과 스레드에도 적용된다.

셀프 리뷰

1. 시스템에서 프로세스들이 데드라인 안에 작업을 마치도록 보장하는 최대 처리량을 얻을 수 없다면 어떤 경우인가?
2. 운영체제에서 가장 중요한 성능 기준은 무엇인가? 이 질문에 답하기 어려운 이유는 무엇인가?

▶ **풀이** 1) 예를 들면, 데드라인을 맞춰야 하는 긴 프로세스를 위해 짧은 프로세스 여러 개가 지연될 때, 처리량을 최대화하지 못한다. 2) 어느 한 성능 기준이 다른 것보다 중요하다고 할 수 없다. 이는 각 시스템의 목적에 달려 있다. 예를 들어, 실시간 시스템에서는 프로세스나 스레드에 예측 가능하고 즉각적인 서비스를 제공하는 것이 프로세서 활용도를 높이는 것보다 중요하다. 한편, 오랜 시간 복잡한 연산을 수행하는 슈퍼컴퓨터라면 지연 시간을 최소화하는 것보다는 프로세서 활용도가 특히 더 중요하다.

8.2 스케줄링 수준

이 절에서는 세 가지 스케줄링 수준에 대해 살펴본다([그림 8-1]). **고수준 스케줄링** high-level scheduling은 **작업 스케줄링** job scheduling 또는 **장기 스케줄링** long-term scheduling이라고도 한다. 고수준 스케줄링은 시스템이 어떤 작업에 자원을 얻으려고 경쟁하게 해줄지 결정하는 것이다. 이 수준은 때때로 **진입 허가 스케줄링** admission scheduling이라고 하는데, 어떤 작업이 시스템에 들어갈 것인지 결정하기 때문이다. 일단 진입 허가를 얻으면 작업이 시작되고 프로세스 혹은 프로세스 그룹이 된다. 고수준 스케줄링 정책은 **멀티프로그래밍 정도** degree of multiprogramming, 즉 임의의 시간에 시스템에 존재하는 프로세스의 총 수를 지정한다.[1] 시스템에 너무 많은 프로세스가 들어오면, 시스템에 있는 자원이 너무 많은 요청 때문에 포화 상태가 되어 성능이 떨어질 수 있다. 이 경우 고수준 스케줄링 정책에서는 다른 작업들이 완료할 때까지 일시적으로 새로운 작업이 들어오는 일을 막도록 결정할 수 있다.

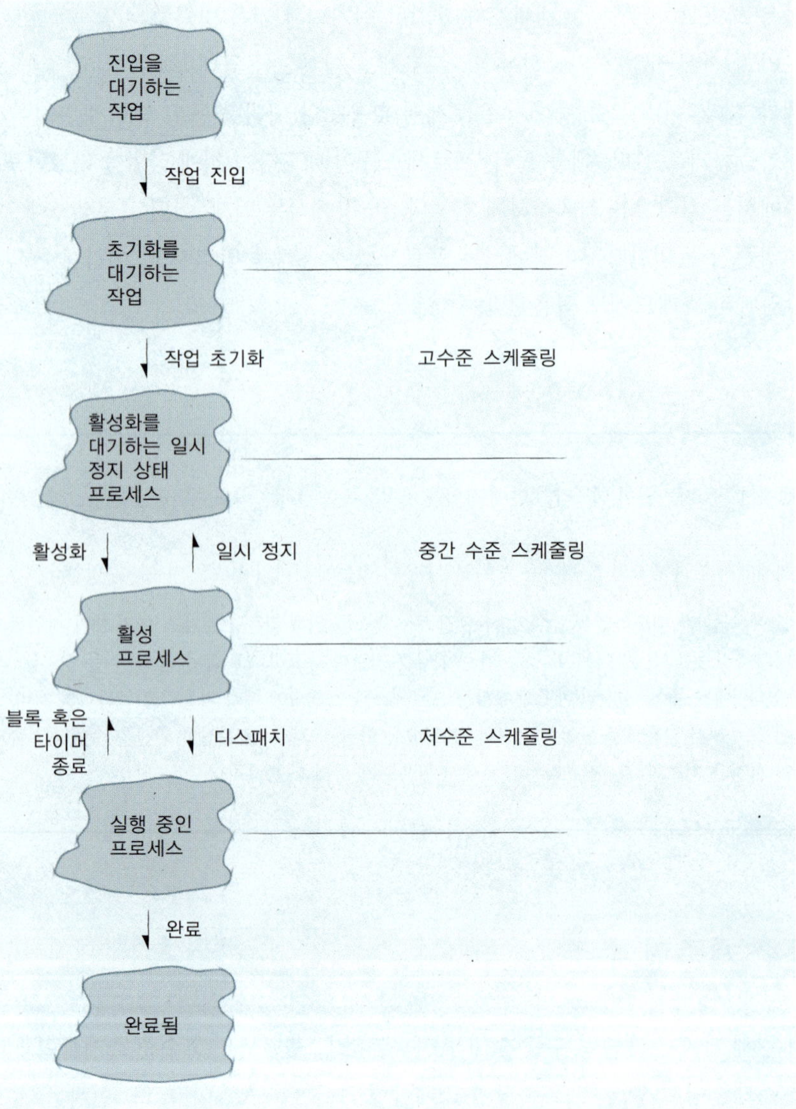

[그림 8-1] 스케줄링 수준

고수준 스케줄링 정책에서 어떤 작업(작업 job은 프로세스를 하나 이상 포함할 수 있다)이 시스템에 들어오도록 허가하고 나면 **중간 수준 스케줄링** intermediate-level scheduling 정책에서는 어떤 프로세스가 프로세서를 얻으려고 경쟁할 수 있는지 결정한다. 이 정책은 단기적인 시스템 부하의 높낮이에 따라 결정된다. 시스템은 원만하게 동작하고 시스템 전반에 걸쳐 일정 수준의 성능 목표를 달성할 수 있게 프로세스를 일시적으로 정지했다가 재시작한다. 중간 수준 스케줄러는 작업이 시스템에 들어가도록 허가하는 일과 이 작업들을 나타내는 프로세스들에 프로세서를 할당하는 일 사이에서 버퍼와 같은 역할을 한다.

시스템의 **저수준 스케줄링** low-level scheduling 정책은 활성화된 프로세스 중 어떤 프로세스에 프로세서를 할당할지 결정한다. 많은 현대 시스템에서 저수준과 중간 수준 스케줄러만 사용한다(이 경우 작업 시작 initiation은 중간 수준 스케줄러에서 수행한다). 고수준 스케줄러들은 흔히 배치 처리를 수행하는 대형 메인프레임과 같은 시스템에서만 사용한다.

저수준 스케줄링 정책에서는 대개 각 프로세스의 중요성을 반영하는 **우선순위** priority를 부여한다. 중요한 프로세스는 스케줄링 정책에 따라 다음 실행 프로세스로 선택될 가능성이 크다. 우선순위에 관해서는 '8.4 우선순위'와 이 장 전반에 걸쳐 논의한다. 저수준 스케줄러(**디스패처** dispatcher)는 또한 선택된 프로세스에 프로세서를 할당(즉, **디스패치** dispatch)한다. 디스패처는 초당 여러 번 동작하므로, 항상 메인 메모리에 상주해야 한다.

이 장에서는 여러 가지 저수준 스케줄링 정책에 관해 논의한다. 특히 '8.5 스케줄링 목적'과 '8.6 스케줄링 기준'에서 각 정책의 스케줄링 목적과 기준을 살펴볼 것이다. 또한 각 정책이 서로 어떻게 연관되어 있는지도 살펴본다. Coffman과 Kleinrock은 유명한 스케줄링 정책을 논의했고, 사용자 시스템의 스케줄링 정책이 어떤지 아는 경우 적절한 방법으로 성능을 개선할 수 있는 방법을 설명한다.[2] Ruschitzka와 Fabry는 스케줄링 알고리즘을 유형별로 분류하고 우선순위의 개념을 정립했다.[3]

셀프 리뷰

1. 중간 수준 스케줄러는 시스템의 부하에 따라 어떻게 반응하는가?
2. 어떤 수준의 스케줄러가 메인 메모리에 상주할 수 있는가? 그 이유는 무엇인가?

▶ **풀이** 1) 중간 수준 스케줄러는 시스템에 부하가 많이 걸릴 때는 프로세스들이 저수준 스케줄러까지 이르지 못하게 막았다가, 시스템 부하가 정상으로 돌아왔을 때 이 프로세스들이 계속 진행하게 한다. 2) 빈번히 실행되는 저수준 스케줄러가 메인 메모리에 상주해야 한다. 그래야 스케줄링 오버헤드를 줄이면서 최대한 빨리 반응할 수 있기 때문이다.

8.3 선점형/비선점형 스케줄링

스케줄링 규칙은 선점형이거나 비선점형이다. **비선점형** nonpreemptive 스케줄링 규칙에서는 시스템이 일단 프로세서를 어떤 프로세스에 할당한 경우 해당 프로세스로부터 프로세서를 강제로 빼앗지 않는다. **선점형** preemptive 스케줄링 규칙에서는 프로세서에서 프로세스가 실행 중일 때 시스템이 해당 프로세서를 빼앗을 수 있다. 비선점형 스케줄링 규칙에서는 각 프로세스가 일단 프로세서를 할당받으면 작업을 완료할 때까지 혹은 프로세스가 자발적으로 프로세서를 반납할 때까지 프로세서에서 실행할 수 있다. 선점형 스케줄링 규칙에서는 프로세서가 프로세스의 코드 일부를 실행하다가 문맥 전환 context switch을 일으킬 수 있다.

선점형 스케줄링은 우선순위가 높은 프로세스에 빨리 응답해야 하는 시스템에서 유용하다. 예를 들어, 실시간 시스템('8.9 실시간 스케줄링' 참고)은 인터럽트에 대해 제시간에 응답하지 않으면 큰 재앙을 초래할 수도 있다.[4,5,6,7] 또한 대화식 시분할 시스템에서는 선점형 스케줄링을 통해 각 사용자가 수용할 만한 반응 시간을 보장할 수 있다. 한편, 선점을 하는 데는 비용, 즉 문맥 전환 오버헤드가 든다('운영체제적 생각: 오버헤드' 참고). 선점이 효과적으로 이루어지려면 시스템이 여러 프로세스를 메인 메모리에 유지해, 프로세서를 사용할 수 있을 때 재빨리 다음 프로세스가 준비하게 한다. '10장. 가상 메모리 구성'에서 살펴보겠지만, 임의의 시간에 프로세스의 일부분만 메인 메모리에 있고 덜 활발히 사용되는 부분은 디스크에 남아 있는 것이 보통이다.

운영체제적 생각

오버헤드 Overhead

컴퓨터 시스템은 궁극적으로 사용자 응용 프로그램을 실행할 목적으로 존재한다. 운영체제에서 분명 중요한 작업을 수행하지만, 그동안 소중한 시스템 자원을 소비한다. 이러한 자원 소비를 오버헤드라고 한다. 사용자 입장에서 느낄 수 있는 '의미 있는' 작업이 아니기 때문이다. 운영체제 설계자들은 시스템의 자원이 사용자 응용 프로그램에 최대한 많이 할당되고 오버헤드는 최소화할 수 있는 방안을 모색한다. 앞으로도 살펴보겠지만, 오버헤드는 자원 활용도를 높여 성능을 향상시킬 수 있다(오버헤드를 감수하고 시스템의 전반적인 성능을 크게 향상시킬 수 있다면, 시스템 자원의 특정 부분을 효과적으로 사용할 수 있다). 또한 더 높은 수준의 보호와 보안을 위해 성능을 낮춰야 할 수도 있다. 컴퓨터 성능이 계속해서 증가하고 비용이 감소함에 따라, 오버헤드로 인한 자원 소비는 점점 덜 중요한 이슈가 될 수 있다. 그러나 설계자들은 오버헤드를 생각할 때, 시스템의 작업 부하 workload를 고려해야 한다. 예를 들어, 적은 일을 위해 많은 오버헤드가 들던 것이 많은 작업 부하 상황에서는 상대적으로 적은 오버헤드로 변할 수 있다. 또한 적은 작업 부하에서 적은 오버헤드가 들던 것이 많은 작업 부하 상황에서는 상대적으로 많은 오버헤드가 들 수도 있다.*

비선점형 시스템에서는* 짧은 프로세스들이 긴 프로세스의 완료를 기다리느라 서비스를 늦게 받는 경우가 많다. 그러나 처리 시간 turnaround time은 예측할 수 있다. 우선순위가 높은 프로세스가 들어온다고 해서 이미 대기 중인 프로세스를 앞지르지는 않기 때문이다. 비선점형 시스템에서는 프로세서에서 완료되지 않은 프로세스를 제거할 수 없기 때문에, 무한 루프에 빠지거나 잘못된 프로그램이 결코 완료할 수 없으면서도 시스템 제어를 양보하지 않는다. 또한 중요도가 떨어지는 프로세스를 먼저 실행하고 있을 때, 중요한 프로세스라도 앞의 프로세스가 완료될 때까지 대기해야 한다.

선점형 시스템은 사용자들이 우연히든 악의적으로든 시스템을 독점하는 것을 방지하려고 프로세스에서 프로세서를 빼앗을 수 있다. '3장. 프로세스 개념'에서 논의했듯이 보통 주기적으로 인터럽트를 생성하는 인터럽팅 클록 interrupting clock 혹은 간격 타이머 interval timer를 설정해 구현한다. 프로세스에 주어진 시간이 만료되어 인터럽트가 발생하면 운영체제가 실행할 수 있게 된다. 일단 프로세스에 프로세서가 할당되면, 해당 프로세스는 자발적으로 프로세서를 반납하거나 클록 인터럽트 등의 인터럽트가 발생할 때까지 실행을 계속한다. 인터럽트가 발생하면 운영체제는 실행 중인 프로세스를 계속 실행할지, 다른 '다음 번' 프로세스를 실행할지 결정해야 한다.

인터럽팅 클록은 사용자들에게 적절한 응답 시간을 보장하고, 시스템이 한 사용자에게만 매달려 있지 않게 해준다. 그리고 프로세스가 시간에 의존하는 이벤트에 반응할 수 있게 해준다. 주기적으로 실행해야 하는 프로세스들은 인터럽팅 클록에 의존한다.

선점형 스케줄링 메커니즘을 설계할 때, 설계자는 우선순위 스키마의 임의적인 성격 arbitrariness을 주의해야 한다. 우선순위 자체가 의미 있게 부여되지 않을 때, 우선순위 선점 스키마를 짜려고 복잡하고 꼼꼼한 메커니즘을 만드는 것은 의미 없는 일이다.

셀프 리뷰

1. 비선점형 스케줄링이 선점형 스케줄링보다 적절한 때는 언제인가?
2. 무한 루프에 진입하는 프로그램이 선점형 시스템을 독점하는 것이 가능한가?

▶ **풀이** 1) 비선점형 스케줄링은 처리 시간을 예측할 수 있어서 사용자들에게 정확한 시간에 작업을 완료해줘야 하는 배치 처리 시스템에 유용하다. 2) 해당 프로세스의 우선순위와 시스템의 스케줄링 정책에 따라 다르다. 일반적으로는 선점형 시스템에서 프로세스가 무한 루프에 빠진다면 처리량이 줄어들 것이다. 그러나 이따금씩 다른 프로세스들을 실행할 수 있다. 우선순위가 높은 프로세스가 무한 루프에 빠지는 경우, 시스템에 ▶▶

* 역자주: 즉, 작업 부하에 따른 오버헤드가 선형적으로, 비례적으로 증가하지 않을 수 있다는 의미다. 예를 들어, 작업량이 적을 때는 오버헤드가 적어 보였는데 작업량이 많을 때는 예상치보다 훨씬 많은 오버헤드가 있다거나 그 반대의 경우가 발생할 수 있다.

있는 다른 모든 프로세스의 우선순위가 낮으면 해당 무한 루프를 계속 실행할 수도 있다. 일반적으로 선점형 시스템은 비선점형 시스템보다 무한 루프의 영향을 덜 받는 편이다. 보통 운영체제들은 한 프로세스가 프로세서를 사용할 수 있는 최대 시간을 제한함으로써 이와 같은 상황을 처리한다.

8.4 우선순위

스케줄러는 종종 우선순위를 사용해 스케줄링하고 프로세서를 할당한다. 우선순위는 정적으로 할당할 수도 있고, 동적으로 변할 수도 있다. 우선순위는 프로세스들의 상대적인 중요도를 정량화(즉, 수치화)한 것이다.

정적 우선순위 static priority는 처음 부여된 대로 고정된다. 따라서 정적 우선순위 기반 메커니즘은 상대적으로 구현하기 쉽고 오버헤드도 적다. 그러나 이러한 메커니즘은 환경 변화에 반응할 수 없고 처리량을 늘리거나 지연 시간을 줄이는 방법을 공략하기 어렵다.

동적 우선순위 dynamic priority 메커니즘은 변화에 다르게 반응할 수 있다. 예를 들어, 더 높은 우선순위를 가진 프로세스가 요구하는 핵심 자원을 보유한 프로세스가 있을 경우 시스템이 우선순위를 높일 수 있다. 첫 번째 프로세스가 자원을 반납한 뒤, 시스템은 우선순위를 낮추어 더 높은 우선순위를 가진 프로세스가 사용할 수 있게 할 것이다. 동적 우선순위 메커니즘은 정적 메커니즘보다 구현하기 복잡하고 오버헤드도 많이 든다. 다만 이러한 오버헤드를 감수하고 동적 우선순위를 구현했을 때, 시스템의 반응성 향상을 기대하는 것이다.

다중 사용자 시스템에서 운영체제는 많은 사용자에게 적정 수준의 서비스를 제공할 수 있어야 한다. 그러나 또한 그 중 한 사용자가 특별한 처리를 하려고 하는 상황도 지원할 수 있어야 한다. 중요한 작업을 해야 하는 사용자는 더 높은 수준의 서비스를 위해 **우선순위 구매** purchase priority에 대한 프리미엄을 지불할 의사가 있을 것이다. 이 경우, 추가적인 비용을 부담시키는 것이 좋다. 왜냐하면 일반적인 비용을 지불하고 있는 다른 사용자에게서 자원을 회수해야 하기 때문이다. 추가 비용을 부담시키지 않으면 모든 사용자가 고급 서비스를 요구할 것이다.

셀프 리뷰

1. 동적 우선순위 메커니즘을 위해서는 비용을 더 들이고 오버헤드를 감수해야 한다. 이 메커니즘이 그만한 가치가 있다면 그 이유는 무엇인가?
2. 동적 스케줄러에서 활용도가 떨어지는 자원을 반납하는 낮은 우선순위 프로세스를 선호하는 이유는 무엇인가?

▶▶

▶ **풀이** 1) 동적 우선순위 메커니즘을 신중하게 구사하면 정적 우선순위 메커니즘보다 반응성이 높은 시스템을 만들 수 있기 때문이다. 2) 활용도가 떨어지는 자원이 사용 가능한 상태일 확률이 높다. 따라서 포화 상태의 자원을 대기하는 높은 우선순위 프로세스보다는 낮은 우선순위 프로세스가 작업을 마치고 시스템을 빨리 빠져나갈 수 있다.

8.5 스케줄링 목적

시스템 설계자들은 스케줄링 규칙을 세울 때 시스템 유형과 사용자 요구 등 다양한 요인을 염두에 두어야 한다. 예를 들어, 실시간 시스템의 스케줄링 규칙은 대화식 데스크톱 시스템의 규칙과는 달라야 한다. 사용자들은 다양한 시스템 유형에서 다른 결과를 기대한다. 시스템 유형에 따라 사용자와 설계자들은 스케줄러에 다음과 같은 특성을 기대한다.

- 처리량 최대화 – 스케줄링 규칙은 단위 시간당 가능하면 많은 프로세스가 서비스를 받을 수 있노록 해야 한다.
- '수용할 만한' 시간 안에 반응을 보이는 대화식 프로세스의 수 최대화
- 자원 활용도 최대화 – 스케줄링 메커니즘은 시스템 자원을 부지런히 사용하게 해야 한다.
- 무기한 연기 회피 – 프로세스들이 서비스를 받으려고 한 없이 대기하면 안 된다.
- 우선순위 강화 – 시스템이 프로세스에 우선순위를 부여할 경우, 스케줄링 메커니즘은 우선순위가 더 높은 프로세스를 선호해야 한다.
- 오버헤드 최소화 – 흥미롭게도 오버헤드 최소화를 일반적으로 가장 중요한 일로 여기지는 않는다. 오버헤드는 흔히 자원 낭비를 가져온다. 그러나 오버헤드를 감수하고 시스템의 전반적인 성능을 크게 향상시킬 수 있다면, 시스템 자원의 특정 부분을 효과적으로 소비할 수 있다.
- 예측 가능성 보장 – 프로세스 반응 시간에 대한 통계적인 변량 variance을 최소화함으로써, 시스템은 프로세스가 예측 가능한 수준으로 서비스함을 보장할 수 있다('운영체제적 생각: 예측 가능성' 참고).

시스템은 여러 가지 방법으로 이러한 목적을 달성할 수 있다. 어떤 경우에는 스케줄러가 에이징 aging, 즉 프로세스가 서비스를 기다리는 시간에 따라 우선순위를 높임으로써 프로세스가 무기한 연기되는 일을 방지할 수 있다. 결과적으로 프로세스의 우선순위가 충분히 높아져서 스케줄러가 해당 프로세스를 선택해 실행한다.

스케줄러는 요청을 빨리 들어줄 수 있는 프로세스를 선택해 시스템의 처리량을 늘리거나 자기 작업을 완료함으로써 다른 프로세스들이 자유롭게 실행하게 할 수 있는 프로세스를 선택할 수

도 있다. 이러한 전략 중 하나는 핵심 자원을 보유하고 있는 프로세스를 선호하는 것이다. 예를 들면, 우선순위가 낮은 프로세스가 우선순위가 높은 프로세스에 필요한 자원을 보유하고 있을 수 있다. 만약 자원이 선점 불가능하면, 스케줄러는 우선순위가 낮은 프로세스에 평소보다 더 긴 실행 시간을 허용해, 해당 프로세스가 작업을 마치고 핵심 자원을 좀더 빨리 반납할 수 있게 한다. 이러한 기술을 **우선순위 역전** priority inversion이라고 한다. 두 프로세스의 상대적인 우선순위가 역전되어, 궁극적으로 우선순위가 높은 프로세스가 필요한 자원을 얻어 실행을 지속할 수 있게 하기 때문이다. 이와 유사하게 스케줄러는 활용도가 떨어지는 자원을 요청하는 프로세스를 선호할 수도 있다. 시스템이 이러한 프로세스의 요구를 단시간에 충족할 가능성이 크기 때문이다.

이와 같은 여러 목적이 상충해 스케줄링이 복잡한 문제가 될 수도 있다. 예를 들어, 반응 시간을 최소화하는 최선의 방법은 필요할 때마다 언제든지 사용할 수 있는 충분한 자원을 보유하는 것이다. 그러나 이 전략을 사용하면 전반적인 자원 활용도가 떨어진다. 실시간 시스템에서는 빠르고 예측 가능한 반응 시간이 생명이다. 반면에 자원 활용도는 그리 중요한 사항이 아니다. 다른 유형의 시스템에서는 경제학 원리에 따라 자원 활용도를 높이는 것을 중요하게 여길 때가 많다. 시스템마다 목적이 다르지만, 많은 스케줄링 규칙에서 다음과 같은 비슷한 특성을 요구한다.

- **공평성** fairness – 스케줄링 규칙이 유사한 프로세스들을 모두 동일하게 대우하고, 어떤 프로세스도 스케줄링 때문에 무기한 연기에 빠지지 않는다면 공평한 원칙이라고 할 수 있다('운영체제적 생각: 공평성' 참고).
- **예측 가능성** predictability – 유사한 시스템 부하 시에는 주어진 프로세스가 항상 비슷한 시간 동안 실행해야 한다.

운영체제적 생각

예측 가능성 Predictability

예측 가능성은 컴퓨터뿐만 아니라 일상생활에서도 중요한 요소다. 만약, 빨간 신호등이 켜져 멈췄는데, 이 신호가 평소보다 훨씬 오랫동안 머물러 있다면 어떻게 되겠는가? 이 정도면 충분히 시간이 되었다 싶을 만큼 기다려도 안 바뀐다면, 아마도 기분이 상하고 초조해질 것이다. 아마 고장 났다고 판단해 신호를 무시하고 건너고 싶어질 것이다. 이와 유사하게 컴퓨터를 사용해 일반적인 작업을 할 때 소요 시간에 대한 감각이 있다. 때문에 운영체제는 어느 정도 예측 가능성을 보장해야 한다. 특히 시스템의 부하나 작업의 성격에 따라 시스템의 부하가 크게 변할 수 있는 상황에서는 더욱 그러하다. 예측 가능성은 대화식 사용자들이 신속한 결과와 일정한 반응 시간을 요구할 때 특히 중요하다. 또한 사람의 생명이 걸린 실시간 작업에서도 매우 중요하다('8.9 실시간 스케줄링' 에서 다룬다). 이 책 전반에 걸쳐 예측 가능성 문제에 관해 논의할 것이다.

* **규모 확장성** scalability – 시스템에 걸릴 부하가 많을 때 성능이 급격히 떨어지면 안 되고, 점진적으로 감소 degrade gracefully 해야 한다.

셀프 리뷰

1. 반응 시간의 변량을 줄여야 한다는 목적과 우선순위를 지원해야 한다는 목적은 어떻게 상충하는가?
2. 스케줄링 오버헤드를 늘 '낭비'라고 봐야 하는가?

▶ **풀이** 1) 선점형 시스템에서는 우선순위가 높은 프로세스들이 우선순위가 낮은 프로세스들을 언제든지 선점할 수 있다. 이에 따라 반응 시간의 변량이 증가한다. 2) 아니다. 효율적인 스케줄링 연산을 할 경우 이 때문에 발생하는 오버헤드에도 불구하고 시스템 자원 활용도를 높일 수 있다.

8.6 스케줄링 기준

스케줄러는 시스템의 스케줄링 목적을 실현하기 위해 프로세스의 행동을 고려해야 한다. **프로세서 중심** processor-bound 프로세스는 시스템이 할당하는 프로세서 시간 processor time을 모두 사용하는 경향이 있다. **입출력 중심** I/O-bound 프로세스는 입출력 요청을 하기 전에 프로세서를 잠시 사용하고 곧 반납하는 경향이 있다. 프로세서 중심 프로세스는 대부분의 시간을 프로세서를 사용하는 데 소비한다. 입출력 중심 프로세스는 대부분의 시간을 외부 자원(프린터, 디스크 드라이브, 네트워크 연결 등)을 대기하는 데 소비하고, 실제로 프로세서를 사용하는 시간은 아주 짧다.

운영체제적 생각

공평성 Fairness

독자들은 "이건 불공평해!"라고 말하며 언짢은 마음을 표현한 경험이 얼마나 있는가? 또한 "인생은 불공평한 거야"라는 말도 여러 번 들어봤을 것이다. 우리는 모두 공평성이 무엇인지 알고, 또한 공평성이 좋지만 모든 이가 이를 보장받지는 않는다는 점도 공감할 것이다. 이 책에서는 여러 장에 걸쳐 이 공평성 문제를 논할 것이다. 이 책에서 살펴볼 우선순위 기반 스케줄링 전략 중에는 대부분의 사용자와 프로세스, 스레드, 입출력 요청 등에 대해서는 좋은 성능을 내지만 다른 사용자나 프로세스, 스레드, 입출력 요청이 불공평한 대접을 받는 희생을 요구하는 전략이 있다. "이건 불공평해!"라고 얘기하겠지만 이런 전략이 시스템의 목적을 달성한다는 사실, 즉 시스템 전반적인 성능을 향상시킨다는 사실을 무시하기 어렵다. 운영체제는 공평성을 염두에 두어야 하지만 다른 점도 함께 고려하면서 공평성을 추구해야 한다. 공평성 문제는 자원 스케줄링 전략을 설계할 때 특히 중요하다. 이 문제에 관해서는 이 장에서 '프로세서 스케줄링'을 다룰 때와 '12장. 디스크 성능 최적화'에서 디스크 스케줄링을 다룰 때 살펴볼 것이다.

스케줄링 규칙은 프로세스가 배치 프로세스인지, 상호 작용성이 높은 프로세스인지도 고려할 수 있다. **배치 프로세스** batch process는 사용자와 상호 작용 없이 수행할 수 있는 작업을 포함한다. **대화식 프로세스** interactive process는 빈번한 사용자 입력을 요구한다. 시스템은 대화식 프로세스에는 적절한 시간 안에 반응을 보여야 하는 반면, 배치 프로세스에 대해서는 어느 정도 지연을 견딜 수 있는 것이 보통이다. 이와 유사하게, 스케줄링 규칙은 프로세스가 얼마나 긴급한 것인지 민감하게 알아야 한다. 야간 배치 프로세스는 즉각적인 반응이 필요 없다. 이에 비해 석유 정제 과정을 모니터링하는 실시간 프로세스 제어 시스템은 반응성이 좋아야만 폭발을 방지할 수 있다.

개정판 출간 당시에는 사용자들이 키보드를 사용해 사소한 요청들을 하면서 프로세스와 상호 작용했다. 이러한 환경에서는 스케줄러가 상호 작용성이 높은 프로세스를 선호할 때 다른 프로세스에 별 영향을 주지 않았다. (예를 들면, 문자열을 보여주는 일 등으로) 대화식 프로세스를 서비스하는 데 필요한 시간이 그리 많지 않았기 때문이다. 그런데 컴퓨터들이 더 강력해지면서 시스템 설계자들과 응용 프로그램 개발자들은 사용자에게 친숙한 컴퓨터 환경을 만들려고 그래픽이나 GUI 기능 등을 추가했다. 몇몇 시스템은 여전히 텍스트 위주 인터페이스를 사용하기도 하지만, 오늘날 대부분의 사용자는 GUI와 마우스 등을 이용해 윈도우를 여닫고, 크기를 조절하고, 드래그 앤 드롭 방식으로 개체들을 이동한다. 시스템은 신속하게 반응해 사용자들이 부드럽고 편안하게 움직일 수 있게 해야 한다. 문자열을 보여주는 일과 달리 이는 고도의 컴퓨팅 능력이 필요한 기능이다. 시스템은 1초에도 몇 번씩 화면을 다시 그려야 한다. 이러한 프로세스를 선호해 사용자와 상호 작용을 도울 때, 다른 프로세스에 제공하는 서비스 수준은 상당히 떨어지게 된다. 배치 프로세스인 경우에는 일시적으로 서비스 수준이 떨어져도 용인할 수 있지만, 멀티미디어 프로그램과 같은 실시간 프로세스에는 치명적이다.

우선순위를 사용하는 시스템에서는 스케줄러가 우선순위가 높은 프로세스를 선호한다. 스케줄러는 우선순위가 높은 프로세스가 우선순위가 낮은 프로세스를 얼마나 자주 선점하느냐에 따라 스케줄링을 결정하기도 한다. 어떤 스케줄링 규칙에서는 자주 선점당하는 프로세스를 덜 선호한다. 프로세스가 잠깐만 실행되고 선점당하면, 문맥 전환 때문에 발생하는 오버헤드만 증가할 뿐이고 효율이 떨어지기 때문이다. 또는 이러한 프로세스를 선호해 이전에 '홀대' 받은 것을 보상해야 한다는 반대 의견도 있을 수 있다.

선점형 스케줄링 정책에서는 각 프로세스의 실제 실행 시간에 관한 정보를 유지하고 있을 때가 많다. 몇몇 설계자는 실행 시간을 적게 부여받는 프로세스를 선호해야 한다고 믿는다. 다른 설계자들은 실행 시간을 많이 부여받은 프로세스가 완료에 가까우므로 이를 선호해 가능하면 빨리 끝내고 자원을 반납하게 하는 것이 유리하다고 믿는다. 이와 유사하게 스케줄러에서 프로세스들이 완료할 때까지 남은 시간에 관한 예상 정보를 유지하기도 한다. 완료 시까지 실행 시간 예상치가 가장 작은 프로세스를 먼저 실행하면, 평균 대기 시간을 최소화할 수 있다. 불행히도 시스템이 각 프로세스가 얼마나 더 실행해야 작업을 마칠 수 있는지 정확히 아는 것은 상당히 어려운 일이다.

셀프 리뷰

1. 일반적으로 대화식 프로세스는 프로세서 중심인가, 입출력 중심인가? 또 배치 프로세스인 경우는 어떠한가?
2. 스케줄러는 프로세스들이 완료하려면 얼마나 더 실행해야 하는지 정확히 알기 어렵다. 예상 완료 시간 정보에 근거해 스케줄링하는 시스템이 있다면, 프로세스들이 이 정책을 어떻게 악용할 수 있을까?

▶ **풀이** 1) 대화식 프로세스는 사용자들의 입력을 기다리는 경우가 많다. 따라서 입출력 중심이다. 그러나 대화식 프로세스도 프로세서를 주로 사용하는 국면으로 접어들 때도 있다. 배치 프로세스는 사용자와 상호 작용이 적고 주로 프로세서 중심이다. 한편 배치 프로세스에도 디스크나 입출력 장치에 빈번하게 접근하는 입출력 중심 프로세스가 있다. 2) 프로세스들이 스케줄러로부터 유리한 대접을 받으려고 남은 실행 시간을 의도적으로 적게 책정할 것이다.

8.7 스케줄링 알고리즘

앞에서 처리량을 최대화하거나 우선순위를 부여하는 일 등 스케줄러의 목적을 명시하는 스케줄링 정책에 관해 논의했다. 이 절에서는 실행 시 어떤 프로세스를 실행할지 결정하는 스케줄링 알고리즘을 살펴볼 것이다. 스케줄링 알고리즘은 각 프로세스가 언제, 얼마 동안 실행할지 결정한다. 이때 선점/비선점 여부와 우선순위, 실행 시간, 완료 시까지 남은 시간, 공평성과 기타 프로세스 특성 등 여러 요인을 고려한다. 앞으로도 살펴보겠지만, 몇몇 시스템에서는 특정 스케줄러 유형을 사용해야 한다. 예를 들어, 실시간 시스템에서는 선점형 우선순위 기반 스케줄러가 필요하다. 다른 시스템에서는 프로세스의 동작을 고려해 스케줄러가 결정한다

8.7.1 선입선출 스케줄링

아마도 가장 간단한 스케줄링 알고리즘은 **선입선출**[FIFO, First-In-First-Out] 방식일 것이다. 선입선출을 선착 우선 서비스[FCFS, First-Come-First-Served]라고도 한다([그림 8-2]). 프로세스들은 준비 큐에 도착한 순서에 따라 프로세서를 할당받는다. FIFO는 비선점 방식이다. 즉, 프로세스가 한 번 프로세서를 차지하면, 종료할 때까지 프로세서를 빼앗기지 않고(즉, 선점당하는 일 없이) 계속 실

행한다. FIFO 방식은 프로세스의 도착 시간에 따라 모든 프로세스를 동일하게 대한다는 점에서 공평하다. 그러나 실행 시간이 긴 프로세스들 때문에 짧은 프로세스들이 오래 대기해야 하는 측면에서는 불공평하다. 더 나쁜 경우에는 중요하지 않은 프로세스 때문에 중요한 프로세스들이 오래 대기할 수 있다. FIFO는 대화식 프로세스를 스케줄링하는 데는 적합하지 않다. 사용자 입력에 대해 짧은 시간 안에 반응함을 보장할 수 없기 때문이다.

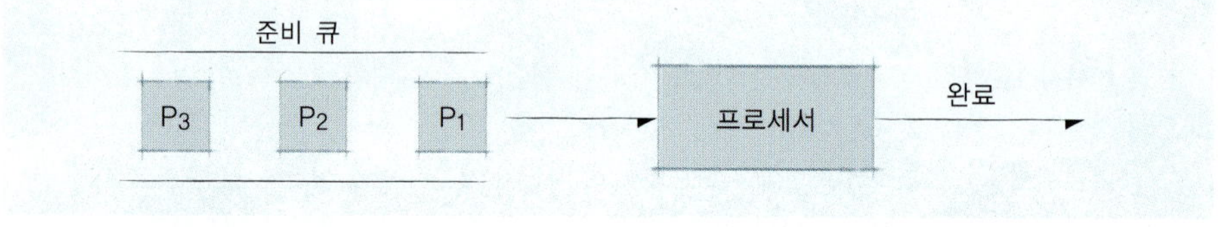

[그림 8-2] 선입선출 스케줄링

현대 시스템에서 FIFO를 주요 스케줄링 정책으로 사용하는 일은 거의 없지만, 종종 다른 정책 안에서 사용한다. 예를 들어, 우선순위가 같은 프로세스가 여러 개 있다면 이들 사이에서는 FIFO 방식을 따른다.

셀프 리뷰

1. FIFO 스케줄러를 사용하는 시스템에서 무기한 연기가 발생할 수 있는가? 모든 프로세스가 도중에 무한 루프에 빠지거나 하지 않고 결국은 실행을 완료함을 전제로 답하라.
2. (참/거짓) FIFO 스케줄링은 현대 시스템에서는 거의 찾아보기 어렵다.

▶ **풀이** 1) 아니다. 무기한 연기가 발생할 수 없다. 도착하는 프로세스는 큐의 뒤로 들어가야 하는데, 이는 앞서 도착해 대기하고 있는 프로세스를 방해할 수 없음을 의미한다. 2) 거짓. FIFO는 주요 정책으로는 사용하지 않지만, 많은 현대 스케줄링 알고리즘에서 사용한다. 예를 들어, 우선순위 기반 스케줄러에서 우선순위가 같은 여러 프로세스를 처리해야 할 때는 FIFO 순서로 처리한다.

8.7.2 라운드로빈 스케줄링

라운드로빈RR, Round-Robin 스케줄링([그림 8-3])에서는 프로세스를 FIFO 순서로 디스패치하지만 **타임 슬라이스(퀀텀)**time slice(quantum)라는 제한된 프로세서 시간 안에서만 수행한다.[8] 어떤 프로세스가 자신의 퀀텀이 만료될 때까지 작업을 마치지 못하면, 시스템은 해당 프로세스로부터 프로세서를 선점해 다음 대기 프로세스에 할당한다. 선점당한 프로세스는 준비 큐의 맨 뒤로 들어가 다시 차례를 기다린다. [그림 8-3]을 보면, 프로세스 P_1이 프로세서에 디스패치되고 실행을 완료해 시스템을 나가거나, 퀀텀이 만료되어 프로세서를 빼앗기고 준비 큐 뒤쪽으로 들어간다. 다음으로 스케줄러는 프로세스 P_2를 디스패치한다.

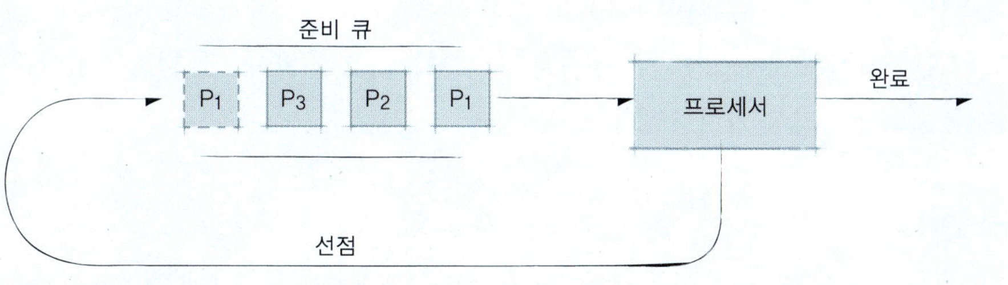

[그림 8-3] 라운드로빈 스케줄링

라운드로빈 방식은 적절한 반응 시간을 보장해야 하는 대화식 환경에서 효과적이다. 이 경우, 시스템은 효율적인 문맥 전환 메커니즘을 사용하고, 대기 프로세스를 메인 메모리에 유지해 선점 때문에 발생하는 오버헤드를 최소화해야 한다.

FIFO 방식과 같이 라운드로빈 방식도 주요 메커니즘으로는 거의 사용하지 않고, 복잡한 스케줄링 알고리즘 내부에서 찾아볼 수 있다. 여기서 살펴볼 여러 복잡한 스케줄링 알고리즘은 우선순위가 같은 프로세스에 FIFO 혹은 라운드로빈을 적용한다. 따라서 FIFO와 라운드로빈 방식은 실시간 시스템을 위한 POSIX 명세에서 요구하는 세 가지 스케줄링 알고리즘에 속한다('8.9 실시간 스케줄링' 참고).[9]

이기적인 라운드로빈

Kleinrock은 라운드로빈을 변형한 **이기적인 라운드로빈** SRR, Selfish Round-Robin에 관해 논의했다. 이기적인 라운드로빈은 시간이 지남에 따라 프로세스의 우선순위를 높이는 에이징 aging 기법을 사용한다.[10] 이 방식은 각 프로세스가 시스템에 진입할 때, 먼저 보류 큐 holding queue에 들어간다. 그리고 오래되어 활성 큐 active queue에 들어갈 만한 우선순위가 될 때까지 여기에 머문다. 우선순위가 높아지면 활성 큐에 위치해, 큐에 있는 다른 프로세스들과 함께 라운드로빈 방식으로 스케줄링된다. 스케줄러는 활성 큐에 있는 프로세스만 디스패치한다. 즉, 이제 막 시스템에 진입한 프로세스보다 먼저 온 오래된 프로세스를 선호한다.

SRR에서는 프로세스의 우선순위가 보류 큐에 머무는 동안에는 a의 비율, 활성 큐에 머무는 동안에는 b의 비율로 올라가며 $b \leq a$다. $b < a$일 때는, 보류 큐에 있는 프로세스가 활성 큐에 있는 프로세스보다 높은 비율로 에이징된다. 따라서 결국에는 보류 큐에 있던 프로세스가 활성 큐

에 들어가고 프로세서를 얻으려고 경쟁할 수 있게 된다. 파라미터 *a*와 *b*를 조절해 프로세스의 에이징 속도를 다르게 하면, 평균 지연 시간과 처리량에 영향을 줄 수 있다. 예를 들어, *a*가 *b*보다 훨씬 커지면 시스템에 진입하는 프로세스가 보류 큐에 대기하는 시간이 짧아진다. $b \ll a$면 프로세스가 보류 큐에서 시간을 거의 소비하지 않아 단순한 라운드로빈 방식으로 변한다. $b = a$면 시스템에 있는 모든 프로세스가 같은 비율로 에이징되어 FIFO 방식으로 변한다. [연습문제 8-23]에서는 SRR 방식의 몇 가지 속성을 조사한다.

퀀텀 크기

퀀텀 크기 quantum size *q*를 결정하는 일은 선점형 스케줄링을 사용하는 시스템에 중대한 영향을 준다.[11] 퀀텀이 커야 하는가, 작아야 하는가? 크기가 고정되어야 하는가, 가변적이어야 하는가? 또한 모든 프로세스에 대해 동일해야 하는가, 각 프로세스마다 개별적으로 결정해야 하는가?

먼저 퀀텀이 아주 크거나 작을 때 시스템이 어떻게 동작하는지 고려해보자. 퀀텀이 아주 크면 프로세스는 작업을 완료할 충분한 시간을 얻게 되고, 라운드로빈 방식이 FIFO 방식으로 변한다. 퀀텀이 아주 작으면, 문맥 전환 때문에 발생하는 오버헤드가 너무 커진다. 결국 시스템 성능이 감소하고, 의미 있는 일을 수행하기보다는 대부분의 시간을 문맥 전환에 사용한다.

그렇다면 0과 무한대 중 어느 정도가 퀀텀 크기로 적당할까? 다음과 같은 실험을 생각해보자. 다이얼에 $q = 0$에서 $q = c$까지 적혀 있고 *c*는 아주 큰 수라고 하자. 0에 위치한 다이얼부터 시작한다. 다이얼을 돌릴 때마다 시스템의 퀀텀 크기가 증가한다. 시스템이 가동 중이고 사용자와 상호 작용하는 프로세스가 많다고 가정해보자. 처음 다이얼을 돌릴 때 거의 0 근처에서 시작하고, 이때는 문맥 전환 오버헤드 때문에 프로세서 사이클의 대부분을 소비한다. 대화식 사용자는 시스템이 느려지고 반응 속도가 너무 느린 것을 경험할 것이다. 퀀텀 크기를 증가시키면 반응 시간이 향상될 것이다. 오버헤드에 소비하던 프로세서 시간은 프로세스들이 서비스받는 시간에 비해 적어지지만, 그래도 사용자가 느끼기에 반응 시간이 충분히 빠르지 않은 단계다.

다이얼을 좀더 돌리면, 반응 시간이 점점 향상될 것이다. 결국 대화식 프로세스 대부분이 신속한 반응을 보이는 지점까지 갈 것이다. 그러나 퀀텀 크기가 최적인지는 아직 분명하지 않다. 다이얼을 더 돌리면, 반응 시간은 좋아지다가 좀더 돌리면 다시 느려지는 지점이 있을 것이다. 퀀텀 크기는 점점 커져서 각 프로세스가 작업을 모두 마칠 정도로 충분히 커진다. 스케줄링은 FIFO 방식처럼 되어, 오래 걸리는 프로세스들 때문에 짧은 프로세스들이 대기하게 되고 평균 대기 시간이 길어진다.

반응 시간이 양호한 퀀텀의 최적 값을 가정해보자. 예를 들면, 1초도 안 되는 소수 값이라고 하자. 이 퀀텀은 무엇을 나타내는가? 이는 퀀텀 시간이 충분히 커서 대부분의 대화식 요청이 퀀텀 크기보다 짧은 시간을 요구함을 의미한다. 대화식 프로세스가 실행을 시작할 때 보통은 프로세서를 잠시만 사용한다. 즉, 입출력 요청을 할 정도만 실행한 후 재빨리 블록된다. 이 시점에 해당 프로세스는 다음 프로세스에 프로세서를 양보한다. 퀀텀은 이 입출력 시까지 계산 compute-until-I/O 시간보다 크다. 프로세스가 프로세서를 획득할 때마다 이 프로세스는 입출력 요청을 발생시킬 때까지 실행할 가능성이 크다. 이는 입출력 활용도를 극대화하고 대화식 프로세스에 비교적 빠르게 반응한다. 또한 프로세서 중심 프로세스에 미치는 영향도 적다. 입출력 중심 프로세스가 실행 후 곧 블록되기 때문에 프로세서 중심 프로세스는 대부분의 시간 동안 프로세서를 차지할 수 있게 된다.

실제 초 단위로 할 때 도대체 어떤 값이 최적의 퀀텀일까? 분명히 퀀텀 크기는 시스템마다 그리고 부하에 따라 다를 것이다. 프로세스에 따라서도 다르겠지만 여기서 다루는 목적은 프로세스들의 퀀텀 차이를 따지는 것이 아니다.

리눅스에서는 프로세스에 할당하는 기본 퀀텀이 100ms지만, 프로세스의 우선순위와 동작에 따라 10~200ms 범위에서 변한다. 우선순위가 높고 입출력 중심 프로세스라면 우선순위가 낮고, 프로세서 중심 프로세스들보다 퀀텀이 크다.[12] 윈도우 XP에서는 프로세스에 할당하는 기본 퀀텀 크기가 아키텍처에서 명시한 20ms다. 이 값도 프로세스가 GUI 포그라운드에서 실행되는지, 백그라운드에서 실행되는지에 따라 변한다.[13]

모든 프로세스가 프로세서 중심일 경우에는 추가적인 오버헤드가 시스템 성능을 떨어뜨릴 것이다. 하지만 설령 프로세서 중심 프로세스들만 활성화되어 있다 해도 여전히 선점이 유용할 수 있다. 예를 들어, 프로세서 중심 프로세스가 실시간 미션 크리티컬 시스템을 제어하는 경우, 프로세스가 무한 루프에 빠지거나 프로세서 시간을 기대 이상으로 요구하는 상황에 빠질 수 있다. 더 간단히 말하면, 많은 프로세서 중심 시스템이 이따금씩 대화식 프로세스를 지원하기 때문에 선점을 통해 대화식 프로세스가 도착할 때 적절한 시간에 반응을 보일 수 있게 보장하는 것이 좋다.

셀프 리뷰

1. 입출력 중심 프로세스만 있는 시스템에서 퀀텀 크기를 조절하는 다이얼을 돌린다고 하자. $q = c$인 지점 이후 퀀텀 크기를 늘리는 것은 시스템 성능에 거의 변화를 주지 않는다. c는 무엇을 나타내는가? 또한 $q > c$일 때 시스템 성능에 변화가 생기지 않는 이유는 무엇인가?
2. 본문에서는 각 입출력 중심 프로세스가 입출력 요청을 생성할 만큼만 실행되고 재빨리 블록되게 하는 최적의 퀀텀 값을 설명했다. 이를 구현하는 것이 어려운 이유는 무엇인가?

▶ **풀이** 1) 이 지점은 시스템에 있는 모든 프로세스의 입출력 요청 사이에서 가장 긴 시간일 것이다. q 값이 c를 넘어선 후 증가할 때 어떤 프로세스에도 영향을 주지 않을 것이다. 각 프로세스는 자신의 퀀텀 기간이 만료되기 전에 블록되므로, 추가적인 프로세서 시간을 할당받아도 이점을 얻을 수 없기 때문이다. 2) 일반적으로 프로그램이 취할 실행 경로를 예측하는 것은 불가능하다. 즉, 시스템은 프로세스가 언제 입출력 요청을 발생시킬지 정확하게 결정할 수 없다. 따라서 각 프로세스와 시간의 흐름에 따라 달라지므로 전체적으로 최적의 퀀텀 크기를 결정하기 어렵다.

8.7.3 최단 프로세스 우선 스케줄링

최단 프로세스 우선SPF, Shortest-Process-First은 비선점형 스케줄링 규칙으로, 스케줄러가 완료 시까지 실행 시간run-time-to-completion이 가장 짧을 것으로 예상하는 프로세스를 선택한다. SPF는 FIFO보다는 평균 대기 시간이 감소한다.[14] 그러나 대기 시간은 FIFO 방식보다 변량이 크다(즉, 예측이 더욱 어렵다). 특히 큰 프로세스에서는 이 현상이 두드러진다.

SPF는 긴 프로세스보다는 짧은 프로세스를 선호한다. 많은 설계자가 프로세스가 짧을수록 더 나은 서비스를 받아야 한다고 주장한다. 한편 이에 반대하는 설계자도 있다. 이러한 전략은 프로세스의 중요도를 반영하는 우선순위와 부합하지 않기 때문이다. 대화식 프로세스들은 특히 프로세서 중심 프로세스들보다 '짧다.' 따라서 이 규칙은 대화식 프로세스들에 양호한 반응 시간을 보이는 편이다. 문제는 비선점형이기 때문에 이제 막 도착한 대화식 프로세스는 신속한 서비스를 받을 수 없다는 점이다.

SPF는 다음 번 프로세스가 가능하면 빨리 작업을 완료하고 시스템을 나감을 보장하는 방식으로 서비스할 프로세스를 선택한다. 이는 대기하는 프로세스의 수를 줄이고, 긴 프로세스 뒤에 대기하는 프로세스 수를 최소화한다. 그 결과 SPF는 프로세스들의 평균 대기 시간을 줄여준다.

SPF의 주요 문제점은 프로세스가 얼마나 오래 실행해야 하는지 정확히 알아야 한다는 점이다. 그런데 이 정보는 대체로 얻기가 어렵다. 따라서 SPF는 실행 시간 예측 정보를 사용자나 시스템에 의존해야 한다. 동일한 프로세스를 규칙적으로 실행하는 제조 환경에서는 시스템이 경험에 근거해 실행 시간을 예상할 수도 있다. 그러나 개발 환경에서는 사용자가 프로세스의 실행 시간을 거의 알 수 없다.

사용자 프로세스의 예상 실행 시간에 의존할 때, 또 다른 문제는 사용자가 예상 값을 작게 알려서 시스템이 해당 프로세스를 선호하게 유도하는 등 부정확한 정보를 줄 수도 있다는 점이다. 하지만 스케줄러가 이런 유혹을 뿌리치도록 설계할 수도 있다. 예를 들어, 프로세스가 예상 시간보다 오래 실행될 때 시스템이 프로세스를 종료하고 페널티로 해당 사용자의 다른 프로세스에 대한 우선순위를 감소시키게 할 수도 있다. 두 번째 방법은 해당 프로세스의 예상 시간에 작은 여분의 시간을 더하고 시스템이 나중에 재시작할 수 있게 프로세스를 '보류' shelve(즉, 현재 형태대로 보존)하는 것이다.[15]

SPF는 최단 작업 우선 SJF, Short Job First이라는 규칙에서 도출된 것이다. SJF는 공장에서는 좋을지 모르지만 운영체제의 단기 스케줄링으로는 부적합하다. SPF는 FIFO와 같이 비선점 방식이다. 따라서 적절한 반응 시간을 보장해야 하는 환경에서는 부적합하다.

셀프 리뷰

1. 시스템 처리량이 중요한 경우, SPF가 FIFO보다 바람직한 이유는 무엇인가?
2. SPF가 현대 운영체제의 저수준 스케줄링으로 부적절한 이유는 무엇인가?

▶ **풀이** 1) SPF는 평균 대기 시간을 줄여서 처리량을 높여준다. 2) SPF는 프로세스에 빠른 응답 시간을 보장하지는 않는다. 반응 시간은 오늘날과 같이 사용자에게 친숙한 환경을 제공하고 멀티프로그래밍을 사용하는 대화식 시스템에서는 아주 중요한 요소다.

8.7.4 최고 응답률 우선 스케줄링

브린치 한센 Brinch Hansen은 **최고 응답률 우선** HRRN, Highest-Response-Ratio-Next 스케줄링 정책을 개발했다. HRRN은 SPF의 약점, 특히 실행 시간이 긴 프로세스를 차별하고 짧은 프로세스를 지나치게 선호하는 점을 보강한 정책이다. HRRN은 각 프로세스의 우선순위에서 서비스 시간뿐만 아니라 서비스를 받으려고 대기하는 시간도 계산하는 비선점형 스케줄링 규칙이다.[16] 프로세스가 일단 차례를 얻으면 해당 프로세스는 완료할 때까지 실행한다. HRRN은 다음 공식에 따라 우선순위를 계산한다.

$$\text{우선순위} = \frac{\text{대기 시간} + \text{서비스 시간}}{\text{서비스 시간}}$$

서비스 시간이 분모에 들어가기 때문에 실행 시간이 짧은 프로세스의 우선순위가 높아진다. 그러나 대기 시간을 분자에 더하기 때문에 오랫동안 대기한 프로세스도 우선순위가 높아진다. 이 기법은 에이징 기법과 비슷하며, 특정 프로세스가 무기한 연기되는 일을 방지해준다.

셀프 리뷰

1. (참/거짓) HRRN 스케줄링을 사용할 때 짧은 프로세스는 항상 긴 프로세스보다 먼저 스케줄링된다.
2. 프로세스 P_1은 서비스 시간으로 5초를 명시하고, 20초를 대기했다. 프로세스 P_2는 서비스 시간으로 3초를 명시하고 9초를 대기했다. HRRN을 사용하는 시스템에서 어떤 프로세스를 먼저 실행하겠는가?

▶▶

▶ **풀이** 1) 거짓. 프로세스가 오래 대기할수록 짧은 프로세스보다 먼저 스케줄링될 가능성이 커진다. 2) 이 경우 프로세스 P_1은 우선순위가 5고, P_2는 우선순위가 4다. 따라서 P_1을 먼저 실행한다.

8.7.5 최소 잔여 시간 스케줄링

최소 잔여 시간SRT, Shortest-Remaining-Time 스케줄링은 SPF에 상응하면서도 선점형 스케줄링 정책이다. SRT는 도착하는 프로세스 중 작은 프로세스에 먼저 서비스함으로써 처리량을 증대하려고 한다. SRT는 작업이 연이어 진입하는 작업 처리 시스템에는 좋았지만 대부분의 현대 운영체제에서는 적합하지 않다. SRT에서는 스케줄러가 예상 완료 시까지 실행 시간이 가장 짧은 프로세스를 선택한다. SPF에서는 프로세스가 한 번 실행을 시작하면 완료할 때까지 계속 실행했다. 그런데, SRT에서는 새로 도착하는 프로세스의 예상 실행 시간이 더 짧은 경우, 완료 시까지 실행 시간이 더 긴 프로세스를 선점한다. SRT도 마찬가지로 프로세스의 실행 시간에 대한 예측 정보가 필요하며, 설계자는 사용자가 스케줄링 전략을 악용할 가능성도 고려해야 한다.

이 알고리즘은 실행 중인 프로세스의 경과 시간에 관한 정보를 유지해야 하고, 이따금씩 선점 작업을 해야 한다. 새로 도착한 프로세스가 짧은 실행 시간을 가질 경우에는 거의 즉시 실행하게 된다. 그러나 실행 시간이 긴 프로세스는 SPF보다 대기 시간이 길어질 수도 있고 대기 시간의 변량 또한 크다. 이러한 요인들 때문에 SRT는 SPF보다 오버헤드가 크다.

SRT 알고리즘은 이론상으로는 최소한의 대기 시간을 요구하지만 어떤 상황에서는 선점 오버헤드 때문에 SPF보다 못한 효과를 내기도 한다. 예를 들어, 실행 중인 프로세스가 거의 완료되어갈 때 예상 서비스 시간이 아주 짧은 프로세스가 도착한다고 해보자. 이때 실행 중인 프로세스를 선점해야 하는가? SRT 규칙에 따르면 선점을 해야 하지만, 최선의 선택이 되지 못하는 것이다. 이런 부작용을 해결하는 한 가지 방법은 완료 시까지 남은 시간이 아주 적은 특정 값에 도달했을 때는 실행 중인 프로세스를 선점하지 않게 하는 것이다.

새로 도착하는 프로세스가 실행 중인 프로세스보다 실행 예상 시간이 짧되 차이가 아주 작은 경우도 마찬가지다. SRT 알고리즘만 놓고 보면 실행 중인 프로세스를 선점해야 하지만, 선점 오버헤드에 비해 서비스 시간의 차이가 작은 경우는 오히려 성능을 떨어뜨리므로 이 역시 최선의 선택이 아니다.

이러한 예에서 볼 수 있듯이 운영체제 설계자는 자원 관리 메커니즘과 예상 이점의 경중을 신중하게 고민해야 한다. 또한 간단한 스케줄링 정책은 미묘한 이유 때문에 성능이 많이 떨어진다는 점도 알 수 있다.

셀프 리뷰

1. SRT는 대화식 시스템에 효과적인 프로세서 스케줄링 알고리즘인가?
2. SRT가 실시간 프로세스에 효과적인 스케줄링 알고리즘이 되지 못하는 이유는 무엇인가?

▶ **풀이** 1) 언뜻 보면 작업이 입출력 요청을 하기 전에 짧은 기간 동안만 수행된다면, SRT는 대화식 프로세스에 효과적인 알고리즘처럼 보인다. 그러나 SRT는 입출력 시까지 실행 시간이 아닌, 완료 시까지 실행 시간을 기반으로 우선순위를 결정한다. 셸과 같은 대화식 프로세스는 세션의 생명 주기 내내 실행되며, 이는 셸의 우선순위가 가장 낮아지는 결과를 가져온다. 2) SRT는 반응 시간의 변량이 크다. 실시간 프로세스는 반응 시간의 변화가 작아야 하고 항상 특정 시간 안에 작업을 완료함을 보장해야 한다.

8.7.6 다수준 피드백 큐

프로세스가 프로세서를 차지할 때, 특히 해당 프로세스가 행동 양식(예를 들면, 입출력 요청을 하기 전에 보통 얼마만큼 실행될지 혹은 메모리의 어느 부분을 선호할지 등)을 확립할 기회를 얻지 못한 경우, 스케줄러는 해당 프로세스가 사용할 정확한 프로세서 시간을 결정할 수 없다. 입출력 중심 프로세스는 대체로 프로세서를 아주 잠시만 사용한 후 입출력 요청을 한다. 프로세서 중심 프로세스는 시스템이 선점하는 일 없이 프로세서를 허용한다면, 한 번 실행 시 몇 시간씩 사용할 수도 있다. 스케줄링 알고리즘은 일반적으로 짧은 프로세스, 입출력 중심 프로세스를 선호해 입출력 장치들에 대한 활용도를 높이고 적절한 반응 시간으로 상호 작용성을 높여야 한다. 또한 프로세스의 성격을 가능하면 빨리 파악하고 적절하게 스케줄링해야 한다.

다수준 피드백 큐 multilevel feedback queue([그림 8-4])는 이러한 목적을 달성하기 위한 장치다.[17] 새로운 프로세스는 큐잉 네트워크에서 가장 높은 큐의 꼬리 쪽으로 들어간다. 이 프로세스는 큐에서 FIFO 순서로 점점 앞으로 진행해 프로세서를 획득한다. 만일 프로세스가 실행을 마치거나 입출력 완료 혹은 다른 이벤트를 대기하려고 프로세서를 반납한다면, 큐잉 네트워크를 나가게 된다. 프로세스가 자발적으로 프로세서를 반납하기 전에 퀀텀 기간이 완료되면 시스템은 해당 프로세스를 다음 수준 큐의 꼬리 쪽에 넣는다. 프로세스가 각 수준에서 허용된 퀀텀을 모두 소비하면, 한 수준 낮은 다음 번 큐로 계속 옮겨간다. 이 메커니즘에는 대체로 프로세스가 완료될 때까지 라운드로빈 방식으로 순환하는 최하위 수준의 큐가 있다. 다음으로 프로세서를 얻는 프로세스는 다수준 피드백 큐에서 가장 높은 큐의 머리에 있는 프로세스다. 실행 중인 프로세스들도 더 높은 큐에 도착하는 프로세스가 있으면, 이에 선점당한다.

이 시스템에서는 더 높은 큐에 프로세스가 항상 최소 하나 이상 있다면, 낮은 큐에 있는 프로세스들이 무기한 연기에 빠질 수 있다. 서비스될 프로세스들이 많이 들어오거나 퀀텀을 모두 소비하는 여러 입출력 중심 프로세스가 있는 시스템에서 이런 일이 발생할 수 있다.

다수의 다수준 피드백 장치에서 프로세스들이 더 낮은 수준의 큐로 옮겨갈 때, 스케줄러는 해당 프로세스들의 퀀텀 크기를 증가시킨다. 따라서 프로세스가 큐잉 네트워크에 오래 머물수록 프로세서를 얻을 때마다 더 큰 퀀텀을 부여받는다. 이런 방법이 적절한 이유는 곧 살펴볼 것이다.

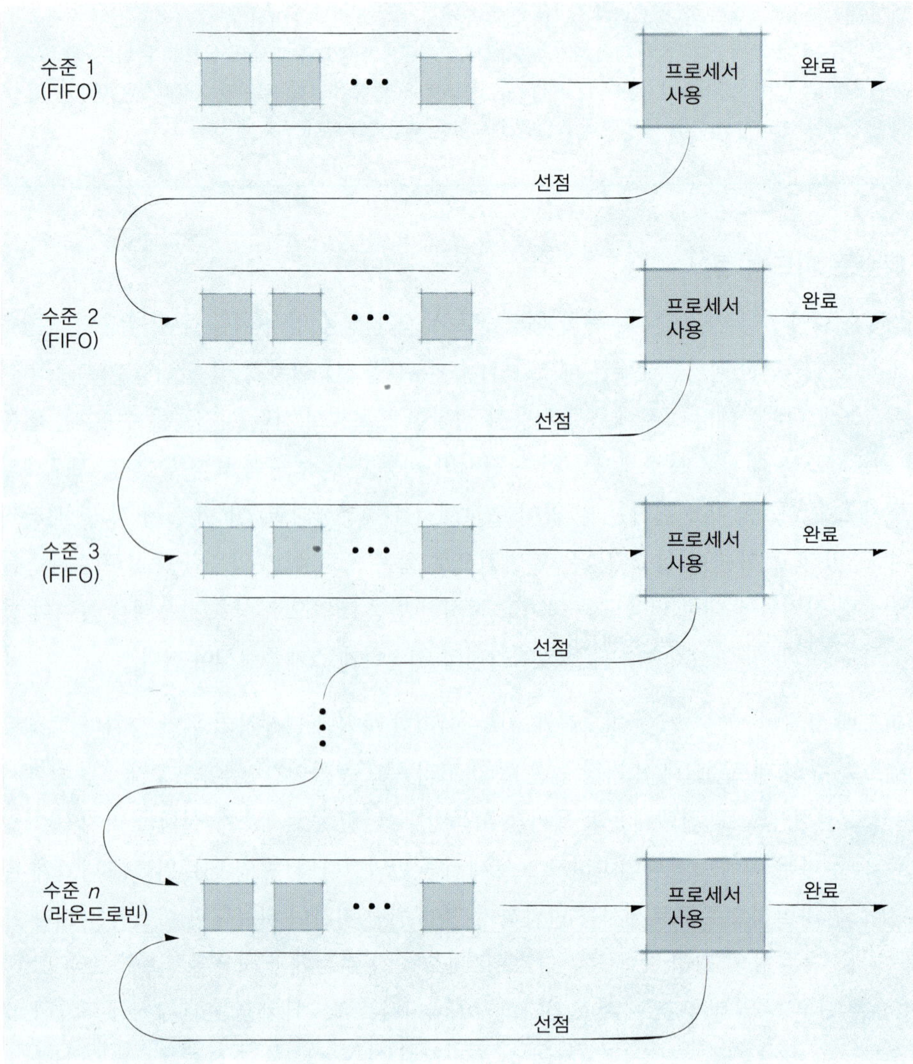

[그림 8-4] 다수준 피드백 큐

이 규칙이 여러 프로세스 유형에 어떻게 반응하는지 살펴봄으로써 각 프로세스를 어떻게 처리하는지 검토해보자. 다수준 피드백 큐는 입출력 중심 프로세스와 짧은 프로세서 시간만 필요한 프로세스를 선호한다. 이들은 높은 우선순위로 큐잉 네트워크에 진입하고 프로세서를 빨리 획득하기 때문이다. 스케줄링 규칙은 첫 번째 큐에 충분히 큰 퀀텀을 지정해, 대부분의 입출력 중심 프로세스(그리고 대화식 프로세스)가 퀀텀 만료 전에 입출력 요청을 할 수 있게 한다. 프로세스는 기대하는 만큼 유리한 대우를 받고, 입출력을 요청할 때 큐잉 네트워크를 떠난다. 해당 프로세스는 다음 번 준비 상태가 되었을 때 네트워크에 다시 들어간다.

이제 프로세서 중심 프로세스들에 대해 생각해보자. 프로세스는 높은 우선순위로 네트워크에 진입한다. 그리고 시스템은 해당 프로세스를 가장 높은 수준의 큐에 넣는다. 이 시점에서 큐잉 네트워크는 프로세스가 프로세서 중심인지, 입출력 중심인지 모른다(큐잉 네트워크의 목적도 이를 빨리 파악하는 것이다). 해당 프로세스는 프로세서를 빨리 얻고 자신의 퀀텀을 모두 사용하고, 퀀텀이 만료되어 스케줄러가 이 프로세스를 다음 수준의 큐에 놓는다. 이제 해당 프로세스가 더 낮은 우선순위를 갖게 되고 새로 들어오는 프로세스가 먼저 프로세서를 획득한다. 이는 많은 프로세서 중심 프로세스가 큐잉 네트워크의 하위 수준으로 가라앉을 때도 대화식 프로세스가 여전히 좋은 반응 시간을 얻음을 의미한다. 나중에는 프로세서 중심 프로세스가 프로세서를 얻고 가장 높은 큐에서보다 큰 퀀텀을 얻게 되며, 다시 퀀텀을 모두 사용한다. 그 후 스케줄러는 해당 프로세스를 한 단계 낮은 수준인 큐의 꼬리 부분에 넣는다. 이런 식으로 프로세스가 점점 낮은 수준의 큐로 옮겨가고, 타임 슬라이스 사이에 더 오래 대기하며, 프로세서를 얻을 때마다 (새로 도착하는 프로세스에 선점당하지 않는 한) 퀀텀 시간을 모두 사용하게 된다. 결국 프로세서 중심 프로세스는 가장 낮은 수준의 큐에 도달하고, 여기서 다른 프로세서 중심 프로세스와 함께 라운드로빈 방식으로 경쟁한다.

그러므로 다수준 피드백 큐는 프로세스들이 프로세서를 요구하는 정도에 따라 분류하는 데 이상적인 방식이다. 프로세스가 큐잉 네트워크를 나갈 때, 머물렀던 가장 낮은 수준의 큐에 대한 식별 번호로 '도장을 찍을' 수 있다. 프로세스가 큐잉 네트워크에 다시 들어올 때, 시스템은 해당 프로세스를 곧장 마지막에 있었던 큐에 놓을 수 있다. 여기서 스케줄러는 프로세스가 최근 한 행동이 가까운 미래의 행동을 예측하는 데 좋은 지표로 작용한다는 경험적 방법을 사용한다. 스케줄러는 이와 같은 기법을 사용해 다시 들어오는 프로세서 중심 프로세스를 높은 수준의 큐에 넣지 않게 된다. 이렇게 해서 우선순위가 높고 짧은 프로세스, 입출력 중심 프로세스를 방해하는 일을 방지한다.

불행히도 돌아오는 프로세스를 항상 마지막으로 있었던 가장 낮은 큐에만 놓는다면 스케줄러는 프로세스의 행동이 변할 때(예를 들면, 프로세스가 프로세서 중심에서 입출력 중심으로 변하는 등) 제대로 반응할 수 없게 된다. 스케줄러는 이 문제를 해결하려고 해당 프로세스가 머물렀던 가장 낮은 큐의 식별자뿐 아니라 마지막 실행 시 사용하지 못한 퀀텀의 양에 관한 정보도 유지해야 한다. 만일 해당 프로세스가 퀀텀을 모두 사용한 경우라면 역시 낮은 수준의 큐에 배치된다. 만일 프로세스가 퀀텀 만료 전에 입출력 요청을 했다면 높은 수준의 큐에 배치될 것이다. 프로세스가 프로세서 중심에서 입출력 중심으로, 새로운 국면에 들어가면 시스템이 이 변화를 감지하는 처음 얼마 동안은 약간 느릴 수 있지만, 곧 스케줄링 알고리즘을 통해 이 변화를 감지하고 적절한 반응 시간을 보일 것이다.

시스템이 프로세스의 변화에 따라 다른 반응을 보이게 하는 또 다른 방법은 프로세스가 퀀텀 만료 이전에 자발적으로 프로세서를 반납할 때마다 한 수준 높은 큐로 보내는 것이다. 이와 유사하게 스케줄러도 우선순위를 부여할 때 프로세스가 서비스를 대기하며 보낸 시간을 고려하는 방법이 있다. 즉, 서비스 전에 일정 시간을 대기할 때마다 스케줄러가 프로세스를 '승진' 시켜 한 단계 높은 큐에 배치함으로써 에이징 효과를 얻는다.

다수준 피드백 큐잉 메커니즘에서 한 가지 공통적인 변칙은, 프로세스들이 한 단계 낮은 큐로 옮겨가기 전에 라운드로빈 방식으로 각 큐를 여러 번 돌게 하는 것이다. 각 큐에서 도는 횟수도 낮은 큐로 갈 때마다 늘어나게 할 수 있다. 이러한 변화는 스케줄러가 입출력 중심 프로세스와 프로세서 중심 프로세스에 주는 서비스를 더 세밀하게 정비하려는 것이다.

다수준 피드백 큐잉은 **적응 메커니즘** adaptive mechanism, 즉 시스템 행동 양식의 변화에 따라 달리 반응하는 메커니즘의 좋은 본보기다.[18, 19] 적응 메커니즘은 보통 비적응 메커니즘보다 오버헤드가 더 든다. 그러나 이런 시스템은 시스템의 변화에 민감하게 적응해, 시스템의 반응성을 높인다. '16.5.2 프로세스 스케줄링' 에서 다루듯이 리눅스 프로세스 스케줄러는 다수준 피드백 큐에서 빌려온 적응 메커니즘을 사용한다.*

셀프 리뷰

1. 다수준 피드백 큐에서 사용할 수준의 수를 선택할 때 어떠한 스케줄링 목적을 평가해야 하는가?
2. 적응 메커니즘이 현대 스케줄러에 적합한 이유는 무엇인가?

▶ **풀이** 1) 중요한 한 가지 목적은 반응 시간의 변량을 최소화하는 것이다. 수준의 수를 늘리는 것은 프로세서 중심 프로세스들이 오래 대기하게 만들 수 있고, 이에 따라 반응 시간의 변량이 커질 수 있다. 또 다른 목적은 자원 활용도를 높이는 것이다. 수준의 수가 증가하면서 많은 프로세스가 퀀텀 만료 전에 실행 및 입출력 요청을 할 수 있고, 프로세서 시간과 입출력 장치를 효과적으로 사용한다. 2) 현대 컴퓨터 시스템에서는 많은 응용 프로그램이 프로세서를 많이 사용하면서도 입출력 중심이다. 예를 들어, 스트리밍 비디오를 재생할 때 원격 서버에서 비디오 클립 데이터를 가져오려고 입출력을 수행함과 동시에 디코딩과 표시를 위해 프로세서도 많이 사용해야 한다. 이와 유사하게, 비행기 시뮬레이터와 같은 대화식 게임에서도 사용자 입력(조이스틱을 이 ▶▶

* 문헌에서는 '프로세스 스케줄링'과 '프로세서 스케줄링'이라는 용어를 같은 의미로 사용했다.

동 등)에 빠르게 반응하면서도 복잡한 3D 화면을 계속 표시해야 한다. 적응 메커니즘은 이러한 프로세스들이 입출력 중심 기능과 프로세서 중심 기능 사이를 전환할 때 시스템도 이에 맞게 반응할 수 있게 해준다.

8.7.7 공평 분배 스케줄링

시스템은 대체로 다양한 관련 프로세스 집합을 지원한다. 예를 들면, 유닉스 (그리고 다른 다중 사용자) 시스템은 각 사용자에게 속한 프로세스들을 그룹화한다. **공평 분배 스케줄링** FSS, Fair Share Scheduling은 이러한 프로세스 '집합' 의 스케줄링을 지원한다.[20, 21, 22, 23] 공평 분배 스케줄링은 각 그룹이 시스템 자원의 일정 부분에만 제한되게 함으로써 프로세스 그룹 간 공평성을 유지하게 해준다. 유닉스 환경을 예로 들면, FSS는 연관된 사용자 집합에 미리 지정된 비율의 시스템 자원을 주게 하려고 개발되었다.[24]

FSS가 유리하게 작용할 만한 예를 생각해보자. 한 연구 그룹이 있고, 모든 구성원이 다중 사용자 시스템 하나를 공유한다고 하자. 구성원은 두 그룹으로 나뉜다. 수석 연구원은 수가 적고, 계산이 많이 필요한 시뮬레이션과 같은 일을 하려고 시스템을 사용한다. 보조 연구원은 수가 많고, 데이터를 수집하거나 결과를 출력하는 등 계산이 비교적 적은 업무를 수행한다. 이제 많은 보조 연구원과 수석 연구원 한 명이 이 시스템을 사용한다고 가정해보자. 보조 연구원들이 프로세서 시간의 대부분을 소비해 수석 연구원이 중요한 업무를 수행할 수 없을 정도가 될 수도 있다. 그러나 시스템에서 보조 연구원 그룹이 25%의 프로세서 시간만 사용할 수 있게 하고, 수석 연구원 그룹에게는 75%의 프로세서 시간을 할당했다면, 수석 연구원은 시스템으로부터 충분한 서비스를 받을 수 있을 것이다. 이러한 방식으로, 공평 분배 스케줄링은 프로세스의 성능이 해당 프로세스 그룹 안에 있는 구성원에만 영향을 받고, 시스템 전체 사용자 수에는 영향을 받지 않게 해준다.

공평 분배 스케줄링이 유닉스 시스템에서 어떻게 동작하는지 살펴보자. 유닉스는 대체로 자원 소비 비율을 모든 프로세스에 걸쳐 고려한다([그림 8-5]). 그러나 FSS 규칙에서 시스템은 자원을 다양한 **공평 분배 그룹** fair share group([그림 8-6])별로 배치한다. 시스템은 상대적인 필요에 따라 한 공평 분배 그룹이 사용하지 않는 자원을 다른 공평 분배 그룹에 할당한다.

유닉스는 명령어를 사용해 공평 분배 그룹을 지정하고 각 사용자가 특정 그룹에 소속되게 한다.[25] 논의를 위해, 유닉스가 우선순위 라운드로빈 방식의 프로세스 스케줄러를 사용한다고 가정하자.[26] 각 프로세스는 자신의 우선순위를 가지고 있고, 스케줄러는 프로세스를 해당 우선순위 값을 가진 큐와 연결한다. 프로세스 스케줄러는 우선순위가 가장 높은 큐의 머리 쪽에서 준비 프로세스를 선택한다. 특정 우선순위 안에 있는 프로세스들은 라운드로빈 방식으로 스케줄링된다. 선점당한 후에 서비스를 더 받아야 하는 프로세스는 더 낮은 우선순위를 부여받는다.

커널의 우선순위는 높고, 이는 커널에서 실행되는 프로세스들에도 적용된다. 사용자 우선순위는 낮다. 디스크 이벤트들은 터미널 이벤트들보다 높은 우선순위를 부여받는다. 스케줄러는 사용자들의 우선순위를 부여할 때 경과 시간 대비 최근 프로세스의 사용 비율을 고려한다. 최근 경과 시간이 적을수록 높은 우선순위를 부여받는다.

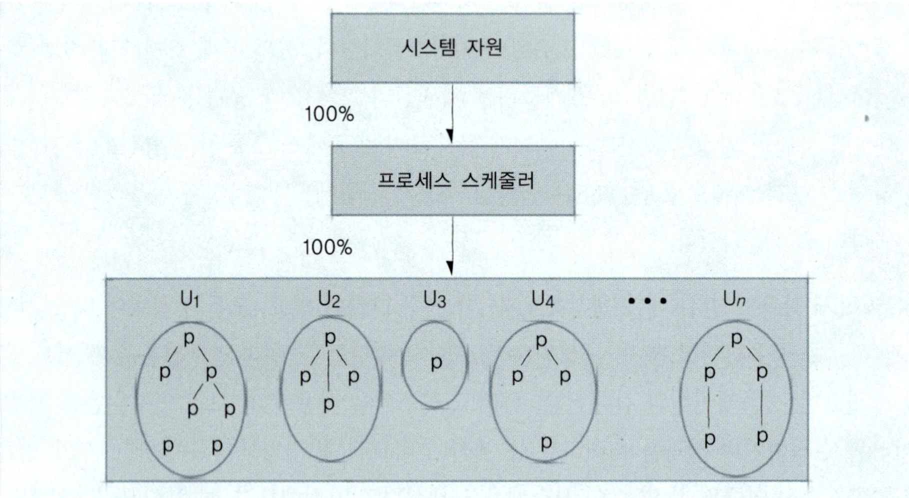

[그림 8-5] 표준 유닉스 프로세스 스케줄러. 스케줄러는 프로세서를 사용자에게 할당하며, 각 사용자는 많은 프로세스를 가질 수 있다(자료 제공: AT&T. AT&T의 허용 하에 사용함).27

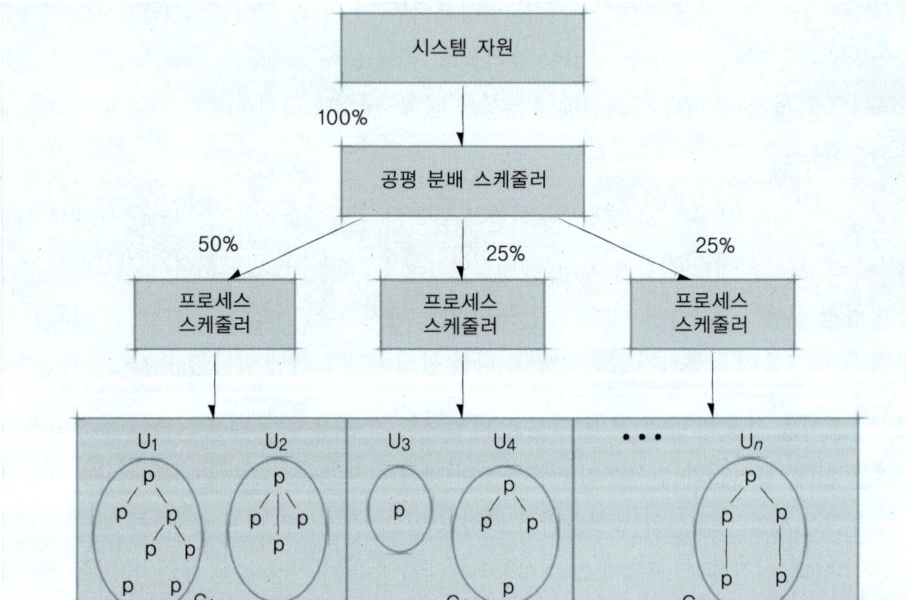

[그림 8-6] 공평 분배 스케줄러. 공평 분배 스케줄러는 시스템 자원 용량을 부분으로 나누고, 프로세스 스케줄러를 통해 다양한 공평 분배 그룹에 할당한다(자료 제공: AT&T. AT&T의 허용 하에 사용함).28

공평 분배 그룹은 명시한 자원 활용 목표에 가까운 정도를 기준으로 우선순위가 정해진다. 활용도가 떨어지는 그룹은 높은 우선순위를, 활용도가 높은 그룹은 낮은 우선순위를 부여받는다.

셀프 리뷰

1. FSS에서 자원 활용도 목표를 달성하지 못한 그룹에 높은 우선순위를 부여하는 이유는 무엇인가?
2. FSS는 표준 프로세스 스케줄링 규칙과 어떻게 다른가?

▶ **풀이** 1) 명시한 자원 활용도 목표보다 적은 자원을 사용한 프로세스들은 낮은 수준의 서비스를 받았을 확률이 높다. 시스템은 이 프로세스들의 우선순위를 높여서 충분한 시간 동안 필요한 자원을 사용해 실행할 수 있게 한다. 2) FSS는 자원을 프로세스 그룹별로 배분한다. 반면에 표준 프로세스 스케줄러는 모든 프로세스가 동일한 조건에서 모든 자원을 얻으려고 경쟁한다.

8.8 데드라인 스케줄링

데드라인 스케줄링 deadline scheduling에서는 프로세스들이 특정 시간, 즉 데드라인 안에 마치도록 스케줄링한다. 이 프로세스들은 제시간에 마칠 때 높은 가치를 지니고, 늦어지면 가치가 낮아지거나 아예 없어질 수도 있다.[29, 30, 31]

데드라인 스케줄링은 복잡하다. 일단 사용자들은 정확한 자원 요구량을 미리 제시해 해당 프로세스가 데드라인까지 완료할 수 있게 보장해야 한다. 그런데 이런 정보는 얻기 어렵다. 두 번째로, 시스템은 데드라인에 맞춰 프로세스를 실행하되 다른 사용자들에 대한 서비스에 심각한 악영향을 미치면 안 된다. 또한 시스템은 데드라인이 될 때까지 자원 요구량을 철저하게 계획해야 한다. 새로운 프로세스들이 도착해 예상치 못한 자원들을 요청할 수도 있으므로 이 또한 매우 어려운 일이다. 마지막으로, 여러 데드라인 프로세스들이 한꺼번에 활성화되는 경우 스케줄링이 아주 복잡해질 수도 있다.

데드라인 스케줄링이 요구하는 강도 높은 자원 관리는 상당한 오버헤드를 가져올 수도 있다('운영체제적 생각: 자원 관리의 강도와 자원의 상대적 가치' 참고). 시스템 자원에 대한 순수한 소비도 높아서 다른 프로세스들에 대한 서비스가 나빠질 수도 있다.

다음 절에서 살펴보듯이 데드라인 스케줄링은 실시간 프로세스 스케줄링에서 매우 중요하다. Dertouzos는 모든 프로세스가 실행 순서에 상관없이 자신의 데드라인을 맞출 수 있을 때는 데드라인이 가장 이른 프로세스를 먼저 스케줄링하는 것이 최적이라는 사실을 증명했다.[32] 그러나 시스템은 과부하가 걸릴 때 상당량의 프로세서 시간을 스케줄러에 할당해, 프로세스들이 데드라인을 맞춰 실행할 수 있도록 적절한 순서를 결정할 수 있게 해야 한다. 최근 연구들은 시스템이 데드라인을 맞출 수 있게 스케줄러에 할당할 프로세서의 속도[33, 34] 또는 수[35]에 초점을 두고 있다.

셀프 리뷰

1. 사용자들이 필요한 자원을 미리 명시하는 것이 왜 중요한가?
2. 프로세스가 명시한 데드라인을 맞추는 것이 왜 어려운가?

▶ **풀이** 1) 스케줄러에서 프로세스들이 요구하는 자원을 확보해 데드라인 전에 작업을 완료할 수 있게 보장해야 하기 때문이다. 2) 새 프로세스가 도착해 예측하지 못한 자원을 요구해 시스템이 프로세스의 데드라인을 맞추지 못할 수도 있다. 또한 자원이 고장 날 수도 있고, 프로세스가 갑작스럽게 달리 동작하는 등 여러 가지 일이 발생할 수 있다.

8.9 실시간 스케줄링

'8.7 스케줄링 알고리즘'에서 제시한 스케줄링 알고리즘의 주요 목적은 자원 활용도를 높이는 것이다. 주기적으로(예를 들면, 1분에 한 번씩) 실행해야 하는 프로세스에는 다른 스케줄링 알고리즘이 필요하다. 예를 들어, SPF와 같이 대기 시간이 일정치 않다면, 원자로의 온도를 측정하는 프로세스와 같은 경우, 엄청난 재앙을 초래할 수도 있다. 이와 유사하게 SRT를 사용해 프로세스를 스케줄링하는 시스템은 비디오 클립을 고르게 재생할 수 없을 것이다. **실시간 스케줄링** real-time scheduling은 일정 시간 안에 올바른 결과를 내야 하는 프로세스(즉, **타이밍 제약** timing constraint이 있는

운영체제적 생각

자원 관리의 강도와 자원의 상대적 가치

운영체제는 하드웨어와 소프트웨어 자원을 관리한다. 이 책에서 반복해서 언급하는 주제는 운영체제가 특정 자원을 관리해야 하는 강도 intensity는 자원들의 상대적인 가치와 희소성 그리고 사용되는 비율에 따라 결정된다는 점이다. 예를 들어, 프로세서와 고속 캐시 메모리는 2차 저장소나 다른 입출력 장치에 비해 훨씬 중요하게 관리된다. 운영체제 설계자들은 시스템 자원과 인력의 상대적인 가치에 영향을 줄 수 있는 산업계 흐름을 잘 알고, 그 변화에 신속하게 대응해야 한다.

프로세스)의 요구를 충족한다.[36] 실시간 프로세스는 명령어들을 구별된 작업 여러 개로 나누고, 각 작업이 데드라인까지 완료하게 할 수도 있다. 다른 실시간 프로세스들은 작업을 주기적으로 실행할 수도 있다. 예를 들면, 항공 제어 시스템에서 비행기들의 위치를 갱신하는 기능 등이다. 실시간 스케줄러는 시간적 제약 사항을 충족하도록 보장해야 한다('사례 연구: 실시간 운영체제' 참고).

실시간 스케줄링 규칙은 프로세스의 데드라인을 얼마나 잘 준수하느냐에 따라 분류된다. **소프트 실시간 스케줄링** soft real-time scheduling은 실시간 프로세스들이 해당 시스템의 다른 프로세스들보다 먼저 디스패치되게 하지만, 시간적 제약을 지킨다고 보장하지는 못한다.[37, 38] 소프트 실시간 스케줄링은 흔히 개인용 컴퓨터에서 구현한다. 개인용 컴퓨터에서는 멀티미디어를 부드럽게 재생할 수 있어야 하지만 시스템 부하가 클 때 이따금씩 고르지 못한 현상이 생기는 것을 용납할 수 있다. 소프트 실시간 시스템은 시스템이 한 프로세스를 실행하느라 다른 프로세스들이 데드라인을

사례 연구

실시간 운영체제 Real-Time Operating System

실시간 시스템은 모든 연산이 정확하면서도 지정한 시간 안에 반환해야 한다는 점에서 표준 시스템과 다르다.[39] 실시간 시스템은 모니터 센서와 같이 시간적 제약이 엄격한 응용 프로그램에서 많이 사용한다. 이러한 프로그램은 흔히 작은 임베디드 시스템이다. 실시간 운영체제 RTOS, Real-Time Operating System는 이러한 목적을 달성할 수 있게 세심하게 설계해야 한다('8.9 실시간 스케줄링' 참고).

SAGE Semi-Automatic Ground Environment 프로젝트의 제어 프로그램은 아마도 최초의 실시간 운영체제일 것이다.[40, 41] SAGE의 목적은 공군 프로젝트로, 냉전 체제에서 언제 발생할지 모를 폭탄 공격을 방어하는 것이다.[42] 1950년대에 개발되었고 IBM AN/FSQ-7 디지털 진공 튜브 컴퓨터를 56대 통합했다. 이는 전국에 있는 레이더 시스템의 데이터를 모니터링해 미국 영공의 모든 비행기를 추적하는 시스템이다.[43, 44] 이런 정보를 분석하고 요격기들의 항로를 지시할 수 있게 실시간 응답이 필요했다.[45] 이 작업을 처리하는 운영체제는 당시 가장 규모가 큰 컴퓨터 프로그램이었다.[46]

이와 대조적으로 오늘날의 RTOS는 가장 작은 시스템이다. 여러 시스템이 있지만 특히 QNX와 VxWorks가 이 분야를 주도하고 있다. QNX는 POSIX 표준 API를 구현해 자신만의 마이크로커널을 지니고, 임베디드 시스템에 알맞게 수정되었다. 또한 프로세스 간 통신을 위해 메시지 전송 방식을 사용한다.[47]

이와 유사하게 VxWorks도 POSIX 표준을 준수하는 마이크로커널 시스템이며, 임베디드 시스템에서 널리 사용한다.[48] QNX는 인텔 x86 플랫폼에서 VxWorks보다 훌륭하게 동작했지만[49] QNX는 버전 6.1(현재 버전은 6.2다)까지는 다른 프로세서에서 사용할 수 없었다.[50] 그러나 VxWorks는 PowerPC 프로세서에 집중했고, 여러 플랫폼에 걸쳐 호환성이 있다.[51] VxWorks는 현재 임베디드 시스템을 위한 가장 일반적인 RTOS다.[52] 그 외의 RTOS로는 윈도우 CE .NET[53], OS-9[54], OSE[55], 리눅스에서 배포한 uCLinux[56] 등이 있다.

놓치게 되는 상황을 막아주는 높은 인터럽팅 클록 비율이라는 장점이 있다. 그러나 인터럽트 비율이 너무 높은 경우, 심각한 오버헤드를 야기해 시스템 성능이 저하되고, 데드라인을 놓치는 결과를 초래할 수도 있다.[57]

하드 실시간 스케줄링 hard real-time scheduling은 항상 프로세스의 시간적 제약을 충족함을 보장한다. 하드 실시간 프로세스로 명시한 각 작업은 데드라인 이전에 완료해야 한다. 완료하지 못하면 작업 결과가 무효할 뿐 아니라 큰 재난을 초래할 수도 있다.[58, 59] 하드 실시간 시스템은 일정 간격으로 작업을 수행하는 **주기적인 프로세스** periodic process(예를 들면, 1초마다 항공 제어 데이터를 모으는 프로세스)와 이벤트에 대한 반응으로 실행되는 **비동기 프로세스** asynchronous process(예를 들면, 발전소의 고온 감지에 대한 반응)를 포함한다.[60]

정적 실시간 스케줄링 알고리즘

정적 실시간 스케줄링 알고리즘 static real-time scheduling algorithm은 프로세스 우선순위를 시간에 따라 조절하지 않는다. 이 알고리즘은 우선순위를 한 번만 계산하기 때문에 간단하고 오버헤드도 적다. 하지만 다양한 프로세스 행동에 적응할 수 없고 자원의 상황에 영향을 받기 때문에 시간 제약을 준수할 것이라고 보장하기 어렵다.

하드 실시간 시스템은 정적 스케줄링 알고리즘을 사용할 때가 많다. 오버헤드가 적고 각 프로세스가 제한 시간 안에 완료함을 비교적 쉽게 증명할 수 있기 때문이다. 예를 들어, **비율 단조** RM, Rate-Monotonic 알고리즘은 선점형, 우선순위 기반 라운드로빈 알고리즘으로, 프로세스가 실행해야 하는 빈도(즉, 비율)에 비례해 선형으로(1차 함수처럼 고정 비율로) 프로세스의 우선순위를 증가시킨다. 이 정적 스케줄링 알고리즘은 빈번하게 실행되는 주기적인 프로세스를 선호한다.[61] **데드라인 비율 단조** deadline rate-monotonic 알고리즘은 주기적인 프로세스들이 주기와 같지 않은 데드라인을 지정할 때 사용할 수 있다.[62]

동적 실시간 스케줄링 알고리즘

동적 실시간 스케줄링 알고리즘 dynamic real-time scheduling algorithm은 프로세스 실행 중에도 우선순위를 조절하기 때문에 시스템에 큰 오버헤드를 줄 수 있다. 몇몇 알고리즘은 일부 프로세스에는 정적 우선순위를, 다른 프로세스들에는 동적 우선순위를 부여해 스케줄링 오버헤드를 최소화하기도 한다.[63]

최단 데드라인 우선 EDF, Earliest-Deadline-First 방식은 데드라인이 가장 임박한 프로세스를 디스패치하는 선점형 스케줄링 알고리즘이다. 만일 도착하는 프로세스가 실행 중인 프로세스보다 데드라인이 이른 경우, 시스템은 실행 중인 프로세스를 선점하고 새로 도착한 프로세스에 프로세서를 할당한다. 그 목적은 (SRT 알고리즘과 유사하게) 단위 시간 안에 가능하면 많은 프로세스의 데드라인을 충족해 처리량을 극대화하고 평균 대기 시간을 최소화하는 것이다. 이는 긴 프로세스가 실행되는 동안 짧은 프로세스들이 데드라인을 놓치는 상황을 방지한다. Dertouzos는 만일 시스템이 타이머 인터럽트 등과 같은 하드웨어 선점을 제공하고, 스케줄링되는 실시간 프로세스들이 서로 의존하지 않는다면, EDF는 가장 '느린' tardy 프로세스가 데드라인을 놓치는 상황을 최소화할 수 있음을 증명했다.[64] 그러나 많은 실시간 시스템이 하드웨어 선점을 제공하지 않으므로 다른 알고리즘을 사용해야 한다.[65]

최소 여유 시간 우선 minimum-laxity-first 알고리즘은 EDF와 유사하지만 프로세스의 **여유 시간** laxity에 근거해 우선순위를 결정한다. 여유 시간은 데드라인까지 남은 시간과 작업(주기적인 작업일 수도 있다) 완료 시까지 남은 실행 시간을 근거로 프로세스의 중요도를 측정한다. 여유 시간을 계산하는 공식은 다음과 같다.

$$L = D - (T + C)$$

여기서 L은 여유 시간, D는 프로세스의 데드라인, T는 현재 시각, C는 프로세스의 남은 실행 시간을 나타낸다. 예를 들어, 현재 시각이 5, 데드라인이 9고 프로세스가 완료하려면 3이라는 단위 시간이 필요하다면 여유 시간은 1이다. 프로세스의 여유 시간이 0이면, 즉시 디스패치되어야 함을 의미한다. 즉시 디스패치하지 않으면 프로세스는 데드라인을 놓치게 된다. 최소 여유 시간 우선 방식에서의 우선순위는 EDF의 우선순위보다 정확하다. 각 프로세스가 작업을 마칠 때까지 남은 프로세서 시간까지 포함해 우선순위를 결정하기 때문이다. 그러나 이러한 정보를 얻기 어려울 때가 많다.[66]

셀프 리뷰

1. 대부분의 하드 실시간 스케줄링 알고리즘이 정적인 이유는 무엇인가?
2. 최소 여유 시간 우선 알고리즘이 EDF 방식으로 변하는 경우는 어떤 때인가? 이와 같은 경우가 발생할 수 있는가?

▶ **풀이** 1) 하드 실시간 시스템은 프로세스가 데드라인을 철저히 지키도록 보장해야 한다. 정적 스케줄링 알고리즘은 특정 시스템에 이러한 속성을 부여함은 물론 구현 오버헤드를 줄여준다. 2) 앞에 나온 공식에서 C 값이 임의의 시점에 모든 프로세스에 대해 동일한 값을 가질 때 최소 여유 시간 우선 알고리즘은 EDF 알고리즘으로 변한다. 가능성은 매우 적지만 그래도 발생 가능한 일이다.

8.10 자바 스레드 스케줄링

'4.6 스레딩 모델'에서 논의했듯이, 운영체제는 다양한 수준에서 스레드를 지원한다. 운영체제는 사용자 수준 스레드를 구현하는 멀티스레드 프로세스를 스케줄링할 때 해당 프로세스가 멀티스레드라는 사실을 알지 못하므로, 프로세스를 한 단위로 디스패치해 사용자 수준 라이브러리에서 스레드들을 스케줄링해야 한다. 만일 시스템에서 커널 수준 스레드를 지원하면, 각 스레드를 개별적으로 스케줄링할 수 있다. 또 몇몇 시스템에서는 스케줄러 활성화 scheduler activation를 지원해, 각 프로세스를 커널 수준 스레드에 할당해 프로세스의 사용자 수준 라이브러리가 스케줄링을 담당하게 하기도 한다.

시스템 설계자는 스레드에 퀀텀을 어떻게 할당할지 그리고 어떤 순서와 우선순위를 부여해 프로세스 안에 있는 스레드들을 스케줄링할지도 결정해야 한다. 예를 들어, '공평 분배' 접근법에서는 프로세스에 할당된 퀀텀을 스레드들 사이에서 나눈다. 이 방법은 여러 스레드를 포함하는 프로세스가 단순히 스레드를 다수 생성했다는 이유로 높은 수준의 서비스를 받는 일을 방지할 수 있다. 게다가 스레드들이 작업을 계속하기 위해 서로 의존한다면 스레드들이 실행되는 순서가 성능에 영향을 줄 수도 있다. 이 절에서는 자바 스레드 스케줄링을 살펴본다. 프로세스와 스레드 모두를 디스패치하는 리눅스 스케줄러에 관해서는 '16.5.2 프로세스 스케줄링'에서 살펴본다.

자바 프로그래밍 언어와 자바 가상 머신의 특징 중 하나는 모든 자바 애플릿Java applet이나 자바 응용 프로그램이 멀티스레드 방식이라는 점이다. 각 자바 스레드는 Thread.MIN_PRIORITY(상수 1)~Thread.MAX_PRIORITY(상수 10) 사이의 우선순위 값을 받는다. 기본 값으로 각 스레드에 Thread.NORM_PRIORITY(상수 5) 우선순위가 할당된다. 새로운 스레드들은 자신을 생성한 스레드의 우선순위를 물려받는다.

플랫폼에 따라 자바는 스레드를 사용자 영역 혹은 커널 영역에서 구현한다('4.6 스레딩 모델' 참고).[67, 68] 사용자 영역에서 스레드를 구현하는 경우, 자바 런타임은 선점 스레드 스케줄링을 수행할 때 **타임 슬라이싱** time slicing에 의존한다. 타임 슬라이싱이 없는 경우에는 우선순위가 같은 스레드 집합이 완료할 때까지 실행된다. 다만 스레드가 실행 상태를 벗어나 대기, 휴면, 블록 상태에 들어가거나, 우선순위가 더 높은 스레드가 선점하지 않을 때에 한해서다. 타임 슬라이싱이 있을 때는 각 스레드가 해당 기한 안에 실행할 퀀텀을 부여받는다.

자바 스레드 스케줄러는 자바 가상 머신 안에서 우선순위가 가장 높은 스레드들이 항상 실행running 상태가 됨을 보장한다. 이러한 우선순위를 지닌 스레드가 여러 개 있을 때는 라운드로빈 방식을 사용한다. [그림 8-7]은 자바의 스레드용 다수준 우선순위 큐를 보여준다. 단일 프로세서 컴퓨터라고 가정할 때, 그림에서 스레드 A와 B는 작업을 마칠 때까지 각각 한 번에 한 퀀텀씩, 라운드로빈 방식으로 실행된다. 다음으로 스레드 C가 완료 시점까지 실행된다. 스레드 D, E, F는 작업을 마칠 때까지 각각 퀀텀 시간만큼 라운드로빈 방식으로 실행된다. 이와 같은 과정은 모든 스레드가 완료할 때까지 계속된다. 운영체제에 따라 우선순위가 높은 스레드들이 도착할 때 우선순위가 낮은 스레드의 실행을 무기한 연기할 수도 있다는 점을 주목하기 바란다.

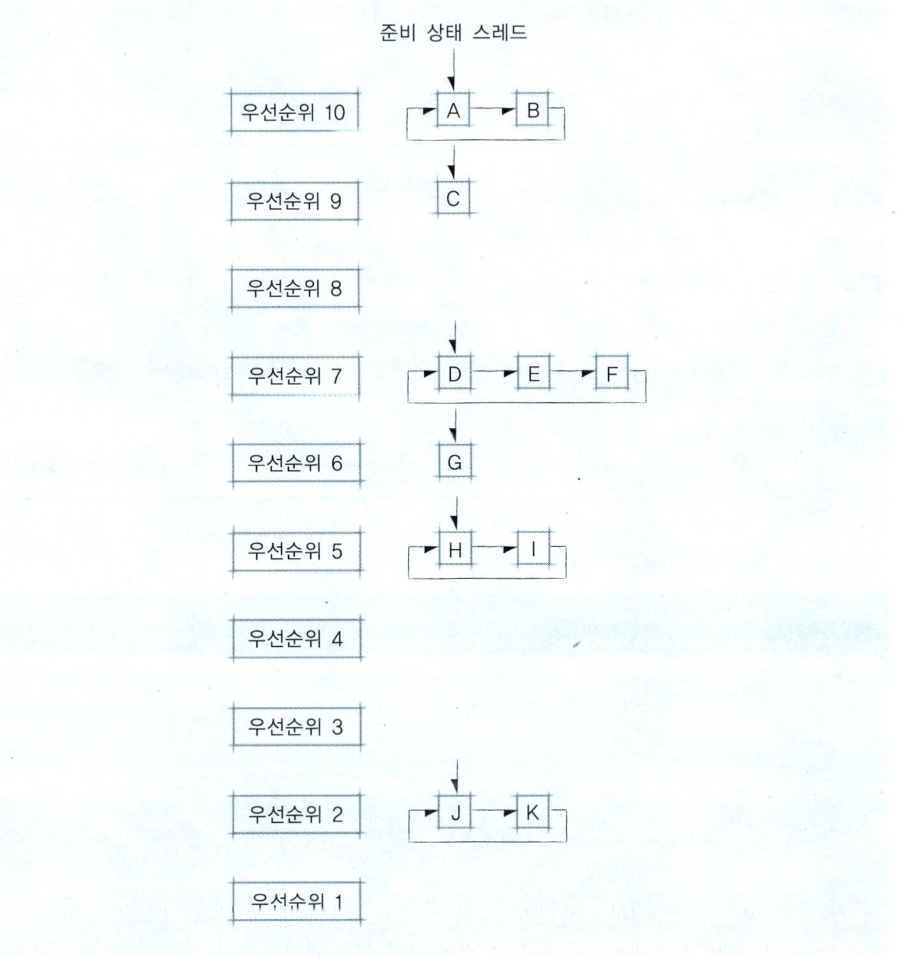

[그림 8-7] 자바 스레드 우선순위 스케줄링

스레드는 Thread 클래스의 yield 메소드를 호출해 다른 스레드에 실행 기회를 줄 수도 있다. 운영체제에서 우선순위가 높은 스레드가 준비 상태가 될 때마다 현재 스레드를 선점하기 때문에 스레드는 우선순위가 높은 스레드에는 양보yield할 수 없다. 이와 유사하게 yield 메소드는 우선순위가 가장 높은 준비 상태 스레드를 실행하게 하기 때문에 만일 모든 준비 상태 스레드가 yield 메소드를 호출하는 스레드보다 우선순위가 낮을 경우에는 현재 스레드가 우선순위가 가장 높으므로 계속 실행할 것이다. 따라서 스레드는 우선순위가 동일한 다른 스레드들이 실행 기회를 얻을 수 있게 '양보'하는 것이다. 시분할 시스템에서는 양보가 불필요하다. 우선순위가 동일한 스레드들이 각자 퀀텀 기간 동안 혹은 다른 이유로 프로세서를 잃을 때까지 실행하고, 우선순위가 동일한 다른 스레드들도 라운드로빈 방식으로 실행하기 때문이다. 따라서 양보는 솔라리스[69] 초기 버전과 같이 시분할 방식이 아닌 시스템에 적합하다. 이런 시스템에서는 일반적으로 우선순위가 동일한 다른 스레드들이 실행 기회를 얻기 전에 특정 스레드가 실행을 완료한다.

셀프 리뷰

1. 자바에서는 왜 yield 메소드를 제공하는가? 프로그래머가 이 메소드를 사용해야 하는 이유는 무엇인가?
2. (참/거짓) 우선순위가 낮은 자바 스레드는 우선순위가 더 높은 스레드가 준비 상태일 경우 결코 실행되지 않을 것이다.

▶ **풀이** 1) yield 메소드는 현재 스레드가 자발적으로 프로세서를 반납하고 우선순위가 동일한 다른 스레드에 실행 기회를 준다. 자바 응용 프로그램은 이식성을 고려해 설계되었고, 프로그래머 입장에서는 플랫폼이 타임 슬라이싱을 지원하는지 미리 확신할 수 없기 때문에 yield 메소드를 사용해 어떤 플랫폼에서든 적절히 실행되게 할 수 있다. 2) 참. 자바 스케줄러는 우선순위가 가장 높은 준비 상태 스레드를 실행한다.

요약 Summary

시스템은 실행할 프로세스 선택 전략을 갖춰야 한다. 이를 프로세서 스케줄링 정책(혹은 규칙)이라고 한다. 작업 스케줄링 job scheduling 혹은 장기 스케줄링 long-term scheduling이라고도 하는 고수준 스케줄링은 시스템이 자원을 얻으려고 활발하게 경쟁할 작업을 선택하는 것이다. 고수준 스케줄링 정책은 멀티프로그래밍 정도, 즉 특정 시간에 시스템 안에 있는 프로세스의 총 수를 결정한다. 고수준 스케줄링 정책을 통해 특정 작업(한 작업에는 프로세스가 하나 이상 있을 수 있다)을 시스템 안에 진입하도록 허용했다면, 중간 수준 스케줄링 정책에서는 프로세서를 얻으려고 경쟁할 프로세스를 결정한다. 이 정책은 단기적인 시스템 부하의 변화에 따라 반응한다. 시스템의 저수준 스케줄링 정책은 준비 상태 프로세스 중 어떤 프로세스에 프로세서를 할당할지 결정한다. 일반적으로 저수준 스케줄링 정책에서는 각 프로세스의 중요도에 따라 우선순위를 부여한다. 따라서 스케줄링 정책을 통해 더 중요한 프로세스를 다음 실행할 프로세스로 선택할 가능성이 크다.

스케줄링 규칙은 선점형 또는 비선점형일 수 있다. 선점형 스케줄러는 특정 사용자가 시스템을 독점하는 것을 방지하려고 인터럽팅 클록 또는 간격 타이머를 설정해 주기적으로 인터럽트를 발생시킨다. 우선순위는 정적일 수도 있고, 실행 중에 동적으로 변할 수도 있다.

시스템 설계자는 스케줄링 규칙을 개발할 때 시스템 유형이나 사용자 요구 등 여러 가지 목적을 염두에 두어야 한다. 시스템은 처리량을 최대화하는 일이나 시스템과 상호 작용하는 사용자에게 적절한 시간 안에 반응을 보이는 일, 자원 활용도를 높이는 일, 그러면서도 무기한 연기를 피하고 우선순위를 보장하는 일, 오버헤드를 최소화하고 반응 시간의 예측 가능성을 보장하는 일 등 중요한 목적을 달성하려고 에이징 aging 기법을 사용하기도 하고, 요청을 빨리 충족할 수 있는 프로세스를 선호하기도 한다. 많은 스케줄링 규칙에서 공평성과 예측 가능성, 규모 확장성을 고려한다.

운영체제 설계자는 시스템의 목적에 따라 스케줄링 결정 기준을 세운다. 아마도 가장 중요한 기준은 프로세스가 프로세서를 사용하는 방식(프로세서 중심 프로세스 또는 입출력 중심 프로세스)일 것이다. 스케줄링 규칙을 위해서는 프로세스가 배치 방식인지, 대화식인지도 고려해야 한다. 우선순위를 사용하는 시스템에서는 스케줄러에서 우선순위가 높은 프로세스를 선호해야 한다.

스케줄러는 선점 여부와 우선순위, 실행 시간 등 프로세스의 특성을 고려한 알고리즘을 사용한다. FIFO(FCFS) 방식은 프로세스들이 준비 큐에 도착하는 시간에 따라 프로세서를 할당하는 비선점형 알고리즘이다. 라운드로빈 스케줄링에서는 FIFO 순서를 따라 프로세서를 할당하되, 타임 슬라이스 혹은 퀀텀이라는 프로세서 시간의 양을 제한한다. 라운드로빈 방식의 변형인 이기적인 라운드로빈 SRR, Selfish Round-Robin 알고리즘은 처음에는 프로세스를 보류 큐에 넣고 우선순위가 일정 수준까지 오르면 활성 큐에 보낸다. 그리고 활성 큐에 도착한 프로세스는 큐에 있는 다른 프로세스들과 함께 라운드로빈 방식으로 스케줄링된다. 적절한 퀀텀 크기를 결정하는 일은 컴퓨터 시스템이 효율적으로 동작하는 데 매우 중요하다. '최적' 퀀텀 크기는 입출력 중심적이고 대화식 요청을 하는 다수의 프로세스가 요구하는 것보다 충분히 큰 값이다. 최적 퀀텀 크기는 각 시스템과 해당 시스템의 부하 정도에 따라 다르다.

최단 프로세스 우선 SPF, Shortest-Process-First은 스케줄러가 완료까지의 예상 실행 시간이 가장 짧은 프로세서를 선택하는 비선점형 스케줄링이다. SPF는 FIFO보다 평균 대기 시간을 줄이지만 반응 시간의 변량이 커진다. 최소 잔여 시간 SRT, Shortest-Remaining-Time 스케줄링은 SPF 방식으로 완료 시까지 예상 실행 시간이 가장 짧은 프로세스를 선택하면서도 선점형이다. SRT 알고리즘은 이론적으로는 최소 대기 시간을 제공한다. 그러나 선점 오버헤드 때문에 어떤 경우에는 SPF가 더 나은 성능을 보일 수도 있다. 최고 응답률 우선 HRRN, Highest-Response-Ratio-Next은 각 프로세스의 우선순위를 결정할 때 프로세스가 요구하는 서비스 시간뿐 아니라 서비스를 얻으려고 대기한 시간까지도 계산에 넣는 비선점형 스케줄링이다.

다수준 피드백 큐는 스케줄러가 프로세스의 동작 방식에 맞게 동적으로 조절할 수 있게 해준다. 다음 번에 프로세서를 획득할 수 있는 프로세스는 다수준 피드백 큐잉 네트워크에서 가장 높은 큐의 머리 부분에 도달한 프로세스가 된다. 프로세서 중심 프로세스는 가장 낮은 수준의 큐에 놓이고, 입출력 중심 프로세스는 높은 수준의 큐에 놓이는 경향이 있다. 실행 프로세스도 더 높은 큐에 도착하는 새 프로세스에 선점당할 수 있다. 다수준 피드백 큐잉은 적응 메커니즘의 좋은 예다.

공평 분배 스케줄링 FSS, Fair Share Scheduling은 관련 프로세스와 스레드를 그룹으로 묶고, 이들 그룹을 대상으로 스케줄링한다. FSS는 관련 프로세스를 그룹화해, 각 그룹에 시스템 자원의 일정 부분을 할당함으로써 시스템에서 모든 프로세스 그룹에 자원을 공평하게 분배할 수 있게 해준다. 예를 들어, 유닉스 환경에서는 관련된 사용자 집합에 미리 명시한 비율로 시스템 자원을 할당하려고 FSS를 개발했다.

데드라인 스케줄링에서는 프로세스가 특정 시간, 즉 데드라인까지 완료할 수 있게 스케줄링한다. 이러한 프로세스는 제시간에 완료해야 가치가 높고, 그렇지 않을 경우 가치가 떨어지거나 아예 가치를 잃는 성격을 지닌다. 데드라인 스케줄링은 구현하기 어렵다.

실시간 스케줄링은 프로세스가 실행될 때, 반복적으로 데드라인을 충족해야 한다. 소프트 실시간 스케줄링은 실시간 프로세스에서 시스템의 다른 프로세스들보다 먼저 프로세서를 할당받음을 보장한다. 하드 실시간 스케줄링은 프로세스가 데드라인을 충족함을 보장한다. 하드 실시간 프로세스는 반드시 데드라인을 지켜야 한다. 데드라인을 지키지 못하면 작업 결과가 무효할 뿐 아니라 시스템이 실패하고, 심지어 사용자에게 큰 해를 입힐 수도 있다. 비율 단조 RM, Rate-Monotonic 알고리즘은 우선순위를 기반으로 하는 라운드로빈 방식의 정적 스케줄링 알고리즘이다. RM에서는 프로세스가 스케줄링되어야 하는 비율에 따라 우선순위가 단조 증가한다. 최단 데드라인 우선 EDF, Earlest-Deadline-First은 데드라인이 가장 이른 프로세스를 선호하는 선점형 스케줄링 알고리즘이다. 최소 여유 시간 우선 알고리즘 minimum-laxity-first algorithm은 EDF와 비슷하지만 프로세스의 여유 시간 laxity에 근거해 우선순위를 결정한다. 프로세스의 여유 시간은 프로세스가 작업을 완료하는 데 필요한 시간과 마감까지 남은 시간의 차이를 측정한 값이다.

운영체제는 프로세스에 있는 스레드들을 각각 스케줄링하거나 여러 스레드를 포함하는 프로세스 하나를 대상으로 스케줄링할 수도 있다. 이를 위해서는 사용자 수준 라이브러리로 스레드를 스케줄링해야 한다. 시스템 설계자는 프로세스에 있는 스레드들을 스케줄링할 때 어떻게 퀀텀을 줄지, 어떤 순서와 우선순위를 부여해 스케줄링할지 결정해야 한다. 자바에서는 각 스레드마다 1~10 사이의 우선순위 값을 부여한다. 자바는 플랫폼에 따라 스레드를 사용자 영역 또는 커널 영역에서 구현한다('4.6 스레딩 모델' 참고). 스레드를 사용자 영역에서 구현할 때, 자바 런타임은 타임 슬라이싱을 사용해 선점형 스레드 스케줄링을 수행한다. 자바 스레드 스케줄러는 항상 자바 가상 머신에 있는 스레드 중 우선순위가 가장 높은 스레드가 실행함을 보장한다. 만약 우선순위가 같은 스레드가 여러 개 있으면 라운드로빈 방식으로 실행한다. 스레드는 yield 메소드를 호출해 우선순위가 같은 다른 스레드에 실행 기회를 줄 수 있다.

Chapter_08 연습문제

01 다음 세 가지 수준의 스케줄러를 구분해 설명하라.

a. 고수준 스케줄러　　b. 중간 수준 스케줄러　　c. 디스패처

02 다음 각 문제를 어떤 수준의 스케줄러에서 결정해야 하는가?

a. 프로세서를 사용할 수 있을 때, 준비 상태 프로세스 중 어떤 프로세스에 프로세서를 할당할 것인가?
b. 디스크에 스풀되어 대기하는 일련의 배치 프로세스 중 어떤 것을 시작할 것인가?
c. 프로세서에 대한 단기적인 부하를 줄이려면 어떤 프로세스를 일시 정지할 것인가?
d. 멀티프로그래밍의 균형을 유지하려면 입출력 중심이라고 알려진 일시 정지 프로세스 중 어떤 것을 활성화할 것인가?

03 스케줄링 정책과 스케줄링 메커니즘의 차이를 설명하라.

04 다음은 일반적인 스케줄링의 목표다.

a. 공평성
b. 처리량 극대화
c. 적정 시간 안에 반응을 얻는 대화식 사용자 수 극대화
d. 예측 가능성
e. 오버헤드 최소화
f. 자원 활용도의 균형 유지
g. 반응성과 자원 활용도 사이의 균형 유지
h. 무기한 연기 방지
i. 우선순위 준수
j. 핵심 자원을 보유한 프로세스에 우선권 부여
k. 오버헤드가 많은 프로세스에 낮은 수준의 서비스 제공
l. 시스템 부하가 커질 때도 점진적인 성능 저하

위에서 열거한 목표 중 다음 각 사항에 직접 적용되는 것을 선택하라.

i. 특정 사용자가 특히 오랜 시간 동안 대기했다면, 해당 사용자에게 우선권을 준다.
ii. 직원 1,000명이 근무하는 회사에서 급여 계산을 수행하는 사용자가 있다. 이 사용자는 급여 계산 작업을 매주 일정한 시간 안에 수행하려고 한다.
iii. 시스템은 대부분의 장치를 바쁘게 활용할 수 있는 방향으로 프로세스를 적절하게 배분해야 한다.
iv. 시스템은 중요한 프로세스를 선호해야 한다.
v. 중요한 프로세스가 도착하더라도, 요구하는 자원을 중요하지 않은 다른 프로세스가 보유하고 있다고 해서 해당 프로세스를 앞지를 수는 없다.

vi. 시스템이 가장 바쁠 때 많은 프로세스를 관리하는 오버헤드 때문에 시스템이 다운되면 안 된다.
vii. 시스템은 입출력 중심 프로세스를 선호해야 한다.
viii. 문맥 전환은 가능하면 빨리 수행해야 한다.

05 다음은 일반적인 스케줄링 기준이다.

a. 프로세스의 입출력 중심성
b. 프로세스의 프로세서 중심성
c. 프로세스의 배치성/상호 작용성
d. 빠른 응답의 중요도
e. 프로세스의 우선순위
f. 프로세스가 자신보다 우선순위가 높은 프로세스들에 선점당하는 빈도
g. 다른 프로세스가 보유하는 자원을 대기하고 있는 프로세스의 우선순위
h. 누적 대기 시간
i. 누적 실행 시간
j. 완료 시까지 예상 실행 시간

위의 스케줄링 기준 중 다음 각 항목에 대해 가장 적합한 것은 무엇인가?

i. 실시간 우주선 모니터링 시스템에서 컴퓨터는 우주선으로부터 받은 신호에 즉시 응답해야 한다.
ii. 프로세스가 이따금씩 서비스를 받기는 하지만 실제로는 별로 진행하지 못하고 있다.
iii. 프로세스는 퀀텀 만료 전, 입출력을 위해 얼마나 자주 자발적으로 프로세서를 반납하는가?
iv. 시스템 앞에 사용자가 있고 빠른 반응을 기대하는가, 아니면 사용자가 자리에 없는가?
v. 프로세서 스케줄링 목적 중 하나는 평균 대기 시간을 최소화하는 것이다.
vi. 다른 프로세스가 요구하는 자원을 보유한 프로세스에는 우선순위를 높게 책정해야 한다.
vii. 완료가 가까운 프로세스에는 우선순위를 높게 책정해야 한다.

06 다음 사항이 옳바른지 판단하고 답에 대한 이유를 설명하라.

a. 프로세서를 프로세스로부터 강제로 제거할 수 없다면, 해당 프로세스 스케줄링 규칙은 선점형이다.
b. 실시간 시스템은 대체로 선점형 프로세서 스케줄링을 사용한다.
c. 시분할 시스템은 대체로 비선점형 프로세서 스케줄링을 사용한다.
d. 처리 시간 예측은 비선점형 시스템보다는 선점형 시스템에서 더 용이하다.
e. 우선순위 구조의 한 가지 약점은 해당 시스템이 우선순위를 충실하게 지키지만 우선순위 자체가 무의미할 수도 있다는 점이다.

07 프로세스가 인터럽팅 클록을 설정하는 것을 금지해야 하는 이유는 무엇인가?

08 다음 중 어떤 것이 '정적 우선순위'와 '동적 우선순위'에 해당하는가?

a. 더 구현하기 쉽다.
b. 실행 시 오버헤드가 적다.
c. 프로세스의 환경 변화에 민감하게 반응할 수 있다.
d. 애초에 선정된 우선순위 값보다 좀더 신중한 처리가 필요하다.

09 데드라인 스케줄링이 복잡한 이유를 설명하라.

10 대화식 사용자들에게 FIFO가 부적절한 프로세서 스케줄링이라는 점을 예를 들어 설명하라.

11 [연습문제 8-10]의 답을 바탕으로, 라운드로빈 방식이 대화식 사용자들에게 더 나은 스케줄링인 이유를 설명하라.

12 퀀텀 크기 결정은 복잡하고 중대한 작업이다. 프로세스 사이의 평균 문맥 전환 시간이 s고, 입출력 중심 프로세스가 입출력 요청을 하기 전에 사용하는 평균 시간이 $t(t \gg s)$라고 가정하자. 퀀텀 크기 q를 각각 다음과 같이 설정할 때, 그 효과에 대해 논의하라.

a. q가 0보다 약간 클 때
b. $q = s$
c. $s < q < t$
d. $q = t$
e. $q > t$
f. q가 매우 클 때

13 다음과 같이 퀀텀 크기 q 값을 할당할 때 어떤 영향을 주는지 논의하라.

a. q 값은 고정적이고 모든 사용자에게 동일하다.
b. q 값은 고정적이고 각 프로세스마다 고유한 값을 지닌다.
c. q 값은 변동적이고 모든 프로세스에 동일하다.
d. q 값은 변동적이고 각 프로세스마다 고유한 값을 지닌다.

i. 위의 방법들을 실행할 때 오버헤드가 낮은 것부터 높은 순서로 정렬하라.
ii. 위의 방법들을 개별 프로세스와 시스템 부하의 변화에 따라 변화가 없는 것에서부터 가장 민감하게 반응하는 순서로 나열하라.
iii. i과 ii의 답을 다른 것들과 연결하라.

14 다음 각 항목에서 잘못된 점을 지적하라.

a. SPF는 SRT보다 처리량을 늘릴 수 없다.
b. SPF는 공평하다.
c. 프로세스가 짧을수록, 시스템은 더 나은 서비스를 제공해야 한다.

d. SPF는 짧은 프로세스를 선호하므로 시분할 시스템에서 유용하다.

15 SRT의 약점을 설명하라. 성능을 향상시키려면 어떤 방식으로 수정하겠는가?

16 브린치 한센의 HRRN 전략에 대해 다음 각 질문에 답하라.

a. HRRN은 어떤 방식으로 무기한 연기를 방지하는가?

b. 다른 스케줄링 전략들이 새로 도착한 짧은 프로세스를 선호하는 경향을 HRRN은 어떻게 감소시키는가?

c. 두 프로세스가 거의 동일한 시간 동안 대기했다고 가정하자. 이들의 우선순위는 비슷한가? 답과 관련해 설명하라.

17 다수준 피드백 큐가 다음에 기술한 스케줄링 목적들을 어떻게 달성하는지 설명하라.

a. 짧은 프로세스를 선호한다.

b. 입출력 중심 프로세스를 선호해 입출력 장치의 활용도를 높인다.

c. 프로세스의 성격을 가능하면 빨리 파악하고 이에 맞게 스케줄링한다.

18 프로세서 스케줄러들이 흔히 사용하는 경험적 방법은 프로세스의 과거 동작에서 힌트를 얻어 이후 동작을 예측하는 것이다. 이러한 경험적 방법을 따르는 프로세서 스케줄러들이 잘못된 결정을 하는 몇 가지 상황을 예로 들어보라.

19 운영체제 설계자들은 다섯 수준을 지닌 다수준 피드백 큐잉 네트워크를 제공했다. 첫 번째 수준은 퀀텀이 0.5초다. 하위 수준으로 내려갈수록 퀀텀 크기가 상위 수준의 두 배로 늘어난다. 프로세스는 퀀텀이 만료될 때까지 선점될 수 없다. 시스템은 배치 프로세스와 대화식 프로세스 모두를 실행한다. 또한 프로세서 중심 프로세스와 입출력 중심 프로세스 모두 있다.

a. 이 방식은 어떤 점이 부족한가?

b. 의도하는 여러 프로세스를 스케줄링할 수 있는 적절한 알고리즘을 만들려고 최소한으로 수정한다면 어떻게 고치겠는가?

20 SPF 전략은 평균 반응 시간을 최소화한다는 점에서 최적임을 증명할 수 있다. 이 연습문제를 통해 주어진 다섯 개 프로세스에 대해 가능한 모든 순서를 검토해 이 결과를 확인해보자. 다음 문제에서는 실제로 그 결과를 검증해볼 것이다. 서로 다른 프로세스 다섯 개가 처리를 위해 대기하고 있다고 가정하자. 각 프로세스에는 1, 2, 3, 4, 5라는 단위 시간이 필요하다. 다섯 개 프로세스에 대한 모든 가능한 순열(5! = 120)을 내는 프로그램을 작성하고 각 순열에 대한 평균 대기 시간을 계산하라. 이들을 평균 대기 시간이 가장 낮은 것에서부터 정렬하고 프로세스 순열의 평균 대기 시간을 옆에 나란히 보여라. 결과에 주석을 달아라.

21 SPF는 평균 반응 시간을 최소화한다는 점에서 최적의 전략이다. (실행 길이가 명시된 프로세스들의 목록이 있다고 가정하고, 두 프로세스를 임의로 골라보자. 한 프로세스가 다른 프로세스보다 크다고 가정하자. 작은 프로세스를 큰 프로세스보다 앞에 둘 때, 각 프로세스의 대기 시간에 미치는 영향을 보여라. 적절한 결론을 도출하라.)

22 스케줄링 정책의 두 가지 공통적인 목적은 반응 시간을 최소화하고 자원 활용도를 극대화하는 것이다.

a. 이 두 가지 목적이 어떻게 상충하는지 설명하라.
b. 이 장에서 제시한 스케줄링 정책을 이 두 가지 관점에서 분석하라. 사용자의 반응 시간에 편중된 정책은 어떤 것인가? 자원 활용도를 극대화하는 방향으로 편중된 정책은 어떤 것인가?
c. 두 가지 상충하는 목적을 균형 있게 이룰 수 있는 시스템이 되도록 새로운 스케줄링 정책을 개발하라.

23 이기적인 라운드로빈 방식에서 보류 큐에 있는 프로세스의 우선순위는 활성 큐에 있는 프로세스의 우선순위만큼 증가할 때까지 a의 비율로 증가한다. 그 후 프로세스는 활성 큐에 들어가고, 이제는 b의 비율로 우선순위가 계속 증가한다. 본문에서는 $b \leq a$라고 설명했다. 만일 $b > a$면 SRR 시스템이 어떻게 동작할지 설명하라.

24 공평 분배 스케줄러는 전통적인 프로세스 스케줄러들의 연산과 어떻게 다른가?

25 프로세스 n개를 지닌 단일 프로세서 시스템에서 실행 경로를 스케줄링하는 방법은 몇 가지인가?

26 다수준 피드백 큐 스케줄러를 구현한 시스템이 있다고 가정하자. 어떻게 하면 이를 다음 스케줄러들에 적용할 수 있는가?

a. FCFS　　　　b. 라운드로빈

27 EDF와 SPF를 비교, 대조하라.

28 정적 실시간 스케줄링 알고리즘이 동적 실시간 스케줄링 알고리즘보다 적절한 때는 언제인가?

29 썬에서 현재의 솔라리스 운영체제를 구현하기 전에 주로 워크스테이션으로 사용한 썬 유닉스 시스템 70은 기본 우선순위를 할당하고, 우선순위를 조절함으로써 프로세스들을 스케줄링했다. 기본 우선순위는 최대 −20에서 최소 +20이었고, 중간 값은 0이었다. 우선순위 값은 시스템의 조건이 변함에 따라 조절되었다. 이 값들을 기본 우선순위 값에 더해 현재 우선순위 값을 계산했다. 그리고 현재 우선순위 값이 가장 높은 프로세스를 먼저 디스패치했다.
우선순위 조절은 최근 프로세서 시간을 비교적 적게 사용한 프로세스들을 선호하는 경향이 강했다. 스케줄링 알고리즘은 동작 방식이 변하는 프로세스들이 이점을 얻도록 프로세서 사용 형태를 재빨리 '잊는다.' 알고리즘은 최근 $5 \times n$초 동안의 프로세서 사용 현황을 90% 잊는다. n은 마지막 1분 동안의 실행 가능 프로세스 수의 평균이다.[71] 이러한 프로세스 스케줄링 알고리즘과 관련해 다음 각 질문에 답하라.

a. 시스템 부하가 클 때와 작을 때 중 언제 프로세서 중심 프로세스를 선호하는가?
b. 입출력 중심 프로세스는 입출력 완료 후에 어떻게 즉시 실행할 수 있는가?
c. 프로세서 중심 프로세스가 무기한 연기될 위험이 있는가?
d. 시스템의 부하가 증가할 때 프로세서 중심 프로세스는 상호 작용 반응 시간에 어떤 영향을 미치는가?
e. 이 알고리즘은 프로세스가 프로세서 중심에서 입출력 중심으로, 혹은 그 반대로 변할 때 어떻게 반응하는가?

30 VAX/VMS72 운영체제는 크고 작은 다양한 컴퓨터에서 실행되었다. VAX/VMS에서는 프로세스 우선순위를 0 ~ 31 범위에서 부여했고, 최대 값 31은 중요한 실시간 프로세스의 우선순위 값이었다. 일반 프로세스는 0~15의 우선순위를, 실시간 프로세스는 16~31의 우선순위를 부여받았다. 실시간 프로세스의 우선순위는 상수로 머무는 것이 보통이었다. 한편 우선순위 조절은 적용되지 않았다. 실시간 프로세스는 우선순위가 동일하거나 더 높은 프로세스에 선점당할 때까지 혹은 다양한 대기 상태에 들어가기 전까지 퀀텀 만료로 방해받는 일 없이 실행을 계속했다.
다른 프로세스들은 일반 프로세스들처럼 0~15의 우선순위를 받았다. 여기에는 대화식 프로세스, 배치 프로세스들도 포함된다. 일반 프로세스들은 우선순위가 변했다. 기본 우선순위는 대체로 고정되어 있지만, 프로세서 중심 프로세스보다 입출력 중심 프로세스를 선호하기 위해 우선순위를 동적으로 조절할 수 있었다. 일반 프로세스들은 더 중요한 프로세스에 선점당하거나, 이벤트 대기와 같은 특별한 상태가 되거나, 퀀텀 기간이 만료될 때까지 프로세서를 보유한다. 현재 우선순위와 동일한 우선순위를 지닌 프로세스들은 라운드로빈 방식으로 스케줄링된다.
일반 프로세스들은 0 ~6 이상인 조정 우선순위 값을 추가로 부여받는다. 예를 들어, 요청한 자원을 사용할 수 있게 되거나 프로세스가 대기하던 조건이 성립될 때 이렇게 우선순위 값이 증가한다. 입출력 중심 프로세스는 우선순위 값이 양으로 증가하도록 조절되고, 프로세서 중심 프로세스는 기본 우선순위 값 근처에서 현재 우선순위 값을 지니는 경향이 있다. VAX/VMS 프로세스 스케줄링 메커니즘에 대해 다음 각 질문에 답하라.

a. 실시간 프로세스들의 우선순위 값이 대체로 상수로 유지되는 이유는 무엇인가?
b. 실시간 프로세스가 퀀텀 기간의 만료에 영향을 받지 않는 이유는 무엇인가?
c. 일반 프로세스들의 경우 선호 프로세스는 입출력 중심인가, 프로세서 중심인가?
d. 실시간 프로세스가 프로세서를 잃을 수 있는 상황은 어떤 경우인가?
e. 일반 프로세스가 프로세서를 잃을 수 있는 상황은 어떤 경우인가?
f. 우선순위가 동일한 일반 프로세스들은 어떻게 스케줄링되는가?
g. 어떤 상황에서 일반 프로세스들이 우선순위 조절을 받는가?

【추천 프로젝트】

31 윈도우 XP, 리눅스, 맥 OS X에서 프로세스를 스케줄링하는 방식을 연구하고, 보고서를 작성하라.

32 운영체제에서 프로세스와 스레드의 스케줄링을 책임지는 것이 보통이지만, 몇몇 시스템은 사용자 프로세스가 스케줄링을 결정하게 하기도 한다. 외부 커널 exokernel 운영체제는 어떻게 프로세스를 스케줄링하는지(http://www.pdos.lcs.mit.edu/pubs.html#Exokernels 참고) 사용자 수준 스레드 스케줄링과 스케줄러 활성화는 어떻게 이루어지는지 조사하라.

33 임베디드 시스템에서는 실시간 스케줄링을 어떻게 구현하는지 조사하라.

34 데이터베이스 시스템에서 일반적으로 사용하는 스케줄링 정책과 메커니즘을 조사하라.

【추천 시뮬레이션】

35 프로세스가 무기한 연기되는 상황을 방지하는 한 가지 방법은 에이징 aging 기법이다. 즉, 프로세스가 오래 대기할수록 높은 우선순위를 부여하는 것이다. 몇 가지 에이징 알고리즘을 개발하고 시뮬레이션 프로그램을 작성해 이들의 성능을 검토해보라. 예를 들어, 프로세스의 우선순위는 시간이 지나는 것에 비례해 선형으로 증가하게 할 수도 있다. 각 에이징 알고리즘이 새로 도착하는 프로세스보다 대기하는 프로세스에 높은 우선순위를 부여해 제대로 동작하는지 검토하라.

36 선점형 스케줄링의 한 가지 문제점은 시스템을 세심하게 조율하지 않으면, 문맥 전환을 위한 오버헤드가 성능을 억누를 수 있다는 것이다. 특정 퀀텀 시간에 대해 문맥 전환 오버헤드의 비율이 시스템 성능에 어떤 영향을 미치는지 검토하는 시뮬레이션 프로그램을 작성하라. 문맥 전환 오버헤드를 결정하는 요인이 무엇인지, 특정한 퀀텀 시간을 결정하게 하는 요인이 무엇인지 논의하라. 요인들 간 균형을 적절히 맞춰 시스템 성능에 어떻게 영향을 줄 수 있는지 설명하라.

핵심용어

Key Terms

- 고수준 스케줄링 high-level scheduling
- 공평 분배 그룹 fair share group
- 공평 분배 스케줄링 FSS, Fair Share Scheduling
- 공평성 fairness
- 규모 확장성 scalability
- 다수준 피드백 큐 multilevel feedback queue
- 대화식 프로세스 interactive process
- 데드라인 비율 단조 스케줄링 deadline rate-monotonic scheduling
- 데드라인 스케줄링 deadline scheduling
- 동적 실시간 스케줄링 알고리즘 dynamic real-time scheduling algorithm
- 디스패처 dispatcher
- 디스패칭 dispatching
- 라운드로빈 스케줄링 RR(Round-Robin) scheduling
- 멀티프로그래밍 정도 degree of multiprogramming
- 배치 프로세스 batch process
- 비동기 실시간 프로세스 asynchronous real-time process
- 비선점형 스케줄링 nonpreemptive scheduling
- 비율 단조 스케줄링 RM(Rate-Monotonic) scheduling
- 선입선출 FIFO, First-In-First-Out
- 선점형 스케줄링 preemptive scheduling
- 소프트 실시간 스케줄링 soft real-time scheduling
- 실시간 스케줄링 real-time scheduling
- 여유 시간 laxity
- 예측 가능성 predictability
- 우선권 구매 purchase priority
- 우선순위 priority
- 우선순위 에이징 aging of priority
- 이기적인 라운드로빈 스케줄링 SRR(Selfish Round-Robin) scheduling
- 입출력 중심 I/O-bound
- 작업 스케줄링 job scheduling
- 장기 스케줄링 long-term scheduling
- 저수준 스케줄링 low-level scheduling
- 적응 메커니즘 adaptive mechanism
- 정적 실시간 스케줄링 알고리즘 static real-time scheduling algorithm
- 주기적 실시간 프로세스 periodic real-time process
- 중간 수준 스케줄링 intermediate-level scheduling
- 지연 시간 latency
- 진입 허가 스케줄링 admission scheduling
- 처리량 throughput
- 최고 응답률 우선 HRRN, Highest-Response-Ratio-Next
- 최단 데드라인 우선 EDF, Earliest-Deadline-First
- 최단 프로세스 우선 스케줄링 SPF(Shortest-Process-First) scheduling
- 최소 여유 시간 우선 minimum-laxity-first
- 최소 잔여 시간 우선 스케줄링 SRT(Shortest-Remaining-Time) scheduling
- 퀀텀 quantum
- 타이밍 제약 timing constraint
- 타임 슬라이스 time slice
- 타임 슬라이싱 time slicing
- 프로세서 스케줄링 규칙 processor scheduling discipline
- 프로세서 스케줄링 정책 processor scheduling policy
- 프로세서 중심 processor-bound
- 하드 실시간 스케줄링 hard real-time scheduling

추천도서

Recommended Reading

Coffman과 Kleinrock은 잘 알려진 스케줄링 정책들에 관해 논의했고, 시스템이 어떤 스케줄링 정책을 사용하는지 알 때 사용자들이 적절한 조치를 취해 더 나은 성능을 얻을 수 있는 방법을 설명했다.[73] Ruschitzka와 Fabry는 스케줄링 알고리즘을 분류하고 우선순위 개념을 정립했다.[74] 현대 스케줄러들은 대체로 이 장에서 기술한 여러 기술을 조합해 시스템의 특정 목적을 달성한다. 프로세서 스케줄링 분야의 최근 연구들은 웹 서버나 실시간 시스템, 임베디드 장치의 성능을 최적화하는 데 초점을 두고 있다.

Stankovic와 동료들은 실시간 스케줄링 관련 주제를 논의했고[75], Pop과 동료들은 임베디드 시스템의 스케줄링 관련 주제를 논의했다.[76] 또한 Bender와 동료들은 웹 서버 트랜잭션을 위한 스케줄링 기술을 연구했다.[77] SMART Scheduler for Multimedia And Real-Time applications는 워크스테이션과 개인용 컴퓨터에서 멀티미디어 응용 프로그램이 증가함에 따라 개발되었다. SMART는 실시간 스케줄링 기술과 전통적인 스케줄링 기술들을 결합해 멀티미디어의 성능 향상을 도모했다.[78]

Dertouzos는 실행 순서와 상관없이 모든 프로세스가 데드라인을 맞출 수 있을 때는 데드라인이 가장 이른 프로세스들을 먼저 스케줄링하는 것이 최선임을 증명했다.[79] 하지만 시스템에 과부하가 걸리면, 스케줄러에 충분한 프로세서 시간을 부여하지 않는 한 최적의 스케줄링 정책을 구현할 수 없다. 최근의 연구들은 속도[80, 81]나 데드라인을 맞추기 위해 시스템이 스케줄러에 할당해야 하는 프로세서의 수[82]에 초점을 두고 있다. 이 장의 참고 문헌 목록은 http://www.deitel.com/books/os3e/Bibliography.pdf를 참고하기 바란다.

Memo

나를 비실재(the unreal)에서 실재(the real)로 이끌어주소서!

The Upanishads

환상이란 다름이 아니라 시간과 공간의 법칙을 벗어난 특별한 형태의 기억이다

Samuel Taylor Coleridge

운영체제에서 프로세서 다음으로 집중적으로 관리하는 구성 요소는 단연 메모리다. 더 중요한 구성 요소는 프로세서뿐이다. 다음 세 장은 최초의 간단한 단일 사용자, 실제 메모리 시스템에서부터 현재 사용하는 가상 메모리 멀티프로그래밍 시스템에 이르기까지, 메모리 구성의 발전상을 따라 구성되어 있다. 가상 메모리가 필요한 동기, 가상 메모리를 구현하는 페이징, 세그먼테이션, 그리고 이 두 가지를 조합한 방법 등을 중점적으로 학습할 것이다. 또한 세 가지 핵심적인 메모리 관리 전략인 패치(요구 패치와 예측 패치), 배치, 교체에 대해 학습할 것이다. 사용할 수 있는 메모리 공간이 부족할 때 효율적인 페이지 교체 전략을 수립하는 것이 가상 메모리 시스템의 성능에 중요한 요인이라는 사실을 살펴볼 것이다. 그리고 다양한 교체 전략과 Denning의 작업 집합 모델을 학습할 것이다.

Part 3

물리 메모리와 가상 메모리

Physical and Virtual Memory

Chapter 9 | 실제 메모리 구성과 관리

Chapter 10 | 가상 메모리 구성

Chapter 11 | 가상 메모리 관리

Chapter 09

실제 메모리 구성과 관리

• Real Memory Organization and Management

이 장에서 다루는 내용

- 실제(물리) 메모리 관리의 필요성
- 메모리 계층
- 연속/비연속 메모리 할당
- 고정/가변 파티션 멀티프로그래밍
- 메모리 스왑핑
- 메모리 배치 전략

01 소개
02 메모리 구성
03 메모리 관리
04 메모리 계층
05 메모리 관리 전략
06 연속/불연속 메모리 할당
07 단일 사용자 연속 메모리 할당
08 고정 파티션 멀티프로그래밍
09 가변 파티션 멀티프로그래밍
10 메모리 스왑핑을 사용한 멀티프로그래밍

* 요약
* 연습문제
* 핵심용어

경험하기 전에는 그 어느 것도 실제가 되지 못한다. 속담 하나도, 당신의 삶이 묘사해내지 못했다면 속담이 아닌 것이다.

John Keats

....

땅의 경계 표를 옮기지 말라.

Amenemope

....

보호는 원칙은 아니지만, 필요한 방편이다.

Benjamin Disraeli

....

사전을 문법이라 부를 수 없는 것처럼, 많이 기억한다고 해서 철학자가 되는 것은 아니다.

John Henry Cardinal Newman

9.1 소개

컴퓨터 시스템에서 **실제 메모리** real memory(**메인 메모리** main memory, **물리 메모리** physical memory, 주 메모리 primary memory라고도 한다)의 구성과 관리는 운영체제 설계에 중요한 영향을 미쳐왔다.[1] 2차 저장소(흔히 디스크와 테이프)는 즉시 처리에 사용할 수 있게 유지해야 하는 수많은 프로그램과 데이터를 저장할 크고도 저렴한 저장 공간을 제공한다. 그러나 2차 저장소는 느리고 프로세서에서 직접 접근할 수 없다. 직접 접근하고 실행하려면 프로그램과 데이터가 메인 메모리에 있어야 한다.

이 장과 다음 두 개 장에서는 여러 가지 컴퓨터 메모리 구성과 관리 기법에 관해 알아본다. 이 장에서는 실제 메모리를 다루며, '10장. 가상 메모리 구성'과 '11장. 가상 메모리 관리'에서는 가상 메모리에 관해 논의한다. 여기서는 역사적 발전 과정에 따라 각 기법을 논의할 것이다. 현재 사용하는 시스템은 대부분 가상 메모리 시스템이기 때문에, 이 장은 주로 역사적 흐름을 살펴보는 데 의의가 있다. 그러나 가상 메모리 시스템에서도 운영체제는 실제 메모리를 관리해야 한다. 더 나아가 몇몇 실시간 시스템이나 임베디드 시스템은 가상 메모리를 사용하는 오버헤드를 감당하기 어렵다. 따라서 이들 시스템에서는 여전히 실제 메모리 관리가 중요하다. 이 장에서 다루는 개념은 대부분 다음 두 장에서 다루는 가상 메모리를 논의하기 위한 토대가 될 것이다.

9.2 메모리 구성

역사적으로 메인 메모리는 비교적 비싼 자원으로 인식되어왔다. 따라서 시스템 설계자들은 메인 메모리의 활용도를 극대화하는 방법들을 모색했다. 수십 년 동안 메인 메모리의 비용이 눈에 띄게 감소하고는 있지만(대략적으로 '2장. 하드웨어와 소프트웨어 개념'에서 논의한 무어의 법칙을 따라 감소했다. '운영체제적 생각: 처리 능력, 메모리, 저장소, 대역폭의 상한선은 없다' 참고), 메인 메모리는 2차 저장소에 비하면 여전히 비싼 자원이다. 또한 현재 사용하는 운영체제와 응용 프로그램은 어느 때보다도 많은 메모리 용량을 요구한다([표 9-1]). 예를 들어, 마이크로소프트에서는 윈도우 XP 프로페셔널 Windows XP Professional 제품을 효율적으로 실행하려면 메인 메모리를 256MB 이상 보유하라고 권장한다.

운영체제 설계자로서 메인 메모리를 **메모리 구성** memory organization 관점에서 보자. 메인 메모리에 프로세스를 하나만 둘 것인가, 한꺼번에 여러 프로세스를 둘 것인가(즉, 멀티프로그래밍을 구현할 것인가)? 만일 메인 메모리에 동시에 여러 프로세스를 포함하고 있다면 각 프로세스에 공간을 동일한 크기로 제공할 것인가, 메인 메모리를 크기가 서로 다른 부분(**파티션** partition)들로 나눌 것인가? 파티션을 장기간 엄밀하게 정의할 것인가, 동적으로 정의해서 시스템이 프로세스의 요구 변화에 빠르게 적응할 수 있게 할 것인가? 프로세스들이 특정 파티션에서 실행하게 할 것인가, 적당한 곳이면 어디서나 실행할 수 있게 할 것인가? 시스템이 각 프로세스를 연속적인 메모리 블록 하나에 배치하게 할 것인가, 개별 블록으로 분할해서 메인 메모리의 여유 슬롯에 배치하게 할 것인가? 시스템은 이러한 스키마에 기반을 두고 메모리를 구성하고 있다. 이 장에서는 각 스키마를 구현하는 방법을 논의한다.

셀프 리뷰

1. 한 번에 한 프로세스만 메모리에 두는 방법이 일반적으로 비효율적인 이유는 무엇인가?
2. 만일 시스템이 메인 메모리에 많은 프로세스를 둘 수 있게 허용하면서도 메모리를 여러 파티션으로 나누지 않는다면 어떤 일이 발생하겠는가?

▶ **풀이** 1) 단일 프로세스가 입출력 작업 때문에 블록되면 다른 모든 프로세스에서 프로세서를 사용할 수 없기 때문이다. 2) 프로세스들이 모든 메모리를 공유해 사용할 것이다. 그러면 오동작 프로세스나 악성 프로세스가 다른 프로세스들을 손상시킬 수도 있다.

운영체제적 생각

처리 능력, 메모리, 저장소, 대역폭의 상한선은 없다

컴퓨팅은 참으로 변화무쌍한 분야다. 프로세서는 점점 빨라지고, 실행 명령어당 비용은 낮아지고 있다. 메인 메모리와 2차 저장 매체는 점점 커지고, 바이트당 비용은 낮아지고 있다. 그리고 통신 대역폭은 넓어지고, 전송 비트당 비용은 낮아지고 있다. 또한 온갖 새로운 장치가 생겨나 컴퓨터에 추가, 통합되고 있다.

운영체제 설계자는 이러한 흐름과 이 일들이 진행되는 상대적인 속도 비율을 잘 알고 있어야 한다. 이런 흐름은 운영체제가 갖춰야 하는 기능에 막대한 영향을 미치기 때문이다. 초기 운영체제에서는 컴퓨터 그래픽이나 GUI, 네트워킹, 분산 컴퓨팅, 웹 서비스, 멀티스레딩, 고도 병렬 처리, 대용량 가상 메모리, 데이터베이스 시스템, 멀티미디어, 장애인용 접근 수단, 복잡한 보안 기능 등을 지원할 필요가 없었다. '16장. 리눅스 사례 연구'를 읽어보면 알 수 있듯이, 지난 수십 년 동안 이룩한 이 모든 혁신은 현대 운영체제를 개발할 때 갖춰야 할 기능을 크게 바꿔놓았다. 처리 능력을 개선하고, 저장 공간과 대역폭을 늘림으로써 이 모든 기능이 가능하게 되었다. 앞으로도 이러한 발전이 계속되어 훨씬 복잡한 응용 프로그램을 만들 수 있게 되고, 운영체제에서도 이를 지원할 수 있게 될 것이다.

9.3 메모리 관리

특정 시스템에서 어떤 메모리 구성을 채택하든, 최적의 메모리 성능을 내려면 어떤 전략을 사용할지 결정해야 한다.[2] **메모리 관리 전략** memory management strategy 은 다양한 시스템 부하 상황에서 특정 메모리 구성이 작동하는 방법을 결정한다. 메모리 관리는 보통 소프트웨어와 특수 목적 하드웨어 모두를 사용해 수행한다.

[표 9-1] 마이크로소프트 윈도우 운영체제 메모리 요구량[3, 4, 5]

운영체제	출시	메모리 최소 요구 사항	추천 메모리 용량
윈도우 1.0	1985년 11월	256KB	
윈도우 2.03	1987년 11월	320KB	
윈도우 3.0	1990년 3월	896KB	1MB
윈도우 3.1	1992년 4월	2.6MB	4MB
윈도우 95	1995년 8월	8MB	16MB
윈도우 NT 4.0	1996년 8월	32MB	96MB
윈도우 98	1998년 6월	24MB	64MB
윈도우 ME	2000년 11월	32MB	128MB
윈도우 2000 프로페셔널	2000년 2월	64MB	128MB
윈도우 XP 홈	2001년 10월	64MB	128MB
윈도우 XP 프로페셔널	2001년 10월	128MB	256MB

메모리 관리자 memory manager 는 시스템의 메모리 구성과 관리 전략을 담당하는 운영체제 구성 요소다. 메모리 관리자는 여유 메모리 공간을 어떻게 프로세스에 할당하고, 프로세스의 메모리 사용이 변할 때 어떻게 반응할지 결정한다. 또한 가능하면 특수 목적 메모리 관리 하드웨어와도 협력해 성능 향상을 도모한다. 이번 장과 다음 두 장에 걸쳐 몇 가지 메모리 관리와 구성 전략에 관해 살펴볼 것이다.

각 메모리 관리 전략은 다음과 같은 몇 가지 질문에 어떻게 답하느냐에 따라 달라진다. 언제 새 프로그램과 데이터를 메모리에 둘 것인가? 시스템이 명시적으로 요청할 때 프로그램과 데이터를 가져올 것인가, 요청을 미리 예측해 저리할 것인가? 실행할 다음 프로그램과 데이터를 메인 메모리의 어느 위치에 둘 것인가? 여유 메모리 공간에 가능하면 긴축적으로 프로그램과 데이터를 배치해 메모리 낭비를 최소화해야 하는가, 프로그램과 데이터를 가능하면 빨리 배치해 실행 시간을 최소화해야 하는가?

만약 새 프로그램과 데이터가 메인 메모리에 위치해야 하는데 메인 메모리가 가득 차 있다면, 이미 메모리에 위치한 프로그램과 데이터 중 무엇을 대체할 것인가? 가장 오래된 것을 대체할 것인가, 빈도가 낮은 것을 대체할 것인가, 아니면 최근 사용 빈도가 낮은 것을 대체할 것인가? 시스템은 다양한 메모리 관리 전략을 사용해 구현되어왔다.

셀프 리뷰

1. 메모리 관리자가 메모리 공간의 낭비를 최소화하는 것이 적절한 경우는 언제인가?
2. 메모리 관리 구성과 전략이 프로세스에 가능하면 투명해야 하는 이유는 무엇인가?

▶ **풀이** 1) 프로그램을 메인 메모리에 가능하면 촘촘하게 배치하는 데서 발생하는 오버헤드보다 메모리가 더 비쌀 때, 또한 유입하는 큰 프로그램과 데이터를 위해 시스템이 가능하면 큰 메모리를 연속해서 보유해야 할 때 메모리 공간 활용에 중점을 두어야 한다. 2) 메모리 관리의 투명성은 응용 프로그램의 이식성을 높이고 개발을 용이하게 해준다. 프로그래머가 메모리 관리 전략을 걱정할 필요가 없기 때문이다. 또한 메모리 관리 전략이 바뀌어도 응용 프로그램을 수정할 필요가 없다.

9.4 메모리 계층

1950년대와 1960년대에는 메인 메모리가 무척이나 고가였다(비트당 1달러나 되었다). 윈도우 XP 프로페셔널이 요구하는 256MB 메모리를 사용하려면 당시 가격으로는 20억 달러가 넘는다는 얘기다! 설계자들은 컴퓨터 시스템에 메인 메모리를 얼마나 넣을지 고민할 수밖에 없었다. 경제적 여건이 닿는 범위 안에서 메모리를 구입할 수밖에 없지만, 운영체제와 많은 프로세스를 지원할 수 있는 충분한 용량이 필요했다. 따라서 제한된 비용 안에서 예상 작업량을 지원할 만한 최대 용량을 설치해야 했다.

프로그램과 데이터는 시스템이 실행하거나 참조하기 전에 반드시 메인 메모리에 있어야 한다. 시스템에 곧장 필요하지 않은 프로그램이나 데이터는 필요한 시점까지 2차 저장소에 뒀다가 필요할 때 메인 메모리에 로드해 실행하고 참조한다. 디스크나 테이프 같은 2차 저장 매체는 비트당 가격이 메인 메모리보다 훨씬 저렴하기 때문에 훨씬 큰 용량을 저장할 수 있다. 그러나 메인 메모리는 대체로 2차 저장소보다 훨씬 빠르게 접근할 수 있다. 현재 사용하는 시스템에서는 디스크 데이터 전송이 메인 메모리보다 백만 배 정도 느리다.[6, 7]

메모리 계층 memory hierarchy은 메모리를 속도와 비용에 따라 여러 수준으로 나눈다. 시스템은 프로그램과 데이터를 여러 수준 사이에서 옮긴다.[8, 9] 이와 같은 이동을 수행하려면 다른 생산적인 일에 사용할 수 있는 프로세서 시간 같은 시스템 자원을 소비해야 한다. 현대 시스템에서는 효율성을 높이려고 계산 오버헤드가 거의 없이 메모리 이동 기능을 담당하는 메모리 컨트롤러 memory controller라는 하드웨어 장치를 내장하고 있다. 그 결과 시스템은 메모리 계층의 장점을 살려 가격이 낮고 용량이 큰 메모리도 잘 활용할 수 있게 되었다.

1960년대에는 메모리 계층에 더 높은 수준 하나를 추가해서 성능을 획기적으로 향상시키고 활용도를 높일 수 있음을 깨달았다.[10, 11] **캐시** cache라는 이 추가적인 수준은 메인 메모리보다 훨씬 빠르고, 현재 사용하는 시스템에서는 보통 각 프로세서에 위치한다.[12, 13] 프로세서는 자신의 캐시에서 프로그램과 데이터를 직접 참조할 수 있다. 캐시 메모리는 메인 메모리보다 훨씬 고가기 때문에 비교적 작은 캐시만 사용할 수 있다. [그림 9-1]은 캐시와 주 메모리, 2차 저장소 사이의 관계를 보여준다.

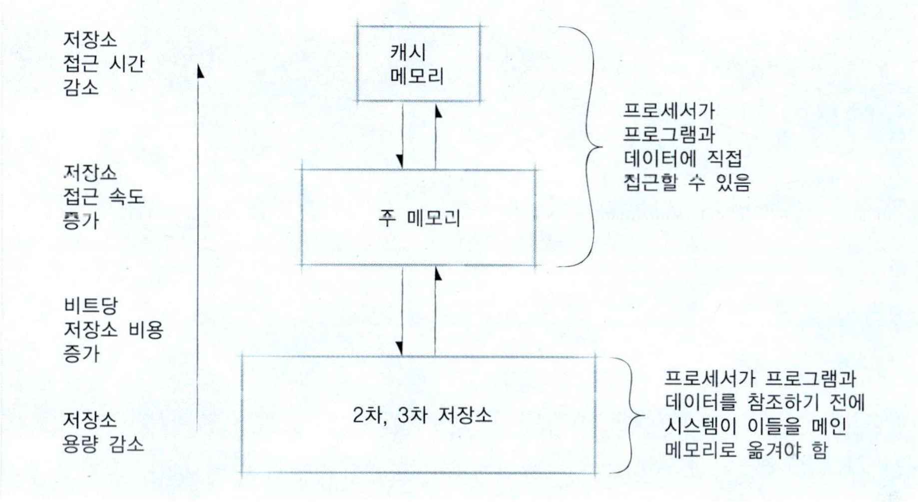

[그림 9-1] 계층적 메모리 구성

시스템은 캐시 메모리 때문에 한 수준 더 데이터를 옮겨야 한다. 메인 메모리에 있는 프로그램은 실행 전에 캐시로 이동해야 한다. 캐시에 있는 프로그램을 실행하는 방법이 메인 메모리에 있는 프로그램을 실행하는 방법보다 훨씬 빠르다. 일단 데이터와 명령어에 접근한 프로세스는 향후 다시 한 번 이에 접근할 가능성이 크기 때문에(**시간적 지역성** temporal locality이라는 현상이다), 비교적 작은 캐시만 있어도 캐시 없이 프로그램을 실행하는 것보다 성능을 크게 향상시킬 수 있다. 몇몇 시스템은 여러 수준의 캐시를 사용한다.

셀프 리뷰

1. (참/거짓) 메인 메모리 가격이 낮아지고 용량이 증가하면서 대부분의 시스템에서 메모리 관리 전략이 필요 없게 되었다.
2. 루프를 실행하는 프로그램은 캐시 메모리를 통해 어떤 이점을 얻을 수 있는가?

▶ 풀이 1) 거짓. 저가격 대용량 메인 메모리를 갖추고 있어도 여유 메모리를 모두 소비할 수 있는 상황은 계속 발생한다. 또한 더 비싸고 소용량 메모리로 구성된 캐시에도 메모리 관리 전략을 적용해야 한다. 캐시나 메인 메모리 모두 가득 차는 경우, 시스템은 메모리를 가능하면 최적으로 활용할 수 있게 메모리 관리 전략을 구현해야 한다. 2) 루프를 실행하는 프로그램은 같은 명령어 집합을 반복해서 실행하며, 같은 데이터를 참조할 수 있다. 이런 명령어와 데이터가 캐시에 들어갈 수 있을 경우, 프로세서는 메인 메모리보다 빠르게 캐시에서 참조해 성능을 향상시킬 수 있다.

9.5 메모리 관리 전략

메모리 관리 전략은 메인 메모리를 최적으로 사용하도록 고안되며 다음과 같이 구분할 수 있다.

1. 페치 전략
2. 배치 전략
3. 교체 전략

페치 전략 fetch strategy은 2차 저장소에 있는 프로그램이나 데이터를 메인 메모리로 옮길 시점을 결정한다. 페치 전략은 **요구 페치 전략** demand fetch strategy과 **예측 페치 전략** anticipatory fetch strategy이라는 두 가지 유형으로 나뉜다. 여러 해 동안 관례에 따라 실행 프로그램에서 참조하는 시점에 시스템이 프로그램과 데이터의 다음 부분을 메인 메모리에 두는 요구 페치 전략을 사용했다. 설계자들은 프로그램의 실행 경로를 예측하기 어렵기 때문에 예측을 하는 오버헤드가 미리 로드해 얻는 이익보다 훨씬 많은 비용이 든다고 생각했다. 그러나 오늘날 많은 시스템에서 프로그램이 참조하기 전에 미리 예상해 필요한 프로그램이나 데이터 부분을 메모리로 로드하는 예측 페치 전략을 사용해 성능을 크게 향상시켰다.

배치 전략 placement strategy은 새로 로드하는 프로그램이나 데이터의 부분을 놓을 메인 메모리 위치를 결정한다.[14, 15] 이 장에서는 **최초 적합** first-fit, **최적합** best-fit, **최악 적합** worst-fit 메모리 배치 전략을 살펴본다. 10과 11장에서 페이지화된 가상 메모리 시스템을 논의할 때 프로그램과 데이터를 페이지 page라는 크기가 고정된 부분으로 나누고, 여유 '페이지 프레임' page frame에 놓을 수 있음을 보게 될 것이다. 이러한 유형의 시스템에서 배치 전략은 간단한 문제다.

메모리가 새로운 프로그램을 수용하기에는 너무 적게 남아 있을 때, 시스템은 현재 메모리에 있는 프로그램이나 데이터를 모두 혹은 일부 제거해야 한다. 시스템은 **교체 전략** replacement strategy을 통해 어떤 부분을 제거해 새로운 데이터를 메모리에 배치할지 결정한다.

셀프 리뷰

1. 배치 전략에서는 자원 활용도를 높이는 것이 중요한가, 오버헤드를 줄이는 것이 중요한가?
2. 두 가지 페치 전략을 기술하고, 어떤 경우에 각 전략이 적합한지 설명하라.

▶ **풀이** 1) 답은 시스템의 목적 및 자원과 오버헤드의 상대적인 비용에 따라 다르다. 일반적으로 운영체제 설계자들은 시스템의 목적을 달성하기 위해 오버헤드와 메모리 활용도 사이의 균형을 갖추려고 노력해야 한다. 2) 페치 전략은 요구 페치 전략과 예측 페치 전략으로 나뉜다. 시스템이 미래의 메모리 사용을 정확하게 예측하기 어렵다면 오버헤드가 적은 요구 페치가 성능과 자원 활용도를 높일 것이다(시스템에서 참조하지 않을 정보를 디스크에서 불러오는 일은 없기 때문이다). 그러나 프로그램의 동작이 예측 가능한 형태일 때는 예측 페치 전략을 사용해 프로세스들이 참조하기 전에 프로그램이나 데이터를 메모리에 준비함으로써 성능을 향상시킬 수 있다.

9.6 연속/불연속 메모리 할당

초기 컴퓨터 시스템에서는 프로그램을 실행하려면 시스템 운영자나 운영체제가 프로그램 전체를 수용할 수 있는 연속적인 메인 메모리 공간을 확보해야 했다. 시스템은 프로그램이 여유 메모리보다 큰 경우 이를 실행할 수 없었다. 이 장에서 이와 같은 메모리 사용 방법(**연속 메모리 할당** contiguous memory allocation이라고 한다)과 문제점에 관해 논의한다. 연구자들은 이 문제를 해결하려고 시도했고, 시스템이 불연속적인 메모리 할당을 통해 메모리를 더 효율적으로 사용할 수 있다는 사실을 알게 되었다.[16]

불연속 메모리 할당 noncontiguous memory allocation에서는 프로그램을 블록 또는 **세그먼트** segment로 나누고, 시스템은 메인 메모리 안에서 연속적으로 붙어 있지 않은 슬롯들에 이 정보를 배치할 수 있다. 이 덕분에 프로그램 전체를 수용하기엔 너무 작은 메모리의 홀(즉, 사용하지 않는 작은 공간)을 활용할 수 있게 되었다. 결과적으로 운영체제에 더 큰 오버헤드가 발생하지만, 멀티프로그래밍 수준(즉, 한꺼번에 메인 메모리에 위치할 수 있는 프로세스 수)이 증가한다. 이 장에서는 불연속 물리 메모리 할당 기술을 설명하고, 다음 두 장에서는 불연속 메모리 할당에 필요한 페이징 paging과 세그먼테이션 segmentation 등 가상 메모리 구성 기술과 관련 내용을 살펴본다.

셀프 리뷰

1. 연속 메모리 할당보다 불연속 메모리 할당을 선호하는 경우는 언제인가?
2. 불연속 메모리 할당 기술을 구현할 때 어떤 오버헤드가 발생할 수 있는가?

▶ **풀이** 1) 새 프로그램을 연속된 한 영역에 담을 만큼 충분한 여유 메모리 공간이 없고, 작은 부분들을 모두 합한 공간이 프로그램보다 충분한 경우 불연속 방식 메모리 할당이 유리하다. 2) 여유 블록을 추적하는 일, 각 프로세스에 속한 블록을 추적하는 일, 그리고 이 블록이 메모리의 어느 곳에 위치하는지 추적하는 일 등에 오버헤드가 발생한다.

9.7 단일 사용자 연속 메모리 할당

초기 컴퓨터 시스템은 한 번에 한 사용자만 시스템을 사용하도록 허용했다. 그리고 시스템의 모든 자원을 해당 사용자에게 할당했다. 비용 산정도 간단했는데, 사용자는 자신의 작업에 필요한지 여부와 상관없이 시스템의 모든 자원에 해당하는 비용을 내야 했다. 실제 비용 산정은 **실제 시간** wall clock time에 기반을 두었다. 시스템 운영자는 사용자에게 시스템을 얼마 동안 대여해주고, 간단히 시간 비율에 따라 비용을 청구했다.

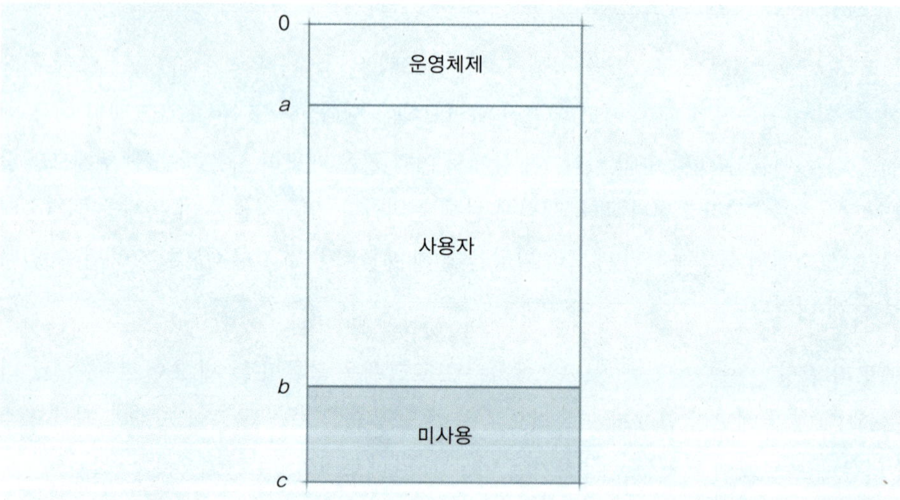

[그림 9-2] 단일 사용자 연속 메모리 할당

[그림 9-2]는 전형적인 **단일 사용자 연속 메모리 할당 시스템** single user contiguous memory allocation system의 메모리 구성을 보여주고 있다. 원래는 운영체제가 없어서 프로그래머가 특정 응용 프로그램을 구

현하려면 세부적인 하부 수준 입출력 명령어를 포함해 필요한 모든 코드를 구현해야 했다. 얼마 지나지 않아 시스템 설계자들은 기본 기능을 구현한 입출력 코딩을 **입출력 제어 시스템** IOCS, Input/Output Control System에 통합했다.[17] 덕분에 프로그래머들은 각 프로그램을 위해 새로 작성할 필요 없이 IOCS 루틴을 호출해 원하는 작업을 수행했다. IOCS는 코딩 과정을 매우 간단하고 빠르게 진행하게 해줬다. 입출력 제어 시스템 구현은 현대 운영체제 개념의 시작이다.

9.7.1 중첩

앞에서 연속 메모리 할당이 시스템에서 실행할 수 있는 프로그램의 크기를 제한한다는 내용을 살펴봤다. 소프트웨어 설계자들이 메모리의 한계를 극복할 수 있는 한 가지 방법은 **중첩** overlay을 생성하는 것이다. 중첩은 시스템에서 메인 메모리보다 큰 프로그램을 실행할 수 있게 해준다. [그림 9-3]은 전형적인 중첩을 보여준다. 프로그래머는 프로그램을 논리적인 구역으로 나눈다. 프로그램이 특정 구역에 필요한 메모리를 요구하지 않을 때, 시스템은 해당 구역의 일부나 전체를 필요한 구역의 메모리와 교체할 수 있다.[18]

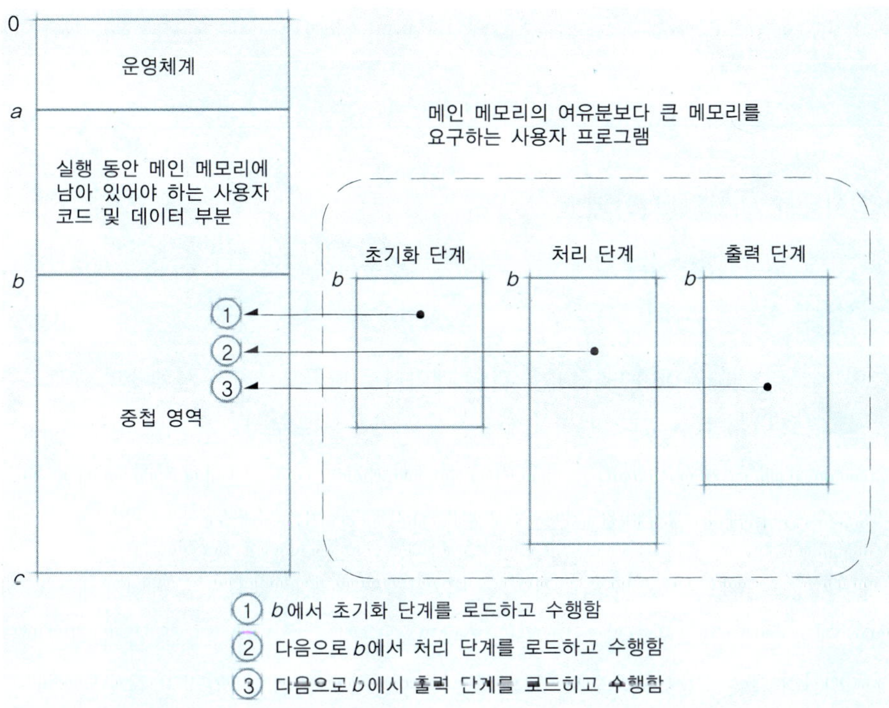

[그림 9-3] 중첩 구조

중첩은 프로그래머들이 메인 메모리를 '확장' 할 수 있게 해준다. 그러나 수동으로 중첩을 구현하려면 많은 시간이 들 뿐 아니라 세심하게 계획을 세워야 한다. 또한 프로그래머가 시스템의 메모리 구성에 관한 세부 사항을 알아야 한다. 복잡한 중첩 구조를 지닌 프로그램은 수정하기 어려울 수 있다. 실제로 프로그램이 복잡해질수록 프로그래밍 작업의 40%는 이 중첩을 구성하는 데 필요하다는 측정도 있다.[19] 운영체제 차원에서 프로그래머가 중첩과 같은 복잡한 메모리 관리에서 벗어날 수 있게 해줘야 할 필요성이 분명해졌다. 이어지는 장에서 살펴보겠지만, IOCS가 프로그래머를 반복적인 저수준 입출력 조작에서 자유롭게 해주듯이, 가상 메모리 시스템은 프로그래머가 중첩을 제어해야 하는 부담을 줄여준다.

셀프 리뷰

1. IOCS는 프로그램 개발을 어떻게 촉진했는가?
2. 중첩의 비용과 이점을 설명하라.

▶ **풀이** 1) 프로그래머는 저수준 명령어를 사용해 새로 작성하지 않고, IOCS에 있는 기능을 사용해 프로그램을 작성할 수 있게 되었다. 2) 중첩은 프로그래머가 실제 메모리보다 큰 프로그램을 작성할 수 있게 해준다. 그러나 이러한 중첩을 관리하려면 프로그램의 복잡도가 증가하고, 이에 따라 프로그램 크기와 소프트웨어 개발 비용이 증가한다.

9.7.2 단일 사용자 시스템에서의 보호

단일 사용자 연속 메모리 할당 시스템에서는 보호 protection 문제가 간단하다. 사용자 프로그램으로부터 운영체제를 어떻게 보호할 수 있는가?

프로세스들이 메모리 내용의 일부나 전체를 다른 데이터로 바꿈으로써 운영체제의 메모리를 우연히 혹은 고의로 방해할 수 있다. 운영체제에 손상을 가하면 프로세스가 더는 진행할 수 없다. 만일 프로세스가 운영체제가 차지한 메모리에 접근하려고 시도하면, 사용자가 문제를 추적해 실행을 종료하고, 문제를 수정하고, 프로그램을 재시작할 수 있다.

보호 메커니즘이 없으면 프로세스가 치명적이지는 않더라도 미묘한 방식으로 운영체제를 변경할 수도 있다. 예를 들면, 프로세스가 어떤 입출력 루틴을 변경해 시스템이 모든 출력 레코드를 자른다 truncate(시작과 끝을 자름)고 해보자. 프로세스는 여전히 실행할 수 있지만 잘못된 결과를 낼 것이다. 프로세스가 완료할 때까지 사용자가 결과를 검토하지 않으면, 시스템의 자원을 쓸모없이 낭비할 것이다. 더 나쁜 점은 운영체제가 손상을 입은 후에 나온 결과가 부정확한 것인지 사용자가 구분하지 못할 수도 있다는 것이다. 분명한 사실은 프로세스들로부터 운영체제를 보호해야 한다는 점이다.

[그림 9-4]와 같이 단일 사용자 연속 메모리 할당 시스템에서의 보호는 프로세서 안에 만들어진 **경계 레지스터** boundary register를 통해 이루어진다. 이는 또한 특권 명령어로만 수정할 수 있다. 경계 레지스터는 사용자 프로그램의 시작 메모리 주소 정보를 포함하고 있다. 시스템은 프로세스가 메모리 주소를 참조할 때마다 요청한 주소가 경계 레지스터에 저장된 정보보다 크거나 같은지 확인한다. 만약 크거나 같으면 메모리 요청대로 서비스한다. 그렇지 않으면 프로그램이 운영체제에 접근을 시도한다. 시스템은 요청을 가로채서 적절한 오류 메시지를 보여주며 프로세스를 종료한다. 경계 주소를 점검하는 하드웨어는 명령어를 느리게 하지 않도록 재빨리 실행된다.

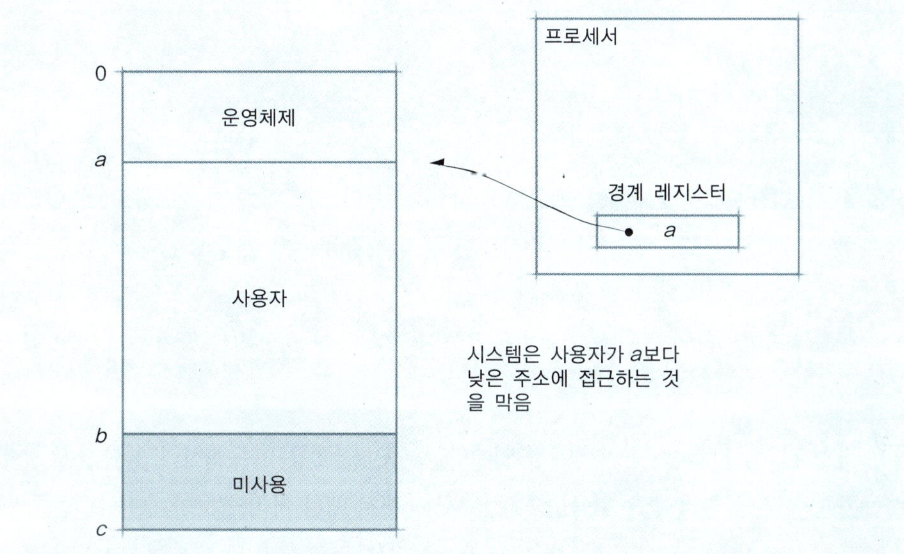

[그림 9-4] 단일 사용자 연속 메모리 할당을 사용한 메모리 보호

물론 프로세스는 이따금씩 운영체제에 접근해 입출력과 같은 서비스를 받아야 한다. 운영체제는 서비스를 요청할 수 있게 여러 가지 시스템 호출(**슈퍼바이저 호출**) system call(supervisor call)을 제공한다. 프로세스에서 시스템 호출을 할 때(예를 들면, 디스크에 데이터를 쓰려고), 시스템은 이 호출을 감지하고 실행을 사용자 모드에서 커널 모드(**관리 모드**) kernel mode(executive mode)로 변경한다. 커널 모드에서는 프로세서가 운영체제 명령어를 실행할 수 있고, 프로세스를 대신해 작업을 수행하려고 데이터에 접근할 수 있다. 시스템이 요청받은 작업을 수행하고 난 후에는 다시 사용자 모드로 변경하고, 제어를 프로세스에 넘겨준다.[20]

단일 경계 레지스터는 간단한 보호 메커니즘을 나타낸다. 운영체제가 더 복잡해짐에 따라 설계자들은 프로세스로부터 운영체제를 보호하고, 프로세스를 다른 프로세스로부터 보호하려고 더 복잡한 메커니즘들을 구현했다. 이런 메커니즘에 관해서는 뒤에서 자세히 살펴본다.

셀프 리뷰

1. 단일 경계 레지스터는 사용자가 여러 명 있는 시스템도 충분히 보호할 수 있는가?
2. 운영체제에 시스템 호출이 반드시 필요한 이유는 무엇인가?

▶ **풀이** 1) 단일 경계는 사용자 프로세스가 운영체제를 손상시키는 상황을 방지하지만 프로세스 간에 서로 손상시키는 상황은 방지하지 못한다. 2) 시스템 호출은 프로세스들로부터 운영체제를 보호하면서도, 프로세스들이 운영체제에 서비스를 요청할 수 있게 해준다.

9.7.3 단일 스트림 배치 처리

초기 단일 사용자 실제 메모리 시스템은 작업의 실행 시간보다 많은 자원을 한 작업에 할당했다. 한 작업을 처리하려면 운영체제를 로드하고 테이프와 디스크 팩을 마운트하고, 프린터에 적절한 폼을 놓고, 시간 카드에 체크하는 등 상당한 **설정 시간** setup time이 필요했다. 작업을 완료하면 테이프와 디스크를 제거하고, 폼을 제거하고, 시간 카드를 찍고 나오는 등 상당한 **해제 시간** teardown time이 필요했다. 작업과 관련해 준비하고 해제하는 동안 컴퓨터는 한가하게 쉬고 있어야 했다.

설계자들은 **작업 간 전환** job-to-job transition에서 일어나는 다양한 일을 자동화한다면 작업들 사이에 낭비하는 많은 시간을 절약할 수 있음을 깨달았다. 그래서 **배치 처리** batch processing 시스템을 개

운영체제적 생각

변화는 예외가 아닌 법칙이다

역사적으로 변화는 예외가 아닌 법칙이다. 이러한 변화는 예상보다 빨리 오고, 또한 상상보다 훨씬 급작스럽다. 독자들은 컴퓨터 분야에서 이러한 사실을 확인할 수 있다. 1960년대와 1970년대의 선두 기업을 살펴보자. 오늘날에는 그 중 많은 기업이 사라지고, 컴퓨터 산업계에서 변변치 못한 위치에 있는 것을 볼 수 있다. 컴퓨터와 운영체제가 설계된 방식도 오늘날의 설계 방식과는 심오한 차이점이 있다. 이 책 전반에 걸쳐 설계자들이 변화에 잘 적응하는 운영체제를 만들 때 고려해야 할 다양한 아키텍처 관련 주제와 소프트웨어 공학 주제를 논의한다.

발하게 되었다('운영체제적 생각: 변화는 예외가 아닌 법칙이다' 참고). **단일 스트림 배치 처리** single stream batch processing에서는 작업들을 테이프나 디스크에 연속적으로 로드해서 배치로 그룹화한다. **작업 스트림 프로세서** job stream processor는 각 작업을 정의하는 **작업 제어 언어** job control language 문장들을 읽고 다음 작업을 설정한다. 작업 스트림 프로세서는 이전에 시스템 운영자들이 수동으로 하던 많은 기능을 수행해준다. 현재 작업이 종료될 때, 작업 스트림 리더 job stream reader는 다음 작업을 위한 제어 언어 명령문을 읽어 적절한 허드렛일을 수행해 다음 작업으로 전환할 수 있게 한다. 배치 처리 시스템은 자원 활용도를 높여주었고, 운영체제의 진정한 가치를 보여줄 수 있게 해서 **강도 높은 자원 관리** intensive resource management를 돕는다. 단일 스트림 배치 처리 시스템은 1960년대 초반에 생겨난 기술이다.

셀프 리뷰

1. (참/거짓) 배치 처리 시스템은 시스템 운영자가 일일이 작업하지 않아도 되게 해줬다.
2. 초기 배치 처리 시스템은 어떤 점에서 기여도가 큰가?

▶ **풀이** 1) 거짓. 작업을 실행하려면 시스템 운영자가 준비와 해제 작업을 해야 했다. 2) 초기 배치 처리 시스템은 다양한 작업 간 전환 작업을 자동화해줬고, 작업 간 시간을 줄이고 자원 활용도를 높여줬다.

9.8 고정 파티션 멀티프로그래밍

단일 사용자 시스템은 배치 처리 운영체제를 이용해도 여전히 상당량의 컴퓨터 자원을 낭비해야 했다([그림 9-5]). 전형적인 프로세스들은 입출력 요청을 발생시키기 위해 프로세서 시간을 소비해야 했다. 즉, 프로세스는 입출력이 완료될 때까지는 계속할 수 없었다. 지금도 그렇지만 입출력 속도가 프로세서 속도보다 훨씬 느렸기 때문에 프로세서 활용도가 심각하게 떨어졌다.

설계자들은 멀티프로그래밍 시스템을 구현해 프로세서 활용도를 더 높일 수 있음을 알게 되었다. 멀티프로그래밍 시스템에서는 여러 사용자가 동시에 시스템 자원을 사용하려고 경쟁한다. 현재 입출력을 대기하는 프로세스는 계산 작업을 하려고 하는 준비 상태 프로세스에 프로세서를 양보한다. 따라서 입출력 연산과 프로세서 계산이 동시에 일어날 수 있다. 이러한 방식은 프로세서 활용도를 높이고 시스템 처리량을 크게 증가시킨다.

멀티프로그래밍의 장점을 최대한 살리려면 여러 프로세스가 메인 메모리에 동시에 있어야 한다. 그래야 한 프로세스가 입출력을 요청할 때, 프로세서는 다른 프로세스에 할당되어, 2차 저장소에서 프로그램을 로딩하느라 시간을 지체할 필요 없이 계산 작업을 계속한다. 이 새 프로세스가 프로세서를 양보할 때, 다른 프로세스가 이를 사용할 준비가 되어 있을 수도 있다. 이 절과 다음 절에서 논의하는 것처럼 많은 멀티프로그래밍 구조가 구현되었다.

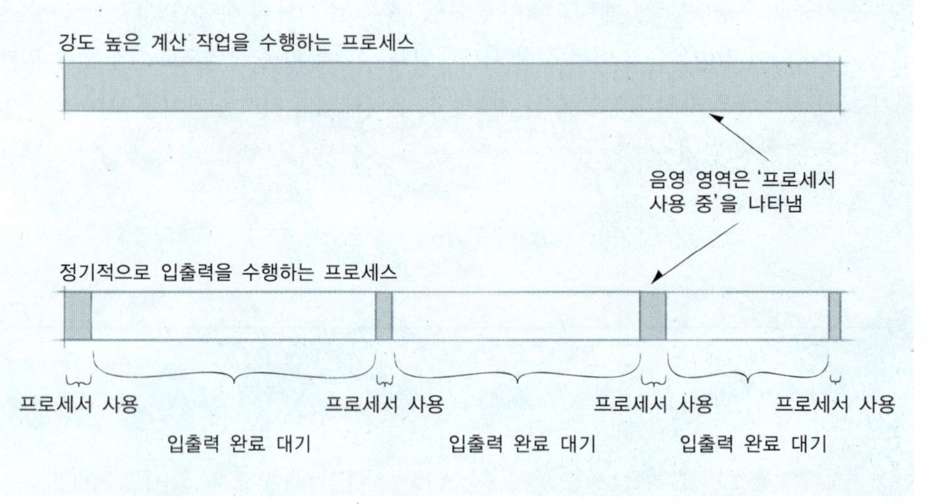

[그림 9-5] 단일 사용자 시스템의 프로세서 활용도

초기 멀티프로그래밍 시스템은 **고정 파티션 멀티프로그래밍** fixed-partition multiprogramming을 사용했다.[21] 이런 구조에서는 시스템이 메인 메모리를 고정 크기 **파티션** partition 몇 개로 나눈다. 각 파티션은 한 작업만을 보유하고, 시스템은 동시에 동작하는 것처럼 보이려고 작업들 사이에서 프로세서를 재빨리 전환했다.[22] 시스템은 이 기술 덕분에 단순한 멀티프로그래밍 기능을 제공할 수 있었다. 분명히 멀티프로그래밍은 단일 사용자 시스템보다는 메모리를 더 많이 요구하는 것이 보통이다. 그러나 프로세서와 주변 장치들을 더 잘 활용할 수 있게 하는 일은 추가적인 메모리 소비를 감수할 가치가 있다.

초기 멀티프로그래밍 시스템에서는 프로그래머가 절대 어셈블러 absolute assembler 또는 컴파일러 compiler를 사용해 작업을 해석했다('2.8 컴파일링, 링킹, 로딩' 참고). 이 방식은 메모리 관리 시스템 구현을 간단하게 했지만, 작업을 시작하기 전에 메모리의 정확한 위치를 결정하고 지정된 파티션에서만 실행해야 했다([그림 9-6]). 이러한 제약 조건은 많은 메모리 낭비를 초래했다. 작업이 실행 준비를 마쳤는데 프로그램의 파티션이 이미 사용되고 있다면, 다른 파티션이 비어 있는

* 많은 단일 사용자 작업에서 입출력 대기 시간이 프로세서 사용 시간에 비해 그림에 표현된 것 이상으로 훨씬 길다.

상황에서도 자기 파티션을 얻을 때까지 대기해야 했다. [그림 9-7]은 극단적인 예를 보여준다. 시스템의 모든 작업은 3번 파티션에서 실행해야 한다(즉, 프로그램의 명령어들은 모두 주소 *c*에서 시작해야 한다). 이 파티션은 현재 사용되고 있으므로, 시스템이 다른 두 파티션을 사용할 수 있음에도 불구하고(이들 작업을 이 파티션에서 실행하도록 컴파일한 경우), 다른 작업들은 앞선 작업이 마칠 때까지 대기할 수밖에 없다.

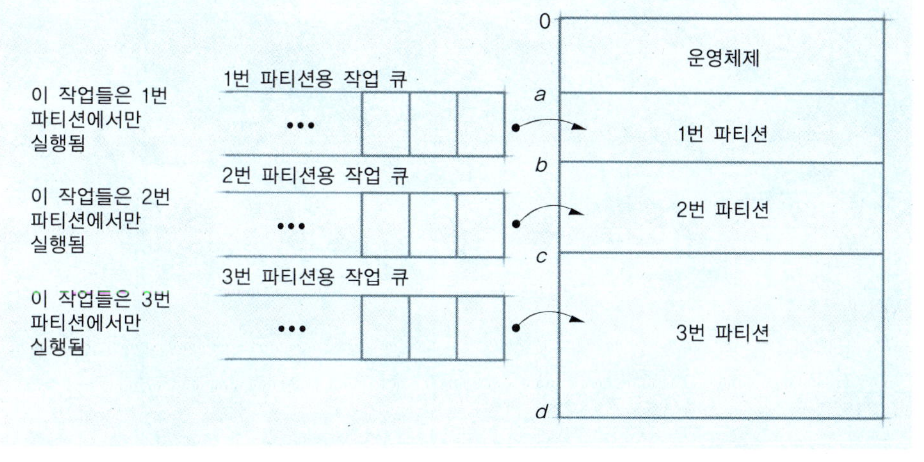

[그림 9-6] 절대 변환과 로딩 방식을 지닌 고정 파티션 멀티프로그래밍

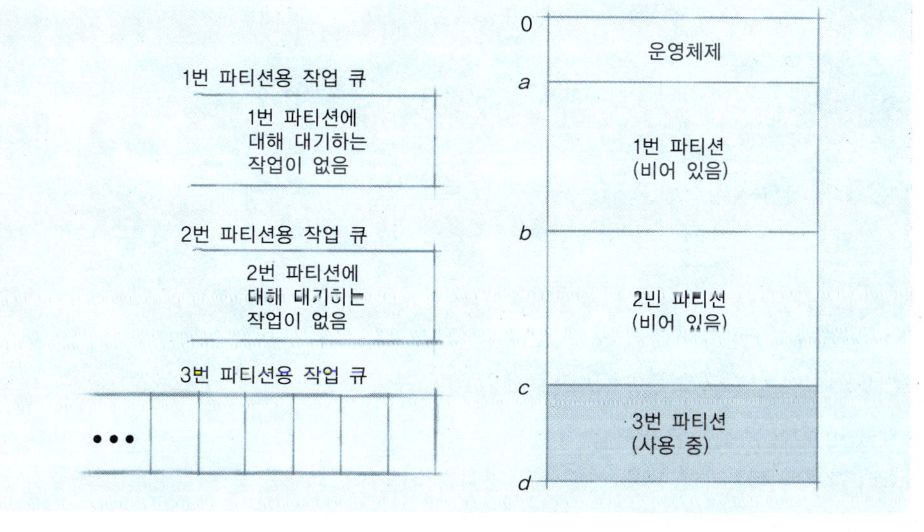

[그림 9-7] 절대 변환과 로딩 방식을 지닌 고정 파티션 멀티프로그래밍의 메모리 낭비 예

개발자들은 메모리 낭비 문제를 극복하려고 재배치 가능한 컴파일러, 어셈블러, 로더를 개발했다. 이러한 도구를 사용해 프로그램을 수용할 충분한 공간만 있다면 어떤 파티션에서든 실행할 수 있는 재배치 가능한 relocatable 프로그램을 만들어냈다([그림 9-8]). 이러한 구조는 절대 변환 absolute translation 과 로딩 방식을 지닌 멀티프로그래밍에 내재된 메모리 낭비를 줄일 수 있었다. 그러나 재배치 변환기 relocating translator 와 로더 loader 들은 절대 변환기 absolute translator 나 로더보다 복잡하다.

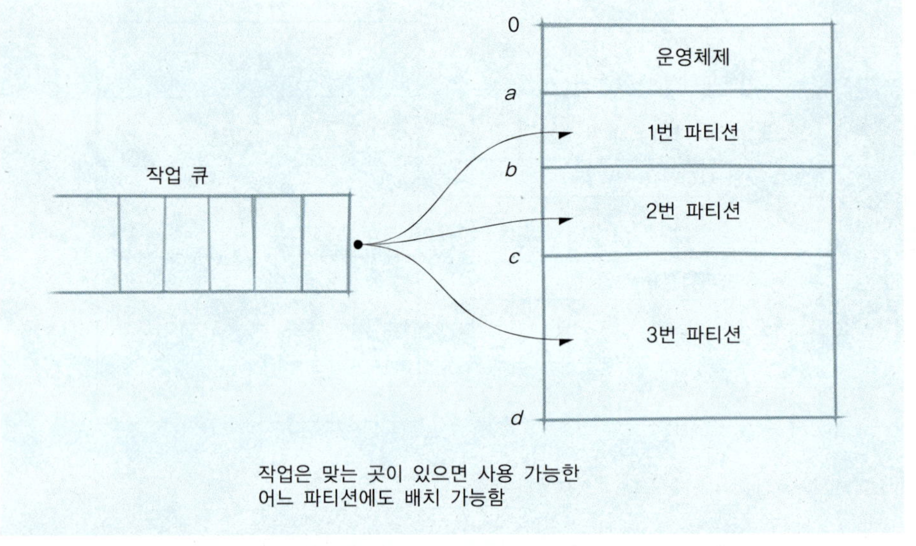

[그림 9-8] 재배치 가능한 변환과 로딩 방식의 고정 파티션 멀티프로그래밍

설계자들은 메모리 구성이 복잡해짐에 따라 보호 메커니즘을 강화해야 했다. 단일 사용자 시스템에서는 시스템이 사용자 프로세스들로부터 운영체제만 보호하면 그만이었다. 그러나 멀티프로그래밍 시스템에서는 시스템이 모든 사용자 프로세스로부터 운영체제를 보호해야 하고, 각 프로세스를 다른 모든 프로세스로부터 보호해야 한다. 연속 할당 멀티프로그래밍 시스템에서는 흔히 여러 경계 레지스터를 사용해 보호 메커니즘을 구현한다. 시스템은 경계 레지스터 두 개를 사용해 각 파티션의 경계를 정할 수 있다. 즉 **기준** base(낮은 경계) 및 **상한** limit(높은 경계) 레지스터를 사용하는 것이다([그림 9-9]). 프로세스가 메모리 요청을 할 때, 시스템은 요청된 주소를 확인한다. 주소는 프로세스의 낮은 경계 레지스터 값보다 크거나 같고, 프로세스의 높은 경계 레지스터 값보다는 작아야 한다('에피소드: 구획화' 참고). 시스템은 조건에 맞으면 요청을 들어주고, 그렇지 않으면 오류 메시지와 함께 프로그램을 종료한다. 멀티프로그래밍 시스템은 단일 사용자 시스템과 마찬가지로 사용자 프로그램이 운영체제 서비스에 접근할 수 있게 시스템 호출을 제공한다.

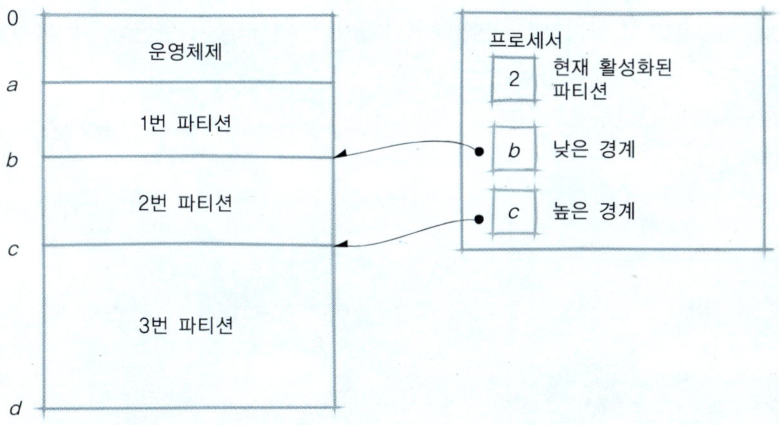

[그림 9-9] 연속 할당 멀티프로그래밍 시스템의 메모리 보호

모든 메모리 구성에서 나타나는 문제는 **단편화** fragmentation 로, 시스템이 사용 가능한 메인 메모리의 일부를 사용하지 못하는 현상이다('운영체제적 생각: 공간적 자원과 단편화' 참고).[23] 고정 파티션 멀티프로그래밍에서는 **내부 단편화** internal fragmentation 문제가 발생한다. 프로세스의 메모리와 데이터 크기가 프로세스가 실행되는 파티션보다 작을 때, 내부 단편화가 발생한다.[24]

[그림 9-10]은 내부 단편화 문제를 보여준다. 시스템에 있는 사용자 파티션 세 개 모두 사용되고 있지만, 각 프로그램은 자신의 파티션보다 크기가 작다(즉, 내부 단편화가 발생한다). 그 결과 시스템 전체로 보면 추가로 프로그램을 실행할 만큼 충분한 메인 메모리 공간이 있어도 파티션이 모자라 더는 프로그램을 실행할 수 없는 상황이 발생할 수 있고, 이때 시스템의 메모리 자원

구획화 Compartmentalization

HMD가 펜타곤에서 컴퓨터 보안 관련 일자리를 얻으려고 인터뷰할 때다. 펜타곤의 모든 컴퓨터 시스템을 책임지는 사람과 최종 인터뷰를 하게 되었다. HMD는 일을 해도 좋다는 합격 통보를 듣고는 의기충천해서 외쳤다. "네! 감사합니다. 제가 펜타곤에 일하게 되었으니, 적군이 절대 우리 컴퓨터 시스템을 침입하지 못하게 밤낮으로 열심히 일하겠습니다." 그러자 책임자는 빙그레 웃더니 말했다. "이보게나, Harvey. 나는 적군은 별로 걱정하지 않는다네. 그저 해군에서 공군이 뭘 하고 있는지 모르게만 해주게나."

운영체제 설계자들에게 주는 교훈: 운영체제의 핵심 목표는 구획화다. 운영체제는 수많은 사용자가 각자 작업의 비밀이 유지되고 다른 사용자로부터 보호되고 있음을 인식하면서 동시에 일할 수 있는 작업 환경을 제공해야 한다.

에피소드

일부가 낭비된다. 다음 절에서는 고정 파티션에서 발생하는 문제를 해결하는 다른 메모리 구성에 관해 살펴볼 것이다. 앞으로 살펴보겠지만, 이러한 방법이 어느 정도 개선은 가져오지만 시스템에는 여전히 단편화 문제가 존재할 수 있다.

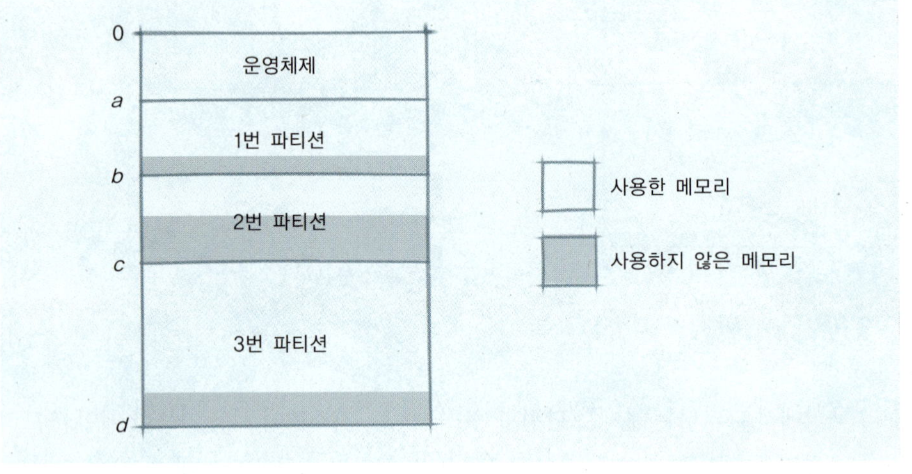

[그림 9-10] 고정 파티션 멀티프로그래밍 시스템의 내부 단편화

운영체제적 생각

운영체제적 생각: 공간적 자원과 단편화

다음과 같은 보편적인 시나리오를 생각해보자. 쇼핑몰에 있는 어떤 식당이 확장을 원한다. 그러나 쇼핑몰에는 비어 있는 더 큰 상점이 없다. 그래서 상점 주인은 인접한 상점이 빌 때까지 기다렸다가 벽을 허물고 공간을 넓힐 수밖에 없다. 사무실 빌딩들도 처음에는 빈 공간에서 시작해 사람들이 건물을 임대함에 따라 벽을 만들고 독립된 사무실 공간으로 구분하기 시작한다. 그러다가 고객이 공간을 확장해야 할 때는 공간이 더 큰 사무실도 없고, 인접한 사무실이 비지도 않아서 확장이 어려울 때가 있다. 두 가지 경우 모두 원하는 만큼 충분히 큰 연속적인 빈 공간이 없어서 몇 군데 불연속적인 작은 공간을 활용하는 것으로 만족해야 하는 경우가 있다. 이를 단편화라고 하는데, 운영체제에서도 반복해서 발생하는 문제다. 이 책에서는 메인 메모리와 2차 저장소가 겪을 수 있는 다양한 단편화에 관해 살펴보고, 운영체제 설계자들이 이 문제를 어떻게 다룰 수 있는지 논의한다.

셀프 리뷰

1. 재배치 컴파일러, 어셈블러, 로더의 필요성을 설명하라.
2. 파티션의 크기가 클 때와 작을 때 어떤 장단점이 있는지 설명하라.

▶ **풀이** 1) 이런 도구가 있기 전에는 프로그래머들이 수동으로 프로그램의 파티션을 지정했기 때문에, 메모리를 낭비하고 프로세서 활용도와 응용 프로그램의 이식성을 떨어뜨릴 가능성을 내재하고 있었다. 2) 큰 파티션은 큰 프로그램을 실행할 만한 충분한 공간을 지원하지만, 작은 프로그램들이 있을 경우에는 내부 단편화를 많이 발생한다. 작은 파티션은 내부 단편화의 양을 줄이고 한 번에 더 많은 프로그램이 메모리에 상주할 수 있게 해서 멀티프로그래밍 수준을 높이지만, 프로그램의 크기를 제한하는 단점이 있다.

9.9 가변 파티션 멀티프로그래밍

고정 파티션 멀티프로그래밍의 제약 사항은 시스템의 자원 활용도를 떨어뜨린다는 점이다. 예를 들어, 어떤 고정된 파티션은 대기 중인 프로세스를 수용하기에는 너무 작을 수도 있고, 너무 커서 내부 단편화를 많이 일으켜 자원 낭비를 가져올 수도 있다. 운영체제 설계자들은 이를 개선하기 위한 분명한 대안은 프로세스들이 필요한 공간만 차지하도록 하는 것이라고 생각했다. 이 방식을 **가변 파티션 멀티프로그래밍** variable-partition multiprogramming이라고 한다.[25, 26, 27]

9.9.1 가변 파티션의 특징

[그림 9-11]은 가변 파티션 멀티프로그래밍에서 시스템이 메모리를 할당하는 방법을 보여준다. 계속해서 프로세스가 인접한 메모리 위치를 차지하는 연속 할당 방식을 살펴볼 것이다. 그림 상단에 있는 작업 큐는 사용 가능한 작업들과 이들의 메모리 요구 정보를 담고 있다. 작업 크기가 여유 메모리를 초과하는 경우를 제외하면, 운영체제가 작업의 크기를 임의로 가정하지 않는다. 시스템은 큐 전체를 훑어 올라가면서 각 작업을 메모리에 배치한다. 이때 메모리에 여유 공간이 있고, 작업은 배치되는 시점에 프로세스가 된다. [그림 9-11]에서 메인 메모리는 처음 네 작업을 수용할 수 있다. 시스템이 프로세스 P_4에 대응하는 작업을 배치한 후 남은 여유 공간이 다음 작업의 크기인 14KB보다 작다고 가정해보자.

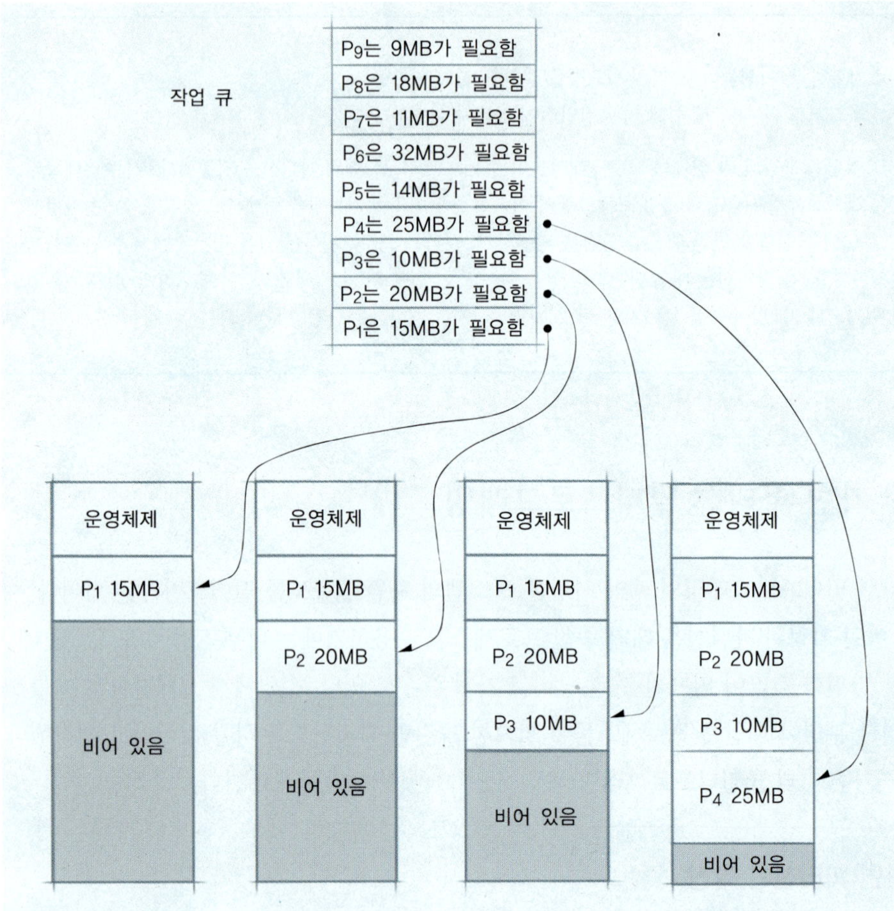

[그림 9-11] 가변 파티션 프로그래밍에서 초기 파티션 할당

가변 파티션 멀티프로그래밍 구성은 내부 단편화 문제가 없다. 프로세스의 파티션이 정확히 프로세스의 크기에 따라 정해지기 때문이다. 그러나 모든 메모리 구성 방식은 어느 정도 낭비를 포함하게 되어 있다. 가변 파티션 멀티프로그래밍에서 낭비된 부분은 [그림 9-12]와 같이 프로세스들이 작업을 완료하고 메인 메모리에 남긴 **홀** hole을 봐야 명확히 알 수 있다. 시스템은 이 빈 홀에 새로운 프로세스를 계속해서 배치할 수 있다. 그러나 이런 과정이 계속되면서 홀이 점점 작아지고, 결국에는 홀이 너무 작아서 새로 들어오는 어떤 프로세스도 수용할 수 없을 정도가 된다. 이러한 현상을 **외부 단편화** external fragmentation라고 한다. 즉, 빈 홀을 합치면 프로세스를 더 수용할 수 있을 만큼 충분한 공간이 생기지만, 개별 홀은 너무 작아서 더는 프로세스를 수용할 수 없게 되는 것이다.[28]

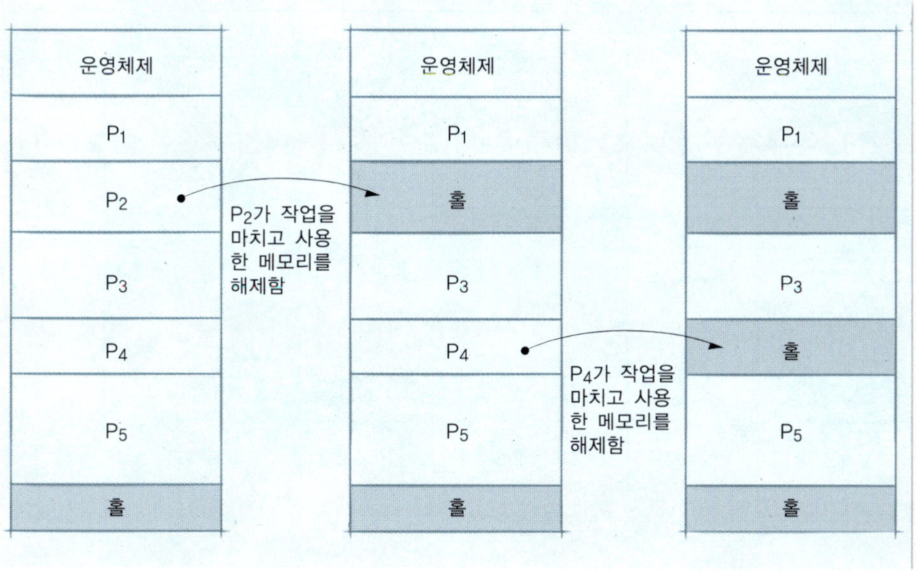

[그림 9-12] 가변 파티션 멀티프로그래밍에서 메모리 '홀'

시스템은 외부 단편화를 줄이려고 몇 가지 조치를 취할 수 있다. 가변 파티션 멀티프로그래밍 시스템에서 어떤 프로세스가 종료하면, 시스템은 방금 해제된 메모리 영역이 다른 여유 메모리와 인접한지 판단한다. 그리고 **여유 메모리 리스트** free memory list에 (1) 방금 빈 홀을 얻었는지 혹은 (2) (기존 홀과 새로 생긴 인접 홀을 병합해) 기존 홀을 확장했는지 여부를 기록한다.[29, 30] 인접한 홀을 병합해 한 큰 홀로 만드는 일을 **병합** coalescing이라고 하며, [그림 9-13]에서 보여준다. 시스템은 홀을 병합함으로써 더 큰 연속 메모리 블록을 얻을 수 있다.

운영체제가 홀을 병합하더라도 메인 메모리 전반에 걸쳐 각 홀이 흩어져 있기 때문에 여전히 메모리가 상당량 빈 홀로 남을 수 있다. 각 홀은 매우 작더라도 이들을 모두 합치면 프로세스 하나를 수용할 만한 용량이 될 수도 있다.

외부 단편화를 줄이는 또 다른 기술은 **메모리 압축** memory compaction으로([그림 9-14]), 이 기술은 메모리 중 사용되는 모든 공간을 메인 메모리의 한쪽 끝으로 재배치하는 것이다.[31] 이렇게 함으로써 가변 파티션 멀티프로그래밍에서 흔히 볼 수 있는 작은 홀 여러 개 대신 큰 여유 메모리 공간 하나를 갖게 된다. 이제 모든 여유 메모리는 연속되어 있으므로, 메모리 압축 결과 생긴 큰 공간이 수용할 만한 용량을 요청하는 프로세스가 있다면 이를 실행할 수 있다. 때때로 메모리 압축은 메모리 트림시키기 burping the memory 혹은 더 전통적으로는 **가비지 컬렉션** garbage collection이라고도 한다.[32]

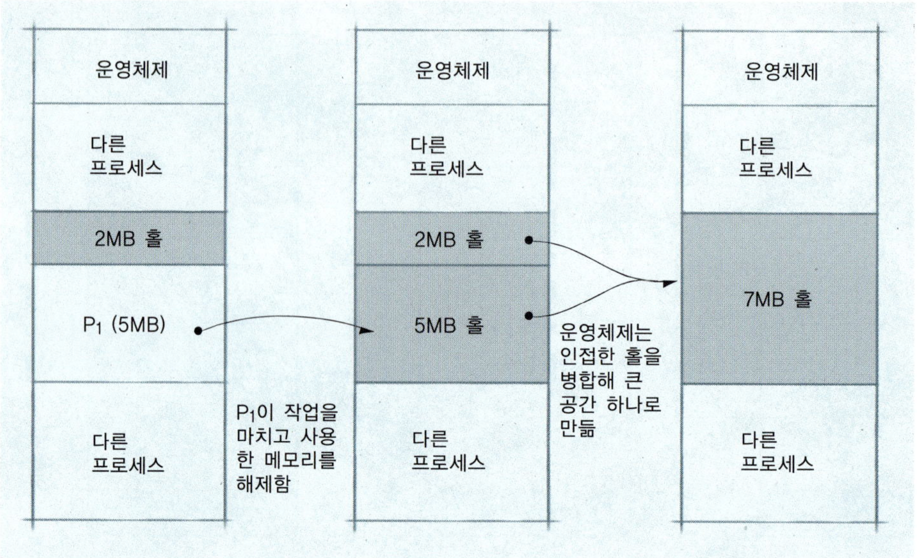

[그림 9-13] 가변 파티션 멀티프로그래밍에서 메모리 '홀' 병합

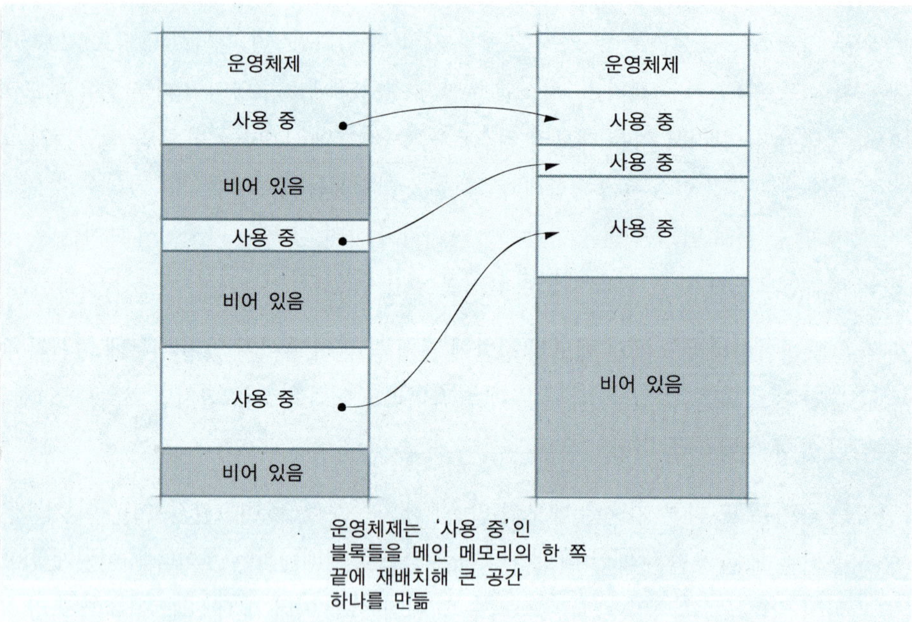

[그림 9-14] 가변 파티션 멀티프로그래밍에서 메모리 압축

압축에 단점이 없는 것은 아니다. 메모리 압축은 오버헤드가 발생하며, 유용하게 사용할 수 있는 시스템 자원을 소비한다. 시스템은 또한 압축 동안에는 다른 모든 계산 작업을 중지해야 한다. 이 때문에 상호 작용적인 사용자들 입장에서 볼 때 반응 시간이 이상해질 수 있고, 실시간

시스템인 경우 큰 위험을 초래할 수도 있다. 게다가 압축은 현재 메인 메모리를 차지하고 있는 프로세스들을 재배치해야 한다. 이는 시스템이 재배치를 위한 정보들을 가지고 있어야 함을 의미한다. 이런 정보들은 대개 시스템이 프로그램을 로드하면 사라진다. 일반 작업들이 빨리 뒤섞이는 시스템에서는 압축이 빈번히 발생할 수 있다. 이 경우 압축으로 얻은 메모리 용량에 비해 너무 많은 시스템 자원을 소비해 별 이득을 얻지 못할 수도 있다.

셀프 리뷰

1. 외부 단편화와 내부 단편화의 차이점을 기술하라.
2. 가변 파티션 멀티프로그래밍 시스템에서 외부 단편화를 줄이는 두 가지 방법을 설명하라.

▶ **풀이** 1) 내부 단편화는 고정 파티션 환경에서 프로세스가 자신이 요구하는 것보다 많은 공간을 할당받을 때 발생하며, 각 파티션 내부의 메모리 낭비를 초래한다. 외부 단편화는 가변 파티션 환경에서 파티션 사이의 메모리에 사용되지 못하는 작은 홀들이 생기는 현상을 말한다. 2) 메모리 병합 방법은 인접한 여유 메모리 블록들을 병합해 큰 블록 하나로 만든다. 또한 메모리 압축 방법은 파티션들을 메모리 한쪽 끝으로 인접하도록 몰아서 큰 여유 메모리 블록 하나를 만들어낸다.

9.9.2 메모리 배치 전략

가변 파티션 멀티프로그래밍 시스템에서는, 시스템이 유입된 프로세스를 어떤 메모리 홀에 배치할 것인지를 선택하는 경우가 많다. 시스템의 **메모리 배치 전략** memory placement strategy은 유입된 프로그램과 데이터를 놓을 메인 메모리의 위치를 결정하는 전략이다.[33, 34, 35] [그림 9-15]에서는 문헌에서 자주 언급하는 세 가지 전략을 보여주고 있다.[36]

- **최초 적합 전략** first-fit strategy – 시스템은 유입된 작업의 크기를 고려해 사용 가능한 넉넉한 공간을 처음 발견하면 그곳에 배치한다. 최초 적합 전략은 직관적으로 생각할 때 시스템이 배치할 위치를 빨리 찾을 수 있다는 점에서 설득력이 있다.
- **최적합 전략** best-fit strategy – 시스템은 유입된 작업을 메인 메모리의 여유 공간 중 가장 잘 맞는 부분에 배치한다. 이는 사용하지 못할 작은 홀들을 최소화할 수 있는 전략이다. 많은 사람이 최적합 전략이 가장 좋을 것이라고 느끼지만, 메모리의 여유 홀들을 모두 조사해야 최적의 홀을 판단할 수 있기 때문에 오버헤드가 많이 드는 방식이다. 또한 사용하지 않는 작은 홀이 많이 남는 경향이 있다. [그림 9-15]에서 여유 메모리 리스트를 오름차순으로 유지하고 있음을 볼 수 있다. 이러한 오름차순 정렬은 비교적 비용이 많이 드는 연산이다.
- **최악 적합 전략** worst-fit strategy – 언뜻 보면 좀 별난 전략일 것이다. 그러나 면밀하게 검토해보면 최악 적합 전략도 직관적으로 설득력이 있다. 최악 적합 전략이란 작업을 가장 안 맞는 곳, 즉 가능하면 큰 공간에 배치하는 전략이다. 가장 큰 홀에 작업을 배치한다면, 남은 공간 역시 클

것이므로 비교적 큰 크기의 새 프로그램도 수용 가능해진다는 것이다. 최악 적합 전략 또한 가장 큰 여유 공간을 찾기 위한 오버헤드가 들고 사용하지 못할 작은 홀을 많이 남기는 경향이 있다.

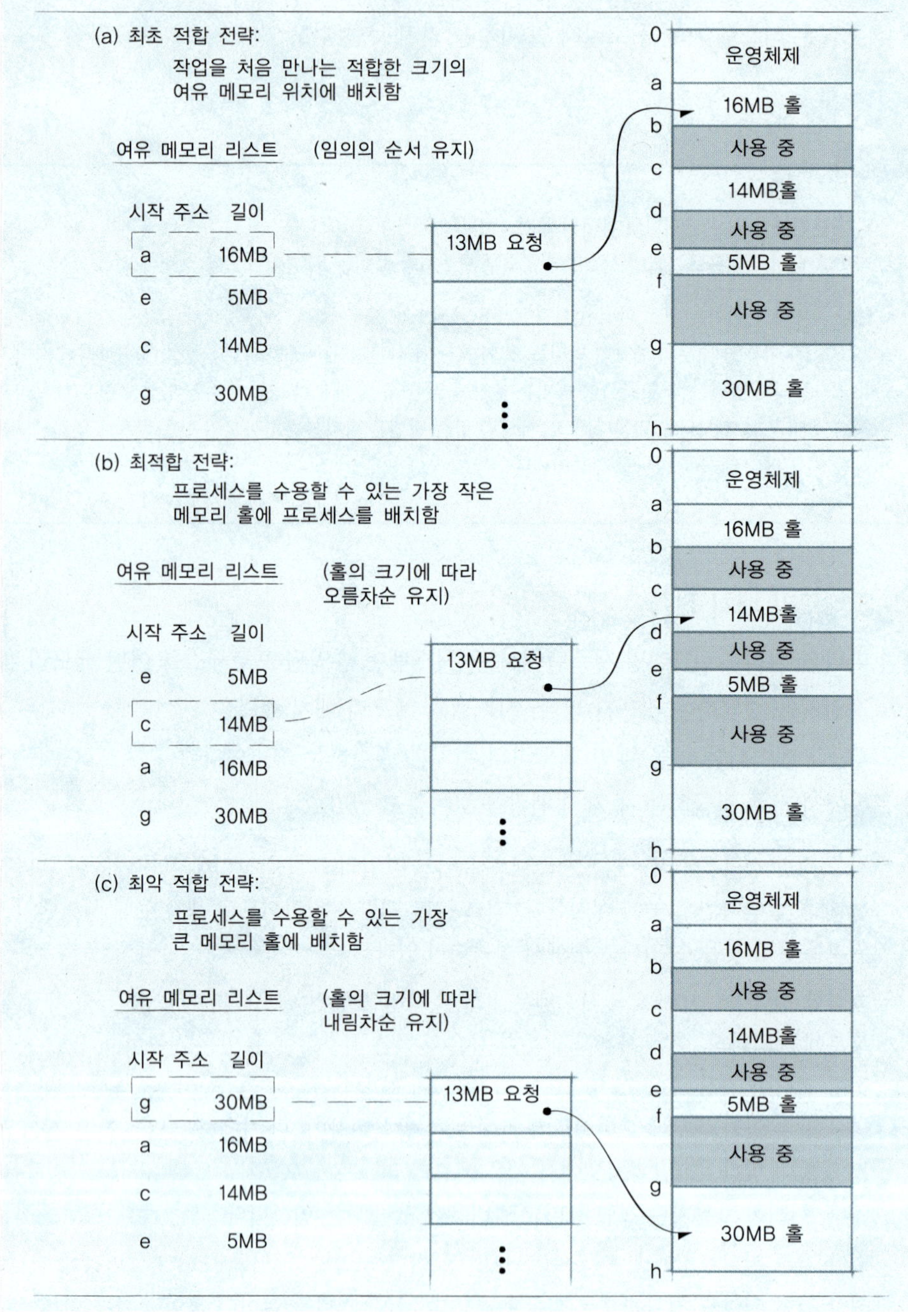

[그림 9-15] 최초 적합, 최적합, 최악 적합 메모리 배치 전략

최적합 전략을 수정한 것으로 **차선 적합 전략** next-fit strategy이 있다. 이는 사용 가능한 홀을 찾되 이전 검색을 마친 지점에서부터 검색을 시작하는 전략이다.[37] [연습문제 9-20]에서 차선 적합 전략을 자세하게 살펴본다.

셀프 리뷰

1. 최초 적합 전략은 어떤 면에서 설득력이 있는가?
2. (참/거짓) 이 절에서 논의한 세 가지 메모리 배치 전략 중 내부 단편화를 초래하는 것은 없다.

▶ **풀이** 1) 최초 적합 전략은 여유 메모리들에 대한 목록을 정렬할 필요가 없고 오버헤드가 적다는 점에서 설득력이 있다. 그러나 유입된 작업을 수용하기에는 너무 작은 여유 공간이 리스트의 앞쪽에 몰려 있을 경우는 오히려 더 느리게 동작할 수도 있다. 2) 참

9.10 메모리 스왑핑을 사용한 멀티프로그래밍

이 장에서 논의한 모든 멀티프로그래밍 구조에서 시스템은 프로세스가 종료할 때까지 메인 메모리에 유지했다. 이에 대한 대안으로 **스왑핑** swapping이 있다. 스왑핑은 프로세스가 실행하는 동안 계속 메인 메모리에 있지 않아도 되게 하는 기술이다.

어떤 스왑핑 시스템([그림 9-16])에서는 한 번에 한 프로세스만 메인 메모리를 차지할 수 있다. 프로세스는 계속 실행하다가 더는 실행을 지속할 수 없을 때(예를 들면, 입출력 완료를 대기해야 할 때 등), 메모리와 프로세서 모두를 다음 프로세스에 양보한다. 따라서 시스템은 잠깐 동안 자신의 메모리 전체를 한 프로세스에 전적으로 내어준다. 프로세스가 자원을 반납할 때, 시스템은 오래된 프로세스를 **내보내기** swaps(rolls) out 하고 다음 프로세스를 **불러오기** swaps(rolls) in한다. 한 프로세스를 내보내기 위해서 시스템은 프로세스의 PCB뿐 아니라 메모리 내용도 2차 저장소에 저장해야 한다. 그리고 시스템이 해당 프로세스를 다시 불러들일 때는 프로세스의 메모리 내용과 기타 값을 2차 저장소에서 읽어와야 한다. 프로세스가 완료할 때까지 시스템은 여러 번 프로세스를 스왑핑하는 것이 보통이다.

많은 초기 시분할 시스템이 이러한 스왑핑 기법으로 구현되었다. 그러나 설계자들은 점차 사용자 몇 명에 대해서는 반응 시간을 보장할 수 있을지 모르지만 많은 사용자를 위해서는 더 나은 기술이 필요함을 인식했다. 1960년대 초기의 스왑핑 시스템은 오늘날의 페이지화된 가상 메모

리 시스템의 도입을 유도했다. 페이징paging은 다음 두 장에서 가상 메모리 시스템을 논의하면서 자세히 다룬다.

더 복잡한 스왑핑 시스템이 발전해 한꺼번에 여러 프로세스가 메인 메모리에 머물 수 있게 되었다.[38, 39] 이러한 시스템에서는 유입되는 프로세스가 특정 메모리 공간을 요구할 때만 프로세스를 내보낸다. 메인 메모리의 공간이 충분할 경우, 이러한 시스템은 스왑핑에 드는 시간을 많이 줄일 수 있다.

셀프 리뷰

1. 프로세서 활용도 측면에서 스왑핑의 오버헤드를 설명하라. 메모리에는 한 번에 한 프로세스만 있을 수 있다고 가정하자.
2. 여러 사용자가 있는 대화식 시스템에서는 한 번에 한 프로세스만 메인 메모리에 위치할 수 있는 스왑핑 시스템이 불충분한 이유를 설명하라.

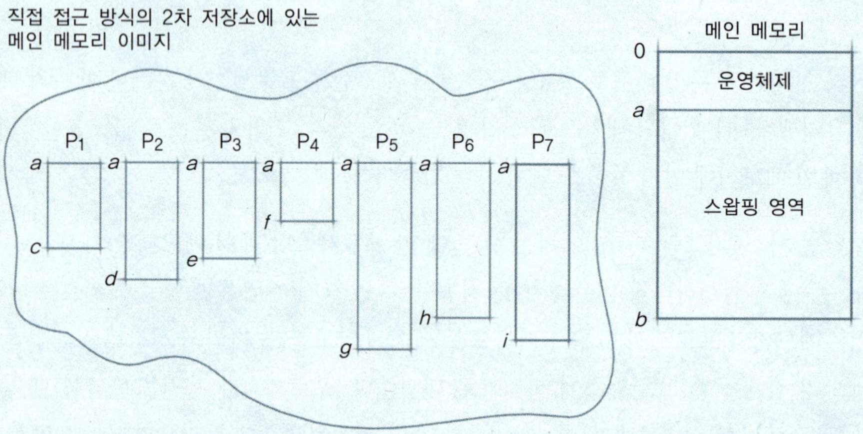

1. 한 번에 한 프로세스만 메인 메모리에 상주함

2. 해당 프로세스는 다음과 같은 시점까지 실행을 지속함
   a) 입출력 요청이 생겼을 때
   b) 프로세스에 주어진 시간이 만료되었을 때
   c) 자발적으로 종료할 때

3. 다음으로 시스템은 메인 메모리의 스왑핑 영역을 2차 저장소에 복사해 프로세스를 내보냄

4. 시스템은 다음 프로세스의 메인 메모리 이미지를 스왑핑 영역으로 읽어들여 다음 프로세스를 불러옴. 새 프로세스는 스왑핑되어 나갈 때까지 실행을 계속하고, 또 다음 사용자가 들어오는 식으로 계속 스왑핑이 일어남

[그림 9-16] 한 번에 한 프로세스만 메모리에 위치할 수 있는 스왑핑 시스템에서의 멀티프로그래밍

▶ **풀이** 1) 프로그램을 디스크와 메모리 사이에서 스왑핑하는 동안 엄청난 프로세서 사이클을 낭비한다. 2) 이런 유형의 스왑핑 시스템은 다수의 동시 사용자에게는 적절한 반응 시간을 보장할 수 없다. 대화식 시스템에서는 '적절한 반응 시간 보장'이 반드시 필요한 특성이다.

요약 Summary

실제 메모리(메인 메모리, 물리 메모리, 주 메모리라고도 한다)의 구성과 관리는 운영체제 설계에 영향을 주는 가장 중요한 요인 중 하나다. 현재 사용하는 시스템은 대부분 가상 메모리를 구현한다. 그러나 몇몇 유형의 실시간 시스템과 임베디드 시스템은 가상 메모리를 사용하는 오버헤드를 감당할 여유가 없다. 따라서 이러한 시스템에는 실제 메모리 관리가 여전히 중요한 문제로 남는다.

특정 시스템에서 어떤 메모리 구성을 채택하든, 최적의 메모리 성능을 내려면 어떤 전략을 사용할지 결정해야 한다. 메모리 관리 전략은 다양한 정책 아래 특정 메모리 구성이 어떻게 이루어지는지를 결정한다. 메모리 관리는 보통 소프트웨어와 특수 목적 하드웨어 두 가지를 모두 사용해 수행한다.

메모리 관리자 memory manager는 운영체제 구성 요소로, 여유 메모리 공간이 프로세스에 어떻게 할당되는지, 프로세스의 메모리 사용 변화에 어떻게 반응할지를 결정한다. 메모리 관리자는 또한 특수 목적 메모리 관리 하드웨어가 있다면 이와 상호 작용해 시스템의 성능 향상을 꾀한다.

프로그램과 데이터는 시스템이 실행하거나 참조하기 전에 메인 메모리에 위치해 있어야 한다. 메모리 계층은 메모리의 속도와 비용에 따라 여러 수준으로 나뉜다. 여러 수준의 메모리를 지닌 시스템은 프로그램과 데이터를 여러 수준 사이에서 옮긴다. 메모리 계층에서 메인 메모리의 상위에는 캐시가 있다. 캐시는 메인 메모리보다 훨씬 빠르고 현재 사용하는 시스템에서는 보통 프로세서에 위치한다. 메인 메모리에 있는 프로그램은 캐시로 이동해 메인 메모리보다 훨씬 빠르게 접근된다. 일단 데이터와 명령어에 접근한 프로세스는 향후 다시 한 번 이에 접근할 가능성이 크기 때문에(시간적 지역성 temporal locality이라는 현상이다), 비교적 작은 캐시만 있어도 캐시 없이 프로그램을 실행하는 것보다 성능을 크게 향상시킬 수 있다.

메모리 관리 전략은 페치 전략, 배치 전략, 교체 전략으로 나뉜다. 페치 전략 fetch strategy은 2차 저장소에 있는 프로그램이나 데이터를 메인 메모리로 옮길 시점을 결정한다. 배치 전략 placement strategy은 새로 불러오는 프로그램이나 데이터의 부분을 놓을 메인 메모리 위치를 결정한다. 교체 전략은 유입되는 프로그램과 데이터를 수용하기 위해서 메모리에 있는 프로그램과 데이터 중 어느 부분을 대체할지 결정한다.

연속 메모리 할당 시스템은 프로그램을 인접한 메모리 영역에 배치한다. 불연속 메모리 할당 noncontiguous memory allocation에서는 프로그램을 블록 또는 세그먼트 segment로 나누고, 시스템은 메인 메모리 안에서 연속적으로 붙어 있지 않은 슬롯들에 이 정보를 배치할 수 있다. 이러한 방식은 메모리 관리 시스템이 프로그램 전체를 수용하기엔 너무 작은 메모리의 홀(즉, 사용하지 않는 작은 공간)을 활용할 수 있게 한다. 결과적으로 운영체제에 더 큰 오버헤드가 발생하지만, 멀티프로그래밍 수준(즉, 한꺼번에 메인 메모리에 위치할 수 있는 프로세스 수)이 증가한다.

초기 컴퓨터 시스템은 한 번에 한 사용자만 시스템을 사용하도록 허용했다. 이러한 컴퓨터 시스템은 대체로 운영체제를 포함하지 않았다. 후에 시스템 설계자들은 기본 기능을 구현한 입출력 코딩을 입출력 컨트롤 시스템 IOCS, Input/Output Control System에 통합했다. 덕분에 프로그래머들은 각 프로그램을 위해 새로 작성할 필요 없이 IOCS 루틴을 호출해 원하는 작업을 수행했다. 중첩 overlay 덕분에 시스템은 메인 메모리보다 큰 프로그램을 실행할 수 있게 되었다. 그러나 수동으로 중첩을 구현하려면 많은 시간이 들 뿐 아니라 세심하게 계획을 세워야 한다. 또한 프로그래머가 시스템의 메모리 구성에 관한 세부 사항을 알아야 하는 어려움이 있었다.

단일 사용자 시스템에서 보호 메커니즘이 없으면 프로세스가 우연히 혹은 고의로 운영체제에 있는 메모리의 일부나 전체를 다른 데이터로 바꾸어 운영체제를 방해할 수 있다. 단일 사용자 연속 메모리 할당 시스템은 프로세서에 있는 단일 경계 레지스터로 구현할 수 있다. 프로세스는 이따금씩 운영체제에 접근해 입출력과 같은 서비스를 받아야 한다. 운영체제는 서비스를 요청할 수 있게 여러 가지 시스템 호출(슈퍼바이저 호출) system call(supervisor call)을 제공한다.

초기 단일 사용자 실제 메모리 시스템은 작업의 실행 시간보다 많은 자원을 한 작업에 할당했다. 작업들은 보통 상당량의 설정 시간과 해제 시간이 필요했고, 그동안 컴퓨터는 한가하게 쉴 수밖에 없었다. 배치 처리 시스템의 개발로 시스템 자원의 활용도가 향상되었다. 단일 스트림 배치 처리 시스템에서는 작업들을 연속적으로 테이프나 디스크에 로드해서 배치로 그룹화한다. 그러나 단일 사용자 시스템은 배치 처리 운영체제를 이용해도 여전히 상당량의 컴퓨터 자원을 낭비해야 했다. 따라서 설계자들은 여러 사용자가 동시에 시스템 자원을 위해 경쟁하는 멀티프로그래밍 시스템을 선택했다.

초기 멀티프로그래밍 시스템은 고정 파티션 멀티프로그래밍을 사용했다. 즉, 시스템은 메인 메모리를 일정 수의 고정 크기 파티션으로 나누었고 각 파티션은 한 작업만을 수용했다. 시스템은 작업들 간에 프로세서를 재빨리 전환해 동시에 여러 프로세스가 실행되는 것과 같은 효과를 내기도 했다. 개발자들은 메모리 낭비 문제를 극복하려고 재배치 가능한 컴파일러, 어셈블러, 로더를 개발했다.

연속 할당 멀티프로그래밍 시스템에서는 흔히 여러 경계 레지스터를 사용해 보호 메커니즘을 구현한다. 이는 각 프로세스에 대한 기저 base 값과 상한 limit 값을 지정한다. 모든 메모리 구성에서 나타나는 문제는 단편화 fragmentation 로, 시스템이 사용 가능한 메인 메모리의 일부를 사용하지 못하는 현상이다. 고정 파티션 멀티프로그래밍에서는 내부 단편화 internal fragmentation 문제가 발생한다. 프로세스의 메모리와 데이터 크기가 프로세스가 실행되는 파티션보다 작을 때, 내부 단편화가 발생한다.

가변 파티션 멀티프로그래밍은 프로세스들이 꼭 필요한 만큼만 메모리를 차지하게 한다. 프로세스들이 실행을 마치고 메인 메모리에 홀이 남아 있을 때 낭비가 분명해지는데, 이렇게 홀이 남는 것을 외부 단편화라고 한다. 시스템은 여유 메모리를 병합하거나 메모리 압축 기술을 통해 외부 단편화를 일부 줄일 수 있다.

시스템의 메모리 배치 전략은 유입하는 프로그램과 데이터를 메인 메모리의 어느 곳에 배치할지 결정한다. 최초 적합 전략은 유입된 작업을 메인 메모리 중 사용 가능한 첫 번째 위치에 배치한다. 최적합 전략은 작업을 메인 메모리의 여유 공간 중 가장 잘 맞는 부분에 배치해 사용하지 않는 영역을 최소화한다. 최악 적합 전략은 작업을 메인 메모리의 여유 공간 중 가장 안 맞는 부분, 즉 가장 큰 영역에 배치한다. 최초 적합 전략을 수정한 차선 적합 전략은 이전 검색이 끝난 위치부터 시작해 가용 공간을 검색하기 시작한다.

메모리 스왑핑은 프로세스가 실행되는 동안 계속 메인 메모리에 있지 않아도 되게 하는 기술이다. 메모리에 있는 프로세스가 실행할 수 없을 때, 시스템은 오래된 프로세스를 내보내기 swaps(rolls) out 하고 다음 프로세스를 불러오기 swaps(rolls) in 한다. 이후, 더 복잡한 스왑핑 시스템이 개발되어 여러 프로세스가 동시에 메인 메모리에 위치할 수 있게 되었다. 이러한 시스템에서는 유입되는 프로세스가 특정 메모리 공간을 요구할 때만 프로세스를 내보낸다. 메인 메모리의 공간이 충분할 경우, 이러한 시스템은 스왑핑에 드는 시간을 많이 줄일 수 있다.

Chapter_09 연습문제

01 계층적 메모리 시스템에서 프로그램과 데이터를 다양한 계층 간에 옮기는 데 일정량의 오버헤드가 든다. 이러한 시스템에서 오버헤드에도 불구하고 얻을 수 있는 이점은 무엇인가?

02 요구 페치가 전통적인 방식으로 오래 지속된 이유는 무엇인가? 예측 페치 전략이 지난 수십 년 동안보다 오늘날 훨씬 많은 관심을 받는 이유는 무엇인가?

03 이 장에서 논의한 여러 메모리 구성 메커니즘에서 어떻게 메모리 단편화가 발생할 수 있는지 논의하라.

04 어떤 상황에서 중첩이 유용한가? 언제 메인 메모리의 부분이 중첩될 수 있는가? 중첩은 프로그램 개발 시간에 어떤 영향을 미치는가? 중첩은 프로그램의 수정 가능성에 어떤 영향을 미치는가?

05 멀티프로그래밍이 생겨난 동기에 대해 논의하라. 프로그램과 시스템의 어떤 특징 때문에 멀티프로그래밍이 바람직한가? 어떤 상황에서 멀티프로그래밍이 바람직하지 못한가?

06 캐시, 메인 메모리, 2차 저장소, 3차 저장소 네 계층으로 이루어진 계층적 메모리 시스템이 있다. 프로그램이 메모리의 어떤 수준에서든 실행될 수 있다고 가정해보자. 각 수준은 동일한 양의 메모리를 가지고 있고 메모리 주소의 범위는 각 수준에서 동일하다. 캐시는 프로그램을 가장 빠르게 실행하고, 메인 메모리는 캐시보다 10배 느리다. 2차 메모리는 메인 메모리보다 10배 느리고, 3차 메모리는 2차 메모리보다 10배 느리다. 프로세서는 하나만 있고, 한 번에 한 프로그램만 실행할 수 있다.

a. 프로그램과 데이터가 운영체제의 제어 아래 어떤 수준에서 다른 수준으로 이동할 수 있다고 가정해보자. 특정 수준에서 다른 수준으로 항목을 이동하는 데 걸리는 시간은 가장 느린 수준의 메모리 속도에 따라 달라진다. 어떤 이유로 운영체제는 메인 메모리를 지나쳐 프로그램을 캐시에서 바로 2차 저장소로 옮기는 방법을 선택할 것인가? 어떤 경우에 계층 구조의 하위 계층으로 항목을 옮기겠는가? 어떤 경우에 항목들이 계층 구조의 더 빠른 수준으로 이동하겠는가?

b. 위의 구조는 관례와 약간 다르다. 더 일반적으로는 프로그램과 데이터가 인접한 수준들 사이로만 이동하는 것이다. 캐시에서 메인 메모리 외의 다른 계층으로 직접 정보를 보내도록 허용하는 것에 대한 반대 의견 몇 가지를 들어보라.

07 대형 컴퓨터의 시스템 프로그래머로서 고정 파티션 멀티프로그래밍 시스템을 사용해 설치해야 한다고 가정해보자. 독자는 현재 파티션 방식을 다른 방식으로 대체해야 하는지 결정해야 한다.

a. 결정을 위해 어떤 정보가 필요한가?

b. 이러한 정보를 입수했다면, 어떻게 이상적인 파티셔닝을 결정할 수 있는가?

c. 그러한 시스템을 다시 파티셔닝할 때, 어떤 결과가 발생하는가?

08 멀티프로그래밍 환경에서 프로그램을 재배치하는 간단한 방법은 단일 재배치 레지스터 single relocation register를 사용하는 것과 관련 있다. 모든 프로그램은 0에서 시작해 변환되지만, 프로그램이 실행될 때

변환되었던 각 주소는 프로세서의 재배치 레지스터의 내용이 더해지면서 수정된다. 가변 파티션 멀티프로그래밍에서 재배치 레지스터를 사용하고 제어하는 것에 관해 논의하라. 보호 메커니즘을 위해 재배치 레지스터가 어떻게 사용될 수 있는가?

09 배치 전략은 유입되는 프로그램과 데이터를 메인 메모리의 어느 위치에 배치할지를 결정한다. 실행을 시작하려고 대기하고 있는 어떤 작업이 요구하는 메모리는 즉시 충족할 수 있다고 해보자. 이 작업을 즉시 메모리에 로드하고 실행을 시작해야 하는가?

10 멀티프로그래밍 시스템에서는 자원 사용에 대한 비용을 청구하기가 복잡하다.

a. 점유되는 시스템에서는 사용자들에게 전체 시스템에 대한 비용을 청구하는 게 보통이다. 그런데 멀티프로그래밍 시스템에서 단 한 사용자만 현재 시스템을 사용하고 있는 상황을 가정해보자. 해당 사용자에게 전체 시스템에 대한 비용을 청구하는 것이 옳은가?
b. 멀티프로그래밍 운영체제는 여러 사용자를 위한 환경을 관리할 때 상당량의 시스템 자원을 소비하는 것이 보통이다. 사용자들이 이러한 오버헤드를 위해 비용을 지불해야 하는가? 혹은 이 비용은 운영체제가 흡수해야 하는가?
c. 대부분의 사람은 컴퓨터 사용에 대한 비용이 공평해야 한다는 데 동의한다. 그러나 무엇이 '공평'한지에 대해 정확히 정의하기 어렵다. 비용 산정을 위한 속성 중 정의하기 좀더 쉬운 것은 예측 가능성 predictability이다. 우리는 어떤 작업이 실행을 위해 얼마나 비용이 필요한지 알면, 유사한 환경에서 다시 실행할 때도 대략 같은 비용이 필요한지 알고 싶다. 멀티프로그래밍 환경에서 사용자가 인식하는 실제 시간에 따라, 즉 작업이 시작해서 끝나기까지 들어간 실제 시간의 총량에 따라 비용을 청구한다고 가정해보자. 이런 방식이 비용 산정을 예측 가능하게 해주는가? 왜 그런가?

11 불연속 메모리 할당의 장단점을 설명하라.

12 많은 설계자가 운영체제가 항상 '가장 신뢰받는' 상태를 유지해야 한다고 믿는다. 어떤 설계자들은 운영체제라도 제한을 가해야 한다고 믿는다. 특히 특정 영역의 메모리를 참조하는 능력에서는 제한되어야 한다고 믿는다. 운영체제가 컴퓨터의 실제 주소 전 영역에 접근할 수 있도록 허용하는 것에 대해 찬반 의견을 내어 논의하라.

13 운영체제의 발전은 혁명보다는 진화의 양상을 띠었다. 다음 각 발전에 대해 운영체제 설계자들이 구형에서 신형 시스템으로 발전시킨 주요 동기를 설명하라.

a. 단일 사용자 전용 시스템에서 멀티프로그래밍 시스템으로의 변화
b. 절대 변환과 로딩을 하는 고정 파티션 멀티프로그래밍 시스템에서 재배치 가능한 변환과 로딩 방식의 고정 파티션 멀티프로그래밍 시스템으로의 변화
c. 고정 파티션 멀티프로그래밍에서 가변 파티션 멀티프로그래밍으로의 변화
d. 연속 메모리 할당 시스템에서 불연속 메모리 할당 시스템으로의 변화

e. 수동으로 작업 간 전환을 하는 단일 사용자 전용 시스템에서 단일 스트림 배치 처리를 하는 단일 사용자 전용 시스템으로의 변화

14 로드되어 실행되기 위한 충분한 여유 메모리가 생길 때까지 큐에서 대기하는 작업들의 문제를 생각해보자. 만일 큐가 단순한 FIFO 구조라면 큐의 머리 부분에 있는 작업만 메모리에 배치할 대상이 될 수 있다. 더 복잡한 큐잉 메커니즘을 사용하면 큐 전체를 검사해 다음 실행할 작업을 선택할 수도 있을 것이다. 후자의 전략이 복잡하지만 단순한 FIFO 전략보다 처리량을 증가시킬 수 있음을 보여라. 또한 이러한 접근법은 어떤 문제를 초래할 수 있는가?

15 "어떤 메모리 배치 전략을 사용하든 상관없다"고 말하는 어떤 부정적인 운영체제 설계자가 있다. 그의 주장은 조만간 시스템은 안정 상태를 얻게 되고, 어떤 전략이든 결국 비슷한 성능을 낼 것이라는 것이다. 이 의견에 동의하는가? 답과 관련해 설명하라.

16 또 다른 부정적인 견해를 가진 설계자는 왜 '최초 적합'과 같은 딱딱한 용어를 사용하며 전략을 정의하는 수고를 해야 하느냐고 반문한다. 이 설계자는 최초 적합 전략이 임의로 메모리 배치를 하는 것과 별 차이가 없다고 말한다. 이 의견에 동의하는가? 답과 관련해 설명하라.

17 여러 파티션을 지닌 스왑핑 시스템에 대해 고려해보자. 이러한 시스템의 '절대' 메커니즘을 사용하는 버전은 프로그램이 동일한 파티션을 반복적으로 드나들며 스왑핑되게 만든다. 반면 재배치 가능한 버전은 프로그램을 수용할 정도의 크기만 되면 어떤 파티션으로든 스왑핑될 수 있게 한다. 따라서 연속적인 스왑핑이 다른 파티션들을 대상으로 발생할 수 있다. 메인 메모리가 평균적인 작업 크기의 몇 배라고 가정할 때, 여러 사용자를 위한 스왑핑 구조가 단일 사용자 스왑핑 구조에 비해 지닌 장점이 무엇인지, 본문을 참고해 설명하라.

18 프로시저와 데이터를 공유하면 작업들이 메인 메모리 사용을 덜 요구하게 되어 멀티프로그래밍 수준을 높일 수 있다. 다음 각 구조에서 이러한 공유 메커니즘을 어떻게 구현할 수 있는지 설명하라. 어떤 구조에서는 공유가 부적절하다고 느낀다면 이에 대해서도 설명하라.

a. 절대 변환과 로딩 방식 고정 파티션 멀티프로그래밍
b. 재배치 가능한 변환과 로딩 방식 고정 파티션 멀티프로그래밍
c. 가변 파티션 멀티프로그래밍
d. 둘 이상의 많은 작업을 멀티프로그래밍하지만, 한꺼번에 두 작업만 메인 메모리에 로드할 수 있는 스왑핑 시스템에서의 멀티프로그래밍

19 이 장에 있는 논의는 많은 부분 메인 메모리가 비교적 비싼 자원으로, 세심하게 관리해야 할 대상임을 전제로 하고 있다. 기술이 발전해 메인 메모리가 아주 저렴하고 풍부한 자원이 되고 사용자들이

원하는 만큼 얼마든지 보유할 수 있다고 상상해보자. 이러한 발전이 다음 각각에 대해 어떠한 파급 효과를 가져올 수 있는지 설명하라.

a. 운영체제 설계와 메모리 관리 전략
b. 사용자 응용 프로그램 설계

20 이번 문제를 통해 차선 적합 전략을 살펴보고 최초 적합 전략과 비교해보자.

a. 차선 적합 전략을 구현하는 데 사용하는 자료 구조는 최초 적합 전략에 사용하는 자료 구조와 어떻게 다른가?
b. 검색을 해 주소 값이 가장 큰 메모리 블록까지 점검했는데 크기가 충분하지 못하다는 결론을 얻었을 때, 최초 적합 전략에서는 어떤 일이 생기는가?
c. 위의 경우, 차선 적합 전략에서는 어떤 일이 생기는가?
d. 어떤 전략이 메모리의 여유 공간을 더 균일하게 사용할 수 있는가?
e. 어떤 전략이 작은 블록을 낮은 메모리 주소에 모이게 만드는 경향이 있는가?
f. 어떤 전략이 큰 여유 메모리를 더 잘 유지하는가?

21 (50퍼센트 법칙) 수학적으로 생각하기 좋아하는 학생이라면 커누스 Knuth [40, 41]가 개발한 '50퍼센트 법칙' fifty-percent rule을 증명해볼 것을 권한다. 이 법칙은 꾸준한 상태일 경우, 가변 파티션 멀티프로그래밍 시스템에서는 사용되는 메모리의 반 정도가 빈 홀로 남는다는 것이다. 이 법칙은 대다수의 '적합'이 사실은 그리 정확하지 않음을 전제로 한다. 따라서 적합한 메모리 영역을 찾더라도 사용되지 못하는 빈 홀을 별로 줄이지 못한다는 것이다.

22 가변 파티션 멀티프로그래밍 시스템은 여유 메모리를 추적하기 위해 '여유 메모리 리스트'를 사용한다. 리스트에는 현재 150KB, 360KB, 400KB, 625KB, 200KB가 있다. 시스템은 215KB, 171KB, 86KB, 481KB과 같은 순서로 요청을 받았다. 시스템이 다음 각 메모리 배치 전략을 사용할 때, 최종적인 리스트의 내용을 기술하라.

a. 최적합　　　　b. 최초 적합
c. 최악 적합　　　d. 차선 적합

23 이번 문제에서는 '9.9 가변 파티션 멀티프로그래밍'에서 다룬 '최악 적합'과 '최적합' 전략에 대해 다양한 자료 구조를 사용해 살펴보자.

a. 다음 각 자료 구조를 사용해 여유 메모리 리스트에 있는 메모리 영역 중 적합한 곳에 정보를 배치할 때 '최악 적합 전략'의 효과에 대해 논의하라.

i. 정렬되지 않은 배열　　ii. 홀 크기로 정렬된 배열　　iii. 정렬되지 않은 연결 리스트
iv. 홀 크기로 정렬된 연결 리스트　　v. 이진 트리　　vi. 균형 이진 트리

b. 다음 각 자료 구조를 사용해 여유 메모리 리스트에 있는 메모리 영역 중 적합한 곳에 정보를 배치할 때 '최적합 전략'의 효과에 대해 논의하라.

i. 정렬되지 않은 배열
ii. 홀 크기로 정렬된 배열
iii. 정렬되지 않은 연결 리스트
iv. 홀 크기로 정렬된 연결 리스트
v. 이진 트리
vi. 균형 이진 트리

c. a와 b의 답을 비교해보면 어느 한쪽이 다른 알고리즘보다 효율적이라는 것이 보일 수도 있을 것이다. 이것이 왜 유효한 결론이라 할 수 없는가?

【추천 프로젝트】

24 실시간 시스템에서 물리 메모리 관리에 관해 조사해 보고서를 작성하라.

25 전통적인 메모리 계층의 변화에 관해 조사해 보고서를 작성하라.

【추천 시뮬레이션】

26 최초 적합, 최적합, 최악 적합 메모리 배치 전략의 효율을 상대적으로 비교하는 시뮬레이션 프로그램을 작성하라. 프로그램은 다양한 메모리 배치 전략에 대해 메모리 활용도와 평균 처리 시간을 측정해야 한다. 실제 메모리가 1GB고 이 중 300MB는 운영체제를 위해 예약되는 시스템이라고 가정하자. 새로운 프로세스들은 1~10분 중 임의의 간격으로(1분의 배수로) 도착한다. 프로세스들의 크기는 50MB~300MB 사이의 임의의 수로, 10MB의 배수로 한다. 처리 시간은 5~60분으로, 5분의 배수다. 프로그램은 안정적인 상태가 될 만큼 충분한 시간 동안 각 전략을 시뮬레이션해야 한다.

a. 각 전략들을 구현할 때 상대적으로 어떤 어려움이 있는가?
b. 현저한 성능 차이가 발견되었는가?
c. 작업이 도착하는 비율과 작업 크기의 분산을 변경해보고 각 전략에 대한 결과를 관찰하라.
d. 관찰 결과에 비추어볼 때, 실제로 물리 메모리 관리 시스템을 구현해야 한다면 어떤 전략을 선택할 것인가?
e. 관찰 결과에 근거해 여기서 검토한 것보다 더 효율적일 것이라고 생각하는 메모리 배치 전략을 제안하라. 그 알고리즘의 동작을 시뮬레이션하라. 어떤 결과를 관찰할 수 있는가? 각 시뮬레이션에 대해 메모리 배치에 대한 결정을 하는 데 드는 시간은 무시하기로 한다.

27 다음과 같은 시스템을 시뮬레이션하라. 처음에는 100MB 여유 메모리를 가진다. 프로세스들이 수시로 시스템을 드나든다. 도착하는 프로세스들은 2MB~35MB 사이의 크기를 가지며 실행 시간은 2~5초 사이이다. 두 프로세스는 매초마다, 한 프로세스는 5초마다 도착하도록 비율을 변경해보자. 최초 적

합, 최적합, 최악 적합 전략의 메모리 활용도와 처리량을 평가하라. 각 배치 전략을 상수로 유지하고 프로세스 스케줄링 알고리즘을 바꾸어 처리량과 평균 대기 시간에 주는 영향을 평가하라. 8장에서 다룬 FIFO, SPF 등의 스케줄링 알고리즘과 병합하고 최소 프로세스 우선 smallest-process-first, 최대 프로세스 우선 largest-process first 등과 같은 다른 알고리즘과 비교해보라. 이러한 알고리즘 중 무기한 연기에 빠질 수 있는 것은 무엇인지 파악하라.

핵심용어

Key Terms

- 가변 파티션 멀티프로그래밍 variable-partition multiprogramming
- 가비지 컬렉션 garbage collection
- 강도 높은 자원 관리 intensive resource management
- 경계 레지스터 boundary register
- 고정 파티션 멀티프로그래밍 fixed-partition multiprogramming
- 관리 모드 executive mode
- 교체 전략 replacement strategy
- 기준 레지스터 base register
- 내부 단편화 internal fragmentation
- 단일 사용자 연속 메모리 할당 시스템 single-user contiguous memory allocation system
- 단일 스트림 배치 처리 시스템 single-stream batch-processing system
- 단편화 fragmentation
- 롤 roll
- 메모리 계층 memory hierarchy
- 메모리 관리 전략 memory management strategy
- 메모리 관리자 memory manager
- 메모리 구성 memory organization
- 메모리 압축 memory compaction
- 메모리 트림시키기 burping the memory
- 메모리 홀 병합 coalescing memory holes
- 물리 메모리 physical memory
- 배치 전략 placement strategy
- 불연속 메모리 할당 noncontiguous memory allocation
- 상한 레지스터 limit register
- 설정 시간 setup time
- 슈퍼바이저 호출 supervisor call
- 스왑 swap
- 시간적 집중화 temporal locality
- 실제 시간 wall clock time
- 여유 메모리 리스트 free memory list
- 연속 메모리 할당 contiguous memory allocation
- 예측 페치 전략 anticipatory fetch strategy
- 외부 단편화 external fragmentation
- 요구 페치 전략 demand fetch strategy
- 입출력 제어 시스템 IOCS, Input/Output Control System
- 작업 간 전환 job-to-job transition
- 작업 스트림 프로세서 job stream processor
- 작업 제어 언어 job control language
- 중첩 overlay
- 차선 적합 메모리 배치 전략 next-fit memory placement strategy
- 최악 적합 전략 worst-fit strategy
- 최적합 메모리 배치 전략 best-fit memory placement strategy
- 최초 적합 메모리 배치 전략 first-fit memory placement strategy
- 캐시 메모리 cache memory
- 파티션 partition
- 페치 전략 fetch strategy
- 해제 시간 teardown time
- 홀 hole

추천도서

Recommended Reading

가상 메모리 사용이 확대된 결과, 이 장에서 논의한 많은 기술이 문헌에서는 더는 논의되지 않고 있다. 베라디와 동료들[42]은 IBM 시스템에서의 메모리 관리에 대한 역사를 상세하게 제시하고 있다. 미트라[43]와 폼, 스메이[44]는 지난 수십 년 동안 아키텍처 표준으로 자리잡은 메모리 계층에 대해 설명한다. Bayes[45]와 Stephenson[46]은 메모리 할당과 배치를 위한 주요 전략들을 소개한다. 데닝[47]은 단일 사용자 연속 메모리 할당에서 자주 빠질 수 있는 함정에 대해 설명하고, Knight[48]와 Coffman, Ryan[49]은 파티션으로 된 메모리 구현에 대해 조사했다. 메모리 배치 알고리즘은 커누스[50]와 Stephenson[51], Oldehoeft, Allan[52]이 제시했다. 가상 메모리에서 중요한 개념인 메모리 스왑핑은 다음 장에서 자세하게 학습한다. 최근에는 주로 메모리 계층의 사용을 최적화하는 방안을 연구하고 있다. 몇 가지 메모리 관리 전략은 더 빠르고 값비싼 자원인 캐시에 대해 집중적으로 다룬다.[53] 또한 성능 개선을 위해, 각 응용 프로그램에 특화된 방식으로 메모리 아키텍처를 조율하는 방법을 다룬 문헌도 있다.[54, 55]

임베디드 시스템은 범용 시스템과는 다르게 설계된다. 범용 시스템은 다양한 많은 작업이 동시에 실행할 수 있는 충분한 자원을 제공하는 반면, 임베디드 시스템은 특정 목표를 겨우 충족할 만큼 최소한의 자원을 가지는 경우가 많다. 규모와 비용을 고려해야 하기 때문에 임베디드 시스템의 자원들은 범용 시스템보다 훨씬 제한적이다. 「ACM Transactions on Embedded Computing Systems」는 2002년 11월호와 2003년 2월호에서 임베디드 시스템의 메모리 관리 관련 주제에 대해 많은 연구 결과를 보여주었다.[56] 이 장의 참고 문헌 목록은 http://www.deitel.com/books/os3e/Bibliography.pdf를 참고하기 바란다.

Chapter

10

가상 메모리 구성

Virtual Memory Organization

이 장에서 다루는 내용

- 가상 메모리 개념
- 페이지화된 가상 메모리 시스템
- 세그먼트화된 가상 메모리 시스템
- 세그먼테이션/페이징 조합 가상 메모리 시스템
- 가상 메모리 시스템에서의 공유와 보호
- 가상 메모리 시스템을 가능하게 하는 하드웨어
- IA-32 인텔 아키텍처 가상 메모리 구현

01 소개

02 가상 메모리: 기본 개념

03 블록 맵핑

04 페이징

05 세그먼테이션

06 세그먼테이션/페이징 시스템

07 사례 연구: IA-32 인텔 아키텍처 가상 메모리

* 요약

* 연습문제

* 핵심용어

환상이란 다름이 아니라 시간과 공간의 법칙을 벗어난 특별한 형태의 기억이다.

Samuel Taylor Coleridge

....

나를 비실재(the unreal)에서 실재(the real)로 이끌어주소서!

The Upanishads

....

오 복된 죄과(fault)여, 너로써 그토록 위대한 구세주를 얻게 되었도다.

The Missal - The Book of Common Prayer

....

그러나 페이지들마다 널찍한 여백이 있고
모든 여백 한 가운데에는
살짝 빛바랜 사각형 모양의 본문이 있었으니

Alfred, Lord Tennyson

....

주소는 우리가 어디에 있는지를 감추라고 있는 것이다.

Saki(H. H. Munro)

10.1 소개

'9장. 실제 메모리 구성과 관리'에서는 기본적인 메모리 관리 기술에 관해 살펴봤다. 메모리 관리 기술은 궁극적으로 제한된 메모리 공간과 경쟁해야 한다. 한 가지 해결책은 메인 메모리 용량을 늘리는 것이다. 그러나 일반적으로 접근이 빠른 메모리를 충분히 갖춘 시스템을 구축하는 데는 비용이 너무 많이 든다. 다른 대안은 메모리가 더 많이 존재하는 것처럼 보이는 것이다. 이는 **가상 메모리** virtual memory의 배경에 있는 기본 아이디어다. 가상 메모리[1, 2, 3]는 1960년에 영국의 맨체스터 대학교 University of Manchester에서 만든 아틀라스 컴퓨터에서 처음으로 출현했다('사례 연구: 아틀라스' 참고).[4, 5, 6, 7] [그림 10-1]에서는 메모리 구성이 단일 사용자 실제 메모리 시스템에서 다중 사용자, 세그먼테이션/페이징 가상 메모리 시스템으로 발전한 과정을 보여준다.

사례 연구

아틀라스 Atlas

아틀라스 프로젝트는 1956년에 영국의 맨체스터 대학교에서 시작했다. 이 프로젝트는 원래 MUSE(micro-SEcond의 약어로, 'micro'를 라틴 문자 'mu'로 표현했다)라 불렀고, 미국에서 생산하는 고성능 컴퓨터들과 경쟁할 목적으로 추진했다.[8] 1959년에 Ferranti라는 회사에서 스폰서로 참여했고, 1962년 말에 최초의 아틀라스 컴퓨터를 완성했다.[9] 아틀라스 컴퓨터는 만드는 데 10년밖에 안 걸렸지만 컴퓨터 기술에 상당한 공헌을 했다. 이 중 상당 부분은 컴퓨터의 운영체제인 아틀라스 슈퍼바이저 Atlas Supervisor에 적용되어 나타났다.

아틀라스 슈퍼바이저 운영체제는 최초로 가상 메모리를 구현했다.[10] 이 운영체제는 작업 처리량의 새로운 표준을 정립해 한꺼번에 16개 작업을 실행할 수 있었다.[11] 또한 다른 시스템은 운영자가 수동으로 정보를 얻어야 했지만, 이 시스템은 운영자에게 상세한 실행 시간 통계를 제공했다. 아틀라스 슈퍼바이저는 시스템 프로그래밍을 단순하게 만들려고 개발 초기 단계에 상세한 하드웨어 가이드라인을 실세한 최초의 컴퓨터 중 하나다.[12]

1962년 완성 당시에는 아틀라스가 가장 강력한 컴퓨터였지만, 산업계에서는 대체로 인정받지 못했다.[13] 아틀라스 컴퓨터는 1965년에 3대 판매되고, 완성된 후 3대가 더 판매된 게 고작이다.[14] 아틀라스의 수명이 짧아진 이유 중 하나는 프로그램을 아틀라스 오토코드 Atrlas Autocode로 작성해야 한다는 점이다. 이 언어는 알골 60 Algol 60과 많이 유사했는데, 대부분의 프로그래머는 이 언어를 사용하지 않았다.[15] 아틀라스 설계자들은 결국 포트란 Fortran과 같은 더 잘 알려진 언어로 구현해야 했다.[16] 아틀라스가 빨리 사라진 또 다른 이유는 제한된 자원을 이 시스템을 개발하는 데 모두 사용했다는 점이다. 아틀라스가 발표된 지 1년 후 ICT가 Ferranti의 컴퓨터 프로젝트를 인수했다. ICT는 1900s라고 알려진 컴퓨터 시리즈를 더 선호해 아틀라스 사업을 중단했다.[17]

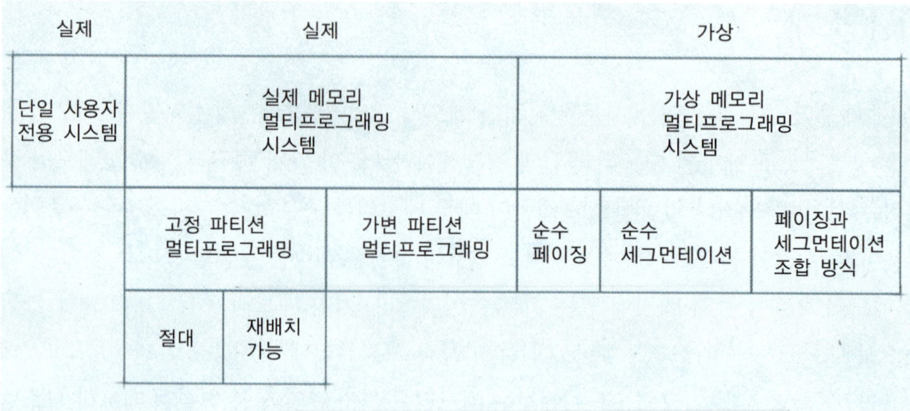

[그림 10-1] 메모리 구성의 진화

이 장에서는 시스템에서 가상 메모리를 구현하는 방법을 설명한다('운영체제적 생각: 가상화' 참고). 특히, 운영체제에서 하드웨어를 사용해 가상 주소를 물리 주소로 변환하는 기술에 관해 학습한다. 그리고 가장 보편적인 두 가지 불연속 할당 기술인 페이징paging과 세그먼테이션segmentation에 관해 논의한다. 주소 변환과 불연속 할당 덕분에 가상 메모리 시스템은 메모리 용량이 더 큰 것처럼 보이게 하고 멀티프로그래밍 정도를 높였다. 다음 장에서는 시스템이 성능을 최적화하기 위해 가상 메모리의 프로세스들을 관리하는 방법을 살펴본다. 여기서 다루는 많은 정보는 데닝의 가상 메모리 연구를 참고했다('인물사: 피터 데닝' 참고).[18]

운영체제적 생각

가상화 Virtualization

이 책을 통해 소프트웨어를 사용해 자원들이 실제와 다르게 보이게 하는 여러 가지 예를 살펴볼 것이다. 우선 컴퓨터에 설치된 물리 메모리보다 훨씬 크게 보이는 가상 메모리에 관해 학습할 것이다. 자바 가상 머신은 프로그래머가 이식성 높은 응용 프로그램을 만들 수 있도록 돕는다. 즉, 프로그램을 여러 이기종 운영체제(그리고 하드웨어)에서 실행할 수 있게 한다. 가상화는 풍부한 프로세서 능력을 사용해 컴퓨터 사용자에게 흥미로운 이점을 줄 수 있는 또 다른 방법이다. 컴퓨터가 복잡해지면서 가상화 기술을 사용해 이러한 복잡한 세부 사항을 사용자에게 감출 수 있게 되었다. 사용자는 운영체제를 통해 간단하고 사용하기 쉬운 가상 머신만 접한다. 가상화는 분산 시스템에서 보편적으로 사용하는 기술이다. 분산 시스템은 '14장. 분산 시스템 소개'에서 상세히 다룬다. 분산 운영체제는 네트워크에서 복잡하게 얽힌 수많은 컴퓨터와 자원을 마치 대형 컴퓨터 한 대처럼 보이게 만들어준다.

이 장 마지막 부분에서 각각 IBM 메인프레임 운영체제와 VM 운영체제의 초기 역사를 다루는 운영체제 사례 연구 두 개를 제공한다. 이 장을 모두 마치면 실제 메모리와 가상 메모리 구성의 발전에 관한 학습을 완료하게 된다. IBM 메인프레임 운영체제의 역사는 이 발전을 근접해 뒤따른다.

셀프 리뷰

1. 프로그램 전체를 실행 전에 메모리에 로드하는 방법이 비효율적인 예를 들어보라.
2. 메모리 공간의 제한 문제를 해결하는 방법 중 메인 메모리의 용량을 늘리는 방법은 왜 불충분한가?

▶ **풀이** 1) 많은 프로그램이 사용 빈도가 아주 낮은 오류 처리 기능을 포함하고 있다. 이러한 기능까지 메모리에 모두 로드하면 다른 프로세스에서 사용할 수 있는 공간이 줄어든다. 2) 메인 메모리를 추가로 구입하는 것이 경제적으로 어려울 때가 있다. 더 나은 해결책은 시스템이 프로세스에서 요구하는 것보다 훨씬 많은 메모리를 보유하고 있는 것처럼 보여주는 것이다.

인물사

피터 데닝 Peter J. Denning

피터 데닝은 1960년대에 가상 메모리와 관련해 이룬 업적으로 가장 잘 알려져 있다. 중요한 논문 중 하나는 MIT에서 컴퓨터 과학 박사 학위를 받은 1968년 발표 「The Working Set Model for Program Behavior」다.[19] 이 논문에서 가상 메모리 관리에 사용하는 작업 집합 working set 개념('11.7 작업 집합 모델' 참고)을 소개하고, 작업 집합을 이용한 페이지 교체가 다른 교체 스키마보다 좋은 성능을 낼 수 있는 이유를 설명했다.[20] 데닝의 이론은 프로그램이 대부분의 시간 동안 가상 메모리 페이지의 작은 부분(이를 작업 집합이라고 했다)만을 사용한다는 관찰에 근거한다. 프로그램의 작업 집합은 프로그램이 실행되고 다른 단계로 이동할 때마다 수시로 변한다. 그는 항상 현재 작업 집합을 메모리에 있게 할 수만 있다면, 프로그램이 효율적으로 실행할 것이라고 제안했다.

데닝은 이후 프린스턴 대학교 Princeton University에서 강의하고, NASA Ames Research Center의 고급 컴퓨터 과학 연구소를 설립했다. 또한 퍼듀 대학교 Purdue University와 George Mason 대학교를 거쳐 현재는 해군 대학원의 컴퓨터 과학과 학과장을 맡고 있다. 컴퓨터 과학 분야에서 논문 수백 편과 책 여러 권을 발표했고 1980~1982년까지 ACM 대표를 역임했다.[21]

데닝은 컴퓨터 과학 교육 분야에 커다란 공헌을 해 여러 가지 교육자 상을 수여했고, ACM Digital Library(ACM 저널에서 발표한 기사들의 온라인 도서관) 설립을 관리하고 ACM 커리큘럼을 만드는 ACM Education Board의 회장으로 일했다.[22] 또한 비전문가를 대상으로 컴퓨터 과학을 가르친 노력도 많이 인정받았다.[23]

10.2 가상 메모리: 기본 개념

앞서 살펴본 것처럼, 가상 메모리 시스템은 프로세스들이 시스템에 실제보다 더 많은 메모리가 있는 것처럼 착각하게 만든다('에피소드: 가상 메모리 무용론' 참고). 그러므로 가상 메모리 시스템에는 두 가지 주소 유형, 즉 프로세스에서 참조하는 주소와 메인 메모리에 있는 사용 가능한 주소가 있다. 프로세스에서 참조하는 주소를 **가상 주소** virtual address라고 한다. 메인 메모리에 있는 사용 가능한 주소를 **물리(실제) 주소** physical(real) address라고 한다.*

시스템은 프로세스가 가상 주소에 접근할 때마다 이를 실제 주소로 변환해야 한다. 이러한 작업은 아주 빈번하게 발생하기 때문에 범용 프로세서를 사용해 실행하면 시스템 성능이 크게 떨어진다. 따라서 가상 메모리 시스템은 **메모리 관리 장치** MMU, Memory Management Unit라는 특수 목적 하드웨어를 포함한다. MMU는 가상 주소를 실제 주소로 빠르게 맵핑할 수 있다.

프로세스의 **가상 주소 공간** virtual address space V는 프로세스가 참조할 수 있는 가상 주소의 범위를 나타낸다. 특정 컴퓨터의 실제 주소 중 사용 가능한 범위를 해당 컴퓨터의 **실제 주소 공간** real address space R로 표현한다. V에 있는 주소의 수를 $|V|$, R에 있는 주소의 수는 $|R|$로 나타낸다. 가상 메모리 시스템에서 $|V| \gg |R|$(즉, 가상 주소 공간이 실제 주소 공간보다 훨씬 큰 것)은 일반적인 현상이다.

사용자의 가상 주소 공간이 실제 주소 공간보다 크게 하려면, 프로그램과 데이터를 큰 보조 저장소에 유지할 수 있는 수단을 제공해야 한다. 시스템은 보통 두 단계 저장소 구조를 사용해 이 목적을 달성한다([그림 10-2]). 한 단계는 메인 메모리와 캐시로, 여기서는 프로세스를 실행하는 프로세서에서 명령어와 데이터에 접근해야 한다. 다른 단계는 2차 저장소로, 대용량 저장 매

에피소드

가상 메모리 무용론

가상 메모리 개념이 처음 소개되었을 때, 설계자들은 컴퓨터에 수백만 워드word에 해당하는 많은 메모리를 갖추면 가상 메모리 시스템이 필요 없을 것이라고 생각했다. 그러나 이는 어리석은 생각으로 여겨졌고, 가상 메모리 시스템을 구축하는 일들이 추진되었다. 오늘날 많은 데스크톱 시스템은 수백만 워드가 아닌 그 수천 배에 달하는 메인 메모리를 갖추고도 대부분 가상 메모리를 사용한다.

운영체제 설계자들에게 주는 교훈: 무어의 법칙을 가볍게 보면 안 된다. 하드웨어의 능력은 기하급수적인 속도로 발전할 것이고, 이에 따라 소프트웨어의 요구 사항도 늘어날 것이다.

체로 구성되고 제한된 메인 메모리에 들어갈 수 없는 프로그램과 데이터를 수용한다. 보통 디스크나 기타 보조 저장소가 이에 속한다.

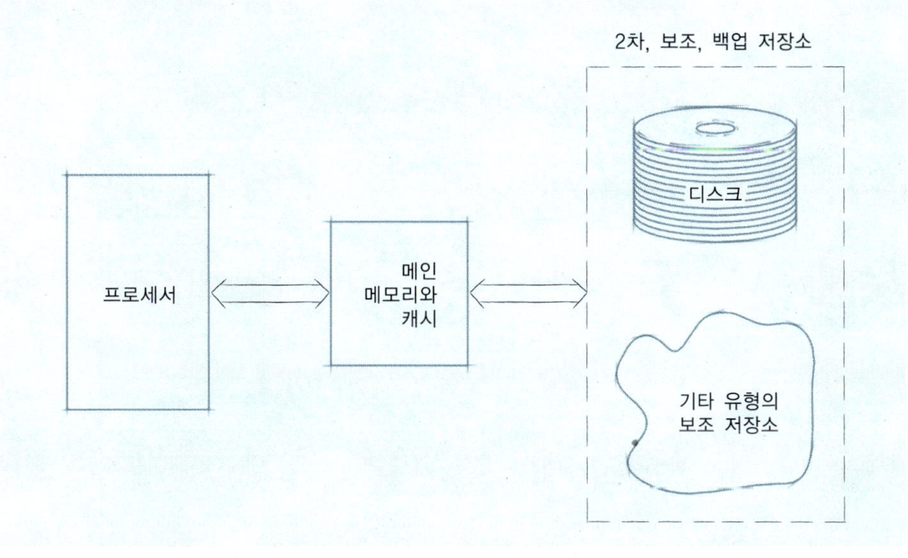

[그림 10-2] 두 단계 저장소

시스템은 프로세스를 실행할 준비가 되면, 프로세스의 코드와 데이터를 2차 저장소에서 메인 메모리로 로드한다. 그런데 실제로 프로세스를 실행하는 데는 이 중 작은 부분만 메인 메모리에 있으면 된다. [그림 10-3]은 두 단계 저장소 시스템을 보여준다. 가상 메모리 공간에 있던 다양한 프로세스 항목이 메인 메모리에 놓였다.

가상 메모리 시스템을 구현하는 핵심은 가상 주소를 물리 주소로 맵핑하는 일이다. 프로세스는 가상 주소에만 접근하지만 메인 메모리에서 실행해야 한다. 따라서 시스템은 프로세스를 실행할 때 가상 주소를 물리 주소로 맵핑 mapping(즉, 변환 translate)해야 한다([그림 10-4]). 시스템은 주소 변환을 빨리 실행해야 한다. 그렇지 않으면 컴퓨터 성능이 떨어지고, 가상 메모리를 사용하는 효과가 없어진다.

* 이 장에서는 물리 주소, 실제 주소, 메인 메모리 주소라는 용어를 모두 동의어로 사용한다.

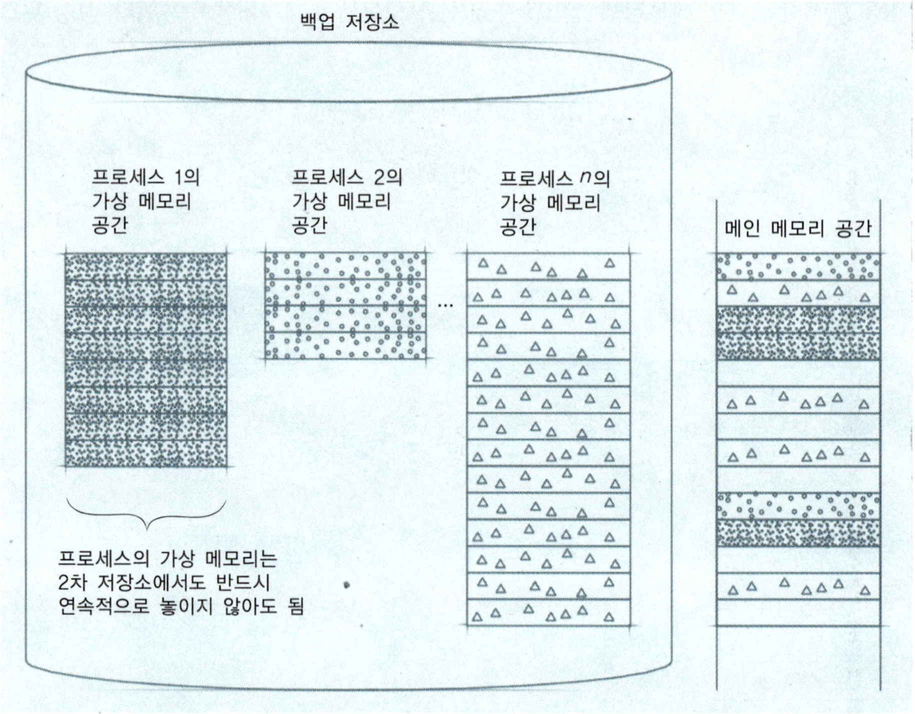

[그림 10-3] 메모리와 2차 저장소에 존재하는 주소 공간 부분

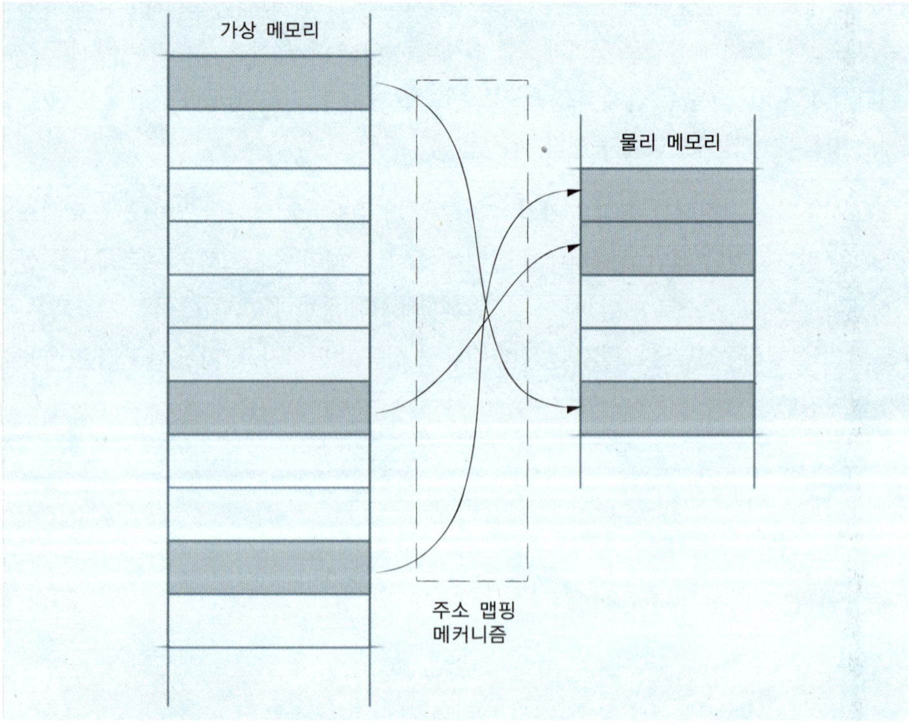

[그림 10-4] 가상 주소를 실제 주소에 맵핑

동적 주소 변환 DAT, Dynamic Address Translation 메커니즘은 실행 도중 가상 주소를 물리 주소로 변환한다. 동적 주소 변환을 사용하는 시스템에서는 프로세스의 가상 주소 공간에 있는 연속적인 주소가 물리 주소에서는 연속적이지 않아도 된다. 연속된 것처럼 보이게 하기 때문에 이를 **인위적 연속성** artificial contiguity([그림 10-5])이라고 한다.[24] 프로그래머는 동적 주소 변환과 인위적 연속성 덕분에 메모리 배치와 관련해 걱정할 필요가 없다. 다시 말해, 프로그래머가 시스템이 프로그램을 실행할 수 있게 중첩 overlay을 구현하지 않아도 된다. 프로그래머는 하부 하드웨어 구조에 신경 쓰지 않고, 알고리즘의 효율성과 프로그램의 구조에만 집중할 수 있다. 컴퓨터는 물리적인 관점에서 독특한 특성을 지닌 장치며, 이 중 어떤 특성 때문에 프로그램을 개발하기 어렵다고 생각할 수도 있지만, 도리어 논리적인 관점에서 몇몇 알고리즘의 구현체라고 볼 수도 있다.

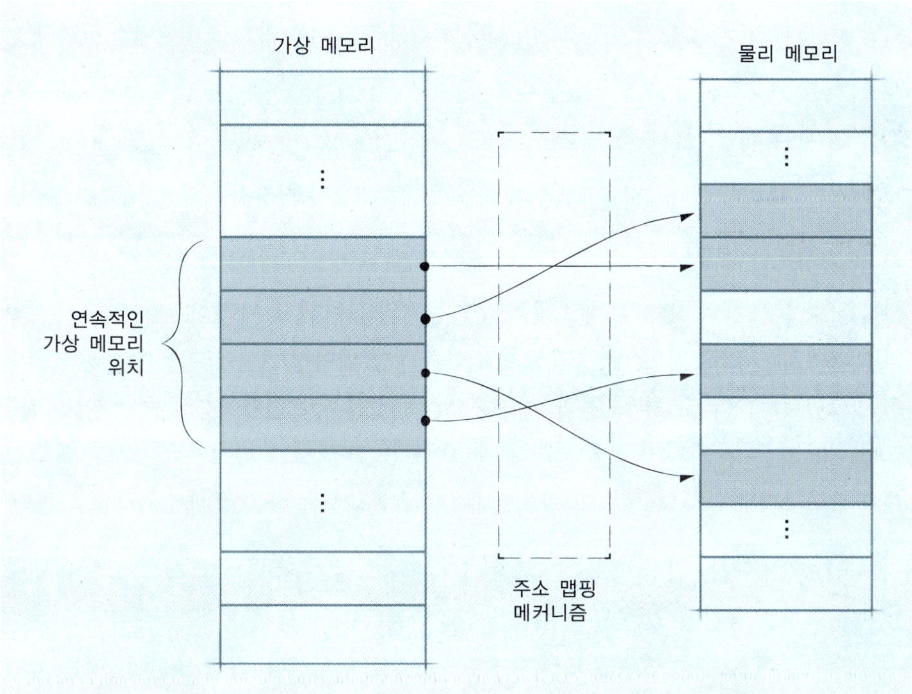

[그림 10-5] 인위적 연속성

셀프 리뷰

1. 프로세스의 가상 주소 공간과 시스템의 물리 주소 공간은 어떻게 다른가?
2. 인위적 연속성은 어떤 이점을 주는가?

▶ **풀이** 1) 프로세스의 가상 주소 공간은 프로세스가 가상 메모리 시스템에서 실행할 때 메모리에 접근하려고 참조하는 주소의 집합을 말한다. 프로세스는 메인 메모리의 물리적인 위치에 놓인 물리 주소를 보지 않는다.

▶▶

2) 인위적 연속성은 프로세스가 자신의 명령어와 데이터가 메인 메모리 안에 여기저기 산재해 있을 때도 메모리가 연속되어 있는 것처럼 참조할 수 있게 함으로써 프로그래밍을 간편하게 해준다.

10.3 블록 맵핑

동적 주소 변환 메커니즘은 프로세스의 가상 주소 공간 *V*에서 어느 영역이 현재 메인 메모리에 있고, 어디에 위치하는지 가리키는 **주소 변환 맵** address translation map을 유지해야 한다. 이 맵핑 mapping이 *V*에 있는 모든 주소를 포함하면, 맵핑 정보가 메모리의 여유 공간보다 더 큰 용량을 요구하게 될 것이다. 그러나 실제로는 맵핑 정보가 메인 메모리의 작은 부분만을 차지해야 한다. 그렇지 않으면 운영체제나 사용자 프로세스들이 사용할 메모리를 너무 많이 소비해버릴 것이다.

가장 널리 사용하는 해결책은 정보를 **블록** block으로 묶는 방법이다. 그러면 시스템은 메모리의 어느 위치에 각 가상 메모리 블록이 위치하는지 추적한다. 평균 블록 크기가 클수록 맵핑 정보의 양은 적어진다. 그러나 큰 블록은 내부 단편화를 초래하고 2차 저장소와 메인 메모리 사이의 맵핑이 더 오래 걸릴 수 있다.

블록 크기를 모두 같게 해야 하는지, 다르게 해야 하는지와 관련해 몇 가지 의문이 있다. 블록이 고정 크기면 **페이지** page라고 하며, 관련 가상 메모리 구성을 **페이징** paging이라고 한다. 블록이 다른 크기면 **세그먼트** segment라고 하며, 관련 가상 메모리 구성을 **세그먼테이션** segmentation이라고 한다.[25, 26] 몇몇 시스템은 두 가지 방법을 결합해 세그먼트를 고정 크기 페이지로 구성된 가변 크기 블록으로 구현하기도 한다. 페이징과 세그먼테이션에 관해서는 다음 절에서 자세히 다룬다.

블록 맵핑 block mapping을 하는 가상 메모리 시스템에서는 주소를 순서 쌍 ordered pair으로 나타낸다. 프로세스는 가상 주소 공간에 있는 특정 항목을 참조하기 위해 해당 항목이 있는 블록과, 블록의 시작 위치에서부터 항목의 **변위(오프셋)** displacement(offset)를 명시한다([그림 10-6]). 예를 들어, 가상 주소 *v*는 순서 쌍 (*b*, *d*)로 표기하며, 여기서 *b*는 참조하는 항목이 있는 블록 번호, *d*는 블록 시작점에서부터의 변위를 나타낸다.

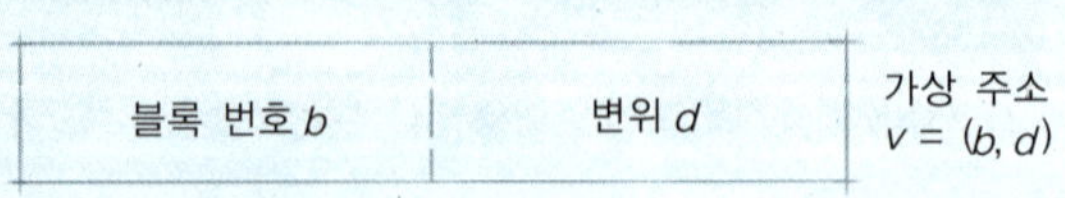

[그림 10-6] 블록 맵핑 시스템에서 가상 주소 형식

가상 메모리 주소 $v = (b, d)$에서 실제 메모리 주소 r로 변환하는 과정은 다음과 같다([그림 10-7]). 시스템은 메모리에 각 프로세스의 **블록 맵 테이블**block map table을 유지한다. 블록 맵 테이블은 프로세스의 각 블록마다 한 엔트리를 지니며, 이 엔트리들은 순차적으로 유지된다. 즉, 블록 0번에 해당하는 엔트리는 블록 1번에 해당하는 엔트리보다 앞에 온다. 문맥 전환 시에는 시스템에서 새 프로세스의 블록 맵 테이블이 위치하는 메인 메모리 주소에 대응하는 실제 주소 a를 결정한다. 시스템은 이 주소를 고속 특수 목적 레지스터인 **블록 맵 테이블 시작점 레지스터**block map table origin register에 로드한다. 프로세스는 실행되는 동안 가상 주소 $v = (b, d)$를 참조한다. 시스템은 블록 번호 b를 프로세스의 블록 맵 테이블의 기준base 주소 a에 더해서 블록 맵 테이블에 있는 블록 b의 엔트리에 대한 실제 주소를 얻어낸다.* 이 엔트리에는 메인 메모리에서 블록 b의 시작점인 주소 b'이 있다.

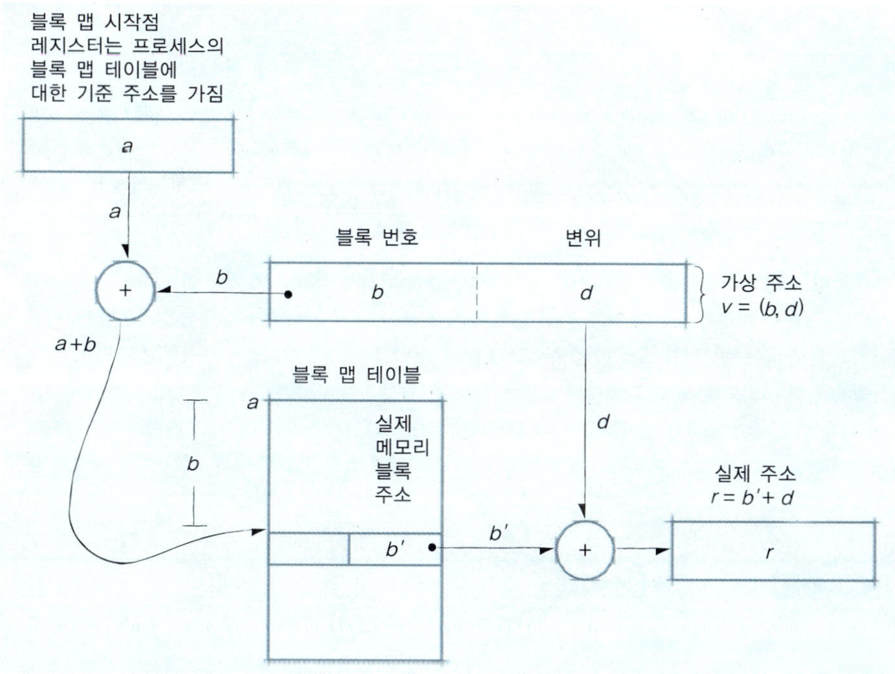

[그림 10-7] 블록 맵핑을 사용한 가상 주소 변환

시스템은 변위 d를 블록 시작 주소 b'에 더해 원하는 실제 주소 r을 얻어낸다. 따라서 시스템은 가상 주소 $v = (b, d)$로부터 $r = b' + d$라는 등식을 사용해 실제 주소 r을 얻어낸다. 여기서 b'은 실제 메모리 주소 $a + b$의 위치에 있는 블록 맵 테이블 셀에 저장된다.

* 설명을 간단하게 하기 위해 블록 맵 테이블의 각 엔트리 크기는 고정되어 있고, 메모리의 각 주소는 해당 크기인 엔트리를 저장한다고 가정한다.

세그먼테이션, 페이징, 세그먼테이션/페이징 조합 시스템에서 사용하는 블록 맵핑 기술은 모두 [그림 10-7]에서 보여주는 맵핑과 유사하다. 프로세스가 수행할 때 고속 특수 하드웨어에서 블록 맵핑을 한다는 점을 주목하자. 효율적으로 구현하지 않으면 이 기술의 오버헤드가 성능 저하를 일으켜 가상 메모리 기술의 효과가 없어지기 때문이다. 예를 들어, [그림 10-7]에서 보여주는 두 덧셈 연산은 전통적인 기계어의 덧셈 명령어보다 빨리 동작해야 한다. 가상 주소를 하나하나 참조할 때마다 각 기계어 명령어를 수행해야 하기 때문이다. 만약 여기서 덧셈이 기계어 덧셈 연산만큼 시간이 걸린다면 컴퓨터는 순수하게 물리 메모리에 기반을 둔 컴퓨터보다 속도가 훨씬 떨어질 것이다. 이와 유사하게 블록 주소 변환 메커니즘도 다른 정보에 접근하는 것보다 블록 맵핑 테이블에 있는 엔트리에 훨씬 빨리 접근할 수 있어야 한다. 일반적으로 시스템은 블록 맵핑 테이블 엔트리들을 고속 캐시에 두어 이들을 조회하는 시간을 최소로 줄인다.

셀프 리뷰

1. 블록 맵핑 시스템이 32비트를 사용해 가상 주소 $v = (b, d)$를 나타낸다고 가정하자. 만약 블록의 변위 d가 n비트를 사용해 명시된다면 가상 주소 공간은 블록을 몇 개 가지겠는가? $n = 6$, $n = 12$, $n = 24$로 변할 때 메모리 단편화와 맵핑 정보를 얻기 위한 오버헤드가 어떻게 변할지 논의하라.
2. 프로세스의 블록 맵 테이블의 시작 주소 a는 왜 특별한 고속 레지스터에 위치하는가?

▶ **풀이** 1) 시스템은 2^{32-n}개 블록을 가질 것이다. $n = 6$이면 블록 크기가 작고, 내부 단편화가 적지만 블록 수가 너무 많아서 구현이 어려울 것이다. $n = 24$면 블록 크기가 크고, 내부 단편화가 심각해질 것이다. 그러나 블록 맵핑 테이블을 위한 메모리가 그리 많이 소비되지 않을 것이다. $n = 12$면 시스템은 그다지 많지 않은 내부 단편화와 적절한 크기의 블록 맵 테이블의 균형을 찾을 수 있을 것이다. 수년 동안 페이징 시스템에 $n = 12$를 많이 사용했다. 이때 페이지 크기는 $2^{12} = 4,096$바이트가 된다. 이에 관한 내용은 '11장. 가상 메모리 관리'에서 살펴본다. 2) a를 고속 레지스터에 두면 주소 변환이 빠르게 일어날 수 있다. 이는 가상 메모리 구현에 중요한 요건이다.

10.4 페이징

페이징 시스템에서 가상 주소는 순서 쌍 (p, d)로 표현하며, 여기서 p는 참조하는 항목이 있는 가상 메모리의 페이지, d는 페이지 p 안에서 참조하는 항목이 위치한 변위를 나타낸다([그림 10-8]). 프로세스는 현재 참조하는 페이지가 메모리에 있으면 실행할 수 있다. 시스템은 2차 저장소의 페이지를 메인 메모리로 변환할 때, 해당 페이지를 **페이지 프레임** page frame 이라는 메인 메모리 블록에 놓는다. 페이지 프레임은 들어오는 페이지와 크기가 같다. 이 장에서 페이징 시스템에 관해 논의할 때는 시스템이 고정 페이지 크기 하나를 사용한다고 가정한다. 11장에서 설명하겠지만, 현재 사용하는 시스템은 페이지 크기를 하나 이상 제공하는 것이 보통이다.[27] 페이지 프레임은 고정 페이지 크기 p_s의 정수 배인 물리 메모리 주소에서 시작한다([그림 10-9]). 시스템은 들어오는 페이지를 사용 가능한 어느 페이지 프레임에든 놓을 수 있다.

[그림 10-8] 순수 페이징 시스템의 가상 주소 형식

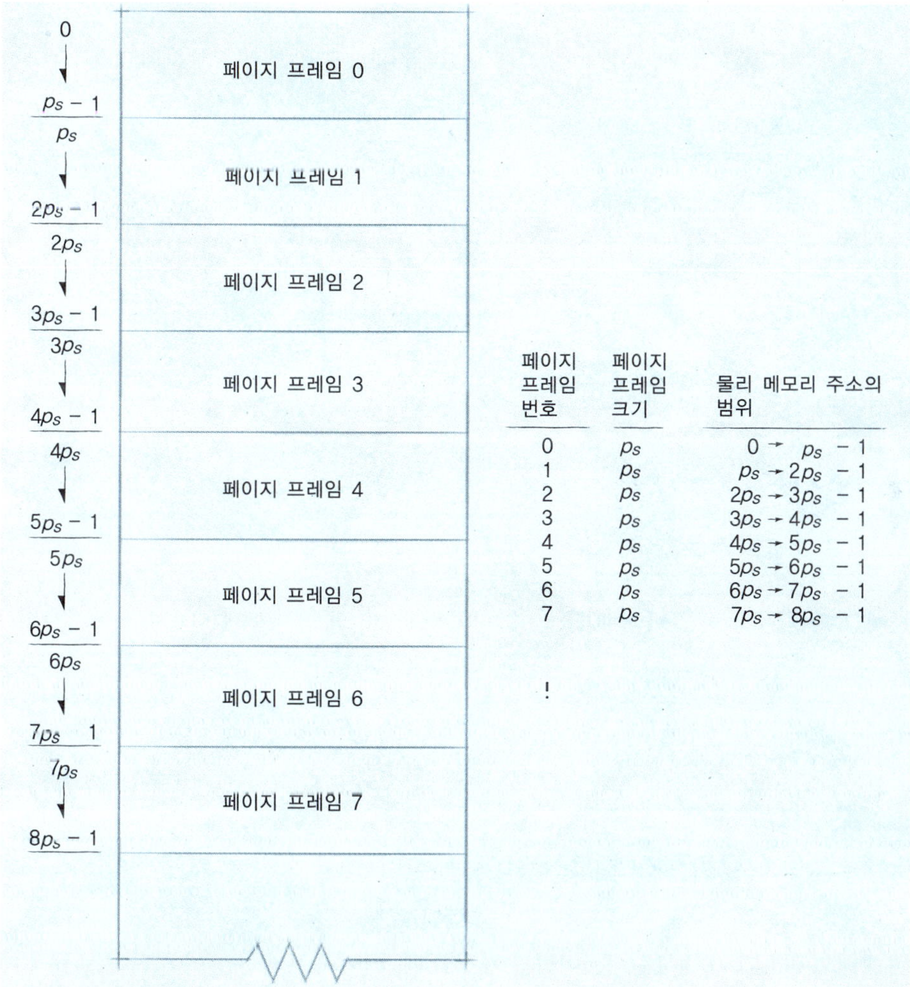

[그림 10-9] 페이지 프레임으로 분할된 메인 메모리

페이징을 사용하는 시스템에서 동적 주소 변환은 다음과 같은 과정으로 일어난다([그림 10-10]). 실행 중인 프로세스가 가상 메모리 주소 $v = (p, d)$를 참조한다. 페이지 맵핑 메커니즘은 프로세스의 **페이지 맵 테이블** page map table(보통 줄여서 **페이지 테이블** page table이라고 한다)에 있는 페이지 p를 찾고, 페이지 p가 페이지 프레임 p'에 있는지 판단한다. p'은 물리 메모리 주소가 아닌 페이지 프레임 번호임을 주목하기 바란다.

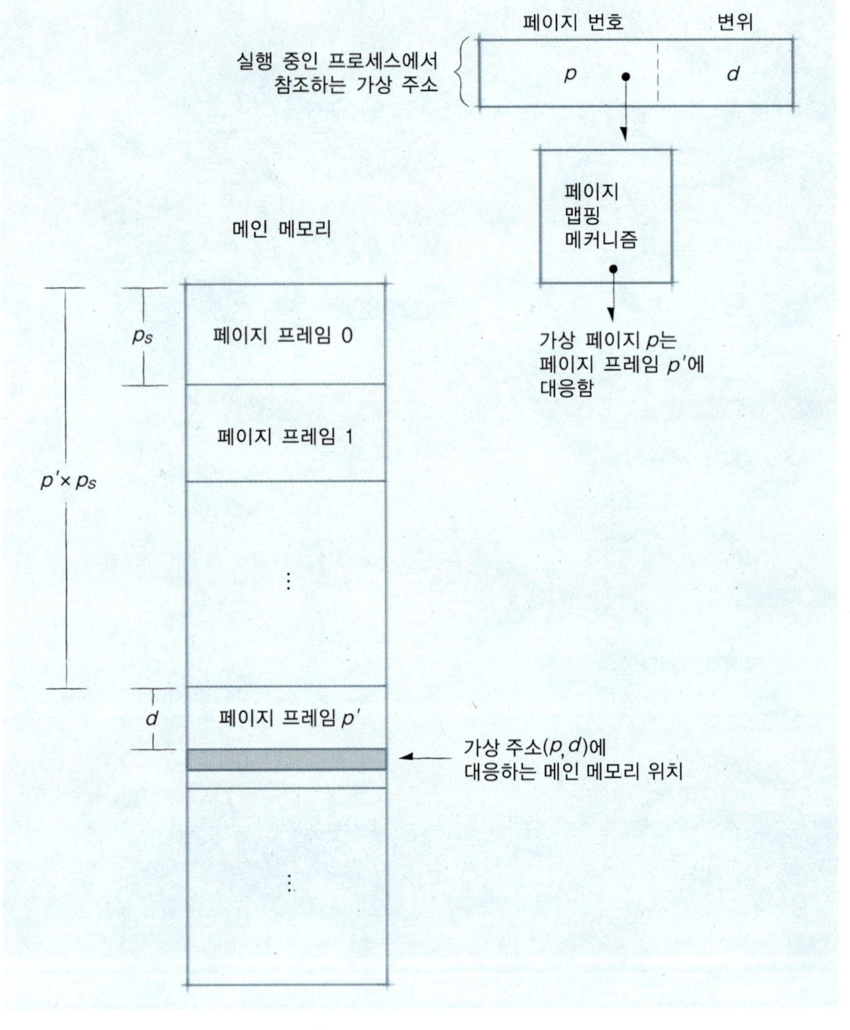

[그림 10-10] 순수 페이징 시스템에서 가상 메모리 주소와 물리 메모리 주소의 맵핑

페이지 프레임의 번호가 {0, 1, 2,⋯, n}이라고 가정할 때, 페이지 프레임 p'이 시작하는 물리 메모리 주소는 p'과 고정 크기를 곱한 $p' \times p_s$다. 참조되는 주소는 페이지 프레임 p'이 시작하는 곳에 변위 d를 더해 얻어낼 수 있다. 따라서 실제 메모리 주소는 $r = (p' \times p_s) + d$다.

어떤 시스템에서 n비트를 사용해 실제 주소와 가상 주소를 나타낸다고 가정하자. 페이지 번호는 비트 중 가장 높은 자릿수인 $n - m$비트로, 변위는 m비트로 표현한다. 각각의 실제 주소는 순서 쌍 $r = (p', d)$로 나타낼 수 있고, 여기서 p'은 페이지 프레임 번호, d는 참조되는 항목이 위치한 페이지 p'에서의 변위를 나타낸다. 시스템은 p'과 d를 연결해 실제 주소를 얻어낼 수 있다. p'은 실제 메모리 주소의 최상위 비트 MSB, Most-Significant Bit, d는 실제 메모리 주소의 최하위 비트 LSB, Least-Significant Bit를 나타낸다. 예를 들어, 32비트 시스템($n = 32$)이 4KB 페이지($m = 12$)를 사용한다고 하자. 각 페이지 프레임 번호는 20비트를 사용해 표현하며, 페이지 프레임 15번은 바이너리 00000000000000001111로 표현할 것이다. 이와 유사하게 변위 200은 12비트 바이너리 000011001000으로 표현한다. 메인 메모리에서 이 위치에 있는 32비트 주소는 두 바이너리를 단순히 연결해 표현한다. 즉, 00000000000000001111000011001000이다. 여기서 페이징이 바이너리 문자열을 연결하는 연산을 통해 실제 메모리 주소를 얻어내 블록 맵핑을 간단하게 해주는 것을 볼 수 있다. 반면에 가변 크기 블록에서는 시스템이 순서 쌍 $r = (b', d)$로부터 실제 메모리 주소를 얻어내려면 추가적인 연산을 수행해야 한다.

이제 동적 주소 변환에 관해 더 자세히 알아보자. 페이지화된 가상 메모리 시스템의 장점 중 하나는 프로세스에 속한 모든 페이지를 동시에 메인 메모리로 로드하지 않아도 된다는 점이다. 메인 메모리는 프로세스가 현재 참조하는 주소가 있는 페이지만 포함하면 된다. 따라서 이 방법을 사용하면 메인 메모리에 더 많은 프로세스를 담을 수 있다. 단점은 주소 변환 메커니즘이 더 복잡해진다는 점이다. 메인 메모리는 보통 프로세스의 모든 페이지를 포함하지 않기 때문에, 페이지 테이블은 대응하는 페이지가 현재 메인 메모리에 있는지 여부를 표시해야 한다. 메인 메모리에 있으면, 페이지 테이블은 페이지가 있는 페이지 프레임 번호를 표시한다. 그렇지 않으면 참조하는 페이지가 있는 2차 저장소의 위치를 나타내야 한다. 프로세스가 메인 메모리에 없는 페이지를 참조할 때 프로세서는 **페이지 폴트** page fault를 발생시키는데, 이는 운영체제를 호출해 해당 페이지를 2차 저장소에서 메인 메모리로 로드하게 한다.

[그림 10-11]은 선형적인 **페이지 테이블 엔트리** PTE, Page Table Entry를 보여준다. 메모리 레지던트 비트 resident bit r은 페이지가 메인 메모리에 없으면 0으로, 있으면 1로 설정된다. 페이지가 메인 메모리에 없을 때는 s가 2차 저장소의 주소를 나타내고, 있을 때는 p'이 프레임 번호를 나타낸다. 다음 몇 개 항목에서 페이지 맵핑 메커니즘을 구현한 몇 가지 예를 살펴볼 것이다.

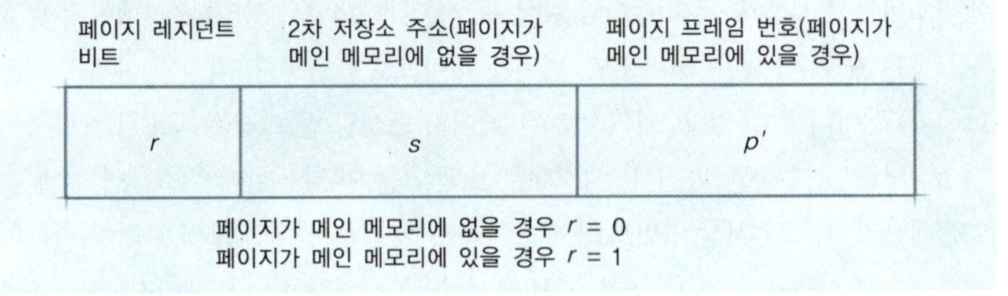

[그림 10-11] 페이지 테이블 엔트리

셀프 리뷰

1. 페이지 맵핑 메커니즘은 [그림 10-11]에서 보는 것처럼 s와 p'을 PTE의 구별된 셀에 저장해야 하는가?
2. 페이지와 페이지 프레임의 개념을 비교, 대조하라.

▶ **풀이** 1) 아니다. 많은 시스템에서 PTE가 소비하는 메모리 용량을 줄이려고 페이지 프레임 번호나 2차 저장소 주소 중 하나를 저장하는 한 셀만 포함한다. 레지던트 비트가 'on'이면, PTE는 페이지 프레임 번호만 저장하고, 2차 저장소 주소는 저장하지 않는다. 레지던트 비트가 'off'면 PTE는 페이지 프레임 번호가 아닌 2차 저장소 주소를 저장한다. 2) 페이지와 페이지 프레임은 크기 면에서 동일하다. 한편, 페이지는 프로세스의 가상 메모리 공간의 고정 크기 블록을, 페이지 프레임은 메인 메모리의 고정 크기 블록을 가리킨다. 가상 메모리 페이지는 프로세서가 해당 내용을 참조하기 전에 메인 메모리에 있는 페이지 프레임에 로드되어야 한다.

10.4.1 직접 맵핑을 사용한 페이징 주소 변환

여기서는 순수 페이징 시스템에서 가상 주소를 물리 주소로 변환하는 **직접 맵핑** direct-mapping 기술을 살펴볼 것이다. 직접 맵핑은 [그림 10-12]에서 보여주는 것처럼 진행된다.

프로세스는 가상 주소 $v = (p, d)$를 참조한다. 문맥 전환 시에는 운영체제가 프로세스의 페이지 테이블에 있는 메인 메모리 주소를 **페이지 테이블 시작점 레지스터** page table origin register에 로드한다. 시스템은 참조된 가상 주소에 대응하는 메인 메모리 주소를 얻으려고 먼저 프로세스의 페이지 테이블 기준 주소 b를 참조 페이지 번호 p에 더한다(즉, p는 페이지 테이블에 대한 인덱스 역할을 한다). 덧셈 $b + p$의 결과는 페이지 p에 해당하는 PTE의 메인 메모리 주소가 된다.* 이 PTE는 가상 페이지 p가 페이지 프레임 p'에 대응함을 보여준다. 이후 시스템은 p'을 변위 d와 연결해 실제 주소 r을 얻어낸다. 이는 직접 맵핑의 한 예다. 페이지 테이블이 이 프로세스의 가상 메모리 공간 V에 있는 모든 페이지에 대해 한 엔트리를 지니고 있기 때문이다. 프로세스가

* 간단하게 하기 위해 페이지 테이블의 각 엔트리 크기는 고정되어 있고, 메모리의 각 주소는 이 크기인 엔트리를 저장한다고 가정한다.

V에 있는 페이지 n개를 포함한다면, 이 프로세스에 직접 맵핑되는 페이지 테이블은 페이지 0, 페이지 1, 페이지 2, …, 페이지 $n-1$에 해당하는 엔트리를 지니고 있을 것이다. 직접 맵핑은 첨자를 통해 배열 위치에 접근하는 것과 아주 유사하다. 시스템은 테이블에 단 한 번 접근하는 것으로 테이블의 모든 엔트리를 직접 찾아낼 수 있다.

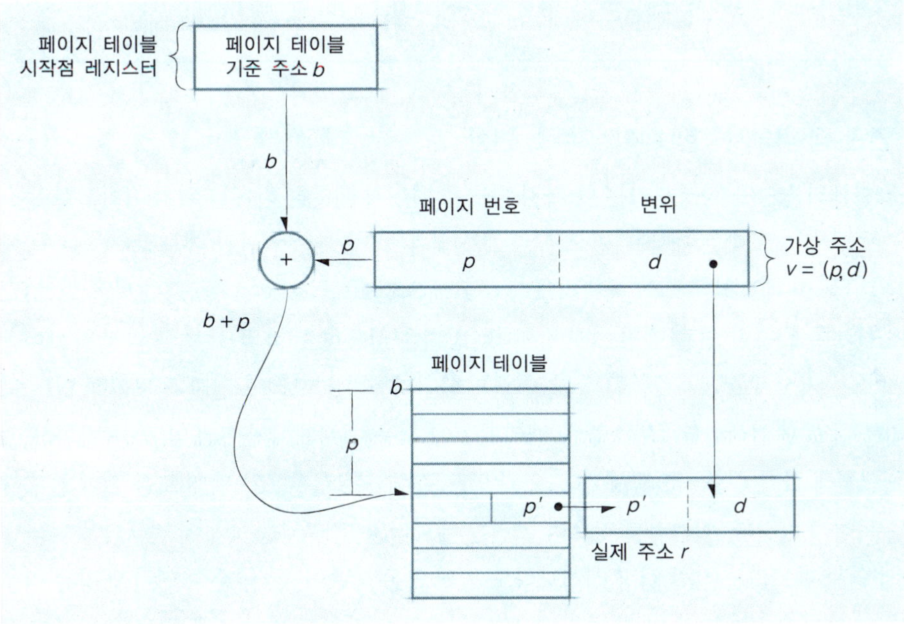

[그림 10-12] 직접 맵핑을 사용한 페이징 주소 변환

시스템은 변환되고 있는 가상 주소와 페이지 테이블의 기준 주소를 각 프로세서가 보유하는 고속 레지스터에 유지한다. 따라서 한 명령어 실행 사이클 안에서 빠른 연산을 수행할 수 있다. 그러나 시스템은 보통 직접 맵핑되는 페이지 테이블을(이들은 꽤 큰 용량을 차지할 수 있다) 메인 메모리에 유지한다. 따라서 페이지 테이블을 참조하는 데 메인 메모리 한 사이클을 모두 소비할 수도 있다. 메인 메모리 접근 시간은 보통 명령어 실행 사이클에서 가장 큰 부분을 차지하며, 페이지 맵핑을 위해 추가적인 메인 메모리 접근이 필요하므로 직접 페이지 주소 변환을 하면 컴퓨터에서 프로그램을 실행하는 속도가 절반 정도로 감소한다. 여러 주소 명령어를 지원하는 시스템에서는 반 이상으로 떨어질 수 있다. 변환 속도를 빠르게 하려고 고속 캐시 메모리를 사용해 직접 맵핑 페이지 테이블을 구현할 수도 있다. 그러나 캐시 메모리의 비용과 가상 주소 공간의 크기가 커질 수도 있기 때문에, 보통은 페이지 테이블 전체를 캐시 메모리에 유지하기 어렵다. 이 문제에 대한 해결책에 관해서는 '10.4.3 직접/연관 맵핑을 사용한 페이징 주소 변환'에서 살펴보자.

셀프 리뷰

1. 페이지 테이블 엔트리들의 크기가 고정되는 이유는 무엇인가?
2. 직접 맵핑으로 페이지 주소를 변환하려면 어떤 유형의 특수 목적 하드웨어가 필요한가?

▶ **풀이** 1) 가상 메모리의 핵심은 주소 변환이 빨리 일어나는 것이다. 페이지 테이블 엔트리의 크기가 고정되면 엔트리의 위치를 파악하는 계산이 간단해지므로 페이지 주소 변환을 빨리 수행할 수 있다. 2) 고속 프로세서 레지스터를 사용해 페이지 테이블의 기본 주소를 저장해야 한다.

10.4.2 연관 맵핑을 사용한 페이징 주소 변환

동적 주소 변환의 성능을 향상시키는 한 가지 방법은 페이지 테이블 전체를 위치 기반으로 주소를 찾기 location-addressed 보다는 내용 기반으로 주소를 찾는 content-addressed **연관 메모리** associative memory 에 놓는 것이다. 이 메모리는 메인 메모리보다 사이클 시간이 한 자릿수나 빠르다.[28, 29, 30, 31] [그림 10-13]에서는 순수한 **연관 맵핑** associative mapping 방법을 사용한 동적 주소 변환 과정을 보여준다. 프로세스는 가상 주소 $v = (p, d)$를 참조한다. 페이지 p를 찾으려고 연관 메모리에 있는 모든 엔트리를 동시에 검색한다. 검색 결과 페이지 p에 상응하는 페이지 프레임 p'을 반환하고, p'을 d와 연결해 실제 주소 r을 생성한다. 연관 맵으로 향하는 화살표가 맵의 모든 셀에 들어가는 것을 주목하기 바란다. 이는 p를 찾으려고 연관 메모리의 모든 셀을 동시에 검색함을 나타낸다. 따라서 연관 메모리는 직접 맵핑 캐시보다도 훨씬 많은 비용이 든다. 순수 연관 맵핑은 비용이 많이 들기 때문에 사용하기 어렵다. 다만, 경제적으로 충분한 지원이 있을 경우를 고려해 잠시 살펴본 것이다.

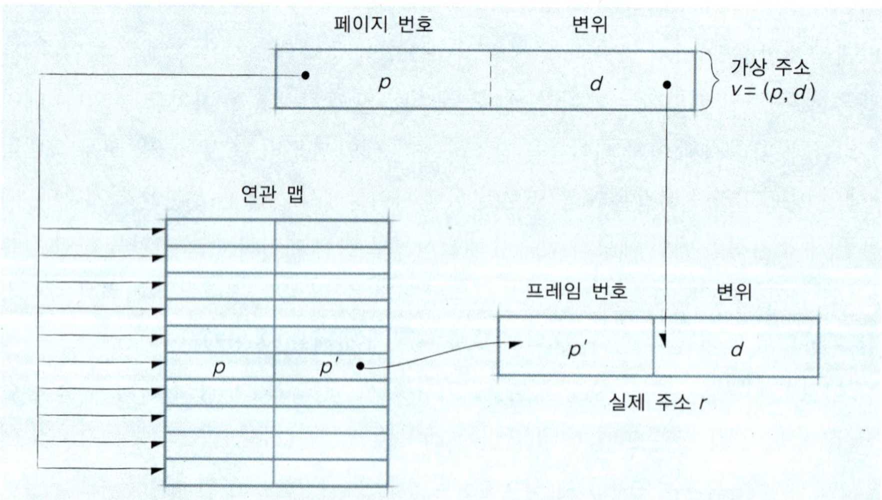

[그림 10-13] 순수 연관 맵핑을 사용한 페이징 주소 변환

대다수 시스템에서 순수 직접 맵핑이나 연관 메모리를 구현하는 데 캐시 메모리를 사용하면 너무 많은 비용이 든다. 따라서 많은 설계자가 더 합리적인 비용으로 캐시나 연관 메모리의 장점을 활용할 수 있는 절충안을 선택한다. 다음 항목에서 이 방법들을 살펴본다.

셀프 리뷰

1. 순수 연관 맵핑을 사용한 페이지 주소 변환을 사용하지 않는 이유는 무엇인가?
2. 순수 연관 맵핑을 사용한 페이지 주소 변환에 특수 목적 하드웨어가 필요한가?

▶ **풀이** 1) 연관 메모리는 고가의 직접 맵핑 캐시 메모리보다도 훨씬 비싸다. 따라서 시스템에 모든 프로세스의 PTE를 저장할 만큼 충분한 연관 메모리를 갖추는 것은 실제로 아주 어려운 일이다. 2) 이 기술에는 연관 메모리가 필요하다. 그러나 페이지 테이블의 시작 위치를 저장하기 위한 페이지 테이블 시작점 레지스터는 필요 없다. 연관 메모리는 위치 기반이 아닌 내용 기반으로 주소를 찾기 때문이다.

10.4.3 직접/연관 맵핑을 사용한 페이징 주소 변환

지금까지 가상 메모리를 효율적으로 구현하기 위한 적절한 컴퓨터 하드웨어를 많이 언급했다. 그런데 하드웨어를 물리적인 관점보다는 논리적인 관점으로 봤다. 이 책에서는 장치의 정확한 구조보다는 각 장치의 기능적인 구성과 상대적인 속도에 관심을 둔다. 운영체제 설계자들은 이러한 관점으로 하드웨어를 바라봐야 한다. 특히 하드웨어 설계가 발전해감에 따라 이런 시각이 더욱 필요하다.

역사적으로 하드웨어는 소프트웨어 발전 속도보다 훨씬 급격한 속도로 발전을 거듭했다. 설계자들은 특정한 하드웨어 기술에 의존하기를 꺼린다. 조만간 더 나은 기능을 갖춘 하드웨어가 나올 것이라고 예상하기 때문이다. 그러나 운영체제 설계자들은 현재 하드웨어의 능력과 경제성을 이용할 수 있어야 한다. 고속 캐시와 연관 메모리는 가상 주소 공간 전체에 해당하는 주소 맵핑 데이터를 보유하기에는 너무 비싸다. 따라서 다른 방식의 페이지 맵핑 메커니즘이 생겼다.

절충안은 **변환 참조 버퍼** TLB, Translation Lookaside Buffer라는 연관 메모리를 사용하는 것이다. TLB는 프로세스의 전체 페이지 테이블 중 일부만 수용할 수 있는 메모리다([그림 10-14]). 아키텍처에 따라 TLB의 내용은 운영체제나 하드웨어로 제어할 수 있다.[32] 이 장에서는 하드웨어로 TLB를 관리한다고 가정한다. 이 맵에 유지하는 페이지 테이블 엔트리들은 대체로 가장 최근 참조한 페이지들과 대응한다. 이는 최근 참조한 페이지는 가까운 미래에 다시 참조할 가능성이 크다는 경험론에 근거한다. 이는 **지역성** locality(더 구체적으로 말하면 시간적 지역성)의 한 예다. 지역성에 관해서는 '11장. 가상 메모리 관리'에서 자세히 다룬다('운영체제적 생각: 경험적 결과 – 지역성 기반 경험적 방법' 참고). TLB는 오늘날 MMU의 통합적인 부분이다.

이런 구조에서 동적 주소 변환의 과정은 다음과 같다. 프로세스가 가상 주소 $v = (p, d)$를 참조한다. 페이지 맵핑 메커니즘은 먼저 TLB에서 페이지 p를 찾는다. TLB에 p가 있으면 검색 결과 가상 페이지 p에 대응하는 프레임 번호 p'을 반환한다. 그리고 p'을 변위 d와 연결해 실제 주소 r을 얻어낸다. 시스템이 TLB에서 p에 대한 맵핑을 찾으면, **TLB 적중**TLB hit을 했다고 한다. TLB는 엔트리를 고속 연관 메모리에 저장하기 때문에, 적중하면 주소 변환을 빠르게 수행한다. 물론 문제는 연관 맵의 비용이 너무 높아서 가상 주소 공간의 아주 작은 부분만을 유지할 수 있다는 점이다. 따라서 경제적 여건에 맞추면서도 참조의 TLB 적중률을 높일 수 있게 충분한 엔트리를 포함하는 연관 메모리 크기를 고르는 것이 중요하다.

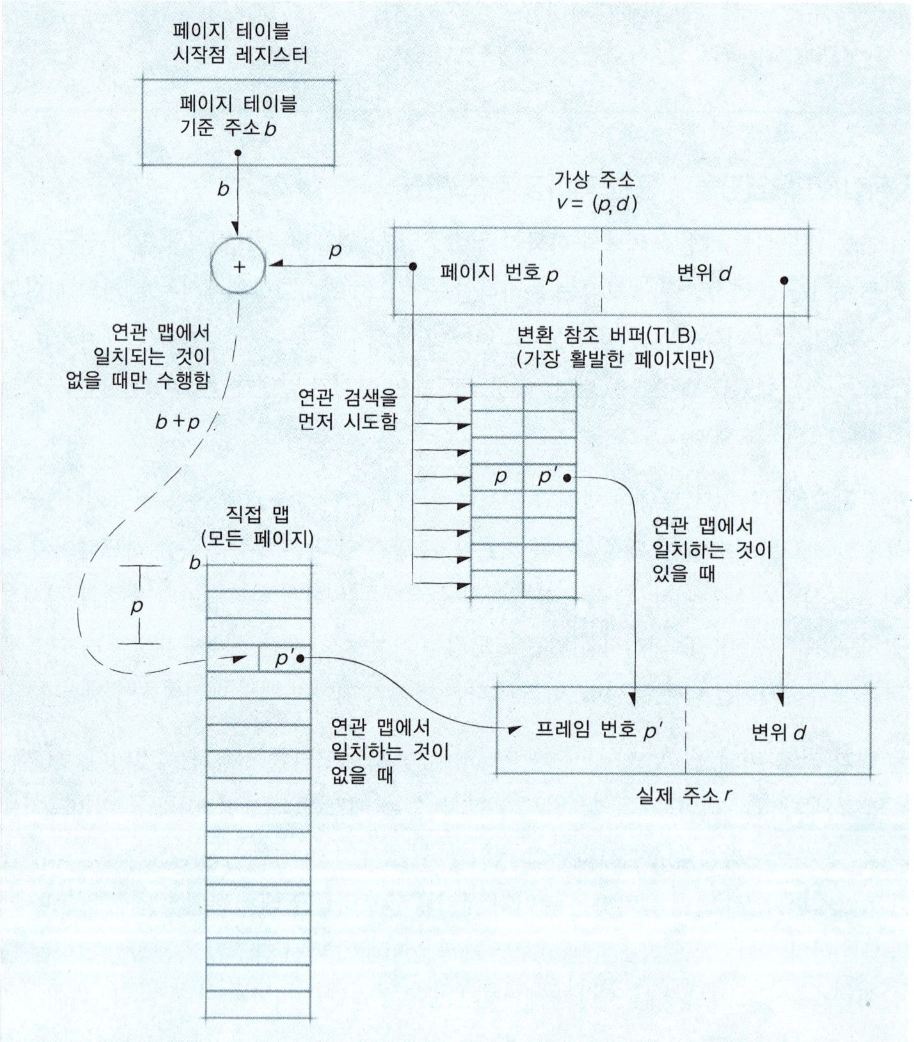

[그림 10-14] 연관/직접 조합 맵핑 페이징 주소 변환

TLB가 p에 해당하는 엔트리를 포함하지 않으면, 시스템이 **TLB 실패** TLB miss를 했다고 한다. 이때 시스템은 전통적인 직접 맵을 사용해 페이지 테이블 엔트리를 찾는다. 전통적인 직접 맵은 속도가 좀더 느린 메인 메모리에 있기 때문에 실행 시간이 늘어난다.

페이지 테이블 시작점 레지스터 b에 있는 주소를 페이지 번호 p에 더해, 메인 메모리에 있는 직접 맵 direct-mapped 페이지 테이블의 페이지 p에 해당하는 엔트리 위치를 알아낼 것이다. 이 엔트리는 가상 페이지 p에 대응하는 페이지 프레임 p'을 포함한다. p'을 변위 d와 연결해 실제 주소 r을 얻어낸다. 그런 다음 시스템은 해당 PTE를 TLB에 두어 가까운 미래에 페이지 p를 참조할 때 빨리 변환할 수 있게 한다. 만약 TLB가 가득 차 있다면 시스템은 한 엔트리(보통 최근에 가장 적게 참조한 엔트리)를 교체해 현재 페이지에 해당하는 엔트리를 넣을 자리를 만든다.

지역성을 고려할 때, TLB에 있는 엔트리 수가 많아야 좋은 성능을 내는 것은 아니다. 실제 이 기술을 사용하는 시스템은 64개 혹은 128개 TLB 엔트리(4KB 페이지 크기를 가정할 때, 256~512KB 가상 메모리 공간을 커버한다)만으로도 전체 연관 맵을 가질 때의 90% 이상인 성능을 낼 수 있다. TLB 실패 시에는 프로세서가 페이지 프레임 번호를 얻으려고 메인 메모리에 접근해야 한다는 점을 주목하기 바란다. 하드웨어와 메모리 관리 전략에 따라 이러한 실패의 경우 수십, 수백 프로세서 사이클을 소비할 수도 있다. 메인 메모리는 프로세서보다 훨씬 느리게 동작하기 때문이다.[33, 34, 35]

연관/직접 조합 맵핑 메커니즘 사용은 비용 문제와 현재 하드웨어 기술의 능력을 고려한 공학적 선택이다. 따라서 운영체제를 학습하는 학생들과 개발자들은 관련 신기술을 숙지해야

운영체제적 생각

경험적 결과 – 지역성 기반 경험적 방법

컴퓨터 과학의 몇몇 분야는 상당 부분을 수학적인 프레임워크에 기초해 이론을 정립해왔다. 운영체제에는 이러한 이론적 방법론을 적용하는 측면이 있다. 그러나 대부분의 운영체제 설계는 경험적 방법, 즉 관찰 결과에 기반을 둔다. 또한 1950년대 최초로 운영체제를 개발한 설계자들과 구현한 사람들의 경험적 방법을 근거로 한다. 예를 들어, 이 책에서는 경험적으로 관찰할 수 있는 현상인 공간적 지역성 spatial locality과 시간적 지역성 temporal locality에 관해 논의했다. 독자가 사는 곳의 날씨가 맑다면, 장담할 수는 없지만 인근 지역도 맑을 확률이 높다. 또한 사는 곳이 지금 맑다면, 역시 장담할 수는 없지만 방금 전에도 맑았을 것이고, 가까운 미래에도 맑을 확률이 높다. 우리는 컴퓨터 시스템에서 지역성에 대한 예를 많이 볼 것이다. 또한 가상 메모리 관리와 같이 운영체제의 다양한 영역에서 지역성에 기반을 둔 경험적 방법을 사용하는 예를 보게 될 것이다. 운영체제에서 가장 잘 알려진 지역성 기반 경험적 방법은 '11장. 가상 메모리 관리'에서 논의하는 피터 데닝의 '프로그램 작업 집합 이론'일 것이다.

한다. 추천 도서와 PDF로 제공하는 '웹 자료'에서 이러한 기술을 다루는 자료와 문서를 참조할 수 있다.

셀프 리뷰

1. (참/거짓) 좋은 성능을 얻으려면 프로세스의 PTE 대부분을 TLB에 저장해야 한다.
2. 페이지를 2차 저장소로 옮길 때 시스템이 TLB에 있는 PTE를 무효화하는 이유는 무엇인가?

▶ **풀이** 1) 거짓. 프로세스의 PTE 중 작은 부분만 TLB에 저장해도 프로세스들은 흔히 90% 이상 성능을 낸다. 2) 시스템이 PTE를 무효화하지 않으면 메모리에 없는 페이지를 참조할 때 TLB가 유효하지 않은 데이터나 명령어(즉, 다른 프로세스에 속한 페이지)를 담은 페이지 프레임을 반환할 것이다.

10.4.4 다수준 페이지 테이블

직접 맵핑을 사용하는 주소 변환의 한계점 하나는 페이지 테이블의 모든 PTE가 맵 안에 있어야 하고, 페이지 번호 순서대로 순차적이고 연속적으로 저장되어야 한다는 점이다. 게다가 이 테이블들은 메모리를 상당량 소비할 수 있다. 예를 들어, 4KB 페이지를 사용하는 32비트 가상 주소 공간을 생각해보자. 이 시스템에서는 페이지 크기가 2^{12}바이트고, 2^{32-12} 또는 2^{20}개의 페이지 번호를 갖는다. 따라서 각 가상 주소 공간은 한 페이지에 하나씩, 약 백만 개 엔트리를 요구한다. 전체 주소는 약 40억 바이트가 된다. 4MB 페이지를 사용하는 64비트 가상 주소 공간은 약 4조 개 엔트리를 요구한다. 메모리 용량이 커도, 이렇게 큰 페이지 테이블을 메모리에 보유하면 프로그램들이 실제 사용할 수 있는 메모리가 너무 적어진다. 또한 프로세스들은 임의의 시간에 이 주소 중 일부분에만 접근하기 때문에 아무 의미가 없는 일이다.

다수준(계층적) 페이지 테이블 multilevel(hierarchical) page table은 시스템에서 프로세스가 페이지 테이블 중 현재 활발하게 사용하는 부분을 불연속적인 메인 메모리 위치에 저장할 수 있게 해준다. 나머지 부분은 처음 사용할 때 만들고, 활발하게 사용되지 않으면 다시 2차 저장소로 옮길 수 있다. 다수준 페이지 테이블은 계층을 만들어 구현하며, 각 수준은 하위 수준 테이블을 가리키는 포인터를 저장한다. 최하위 수준은 페이지-페이지 프레임 page-to-page-frame 맵핑을 담고 있는 테이블로 구성된다.

예를 들어, 두 수준의 페이지 테이블을 사용하는 시스템을 생각해보자([그림 10-15]). 가상 주소는 순서 있는 세 쌍 ordered triplet $v = (p, t, d)$로 표현한다. 여기서 순서 쌍 (p, t)는 페이지 번호, d는 해당 페이지에서의 변위다. 시스템은 먼저 p 값을 메인 메모리에 있는 페이지 디렉토리의 시작 주소 a에 더한다. 이 주소는 페이지 디렉토리 시작점 레지스터에 저장되어 있다. $a + p$의 위치에 있는 엔트리에는 대응하는 페이지 테이블 b의 주소가 있다. 시스템은 t를 b에 더해 페이지 프레임 번호 p'을 저장하고 있는 페이지 테이블 엔트리의 위치를 찾아낸다. 마지막으로 시스템은 p'과 변위 d를 연결해 실제 주소를 형성한다.

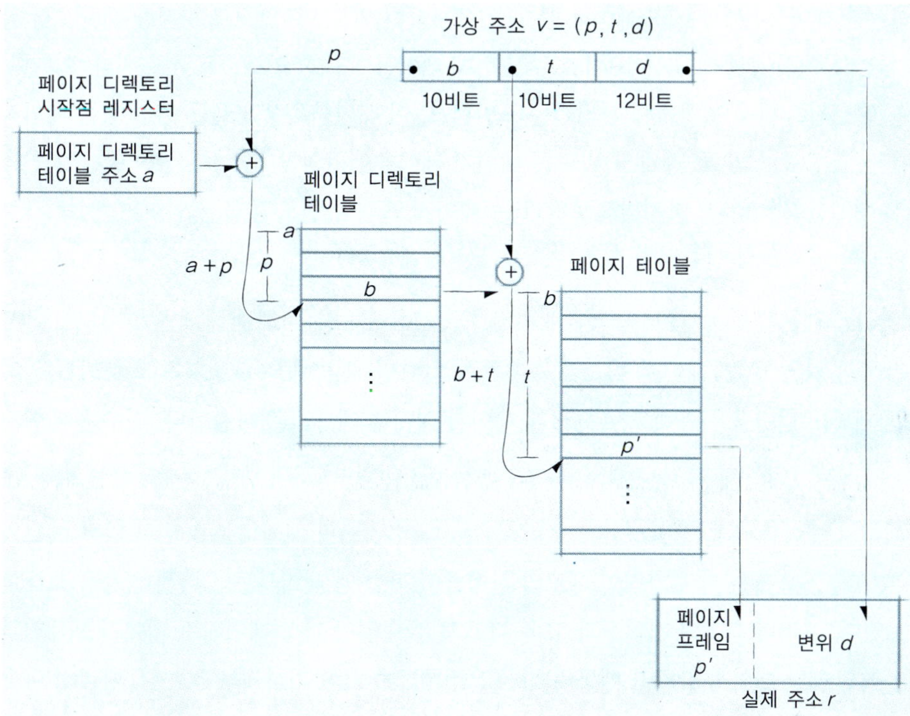

[그림 10-15] 다수준 페이지 주소 변환

대부분의 시스템에서 계층에 있는 각 테이블은 한 페이지 크기며, 이 덕분에 운영체제는 메인 메모리와 2차 저장소 사이에서 페이지 테이블을 쉽게 이동할 수 있다. 4KB 페이지를 사용하는 32비트 가상 주소 공간을 제공하는 시스템에서(마찬가지로 20비트 페이지 번호가 필요하다) 두 수준 페이지 테이블이 직접 맵핑보다 메모리 소비를 줄이는 방법을 살펴보자. 각 페이지 테이블은 각 프로세스를 위해 2^{20}, 즉 1,048,576개 엔트리를 포함한다. 전형적인 시스템이 프로세스를 수백 개까지는 아니어도 수십 개 포함하고, 고성능 시스템은 프로세스를 수천 개 포함한다고 할 때, 이는 엄청난 메모리 오버헤드를 가져올 수 있다. 각 페이지 테이블 엔트리가 32비트였다면, 각 프로세스의 가상 주소 공간을 위해 연속적인 메모리 4MB를 소비할 것이다. 공간이 드문드문 사용된다면, 즉 소수의 페이지 테이블 엔트리만 사용되고 있다면 대다수 페이지 테이블은 사용되지 않은 채로 남아 상당한 메모리 낭비를 야기할 것이다. 이러한 메모리 낭비를 **테이블 단편화** table fragmentation 라고 한다.

두 수준 페이지 테이블을 사용하는 시스템에서 테이블 단편화가 어떻게 감소하는지 살펴보자. 32비트인 각 가상 주소는 페이지 디렉토리 p의 10비트 오프셋(변위)과 페이지 테이블 t의 10비트 오프셋 그리고 페이지에서의 12비트 변위로 나뉜다. 이 경우 페이지 디렉토리에는 2^{10}개 테이블을 가리키는 포인터가 있다(페이지 디렉토리 p에서의 10비트 오프셋으로 명시한 각 번호당 한 엔트리). 각 테이블은 2^{10} PTE(페이지 테이블 t에서의 10비트 오프셋으로 명시한 각 번호당 한 엔트리)가 있다. 가상 주소의 처음 10비트는 첫 번째 테이블에 대한 인덱스로 사용된다. 이 인덱스에 있는 엔트리는 다음 테이블을 가리키는 포인터고, 이 테이블은 PTE들을 담고 있는 페이지 테이블이다. 가상 주소의 두 번째 10비트는 페이지 테이블에서의 인덱스로 사용되며, 이 인덱스는 PTE 위치를 가리킨다. 마지막으로 PTE는 페이지 프레임 번호 p'을 포함하며, 이는 가상 주소의 마지막 12비트와 연결되어 실제 주소를 결정하게 한다.

직접 맵 페이지 테이블은 엔트리를 백만 개 이상 유지해야 하는 반면에 프로세스가 자신의 가상 주소 공간에서 처음 1,024페이지 이상을 사용하지 않으면, 시스템은 페이지 디렉토리를 위해 1,024(2^{10})개 엔트리만을 사용하고, 1,024개 페이지 테이블 엔트리를 사용한다. 다수준 페이지 테이블은 시스템이 테이블 단편화 현상을 99%까지 감소시킬 수 있게 해준다.

다수준 페이지 테이블 때문에 발생하는 오버헤드는 페이지 맵핑 메커니즘을 위한 다른 메모리 접근의 추가다. 처음에는 이 추가적인 메모리 사이클이 직접 맵 테이블보다 나쁜 성능을 초래할 것처럼 보였다. 그러나 참조의 지역성과 고속 TLB 덕분에 일단 가상 페이지가 페이지 프레임과 일치하면 이후 해당 페이지 참조가 메모리 접근 오버헤드를 더 야기하지는 않는다. 따라서 다수준 페이지 테이블을 사용하는 시스템이 좋은 성능을 내려면 TLB 실패 비율이 아주 낮아야 한다.

다수준 페이지 테이블은 페이지화된 가상 메모리 시스템에서 보편적인 메커니즘이 되었다. 예를 들어, IA-32 아키텍처도 두 수준 페이지 테이블을 지원한다('10.7 사례 연구: IA-32 인텔 아키텍처 가상 메모리' 참고).[36]

셀프 리뷰

1. 직접 맵 페이징 시스템 대신 다수준 페이징 시스템을 사용할 때 장단점을 기술하라.
2. 어떤 설계자가 페이지 크기를 늘리는 방법으로 직접 맵 페이지 테이블의 메모리 오버헤드를 줄이자고 제안한다고 할 때, 이 방법이 어떤 결과를 야기할지 평가하라.

▶ **풀이** 1) 다수준 페이징 시스템은 맵핑 정보를 유지할 때 직접 맵 페이징 시스템에 비해 훨씬 적은 메인 메모리 공간을 차지한다. 그러나 다수준 페이징 시스템은 프로세스가 맵핑 정보가 TLB에 있지 않은 페이지를 참조할 때마다 추가적인 메모리 접근이 필요하다. 이 경우 더 느리게 실행될 가능성이 있다. 2) 가상 주소의 크기가 고정되어 있다고 가정할 때, 큰 페이지를 사용하는 직접 맵핑을 사용한 주소 변환 시에 시스템이 각 프

▶▶

로세스를 위해 저장해야 하는 엔트리의 수가 감소한다. 이러한 해결책은 또한 다수준 페이지 테이블과 비교해 메모리 접근 오버헤드를 줄여준다. 그러나 페이지 크기가 증가함에 따라 내부 단편화 가능성도 커진다. 내부 단편화에 기인한 메모리 낭비 규모가 작은 페이지들을 위한 엔트리 저장 때문에 발생하는 테이블 단편화보다 커질 수도 있다.

10.4.5 역 페이지 테이블

앞에서 논의한 것처럼 다수준 페이지 테이블은 직접 맵 페이지 테이블과 비교해 각 프로세스를 위해 메인 메모리에 한 번에 유지해야 하는 페이지 테이블 엔트리 수를 줄여준다. 여기서 프로세스는 자신의 가상 주소 공간에서 작은 연속 영역만을 사용한다고 가정한다. 이는 사용되는 영역을 위한 페이지 테이블만 저장해 메모리 오버헤드를 줄일 수 있음을 의미한다. 그러나 많은 데이터를 수정하는 과학 실험이나 상업 환경의 프로세스들은 자신의 32비트 가상 주소 공간의 상당량을 사용할 수 있다. 이 경우 다수준 페이지 테이블이 반드시 테이블 단편화를 줄여주는 것은 아니다. 여러 수준의 페이지 테이블을 가지고 있는 64비트 시스템에서는 맵핑 정보에 소비하는 메모리의 양이 상당히 커질 수 있다.

역 페이지 테이블 inverted page table은 시스템에 있는 각 페이지 프레임당 정확히 한 PTE를 저장해 이 문제를 해결한다. 결과적으로 메인 메모리에 저장해야 하는 PTE 수는 가상 주소 공간이 아닌 물리 메모리의 크기에 비례한다. PTE를 가상 페이지 번호가 아닌 페이지 프레임 번호로 인덱스하므로, 전통적인 페이지 테이블과 비교해 역 inverted이다. 역 페이지 테이블은 상주하지 않는 페이지들의 2차 저장소 위치를 저장하지 않는다는 점을 주목하기 바란다. 이 정보는 운영체제에서 관리해야 하며, 테이블에 있을 필요는 없다. 예를 들어, 운영체제는 2진 트리를 사용해 상주하지 않는 페이지들의 위치를 저장해 빨리 검색할 수 있게 할 수 있다.

역 페이지 테이블은 가상 페이지를 PTE에 맵핑하는 데 해시 함수를 사용한다.[37, 38] **해시 함수** hash function는 제한된 범위 안에서 한 숫자를 입력으로 취해 **해시 값** hash value이라는 숫자를 출력으로 내는 수학적 함수다. **해시 테이블** hash table은 항목의 해시 값에 대응하는 셀에 각 항목을 저장한다. 해시 함수의 도메인(예를 들면, 프로세스의 가상 페이지 수)은 일반적으로 그 범위(예를 들면, 페이지 프레임 수)보다 크므로, 여러 입력 값이 동일한 해시 값을 내놓을 수 있다. 이러한 현상을 **충돌** collision이라고 한다. 역 페이지 테이블은 충돌 시에 해시 테이블의 동일한 셀에 들어가는 항목들이 다른 값을 덮어쓰는 일을 방지하려고 **체이닝** chaining 메커니즘의 변형을 구현해 다음과 같이 충돌 문제를 해결할 수 있다. 해시 값이 한 항목을 이미 값이 있는 위치로 맵핑할 때, 해당 해시 값에 새로운 함수를 적용한다. 결과 값은 해당 테이블에서 입력 값이 놓인 곳의 '위치'로 사용된다. 해당 항목을 참조할 때 찾을 수 있게 보장하려고 항목의 원래 해시 값에 대응하는 셀의 엔트리에 이 위치를 가리키는 포인터를 추가한다. 이 과정은 충돌이 발생할 때마다 반복된다. 역 페이지 테이블은 일반적으로 연결 리스트 linked list를 사용해 항목들의 체인을 형성한다.

역 페이지 테이블을 구현하는 페이징 시스템에서는 각 가상 주소를 순서 쌍 $v = (p, d)$로 표현한다. 가상 페이지 p에 대응하는 해시 테이블 엔트리를 빨리 찾기 위해 시스템은 p에 해시 함수를 적용해 q 값을 얻어낸다([그림 10-16]). 역 페이지 테이블의 q번째 셀이 p를 담고 있으면 요청된 가상 주소는 페이지 프레임 q에 있다. 만일 역 페이지 테이블의 q번째 셀에 있는 페이지 번호가 p와 같지 않으면 시스템은 해당 셀의 체이닝 포인터들을 검사한다. 포인터가 널 null이면 해당 페이지가 메모리에 없으므로, 프로세서는 페이지 폴트를 발생시킨다. 그러면 운영체제는 2차 저장소에서 해당 페이지를 가져온다. 그렇지 않으면 역 페이지 테이블의 해당 인덱스에 충돌이 있는 것이므로, 페이지 테이블 엔트리는 체인의 다음 엔트리를 가리키는 포인터를 저장한다. 시스템은 p를 포함한 엔트리를 찾을 때까지 포인터들을 따라간다. 찾지 못한 채 체인 끝에 도달하면, 프로세서는 페이지 폴트를 발생시켜 해당 페이지가 없음을 나타낸다. 그러면 운영체제가 2차 저장소에서 페이지를 가져온다. [그림 10-16]에서 시스템은 한 체이닝 포인터를 따라가 p' 셀에서 p에 대응하는 엔트리를 발견했다. 따라서 p는 페이지 프레임 p'에 있다.

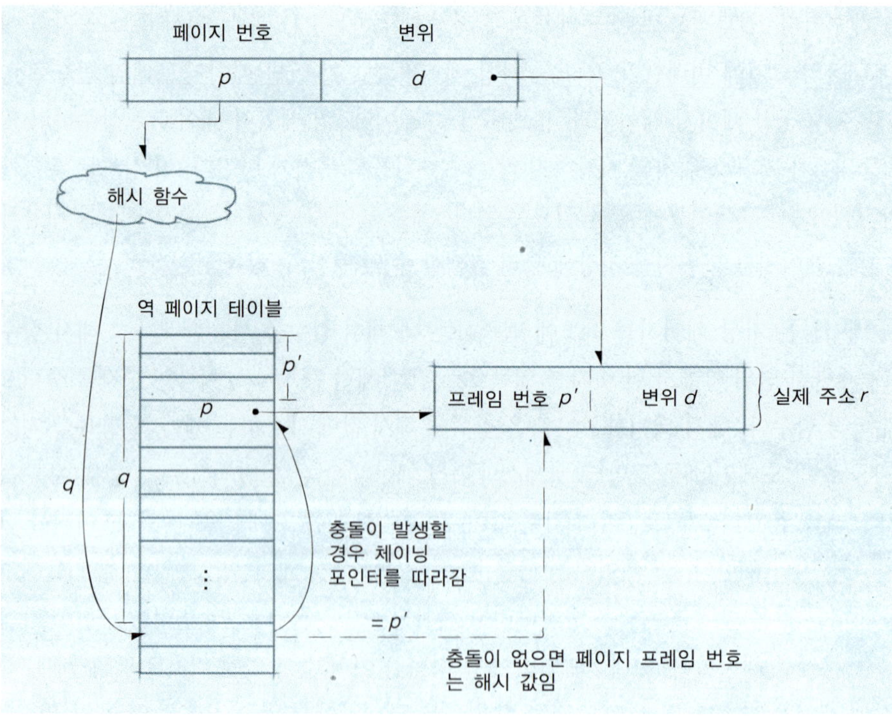

[그림 10-16] 역 페이지 테이블을 사용한 페이지 주소 변환

해시 함수를 신중하게 고르는 일도 해시 테이블의 충돌 횟수를 줄이는 방법이지만, 추가적인 체인 포인터도 시스템의 메인 메모리 접근을 요구하므로 주소 변환 시간이 상당히 증가할 수 있다. 시스템은 성능 향상을 위해 해시 함수에서 만드는 해시 값의 범위를 늘려 충돌 횟수를 줄이려고 시도할 수도 있다. 역 페이지 테이블의 크기가 고정되어 페이지 프레임에 대한 직접 맵핑을 제공해야 하므로, 대부분의 시스템은 **해시 앵커 테이블** hash anchor table을 사용해 해시 함수의 범위를 늘린다. 해시 앵커 테이블은 일종의 해시 테이블로, 역 페이지 테이블에 있는 엔트리들을 가리키는 포인터를 포함한다([그림 10-17]). 해시 앵커 테이블은 역 페이지 테이블을 사용하는 가상-물리 주소 변환을 위해 추가적인 메모리 접근이 필요하고 테이블 단편화를 증가시킨다. 만약 해시 앵커 테이블이 충분히 크지만 역 페이지 테이블의 충돌 횟수가 크게 감소할 수 있다면, 주소 변환의 속도가 빨라질 수 있다. 해시 앵커 테이블의 크기를 신중히 선택해 주소 변환 성능과 메모리 오버헤드의 균형을 맞춰야 한다.[39, 40]

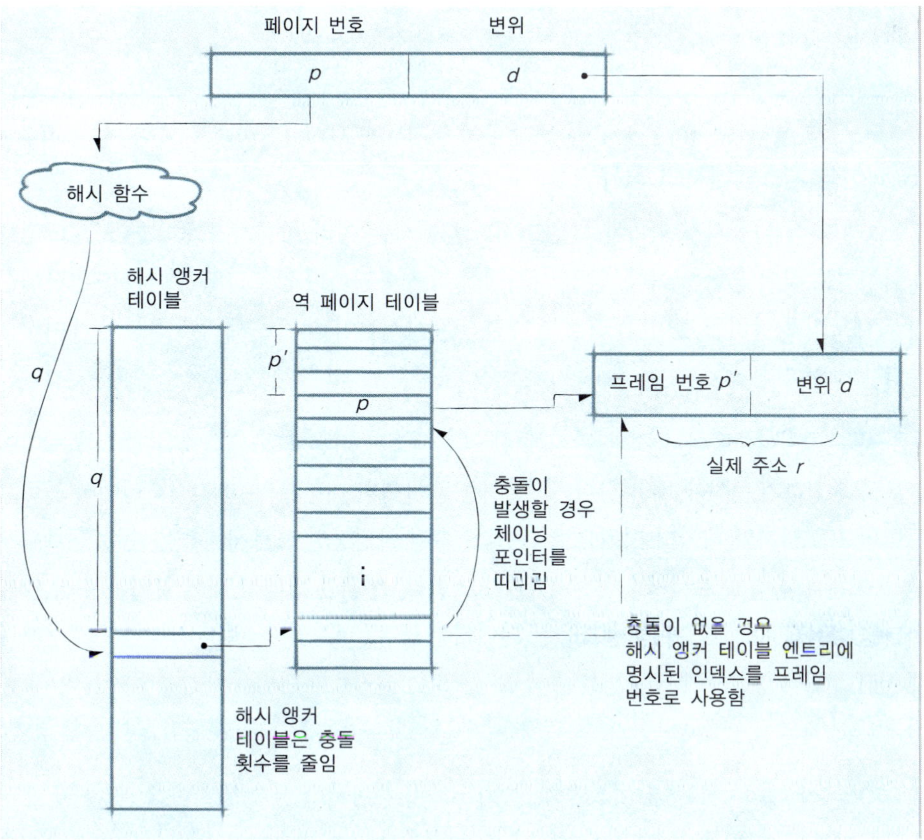

[그림 10-17] 해시 앵커 테이블을 사용한 역 페이지 테이블

역 페이지 테이블은 인텔 IA-64와 HP PA-RISC 아키텍처와 같은 고성능 아키텍처에서 많이 찾아볼 수 있다. 또한 애플 컴퓨터 소비자 라인에서 찾아볼 수 있는 PowerPC 아키텍처에서도 구현되었다.

셀프 리뷰

1. 해시 앵커 테이블이 없는 역 페이지 테이블과 직접 맵핑 페이지 테이블을 메모리 효율과 주소 변환 효율 측면에서 비교, 대조하라.
2. PTE가 직접 맵핑 페이지 테이블보다 역 페이지 테이블에서 더 큰 이유는 무엇인가?

▶ **풀이** 1) 역 페이지 테이블은 직접 맵핑 페이지 테이블에 비해 메모리 오버헤드가 적다. 직접 맵핑 페이지 테이블은 각 가상 페이지당 PTE 하나를 포함하는 데 비해 역 페이지 테이블은 각 물리 페이지 프레임에 대해 PTE 하나를 포함하기 때문이다. 그러나 역 페이지 테이블을 사용한 주소 변환이 훨씬 느릴 수도 있다. 왜냐하면 시스템이 충돌 체인을 따라가려고 메모리에 여러 번 접근할 수도 있기 때문이다. 2) 역 페이지 테이블에서 PTE는 가상 페이지 번호와 충돌 체인에서 다음 PTE를 가리키는 포인터를 함께 저장해야 한다. 직접 맵핑 페이지 테이블의 PTE는 페이지 프레임 번호와 레지던트 비트만 저장하면 된다.

10.4.6 페이징 시스템에서의 공유

멀티프로그래밍 컴퓨터 시스템(특히 시분할 시스템)에서는 여러 사용자가 동일한 프로그램을 동시에 실행하는 것이 흔한 일이다. 만일 시스템이 각 사용자마다 프로그램의 사본을 할당해준다면 많은 메모리가 낭비될 것이다. 확실한 해결책은 시스템이 각 프로세스에 공통인 페이지들을 공유하는 방법이다.

시스템은 공유 메커니즘을 신중하게 관리해 한 프로세스가 다른 프로세스에서 참조하는 데이터를 함부로 수정하지 못하게 해야 한다. 공유 기능을 구현한 대부분의 현대 시스템에서 프로그램은 구별된 프로시저와 데이터 영역으로 나뉜다. 수정 불가능한 프로시저들을 순수 프로시저pure procedure 또는 재진입 프로시저reentrant procedure라고 한다. 신중한 병행성 제어 없이는 수정 가능한 데이터를 공유할 수 없다. 수정 불가능한 데이터는 공유할 수 있다. 수정 가능한 프로시저는 (누군가 어떤 형태의 병행성 제어 방법을 통해 상상으로는 그럴듯한 방법을 생각해낼지 몰라도) 공유할 수 없다.

이 모든 논의는 각 페이지를 공유 가능한지, 불가능한지 구별해야 함을 지적한다. 일단 각 프로세스의 페이지들에 대해 이 점을 구분하면, 순수 페이징 시스템에서의 공유는 [그림 10-18]과 같이 구현할 수 있다. 만일 다른 프로세스들의 페이지 테이블 엔트리들이 동일한 페이지 프레임을 가리키면, 해당 페이지 프레임은 각 프로세스에 공유된다. 공유는 한 그룹의 프로세스들이 효율적으로 실행하는 데 필요한 메모리의 양을 줄여주고, 시스템의 멀티프로그래밍 정도를 높일 수 있게 해준다.

유닉스의 fork 시스템 호출은 페이지 공유를 통해 메모리 소비를 큰 폭으로 낮출 수 있는 한 예를 보여준다. 프로세스가 분기할 때 부모 프로세스와 자식 프로세스의 데이터와 명령어들은 처음에는 동일하다. 운영체제는 자식 프로세스에 동일한 데이터의 사본을 메모리에 할당하는 대신, 단순히 자식 프로세스가 부모의 가상 주소 공간을 공유하게 해 각 프로세스가 자신만의 독립적인 가상 주소 공간을 지닌 것처럼 보이게 한다. 이러한 방법은 자식 프로세스를 초기화하는 데 걸리는 시간을 줄여주므로, 성능을 향상시키고 프로세스 간 메모리 소비를 줄여준다('운영체제적 생각: 게으른 할당' 참고). 그러나 부모와 자식은 공유하고 있음을 모르기 때문에 운영체제는 두 프로세스가 페이지들을 수정할 때 서로를 간섭하지 않게 보장해야 한다.

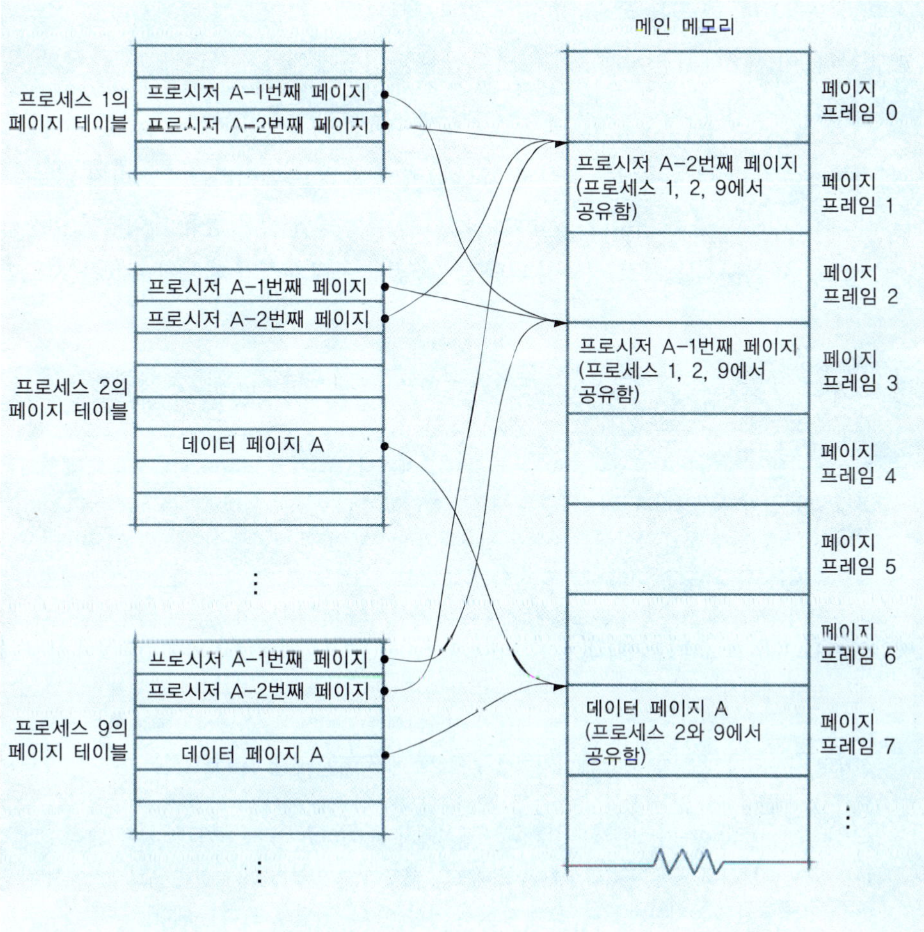

[그림 10-18] 순수 페이징 시스템에서의 공유

많은 운영체제에서 이 문제를 해결하려고 **쓰기 시 복사** copy-on-write라는 기술을 사용한다. 앞에서 설명한 것처럼 처음에는 시스템에서 프로세스 $P_1 \sim P_n$을 위한 공유 페이지의 사본 하나를 메모리에 유지한다. P_1이 공유하는 메모리의 페이지를 수정하려고 시도하면, 운영체제는 해당 페이지의 사본을 생성해 수정 사항을 적용하고, 이 복사본을 P_1의 가상 주소 공간에 할당한다. 수정되지 않은 페이지 사본은 해당 페이지를 공유하는 나머지 프로세스들의 주소 공간에 맵핑된 채로 유지된다. 이런 방식으로 한 프로세스가 공유 페이지를 수정할 때 다른 프로세스들이 영향받지 않게 한다.

많은 아키텍처에서 각 PTE에 **읽기/쓰기 비트** read/write bit를 제공하며, 프로세서는 프로세스들이 주소를 참조할 때마다 이 비트를 확인한다. 읽기/쓰기 비트가 'off'면 페이지를 읽을 수는 있지만 수정할 수는 없다. 이 비트가 'on'이면, 페이지 읽기와 쓰기가 모두 가능하다. 따라서 각 공유 페이지를 읽기 전용 read-only으로 표시함으로써 쓰기 시 복사를 구현할 수 있다. 프로세스가 페이지에 뭔가 쓰려고 할 때 이를 실행하고 있는 프로세서는 페이지 폴트를 발생시키고, 이로써 커널을 호출한다. 이 시점에서 커널은 프로세스가 공유 페이지에 뭔가를 쓰려고 하는 사실을 알고 쓰기 시 복사를 수행한다.

쓰기 시 복사는 프로세스 생성 속도를 향상시키고, 실행 중에 많은 데이터를 수정하지 않는 프로세스들에는 메모리 소비를 줄여준다. 그러나 프로그램 실행 중에 많은 공유 데이터를 수정하는 경우에는 쓰기 시 복사 기능으로 성능이 나빠질 수 있다. 프로세스가 페이지 수정을 시도할

운영체제적 생각

게으른 할당 Lazy Allocation

게으른 자원 할당이란 자원을 마지막 순간, 즉 프로세스나 스레드가 명백하게 요청할 때 할당하는 방법이다. 끝까지 사용하지 않는 자원은 게으른 할당이 미리 예측해 할당해주는 것보다 더 효율적이다. 예측을 통해 미리 할당해준 자원을 사용하지 않으면 자원 낭비를 야기하기 때문이다. 궁극적으로 사용되는 자원은 미리 예측해 할당할 때 프로세스와 스레드들이 더 효율적으로 실행하는 데 도움이 된다. 해당 자원이 필요한 시점에 이미 자원이 준비되어 대기 시간이 없기 때문이다. 이 책에서는 게으른 할당에 관해 다양한 문맥에서 논의한다. 게으른 할당에 관한 고전적인 한 가지 예는 요구 페이징 demand paging 기법이다. 순수한 요구 페이징 방식을 사용하면, 프로세스나 스레드의 페이지들은 명시적으로 참조될 때 비로소 메모리에 로드된다. 요구 페이징의 장점은 페이지가 실제로 사용되지 않을 때 해당 페이지를 2차 저장소에서 메인 메모리로 로드하는 데 드는 오버헤드가 절대 발생하지 않는다는 점이다. 반면에 페이지가 참조될 때까지 대기하기 때문에 프로세스는 입출력 기능이 완료될 때까지 상당 시간 대기해야 할 것이다. 또한 프로세스나 스레드가 대기하는 동안 메모리에 있는 프로세스 혹은 스레드의 메모리 중 일부가 다른 실행 프로세스에서 사용할 수 있는 공간을 차지하게 된다. 쓰기 시 복사 역시 게으른 할당의 또 다른 예다.

때마다 시스템이 페이지 폴트를 발생시키기 때문이다. 이러한 예외 시점마다 커널을 호출하게 되므로 쓰기 시 복사 기능을 쓰는 이점을 금세 넘어서게 된다. 다음 장에서는 공유가 가상 메모리 관리에 미치는 영향을 살펴볼 것이다.

셀프 리뷰

1. 역 페이지 테이블을 사용할 경우, 페이지 공유 구현이 어려울 수 있는 이유는 무엇인가?
2. 운영체제가 페이지를 메인 메모리에서 2차 저장소로 옮길 때 페이지 공유가 성능에 어떤 영향을 미치는가?

▶ **풀이** 1) 여기서 논의한 페이지 공유 유형은 다른 프로세스의 페이지 테이블 PTE가 동일한 페이지 프레임 번호를 가리키게 함으로써 가능해졌다. 역 페이지 테이블은 각 페이지 프레임마다 정확히 한 PTE를 메모리에 유지하기 때문에 운영체제는 공유 정보를 역 페이지 테이블 외부에 있는 다른 자료 구조에 유지해야 한다. 이런 형식의 페이지 공유에서 한 가지 난점은 공유 페이지가 이미 메모리에 있는지 여부를 결정하는 것이다. 어떤 프로세스가 해당 페이지를 처음 참조할 때, 다른 프로세스가 최근에 이미 참조했기 때문이다.
2) 운영체제는 공유 페이지를 2차 저장소로 옮길 때 해당 페이지를 공유하는 모든 프로세스에 대응하는 PTE를 갱신해야 한다. 많은 프로세스가 페이지를 공유하면, 공유되지 않은 페이지에 비해 상당한 오버헤드를 초래할 수 있다.

10.5 세그먼테이션

앞 장에서는 가변 파티션 멀티프로그래밍 시스템에서 프로그램을 최초 적합, 최적합 또는 최악 적합 기반으로 메모리에 배치하는 방법을 살펴봤다. 가변 파티션 멀티프로그래밍 환경에서는 각 프로그램의 메모리와 데이터가 '파티션'이라는 한 연속적인 메모리를 차지한다. 이와 달리, 물리 메모리 **세그먼테이션** segmentation 방식을 사용할 수도 있다([그림 10-19]). 세그먼테이션에서는 프로그램의 데이터와 명령어가 **세그먼트** segment라는 블록으로 나뉜다. 각 세그먼트는 연속된 위치로 구성된다. 그러나 세그먼트의 크기가 같아야 하거나 메인 메모리에서 서로 인접할 필요는 없다.

세그먼테이션이 페이징에 비해 지니는 장점은 물리적이기보다는 논리적인 개념이라는 점이다. 세그먼트는 대부분의 형태가 특정 크기로 제한되는 법이 없다. 대신에 적절한 한계 안에서 필요한 만큼 클 수도 있고 작을 수도 있다. 예를 들어, 한 배열에 대응하는 세그먼트라면 배열 크기를 세그먼트 크기로 할 수 있다. 또 컴파일러에서 생성한 프로시저 코드에 대응하는 세그먼트라면 코드를 보유할 만큼의 크기를 세그먼트 크기로 할 수도 있다.

가상 메모리 세그먼테이션 시스템에서는 프로그램이 특정 시간 실행에 필요한 세그먼트만 메인 메모리에 유지해도 된다. 나머지 세그먼트들은 2차 저장소에 남을 수 있다.[41] 프로세스는 현재 명령어와 데이터가 메인 메모리에 위치한 세그먼트에 있을 때 실행할 수 있다. 만일 프로세스가 현재 메모리에 있지 않은 세그먼트의 메모리를 참조하면, 가상 메모리 시스템은 해당 세그먼트를 2차 저장소에서 불러와야 한다. 순수 세그먼테이션 환경에서는 시스템이 2차 저장소의 세그먼트를 완전한 단위로 변환하고, 해당 세그먼트 안에 있는 모든 위치를 연속적인 메인 메모리 위치에 놓는다. 들어오는 세그먼트를 수용할 여유가 있으면 메인 메모리의 어느 위치에든 놓을 수 있다. 세그먼테이션 배치 전략은 가변 파티션 멀티프로그래밍에서 사용한 전략과 동일하다.[42]

가상 메모리 세그먼테이션의 주소는 순서 쌍 $v = (s, d)$로 나타내며, 여기서 s는 참조하는 항목이 존재하는 가상 메모리에서 세그먼트 번호, d는 세그먼트 s에서 참조하는 항목이 있는 곳까지의 변위를 나타낸다([그림 10-20]).

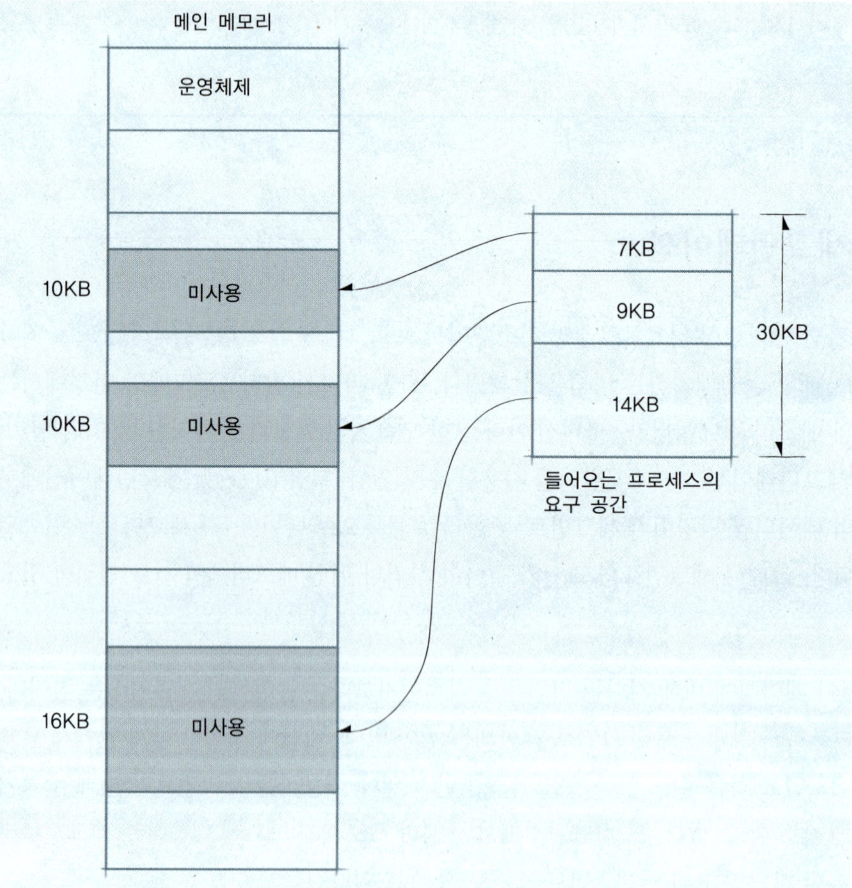

[그림 10-19] 실제 메모리 세그먼테이션에서의 불연속 메모리 할당

세그먼트 번호 s	변위 d	가상 주소 $v = (s, d)$

[그림 10-20] 순수 세그멘테이션 시스템의 가상 주소 형식

셀프 리뷰

1. (참/거짓) 세그먼트화된 가상 메모리 시스템은 단편화 문제를 발생시키지 않는다.
2. 세그멘테이션은 가변 파티션 멀티프로그래밍과 어떻게 다른가?

▶ **풀이** 1) 거짓. 세그먼트화된 가상 메모리 시스템은 가변 파티션 멀티프로그래밍 시스템만큼 외부 단편화를 발생시킬 수 있다. 2) 가변 파티션 멀티프로그래밍 시스템의 프로그램과 달리 세그먼트화된 가상 메모리 시스템의 프로그램은 메인 메모리보다 클 수 있다. 그리고 그 중 일부 데이터와 명령어만 메모리에 있어도 실행이 가능하다. 또한 가변 파티션 멀티프로그래밍 시스템에서 프로세스는 한 연속적인 메인 메모리 영역을 차지하지만 세그멘테이션 시스템에서는 그럴 필요가 없다.

10.5.1 직접 맵핑을 사용한 세그멘테이션 주소 변환

세그먼트화된 주소 변환을 구현하는 데는 여러 가지 전략이 있다. 시스템은 직접 맵핑이나 연관 맵핑 또는 직접/연관 조합 맵핑 방식을 사용할 수 있다. 여기서는 직접 맵핑을 사용하는 세그먼트화된 주소 변환을 살펴보고, 세그먼트 맵 테이블 전체를 고속 캐시 메모리에 유지하는 내용을 살펴볼 것이다.

먼저 일반적인 주소 변환 과정을 살펴보고, 발생할 가능성이 있는 여러 가지 문제도 살펴볼 것이다. 세그멘테이션을 사용한 동적 주소 변환은 다음과 같은 과정으로 진행된다. 프로세스는 가상 메모리 주소 $v = (s, d)$를 통해 참조하는 세그먼트가 위치한 메인 메모리의 주소를 알아내려고 한다. 시스템은 세그먼트 번호 s를 **세그먼트 맵 테이블 시작점 레지스터** segment map table origin register에 있는 세그먼트 맵 테이블의 기준 주소 값 b에 더한다([그림 10-21]). 덧셈 결과로 얻은 $b + s$는 세그먼트의 테이블 맵 엔트리의 위치를 가리킨다.* 각 엔트리는 세그먼트에 관한 몇 가지 정보를 포함한다. 이 정보들은 가상 주소를 물리 주소로 변환하기 위한 맵핑 메커니즘에 사용된다. 세그먼트가 현재 메인 메모리에 있을 경우 엔트리는 세그먼트의 메인 메모리 시작 주소 s'을 포함한다. 시스템은 이 주소에 변위 d를 더해 참조하는 위치의 실제 메모리 주소 $r = s' + d$

* 간단하게 하기 위해 세그먼트 맵 테이블에 있는 각 엔트리의 크기가 고정되어 있으면 메모리의 각 주소는 해당 크기의 엔트리를 저장한다고 가정한다.

를 얻어낸다. 세그먼트 크기가 다양하기 때문에 순수 페이징 시스템처럼 간단히 d와 s'을 연결할 수는 없다.

[그림 10-22]는 전형적인 세그먼트 맵 테이블 엔트리를 상세하게 묘사하고 있다. 레지던트 비트 r은 해당 세그먼트가 현재 메인 메모리에 있는지 여부를 나타낸다. 현재 메모리에 있다면 s'은 세그먼트가 시작하는 메인 메모리 주소다. 메모리에 없는 경우 a는 프로세스가 진행을 계속

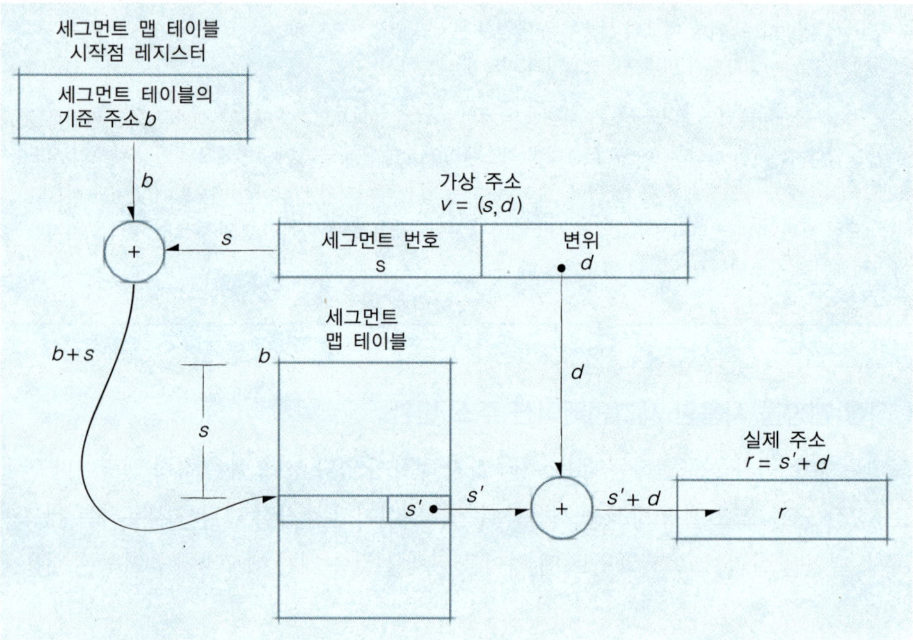

[그림 10-21] 순수 세그먼테이션 시스템에서 가상 주소 변환

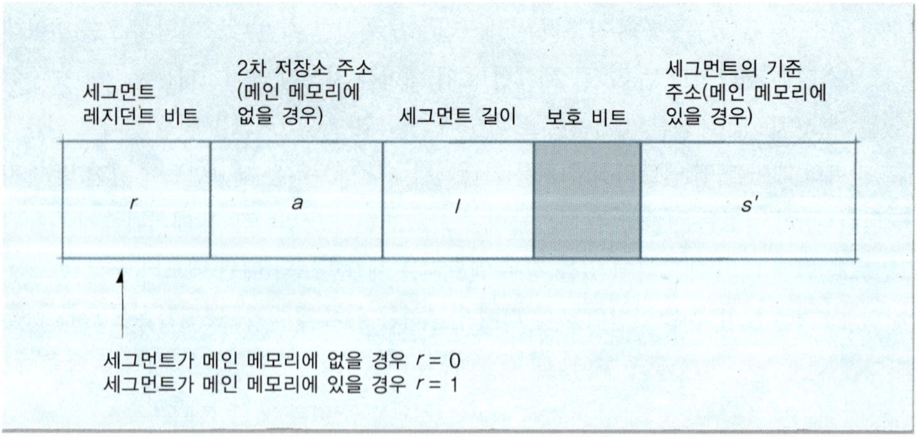

[그림 10-22] 세그먼트 맵 테이블 엔트리

하기 전에 세그먼트를 로드해야 하는 2차 저장소 주소를 가리킨다. 세그먼트에 대한 각 참조마다 세그먼트 길이 l과 비교해 세그먼트의 크기 범위 안에 들어가는지 확인한다. 세그먼트에 대한 모든 참조에 대해 **보호 비트** protection bit 역시 확인해 시도하는 연산이 허용된 것인지 판단한다. 예를 들어, 보호 비트가 특정 세그먼트를 읽기 전용이라고 표시하면, 어떤 프로세스도 해당 세그먼트를 수정할 수 없다. 세그먼트화된 시스템에서 보호 '10.5.3 세그멘테이션 시스템에서의 보호와 접근 제어'에서 자세히 살펴본다.

동적 주소 변환을 하는 동안에는 세그먼트를 위한 세그먼트 맵 테이블 엔트리가 일단 배치되고 나면 레지던트 비트 r을 점검해 해당 세그먼트가 메인 메모리에 있는지 확인한다. 메모리에 없다면 **부재 세그먼트 폴트** missing-segment fault가 발생해 운영체제가 제어를 얻고 2차 저장소 주소 a에서 시작하는 참조된 세그먼트를 로드한다. 그리고 세그먼트가 로드되면 변위 d가 세그먼트 길이 l보다 작거나 같은지 확인함으로써 주소 변환 과정을 계속한다. 변위가 세그먼트 길이를 초과하면 **세그먼트 오버플로우 예외** segment-overflow exception가 발생하고, 운영체제가 제어를 얻어 해당 프로세스를 잠재적으로 종료한다. 세그먼트 길이 안에 맞으면 보호 비트를 확인해 시도하는 연산이 허용된 것인지 확인한다. 허용된 연산이면 메인 메모리에 있는 세그먼트의 기준 주소 s'을 변위 d에 더해 실제 메모리 주소 $r = s' + d$를 얻는다. 이는 가상 메모리 주소 $v = (s, d)$에 상응하는 실제 주소다. 허용되지 않는 연산이면 **세그먼트 보호 예외** segment-protection exception가 발생하고, 운영체제가 제어를 얻어 해당 프로세스를 종료한다.

셀프 리뷰

1. s'과 d를 연결해 실제 주소 r을 만드는 것이 왜 부정확한가?
2. 페이지 맵핑 메커니즘에서 a와 s'이 [그림 10-22]에서 본 것처럼 세그먼트 맵 테이블 엔트리의 구별된 셀에 저장되어야 하는가?

▶ **풀이** 1) 페이지 프레임 번호 p'과 달리 세그먼트 기준 주소 s'은 메인 메모리의 주소다. s'과 d를 연결하면 메인 메모리의 한계를 넘어서는 주소 값이 나올 수 있다. 다시 말해, 비트열 연결 concatenation은 페이징에서와 같다. 왜냐하면 페이지 크기는 두 수의 거듭제곱 power이고, 페이징에서의 변위를 위해 예약된 비트 수와 페이지 프레임 번호를 위해 예약된 비트 수를 가상 주소에 있는 비트 수에 더하기 때문이다. 2) 아니다. 많은 시스템이 세그먼트 맵 테이블 엔트리가 소비하는 메모리를 줄이려고 한 셀을 사용해 세그먼트 기준 주소나 2차 저장소 주소 중 하나를 저장한다. 레지던트 비트가 'on'이면, 세그먼트 맵 테이블 엔트리는 세그먼트 기준 주소를 저장하고 2차 저장소 주소는 저장하지 않는다. 반대로 레지던트 비트가 'off'면, 세그먼트 맵 테이블 엔트리에 2차 저장소 주소만 저장하고 세그먼트 기준 주소는 저장하지 않는다.

10.5.2 세그먼테이션 시스템에서의 공유

공유 세그먼트들은 직접 맵핑의 순수 페이징 시스템보다는 오버헤드를 적게 발생한다. 예를 들어, 3과 1/2페이지에 저장된 배열을 공유하기 위해 순수 페이징 시스템은 배열이 있는 각 페이지를 위해 별도의 공유 데이터를 유지해야 한다. 동적 배열인 경우 문제는 더 복합적이다. 공유 정보는 실행 시 배열이 차지한 페이지 번호들이 늘어나거나 줄어드는 데 적응해야 하기 때문이다. 반면, 세그먼테이션 시스템에서는 자료 구조가 세그먼트 관련 공유 정보들을 변경하지 않고도 늘어나거나 줄어들 수 있다.

[그림 10-23]은 순수 세그먼테이션 시스템에서 어떻게 공유가 이루어지는지 보여준다. 두 프로세스의 세그먼트 테이블 엔트리가 메인 메모리의 동일한 세그먼트를 가리킬 때, 두 프로세스는 한 세그먼트를 공유한다.

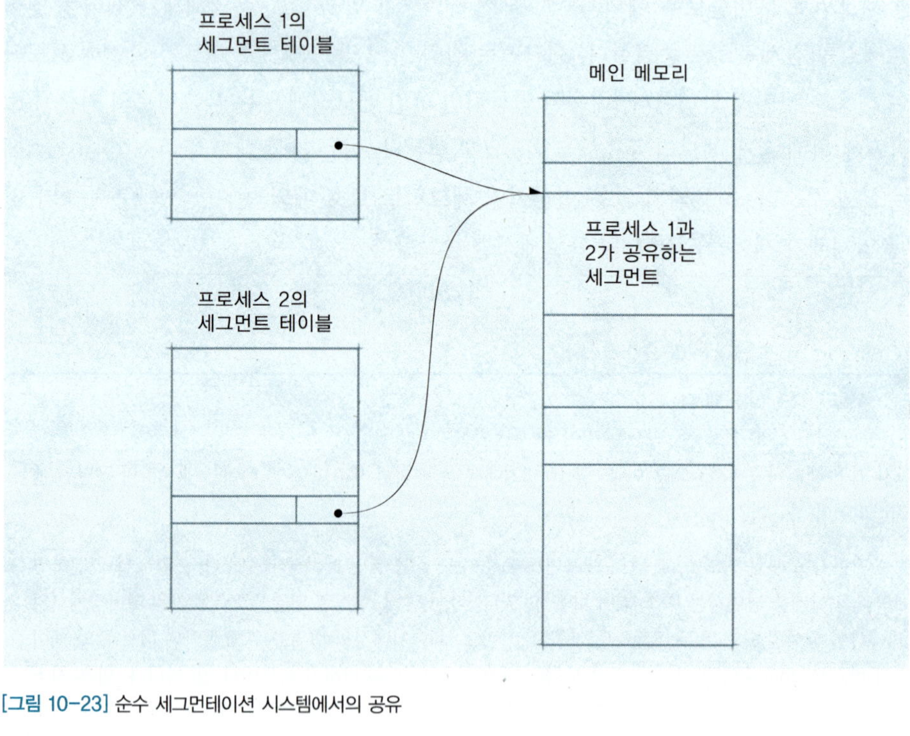

[그림 10-23] 순수 세그먼테이션 시스템에서의 공유

공유가 분명히 이점을 주지만, 위험성을 내포하기도 한다. 예를 들어, 한 프로세스가 고의로 혹은 다른 원인 때문에 세그먼트에 대해 어떤 연산을 수행해 해당 세그먼트를 공유하는 다른 프로세스에 나쁜 영향을 미칠 수도 있다. 따라서 공유 기능을 사용하는 시스템은 적절한 보호 메커니즘도 제공해 승인된 사용자만 세그먼트에 접근하거나 수정할 수 있게 해야 한다.

셀프 리뷰

1. 세그먼테이션이 순수 페이징보다 공유 오버헤드가 적은 이유는 무엇인가?
2. 세그먼트를 사용해 쓰기 시 복사를 구현할 수 있는가? 만약 구현할 수 있다면, 어떻게 구현할 수 있는가?

▶ **풀이** 1) 세그먼테이션은 공유되는 메모리의 블록 전체가 한 세그먼트에 들어맞게 할 수 있다. 따라서 운영체제는 한 세그먼트를 위한 공유 정보를 유지한다. 페이징에서는 이 세그먼트가 여러 페이지를 차지할 수 있으며, 운영체제는 해당 페이지마다 공유 정보를 유지해야 한다. 2) 그렇다. 부모 프로세스의 세그먼트 맵 테이블의 사본을 자식 프로세스에 할당함으로써 쓰기 시 복사를 구현할 수 있다. 프로세스 P_1(부모 혹은 자식 프로세스)가 세그먼트 s를 수정하려고 시도하면 운영체제는 해당 세그먼트에 대한 새로운 사본을 생성해 메인 메모리 주소 s'에 배치해야 한다. 그 후 운영체제는 P_1의 세그먼트 맵 테이블에 있는 엔트리 s를 변경해 주소 s'을 갖게 해야 한다.

10.5.3 세그먼테이션 시스템에서의 보호와 접근 제어

세그먼테이션은 프로그램 모듈화를 높이고 불연속 할당과 공유를 통해 메모리 활용도를 높인다. 그러나 이러한 이점을 얻는 대가로 시스템이 아주 복잡해진다. 예를 들어, 한 쌍의 경계 레지스터만으로는 더는 프로세스를 다른 프로세스들로부터 보호하는 데 충분하지 않다. 이와 유사하게 프로그램들의 접근 범위를 제한하는 것도 훨씬 어려워진다. 세그먼테이션 시스템에서 메모리 보호 메커니즘을 구현하는 한 가지 방법은 **메모리 보호 키** memory protection key를 사용하는 것이다([그림 10-24]). 이 경우 각 프로세스는 보호 키라는 값과 연관되어 있다. 이 키는 특권 명령으로만 조작할 수 있으며, 운영체제는 이 키를 엄격하게 제어한다. 운영체제는 보호 키를 다음과 같이 사용한다. 운영체제는 문맥 전환이 일어날 때 프로세스의 보호 키를 프로세서 레지스터에 로드한다. 프로세스가 특정 세그먼트를 참조할 때, 프로세서는 참조되는 항목을 포함하고 있는 블록의 보호 키를 확인한다. 해당 프로세스와 요청된 블록의 보호 키가 같으면 해당 세그먼트에 접근할 수 있다. 예를 들어, [그림 10-24]에서 프로세스 2는 보호 키의 값이 2인 블록에만 접근할 수 있다. 만일 프로세스가 다른 보호 키를 가진 블록에 접근하려고 시도한다면, 세그먼트 보호 예외 segment protection exception가 발생해 하드웨어가 메모리 접근을 막고 제어를 커널에 넘긴다. 메모리 보호 키는 현대 시스템에서 많이 사용하는 보호 메커니즘은 아니다. 그러나 보호 키는 IA-64 인텔 아키텍처(아이테니엄 계열 프로세서)에서 구현되었고, 대체로 한 가상 주소 공간을 가진 시스템을 위해 고안되었다.[43]

운영체제는 세그먼트가 어떻게, 어떤 프로세스에서 접근할 수 있는지 명시함으로써 더 심화된 보호 메커니즘을 실행할 수도 있다. 이는 각 프로세스에 세그먼트들에 대한 특정한 **접근 권한** access right을 부여함으로써 구현할 수 있다. [표 10-1]은 현대 시스템에서 사용하는 가장 공통적인 접근 제어 유형을 보여준다. 프로세스가 세그먼트에 대해 **읽기 접근** read access을 지니면, 해당 세그먼트의 어떤 주소에서든 데이터를 읽을 수 있음을 의미한다. 프로세스가 특정 세그먼트에 대해 **쓰기 접근** write access을 지니면, 프로세스는 세그먼트의 내용 중 어떤 부분이든 수정하거나 정보를 추가할 수 있음을 의미한다. 프로세스가 세그먼트에 대한 **실행 접근** execute access을 지니면 프로그램의 제어를 해당 세그먼트에 있는 명령어에 보내 프로세서가 실행하게 할 수 있음을 의미한다. 대개는 세그먼트에 대한 실행 접근은 거부된다. 프로세스가 세그먼트에 대한 **추가 접근** append access을 지니면, 세그먼트의 끝에 추가적인 정보를 쓰는 것만 가능하고, 기존 정보를 수정하지는 못한다.

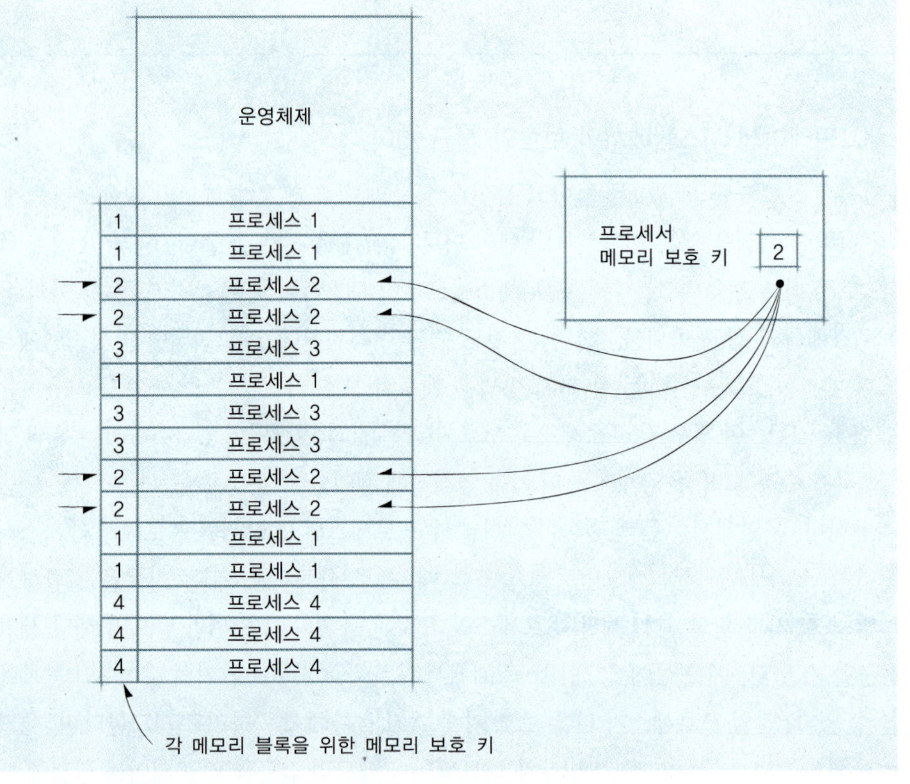

[그림 10-24] 불연속 메모리 할당 멀티프로그래밍 시스템에서 키를 사용한 메모리 보호

[표 10-1] 접근 제어 유형

접근 유형	축약형	설명
읽기	R	해당 세그먼트를 읽을 수 있음
쓰기	W	해당 세그먼트를 수정할 수 있음
실행	E	해당 세그먼트를 실행할 수 있음
추가	A	해당 세그먼트 뒤에 정보를 추가할 수 있음

이 네 가지 접근 유형을 허용하거나 거부함으로써 16가지 **접근 제어 모드** access control mode를 만들 수 있다. 몇몇은 흥미롭고, 또 몇몇은 의미가 없다. 간단하게 하기 위해 읽기, 쓰기, 실행 접근을 조합한 8가지 접근 권한을 살펴보자([표 10-2]).

[표 10-2] 읽기, 쓰기, 실행 접근을 조합한 유용한 접근 제어 모드 생성

모드	읽기	쓰기	실행	설명	응용
모드 0	No	No	No	접근이 허용되지 않음	보안
모드 1	No	No	Yes	실행 전용	수정하거나 복사할 수 없고 실행만 하는 프로세스가 사용할 수 있는 세그먼트
모드 2	No	Yes	No	읽기 전용	읽기 권한 없이 쓰기를 허락하는 것은 실제적이지 못하므로, 이 접근 권한은 유용하지 않음
모드 3	No	Yes	Yes	쓰기/실행 가능하지만 읽지 못함	
모드 4	Yes	No	No	읽기 전용	정보성 조회
모드 5	Yes	No	Yes	읽기/실행	프로그램을 복사하거나 실행할 수 있지만 수정은 불가능
모드 6	Yes	Yes	No	읽기/쓰기 가능하지만 실행은 불가능	잘못된 방법으로 실행하려는 시도로부터 데이터를 보호함
모드 7	Yes	Yes	Yes	무제한	신뢰하는 사용자에게 허용하는 접근 권한

모드 0일 때는 세그먼트에 대해 아무런 접근 권한이 없다. 이 모드는 특정 프로세스에서 세그먼트에 접근하지 않아야 할 경우에 유용한 접근 모드다. 모드 1일 때는 프로세스가 세그먼트에 대해 **실행 전용 접근** execute-only access을 얻는다. 이 모드는 프로세스가 세그먼트에 있는 명령어를 실행할 수는 있지만, 복사하거나 수정할 수는 없게 할 때 유용하다. 모드 2와 3은 그다지 쓸모가 없다(프로세스에 읽을 권한은 주지 않으면서 수정할 수 있는 권한을 주는 것은 의미 없는 일이다). 모드 4는 프로세스가 세그먼트에 대해 **읽기 전용 접근** read-only access을 지니게 한다. 이는 수정 불가능한 데이터에 접근하는 데 유용하다. 모드 5는 프로세스에 세그먼트에 대한 **읽기/실행 접근** read/execute access을 지니게 한다. 이는 재진입 가능한 코드에 유용하다. 프로세스는 자신을 위한 세그먼트의 사본을 만들어 수정할 수 있다. 모드 6은 프로세스가 세그먼트에 대한 **읽기/쓰기 접근** read/write access을 지니게 한다. 이는 프로세스에서 세그먼트를 읽고 쓸 수는 있지만, 우연히 실행하는 것은 막아야 할 경우(세그먼트에 실행할 명령어가 없으므로)에 유용하다. 모드 7은 프로세스가 세그먼트에 **무제한 접근** unrestricted access을 지니게 해준다. 이는 프로세스에 세그먼트(스스로 수정하는 코드와 같이)에 대한 완전한 접근 권한을 줄 때와 다른 프로세스들의 세그먼트에 접근할 가장 신뢰받는 상태를 부여할 때 유용하다.

여기서 설명하는 간단한 접근 제어 메커니즘은 여러 시스템에서 구현하는 기본적인 세그먼트 보호 방법이다. [그림 10-25]는 시스템이 접근 제어를 구현할 수 있는 한 가지 방법을 보여준

다. 말하자면 세그먼트의 맵 테이블 엔트리에 보호 비트를 추가하는 것이다. 이를 위해 엔트리는 네 비트를 포함해 각 유형의 접근 제어를 나타낸다. 이제 시스템은 주소 변환을 할 때 보호 메커니즘을 강제할 수 있다. 프로세스가 가상 메모리에 있는 세그먼트를 참조할 때 시스템은 보호 비트를 확인해 프로세스가 적절한 권한을 지녔는지 확인한다. 예를 들어, 프로세스가 실행 권한을 부여받지 않은 세그먼트를 실행하려고 하면 세그먼트 보호 예외가 발생해 운영체제가 제어를 얻어 해당 프로세스를 종료한다.

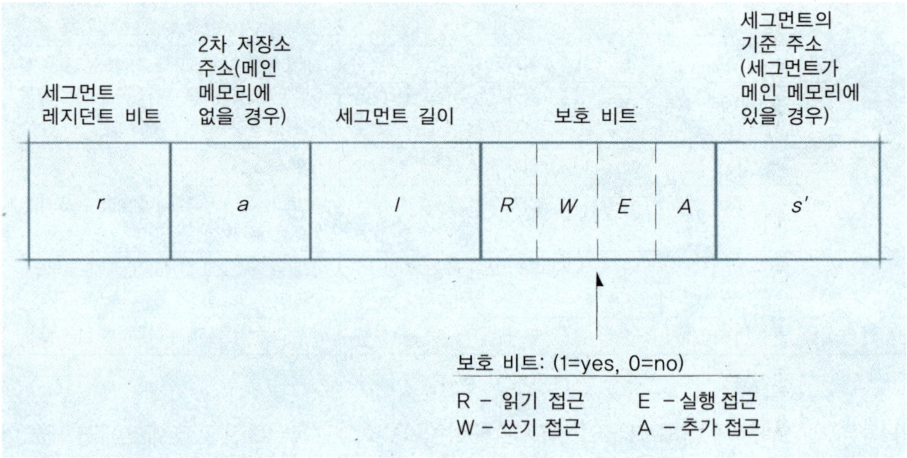

[그림 10-25] 보호 비트를 가진 세그먼트 맵 테이블

셀프 리뷰

1. 프로세스의 스택 세그먼트에는 어떤 접근 권한이 알맞은가?
2. 메모리 보호 키를 구현하려면 어떤 특수 목적의 하드웨어가 필요한가?

▶ **풀이** 1) 프로세스는 스택 세그먼트에 있는 데이터를 읽고 쓸 수 있어야 한다. 또한 새로운 스택 프레임을 세그먼트에 추가할 수 있어야 한다. 2) 현재 프로세스의 메모리 보호 키를 저장할 수 있는 고속 레지스터가 필요하다.

10.6 세그먼테이션/페이징 시스템

세그먼테이션과 페이징 모두 가상 메모리 구성에 상당한 이점을 준다. 1960년대 중반에 만들어진 시스템을 시작으로 특히 멀틱스와 IBM의 TSS를 비롯해 많은 컴퓨터 시스템이 페이징과 세그먼테이션을 조합하는 기술을 사용했다.[44, 45, 46, 47, 48, 49] 이러한 시스템은 이 장에서 살펴본 두 가지 가상 메모리 구성 기술의 이점을 제공한다. 세그먼테이션/페이징 조합 시스템에서는 세그먼트들이 페이지 하나 이상을 차지한다. 세그먼트의 모든 페이지가 동시에 메인 메모리에 있어야 하는 것은 아니다. 또한 가상 메모리에서 연속적인 가상 메모리 페이지들이 메인 메모리에서도 연속적일 필요도 없다. 이러한 구조에서 가상 메모리 주소는 세 순서 쌍 $v = (s, p, d)$로 구현한다. 여기서 s는 세그먼트 번호, p는 해당 세그먼트 안에 있는 페이지 번호, d는 원하는 항목이 위치한 페이지 안에서의 변위를 나타낸다([그림 10-26]).

세그먼트 번호 s	페이지 번호 p	변위 d	가상 주소 $v = (s, p, d)$

[그림 10-26] 세그먼테이션/페이징 시스템에서 가상 메모리 형식

10.6.1 세그먼테이션/페이징 시스템에서의 동적 주소 변환

[그림 10-27]과 같이 연관/직접 조합 맵핑을 사용해 페이지화되고 세그먼트화된 시스템에서, 가상 주소에서 실제 주소로 동적 주소 변환이 일어나는 과정을 살펴보자.

프로세스는 가상 주소 $v = (s, p, d)$를 참조한다. 가장 최근에 참조한 페이지들은 연관 메모리 맵(즉, TLB)에 엔트리들을 포함한다. 변환 메커니즘은 (s, p)를 찾으려고 연관 검색을 수행한다. TLB가 (s, p)를 포함하면 검색 결과로 페이지 p가 있는 페이지 프레임 p'이 반환된다. 이 값을 변위 d와 연결해 실제 메모리 주소 r을 만들어낸다.

TLB가 (s, p)에 해당하는 엔트리를 포함하지 않으면, 프로세서는 다음과 같이 완전한 직접 맵핑을 수행해야 한다. (메인 메모리에 있는) 세그먼트 맵 테이블 기준 주소 b를 세그먼트 번호 s에 더해 주소 $b + s$를 얻는다. 이 주소는 세그먼트 맵 테이블에 있는 세그먼트 엔트리의 물리 메모리 주소에 대응한다. 세그먼트 맵 테이블 엔트리는 세그먼트 s에 해당하는 페이지 테이블(메인 메모리에 존재)의 기준 주소 s'을 나타낸다. 프로세서는 페이지 번호 p를 기준 주소 s'에 더해 세그먼트 s의 페이지 p에 해당하는 페이지 테이블 엔트리의 주소를 얻는다. 이 테이블 엔트리는 p'이 가상 페이지 p에 대응하는 페이지 프레임 번호임을 나타낸다. 이 프레임 번호 p'은 변위 d와 연결되어 실제 주소 r을 형성한다. 그러면 변환 translation은 TLB에 로드된다

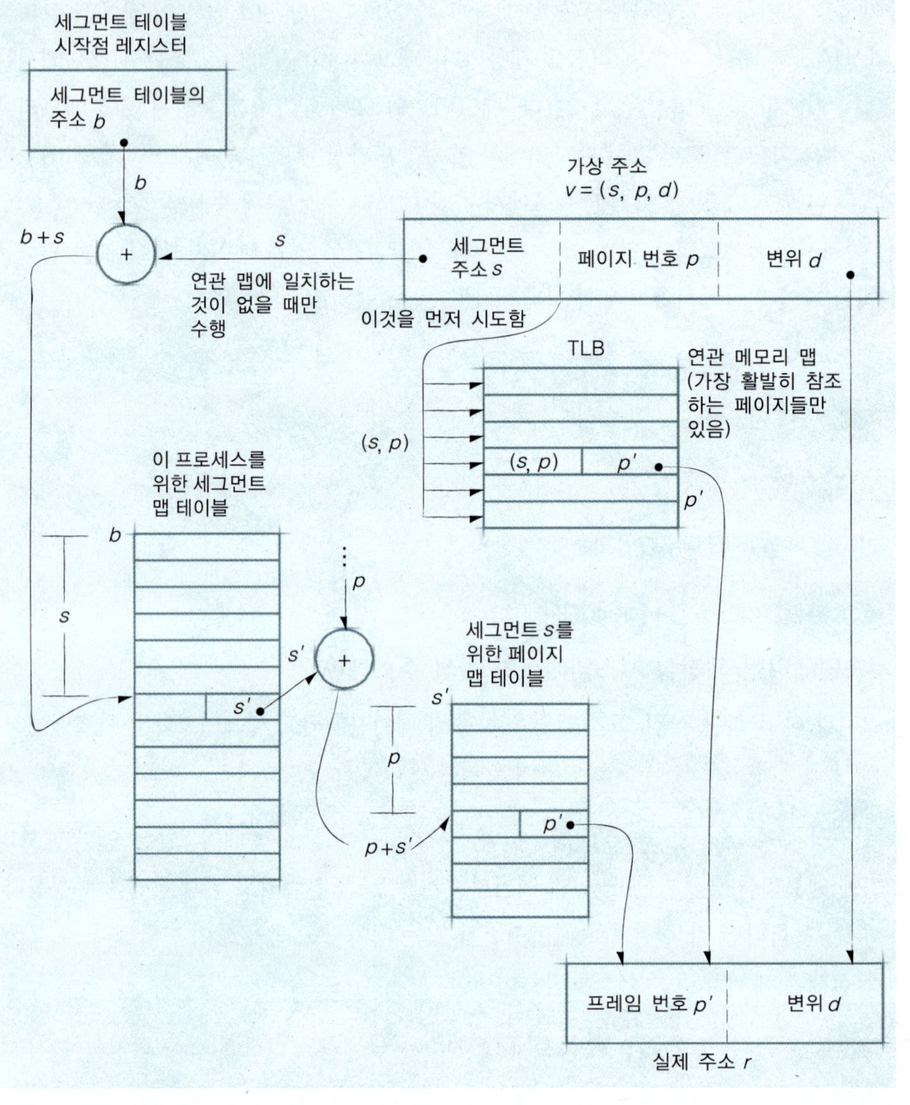

[그림 10-27] 세그먼테이션/페이징 시스템에서 연관/직접 조합 맵핑을 사용한 가상 주소 변환

이러한 변환 방법은 프로세스의 메모리 참조가 유효하며, 프로세스를 위해 요청된 정보의 모든 부분이 메인 메모리에 있다고 가정한다. 그러나 실제로는 여러 조건에 따라 주소 변환에 추가적인 단계가 필요하거나 아예 실패할 수도 있다. 세그먼트 맵 테이블 검색 결과 세그먼트가 메인 메모리에 없을 수도 있다. 따라서 부재 세그먼트 폴트를 발생시켜 운영체제가 2차 저장소에서 세그먼트를 찾거나 해당 세그먼트를 위한 페이지 테이블을 생성해고 적절한 페이지를 메인 메모리에 로드해야 할 수도 있다. 세그먼트가 메인 메모리에 있을 때도 페이지 테이블에 대한 참조 결과 메인 메모리에 원하는 페이지가 없음을 나타내는 페이지 폴트가 발생할 수도 있다. 이

경우 운영체제가 제어를 얻어 2차 저장소에 있는 페이지를 찾아 메인 메모리에 로드한다. 프로세스가 세그먼트 범위를 벗어나는 가상 메모리 주소를 참조할 수도 있다. 그러면 세그먼트 오버플로우 예외가 발생한다. 또는 보호 비트가 참조된 가상 주소에 대한 연산이 허가되지 않음을 나타낼 수도 있다. 이때 세그먼트 보호 예외가 발생한다. 운영체제는 이 모든 조건이 발생할 가능성이 있음을 알고 대처할 수 있어야 한다.

연관 메모리(또는 유사하게 고속 캐시 메모리)는 이 동적 주소 변환 메커니즘을 효율적으로 수행하는 데 반드시 필요하다. 전체 맵을 메인 메모리에 유지하고 순수하게 직접 맵핑 메커니즘을 사용할 때, 평균 가상 메모리 참조는 세그먼트 맵 테이블에 접근하는 데 하나, 페이지 테이블을 참조하는 데 하나, 메인 메모리에 있는 원하는 항목을 참조하는 데 한 메모리 사이클이 필요하다. 따라서 한 항목을 참조하는 데마다 메모리 사이클이 세 번 필요해 컴퓨터 시스템은 평소 속도보다 훨씬 느리게 동작한다. 이는 가상 메모리의 장점을 무용지물로 만들 것이다.

[그림 10-28]은 세그먼테이션/페이징 시스템에서 요구하는 상세 테이블 구조를 나타낸다. 최상위 수준에 있는 프로세스 테이블은 시스템에 있는 프로세스들을 위한 엔트리를 담고 있다. 각 프로세스 테이블 엔트리는 해당 프로세스의 세그먼트 맵 테이블을 가리키는 포인터를 담고 있다. 프로세스의 세그먼트 맵 테이블의 각 엔트리는 연관 세그먼트 페이지 테이블을 가리키고, 페이지 테이블의 각 엔트리는 해당 페이지가 있는 페이지 프레임이나 페이지를 발견할 수 있는 2차 저장소 주소 중 하나를 가리킨다. 다수의 프로세스와 세그먼트, 페이지를 포함하는 시스템에서는 이 테이블 구조가 메인 메모리를 크게 소비할 수 있다. 모든 테이블을 메인 메모리에 유지하는 장점은 주소 변환이 실행 시간에 더 빠르게 진행된다는 점이다. 그러나 시스템이 더 많은 테이블을 메인 메모리에 유지할수록 지원할 수 있는 프로세스가 적어져 생산성이 떨어진다. 운영체제 설계자는 시스템이 효율적으로 실행하는 목표와 시스템 사용자에게 좋은 반응성을 제공하는 목표 사이의 미묘한 균형을 갖추기 위해 이러한 상충성을 세심하게 고려해야 한다.

셀프 리뷰

1. 세그먼테이션/페이징 시스템을 위해 어떤 특수 목적 하드웨어가 필요한가?
2. 세그먼테이션/페이징 시스템에서는 어떤 방식으로 단편화가 발생하는가?

▶ **풀이** 1) 세그먼테이션/페이징 시스템에서는 세그먼트 맵 테이블의 기준 주소를 저장할 고속 레지스터가 필요하다. 또한 대응하는 페이지 테이블과 연관 메모리 맵(또는 TLB)의 기준 주소를 저장할 고속 레지스터도 필요하다. 2) 세그먼테이션/페이징 시스템은 세그먼트가 페이지보다 작을 경우 내부 단편화가 발생할 수 있다. 또한 세그먼트 맵 테이블과 페이지 테이블 모두를 메모리에 유지해 테이블 단편화가 발생할 수 있다. 세

그먼테이션/페이징 시스템은 (시스템이 한 가지 페이지 크기를 사용한다고 가정할 때) 외부 단편화를 야기하지는 않는다. 왜냐하면 궁극적으로는 메모리가 고정 크기 페이지 프레임으로 나뉘고, 이는 어떤 세그먼트의 어떤 페이지도 수용할 수 있기 때문이다.

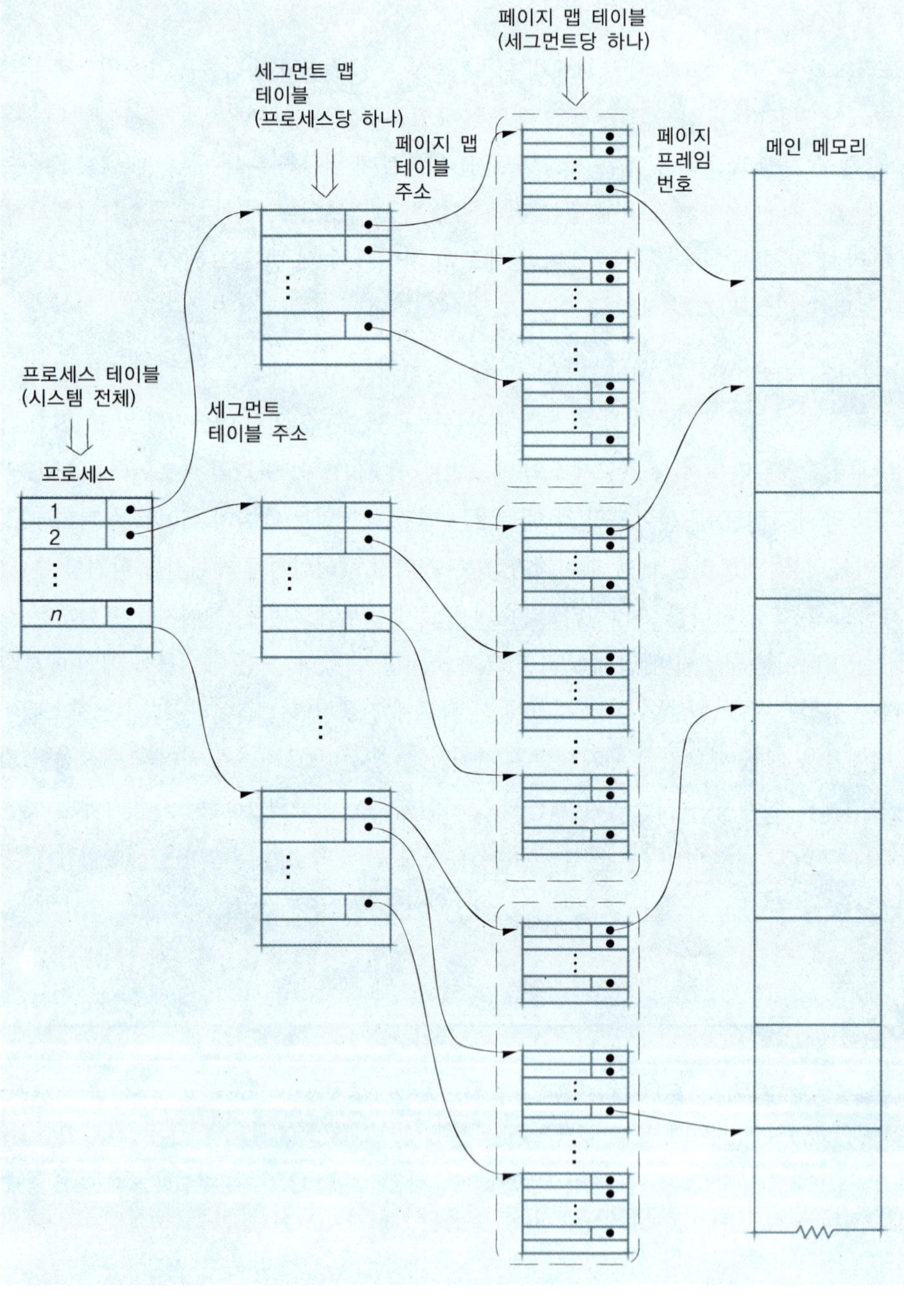

[그림 10-28] 세그먼테이션/페이징 시스템의 테이블 구조

10.6.2 세그먼테이션/페이징 시스템에서의 공유와 보호

세그먼테이션/페이징 가상 메모리 시스템은 페이징의 아키텍처적인 단순함과 세그먼테이션의 접근 제어 능력에서 이점을 얻는다. 이러한 시스템에서는 세그먼트 공유의 장점이 아주 중요하다. 두 프로세스가 동일한 페이지 테이블을 가리키는 세그먼트 맵 테이블 엔트리를 지닐 때 [그림 10-29]와 같이 메모리를 공유한다.

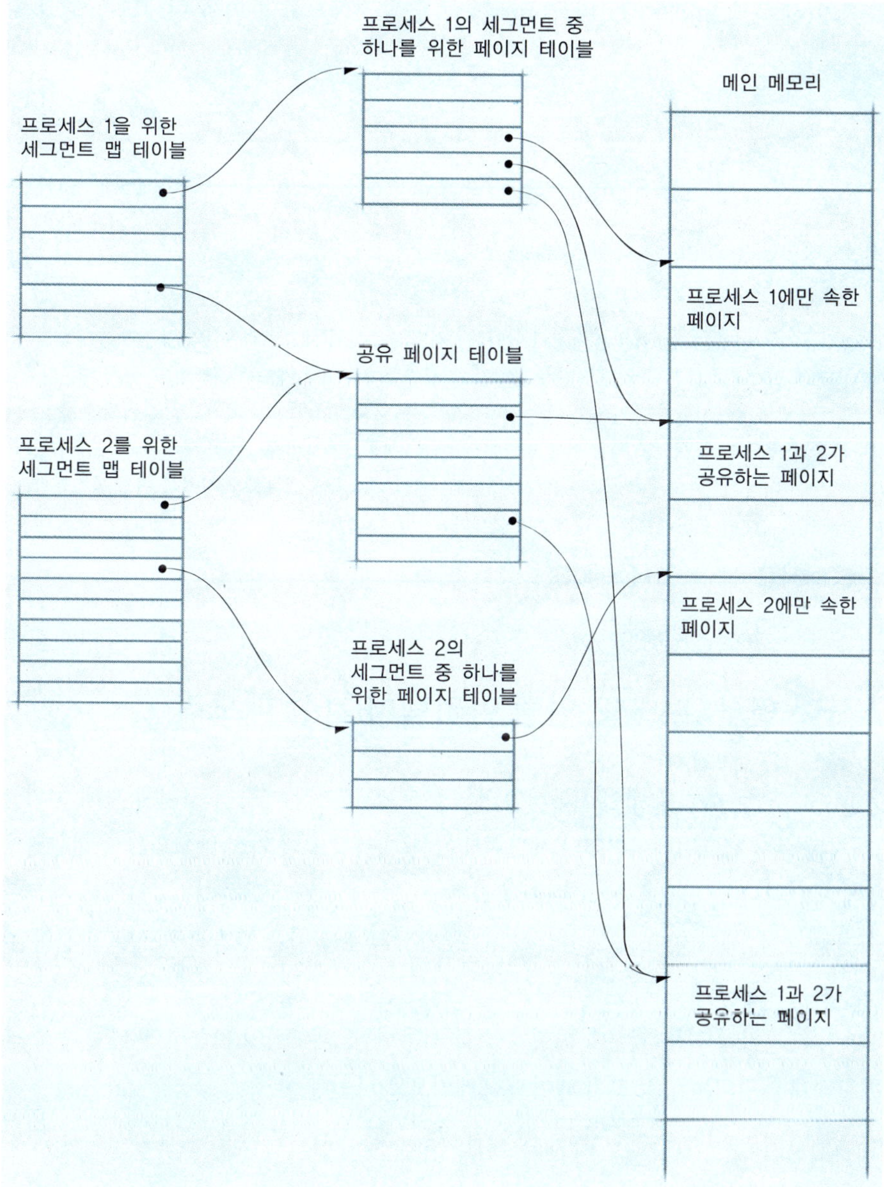

[그림 10-29] 세그먼테이션/페이징 시스템에서 한 세그먼트를 공유하는 두 프로세스

공유를 하려면 페이지화된 시스템이든, 세그먼트화된 시스템이든 혹은 세그먼테이션/페이징 시스템이든 운영체제의 철저한 관리가 필요하다. 특히, 들어오는 페이지가 많은 프로세스에서 공유하는 페이지를 대체할 경우, 어떤 일이 발생할지 생각해보자. 이 경우 운영체제는 각 프로세스 공유 페이지와 대응하는 페이지 테이블 엔트리에 있는 레지던트 비트를 갱신해야 한다. 운영체제에서 어떤 프로세스들이 페이지를 공유하는지, 페이지 테이블의 어떤 PTE들이 변해야 하는지 결정하는 데는 상당한 오버헤드가 발생한다. '16.6.4 스왑핑'에서 논의하는 것처럼 리눅스는 공유 페이지로 맵핑하는 PTE의 연결 리스트를 유지함으로써 이 오버헤드를 줄일 수 있다.

셀프 리뷰

1. 세그먼테이션/페이징 시스템이 설득력 있는 이유는 무엇인가?
2. 공유 페이지에 맵핑되는 PTE 연결 리스트를 유지할 때 장단점은 무엇인가?

▶ **풀이** 1) 세그먼테이션/페이징 시스템은 페이징의 아키텍처적인 단순함과 세그먼테이션의 접근 제어 능력을 제공한다. 2) PTE의 연결 리스트는 공유 페이지가 교체될 때 시스템이 PTE를 재빨리 갱신할 수 있게 해준다. 그렇지 않으면 운영체제는 갱신할 PTE가 있는지 결정하려고 각 프로세스의 페이지 테이블을 검색해야 하며, 이 경우 상당한 오버헤드가 발생한다. PTE 연결 리스트의 단점은 메모리 오버헤드를 발생시킨다는 점이다. 그러나 현대 시스템에서는 보통 페이지 테이블을 검색하려고 메인 메모리에 접근하는 이점이 연결 리스트를 유지하느라 발생하는 메모리 오버헤드를 상쇄하고도 남는다.

10.7 사례 연구: IA-32 인텔 아키텍처 가상 메모리

이 절에서는 IA-32 인텔 아키텍처(인텔 펜티엄 계열 프로세서) 가상 메모리 구현에 관해 논의한다. 이 아키텍처는 순수 세그먼테이션이나 세그먼테이션/페이징 조합 가상 메모리를 구현한다.[50] 각 세그먼트에 포함된 주소 집합을 **논리 주소 공간** logical address space이라고 하며, 그 크기는 세그먼트 크기에 따라 다르다. 세그먼트는 32비트(즉, 4GB) 가상 주소 공간을 보유한 시스템의 **선형 주소 공간** linear address space 중 사용 가능한 곳 어디에든 배치될 수 있다. 순수 세그먼테이션 구조에서 프로세서는 메인 메모리에 접근하는 데 선형 주소를 사용한다. 페이징이 가능하면 선형 주소 공간은 메인 메모리에 맵핑되는 고정 크기 페이지 프레임으로 나뉜다.

동적 주소 변환의 첫 번째 단계에서는 세그먼트화된 가상 주소를 선형 주소 공간으로 맵핑한다. IA-32 명세에서 세그먼테이션을 비활성화할 수 있는 방법이 없으므로, 이 변환은 모든 메모리 참조 시마다 발생한다. 세그먼트화된 각 가상 주소는 10.5.1에서 논의한 것처럼 순서 쌍 $v = (s, d)$로 참조할 수 있다. IA-32 아키텍처에서 s는 16비트 **세그먼트 선택기** segment selector로 명시하고, d는 32비트 오프셋(즉, 참조하는 항목이 위치한 세그먼트 s에서의 변위)으로 명시한다. 세그먼트 인덱스는 세그먼트 선택기의 13번째 상위 비트로 세그먼트 맵 테이블에 있는 8바이트 엔트리를 명시한다.

IA-32 아키텍처는 세그먼테이션에서 주소 변환 속도를 빠르게 하려고 프로세스의 세그먼트 선택기를 저장할 CS, DS, SS, ES, FS, GS라는 **세그먼트 레지스터** segment register 6개를 제공한다. 운영체제는 보통 CS 레지스터를 사용해 프로세스의 코드 세그먼트 선택기(보통 실행 가능한 명령어들을 포함하고 있는 세그먼트에 대응한다)를 저장한다. DS 레지스터는 프로세스의 데이터 세그먼트 선택기(보통 프로세스의 데이터를 포함하고 있는 세그먼트에 대응한다)를 저장하고, SS 레지스터는 프로세스의 스택 세그먼트 선택기(보통 실행 스택을 포함하고 있는 세그먼트에 대응한다)를 저장하는 데 사용한다. ES, FS, GS 레지스터는 기타 프로세스 세그먼트 선택기에 사용할 수 있다.

프로세스에서 특정 주소를 참조하기 전에 대응하는 세그먼트 선택기를 세그먼트 레지스터에 로드해야 한다. 이렇게 함으로써 프로세스는 32비트 오프셋을 사용해 주소를 참조할 수 있게 되어 각 메모리 참조를 위해 16비트 세그먼트 선택기를 명시하지 않아도 된다.

프로세서는 세그먼트 맵 테이블 엔트리의 위치를 파악하기 위해 세그먼트 인덱스에 8(각 세그먼트 맵 테이블 엔트리의 바이트 수)을 곱하고, 이 값을 세그먼트 맵 테이블 시작점 레지스터에 저장된 주소 b에 더한다. IA-32 아키텍처는 세그먼트 맵 테이블 시작점 레지스터 두 개를 제공하는데, 하나는 **전역 기술자 테이블 레지스터** GDTR, Global Descriptor Table Register고, 다른 하나는 **지역 기술자 테이블 레지스터** LDTR, Local Descriptor Table Register다. GDTR과 LDTR의 값은 문맥 전환 시 로드된다.

시스템의 주요 세그먼트 맵 테이블은 8바이트 엔트리 8,192(2^{13})개를 담고 있는 **전역 기술자 테이블** GDT, Global Descriptor Table이다. 첫 번째 엔트리는 프로세서에서 사용하지 않는다. 이 엔트리에 대응하는 세그먼트를 참조하면 예외가 발생할 것이다. 운영체제는 이 엔트리에 대응하는 값을 사용되지 않는 세그먼트 레지스터(ES, FS, GS) 안으로 로드해 프로세스들이 유효하지 않은 세그먼트에 접근하는 것을 방지한다. 시스템은 모든 프로세스에 한 세그먼트 맵 테이블을 사용하고, GDT는 시스템에서 유일한 세그먼트 맵 테이블이 된다. 세그먼트를 8,192개 이상 포함해야 하는 시스템이나 각 프로세스마다 독립적인 세그먼트 맵 테이블을 유지하는 시스템인 경우, IA-32 아키텍처는 **지역 기술자 테이블** LDT, Local Descriptor Table을 제공한다. LDT는 각각 8,192개 엔트리를 포함한다. 이 경우 각 LDT의 기준 주소는 GDT에 저장되어야 한다. 프로세스가 LDT를 세그먼트에 두기 때문이다. 주소 변환을 빨리 수행하려고 LDT의 기준 주소 b를 LDTR에 놓는다. 운영체제는 LDT를 사용하는 독립된 세그먼트 맵 테이블 8,191개를 생성할 수 있다(GDT의 첫 번째 엔트리는 프로세서에서 사용하지 않음을 상기하기 바란다).

각 세그먼트 맵 테이블 엔트리는 **세그먼트 기술자** segment descriptor라고 하며, 32비트 **기준 주소** base address s'을 저장한다. 기준 주소는 세그먼트의 시작점인 선형 주소 공간의 위치를 명시한다. 시스템은 세그먼트 기준 주소 s'에 변위 d를 더해 선형 주소를 형성한다. 순수 세그멘테이션에서는 선형 주소 $s' + d$가 실제 주소다.

프로세서는 메인 메모리에 접근하기 전에 각 참조를 세그먼트 기술자의 레지던트 비트 및 보호 비트와 대조해 확인한다. 세그먼트 기술자의 **존재 비트** present bit는 세그먼트가 메인 메모리에 있는지 여부를 가리킨다. 만약 있으면 주소 변환은 평소처럼 진행된다. 만약 존재 비트가 'off'면, 프로세서는 **세그먼트 부재 예외** segment-not-present exception를 발생시켜 운영체제가 해당 세그먼트를 2차 저장소로부터 로드하게 한다.* 프로세서는 또한 각 참조마다 세그먼트 기술자의 20비트 **세그먼트 한계** segment limit인 l과 대조해본다. 이 한계는 세그먼트의 크기를 지정한다. 시스템은 세그먼트 기술자의 **입자성 비트** granularity bit도 확인해 세그먼트의 한계에서 명시한 값을 어떻게 해석해야 하는지 결정한다. 입자성 비트가 'off'면 세그먼트들은 1바이트(l=0) ~ 1MB($l = 2^{20} - 1$) 범위에 이를 수 있다. 이때 크기 값은 1바이트씩 증가할 수 있다. 이 경우 $d > l$이면, 시스템은 **일반 보호 폴트** GPF, General Protection Fault 예외를 발생시켜 프로세스가 자신의 세그먼트를 넘어서는 메모리에 접근하려고 시도했음을 나타낸다.** 만일 입자성 비트가 'on'이면 세그먼트들은 크기가 4KB(l = 0) ~ 4GB($l = 2^{20} - 1$) 범위에 이를 수 있고, 이때 크기 값들은 4KB씩 증가한다. 이 경우 $d > (l \times 2^{12})$이면, 프로세서는 GPF 예외를 발생시켜 프로세스가 자신의 세그먼트를 넘어서는 메모리에 접근하려고 시도했음을 나타낸다.

IA-32 아키텍처는 세그먼트에 대한 프로세스의 접근 권한을 각 세그먼트 맵 테이블 엔트리의 **유형** type 필드에 저장한다. 이 유형 필드의 **코드/데이터 비트** code/data bit는 해당 세그먼트가 실행 가능한 명령어나 프로그램 데이터를 포함하는지 여부를 결정한다. 이 비트가 'on'일 때 실행 접근이 활성화된다. 유형 필드는 또한 세그먼트가 읽기 전용인지, 읽기/쓰기인지 결정하는 **읽기/쓰기 비트** read/write bit도 포함한다.

운영체제는 페이징이 활성화되어 있으면 선형 주소 공간(즉, 세그먼트들이 위치한 가상 주소 공간)을 고정 크기 페이지로 나눌 수 있다. 다음 장에서 논의하겠지만, 페이지 크기는 성능에 아주 큰

* IA-32 명세에서는 '폴트' fault와 '예외' exception라는 용어를 이 책의 나머지 부분에서 논의하는 것과 다른 의미로 사용한다('3.4.2 인터럽트 클래스' 참고). 세그먼트 부재 예외는 부재 세그먼트 폴트에 대응하는 개념이다.

** 다시 말하지만 IA-32 명세에서는 폴트라는 용어를 이 책의 나머지 부분과 다른 의미로 사용한다.

영향을 준다. 따라서 IA-32 아키텍처는 4KB, 2MB, 4MB 페이지를 지원한다. IA-32 아키텍처는 4KB 페이지를 사용할 때 두 단계 페이지 주소 변환 메커니즘을 사용해 각 선형 주소를 물리 주소로 변환한다. 이 경우 각 32비트 선형 주소는 $v' = (t, p, d)$로 표현한다. 여기서 t는 10비트 페이지 테이블 번호, p는 10비트 페이지 번호, d는 12비트 변위를 나타낸다. 페이지 주소 변환은 정확히 '10.4.4 다수준 페이지 테이블'에서 설명한 것처럼 일어난다. 페이지 디렉토리 엔트리를 찾기 위해 t를 페이지 디렉토리 시작점 레지스터(페이지 테이블 시작점 레지스터와 유사하다) 값에 더한다. 4바이트 **페이지 디렉토리 엔트리** PDE, Page Directory Entry마다 4바이트 페이지 테이블 엔트리 PTE를 담고 있는 페이지 테이블의 기준 주소 b를 명시한다. 프로세서는 페이지 테이블 엔트리가 있는 물리 주소를 알아내려고 4를 곱하고(각 PTE가 4바이트를 차지하므로), 여기에 b를 더한다. 가장 활발한 PTE들과 PDE들이 프로세서의 TLB에 저장되어 가상-물리 주소 변환 속도를 높인다.

4MB 페이지를 사용할 때 각 32비트 선형 주소는 $v' = (p, d)$로 표현한다. 여기서 p는 10비트 페이지 디렉토리 번호, d는 22비트 변위다. 이 경우, 페이지 주소 변환은 정확히 '10.4.3 직접/연관 맵핑을 사용한 페이징 주소 변환'에서 설명한 것처럼 일어난다.

각 페이지 참조마다 PDE와 PTE의 읽기/쓰기 비트를 확인한다. 이 비트가 'on'이면 PDE의 페이지 테이블에 있는 모든 페이지가 읽기 전용이다. 그렇지 않으면 읽기/쓰기가 가능하다. 이와 유사하게 PTE 각각의 읽기/쓰기 비트는 대응하는 페이지에 대한 읽기/쓰기 접근 권한을 지정한다.

32비트 물리 주소 공간의 한 가지 한계점은 시스템이 최대 4GB 메인 메모리에만 접근할 수 있다는 것이다. 몇몇 시스템은 이보다 많은 메모리를 보유하고 있기 때문에 IA-32 아키텍처에서는 **물리 주소 확장** PAE, Physical Address Extension과 **페이지 크기 확장** PSE, Page Size Extension 기능을 제공한다. 이는 시스템이 36비트 물리 주소를 참조할 수 있게 해 최대 64GB 메모리를 지원할 수 있게 한다. 이 기능의 구현에 관한 내용은 이 책에서 다루는 범위를 벗어난다. 독자들이 IA-32 명세의 이런 사항이나 다른 점들을 학습해볼 것을 권장한다. 이러한 내용은 http://developer.intel.com/design/Pentium4/manuals/에서 「IA-32 Intel Architecture Software Developer's Manual, Vol. 3」에 나와 있다. PDF로 제공하는 '웹 자료'에는 PowerPC와 PA-RISC 아키텍처 같은 다른 아키텍처의 가상 메모리 구현을 설명하는 매뉴얼에 대한 링크가 있다.

IBM 메인프레임 운영체제

트랜지스터 로직을 일반적인 용도로 사용한 첫 번째 상용 컴퓨터는 1959년에 발표된 IBM 7090이다. 이 컴퓨터는 **IBSYS**[51, 52]라는 운영체제를 사용한다. IBSYS는 약 24개 정도의 구성 요소를 포함했고, 여기에는 자원 관리 장치 외에도 포트란과 코볼 언어를 위한 모듈도 포함되어 있었다.[53]

IBM은 1964년에 다음 시스템 그룹인 System/360 계열을 발표했다. 이 계열은 프로세서 성능이 다른 여러 가지 모델로 구성되어 있었고, 모두 같은 아키텍처에서 실행되었다.[54, 55] 가장 작은 모델이 도스 DOS, Disk Operating System에서 실행되었고, 나머지는 **OS/360**[56, 57, 58]에서 실행되었다. 당시에는 한 운영체제를 서로 다른 여러 모델 컴퓨터에서 실행되게 하는 것이 새로운 개념이었다.[59] OS/360은 PCP, MFT, MVT라는 세 가지 제어 옵션을 지녔다.[60, 61] OS/360-PCP Principal Control Program는 단일 작업용이었고, 가장 작은 System/360 모델을 위해 설계되었다. 그러나 이들 컴퓨터에서 실제로는 DOS(또는 테이프 드라이브만 갖춘 시스템에서는 TOS)를 사용했다.[62, 63] OS/360-MFT와 OS/360-MVT는 각각 '고정 개수 작업'과 '작업의 수를 변경할 수 있는' 멀티태스킹 시스템이었다. MFT 옵션을 지닌 시스템은 운영자가 미리 지정한 메모리 구획 division을 포함했고, MVT에서는 새로운 작업이 도착할 때마다 시스템에서 메모리를 자동으로 나눌 수 있었다.[64, 65] 시분할 시스템 TSS, Time-Sharing System이라는 대규모 프로젝트는 멀틱스와 경쟁해 다중 사용자 운영체제를 만들려고 한 것으로, TSS가 너무 크고 자주 다운되자 결국 취소되었다.[66] 그리고 1971년에 그 기능들을 TSO Time-Sharing Option로 구현했다.[67, 68]

IBM은 1970년에 가상 메모리 지원 기능을 포함한 System/370 하드웨어를 발표했다.[69] 이 새로운 기능을 활용하기 위해, OS/360-MFT를 업그레이드하고 OS/VS1로 이름도 변경했다. 반면, MVT 옵션도 유사하게 업그레이드하고 OS/VS2 SVS Single Virtual Storage라고 명명했다. 이렇게 명명한 이유는 모든 사용자 간에 공유하는 16MB 가상 주소 공간만을 지녔기 때문이다.[70, 71] 이는 후에 다시 업그레이드되어 이러한 주소 공간을 얼마든지 지닐 수 있게 바뀌어 이름도 OS/VS2 MVS 혹은 줄여서 **MVS** Multiple Virtual Storages로 변경했다.[72, 73]

MVS는 MVS/370으로 갱신되고, 곧 System/370 하드웨어의 새로운 크로스 메모리 cross-memory 특징을 지원했다. 크로스 메모리는 메모리 공간의 데이터와 코드를 분리하는 메커니즘이다.[74, 75] 이에 더해 16MB 메모리 공간은 크기가 확장되어가는 시스템 프로그램으로 금방 채워졌으므로, 프로세서들은 이제 26비트 주소를 사용해 64MB의 실제 메모리를 지원하기에 이르렀다. 그러나 MVS/370이 이러한 실제 메모리 용량을 지원하는 동안 여전히 24비트 주소를 사용하기 때문에 16MB 가상 메모리 공간만을 사용했다.[76, 77]

2년 후 IBM은 370-XA Extended Architecture에서 3,081개 프로세서를 실행하는 데까지 발전했다.[78, 79] MVS/370을 갱신하고 새 기능을 추가한 결과 1983년 MVS/XA를 발표했다.[80, 81] 이 OS는 2GB 가상 메모리를 가능하게 했고, 프로그램들이 공간을 얼마 요구하든 더 쉽게 충족할 수 있게 되었다.[82]

1988년에 IBM은 하드웨어를 다시 한 번 업그레이드해서 ESA Enterprise System Architecture/370에서 ES/3090 프로세서들을 실행하게 되었다.[83] ESA는 데이터 전용 메모리 공간을 소개해 프로세싱을 위해 데이터를 옮기는 일을 더 쉽게 해줬다.[84] MVS/XA는 이러한 새로운 시스템에 발맞춰 MVS/ESA까지 변모했다.[85, 86] MVS/ESA는 1991에 새로운 ESA/390 하드웨어에 맞춰 상당한 부분 갱신되었다. 이 하드웨어는 IBM 기계를 느슨한 클러스터(SYSPLEX)로 연결하는 메커니즘을 지녔고[87] 입출력 장치의 설정을 변경할 때 기계가 오프라인이 되지 않아도 되게 하는(ESCON) 기능이 있었다.[88]

MVS는 MVS/ESA가 1996년에 System/390 하드웨어를 위해 OS/390으로 업그레이드될 때도 여전히 IBM의 메인프레임 운영체제의 근간을 이뤘다.[89] 현재는 **z/OS**로 명명되고 zSeries 메인프레임에서 실행한다.[90] 또한 IBM의 메인프레임 운영체제는 거꾸로 초기 버전들에 맞춰진 채로 남게 되었다. OS/390은 MVS/ESA, MVS/XA, OS/VS2 혹은 OS/360으로 작성한 응용 프로그램을 실행할 수 있다.[91]

VM 운영체제의 초기 역사

가상 머신은 실제 머신을 흉내 내는 일종의 눈속임이다. 가상 머신은 **가상 머신 운영체제** virtual machine operating system를 통해 만든다. 가상 머신 운영체제는 한 실제 머신이 여러 머신인 것처럼 보이게 한다. 사용자 관점에서 가상 머신은 존재하는 실제 머신처럼 보일 수도 있고, 전혀 다르게 보일 수도 있다. 가상 머신의 개념은 유효성이 입증되어 많은 가상 머신 운영체제가 개발되었다. 가장 널리 사용되는 것 중 하나는 IBM의 VM이다.

VM은 IBM System/370[92, 93] 컴퓨터(또는 이와 호환성 있는 하드웨어)를 관리하고, 여러 사용자가 많은 입출력 장치를 포함해 완전한 System/370을 사용하고 있는 것처럼 느끼게 만든다. 각 사용자는 다른 운영체제를 선택할 수 있다. VM은 동시에 여러 운영체제를 자신만의 가상 머신에서 실행할 수 있다. 오늘날 VM 사용자는 OS/390, z/OS, TPF, VSE/ESA, CMS, 리눅스 등 여러 운영체제를 실행할 수 있다.[94]

전통적인 멀티프로그래밍 시스템은 한 컴퓨터의 자원을 여러 프로세스 사이에서 공유한다. 이 프로세스들은 각각 실제 머신의 자원 중 일정 부분을 할당받는다. 각 프로세스가 볼 때 머신은 실제 머신보다는 크기와 용량 면에서 작다.

가상 머신 멀티프로그래밍 시스템([그림 10-30])은 한 머신의 자원들을 다른 방식으로 공유해 실제 머신 하나를 여러 머신인 것처럼 보이게 한다. 이들은 가상 프로세서들과 가상 저장 공간 그리고 가상 입출력 장치까지, 하부에 있는 실제 머신보다 훨씬 많은 용량을 보유한 것처럼 꾸밀 수 있다.

VM의 주요 구성 요소로는 **제어 프로그램** CP, Control Program, **대화형 모니터 시스템** CMS, Conversational Monitor System, **원격 스풀링 통신 서브시스템** RSCS, Remote Spooling Communications Subsystem, **대화식 문제 제어 시스템** IPCS, Interactive Problem Control System, **CMS 배치 기능** CMS Batch Facility 등이 있다. CP는 가상 머신들이 실행할 수 있는 환경을 조성한다. 또한 System/370과 여러 호환성 있는 컴퓨터 시스템을 제어하는 데 사용하는 다양한 운영체제에 대한 지원을 제공한다. CP는 가상 머신 환경의 하부를 뒷받침하는 실제 머신을 관리하며, 사용자가 프로세서나 저장소, 입출력 장치와 같은 실제 머신의 기능에 접근할 수 있게 해준다. 또한 개별 작업이나 프로세스보다는 완전한 가상 머신을 멀티프로그래밍한다. CMS는 대화식 프로그램 개발을 위한 강력한 기능을 갖춘 응용 프로그램 시스템이다. CMS에는 에디터, 언어 번역기, 다양한 응용 프로그램 패키지와 디버깅 도구 등을 포함한다. CP 아래에서 가상 머신은 마치 실제 머신처럼 동작한다. 다만 한 가지, 더 느리다는 점만 다르다. VM은 여러 가상 머신을 동시에 실행하기 때문이다.

VM이 여러 운영체제를 동시에 실행할 수 있는 기능을 여러 방면에 적용할 수 있다.[95, 96] 예를 들어, 이기종 운영체제 또는 같은 운영체제라도 버전이 다른 경우, 마이그레이션 migration을 쉽게 해준다. 또한 시스템이 실행되고 있을 때, 동시에 사람들을 트레이닝할 수도 있다. 또한 제품이 실행되면서 동시에 개발 작업도 할 수 있다. 고객들은 각 시스템의 장점을 활용하려고 여러 다른 운영체제를 실행할 수 있다. 여러 운영체제를 실행하는 것은 시스템이 고장 날 경우 백업 역할도 하게 한다. 이로써 가용성을 높일 수 있다. 새로운 운영체제가 나오면 업그레이드할 가치가 있는지 함께 설치해 벤치마킹을 할 수도 있다. 이는 제품의 동작과 병렬로 일어날 수 있다.

가상 머신에서 실행하는 프로세스는 CP가 아닌, 해당 가상 머신에서 실행하고 있는 실제 운영체제로 제어한다. 가상 머신에서 실행하는 운영체제는 저장소 관리, 프로세서 스케줄링, 입출력 제어, 사용자를 다른 사용자들로부터 보호하는 일, 사용자들로부터 운영체제를 보호하는 일, 스풀링, 멀티프로그래밍, 작업 및 프로세스 제어, 오류 처리 등 본래 기능을 모두 수행할 수 있다.

VM은 한 사용자가 점유하는 머신 전체를 시뮬레이션할 수 있다. VM 가상 머신에 있는 사용자는 여러 사용자가 한 자원 집합을 공유하는 것이 아닌 완전한 실제 머신과 동등한 머신을 보게 된다.

CP/CMS는 1964년에 실험용 시스템으로 시작되었다. 이 시스템은 IBM System/360 컴퓨터 기반 2세대 시분할 시스템이 될 것으로 기대되었다.[97] 원래는 IBM Cambridge Scientific Center에서만 사용하려고 개발했다가 다른 운영체제의 성능을 평가하는 데 좋은 도구로 인정받게 되었다.

첫 번째 운영 가능 버전은 1966년 나타났고, 이때 CP-40과 CMS로 이루어졌다. 이 구성 요소들은 새로운 동적 주소 변환 하드웨어를 갖춘 수정된 IBM 360/40에서 실행하도록 설계되었다. 이 시점에 IBM은 강력한 360/65로 업그레이드를 발표했다. 새로운 시스템, 360/67은 동적 주소 변환 하드웨어를 추가했고, TSS/360라는 범용 시분할, 멀티프로그래밍 컴퓨터의 기본을 제공했다.[98] TSS에 대한 노력은 CP/CMS를 위한 일과는 독립적으로 이루어졌으며 여러 가지 어려움에 봉착했다(이러한 양상은 1960년대 중반 대규모 소프트웨어를 개발할 때 흔히 일어났다). 그러는 동안 CP/CMS가 360/67로 성공적으로 이동해 결국 TSS의 노력을 능가하게 되었다. CP/CMS는 VM/370으로 진화해 1972년 IBM 370 시리즈의 가상 저장소 모델에 사용할 수 있게 되었다.[99]

CTSS는 1974년 MIT에서 유용하게 사용되었고 CP/CMS의 설계에 가장 큰 영향을 줬다. CP/CMS 설계자들은 CTSS 설계가 어렵다고 느꼈다. 이들은 더 모듈화된 접근법이 적절하다고 느끼고, 운영체제의 자원 관리 부분을 사용자 지원 부분으로부터 분리해 각각 CP와 CMS를 만들어냈다. CP는 각 사용자에게 완전한 가상 머신에 접근할 수 있는 구별된 컴퓨팅 환경을 제공한다. CMS는 CP에서 생성한 가상 머신에서 실행되어, 단일 사용자를 위한 상호 작용성 있는 시스템으로 동작한다.

CP 설계에서 가장 중대한 결정은 각 가상 머신이 실제 머신을 복제 replicate한다는 것이다. 360 계열 개념이 360 프로그램들의 수명을 길게 할 것이라는 점은 분명했다. 더 높은 성능을 요구하는 사용자들은 360 계열에서 더 많은 저장소, 장치, 프로세서 속도를 갖춘 호환성 있는 사양으로 간단하게 옮길 수 있었기 때문이다. 실제 360과 다른 구조를 가진 가상 머신을 제작하기고 결정했다면 CP/CMS 시스템의 실패를 초래했을 것이다. 하지만 이 개념은 성공을 거둬 VM은 1990년대에

IBM의 선도적인 메인프레임 운영체제 중 하나가 되었다. IBM은 메인프레임 서버를 위한 새로운 버전의 VM을 계속 개발했다. 최근 버전은 IBM의 64비트 아키텍처를 지원하는 z/VM이다.[100]

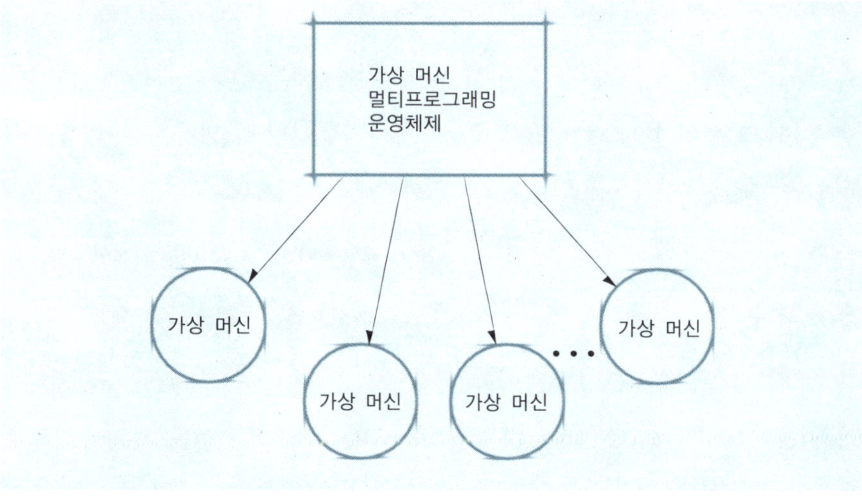

[그림 10-30] 가상 머신 멀티프로그래밍

요약 Summary

가상 메모리는 시스템에 실제 여유 메모리보다 더 많은 메모리가 있는 것처럼 보이게 해 제한된 메모리 공간 문제를 해결해준다. 가상 메모리 시스템에는 프로세스에서 참조하는 주소와 메인 메모리의 사용 가능한 주소라는 두 가지 주소 유형이 있다. 프로세스에서 참조하는 주소를 가상 주소 virtual address라고 한다. 메인 메모리에 있는 사용 가능한 주소를 물리(실제) 주소 physical(real) address라고 한다. 시스템은 프로세스가 가상 주소에 접근할 때마다 이를 실제 주소로 변환해야 한다. 메모리 관리 장치MMU로 이 일을 수행한다.

프로세스의 가상 주소 공간 virtual address space V는 프로세스가 참조할 수 있는 가상 주소의 범위를 나타낸다. 특정 컴퓨터의 실제 주소 중 사용 가능한 범위를 해당 컴퓨터의 실제 주소 공간 real address space R로 표현한다. 사용자의 가상 주소 공간이 실제 주소 공간보다 크게 하려면, 프로그램과 데이터를 큰 보조 저장소에 유지할 수 있는 수단을 제공해야 한다. 시스템은 보통 메인 메모리와 2차 저장소라는 두 단계의 저장소 구조를 사용함으로써 이 목적을 달성한다. 시스템은 프로세스를 실행할 준비가 되면, 프로세스의 코드와 데이터를 2차 저장소에서 메인 메모리로 로드한다. 그런데 실제로 프로세스를 실행하는 데는 이 중 작은 부분만 메인 메모리에 있으면 된다.

동적 주소 변환 DAT, dynamic address translation 메커니즘은 실행 도중 가상 주소를 물리 주소로 변환한다. 동적 주소 변환을 사용하는 시스템에서는 프로세스의 가상 주소 공간에 있는 연속적인 주소들이 물리 주소에서는 연속적이지 않아도 된다. 이를 인위적 연속성 artificial contiguity 이라고 한다. 프로그래머는 동적 주소 변환과 인위적 연속성 덕분에 메모리 배치와 관련해 걱정할 필요가 없다. 다시 말해, 프로그래머가 시스템이 프로그램을 실행할 수 있게 중첩 overlay 을 구현하지 않아도 된다. 동적 주소 변환 메커니즘은 프로세스의 가상 주소 공간 V에서 어느 영역이 현재 메인 메모리에 있고, 어디에 위치하는지 가리키는 주소 변환 맵 address translation map 을 유지해야 한다.

가상 메모리 시스템에서 그 많은 주소를 개별적으로 맵핑할 수는 없다. 따라서 시스템은 정보를 블록으로 묶고, 메모리의 어느 위치에 각 가상 메모리 블록이 위치하는지 추적한다. 블록이 고정 크기면 페이지 page 라고 하며, 관련 가상 메모리 구성을 페이징 paging 이라고 한다. 블록이 다른 크기면 세그먼트 segment 라고 하며, 관련 가상 메모리 구성을 세그먼테이션 segmentation 이라고 한다. 몇몇 시스템은 두 가지 방법을 결합해 세그먼트를 고정 크기 페이지로 구성된 가변 크기 블록으로 구현하기도 한다.

프로세스는 가상 주소 공간에 있는 특정 항목을 참조하기 위해 해당 항목이 있는 블록과, 블록의 시작 위치에서부터 항목의 변위(오프셋) displacement(offset) 를 명시한다. 가상 주소 v는 순서 쌍 (b, d)로 표기하며, 여기서 b는 참조되는 항목이 있는 블록 번호, d는 블록 시작점에서부터의 변위를 나타낸다. 시스템은 메모리에 각 프로세스의 블록 맵 테이블 block map table 을 유지한다. 프로세스의 블록 맵 테이블의 메인 메모리 주소에 대응하는 실제 주소 a는 블록 맵 테이블 시작점 레지스터라는 특수한 프로세서 레지스터에 로드된다. 실행되는 동안 프로세스가 가상 주소 $v = (b, d)$를 참조한다고 가정하자. 시스템은 블록 번호 b를 프로세스의 블록 맵 테이블의 기준 base 주소 a에 더해서 블록 맵 테이블에 있는 블록 b의 엔트리에 대한 실제 주소를 얻어낸다. 이 엔트리에는 메인 메모리에서 블록 b의 시작점인 주소 b' 이 있다. 시스템은 변위 d를 블록 시작 주소 b' 에 더해 원하는 실제 주소 r을 얻어낸다.

페이징은 고정 크기 블록 맵핑을 사용한다. 순수 페이징 시스템은 세그먼테이션과 페이징을 결합하지 않는다. 페이징 시스템에서 가상 주소는 순서 쌍 (p, d)로 표현하며, 여기서 p는 참조하는 항목이 있는 가상 메모리의 페이지, d는 페이지 p 안에서 참조하는 항목이 위치한 변위를 나타낸다. 시스템은 2차 저장소의 페이지를 메인 메모리로 변환할 때 해당 페이지를 페이지 프레임 page frame 이라는 메인 메모리 블록에 놓는다. 페이지 프레임은 들어오는 페이지와 크기가 같다. 페이지 프레임은 고정 페이지 크기의 정수 배인 물리 메모리 주소에서 시작한다. 시스템은 들어오는 페이지를 사용 가능한 어느 페이지 프레임에든 놓을 수 있다.

페이징을 사용하는 시스템에서 동적 주소 변환은 블록 주소 변환과 비슷하다. 실행 중인 프로세스가 가상 메모리 주소 $v = (p, d)$를 참조한다. 페이지 맵핑 메커니즘은 페이지 테이블 시작점 레지스터의 값을 사용해 프로세스의 페이지 맵 테이블(보통 줄여서 페이지 테이블이라고 한다)에 있는 페이지에 해당하는 엔트리를 찾는다. 해당 페이지 테이블 엔트리PTE는 페이지 p가 페이지 프레임 p' (p'은 물리 메모리 주소가 아니다)에 있음을 알려준다. v와 대응하는 실제 메모리 주소 r은 p'과 페이지 프레임에서의 변위 d를 연결해 얻을 수 있다. 여기서 p'은 실제 메모리 주소의 최상위 비트가 되고, d는 최하위 비트가 된다.

프로세스가 메인 메모리에 없는 페이지를 참조할 때 프로세서는 페이지 폴트page fault를 발생시키는데, 이는 운영체제를 호출해 해당 페이지를 2차 저장소에서 메인 메모리로 로드하게 한다. 이 페이지를 위한 PTE에서 레지던트 비트 r은 페이지가 메인 메모리에 없으면 0으로, 있으면 1로 설정된다.

페이지 주소 변환은 직접 맵핑, 연관 맵핑 혹은 직접/연관 조합 맵핑으로 수행할 수 있다. 고속 캐시 메모리는 비용이 높고 프로그램은 상대적으로 크기 때문에 페이지 테이블 전체를 캐시 메모리에 유지하기 어려운 경우가 많다. 이러한 방식은 직접 맵핑 페이지 주소 변환의 성능에 한계를 가져온다. 페이지 테이블을 훨씬 느린 메인 메모리에 저장해야 하기 때문이다. 동적 주소 변환의 성능을 향상시키는 한 가지 방법은 페이지 테이블 전체를 위치 기반으로 주소를 찾기보다는 내용 기반으로 주소를 찾는 연관 메모리associative memory에 놓는 것이다. 이 메모리는 메인 메모리보다 사이클 시간이 한 자릿수나 빠르다. 이 경우 페이지 p를 찾으려고 연관 메모리에 있는 모든 엔트리를 동시에 검색한다. 대다수 시스템에서 순수 직접 맵핑이나 연관 메모리를 구현하는 데 캐시 메모리를 사용하면 너무 많은 비용이 든다.

그 결과 많은 설계자가 캐시나 연관 메모리의 다양한 장점을 살리면서도 비용은 그리 많이 들어가지 않는 절충안을 선택한다. 이 방법은 변환 참조 버퍼TLB, Translation Lookaside Buffer라는 연관 메모리를 사용하는 것이다. TLB는 프로세스의 전체 페이지 테이블 중 일부만 수용할 수 있는 메모리다. 이 맵에 유지하는 페이지 테이블 엔트리들은 대체로 가장 최근 참조한 페이지들과 대응한다. 이는 최근 참조한 페이지는 가까운 미래에 다시 참조할 가능성이 크다는 경험론에 근거한다. 이는 지역성locality(더 구체적으로는 시간적 지역성)의 한 예다. 시스템이 TLB에서 p에 대한 맵핑을 찾으면, TLB 적중을 했다고 한다. 그렇지 않은 경우 시스템이 TLB 실패를 했다고 한다. 이때 시스템은 더 느린 메인 메모리에 접근해야 한다. 경험적으로 지역성 때문에 TLB에 있는 엔트리의 수가 많지 않아도 성능을 훨씬 향상시킬 수 있다.

다수준(계층적) 페이지 테이블 multilevel(hierarchical) page table은 시스템에서 프로세스가 페이지 테이블 중 현재 활발하게 사용하는 부분을 불연속적인 메인 메모리 위치에 저장할 수 있게 해준다. 이러한 층은 페이지 테이블의 계층을 형성하며, 각 수준은 하위 수준 테이블을 가리키는 포인터를 저장한다. 최하위 수준은 주소 변환을 담은 테이블들로 구성된다. 다수준 페이지 테이블은 직접 맵핑 시스템과 비교해 메모리 오버헤드를 줄여주지만, TLB에 없는 주소를 변환하려면 메인 메모리에 한 번 더 접근하는 추가 비용이 든다.

역 페이지 테이블은 각 페이지 프레임마다 정확히 한 PTE를 메모리에 저장한다. PTE를 가상 페이지 번호가 아닌 페이지 프레임 번호로 인덱스하므로, 전통적인 페이지 테이블과 비교해 역 inverted 이다. 역 페이지 테이블은 해시 함수와 체이닝 포인터를 사용해 가상 페이지를 역 페이지 테이블 엔트리에 맵핑한다. 그리고 그 결과 페이지 프레임 번호를 얻어낸다. 역 페이지 테이블의 해시 충돌 체인에서 각 포인터를 따라 메인 메모리에 접근하는 일은 상당한 오버헤드를 야기할 수 있다. 페이지 프레임에 대한 직접 맵핑을 제공하려면 역 페이지 테이블이 고정된 채로 있어야 한다. 그러므로 대부분의 시스템은 추가적으로 메모리에 접근하는 비용을 치르고 해시 앵커 테이블을 사용해 해시 함수 범위를 늘리는 방법으로 충돌을 줄인다.

멀티프로그래밍 시스템에서 공유를 가능하게 하면 공통 데이터나 명령어를 사용하는 프로그램들의 메모리 소비를 줄인다. 그러나 이를 위해서는 시스템이 각 페이지를 공유 가능한지, 불가능한지 구별해야 한다. 다른 프로세스들의 페이지 테이블 엔트리들이 동일한 페이지 프레임을 가리키면, 해당 페이지 프레임은 각 프로세스에 공유된다. 쓰기 시 복사 copy-on-write는 부모 프로세스의 주소 공간을 자식 프로세스와 공유함으로써 프로세스 생성 시간을 줄이기 위해 공유 메모리를 사용한다. 프로세스가 공유 페이지에 데이터를 쓰려고 시도할 때마다 운영체제는 공유 페이지를 복사해 해당 프로세스의 주소 공간에 맵핑되는 새로운 페이지에 넣는다. 운영체제는 이 공유 페이지들을 읽기 전용으로 표시해 프로세스들이 수정하려고 하면 시스템에서 예외를 발생시키게 한다. 이 예외를 처리하려면 운영체제가 페이지의 공유되지 않는 사본을 예외를 발생시킨 프로세스에 할당해야 한다. 프로세스들의 공유 데이터 중 대부분이 프로그램 실행 중에 수정되는 경우에는 쓰기 시 복사 방식이 오히려 성능 저하를 야기할 수도 있다.

세그먼테이션에서는 프로그램의 데이터와 명령어가 세그먼트 segment라는 블록으로 나뉜다. 각 세그먼트는 프로시저나 배열 등과 같이 프로그램의 의미 있는 부분들을 담는다. 각 세그먼트는 연속된 위치로 구성된다. 그러나 세그먼트의 크기가 같아야 하거나 메인 메모리에서 서로 인접할 필요는 없다. 프로세스는 현재 명령어와 데이터가 메인 메모리에 위치한 세그먼트에 있을 때 실행할 수 있다. 프로세스가 현재 메모리에 있지 않은 세그먼트의 메모리를 참조하면, 가상 메모리 시스템은 해당 세그먼트를 2차 저장소에서 불러와야 한다. 세그먼테이션 배치 전략은 가변 파티션 멀티프로그래밍에서 사용한 전략과 동일하다.

가상 메모리 세그먼테이션의 주소는 순서 쌍 $v = (s, d)$로 나타내며, 여기서 s는 참조하는 항목이 존재하는 가상 메모리에서 세그먼트 번호, d는 세그먼트 s에서 참조하는 항목이 있는 곳까지의 변위를 나타낸다. 시스템은 세그먼트 번호 s를 세그먼트 맵 테이블 시작점 레지스터 segment map table origin register에 있는 세그먼트 맵 테이블의 기준 주소 값 b에 더한다. 덧셈 결과로 얻은 $b + s$는 세그먼트의 테이블 맵 엔트리의 위치를 가리킨다. 세그먼트가 현재 메인 메모리에 있을 경우 엔트리는 세그먼트의 메인 메모리 시작 주소 s'을 포함한다. 시스템은 이 주소에 변위 d를 더해 참조하는 위치의 실제 메모리 주소 $r = s' + d$를 얻어낸다. 세그먼트 크기가 다양하기 때문에 순수 페이징 시스템처럼 간단히 d와 s'을 연결할 수는 없다. 세그먼트가 메인 메모리에 없는 경우 부재 세그먼트 폴트가 발생해 운영체제가 제어를 얻고 2차 저장소에서 참조된 세그먼트를 로드한다.

세그먼트에 대한 각 참조마다 세그먼트 길이 l과 비교해 세그먼트의 크기 범위 안에 들어가는지 확인한다. 이를 초과하면 세그먼트 오버플로우 예외가 발생하고, 운영체제가 제어를 얻어 프로세스를 종료한다. 세그먼트에 대한 참조 시마다 세그먼트 맵 테이블 엔트리의 보호 비트 역시 확인해 시도하는 연산이 허용된 것인지 판단한다. 허용되지 않은 연산이면 세그먼트 보호 예외가 발생하고 운영체제가 제어를 얻어 해당 프로세스를 종료한다. 세그먼트 공유는 직접 맵핑의 순수 페이징 시스템보다는 오버헤드를 적게 발생한다. 각 세그먼트에 대한 공유 정보는 여러 페이지의 메모리를 소비할 수도 있는데, 정보가 한 세그먼트 맵 테이블 엔트리에 저장되기 때문이다.

세그먼테이션 시스템에서 메모리 보호 메커니즘을 구현하는 한 가지 방법은 메모리 보호 키 memory protection key를 사용하는 것이다. 이 경우 각 프로세스는 보호 키라는 값과 연관되어 있다. 프로세스가 특정 세그먼트를 참조할 때, 프로세서는 참조되는 항목을 포함하고 있는 블록의 보호 키를 확인한다. 만일 해당 프로세스와 요청된 블록의 보호 키가 같으면 해당 세그먼트에 접근할 수 있다. 운영체제는 세그먼트가 어떻게, 어떤 프로세스에서 접근할 수 있는지 명시함으로써 더 심화된 보호 메커니즘을 실행할 수도 있다. 이는 각 프로세스에 세그먼트들에 대한 특정한 접근 권한 access right을 부여함으로써 구현할 수 있다. 예를 들어, 접근 권한에는 읽기 read, 쓰기 write, 실행 execute, 추가 append 권한이 있다. 이러한 접근 유형을 허용하거나 거부함으로써 여러 가지 상이한 접근 제어 모드를 만들 수 있다.

세그먼테이션/페이징 조합 시스템에서는 세그먼트들이 페이지 하나 이상을 차지한다. 세그먼트의 모든 페이지가 동시에 메인 메모리에 있어야 하는 것은 아니다. 또한 가상 메모리에서 연속적인 가상 메모리 페이지들이 메인 메모리에서도 연속적일 필요도 없다. 이러한 구조에서 가상 메모리 주소는 세 순서 쌍 $v = (s, p, d)$로 구현한다. 여기서 s는 세그먼트 번호, p는 해당 세그먼트 안에 있는 페이지 번호, d는 원하는 항목이 위치한 페이지 안에서의 변위를 나타낸다. 프로세스가 가상 주소 $v = (s, p, d)$를 참조할 때, 시스템은 TLB에서 대응하는 페이지 프레임 번호 p'을 찾으려고 시도한다. 만약 TLB에 없으면 시스템은 먼저 페이지 테이블의 기본 주소를 가리키는 세그먼트 맵 테이블을 찾고, 페이지 번호 p를 페이지 테이블의 변위로 사용해 페이지 프레임 번호 p'을 포함하는 PTE를 찾는다. 다음으로 p'은 변위 d와 연결되어 실제 주소 r을 형성한다. 이러한 변환 방법은 프로세스의 메모리 참조가 유효하며, 프로세스를 위해 요청된 정보의 모든 부분이 메인 메모리에 있다고 가정한다. 그러나 실제로는 여러 조건에 따라 주소 변환에 추가적인 단계가 필요하거나 아예 실패할 수도 있다.

세그먼테이션/페이징 시스템에서는 두 프로세스가 동일한 페이지 테이블을 가리키는 세그먼트 맵 테이블 엔트리를 지닐 때 해당 메모리를 공유한다. 공유를 하려면 페이지화된 시스템이든, 세그먼트화된 시스템이든 혹은 세그먼테이션/페이징 시스템이든 운영체제의 철저한 관리가 필요하다. IA-32 인텔 아키텍처는 순수 세그먼테이션이나 세그먼테이션/페이징 조합 가상 메모리를 구현한다. 각 세그먼트에 포함된 주소 집합을 논리 주소 공간 logical address space 이라고 한다. 세그먼트는 시스템의 선형 주소 공간 중 사용 가능한 곳 어디에든 배치될 수 있다. 선형 주소 공간은 32비트(즉, 4GB) 가상 주소 공간이다. 순수 세그먼테이션 시스템에서는 참조된 항목의 선형 주소가 메인 메모리에서의 주소다. 페이징이 가능하면 선형 주소 공간은 메인 메모리에 맵핑되는 고정 크기 페이지 프레임으로 나뉜다. 세그먼트 주소 변환은 시스템의 세그먼트 맵 테이블 수에 따라 전역 기술자 테이블 레지스터 GDTR 혹은 지역 기술자 테이블 레지스터 LDTR 에 있는 세그먼트 맵 테이블 시작점 레지스터를 저장하는 고속 프로세서 레지스터를 사용해 직접 맵핑으로 수행된다. 프로세서는 또한 세그먼트 기술자라는 세그먼트 번호들을 고속 레지스터에 저장해 주소 변환의 성능을 높일 수도 있다.

세그먼테이션/페이징 조합 기술을 사용할 때는 세그먼트들이 4GB의 선형 주소 공간에 저장된다. 이 주소 공간은 메인 메모리에 맵핑되는 페이지 프레임으로 나뉜다. IA-32 아키텍처는 두 수준 페이지 테이블을 사용해 페이지 번호에서 페이지 프레임 번호로 변환을 수행하며, 이 번호는 페이지 오프셋과 연결되어 실제 주소를 형성한다.

Chapter_10 연습문제

01 프로세스의 가상 메모리 공간을 물리 메모리 공간으로부터 분리하면 좋은 이유를 몇 가지 나열하라.

02 가상 메모리의 한 가지 매력은 사용자가 자신의 프로그램 크기를 물리 메모리에 맞춰 제한할 필요가 없다는 점이다. 이 덕분에 프로그래밍 스타일이 더 자유로워졌다. 이러한 자유로운 프로그래밍 스타일이 멀티프로그래밍 가상 메모리 환경에서 성능에 어떤 영향을 주는지 논의하라. 긍정적인 영향과 부정적인 영향 모두 나열하라.

03 페이징을 이용해 가상 주소와 물리 주소를 맵핑하는 다양한 기술에 관해 설명하라.

04 다음 각 가상 메모리 맵핑 기술의 상대적인 장점을 논의하라.

a. 직접 맵핑
b. 연관 맵핑
c. 직접/연관 조합 맵핑

05 세그먼테이션에서 가상 주소와 물리 주소의 맵핑에 관해 설명하라.

06 32비트(각각 메모리의 한 바이트를 명시한다) 주소를 사용하는 순수 페이징 시스템이 있다고 가정하자. 메인 메모리의 크기가 128MB고, 페이지 크기가 8KB다.

a. 이 시스템은 페이지 프레임을 몇 개 지니는가?
b. 이 시스템은 변위 d를 유지하는 데 몇 비트를 사용하는가?
c. 이 시스템은 페이지 번호 p를 유지하는 데 몇 비트를 사용하는가?

07 3단계 페이지 테이블과 64비트 주소를 사용하는 순수 페이징 시스템을 고려해보자. 각 가상 주소는 $v = (p, m, t, d)$로 표현하고, 여기서 (p, m, t)는 페이지 번호, d는 해당 페이지에서 변위를 나타낸다. 각 페이지 테이블 엔트리는 64비트, 즉 8바이트다. p를 저장하는 비트의 수는 n_p, m을 저장하는 비트 수는 n_m, 그리고 t를 저장하는 비트 수는 n_t다.

a. $n_p = n_m = n_t = 18$이라고 가정할 때
   i. 다수준 페이지 테이블에서 각 수준의 테이블 크기는 얼마인가?
   ii. 페이지 크기는 몇 바이트인가?
b. $n_p = n_m = n_t = 14$라고 가정할 때
   i. 다수준 페이지 테이블에서 각 수준의 테이블 크기는 얼마인가?
   ii. 페이지 크기는 몇 바이트인가?
c. 테이블 크기가 작을 때와 큰 때 장단점을 논의하라.

08 세그먼테이션을 사용하는 가상 메모리 시스템에서 메모리 보호를 구현하는 방법을 설명하라.

09 가상 메모리 시스템을 구현하는 데 유용한 하드웨어 기능에 관해 논의하라.

10 다음 각 유형의 가상 메모리 시스템에서 단편화가 어떻게 나타나는지 논의하라.

a. 세그먼테이션
b. 페이징
c. 세그먼테이션/페이징 조합

11 메모리 시스템이든 가상 메모리 시스템이든 컴퓨터가 메인 메모리에 로드된 모든 명령어와 데이터를 참조하는 일은 드물다. 이를 덩어리 단편화 chunk fragmentation 라고 하자. 이는 메모리 항목을 개별적으로 다루지 않고 블록 혹은 덩어리 단위로 다뤄서 발생하기 때문이다. 덩어리 단편화는 다른 모든 유형의 단편화를 합친 것보다 실제적으로 더 많은 메모리 낭비를 야기할 수 있다.

a. 그렇다면 문헌에서 다른 단편화 유형에 비해 덩어리 단편화를 덜 다루는 이유는 무엇인가?
b. 동적 메모리 할당을 하는 가상 메모리 시스템이 실제 메모리 시스템이 경험하는 것에 비해 덩어리 단편화를 큰 폭으로 줄이는 이유는 무엇인가?
c. 크기가 더 작은 페이지는 덩어리 단편화에 어떤 영향을 미치는가?
d. 이론적으로나 실제적으로 어떤 이유 때문에 덩어리 단편화를 완전히 제거하기 어려운가?
e. 다음 각 사람이 덩어리 단편화를 최소화하기 위해 무엇을 할 수 있는가?
   i. 프로그래머
   ii. 하드웨어 설계자
   iii. 운영체제 설계자

12 세그먼테이션/페이징 조합 시스템에서 가상 주소를 물리 주소로 맵핑하는 과정을 설명하라.

13 멀티프로그래밍 환경에서 코드와 데이터 공유는 한 그룹에 속한 프로세스들이 효율적으로 실행하는 데 필요한 메인 메모리의 양을 크게 줄일 수 있다. 다음 각 시스템 유형에서 공유를 구현하는 방법을 간략하게 설명하라.

a. 고정 파티션 멀티프로그래밍
b. 가변 파티션 멀티프로그래밍
c. 페이징
d. 세그먼테이션
e. 세그먼테이션/페이징 조합

14 실제 메모리 시스템보다 가상 메모리 시스템에서 코드와 데이터 공유가 훨씬 자연스러운 이유는 무엇인가?

15 페이징과 세그먼테이션의 유사점과 차이점을 기술하라.

16 순수 세그먼테이션과 세그먼테이션/페이징 조합을 비교, 대조하라.

17 페이징 하드웨어는 있지만 세그먼테이션 하드웨어는 없는 머신에 세그먼테이션을 구현하도록 요청받았다고 가정하자. 오직 소프트웨어 기술만을 사용할 때 가능한 일인가? 답과 관련해 설명하라.

18 세그먼테이션 하드웨어는 있지만 페이징 하드웨어는 없는 머신에 페이징을 구현하도록 요청받았다고 가정하자. 오직 소프트웨어 기술만을 사용할 때 가능한 일인가? 답과 관련해 설명하라.

19 새로운 가상 메모리 시스템의 책임 설계자로서 페이징이나 세그먼테이션 중 하나만 선택해 구현해야 한다면 어떤 쪽을 택할 것인가? 이유는 무엇인가?

20 연관 메모리를 경제적인 비용으로 사용할 수 있다고 가정하자. 이러한 연관 메모리를 미래의 컴퓨터 아키텍처에 어떻게 사용해 하드웨어와 운영체제, 사용자 프로그램의 성능을 향상시킬 수 있는가?

21 프로그램을 실제 메모리 시스템에서 실행할 때와 같은 프로그램을 가상 메모리 시스템에서는 다르게 실행하는 방법을 가능하면 많이 기술하라. 독자는 이러한 점을 관찰할 때 실제 메모리와 가상 메모리 중 어떤 접근법을 선호하는가?

22 지역성이 타당한 현상임을 설명하는 이유를 가능하면 많이 기술하라. 지역성이 적용되지 않는 상황에 대해 가능하면 많은 예를 들어보자.

23 몇몇 운영체제는 각 프로세스에 구별된 가상 주소 공간들을 제공하지만, 다른 운영체제는 모든 프로세스가 한 커다란 주소 공간을 공유하게 한다. 두 가지 접근법을 비교, 대조하라.

24 가상 주소 변환 메커니즘에는 비용이 따른다. 가상 주소를 물리 주소로 변환할 때 들어갈 수 있는 오버헤드 요소를 가능하면 많이 나열하라. 이 요인들은 이러한 주소 변환 메커니즘을 지원하는 시스템의 하드웨어와 소프트웨어를 어떻게 만드는 경향이 있는가?

25 멀틱스 시스템은 원래 두 가지 페이지 크기를 지원하도록 설계되었다. 다수의 작은 자료 구조가 작은 페이지들을 수용할 수 있고, 대부분의 다른 프로시저와 자료 구조는 하나 이상인 큰 페이지에 가장 잘 들어갈 수 있다고 믿었다. 여러 페이지 크기를 지원하는 메모리 구성은 한 페이지 크기만 지원하는 것과 어떻게 다른가? 어떤 시스템이 n개 페이지 크기를 지원한다고 하자. 이는 멀틱스 접근법과 어떻게 다른가? 많은 페이지 크기를 지원하는 시스템은 근본적으로 세그먼테이션 시스템과 동일한가? 답과 관련해 설명하라.

26 다수준 페이지 테이블이 있을 때, 프로세스의 PTE는 프로세스가 처음 로드될 때 초기화되거나 대응하는 페이지가 참조될 때 각 PTE가 처음으로 초기화될 수도 있다. 이와 유사하게 다수준 페이지 테이블 구조 전체가 메인 메모리에 저장되거나 일부분은 2차 저장소로 보내질 수도 있다. 각 접근법의 이점과 비용은 무엇인가?

27 가상 메모리가 중요한 스키마로 부상한 이유가 무엇인가? 실제 메모리 스키마가 부적절한 것으로 판단되는 이유는 무엇인가? 현재 추세 중 어떤 점이 가상 메모리의 유용성을 무효화할 가능성을 내포하는가?

28 한 페이지 크기를 지닌 페이징에서 페이지 대체 알고리즘이 세그먼트 대체 알고리즘에 비해 그토록 간단하게 되는 이유는 무엇인가? 한 페이지 크기를 지닌 시스템에서 하드웨어나 소프트웨어의 어떤 특징이 세그먼트 대체를 지원할 때 거의 페이지 대체와 같이 간단해지는 효과를 얻을 수 있는가?

29 어떤 특징 때문에 내용 기반 주소 방식의 연관 메모리가 위치 기반 주소 방식의 캐시 메모리보다 훨씬 비싼 메모리로 머물 수 있는가?

30 고속으로 정보를 가져오는 능력(예를 들면, 가상 주소 변환 메커니즘처럼)이 필요한 운영체제의 일부를 설계하고 있다고 가정하자. 순수한 직접 맵핑이나 고속 캐시 또는 순수한 연관 맵핑 중 하나를 선택해 검색 및 조회 메커니즘을 구현해야 한다. 어떤 요인들이 선택에 영향을 미치겠는가? 직접 맵핑에 관한 연구 하나만으로는 답하기 어려웠던 것 중 관련 연구를 통해 답할 수 있는 흥미로운 질문들로는 어떤 것이 있을까?

31 TLB에 어떤 엔트리들을 유지할 것인지 결정하는 일은 효율적인 가상 메모리 시스템 운영에 아주 중대한 영향을 준다. TLB를 통해 '결정'되는 참조의 백분율을 TLB 적중률이라고 한다. 가상 주소 변환 시스템에서 적중률이 100%에 가까운 아주 높은 경우와 0%에 가까운 아주 낮은 경우에 성능이 어떨지 대조하라. 본문에서 언급하지 않았지만 높은 적중률을 얻을 수 있을 것이라고 생각하는 몇 가지 방법을 기술하라. 각 방법이 실패할 수 있는 예를 들어보자. 즉, 어떤 상황에서 이러한 방법이 TLB에 '잘못된' 엔트리를 배치하겠는가?

[추천 프로젝트]

32 IA-32 아키텍처에서 프로세스들이 64GB 메인 메모리에 접근할 수 있게 하는 방법을 설명하라. http://www.intel.com/products/processor/manuals/를 참고하라.

33 IBM/Motorola PowerPC 아키텍처와 IA-32 인텔 아키텍처의 가상 메모리 구현을 비교, 대조하라. 64비트 처리가 PowerPC의 메모리 구성에 어떤 영향을 미치는지 설명하라. http://www.intel.com/products/processor/manuals/와http://www3.ibm.com/chips/techlib/techlib.nsf/productfamilies/PowerPC를 참고하라.

34 64비트 휴렛팩커드 Hewlett-Packard PA-RISC 아키텍처와 32비트 인텔 IA-32 아키텍처에서 가상 메모리 구현을 비교, 대조하라. http://www.intel.com/products/processor/manuals/와 http://cpus.hp.com/technical_references/PA-RISC.shtml을 참고하라.

35 32비트 인텔 IA-32 아키텍처와 64비트 IA-64 인텔 아키텍처에서 가상 메모리 구현의 차이점을 조사하라. http://www.intel.com/products/processor/manuals/와 http://developer.intel.com/design/itanium/manuals/iiasdmanual.htm에서 「Volume 2: System Architecture」를 참고하라.

핵심용어

- CMS 배치 기능 CMS Batch Facility
- IBSYS
- OS/360
- z/OS
- 가상 메모리 virtual memory
- 가상 주소 virtual address
- 가상 주소 공간 virtual address space
- 논리 주소 공간 logical address space
- 다수준 페이징 시스템 multilevel paging system
- 다중 가상 공간 MVS, Multiple Virtual Spaces
- 대화식 모니터 시스템 CMS, Conversational Monitor System
- 대화식 문제 제어 시스템 IPCS, Interactive Problem Control System
- 동적 주소 변환 DAT, Dynamic Address Translation
- 메모리 관리 장치 MMU, Memory Management Unit
- 물리 주소 physical address
- 물리 주소 공간 physical address space
- 물리 주소 확장 PAE, Physical Address Extension
- 변위 displacement
- 변환 참조 버퍼 TLB, Translation Lookaside Buffer
- 부재 세그먼트 폴트 missing-segment fault
- 블록 block
- 블록 맵 테이블 block map table
- 블록 맵 테이블 시작점 레지스터 block map table origin register
- 블록 맵핑 block mapping
- 선형 주소 공간 linear address space
- 세그먼트 segment
- 세그먼트 기술자 segment descriptor
- 세그먼트 맵 테이블 시작점 레지스터 segment map table origin register
- 세그먼트 보호 예외 segment-protection exception
- 세그먼트 선택기 segment selector
- 세그먼트 오버플로우 예외 segment-overflow exception
- 순수 페이징 pure paging
- 실제 주소 real address
- 실행 접근 execute access
- 쓰기 시 복사 copy-on-write
- 쓰기 접근 write access
- 역 페이지 테이블 inverted page table
- 연관 맵핑 associative mapping
- 연관 메모리 associative memory
- 오프셋 offset
- 원격 스풀링 통신 서브시스템 RSCS, Remote Spooling Communications Subsystem
- 인위적 연속성 artificial contiguity
- 일반 보호 폴트 GPF, General Protection Fault
- 읽기 접근 read access
- 입자성 비트 granularity bi
- 전역 기술자 테이블 GDT, Global Descriptor Table
- 접근 권한 access right
- 접근 제어 모드 access control mode
- 제어 프로그램 CP, Control Program
- 주소 변환 맵 address translation map
- 지역 기술자 테이블 LDT, Local Descriptor Table
- 지역성 locality
- 직접 맵핑 direct mapping
- 체이닝 chaining
- 추가 접근 append access
- 충돌 collision
- 테이블 단편화 table fragmentation
- 페이지 page
- 페이지 디렉토리 엔트리 page directory entry
- 페이지 맵 테이블 page map table
- 페이지 전역 디렉토리 page global directory
- 페이지 테이블 page table
- 페이지 테이블 시작점 레지스터 page table origin register

- 페이지 테이블 엔트리 PTE, Page Table Entry
- 페이지 폴트 page fault
- 페이지 프레임 page frame
- 페이징 paging
- 프로세스 테이블 process table
- 해시 값 hash value
- 해시 앵커 테이블 hash anchor table
- 해시 테이블 hash table
- 해시 함수 hash function

추천도서

Recommended Reading

가상 메모리 개념은 수십 년 동안 논의되었다. 초기 연구는 데닝이 이뤄냈다.[101] 가상 메모리 시스템이 많은 이점을 주면서 성능과 실행의 편의를 증진하려고 특수 하드웨어 개발에 박차를 가했다.[102] 동적 주소 변환을 위한 연관 메모리는 햄린이 제시했고,[103] 연관 메모리가 TLB 엔트리들을 저장하는 역할도 철저히 조사했다.[104]

데닝은 가상 메모리에 관한 연구에서 페이징을 논의하고 있다. 데니스는 세그먼테이션 처리에 대한 심도 깊은 연구 결과를 제공한다.[105] 세그먼테이션과 페이징의 조합과 같은 가상 메모리 구성에 대한 심도 있는 논의는 데니스[106]와 데닝의 논문에서 찾아볼 수 있다.[107] 야콥과 머지[108]는 가상 메모리 구성 기술과 현대 시스템에서 구현에 관한 훌륭한 연구 결과를 제공하고 있다. MMU 구현에 관해 설명하는 유명한 컴퓨터 아키텍처 책으로는 패터슨과 헤네시가 저술한 『Computer Organization and Design, 4th Ed.』(Morgan Kaufmann, 2008)[109]과 블로우와 브룩스가 저술한 『Computer Architecture』(Addison-Wesley, 1997)가 있다.[110] 이 장의 참고 문헌 목록은 http://www.deitel.com/books/os3e/Bibliography.pdf를 참고하기 바란다.

Chapter

11

가상 메모리 관리

Virtual Memory Management

이 장에서 다루는 내용

- 요구 페이징과 예측 페이징의 장단점
- 페이지 교체 시 어려운 문제들
- 잘 알려진 페이지 교체 방법론과 최적 페이지 교체 방법의 비교
- 페이지 크기가 가상 메모리 성능에 미치는 영향
- 페이징을 사용할 때 프로그램 동작 방식

01 소개
02 지역성
03 요구 페이징
04 예측 페이징
05 페이지 교체
06 페이지 교체 전략
07 작업 집합 모델
08 페이지 폴트 빈도 페이지 교체
09 페이지 해제
10 페이지 크기
11 페이징에서의 프로그램 동작
12 전역 대 지역 페이지 교체
13 사례 연구: 리눅스 페이지 교체

* 요약
* 연습문제
* 핵심용어

우리가 예상하는 일은 좀처럼 일어나지 않는다. 대체로 우리가 가장 덜 기대한 일들이 일어난다.
Benjamin Disraeli

....

시간이 거꾸로 흘러 황금시대를 가져다 줄 것이다.
John Milton

....

완전무결한 결함
Robert Browning

....

죄는 비난하되 죄를 지은 사람은 비난하지 말라.
William Shakespeare

....

남은 조각을 거두고 버리는 것이 없게 하라.
요한복음 6:12

11.1 소개

'9장. 실제 메모리 구성과 관리'에서는 실제 메모리 시스템을 위한 메모리 페치 fetch, 배치 placement, 교체 replacement 관리 전략에 관해 논의했다. '10장. 가상 메모리 구성'에서는 순수 페이징 시스템, 순수 세그먼테이션 시스템, 세그먼테이션/페이징 조합 시스템에 초점을 두어 가상 메모리 구성에 관해 논의했다. 이 장에서는 가상 메모리 시스템에서 메모리 관리에 관해 논의한다.

가상 메모리 페치 전략은 페이지나 세그먼트를 2차 저장소에서 메인 메모리로 가져올 시점을 결정한다. 요구 페치 전략은 프로세스가 페이지나 세그먼트를 참조할 때까지 대기했다가 메인 메모리에 로드하는 방법이다. 예측 페치 전략은 프로세스가 잠시 후 어떤 페이지 혹은 세그먼트를 참조할지 미리 예측하는 방법이다. 참조할 가능성이 크고 메모리 공간이 여유가 있다면 시스템은 해당 페이지 혹은 세그먼트를 프로세스가 명시적으로 참조하기 전에 메인 메모리에 로드해둔다. 따라서 참조가 일어날 경우 프로세스가 대기할 필요가 없어져 성능이 개선된다.

순수 페이징이든 세그먼테이션/페이징 조합이든, 페이징 시스템이 한 가지 크기의 페이지만 사용할 때 배치를 결정하기 쉽다. 유입되는 페이지를 비어 있는 페이지 프레임의 어느 위치에든 배치할 수 있기 때문이다. 세그먼테이션 시스템에서는 가변 파티션 멀티프로그래밍 시스템에서 사용하는 것과 유사한 배치 전략이 필요하다('9.9 가변 파티션 멀티프로그래밍' 참고).

교체 전략은 유입되는 페이지나 세그먼트를 위한 공간을 내주기 위해 어떤 페이지, 어떤 세그먼트를 교체할지 결정한다. 이 장에서는 적절하게 구현하면 페이징 시스템의 성능을 최적화할 수 있는 **페이지 교체 전략** page replacement strategy에 관해 집중적으로 알아보자. 또한 페이징 시스템에서 프로그램 실행에 관한 관찰, 분석, 개선 프레임워크를 제공하는 데닝 Denning의 작업 집합 모델 Working Set Model을 통해 프로그램의 동작 방식에 관해서도 논의한다.[1]

셀프 리뷰

1. 가상 메모리 시스템에서 요구 페치 전략과 예측 페치 전략의 차이점에 관해 설명하라. 어느 쪽의 오버헤드가 더 많은가?
2. 한 가지 페이지 크기만 사용하는 페이징 시스템에서 배치 전략이 쉬운 이유는 무엇인가?

▶ **풀이** 1) 요구 페치 전략은 프로세스가 명시적으로 참조했을 때만 페이지나 세그먼트를 메인 메모리에 로드한다. 예측 페치 전략은 프로세스가 어떤 페이지나 세그먼트를 참조할지 예상해 미리 로드한다. 예측 페치 전략에서는 시스템이 참조할 페이지나 세그먼트를 예측하는 데 많은 시간을 소비해야 하므로, 요구가 있을 때 로드하는 방법보다는 오버헤드가 많다. 앞으로 살펴보겠지만, 이 오버헤드가 적은 경우도 종종 있다. 2) 새로 유입되는 페이지를 비어 있는 페이지 프레임 어디에든 배치할 수 있기 때문이다.

11.2 지역성

대부분의 메모리 관리 전략의 핵심은 지역성 locality 개념에 있다. 지역성은 프로세스가 편중된 패턴으로 메모리를 참조하는 경향을 가리킨다.[2,3] 지역성은 시간적 측면과 공간적 측면에서 모두 나타난다. 시간적 지역성이란 시간이 편중되는 현상이다. 예를 들어, 어떤 도시에서 오후 3시에 날씨가 맑다면, 보장할 수는 없지만 2시 30분에도 맑았고, 3시 30분에도 맑을 가능성이 크다. **공간적 지역성** spatial locality은 근처에 있는 항목이 비슷한 경향이 있음을 의미한다. 날씨를 다시 예로 들면, 어느 도시의 날씨가 맑다면, 보장할 수는 없지만 근처에 있는 지역도 맑을 가능성이 크다는 것이다.

지역성은 운영체제 환경, 특히 메모리 관리 영역에서도 나타난다. 이는 이론보다는 경험(즉, 관찰 결과)에 따른 것으로, 결코 보장할 수는 없지만 확률이 높다. 페이징 시스템의 예를 들면, 프로세스가 페이지들의 특정 부분 집합을 선호하며, 이 페이지들은 프로세스의 가상 주소 공간에서 서로 가까이 모여 있을 경향이 높음을 관찰할 수 있다. 그러나 프로세스가 가상 메모리의 다른 영역에 있는 새로운 페이지를 참조할 가능성을 배제하는 것은 아니다.

사실, 프로그램을 작성하고 데이터를 구성하는 방식을 고려하면 컴퓨터 시스템에서 지역성은 그럴 만한 이유가 있다. 루프와 함수, 프로시저, 카운팅이나 합계 계산에 사용하는 변수 등이 모두 시간적으로 편중되는 경향이 있기 때문이다. 이러한 경우 최근 참조한 메모리 영역을 가까운 미래에 다시 참조할 가능성이 크다. 배열 탐사나 순차적인 코드 실행, 프로그래머나 컴파일러가 관련 변수 정의를 가까이 두는 경향 등이 모두 공간적 지역성와 관련이 있다. 이들 모두 특정 영역의 메모리를 덩어리로 편중되어 참조하는 경향이 있다.

셀프 리뷰

1. 지역성을 고려할 때 예측 페이징과 요구 페이징 중 어느 쪽을 선호하는가? 답과 관련해 설명하라.
2. 배열을 사용해 루프를 돌 경우 어떻게 시간적, 공간적 지역성이 일어나는지 설명하라.

▶ **풀이** 1) 지역성은 예측 페이징에 유리하다. 왜냐하면 운영체제에서 프로세스가 사용할 페이지들을 예상할 근거를 마련해주기 때문이다. 2) 배열을 사용해 루프를 도는 것은 공간적 지역성를 보여준다. 왜냐하면 배열의 요소들이 가상 메모리에 연속으로 위치하기 때문이다. 또한 배열의 요소들은 대체로 한 페이지보다 훨씬 작다. 따라서 연속적인 요소 두 개를 참조할 때 단기간에 동일한 페이지를 참조할 가능성이 커져서 시간적 지역성도 보여준다.

11.3 요구 페이징

가상 메모리 시스템에서 구현하는 가장 간단한 페치 정책은 **요구 페이징** demand paging이다.[4] 요구 페이징 정책을 사용할 때는 프로세스가 처음 실행될 때 해당 명령어를 담은 페이지를 메인 메모리로 로드한다. 즉, 시스템은 프로세스가 명시적으로 페이지를 참조할 때 해당 페이지들을 2차 저장소에서 메인 메모리로 로드한다. 이 정책이 설득력 있는 몇 가지 이유가 있다. 계산 가능성 결과, 특히 정지 문제 Halting Problem에 따르면, 일반적으로 프로그램이 취할 실행 경로를 예측하는 것은 불가능하다('운영체제적 생각: 운영체제에서 컴퓨터 이론' 참고).[5,6] 따라서 미리 예측해 페이지를 로드하려고 시도하다가 잘못된 페이지를 로드할 수도 있다. 잘못된 페이지를 미리 로드해서 발생하는 오버헤드는 전체 시스템의 성능 저하를 야기할 수 있다.

요구 페이징은 시스템이 프로세스에서 실제로 요구하는 페이지만 메인 메모리로 가져옴을 보장한다. 이는 더 많은 프로세스가 메인 메모리를 차지할 수 있게 해준다. 조만간 참조할 일이 없는 페이지들 때문에 공간을 낭비할 일이 없기 때문이다.

요구 페이징도 문제가 없는 것은 아니다. 요구 페이징을 사용하는 시스템은 페이지를 한 번에 하나씩 축적해야 한다. 새로운 페이지를 참조할 때마다 프로세스는 시스템이 해당 페이지를 메인 메모리로 가져올 때까지 대기해야 한다. 만일 프로세스가 이미 많은 페이지를 메인 메모리에 유지하고 있을 경우, 많은 메인 메모리를 차지한 채 실행하지 못하기 때문에 이 대기 시간은 특히 많은 비용이 된다. 이 요인은 흔히 프로세스의 **시공간 지수** space-time product, 즉 프로세스가 메

운영체제적 생각

운영체제에서 컴퓨터 이론

컴퓨터 과학은 풍부한 이론적 배경을 가지고 있다. 계산 가능성 이론 computability theory은 운영체제와 같은 컴퓨터 소프트웨어에서 할 수 있는 일과 할 수 없는 일을 파악할 수 있게 해준다. 계산 가능성 이론의 정지 문제 Halting Problem는 일반적인 경우 다른 프로그램이 취할 경로를 파악하는 프로그램을 작성할 수 없음을 말해준다. 이는 운영체제에서 많은 파생 결과를 가져온다. 프로그램의 실행 경로를 예측할 수 있다면, 예를 들어, 완벽한 예측 자원 할당을 해 프로세스가 요구할 때 자원들이 잘 준비되어 있게 해서 오래 지연되는 현상을 막을 수 있다. 일단 컴퓨터가 할 수 있는 일과 할 수 없는 일을 알고 나면, 복잡성 이론 complexity theory에 따라 해당 작업을 효율적으로 수행할 수 있는지 그리고 정확히 얼마나 효율적으로 혹은 비효율적으로 수행할 수 있는지 파악할 수 있게 해준다. 오토마타 이론 automata theory은 여러 계열 컴퓨팅 장치의 능력을 이해할 수 있게 해준다. '6장. 병행 프로그래밍'에서 논의했듯이 현대 컴퓨터 시스템은 너무 복잡해서 컴퓨터 하드웨어와 소프트웨어의 모든 가능한 상태에 대해 전수 테스트를 하는 것은 불가능하다. 이 마지막 관찰이야말로, 특히 신뢰도 높은 시스템을 만들어야 할 때 깊이 생각해볼 문제다.

인 메모리를 차지하고 있는 공간의 양을 곱한 실행 시간 측정치(메모리를 차지하는 시간)에 영향을 미친다('운영체제적 생각: 공간과 시간의 상충성' 참고).[7] 시공간 지수는 프로세스가 대기하면서 보낸 시간뿐만 아니라, 대기하느라 사용할 수 없는 메인 메모리의 양도 나타낸다. [그림 11-1]에 이 개념이 잘 나타나 있다. y축은 프로세스에 할당된 페이지 프레임의 수, x축은 시간을 나타낸다. 시공간 지수는 그림에서 곡선 아래에 있는 영역에 대응한다. 점선은 프로세스가 메인 메모리에 없는 페이지들을 참조했음을 나타낸다. 이 페이지들은 보조 저장소에서 불러와야 한다. 음영 처리 부분은 프로세스가 생산적인 작업을 수행하는 동안 시공간 지수를 나타낸다. 음영 처리하지 않은 부분은 페이지를 2차 저장소에서 로드하는 동안 대기할 때 시공간 지수를 나타낸다.[*] 따라서 음영 처리하지 않은 영역은 프로세스에 할당된 메모리를 사용하지 못하는 시간의 양을 나타낸다. 프로세스가 페이지를 대기하는 동안의 시공간 지수를 줄여 메모리 활용도를 높이는 일은 메모리 관리 전략의 중요한 목표 중 하나다. 평균 페이지 대기 시간이 증가할수록 요구 페이징을 통해 얻는 이점이 반감된다.[8]

운영체제적 생각

공간과 시간의 상충성 Space-Time Tradeoff

공간과 시간의 상충성은 컴퓨팅이나 다른 영역에서 흔히 발견할 수 있는 현상이다. 새로운 아파트로 이사를 갈 때 큰 트럭이 있다면 짧은 시간 안에 짐을 완전히 옮길 수 있지만, 큰 트럭을 빌리려고 임대료를 더 지불해야 한다. 자료 구조와 알고리즘 과목에서 검색과 정렬 알고리즘에 관해 학습할 때, 더 많은 메모리 공간이 제공될 때 성능을 얼마나 향상할 수 있는지 주목하기 바란다(예를 들면, 해시 테이블). 이러한 상충성은 운영체제에서도 일반적인 현상이다. 만일 운영체제가 실행 프로그램에 더 많은 메인 메모리를 할당하면, 프로그램이 훨씬 빨리 실행할 수 있을 것이다. 더 적고 더 비싼 메모리가 있다면 운영체제는 메모리를 좀더 신중하게 관리해야 하는데, 이를 위한 처리 오버헤드가 증가한다. 더 비용이 낮은 메모리를 풍부하게 보유한 경우, 운영체제는 메모리 관리에 비교적 신경을 덜 쓸 수 있을 것이다. 메모리 사용과 관련해 대략적인 판단만으로 충분하므로 프로세서를 덜 쓰게 될 것이다. '12장. 디스크 성능 최적화'에서 RAID 시스템에 관해 논의하면서 데이터 사본을 충분히 유지하면 시스템의 처리량이 개선됨을 볼 것이다. 그러나 프로세스가 사용할 수 있는 메모리의 양을 늘리는 것이 늘 실행 속도를 향상하는 것은 아니라는 점도 살펴볼 것이다. 베라디의 이상 현상 Belady's Anomaly을 통해 몇몇 상황에서는 프로세스에 좀더 많은 메모리를 할당했는데 실제로는 성능이 떨어진다는 점도 살펴볼 것이다. 다행히도 이런 경우는 드물다.

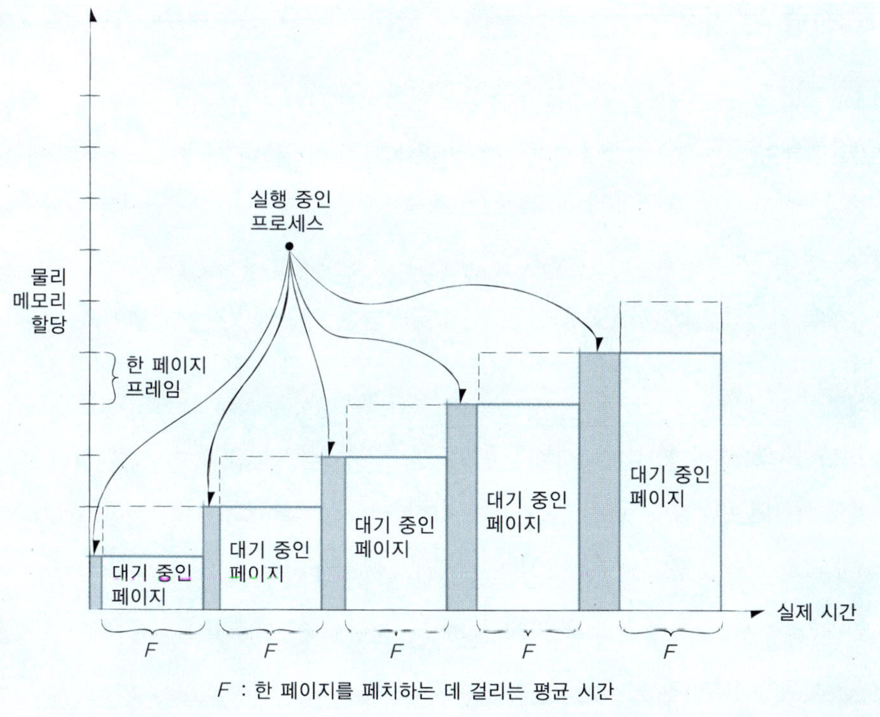

[그림 11-1] 요구 페이징에서 시공간 지수

셀프 리뷰

1. 요구 페이징의 시공간 지수가 예측 페이징보다 높은 이유는 무엇인가?
2. 예측 페이징과 비교해 요구 페이징은 어떻게 시스템의 멀티프로그래밍 정도를 증가시킬 수 있는가? 요구 페이징은 또한 시스템의 멀티프로그래밍 정도를 어떻게 감소시키는가?

▶ **풀이** 1) 프로세스는 요청된 페이지가 한 번에 하나씩 들어오는 동안 사용하지 않는 페이지들을 메모리에 유지한 채 대기해야 하기 때문이다. 예측 페이징 또한 이와 관련된 시공간 지수 값을 갖는다. 참조되기 전에 메모리에 로드되어 페이지 프레임을 차지한 페이지가 사용되지 않은 채 남게 되면 프로세스들이 그만큼 공간을 사용할 수 없게 된다. 앞으로 보겠지만, 예측 페이징은 이러한 페이지들을 그룹으로 메인 메모리로 가져온다. 이는 대체로 요구 페이징에서 페이지를 개별로 불러오는 것보다 페이지 대기 시간을 줄여준다. 2) 요구 페이징은 프로세스들이 실제로 요구하는 페이지들만 메인 메모리에 로드하기 때문에 멀티프로그래밍 정도를 증가시킬 수 있다. 따라서 더 많은 프로세스가 물리 메모리에 들어맞을 수 있다. 그러나 페이지를 2차 저장소에서 더 자주 불러와야 하기 때문에, 프로세스는 예측 페이징 정책에서 그룹으로 페이지를 불러올 때보다 많은 실행 시간이 필요하다. 운영체제가 페이지를 2차 저장소에서 가져오는 동안 프로세스가 차지하고 있는 메모리는 낭비되므로 (예측 페이징과 비교해) 멀티프로그래밍 정도가 감소한다.

* 대기 기간 F는 그림에서 나타나는 것보다는 훨씬 길다.

11.4 예측 페이징

자원 관리에서 핵심 주제는 자원의 상대적인 가치가 자원을 관리해야 하는 강도에 미치는 영향이다.[9] 하드웨어 비용이 큰 폭으로 감소함에 따라 인력에 드는 시간보다 기계에 드는 시간의 상대적 가치는 낮아지고 있다. 운영체제 설계자들은 계속해서 사람이 컴퓨터의 결과를 기다리는 시간을 줄이는 데 집중하고 있다.[10]

앞 절에서 살펴본 것처럼, 대기 시간을 줄이는 한 가지 방법은 요구 페이지 시스템에서 지연 시간을 피하는 것이다. **예측 페이징** anticipatory paging(**프리페칭** prefetching, **프리페이징** prepaging이라고도 한다) 시스템에서는 운영체제가 프로세스들이 요구하는 페이지들을 예측해, 메모리 공간에 여유가 있을 때 미리 로드한다. 만일 시스템이 앞으로 사용할 페이지를 정확하게 판단해낸다면 프로세스의 총 실행 시간이 감소할 수 있다.[11, 12]

예측 페이징 전략의 성공 여부를 결정하는 중요한 요인은 다음과 같다.

- 예측 페이징 할당량 – 예측 페이징에 할당된 메인 메모리의 양
- 한 번에 미리 로드된 페이지 수
- 정책 – 어떤 페이지를 미리 로드할지 결정하는 경험적 지식(즉, 시간적 혹은 공간적 지역성에 따라 예측하는 것).[13]

예측 페이징 전략을 구사할 때는 신중하게 설계해야 한다. 전략을 위해 프로세서 시간, 페이지 프레임, 디스크 입출력 등 너무 많은 자원을 사용하거나 프로세스가 사용할 페이지를 잘못 결정할 경우 요구 페이징 시스템보다 성능이 나빠질 수 있다.

예측 페이징 전략은 종종 요구 페이징과 함께 사용된다. 즉, 시스템은 프로세스가 메모리에 없는 페이지를 참조할 때 프로세스의 페이지 중 일부를 메모리에 미리 로드한다. 이러한 전략은 특히 공간적 지역성을 많이 활용한다. 즉, 메모리에 없는 페이지를 참조하는 프로세스는 가까운 미래에 자신의 가상 주소 공간에 인접한 페이지를 참조할 가능성이 크다. 프로세스가 페이지 폴트를 발생시킬 때 시스템이 폴트를 일으킨 페이지와 함께 해당 프로세스의 가상 주소 공간에 인접한 페이지도 몇 개 로드한다.

프로세스의 가상 주소 공간에서 연속적인 페이지들이 2차 저장소에서는 연속적이지 않을 수도 있다. 메인 메모리와 달리, 하드 디스크와 같은 2차 저장소는 여러 위치에 있는 데이터에 대한 접근 시간이 일정하지 않다. 따라서 2차 저장소에서 여러 페이지를 로드하는 데 걸리는 시간이

한 페이지를 로드할 때보다 훨씬 길 수도 있다. 이 경우 프로세스들은 페이지를 대기하기 위해 요구 페이징보다 오래 지연될 수도 있다.

한 가지 해결책은 프로세스의 가상 주소 공간에 있는 페이지들을 2차 저장소에서도 그룹화하는 것이다.[14] '12장. 디스크 성능 최적화'에서 논의하겠지만, 디스크에서 연속적인 몇 개 페이지를 로드하거나, 한 페이지만 로드하는 데 걸리는 대기 시간은 차이가 근소하다. 따라서 요구 페이징에 비해 페이지 대기 시간을 크게 소비하지 않고 예측 페이징을 수행할 수 있다. 예를 들어, 리눅스에서는 프로세스가 메모리에 없는 페이지의 프로그램 명령어와 데이터를 참조할 때, 커널은 해당 페이지와 함께 프로세스의 주소 공간에서 연속한 페이지 몇 개를 로드해 공간적 지역성을 활용한다. 기본으로 메인 메모리가 16MB보다 적은 경우에는 디스크에서 연속된 페이지 네 개를 로드하고(IA-32 아키텍처에서는 16KB) 그렇지 않은 경우 연속된 페이지 여덟 개를 로드한다(IA-32 아키텍처에서는 32KB).[15] 이 기술은 공간적 지역성이 두드러지는 프로세스에서 특히 좋은 성능을 얻을 수 있다.

셀프 리뷰

1. 어떤 시나리오에서 리눅스의 예측 페이징 전략이 부적절한가?
2. 예측 페이징이 요구 페이징보다 좋은 성능을 나타낼 가능성이 큰 이유는 무엇인가? 어떻게 하면 더 나쁜 성능을 야기할 수도 있는가?

▶ **풀이** 1) 프로세스들이 페이지를 임의로 참조할 경우, 리눅스는 프로세스들이 참조하지 않을 페이지들을 로드해 메모리 낭비를 야기할 가능성이 크다. 만일 메인 메모리가 KB 단위처럼 소용량인 시스템이라면, 다른 프로세스들이 사용할 수 있는 메모리 용량을 현저히 줄여서 시스템이 페이지 폴트를 빈번하게 경험한다. 2) 예측 페이징은 입출력 전환 한 번에 여러 연속된 페이지를 메모리에 로드하기 때문에 입출력 연산을 여러 번 수행해야 하는 요구 페이징보다 좋은 성능을 발휘한다. 그러나 예측해 로드한 페이지를 프로세스에서 실제로 사용하지 않을 경우, 즉 잘못 예측한 경우에는 성능이 더 나쁠 수도 있다.

11.5 페이지 교체

페이징을 하는 가상 메모리 시스템에서 프로세스가 메모리에 없는 페이지를 참조할 때 모든 페이지 프레임이 사용되고 있는 경우가 있다. 이 경우 시스템은 새로운 메모리 페이지를 보조 저장소에서 불러오기에 앞서 이를 위한 여유 공간을 만들기 위해 메인 메모리에 있는 페이지 중 어떤 것을 교체해야 하는지(즉, 제거하거나 덮어쓸지) 결정해야 한다. 이 절과 이어지는 몇 개 절에서 페이지 교체 전략을 검토해보자.

실행 중인 프로세스가 메모리에 없는 페이지를 참조하면 페이지 폴트가 발생한다는 사실을 상기하자. 이 경우 메모리 관리 시스템은 참조되는 페이지를 2차 저장소에서 메인 메모리로 불러오고, 적절한 페이지 테이블 엔트리를 갱신해야 한다. 페이지 교체 전략은 대체로 프로세스가 실행 시에 페이지 폴트를 경험하는 횟수를 줄여 프로세스의 실행 시간을 줄이려고 노력한다.

만약 교체 대상으로 선정한 페이지가 디스크에서 마지막으로 페이징된 후 수정되지 않았다면, 새로운 페이지는 교체되는 페이지를 간단하게 덮어쓸 수 있다. 그러나 만약 페이지가 수정되었다면, 내용을 보존하기 위해 먼저 2차 저장소에 해당 내용을 써야 한다. 페이지 테이블 엔트리에 있는 **수정 비트(더티 비트)** modified bit(dirty bit)는 페이지가 수정된 사실이 있으면 1로, 그렇지 않으면 0으로 설정된다.

수정된 페이지를 디스크에 쓰는 일(**플러싱** flushing)은 디스크 입출력 연산을 요구하며, 페이지가 교체될 때 수행된다면 페이지 대기 시간을 늘리게 된다. 리눅스나 윈도우 XP와 같은 운영체제에서는 수정된 페이지들을 2차 저장소로 주기적으로 플러시한다. 이는 운영체제가 페이지 교체를 수행할 때 먼저 수정된 페이지를 디스크에 써야 하는 부담을 줄이기 위해서다. 주기적으로 플러시하는 일은 프로세스의 실행과 비동기적으로 일어나므로, 시스템은 이렇게 하는 동안 아주 적은 오버헤드만 발생시킨다. 만일 프로세스가 플러시를 완료하기 전에 수정된 페이지를 참조하는 경우에는 해당 페이지를 다시 잡아내서 후에 2차 저장소로부터 불러들이는 비용을 절약한다.

페이지 교체 전략을 평가할 때 흔히 **최적 페이지 교체** optimal page replacement 전략(OPT 또는 MIN)과 비교할 때가 많다. 최적 페이지 교체 전략에 따르면 최적의 성능을 얻으려면, 가장 먼 미래의 시점까지 다시 참조하지 않을 페이지들을 교체해야 한다.[16, 17, 18, 19, 20] 따라서 이 전략은 페이지 폴트의 횟수를 최소화함으로써 성능을 향상시킨다. 이 전략이 최적임을 증명할 수는 있지만 현실화는 어렵다. 일반적으로 프로세스들의 행동을 정확하게 예측하는 것이 불가능하기 때문이다. 대신 이 전략을 실현 가능한 전략들과 비교해 벤치마킹하는 용도로 사용할 수 있다. 잘 설계한 교체 전략에서는 미래의 페이지 폴트를 최소화하려는 목표와 미래의 페이지 사용을 예측하는 데 드는 오버헤드 사이의 균형을 잘 조절한다.

셀프 리뷰

1. 순수 페이징을 사용하는 시스템에 비해 순수 세그먼테이션을 사용하는 시스템의 페이지 교체 전략을 더 복잡하게 만드는 요인은 무엇인가?
2. 특정 유형의 프로세스가 최적의 페이지 교체를 수행하는 것이 가능한가? 만약 그런 유형이 존재한다면 예를 들어보라.

▸▸

▶ **풀이** 1) 순수 세그먼테이션 시스템은 유입되는 세그먼트의 크기와 교체되는 세그먼트의 크기 차이를 고려해야 한다. 2) 그렇다. 한 데이터 페이지를 가진 프로세스를 예로 들면, 해당 페이지를 빈번하게 참조하고 그 안에 있는 데이터와 명령어들을 순차적으로만 참조하는 경우 최적의 페이지 교체를 수행할 수 있다.

11.6 페이지 교체 전략

이 절에서는 새로운 페이지를 받아들이기 위해 어떤 페이지를 교체할 것인지를 결정하는 여러 가지 전략을 논의한다. 각 전략은 교체할 페이지를 어떻게 선택하고, 오버헤드를 얼마나 야기하느냐에 따라 특징짓는다. 어떤 교체 전략은 직관적으로 설득력 있어 보이지만 실제로는 잘못된 선택 때문에 성능 저하를 야기하기도 한다. 또 다른 전략은 앞으로의 페이지 사용을 비교적 정확하게 예측하지만, 예측에 드는 오버헤드가 성능을 떨어뜨리기도 한다. 한편, 특수 목적 하드웨어를 사용해 페이지 교체 전략 때문에 발생하는 오버헤드를 줄이는 방법도 살펴볼 것이다.

11.6.1 중첩

임의 페이지 교체 RAND(random) page replacement는 구현하기 쉽고 오버헤드도 적은 페이지 교체 전략이다. 이 전략을 사용할 때는 메인 메모리의 각 페이지를 교체 대상으로 선택할 확률이 같다. RAND 전략의 한 가지 문제는 잘못해서 바로 다음에 참조할 페이지를 교체 대상으로 선정할 수 있다는 점이다. 이 경우는 교체할 페이지를 최악으로 선정한 예다. RAND의 장점은 교체 대상 결정이 빠르고 공평하다는 것이다. 보통 선택 대상 페이지 프레임이 많기 때문에, 바로 다음에 참조할 페이지를 교체 대상으로 선택할 확률은 낮다고 볼 수 있다. 그러나 '맞거나 틀리거나' 식 접근법 hit-or-miss approach이기 때문에 시스템에서 RAND 전략을 사용하는 경우는 드물다.

셀프 리뷰

1. RAND 전략이 어째서 공평한가? 이러한 공평성이 페이지 교체 전략으로 부적합한 이유는 무엇인가?
2. RAND가 OPT와 같이 정확하게 기능할 수 있는가?

▶ **풀이** 1) RAND는 메모리에 있는 모든 페이지가 교체될 확률이 같다는 점에서 보면 공평하다. 그러나 페이지 폴트를 줄여야 하는 페이지 교체 전략으로는 부적합하다. 곧 참조할 페이지를 교체 대상으로 선정하면 안 되기 때문이다. 2) 그렇다. 임의로 선정한 페이지들이 우연히 모두 올바른 선택이 될 수도 있다. 그러나 이런 일이 발생할 확률은 극히 낮으므로, 아니라고 답하는 것이 더 나을 것이다.

11.6.2 선입선출 페이지 교체

선입선출 페이지 교체FIFO(First-In-First-Out) page replacement 전략에서는 시스템에 가장 오래 머문 페이지를 교체한다. [그림 11-2]는 페이지 프레임 세 개를 할당받은 프로세스에 FIFO 전략을 적용하는 예를 보여준다. 맨 왼쪽 열은 프로세스의 페이지 참조 패턴을 보여준다. 그림에 있는 각 행은 새 페이지들이 도착한 후 FIFO 큐 상태를 보여준다. 페이지들은 왼쪽에 있는 큐의 꼬리 부분으로 들어가고, 오른쪽 큐의 머리로 나온다.

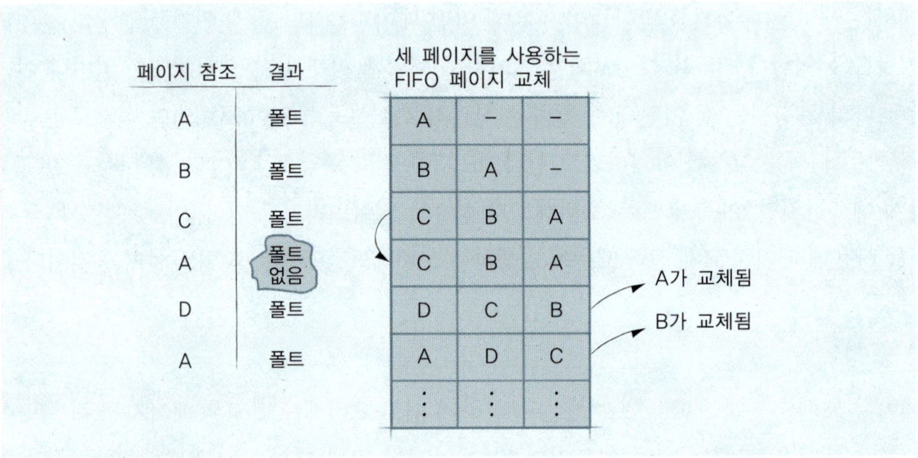

[그림 11-2] 선입선출 페이지 교체

FIFO 방식 페이지 교체에서는 시스템에서 페이지들이 메인 메모리에 들어오는 순서를 추적한다. 그리고 페이지를 교체해야 할 때 메인 메모리에 가장 오래 머문 페이지를 선택한다. 이 전략은 직관적으로는 합리적으로 보인다. 즉, 오래된 페이지는 그만큼 기회를 가졌기 때문에 이제 다른 페이지에 기회를 줘야 할 때가 되었다는 것이다. 그러나 불행히도 FIFO 방식은 빈번하게 사용하는 페이지들도 교체해버릴 수 있다. 예를 들어, 대규모 시분할 시스템에서는 여러 사용자가 텍스트 에디터의 사본 하나를 공유해 프로그램을 수정하는 경우가 많다. 이런 시스템에서 FIFO 페이지 교체를 실행할 경우, 많이 사용하는 에디터 프로그램의 페이지를 교체할 수도 있다. 그러면 해당 페이지를 즉시 메인 메모리로 다시 불러와야 하기 때문에, 페이지 폴트와 페이지 가져오기 등의 오버헤드를 초래하는 안 좋은 선택이 된다. 비록 FIFO 방식이 큐를 사용해 상대적으로 적은 오버헤드로 구현할 수 있지만, 대부분의 시스템에서는 비실용적이다. 그러나 '11.6.7 FIFO 수정안: 2차 기회와 클록 페이지 교체'에서 다루는 것처럼, FIFO는 다양한 페이지 교체 전략의 기본을 형성한다.

셀프 리뷰

1. FIFO 페이지 교체가 많은 프로세스가 있는 시스템의 성능을 떨어뜨리는 이유는 무엇인가?
2. 메인 메모리가 프로세스를 위해 $n-1$개 이상의 페이지를 보유할 수 없을 때, n개의 페이지를 참조하며 루프를 도는 프로세스가 있다고 하자. OPT와 비교해 FIFO 페이지 교체는 어떠한가?

▶ **풀이** 1) FIFO는 페이지들을 나이에 따라, 즉 오래된 순으로 교체한다. 이러한 방식은 지역성을 이용하는 것과 달리 앞으로 어떤 페이지를 사용할지에 대한 좋은 예측과는 거리가 멀다. 2) 페이지들이 $0 \sim n-1$까지 번호가 매겨져 있다고 가정하자. 이 경우 프로세스가 $n-1$페이지를 참조할 때, FIFO는 프로세스가 루프에서 맨 처음 참조한 페이지를 교체한다. 프로세스가 루프를 한 바퀴 모두 돌고 나서 참조하는 다음 페이지는 바로 방금 교체된 페이지가 될 것이다. FIFO 전략은 이 페이지를 위한 공간을 얻으려고 이번에는 이전 번 루프에서 두 번째로 참조한 페이지를 교체한다. 이 역시 프로세스가 현재 루프에서 참조해야 할 다음 번 페이지다. 이 경우 최선의 전략은 가장 먼 미래에 참조할 페이지, 즉 방금 참조한 페이지를 교체 대상으로 하는 것이다. 이 경우 OPT는 루프를 돌 때마다 페이지 폴트를 한 번 발생시키고, 반면에 FIFO는 루프를 돌 때마다 페이지 폴트를 n번 발생시킨다.

11.6.3 FIFO 이상 현상

프로세스에 더 많은 페이지 프레임을 할당할수록 프로세스가 겪는 페이지 폴트 수는 더 적어진다는 게 타당하게 들린다. 그런데 베라디 Belady, 넬슨 Nelson, 셰들러 Shedler는 FIFO 페이지 교체 방식에서 몇몇 페이지 참조 패턴은 실제로는 프로세스에 할당한 페이지 프레임 수가 많을수록 더 많은 페이지 폴트를 일으킨다는 사실을 발견했다.[21] 이러한 현상을 **FIFO 이상 현상** FIFO Anomaly 또는 **베라디의 이상 현상** Belady's Anomaly이라고 한다.

[그림 11-3]은 이상 현상의 한 예를 보여준다. 첫 번째 표는 참조 패턴이 어떻게 시스템에서 FIFO를 사용해 페이지들을 로드하고 교체하게 하는지 보여준다. 시스템은 프로세스에 페이지 프레임 세 개를 할당하고 있다. 두 번째 표는 시스템이 페이지 프레임 네 개를 할당했을 때, 동일한 참조 패턴에 어떻게 반응하는지 보여준다. 각 표의 왼쪽에는 새로운 페이지 참조가 페이지 폴트를 일으키는지 여부를 표시하고 있다. 프로세스가 메모리에 네 페이지를 가지고 실행할 때, 세 페이지만 가지고 실행할 때보다 페이지 폴트가 한 번 더 발생한다.

FIFO 이상 현상은 중요하다기보다는 좀 흥미로운 주제다. 다만, 학생에게는 운영체제가 아주 복잡한 개체며, 때때로 직관적인 판단만으로는 안 된다는 점을 경고하는 면에서 보면 중요하다고 말할 수 있다.

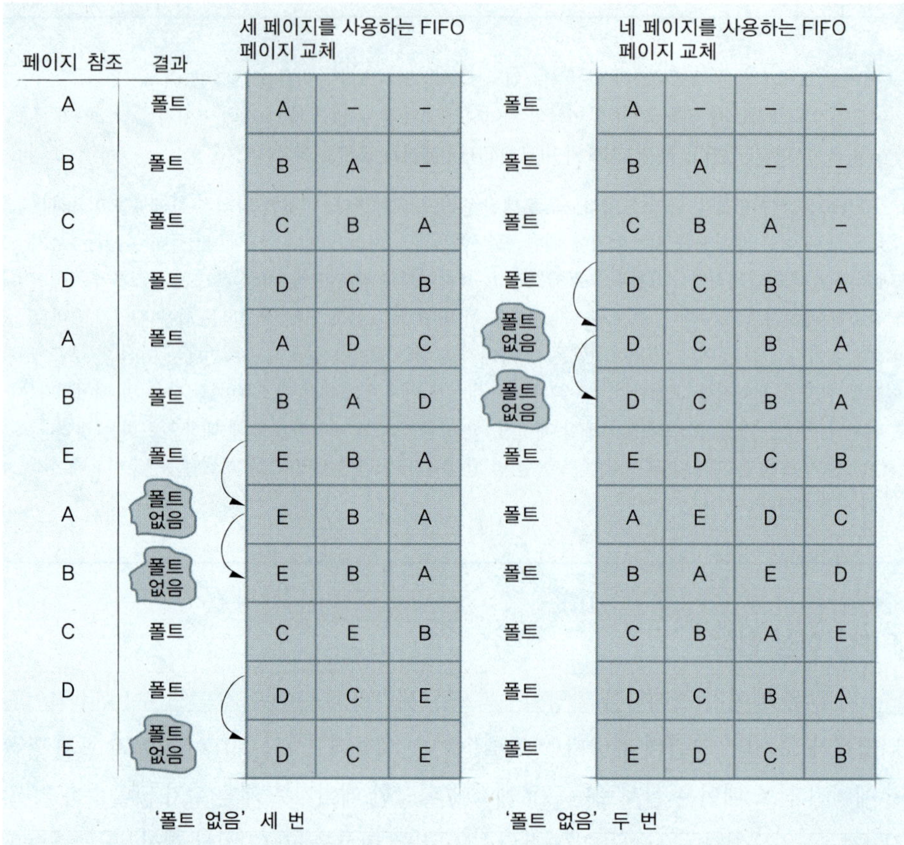

[그림 11-3] FIFO 이상 현상(페이지 프레임 할당과 함께 페이지 폴트가 증가할 수도 있음)

셀프 리뷰

1. (참/거짓) FIFO 페이지 교체 전략을 사용할 때, 프로세스가 발생시키는 페이지 폴트 수는 프로세스가 할당받은 페이지 프레임 수가 증가할수록 항상 증가한다.

▶ **풀이** 1) 거짓. 일반적으로는 페이지 폴트 수가 감소한다. 더 많은 프로세스의 페이지가 메모리에 머물기 때문에 참조되는 페이지가 없을 확률이 낮아진다. 베라디가 관찰한 것은 이상 현상으로, 자주 발생하지 않는 현상이다.

11.6.4 최소 최근 사용 페이지 교체

최소 최근 사용 LRU, Least-Recently-Used 페이지 교체 전략([그림 11-4])은 프로세스의 최근 이력이 가까운 미래의 프로세스의 행동을 예측할 수 있는 좋은 지표라는 지역성에 근거한다(시간적 지역성). 시스템이 페이지를 교체해야 할 때 LRU 전략은 참조되지 않은 채 메모리에 가장 오래 있던 페이지를 교체한다.

페이지 참조	결과	세 페이지를 사용하는 LRU 페이지 교체 전략		
A	폴트	A	-	-
B	폴트	B	A	-
C	폴트	C	B	A
B	폴트 없음	B	C	A
B	폴트 없음	B	C	A
A	폴트 없음	A	B	C
D	폴트	D	A	B
A	폴트 없음	A	D	B
B	폴트 없음	B	A	D
F	폴트	F	B	A
B	폴트 없음	B	F	A

[그림 11-4] LRU 페이지 교체 전략

LRU가 FIFO보다는 나은 성능을 발휘하지만 이 전략을 구현하면 더 많은 오버헤드가 든다.[22] LRU는 페이지를 담은 한 프레임마다 대응하는 엔트리를 포함하는 리스트 구조를 사용해 구현할 수 있다. 시스템은 페이지 프레임이 참조될 때마다 해당 페이지의 엔트리를 리스트의 머리 부분에 넣는다. 이는 해당 페이지가 '가장 최근에 참조됨'을 나타낸다. 오래된 엔트리들은 리스트의 꼬리 부분으로 이동한다. 시스템은 새로 유입되는 페이지를 위해 메모리에 있는 한 페이지를 교체해야 할 때, 리스트 꼬리 부분에 있는 엔트리를 교체 대상으로 삼는다. 이 엔트리에 대응하는 페이지 프레임을 비우고(수정된 페이지가 있다면 2차 저장소에 써야 한다), 유입되는 페이지를 이 페이지 프레임에 넣은 후, 해당 프레임에 해당하는 엔트리를 리스트의 머리 부분으로 옮긴다. 현재는 이 페이지가 가장 최근에 참조되었기 때문이다. 이러한 방식은 LRU 전략을 충실히 수행할 것이다. 그러나 페이지를 참조할 때마다 시스템이 리스트를 갱신해야 하기 때문에 상당한 오버헤드가 발생한다.

운영체제 설계와 관련해 추론할 때는 언제나 경험적 지식을 신중하게 사용해야 한다. 경험적 지식(여기서는 LRU의 경우)은 어떤 흔한 상황에서 실패할 수도 있다. 예를 들면, 최근에 가장 적게 사용한 페이지가 루프 내부를 도는 프로그램이 참조할 다음 번 페이지가 될 수도 있다. 이 페이지가 교체될 경우 시스템은 또 다시 곧바로 로드해야 한다.

셀프 리뷰

1. (참/거짓) LRU는 공간적 지역성를 보이는 프로세스에 유리하도록 설계되었다.
2. '순수한' LRU를 구현하는 경우가 드문 이유는 무엇인가?

▶ **풀이** 1) 거짓. LRU는 시간적 지역성을 보이는 프로세스에 적합하다. 2) LRU는 페이지 리스트를 정렬해 유지해야 하며, 이 리스트를 재정렬해야 하는 오버헤드를 야기한다.

11.6.5 최소 사용 빈도 페이지 교체

최소 사용 빈도LFU, Least-Frequently-Used 페이지 교체 전략은 각 페이지가 사용된 정도를 기반으로 교체할 페이지를 결정한다. LFU 방식에서는 시스템이 가장 낮은 빈도, 낮은 강도로 사용한 페이지를 교체한다. 이 전략은 많이 참조하지 않는 페이지는 미래에도 자주 참조하지 않는다는 경험적 지식에 비추어볼 때 직관적으로 설득력이 있다. LFU는 대응하는 페이지를 참조할 때마다 갱신되는 카운터를 사용해 구현할 수 있지만, 이 또한 상당한 오버헤드를 야기할 수 있다.

LFU 페이지 교체 전략 역시 교체할 페이지를 잘못 선택할 가능성이 크다. 예를 들어, 가장 드물게 사용하는 페이지가 방금 메인 메모리에 유입된 페이지일 수 있다. 이 페이지는 한 번 사용되었고 다른 모든 페이지가 한 번 이상 사용되었을 경우, 페이지 교체 메커니즘에 따라 새로 유입된 페이지를 교체하게 되는데, 카운터 수로만 판단하면 처음 유입된 페이지에 항상 불리하다. 이 페이지가 빈번히 사용할 페이지일 수도 있다. 이어서 오버헤드가 적게 들면서 대부분 적절한 결정을 내리는 페이지 교체 전략을 살펴볼 것이다.

셀프 리뷰

1. 페이지 사용 빈도가 미래의 페이지 폴트 횟수를 줄이는 데 효과가 적은 이유는 무엇인가?
2. LRU와 LFU 중 어떤 페이지 교체 전략이 더 많은 실행 오버헤드를 야기하는가?

▶▶

▶ **풀이** 1) 빈도 측정은 페이지가 참조되는 횟수만 측정하지만, 이들 참조가 얼마나 많은 페이지 폴트를 발생시켰는지는 나타낼 수 없다. 프로세스는 페이지 폴트가 발생할 때 해당 페이지가 2차 저장소에서 메모리로 로드될 때까지 대기해야 하며, 메모리에 있는 페이지를 참조할 때보다 훨씬 많은 비용이 드는 처리가 필요하다. 어떤 페이지를 참조하는데, 페이지 폴트가 자주 발생하면 해당 페이지는 활발하게 사용되고 있는 것이고, 이 페이지를 메모리에 두는 것이 앞으로 페이지 폴트를 줄일 수 있는 방안이다. 반면에 메모리에 있으면서 자주 참조하는 페이지에 동일한 원리가 적용되는 것은 아니다. 빈도만으로는 현재도 해당 페이지를 활발하게 참조하는지 알 수 없기 때문이다. 2) 구현에 따라 다르다. 두 전략 모두 '순수한' 형태에서는 메모리 참조 시마다 사용 여부를 갱신해야 한다. 즉, 두 전략 모두 비슷한 오버헤드를 야기한다. 메모리 참조 시마다 LFU는 카운터를 갱신하고 LRU는 연결 리스트 순서를 재정렬한다. 아마도 후자가 더 많은 오버헤드를 발생시킬 것이다.

11.6.6 최근 미사용 페이지 교체

적은 오버헤드로 LRU와 비슷한 기능을 구현하는 데 많이 사용하는 방법이 **최근 미사용** NUR, Not-Used-Recently 페이지 교체 전략이다. NUR 전략은 최근 사용하지 않은 페이지를 가까운 미래에도 사용하지 않을 확률이 높다는 점에 기반을 둔다. NUR 전략은 페이지 테이블 엔트리마다 다음 두 하드웨어 비트를 사용해 구현한다.

- **참조 비트** referenced bit – 페이지가 참조되지 않았으면 0, 참조되었으면 1로 설정된다.
- **수정 비트** modified bit – 페이지가 수정되지 않았으면 0, 수정되었으면 1로 설정된다.

때로는 참조 비트를 **접근 비트** accessed bit라고도 한다. NUR 전략은 다음과 같이 동작한다. 처음에 시스템은 모든 페이지의 참조 비트를 0으로 초기화한다. 시스템은 프로세스가 특정 페이지를 참조할 때 해당 페이지의 참조 비트를 1로 설정한다. 모든 페이지의 수정 비트도 처음에는 0으로 초기화한다. 시스템은 페이지가 수정될 때마다 페이지의 수정 비트를 1로 설정한다. 시스템이 페이지를 교체해야 할 때면 NUR은 먼저 참조되지 않은 페이지를 찾는다(NUR은 LRU와 유사하게 동작하도록 되어 있기 때문이다). 그런 페이지가 존재하지 않을 경우, 시스템은 참조된 페이지를 교체해야 하는데 이 경우 NUR은 해당 페이지가 수정된 사실이 있는지 확인하려고 수정 비트를 살핀다. 페이지가 수정된 사실이 없으면 해당 페이지를 교체 대상으로 선택한다. 만일 수정된 사실이 있으면, 시스템은 수정된 페이지를 교체해야 한다. 수정된 페이지를 교체하는 일은 상당한 지연을 초래한다는 점을 기억하기 바란다. 수정된 내용을 보존하려고 먼저 2차 저장소에 저장해야 하는 추가적인 입출력 기능이 필요하기 때문이다. 그러나 수정된 페이지들을 주기적으로 플러시하면 이러한 지연을 평균적으로 줄이거나 운 좋은 경우 아예 없애기도 한다.

물론, 메인 메모리는 다중 사용자 시스템에서 활발하게 참조되므로 결국 거의 모든 페이지의 참조 비트가 1로 설정될 것이다. 이런 경우 NUR로는 교체 대상으로 가장 바람직한 페이지를 구별하기가 어려워진다. 이러한 문제를 피하려고 가장 널리 사용하는 기술은 주기적으로 참조 비트를 0으로 다시 초기화하는 방법이다. 불행히도 이러한 방법은 활성 페이지들조차 교체 대상이 될 수 있는 위험성을 내포한다. 그러나 이는 0으로 설정된 직후 짧은 시간 동안뿐이다. 활성 페이지들은 곧바로 참조 비트가 1이 될 것이다.

NUR 페이지는 네 그룹으로 분류할 수 있다([표 11-1]). 가장 낮은 수를 가진 그룹의 페이지들이 먼저 교체되어야 하고, 가장 높은 수의 그룹에 있는 페이지들은 최후에 교체되어야 한다. 그룹 내의 페이지들은 임의로 선택된다. 그룹 2는 비현실적인 상황을 묘사하는 것처럼 보인다. 즉, 참조되지 않은 채 수정될 페이지다. 주기적으로 참조 비트를 재설정하는 경우 이런 현상도 나타날 수 있다.

[표 11-1] NUR 방식에서 페이지 유형

그룹	참조됨	수정됨	설명
그룹 1	0	0	최선의 교체 선택
그룹 2	0	1	[현실적으로 있을 법 하지 않아 보임]
그룹 3	1	0	
그룹 4	1	1	최악의 교체 선택

NUR과 같은 전략은 하드웨어 참조 비트가 부족한 머신에서도 구현할 수 있고, 심지어는 하드웨어 수정 비트가 부족한 경우에도 구현할 수 있다.[23] 대체로 참조 비트와 수정 비트는 하드웨어에 구현되고, 각 머신 명령어 실행의 부분으로 설정된다. 그런데 이런 비트는 운영체제의 폴트 처리기나 예외 처리기를 가로채서 다음과 같이 시뮬레이션할 수도 있다.

참조 비트는 대응하는 소프트웨어 비트를 구현하고 0으로 초기화해 시뮬레이션할 수 있다. 프로세스가 페이지를 참조하고 페이지 폴트를 야기할 때, 제어가 페이지 폴트 처리기로 되돌아가고, 처리기는 참조 비트를 1로 설정하고 평소 처리를 다시 시작한다. 수정 비트는 각 페이지를 읽기 전용으로 설정하는 방법으로 시뮬레이션할 수 있다. 프로세스가 페이지를 수정하려고 시도하면 메모리 접근 예외가 발생한다. 예외 처리기가 제어를 얻어 소프트웨어로 제어하는 수정 비트를 'on'으로 바꾸고, 이 페이지에 대한 접근 권한을 읽기/쓰기 권한으로 바꾼다. 물론 수정 비트를 구현하는 메커니즘은 실제 읽기 전용 페이지가 수정되는 것을 막아야 한다. 따라서 운영체제는 어떤 페이지가 실제 읽기 전용이고, 어떤 페이지가 실제 읽기/쓰기인지 추적해야 한다. 또한 운영체제는 주기적으로 메모리에 있는 각 페이지의 참조 비트를 0으로 설정해야 한다. 주기의 간격이 NUR의 성능에 큰 영향을 미친다. 이러한 동작을 수행하는 데 필요한 명령어들을 최소 집합으로 구성해 빨리 실행할 수 있게 해야 한다. 오늘날 대부분의 프로세스는 참조 비트와 수정 비트를 포함해 메모리 관리자의 성능 향상을 도모한다.

셀프 리뷰

1. NUR 교체 전략에서 수정 비트가 어떻게 성능을 향상시키는가?
2. NUR은 어떻게 가장 안 좋은 페이지를 교체할 수 있는가?
3. NUR 페이지는 어떻게 참조하지 않고도 수정할 수 있는가?

▶ **풀이** 1) 수정 비트는 운영체제에서 어떤 페이지를 먼저 디스크에 플러시하지 않고 덮어쓸 수 있는지 결정할 수 있게 해준다. 수정되지 않은 페이지들을 선택하는 일은 페이지 교체를 수행할 때 입출력 연산을 줄여준다. 그러나 NUR은 경험적 지식을 활용하기 위해 참조되고 수정되지 않은 페이지를 교체하기 전에 참조되지 않은 수정된 페이지를 먼저 교체한다. 2) 바로 참조될 다음 페이지의 참조 비트가 페이지 교체 결정 직전에 0으로 설정되어 있을 수도 있다. 3) 실제로는 참조한다. 그러나 NUR이 주기적으로 참조 비트를 재설정한 덕분이다.

11.6.7 FIFO 수정안: 2차 기회와 클록 페이지 교체

FIFO 전략의 명백한 단점은 자주 사용하는 페이지를 메모리에 오래 머물렀다는 이유로 교체할 수 있다는 점이다. 각 페이지별 참조 비트를 가진 FIFO를 구현해 사용하고, 해당 참조 비트가 0일 때만 페이지를 교체함으로써 이러한 가능성을 피할 수 있다.

FIFO를 변형한 **2차 기회** second-chance 방식은 가장 오래된 페이지의 참조 비트를 확인한다. 2차 기회 전략은 이 비트가 'off'면 해당 페이지를 즉시 교체 대상으로 선정한다. 그러나 오래된 페이지의 참조 비트가 'on'이면 알고리즘은 비트를 'off'로 바꾸고, 해당 페이지를 FIFO 큐의 꼬리 부분에 넣는다. 이러한 페이지는 결국 새로 도착한 것처럼 다룬다. 시간이 지나면서 페이지는 점차 큐의 머리 부분으로 옮겨간다. 큐의 머리에 도달하면 참조 비트가 'off'일 때만 교체 대상으로 선정된다.

활성 페이지들은 리스트의 꼬리 부분으로 되돌릴 것이다. 이들의 참조 비트가 ('on'으로) 설정되어 메인 메모리에 남아 있을 것이기 때문이다. 수정된 페이지는 시스템이 교체하기 전에 2차 저장소로 플러시해야 한다. 따라서 페이지의 참조 비트가 'off'로 설정되고, 페이지는 시스템이 변환을 완료할 때까지 '일시적으로 교체할 수 없는' 상태로 남는다. 만일 프로세스가 플러시 완료 전에 이 페이지를 참조하면 다시 잡아두어 2차 저장소에서 페이지를 불러들이는 비용이 많이 드는 연산을 절약할 수 있게 해준다.

클록 페이지 교체 전략 clock page replacement strategy은 근본적으로 2차 기회 알고리즘과 동일한 결과를 가져온다. 이 전략은 페이지들을 선형 리스트가 아닌, 원형 리스트에 정렬한다.[24] 페이지 폴트가 발생할 때마다 리스트의 포인터는 원형 리스트를 시계처럼 이동한다. 페이지의 참조 비트가 'off'로 바뀔 때 포인터는 리스트의 다음 요소로 이동한다(해당 페이지가 FIFO 큐의 뒤로 가는 것을 시뮬레이션하는 효과). 클록 알고리즘은 새로 도착하는 것들을 참조 비트가 'off'인 페이지 중 처음 만나는 페이지에 넣는다.

셀프 리뷰

1. 2차 기회와 클록 알고리즘 중 어떤 전략이 더 많은 오버헤드를 발생시키는가?
2. 2차 기회와 클록 페이지 교체는 왜 LRU보다 효율적인가?

▶ **풀이** 1) 2차 전략에서는 레지던트 비트가 'off'가 될 때마다 시스템이 큐에서 엔트리를 꺼내고 다시 넣어야 한다. 클록 알고리즘은 페이지의 레지던트 비트가 'off'로 바뀔 때마다 포인터의 값을 수정하기 때문에 대체로 오버헤드를 덜 발생시킨다. 2) 이런 알고리즘은 시스템이 페이지 사용 정보를 갱신하는 횟수를 줄여준다.

11.6.8 원거리 페이지 교체

프로그램들이 실행할 때 예측 가능한 패턴으로 함수와 데이터를 참조하는 경향이 있다. **원거리 페이지 교체 전략** far page replacement strategy은 그래프를 사용해 이 예측 가능한 패턴에 기초해 교체 결정을 내린다. 원거리 전략은 수학적인 관점에서 보면 거의 최적 수준에서 실행된다. 그러나 상당한 실행 시간 오버헤드를 야기하는 단점이 있다.[25, 26, 27]

원거리 전략은 프로세스의 참조 패턴을 특징짓는 접근 그래프 access graph([그림 11-5])를 생성한다. 접근 그래프의 각 정점 vertex은 프로세스의 페이지들을 나타낸다. 정점 v에서 정점 w로 이어지는 선 edge은 프로세스가 페이지 v를 참조한 후 페이지 w를 참조함을 나타낸다. 예를 들어, 페이지 v에 있는 명령어가 페이지 w에 있는 데이터를 참조한다면, 정점 v에서 정점 w로 이어지는 방향선 directed edge을 그린다. 이와 유사하게, 페이지 x에 대한 함수 호출이 페이지 y로 반환하면 정점 x에서 정점 y로 이어지는 선이 생길 것이다. 그래프가 상당히 복잡해질 수 있는데, 한 프로세스가 실행하면서 어떻게 페이지들을 참조할 수 있는지 보여준다. 접근 그래프는 컴파일된 프로그램을 분석함으로써 각 페이지의 명령어를 통해 어떤 페이지들을 접근할 수 있는지, 어떤 것이 많은 실행 시간을 요구하는지 판단할 수 있다.* [28] [그림 11-5]의 접근 그래프는 프로세

* 비록 실행 시 그래프가 만들어지는 것도 연구하고 있지만, 원거리 전략에 관한 연구는 대부분 접근 그래프가 프로세스 실행 전에 구성된다고 전제한다.

스가 페이지 B를 참조한 이후에는, 페이지 A, C, D, E 중 하나를 참조한다. 그러나 페이지 E를 참조하기 전에는 페이지 G를 참조하지 않는다.

교체 알고리즘은 클록 알고리즘과 여러 면에서 비슷하다. 원거리 알고리즘은 처음에 접근 그래프의 모든 정점을 참조하지 않은 것으로 표시한다. 프로세스가 페이지에 접근할 때 알고리즘은 해당 페이지에 대응하는 정점을 참조한 것으로 표시한다. 알고리즘이 교체할 페이지를 선택할 때는 접근 그래프에서 참조된 페이지로부터 가장 멀리 떨어져 있으면서(따라서 '원거리'라고 한다) 참조되지 않은 페이지([그림 11-5]에서 Q에 대응하는 페이지)를 선택한다. 이 전략이 직관적으로 그럴 듯해 보이는 이유는 참조된 페이지에서 가장 멀리 떨어져 있는 미참조 페이지가 가장 나중에 참조될 확률이 높기 때문이다. 만약 그래프가 미참조 정점을 포함하지 않을 경우, 현재 상태phase가 완료되고, 전략은 모든 정점을 참조하지 않은 것으로 표시한 후 새로운 상태를 시작한다.[29] 이 시점에서 알고리즘은 그래프에서 가장 최근 사용된 페이지로부터 가장 멀리 떨어져 있는 페이지를 교체한다.

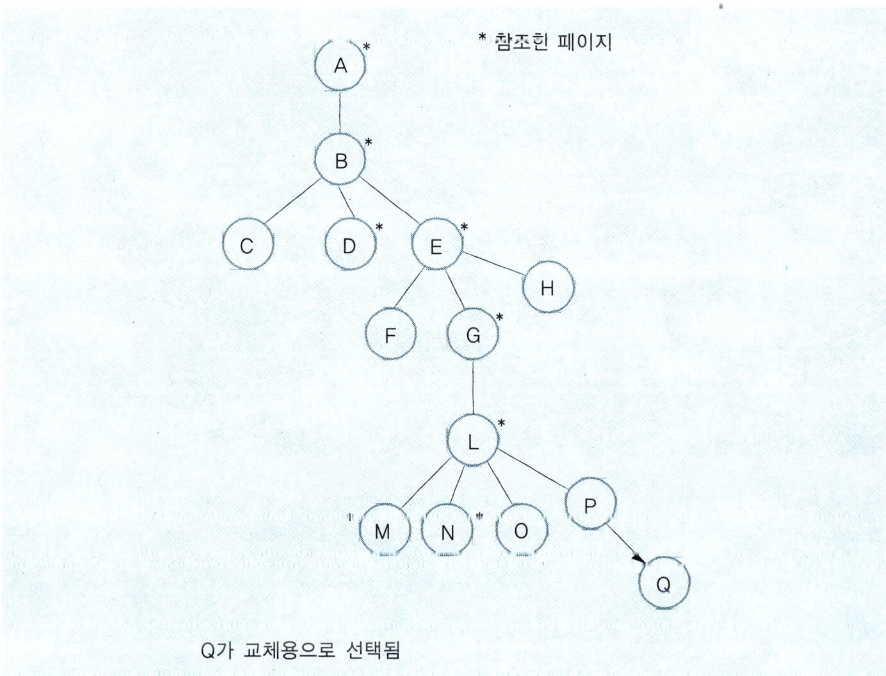

[그림 11-5] 원거리 페이지 교체 전략의 접근 그래프

그래프 이론 분야는 원거리 전략에서 사용하는 것과 같은 그래프를 만들고 연구하는 알고리즘을 제공한다. 그러나 복잡하고 실행 시 오버헤드가 많아 실제 시스템에서는 구현하지 않는다.

셀프 리뷰

1. 거의 최적에 가까운 성능을 제공하면서도 원거리 페이지 교체 전략을 널리 구현하지 않는 이유는 무엇인가?
2. 원거리 전략은 어떤 경우 곧이어 사용할 페이지를 교체 대상으로 선택할 수 있는가?

▶ **풀이** 1) 원거리 전략은 구현하기 복잡하고 실행 시 상당한 오버헤드를 야기한다. 2) 프로세스는 곧이어 교체된 페이지까지 접근 그래프가 '걸리게' 할 수 있고, 해당 시점에 페이지 폴트가 발생할 수 있다. 예를 들어, 프로세스가 오류 처리 루틴을 참조하거나 중첩된 프로시저를 연속으로 호출할 때 이런 일이 발생할 수 있다.

11.7 작업 집합 모델

참조의 지역성은 주어진 어떤 시간에 프로그램이 메인 메모리에 있는 페이지 중 작은 부분 집합만 참조할 때도 효율적으로 실행할 수 있음을 보여준다. 데닝의 **프로그램 동작의 작업 집합 이론** work set theory of program behavior은 이렇게 선호하는 부분 집합이 어느 부분인지를 알아내고, 이들을 메인 메모리에 유지해 최적의 성능을 얻는 방법에 초점을 둔다.[30, 31]

지역성을 설명하는 많은 연구가 이루어졌다. [그림 11-6]은 여러 페이지에 걸쳐 프로세스의 메모리 참조 패턴을 보여준다.[32] 빗금 친 부분은 프로세스가 연속적인 시간 간격에 걸쳐 참조한 메모리 영역을 나타낸다. 이 그림은 이 프로세스가 일정한 실행 간격 동안 자신이 지닌 페이지들의 특정 부분을 선호함을 생생하게 보여주고 있다.

[그림 11-7]의 가설적인 프로세스 동작은 지역성을 뒷받침한다. 이 그림은 프로세스의 페이지 폴트율이 페이지들이 사용할 수 있는 메인 메모리의 양에 어떻게 영향받는지 보여준다. 직선은 프로세스가 모든 페이지에 걸쳐 동일하게 분산된 임의의 참조를 할 때의 형태를 보여준다. 곡선은 전형적인 프로세스들의 참조 패턴을 보여준다. 프로세스가 사용할 수 있는 페이지 프레임의 수가 줄어들 때 페이지 폴트율에 큰 영향을 미치지 않는 간격이 있다. 그러나 어떤 지점에서는 페이지 프레임의 수가 더 증가하면 실행 중인 프로세스가 경험하는 페이지 폴트 수가 급격히 증가한다. 그래프는 프로세스가 선호하는 부분이 메인 메모리에 남아 있는 한, 프로세스의 페이지 폴트율이 일정함을 보여준다. 그러나 시스템에서 이 프로세스에 선호되는 부분을 메인 메모리에 유지할 만큼 충분한 페이지 프레임을 할당할 수 없을 때는 프로세스의 페이지 폴트율이 갑자기 증가한다. 이 프로세스가 계속해서 교체된 페이지들을 참조하고 있기 때문이다.

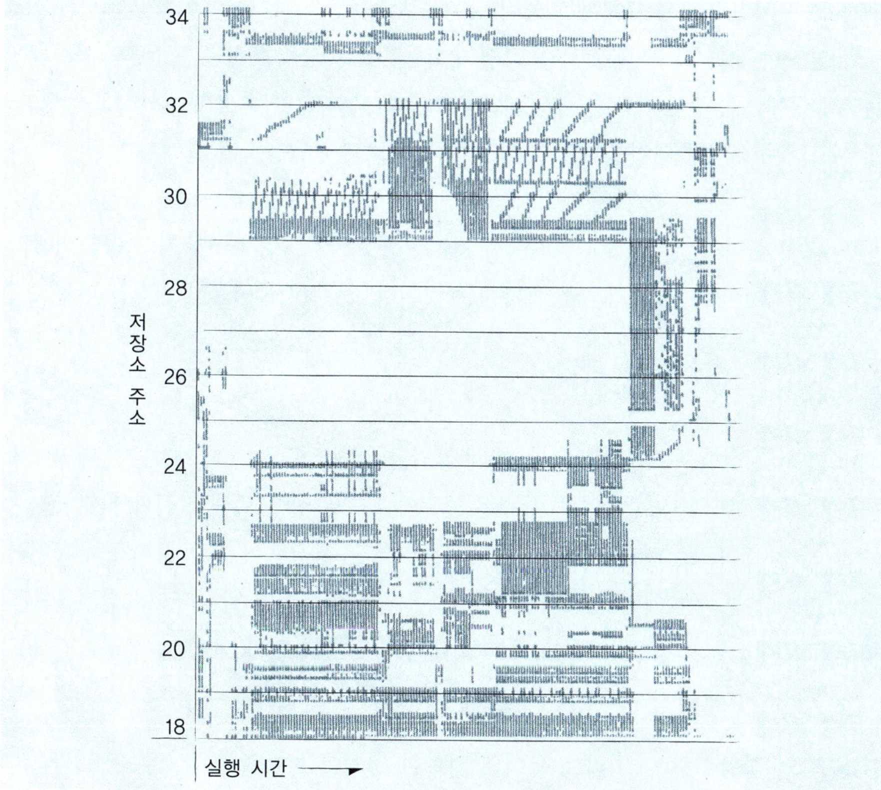

[그림 11-6] 지역성을 보여주는 저장소 참조 패턴(IBM System Journal. © 1971 허용 하에 사용함. International Business Machines Corporation.)

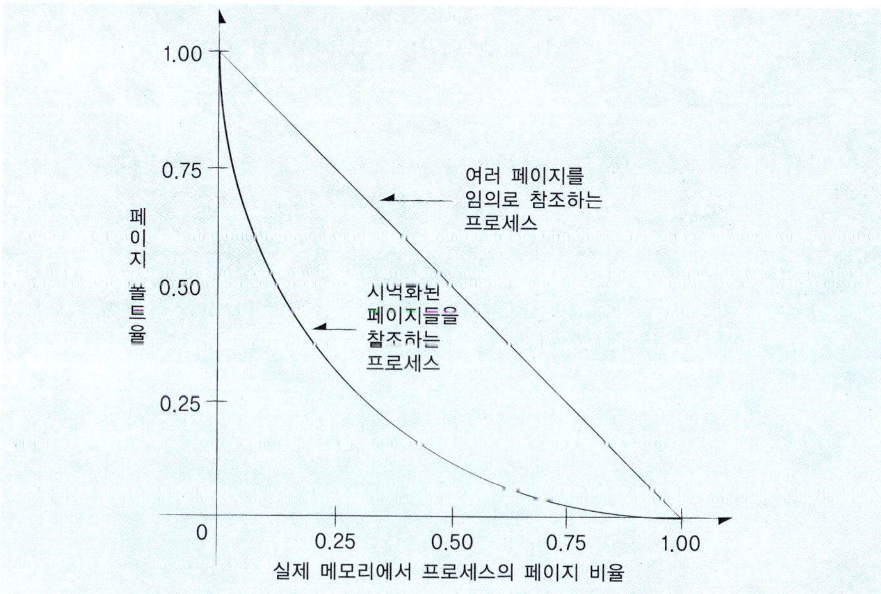

[그림 11-7] 프로세스의 페이지들을 위한 메모리 용량에 따른 페이지 폴트율

앞의 그림에서 본 지역성 원리와 프로세스 동작 방식은 모두 프로그램 동작에 관한 데닝의 작업 집합 이론을 뒷받침한다.[33, 34] 이 이론은 프로그램이 효율적으로 동작하려면 시스템이 프로그램이 선호하는 부분 집합(즉, 작업 집합)을 메인 메모리에 유지해야 함을 분명히 시사하고 있다. 그렇지 않으면 시스템은 과도한 페이징 작업을 하게 되어 프로세서 활용도가 떨어지게 될 것이다. 프로세스는 2차 저장소에 있는 동일한 페이지들을 반복해서 요청하기 때문이다. 이러한 현상을 **스래싱** thrashing이라고 한다.[35] 스래싱을 피하는 한 가지 방법은 각 프로세스에 가상 공간의 절반 정도에 해당하는 충분한 페이지 프레임을 할당하는 것이다. 불행히도 이러한 원칙은 너무 보수적으로 가상 메모리를 관리하게 해서 결국 물리 메모리 공간을 효율적으로 공유할 수 있는 프로세스의 수를 제한한다.

작업 집합 메모리 관리 정책은 각 프로세스의 현재 작업 집합에 해당하는 페이지들만 메인 메모리에 유지하는 방향을 추구한다.[36, 37, 38, 39] 새로운 프로세스를 활성 프로세스 집합에 더할지 결정하는 것(예를 들면, 멀티프로그래밍 정도를 높이려고)은 해당 시스템이 새 프로세스의 작업 집합 페이지들을 수용할 충분한 메인 메모리 공간을 보유하고 있는지에 달렸다. 이 결정은 특히 새로 초기화된 프로세스들의 경우, 경험에 근거해 내리는 경우가 많다. 시스템이 주어진 프로세스의 작업 집합이 얼마나 클지 미리 아는 것은 대부분 불가능하기 때문이다.

[그림 11-8]은 **작업 집합** working set이라는 용어의 정확한 정의를 보여준다. x축은 프로세스 시간, 즉 프로세스가 프로세서를 사용하는 시간을 나타내고, t 값은 현재 프로세스 시간에 대응한다. w 값은 프로세스의 **작업 집합 윈도우 크기** working set window size다. 작업 집합 윈도우 크기는 프로세스의 작업 집합을 계산할 때 과거 어느 시간까지 거슬러 올라갈 것인지를 정한다. 페이지 중 프로세스의 작업 집합 $W(t, w)$는 프로세스 시간 간격 $t-w$에서 t까지 프로세스에서 참조하는 페이지들의 집합으로 정의한다.

효율적인 작업 집합 메모리 관리 전략을 위해서는 프로세스의 작업 집합 윈도우 크기 w를 신중하게 결정해야 한다. [그림 11-9]는 w가 증가함에 따라 작업 집합의 크기가 어떻게 증가하는지 보여준다. 이는 작업 집합에 대한 수학적인 정의의 결과며, 작업 집합 크기에 관해 경험적으로 반드시 관찰할 수 있는 지표는 아니다. 프로세스의 '진정한' 작업 집합이란 단순히 프로세스를 효율적으로 실행하기 위해 메인 메모리에 머물게 할 페이지들의 집합이다.

작업 집합은 프로세스가 실행함에 따라 변한다.[40] 때로는 페이지가 추가되기도 하고 제거되기도 한다. 어떤 때는 프로세스가 새로운 단계에 접어들 때(예를 들면, 실행을 위해 전혀 다른 작업 집합이 필요할 때) 급격한 변화가 생기기도 한다. 따라서 프로세스의 처음 작업 집합 크기에 관한 가정이 이어지는 작업 집합에도 적용된다고 장담할 수 없다. 그렇기 때문에 작업 집합 전략을 사용해 정확한 메모리 관리를 하기는 어렵다.

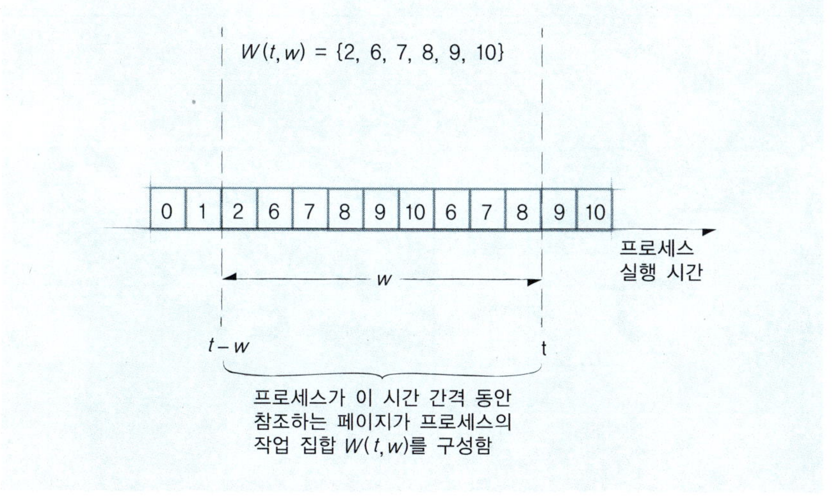

[그림 11-8] 프로세스의 페이지 작업 집합의 정의

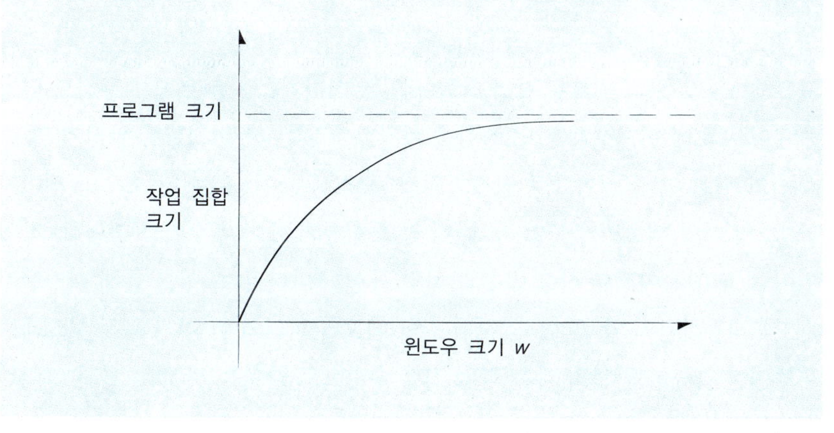

[그림 11-9] 윈도우 크기의 함수로 본 작업 집합 크기

[그림 11-10]은 작업 집합 메모리 관리 전략을 사용하는 시스템에서 실행되는 프로세스가 어떻게 메인 메모리를 사용할 수 있는지 보여준다. 먼저 프로세스가 초기 작업 집합에 있는 페이지들을 한 번에 하나씩 요구한다. 시스템은 점차로 작업 집합을 수용할 만한 충분한 메모리를 할당한다. 프로세스가 처음 작업 집합에 있는 페이지들을 활발하게 사용하면서 이 시점에 프로세스의 메모리 사용은 안정화된다.

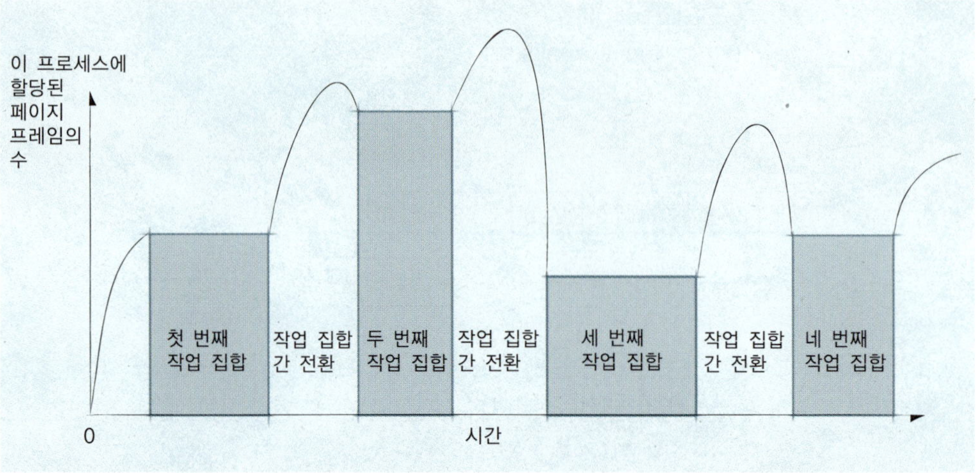

[그림 11-10] 작업 집합 메모리 관리에서 메인 메모리 할당

처음 작업 집합에서 두 번째 작업 집합으로 이어지는 곡선이 나타내듯이, 프로세스는 궁극적으로 다음 작업 집합으로 이동한다. 처음에는 곡선이 처음 작업 집합에 있는 페이지 수보다 위쪽으로 상승한다. 프로세스가 자신의 새로운 작업 집합에 있는 페이지들을 빠르게 요구하고 있기 때문이다. 시스템은 이 프로세스가 현재 작업 집합을 확장할지 혹은 작업 집합을 바꿀지 알 수 없다. 일단 프로세스가 다음 작업 집합으로 안정화되면, 시스템은 윈도우에서 소수의 페이지 참조를 보고 프로세스의 메인 메모리 할당을 두 번째 작업 집합의 페이지 수만큼 줄인다. 작업 집합 간 전환이 일어날 때마다 이러한 상승 곡선과 하강 곡선이 나타나며, 이를 통해 시스템이 어떻게 작업 집합들에 적응하는지 알 수 있다. 작업 집합 메모리 관리의 한 가지 목적은 그래프에서 곡선 부분의 높이를 가능하면 빨리 다음 작업 집합 수준으로 줄이는 것이다. 물론 그러려면 시스템이 이전 작업 집합에서 어떤 페이지들이 새 작업 집합에 속하지 않는지 파악해야 한다.

그림은 작업 집합 메모리 관리 전략의 한 가지 난점을 보여준다. 즉, 작업 집합들이 변동이 많으며, 프로세스의 다음 작업 집합이 현재와 크게 다를 수 있다. 메모리 관리 전략은 이를 신중히 고려해 메인 메모리를 과다하게 할당해 스래싱을 야기하는 일을 피해야 한다. 작업 집합 메모리 관리 정책을 실제로 구현하는 일은 상당한 오버헤드를 가져올 수 있다. 특히 작업 집합의 구성이 자주 그리고 빨리 변할 때 더욱 그러하다. 모리스 Morris는 특화된 하드웨어를 사용해 작업 집합 저장소 관리를 더 효율적으로 구현하는 방법에 관해 논의했다.[41]

셀프 리뷰

1. 프로세스의 작업 집합 크기를 결정하기 어려운 이유는 무엇인가?
2. 윈도우의 크기 w를 선택할 때 어떤 점이 상충하는가?

▶ **풀이** 1) 데닝의 정의를 충실히 따르면 작업 집합 크기를 결정하는 일은 간단하다. 윈도우 w 안에서 참조한 유일한 페이지들의 숫자다. 그러나 실제 작업 집합, 즉 프로세스가 효율적으로 실행하기 위해 메모리 안에 유지해야 할 페이지들의 집합을 생각한다면 문제는 더 복잡해진다. 프로세스가 해당 작업 집합을 메모리에 유지하고 있는지를 나타내는 한 가지 지표는 페이지 폴트율이 낮은가 하는 점이다. 이는 또한 프로세스가 메모리에 너무 많은 페이지를 포함하고 있다는 의미가 될 수도 있다. 프로세스에 할당된 페이지 프레임의 수를 줄이면, 특정 시점에 페이지 폴트율이 (어쩌면 큰 폭으로) 증가할 것이다. 이렇게 되기 바로 직전이 작업 집합(만)이 메모리에 있는 시점이다. 2) w가 너무 작으면 프로세스의 실제 작업 집합이 메모리에 항상 있지 않고 스래싱을 야기할 것이다. w 값이 너무 크면 프로세스의 작업 집합 외의 페이지까지 메모리를 차지해 메모리 낭비를 가져올 수 있다. 이 경우 멀티프로그래밍 정도가 떨어질 우려가 있다.

11.8 페이지 폴트 빈도 페이지 교체

페이징 환경에서 프로세스가 얼마나 잘 실행하고 있는지를 측정하는 한 가지 기준은 프로세스의 페이지 폴트율 page fault rate이다. 계속해서 폴트를 발생시키는 프로세스는 페이지 프레임을 너무 적게 보유했거나, 작업 집합을 메모리 안에 유지할 수 없어서 스래싱이 발생하고 있을 가능성이 있다. 폴트를 거의 발생시키지 않는 프로세스는 너무 많은 페이지 프레임을 보유하고 있어서 다른 프로세스의 진행을 방해하거나 운영체제가 멀티프로그래밍 정도를 높일 수 없게 방해하고 있을 수도 있다. 이상적으로는 프로세스들이 이 양 극단 사이의 적절한 지점에 있어야 한다. **페이지 폴트 빈도** PFF, Page-Fault-Frequency 알고리즘은 프로세스가 페이지 폴트를 만나는 빈도를 기반으로 프로세스의 **상주 페이지 집합** resident page set(즉, 현재 메모리에 있는 페이지들)을 조절한다.[42, 43, 44, 45, 46] 다른 방식으로 PFF가 프로세스의 **폴트 간 시간** interfault time이라는 '페이지 폴트 사이의 시간'을 기반으로 프로세스의 상주 페이지 집합을 조절하기도 한다.

PFF는 페이지 폴트가 발생할 때만 상주 페이지 집합을 조절하기 때문에 작업 집합 페이지 교체보다는 오버헤드가 적다. 작업 집합 메커니즘은 메모리를 참조하고 나면 그때마다 연산을 수행해야 한다. PFF 방식은 프로세스가 페이지 폴트를 발생시키는 요청을 했을 때, 마지막으로 페이지 폴트가 일어난 시간으로부터 지난 시간을 계산한다. 이 시간이 임계치의 상한보다 크면, 시스템은 해당 시간 동안 참조하지 않은 모든 페이지를 해제한다. 만일 계산한 시간이 임계치의 하한보다 작으면 유입되는 페이지는 해당 프로세스의 상주 페이지 집합의 일원이 된다.

PFF의 장점은 프로세스의 변화에 반응해 프로세스의 상주 페이지 집합을 동적으로 조절한다는 점이다. 프로세스가 더 큰 작업 집합으로 이동하면 폴트가 자주 발생할 것이다. 그러면 PFF는 페이지 프레임을 더 할당한다. 프로세스가 새로운 작업 집합을 축적하면 페이지 폴트율이 안정화되고, PFF는 현재 상주 페이지 집합을 유지하거나 줄일 것이다. 적절하고 효율적으로 PFF를 수행하려면 임계치를 적절하게 관리하는 것이 핵심이다.

어떤 시스템은 프로세스가 페이지 폴트를 발생시키는 빈도에 따라 프로세스 스케줄링 알고리즘을 조절해 성능을 향상시킬 수도 있다. 페이지 폴트를 적게 발생시키는 프로세스는 자신의 작업 집합들을 메인 메모리에 축적했을 가능성이 있다. 페이지 폴트 횟수가 많은 프로세스는 작업 집합이 아직 확립되지 못한 것이다. 전통적으로는 작업 집합을 확립한 프로세스를 선호한다. 그러나 또 다른 관점은 페이지 폴트율이 높은 프로세스들이 우선권을 부여받아야 한다는 것이다. 이들 프로세스는 입출력 요청을 발생시키기 전에 프로세서를 잠깐 동안만 사용했을 것이기 때문이다. 다음 작업 집합에서 폴트를 발생시키는 프로세스는 입출력 중심 프로세스로 보인다. 프로세스는 일단 작업 집합이 축적되면 일정한 동작 방식으로 안정을 취하게 될 것이다(일부 프로세스는 프로세서 사용이 많고(프로세서 중심), 다른 프로세스는 입출력 사용이 많기(입출력 중심) 때문이다).

셀프 리뷰

1. PFF는 작업 집합 모델을 어떻게 추측해내는가?
2. PFF의 임계치 상한이 너무 작으면 어떤 문제가 발생하는가? 임계치의 하한이 너무 크면 어떻게 되는가?

▶ **풀이** 1) PFF와 작업 집합 모델 모두 프로세스의 공간 할당을 동적으로 바꿔서 스래싱을 방지한다. 그러나 작업 집합 모델은 메모리 접근을 할 때마다 조절하고, PFF는 페이지 폴트가 발생할 때마다 조절한다. 2) 임계치의 하한이 너무 크면 시스템은 프로세스가 요구하는 것보다 많은 페이지를 할당해 메모리 낭비를 야기한다. 임계치의 상한이 너무 작으면 시스템은 프로세스의 작업 집합에 있는 페이지들을 해제해 스래싱이 발생한다.

11.9 페이지 해제

작업 집합 메모리 관리에서 프로세스는 페이지를 명시적으로 참조함으로써 원하는 페이지를 나타낸다. 프로세스가 더는 요청하지 않는 페이지들은 작업 집합에서 제거해야 한다. 그러나 현존하는 메모리 관리 전략에서는 프로세스가 페이지를 더는 요구하지 않음을 추적할 때까지 필요 없는 페이지들이 메모리에 남아 있는 경우가 많다. 이를 해결하는 대안은 프로세스가 **자발적인 페이지 해제** voluntary page release 명령을 내려 더는 사용하지 않는 페이지를 자유롭게 해제하게 하는 것이다. 이 방법은 프로세스가 자신의 작업 집합에서 페이지들을 점점 통과하면서 지연되는 시간을 제거해줄 것이다.

자발적인 페이지 해제는 전체 시스템의 프로그램 실행 속도를 높일 수 있다. 이 영역에서 한 가지 기대하는 점은 컴파일러와 운영체제가 페이지 해제 상황을 탐지해 가능하면 빨리 이 해제 작업이 일어나게 하는 것이다. 현실적으로 볼 때 사용자는 이러한 결정을 내릴 수 없지만 응용 프로그래머나 시스템 프로그래머에게는 가능한 일이다.

셀프 리뷰

1. 자발적인 페이지 해제가 순수한 작업 집합 페이지 교체 전략보다 좋은 성능을 낼 수 있는 이유는 무엇인가?
2. 현대 시스템에서 자발적인 페이지 해제를 널리 구현하지 않는 이유는 무엇인가?

▶ **풀이** 1) 작업 집합 전략(즉 윈도우 크기 w)에서는 페이지들이 교체되기 전에 더는 '머물 필요가 없는' 페이지들이 지연되는 문제가 발생한다. 자발적인 페이지 해제는 이러한 페이지를 더 빨리 해제할 수 있으며 메모리를 더 효율적으로 사용할 수 있게 해준다. 2) 진정한 문제는 해제할 페이지를 올바르게 선택할 수 있는가 하는 것으로, 이는 어려운 문제다. 왜냐하면 일반적으로 프로그램이 취한 실행 경로를 예측하기는 어렵기 때문이다.

11.10 페이지 크기

페이지화된 가상 메모리 시스템에서 중요한 특징은 시스템이 지원하는 페이지와 페이지 프레임의 크기다. 현대 시스템에서 하나로 정해진 '산업 표준' 페이지 크기는 없다. 또한 많은 아키텍처에서 성능 향상을 증명할 수 있는 다중 페이지 크기를 지원한다.[47] 하나 혹은 여러 페이지 크기를 정할 때, 시스템 설계자는 설계할 시스템의 목적과 제약 사항 등 여러 가지를 고려해야 한다.

초기 연구 결과를 보면 이론적으로나 경험적으로나 페이지 크기가 작아야 한다고 지적하고 있다.[48, 49, 50] 그런데 메모리와 프로그램 크기가 모두 급속도로 증가하면서 더 큰 페이지 크기가 바람직해졌다. 페이지 크기를 결정할 때 어떤 점을 고려해야 하는가? 몇 가지를 정리해보면 다음과 같다.

- 페이지 크기가 크면 TLB가 각 엔트리로 참조할 수 있는 메모리 범위가 증가한다. 그러면 TLB 적중률이 높아지고 동적 주소 변환 성능을 향상시킬 수 있다.[51]

- 대체로 페이지 크기가 크면 메인 메모리와 2차 저장소 사이에서 정보를 이동하는 데 많은 시간을 소비해서 입출력 연산을 수행하는 횟수를 감소시킬 수 있다. 작은 페이지 크기를 사용해 이러한 정보 이동을 수행하는 시스템은 입출력 연산을 몇 번 별도로 해야 할 것이다. 그러면 프로세스의 시공간 지수가 증가한다('11.3 요구 페이징' 참고). 그러나 예측 페이징과 다음 장에서 논의할 디스크 스케줄링 알고리즘은 이 오버헤드를 줄일 수 있다.
- 프로세스들은 주소 공간의 작은 부분에 지역성을 보이는 경향이 있다. 따라서 더 작은 페이지 크기는 프로세스들이 더 작고 타이트한 작업 집합을 확립하게 해서 다른 프로세스들이 더 많은 메모리 공간을 사용할 수 있게 해준다.[52]
- 작은 페이지 크기를 사용하면 페이지와 페이지 프레임의 수가 많아지고, 이에 따라 페이지 테이블의 크기가 커진다. '10.4.4 다수준 페이지 테이블'에서 논의한 것처럼, 이러한 테이블은 상당량의 메인 메모리를 소비한다(예를 들면, 테이블 단편화). 페이지 크기가 크면 페이지 테이블 엔트리의 수를 줄여서 테이블 단편화를 줄인다(내부 단편화가 증가하는 대가가 따른다).
- 세그먼테이션/페이징 조합 시스템에서는 내부 단편화가 발생할 수 있다. 프로시저와 데이터 유닛이 정수 개 페이지로 형성되는 일이 거의 없기 때문이다. 따라서 한 세그먼트는 마지막 페이지가 거의 가득 차거나 거의 비어 있을 확률이 비슷하다([그림 11-11]). 그러므로 각 세그먼트는 평균적으로 1/2페이지 정도 내부 단편화를 지닌다. 단편화가 커지면 프로그램의 평균 작업 집합 크기가 커진다.[53] 시스템은 페이지 크기를 작게 함으로써 내부 단편화의 양을 줄일 수 있다.[54]

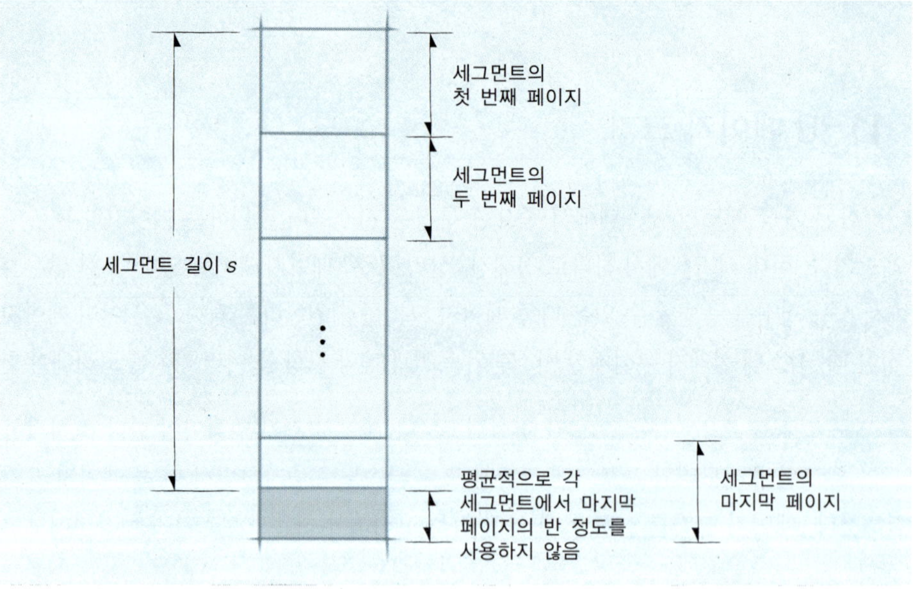

[그림 11-11] 페이지화/세그먼트화된 시스템에서 내부 단편화

여러 페이지 크기를 지원해 큰 페이지나 작은 페이지의 여러 제약을 해결할 수는 있지만 몇 가지 단점도 있다. 먼저 운영체제가 동적 주소 변환을 효율적으로 실행하려면 여러 페이지 크기를 지원하는 하드웨어 지원이 필요하다. 이는 페이지 주소 변환 하드웨어가 큰 페이지와 작은 페이지를 수용할 수 있어야 함을 의미한다. 인텔 펜티엄 4 프로세서에서는 다중 TLB를 사용해 이를 지원한다. 각 TLB는 한 가지 페이지 크기를 저장한다. 이렇게 하드웨어가 복잡해지면서 비용이 증가한다. 또한 여러 페이지 크기를 지원하면 블록 크기가 다양해지기 때문에 세그먼테이션 시스템과 유사한 외부 단편화 가능성이 생긴다.[55]

[표 11-2]는 여러 시스템에서 사용하는 페이지 크기를 보여준다. 초기 컴퓨터에서는 비교적 작은 한 가지 크기를, 더 최근 컴퓨터에서는 더 큰 여러 페이지 크기를 지원함을 볼 수 있다.

[표 11-2] 여러 프로세서 아키텍처의 페이지 크기[56, 57, 58]

제조사	모델	페이지 크기	실제 주소 크기
Honeywell	Multics	1KB	36비트
IBM	370/168	4KB	32비트
DEC	PDP-10, PDP-20	512B	36비트
DEC	VAX 8800	512B	32비트
Intel	80386	4KB	32비트
Intel/AMD	Pentium 4/Athlon XP	4KB 또는 4MB	32비트 또는 36비트
Sun	UltraSparc II	8KB, 64KB, 512KB, 4MB	44비트
AMD	Opteron/Athlon 64	4KB, 2MB, 4MB	32비트, 40비트 또는 52비트
Intel-HP	Itanium, Itanium 2	4KB, 8KB, 16KB, 64KB, 256KB, 1MB, 4MB, 16MB, 64MB, 256MB	32비트~63비트
IBM	PowerPC 970	4KB, 128KB, 256KB, 512KB, 1MB, 2MB, 4MB, 8MB, 16MB,32MB, 64MB, 128MB, 256MB	32비트 또는 64비트

셀프 리뷰

1. 현대 시스템에서 수십 년 전보다 큰 페이지 크기를 더 선호하는 이유는 무엇인가?
2. 여러 페이지 크기를 지원할 때 단점은 무엇인가?

▶ **풀이** 1) 메모리 가격이 낮아지면서 시스템의 메모리 용량이 늘어나고, 많은 메모리를 요구하는 응용 프로그램이 생겨났다. 현대 시스템에서는 큰 페이지 크기 때문에 발생하는 내부 단편화의 비용이 줄어, 메모리 가격이 높았던 수십 년 전보다 덜 중요한 문제가 되었다. 큰 페이지들은 또한 시스템이 프로세스의 가상 주소 공간 중 많은 부분을 메모리로 로드할 때 입출력 연산 비용을 줄여준다. 그러나 운영체제가 페이지 크기의 일부

데이터를 로드하는 경우도 많다. 이 경우 메모리 관리 오버헤드에 따른 비용을 추가적으로 부담해 여러 페이지 크기로 메모리 활용도를 높일 수 있다. 2) 여러 페이지 크기를 지원할 때는 효율적인 메모리 관리를 위해 운영체제와 하드웨어 모두 여러 페이지 크기를 지원해야 한다. 여러 페이지 크기를 지원하면 소프트웨어 개발 비용도 높아진다. 프로세서는 여러 페이지 크기를 지원하기 위해 복잡도가 증가하고, 이는 하드웨어의 비용을 높이는 원인이 된다.

11.11 페이징에서의 프로그램 동작

페이징 환경에서 프로세스들의 동작 방식에 관한 많은 연구가 수행되었다.[59, 60, 61, 62, 63, 64, 65, 66, 67, 68, 69, 70, 71, 72, 73, 74, 75, 76, 77, 78, 79, 80] 이 절에서는 이 연구 중 몇 가지 가치 있는 결과를 살펴보자.

[그림 11-12]는 프로세스가 실행되기 시작한 시점부터 참조된 가설 프로세스의 페이지 비율을 보여준다. 초반에 곡선이 가파르게 상승하는 것은 프로세스가 실행을 시작하자마자 상당량의 페이지를 참조함을 의미한다. 시간이 지나면서 곡선의 경사가 감소하고, 그래프는 점진적으로 100%에 접근한다. 몇몇 프로세스는 페이지를 100% 참조하기도 하지만, 이 그래프에서는 많은 프로세스가 오랜 시간 실행되는 동안 페이지를 100% 사용하지 않음을 반영하려고 이렇게 표현했다. 예를 들어, 특정 유형의 오류 처리 루틴은 호출되는 일이 아주 드물기 때문에 이런 패턴이 나타난다.

프로세스가 경험하는 페이지 폴트 수는 시스템에 있는 프로세스들의 크기와 동작 방식에 따라 달라진다. 프로세스들이 작은 작업 집합들을 지니면 실행 중인 프로세스가 경험하는 페이지 폴트 수는 페이지 크기가 증가할수록 늘어나는 경향이 있다. 이러한 현상은 페이지 크기가 증가할수록 참조되지 않을 프로시저와 데이터가 고정 크기 메인 메모리에 더 많이 로드되기 때문에 발생한다. 더 나아가 페이지 크기가 계속 증가하면 시스템의 내부 단편화 양이 증가한다. 따라서 제한된 메인 메모리에서 프로세스가 참조할 프로시저와 데이터가 차지하는 메모리의 비율이 낮아진다. 큰 작업 집합을 지닌 프로세스에는 더 많은 작은 페이지 프레임이 필요해, 프로세스가 실행할 때마다 페이지 폴트를 더 많이 발생하게 된다. 만일 프로세스의 작업 집합이 프로세스의 가상 주소 공간에서 인접한 페이지들을 담고 있으면 페이지 크기가 증가함에 따라 페이지 폴트 수는 감소하는 경향을 보인다. 이는 각 페이지 폴트가 프로세스 작업 집합의 많은 부분을 메모리로 로드하기 때문에 발생한다.

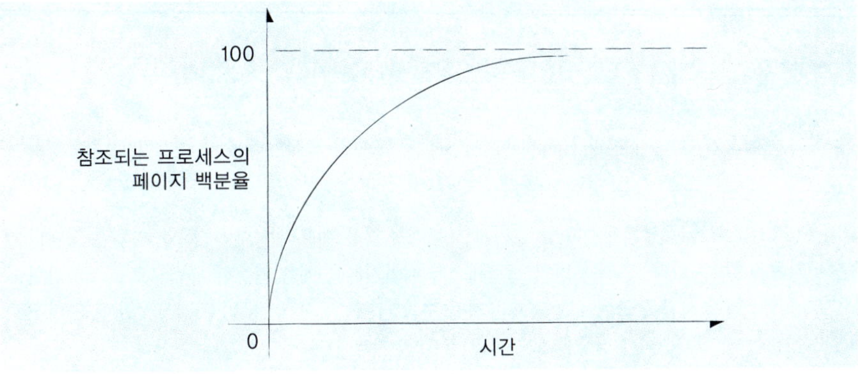

[그림 11-12] 시간에 따라 참조되는 프로세스의 페이지 비율

[그림 11-13]은 프로세스에 할당된 페이지 프레임 수가 증가함에 따라 페이지 폴트 사이의 평균 시간 간격이 어떻게 변하는지를 보여준다. 그래프는 줄어들지 않고 있다. 프로세스가 더 많은 페이지 프레임을 지닐수록 페이지 폴트 사이의 시간 간격이 커진다(물론 이따금씩 FIFO 이상 현상과 같은 일이 발생할 수도 있다).[81] 어느 시점에 그래프가 휘어지고 기울기가 급격히 감소한다. 이 시점에 프로세스는 자신의 작업 집합 전체를 메인 메모리에 유지하게 된다. 일단 프로세스의 작업 집합을 수용할 만큼 충분한 물리 메모리가 할당되면, 경사가 급격히 변한다. 이는 페이지 프레임을 추가적으로 할당하는 것이 폴트 간 시간 증가에 큰 영향을 미치지 않음을 보여준다. 다시 말하지만 메모리 관리 전략의 목적은 작업 집합을 메인 메모리에 유지하는 것이다.

이 절에서는 대체로 작업 집합 개념의 유효성에 초점을 두고 있다. 컴퓨터 아키텍처와 소프트웨어 설계가 진화하면서 이러한 결과를 재평가해야 할 것이다.

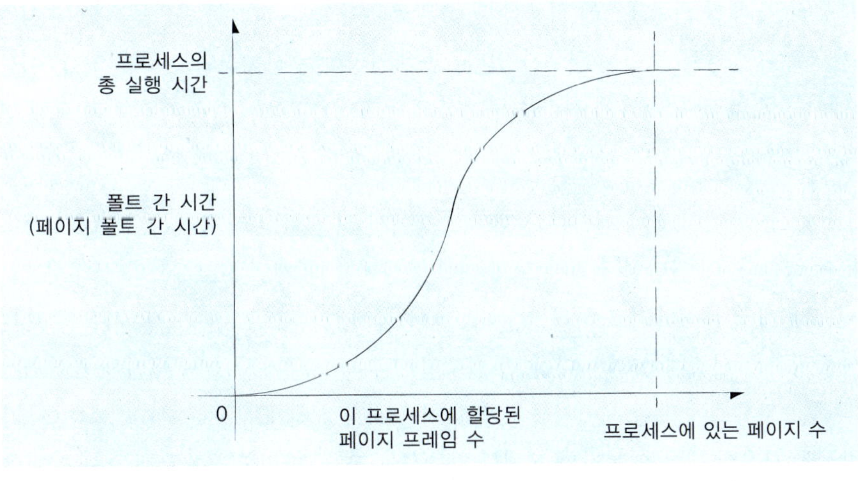

[그림 11-13] 프로세스에 할당된 페이지 프레임 수에 따른 폴트 간 시간 관계

셀프 리뷰

1. 프로세스가 명시적으로 페이지를 참조하기 전까지는 운영체제가 페이지 프레임을 할당하지 않는 '게으른 할당' 개념을 지원하는 페이징 방식에서 프로그램은 어떻게 동작하겠는가?
2. (참/거짓) 특정 프로세스의 폴트 간 시간은 프로세스에 할당된 페이지 프레임의 수가 증가함에 따라 항상 증가한다.

▶ **풀이** 1) [그림 11-12]를 보면 운영체제가 한참 후까지 사용하지 않을 메모리를 예약해두는 방법은 상당한 메모리 낭비를 야기함을 알 수 있다. 그러나 만약 프로세스가 페이지들을 예측 가능한 패턴으로 참조한다면 예측 페이징으로 페이지 대기 시간을 줄여 성능을 향상시킬 수 있다. 2) 거짓. 이는 아주 정상적인 동작 방식이다. 그러나 알고리즘이 베라디의 이상 현상을 보일 경우 폴트 간 시간 간격이 감소할 수도 있다.

11.12 전역 대 지역 페이지 교체

앞에서 나온 절들에서 제시한 페이지 교체 전략을 평가할 때 한 임의의 프로세스에 대한 참조 패턴을 제공했다. 대부분의 실제 시스템에서는 운영체제가 여러 다양한 프로세스를 위해 좋은 성능을 낼 수 있는 페이지 교체 전략을 제공해야 한다.

운영체제 설계자는 페이지화된 가상 메모리 시스템을 구현할 때, 페이지 교체 전략을 모든 프로세스에 적용할지(즉, 전역 전략 global strategy) 혹은 각 프로세스를 개별적으로 고려해야 할지(즉, 지역 전략 local strategy) 결정해야 한다. 전역 페이지 교체 전략은 개별 프로세스의 동작 방식을 무시하는 경향이 있다. 지역 페이지 교체 전략은 시스템이 프로세스의 상대적인 중요도에 따라 메모리 할당을 조절해 성능을 향상시킬 수 있게 해준다.

앞으로 살펴보겠지만, 개별 프로세스에 적용할 때 좋은 결과를 내는 경험적 방법들을 전체 시스템에 적용하면 저조한 성능을 보이는 경우가 있다. 모두 인정하는 전통적인 전략은 없다. 예를 들어, 리눅스에서는 전역 페이지 교체 전략을 구현하고, 윈도우 XP에서는 지역 페이지 교체 전략을 구현한다.[82]

전역 LRU gLRU, global LRU 페이지 교체 전략은 전체 시스템에서 최근 가장 적게 사용한 페이지들을 교체 대상으로 선택한다. 이 간단한 전략은 교체 대상을 선택할 때 개별 프로세스나 상대적으로 중요한 프로세스에 대해 분석하려고 하지 않는다. 예를 들어, 라운드로빈 방식을 사용해 프로세스들을 스케줄링하는 시스템이라면, 다음 번 실행할 프로세스는 가장 오래 대기한 프로세스다. 이 경우, 다음 프로세스에 속한 페이지들은 흔히 최근에 가장 적게 사용한 페이지들이다. 따라서 gLRU 방식은 사용할 다음 페이지를 교체할 가능성이 크다. 만일 라운드로빈 스케줄링 알고리즘의 변형을 구현한 시스템이라면, gLRU는 개별적인 프로세스가 어떻게 동작하든 상관없이 저조한 성능을 가져올 것이다.

Glass와 Cao는 순차 SEQ, sequence 전역 교체 전략을 제안한다. 이 전략은 LRU의 수정 버전으로, 프로세스의 동작 방식에 근거해 전략을 조절한다.[83] 일반적으로 볼 때, SEQ 전략은 페이지 교체를 위해 LRU 전략을 사용한다. '11.6.4 최소 최근 사용 페이지 교체'에서 논의한 것처럼, LRU는 프로세스들이 한꺼번에 메모리에 들어갈 수 없는 연속 페이지들을 참조하는 루프에 들어가는 경우 성능이 나빠진다. 이 경우, 교체해야 할 최적의 페이지는 가장 최근에 사용한 페이지다. 해당 페이지가 루프의 다음 반복 때 가장 나중에 사용할 페이지기 때문이다. 따라서 SEQ 전략은 연속적인 페이지 폴트가 발생하는 프로세스가 루프를 도는 패턴을 보일 때는 여기에 가장 잘 맞는 최근 사용 MRU, Most-Recently Used 전략으로 전환한다. 한편 불연속적인 페이지를 참조하다가 페이지 폴트가 발생하는 경우, SEQ는 연속 페이지들에 대한 폴트를 탐지할 때까지 LRU 전략을 사용한다.

11.13 사례 연구: 리눅스 페이지 교체

이 절에서는 리눅스에서 구현한 페이지 교체 전략을 살펴보자. 리눅스의 메모리 관리에 관한 자세한 정보는 '16.6 메모리 관리'를 참고하기 바란다. 물리 메모리가 가득 찬 상태에서 프로세스나 커널이 메모리에 없는 데이터를 참조할 때, 요청을 충족하기 위해 페이지 프레임을 해제해야 한다. 페이지들은 활성 페이지와 비활성 페이지로 나뉜다. 활성 페이지로 인식되려면 페이지가 최근 참조된 사실이 있어야 한다. 메모리 관리의 한 가지 목적은 현재 작업 집합을 활성 페이지의 집합에 유지하는 것이다.[84]

리눅스는 LRU 페이지 교체 전략과 비슷한 효과를 내기 위해 클록 알고리즘의 변형을 사용한다([그림 11-14]). 메모리 관리자는 연결 리스트 두 개를 사용한다. 활성 리스트 active list는 활성 페이지를 담고, 비활성 리스트 inactive list는 비활성 페이지를 담는다. 그리고 가장 최근에 사용한 페이지들이 활성 리스트의 머리 부분에 위치하고, 최근에 가장 덜 사용한 페이지들은 비활성 리스트의 꼬리 부분에 위치하도록 구성한다.[85]

페이지가 처음 메모리에 로드될 때는 비활성 리스트에 놓이고, 참조 비트에 '참조' 표시가 된다. 메모리 관리자는 페이지 폴트 등이 발생할 때 주기적으로 페이지가 계속해서 참조되는지 확인한다. 페이지가 활성화되거나 비활성화되면서, 참조 비트가 'off'면 'on'으로 바꾼다. 이 기술은 클록 알고리즘과 유사하게 최근 참조한 페이지들이 교체 대상이 되지 않게 보장한다.

그렇지 않은 경우, 만일 페이지가 비활성이고 두 번째 참조되는 것이면(페이지의 참조 비트는 이미 'on'이 되어 있다), 메모리 관리자는 해당 페이지를 활성 리스트의 머리 부분으로 옮긴 후 참조 비트를 초기화한다.[86] 이렇게 해서 커널은 한 페이지가 최근에 한 번 이상 참조되었는지 여부를 판단할 수 있다. 최근에 한 번 이상 참조되었다면 해당 페이지는 활성 리스트에 놓이며, 교체 대상으로 선택되지 않는다. 메모리 관리자는 활성 리스트가 자주 참조되는 페이지들만 포함하도록 보장하기 위해, 활성 리스트를 점검해 참조되지 않는 페이지들을 비활성 리스트의 머리 부분으로 옮긴다.

알고리즘은 특정 수의 페이지가 활성 리스트의 꼬리 부분에서 비활성 리스트의 머리 부분으로 이동할 때까지 반복된다. 비활성 리스트에 있는 페이지들은 페이지 교체를 위해 선택될 때까지 메모리에 남는다. 그러나 페이지가 활성 리스트에 있는 동안은 교체 대상이 되지 않는다.[87]

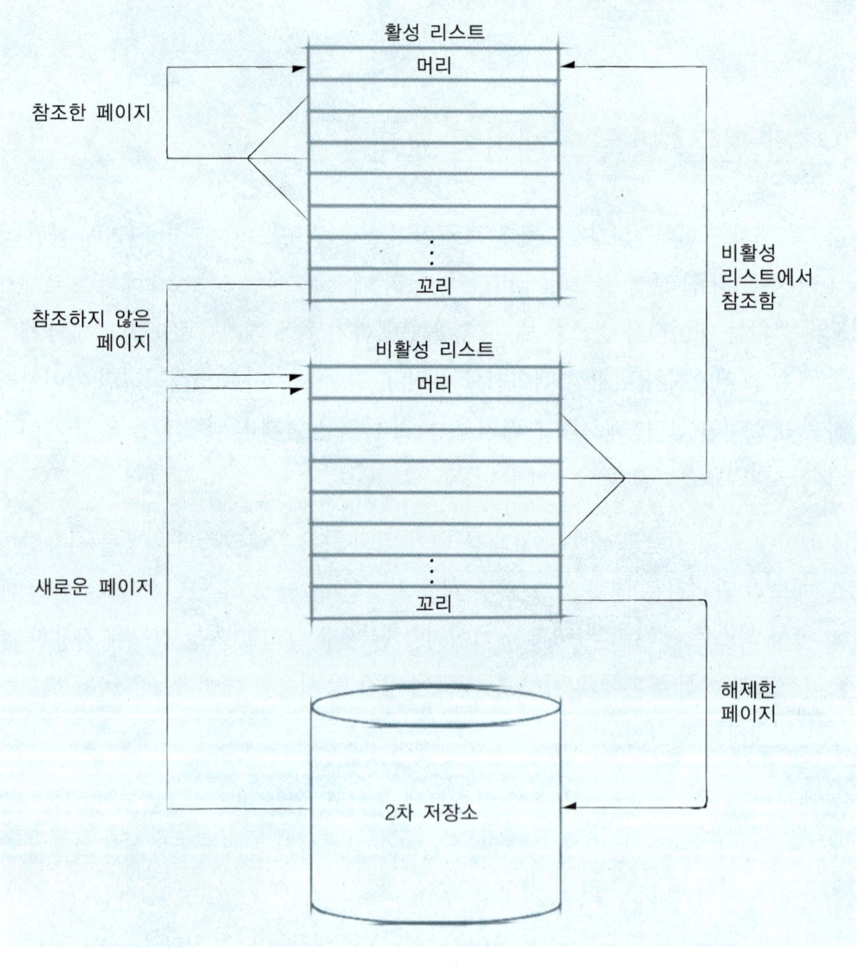

[그림 11-14] 리눅스 페이지 교체 개관

요약 Summary

메모리가 가득 찼을 때 시스템이 교체될 페이지를 선택하는 기술을 페이지 교체 전략 replacement strategy이라고 한다. 시스템의 페치 전략은 페이지나 세그먼트들이 메인 메모리에 로드될 시점을 결정한다. 요구 페치 전략은 프로세스가 페이지나 세그먼트를 참조할 때까지 대기했다가 해당 페이지나 세그먼트를 로드한다. 예측 페치 전략은 프로세스가 어떤 페이지들을 곧 사용할 것인지 경험적 방법을 통해 예측해서 해당 페이지나 세그먼트를 미리 메모리에 로드한다. 배치 전략은 들어오는 페이지나 세그먼트를 메인 메모리의 어디에 둘지 결정한다. 한 가지 크기의 페이지를 사용하는 페이징 시스템에서는 배치를 결정하기 쉽다. 왜냐하면 들어오는 페이지를 비어 있는 페이지 프레임 어디에든 둘 수 있기 때문이다. 세그먼테이션 시스템은 가변 파티션 멀티프로그래밍에서와 유사한 배치 전략을 필요로 한다.

대부분의 메모리 관리 전략의 중심에는 지역성 locality 개념이 있다. 지역성이란 프로세스가 아주 집중적으로, 특정 시간에 특정 부분의 메모리를 참조하는 패턴을 보이는 경향을 말한다. 페이징 시스템에서는 프로세스들이 자신들의 페이지 중 특정 부분 집합을 선호하는 경향이 있다. 이 페이지들은 프로세스의 가상 주소 공간에서 서로 인접해 있는 경우가 많다. 가장 간단한 페치 정책은 요구 페이징 demand paging이다. 요구 페이징에서는 프로세스가 처음 실행될 때 첫 번째 명령어를 담고 있는 페이지를 시스템이 메인 메모리로 로드한다. 그 후, 시스템은 프로세스가 명시적으로 참조하는 페이지만 2차 저장소에서 메인 메모리로 로드한다. 요구 페이징은 프로세스가 한 번에 한 페이지만 로드하도록 한다. 이는 종종 프로세스의 시공간 지수 space-time product(한 프로세스의 실행 시간, 즉 프로세스가 메모리를 차지하고 있는 시간을 프로세스가 차지한 메인 메모리의 공간의 양과 곱한 값)를 증가시키는 결과를 가져온다.

예측 페이징에서는 운영체제가 프로세스에서 사용할 페이지를 미리 예측해, 메모리 공간이 남아 있을 때 이 페이지들을 미리 로드한다. 예측 페이징 전략은 신중하게 설계해 예측 페이징에 드는 오버헤드 때문에 오히려 시스템 성능이 떨어뜨리지 않게 해야 한다. 요구-예측 조합 방식 페이징 전략은 프로세스가 메모리에 없는 페이지를 참조할 때, 해당 페이지에 인접한 그룹의 페이지들도 함께 로드한다. 이는 공간적 지역성을 보이는 프로세스들에는 좋은 성능을 도모할 수 있는 방법이다.

프로세스가 페이지 폴트를 발생시킬 때, 메모리 관리 시스템은 참조된 페이지를 2차 저장소에서 찾아 메인 메모리의 페이지 프레임에 로드하고, 이에 대응하는 페이지 테이블 엔트리 정보를 갱신해야 한다. 대부분의 현대 아키텍처는 페이지 테이블 엔트리의 수정 비트(더티 비트)를 지원한다. 이 비트는 페이지가 수정되었으면 1로, 수정되지 않았으면 0으로 설정된다. 운영체제는 이 비트를 사용해 어떤 페이지들이 수정되었는지 재빨리 결정하고, 페이지 폴트 이후에 수정될 페이지를 디스크에 쓰는(즉, 플러싱하는) 비용을 최대한 줄임으로써 성능을 향상시킨다.

최적 페이지 교체 전략에 따르면, 좋은 성능을 얻으려면 가능하면 먼 미래까지 참조되지 않을 페이지를 교체 대상으로 선택해야 한다. 이 전략의 최적성을 증명하는 것도 가능하다(이를 OPT 혹은 MIN이라고 한다).

임의 페이지 교체 전략은 오버헤드가 적게 드는 페이지 교체 전략으로, 특정 프로세스를 차별하지 않는다. 이 전략에서는 메인 메모리의 각 페이지가 교체 대상으로 선택될 확률이 동일하다. 이 전략의 문제는 바로 다음에 참조할 수 있는 페이지를 교체 대상으로 선정할 수 있다는 점이다.

선입선출 FIFO, First-In-First-Out 페이지 교체 전략에서는 시스템에 가장 오래 머문 페이지를 교체 대상으로 선택한다. 불행히도 FIFO 전략은 빈번하게 사용되는 페이지를 교체할 가능성이 있다. 페이지가 메인 메모리에서 오래 머무르는 이유가 자주 참조되기 때문일 수도 있다. FIFO 전략은 비교적 적은 오버헤드로 구현이 가능하지만 대부분의 시스템에서는 비현실적이다. FIFO 방식으로 페이지 교체를 사용할 때, 어떤 페이지 참조 패턴은 프로세스에 할당된 페이지 프레임 수가 증가할 때 더 많은 페이지 폴트를 발생시키기도 한다. 이는 언뜻 생각하는 것과 정반대 현상으로, FIFO 이상 현상 FIFO Anormaly 혹은 베라디의 이상 현상 Belady's Anomaly 이라고 한다.

최소 최근 사용 LRU, Least-Recently-Used 페이지 교체 전략은 시간적 지역성에 근거해 참조되지 않은 채 메모리에 가장 오래 머문 페이지를 교체한다. LRU가 FIFO보다는 나은 성능을 발휘하지만, 이 전략을 구현하려면 더 많은 오버헤드가 든다. 불행히도 최근에 가장 적게 사용된 페이지가, 여러 페이지를 참조하며 루프를 도는 프로그램에 의해 다음 번에 참조될 수도 있다.

최소 사용 빈도 LFU, Least-Frequently-Used 페이지 교체 전략은 참조되는 강도가 가장 낮은 페이지를 교체한다. 이 전략은 자주 사용되지 않는 페이지가 미래에도 잘 참조되지 않을 것이라는 경험적 방법에 기반을 두고 있다. LFU 역시 교체될 페이지를 잘못 선택할 수 있다. 예를 들어, 가장 낮은 빈도로 참조된 페이지가 실제로는 가장 최근에 메모리에 로드된 페이지일 수 있다. 합리적인 페이지 교체 전략이라면 이런 페이지는 교체하지 않고 메인 메모리에 남겨둘 것이다.

최근 미사용 NUR, Not-Used-Recently 페이지 교체 전략은 적은 오버헤드로 LRU와 비슷한 방식을 구현한다. 이 전략은 참조 비트와 수정 비트를 사용해 어떤 페이지가 최근에 사용되지 않았고, 빨리 교체될 수 있는지 판단한다. 또한 하드웨어적으로 참조 비트나 수정 비트를 지원하지 않는 시스템인 경우 NUR과 같은 방식을 구현해 사용할 수도 있다.

FIFO의 변형인 2차 기회 방식은 가장 오래된 페이지의 참조 비트를 확인해 참조 비트가 'off'면 해당 페이지를 교체 대상으로 선택한다. 만일 참조 비트가 'on'이면, 참조 비트를 'off'로 바꾸고 해당 페이지를 FIFO 큐의 꼬리 부분으로 이동시킨다. 이렇게 함으로써 활발히 참조되는 페이지가 교체될 확률을 최소화한다. 2차 기회 알고리즘의 변형인 클록 알고리즘은 페이지들을 선형 리스트 대신 원형 리스트에 정렬한다. 페이지의 참조 비트가 'off'로 바뀔 때, 포인터는 리스트의 다음 요소를 가리키도록 이동한다(이 페이지가 FIFO 리스트의 끝으로 이동하는 것을 시뮬레이션 하는 효과다). 2차 기회 방식과 클록 전략은 근본적으로 동일한 결과를 낳는다.

원거리 전략은 프로세스의 참조 패턴을 특징짓는 접근 그래프를 생성한다. 이 알고리즘은 접근 그래프에서 참조된 페이지들로부터 가장 멀리 떨어진 미참조 페이지를 교체 대상으로 선택한다. 이 전략이 거의 최적 수준의 성능을 내긴 하지만, 실제 시스템에서는 구현하기 어렵다. 왜냐하면 접근 그래프는 검색하기 복잡하고 하드웨어 지원 없이는 관리하기 어렵기 때문이다.

프로그램 동작 방식에 대한 데닝의 작업 집합 이론에 따르면, 프로그램이 효율적으로 실행되려면 시스템이 해당 프로그램이 선호하는 일부 페이지들(즉, 프로그램의 작업 집합)을 메모리에 유지해야 한다. 그렇지 않을 경우, 프로그램은 반복적으로 2차 저장소의 페이지들을 요청하게 되고, 시스템은 페이징 활동을 과도하게 수행하느라 프로세서 활용도가 떨어지는 스래싱 현상을 야기할 것이다. 작업 집합 메모리 관리 정책은 각 프로세스의 현재 작업 집합에 해당하는 페이지들만 메인 메모리에 유지하는 것을 추구한다. 새로운 프로세스를 '활성 프로세스 집합'에 추가할 것인지 여부는 부분적으로는 시스템이 새 프로세스의 작업 집합 페이지들을 수용할 충분한 메모리를 갖췄는지에 달려 있다. 프로세스의 작업 집합 윈도우 크기는 시스템이 과거 시간을 얼마만큼 포함해 프로세스의 작업 집합을 계산할 것인지를 결정한다. 작업 집합 메모리 관리의 한 가지 난제는 작업 집합들이 자주 변하고 프로세스의 다음 작업 집합이 현재 작업 집합과 상당히 다를 수 있다는 점이다.

페이지 폴트 빈도 PFF, Page-Fault-Frequency 알고리즘은 프로세스의 상주 페이지 집합(즉, 현재 메모리에 있는 페이지 집합)을 페이지 폴트 빈도에 따라 조절한다. 이 알고리즘에 대한 대안으로, PFF는 프로세스의 상주 페이지 집합을 프로세스의 페이지 폴트 간 시간 interfault time에 따라 조절한다. PFF가 작업 집합 페이지 교체 방식보다 좋은 점은 오버헤드가 덜 든다는 것이다. 작업 집합 메커니즘은 메모리 참조가 이루어질 때마다 연산을 해야 하는 반면, PFF는 상주 페이지 집합을 페이지 폴트 시마다 조절하기 때문이다. 만일 프로세스가 너무 큰 작업 집합을 갖도록 변한다면, 페이지 폴트가 자주 발생할 것이고, 이때 PFF는 더 많은 페이지 프레임을 할당해줄 것이다. 일단 프로세스가 새로운 작업 집합들을 축적하고 나면 페이지 폴트율은 안정화되고, PFF는 상주 페이지 집합을 유지하거나 감소시킬 것이다. PFF 방식을 효율이고 합리적으로 구현하기 위한 핵심은 폴트 간 시간 간격의 상한과 하한 임계치를 적절하게 정하는 것이다.

모든 메모리 관리 전략에서 프로세스가 요구하지 않음을 파악할 때까지 필요 없는 페이지들이 메인 메모리에 남아 있을 수도 있다. 이 문제를 해결하기 위한 한 가지 방법은 프로세스들이 자발적으로 페이지 해제를 시작해 더는 필요로 하지 않는 페이지 프레임을 해제하는 것이다. 이렇게 하면 프로세스가 작업 집합에서 점점 해당 페이지를 통과하는 데 걸리는 지연 시간도 줄일 수 있다. 이 영역에서 진정 바라는 점은 컴파일러와 운영체제가 페이지 해제 상황을 탐지하고, 작업 집합 전략에서 가능한 것보다 훨씬 빠르게 이 일을 처리하는 것이다.

페이지화된 가상 메모리 시스템에서 중요한 한 가지 특징은 시스템이 지원하는 페이지와 페이지 프레임들의 크기다. 어떤 시스템은 여러 다양한 페이지 크기를 지원해 성능과 활용도를 높이기도 한다. 페이지 크기가 작으면 내부 단편화를 줄이고 한 프로세스의 작업 집합을 담을 메모리양을 감소시켜 다른 프로세스들이 사용할 수 있는 메모리를 많이 남겨준다. 페이지 크기가 크면 테이블 단편화로 인한 메모리 낭비를 줄이고, 각 TLB 엔트리가 더 큰 영역의 메모리에 맵핑될 수 있게 한다. 또한 시스템이 프로세스의 작업 집합을 메모리에 로드하기 위해 수행해야 할 입출력 연산의 수를 줄여준다. 여러 페이지 크기를 사용하려면 하드웨어와 소프트웨어의 지원이 모두 필요하다. 이 때문에 구현 비용이 증가하고 다양한 페이지 크기로 인한 외부 단편화 가능성이 높아지기도 한다.

프로세스들은 실행을 막 시작하고 난 후 자신들의 페이지 중 상당 부분을 참조하다가, 그 후엔 더 느린 비율로 나머지 페이지들의 대부분(혹은 전부)을 참조하는 경향이 있다. 평균적인 페이지 폴트 간 시간 간격은 대체로 단조 증가한다. 프로세스가 페이지 프레임을 더 많이 가질수록, 페이지 폴트 간 시간 간격이 커진다(물론 FIFO 이상 현상과 같은 이상한 동작을 보일 수도 있다).

페이지화된 가상 메모리 시스템을 구현할 때, 운영체제 설계자는 페이지 교체 전략이 모든 프로세스에 적용될지(전역 전략) 혹은 각 프로세스를 개별적으로 고려해야 할지(지역 전략) 결정해야 한다. 전역 페이지 교체 전략은 개별 프로세스들의 동작 방식을 무시하는 경향이 있다. 지역 페이지 교체 전략은 시스템이 각 프로세스의 상대적인 중요도에 따라 메모리 할당을 조절해 성능을 향상시킬 수 있게 해준다. 전역 LRU gLRU, global LRU 페이지 교체 전략은 전체 시스템에서 최근 가장 적게 사용된 페이지를 교체한다. 순차 SEQ, sequence 전역 교체 전략은 인접한 페이지들에 대해 연속적으로 페이지 폴트를 탐지할 때까지 LRU 전략을 사용해 페이지들을 교체한다. 그리고 탐지 시점에는 최근 사용 MRU, Most-Recently-Used 페이지 교체 전략을 사용한다.

Chapter_11 연습문제

01 페이징을 구현하는 가상 메모리 시스템에서 다음 각 메모리 관리 전략의 목적을 논의하라.

a. 페치 전략　　b. 배치 전략　　c. 교체 전략

02 순수 세그먼테이션 시스템의 메모리 관리는 가변 파티션 멀티프로그래밍 시스템의 메모리 관리와 아주 유사하다. 그 이유를 설명하라.

03 세그먼테이션과 페이징을 조합한 가상 메모리 컴퓨터 시스템이 멀티프로그래밍 정도 10을 지원한다고 하자. 명령어 페이지(재진입 코드)는 수정 가능한 데이터 페이지와 별도로 유지된다. 시스템을 연구한 후 다음과 같은 사실을 관찰했다. (1) 대부분의 프로시저 세그먼트는 여러 페이지가 들어갈 만큼 크고, (2) 대부분의 데이터 세그먼트는 페이지 중 작은 일부만을 요구한다.
어떤 동료가 메모리 활용도를 높이는 방안으로 여러 사용자의 데이터 세그먼트 몇 개를 한 페이지에 넣자고 제안했다. 다음 이슈들과 관련해 이 제안이 어떠한지 의견을 기술하라.

a. 메모리 사용　　b. 실행 효율　　c. 보호　　d. 공유

04 오늘날은 예측 페이징과 예측 자원 할당에 대한 관심이 대체로 높다. 다음 각각은 예측 페이징 메커니즘에 어떤 유용한 정보를 줄 수 있는가?

a. 프로그래머　　b. 컴파일러　　c. 운영체제　　d. 과거 프로그램 실행 로그

05 일반적인 경우 임의의 프로그램의 실행 경로를 예측하는 것은 불가능하다는 사실이 잘 알려져 있다. 만약 예측할 수 있다면 해결할 수 없는 것으로 알려진 정지 문제 Halting Problem 도 해결할 수 있을 것이다. 예측 자원 할당 메커니즘의 효과에 대한 파생 효과를 설명하라.

06 메모리 관리자가 한두 페이지로 페이지 교체의 범위를 좁혔다고 가정하자. 그 중 한 페이지를 여러 프로세스에서 공유하고, 다른 페이지는 한 프로세스에서만 사용하고 있다. 메모리 관리자는 항상 공유되지 않은 페이지를 교체 대상으로 해야 하는가? 답과 관련해 설명하라.

07 배치 프로세스와 대화식 프로세스 모두를 지원하는 가상 메모리 멀티프로그래밍 시스템 관점에서 다음 독창적인 페이지 교체 방식에 관해 논의하라.

a. 전역 LIFO global LIFO – 가장 최근에 메인 메모리로 로드한 페이지를 교체한다.
b. 지역 LIFO local LIFO – 유입되는 페이지를 요청한 프로세스에서 가장 최근에 로드한 페이지를 교체한다.
c. 피로 페이지 Tired Page – 시스템에서 가장 많이 참조하는 페이지를 교체한다.
d. 혹사 페이지 Battered Page – 시스템에서 가장 많이 수정한 페이지를 교체한다. 변수 하나로 페이지에 쓰기 작업을 수행하는 횟수를 센다. 또 다른 변수는 수정된 페이지의 비율을 고려한다.

08 메모리 관리자가 순전히 각 페이지 프레임의 참조 비트와 수정 비트를 점검해 어떤 페이지를 교체할 지를 결정한다고 가정하자. 메모리 관리자가 저지를 수 있는 몇 가지 부정확한 결정에 관한 리스트를 작성하라.

09 몇몇 페이지는 메인 메모리 밖으로 내보내는 일을 방지해야 하는 몇 가지 이유를 기술하라.

10 일반적으로 수정된 페이지보다 수정되지 않은 페이지를 교체하는 것이 더 바람직한 이유는 무엇인가? 어떤 상황에서 수정된 페이지를 교체하는 것이 더 바람직한가?

11 다음 각 쌍의 교체 전략에 대해 페이지 참조 순서가 (1) 교체될 동일한 페이지와 (2) 교체될 다른 페이지 모두에 어떤 영향을 미칠지 설명하라.

a. LRU, NUR　　b. LRU, LFU　　c. LRU, FIFO　　d. NUR, LFU
e. LFU, FIFO　　f. NUR, FIFO

12 최적[MIN] 페이지 교체 전략은 실현하기 어렵다. 미래를 예측하는 것이 불가능하기 때문이다. 그러나 MIN을 구현할 수 있는 환경이 있다. 어떤 상황인가?

13 메모리 관리자가 수정된 페이지를 교체 대상으로 선택했다고 가정하자. 이 페이지는 새로운 페이지가 자신의 페이지 프레임에 배치되기 전에 2차 저장소로 이동해야 한다. 따라서 메모리 관리자는 2차 저장소에 쓰기 위해 입출력 연산을 요청해야 한다. 입출력 리스트에 서비스를 기다리는 엔트리가 만들어진다. 따라서 페이지는 요청된 입출력 연산이 수행되기 전에 얼마 동안 메인 메모리에 남아 있을 것이다. 이제 다른 입출력 요청이 서비스되는 동안 실행 프로세스가 교체될 페이지를 요청했다고 가정하자. 메모리 관리자는 어떻게 반응해야 하는가?

14 페이지화된 시스템에서 시간적, 공간적 지역성을 증명할 수 있는 실험을 설계하라.

15 특히 지역성이 두드러지는 프로그램을 작성하는 프로그래머는 실행 효율이 크게 개선되리라 기대할 수 있다. 프로그래머가 지역성을 높일 수 있는 몇 가지 전략을 기술하라. 특히 고급 언어의 어떤 특징이 강조되어야 하는가?

16 메모리와 2차 저장소 사이의 버스에 페이지 이동량이 많다고 가정하자. 이것이 스래싱 상태를 암시하는가? 답과 관련해 설명하라.

17 전역 페이지 교체 정책(유입되는 페이지가 어느 프로세스의 페이지든 교체 가능)이 지역 페이지 교체 정책(유입되는 페이지가 동일한 프로세스에 속한 페이지만 교체 가능)보다 스래싱에 민감한 이유를 설명하라.

18 각 프로세스에 필요한 것보다 더 많은 페이지 프레임을 제공해 스래싱을 방지하는 것과 메인 메모리의 단편화를 초래하는 것의 득과 실에 관해 논의하라.

19 메모리 관리자가 메인 메모리가 과다하게 할당되었는지 확인하기 위해 활용할 수 있는 경험적 지식을 제안하라.

20 한 프로세스의 작업 집합은 여러 가지 방법으로 정의할 수 있다. 다음은 어떤 페이지들이 프로세스의 작업 집합을 구성할지 결정하는 방법이다. 각 방법의 장점을 논의하라.

a. 프로세스가 실제 시계로 지난 w초 동안 참조한 페이지들
b. 프로세스가 가상 시계(즉, 프로세스가 프로세서에서 실행된 기간)로 지난 w초 동안 참조한 페이지들
c. 프로세스가 참조한 k개의 지난 페이지들(중복될 경우 유일한 페이지들)
d. 프로세스가 마지막으로 명령어 r개와 데이터를 참조한 페이지들
e. 프로세스가 지난 w초의 가상 시간 동안 가상 초당 f번 이상의 빈도로 참조한 페이지들

21 작업 집합 페이지 교체 전략이 다음 각 페이지를 교체하는 상황의 예를 들어보라.

a. 가능성이 가장 큰 페이지
b. 가능성이 가장 작은 페이지

22 작업 집합 메모리 관리 전략을 구현할 때 한 가지 어려움은 프로세스가 새로운 페이지를 요청할 때다. 해당 프로세스가 새로운 작업 집합으로 이동하는지 혹은 자신의 현재 작업 집합을 확장하는지 파악하기 어렵기 때문이다. 전자의 경우 메모리 관리자가 프로세스의 페이지 중 하나를 교체하는 것이 더 좋다. 후자의 경우 메모리 관리자가 프로세스에 페이지 프레임을 더 할당해주는 것이 좋다. 메모리 관리자 입장에서 어느 것이 더 적절한지 어떻게 판단할 수 있는가?

23 모든 활성 프로세스가 메인 메모리 안에 자신들의 작업 집합을 확립했다고 가정하자. 지역성 양상이 변하면서 작업 집합들이 커지고 메인 메모리가 과도하게 할당되어 스래싱이 발생할 수도 있다. 이를 예방하기 위한 다음 각 예방 전략에 관해 논의하라

a. 메인 메모리가 80% 이상 사용되고 있다면 새로운 프로세스를 시작하지 않는다.
b. 메인 메모리가 97% 이상 사용되고 있으면 새로운 프로세스를 시작하지 않는다.
c. 새로운 프로세스가 시작할 때 더는 커질 수 없는 최대 작업 집합 크기를 할당한다.

24 운영체제의 다양한 구성 요소 사이의 상호 작용은 좋은 성능을 얻는 데 아주 중요하다. 가상 메모리 멀티프로그래밍 시스템에서 메모리 관리자와 작업 시작기 job initiator(즉, 작업 허가 스케줄러 admission scheduler)의 상호 작용에 관해 논의하라. 특히 메모리 관리자가 작업 집합 메모리 관리 접근법을 사용한다고 가정한다.

25 다음과 같은 실험을 살펴보고 관찰 결과들을 설명하라. 페이지화된 시스템에서 한 프로세스가 단독으로 실행되고 있다. 프로세스는 자신의 첫 번째 프로시저 페이지를 가지고 실행을 시작한다. 실행되는 동안 필요한 페이지들은 요구 페이징 방식으로 사용 가능한 페이지 프레임에 로드된다. 사용 가능한 페이지 프레임의 수는 프로세스의 페이지 수를 훨씬 초과한다. 컴퓨터 외부에 다이얼이 있어서 프로세스가 사용할 수 있는 페이지 프레임의 최대 수를 조절할 수 있다.

처음에는 다이얼이 두 프레임으로 설정되어 있고, 프로그램은 실행을 완료한다. 다음에는 다이얼을 돌려 세 프레임으로 설정하고 프로그램은 또 실행을 완료한다. 이런 식으로 다이얼을 계속 조절해, 최후에는 메인 메모리에 사용 가능한 페이지 프레임 수까지 이르고, 프로세스는 마지막으로 실행된다. 프로세스가 매번 실행될 때마다 프로세스의 실행 시간이 기록된다.

관찰 : 다이얼을 2에서 3, 4로 돌릴 때 실행 시간이 큰 폭으로 개선된다. 4에서 5, 6으로 돌릴 때는 실행 시간은 여전히 매번 좋아지긴 하지만, 앞에서처럼 큰 폭으로 차이를 보이는 것은 아니다. 다이얼을 7 이상으로 돌리면 실행 시간은 근본적으로 상수로 수렴된다.

26 어떤 운영체제 설계자가 다음과 같은 'PD 메모리 관리 전략'을 제안했다. 각 활성 프로세스에 정확히 두 페이지 프레임이 할당된다. 이 프레임들은 P-page라는 가장 최근 참조된 프로시저 페이지와 D-page라는 가장 최근 참조된 데이터 페이지를 보유한다. 페이지 폴트가 발생할 때 참조된 페이지가 프로시저 페이지면, 이 전략은 P-page를 교체하고, 데이터 페이지면 D-page를 교체한다.
설계자는 이 스키마의 주요 장점은 메모리 관리의 모든 양상을 간단하게 해주는 것이며, 따라서 오버헤드를 낮춘다고 말한다.

a. PD 방식에서는 다음 메모리 관리 전략을 어떻게 다루는가?

i. 페치 전략   ii. 배치 전략   iii. 교체 전략

b. 어떤 상황에서 PD가 작업 집합 메모리 관리보다 실제로 좋은 결과를 내는가?
c. 어떤 상황에서 PD의 성능이 나쁜가?

27 (1) 작은 페이지 크기와 (2) 큰 페이지 크기에 대한 찬반 논의에 대해 요약하라.

28 멀틱스 시스템은 원래 64워드의 페이지들과 1,024워드 페이지들을 관리하도록 설계되었다(이중[dual] 페이지 크기 방식은 결국 취소되었다).

a. 어떤 요인 때문에 이런 결정을 취했을 것이라고 생각하는가?
b. 이중 페이지 크기 접근법이 메모리 관리 전략에 어떤 영향을 미쳤는가?

29 가상 메모리 시스템에서 다음 각 하드웨어 특징에 관해 논의하라.

a. 동적 주소 맵핑 메커니즘

b. 연관 메모리
c. 직접 맵핑 캐시 메모리
d. '페이지 참조' 비트
e. '페이지 수정' 비트
f. '페이지 유입 중' 비트(페이지가 현재 특정 페이지 프레임에 들어가고 있음을 나타냄)

30 페이지화된 시스템에서 프로그램을 신중하게 작성해 참조되는 페이지들이 소수의 그룹으로 집중되게 하면 성능을 크게 향상할 수 있다. 그러나 오늘날 대부분의 프로그램은 고급 언어로 작성되어 프로그래머들이 이렇게 프로그램을 잘 구성할 만한 충분한 정보에 접근하기 어렵다. 프로그램의 실행 경로를 예측하기 어려우므로 코드의 어떤 부분이 집중적으로 사용될지 정확히 알기 어렵다. 프로그램 구성을 개선하는 한 가지 희망은 '동적 프로그램 재구성'이다. 동적 프로그램 재구성 기술에서는 운영체제가 프로그램의 실행 특성을 모니터링하고, 코드와 데이터를 재배열해 더 활발히 사용되는 항목이 페이지에 함께 배치되게 만든다.

a. 동적 프로그램 재구성을 위해 큰 프로그램의 어떤 실행 특성들이 모니터링되어야 하는가?
b. 동적 프로그램 재구성 메커니즘은 이 정보들을 어떻게 사용해 효율적인 재구성 결정을 내리겠는가?

31 페이지 폴트 빈도 페이지 교체 전략이 적절하고 효율적으로 동작하기 위한 열쇠는 폴트 간 시간 간격의 임계치를 잘 선택하는 것이다. 다음 각 질문에 답하라.

a. 폴트 간 시간 값의 상한이 너무 큰 경우 어떤 결과가 생기는가?
b. 폴트 간 시간 값의 하한을 너무 낮은 경우 어떤 결과가 생기는가?
c. 임계치를 고정해야 하는가, 동적으로 조절해야 하는가?
d. 값을 동적으로 조절할 때 어떤 기준을 사용하겠는가?

32 페이지 폴트 빈도 페이지 교체 전략과 작업 집합 페이지 교체 전략을 비교, 대조하라. 다음 각 사항을 포함해 고려하라.

a. 실행 시간 오버헤드
b. 전략들을 지원하는 데 필요한 정보를 유지하는 데 드는 메모리 오버헤드

33 2차 기회 페이지 교체 전략에서 발생할 수 있는 한 가지 약점은 페이지의 리스트가 짧을 경우, 참소 비트가 'off'로 설정된 채 방금 리스트의 뒤에 놓인 활성 페이지가 리스트의 앞쪽으로 금세 이동하고, 참조 비트가 'on'이 되기 전에 교체 대상으로 선택될 수 있다는 점이다. 이러한 현상은 2차 기회 페이지 교체 방식에서 비정상적인 현상인가? 답과 관련해 자세히 설명하라

34 어떤 시스템이 현재는 스래싱 상태가 아니라고 가정하자. 스래싱이 시작될 수 있는 요인들을 가능하면 많이 나열하라. 운영체제는 스래싱을 탐지했을 때 어떤 조치를 취해야 하는가? 스래싱을 완벽하게 방지할 수 있는가? 그렇다면 이를 구현하는 비용은 어떠한가? 완벽하게 방지할 수 없다면, 불가능한 이유를 설명하라.

35 어떤 시스템이 1, 1, 3, 5, 2, 2, 6, 8, 7, 6, 2, 1, 5, 5, 5, 1, 4, 9, 7, 7 순서로 일련의 페이지 참조를 받는다. 시스템은 페이지 프레임 다섯 개를 가지고 있다. 초기에는 모든 프레임이 비어 있는 상태라고 할 때 다음 각 알고리즘을 사용해 페이지 폴트 수를 계산하라.

a. FIFO　　b. LRU　　c. 2차 기회　　d. OPT

36 과도한 페이지 폴트를 일으키는 프로세스에 벌점을 주어야 하는가?

37 어떤 프로세스가 페이지 폴트를 많이 일으키고 있다고 가정하자. 이 프로세스의 스케줄링 우선순위를 높이면 어떤 영향을 미치는지 설명하라.

[추천 프로젝트]

38 몇몇 유형의 프로세스는 특정 페이지 교체 전략에서는 성능이 좋고, 다른 전략을 사용할 때는 성능이 나쁘다. 프로세스의 유형을 동적으로 파악하고 해당 프로세스에 맞는 적절한 페이지 교체 전략을 선택하는 메모리 관리자를 구현할 수 있는지 논의하라.

39 여러 사용자가 자신이 사용하는 시분할 시스템의 페이지 교체 전략을 알고 있다고 가정하자. 운영체제가 원래의 정상적인 방식 대신 독자의 프로세스들을 선호하게 하려면 이 장에서 논의한 각 페이지 교체 전략을 어떻게 적용할 수 있는가? 운영체제는 이러한 프로세스를 탐지해 이러한 일을 방지하려고 어떤 조치를 취할 수 있는가? 제시하는 해결책을 설명하는 보고서를 작성하라.

40 인텔 펜티엄 4가 세 가지 다른 페이지 크기를 지원하는 방법을 조사해 보고서를 작성하라. 프로세서는 어떤 크기를 사용할지 어떻게 결정하는가? 또한 TLB 사이에 통신이 이루어지는가?

41 작업 집합 모델에 대한 하드웨어 지원에 관해 연구하고 보고서를 작성하라.

[추천 시뮬레이션]

42 이 장에서 논의한 각 페이지 교체 연산을 비교, 대조할 수 있는 시뮬레이터 프로그램을 개발하라. 시뮬레이터는 가상 공간에 있는 페이지 간의 이동을 고려해야 하지만, 프로그램의 명령어 하나하나를

따질 필요는 없다. 이전 명령어가 실행된 동일한 페이지에 남아 있는 경우가 임의의 확률로, 하지만 높은 정도로 발생하게 하라. 페이지 이동이 발생할 때 가상 공간의 다음 페이지(혹은 이전 페이지)를 이동할 확률이 멀리 있는 페이지를 이동할 확률보다 높아야 한다. 적당히 부하가 걸려 있어서 페이지 교체 결정이 자주 발생하는 시스템을 가정하자. 또한 매번 시뮬레이션을 돌릴 때마다 모든 프로세스에 동일한 교체 전략이 적용된다. 시뮬레이터는 각 교체 전략의 성능에 대한 통계 정보를 유지해야 한다. 또한 시뮬레이터를 세밀하게 조절할 수 있는 기능을 포함해야 한다. 즉, 작업 집합 윈도우 크기와 페이지 폴트에 대한 임계 값 등을 조절하는 기능이 있어야 한다. 시뮬레이터가 완성되면 새로운 페이지 교체 전략을 개발해 본문에서 학습한 다른 전략들과 비교하라.

43 프로세스에 할당되는 페이지의 수를 바꿀 때 페이지 폴트 횟수에 어떤 영향을 미치는지 조사할 수 있는 시뮬레이션 프로그램을 작성하라. 메모리의 큰 영역이나 작은 영역 모두에 걸쳐 공간적 지역성 그리고 긴 시간과 짧은 시간에 걸쳐 시간적 지역성을 시뮬레이션하는 참조 문자열[reference string]을 사용하라. 또한 근본적으로 임의적인 참조 문자열도 사용해 시뮬레이션하라. 각 참조 문자열에 대한 최적 페이지 교체 알고리즘을 설명하라. 또한 원한다면 다양한 참조 패턴을 가진 멀티프로그래밍의 영향에 대해서도 시뮬레이션해보자.

44 특정 참조 문자열에 대해 페이지 폴트 빈도 페이지 교체를 시뮬레이션하는 프로그램을 작성하라. 프로그램을 실행할 때마다 임계 값을 변경할 때 어떤 영향을 미치는지 파악하라. 메모리의 큰 영역이나 작은 영역 모두에 걸쳐 공간적 지역성 그리고 긴 시간과 짧은 시간에 걸쳐 시간적 지역성을 시뮬레이션하는 참조 문자열을 사용하라. 또한 근본적으로 임의적인 참조 문자열도 사용해 시뮬레이션하라. 각 참조 문자열에 대한 최적 페이지 교체 알고리즘을 설명하라. 시뮬레이션 프로그램을 보완해 참조 문자열에 따라 이러한 값을 동적으로 조절할 수 있는 기능을 확장하라.

45 특정 참조 문자열에 대해 페이지 폴트 빈도[PFF] 페이지 교체와 작업 집합[WS] 페이지 교체를 비교하는 프로그램을 개발하라. 프로그램을 실행할 때마다 PFF와 WS의 윈도우 크기에 대한 임계 값을 변경할 때 어떤 영향을 주는지 파악하라. 메모리의 큰 영역이나 작은 영역 모두에 걸쳐 공간적 지역성 그리고 긴 시간과 짧은 시간에 걸쳐 시간적 지역성을 시뮬레이션하는 참조 문자열을 사용하라. 또한 근본적으로 임의적인 참조 문자열도 사용해 시뮬레이션하라. 각 참조 문자열에 대한 최적 페이지 교체 알고리즘을 설명하라.

핵심용어

Key Terms

- 2차 기회 페이지 교체 전략 second-chance page-replacement strategy
- FIFO 이상 현상 FIFO Anomaly
- 공간적 지역성 spatial locality
- 더티 비트 dirty bit
- 베라디의 이상 현상 Belady's Anomaly
- 상주 페이지 집합 resident page set
- 선입선출 페이지 교체 FIFO(First-In-First-Out) page replacement
- 수정 비트 modified bit
- 스래싱 thrashing
- 시공간 지수 space-time product
- 예측 페이징 anticipatory paging
- 요구 페이징 demand paging
- 원거리 페이지 교체 전략 far page-replacement strategy
- 임의 페이지 교체 RAND(random) page replacement
- 자발적인 페이지 해제 voluntary page release
- 작업 집합 working set
- 작업 집합 윈도우 크기 working set window size
- 전역 최소 최근 사용 페이지 교체 gLRU(global Least-Recently-Used) page replacement
- 접근 비트 accessed bit
- 참조 비트 referenced bit
- 최근 미사용 페이지 교체 NUR(Not-Used-Recently) page replacement
- 최소 사용 빈도 페이지 교체 LFU(Least-Frequently-Used) page replacement
- 최소 최근 사용 페이지 교체 LRU(Least-Recently-Used) page replacement
- 최적 페이지 교체 OPT(optimal) page replacement
- 클록 페이지 교체 전략 clock page-replacement strategy
- 페이지 교체 전략 page-replacement strategy
- 페이지 폴트 빈도 페이지 교체 PFF(Page-Fault-Frequency) page replacement
- 페이지 플러싱 flushing a page
- 폴트 간 시간 interfault time
- 프로그램 동작의 작업 집합 이론 working set theory of program behavior
- 프리페이징 prepaging
- 프리페칭 prefetching

추천도서

Recommended Reading

가상 메모리 관리는 운영체제 설계에서 널리 적용되었기 때문에 연구 결과가 풍부하다. 데닝의 작업 집합 모델에 관한 논의[88]와 가상 메모리 개념에 관해 정리한 세미나 논문[89]은 가상 메모리 관리와 관련해 대부분 오늘날까지도 유효한 명쾌한 설명을 제공한다. 페치 정책은 아호와 동료들이 논의했고[90] 카플란과 동료들이 심도 있게 분석했다.[91]

FIFO 이상 현상[93]을 발견한 베라디는 최적 페이지 교체에 관해 논의했다.[92] 몇몇 메모리 관리 알고리즘에서 부분적으로 발견할 수 있지만 FIFO와 LRU에 유사한 알고리즘은 독립적으로 사용되지 않는 것이 보통이다. 그래프 컬러링 기법을 사용하는 좀더 복잡한 알고리즘이 개발되었다.[94, 95] 모리스는 작업 집합 저장소 관리를 더 효율적으로 만드는 맞춤 하드웨어에 관해 논의했다.[96]

최적 페이지 크기 문제에 관해서도 많은 연구가 진행되었다.[97, 98, 99] 다양한 응용 프로그램의 필요를 충족하기 위해 현대적인 범용 프로세서는 다양한 페이지 크기를 지원하기 시작했다.[100] 페이지 폴트를 줄여 시스템의 처리량과 성능을 향상시키기 위해, 페이징 방식에서의 프로그램 동작에 관한 많은 연구가 진행되었다.[101, 102, 103, 104, 105, 106, 107, 108] 이 장의 참고 문헌 목록은 http://www.deitel.com/books/os3e/Bibliography.pdf를 참고하기 바란다.

정당한 요청에는 말없는 실행이 따른다.

Dante

그것은 내 기억 속에 잠겨 있다. 당신이 그 열쇠를 간직하고 있어야 한다.

William Shakespeare

컴퓨터는 프로그램과 많은 양의 데이터를 파일과 데이터베이스로 2차 저장 장치에 저장한다. 4부에 있는 두 장에서는 운영체제가 이 장치들의 데이터를 구성하고 관리하는 방법을 살펴본다. 아주 널리 사용되는 무빙헤드 디스크 저장 장치의 연산에 대해 설명하고, 탐색 및 회전 최적화 전략을 통해 최선의 성능을 얻는 방법을 살펴본다. 높은 수준의 성능과 장애 내구성을 갖춘 RAID 시스템을 살펴본다. 또한 파일 시스템에 관해 논의하고, 디스크에 파일을 할당하는 방법, 여유 공간을 관리하는 방법, 파일 데이터에 접근하는 방법과 보호 방법을 살펴본다. 파일 서버와 이들이 분산 시스템에서 사용되는 방법에 관해서도 살펴본다. 그리고 데이터베이스 시스템과 관계형 데이터베이스 그리고 데이터베이스 시스템을 지원하는 운영체제 서비스의 종류를 학습할 것이다.

Part 4

2차 저장소, 파일, 데이터베이스

Secondary Storage, Files and Databases

Chapter 12 | 디스크 성능 최적화
Chapter 13 | 파일과 데이터베이스 시스템

Chapter 12

디스크 성능 최적화

Disk Performance Optimization

이 장에서 다루는 내용

- 디스크 입출력이 일어나는 방법
- 디스크 성능 최적화의 중요성
- 탐색 최적화와 회전 최적화
- 다양한 디스크 스케줄링 전략
- 캐싱과 버퍼링
- 기타 디스크 성능 개선 기술
- RAID 구현의 핵심 구조

01 소개

02 2차 저장소의 발전

03 무빙 헤드 디스크 저장소의 특징

04 디스크 스케줄링이 필요한 이유

05 디스크 스케줄링 전략

06 회전 최적화

07 시스템 고려 사항

08 캐싱과 버퍼링

09 기타 디스크 성능 기술

10 RAID

* 요약

* 연습문제

* 핵심용어

사명을 찾는 통로는 가까이 있는데, 인간은 먼 데서 찾는다.

Mencius

정당한 요청에는 말 없는 실행이 따른다.

Dante

오직 그만이 관심 갖는 꽁꽁 숨겨진 가치를 찾아, 마치 개가 땅에 뼈가 있는 것을 알아채는 것처럼 본능적으로, 실수 없이 잡동사니 둘레를 킁킁거리며 맴돌았다.

William James

우리가 사물들의 표면에 설 그곳으로, 사람들이 앞서 갔던 사물의 표면으로 가라.

Henry David Thoreau

가장 시끄럽게 삐걱거리는 바퀴에 기름칠을 하는 법이다.

Josh Billings (Henry Wheeler Shaw)

12.1 소개

최근 몇 년 동안 프로세서와 메인 메모리 속도가 2차 저장소보다 훨씬 빠르게 증가했다. 그 결과 2차 저장소에 있는 데이터를 요청하는 프로세스들은 비교적 서비스 지연 시간이 길어지는 경향이 있다. 이 장에서는 무빙 헤드 디스크 저장소의 특징을 알아보고 운영체제 설계자들이 프로세스에 더 나은 서비스를 제공하기 위해 이러한 장치들을 어떻게 관리할 수 있는지 살펴본다. 또한 디스크 요청을 재정렬해 처리량을 늘리고, 응답 시간을 줄이고, 응답 시간의 변량을 줄임으로써 디스크의 성능을 최적화하는 방법도 설명한다. 또한 운영체제가 디스크의 데이터를 재구성하고 버퍼와 캐시를 사용해 성능을 향상시키는 방법을 논의한다. 마지막으로, 한꺼번에 여러 디스크를 사용해 서비스함으로써 디스크 접근 시간을 개선하고 장애 내구성을 증진하는 RAID에 관해서도 살펴본다.

12.2 2차 저장소의 발전

초기 컴퓨터에서는 영구 데이터를 천공 카드와 천공 종이 테이프에 저장했다. 이들은 카드의 홀hole 유무로 비트 값을 나타냈다.[1] 이러한 매체를 사용해 소프트웨어를 작성하고 컴퓨터에 로드하는 일은 시간이 많이 들고 힘든 작업이었다. 연구자들은 비용이 낮으면서도 재기록 가능한 영구 저장 장치의 필요성 때문에 마그네틱 저장소를 개발했다. 마그네틱 저장소는 매체의 표면에 있는 영역의 자성의 방향을 바꿈으로써 데이터를 나타내는 비트열을 기록한다. 데이터에 접근하려면 **읽기/쓰기 헤드** read-write head라는 도체 current-carrying 장치가 움직이면서 매체의 윗면을 맴돈다. 헤드는 자성을 띤 매체가 전류 current를 어떻게 변경하느냐를 측정해 데이터를 읽는다. 그리고 매체에 있는 자성을 변경함으로써 데이터를 '기록'한다. 이 장치들을 만들 때 한 가지 난점은 헤드가 매체 표면에 닿지 않으면서도 아주 가까이에 떠 있게 해야 한다는 점이다.

1951년에 **유니바 1** UNIVAC(UNIVersal Automatic Computer) 1 설계자는 **마그네틱 테이프 저장소** magnetic tape storage를 소개했다. 마그네틱 테이프 저장소는 영구적이면서도 재기록 가능한 저장 매체다.[2] 마그네틱 테이프는 오디오나 비디오 카세트처럼 일종의 순차 접근 저장소다. 이러한 매체는 트랜잭션을 처리하는 응용 프로그램에는 적합하지 않다. 예를 들어, 시스템은 1초보다 훨씬 짧은 시간에도 레코드의 위치를 찾고 갱신해야 한다. IBM은 이 문제를 해결하려고 1957년에 최초의 상용 **하드 디스크 드라이브** hard disk drive인 **RAMAC** Random Access Method of Accounting and Control을 소개했다. 하드 디스크 드라이브는 데이터에 순차적으로 접근해야 한다는 제한이 없기 때문에 임의 접근(직접 접근) random access(direct access) 장치다. RAMAC은 총 용량이 5MB에 이르렀고, 가격은 50,000

달러에 달했다. 한 달 임대료만도 수백 달러에 이르렀다.[3, 4] 하드 디스크는 마그네틱 테이프 저장소보다는 성능이 좋았지만, 비용 때문에 많이 설치할 수 없었다.

수십 년이 지나는 동안 하드 드라이브의 용량과 성능이 개선되고 비용도 줄었다. 1990년대에 들어 전형적인 개인용 컴퓨터의 하드 디스크 용량이 수백 MB에서 수 GB 단위로 늘어났고 가격은 아주 저렴해졌다. 2003년까지 하드 드라이브의 용량은 200GB를 넘어섰고, 기가바이트당 1달러도 안 되는 가격이 되었다.[5] 다음 절에서 논의할 기술적인 제약 때문에 하드 디스크 속도는 용량 증가 비율보다는 느리게 발전했다. 프로세서의 속도가 증가하고 응용 프로그램이 소비하는 데이터양이 많아지면서 시스템은 점점 입출력 중심으로 발전했다.[6]

영구 저장소 기술에 관한 연구는 계속해서 용량과 성능을 향상시키는 데 초점을 두고 진행되었다. 기존 마그네틱 디스크 장치를 개선하려는 연구도 있었고, 신기술과 새로운 매체를 개발하는 해결책도 있었다.

셀프 리뷰

1. 오늘날 많은 시스템이 입출력 중심이 된 이유는 무엇인가?
2. 테이프보다는 디스크가 2차 저장소로 더 적합한 이유는 무엇인가?

▶ **풀이** 1) 프로세서 속도가 하드 디스크 속도보다 빨리 증가했기 때문이다. 2) 마그네틱 테이프는 데이터를 순차적으로 접근하는 응용 프로그램에는 적합하다. 그러나 트랜잭션 처리가 필요한 프로그램이나 멀티프로그래밍 시스템에서는 2차 저장소에 대한 접근이 임의로 일어날 수 있어서 직접 접근할 수 있는 디스크와 같은 저장소가 필수적이다.

12.3 무빙 헤드 디스크 저장소의 특징

모든 내용을 거의 일정한 속도로 접근하는 메인 메모리와 달리, 무빙 헤드 moving-head 디스크 저장소는 데이터와 읽기/쓰기 헤드의 상대적인 위치에 따라 접근 속도가 달라진다. [그림 12-1]은 무빙 헤드 디스크의 구조를 간단히 보여주고 있다.[7, 8, 9] 데이터는 일련의 마그네틱 디스크 혹은 **플래터** platter에 기록된다. 플래터는 고속으로 회전하는 **스핀들** spindle(가늘고 긴 막대기로, 플래터들을 지지하며 보통 분당 수천 번 회전한다[10])에 연결되어 있다.

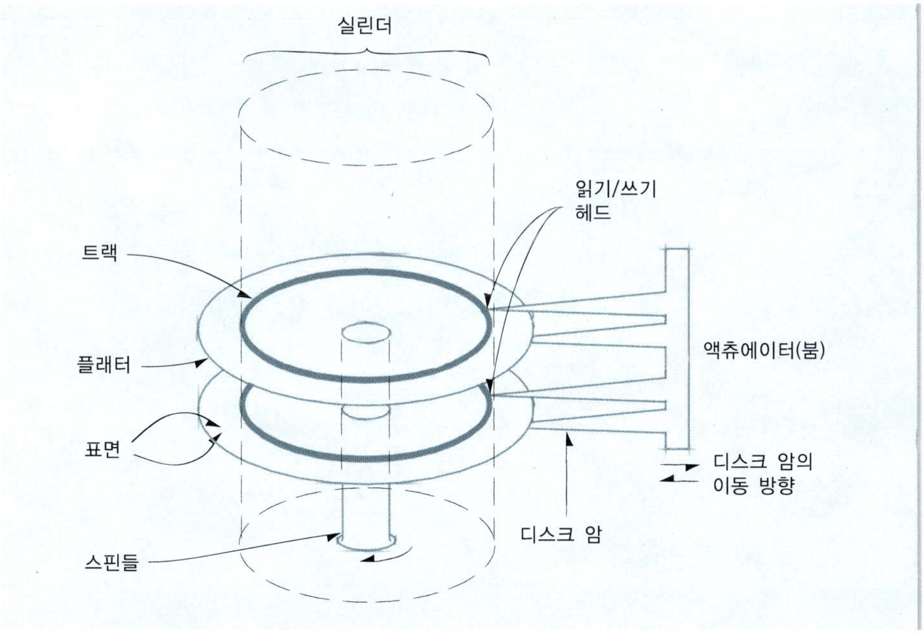

[그림 12-1] 무빙 헤드 디스크의 측면 도해

디스크 표면에 있는 데이터는 읽기/쓰기 헤드를 통해 접근한다. 읽기/쓰기 헤드는 표면으로부터 아주 작은 공간만 떨어져 있다. 예를 들면, [그림 12-1]에 있는 디스크는 각각 위아래로 두 표면이 있는 플래터 두 개와 각 표면마다 하나씩 읽기/쓰기 헤드가 네 개 있다. 읽기/쓰기 헤드는 자신의 바로 위나 아래에 있는 데이터에 접근할 수 있다. 따라서 데이터에 접근하기 전에 데이터를 읽을 위치에 있는 디스크 표면이 읽기/쓰기 헤드의 바로 위나 아래로 올 때까지 회전해야 한다. 데이터가 현재 위치에서 읽기/쓰기 헤드가 시작하는 곳까지 회전하는 데 걸리는 시간을 **회전 지연 시간** rotational latency time이라고 한다. 디스크의 평균 회전 지연 시간은 간단하게 한 번 회전하는 데 걸리는 시간의 반이라고 볼 수 있다. 대부분의 하드 디스크는 평균 회전 지연 시간이 수 밀리초 정도다([표 12-1]).

[표 12-1] 하드 디스크의 트랙 간 탐색 시간과 지연 시간 [14, 15, 16, 17, 18]

모델(환경)	평균 탐색 시간(ms)	평균 회전 지연 시간(ms)
Maxtor DiamondMax Plus 9 (고사양 데스크톱)	9.3	4.2
WD Caviar (고사양 데스크톱)	8.9	4.2
Toshiba MK8025GAS (노트북)	12.0	7.14
WD Raptor (엔터프라이즈급)	5.2	2.99
Cheetah 15K.3 (엔터프라이즈급)	3.6	2.0

플래터가 돌아갈 때 읽기/쓰기 헤드는 디스크 표면에 있는 데이터의 원형 **트랙** track 을 훑는다. 각 읽기/쓰기 헤드는 **액츄에이터** actuator(**붐** boom 또는 **무빙 암 어셈블리** moving-arm assembly 라고도 한다)에 달려 있는 **디스크 암** disk arm 끝에 위치한다. 디스크 암은 디스크의 표면에 평행하게 움직인다. 디스크 암이 읽기/쓰기 헤드를 새로운 위치로 옮길 때 수직으로 된 원형 트랙의 집합인 **실린더** cylinder 에 접근할 수 있다. 디스크 암을 새로운 실린더로 옮기는 과정을 **탐색** seek 연산이라고 한다.[11,12] 디스크는 작은 단위의 데이터에 접근하기 위해 트랙을 몇몇 **섹터** sector 로 나눈다. 섹터는 보통 512바이트다([그림 12-2]).[13] 그러므로 운영체제는 데이터가 위치한 헤드(읽어낼 디스크 표면을 나타냄)와 실린더(읽어낼 트랙을 나타냄), 섹터를 명시해 특정 데이터의 위치를 나타낼 수 있다.

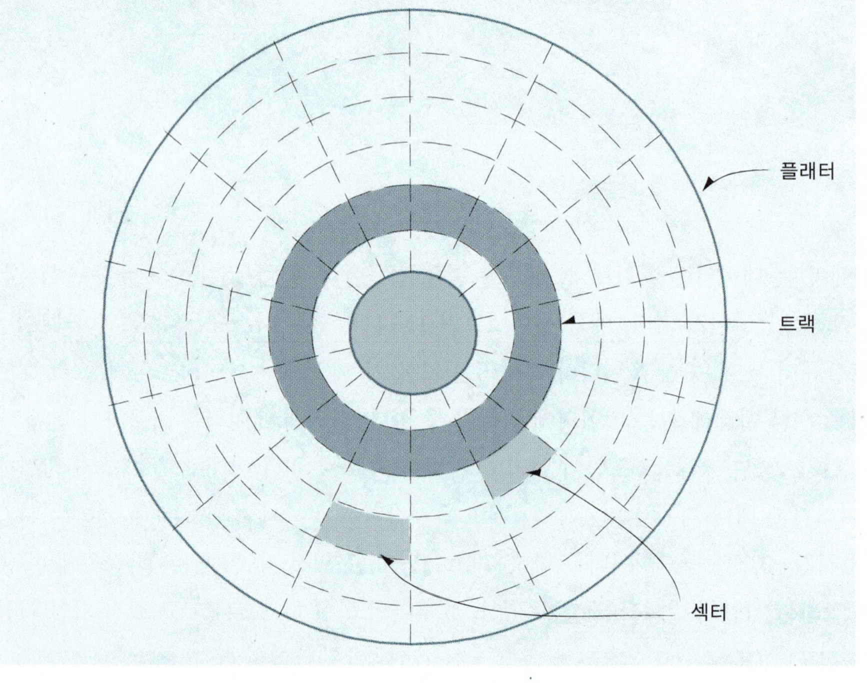

[그림 12-2] 윗면에서 본 디스크 표면의 구조

무빙 헤드 디스크에서 특정 데이터 레코드에 접근하려면 보통 몇 가지 연산이 필요하다([그림 12-3]). 먼저 디스크 암이 적절한 실린더로 이동해야 한다(즉, **탐색 연산** seek operation 을 수행해야 한다). 헤드가 현재 위치에서 데이터를 담고 있는 레코드로 이동할 때까지 걸리는 시간을 **탐색 시간** seek time 이라고 한다. 이후, 데이터 레코드가 저장된 디스크의 부분이 읽기/쓰기 헤드의 바로 위나 아래에 올 때까지 회전해야 한다. 그 후 임의 크기인 레코드는 읽기/쓰기 헤드를 통해 회전해야 한다. 이를 **전송 시간** transmission time 이라고 한다. 이들 연산 각각에는 기계적인 움직임이 필요하기 때문에 디스크 접근에 드는 총 시간은 적어도 몇 밀리초다. 프로세서는 동일한 시간에 수십, 수백만 개 명령어를 수행할 수 있을 정도로 속도 차이가 크다.

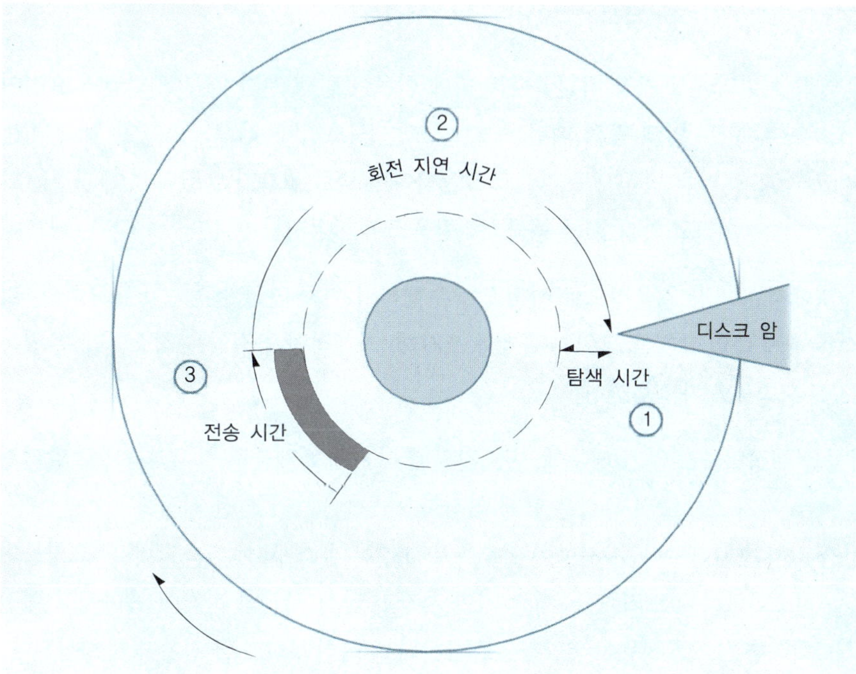

[그림 12-3] 디스크 접근의 구성 요소

셀프 리뷰

1. 저장소 기술 분야에서 초점을 두는 부분 중 하나는 하드 디스크의 면적 밀도(즉, 단위 면적당 데이터양)를 높이는 것이다. 면적 밀도를 높이는 일만 놓고 볼 때 디스크 접근 시간에 어떤 영향을 미치는가?
2. (참/거짓) 모든 디스크 접근에서 회전 지연 시간은 동일하다.

▶ **풀이** 1) 단위 면적당 데이터양이 증가할수록 각 트랙에 담기는 데이터양이 증가한다. 특정 데이터 레코드가 한 트랙에 담기면 면적 밀도가 낮을 때와 비교해 전송 시간이 상대적으로 줄어든다. 단위 시간에 더 많은 데이터를 읽기 때문이다. 2) 거짓. 회전 지연 시간은 디스크 암과 비교해 요청된 섹터의 위치에 따라 다르다.

12.4 디스크 스케줄링이 필요한 이유

많은 프로세스에서 디스크에 데이터를 읽고 쓰는 요청을 동시에 할 수 있다. 이러한 프로세스는 때때로 디스크가 서비스를 수행하는 속도보다 더 빨리 요청을 하기 때문에 디스크 요청들을 보관할 대기열이나 큐가 필요하다. 몇몇 초기 컴퓨터 시스템에서는 단순히 **선착 우선 서비스**FCFS, First-Come-First-Served 방식으로 요청을 서비스했다.[19] FCFS는 공평하긴 하지만 **요청률(부하)** request rate(load)* 이 높을 때는 대기 시간이 길어질 수 있다.

FCFS는 가장 안쪽 실린더에서 가장 바깥쪽 실린더에 이르는 탐색 시간 때문에 일련의 요청이 시간을 많이 소비할 수 있는 **임의 탐색 패턴** random seek pattern을 보인다. 레코드를 찾는 데 걸리는 시간을 줄이려고 FCFS와 다른 방식으로 디스크 요청을 재정렬할 필요가 생겼다.[20] 이 과정을 **디스크 스케줄링** disk scheduling이라고 하며, 이를 통해 처리량을 크게 향상시킬 수 있다.[21]

디스크 스케줄링에서는 가장 효율적으로 서비스를 수행하기 위해 면밀한 검토가 필요하다. 디스크 스케줄러는 대기 중인 요청들의 위치 관계를 조사해, 기계적인 움직임을 최소화할 수 있는 순서로 큐에 있는 요청들을 재정렬한다.

FCFS는 요청들을 재정렬하지 않기 때문에 가장 간단한 디스크 스케줄링 알고리즘으로 알려져 있다. 가장 흔한 두 가지 스케줄링 유형은 **탐색 최적화** seek optimization와 **회전 최적화** rotational optimization다. 탐색 시간이 지연 시간보다 큰 경향이 있으므로 대부분의 스케줄링 알고리즘은 요청들의 총 탐색 시간을 최소화하려고 노력한다. 회전 지연 시간과 탐색 시간의 간격이 좁아지고 회전 지연 시간을 최소화하면 시스템 성능이 전반적으로 향상되고, 특히 부하가 클 경우 크게 향상된다.

셀프 리뷰

1. 다음 시나리오에서 어떤 디스크 스케줄링 알고리즘 유형이 가장 적합한가?
   - 탐색 시간이 지연 시간보다 훨씬 클 때
   - 탐색 시간과 지연 시간이 거의 같을 때
   - 탐색 시간이 지연 시간보다 훨씬 작을 때
2. 탐색 최적화와 회전 최적화를 도모할 때 디스크의 지리적 위치에서 가장 중요한 요인은 무엇인가?

▶ **풀이** 1) 탐색 시간이 지연 시간보다 훨씬 클 때는 탐색 연산이 접근 시간을 대부분 좌우한다. 따라서 시스템은 탐색 최적화를 구현해야 한다. 탐색 시간과 지연 시간이 거의 같을 때는 시스템이 탐색 최적화와 회전 최적화 기술을 조합해 이점을 얻을 수 있다. 탐색 시간이 지연 시간보다 훨씬 작을 때는 접근 시간이 대부분 지연 시간에 영향을 받으므로, 시스템은 회전 최적화에 초점을 두어야 한다. 현재 사용하는 프로세서는 아주 빠르기 때문에 두 가지 유형의 최적화를 모두 도모해야 시스템의 전반적인 성능을 향상시킬 수 있다. 2) 탐색 시간을 최적화할 때, 실린더의 위치가 가장 중요하다. 지연 시간 최적화에서는 섹터의 위치가 가장 중요하다.

* 즉, 단위 시간당 요청 횟수

12.5 디스크 스케줄링 전략

시스템의 디스크 스케줄링 전략은 시스템의 목적에 따라 다르다. 그러나 대부분의 전략은 다음 몇 가지 기준으로 평가할 수 있다.

- 처리량 throughput – 단위 시간당 서비스되는 요청의 수
- **평균 반응 시간** mean response time – 한 요청이 서비스될 때까지 대기하는 데 드는 평균 시간
- 반응 시간의 변량 variance of response times – 반응 시간에 대한 예측 가능성 정도. 각 디스크 요청을 적절한 시간 안에 서비스해야 한다. 즉, 디스크 스케줄링 전략으로 요청이 무기한 연기되는 일을 방지해주어야 한다.

분명히 스케줄링 정책은 처리량을 극대화하고 평균 반응 속도를 최소화해야 한다. 많은 스케줄링 정책에서 탐색 시간에 들어가는 시간을 최소화해 이 목표를 실현하려고 노력한다. 처리량과 평균 반응 시간이 최적화될 때 평균적인 시스템 성능은 향상되지만 개별 요청은 지연될 수도 있다.

변량은 개별적인 요청이 평균적인 시스템 성능과 비교해 어떻게 서비스되는지를 측정한다. 변량이 작을수록 대부분의 디스크 요청이 비슷한 시간 동안 대기한 후 서비스를 받을 확률이 높다. 따라서 변량은 공평성 혹은 예측 가능성의 척도라고 볼 수 있다. 변량을 최소화하는 스케줄링 정책을 통해 서비스 시간이 돌발적으로 길어지는 등의 현상을 피할 수 있다. 웹 서버 같은 비즈니스 크리티컬 시스템에서는 반응 시간의 변량이 클 때 매출이 줄어들 수도 있다. 예를 들어, 물건을 사려는 고객의 요청이 무기한 연기에 빠지거나 한참을 대기해야 하는 경우, 고객은 구매를 포기하고 사이트를 나가버릴 것이다. 미션 크리티컬 시스템에서는 이러한 대기 시간이 큰 재앙을 일으킬 수도 있다.

뒤이어 나오는 절에서 몇 가지 일반적인 디스크 스케줄링 정책을 살펴볼 것이다. [그림 12-4]를 통해 다양한 디스크 요청에 대해 각 정책을 사용한 결과를 볼 수 있다. 임의적인 디스크 요청의 경우를 살피는 목적은 각 정책이 디스크 요청을 어떤 식으로 정렬하는지 보여주기 위해서다. 그러나 실제 시스템에서 각 정책의 성능을 제시하는 것은 아니다. 이어지는 예제에서는 디스크가 0~99까지 번호를 붙인 실린더 100개를 가지며, 읽기/쓰기 헤드는 처음 위치가 63번 실린더에 있다고 가정한다. 논의를 간단하게 하기 위해 디스크 스케줄러가 이미 각 요청에 대응하는 실린더 번호를 파악하고 있는 상태라고 가정한다.

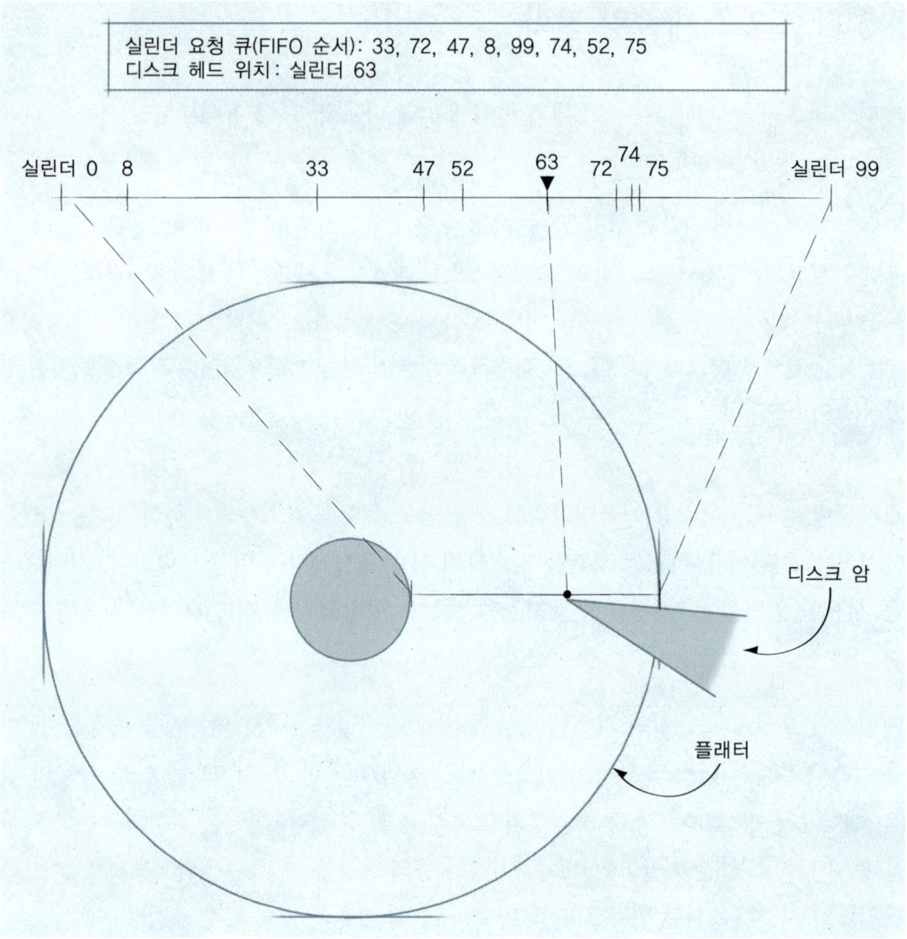

[그림 12-4] 디스크 요청 패턴

셀프 리뷰

1. 디스크 스케줄링에서 반응 시간의 변량을 최소화하는 것이 중요한 이유는 무엇인가?
2. FCFS가 공평한 스케줄링 알고리즘이라고 설명했다. 이 절에서 언급한 기준 중 공평성과 직접 관련된 것은 무엇인가?

▶ **풀이** 1) 반응 시간의 변량이 크면 시스템의 반응 시간이 비정상적으로 느린 경우가 있다. 비즈니스 크리티컬 시스템에서는 평균 반응 시간과 차이를 많이 보이면 고객을 잃을 수도 있고, 미션 크리티컬 시스템에서는 인명 피해를 초래할 수도 있다. 2) FCFS는 도착하는 요청이 이미 대기 중인 요청보다 앞설 수 없다는 점에서 공평하다. 이는 반응 시간의 변량을 줄이는 데 도움이 된다.

12.5.1 FCFS 디스크 스케줄링

선착 우선 서비스FCFS, First-Come-First-Served 스케줄링은 FIFO 큐를 사용해 요청이 도착한 순서에 따라 서비스한다.[22, 23, 24] FCFS는 큐에 있는 요청의 위치가 도착하는 요청에 영향을 받지 않는다는 점에서 공평하다. 이는 어떤 요청도 무기한 연기되지 않게 해주지만, 다음 번 대기하는 요청을 서비스할 때 탐색 연산이 오래 걸릴 수 있음을 의미하기도 한다. 심지어 큐에 있는 다른 요청이 현재 위치에서 훨씬 가까워서 더 빠르게 서비스할 수 있을 때도 말이다. 이 기술에는 실행 시간 오버헤드가 적게 들지만, 탐색 연산이 오래 걸려 처리량이 적어질 수 있다.

FCFS 스케줄링은 요청이 디스크 표면 여러 곳에 흩어져 있는 경우 임의 탐색 패턴을 보인다. 대기 중인 요청들의 위치 관계를 무시하기 때문이다([그림 12-5]). 이는 디스크에 부하가 많지 않을 경우에는 수용할 수 있는 일이지만, 부하가 많을수록 FCFS 방식으로는 장치들이 포화 상태가 되기 쉽고, 반응 시간도 점점 늘어난다. FCFS의 임의 탐색 패턴은 반응 시간의 변량을 줄여주지만, 이는 디스크 큐의 뒤쪽에 있는 요청들에는 별 도움이 되지 못한다. 디스크 암이 열정적으로 '디스크 댄스'를 추며 이리저리 돌아다니는 동안 대기해야 하기 때문이다.

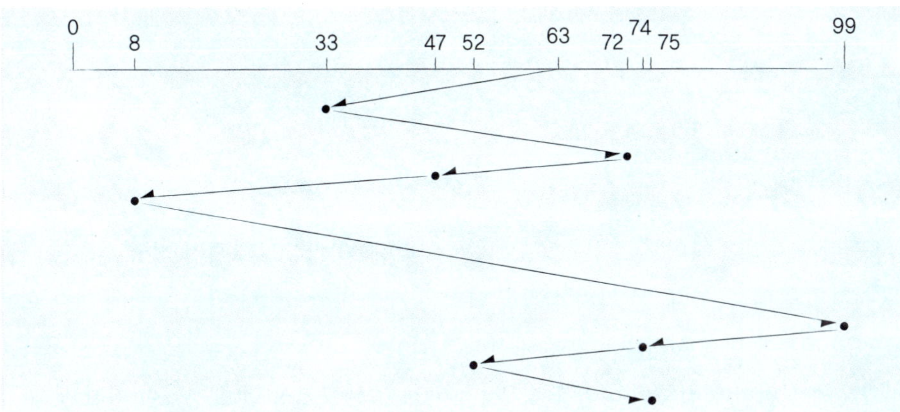

[그림 12-5] FCFS 전략에서 탐색 패턴

셀프 리뷰

1. 공평성을 측정하는 한 가지 방법은 반응 시간의 낮은 변량이다. 이러한 의미에서 볼 때 FCFS 디스크 스케줄링은 공평한가?
2. FCFS 디스크 스케줄링에서 무기한 연기가 발생할 수 있는가? 답과 관련해 설명하라

▶ **풀이** 1) 그렇다. 반응 시간의 변량 면에서 볼 때 공평하다. 그러나 반응 시간을 최소화하려는 노력이 전혀 없으므로 평균 반응 시간은 필요 이상으로 길어진다. 2) 아니다. 무기한 연기가 발생할 수 없다. 도착하는 요청이 대기 큐에서 대기하는 요청보다 앞에 끼어들 일이 없기 때문이다.

12.5.2 최단 탐색 시간 우선 디스크 스케줄링

최단 탐색 시간 우선SSTF, Shortest-Seek-Time-First 스케줄링은 읽기/쓰기 헤드의 현재 실린더에서 가장 가까운 데이터에 접근해야 하는 요청을 먼저 서비스한다. 따라서 큐의 앞쪽에 있지 않은 요청이라도 가장 짧은 탐색 시간이 필요하다면 다음 서비스 대상이 될 수 있다.[25, 26, 27, 28] SSTF는 공평성을 보장하지는 않는다. 또한 탐색 패턴에 지역성이 높게 나타나기 때문에 무기한 연기가 발생할 수도 있다. 이 경우 가장 안쪽이나 바깥쪽 트랙을 요구하는 요청은 반응 시간이 길어지게 된다([그림 12-6]).

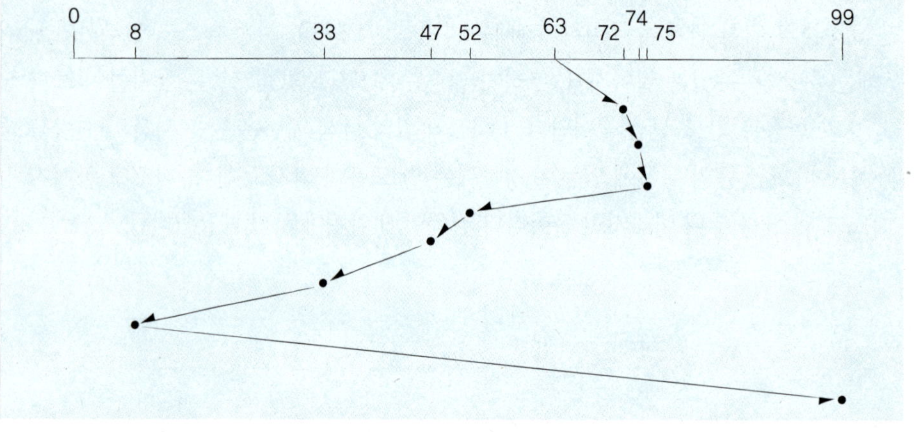

[그림 12-6] SSTF 전략에서 탐색 패턴

SSTF는 평균 탐색 시간을 줄임으로써, FCFS보다는 처리량을 늘리고, 부하가 적정 수준일 때는 평균 반응 시간도 줄일 수 있다. 한 가지 심각한 단점은 가장 바깥쪽이나 안쪽 트랙에 대한 요청이 차별을 받기 때문에 반응 시간의 변량이 커진다는 점이다. 극단적인 경우에는 새로 도착하는 요청들이 가운데 실린더에 집중되어 있을 경우, 읽기/쓰기 헤드에서 먼 요청들이 기아 상태('7장. 교착 상태와 무기한 연기' 참고)에 빠질 수도 있다. 처리량과 평균 반응 시간이 더 중요한 배치 처리 시스템에서는 반응 시간의 변량이 커도 괜찮다. 그러나 시스템이 각 사용자에게 신속하고 예측 가능한 반응 시간을 보장해야 하는 대화식 시스템에서는 SSTF 방식이 부적합하다('에피소드: 모든 문제에는 해결책이 있고, 모든 해결책에는 문제가 있다' 참고).

셀프 리뷰

1. '8장. 프로세서 스케줄링'에서 다룬 스케줄링 알고리즘 중 SSTF와 가장 유사한 알고리즘은 무엇인가? 또 어떤 점이 다른가?
2. SSTF와 FCFS에서 발생하는 오버헤드를 비교하라.

▶ **풀이** 1) SSTF는 최단 프로세스 우선 SPF, Shortest-Process-First 전략과 가장 유사하다. 한편 SSTF는 SPF와 달리 완료 시까지 실행 시간 등 미래의 정보를 알 필요가 없다. 요청의 위치만 알면 어떤 요청을 서비스할지 결정할 수 있다. 2) FCFS와 SSTF 모두 대기하는 요청들을 유지하기 위해 메모리에 큐를 둬야 한다. FCFS는 간단한 FIFO 큐를 사용하기 때문에 다음 번 서비스할 요청을 결정하는 데 드는 실행 시간이 짧고, 큐에 있는 요청의 수에 영향을 받지 않는다. SSTF는 정렬된 리스트를 유지하거나 요청 큐 전체를 검색해 다음 번 서비스할 요청을 선택하는 데 오버헤드가 발생한다. FCFS의 오버헤드는 일정(단순히 큐의 뒤쪽에 엔트리를 추가하는 오버헤드와 큐 앞쪽의 엔트리를 제거하는 오버헤드)한 데 비해 SSTF에서 발생하는 오버헤드는 큐에 있는 요청 수에 비례한다.

12.5.3 SCAN 디스크 스케줄링

데닝은 SSTF가 보여주는 불공평한 성격이나 반응 시간의 변량을 줄이려고 **SCAN** 디스크 스케줄링 전략을 개발했다.[29] SCAN은 **선호 방향** preferred direction에서 탐색 거리가 가장 짧은 요청을 다음 번 서비스 대상으로 선택한다([그림 12-7]). 따라서 SCAN 전략은 선호 방향이 현재 바깥쪽이면, 바깥쪽 방향 중에서 탐색 거리가 가장 짧은 요청을 선택한다. SCAN은 가장 바깥쪽 혹은 안쪽 실린더에 도달할 때까지 선호 방향을 바꾸지 않는다. 이런 의미에서 SCAN을 **엘리베이터 알고리즘** elevator algorithm이라고도 한다. 엘리베이터는 위아래로 방향을 바꾸기 전에 한 방향으로 계속 서비스하기 때문이다.

에피소드

모든 문제에는 해결책이 있고, 모든 해결책에는 문제가 있다

다음은 컴퓨터 산업과 전혀 관계없는 한 이웃에게 일어난 실화다. 그의 남편은 조금 전 직장으로 출근한 상태였는데, 그만 차고 문을 닫는 것을 깜빡 잊었다. 아내가 출근하려고 집을 나서 차고에 가보니 스컹크 한 마리가 쓰레기통을 넘어뜨리고, 차고 문 옆에 앉아서 신나게 음식 찌꺼기를 물어뜯고 있었다. 그녀는 마을에 있는 동물 관리소에 전화를 걸었다. 그러나 그들은 일이 밀려 몇 시간 안에 오기 어렵다면서, 스컹크는 베이컨을 좋아하니 베이컨을 한 장 구워서 마당 앞 잔디밭에 놓아 유인해보라고 조언했다. 스컹크가 냄새를 맡고 잔디밭까지 나오면 얼른 차를 타서 차고 밖으로 나온 다음 리모콘으로 차고 문을 닫고 무사히 출근할 수 있을 것이라는 계산이었다. 그녀는 조언대로 해보기로 했다. 그러나 원통하게도 베이컨을 구워 잔디밭에 던지자 어디선가 또 다른 스컹크가 나타나 베이컨을 먹어치웠다. 처음 온 스컹크는 여전히 차고 안에 쓰레기통에서 포식을 계속했다. 그녀는 결국 몇 시간 지각하고 말았다.

운영체제 설계자들에게 주는 교훈: 항상 선택한 설계의 결과를 예측하라.

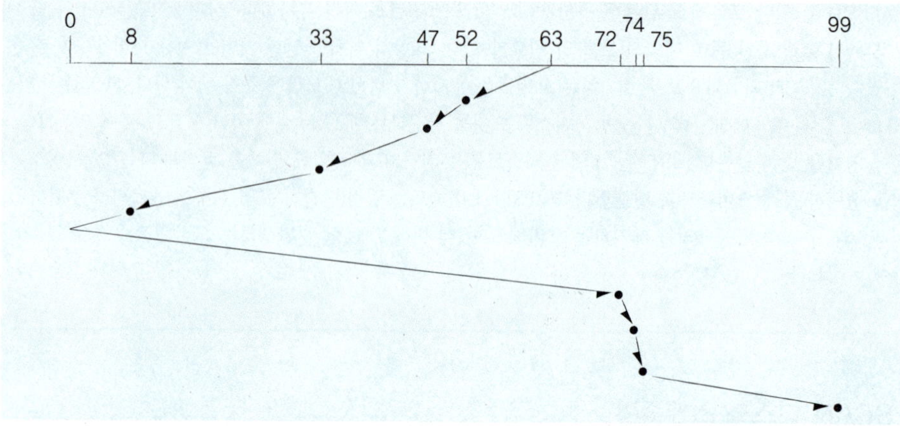

[그림 12-7] SCAN에서 탐색 패턴

SCAN은 처리량과 평균 반응 시간이 좋다는 점에서 SSTF와 많이 유사하다. 그러나 SCAN은 주어진 방향의 모든 요청을 반대 방향 요청보다 먼저 서비스하기 때문에 SSTF보다는 반응 시간의 변량이 작다. SCAN은 SSTF와 같은 실린더 중심 전략이다. SCAN에서는 읽기/쓰기 헤드가 각 플래터의 양끝 사이를 왕복하기 때문에 바깥쪽 트랙들은 중앙에 있는 트랙들보다 방문 횟수가 적지만, 대체로 SSTF를 사용할 때보다는 자주 접근된다. SSTF와 SCAN 모두 도착하는 요청을 대기 중인 요청보다 먼저 서비스할 수 있으므로 무기한 연기가 발생할 위험이 있다.

셀프 리뷰

1. SCAN 알고리즘의 한 가지 제약은 불필요한 탐색 연산을 수행할 수 있다는 점이다. [그림 12-7]의 어느 부분에서 이런 현상이 발생하는지 지적하라.
2. SCAN 전략에서 무기한 연기가 발생할 수 있는가?

▶ **풀이** 1) 불필요한 탐색 연산은 8번 실린더를 서비스한 후 발생한다. 현재 선호 방향에서는 더는 요청이 없으므로 8번 실린더 요청을 서비스한 후 바로 방향을 바꾸는 편이 더 좋을 것이다. 이러한 단점을 보완한 SCAN 전략의 수정 버전은 '12.5.6 LOOK과 C-LOOK 디스크 스케줄링'에서 살펴본다. 2) 프로세스들이 계속해서 동일한 실린더에 대한 요청을 발생시키는 시나리오를 생각해볼 수 있다. 이때 읽기/쓰기 헤드는 해당 실린더에만 머문다.

12.5.4 C-SCAN 디스크 스케줄링

SCAN 디스크 스케줄링 전략을 수정한 C-SCAN Circular SCAN에서는 디스크 암이 바깥쪽 실린더에서 안쪽 실린더로 움직이면서 최단 탐색 기반으로 서비스한다([그림 12-8]). 디스크 암이 안쪽으로 한 번 모두 훑었을 때는 요청에 대한 서비스를 하지 않고 바깥쪽 실린더로 건너뛴다. 그러고 나서 다시 안쪽으로 훑으며 요청들을 서비스한다. C-SCAN은 처리량을 높게 유지하면서도 반응 시간의 변량을 좀더 줄인다. 안쪽과 바깥쪽 실린더를 차별하지 않기 때문이다.[30, 31] SCAN과 같이 동일한 실린더에 대한 요청이 계속 발생할 경우, (SCAN이나 SSTF보다는 확률이 낮지만) C-SCAN에서도 무기한 연기가 발생할 수 있다. 이어지는 항목에서 이 문제를 해결하는 SCAN 수정 전략을 살펴볼 것이다.

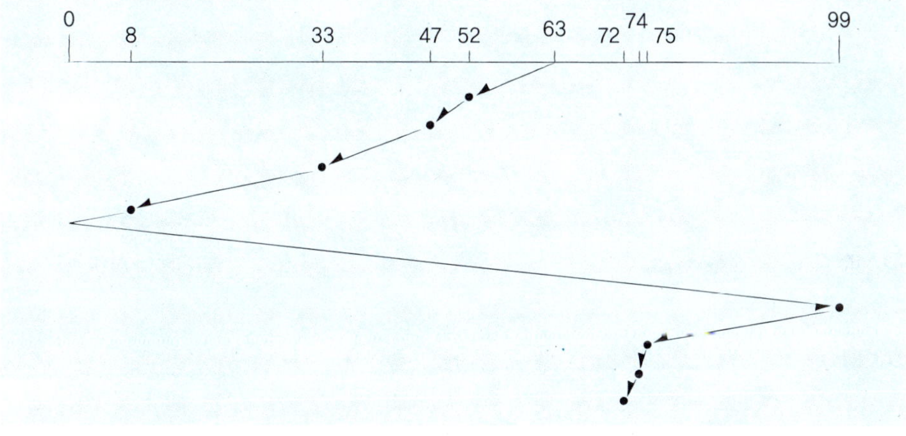

[그림 12-8] C-SCAN 전략에서 탐색 패턴

시뮬레이션 결과들을 보면 가장 좋은 디스크 스케줄링 정책은 두 단계로 이루어질 수 있다.[32] 부하가 적을 때는 SCAN 정책이 최선이다. 중간 정도나 많은 부하가 있을 때는 C-SCAN과 기타 SCAN 방식을 응용한 정책이 더 나은 결과를 가져온다. 회전 최적화와 C-SCAN을 함께 사용할 때 부하가 많은 시스템에서 효과적으로 디스크 요청을 수행할 수 있다.[33]

셀프 리뷰

1. C-SCAN은 디스크 스케줄링 전략의 어떤 기준에서 개선하는가?
2. (참/거짓) C-SCAN은 SCAN과 동일한 실행 시간 오버헤드를 야기한다.

▶ **풀이** 1) C-SCAN은 SCAN에 비해 반응 시간의 변량을 줄여준다. 가장 안쪽과 가장 바깥쪽에 있는 실린더를 차별하지 않기 때문이다. 2) 거짓. C-SCAN은 안쪽 방향으로 한 번 훑는 과정을 마칠 때, 요청에 대한 서비스를 생략한 채 헤드를 가장 바깥쪽 실린더로 옮겨가기 때문에 SCAN보다 많은 오버헤드를 야기한다.

12.5.5 FSCAN과 *N*–Step SCAN 디스크 스케줄링

FSCAN과 ***N*–Step SCAN**은 SCAN 전략의 수정 버전으로, 요청들이 무기한 연기되는 일을 방지한다.[34, 35] FSCAN은 SCAN 전략을 사용해 특정 방향을 훑을 때 대기 중인 요청들만 서비스한다. FSCAN에서 'F'는 특정 시간에 요청 큐를 '동결' freezing 시킨다는 의미다. 훑는 도중에 도착하는 요청들은 한 그룹으로 묶이고 최적의 서비스를 위해 정렬된다([그림 12–9]).

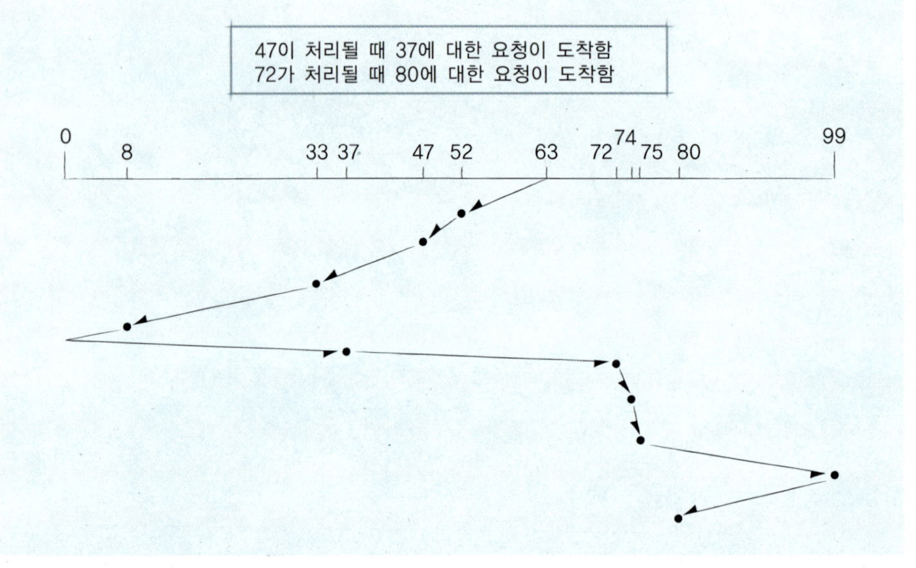

[그림 12–9] FSCAN 전략에서 탐색 패턴

N–Step SCAN은 SCAN 전략을 사용해 큐에서 처음 *n*개 요청을 서비스한다. 한 방향으로 훑는 과정을 완료하면 다음 *n*개 요청을 서비스한다. 도착하는 요청들은 대기 큐의 뒤쪽에 놓인다([그림 12–10]). *N*–Step SCAN은 *n* 값을 변경해 조절할 수 있다. $n = 1$일 때 *N*–Step SCAN은 FCFS와 같아진다. *n*이 무한대에 가깝게 커지면 SCAN 방식처럼 된다.

FSCAN과 *N*–Step SCAN은 처리량이 많고 평균 반응 시간이 짧으므로 좋은 성능을 낸다. 두 전략은 무기한 연기를 방지하기 때문에, 이들의 두드러진 특징은 SSTF와 SCAN보다 반응 시간의 변량이 작다는 점이다. 특히 후자의 두 전략에서 요청들이 무기한 연기되는 경우와 비교하면 더욱 그러하다.

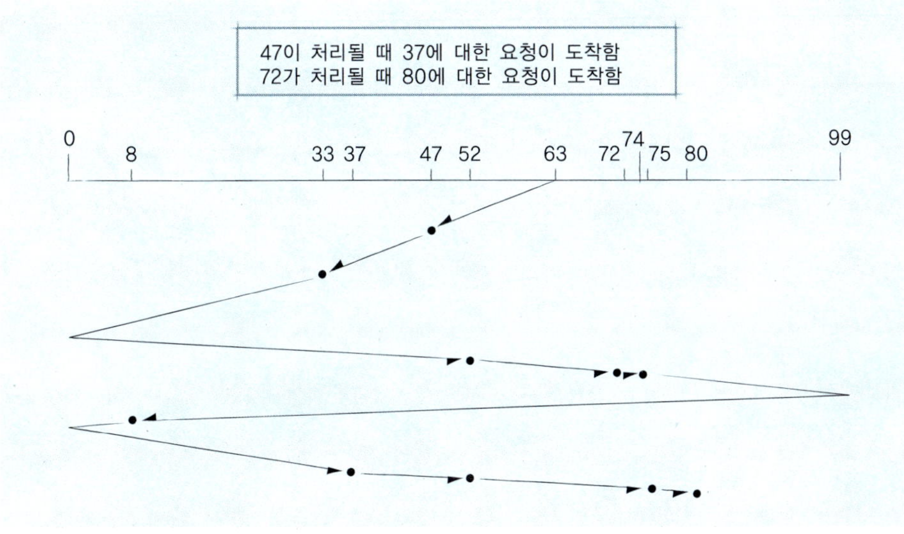

[그림 12-10] *N*-Step SCAN 전략(*n*=3)에서 탐색 패턴

셀프 리뷰

1. FSCAN이 SCAN보다 처리량이 적어질 수 있는 경우를 설명하라.
2. FSCAN과 *N*-Step SCAN을 비교, 대조하라.

▶ **풀이** 1) FSCAN이 큐를 동결한 후에 선호 방향에 있는 실린더에 대한 요청이 도착하면, 디스크 헤드는 다음 번까지 이 요청을 서비스하지 않은 채 실린더를 통과할 것이다. 2) 두 전략 모두 SCAN을 사용해 요청 큐의 일부를 서비스함으로써 무기한 연기를 방지한다. FSCAN은 새로운 선호 방향으로 바꾸기 전에 큐에 있는 모든 요청을 서비스한다. *N*-Step SCAN은 큐에 있는 요청 중 다음 *n*개 요청만 서비스한다.

12.5.6 LOOK과 C-LOOK 디스크 스케줄링

SCAN 전략의 수정안인 **LOOK** 전략은 현재 훑고 있는 디스크 스캔의 끝을 미리 '보기'^look^해서 다음 번에 서비스할 요청을 선택한다. LOOK 전략은 현재 방향으로 더는 요청이 없을 때 선호 방향을 바꾸어 훑기 시작한다([그림 12-11]). 이런 의미에서 이 알고리즘은 엘리베이터 알고리즘이라고 한다. 엘리베이터는 현재 방향의 마지막 요청을 서비스할 때까지 한 방향으로 계속 움직이기 때문이다. 이 전략은 SCAN 전략의 다른 수정 버전에서 보여준 불필요한 탐색 연산을 없애준다([그림 12-11]의 왼쪽을 [그림 12-7]의 왼쪽과 비교해보자).

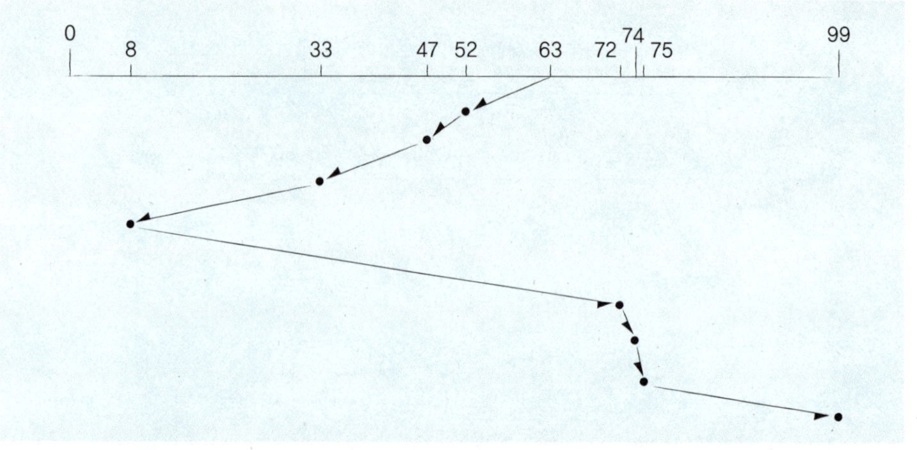

[그림 12-11] LOOK 전략에서 탐색 패턴

LOOK 전략을 수정한 C-LOOK Circular LOOK 도 C-SCAN과 같은 기술을 사용해 플래터의 양쪽 끝 트랙을 접근하는 요청에 대한 차별을 완화한다. 안쪽을 향해 훑을 때 더 이상 요청이 없으면, 읽기/쓰기 헤드는 중간에 있는 요청들을 건너뛰어 바깥쪽 실린더에 가장 가까운 요청으로 옮긴 후 다시 훑기 시작한다. C-LOOK 정책은 LOOK 정책에 비해 반응 시간의 변량이 더 작고, LOOK보다는 못하지만 대체로 처리량이 많다는 특징이 있다.[36] [표 12-2]는 앞서 논의한 디스크 스케줄링 전략을 간단히 정리해 보여준다.

[표 12-2] 탐색 최적화 전략 요약

전략	설명
FCFS	요청들이 도착한 순서대로 서비스한다.
SSTF	탐색 거리가 가장 짧은 요청을 먼저 서비스한다.
SCAN	헤드가 선호 방향으로 디스크를 안팎으로 훑으며 SSTF 방식으로 요청들을 서비스한다.
C-SCAN	헤드가 안쪽 방향으로 디스크를 훑으며 SSTF 방식에 따라 요청들을 서비스한다. 가장 안쪽 트랙에 도달하면 헤드가 가장 바깥쪽 트랙으로 점프한 후 다시 안쪽으로 훑으며 서비스하기 시작한다.
FSCAN	SCAN과 같은 방식으로 요청들에 대한 서비스를 수행하지만 새로 도착한 요청들은 다음 번 훑을 때까지 연기된다는 점이 다르다. 무기한 연기를 방지한다.
N-Step SCAN	FSCAN과 같이 서비스를 수행하지만 한 번 훑을 때마다 *n*개 요청을 서비스한다. 무기한 연기를 방지한다.
LOOK	SCAN과 같지만 헤드가 선호 방향에서 마지막 요청에 도달할 때 방향을 바꾸는 점만 다르다.
C-LOOK	C-SCAN과 같지만 선호 방향의 마지막 요청을 서비스한 후에는 헤드가 멈추고, 디스크의 반대 방향에서 가장 가까운 실린더의 요청을 서비스한다.

셀프 리뷰

1. C-LOOK 방식이 LOOK과 비교해 처리량이 대체로 적은 이유는 무엇인가?
2. C-LOOK 방식에서는 [그림 12-4]에서 제시한 요청들을 어떤 순서로 서비스하는가?

▶ **풀이** 1) 플래터의 한쪽 끝에서 훑기 작업이 끝날 때 읽기/쓰기 헤드의 위치에서 가장 멀리 있는 요청을 찾는 데 걸리는 시간 때문에 평균 반응 시간이 길어지고, 이에 따라 처리량은 줄어든다. 2) 52, 47, 33, 8, 99, 75, 74, 72

12.6 회전 최적화

초기 하드 드라이브에서 접근 시간을 좌우하는 것은 대부분 탐색 시간이었기 때문에 탐색 최적화에 관한 연구가 많이 이루어졌다. 그러나 현재 사용하는 하드 디스크는 탐색 시간과 평균 지연 시간의 자릿수가 같은 정도다. 이는 회전 최적화로도 성능을 개선할 수 있음을 의미한다.[37] 데이터를 순차적으로 접근하는 프로세스들은 데이터의 트랙 전체를 접근하는 경향이 있기 때문에 회전 최적화에서 별 이점을 얻지 못한다. 그러나 디스크의 실린더 여기저기에 분산된 데이터 중 소량만 요구하는 요청이 많을 경우, 회전 최적화로 성능을 크게 개선할 수 있다. 이 절에서는 탐색 최적화와 회전 최적화를 병합해 최대 성능을 얻는 방법을 살펴보자.

12.6.1 SLTF 스케줄링

디스크 암이 일단 특정 실린더에 도달하면, 해당 실린더의 트랙들에 대한 여러 요청이 대기하고 있을 것이다. **최단 지연 시간 우선** SLTF, Shortest-Latency-Time-First 전략은 모든 요청 중 회전 지연 시간이 가장 짧을 요청을 먼저 서비스한다([그림 12-12]). 이 전략은 이론적으로 최적의 전략에 근접하고, 비교적 구현하기 쉬운 것으로 나타났다.[38] 때로는 회전 최적화를 **섹터 큐잉** sector queuing이라고도 표현한다. 요청들을 섹터 위치에 따라 큐에 넣고 가장 가까운 섹터에 대한 요청을 먼저 서비스하기 때문이다.

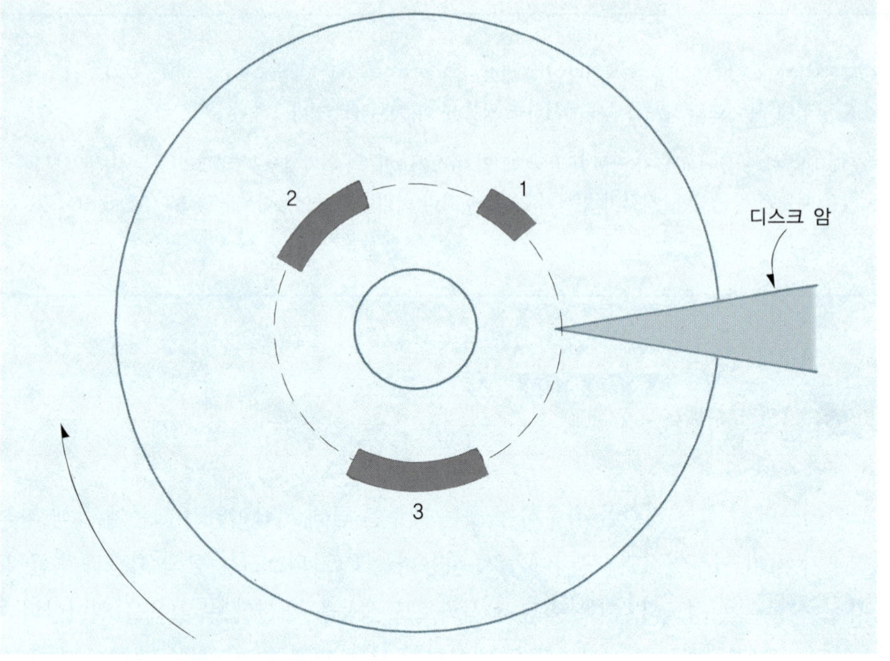

[그림 12-12] SLTF 스케줄링(요청들은 도착 순서에 상관없이 표시된 순서대로 서비스받음)

셀프 리뷰

1. 섹터 큐잉 방식이 구현하기 쉬운 이유는 무엇인가?
2. 회전 최적화는 현재 사용하는 하드 디스크에 적합한가? 그 이유는 무엇인가?

▶ **풀이** 1) 섹터 큐잉은 트랙에 있는 섹터들에 가장 효율적으로 접근할 수 있는 방식을 정한다. 섹터들이 고정된 위치에 있고 디스크가 한 방향으로만 회전할 수 있다고 가정할 때, 섹터 큐잉은 간단한 정렬 문제가 된다. 2) 그렇다. 회전 최적화는 현재 사용하는 하드 디스크에 적합하다. 현재 사용하는 하드 디스크는 탐색 시간과 평균 지연 시간의 자릿수가 같기 때문에 회전 최적화 효과를 기대할 수 있다.

12.6.2 SPTF와 SATF 스케줄링

최단 위치 결정 시간 우선 SPTF, Shortest-Positioning-Time-First 전략은 가장 짧은 **위치 결정 시간** positioning time, 즉 탐색 시간과 회전 지연 시간의 합이 가장 짧은 요청을 다음 서비스 대상으로 선택한다. SPTF는 SSTF와 같이 처리량이 많고, 평균 반응 시간이 짧으며, 가장 안쪽과 바깥쪽 실린더에 대한 요청이 무기한 연기될 가능성이 있다.[39]

SPTF를 수정한 전략 중 하나는 **최단 접근 시간 우선** SATF, Shortest-Access-Time-First이다. SATF는 접근 시간(즉, 위치 결정 시간과 전송 시간의 합)이 가장 짧은 요청을 다음 서비스 대상으로 선택한다. SATF는 SPTF보다는 처리량이 많지만, 작은 요청이 연속으로 유입될 때 큰 요청들이 무기한 연기될 수 있다. 또한 가장 안쪽이나 바깥쪽 실린더에 대한 요청이 가운데 부분에 있는 실린더에 대한 요청 때문에 무기한 연기될 수 있다. SPTF와 SATF 모두 '12.5.6 LOOK과 C-LOOK 디스크 스케줄링'에서 설명한 미리 보기look-ahead 메커니즘을 통해 성능을 향상시킬 수 있다.[40]

[그림 12-13]은 SPTF와 SATF의 차이점을 보여준다. [그림 12-13](a)에서는 디스크가 동일한 크기의 데이터 레코드 A와 B에 대해 요청 두 개를 받는다. 이 레코드들은 실린더에서 서로 인접한 곳에 위치해 있다. 데이터 레코드 A는 읽기/쓰기 헤드가 있는 같은 실린더에 위치하지만, 읽기/쓰기 헤드에서 약 반 회전 정도 떨어져 있다. 데이터 레코드 B는 읽기/쓰기 헤드 근처에 있지만 인접한 실린더에 위치한다. 이 경우 A와 B의 크기가 같기 때문에 전송 시간은 같다. 따라서 SATF는 SPTF와 같은 효과를 낸다. 그러므로 이 디스크에서는 SATF와 SPTF가 데이터 레코드 B에 대한 요청을 먼저 서비스할 것이다. 디스크가 플래터를 180도 정도 회전시키는 것보다 단일 실린더 탐색 연산을 하는 데 걸리는 시간이 더 짧기 때문이다. 탐색 시간이 적절히 짧으면 디스크는 B에 대한 요청을 서비스한 후, 디스크 회전 한 번으로 A에 대한 요청을 서비스하기 위해 헤드의 위치를 다시 잡을 수 있을 것이다. 반면에 SSTF는 A를 먼저 서비스해서 한 번 이상 플래터 회전을 통해 두 요청 모두를 충족할 것이다. 따라서 SATF와 SPTF는 SSTF에 비해 처리량을 늘릴 수 있다.

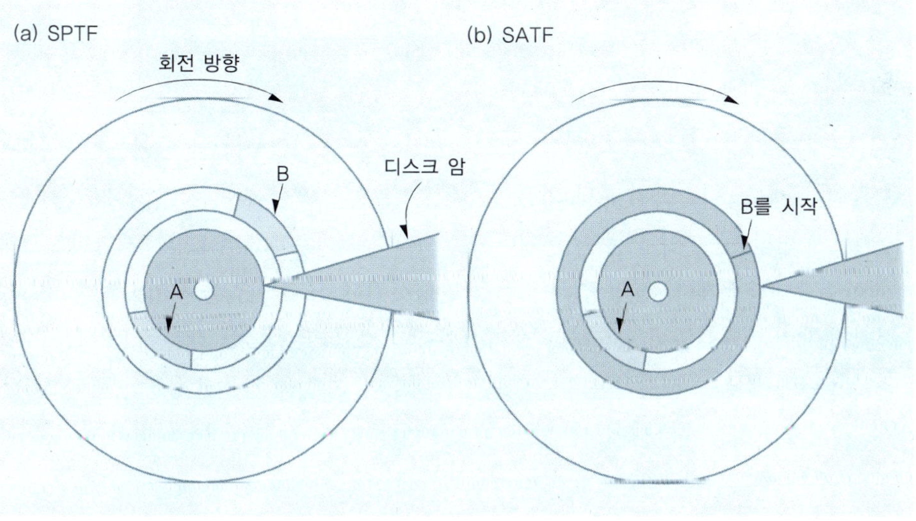

[그림 12-13] SPTF와 SATF 디스크 스케줄링 예

이제 [그림 12-13](b)와 같이 데이터 레코드 B는 트랙 전체를 소비하고, A는 한 섹터에만 저장되어 있다고 하자. 각 레코드의 첫 번째 바이트의 위치는 앞의 예와 같다고 가정한다. 이 경우 SPTF는 앞의 예와 같은 순서로 요청을 서비스할 것이다. 왜냐하면 위치 결정 시간이 동일하기 때문이다. 그러나 SATF는 A 요청을 먼저 서비스할 것이다. B 요청은 약간의 회전 지연 시간과 플래터가 한 번 회전하는 것과 동일한 전송 시간이 필요한 반면, A 요청은 반 회전과 아주 짧은 전송 시간만 필요하기 때문이다.

SPTF와 SATF는 지연 시간, 트랙 간 탐색 시간 그리고 섹터들의 상대적 위치 등 디스크에 관한 지식을 요구한다. 불행히도 현재 사용하는 많은 하드 드라이브는 잘못된 기하학적 정보를 노출한다. 예를 들어, 많은 디스크에서 운영체제에 오류 점검과 데이터 수정을 감춘다. 의도하지 않게 혹은 고의로 수정하는 일을 막기 위해서다. 따라서 연속된 번호를 가진 섹터들이 디스크의 물리적인 위치에 정확히 대응하지 않을 수도 있다. 몇몇 시스템에서는 불량 섹터를 탐지할 때 대체 섹터 alternative sector를 할당한다. 예를 들어, 15번 섹터를 사용할 수 없을 경우, 디스크는 14번이나 16번 외의 예약된 섹터에 요청을 보낼 수도 있다. 이러한 대체 섹터는 디스크 표면에 널리 분산되어 있을 수 있고, 실제로 전혀 기대치 못한 곳을 탐색하게 만들기도 한다.

대체 섹터 사용과 같은 방법은 데이터의 무결성을 높여주지만, 스케줄링 전략을 통해 디스크의 성능을 향상시키는 데는 방해가 될 수 있다. 디스크가 운영체제에 불완전하거나 잘못된 정보를 줄 수 있기 때문이다.[41] 디스크의 실제 위치들을 볼 수 있게 해주는 몇몇 아키텍처와 하드 디스크가 존재하지만, 모든 디스크에서 이런 기능을 제공하는 것은 아니다. 다른 하드 디스크의 아키텍처적인 특징은 디스크 스케줄링 전략을 더 복잡하게 하기도 한다. 자세한 정보를 보려면 PDF로 제공하는 '웹 자료'를 참고하기 바란다.

직접적인 성능 강화 기술은 디스크의 회전 속도를 높여서 회전 지연 시간을 줄이는 방법이다. 그러나 설계자들은 하드 디스크의 분당 회전 수 RPM, Rotations Per Minute를 높이는 데 중대한 문제를 발견했다. 빠르게 회전하는 디스크는 많은 에너지를 소비하고(이는 배터리 용량이 제한된 노트북 컴퓨터에서 아주 중대한 문제다), 많은 열과 소음을 발생시킨다. 또한 이들을 제어하려면 고가의 기계적, 전기적 제어 메커니즘이 필요하다.[42] 이런 문제와 또 다른 문제들 때문에 RPM은 지난 수십 년 동안 일년에 몇 %에 해당하는 수준으로만 증가했다. 개인용 컴퓨터에서는 약 5,400 ~ 7,200RPM, 서버나 고성능 시스템에서는 10,000 ~ 15,000RPM 정도로 향상되었다.[43]

셀프 리뷰

1. SPTF와 SATF 알고리즘의 차이점은 무엇인가? 설계자들이 어느 하나를 다른 것보다 선호할 만한 이유는 무엇인가?
2. 운영체제에서 하드 디스크의 정확한 기하학적 정보를 얻지 못하게 방해하는 요인은 무엇인가?

▶ **풀이** 1) SPTF는 가장 짧은 기간 안에 접근을 시작할 수 있는 요청을 서비스한다. SATF는 가장 짧은 시간 안에 접근을 완료할 수 있는 요청을 서비스한다. SATF 방식을 사용할 때 처리량이 더 많지만, 큰 데이터보다 작은 데이터 요청을 선호한다. 따라서 SATF는 작은 데이터 레코드에 대한 요청을 많이 발생시키는 시스템에 더 적합하다. SPTF는 요청의 크기를 고려하지 않으므로 큰 데이터 레코드나 작은 데이터 레코드 요청 모두에 적합하다. 2) 몇몇 유형의 하드 디스크는 오류 방지 데이터나 불량 섹터 등의 정보를 숨긴다.

12.7 시스템 고려 사항

디스크 스케줄링이 유용한 때는 언제일까? 어떤 경우에 디스크 스케줄링이 성능을 저해하게 될까? 이러한 질문은 시스템 진반에 길쳐 고찰한 후 결론을 내려야 한다. 이어지는 항목에서 디스크 스케줄링과 관련해 설계자들의 결정에 영향을 줄 만한 몇 가지 고려 사항을 논의한다.

제한된 자원 관점에서 저장소

몇몇 설계자는 디스크 저장소에 **병목 현상** bottleneck이 있음을 알았을 때 시스템에 디스크를 추가하는 방법을 추천한다('운영체제적 생각: 포화와 병목 현상' 참고). 그러나 이런 방식이 항상 문제를 해결해주는 것은 아니다. 병목 현상은 비교적 적은 수의 디스크에 큰 요청 부하가 있을 때도 생길 수 있기 때문이다. 이러한 상황을 탐지하면 디스크 스케줄링을 통해 성능을 향상시키고 병목 현상을 제거하는 노력을 시도할 수도 있다.

포화 Saturation**와 병목 현상** Bottleneck

운영체제는 흔히 하드웨어와 소프트웨어 구성 configuration을 관리한다. 시스템 성능이 저조할 때 '전체적으로' 말하는 경향이 있다. "시스템 전체가 성능이 나빠요" 식으로 말이다. 그러나 사실은 하나 혹은 소수의 자원이 포화된 경우가 많다. 즉, 해당 자원이 용량 한계에 도달해 요청들을 더 빨리 서비스할 수 없게 된 것이다. 이러한 자원을 '병목 현상'에 빠졌다고 한다. 병목 현상에 빠진 자원을 주적해 시스템의 한두 영역에 자원을 더해 해결할 경우, 비교적 적은 비용으로 시스템을 전반적으로 개선하는 효과가 있다. 병목 현상의 원인을 파악하기 쉽게 시스템을 만들어야 한다.

운영체제적 생각

시스템 부하

디스크 스케줄링은 비교적 멀티프로그래밍 정도가 낮은 배치 처리 시스템에서는 부적합할 수 있다. 스케줄링은 멀티프로그래밍에 따른 임의성이 증가할수록 효과가 커진다. 이런 시스템에서는 부하가 증가하고 비정상적인 요청 패턴이 생길 수 있기 때문이다. 예를 들어, LAN에 있는 파일 서버는 사용자 수백 명으로부터 요청을 받을 수 있다. 이 경우 발생하는 임의의 요청은 일반적으로 디스크 스케줄링을 사용해 가장 잘 서비스할 수 있다. 이와 유사하게 웹이나 데이터베이스 서버와 같은 **온라인 트랜잭션 처리** OLTP, OnLine Transaction Processing 시스템은 대체로 여기저기 분산된 채 부분적인 데이터를 갖는(예를 들면, HTML 파일과 데이터베이스 레코드 등) 많은 디스크에 대한 요청을 받는다. 연구 결과에 따르면 C-LOOK과 (미리 보기 방식인) SATF와 같은 디스크 스케줄링 알고리즘이 이러한 환경에서 성능을 향상시킬 수 있다고 한다.[44, 45]

비균일 요청 분산

많은 연구 분석 결과에서 요청의 분산이 동일하다고 가정한다. 이러한 가정 아래 도출된 결과들이 실제로는 요청들이 디스크 표면에 동일하게 분산되지 않은 시스템에 적용될 수도 있다. **비균일 요청 분산** nonuniform request distribution 양상은 어떤 상황에서는 흔히 발생하는 일이며, 이에 관한 연구도 이루어졌다.[46] Lynch는 한 연구에서 대다수 디스크 참조가 직전에 참조한 실린더와 동일한 실린더에서 이루어진다는 사실을 확인하기도 했다.[47]

비균일 요청 분산이 많이 편중되는 공통적인 원인 중 하나는 많은 양의 순차 파일을 전용 디스크에 두고 사용한다는 점이다. 운영체제가 한 사용자의 순차 파일들을 위해 디스크 공간을 할당할 때, 동일한 트랙에 인접한 레코드를 배치하는 것이 보통이다. 그리고 실린더가 모두 차면 추가적인 레코드를 인접한 실린더에 둔다. 따라서 순차 파일들에 있는 연속된 레코드를 요청할 때, 탐색 작업이 전혀 필요하지 않은 경우도 많다. 혹은 바로 인접한 실린더에 있을 경우가 많기 때문에 탐색 시간이 필요해도 아주 짧은 경우가 많다. 분명히 이런 상황에서는 FCFS 디스크 스케줄링 정책으로 충분할 것이다. 사실 더 복잡한 스케줄링 전략은 해당 전략을 사용하는 데 드는 오버헤드 때문에 성능 저하를 야기할 수도 있다.

파일 구성 기술

'13장. 파일과 데이터베이스 시스템'에서 다루듯이 복잡한 파일 구성 기술 때문에 탐색 시간이 긴 요청이 증가할 수도 있다. 어떤 경우에는 파일 데이터 조회를 위해 마스터 인덱스와 실린더 인덱스를 참조하고, 실제 레코드의 위치에 접근하는 복잡한 과정이 필요해 여러 탐색 지연을 야기할 수 있다. 마스터 인덱스와 실린더 인덱스는 대체로 디스크에 저장되기 때문에(하지만 주요 데이터 영역과 별도로 저장된다) 이러한 탐색 과정에는 많은 비용이 들 수 있다. 응용 프로그램 설계자들에게는 이러한 파일 구성 기술이 편리할 수 있지만, 성능에는 악영향을 끼칠 수 있다.

셀프 리뷰

1. 많은 시스템이 고르지 않은 요청 분산을 보이는 이유는 무엇인가?
2. 시스템 부하가 증가할수록 디스크 스케줄링이 더 효과적인 이유는 무엇인가?

▶ **풀이** 1) 파일 데이터는 흔히 순차적으로 저장되고 접근된다. 따라서 특정 실린더에 대한 요청 뒤에 동일한 실린더에 대한 요청이 이어지는 경우가 많고, 그렇지 않은 경우도 인접한 실린더의 데이터를 요청하는 경우가 많다. 2) 시스템 부하가 증가할수록 요청 패턴은 더 임의적인 경향을 띠고, 이는 상당한 탐색 작업을 요한다. 이때 디스크 스케줄링을 통해 불필요한 탐색 연산을 줄임으로써 성능을 향상시킬 수 있다.

12.8 캐싱과 버퍼링

많은 시스템에서 **디스크 캐시 버퍼** disk cache buffer를 유지한다. 디스크 캐시 버퍼는 운영체제가 디스크 데이터를 위해 별도로 떼어둔 메인 메모리 영역이다. 어떤 면에서 볼 때 예약 메모리는 캐시처럼 동작해 프로세스들이 디스크에서 데이터를 가져오는 시간을 줄이고, 데이터에 빨리 접근할 수 있게 해준다. 예약 메모리 영역은 또한 버퍼처럼 동작해 디스크에 부하가 적어지거나 디스크 헤드가 입출력 성능을 향상시키는 데 좋은 위치에 놓일 때까지 운영체제에서 수정된 데이터 쓰는 일을 지연할 수 있게 해준다. 예를 들어, 운영체제는 여러 요청이 연속적인 위치에 모여 입출력 요청 한 번으로 서비스할 수 있을 때까지 기다렸다가 필요한 조건을 충족하면 수정된 데이터를 디스크에 쓸 수 있다.

한편 디스크 캐시 버퍼는 운영체제 설계자에게 몇 가지 도전거리를 준다. 설계자는 활성화된 프로세스들을 위한 충분한 공간을 주기 위해 디스크 캐시의 크기를 제한해야 하므로 교체 전략을 구현해야 한다. 캐시 교체 문제는 페이지 교체 문제와 유사하며 설계자는 동일한 경험적 방법을 많이 사용한다. 흔히 설계자는 디스크 캐시 버퍼 안에서 최근에 가장 덜 사용한 항목을 교체 대상을 선택한다.

두 번째는 디스크 캐시가 데이터의 일관성을 깰 수 있다는 문제다. 디스크 캐시 버퍼들은 휘발성 메모리에 유지되므로, 시스템이 다운되거나 전원이 꺼질 때 캐시 버퍼 안에 수정된 데이터가 있는 경우 이 정보를 잃는다. 이러한 문제로부터 데이터를 보호하려고 디스크 캐시 버퍼의 내용을 주기적으로 하드 디스크에 플러시한다. 이런 방식으로 시스템이 다운될 경우 데이터 손실 가능성을 줄인다.

후면 쓰기 캐싱 write-back caching 방법을 사용하는 시스템은 수정된 데이터를 즉시 디스크에 쓰지 않고, 주기적으로 캐시가 디스크에 쓴다. 따라서 운영체제가 여러 입출력 작업을 요청 한 번으로 묶어서 처리함으로써 시스템 성능을 향상시킬 수 있다. **즉시 쓰기 캐싱** write-through caching 방법을 사용하는 시스템은 캐시된 데이터가 수정될 때마다 데이터를 디스크 캐시 버퍼와 디스크에 모두 쓴다. 이 경우, 시스템이 요청들을 한꺼번에 묶어서 처리할 수는 없다. 그러나 시스템이 다운될 경우 데이터가 불일치할 가능성은 줄어든다.[48]

오늘날 많은 하드 디스크 드라이브에서 용량이 수 기가바이트인 고속 버퍼 캐시를 독립적으로 두고 있다(흔히 온보드 on-board 캐시라고 한다).[49] 요청된 데이터가 온보드 캐시에 저장되어 있으면 하드 드라이브는 데이터를 거의 메인 메모리의 속도로 옮길 수 있다. 게다가 몇몇 하드 디스크 인터페이스 컨트롤러(예를 들면, SCSI와 RAID 컨트롤러)는 메인 메모리와 별도로 자신만의 버퍼 캐시를 두기도 한다. 요청된 데이터가 메인 메모리 버퍼 캐시에 없을 경우, 온보드 버퍼 캐시는 비교적 느린 기계적 연산 없이 요청을 서비스해 입출력 성능을 향상시킨다.[50] 그러나 한 연구에 따르면 온보드 캐시를 포함하는 디스크는 대체로 임의적인 패턴을 보이는 요청에는 잘 적용되지 못하는 교체 전략을 사용하며, 최적의 성능을 내지 못하는 경향이 있다고 한다.[51] 또한 온보드 버퍼 캐시와 메인 메모리 버퍼 캐시가 동일한 데이터를 포함할 가능성이 크므로, 자원 활용도가 떨어질 수 있다.

셀프 리뷰

1. 시스템의 디스크 캐시 버퍼 크기를 선택할 때 무엇이 상충하는가?
2. 후면 쓰기 캐싱과 즉시 쓰기 캐싱은 각각 언제 적절한가? 그 이유는 무엇인가?

▶ **풀이** 1) 작은 디스크 캐시 버퍼는 활성화된 프로세스들이 메모리 공간을 충분히 쓸 수 있게 해준다. 그러나 요청된 데이터를 위해서는 작은 일부만 쓸 수 있다. 따라서 많은 요청을 디스크를 사용해 서비스해야 한다. 작은 캐시 버퍼는 또한 동시에 버퍼링할 수 있는 쓰기 요청의 수를 제한해 데이터를 자주 플러시해야 한다. 큰 캐시 버퍼는 입출력 연산의 횟수를 줄여주지만 프로세스의 명령어와 데이터를 저장할 수 있는 여유 메모리를 줄여 스래싱이 발생할 수 있다. 2) 후면 쓰기 캐싱은 시스템이 수정된 데이터들을 묶어서 디스크 요청 횟수를 줄일 수 있게 해준다. 그러나 시스템이 다운되거나 전원이 나갈 경우, 버퍼링된 데이터가 손실되는 일을 방지해주지는 않는다. 따라서 후면 쓰기 캐싱은 신뢰성보다 성능이 중요한 시스템(예를 들면, 슈퍼컴퓨터 등)에 더 적합하다. 즉시 쓰기 캐싱은 수정된 데이터를 즉시 디스크에 보내기 때문에, 데이터 손실이 발생하면 안 되는 데이터베이스 시스템과 같은 경우에 적합하다.

12.9 기타 디스크 성능 기술

지금까지 스케줄링 정책과 최적화 시스템 아키텍처를 사용해 회전식 저장 장치들의 성능을 최적화하는 방법을 살펴봤다. 이 절에서는 몇 가지 추가적인 디스크 성능 최적화 기술을 분석해본다.

파일과 레코드를 추가, 삭제하면서 디스크의 데이터가 디스크 전체에 흩어지는 **단편화** fragmented 현상이 발생한다. 접근 지연이 짧을 것으로 기대하는 순차 파일조차도 심각하게 단편화되어 접근 시간이 증가할 수 있다. 많은 운영체제에서 디스크 **조각 모음**(**디스크 재구성**) defragmentation (disk reorganization) 프로그램을 제공해 주기적으로 파일들을 재구성한다. 이렇게 해서 연속적인 레코드나 순차 파일들이 디스크에 연속으로 위치하게 만든다. SCAN 전략의 수정안 중 비순환 방식을 사용하는 시스템은 바깥쪽 실린더보다는 가운데 부분의 실린더를 자주 방문하는 경향이 있다. 이러한 시스템에서는 자주 참조하는 항목을 가운데 트랙에 배치해 평균 접근 시간을 줄일 수 있다.

또한 운영체제는 수정될 가능성이 큰 파일을 여유 공간에 배치해 향후 단편화가 발생하는 일을 줄일 수 있다. 파일이 커지면서 새로운 데이터를 디스크의 다른 부분이 아닌 인접한 여유 공간에 배치할 수 있기 때문이다. 몇몇 운영체제는 사용자가 디스크를 여러 구별된 영역으로 **파티션** partition할 수 있게 해준다. 그러면 파일이 이러한 파티션으로만 제한되어 단편화가 줄어든다.[52] 그러나 파티션은 페이지화된 가상 메모리 시스템에서 살펴본 내부 단편화와 비슷하게 메모리 낭비를 야기할 수 있다.

몇몇 시스템은 **데이터 압축** data compression 기술을 사용해 디스크에 있는 정보들이 요구하는 공간을 줄이기도 한다('운영체제적 생각: 압축과 해제' 참고). 데이터 압축은 공통적인 비트 패턴을 짧은 것으로 대체함으로써 레코드 크기를 줄이는 기술이다. 따라서 압축된 데이터는 정보를 잃지 않고도 더 작은 공간을 차지한다. 이는 궁극적으로 탐색 횟수나 지연 시간, 전송 시간을 줄여준다. 그러나 압축을 수행하려면 상당한 프로세서 시간이 필요하다. 데이터를 압축하고 나중에 사용할 때 압축을 해제해야 하기 때문이다.

특정 정보를 빨리 접근해야 하는 시스템은 디스크의 여러 위치에 해당 데이터의 사본을 여러 개 배치해 이점을 얻을 수 있다('운영체제적 생각: 중복성' 참고). 이 방법은 탐색과 회전 횟수를 많이 줄여주지만, 사본을 중복해 유지하기 때문에 디스크를 상당량 소비하는 결과를 초래한다. 이 기술은 읽기 전용 데이터나 수정이 극히 미미하게 발생하는 데이터에 적합하다. 이런 데이터에 수정이 빈번히 발생할 경우 성능이 저하된다. 데이터의 사본마다 정기적으로 갱신해주어야 하기 때문이다. 또 다른 위험성은 시스템이 다운될 경우, 여러 사본의 내용이 불일치하는 상태가 될 수 있다는 점이다.

한 번에 한 디스크 요청만 서비스할 수 있는 다중 디스크 시스템에서는 빈번하게 참조하는 데이터를 많은 양을 처리할 수 있는 별도의 드라이브에 복제함으로써 성능을 향상시킬 수 있다. '12.10 RAID'에서 논의하는 RAID 기술에서 이러한 개념을 구현한다.

또한 레코드 **블록킹** blocking을 통해서도 성능을 크게 향상시킬 수 있다. 연속적인 레코드를 한 블록으로 읽거나 쓸 때 탐색이 한 번만 필요하다. 이러한 레코드를 개별적으로 읽거나 쓸 경우 레코드당 탐색 과정 한 번이 필요하다.

디스크 접근을 모니터링하는 시스템은 빈번하게 접근하는 데이터를 메모리 계층에서 메인 메모리나 캐시 등 선호 계층에 배치하고, 자주 참조하지 않는 데이터는 하드 디스크나 CD 같은 좀더 느린 저장소에 배치하려고 한다. 이런 방법은 전체적인 성능 개선을 이끌 수 있지만, 자주 참조하지 않는 데이터에 접근하는 사용자 입장에서는 반응이 느릴 수 있다. 그러나 자주 참조하지 않는 데이터가 우선순위가 높은 응용 프로그램에 속하는 경우에는 수용할 수 없는 일이다. 디스크를 고성능 응용 프로그램 하나가 점유하게 하는 것도 좋은 방법이다.

여러 환경에서 디스크 요청이 없어서 디스크 암이 한가하게 쉬며 다음 요청을 기다리는 짧은 순간이 많다.[53] 디스크 암이 현재 디스크의 한쪽 끝에 있다면, 다음 요청 시에 탐색 시간이 길어질 확률이 높다. 이와 반대로 디스크 암이 디스크의 가운데 혹은 디스크 작업이 활발하게 일어나는 **핫 스팟** hot spot 어딘가에 있다면 평균 탐색 시간이 감소할 것이다. 디스크 암을 다음 탐색을 최소화할 수 있는 위치로 옮기는 일을 **디스크 암 예측** disk arm anticipation이라고 한다.[54]

디스크 암 예측은 디스크 요청 패턴이 지역성을 많이 보이는 시스템에서 유용하다. 최선의 결과를 내려고 디스크 암을 단순히 디스크 중앙에 두기보다는 디스크 작업이 활발하게 일어나는 핫

운영체제적 생각

압축 Compression**과 해제** Decompression

풍부하고 저렴한 프로세서 성능을 멋지게 사용하는 방법 중 하나는 데이터를 압축하고 해제하는 것이다. 하드 디스크에서는 압축과 해제를 통해 파일을 저장할 공간을 줄일 수 있다. 파일 압축과 해제는 네트워크 전송에서도 아주 중요하다. 전 세계 네트워킹 인프라의 대역폭은 프로세서 성능이 증가하는 속도보다 훨씬 느리게 증가한다. 네트워킹 인프라를 위한 투자의 대부분이 전송 회선을 위한 것이며 그 비용은 막대하다. 더 빠른 전송 기술이 나올 때마다 전 세계의 네트워킹 인프라를 갱신하는 일은 불가능하다. 이는 시간이 지남에 따라 프로세서 속도가 전송 속도에 비해 더 커짐을 의미한다. 따라서 프로세서 성능 비용이 전송 대역폭에 비해 저렴해지게 된다. 압축은 비교적 느린 네트워크를 통해서도 메시지를 전송할 수 있게 줄여주는 역할을 하며, 특히 네트워크 처리량이 많아질 때 필수적인 기술이다. 수신자 쪽에서 사용할 때는 압축된 메시지를 해제해야 한다. 운영체제들은 점차 압축 및 해제 메커니즘을 포함하는 추세다.

스팟에 둬야 한다. 그러나 프로세스들이 디스크의 연속된 위치로 요청을 발생시킬 경우에는 헤드를 매번 중앙이나 핫 스팟으로 옮기는 일이 오히려 과도한 탐색 작업을 유발할 수도 있다. 이 경우에는 디스크 암 예측이 성능을 떨어뜨린다.[55]

셀프 리뷰

1. 디스크 조각 모음과 디스크 재구성은 성능을 어떻게 향상시키는가?
2. 데이터 압축 기술이 미래에 더 실용적인 기술이 될 수 있는 이유는 무엇인가?
3. 한가한 시간에 읽기/쓰기 헤드를 디스크 중앙으로 옮기는 것이 불리한 경우는 어떤 상황인가?
4. 멀티프로그래밍이 다음 요청에 대한 예측을 복잡하게 만드는 이유는 무엇인가?

▶ **풀이** 1) 조각 모음은 파일 데이터들을 디스크의 연속된 블록에 배치해 순차적인 데이터를 접근할 때 탐색 작업을 줄임으로써 접근 시간을 줄여준다. 디스크 재구성은 빈번하게 그리고 강도 높게 사용되는 데이터를 디스크의 선호 위치(예를 들면, 비선형 스케줄링 전략인 경우 트랙의 가운데 부분)에 놓음으로써 평균 탐색 시간을 줄인다. 2) 프로세서 속도와 디스크 속도 간 간격이 점점 커지고 있다. 데이터 압축으로 접근 시간을 줄인 이점이 데이터를 압축, 해제하는 데 드는 오버헤드를 점점 능가하게 될 것이다. 3) 프로그램들이 전반적으로 공간적 지역성을 보이고, 지역성이 발생하는 곳이 디스크 중앙 부분이 아닐 경우 틈날 때마다 헤드를 디스크의 가운데 부분으로 옮기면 실제 디스크 요청 시 탐색 시간이 더 길어지게 할 수 있다. 4) 멀티프로그래밍 시스템은 여러 병행 프로세스로부터 오는 요청을 서비스할 수 있다. 이때 디스크에 여러 핫 스팟이 생길 수 있다. 이 경우 어떤 핫 스팟에 읽기/쓰기 헤드를 위치시킬지 결정하기 어렵다.

운영체제적 생각

중복성 Redundancy

운영체제에서 여러 가지 이유로 중복이 발생하는 예를 볼 것이다. 중복을 자주 사용하는 흔한 예는 사본 중 하나가 손실될 경우에도 데이터를 유지할 수 있게 백업하는 일이다. 멀티프로세싱 시스템은 동일한 프로세서 풀을 가지고 프로세스와 스레드에 할당한다. 이러한 중복성은 여러 가지 이점을 준다. 시스템이 단일 프로세서만으로도 기능할 수 있지만 여분의 프로세서는 성능을 더욱 개선해준다. 프로세서들이 모든 작업을 병행으로 할 수 있기 때문이다. 중복성은 또한 장애 내구성에도 도움을 준다. 한 프로세서가 고장 나더라도 시스템은 계속 동작할 수 있기 때문이다. RAID는 데이터의 사본을 병렬로 동작할 수 있는 별도의 디스크에 둠으로써 디스크에 있는 데이터에 접근하는 시간을 줄여준다. 데이터의 사본들을 동일한 디스크의 여러 영역에 중복되게 두어 읽기/쓰기 헤드의 움직임을 줄이고, 디스크 회전 움직임의 양을 줄여 성능을 향상시킬 수 있다. 물론 중복성은 비용이 든다. 자원에 비용이 들어갈 뿐 아니라 하드웨어와 소프트웨어가 중복성을 지원하는 것도 복잡한 문제다. 이는 운영체제와 관련해 볼 수 있는 여러 가지 상충성의 또 다른 예다.

12.10 RAID

RAID Redundant Array of Independent Disks는 좋은 성능과 신뢰성을 제공하기 위해 여러 디스크(디스크 배열이라고 한다)를 사용하는 기술이다. RAID는 원래 패터슨 Patterson, 깁슨 Gibson, 캐츠 Katz의 논문에서 제안되었으며, RAID의 'I'는 저렴하다 Inexpensive는 의미였지만, 후에 독립적 Independent이라는 용어로 바뀌었다. 많은 RAID 시스템이 값비싼 고성능 디스크를 사용하기 때문이다.[56]

패터슨과 동료들은 프로세서 속도, 메인 메모리 크기, 2차 저장소 크기가 급속도로 발전하는 반면 입출력 전송률 I/O transfer rate, 특히 하드 디스크에서의 전송률은 훨씬 느린 속도로 증가한다는 사실에 주목했다. 컴퓨터 시스템은 점차 입출력 중심으로 되어간다. 입출력 서비스 속도가 요청 속도를 따라잡지 못하며, 데이터를 소비하는 속도만큼 빨리 전송하기 어렵다. 이 연구자들은 처리량과 전송률을 개선하기 위해 동시에 접근할 수 있는 디스크 배열을 사용하는 방안을 제안했다.[57]

12.10.1 RAID 개관

패터슨과 동료들은 원래 논문에서 다섯 가지 다른 구성, 즉 다섯 **수준** level의 디스크 배열을 제안했다.[58] 각 RAID 수준은 **데이터 스트라이핑** data striping과 **중복성** redundancy으로 특징짓는다. 데이터 스트라이핑에서는 저장소를 **스트립** strip이라는 고정 크기 블록으로 나누는 일이 필요하다. 연속된 파일 스트립은 대체로 구별된 디스크에 배치되어, 파일에 대한 요청이 한 번에 여러 디스크를 사용해 이루어지며, 이렇게 해서 접근 시간을 줄인다. **스트라이프** stripe는 디스크 배열에 있는 각 디스크에서 동일한 위치에 있는 스트립의 집합으로 구성된다. [그림 12-14]에서 파일의 한 부분은 길이가 동일한 스트립 4개로 나뉘고, 각각은 배열에서 다른 디스크에 있다. 각 스트립이 각 디스크의 동일한 위치에 배치되기 때문에 네 스트립이 한 스트라이프를 형성한다. 스트라이핑은 시스템의 데이터를 여러 디스크에 걸쳐 분산하고 단일 디스크 시스템보다 처리량을 늘려준다. 동시에 여러 디스크에 있는 데이터를 접근할 수 있기 때문이다.

시스템 설계자는 스트립 크기를 선택할 때 디스크 요청의 평균 크기를 고려해야 한다. 스트립 크기가 작은 것을 **미세 단위 스트립** fine-grained strip이라고 하며, 파일 데이터를 몇몇 디스크에 흩어지게 하는 경향이 있다. 미세 단위 스트립은 각 요청의 접근 시간을 줄이고 전송률은 높여준다. 요청된 데이터의 부분들을 동시에 여러 디스크로부터 조회할 수 있기 때문이다. 이 디스크들이 요청을 서비스하는 동안에는 시스템의 요청 큐에 있는 다른 요청들을 위해 사용할 수 없다.

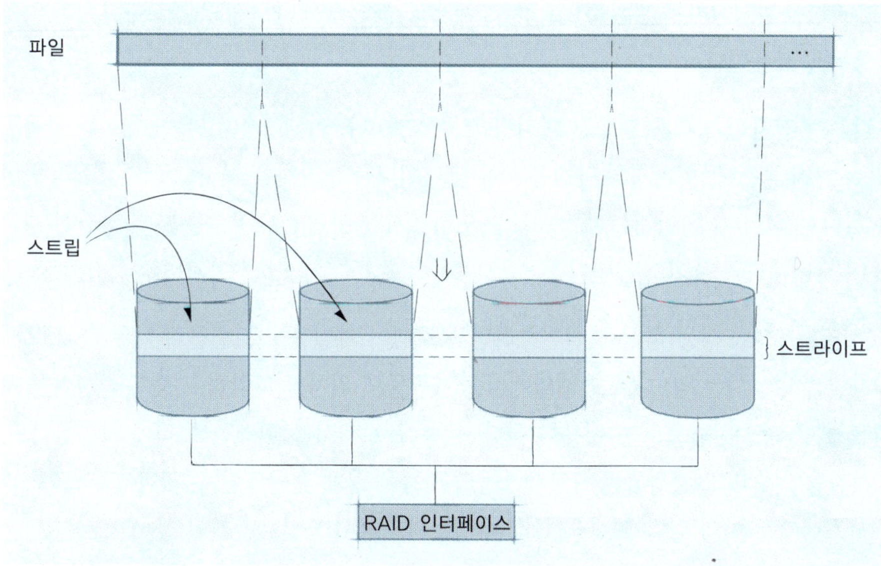

[그림 12-14] RAID 시스템에서 한 파일로부터 생성된 스트립과 스트라이프

스트립 크기가 큰 것을 **큰 단위 스트립** coarse-grained strip이라고 하는데, 몇몇 파일이 한 스트립 안에 들어맞게 해준다. 이 경우 몇 개의 요청을 배열에 있는 디스크의 한 부분으로 서비스할 수 있기 때문에 여러 요청을 동시에 서비스할 수 있는 확률이 높아진다. 그러나 더 작은 요청은 한 번에 한 디스크로 서비스하기 때문에 각 요청 전송률이 미세 단위 스트립과 비교해 줄어드는 결과를 가져온다.

웹 서버나 데이터베이스 같은 시스템은 일반적으로 동시에 다수의 작은 레코드에 접근하기 때문에 큰 단위 스트립이 유리하다. 여러 입출력 연산이 동시에 일어나기 때문이다. 슈퍼컴퓨터와 같이 소수 레코드에 빠르게 접근해야 하는 시스템에서는 개별 요청에 높은 전송률을 제공하는 미세 단위 스트립이 유리하다.[59]

RAID 시스템은 전송률을 높여주지만, 그만한 비용을 치러야 한다. 배열의 디스크 수가 증가할수록 디스크가 고장 날 확률도 증가한다. 예를 들어, 단일 디스크의 **평균 고장 시간** MTTF, Mean-Time-To-Failure이 200,000시간(약 23년)이라면 디스크 100개로 구성된 RAID 시스템의 MTTF는 2,000시간(약 3개월)이 된다.[60] 배열에 있는 한 디스크가 고장 나면 해당 디스크에 스트립을 가지고 있는 파일도 잃는다. 비즈니스 크리티컬 시스템이나 미션 크리티컬 시스템에서는 이러한 데이터 손실이 치명적이다('운영체제 생각: 미션 크리티컬 시스템' 참고).

그 결과, 대부분의 RAID 시스템은 시스템을 오류에서 복구할 수 있게 하는 정보들을 저장한다. 이러한 기술을 중복성 redundancy이라고 한다. RAID 시스템은 장애 내구성(즉, 시스템이 고장 나더라도 데이터 손실을 발생시키지 않는 것으로, '운영체제적 생각: 장애 내구성'을 참고하기 바란다)을 갖추려고 중복을 사용한다.

중복성을 갖추는 간단한 방법은 **디스크 미러링** disk mirroring이다. 이 기술은 고유한 데이터 항목들을 디스크 두 개에 놓는다. 미러링의 단점은 고유한 데이터를 저장하는 공간으로 저장소의 반만 사용할 수 있다는 점이다. 이어지는 내용에서 논의하겠지만 어떤 RAID 수준은 더 복잡한 접근법을 통해 이 오버헤드를 줄이기도 한다.[61]

스트라이프된 디스크로 성능 향상을 실현하려면 시스템이 파일을 스트립들로 나누고, 스트립들로부터 파일을 형성하는 일, 디스크 배열에서 스트립들의 위치를 파악하고 중복 스키마를 구현하는 일을 효율적인 방법으로 수행해야 한다. 범용 프로세서를 이러한 목적에 사용한다면, 프로세서 시간을 얻으려고 경쟁하는 프로세스들의 성능을 크게 떨어뜨릴 수 있다. 그러므로 많은 RAID 시스템에서 이와 같은 연산을 빨리 수행하려고 **RAID 컨트롤러** RAID controller라는 특수 목적 하드웨어를 포함한다. RAID 컨트롤러는 또한 운영체제가 읽기/쓰기 요청을 간단히 RAID 컨트롤러에 보내게 해서 RAID 구현을 단순화하며, 이후 스트라이핑을 수행하고 필요한 만큼 중복 정보를 유지한다.

RAID 시스템을 채택하는 시스템 설계자는 비용과 성능 그리고 신뢰성 사이에서 균형을 맞춰야 한다. 일반적으로 한 가지를 충족시키려다 보면 나머지 둘은 악화된다. 예를 들어, 설계자는 RAID 시스템의 비용을 줄이려고 디스크 배열에서 디스크 수를 줄일 수도 있다. 그런데 디스크 수가 적어지면 전송률에 제한이 생겨 성능이 떨어지고, 디스크 배열의 용량을 제한하는 일은 정보를 중복되게 저장할 수 있는 용량을 줄이는 것이므로 신뢰성을 떨어뜨릴 수 있다.

운영체제적 생각

미션 크리티컬 시스템 Mission Critical System

고장이 날 경우 치러야 하는 비용이 너무 커서 시스템이 고장 나지 않고 요구 사항을 충족할 만큼 제대로 동작하도록 보장하기 위해 많은 투자를 해야 하는 시스템이 있다. 이러한 시스템을 흔히 미션 크리티컬 시스템 또는 비즈니스 크리티컬 시스템이라고 한다. 예를 들어, 항공 관제 시스템이 고장 날 경우 인명 피해를 초래할 수도 있다. 만약 뉴욕의 증권 거래 시스템이 고장 나면 전 세계 주식 시장이 큰 혼란에 빠질 것이다. 따라서 운영체제는 특정 응용 시스템마다 필요한 신뢰성과 성능 요구 조건을 충족할 수 있도록 설계해야 한다. 몇몇 경우 운영체제는 범용 응용 프로그램에 일반적으로 할당하는 것보다 훨씬 많은 추가 자원을 특정 응용 프로그램에 할당해야 한다. 예를 들어, '16장. 리눅스 사례 연구'에서 실시간 응용 프로그램을 위해 특별한 처리를 하는 것을 볼 수 있다.

셀프 리뷰

1. RAID 시스템에서 언제 미세 단위 스트립과 큰 단위 스트립이 적절한지 설명하라.
2. RAID 시스템이 장애 내구성을 어느 정도 높게 해야 하는 이유는 무엇인가?

▶ **풀이** 1) 미세 단위 스트립은 개별적인 입출력 연산을 빨리 수행해야 하는 시스템에 적합하고, 큰 단위 스트립은 동시에 많은 입출력 요청을 서비스하는 시스템에 적합하다. 2) 배열에 있는 디스크 수가 증가할수록 그중 하나가 고장 날 확률도 높아진다. 따라서 RAID 시스템은 장애 내구성이 더 높아야 한다.

12.10.2 수준 0(스트라이핑)

RAID 수준 0 RAID level 0은 중복성 없이 스트라이프된 디스크 배열을 사용한다. [그림 12-15]는 스트라이프된 디스크 4개를 가진 RAID 수준 0의 구성을 보여준다. 응용 프로그램이 배열의 스트립 A와 B에 저장된 데이터를 읽겠다는 요청을 보내올 경우, 두 스트립에서 동시에 데이터를 읽을 수 있다. 데이터들이 별도의 디스크 D_1과 D_2에 있기 때문이다. 게다가 RAID 컨트롤러는 이와 동시에 디스크 D_3에 있는 스트립 K에 대한 쓰기 요청을 서비스할 수 있다.

RAID 수준 0은 원래의 다섯 가지 RAID 수준에는 없던 것이며, 장애 내구성을 높이는 구조가 아니기 때문에 '진정한' RAID 수준으로 인정받지 못한다. 만일 디스크 중 하나가 고장 나면, 해당 디스크에 의존하는 배열에 있는 모든 데이터를 잃는다. 배열의 스트립 크기에 따라 단 한 디스크만 손실되어도 배열 안에 저장된 모든 데이터가 쓸모없게 될 수 있다.[62]

장애 내구성 Fault Tolerance

개인적인 생활이나 전문적인 직업 환경 등 다양한 많은 환경에서 컴퓨터 시스템을 중요하게 사용한다. 우리는 컴퓨터가 다운되거나 고장 나지 않기를 기대한다. 장애 내구성을 갖춘 시스템은 시스템 다운을 유발할 만한 고장에도 불구하고 계속 동작할 수 있게 설계된다. 중복성은 장애 내구성을 얻을 때 흔히 사용하는 방법이다. 한 구성 요소가 고장 나면 또 다른 '동일한' 구성 요소가 그 일을 맡게 하는 것이다. 시스템이 장애 내구성을 갖추게 하려면 비용이 많이 든다. 그러나 특히 비즈니스 크리티컬 또는 미션 크리티컬 시스템 입장에서는 이러한 비용은 시스템 다운에 비하면 감수할 만한 것이다. 장애 내구성에 관해서는 이 책의 여러 부분에서 다루지만, 특히 14장에서 분산 시스템, 15장에서 컴퓨터 보안과 관련해 중점적으로 다룬다.

운영체제적 생각

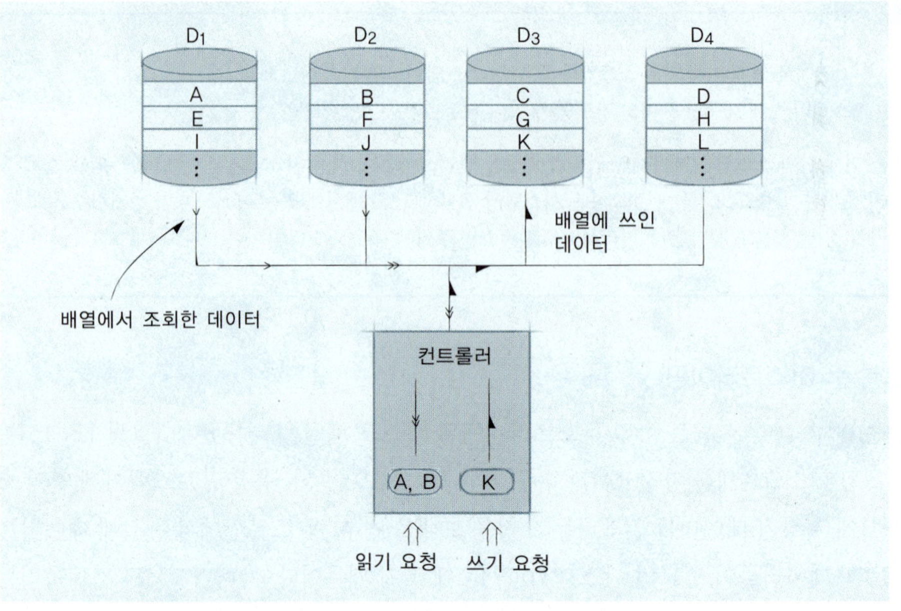

[그림 12-15] RAID 수준 0(스트라이핑)

RAID 수준 0은 구현이 쉽고 장애 내구성을 제공하기 위한 저장소 오버헤드도 없다. 또한 디스크 *n*개를 가진 RAID 0 시스템은 디스크 하나를 가진 시스템과 비교해 *n*배까지 빠르게 읽기/쓰기를 수행할 수 있다. RAID 0 시스템은 신뢰성보다는 저렴한 비용으로 높은 성능을 내야 하는 시스템에 적합하다.[63, 64]

셀프 리뷰

1. RAID 수준 0을 진정한 RAID 수준으로 인식하지 않는 이유는 무엇인가?
2. RAID 수준 0의 장점은 무엇인가?

▶ **풀이** 1) RAID 수준 0은 중복성을 이용해 장애 내구성을 제공하는 특성이 없다. 2) RAID 수준 0은 높은 전송률을 제공하고, 구현이 쉬우며 장애 내구성을 높이는 데 드는 저장소 오버헤드가 없다.

12.10.3 수준 1(미러링)

RAID 수준 1 RAID level 1은 디스크 **미러링(섀도잉)** mirroring(shadowing)을 사용해 중복성을 띠므로, 배열에 있는 디스크들이 이중화된다. 수준 1에서는 스트라이프를 구현하지 않는다. 따라서 하드웨어 복잡도와 성능을 모두 떨어뜨린다. [그림 12-16]은 RAID 1 배열을 보여준다. 디스크 D_1과

D_2가 동일 데이터를 포함하고 디스크 D_3과 D_4도 동일 데이터를 포함함을 볼 수 있다. 수준 1 배열은 동시에 여러 입출력 연산이 서비스되는 것을 허용한다. 예를 들면, [그림 12-16]에서 블록 A와 B에 저장된 데이터를 읽으려는 요청을 미러링된 디스크 쌍 D_1과 D_2를 통해 동시에 서비스할 수 있다. 데이터의 일관성을 보장하기 위해 수정된 데이터는 미러링된 디스크 두 대에 써야 한다. 따라서 동일한 미러링 쌍에 대한 쓰기 요청을 한 번에 서비스해야 한다. [그림 12-16]에서 블록 A, B에 대한 읽기 요청은 디스크 D_1, D_2를 통해 서비스할 수 있고, 블록 I에 대한 쓰기 요청은 디스크 D_3, D_4를 통해 서비스할 수 있다.

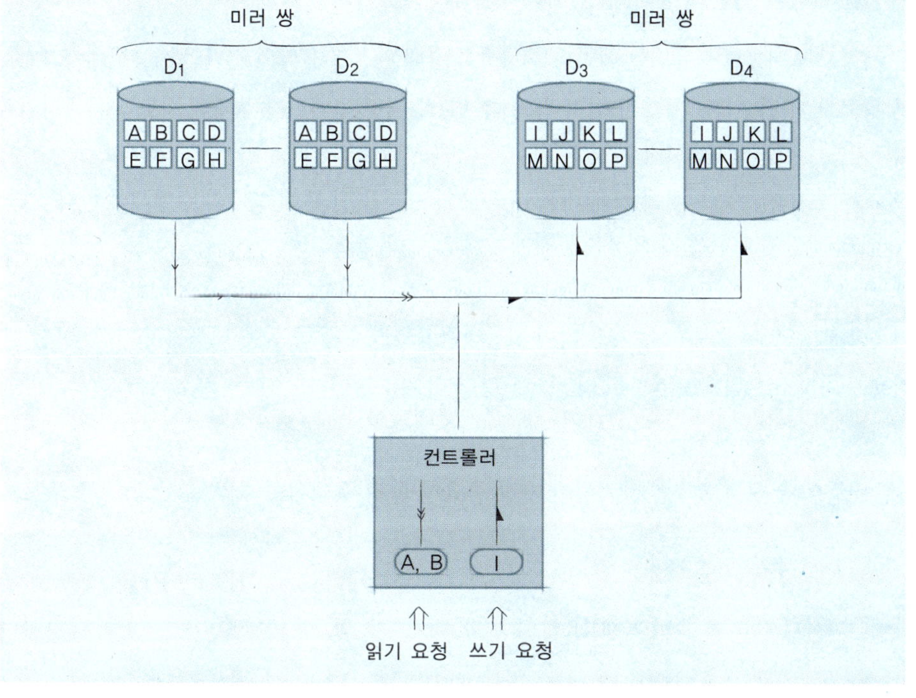

[그림 12-16] RAID 수준 1(미러링)

RAID 수준 1이 RAID 수준 중 가장 높은 수준의 장애 내구성을 제공할 수 있지만, 디스크 배열의 절반에 해당하는 용량만 고유한 데이터를 저장하는 데 사용할 수 있다. 따라서 단위 저장소당 비용이 RAID 0보다 두 배나 된다. 각 데이터 블록을 디스크 쌍에 저장하므로, 시스템은 디스크가 여러 개 손상되어도 데이터 손실을 막을 수 있다. 예를 들어, 디스크 D_3이 고장 나면 시스템은 D_4에 미러링된 데이터를 사용해 동작을 계속할 수 있다. D_3 대신에 새로운 디스크를 장착할 수도 있다. 고장 난 디스크에서 데이터를 복구하고 재구축하는 일을 **데이터 재생성** data regeneration이라고 한다. 데이터 재생성을 위해서는 미러링된 디스크의 중복된 데이터를 복사해야

한다. 그러나 미러 쌍인 디스크 두 개가 모두 고장 난 경우에는 물론 데이터 복구가 불가능하다.[65]

몇몇 RAID 시스템은 자동차의 스페어 타이어와 같이 '여분의' 디스크(**핫 스페어 디스크** hot spare disk 또는 **온라인 스페어** online spare라고도 한다)를 두어 고장 난 디스크를 대체한다. 또한 몇몇 시스템은 시스템이 온라인 상태일 동안에 대체할 수 있는 핫 스왑 가능한 hot swappable 디스크 드라이브를 가지고 있어서 시스템이 실행되는 동안 데이터 재생성을 할 수 있게 해준다. 이는 온라인 트랜잭션 처리 시스템과 같이 신뢰성이 높아야 하는 시스템에서 반드시 필요한 특징이다.[66]

수준 1 배열은 다음과 같은 장점과 단점이 있다.

- 많은 저장소 오버헤드 – 유일한 데이터를 저장하는 데 디스크 용량의 절반만 사용할 수 있다.
- 빠른 평균 읽기 전송률 – 동일한 미러 쌍의 디스크에 저장된 데이터에 대해 서로 다른 두 읽기 요청이 발생할 때 동시에 서비스할 수 있다.
- 느린 평균 쓰기 전송률 – 미러 쌍에 대한 여러 쓰기 요청을 한 번에 하나씩 수행해야 한다. 그러나 다른 미러 쌍에 대한 쓰기 요청은 동시에 수행할 수 있다.
- 높은 장애 내구성 – RAID 수준 1은 여러 드라이브가 고장나도 데이터 손실이나 가용성 손실 없이 견뎌낼 수 있다. 수준 1은 가장 많이 사용하는 RAID 수준 중 장애 내구성이 가장 높다.
- 고비용 – 저장소 오버헤드는 단위 저장소 용량당 비용을 높인다.

RAID 1은 비용이나 성능보다는 신뢰성이 가장 중요한 환경에 적합하다.[67]

셀프 리뷰

1. RAID 수준 0과 RAID 수준 1을 비용, 성능, 신뢰성 측면에서 비교, 대조하라.
2. RAID 1이 비즈니스 크리티컬 또는 미션 크리티컬 시스템에 적합한 이유는 무엇인가?

▶ **풀이** 1) RAID 0은 용량이 고정될 때 RAID 1보다 비용이 덜 든다. 읽기/쓰기 성능은 시스템 부하나 스트립 크기에 따라 다르지만 RAID 0과 RAID 1 모두 다른 디스크에 있는 데이터에 대한 읽기 요청을 동시에 서비스할 수 있다. RAID 0은 다른 디스크에 있는 데이터에 대한 쓰기 요청을 동시에 서비스할 수 있다. RAID 1은 다른 미러 쌍에 있는 데이터에 대한 쓰기 요청일 경우에만 동시에 서비스할 수 있다. RAID 0은 단일 디스크보다는 고장 날 확률이 훨씬 높고, RAID 1은 단일 디스크보다 고장 날 확률이 훨씬 낮다. 2) 이러한 시스템에서는 성능, 신뢰성, 가용성 등의 특성이 비용보다 훨씬 중요하다. RAID 1은 읽기 요청에 대한 성능이 높고, 신뢰성이 아주 높으며, 한두 디스크가 고장 날 경우에도 성능은 약간 떨어지더라도 데이터 손실 없이 계속 동작할 수 있다.

12.10.4 수준 2(비트 수준 해밍 ECC 패리티)

RAID 수준 2 RAID level 2의 배열들은 비트 수준에서 스트라이프되어 있다. 따라서 각 스트립이 한 비트를 저장한다. 수준 2 배열은 미러링되지는 않기 때문에 수준 1 배열에 있는 저장소 오버헤드 문제를 줄여준다. RAID 시스템의 디스크 하나가 고장 나면 네트워크에서 데이터 전송 중 일부가 손상되었을 때와 비슷하다. 신뢰도가 낮은 전송의 문제에 관해서는 많은 연구가 진행되었고, 몇 가지 해결책이 제시되었다(이 해결책들에 관해서는 http://www.eccpage.com을 참고하기 바란다). RAID 수준 2는 메모리 모듈에 흔히 사용하는 **해밍 오류 정정 코드** Hamming ECC, Hamming Error-Correcting Code라는 기술을 활용한다. 해밍 ECC는 패리티 비트를 사용해 디스크로부터 전송된 데이터에 오류가 있는지 확인하고, 가능하면 오류를 정정하기도 한다.[68]

패리티 비트는 다음과 같이 계산할 수 있다. 한 배열에 스트라이프마다 비트 네 개를 저장하고 있다고 가정하자. RAID 시스템이 스트라이프에 데이터 0110을 쓰라는 요청을 받을 경우, 시스템은 비트들의 합산에 대한 **패리티** parity를 결정한다. 즉, 합산 결과가 짝수인지, 홀수인지 파악한다. 이 경우 패리티 합은 2로 짝수다. 따라서 시스템은 배열의 네 데이터 디스크에 스트라이프를 쓰고 패리티 디스크에 짝수라는 의미로 0을 쓴다.* RAID 시스템은 일반적으로 패리티 비트를 별도의 디스크에 두어 각 스트라이프에 대한 읽기/쓰기 요청을 모든 디스크에서 동시에 수행할 수 있게 한다. 시스템은 스트라이프를 다음에 접근할 때, 해당 스트라이프와 이에 대응하는 패리티 비트를 읽는다. 그리고 스트라이프의 패리티를 계산해 패리티 디스크에서 읽은 값과 비교한다. 만약 디스크 오류가 발생해 스트라이프의 세 번째 비트가 1에서 0으로 바뀌었다면(즉, 스트라이프가 0100을 저장했다면), 스트라이프의 패리티를 계산할 때 홀수가 나올 것이고, 시스템은 이 패리티를 패리티 디스크에 저장해둔 값과 비교해 오류를 탐지할 수 있다.

이러한 방식의 패리티는 짝수 개 오류는 탐지할 수 없다는 한계가 있다. 예를 들어, 두 번째와 세 번째 비트 모두 1에서 0으로 바꾸는 경우(즉 스트라이프가 0000을 저장하는 경우) 스트라이프의 패리티는 짝수가 된다. 게다가 이 기술로는 시스템이 어떤 비트가 오류를 일으키는지 판단할 수 없다.

해밍 오류 정정 코드는 좀더 복잡한 방법을 사용해 시스템이 두 개까지 오류를 탐지하고, 오류 하나를 정정하며, 스트라이프에서 어떤 위치에서 오류가 발생했는지 파악할 수 있게 해준다(해밍 오류 정정 코드 패리티 생성 알고리즘에 관한 정보는 http://www2.rad.com/networks/1994/err_con/hamming.htm을 참고하기 바란다). 해밍 ECC 코드의 크기와 이에 필요한 패리

* 데이터가 비트 수준으로 스트라이프되어 있지만, 대부분의 요청은 성능을 향상하기 위해 한꺼번에 쓸 수 있는 여러 스트라이프에 있는 데이터에 대응한다.

티 디스크의 수는 데이터 디스크 수의 로그만큼 증가한다. 예를 들어, 데이터 디스크 10개를 포함한 디스크 배열은 패리티 디스크 네 개가 필요하다. 그리고 데이터 디스크 25개를 포함하는 배열은 패리티 디스크 다섯 개가 필요하다.[69] 따라서 다수의 디스크를 포함하는 수준 2 배열은 수준 1 배열보다 저장소 오버헤드가 훨씬 적어진다.

[그림 12-17]은 데이터 디스크 네 개와 패리티 디스크 세 개를 포함하는 수준 2 배열을 보여준다. 스트라이프 A는 스트립 A_0-A_3으로 구성되어 있고 데이터 디스크 D_1-D_4의 첫 번째 스트립들을 차지한다. 스트라이프 A에 대응하는 해밍 ECC는 A_x-A_z 비트를 사용하며, 패리티 디스크 P_1-P_3의 첫 번째 스트립들을 차지한다.

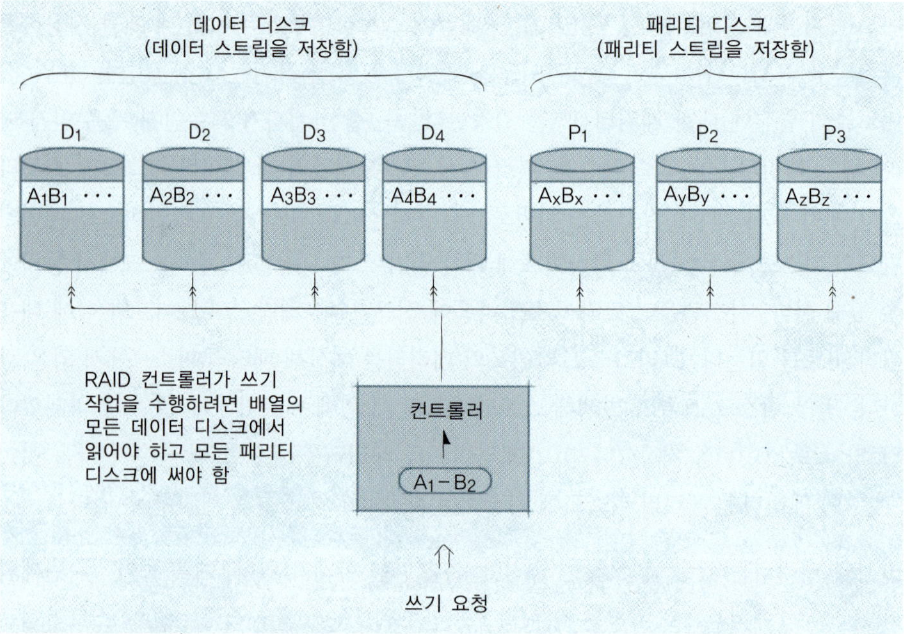

[그림 12-17] RAID 수준 2(비트 수준 ECC 패리티)

스트립 A_0, A_1, A_2, A_3, B_0, B_1에 데이터를 저장하려는 쓰기 요청이 발생했다고 하자. 이 경우, 각 쓰기에 대해 해밍 ECC 코드를 계산하므로 컨트롤러는 스트라이프 A와 B를 써야 하고, 각 스트라이프에 대한 해밍 ECC 코드를 써야 한다. 스트라이프 B의 비트 네 개 중 두 개만 수정되어도 스트라이프 B 전체를 읽고 해밍 ECC 코드를 계산해 디스크에 써야 한다. 이러한 과정을 **읽기-수정-쓰기 사이클** read-modify-write cycle이라고 하는데, 매번 쓰기 작업을 할 때마다 시스템이 배열에 두 번 접근해야 하기 때문에 성능을 떨어뜨린다.

ECC 디스크는 미러링에 비해 중복으로 인한 오버헤드를 줄이기는 하지만, 여러 요청을 동시에 서비스할 수 없기 때문에 성능 저하를 야기할 수 있다. 읽기 요청마다 배열이 모든 디스크에 접근해야 하고, ECC를 계산하고 패리티 디스크에서 조회한 값과 대조해야 하기 때문이다. 어떤 시스템은 쓰기 요청 때만 패리티 정보를 계산하는 방법으로 이러한 병목 현상을 줄이기도 한다. 그러나 쓰기 작업을 수행할 때는 패리티 정보를 유지하기 위해 시스템이 모든 디스크에 접근해야 한다. 이는 쓰기 작업을 한 번에 하나씩만 수행해야 함을 의미한다.

RAID 수준 2 배열을 사용할 때 동시에 읽기/쓰기를 할 수 있는 수를 최대로 늘리는 한 가지 방법은 시스템에 있는 디스크들을 여러 작은 RAID 수준 2 배열로 나누는 것이다. 불행히도 이 기술은 저장소 오버헤드를 증가시킨다. 더 작은 그룹의 데이터 디스크에 비해 패리티 디스크의 비율이 높기 때문이다. 예를 들어, 데이터 디스크 32개를 포함하는 수준 2 배열은 패리티 디스크 여섯 개가 필요하다. 파일 시스템이 데이터 디스크 네 개를 포함하는 여덟 그룹으로 나뉜다면, 결과적으로 패리티 디스크 24개가 필요하다.[70]

오늘날 시스템에서 RAID 2를 구현하지 않는 이유는 현재 사용하는 디스크 드라이브들이 해밍 ECC나 이에 버금가는 장애 내구성 메커니즘을 내장하고 있기 때문이다. 거의 모든 현대 SCSI와 IDE 드라이브는 오류 탐지와 디스크 모니터링 기능을 내장하고 있다.[71]

셀프 리뷰

1. 큰 규모의 RAID 수준 2 배열을 하위 그룹들로 나눌 때 비용, 성능, 신뢰성에 어떤 영향을 주는가?
2. RAID 수준 2를 거의 구현하지 않는 이유는 무엇인가?

▶ **풀이** 1) 수준 2 배열을 하위 그룹들로 나누면 여러 요청을 동시에 서비스할 수 있기 때문에 성능이 개선된다. 하위 그룹들은 신뢰성에는 영향을 주지 않는다. 각 하위 그룹에서 동일한 오류 확인 루틴이 수행되기 때문이다. 대체로 하위 그룹은 더 많은 패리티 디스크가 필요하므로 비용은 증가한다. 2) 현대 하드웨어 장치들이 수준 2 배열 기능을 하는 오류 탐지 및 디스크 모니터링 기능을 내장하고 있기 때문이다. 설계자들은 더 적은 비용으로 성능과 장애 내구성을 향상시킬 대안을 추구하므로, 현대 시스템에서 RAID 수준 2는 이러한 하드웨어를 사용하는 것으로 대체되었다

12.10.5 수준 3(비트 수준 XOR ECC 패리티)

RAID 수준 3 RAID level 3은 데이터를 비트 혹은 바이트 수준에서 스트라이프한다. RAID 3은 패리티를 생성하기 위해 해밍 ECC를 사용하는 대신 **배타적 논리합 오류 정정 코드** XOR ECC, eXclusive OR Error-Correcting Code를 사용한다. XOR ECC 알고리즘은 해밍 ECC보다 훨씬 간단하다. 논리 연산 중 XOR 연산을 사용하기 때문에 XOR ECC라고 한다.

(*a* XOR *b*) = 0 (*a*와 *b*가 모두 0이거나 1일 때)
= 1 (그 외)

짝수 개 인자가 1 또는 0일 때만 (*a* XOR (*b* XOR *c*)) = 0이다. RAID 수준 3은 이 사실을 이용해 각 바이트에 중첩된 XOR 연산을 수행해 XOR ECC를 생성한다. 예를 들어, [그림 12-18]의 스트라이프 A를 고려해보자. A_0=1, A_1=0, A_2=0, A_3=1이라고 하자. 더 간단히 표현하면 A = 1001이다. 시스템은 A의 패리티를 계산하기 위해 중첩된 XOR 연산을 사용한다. 1이나 0이 짝수 개면 패리티 비트 A_p는 0이다. 그렇지 않은 경우 A_p는 1이다. 이 경우 1이 두 개 있으므로 A_p=0이다. 만약 시스템이 바이트 수준으로 스트라이프되었다면 XOR ECC는 각 비트마다 계산되어 각 패리티 스트립이 8비트를 저장할 것이다.

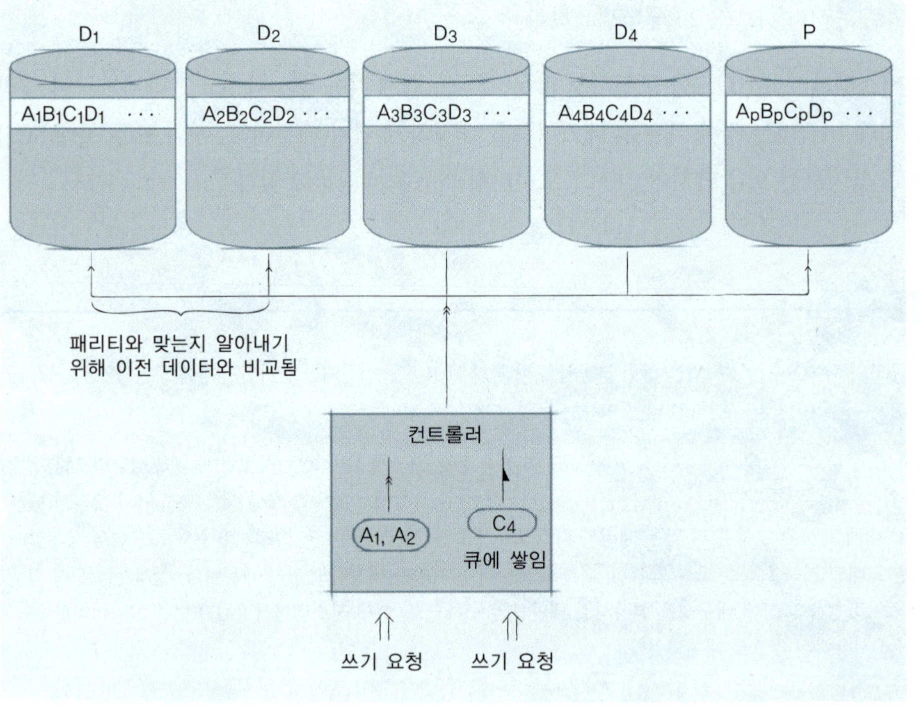

[그림 12-18] RAID 수준 3(비트 수준 단일 패리티 디스크)

XOR ECC는 패리티 정보를 보관하기 위해 배열의 크기에 상관없이 디스크 하나만 사용한다. XOR ECC는 해밍 ECC와 달리 시스템이 잘못된 데이터를 담은 비트를 추적하게 하지 못한다. 그래도 괜찮은 것이 RAID 시스템의 패리티 오류 대부분은 디스크 전체의 고장 때문에 발생하며, 이는 탐지하기 쉽다. 예를 들어, 디스크 D_2가 고장 났다고 가정하자([그림 12-18]). 그러면 시스템이 스트라이프 A를 읽으려고 할 때 A=1x01(여기서 x는 알려지지 않은 비트다)이고 A_p=0이다. A_p=0이므로, 스트라이프 A는 1을 짝수 개 갖고 있어야 한다. 따라서 시스템은 A_2=0임을 알 수 있고 손실된 데이터를 복구할 수 있다. 이 기술은 단일 데이터 디스크의 고장으로부터 복구하는 데 응용할 수 있다. 만일 패리티 디스크가 고장 나면 복구를 위해 데이터 디스크에서 패리티를 다시 계산해내는 과정이 필요하다.[72]

미세 단위 스트라이핑 때문에 대부분의 읽기 요청은 배열 전체에 접근하게 한다. 게다가 패리티 생성 때문에 한 번에 한 쓰기 요청만 수행할 수 있다. RAID 수준 2와 비슷하게 큰 파일을 읽거나 쓸 때 전송률이 높지만, 일반적으로 한 번에 한 요청에 대해서만 서비스할 수 있다.[73] RAID 수준 3의 주요 장점은 구현하기 쉽고, RAID 수준 2와 비슷한 신뢰도가 있으며, RAID 수준 2보다는 저장소 오버헤드가 훨씬 적다는 점이다.[74]

셀프 리뷰

1. RAID 수준 2와 3을 비교, 대조하라.
2. 대부분의 RAID 시스템에서 해밍 ECC 대신 XOR ECC 패리티로 충분한 이유는 무엇인가?

▶ **풀이** 1) RAID 수준 2와 3 모두 미러링의 오버헤드를 줄이려고 패리티를 사용해 장애 내구성을 제공하며, 전용 패리티 디스크를 사용한다. 그리고 일반적으로 둘 다 여러 요청을 동시에 서비스하지 못한다. 한편 RAID 수준 2는 수준 3에 비해 저장소 오버헤드를 훨씬 많이 야기한다. 2) XOR ECC는 어떤 디스크가 고장 났는지 파악할 수 없지만, 시스템은 쉽게 이를 파악할 수 있다. 고장 난 디스크는 요청에 반응을 보이지 않기 때문이다. 시스템은 한 패리티 디스크를 사용해 고장 난 디스크의 데이터를 복구할 수 있다.

12.10.6 수준 4(블록 수준 XOR ECC 패리티)

RAID 수준 4 RAID level 4 시스템은 고정 크기 블록 block을 사용해(흔히 한 바이트보다 훨씬 큰 단위를 사용한다) 스트라이프되고, 패리티 데이터를 생성하기 위해 XOR ECC를 사용한다. 따라서 패리티 디스크 하나가 필요하다. [그림 12-19]는 RAID 4 배열을 보여준다. 수준 3과 4의 구성에서 유일한 차이점은 수준 4 배열에 있는 데이터 스트립들이 더 많은 데이터를 저장한다는 점이다.

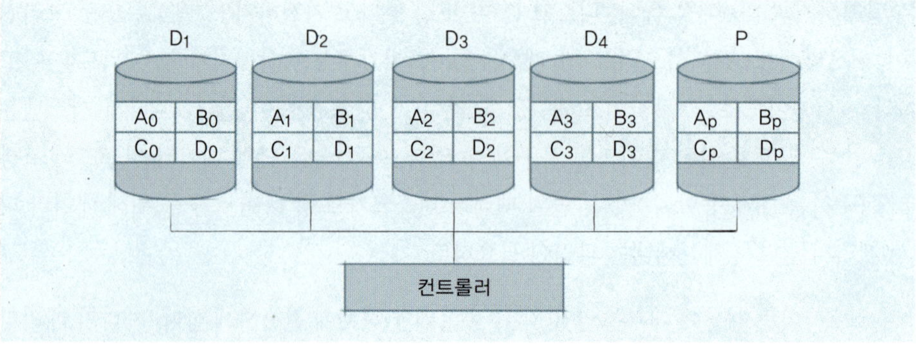

[그림 12-19] RAID 수준 4(블록 수준 패리티)

RAID 수준 2와 3에서는 일반적으로 요청들의 데이터를 배열의 각 데이터 디스크에 저장한다. 그러나 RAID 수준 4는 큰 단위 스트립coarse grained strip을 허용하기 때문에 요청된 데이터가 배열에 있는 디스크의 적은 부분에 저장되어 있을 수도 있다. 따라서 각 읽기 요청에 대한 패리티가 결정되지 않으면 시스템은 잠정적으로 여러 읽기 요청을 동시에 서비스할 수 있다. ECC 코드는 오류 점검과 정정보다는 주로 데이터 복구에 사용되므로, 많은 시스템에서 읽기 작업을 수행할 때는 패리티 계산을 제거해 여러 읽기 요청을 동시에 서비스하도록 한다.[75]

그러나 쓰기 요청을 서비스할 때는 시스템이 패리티 정보를 갱신해 디스크 고장 시 데이터가 손실되지 않게 보장해야 한다. 큰 단위 스트립을 사용하는 경우, 쓰기 요청은 배열의 디스크마다 있는 데이터들을 수정하는 일이 드물다. 패리티 정보를 계산하기 위해 배열의 각 디스크에 접근하는 일은 상당한 오버헤드를 야기한다. 다행히 시스템은 새로운 패리티 비트 A_{p}'을 간단하게 계산할 수 있다. 수정 전의 데이터 블록 A_{d}와 수정된 데이터 블록 A_{d}', 디스크에 있는 대응하는 패리티 블록 A_{p}를 이용해 다음과 같이 계산한다.

$$A_{p}' = (A_{d} \text{ XOR } A_{d}') \text{ XOR } A_{p}$$ [76]

'연습문제'에 이 관계를 증명하는 문제가 있다. 이 기술은 디스크 입출력 연산의 낭비를 막아준다. 쓰기 작업을 위해 배열 전체에 접근할 필요가 없기 때문이다. 그러나 쓰기 요청 때마다 패리티 디스크를 갱신해야 하므로, 쓰기 요청을 한 번에 하나씩 수행해야 한다. 이는 쓰기 작업의 병목 현상을 일으키는 원인이 된다. 다음 절에서 논의하겠지만 RAID 수준 5는 쓰기 병목 현상 문제를 해결했다. 따라서 RAID 수준 4는 거의 구현하지 않는다.[77, 78, 79, 80]

셀프 리뷰

1. RAID 수준 4는 어떤 방법으로 RAID 수준 3보다 좋은 성능을 내는가?
2. RAID 수준 4가 한 번에 쓰기 작업을 하나만 수행하는 이유는 무엇인가?

▶ **풀이** 1) RAID 수준 4는 큰 단위 스트라이핑을 허용한다. 따라서 여러 읽기 요청을 동시에 수행할 수 있고, 쓰기 요청 때마다 필요한 디스크 접근 횟수를 줄여준다. 2) RAID 수준 4는 배열에 있는 데이터가 수정될 때마다 패리티 정보를 갱신하기 위해 접근해야 하는 패리티 디스크 하나를 사용한다.

12.10.7 수준 5(블록 수준 분산 XOR ECC 패리티)

RAID 수준 5 RAID level 5 배열은 블록 수준에서 스트라이프되고 XOR ECC 패리티를 사용하지만, 패리티 블록들이 배열의 디스크 전체에 걸쳐 분산되는 특징이 있다([그림 12-20]).[81] [그림 12-20]에서 첫 번째 스트라이프의 패리티는 디스크 D_5에, 두 번째 스트라이프의 패리티는 디스크 D_4에 위치하는 것을 볼 수 있다. 패리티 블록이 여러 디스크에 분산되어 있으므로 여러 패리티 스트립에 동시에 접근할 수 있다. 따라서 여러 요청이 있을 때도 병목 현상을 제거한다. 예를 들어, RAID 수준 5가 스트립 A_1과 C_2에 대한 쓰기 요청을 어떻게 서비스하는지 고려해보자. 컨트롤러는 디스크 D_2에 접근해 스트립 A_1을 쓰고 디스크 D_5에 접근해 이에 대한 패리티 블록 A_p를 쓴다. 컨트롤러는 동시에 디스크 D_4에 접근해 스트립 C_2를 쓰고, 디스크 D_3에 접근해 이에 대한 패리티 블록 C_p를 갱신할 수 있다.

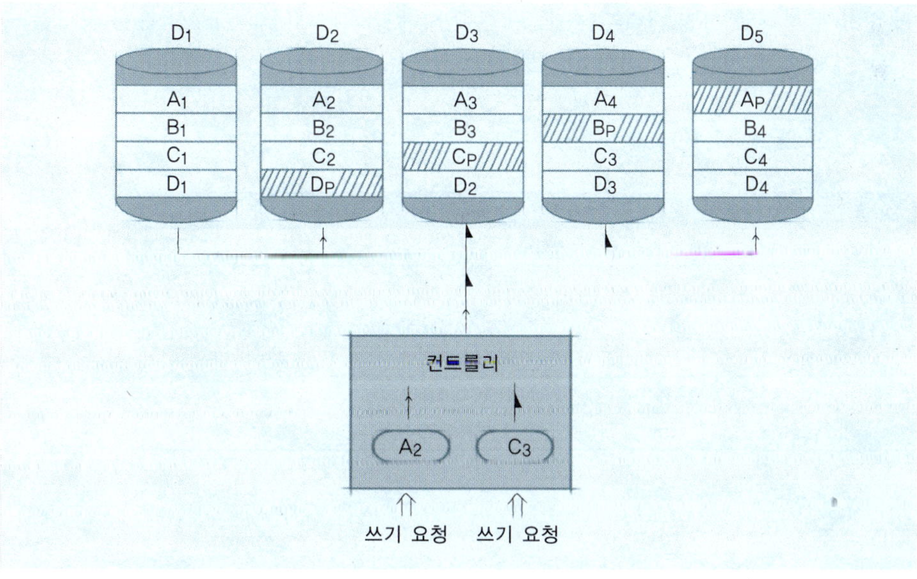

[그림 12-20] RAID 수준 5(블록 수준 분산 패리티)

RAID 수준 5가 패리티를 분산함으로써 쓰기 성능을 개선하지만, 수준 5 배열은 각 쓰기 요청에 대해 읽기-수정-쓰기 사이클을 수행해야 한다. 이를 위해서는 쓰기 요청마다 입출력 연산이 네 번 필요하다. 만일 시스템이 소량의 데이터를 계속해서 쓴다면 값비싼 입출력 연산 횟수가 늘어나 성능이 크게 떨어질 것이다.[82]

이 문제를 해결하려는 몇 가지 방법이 개발되었다. 예를 들어, 최근 접근한 데이터와 패리티 블록을 캐싱해 읽기-수정-쓰기 사이클에서 입출력 횟수를 줄일 수 있다. **패리티 로깅** parity logging도 RAID 수준 5의 성능을 개선하는 방법으로, 읽기-수정-쓰기 사이클을 수행하는 대신 오래된 패리티와 새 패리티(**갱신 이미지** update image라고 한다)의 차이를 메모리에 저장한다. 한 갱신 이미지가 여러 쓰기 요청에 대응하는 패리티 정보를 저장할 수 있으므로, 시스템은 몇 개의 쓰기 작업을 수행한 후 패리티 블록을 한 번 갱신함으로써 입출력 오버헤드를 줄여나간다.[83] 이와 유사한 성능 강화 기술로는 **AFRAID** A Frequently Redundant Array of Independent Disks가 있다. 이 기술은 쓰기 작업 때마다 읽기-수정-쓰기 사이클을 수행하는 대신 시스템 부하가 적어질 때까지 패리티 데이터 생성을 연기한다. 이러한 방식은 이따금씩 적은 양에 대한 쓰기 요청이 쇄도하는 환경에서 성능을 크게 향상시킬 수 있다.[84]

RAID 수준 5는 RAID 수준 2~4에 비해 성능을 높이기는 하지만 구현하기 어렵고, 비용이 많이 든다. 또한 패리티가 디스크 배열 전체에 흩어져 있기 때문에 다른 수준보다 데이터를 재구축하는 것이 복잡하다.[85] 이러한 한계에도 불구하고 성능과 비용, 신뢰성의 균형을 효율적으로 맞추기 때문에 RAID 수준 5를 자주 구현한다. 수준 5 배열들은 범용 디스크 배열로 인식되고, 파일이나 응용 프로그램 서버, 기업의 자원 계획과 기타 비즈니스 시스템에서 흔히 찾아볼 수 있다.[86] [표 12-3]은 이 장에서 설명한 여섯 가지 수준의 RAID를 비교하고 있다.

[표 12-3] RAID 수준 0~5 비교

RAID 수준	읽기 병행	쓰기 병행	중복성	스트라이핑 수준
0	Yes	Yes	없음	블록
1	Yes	No	미러링	없음
2	No	No	해밍 ECC 패리티	비트
3	No	No	XOR ECC 패리티	비트/바이트
4	Yes	No	XOR ECC 패리티	블록
5	Yes	Yes	분산 XOR ECC 패리티	블록

기타 RAID 수준

이 외에도 여러 RAID 수준이 존재한다. 이들 모두 앞서 살펴본 RAID 수준에서 한두 가지 개념을 빌려와 개선을 꾀했다.[87] 불행히도 RAID 수준에 대한 표준 명명 규칙이 없어서 가끔 혼란스

럽기도 하다. 이 중에서 좀더 잘 알려진 RAID 수준은 다음과 같다.

- RAID 수준 6 – RAID 5를 확장했으며, 디스크 오류 시 신뢰도를 더 높이려고 스트라이프당 패리티 블록 두 개를 사용한다.[88]
- RAID 수준 0+1 – 스트라이프된 디스크들의 집합(수준 0)으로, 이들의 이미지가 두 번째 디스크 집합에 미러링된다(수준 1).
- RAID 수준 10 – 미러링된 데이터들의 집합(수준 1)으로, 또 다른 디스크 집합에 걸쳐 스트라이프된다(수준 0). 이를 위해서는 최소 디스크 네 개가 필요하다.

그 외의 RAID 배열로는 수준 0+3, 0+5, 50, 1+5, 51, 53 등이 있다.[89] RAID 수준 7은 고성능, 고비용 해결책으로, Storage Computer Corporation이라는 회사의 고유 기술이기도 하다.[90]

셀프 리뷰

1. RAID 수준 5는 RAID 수준 4의 쓰기 병목 현상을 어떻게 해결하는가?
2. 적은 양에 대한 쓰기 요청이 많은 RAID 시스템에서 성능을 높이기 위해 어떤 기술들을 구현하는가?

▶ **풀이** 1) RAID 수준 5는 패리티 정보를 배열에 있는 모든 디스크에 분산해 여러 쓰기 연산을 동시에 수행할 수 있게 했다. 2) 최근 접근한 데이터를 캐싱해 읽기-수정-쓰기 사이클로 발생하는 입출력 연산 횟수를 줄임으로써 쓰기 요청의 성능을 높인다. 또한 패리티 정보 갱신을 지연하는 것도 매번 쓰기 연산 때마다 디스크에 접근하는 것보다 성능을 높인다.

요약 Summary

프로세서와 메인 메모리의 속도가 2차 저장소의 속도보다 빠르게 증가하면서, 디스크 성능 최적화는 최적의 성능을 실현하기 위한 중대한 문제가 되었다. 마그네틱 저장소는 영역에 대한 전류의 방향을 바꾸어 1 또는 0을 나타냄으로써 데이터를 기록한다. 데이터에 접근하기 위해 읽기/쓰기 헤드라는 노제 상치가 움식이며 매체 위에 떠 있게 된다.

현재 사용하는 대부분의 컴퓨터는 2차 저장소로 하드 디스크를 사용한다. 플래터가 회전할 때 각각의 읽기/쓰기 헤드는 디스크 표면에 있는 원형 트랙의 데이터를 훑는다. 모든 읽기/쓰기 헤드들은 한 디스크 암(액츄에이터 actuator, 붐 boom 또는 무빙 암 어셈블리 moving-arm assembly라고도 한다)에 연결되어 있다. 디스크 암이 읽기/쓰기 헤드를 새로운 위치로 움직일 때마다 다른 트랙이나 실린더에 접근한다. 디스크 암을 새로운 실린더로 옮기는 과정을 탐색 연산이라고 한다. 헤드가 현재 위치한 실린더에서 참조되는 데이터를 가진 실린더로 옮겨가는 데 걸리는 시간을 탐색 시간이라고 한다. 데이터가 현재 위치에서 읽기/쓰기 헤드에 인접한 위치까지 회전하는 데 걸리는 시간을 지연 시간이라고 한다. 그런 다음 임의의 크기를 가지는 레코드가 읽기/쓰기 헤드까지 회전되어 디스크로부터 데이터를 읽거나 디스크에 데이터를 쓸 수 있게 되어야 한다. 이때 걸리는 시간을 전송 시간이라고 한다.

여러 프로세스가 동시에 디스크의 데이터를 읽거나 쓰려는 요청을 발생시킬 수 있다. 이러한 프로세스들은 때때로 디스크가 서비스할 수 있는 속도보다 빨리 요청을 발생시키므로, 디스크 요청을 보관할 수 있는 큐를 사용한다. 초기의 컴퓨팅 시스템 중에는 단순히 선착 우선 서비스 FCFS, First-Come-First-Served 방식으로 서비스를 수행하기도 했다. FCFS는 공평하기는 하지만 요청률, 즉, 시스템 부하가 커질 경우 대기 시간이 길어질 수 있다는 단점이 있었다.

FCFS는 임의의 탐색 패턴을 갖는다. 이러한 방식에서는 디스크 요청이 연속적으로 들어올 경우 실린더의 가장 안쪽에서 가장 바깥쪽에 이르기까지 움직이느라 탐색 연산에 많은 시간을 소비한다. 레코드를 찾는 데 걸리는 시간을 줄이려고 단순한 FCFS보다는 큐의 요청들을 다른 방식으로 정렬하는 것이 합리적으로 보인다. 이렇게 요청들을 재정렬하는 것을 디스크 스케줄링 disk scheduling이라고 한다. 가장 널리 사용되는 두 가지 스케줄링 방식은 탐색 최적화와 회전 최적화다. 디스크 스케줄링 전략은 흔히 처리량, 평균 반응 시간, 반응 시간의 변량을 비교해 평가한다.

선착 우선 서비스 스케줄링은 FIFO 큐를 사용해, 요청들이 도착하는 순서대로 서비스해준다. 이 기술은 실행 시 오버헤드가 적지만 탐색 시간이 길어져 처리량이 줄어드는 결과를 야기할 수 있다.

최단 탐색 시간 우선 SSTF, Shortest-Seek-Time-First 스케줄링은 읽기/쓰기 헤드가 현재 위치한 실린더에서 가장 가까운 지점을 요구하는 요청을 다음 서비스 대상으로 선택한다. 그러므로 이는 최소 탐색 시간을 추구하는 방식이다. 평균 탐색 시간을 줄임으로써 SSTF는 FCFS보다 처리량을 높이고, 적당한 부하 시에는 평균 반응 시간도 줄일 수 있다. 한 가지 중대한 단점은 가장 안쪽이나 바깥쪽 트랙을 차별하는 경향이 생겨 반응 시간의 분산이 커진다는 점이다. 극단적인 경우 읽기/쓰기 헤드에서 멀리 떨어진 요청들에 대해 무기한 연기가 발생할 수 있다.

SCAN 스케줄링 전략은 선호하는 방향으로 훑어가면서 탐색 거리가 가장 짧은 요청들을 서비스해 불공평함이라는 단점이나 반응 시간의 변량을 줄인다. SCAN은 처리량을 높이고 평균 반응 시간을 좋게 한다는 면에서 SSTF와 많이 비슷하다. 그러나 SCAN은 반대 방향 요청보다, 주어진 특정 방향의 모든 요청이 서비스되도록 보장하기 때문에 SSTF보다는 반응 시간의 변량이 적어진다.

C-SCAN circular SCAN은 SCAN 전략을 수정한 것으로, 디스크 암을 바깥쪽 실린더에서 안쪽 실린더로 옮겨가며 탐색 시간이 가장 작은 요청들을 우선으로 서비스한다. 디스크 암이 안쪽으로 훑는 일을 마치면, 암은 요청을 서비스하지 않고 가장 바깥쪽 실린더로 점프한 후 다시 안쪽 방향으로 훑기 시작한다. C-SCAN은 가장 안쪽이나 바깥쪽 실린더에 대한 차별을 없앰으로써 처리량을 늘리면서도 반응 시간의 변량을 줄여준다. 흔히 SCAN을 엘리베이터 알고리즘이라고도 한다.

FSCAN과 *N*-Step SCAN은 SCAN 전략을 수정한 것으로, 무기한 연기의 위험성을 제거했다. FSCAN은 SCAN 전략을 사용해 한번 훑기 시작하면, 대기하고 있는 요청들만 서비스한다. 여기서 'F'는 특정 시간에 요청 큐를 동결한다는 의미다. 그러므로 훑는 동안 도착하는 새로운 요청들은 한 그룹으로 묶이고 최적의 서비스를 위해 정렬된다. *N*-Step SCAN은 SCAN 전략을 사용하면서 큐에 있는 요청 중 처음 *n*개의 요청을 서비스한다. 한 방향으로 훑는 과정을 완료하면 다음 *n*개의 요청을 서비스하는 방식이다. 도착하는 요청들은 요청 큐의 맨 뒤에 배치되어 무기한 연기되는 일을 방지해준다. FSCAN과 *N*-Step SCAN은 처리량이 많고 평균 반응 시간이 짧아 좋은 성능을 내면서, SSTF과 SCAN보다 반응 시간의 변량도 적다.

SCAN 전략을 변형한 LOOK(엘리베이터 알고리즘이라고도 한다)은 다음 서비스할 요청을 결정하기 위해 현재 훑고 있는 디스크의 끝까지 미리 본다. 현재 방향에서 더는 서비스할 요청이 없으면, LOOK은 선호 방향을 바꿔 훑기 시작한다. 그리고 큐에 있는 요청과 대응하는 실린더를 지날 때 멈춘다. 이 전략은 읽기/쓰기 헤드가 서비스할 요청이 없는 경우에는 가장 안쪽이나 바깥쪽 실린더까지 옮겨가는 것을 방지함으로써 다른 SCAN 수정 전략들이 경험하는 불필요한 탐색 연산을 줄여준다.

LOOK 전략의 변형인 C-LOOK circular LOOK 전략은 C-SCAN과 동일한 방법으로 플래터의 양 끝에 있는 실린더들에 대한 차별을 줄여준다. 현재 더 이상 요청이 없으면 읽기/쓰기 헤드는 사이에 있는 요청들을 서비스하지 않고 바깥쪽 실린더에 가장 가까운 요청으로 옮긴 후 다시 훑기 시작한다. C-LOOK 전략은 LOOK에 비해 반응 시간의 변량이 적고, 처리량은 LOOK보다 적지만 비교적 높다는 특징이 있다.

많은 환경에서 대기 요청이 없이 디스크 암이 한가하게 다음 요청을 대기하는 짧은 시간들이 존재한다. 만일 디스크 암이 디스크의 가운데 부분이나 디스크 활동이 활발하게 일어나는 핫 스팟 hot spot에 있다면 평균 탐색 시간이 줄어들 것이다. 다음 탐색을 최소화할 수 있는 위치로 디스크 암을 옮기는 것을 디스크 암 예측이라고 한다. 이 기술은 프로세스의 디스크 요청 패턴이 지역성을 보이고, 디스크 요청 사이에 암을 옮길 충분한 시간이 있는 환경에서 유용할 것이다. 디스크 암을 예측해 옮기는 동안 새로운 요청이 들어올 경우, 헤드를 의도한 위치까지 옮겼다가 다시 요청된 실린더로 옮기는 것이 반응 시간을 더 느리게 만들 수 있다. 핫 스팟으로의 탐색에 인터럽트를 줄 수 있도록 허용해 요청에 맞게 조절하는 것이 최적의 성능을 낼 수 있다.

회전 최적화는 드럼과 같은 초기 고정 헤드 장치에서 아주 많이 사용되었다. 또한 탐색 시간과 평균 지연 시간의 자릿수가 같게 나타나는 현대 하드 디스크 성능 향상을 위해 사용되었다. 최소 지연 시간 우선 SLTF, Shortest-Latency-Time-First 전략은 모든 요청을 점검해 회전 지연이 가장 짧은 요청을 먼저 서비스한다. 회전 최적화는 때때로 섹터 큐잉이라고도 한다. 각 요청을 섹터의 위치에 따라 정렬하고, 가장 가까운 섹터에 대한 요청을 먼저 서비스하기 때문이다.

STLF 전략은 고정 헤드 디스크에서 잘 동작하지만 무빙 헤드 디스크에서 탐색 시간과 지연을 더해 얻어지는 위치 결정 시간은 포함하지 않는다. 최소 위치 결정 시간 우선 SPTF, Shortest-Positioning-Time-First 전략은 위치 결정 시간이 가장 짧은 요청을 먼저 서비스한다. SPTF는 SSTF와 유사하게 처리량을 늘리고 평균 반응 시간을 낮춘다. 또한 가장 바깥쪽의 실린더에 대한 요청이 무기한 연기되는 일을 방지해준다.

SPTF의 변형 중 하나는 최소 접근 시간 우선 SATF, Shortest-Access-Time-First 전략으로, 접근 시간, 즉 위치 결정 시간에 전송 시간을 더한 값이 가장 적게 드는 요청을 우선적으로 서비스한다. SATF는 SPTF보다 처리량이 많지만 작은 요청이 계속해서 들어올 때 큰 요청이 무기한 연기될 우려가 있다. 또한 가장 안쪽이나 바깥쪽 실린더에 대한 요청이 중간 실린더에 대한 요청에 밀려 무기한 연기될 수 있다. SPTF와 SATF는 LOOK과 C-LOOK 전략에서 보여준 '미리 보기' 기능을 구현해 성능을 향상시킨다.

SPTF와 SATF를 잘 구현하지 않는 한 가지 이유는 이들이 지연, 트랙 간 탐색 시간, 섹터들의 상대적 위치 등 디스크의 특성에 대한 지식을 요구한다는 점이다. 불행히도 현재 사용하는 많은 하드 드라이브는 이러한 정보를 숨기거나, 숨겨진 오류 체크 데이터와 잘못된 섹터 때문에 잘못된 정보를 노출한다.

디스크 저장소에 병목 현상이 일어난 것이 판명될 때, 몇몇 설계자는 시스템에 디스크를 더 추가하는 방법을 추천한다. 이는 항상 문제를 해결해주는 것이 아니다. 병목 현상은 비교적 소수의 디스크에 큰 요청 부하가 있을 때도 발생할 수 있기 때문이다. 이러한 상황이 탐지되면 디스크 스케줄링을 통해 성능을 개선하고 병목 현상을 제거할 수도 있다. 디스크 스케줄링은 멀티프로그래밍 정도가 상대적으로 낮은 배치 처리 시스템에는 적합하지 않다. 멀티프로그래밍 정도가 높아질수록 스케줄링이 더 효과를 낼 수 있다. 멀티프로그래밍은 시스템 부하를 가중시키고, 예측하기 어려운 디스크 요청 패턴을 보이기 때문이다.

어떤 상황에서는 균일하지 않은 분산이 흔히 나타나고 이들에 대한 연구도 이루어졌다. 한 연구에서는 디스크 참조의 대다수가 바로 앞 참조와 동일한 실린더에서 발생한다는 사실을 파악했다. 복잡한 파일 구성 기술은 요청에 대한 탐색 시간이 길어지게 하기도 한다. 이러한 기술은 응용 프로그램 설계자에게는 편리할지 모르지만 구현을 복잡하게 하고 성능을 저해할 수 있다.

많은 시스템에서 디스크 캐시 버퍼를 유지한다. 디스크 캐시 버퍼는 운영체제가 디스크 데이터를 위해 예약해둔 메인 메모리의 한 영역이다. 어떤 문맥에서는 예약된 메모리가 캐시처럼 작용해 프로세스들이 디스크에서 가져오는 일에 비해 데이터에 훨씬 빠르게 접근할 수 있게 해준다. 또한 예약된 메모리는 버퍼처럼 동작해 운영체제가 데이터를 쓰는 일을 미룰 수 있도록 해서 입출력 성능을 향상시킨다. 디스크 캐시 버퍼는 운영체제 설계자에게 몇 가지 난제를 안겨준다. 캐시 버퍼로 할당되는 메모리가 많아지면 프로세스들에 할당될 수 있는 메모리양이 감소하기 때문이다. 또한 메모리는 휘발성이므로 시스템 전원이 나가거나 시스템이 다운될 경우 데이터의 불일치가 발생할 수도 있다.

후면 쓰기 write-back 캐싱은 버퍼링된 데이터를 주기적으로 디스크에 쓰는 방법으로 운영체제가 여러 입출력을 묶어 요청 한 번으로 해결할 수 있도록 한다. 즉시 쓰기 write-through 캐싱은 캐시된 데이터가 수정될 때마다 데이터를 디스크 캐시 버퍼와 디스크 모두에 쓴다. 이 기술은 시스템이 요청들을 묶어서 처리하는 일을 불가능하게 하지만 시스템이 고장 날 경우 데이터의 불일치가 발생할 위험을 줄여준다.

현재 사용하는 많은 하드 디스크 드라이브에는 수 메가바이트 용량의 독립적인 고속 버퍼 캐시(흔히 온보드 캐시라고 한다)가 포함되어 있다. 만일 요청된 데이터가 온보드 캐시에 저장되어 있으면 하드 드라이브는 거의 메인 메모리의 속도로 데이터를 운반할 수 있다. 그러나 한 연구에 따르면 온보드 캐시를 포함하는 디스크는 임의의 요청 패턴을 가지는 시스템에는 비효율적인 교체 전략을 사용하는 것이 보통이며, 따라서 최선의 성능을 내지는 못한다.

디스크는 파일과 레코드가 추가, 삭제되면서 단편화되는 경향이 있다. 여러 운영체제에서 조각 모음(혹은 디스크 재구성) 프로그램을 가지고 있어서 주기적으로 파일들을 재구성한다. 이는 순차 파일의 연속적인 레코드가 디스크에 연속으로 배치되도록 해준다. 또한 운영체제는 수정될 확률이 높은 파일을 여유 공간 근처에 배치해 이후 단편화가 덜 발생하도록 하기도 한다. 몇몇 운영체제는 사용자들이 디스크를 구별된 영역들로 파티션으로 나눌 수 있게 해준다. 그러면 파일들은 이 영역으로 제한되어 단편화가 감소한다. 몇몇 시스템은 데이터 압축 기술을 사용해 정보들이 디스크에서 차지하는 공간의 양을 줄여준다. 데이터 압축은 공통적인 비트 패턴을 짧은 것으로 대체해 레코드의 크기를 줄인다. 이는 탐색과 지연 시간, 전송 시간 등을 줄여주지만 저장소에 넣을 데이터를 압축하고, 다시 응용 프로그램들이 사용할 수 있도록 해제하는 데 상당한 프로세서 시간이 소요되기도 한다.

특정 정보에 빠르게 접근해야 하는 시스템은 해당 데이터의 사본을 여러 개 만들어 디스크의 여러 다른 위치에 두는 방법을 사용할 수 있다. 이는 탐색과 회전 시간을 상당히 줄여주지만 사본이 여러 개 중복되면서 디스크 공간을 많이 소비한다. 또한 사본 중 하나가 수정될 경우 다른 모든 사본도 수정되어야 하므로, 성능이 저하될 수 있다. 이에 더해 레코드 블록킹 blocking은 연속된 레코드를 한 단일 블록으로 읽는 방법으로, 성능을 크게 개선할 수 있다. 디스크 접근을 모니터링하는 시스템은 자주 접근되는 데이터를 메모리 계층에서 상위에 있는 선호 메모리(메인 메모리나 캐시 메모리)에 유지하려고 노력한다. 반대로 자주 참조되지 않는 데이터는 하드 디스크나 CD와 같이 좀더 느린 저장소에 둔다.

RAID Redundant Arrays of Independent Disks는 상대적으로 느린 디스크 전송 속도의 문제를 해결하기 위해 디스크의 배열을 사용하는 일련의 기술을 지칭한다. 배열을 구성하는 각 방법을 RAID 수준이라고 하며, 각 수준은 데이터 스트라이핑과 중복성 여부에 따라 구분한다. 저장소는 고정 크기 스트립 strip으로 나뉜다. 각 디스크의 연속적인 스트립들은 대체로 불연속적인 데이터나 다른 파일들의 데이터를 저장한다. 스트라이프 stripe는 배열에 있는 각 디스크의 동일한 위치에 있는 스트립의 집합으로 이루어진다.

스트립 크기를 선택할 때, 시스템 설계자는 디스크 요청의 평균 크기를 고려해야 한다. 스트립 크기가 작은 것을 미세 단위 스트립이라고 하며, 이들은 파일 데이터를 몇 개의 디스크에 걸쳐 퍼뜨리는 경향이 있다. 미세 단위 스트립은 각 요청의 접근 시간을 줄이고 전송률을 높일 수 있다. 여러 디스크에 동시에 요청된 데이터의 부분들을 조회하기 때문이다. 이러한 디스크에서 한 요청을 서비스하는 동안에는 시스템의 요청 큐에 있는 다른 요청들을 서비스할 없다.

스트립 크기가 큰 것을 큰 단위 스트립이라고 하며, 더 많은 파일이 통째로 한 스트립 안에 들어맞게 해준다. 이 경우 몇몇 요청은 배열에 있는 디스크의 한 부분만으로 서비스될 수 있기 때문에 여러 요청이 동시에 서비스될 수 있는 확률이 높아진다. 그러나 더 작은 요청들이 동시에 한 디스크에 의해 서비스될 수 있고, 이는 개별적인 요청 면에서 보면 전송률을 떨어뜨리게 된다.

웹 서버나 데이터베이스와 같은 시스템은 보통 여러 작은 레코드에 동시에 접근하는 경우가 많다. 이들 시스템에서는 여러 입출력 연산을 동시에 수행할 수 있는 큰 단위 스트립이 유리하다. 슈퍼컴퓨터와 같은 시스템은 적은 수의 레코드에 빨리 접근해야 할 필요성이 높으므로 각 요청에 대해 빠른 전송률을 제공하는 미세 단위 스트립이 유리하다.

배열의 디스크 수가 증가할수록 이 디스크 중 하나가 고장 날 확률이 증가한다. 이러한 특성을 측정하는 것은 평균 고장 시간 MTTF, Mean-Time-To-Failure 이다. 대부분의 RAID 시스템은 데이터의 사본을 유지해 오류가 발생하거나 고장 날 경우 데이터를 복구할 수 있도록 돕는다. 이러한 기술은 중복성 redundancy을 이용한 것이다. 디스크 미러링 mirroring은 각 데이터 항목의 사본을 디스크 두 개에 저장하는 중복 기술이다. 미러링의 단점은 저장소의 절반만 유일한 데이터를 저장하는 공간으로 사용할 수 있다는 점이다.

중복성을 사용해 스트라이프된 디스크의 성능 개선을 이루기 위해, 시스템은 효율적으로 파일을 스트립들로 나누고, 스트립들로부터 파일을 형성하고, 스트립의 위치를 결정하고, 중복성을 구현해야 한다. 이러한 기능을 빠른 속도로 수행해내기 위해 많은 RAID 시스템에서 RAID 컨트롤러라는 특수한 하드웨어를 포함한다. RAID 수준을 선택할 때, 설계자들은 비용과 성능, 신뢰성 간의 균형을 잘 맞춰야 한다. 한 가지를 개선하려 할 때 다른 두 가지가 악화되는 경우가 많기 때문이다.

RAID 수준 0은 중복성은 없으며 스트라이프된 디스크를 사용한다. 수준 0은 장애 내구성이 없다. 한 디스크가 고장 나면, 고장 난 디스크에 의존하는 모든 데이터를 잃는다. 배열의 스트립 크기에 따라서는 한 디스크만 고장 나도, 디스크 배열에 저장된 모든 데이터가 쓸모없게 될 수도 있다. RAID 0은 장애 내구성이 없지만 구현하기 쉽고, 전송 속도가 빠르며 저장소 오버헤드가 없다는 장점도 있다.

RAID 수준 1은 디스크 미러링(섀도잉 shadowing이라고도 한다)을 통해 중복성을 갖는다. 따라서 배열 내의 각 디스크는 이중으로 되어 있다. 수준 1에서는 스트라이프가 구현되지 않으므로 하드웨어의 복잡도와 시스템 성능이 감소한다. 수준 1은 RAID 수준 중 장애 내구성이 가장 높지만 배열 내 디스크에서 절반의 용량만 데이터 저장에 사용할 수 있으므로 비용이 높아진다. 각각의 미러 쌍에 대해 두 개의 읽기 요청이 동시에 수행될 수 있다. 그러나 쓰기 작업 시에는 한 번에 한 요청만 서비스할 수 있다. 고장 난 디스크에서 데이터를 복구하고 재구축하는 것을 데이터 재생성이라고 하며, 이를 위해서는 미러링된 디스크로부터 중복 데이터를 복사해야 한다. 미러 쌍인 디스크 두 개가 모두 고장 났을 경우에는 데이터 복구가 불가능하다.

몇몇 RAID 시스템은 마치 자동차의 스페어 타이어처럼 여분의 디스크(핫 스페어 디스크 hot spare disk 혹은 온라인 스페어 online spare라고도 한다)를 두었다가 고장 난 디스크를 교체한다. 몇몇 시스템은 핫 스왑 가능한 hot swappable 디스크 드라이브를 가지고 있어서 시스템이 온라인 상태일 때도 교체할 수 있는 기능을 제공한다. 이러한 시스템은 계속 실행되는 동안에도 데이터 재생성이 가능하다. 이는 온라인 트랜잭션 처리 시스템과 같이 높은 가용성이 필요한 환경에서 꼭 필요한 특징이다. RAID 수준 1은 비즈니스 크리티컬 또는 미션 크리티컬 시스템과 같이 비용이나 성능보다 신뢰성이 가장 중요한 환경에 적합하다.

RAID 수준 2 배열은 비트 수준으로 스트라이프된다. 따라서 각 스트립은 한 비트를 저장한다. 수준 2 배열들은 미러링을 사용해 장애 내구성을 갖출 때 발생하는 저장소 오버헤드를 줄일 목적으로 설계되었다. 각 데이터 항목에 대한 사본을 중복으로 유지하는 대신 RAID 수준 2는 해밍 오류 정정 코드 Hamming ECC(Error-Correcting Code)라는 패리티 정보를 저장하는 기술을 사용한다. 해밍 ECC는 시스템이 두 개까지 오류를 탐지하고, 오류 하나를 정정하며, 스트라이프에서 오류가 발생한 위치를 파악할 수 있게 해준다. 해밍 ECC 코드의 크기와 이에 따른 패리티 디스크의 수는 데이터 디스크 수의 로그(밑수 2) 비율로 증가한다. 따라서 수준 2 배열이 많은 디스크를 포함할 경우 수준 1에서보다 저장소 오버헤드가 상당히 줄어들게 된다.

비록 ECC 디스크들이 미러링과 비교해 중복으로 인한 저장소 오버헤드를 줄여주기는 하지만 성능을 저하시킬 수도 있다. 여러 요청을 동시에 서비스할 수 없기 때문이다. 각각의 읽기 요청을 위해 배열의 모든 디스크에 접근해야 하며, ECC를 계산하고 그 값을 패리티 디스크로부터 조회한 패리티 값과 비교해야 한다. 이와 비슷하게 쓰기 요청을 서비스할 때 해밍 ECC는 기록되는 각 스트라이프마다 계산을 수행해야 한다. 게다가 시스템은 읽기-수정-쓰기 사이클을 수행해야 하는데, 시스템이 매번 쓰기 작업 시마다 배열 전체를 두 번씩 접근해야 하므로 성능이 저하된다. RAID 수준 2 배열을 사용해 동시 작업을 하게 하는 방법은 시스템의 디스크들을 더 작은 몇 개의 RAID 수준 2 배열로 나누는 것이다. 그러나 이 경우 저장소 오버헤드가 커지고 비용이 높아진다. 현대 시스템에서 RAID 2를 구현하지 않는 주요 이유는 현대 디스크 드라이브들이 해밍 ECC를 수행하거나 이에 필적할 만한 보호 장치를 하드웨어 자체에서 제공하기 때문이다.

RAID 수준 3은 데이터를 비트나 바이트 수준에서 스트라이프한다. RAID 3은 XOR 오류 정정 코드 XOR(eXclusive OR) ECC를 사용한다. XOR ECC란 배타적 논리합 연산을 사용해 패리티 정보를 생성하는 것이다. XOR ECC는 디스크 배열의 크기에 상관없이 패리티 정보를 보관하기 위해 한 디스크만을 사용한다. 시스템은 패리티 비트를 사용해 한 디스크가 고장 났을 경우 복구를 수행할 수 있다. 만일 패리티 디스크가 고장 났다면 배열의 데이터 디스크들로부터 다시 계산할 수 있다. 패리티 확인 때문에 RAID 수준 3에서 읽기/쓰기 작업을 하려면 배열 전체에 접근해야 한다. RAID 수준 2와 유사하게 이는 큰 파일을 읽거나 쓸 때 전송률이 높아지지만 한 번에 한 요청만 서비스될 수 있다.

RAID 수준 4 시스템은 고정 크기(대체로 바이트보다 큰 단위) 블록을 사용해 스트라이프되고 XOR ECC를 사용해 패리티 데이터를 생성해 한 패리티 디스크에 저장한다. 수준 4 배열은 큰 단위 스트라이핑을 허용하므로 패리티가 매번 읽기 작업 때마다 결정되지 않을 경우, 시스템은 잠재적으로 여러 읽기 요청을 동시에 서비스할 수 있다. 그러나 시스템은 쓰기 요청에 대해서는 패리티 정보를 갱신해 디스크 고장 시에 데이터가 손실되지 않도록 보장해야 한다. 이는 요청을 한 번에 하나씩 서비스해야 함을 의미한다. 따라서 쓰기 병목 현상이 발생할 수 있다.

RAID 수준 5 배열은 블록 수준에서 스트라이프되며 패리티로 XOR ECC를 사용한다. 그러나 패리티 블록은 디스크 배열 전체에 분산된다. 따라서 여러 패리티 블록이 동시에 접근될 수 있고 많은 요청에 대한 병목 현상을 줄여준다. RAID 수준 5는 패리티를 분산하는 방법으로 쓰기 성능을 향상시켜주지만 수준 5 배열은 쓰기 요청마다 여전히 읽기-수정-쓰기 사이클을 수행해야 한다. 따라서 쓰기 요청마다 최소 네 번의 입출력 연산이 필요하다.

최근 접근한 데이터와 패리티 블록을 캐시하는 것은 읽기-수정-쓰기 사이클에서 입출력 횟수를 줄여준다. 패리티 로깅은 읽기-수정-쓰기 사이클을 수행하는 대신, 오래된 패리티와 새 패리티의 차이를 메모리에 저장함으로써(이를 갱신 이미지 update image라고 한다) RAID 수준 5의 성능을 향상시켜준다. AFRAID A Frequently Redundant Array of Independent Disks는 패리티 데이터 생성을 시스템 부하가 가벼워질 때까지 미루는 방법으로 성능을 향상시킨다.

RAID 수준 5가 RAID 수준 2~4에 비해 성능을 높이지만 구현이 복잡하기 때문에 비용이 높아진다. 또한 패리티가 배열 전체에 분산되어 있으므로 다른 수준에 비해 데이터 재생성이 더 복잡하다. 이러한 한계에도 불구하고 RAID 수준 5는 성능과 비용, 신뢰성의 균형을 잘 맞춘 구조로 자주 구현된다. 수준 5 배열은 범용 디스크 배열로 인식되며 파일과 응용 서버, ERP, 그 밖의 비즈니스 시스템에서 자주 찾아볼 수 있다.

기타 많은 RAID 수준이 존재하며 각 수준은 RAID 수준 0~5로부터 한두 가지 아이디어를 빌린 것이다. 불행히도 RAID 수준에 대한 명명 규칙이 없어서 자주 혼란을 일으키기도 한다.

Chapter_12 연습문제

01 디스크 스케줄링의 주요 목표는 무엇인가? 각 목표는 왜 중요한가?

02 특정 디스크 드라이브 모델에서 탐색 시간이 평균 지연 시간과 비슷하다고 가정하자. 이 점이 설계자가 디스크 스케줄링 전략을 선택하는 데 어떤 영향을 미치는가?

03 주어진 디스크 스케줄링 규칙을 공평하게 하는 것은 무엇인가? 디스크 스케줄링 규칙의 다른 목표들과 비교해 공평성은 얼마만큼 중요성을 갖는가?

04 공평하지 않은 디스크 스케줄링 규칙은 FCFS보다 대체로 반응 시간의 변량이 크다고 한다. 이는 왜 사실인가?

05 시스템의 부하가 적을 때, 이 장에서 논의한 모든 디스크 스케줄링은 어떤 구조로 귀결되는가? 그 이유는 무엇인가?

06 디스크 스케줄링 구현 결정에 영향을 주는 한 가지 기준은 해당 디스크 스케줄링 메커니즘의 실행 시 오버헤드다. 어떤 요인들이 이 오버헤드를 일으키는가? t를 FCFS 디스크 스케줄링을 하는 시스템의 평균 탐색 시간이라고 가정하자. s는 다른 형태의 디스크 스케줄링을 사용하고 있을 때 평균적인 디스크 요청 하나를 스케줄링하는 데 걸리는 시간이라고 하자. 다른 모든 요인은 이 시스템에 디스크 스케줄링을 포함하는 데 유리하다고 가정한다. 다음 각 경우에서 시스템에 디스크 스케줄링을 적용할 때 잠재적인 효과를 논하라.

a. $s = 0.01t$
b. $s = 0.1t$
c. $s = t$
d. $s = 10t$

07 지연 최적화는 시스템 부하가 극단적으로 많을 때를 제외하면 시스템 성능에 별 영향을 주지 않는다. 그 이유는 무엇인가?

08 대화식 시스템에서는 사용자에게 적절한 반응 시간을 보장하는 것이 필수다. 반응 시간의 변량을 줄이는 것이 여전히 중요한 목표지만 이따금씩 사용자가 무기한 연기를 경험할 위험이 있다. 대화식 시스템에서 사용자에게 적절한 반응 시간을 보장하면서도 무기한 연기를 방지하기 위해 디스크 스케줄링 규칙에 어떤 추가적인 메커니즘을 추가하겠는가?

09 FCFS는 디스크 스케줄링 규칙으로 적합하지 못하다고 하는 사람이 있다. 그 이유는 무엇인가? 심지어 FCFS보다도 못해 디스크 스케줄링이라고 하기 어려운 디스크 요청 서비스 방식이 있다면 어떤 것인가?

10 어떤 의미에서 SSTF보다 LOOK이 공평하다고 할 수 있는가? 어떤 의미에서 LOOK보다 C-LOOK이 공평하다고 할 수 있는가?

11 통계에 기초해 FCFS에서 반응 시간의 변량이 작은 이유를 논의하라.

12 SSTF는 왜 가장 안쪽이나 바깥쪽 트랙의 요청을 희생해 가운데 트랙을 선호하는가?

13 '7장. 교착 상태와 무기한 연기'에서 무기한 연기를 회피하는 방법을 제시했다. SSTF를 수정해 '기아 상태에 빠지지 않는 SSTF'를 만들어보자. 이 새로운 버전을 일반 SSTF와 비교할 때 처리량, 평균 반응 시간, 반응 시간의 변량은 어떠한가?

14 특정 실린더에 대한 디스크 요청을 수행하고 있는 동안 해당 실린더에 대한 다른 요청이 새로 도착할 수 있다. 어떤 디스크 스케줄링 규칙은 현재 요청을 처리한 직후 이 요청을 서비스할 수도 있다. 또 다른 규칙은 디스크 암이 새로운 sweep으로 진입할 때까지 새로 온 요청을 배제할 수도 있다. 직전 요청과 똑같은 실린더에 온 새로운 요청을 즉시 서비스해주는 디스크 스케줄링은 어떤 위험성을 내포하고 있는가?

15 SCAN이 SSTF보다 반응 시간의 변량이 낮은 이유는 무엇인가?

16 FSCAN의 처리량과 SCAN의 처리량을 비교하라.

17 C-SCAN과 SCAN의 처리량을 비교하라.

18 지연 최적화 메커니즘은 어떻게 동작하는가?

19 디스크 드라이브를 추가하는 방법이 항상 저장소 병목 현상을 해결하는 것은 아니다. 그 이유는 무엇인가?

20 멀티프로그래밍 수준에 따라 디스크 스케줄링의 필요성이 달라지는 이유는 무엇인가?

21 컨트롤러에 포화 상태가 감지되었다고 하자. 이때 디스크 스케줄링이 쓸모가 있는가? 다른 어떤 조치를 취해야 하는가?

22 디스크 스케줄링 규칙들을 고려할 때 요청들의 분배가 획일적이라고 가정하는 것이 바람직한 이유는 무엇인가? 어떤 유형의 시스템에서 획일적인 요청 분산 패턴을 볼 수 있는가? 획일적이지 않은 요청 분배 패턴을 보이는 시스템의 몇 가지 예를 들어보라.

23 단일 사용자가 사용하고, 순차적인 파일 처리 응용 프로그램이 실행되고, 전용 디스크가 있는 상황에서 디스크 스케줄링은 유용한가? 그 이유는 무엇인가?

24 VSCAN 스케줄링 전략은 변수 R에 따라 SSTF와 SCAN을 조합한다.[91] VSCAN은 SSTF를 사용해 다음 서비스 대상을 선택하지만, 읽기/쓰기 헤드가 방향을 바꿔야 하는 요청들은 인자 R을 통해 가중치가 부여된다. 반대 방향에 있는 요청에 대한 '거리'는 다음과 같이 계산한다. C는 디스크에 있는

실린더의 수고, S는 헤드가 현재 위치한 곳과 다음 요청 사이에 있는 실린더의 수다. 그 다음, VSCAN은 거리 $D=S+R\times C$를 사용한다. 따라서 VSCAN은 R을 사용해 선호하지 않는 방향에 있는 요청들에는 추가적인 비용을 더한다.

25 $R=0$이면 VSCAN은 어떤 디스크 스케줄링 정책으로 귀결되는가?

26 $R=1$이면 VSCAN은 어떤 디스크 스케줄링 정책으로 귀결되는가?

27 R 값을 0과 1 사이의 값으로 설정할 때 어떤 이점을 얻을 수 있는지 논의하라.

28 어떤 상황에서 디스크 스케줄링은 FCFS보다 못한 성능을 내는가?

29 프로세서 스케줄링과 디스크 스케줄링의 기본적인 목표들을 비교하라. 유사점은 무엇이고, 다른 점은 무엇인가?

30 어떤 요인 때문에 탐색 연산이 필요하게 되는가?

31 빈 디스크에 적절하게 저장된 순차 파일은 최소의 탐색 연산으로 조회할 수 있다. 그러나 파일이 추가, 삭제됨에 따라 디스크가 심하게 단편화되는 경향이 있다. 따라서 디스크 파일에서 인접한 레코드를 연속으로 참조할 때 디스크 전반에 걸쳐 상당한 탐색 작업이 발생할 수 있다. 탐색 작업을 최소화하기 위한 파일 재구성 개념에 관해 논의하라. 어떤 상황에서 파일을 재구성해야 하는가? 디스크에 있는 모든 파일을 재구성해야 하는가, 특정 파일에만 국한해야 하는가?

32 어떤 설계자가 디스크 서브시스템의 반응 시간을 크게 향상하려면 디스크 암을 여러 개 사용해야 한다고 제안했다. 이 방법의 장단점을 논의하라.

33 LOOK 알고리즘이 건물의 엘리베이터 동작 방식과 비슷하다고 언급했다. 어떤 의미에서 그러한가?

34 디스크 스케줄링과 파일 재구성 외에 탐색 연산을 최소화하는 다른 방법을 제안하라.

35 SCAN 전략은 C-SCAN 알고리즘보다 처리량이 훨씬 많은 경우가 많다. 그러나 시스템 설계자들은 SCAN보다 C-SCAN을 선택하는 경우가 많다. 이러한 결정이 적절할 수 있는 이유는 무엇인가?

36 12.10.6에서 RAID 시스템이 공식 $A_{p'}=(A_d \text{ XOR } A_d) \text{ XOR } A_p$를 사용해 패리티를 계산할 때 입출력 연산의 횟수를 줄일 수 있다고 언급했다. 이 관계가 모든 스트립 A_d, $A_{d'}$, A_p에 대해서도 유효함을 증명하라.

37 다음 각 응용에 대해 시스템이 RAID 수준 0, RAID 수준 1, RAID 수준 5 중 어떤 것을 적용해야 하는지 선택하고 이유를 설명하라.

38 금융 기관에서 계좌 트랜잭션 내용 저장

39 슈퍼컴퓨터에서 처리하기 전에 테이프 드라이브에서 전송된 고해상도의 망원경 이미지 저장

40 개인 웹 서버 운영

[추천 프로젝트]

41 리눅스에서 디스크 스케줄링을 조사하라. 리눅스는 어떤 스케줄링 전략들을 사용하는가? 이 전략들을 어떻게 구현하는가? 리눅스 디스크 스케줄링에 대한 소개는 '16.8.3 블록 장치 I/O'를 참고하라.

42 하드 디스크 제조사들이 성능을 개선하려고 사용하는 기술들에 관해 연구 보고서를 작성하라. PDF로 제공하는 '웹 자료'에 있는 링크들을 참고하기 바란다.

43 이 장에서 다룬 6가지 수준 외의 RAID 수준 5가지를 간략하게 소개하는 연구 보고서를 작성하라.

[추천 시뮬레이션]

44 다음 각 디스크 스케줄링 규칙을 구현하는 모니터를 개발하라('6장. 병행 프로그래밍' 참고).

a. FCFS
b. SSTF
c. SCAN
d. *N*-Step SCAN
e. C-SCAN

45 이 장에서는 FCFS, SSTF, SCAN, *N*-Step SCAN, C-SCAN, F-SCAN, LOOK, C-LOOK 등 실린더 중심 디스크 스케줄링 전략을 몇 가지 살펴봤다. 이들 스케줄링 방법의 성능을 비교하는 시뮬레이션을 작성하라. 시스템 부하가 낮을 때, 중간일 때, 높을 때로 세분하라. 낮은 부하를 전체 디스크에 대해 대기 요청이 하나 혹은 없는 상태로 정의하라. 중간 수준의 부하는 각 실린더가 0 또는 1의 내기 요청을 가지는 것으로 정의하라. 높은 부하는 많은 실린더가 대기 중인 요청을 여러 개 가지는 것으로 정의하라. 임의의 수를 생성해 각 요청에 대한 실제 실린더와 각 요청의 도착 시간을 시뮬레이션하라.

46 무빙 헤드 디스크 저장소의 개발은 현대 컴퓨팅 시스템이 성공하는 데 크게 기여했다. 디스크는 막대한 양의 정보를 비교적 빠르게 그리고 직접 접근할 수 있게 해준다. 산업 예견자들은 디스크 기반 2

차 저장소 시스템 분야가 탄탄해질 것이라고 보고, 연구자들은 더 발전된 새로운 디스크 스케줄링 전략을 계속 개발하고 있다. 몇 가지 새로운 디스크 스케줄링 메커니즘을 개발하고, 이 장에서 소개한 전략들과 비교하라.

다음과 같은 시뮬레이션 프로그램을 개발하라. 디스크에는 플래터 2개(표면 4개), 읽기/쓰기 헤드 네 개, 실린더 25개와 트랙당 20개 섹터가 있다. 이 디스크는 읽기/쓰기 헤드의 현재 위치를 저장해야 하고 읽기, 쓰기, 탐색과 같은 기능을 제공해야 한다. 이러한 기능은 각 요청을 서비스하는 데 필요한 시간을 밀리초 단위로 반환해야 한다(트랙 간 탐색 시간은 2ms, 평균 탐색 시간은 10ms, 평균 지연 시간은 5ms가 적당하다). 그리고 일정한 분산을 보이는 요청들을 생성하는 시뮬레이션 프로그램을 작성하라. 요청들은 플래터와 실린더, 섹터의 위치와 요청된 섹터의 수에 따라 크기를 명시하게 하라. 이 요청들을 디스크 스케줄러에 보내고, 스케줄러가 이들을 정렬한 후 디스크에 보내서 읽기, 쓰기, 탐색 함수들을 호출해 서비스받게 하라. 디스크에서 반환한 값들을 사용해 각 스케줄링 알고리즘의 처리량, 반응 시간, 반응 시간의 분산 등을 확인하라.

47 앞의 연습문제에서 만든 시뮬레이션 프로그램에 회전 지연 시간을 추가하라. 각 전략에 대해 성능이 좋아지는지, 나빠지는지 확인하라.

핵심용어

Key Terms

- AFRAID A Frequently Redundant Array of Independent Disks
- C-LOOK 디스크 스케줄링 C-LOOK(Circular LOOK) disk scheduling
- C-SCAN 디스크 스케줄링 C-SCAN(Circular SCAN) disk scheduling
- FSCAN 디스크 스케줄링 FSCAN disk scheduling
- LOOK 디스크 스케줄링 LOOK disk scheduling
- *N*-Step SCAN 디스크 스케줄링 *N*-Step SCAN disk scheduling
- RAID Redundant Array of Independent Disks
- RAID 수준 0 RAID level 0
- RAID 수준 1 RAID level 1
- RAID 수준 2 RAID level 2
- RAID 수준 3 RAID level 3
- RAID 수준 4 RAID level 4
- RAID 수준 5 RAID level 5
- RAID 컨트롤러 RAID controller
- RAMAC Random Access Method of Accounting and Control
- SCAN 디스크 스케줄링 SCAN disk scheduling
- 갱신 이미지 update image
- 단편화된 디스크 fragmented disk
- 데이터 스트라이핑 data striping
- 데이터 압축 data compression
- 데이터 재생성 data regeneration
- 디스크 미러링 disk mirroring
- 디스크 스케줄링 disk scheduling
- 디스크 암 disk arm
- 디스크 암 예측 disk arm anticipation
- 디스크 재구성 disk reorganization
- 디스크 캐시 버퍼 disk cache buffer
- 마그네틱 테이프 저장소 magnetic tape storage
- 무빙 암 어셈블리 moving arm assembly
- 미러링 mirroring
- 미세 단위 스트립 fine-grained strip
- 배타적 논리합 연산 XOR(eXclusive-OR) operation
- 병목 현상 bottleneck
- 부하 load
- 붐 boom
- 블록 block
- 블록킹 blocking
- 비균일 요청 분산 nonuniform request distribution
- 섀도잉 shadowing
- 선착 우선 서비스 디스크 스케줄링 FCFS(First-Come-First-Served) disk scheduling
- 선호 방향 preferred direction
- 섹터 sector
- 섹터 큐잉 sector queuing
- 수준 level
- 스트라이프 stripe
- 스트립 strip
- 스핀들 spindle
- 신뢰성 reliability
- 실린더 cylinder
- 액추에이터 actuator
- 엘리베이터 알고리즘 elevator algorithm
- 예측 이동 anticipatory movement
- 온라인 스페어 online spare
- 온라인 트랜잭션 처리 OLTP, OnLine Transaction Processing
- 요청률 request rate
- 위치 결정 시간 positioning time
- 유니박 1 UNIVAC 1, UNIVersal Automatic Computer
- 읽기-수정-쓰기 사이클 read-modify-write cycle
- 읽기-쓰기 헤드 read-write head
- 임의 탐색 패턴 random seek pattern
- 전송 시간 transmission time
- 조각 모음 defragmentation
- 중복성 redundancy

핵심용어

Key Terms

- 즉시 쓰기 캐싱 write-through caching
- 최단 탐색 시간 우선 디스크 스케줄링 SSTF(Shortest-Seek-Time-First) disk scheduling
- 최소 위치 결정 시간 우선 디스크 스케줄링 SPTF(Shortest-Positioning-Time-First) disk scheduling
- 최소 접근 시간 우선 디스크 스케줄링 SATF(Shortest-Access-Time-First) disk scheduling
- 최소 지연 시간 우선 디스크 스케줄링 SLTF(Shortest-Latency-Time-First) disk scheduling
- 큰 단위 스트립 coarse-grained strip
- 탐색 시간 seek time
- 탐색 연산 seek operation
- 탐색 최적화 seek optimization
- 트랙 track
- 파티션 partition
- 패리티 parity
- 패리티 로깅 parity logging
- 평균 고장 시간 MTTF(Mean-Time-To-Failure)
- 평균 반응 시간 mean response time
- 플래터 platter
- 하드 디스크 드라이브 hard disk drive
- 핫 스팟 hot spot
- 핫 스페어 디스크 hot spare disk
- 해밍 오류 정정 코드 Hamming ECC(Error-Correcting Code)
- 회전 지연 rotational latency
- 회전 최적화 rotational optimization
- 후면 쓰기 캐싱 write-back caching

추천도서

Recommended Reading

대부분의 시스템에서 디스크에 병목 현상이 발생하기 때문에 디스크 성능 최적화에 관한 연구가 활발하게 이루어져왔다. 데닝은 디스크 스케줄링 알고리즘이 어떻게 성능을 개선할 수 있는지 논의했다.[92] 2차 저장소 형태로 하드 디스크를 많이 사용하면서 하드 디스크의 성능을 향상하기 위한 연구도 지속되었다.[93, 94, 95, 96, 97, 98, 99]

연구자들은 복잡한 하드 디스크 동작 시뮬레이션을 많이 사용해 디스크 스케줄링 알고리즘에 대한 비교 연구를 계속했다.[36, 39] 패터슨과 동료들은 세미나 논문을 통해 RAID의 개념을 소개했다.[100] 이어지는 연구에서도 다양한 RAID 수준의 상충성에 관해 자세히 연구했다.[101, 102]

메인 메모리와 하드 디스크의 속도 증가 차이가 커지면서 읽기/쓰기 헤드 수천 개를 가진 칩을 사용해 사각형의 매체에 접근하는 MEMS Micro ElectroMechanical Storage 장치들이 하드 디스크를 대체해 저렴한 비용으로 큰 용량을 제공할 수 있을 것으로 전망한다.[103, 104] 이 장의 참고 문헌 목록은 http://www.deiel.com/books/os3e/Bibliography.pdf를 참고하기 바란다.

Chapter 13

파일과 데이터베이스 시스템

File and Database Systems

이 장에서 다루는 내용

- 파일 시스템의 필요성
- 파일과 디렉토리 그리고 이들에 수행할 수 있는 연산
- 저장 장치의 데이터와 여유 공간 구성과 관리
- 파일 시스템에서 데이터 접근 제어
- 백업, 복구, 파일 시스템 무결성 메커니즘
- 데이터베이스 시스템과 모델

01 소개
02 데이터 계층
03 파일
04 파일 시스템
05 파일 구성
06 파일 할당
07 여유 공간 관리
08 파일 접근 제어
09 데이터 접근 기술
10 데이터 무결성 보호
11 파일 서버와 분산 시스템
12 데이터베이스 시스템

* 요약
* 연습문제
* 핵심용어

그것은 내 기억 속에 잠겨 있다. 당신이 그 열쇠를 간직하고 있어야 한다.

William Shakespeare

....

E pluribus unus. (여럿이 하나를 이루다.)

Virgil

....

"파일로 보관하지 마시오"라는 문서는 "파일로 보관하지 마시오"라는 파일에 있을 거라고 추측할 수밖에요.

Frank Church 의원, 1975년 상원 정보부 청문회에서

....

오랜 경험과 땀과 노력을 공유해 생겨난 정부가 아니라면, 결코 뿌리를 내릴 수 없다.

Napoleon Bonaparte

13.1 소개

대부분의 컴퓨터 사용자는 이름이 붙은 데이터의 집합체로, 한 단위로 조작하는 **파일** file 이라는 개념에 익숙하다. 파일은 휘발성이 있는 메인 메모리에 배타적으로 존재할 수도 있지만, 일반적으로 디스크나 CD 혹은 테이프와 같은 2차 저장소에 저장한다. 이 장에서는 시스템에서 지연 시간이 긴 2차 저장 장치로부터 파일 데이터를 빠르게 조회하기 위해 이들을 어떻게 구성하고 접근하는지 논의한다. 또한 운영체제에서 사용자 파일을 찾고 관리할 수 있는 인터페이스를 만드는 방법도 살펴본다. 2차 저장소는 몇몇 사용자에게 민감한 정보를 저장하는 경우가 많으므로, 시스템은 파일 데이터 접근을 제어해야 한다. 많은 시스템에서 파일을 사용해 물품 재고 목록이나 급여 대장, 은행 계좌의 잔고 등 중요한 정보를 저장한다. 여기서는 전원이 나가거나 디스크 고장이 발생할 때, 파일 시스템이 이러한 데이터가 손실되지 않게 보호하는 방법도 살펴본다. 마지막으로 시스템이 많은 공유 데이터를 관리하기 위해 파일 대신 데이터베이스를 사용하는 내용도 살펴볼 것이다.

13.2 데이터 계층

컴퓨터에서 정보들은 **데이터 계층** hierarchy 에 따라 저장된다. 데이터 계층의 가장 낮은 수준은 비트로 구성된다. 비트는 **비트 패턴** bit pattern 으로 묶여 컴퓨터 시스템의 모든 데이터 항목을 나타낸다. n비트 비트열에는 2^n가지 비트 패턴이 있다.

데이터 계층의 다음 수준은 **바이트** byte, 문자, 워드와 같은 고정 길이 비트 패턴들이다. 일반적으로 저장소를 언급할 때 1바이트는 8비트를 나타낸다. **워드** word 는 프로세서가 한 번에 처리할 수 있는 비트 수를 말한다. 따라서 32비트 프로세서에서 워드는 4바이트고, 64비트 프로세서에서는 8바이트다.

문자 character 는 바이트(혹은 바이트 그룹)를 글자 letter, 숫자 number, 구두점 punctuation, 개행 new line 등에 맵핑한다. 많은 시스템이 8비트 문자를 사용하므로 **문자 집합** character set 에 2^8개, 즉 256문자를 포함할 수 있다. 현재 사용되는 가장 유명한 세 가지 문자 집합으로는 **아스키** ASCII, American Standard Code for Information Interchange, EBCDIC Extended Binary-Coded Decimal Interchange Code 그리고 **유니코드** Unicode®가 있다.

아스키는 문자를 8비트인 바이트로 저장하므로 256문자를 포함할 수 있다. 아스키는 문자 크기가 작기 때문에 국제 문자 집합은 지원하지 못한다. EBCDIC은 흔히 메인프레임 컴퓨터 시스템, 특히 IBM에서 개발한 시스템에 있는 데이터를 표현하는 데 사용한다. EBCDIC 또한 문자를 8비트인 바이트로 저장한다.[1]

유니코드는 국제적으로 인정하는 표준으로, 인터넷과 여러 언어를 지원하는 응용 프로그램에서 많이 사용한다. 유니코드의 목적은 유일한 수를 사용해 전 세계 모든 언어의 문자를 표현하는 것이다.[2] 유니코드는 문자 집합을 8비트, 16비트, 32비트로 표현하는 방법을 제공한다. 아스키를 유니코드 문자로 변환하는 과정을 간단하게 할 목적으로 만든 UTF-8(8비트 유니코드 문자 집합 변환 포맷Unicode character set Translation Format-8bit)이라는 8비트 표기법은 아스키 문자 집합에 직접 대응한다. HTML 파일들은 대체로 UTF-8을 사용해 인코딩된다. UTF-16과 UTF-32는 더 큰 문자 집합을 제공하며, 응용 프로그램에서 그리스어, 키릴어, 중국어를 비롯한 여러 가지 자모로 표현한 정보를 저장할 수 있게 해준다. 하지만 UTF-16과 UTF-32는 UTF-8과 비교해 같은 수의 문자를 저장할 때도 더 큰 파일이 필요하다. 예를 들어, 12자로 구성된 문자열 "Hello, world"는 8비트 문자를 사용하면 저장소에서 12바이트가 필요하지만, 16비트 문자를 사용하면 두 배인 24바이트, 32비트 문자열을 사용하면 네 배인 48바이트가 필요하다.

필드field는 문자의 그룹(예를 들어, 사람의 이름이나 거리명 또는 전화번호)이다. **레코드**record는 이 필드가 모인 그룹이다. 예를 들어, 학생 레코드는 학생의 ID, 이름, 주소, 전화번호, 평균 성적 누계, 전공, 졸업 예정일 등의 필드로 구성할 수 있다. 파일은 관련 레코드의 그룹이다. 예를 들어, 학생 파일은 대학교의 각 학생에 해당하는 레코드를 담고 있을 것이다. 직원 명부 파일은 회사의 각 직원당 하나씩 레코드를 담고 있을 것이다. 데이터 계층의 최상단은 파일 시스템 또는 데이터베이스다. 파일 시스템은 파일의 집합이고, 데이터베이스는 데이터의 집합이다(데이터베이스 시스템에 관해서는 '13.12 데이터베이스 시스템'에서 논의한다).

볼륨volume이라는 용어는 여러 파일을 보유할 수 있는 데이터 저장소의 단위를 말한다. 물리 볼륨은 한 저장 장치로 제한된다. 논리 볼륨(가상 머신에서 사용할 수 있는 종류와 같다)은 여러 장치에 걸쳐 존재할 수 있다. 볼륨의 예로는 CD, DVD, 테이프, 하드 디스크 등을 들 수 있다.

셀프 리뷰

1. 문자 집합이 크면 어떤 장단점이 있는가?
2. 16비트, 32비트, 64비트 문자 집합을 사용해 문자를 몇 개까지 저장할 수 있는가? 64비트 문자 집합을 구현하지 않는 이유는 무엇이라고 생각하는가?

▶ **풀이** 1) 유니코드처럼 큰 문자 집합은 사용자가 다양한 언어로 된 데이터를 저장하고 전송할 수 있게 해준다. 그러나 큰 문자 집합은 각 문자를 표현하는 데 많은 비트가 필요하므로, 데이터 크기를 증가시킨다. 2) 16비트 문자 집합은 2^{16}, 즉 65,536개 문자를 표현할 수 있다. 32비트 문자 집합은 2^{32}, 즉 문자를 40억 개 이상

표현할 수 있다. 64비트 문자 집합은 2^{64}, 즉 문자를 1,600경 개 quintillion 이상 표현할 수 있다. 64비트 문자 집합을 아직까지 구현하지 않는 이유는 한 문자당 저장 공간을 상당량 소비하기 때문이다. 그리고 이렇게 많은 문자를 포함하는 문자 집합을 아주 먼 미래에도 사용할 가능성이 희박하기 때문이다.

13.3 파일

파일은 이름을 붙인 데이터 집합이다. 파일은 다음과 같은 연산으로 조작할 수 있다.

- **열기** open – 파일을 참조할 수 있게 준비한다.
- **닫기** close – 파일을 다시 열기 전까지는 파일 참조를 막는다.
- **생성** create – 새로운 파일을 생성한다.
- **파괴** destroy – 파일을 삭제한다.
- **복사** copy – 파일의 내용을 다른 파일에 복사한다.
- **이름 변경** rename – 파일의 이름을 변경한다.
- **리스트** list – 파일의 내용을 출력하거나 표시한다.

파일 안에 있는 각 데이터 항목은 다음과 같은 연산으로 조작할 수 있다.

- **읽기** read – 파일에 있는 데이터를 프로세스의 메모리에 복사한다.
- **쓰기** write – 프로세스의 메모리에 있는 데이터를 파일에 복사한다.
- **갱신** update – 파일에 있는 데이터 항목을 수정한다.
- **삽입** insert – 새로운 데이터 항목을 파일에 추가한다.
- **삭제** delete – 파일에서 데이터 항목을 제거한다.

파일은 다음과 같은 속성을 포함할 수 있다.

- **크기** size – 파일에 저장된 데이터양
- **위치** location – (저장 장치 또는 시스템의 논리적 파일 구성에서) 파일의 위치
- **접근성** accessibility – 파일 데이터 접근에 지정된 제약 사항
- **유형** type – 파일 데이터의 용도. 예를 들어, 실행 파일은 프로세스를 위한 머신 명령어들을 담고 있다. 데이터 파일은 해당 데이터를 접근할 수 있는 응용 프로그램을 명시할 수도 있다.
- **변동성** volatility – 파일에 추가 삭제를 수행하는 빈도

- **활성도** activity – 주어진 일정 시간 안에 파일의 레코드에 접근한 비율(%)

파일은 레코드 하나 이상으로 구성된다. **물리 레코드(물리 블록)** physical record(physical block)는 저장 장치를 대상으로 실제로 읽고 쓰는 정보의 단위다. **논리 레코드(논리 블록)** logical record(logical block)는 소프트웨어에서 다루는 데이터의 집합이다. 각 물리 레코드에 정확히 한 논리 레코드가 있으면 파일이 **블록화되지 않은 레코드** unblocked record로 구성되어 있다고 한다. 각 물리 레코드가 여러 논리 레코드로 구성되어 있으면 파일이 **블록 레코드** blocked record로 구성되어 있다고 한다. 고정 길이 레코드로 구성된 파일에서는 모든 레코드의 길이가 같다. 블록 크기는 원래 레코드 크기의 정수배다. 가변 길이 레코드로 구성된 파일에서는 레코드 크기가 가변적이며, 최대로 블록 크기까지 될 수 있다.

셀프 리뷰

1. 물리 레코드와 논리 레코드를 비교하라.
2. 가변 길이 레코드가 고정 길이 레코드보다 저장소 오버헤드를 더 많이 일으키는 이유는 무엇이라고 생각하는가?

▶ **풀이** 1) 물리 레코드는 저장 장치를 대상으로 읽고 쓰는 정보의 단위에 대응한다. 논리 레코드는 소프트웨어에서 다루는 데이터 집합 단위에 대응한다. 2) 시스템은 각 레코드의 길이를 결정해야 한다. 흔히 사용하는 두 가지 방법은 각 레코드를 레코드 끝 표시 end-of-record marker로 마치는 방법과 각 레코드 앞에 길이 필드를 두는 방법이다. 두 가지 모두 추가적인 저장 공간이 필요하다. 한편, 고정 길이 레코드를 처리하는 시스템은 길이 정보를 한 번만 기록하면 된다.

13.4 파일 시스템

파일 시스템 file system은 파일을 구성하고 데이터 접근을 관리한다. 파일 시스템은 다음과 같은 일을 담당한다.

- **파일 관리** file management – 파일을 저장, 참조, 공유, 보호하는 메커니즘을 제공한다.
- **보조 저장소 관리** auxiliary storage management – 2차 혹은 3차 저장 장치에 파일을 저장할 공간을 할당한다.
- **파일 무결성 메커니즘** file integrity mechanism – 파일에 저장된 정보가 손상되지 않도록 보장한다. 파일 무결성 보장은 파일이 의도한 정보만 포함하고 있음을 의미한다.

- **접근 방법** access method – 저장된 데이터에 접근할 수 있는 방법을 제공한다.

파일 시스템은 주로 2차 저장소 공간, 특히 디스크 저장소를 관리하는 것과 관련이 많다. 하지만 이외에도 메인 메모리와 같은 다른 매체에 저장된 파일 데이터 접근도 다룬다.

파일 시스템은 사용자가 파일을 생성, 수정, 삭제할 수 있게 해준다. 또한 파일을 각 응용 프로그램에 가장 적합한 구조로 구성할 수 있어야 하고, 파일 간 데이터 전송을 시작할 수 있어야 한다. 사용자는 또한 각자의 파일을 신중히 통제되는 상태로 공유해 다른 사람의 작업 결과에 자신의 작업을 더할 수 있어야 한다. 파일 공유 메커니즘은 **읽기 접근** read access, **쓰기 접근** write access, **실행 접근** execute access 또는 이를 다양하게 조합한 여러 유형의 통제된 접근 방식을 제공해야 한다.

파일 시스템은 **장치 독립성** device independence을 유지해야 한다(사용자가 물리 장치 이름이 아닌 **심볼릭 이름** symbolic name으로 파일을 참조할 수 있어야 한다). 심볼릭 이름은 논리적이고 사용자 친화적인 myDirectory:myFile.txt와 같은 이름을 가리킨다. 반면, **물리 장치 이름** physical device name은 장치에서 파일을 찾을 위치를 명시한다. 예를 들면 디스크 2, 블록 782~791과 같다. 심볼릭 이름은 사용자가 파일과 파일 연산에 의미 있는 이름을 부여해 데이터를 **논리 뷰** logical view에서 볼 수 있게 해준다. **물리 뷰** physical view는 저장 장치에서 파일 데이터의 레이아웃을 고려해야 하고, 장치마다 특정 연산을 통해 데이터를 조작하게 한다. 사용자는 데이터를 저장할 특정 장치를 고려할 필요가 없다. 예를 들면, 데이터가 특정 장치에서 어떤 형태를 띨지, 장치와 데이터를 주고받는 물리적 수단이 무엇인지 알 필요가 없다.

파일 시스템을 설계하려면 사용자 수, 사용자당 평균 파일 수와 크기, 사용자들의 평균 세션 길이 같은 사용자 집단에 관한 지식이 필요하고, 해당 시스템에서 실행할 응용 프로그램의 특성을 알아야 한다. 이러한 요인을 주의 깊게 고려해 가장 적합한 파일 구성과 디렉토리 구조를 결정해야 한다.

파일 시스템에서는 사고로 정보를 손실하거나 고의로 손상시키는 일을 방지하려고 데이터 사본을 중복해 생성하는 **백업** backup 기능, 사용자들이 손실 또는 손상된 데이터를 복구할 수 있는 **복구** recovery 기능을 제공해야 한다. 전자 결재 시스템이나 범죄 기록 시스템, 의료 시스템과 같이 정보를 안전하게 보관하고 기밀을 유지해야 하는 민감한 환경에서는 파일 시스템에서 **암호화** encryption와 **복호화** decryption 기능을 제공해야 한다. 암호화와 복호화는 정보가 오직 의도한 수신자(복호화키를 가진 사람)에게만 의미 있게 보이도록 해준다. 암호화와 복호화에 관해서는 '15.2 암호 기법'과 '운영체제적 생각: 암호화와 복호화'를 참고하기 바란다.

셀프 리뷰

1. (참/거짓) 파일 시스템은 2차 저장소의 데이터만 관리한다.
2. 파일 시스템 관리와 가상 메모리 관리는 어떤 점에서 유사한가?

▶ **풀이** 1) 거짓. 파일 시스템은 파일을 관리한다. 파일은 이름을 붙인 데이터의 집합으로, 2차 저장소뿐만 아니라 메인 메모리를 포함해 어떤 저장 매체에도 저장할 수 있다. 2) 파일 시스템 관리는 저장소 할당 작업이 필요하고, 응용 프로그램으로부터 물리적 뷰를 감추는 일과 저장소에 대한 접근을 제어하는 일 등을 포함한다.

13.4.1 디렉토리

대규모 시분할 시스템이 많은 사용자를 지원하는 경우를 고려해보자. 각 사용자가 여러 계정을 사용할 수 있다. 각 계정은 많은 파일을 소유할 수 있다. 이메일과 같이 작은 파일이 있을 수도 있고, 물품 목록과 같이 큰 파일이 있을 수도 있다.

사용자 계정마다 파일을 수백, 수천 개 소유하는 일은 흔하다. 사용자 수천 명을 지원하는 시스템의 디스크에는 파일이 수백만 개 있을 수 있다. 이 파일들을 적절한 반응 시간 안에 빨리 접근할 수 있어야 한다. 파일 시스템은 파일을 빨리 구성하고 찾기 위해 **디렉토리** directory를 사용한다. 디렉토리는 파일 시스템에서 다른 파일들의 이름과 위치 정보를 담고 있는 파일로, 다른 파일들과 달리 사용자 데이터를 저장하지 않는다. [표 13-1]은 몇 가지 공통적인 디렉토리 필드의 목록을 보여준다.

운영체제적 생각

암호화 Encryption**와 복호화** Decryption

수년 전에는 컴퓨터에서 처리한 정보들을 일반적으로 지역 컴퓨터 시스템 한 대에 두고, 정보에 대한 접근을 엄격하게 통제했다. 현재 사용하는 고성능 컴퓨터에서 실행하는 운영체제는 네트워크(특히 인터넷)에 있는 컴퓨터 사이에서 수많은 정보를 전송한다. 전송 매체들은 안전하지 않고 취약하다. 따라서 운영체제 소프트웨어는 해당 정보를 보호하려고 종종 암호화와 복호화 기능을 제공한다. 두 연산 모두 프로세서를 많이 사용하므로 몇 년 전에는 이러한 기능을 사용하는 것이 비현실적이었다. 프로세스 성능이 급속도로 향상됨에 따라 더 많은 시스템이 암호화와 복호화 기능을 사용하며, 더 많은 응용 프로그램, 특히 취약한 네트워크 전송 관련 응용 프로그램에 이 기능을 사용하게 되었다.

[표 13-1] 디렉토리 파일 내용의 예[4, 5, 6]

디렉토리 필드	상세 설명
이름	파일 이름을 나타내는 문자열
위치	파일 시스템에서 파일의 물리 블록 혹은 논리적 위치(예를 들면, 경로명)
크기	파일이 차지하는 바이트 수
유형	파일의 용도 표시(예를 들면, 데이터 파일 혹은 디렉토리 파일)
접근 시각	파일을 마지막으로 접근한 시각
수정 시각	파일을 마지막으로 수정한 시각
생성 시각	파일을 생성한 시각

단일 수준 파일 시스템

가장 간단한 파일 시스템 구성은 **단일 수준(평면)** single-level(flat) 디렉토리 구조다. 이 구조를 구현할 때는 파일 시스템이 한 디렉토리를 사용해 모든 파일을 저장한다.[7] 단일 수준 파일 시스템에서는 둘 이상의 파일이 동일한 이름을 가질 수 없다. 대부분의 환경에는 많은 파일이 포함되며, 이 중 파일 이름이 같은 경우가 많으므로 단일 수준 파일 시스템은 거의 사용하지 않는다.

계층 구조 파일 시스템

대부분의 환경에서 더 적합한 파일 시스템은 다음과 같이 구성할 수 있다([그림 13-1]). **루트** root는 저장 장치의 어느 위치에서 **루트 디렉토리** root directory가 시작하는지를 나타낸다. 디렉토리는 다른 디렉토리나 파일을 가리킬 수 있는 파일이다. [그림 13-1]에서 루트 디렉토리는 다양한 **사용자 디렉토리** user directory를 가리키고 있다. 사용자 디렉토리는 해당 사용자가 소유한 각 파일에 해당하는 엔트리를 담는다. 각 엔트리는 저장 장치에서 대응하는 파일의 위치를 가리킨다.

파일 이름은 주어진 사용자 디렉토리 안에서만 유일하면 된다. 이러한 **계층 구조 파일 시스템** hierarchically structured file system에서는 각 디렉토리가 여러 하위 디렉토리를 포함할 수 있다. 그러나 부모(상위) 디렉토리는 하나 이상이 될 수 없다. 파일 이름은 대체로 루트 디렉토리에서 파일까지 **경로명** pathname 형태를 띤다. 예를 들어, 두 수준으로 된 파일 시스템에 SMITH, JONES, DOE라는 사용자가 있고 JONES라는 사용자가 PAYROLL과 INVOICES라는 파일을 소유하고 있다고 하자. 이때 파일의 경로명은 ROOT:JONES:PAYROLL과 같이 형성된다. 여기서 ROOT는 루트 디렉토리를 가리키며, 콜론(:)은 다른 경로명들의 구분자 역할을 한다.

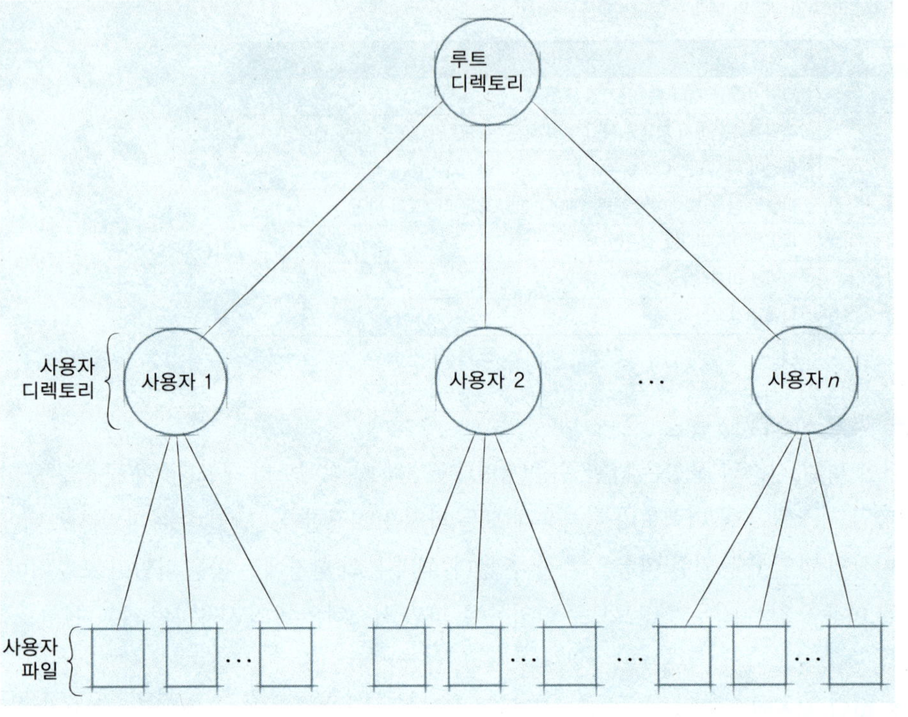

[그림 13-1] 두 수준으로 된 계층적 파일 시스템

대부분의 범용 파일 시스템에서 계층적 파일 시스템을 구현하지만 루트 디렉토리 이름과 구분자 형식은 파일 시스템마다 다를 수 있다. 윈도우 파일 시스템의 루트 디렉토리는 콜론이 붙은 문자로 명시한다(예를 들면, C:). 한편 유닉스 기반 파일 시스템에서는 슬래시(/)를 사용한다. 윈도우 시스템은 백슬래시를 구분자로 사용하고(예를 들면, C:\Jones\Payroll), 유닉스 기반 시스템은 슬래시를 사용한다(예를 들면, /Jones/Payroll). 사례 연구를 통해 다양한 리눅스 파일 시스템을 자세히 알아본다('16.7.3 ext2fs' 참고).

상대 경로명

많은 파일 시스템이 경로명을 사용해 간단히 탐색할 수 있는 **작업 디렉토리** working directory 개념을 지원한다. 작업 디렉토리(윈도우와 유닉스 기반 파일 시스템에서 '.'이라는 디렉토리 엔트리로 표현한다)는 사용자가 루트 디렉토리에서 시작하지 않는 경로명을 명시할 수 있게 해준다. 예를 들어, [그림 13-2]에서 현재 작업 디렉토리가 /home/hmd/로 설정되어 있다고 가정하자. 이때 /home/hmd/os/chapter13의 **상대 경로** relative path는 os/chapter13이다.[8] 이러한 속성은 파일에 접근할 때 경로명의 크기를 줄여준다. 파일 시스템이 상대 경로를 만나면 작업 디렉토리와 상대 경로를 붙여서 **절대 경로** absolute path(즉, 루트에서 시작하는 경로)를 만들어낸다. 그러면 파일 시스템은 디렉토리 구조를 순회해 요청한 파일을 찾아낸다.

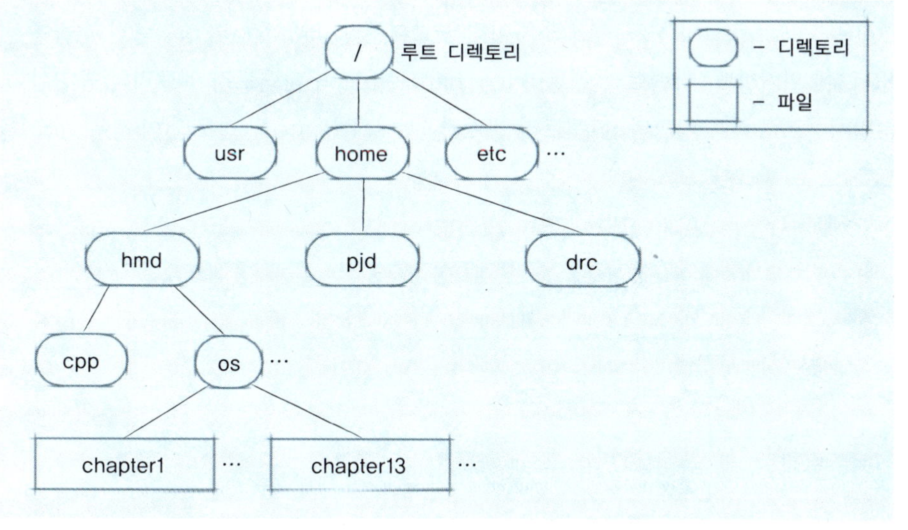

[그림 13-2] 계층적 파일 시스템 내용의 예

파일 시스템은 흔히 작업 디렉토리의 **부모 디렉토리** parent directory, 즉 파일 시스템 계층에서 한 수준 상위에 있는 디렉토리에 대한 참조를 유지한다. 예를 들어, [그림 13-2]에서 home은 hmd, pjd, drc 디렉토리의 부모 디렉토리다. 윈도우와 유닉스 기반 시스템에서 '..'은 부모 디렉토리에 대한 참조다.[9]

링크

링크 link는 대개 다른 디렉토리에 위치한 데이터 파일이나 디렉토리를 참조하는 엔트리다.[10] 사용자는 링크를 사용해 파일 시스템 순회와 파일 공유를 간단하게 해준다. 예를 들어, 사용자의 작업 디렉토리가 /home/drc/고, 사용자가 /home/hmd/os/에 있는 다른 사용자의 파일들을 공유한다고 하자. 사용자 작업 디렉토리에 /home/hmd/os/에 대한 링크를 생성함으로써 사용자는 간단히 상대 경로명 os/를 사용해 공유 파일에 접근할 수 있다.

소프트 링크 soft link는 다른 파일에 대한 경로명을 담고 있는 디렉토리 엔트리로, 유닉스 기반 시스템에서는 심볼릭 링크 symbolic link, 윈도우 시스템에서는 바로 가기 shortcut, 맥 OS 시스템에서는 별칭 alias이라고 한다. 파일 시스템은 명시된 경로명을 사용해 디렉토리를 순회해 소프트 링크의 대상을 찾아낸다.[11]

하드 링크 hard link는 저장 장치에 있는 파일의 위치(주로 블록 번호)를 명시하는 디렉토리 엔트리다. 파일 시스템은 하드 링크가 참조하는 물리 블록에 직접 접근해 하드 링크가 가리키는 파일 데이터를 찾는다.[12]

[그림 13-3]은 소프트 링크와 하드 링크의 차이점을 보여준다. 파일 foo와 bar는 각각 블록 번호 467과 843에 위치한다. 디렉토리 엔트리 foo_hard는 foo의 디렉토리 엔트리와 동일한 블록 번호를 명시하므로 하드 링크다. 디렉토리 엔트리 foo_soft는 foo의 경로명(이 경우 ./foo)을 명시하므로 소프트 링크다.

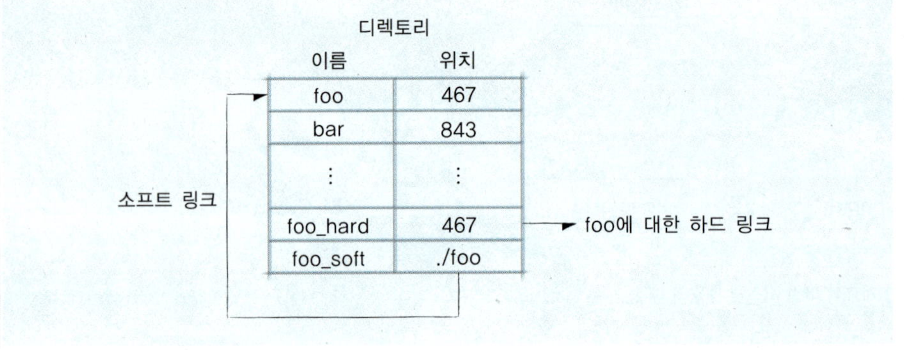

[그림 13-3] 파일 시스템에 있는 링크

'12.9 기타 디스크 성능 기술'에서 디스크 재구성과 조각 모음을 통해 디스크 성능을 개선할 수 있다고 설명했다. 이러한 작업을 하는 동안 파일의 물리적 위치가 바뀔 수 있다. 따라서 파일 시스템은 디렉토리 엔트리에 있는 파일의 위치 정보를 갱신해야 한다. 하드 링크는 파일의 물리적 위치를 명시하기 때문에, 해당 파일의 물리적 위치가 변경되면 잘못된 데이터를 가리킨다. 파일 시스템은 이 문제를 해결하기 위해 파일에 자신의 각 하드 링크를 가리키는 포인터를 저장할 수 있다. 이제 파일의 물리적 위치가 변경되면 파일 시스템은 이 포인터를 사용해 갱신이 필요한 하드 링크를 찾아낼 수 있다.

소프트 링크는 파일의 논리적 위치를 저장하므로, 조각 모음이나 디스크 재구성 동안 변경되지 않으며 파일 데이터가 이동할 때 갱신할 필요가 없다. 그러나 사용자가 파일을 다른 디렉토리로 옮기거나 파일 이름을 변경할 때는 해당 파일에 대한 소프트 링크가 무효해진다. 이러한 동작이 유용한 경우들이 있다. 예를 들어, 어떤 사용자가 프로그램 파일을 동일한 이름을 유지한 채 새 버전으로 바꾸고 싶어 한다고 하자. 이 경우, 소프트 링크는 원래 링크된 파일이 제거되고, 이름이 바뀌고, 대체되더라도 계속해서 유효한 파일(즉, 프로그램의 새로운 버전)을 가리킬 수 있다. 전통적으로 파일 시스템은 파일이 다른 디렉토리로 이동할 때 소프트 링크를 갱신하지 않는다.

사용자가 파일에 대한 링크를 삭제할 경우, 파일 시스템은 대응하는 파일도 삭제할 것인지 결정해야 한다. 이러한 목적으로 파일 시스템은 대체로 파일에 대한 하드 링크 수를 파악하고 있다. 카운트가 0이 되면 파일 시스템은 해당 파일 데이터에 대한 참조가 없으므로 안전하게 삭제할 수 있다. 소프트 링크는 파일 데이터의 물리적 위치를 참조하지 않기 때문에, 링크 삭제 시 실제 파일도 삭제할지 고려하지 않는다.

셀프 리뷰

1. 대부분의 시스템에서 단일 수준 파일 시스템이 적절하지 못한 이유가 무엇인가?
2. 하드 링크와 소프트 링크의 차이점을 설명하라.

▶ **풀이** 1) 대부분의 시스템에서 동일한 이름을 가진 여러 파일을 동시에 지원해야 하기 때문이다. 이는 단일 수준 파일 시스템에서는 불가능한 일이다. 2) 하드 링크는 저장 장치에서 파일의 위치를 명시하는 디렉토리 엔트리다. 소프트 링크는 파일의 경로명을 명시한다. 하드 링크는 파일 이름이 변해도 여전히 동일한 데이터를 참조한다. 반면, 소프트 링크는 파일 시스템에서 논리적 위치로 파일을 참조하기 때문에, 해당 경로명에 새로운 파일을 할당할 경우, 소프트 링크의 경로명이 참조하는 데이터가 바뀔 수도 있다.

13.4.2 메타데이터

대부분의 파일 시스템은 사용자 데이터와 디렉토리 외에도 저장 장치의 여유 블록 free block 위치(새로운 파일 데이터가 사용되고 있는 블록을 덮어쓰지 않게 보장하는 목적)나 파일이 마지막으로 수정된 시각(책임 소재를 밝히는 목적) 등 다른 여러 데이터를 포함한다. 이러한 정보를 **메타데이터** metadata라고 한다. 메타데이터는 파일 시스템의 무결성을 지키고, 사용자가 직접 수정할 수 없게 되어 있다.

파일 시스템에서 데이터에 접근하기 전에 저장 장치를 **포맷** format하는 것이 보통이다. 포맷은 시스템 의존적인 연산이지만, 대체로 저장 장치를 조사해 사용하지 않는 섹터가 있는지 확인하고, 해당 장치에 있는 데이터를 모두 지우고 파일 시스템의 루트 디렉토리를 생성하는 일 등을 포함한다. 여기 파일 시스템은 또한 **슈퍼블록** superblock을 생성해 파일 시스템의 무결성을 보호하는 데 사용하는 정보를 저장한다. 슈퍼블록에는 다음과 같은 정보를 포함할 수 있다.

- 파일 시스템 유형을 유일하게 식별하는 **파일 시스템 식별자** file system identifier
- 파일 시스템의 블록 수
- 저장 장치의 여유 블록 위치
- 루트 디렉토리 위치

- 파일 시스템이 마지막으로 수정된 날짜와 시각
- 파일 시스템을 확인해야 하는지 가리키는 정보(예를 들면, 시스템 다운 때문에 버퍼링된 데이터를 2차 저장소에 쓰지 못한 경우 등)[13, 14, 15]

만약 슈퍼블록이 손상되거나 파괴되면 파일 시스템이 파일 데이터에 접근하지 못할 수도 있다. 슈퍼블록 데이터(예를 들면, 저장 장치의 여유 블록과 같은 정보)에 미묘한 오류가 발생하면 파일 시스템이 기존 파일 데이터를 덮어쓰는 상황을 야기할 수 있다. 대부분의 파일 시스템은 데이터 손실의 위험을 줄이려고 슈퍼블록의 여러 사본을 저장 장치의 여러 곳에 분산한다. 따라서 파일 시스템은 중복되어 있는 이들 사본을 사용해 주요 슈퍼블록이 손상되었는지 판단하고, 손상 시 대처할 수 있다.

파일 기술자

운영체제는 파일을 열 때 먼저 디렉토리 구조를 순회해 파일에 관한 정보가 있는 위치를 찾는다. 시스템은 탐색이 오래 걸리지 않게 하려고 열린 파일을 추적하는 테이블을 메인 메모리에 유지한다. 여러 시스템에서 파일 열기 연산은 **파일 기술자** file descriptor를 반환한다. 파일 기술자는 음이 아닌 정수로, **열린 파일 테이블** open-file table을 가리킨다. 이 지점에서부터 파일 기술자를 통해 파일에 대한 접근을 지시한다.

열린 파일 테이블은 흔히 **파일 제어 블록** file control block을 포함한다. 파일 제어 블록은 시스템이 파일을 관리하는 데 필요한 정보(흔히 **파일 속성** file attribute이라고 한다)를 명시한다. 이들은 시스템에 종속적인 경우가 많다. 전형적인 파일 제어 블록은 파일에 관한 다음 정보를 포함한다.

- 심볼릭 이름
- 2차 저장소에서의 위치
- 순차, 직접 접근 등 파일 구성의 구조
- 하드 디스크, CD-ROM 등의 장치 종류
- 접근 제어 데이터(파일에 접근할 수 있는 사용자, 허용 접근 유형과 같은 정보)
- 종류(데이터 파일, 오브젝트 프로그램, C 소스 프로그램 등)
- 성질(영구적 대 일시적)
- 생성 일시
- 마지막 수정 일시
- 접근 활동 횟수(예를 들면, 읽기 횟수 등)

보통 파일 제어 블록은 2차 저장소에 저장하고, 파일을 열 때 파일 연산의 효율성을 높이려고 메인 메모리로 로드한다.

셀프 리뷰

1. 파일 시스템이 슈퍼블록과 같이 중요한 메타데이터의 여러 사본을 중복해 보관해야 하는 이유는 무엇인가?
2. 파일 시스템에서 사용자가 메타데이터에 직접 접근하는 것을 막는 이유는 무엇인가?

▶ **풀이** 1) 슈퍼블록과 같은 메타데이터는 파일 시스템을 식별하는 정보를 저장하고 파일과 여유 공간 등의 위치를 제공하므로, 슈퍼블록이 손상되면 파일 시스템 데이터가 손실될 수 있다. 슈퍼블록 데이터의 여러 사본을 유지함으로써 슈퍼블록이 손상된 경우 시스템이 이를 복구할 수 있게 해 데이터 손실의 위험을 줄인다. 2) 사용자의 접근을 엄격히 통제하지 않으면 파일 시스템의 메타데이터를 잘못 사용해 데이터 손실이나 불일치가 발생할 수 있기 때문이다.

13.4.3 마운팅

사용자는 흔히 네이티브 native 파일 시스템(특정 시스템에 영구적으로 마운트된 파일 시스템으로, 루트 디렉토리를 통해 루트를 참조할 수 있다)의 일부가 아닌 정보에 접근할 필요가 생긴다. 예를 들어, 많은 사용자가 보조 하드 디스크, DVD 혹은 네트워크에 있는 컴퓨터나 다른 워크스테이션에 데이터를 저장하려고 한다. 따라서 운영체제는 여러 파일 시스템을 **마운트** mount할 수 있는 기능을 제공한다. 마운팅은 여러 파일 시스템을 한 **네임스페이스** namespace, 즉 단일 파일 시스템에서 식별할 수 있는 파일 집합으로 결합한다. 통합된 네임스페이스 덕분에 사용자는 여러 다른 위치에 있는 데이터를 마치 네이티브 파일 시스템에 있는 것처럼 접근할 수 있다.[16]

mount 명령어는 네이티브 파일 시스템의 **마운트 지점** mount point이라는 디렉토리를 마운트된 파일 시스템의 루트에 할당한다. 초기 윈도우 파일 시스템은 평면 마운팅 구조를 제공했다. 마운트된 각 파일 시스템은 문자 하나를 할당받고, 디렉토리 구조와 동일한 수준에 위치했다. 전형적인 예를 들면, 운영체제를 포함하고 있는 파일 시스템은 C:에 마운트되었고, 그 다음 파일 시스템은 D:에 마운트되는 식이었다.

유닉스 호환 파일 시스템(유닉스 파일 시스템 UNIX File System, 빠른 파일 시스템 Fast File System, ext2fs second extended file system 등)과 마이크로소프트의 NTFS 5.0 이상 버전은 마운트 지점을 파일 시스템 어디에든 둘 수 있다는 특징이 있다. 마운트 지점에서 네이티브 파일 시스템의 디렉토리에 있는 내용은 다른 파일 시스템이 해당 디렉토리에 마운트되는 동안 일시적으로 가려진다.[17, 18]

유닉스 시스템에서 몇몇 파일 시스템은 /mnt/ 아래에 있는 디렉토리 중 하나에 마운트된다. [그림 13-4]를 살펴보자. mount 명령어는 파일 시스템 B의 루트를 파일 시스템 A의 /mnt/newfs/ 디렉토리에 둘 수 있다. 마운트 연산 후 파일 시스템 B에 있는 파일은 파일 시스템 A의 /mnt/newfs/로 접근할 수 있다. 예를 들면, 파일 시스템 A의 /mnt/newfs/usr/bin/ 디렉토리를 통해 파일 시스템 B의 /usr/bin/ 디렉토리에 접근할 수 있다. 파일 시스템이 마운트되어 있으면, 사용자는 해당 파일 시스템이 다시 언마운트unmount될 때까지 마운트 지점에 있던 디렉토리의 내용을 사용할 수 없다.

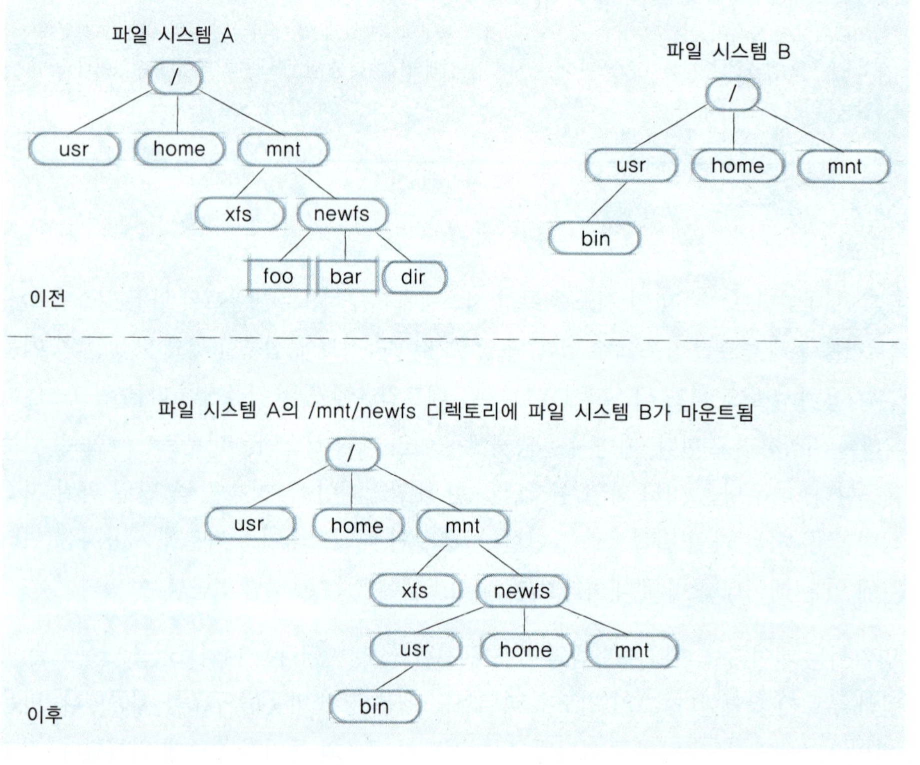

[그림 13-4] 파일 시스템 마운팅

파일 시스템은 **마운트 테이블**mount table을 사용해 마운트된 디렉토리들을 관리한다. 마운트 테이블은 마운트 지점 경로명과 마운트된 각 파일 시스템을 저장하고 있는 장치에 관한 정보를 포함한다. 네이티브 파일 시스템은 마운트 지점을 만나면 마운트 테이블을 사용해 장치와 해당 디렉토리에 마운트된 파일 시스템의 유형을 알아낸다.

대부분의 운영체제는 DVD용 UDF Universal Disk Format와 CD용 ISO 9660 파일 시스템과 같은 여러 가지 제거 가능한 removable 저장소용 파일 시스템을 지원한다. 운영체제에서 일단 장치의 파일 시스템 유형을 파악하면 적절한 파일 시스템을 사용해 지정된 장치에 있는 파일에 접근한다. 언마운트 명령(umount)은 사용자가 마운트된 파일 시스템과 연결을 해제할 수 있게 해준다. 언마운트 명령 호출은 마운트 테이블을 갱신하고, 사용자가 마운트된 시스템이 가렸던 파일에 다시 접근할 수 있게 해준다.[19]

사용자는 마운트된 파일 시스템에 있는 파일들로 소프트 링크를 생성할 수 있다. 파일 시스템이 소프트 링크를 만나면, 지정된 경로명을 사용해 디렉토리 구조를 순회한다. 파일 시스템이 마운트 지점을 만나면 해당 지점에 마운트된 파일 시스템의 루트로부터 디렉토리 순회를 시작한다. 그러나 하드 링크는 링크를 저장한 장치와 관련한 블록 번호를 지정한다. 일반적으로 사용자는 두 파일 시스템 사이에서 하드 링크를 생성할 수 없다. 두 시스템이 서로 다른 저장 장치에 연관되어 있을 경우가 많기 때문이다.

셀프 리뷰

1. (참/거짓) 마운트된 파일 시스템과 네이티브 파일 시스템은 동일한 유형이어야 한다.
2. 파일 시스템은 마운트된 파일 시스템에 있는 파일에 대한 하드 링크를 생성할 수 있는가?

▶ **풀이** 1) 거짓. 파일 시스템 마운팅의 주요 장점은 여러 이기종 파일 시스템을 한 파일 시스템 인터페이스로 접근할 수 있게 해준다는 점이다. 2) 아니다. 하드 링크는 특정 장치에 종속적인 블록 번호를 참조한다. 이 블록 번호는 자신이 저장된 파일 시스템에 대응한다. 따라서 다른 파일 시스템의 물리적 위치를 명시하는 용도로 사용할 수 없다.

13.5 파일 구성

파일 구성 file organization은 파일의 레코드가 2차 저장소에 정렬되는 방식을 나타낸다.[20] 다음과 같은 몇 가지 파일 구성 스키마가 구현되었다.

- **순차 방식** sequential – 레코드를 물리적인 순서로 배치한다. '다음' next 레코드는 물리적으로 이전 레코드 다음에 있는 레코드다. 이러한 파일 구성은 마그네틱 테이프와 같이 원래 순차적인 매체에 저장된 파일에는 자연스러운 방식이다. 디스크 파일 또한 순차적으로 구성될 수 있지만, 이 장의 후반부에서 논의할 여러 가지 이유 때문에 순차 디스크 파일을 반드시 연속으로 저장할 필요는 없다.

- **직접 방식** direct – 레코드를 직접 접근 저장 장치 DASD, Direct Access Storage Device에 있는 물리적 주소로 직접(즉, 임의) 접근한다. 응용 프로그램 사용자는 특정 응용 프로그램에 적합하면 레코드를 어떤 순서로든 DASD에 놓을 수 있다.[21]
- **인덱스 순차 방식** indexed sequential – 디스크에 있는 레코드들을 각 레코드에 들어 있는 키에 따라 논리적 순서로 정렬한다. 시스템은 특정 주요 레코드의 물리적 주소를 담고 있는 인덱스를 유지한다. 인덱스 순차 레코드는 키 순서대로 순차적으로 접근하거나 시스템이 생성한 인덱스 검색으로 직접 접근할 수도 있다.
- **파티션 방식** partitioned – 본질적으로 순차적인 서브파일들로 구성된 파일이다. 각각의 순차 서브파일을 **멤버** member라고 한다. 각 멤버의 시작 주소는 파일의 디렉토리에 저장된다. 파티션된 파일은 프로그램 라이브러리나 매크로 라이브러리를 저장하는 데 사용해왔다.

셀프 리뷰

1. 테이프 저장소에는 어떤 파일 구성 기술이 가장 적합한가? 그 이유는 무엇인가?
2. 직접 파일 구성이 가장 적합한 매체는 무엇인가?

▶ **풀이** 1) 테이프 저장소에는 순차적 파일 구성이 가장 적합하다. 테이프는 순차적으로 접근하는 매체기 때문이다. 2) 직접 파일 구성은 메인 메모리와 무빙 헤드 디스크와 같은 임의 접근 장치에 가장 적합하다.

13.6 파일 할당

2차 저장소의 공간을 할당하고 해제하는 문제는 가변 파티션 멀티프로그래밍에서 메인 메모리를 할당하는 문제와 비슷한 면이 있다. 파일에 메모리가 할당되고 해제되면서 2차 저장소에 점차 단편화가 발생하고 파일들이 여러 블록에 넓게 퍼지게 된다. 이는 성능 문제를 유발할 수 있다.[22] '12.9 기타 디스크 성능 기술'에서 논의한 것처럼 시스템은 조각 모음을 수행할 수도 있지만, 그 사이 파일 시스템은 반응 시간이 나빠진다.

프로세스가 파일의 특정 부분에 연속으로 접근하는 경우가 자주 있으므로 파일의 모든 데이터를 연속으로 저장해 성능을 향상시키는 시도를 할 수 있다. 예를 들어, 정보를 찾아 파일을 탐색하는 사용자는 흔히 파일 스캔 옵션을 사용해 다음 레코드나 이전 레코드를 찾는다. 이러한 스캔은 가능한 경우 탐색 작업을 최소화해준다.

공간적 지역성은 어떤 프로세스가 특정 페이지의 데이터 항목을 한 번 참조하면 해당 페이지에 있는 데이터 항목을 추가로 참조할 가능성이 큼을 나타낸다. 또한 사용자의 가상 주소 공간에서 해당 페이지에 인접한 페이지의 데이터 항목을 참조할 가능성도 크다. 따라서 메모리에 없고 사용자의 가상 메모리 공간에서 논리적으로 연속된 페이지들을 2차 저장소의 물리적으로 연속된 페이지에 배치하는 것이 좋다. 특히 물리 블록마다 여러 페이지가 저장되는 경우는 더욱 그러하다.

파일은 시간이 지남에 따라 커지거나 줄어드는 경우가 많고, 사용자가 자신의 파일이 얼마나 커질지 알기 어렵기 때문에 연속 저장소 할당 시스템은 동적인 불연속 저장소 할당 시스템으로 대체되었다. 앞으로 살펴보겠지만 이러한 시스템은 파일의 부분들을 연속으로 할당해 지역성을 이용하려고 노력한다. 하지만 최소 오버헤드로 파일 크기를 변경할 수 있게 해준다.

셀프 리뷰

1. 파일 시스템에서 단편화와 가상 메모리 시스템에서 단편화 문제를 비교하라.
2. 저장소를 시스템의 페이지 크기 혹은 페이지 크기의 배수로 된 블록으로 할당하는 방법은 어떤 점에서 유용한가?

▶ **풀이** 1) 두 시스템 모두 저장소의 '홀' hole에 들어맞을 만큼 데이터가 크지 못할 경우, 저장소 낭비를 야기한다. 차이점은 각 주소에 대해 기본적으로 동일한 접근 시간을 제공하는 메인 메모리와 달리, 디스크 같은 2차 저장 장치는 데이터가 단편화된 경우 접근 시간이 길어질 수 있다는 점이다. 저장 장치가 파일 데이터에 접근하기 위해 많은 탐색 연산을 수행해야 하기 때문이다. 2) 이러한 방법은 시스템이 입출력 연산 한 번으로 가까운 미래에 참조할 확률이 높은 페이지 몇 개를 메모리에 로드해 공간적 지역성을 이용할 수 있게 해준다.

13.6.1 연속 파일 할당

연속 할당 contiguous allocation 방식을 사용하는 파일 시스템은 파일 데이터를 저장 장치의 연속적인 주소에 배치한다. 사용자는 파일을 저장하는 데 필요한 공간을 미리 명시한다. 원하는 만큼 연속적인 공간이 없을 때는 파일을 생성할 수 없다.

연속 파일 할당의 장점은 연속적인 논리 레코드들이 물리적으로도 서로 인접한다는 점이다. 이는 논리적으로 연속적인 레코드들이 2차 저장소 여러 곳에 분산되어 탐색 연산을 많이 요구하는 시스템에 비해 접근 속도를 높여준다. 디렉토리가 파일의 시작 주소와 길이 정보만 저장하면 되므로 파일 데이터를 찾는 일도 간단하다.

연속 할당 스키마의 단점은 가변 파티션 멀티프로그래밍 시스템에서 본 외부 단편화와 동일한 문제를 보인다는 점이다('9.9 가변 파티션 멀티프로그래밍' 참고). 또한 연속 할당은 시간이 지남에 따라 파일이 커지거나 줄어들 때 성능을 떨어뜨릴 수 있다. 파일이 원래 명시한 크기를 초과해 커질 때, 인접한 여유 블록이 없으면 파일을 적당한 크기의 새로운 영역으로 옮겨야 하는데,

이는 추가적인 입출력 연산을 야기한다. 사용자는 확장을 예측해 그만큼 공간을 제공받으려고 필요한 저장소를 확대해서 명시할 수 있고, 저장소 할당이 비효율적으로 일어날 수 있다. 연속 할당은 한 번만 기록할 수 있는 CD와 DVD처럼 파일들이 커지거나 줄어들 수 없는 경우에 특히 유용하다.

셀프 리뷰

1. 연속 파일 할당 스키마를 사용할 때 이점을 설명하라.
2. 연속 파일 할당 스키마를 사용할 때 단점을 설명하라.

▶ **풀이** 1) 파일 데이터를 찾는 일이 간단하다. 또한 처음 블록을 찾은 후에 저장 장치가 장시간 탐색할 필요가 없으므로 파일에 빨리 접근할 수 있다. 2) 연속 할당 스키마는 파일을 현재 위치에 연속적으로 저장하기에는 너무 커서 새로운 공간으로 옮겨야 할 경우 심각한 외부 단편화를 야기하고 성능을 떨어뜨릴 수 있다.

13.6.2 연결 리스트 불연속 파일 할당

재기록 가능한 2차 저장소 매체에 구현된 대부분의 파일 시스템은 불연속 파일 할당 noncontiguous file allocation을 사용한다. 불연속 파일 할당 방법 중 하나는 섹터 기반 연결 리스트 sector-based linked list를 구현하는 것이다. 이 스키마에서는 각 디렉토리 엔트리가 하드 디스크와 같은 무빙 헤드 저장소에 있는 파일의 첫 번째 섹터를 가리킨다. 섹터의 데이터 부분은 파일의 내용을 저장하고 있다. 포인터 부분은 파일의 다음 섹터를 가리키는 포인터를 저장하고 있다. 파일은 흔히 여러 섹터를 차지하기 때문에 디스크의 읽기/쓰기 헤드는 요청한 레코드를 찾을 때까지 각 파일 섹터를 순차적으로 접근해야 한다.

불연속 할당은 연속 할당 스키마에 내재된 몇 가지 문제를 해결해주지만, 자체적인 단점도 있다. 파일의 레코드가 디스크 여러 곳에 분산되어 있을 수 있으므로, 논리 레코드에 직접 순차적으로 접근하려면 파일을 처음 탐색하는 일 외에 추가적인 탐색이 필요하다. 리스트 구조의 포인터도 각 섹터에서 파일 데이터가 사용할 수 있는 여유 공간을 줄인다.

2차 저장소를 더 효율적으로 사용하고 파일 탐색 오버헤드를 줄이는 한 가지 방법은 **블록 할당** block allocation이다. 블록 할당 스키마에서는 개별 섹터를 할당하는 대신 연속적인 섹터의 블록(흔히 **영역** extent이라고 한다)을 할당한다. 시스템은 현존하는 파일 데이터 블록에서 가능하면 가까이 있는 여유 블록, 가능하면 동일한 실린더를 선택해 새 블록을 파일에 할당한다. 이는 동일 실린더일 확률이 높다. 파일에 접근할 때마다 적절한 블록을 선정하고 블록 안에 있는 섹터를 선택하는 작업을 수반한다.

블록 **체이닝** chaining에서 디렉토리의 각 엔트리는 파일의 첫 번째 블록을 가리킨다([그림 13-5]). 파일을 이루고 있는 블록은 각각 데이터 블록과 다음 블록을 가리키는 포인터 두 부분을 포함한다. 최소 할당 단위는 보통 여러 섹터로 구성된 고정 크기 블록이다. 특정 레코드를 찾으려면 적절한 블록을 발견할 때까지 블록 체인을 탐색하고, 그 후 적절한 레코드를 찾을 때까지 해당 블록을 탐색하는 작업이 필요하다. 체인은 처음부터 탐색해야 하며, 블록이 디스크에 분산되어 있을 경우(흔히 있는 일이다)에는 블록 간 탐색 작업이 발생하면서 탐색 과정이 느려질 수 있다. 추가, 삭제는 이전 블록의 포인터를 수정하는 방법으로 간단히 수행할 수 있다. 몇몇 시스템은 이중 연결 리스트로 블록들을 앞뒤로 모두 연결해 양방향 탐색을 가능하게 하는 방법으로 탐색을 돕는다.

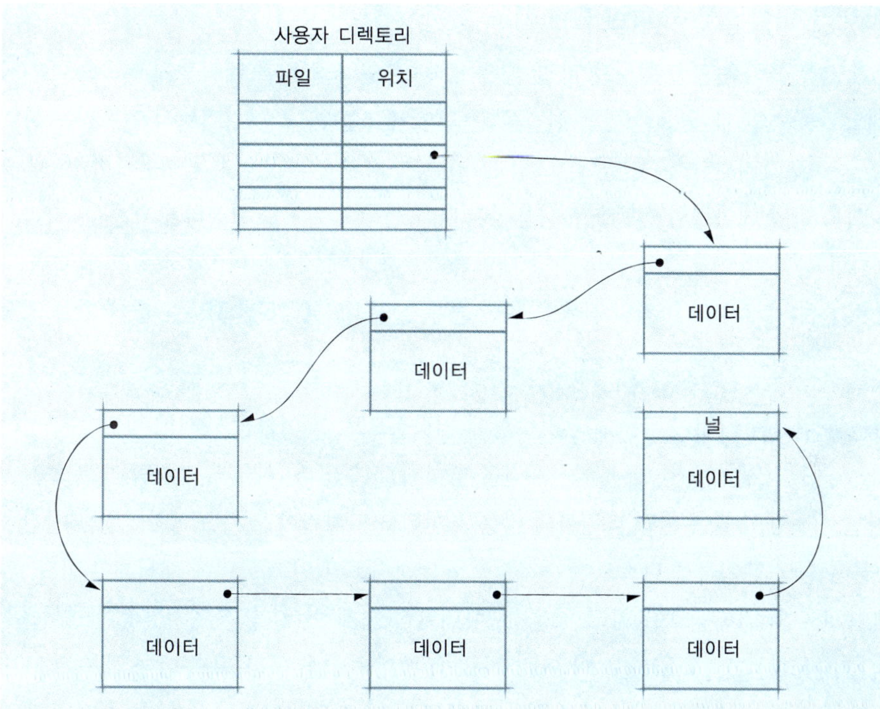

[그림 13-5] 연결 리스트를 사용한 불연속 파일 할당

블록 크기는 파일 시스템의 성능에 큰 영향을 미친다. 블록이 파일 사이에서 분할되면(예를 들어, 2.5개 블록을 요구하는 파일이 세 블록을 차지하면), 블록이 클 경우 상당한 내부 단편화를 초래할 수 있지만 파일 데이터에 접근하는 데 필요한 입출력 연산의 횟수를 줄일 수 있다. 블록이 작으면 파일 데이터가 여러 블록에 걸쳐 분산되는 원인이 되고, 이 경우 성능이 떨어질 수 있다. 실제로는 블록 크기가 보통 1~8KB 범위에 있다.[23, 24, 25]

셀프 리뷰

1. 연결 리스트를 사용한 불연속 파일 할당의 주요 단점은 무엇인가?
2. 큰 블록 크기와 작은 블록 크기를 선택할 때, 어떤 상충성이 있는가?

▶ **풀이** 1) 최악의 경우, 파일 시스템은 파일 데이터를 찾기 위해 파일의 모든 블록에 접근하거나(특히 단방향 연결 리스트를 사용할 때), 파일의 블록 절반을 접근해야 한다(양방향 연결 리스트를 사용할 때). 다음 항목들에서 다루듯이 몇 가지 파일 할당 기술은 접근 시간의 하한을 두어 성능을 개선하기도 한다. 2) 블록이 크면 일반적으로 특정 레코드를 조회할 때 입출력 연산 횟수가 감소한다. 그러나 내부 단편화 때문에 저장소 낭비가 생긴다. 블록 크기가 작으면 내부 단편화의 양을 줄일 수 있지만 파일 데이터가 장치에 넓게 분산된 경우 접근 시간이 길어지는 단점이 있다.

13.6.3 테이블 형식 불연속 파일 할당

테이블 형식 tabular 불연속 파일 할당은 파일 블록을 가리키는 포인터를 테이블에 연속으로 저장해 특정 레코드를 찾을 때 필요한 탐색 시간을 단축한다([그림 13-6]). 디렉토리 엔트리는 파일의 첫 번째 블록을 가리킨다. 예를 들어, [그림 13-6]에서 파일 C의 첫 번째 블록은 2다. 현재 블록 번호는 블록 할당 테이블의 인덱스로 사용되어 다음 블록의 위치를 결정하게 해준다. 따라서 파일 C의 다음 블록 번호의 값이 블록 할당 테이블의 위치 2에 저장된다. 이 경우 파일 C의 다음 블록은 5가 된다. 파일의 마지막 블록을 위한 블록 할당 테이블의 엔트리는 널 null 값을 저장한다.

파일 데이터의 위치를 가리키는 포인터를 중앙에 저장하므로, 테이블을 캐시해 파일을 구성하는 블록 체인을 빨리 탐색하게 해서 접근 시간을 향상시킬 수 있다. 파일의 마지막 레코드를 찾기 위해 파일 시스템이 블록 할당 테이블의 많은 포인터를 따라가야 할 수도 있다. 접근 시간을 줄이려면 블록 할당 테이블을 디스크에 순차적으로 저장하고 메인 메모리에 캐시해야 한다. 파일 시스템이 소수의 블록을 보유하고 있을 때는 비교적 쉽게 이 일을 할 수 있다. 예를 들어, 1KB 블록을 사용하는 1.44MB 플로피 디스크는 1,440개 블록을 포함하며, 이들 블록은 11비트를 사용해 주소를 표시할 수 있다. 대응하는 블록 할당 테이블의 크기는 각 블록 주소의 크기에 블록 수를 곱한 것이다. 이 예에서는 약 2,000바이트에 해당한다.

많은 블록을 포함하는 파일 시스템에서는 각 파일 할당 테이블 엔트리의 크기와 이에 따른 테이블 크기가 커진다. 예를 들어, 4KB 블록을 사용하는 200GB 디스크는 블록 50,000,000개를

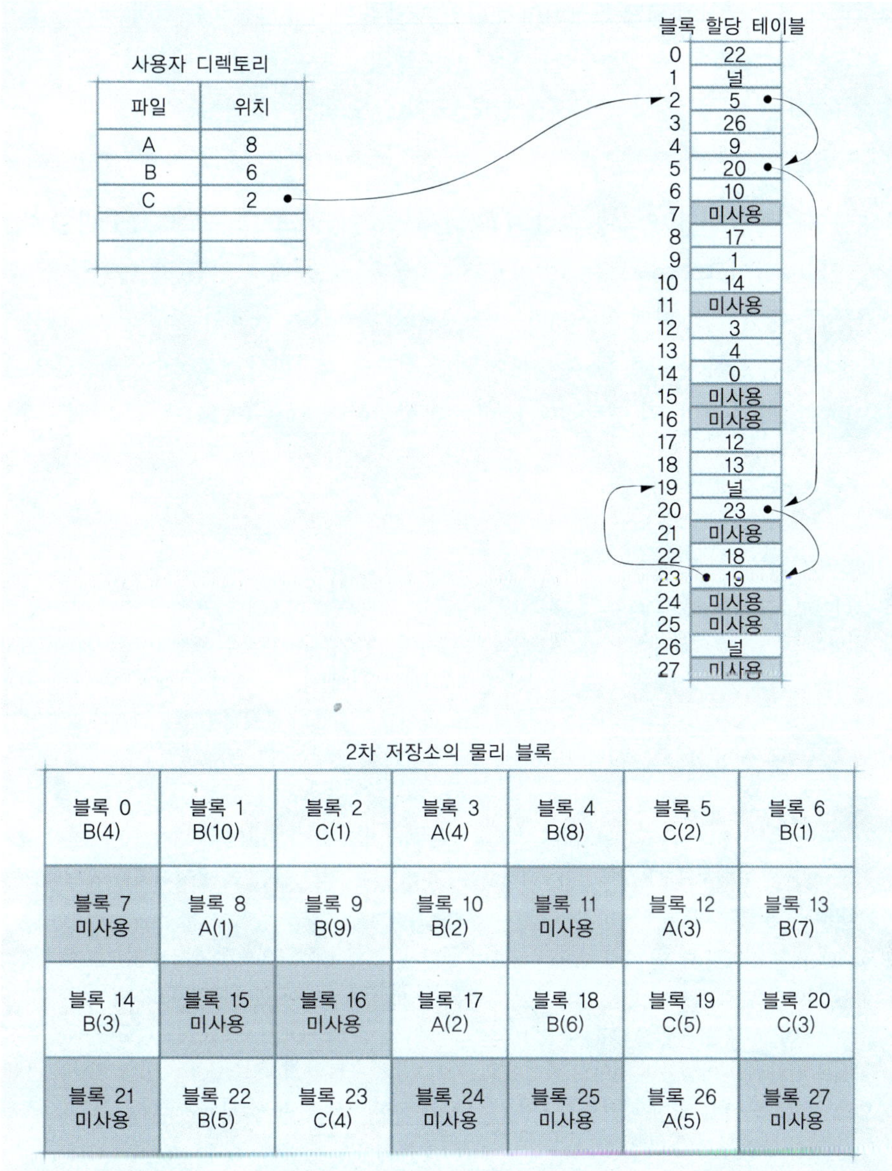

[그림 13-6] 테이블 형식 불연속 파일 할당

포함한다. 이들 블록은 26비트를 사용해 주소를 표현할 수 있다. 이 경우, 블록 할당 테이블은 160MB 이상을 소비한다. 앞의 예에서 파일 할당 테이블은 두 블록에만 저장되었다. 그러나 이 경우에는 파일 할당 테이블이 수천 개 블록에 걸쳐 저장되며, 이는 단편화를 야기할 수 있다. 반일 파일 데이터가 저장 장치에 넓게 분산되어 있다면 파일의 테이블 엔트리는 블록 테이블 전체에 퍼져 있을 것이다. 따라서 시스템이 블록 할당 테이블의 블록 여러 개를 메모리에 로드해야 할 수도 있으며, 이는 접근 시간을 길어지게 한다. 또한 블록 할당 테이블을 캐시할 때도 많은 메모리를 소비한다.

테이블 형식 불연속 파일 할당 방식 중 많이 사용하는 구현은 마이크로소프트의 **FAT 파일 시스템** FAT file system이다. 마이크로소프트는 MS-DOS 1.0을 발표할 때 **파일 할당 테이블** FAT, File Allocation Table을 처음 도입했다('사례 연구: MS-DOS' 참고).[26] FAT는 블록이 현재 할당되었는지 여부와 파일에서 다음 블록의 번호 등 각 블록에 관한 정보를 저장한다. FAT 파일 시스템의 첫 번째 버전은 FAT12라고 하며, 각 엔트리에 12비트를 할당한다. 이는 FAT12로 관리하는 디스

사례 연구

MS-DOS

마이크로소프트의 MS-DOS는 1980년에 팀 패터슨 Tim Paterson이 SCP Seattle Computing Products를 위해 만든 디스크 운영체제에 기반하고 있다.[30] 당시에는 SCP에서 새로운 인텔 16비트 8086 프로세서용으로 사용할 메모리 보드를 위한 운영체제가 필요했다.[31] 디지털 리서치 Digital Research의 CP/M Control Program for MicroComputers은 당시 주요 마이크로 컴퓨터 운영체제였다. 그러나 SCP의 메모리 보드를 계속 판매하는 시점에도 8086 프로세서에 맞게 갱신되지 못했다.[32]

패터슨은 새로운 운영체제를 개발하라는 요청을 받았다. 이 운영체제의 이름은 QDOS Quick and Dirty Operating System다. 이름이 암시하듯, 이 운영체제는 겨우 몇 달 만에 완성되었고 테스트나 디버깅도 철저히 마치지 못한 상태였다. 패터슨은 그 해 남은 기간 동안 이 운영체제를 개선해 86-DOS를 발표했다.[33]

86-DOS를 설계할 때 몇 가지 중요한 목표가 있었다. 첫째, CP/M용으로 작성한 프로그램과 호환성이 있어서 널리 설치된 응용 프로그램 기반을 활용할 수 있어야 한다는 범이고, 이 때문에 86-DOS는 CP/M과 유사한 API를 갖췄다.[34, 35, 36] 패터슨은 86-DOS가 CP/M보다 효율적인 운영체제로 만들려고 어셈블리 언어로 작성했고, 마이크로소프트의 Stand-Alone Disk BASIC 시스템을 기반으로 파일 할당 테이블 FAT, File Allocation Table 디스크 관리 시스템을 포함했다('13.6.3 테이블 형식 불연속 파일 할당' 참고).[37, 38, 39]

IBM은 1981년에 제조업체들을 독려해 첫 번째 개인용 컴퓨터 계열에서 실행할 운영체제를 만들게 했다.[40] 이들은 디지털 리서치의 유명한 CP/M에 대한 라이선스를 획득하려고 시도했지만, CP/M을 만든 게리 킬달 Gary Kildall은 명확하게 드러나지 않은 IBM의 계약서에 사인하는 일을 거절했다.[41] 그러는 동안 IBM은 마이크로소프트와 협력해 새로운 IBM PC용 소프트웨어를 개발하려고 했다.[42] 마이크로소프트는 개발 목적으로 SCP의 86-DOS를 몇 달 동안 라이선스받은 상태였고, IBM에서 DOS에 대한 모든 권리를 구매하라는 요청을 받았다.[43, 44, 45]

SCP는 요청을 수락했고 86-DOS는 MS-DOS로 이름이 바뀌어, 사실상 IBM 개인용 컴퓨터와 이와 호환되는 마이크로컴퓨터의 운영체제가 되었다.[46]

크가 블록을 2^{12}(4,096)개 이상 포함할 수 없음을 의미한다. 소수의 파일을 포함하는 작은 디스크에는 충분한 개수지만, 큰 디스크에서는 FAT12가 상당한 메모리 낭비를 야기했다. 예를 들어, 64MB 디스크 전체의 주소를 지정하려면, 파일 시스템이 최소 8KB 블록 크기를 요구했다. 이 경우 작은 파일은 심각한 내부 단편화를 일으켰다. 마이크로소프트는 디스크 크기가 커짐에 따라 FAT16과 FAT32를 개발했는데, 이들은 주소로 지정할 수 있는 블록의 수를 늘리고 파일 시스템이 작은 블록 크기를 사용해 큰 디스크에 접근할 수 있게 해주었다.[27, 28]

1980년대에 마이크로소프트에서 FAT를 소개했을 때는 디스크 드라이브의 크기가 작았기 때문에 FAT는 작고 효율적일 수 있었다. FAT는 플로피 디스크와 같은 소용량 저장 매체에서 여전히 효율적인 방식이다.[29]

셀프 리뷰

1. 테이블 형식 파일 할당은 연결 리스트를 사용한 파일 할당보다 어떻게 효율적인가?
2. FAT12의 주요 한계는 무엇인가? FAT 후속 버전에서는 이 문제를 어떻게 해결했는가? FAT가 현재 사용하는 하드 디스크를 관리하는 데 더는 적합하지 않은 이유는 무엇인가?

▶ **풀이** 1) 블록 할당 테이블은 파일 시스템의 데이터의 위치를 연속으로 저장할 수 있으므로, 특정 레코드를 찾는 데 필요한 탐색 횟수를 줄여준다. 2) FAT12는 블록 주소를 4,096개 이상 관리할 수 없다. 따라서 큰 디스크의 주소를 관리하려면 큰 블록 크기가 필요하므로, 내부 단편화를 초래했다. FAT16과 FAT32는 엔트리마다 더 많은 비트를 할당해 파일 할당 테이블이 참조할 수 있는 블록 수를 늘려서 이 문제를 해결했다. 이는 파일 할당 테이블의 크기를 증가시켜 파일 접근 시간을 늘리고, 파일 시스템 캐시에서 메모리 낭비를 증가시키는 결과도 낳았다.

13.6.4 인덱스를 사용한 불연속 파일 할당

잘 알려진 또 다른 불연속 할당 전략은 **인덱스 블록** index block을 사용해 파일에 있는 데이터를 가리키는 방법이다. 각 파일은 인덱스 블록을 하나 이상 갖는다. 인덱스 블록은 파일 데이터 블록을 가리키는 포인터의 리스트를 갖는다. 파일의 디렉토리 엔트리는 파일의 인덱스 블록을 가리킨다. 파일 시스템은 레코드를 찾을 때 디스크에 있는 파일의 인덱스 블록 위치를 결정하려고 디렉토리 구조를 탐색한다. 다음으로 인덱스 블록을 메모리에 로드해 포인터들을 사용해 특정 블록의 물리적 위치를 결정한다. 흔히 큰 파일은 한 인덱스 블록이 저장할 수 있는 포인터 수보다 많은 블록을 소비한다. 대부분의 인덱스 블록 구현에서는 마지막 엔트리 몇 개를 보관해 추가적인 인덱스 블록을 가리키는 포인터를 저장한다. 이 기술을 **체이닝** chaining이라고 한다([그림 13-7]).

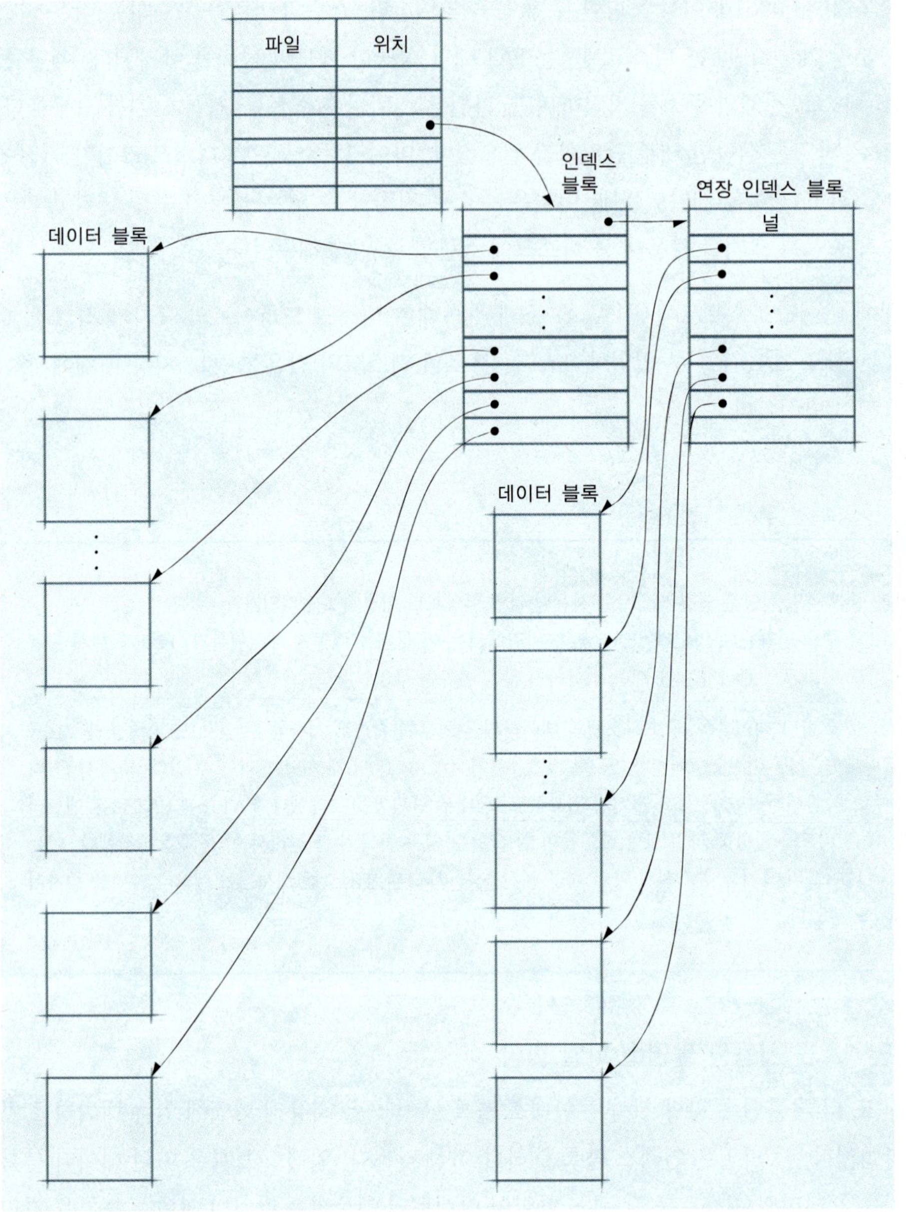

[그림 13-7] 인덱스 블록 체이닝

인덱스 블록 체이닝이 단순 연결 리스트 구현보다 좋은 점은 인덱스 블록 자체에서 탐색이 일어날 수 있다는 점이다. 탐색을 최소화하도록 2차 저장소에서 서로 가까운 위치에 인덱스 블록을 유지할 수 있다. 파일 탐색 속도를 개선하려고 인덱스 블록을 흔히 메인 메모리에 캐시한다. 인덱스 블록을 통해 일단 적절한 레코드의 위치를 찾으면, 해당 레코드를 담고 있는 데이터 블록을 메인 메모리로 읽어들인다. 인덱스 블록 체이닝은 각 파일마다 개별적인 블록 할당 테이블을 저장하는 방법과 유사하다. 이는 시스템 전반에 걸친 블록 할당 테이블보다 효율적일 수 있다. 각 파일의 블록에 대한 참조를 해당 파일의 각 인덱스 블록에 연속으로 저장하기 때문이다. 일반적으로 파일 시스템은 인덱스 블록을 이들이 참조하는 데이터 블록 가까이에 둬서, 데이터 블록의 인덱스 블록을 로드한 후 해당 블록을 빨리 접근할 수 있게 한다.

유닉스 기반 운영체제에서는 인덱스 블록을 **아이노드** inode(즉, 인덱스 노드 index node) 라고 한다.[47] 파일의 아이노드는 소유자, 크기, 생성 일시와 마지막 수정 시각 같은 파일의 속성 정보를 저장한다. 또한 아이노드는 몇몇 파일의 데이터 블록과 간접 블록 indirect block이라는 연장 인덱스 블록 continuation index block을 가리키는 포인터를 저장한다. 아이노드 구조는 간접 블록을 세 개까지 지원할 수 있다([그림 13-8]). 첫 번째 간접 블록은 데이터 블록을 가리킨다. 이들 데이터 블록은 한 단계 singly 간접적이다. 두 번째 간접 블록은 다른 간접 블록만 참조하는 포인터를 가지고 있다. 이들 간접 블록은 이중으로 doubly 간접적인 데이터 블록을 가리킨다. 세 번째 간접 블록은 다른 간접 블록을 가리키며, 이들 블록은 더 많은 간접 블록을 가리키고, 이들은 다시 데이터 블록을 가리킨다. 이들 데이터 블록은 삼중으로 triply 간접적이다. 이러한 계층 구조의 장점은 파일 데이터를 찾기 위해 따라가야 할 포인터의 최대 수에 대한 제한을 비교적 낮게 둔다는 점이다. 따라서 아이노드는 어떤 데이터 블록이든 포인터를 최대 4개까지 따라가면 찾아낼 수 있다(아이노드와 간접 블록 세 단계까지).

아이노드에 관해서는 '16.7.3 ext2fs'에 있는 리눅스 사례 연구에서 자세히 살펴본다. 인덱스 블록을 사용하는 또 다른 파일 시스템은 마이크로소프트의 NTFS다. 인덱스를 사용한 불연속 할당은 많은 환경에서 적은 오버헤드로 좋은 성능을 낼 수 있고, 많은 범용 컴퓨터 시스템에서 구현해왔다.

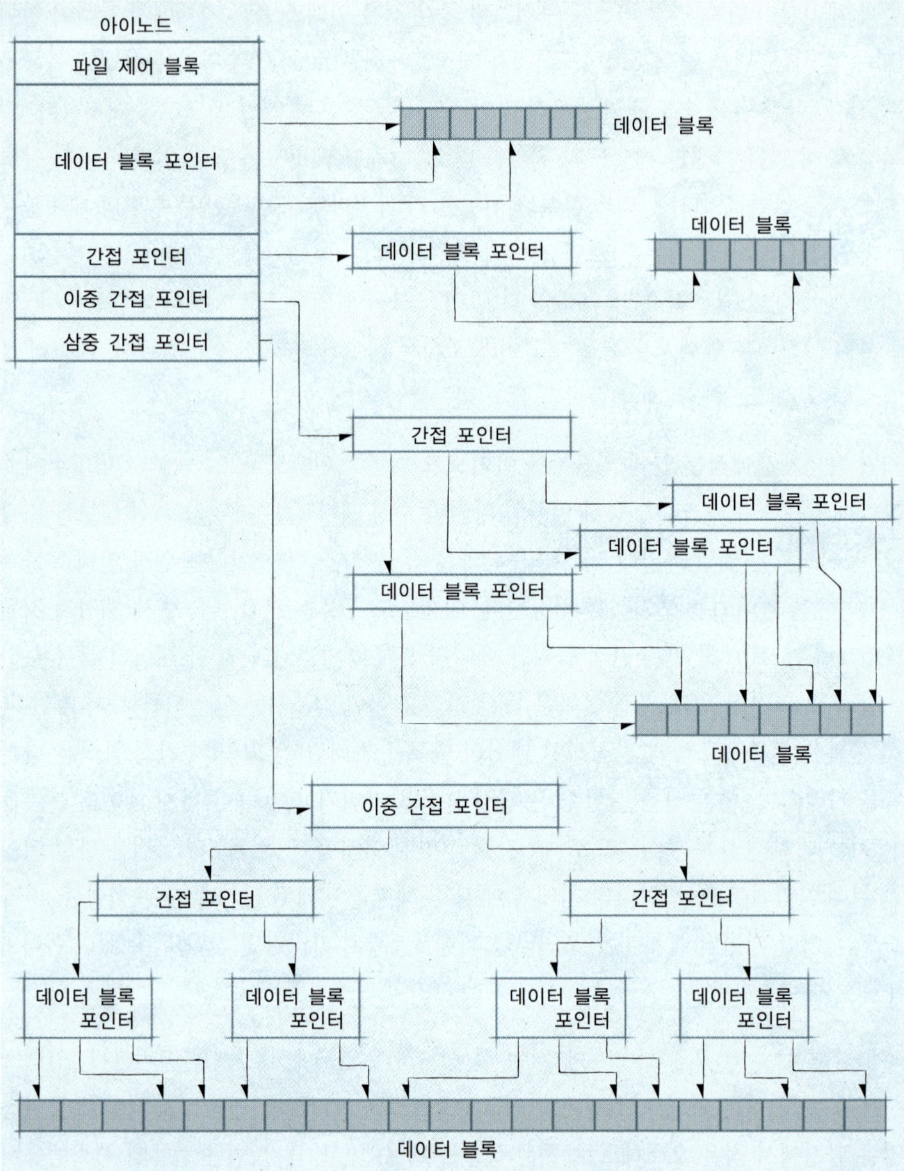

[그림 13-8] 아이노드 구조

셀프 리뷰

1. 인덱스 블록을 이들이 참조하는 데이터 가까이에 놓는 방법은 접근 시간을 어떻게 개선하는가?
2. 인덱스를 사용한 불연속 파일 할당과 테이블 형식 불연속 파일 할당을 비교하라. 평균적으로 파일들이 작은 크기(예를 들면, 한 블록 이하)일 경우를 고려해보라.

▶ **풀이** 1) 파일 시스템이 인덱스 블록을 읽을 때, 디스크 암은 인덱스 블록이 참조하는 데이터 근처에 있을 것이다. 따라서 탐색 시간이 줄거나 아예 필요 없을 수도 있다. 2) 테이블 형식 불연속 파일 할당에서 작은 파일은 한 데이터 블록을 소비하고 블록 할당 테이블에서 한 엔트리를 사용할 것이다. 인덱스를 사용한 불연속 파일 할당에서는 작은 파일에 인덱스 블록을 위한 블록 하나와 데이터 블록 하나가 필요할 것이다. 이는 상당한 저장소 오버헤드를 야기한다. 게다가 여러 작은 파일은 한 파일 할당 테이블을 메모리에 로드함으로써 찾아낼 수 있을 것이다. 반면, 인덱스를 사용한 파일 할당을 사용하는 파일 시스템은 참조하는 각 파일을 위해 다른 인덱스 블록을 접근해야 하며, 많은 탐색 연산 때문에 접근 시간이 길어질 것이다.

13.7 여유 공간 관리

파일이 커지거나 작아지면서 파일 시스템은 새로운 데이터를 저장할 수 있는 여유 블록 free block의 위치 레코드를 유지한다. 파일 시스템은 여유 공간을 추적하기 위해 **여유 리스트** free list를 사용할 수도 있다([그림 13-9]). 여유 리스트는 여유 블록의 위치를 담고 있는 연결 리스트다. 여유 리스트 블록의 마지막 엔트리는 다음 여유 리스트 블록을 가리키는 포인터를 담는다. 마지막 여유 리스트 블록의 마지막 엔트리는 널 포인터를 저장해 더는 여유 리스트 블록이 없음을 나타낸다. 시스템은 파일에 새로운 블록을 할당해야 할 때 여유 리스트의 여유 블록 주소를 찾고, 새로운 데이터를 여유 블록에 쓰고, 여유 리스트에서 해당 블록의 엔트리를 제거한다.

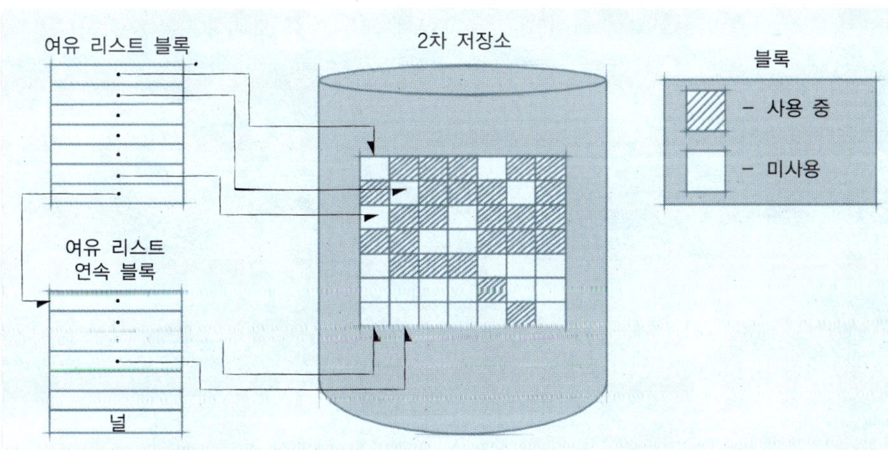

[그림 13-9] 여유 리스트를 사용한 여유 공간 관리

파일 시스템은 대체로 여유 리스트의 시작점에 있는 블록부터 할당하고, 해제된 블록은 리스트 끝에 추가한다. 여유 리스트의 머리와 꼬리를 가리키는 포인터는 파일 시스템의 슈퍼블록에 저

장할 수 있다. 여유 블록은 한 포인터를 따라가 찾을 수 있다. 이와 마찬가지로 시스템은 여유 리스트에 블록을 추가하기 위해 한 포인터를 따라가면 된다. 따라서 이 기법은 여유 리스트를 유지하는 연산을 수행할 때 오버헤드가 많지 않다. 그러나 시간이 지남에 따라 파일이 생성, 삭제되면서 저장 장치의 여유 공간 단편화가 발생하고, 여유 리스트에서는 인접한 엔트리들이 불연속적인 블록을 가리킬 수 있다. 그 결과 순차적인 파일 데이터가 불연속 블록에 할당되어 전반적으로 파일 접근 시간을 늘린다. 다른 방식으로 파일 시스템이 여유 리스트를 탐색하거나 정렬해 연속적인 블록을 할당할 수도 있다. 여유 리스트 탐색이나 정렬 모두 상당한 오버헤드가 드는 작업이다.[48]

이외에도 자주 사용하는 여유 공간 관리 방법으로 **비트맵** bitmap이 있다([그림 13-10]). 비트맵에는 파일 시스템의 각 블록에 대응하는 비트 하나가 있다. *i*번째 비트는 파일 시스템의 *i*번째 블록에 대응한다. 몇몇 구현을 예로 들면, 비트맵에 있는 비트는 대응하는 블록이 사용되고 있으면 1이고, 그렇지 않으면 0이다.[49] 비트맵은 대체로 여러 블록에 걸쳐 있다. 따라서 각 블록이 32비트를 저장하면, 세 번째 비트맵의 15번째 비트는 블록 79에 대응한다. 비트맵이 여유 리스트보다 좋은 점은 파일 시스템이 2차 저장소의 특정 위치에 있는 연속적인 블록이 사용 가능한지 여부를 빨리 판단할 수 있다는 점이다. 예를 들어, 사용자가 블록 60에서 끝나는 파일에 데이터를 추가하려고 하면, 파일 시스템은 비트맵의 61번째 엔트리에 직접 접근해 해당 블록이 사용 가능한지 확인한다. 비트맵의 단점은 파일 시스템이 여유 블록을 찾으려고 비트맵 전체를 탐색해야 할 수도 있고, 이 경우 실행 오버헤드가 발생한다는 점이다. 그러나 현재 사용하는 시스템은 프로세서 속도가 입출력 속도보다 훨씬 빠르기 때문에 대부분 이 오버헤드는 사소하다.

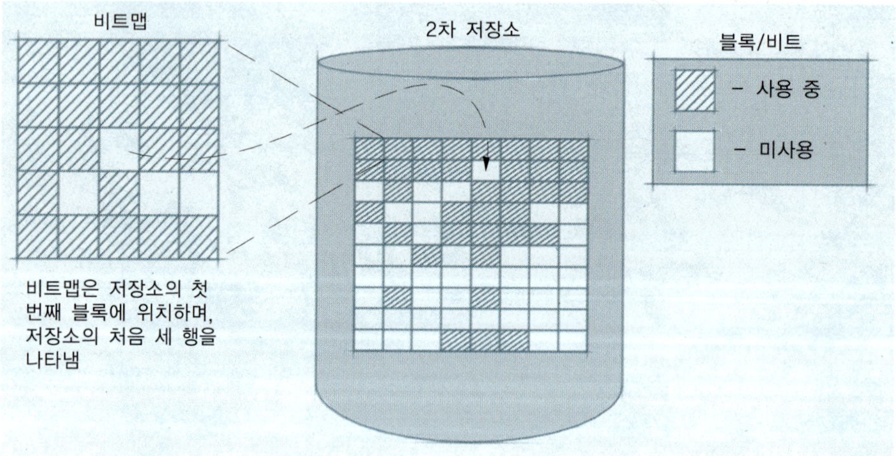

[그림 13-10] 비트맵을 사용한 여유 공간 관리

셀프 리뷰

1. 여유 리스트와 여유 공간 비트맵을 비교하라. 특히 다음 여유 블록을 찾는 데 걸리는 시간과 여유 블록을 회수하고 연속된 블록 그룹에 할당하는 데 걸리는 시간을 비교하라.
2. 이 절에서 논의한 여유 공간 관리 기술 중 가장 낮은 저장소 오버헤드를 발생시키는 것은 어떤 기술인가?

▶ **풀이** 1) 여유 리스트는 한 여유 블록을 할당하는 데 더 효율적이다. 파일 시스템이 여유 리스트의 머리를 가리키는 포인터를 따라가기만 하면 되기 때문이다. 비트맵은 여유 블록을 발견할 때까지 모두 검색해야 한다. 특정 블록이 주어졌을 때 파일 시스템은 비트맵을 사용해 엔트리를 직접 확인함으로써 연속적인 여유 블록이 있는지 판단할 수 있다. 파일 시스템은 여유 리스트에서 연속적인 블록을 찾으려고 여유 리스트를 검색하거나 정렬해야 한다. 이는 상당한 실행 시간을 요한다. 2) 비트맵은 흔히 여유 리스트보다 작다. 여유 리스트는 32비트나 64비트를 차지하는 블록 번호를 사용하지만, 비트맵은 각 블록을 나타내는 데 비트 하나를 사용하기 때문이다. 파일 시스템의 비트맵 크기는 상수constant인 반면, 여유 리스트의 크기는 시스템에 있는 여유 블록의 수에 따라 달라진다. 따라서 파일 시스템이 소수의 여유 블록을 포함하는 경우에는 여유 리스트가 비트맵보다 적은 공간을 소비한다.

13.8 파일 접근 제어

파일이 신용카드 번호나 패스워드, 주민등록번호 같은 민감한 데이터를 저장해야 할 때가 있다. 따라서 파일 시스템은 사용자가 데이터에 접근하는 일을 통제할 수 있는 메커니즘을 제공해야 한다('운영체제적 생각: 보안' 참고). 이어지는 항목에서는 널리 알려진 파일 접근 제어 기술들을 살펴보자.

운영체제적 생각

보안 Security

컴퓨터 보안은 항상 중요한 문제였다. 특히 비즈니스 크리티컬 또는 미션 크리티컬 시스템을 책임지는 사람에게는 더욱 중요했다. 그러나 기술 발전 때문에 보안 문제에 대한 개념이 변하면서 운영체제 설계자들도 새로운 기술의 사조와 이들이 공격에 얼마나 민감한지 항상 평가해야 했다. 초기 컴퓨터 시스템은 몇 톤에 달할 정도로 무거웠고 인진한 공긴에 보호되었다. 네트워크도 없었다. 그러나 현재 사용하는 시스템, 특히 휴대용 컴퓨터 기기나 노트북, 심지어 데스크톱 머신조차 쉽게 도난당할 수 있다. 또한 오늘날은 사실상 모든 시스템을 네트워크에 연결할 수 있으므로, 지적 재산이 불안전한 전송 매체를 통해 전송될 때 많은 도전거리를 안겨준다. 초기 암호화/복호화 스키마는 현재 사용하는 고성능 컴퓨터로 쉽게 '깨뜨림' 수 있게 되었다. 따라서 훨씬 복잡한 보안 스키마들을 개발해왔다. 보안 문제에 관해서는 이 책 전반에 걸쳐, 특히 15장에서 다룬다. 리눅스 사례 연구에서도 보안에 관한 고려 사항과 오늘날 인기 있는 운영체제에서 지원하는 보안 기능에 관해 살펴본다.

13.8.1 접근 제어 매트릭스

파일 접근을 제어하는 한 가지 방법은 2차원 **접근 제어 매트릭스** access control matrix([그림 13-11])를 사용해 모든 사용자와 시스템에 있는 모든 파일의 목록을 만드는 것이다. 엔트리 aij는 사용자 i가 파일 j에 접근할 수 있는 권한이 있으면 1, 그렇지 않으면 0이다. 예를 들어, [그림 13-11]에서 사용자 5는 모든 파일에, 사용자 4는 파일 1에만 접근할 수 있다. 사용자와 파일의 수가 커지면 이 매트릭스 역시 상당히 커질 것이다. 더 나아가 한 사용자가 다른 사용자의 파일에 접근할 수 있는 것은 규칙이 아닌 예외적인 경우므로 매트릭스가 아주 드문드문 사용될 것이다. 이러한 매트릭스 개념을 유용하게 사용하려면 읽기 전용 read-only, 쓰기 전용 write-only, 실행 전용 execute-only, 읽기/쓰기 read/write 등 다양한 유형의 접근 권한을 나타내는 코드를 사용해야 한다. 이 때문에 매트릭스의 크기가 상당히 증가할 것이다.

사용자 \ 파일	1	2	3	4	5	6	7	8	9	10
1	1	1	0	0	0	0	0	0	0	0
2	0	0	1	0	1	0	0	0	0	0
3	0	1	0	1	0	1	0	0	0	0
4	1	0	0	0	0	0	0	0	0	0
5	1	1	1	1	1	1	1	1	1	1
6	0	0	0	0	0	1	1	0	0	0
7	1	0	0	0	0	0	0	0	0	1
8	1	0	0	0	0	0	0	0	0	0
9	1	1	1	1	0	0	0	0	1	1
10	1	1	0	0	1	1	0	0	0	1

[그림 13-11] 접근 제어 매트릭스

셀프 리뷰

1. 파일 접근 제어가 필수적인 이유는 무엇인가?
2. 대부분의 시스템에서 접근 제어 매트릭스가 부적합한 이유는 무엇인가?

▶ **풀이** 1) 어떤 사용자든 파일 시스템에 있는 경로명을 모두 참조할 수 있다. 따라서 파일 시스템은 파일에 대한 접근을 제어해 적절한 권한이 없는 사용자가 개인 정보와 민감한 정보에 접근하지 못하게 보호해야 한다. 2) 접근 제어 매트릭스는 대체로 크고 내용이 촘촘하지 않다. 따라서 이 매트릭스를 사용해 접근 제어 정책을 구현하면 저장소 낭비를 야기하고 접근 시간도 비효율적이다.

13.8.2 사용자 클래스를 사용한 접근 제어

접근 제어 매트릭스보다 훨씬 적은 공간을 요구하는 기술은 다양한 **사용자 클래스** user class를 사용한 접근 통제 방법이다. 공통적으로 사용하는 파일 접근 분류 스키마는 다음과 같다.

- **소유자** owner – 보통 파일을 생성한 사용자를 말한다. 소유자는 파일에 제한 없이 접근할 수 있으며 파일 권한을 바꿀 수도 있다.
- **지정 사용자** specified user – 소유자가 다른 개인이 해당 파일을 사용할 수 있다고 명시하면, 해당 사용자는 파일에 대한 지정 사용자가 된다.
- **그룹** group(혹은 프로젝트 project) – 사용자는 흔히 특정 프로젝트에서 일하는 구성원 혹은 그룹일 경우가 있다. 이 경우 그룹의 다양한 구성원 모두 서로의 프로젝트 관련 파일에 접근할 수 있는 권한을 받는다.
- **공개** public – 대부분의 시스템은 파일을 공개용으로 사용하도록 설계한다. 즉, 시스템에 있는 사용자 누구든 접근할 수 있는 파일로 간주한다. 공개 접근 권한은 기본으로 모든 사용자가 파일을 읽거나 실행할 수는 있지만, 파일을 쓰는 권한은 주지 않는 것이 보통이다.

이러한 접근 제어 데이터는 파일 제어 블록의 일부로 저장할 수 있고, 상당량의 공간을 소비한다. 보안은 운영체제 설계에서 중요한 이슈며, '15장. 보안'에서 자세히 다룬다.

셀프 리뷰

1. 사용자 클래스는 접근 제어 정보 때문에 발생하는 저장소 오버헤드를 어떻게 줄이는가?
2. 접근 제어 데이터를 파일 제어 블록의 일부로 저장할 때 장단점을 설명하라.

▶ **풀이** 1) 사용자 클래스는 한 엔트리를 사용해 파일 소유자가 사용자 그룹의 모든 멤버에 권한을 부여할 수 있게 해준다. 2) 장점은 사용자가 파일에 대한 접근 권한이 있을 경우, 전혀 오버헤드가 필요하지 않다는 점이다. 파일 시스템이 파일을 열기 전에 파일 제어 블록을 읽어야 하기 때문이다. 그러나 접근이 거부되면 파일 시스템은 사용자가 열 수 없는 파일의 파일 제어 블록을 접근하려고 몇 번의 탐색 작업을 낭비해야 한다.

13.9 데이터 접근 기술

많은 시스템에서 여러 프로세스가 저장 장치에 산재되어 있는 다양한 파일로부터 데이터를 요청할 수 있다. 이는 많은 탐색 작업을 야기한다. 운영체제는 사용자의 입출력 요청에 즉시 반응하는 대신 성능 향상을 위해 여러 가지 기술을 사용할 수 있다.

현대 운영체제는 여러 가지 접근 방법을 제공한다. 때로는 이를 **대기 접근 방법** queued access method과 **기본 접근 방법** basic access method으로 분류된다. 큐를 사용하는 대기 방식은 기본 접근 방법보다 강력하다.

대기 접근 방법은 순차 접근이나 인덱스를 사용한 순차 접근과 같이 처리할 레코드의 순서를 예상할 수 있는 경우에 사용한다. 대기 접근 방법은 **예측 버퍼링** anticipatory buffering과 입출력 연산 스케줄링을 사용한다. 이 방법은 직전 레코드를 처리하는 즉시 다음 레코드를 처리할 수 있게 준비한다. 메인 메모리에는 한 번에 레코드를 하나 이상 유지한다. 이러한 방법으로 처리와 입출력 연산이 중첩되게 해서 성능을 향상시킨다.

기본 접근 방법은 대개 처리할 레코드의 순서를 예측할 수 없고, 특히 직접 접근 방법일 때 사용한다. 또한 데이터베이스 응용 프로그램과 같이 사용자 응용 프로그램에서 예측 버퍼링 오버헤드 없이 레코드 접근을 통제하고 싶은 경우가 많다. 기본 방식은 물리 블록을 읽고 쓰는 접근 방법으로, (적합한 경우) 사용자 응용 프로그램에서 블록킹 blocking과 디블록킹 deblocking을 수행한다.

메모리 맵 파일 memory-mapped file은 파일 시스템 캐시를 사용하는 대신 파일 데이터를 프로세스의 가상 주소 공간에 맵핑한다.[50] 메모리 맵 파일에 대한 참조가 프로세스의 가상 주소 공간에서 발생하므로, 가상 메모리 관리자는 각 프로세스의 참조 패턴에 근거해 페이지 교체 결정을 내릴 수 있다. 메모리 맵 파일은 또한 응용 프로그램 작성을 간편하게 해준다. 개발자들이 읽기, 쓰기, 탐색 연산을 명시하는 대신 포인터를 사용해 파일 데이터에 접근할 수 있기 때문이다.

프로세스가 쓰기 요청을 할 때 데이터는 보통 입출력 성능을 향상시키기 위해 메인 메모리에 버퍼링하고, 이에 대응하는 페이지는 '더티' dirty로 표시한다. 메모리 맵 파일의 수정된 페이지가 교체되면, 페이지를 2차 저장소의 대응하는 파일에 쓴다. 파일이 닫히면 시스템은 변경된 모든 페이지를 2차 저장소에 쓴다. 일반적으로 시스템 다운 시 데이터 손실의 위험을 줄이려고, 수정된 메모리 맵 페이지를 주기적으로 2차 저장소에 플러시한다.[51]

셀프 리뷰

1. 대기 접근 방법과 기본 접근 방법을 비교, 대조하라.
2. 메모리 맵 파일은 응용 프로그램 작성을 어떻게 간편하게 해주는가?

▶ **풀이** 1) 예측 버퍼링을 수행한다. 이는 가까운 미래에 사용할 가능성이 큰 블록을 메모리에 로드하는 것이다. 입출력 연산을 스케줄링하거나 버퍼링하지 않는다. 이는 시스템이 미래에 일어날 요청을 예측할 수 없거나 파일 시스템이 시스템 고장 시에 데이터 손실을 막아야 할 경우에 더 적합하다. 2) 메모리 맵 파일은 프로그래머들이 읽기, 쓰기, 탐색 파일 연산 대신 포인터를 사용해 파일 데이터에 접근할 수 있게 해준다.

13.10 데이터 무결성 보호

컴퓨터 시스템은 재고 목록이나 재정 기록 혹은 개인 정보와 같은 중요한 정보를 저장할 때가 많다. 시스템이 고장 나거나 자연 재해 또는 악성 바이러스가 이러한 정보를 파괴할 수도 있다. 이런 일이 발생하면 막대한 손실이 발생할 수 있다.[52] 운영체제와 데이터 저장소 시스템은 이런 일들이 발생할 가능성에 대비할 책임이 있다. 따라서 시스템은 장애에 대한 내구성이 있어야 하고, 정보를 복구할 수 있는 기술을 제공해야 한다.

13.10.1 백업과 복구

대부분의 시스템은 정보의 사본을 여러 개 저장하는 백업 기술과 시스템이 고장을 일으켰을 때 데이터를 복구할 수 있는 복구 기술을 구현한다. 백업과 복구 전략은 또한 의도하지 않게 중요한 정보에 대해 삭제 키를 누른 경우처럼 사용자가 일으킨 사고로부터 시스템을 보호할 수 있게 해준다('운영체제적 생각: 백업과 복구' 참고).

물리적 안전 장치는 가장 낮은 수준의 데이터 보호 방법이다. 자물쇠나 경보기 등의 물리적 장애물도 허가되지 않은 사용자가 중요한 데이터를 저장한 컴퓨터에 접근하지 못하게 막아준다. 메인 메모리는 대체로 휘발성이므로 전원이 나가면 아직 2차 저장소로 전송되지 않은 데이터는 손실된다. 무정전 전원 공급 UPS, Uninterruptable Power Supply 장치는 전력 차단 때문에 데이터가 손실되는 일을 막는 데 사용한다.[53]

운영체제적 생각

백업 Backup과 복구 Recovery

시스템이 다운되어 몇 시간씩 작업한 내용을 날려본 경험이 있는가? HMD는 소프트웨어 엔지니어 수백 명과 함께 일하던 대규모 프로젝트에서 건물이 번개에 맞아 이전 주에 작업한 내용을 모두 잃은 경험이 있다. 다행히 각자가 자신의 작업을 백업해뒀지만, 그래도 복구하는 데 며칠이 걸렸다. 참으로 고통스러운 경험이었다.

사용자가 오랜 시간을 들여 백업을 해야 할 책임이 있는가? 아니면 시스템이 자동적으로 수행해야 하는가? 백업은 상당한 자원을 소비한다. 백업을 얼마나 자주 해야 하는가? 매번 데이터를 얼마만큼 백업해야 하는가? 백업을 전체 시스템에 대한 비트 이미지로 해야 하는가, 시스템에 변경이 생길 때마다 로깅을 증가시키는 방법으로 해야 하는가? 이러한 질문에 답하려면 시스템 관리자가 백업을 자주 할 때 발생하는 오버헤드와 백업을 자주 하지 않아 데이터를 손실할 위험 사이에서 균형을 맞춰야 한다. 여하튼 운영체제에 백업과 복구 기능을 포함하는 것은 아주 중대한 일이다.

화재나 지진 등의 자연 재해는 한 곳에 있는 모든 데이터를 파괴할 수 있다. 따라서 어떤 기관은 백업 사이트를 두기도 한다. 이는 메인 사이트로부터 지리적으로 멀리 떨어뜨려 비상 시 데이터를 보호하는 것이다.[54] 이처럼 미리 예방하는 방법도 중요하지만, 이러한 방법으로 운영체제가 고장 나거나 디스크 헤드가 고장 난 경우에도 데이터를 보호할 수는 없다.

가장 흔히 데이터 손실을 막으려고 주기적으로 백업한다. **물리적 백업** physical backup은 저장 장치의 데이터를 비트 수준에서 복제한다. 어떤 경우에는 시스템에서 할당된 데이터 블록만 복사하기도 한다. 물리적 백업은 구현이 간단하지만, 파일 시스템의 논리적 정보는 전혀 저장하지 않는다. 파일 시스템의 데이터는 시스템 아키텍처에 따라 다른 포맷으로 저장될 수도 있으므로, 물리적 백업은 다른 아키텍처를 사용하는 컴퓨터에서는 쉽게 복구되지 않는다. 또한 물리적 백업이 파일 시스템의 논리적 구조를 읽지 못하기 때문에 시스템에 저장된 파일들을 구분해내지 못한다. 따라서 물리적 백업은 파일 시스템 전체를 기록하고 복구해 모든 데이터가 복제되도록 보장해야 한다. 최종적으로 물리적 백업을 수행한 이후 파일 시스템에 수정된 데이터가 거의 없는 경우에도 전체를 복사해야 한다.[55]

논리적 백업 logical backup은 파일 시스템의 데이터와 해당 논리적 구조를 저장한다. 따라서 논리적 백업은 어떤 파일을 백업해야 하는지 판단하려고 디렉토리 구조를 조사한다. 그리고 흔히 파일들을 압축해 일반적인 아카이브 archive 포맷으로 테이프나 CD 혹은 DVD 등의 백업 장치에 쓴다. 예를 들어, 유닉스 기반 시스템에서는 여러 파일을 저장, 전송, 백업하는 데 테이프 아카이브 tar, tape archive 포맷을 주로 사용한다(http://www.gnu.org/software/tar/tar.html 참고). 논리적 백업은 디렉토리 구조를 사용해 데이터를 일반적인 포맷으로 저장하기 때문에 이기종 네이티브 파일 포맷을 갖춘 운영체제들이 백업 데이터를 읽고 복구할 수 있게 해준다. 따라서 여러 이기종 시스템에서 파일 데이터를 복구할 수 있다. 논리적 백업은 또한 사용자가 백업 데이터로부터 한 파일(예를 들면, 뜻하지 않게 삭제한 파일 등)만 별도로 복구할 수 있게 해준다. 이는 파일 시스템 전체 복구보다 훨씬 빠르다. 그러나 논리적 백업은 파일 시스템에서 노출한 데이터만 읽을 수 있기 때문에 숨은 파일이나 메타데이터 같은 유실 정보가 생길 수 있다. 물리적 백업의 경우 이들은 파일 시스템의 저장 장치에 있는 각 비트를 복사할 때 모두 백업할 수 있는 정보다. 파일을 공통 포맷으로 저장하는 일도 네이티브 파일 포맷과 아카이브 포맷 사이에서 변환할 때 오버헤드가 발생해 비효율적일 수 있다.[56]

증분 백업 incremental backup은 이전 백업 시점 이후 데이터에 변경이 발생한 내용만을 저장하는 논리적 백업 방식이다. 시스템은 어떤 파일을 수정했는지 기록하고, 이를 주기적으로 백업 파일에 쓸 수 있다. 증분 백업은 파일 시스템 전체 백업보다 시간이 덜 들고 자원을 적게 사용하기 때문에 더 자주 수행할 수 있고, 재난으로 인한 데이터 손실의 위험을 줄일 수 있다.

셀프 리뷰

1. 논리적 백업과 물리적 백업을 비교, 대조하라.
2. 재난이 발생할 경우 물리적 안전 장치가 데이터 손실을 예방하는 데 불충분한 이유는 무엇인가?

▶ **풀이** 1) 논리적 백업은 다른 파일 포맷을 갖춘 파일 시스템에서 읽을 수 있고, 증분 백업을 지원하며 한 파일만 복구하는 것과 같은 미세한 복구를 가능하게 해준다. 물리적 백업은 파일 시스템의 구조를 탐색할 필요가 없으므로 일반적으로 생성하기 쉽다. 그러나 물리적 백업은 증분 백업이나 부분적 백업을 지원하지 않고 이기종 시스템 사이에서 호환되지 않는 경우가 많다. 2) 물리적 안전 장치는 데이터에 대한 접근을 막아주지만 자연 재해나 하드웨어와 전원이 문제가 생길 때는 데이터 손실을 막을 수 없다. 사실 파일에 대한 절대적인 보안을 보장할 수 있는 방법은 없다.

13.10.2 데이터 무결성과 로그 구조 파일 시스템

지금까지 논의한 기술 중 무엇도 마지막 백업 시간과 고장이 발생하는 동안 발생하는 상당한 활동이 일어날 가능성이 있는 문제를 해결할 수는 없다('운영체제적 생각: 머피의 법칙과 견고한 시스템' 참고). 게다가 백업은 흔히 복구 과정이 길기 때문에 그 사이 시스템을 제대로 활용할 수 없다.

데이터 손실이나 시스템 다운을 허용하지 않는 시스템에는 RAID와 트랜잭션 기반 파일 시스템이 적합하다. '12.10 RAID'에서 RAID 수준 1~5가 시스템의 평균 고장 시간을 개선하고 단일 디스크가 고장 날 때 데이터를 복구하는 방법을 살펴봤다. 또한 미러링과 핫 스왑 가능한 hot swappable 디스크는 RAID 시스템에서 디스크가 고장 났을 때도 계속 동작하게 해 가용성을 높여줌을 살펴봤다.

운영체제적 생각

머피의 법칙 Muphy's Law**과 견고한 시스템** Robust System

대부분의 사람은 한두 번씩 머피의 법칙을 경험했을 것이다. 머피의 법칙은 미국 공군 장교 에드워드 머피 Edward Murphy의 이름에서 유래한다. 그는 실수를 곧잘 저지르는 어떤 기술 하사관을 욕하며 이렇게 말했다. "잘못되게 할 방법이 하나라도 있다면, 저 놈은 바로 그 방법을 찾아낼 거야." 오늘날 가장 흔한 머피의 법칙 변형은 "만일 어떤 일이 잘못될 가능성이 있다면, 그 일은 잘못될 것이다"는 것이다. 그리고 "그것도, 최악의 상황에"라는 말도 덧붙는다. 운영체제 설계자들은 머피의 법칙을 염두에 두어야 한다. 설계자들은 끊임없이 '무엇이 잘못될 수 있는가', '그러한 문제가 발생할 확률은 어떠한가' 자문해야 한다. 그런 문제가 생기면 어떤 결과를 가져오는가? 그러한 문제를 예방하려면 운영체제를 어떻게 설계해야 하는가? 어떤 문제를 예방하는 것이 불가능하다면, 운영체제는 해당 문제를 어떻게 처리해야 하는가? 견고한 시스템은 광범위한 종류의 입력을 처리하고, 예상치 못한 상황에서도 계속해서 동작할 수 있어야 한다.

로깅과 섀도우 페이징

쓰기 연산 도중 시스템 고장이 발생하면 파일 시스템 데이터의 내용이 불일치한 상태로 남을 수 있다. 예를 들어, 전자 결재에서 뱅킹 시스템으로 한 계좌의 돈을 인출해 다른 계좌에 입금할 경우가 있다. 돈을 인출해서 다른 곳에 입금하는 도중 시스템이 고장 나면 돈을 잃는다. 트랜잭션 기반 로깅은 **원자적 트랜잭션**atomic transaction을 사용해 데이터 손실 위험을 줄일 수 있다. 자동 트랜잭션은 한 묶음의 연산을 모두 수행하거나 전체를 취소한다. 만일 트랜잭션을 완료하지 못하게 하는 오류가 발생하면 시스템을 트랜잭션이 시작하기 이전 상태로 **롤백**roll back한다.[57]

자동 트랜잭션은 존재하는 데이터를 수정하는 대신 각 연산의 결과를 로그 파일에 기록함으로써 구현할 수 있다. 트랜잭션을 완료한면 로그에 특별한 값을 기록함으로써 **커밋**commit한다. 이 로그는 영구 저장소로 전송된다. 시스템이 트랜잭션 완료 전에 고장 날 경우, 이전에 커밋한 트랜잭션 이후에 기록된 연산은 모두 무시한다. 시스템을 복구할 때 로그 파일을 읽고, 파일 시스템에 있는 데이터와 비교해 마지막 커밋 시점의 파일 시스템 상태를 결정한다.

많은 시스템에서 시스템이 연산을 취소할 수 있게 하려고 연산을 영구 저장소에 기록한 후에도 로그 파일을 삭제하지 않는다. 로그가 많이 쌓이고 파일이 커질 수 있으므로 마지막 커밋 시점의 시스템 상태를 찾기 위해 트랜잭션을 재처리하는 데 많은 시간이 걸릴 수 있다. 대부분의 트랜잭션 기반 시스템은 로그에 있는 트랜잭션을 재처리하는 데 걸리는 시간을 줄이려고 **체크포인트**checkpoint를 유지한다. 체크포인트는 영구 저장소에 기록된 마지막 트랜잭션을 가리킨다. 시스템이 다운되면 체크포인트 이후에 발생한 트랜잭션만 점검하면 된다.

섀도우 페이징shadow paging은 수정된 데이터를 원래 블록 대신 여유 블록에 쓰는 방법으로 자동 트랜잭션을 구현한다. 트랜잭션을 커밋하면 파일 시스템은 메타데이터를 갱신해 새로운 블록을 가리키게 하고 이전 블록을 해제, 즉 **섀도우 페이지**shadow page해 여유 공간으로 만든다. 트랜잭션이 실패하면 파일 시스템은 새로운 블록을 여유 공간으로 해제함으로써 트랜잭션을 롤백한다.[58]

로그 구조 파일 시스템

트랜잭션 로깅과 섀도우 페이징은 파일 시스템 데이터가 불일치한 상태에 들어가는 상황을 막아야 한다. 그러나 파일 시스템 자체가 일치 상태가 되게 보장해야 할 필요는 없다. 예를 들어, 파일을 한 디렉토리에서 다른 디렉토리로 옮길 때 파일 시스템은 파일의 원래 디렉토리 엔트리를 삭제하고, 새 디렉토리 엔트리를 생성해야 한다. 원래 디렉토리 엔트리를 삭제하는 일과 새 디렉토리 엔트리를 생성하는 일 사이에 전력 문제 등으로 시스템이 다운되면 파일 데이터가 손실될 수도 있다. 이러한 제약을 해결하려고 **로그 구조 파일 시스템**LFS, Log-structured File System(혹은 **저**

널링 파일 시스템JFS, Journaling File System이라고 한다)은 로그가 기록되는 트랜잭션으로 파일 시스템 연산을 수행한다.[59] 로그 구조 파일 시스템의 예로는 마이크로소프트의 NTFS 저널링 파일 시스템NTFS Journaling File System과 레드햇Red Hat 리눅스의 ext3 파일 시스템이 있다.[60, 61]

LFS에서는 전체 디스크가 레코드 트랜잭션에 대한 로그 파일 역할을 한다. 새로운 데이터는 로그 파일의 여유 공간에 순차적으로 기록된다. 예를 들어, [그림 13-12]에서 LFS는 새 디렉토리에 foo, bar 두 파일을 생성하라는 요청을 받는다. 파일 시스템은 요청받은 연산을 수행할 때 먼저 foo의 데이터를 로그에 기록한 후, foo의 메타데이터(예를 들면, 아이노드)를 써서 파일 시스템이 foo의 데이터를 찾을 수 있게 한다. 이와 유사하게, LFS는 bar의 데이터와 이에 대응하

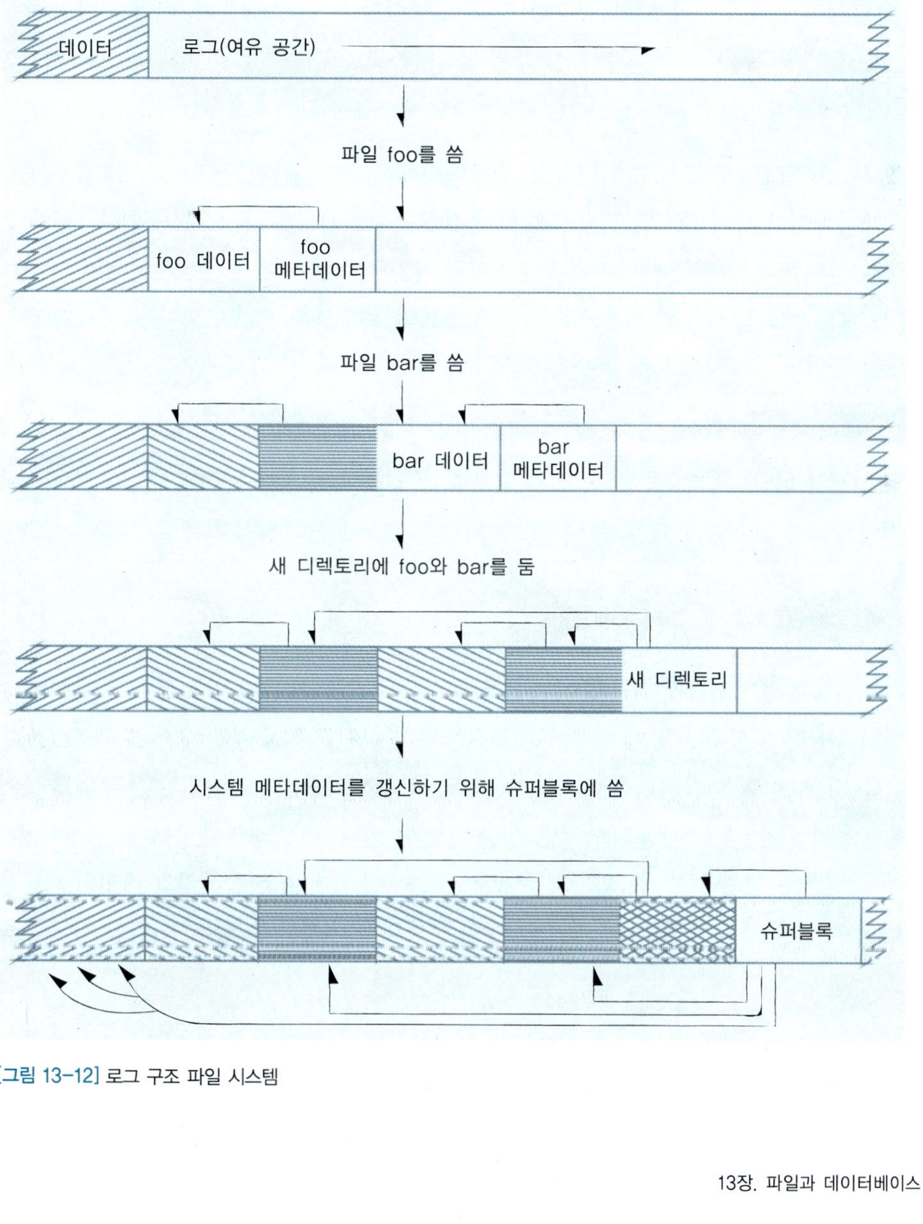

[그림 13-12] 로그 구조 파일 시스템

는 파일 메타데이터를 기록한다. 마지막으로 파일 시스템은 로그에 대한 새로운 디렉토리 엔트리를 기록한다. 그런데 파일 시스템이 파일 데이터를 로그에 기록하기 전에 파일의 메타데이터를 기록할 경우, 파일의 데이터를 기록하기 전에 시스템이 다운될 수도 있다. 그러면 파일 시스템이 불일치한 상태로 남을 수 있다. 메타데이터가 유효하지 않은 데이터 블록(즉, 시스템 다운 이전에 기록하지 못한 데이터 블록)을 참조하기 때문이다.

수정된 디렉토리와 메타데이터가 항상 로그의 끝에 저장되기 때문에 LFS는 특정 파일을 찾으려고 로그 전체를 읽어야 할 수도 있다. 이는 읽기 연산의 성능을 떨어뜨린다. LFS는 이 문제를 해결하려고 파일 시스템 메타데이터의 위치를 캐시하고 때때로 **아이노드 맵** inode map이나 슈퍼 블록을 기록한다. 이는 다른 메타데이터의 위치를 나타낸다([그림 13-12]). 이런 방식은 시스템 부팅 시 운영체제가 파일 메타데이터를 재빨리 찾고 캐시할 수 있게 해준다. 이어서 파일 데이터는 파일 시스템의 캐시에서 위치를 파악함으로써 빨리 접근할 수 있다. 파일 시스템 캐시의 크기가 증가함에 따라 사용자 프로세스에 줄 메모리양을 줄이는 대가로 성능을 개선할 수 있다.[62]

몇몇 파일 시스템은 오버헤드를 줄이려고 로그에 메타데이터만 기록하기도 한다. 이 경우 파일 시스템은 메타데이터를 기록할 때 먼저 로그에 엔트리를 기록하고, 다음으로 파일 시스템에 있는 엔트리를 갱신한다. 연산은 메타데이터가 로그와 파일 시스템 모두에서 갱신된 후에 커밋된다. 이렇게 해서 비교적 적은 오버헤드로 파일 시스템의 무결성을 지키지만, 시스템이 다운되는 경우에는 파일의 무결성을 보장할 수 없다.[63]

LFS에서는 데이터를 순차적으로 저장하기 때문에 각 쓰기 요청을 순차적으로 수행한다. 이는 쓰기 작업 시간을 상당히 줄일 수 있다. 이와 비교해, 불연속 파일 할당 구현에서는 파일 시스템이 디렉토리 구조를 탐색해야 하고, 디렉토리가 디스크 전체에 분산되어 있을 경우 접근 시간이 길어진다.

로그가 모두 차면 LFS는 유입 데이터를 위해 어떻게 여유 공간을 만들어낼지 결정해야 한다. LFS는 로그 내용을 주기적으로 조사해 어떤 블록을 비울 수 있는지 판단한다. 로그가 자신의 수정된 데이터 사본을 포함하고 있기 때문이다. LFS는 새 데이터를 이들 블록에 연결 리스트로 연결할 수 있는데, 이는 많은 단편화를 야기할 수 있다. 불행히도 불연속 데이터 연결은 읽기 쓰기 작업에서 전통적인 파일 시스템보다도 낮은 성능을 낼 수 있다. 디스크가 데이터에 접근하는 데 많은 탐색 작업을 수행해야 할 수 있기 때문이다. LFS는 이 문제를 해결하려고 데이터 사본을 로그 끝에 있는 연속 영역에 둠으로써 연속적인 여유 공간을 생성할 수 있다. 이러한 입출력 중심 연산을 수행하는 동안 사용자는 반응 속도가 느려지는 상황을 경험할 수도 있다.[64]

셀프 리뷰

1. 고수준 중복성을 제공하는 RAID 수준 1 배열에 저장된 데이터가 어떻게 데이터 불일치 상태에 들어갈 수 있는지 설명하라.
2. 로깅과 섀도우 페이징의 차이점을 설명하라.

▶ **풀이** 1) 미러링된 쌍에 데이터를 쓰는 동안 전원이 나가는 사고가 발생하면, 디스크 배열은 양쪽 디스크 모두에 불완전한 파일 데이터의 사본 또는 메타데이터를 포함할 수 있다. 2) 로깅은 트랜잭션 시작과 완료 시점에 관한 정보를 유지한다. 만일 트랜잭션이 실패하면 마지막 커밋 지점으로 롤백한다. 섀도우 페이징은 새로운 데이터 블록을 할당해 새 데이터를 쓰게 하고, 이후에 트랜잭션을 완료할 때 오래된 데이터 블록을 해제하는 일을 한다.

13.11 파일 서버와 분산 시스템

컴퓨터 네트워크에서 지역 파일이 아닌 데이터를 참조하는 문제를 해결하는 한 가지 방법은 이들 요청을 모두 **파일 서버** file server, 즉 컴퓨터 간 파일 참조 전용 컴퓨터 시스템으로 보내는 것이다.[65, 66, 67, 68, 69] 파일 서버를 사용하면 이들 참조를 중앙에서 통제하지만, 파일 서버에 병목 현상이 발생할 수 있다. 모든 클라이언트 컴퓨터에서 서버에 요청을 보내기 때문이다. 더 나은 접근법은 컴퓨터들이 서로 직접 통신하도록 분리하는 것이다. 썬 마이크로시스템즈가 개발한 **네트워크 파일 시스템** NFS, Network File System에서 이러한 방법을 사용한다. NFS 네트워크에서는 각 컴퓨터가 서버와 클라이언트 역할을 할 수 있는 파일 시스템을 유지한다.

1970년대 전반에 걸쳐 파일 시스템은 대체로 한 컴퓨터에 있는 파일을 저장하고 관리했다. 여러 사용자가 사용하는 시분할 시스템에서는 모든 사용자의 파일을 중앙 집중 파일 시스템으로 통제했다. 현재 사용하는 컴퓨터 네트워크는 **분산 파일 시스템** distributed file system으로 가는 추세다.[70, 71, 72, 73] 분산 파일 시스템이 복잡한 이유는 이러한 네트워크가 흔히 이기종 운영체제와 파일 시스템을 갖춘 광범위한 컴퓨터를 연결하기 때문이다.

분산 파일 시스템은 사용자가 네트워크로 연결된 컴퓨터에 있는 원격 파일을 마치 지역 파일 연산을 수행하는 것처럼 사용할 수 있다.[74, 75, 76, 77, 78] NFS는 이기종 컴퓨터 시스템으로 구성된 네트워크용 분산 파일 시스템 기능을 제공한다. NFS는 아주 널리 사용되어 지금은 국제 표준이 되었다.[79]

셀프 리뷰

1. 큰 기관과 같은 환경에서는 단일 파일 서버가 비현실적인 이유는 무엇인가?
2. 분산 파일 시스템에서 각 클라이언트가 동시에 서버 역할도 할 수 있을 때 어떤 점이 가장 유리한가?

▶ **풀이** 1) 파일 서버가 다운되면 파일 시스템 전체를 사용할 수 없다. 중앙 집중 파일 서버는 또한 병목 현상을 일으킬 수 있다. 2) 이는 중앙 집중 파일 서버의 병목 현상을 제거하고, 한두 클라이언트 시스템에 이상이 생겨도 파일 시스템이 동작할 수 있게 해준다.

13.12 데이터베이스 시스템

데이터베이스 database는 중앙에서 관리하는 통합적인 데이터 집합이다. **데이터베이스 시스템** database system은 데이터, 데이터가 상주하는 하드웨어, 데이터에 대한 접근을 제어하는 소프트웨어(**데이터베이스 관리 시스템** DBMS, DataBase Management System)로 구성된다. 데이터베이스는 웹 서버와 온라인 트랜잭션 처리 환경에서 공통적으로 구현한다. 이런 환경에서는 여러 프로세스가 많은 공유 데이터에 빠르게 접근할 수 있어야 한다.

13.12.1 데이터베이스 시스템의 장점

전통적인 파일 시스템에서는 흔히 여러 응용 프로그램이 동일한 정보를 다른 경로들을 통해 다른 포맷(예를 들면, 텍스트 파일을 포스트스크립트 Postscript와 PDF Portable Document Format 파일로 저장하는 경우)으로 저장한다. 데이터베이스 시스템은 중복 데이터를 없애려고 경로명 대신 내용에 따라 구성한다. 예를 들어, 웹 사이트가 서로 다른 응용 프로그램으로 고객의 신용카드에 요금을 부과하거나, 해당 고객에게 청구서를 보내거나, 고객에게 발송할 패키지의 레이블을 출력할 수 있다. 이 모든 응용 프로그램은 이름, 주소, 전화번호 등의 고객 정보를 얻어내야 한다. 그러나 각 응용 프로그램은 해당 정보를 자신에 맞는 포맷으로 변환해 작업을 수행해야 한다. 데이터베이스는 각 고객에 대한 정보를 한 번만 저장하고, 각 응용 프로그램에서 정보에 접근할 수 있게 해주며, 원하는 대로 포맷할 수 있게 해준다. 데이터베이스는 공유 데이터에 접근할 수 있게 하려고 응용 프로그램이 조회할 정보를 명시할 수 있는 질의 메커니즘을 사용한다.

데이터베이스 시스템은 표준화된 데이터 구성 기술(예를 들면, 계층적, 관계형, 객체지향 구성 등)을 사용하며, 이 구조는 응용 프로그램에서 변경할 수 없다. 데이터베이스 시스템은 데이터가 모아두기 때문에 공격을 받기 쉽다. 따라서 정교한 보안 메커니즘을 사용해 설계해야 한다.[80, 81]

셀프 리뷰

1. 데이터베이스 시스템은 전통적인 파일 시스템에서 흔히 보이는 데이터의 중복성을 어떻게 줄이는가?
2. 데이터베이스 시스템에서 보안이 아주 중요한 이유는 무엇인가?

▶ **풀이** 1) 데이터베이스 시스템은 데이터를 내용에 따라 구성해 동일한 정보를 포함한 레코드가 여러 개 생기지 않게 한다. 예를 들어, 데이터베이스는 특정 고객에 관한 정보를 한 건만 저장하고 여러 응용 프로그램에서 질의를 사용해 해당 정보에 접근할 수 있게 한다. 2) 데이터베이스는 큰 데이터 저장소에 대한 중앙 집중 제어를 제공한다. 따라서 데이터베이스에는 민감한 정보가 집중되어 있다. 악의 있는 사용자가 허가 없이 데이터베이스에 접근할 때 시스템에 저장된 모든 데이터에 접근할 수도 있다. 이는 전통적인 파일 시스템에서는 더욱 심각한 문제다. 보통 접근 권한 정보가 각 파일에 저장되어 있으므로, 허가받지 않은 사용자가 파일 시스템에 접근할 경우, 시스템의 모든 파일에 접근하지 못하는 사태가 발생할 수도 있다.

13.12.2 데이터 접근

데이터베이스 시스템은 **데이터 독립성** data independence을 보여준다. 왜냐하면 데이터베이스의 구성 구조와 접근 기술을 응용 프로그램에 감추기 때문이다. 모든 응용 프로그램이 경로명을 사용해 데이터에 접근해야 하는 계층 구조 파일 시스템과 달리, 데이터 독립적인 시스템은 여러 응용 프로그램이 다른 논리적 관점으로 동일한 데이터에 접근할 수 있게 해준다. 앞의 항목에서 언급한 웹 사이트에 저장된 고객 정보를 생각해보자. 이 경우, 신용 카드 트랜잭션 처리를 하는 응용 프로그램은 고객 정보를 신용카드 번호와 만료 일자 관점에서 볼 수 있다. 청구서를 발송하는 응용 프로그램에서는 고객 정보를 이름, 주소, 청구액이라는 정보로 볼 것이다. 데이터의 독립성은 설치 변화 요구 사항에 따라 응용 프로그램이 기능 수정 없이 저장소 구조와 데이터 접근 전략을 변경할 수 있게 해준다.

데이터베이스 언어 database language는 정보를 접근하는 표준화된 방법을 제공함으로써 데이터 독립성을 가능하게 한다. 데이터베이스 언어는 **데이터 정의 언어** DDL, Data Definition Language, **데이터 조작 언어** DML, Data Manipulation Language, **질의 언어** query language로 구성된다. DDL은 데이터 항목을 구성하고 연관짓는 방법을 정의하고, DML은 데이터를 수정하는 데 사용한다. 질의 언어는 사용자가 질의문을 생성할 수 있게 한다. 질의는 특정 조건에 맞는 데이터를 찾으려고 데이터베이스를 탐색한다. 데이터베이스 언어는 명령행에서 직접 실행할 수도 있고 자바나 C++ 같은 고급 언어를 사용한 프로그램으로 수행할 수도 있다. **구조화된 질의 언어** SQL, Structured Query Language는 DDL, DML, 질의 언어로 구성된 잘 알려진 질의 언어로, 사용자가 특정 속성을 가진 데이터 항목을 찾거나 테이블을 생성하고, 무결성 제약을 명시할 수 있게 하며, 데이터의 일관성과 보안 등을 가능하게 한다.[82, 83, 84]

분산 데이터베이스 distributed database는 네트워크로 연결된 컴퓨터 시스템에 걸쳐 분산된 데이터베이스다. 분산 데이터베이스는 서로 다른 컴퓨터에 있는 많은 데이터 집합을 효율적으로 접근할 수 있게 해준다.[85] 이러한 시스템에서는 일반적으로 각 데이터 항목을 가장 빈번하게 사용하는 위치에 저장하면서도 다른 네트워크 사용자가 접근할 수 있게 한다. 분산 시스템은 위치적으로 분산된 구성에서도 정보에 접근할 수 있게 하는 장점을 제공해 지역 처리와 같은 효율로 제어할 수 있게 해준다. 그러나 구현과 운영의 비용이 높아질 수 있고 공격과 해킹 등 보안 위험이 높아질 수 있다.

셀프 리뷰

1. 데이터베이스는 응용 프로그램 개발자가 데이터에 접근하는 것을 어떻게 돕는가?
2. DDL과 DML의 차이점을 설명하라.

▶ **풀이** 1) 데이터베이스 언어는 데이터 독립성을 제공해 프로그래머가 자신의 응용 프로그램에 가장 적합한 논리적 관점에 따라 데이터에 접근할 수 있게 해준다. 2) DDL은 데이터 요소 사이의 관계와 구성을 정의하는 데 사용하며, DML은 데이터를 수정하는 데 사용한다.

13.12.3 관계형 데이터베이스 모델

데이터베이스는 데이터 간 관계를 묘사하는 모델에 근거한다. 관계형 모델은 Codd가 개발했으며 물리적이기보다는 논리적인 구조다. 관계형 데이터베이스 관리의 원칙은 하부 자료 구조의 물리적 구현에 상관없이 다룰 수 있게 하는 것이다.[86, 87, 88, 89, 90]

관계형 데이터베이스는 **릴레이션** relation(테이블)으로 구성된다. [그림 13-13]은 인력 관리 시스템에서 사용할 수 있는 테이블을 보여준다. 테이블의 이름은 EMPLOYEE고, 이 테이블의 주 목적은 각 직원의 다양한 속성 attribute을 정리하는 것이다. 테이블의 특정 요소(행 row)는 모두 **튜플** tuple이라고 한다. 이 테이블은 여섯 개 튜플의 집합이다. 이 예에서는 각 튜플의 첫 번째 속성(컬럼 column)인 사번 employee number을 테이블의 데이터를 참조하는 **프라이머리 키** primary key로 사용한다. 테이블의 튜플은 프라이머리 키로 식별할 수 있다.

릴레이션 : EMPLOYEE

Number	Name	Department	Salary	Location
23603	Jones, A.	413	1100	New Jersey
24568	Kerwin, R.	413	2000	New Jersey
34589	Larson, P.	642	1800	Los Angeles
35761	Myers, B.	611	1400	Orlando
47132	Neumann, C.	413	9000	New Jersey
78321	Stevens, T.	611	8500	Orlando

튜플 / 프라이머리 키 / 속성

[그림 13-13] 관계형 데이터베이스의 테이블(릴레이션)

테이블의 각 속성은 한 **도메인** domain에 속한다. 튜플은 테이블에서 유일해야 한다. 그러나 특정 속성 값은 여러 튜플이 같을 수도 있다. 예를 들어, 위의 예에서 다른 튜플 세 개가 부서 번호로 모두 413이라는 값을 지닌다. 릴레이션에 있는 속성의 수는 릴레이션 **정도** degree다. 정도 2인 릴레이션을 **2도 릴레이션** binary relation, 정도 3인 릴레이션을 **3도 릴레이션** ternary relation, 정도 n인 릴레이션을 **n도 릴레이션** n-ary relation이라고 한다.

데이터베이스·사용자는 다른 데이터 항목과 이들 사이의 다른 관계를 알고 싶어 할 때가 많다. 대부분의 사용자는 특정 테이블의 일부 행과 열로 구성된 하위 집합만을 원하기도 한다. 많은 사용자가 작은 테이블을 더 큰 테이블과 결합해 더 복잡한 테이블을 만들고 싶어 한다. Codd는 테이블의 부분 집합 연산 subset operation을 **프로젝션** projection, 테이블 간 결합을 **조인** join이라고 했다.

[그림 13-13]에 있는 테이블을 예로 들면, 프로젝션 연산을 사용해 DEPARTMENT-LOCATOR라는 새로운 테이블을 생성할 수 있다. 이 테이블의 주요 목적은 부서들이 어디에 위치하는지를 보여주는 것이다([표 13-2]).

[표 13-2] 프로젝션으로 생성한 테이블

릴레이션: DEPARTMENT-LOCATOR	
Department	Location
413	NEW JERSEY
611	ORLANDO
642	LOS ANGELES

관계형 데이터베이스는 구조화된 질의 언어 SQL, Structured Query Language를 사용한다. [예제 13-1]에 있는 SQL 질의는 [표 13-2]의 테이블을 생성한다. 1행은 '--', 즉 주석을 나타내는 SQL 구분 문자로 시작한다. 2행에 있는 SELECT 절은 새로 생성할 테이블의 Department와 Location 컬럼을 명시한다. DISTINCT 키워드는 이 테이블이 고유한 엔트리만 포함하도록 지정한다. 3행에 있는 FROM 절은 컬럼들을 EMPLOYEE 테이블([그림 13-13])에서 프로젝션할 것임을 나타낸다. 4행에 있는 ORDER BY 절은 컬럼(이 경우 Department 컬럼)이 질의 결과를 ASC, 즉 오름차순 ascending order으로 정렬함을 나타낸다.

관계형 모델은 다음과 같은 장점이 있다.

1. 관계형 모델을 구현하는 데 테이블 형식을 사용하면 물리적 데이터베이스 시스템의 구현이 쉽다.
2. 다른 유형의 데이터베이스 구조를 관계형 모델로 변환하는 것은 비교적 쉽다. 따라서 이 모델은 전 세계적으로 통용되는 표현이 될 수 있다.
3. 프로젝션과 조인 연산은 구현이 쉽고, 특정 응용 프로그램이 요구하는 새로운 테이블을 생성하기 쉽게 해준다.
4. 민감한 데이터에 대한 접근 제어를 구현하기가 간단하다. 민감한 데이터를 단순히 구별된 테이블에 두고, 이 테이블에 대한 접근 권한을 인증이나 접근 제어 스키마를 통해 통제할 수 있다.

예제 13-1 SQL 질의

```
01 -- [표 13-2]에 있는 테이블을 생성하는 SQL 질의
02 SELECT DISTINCT Department, Location
03 FROM EMPLOYEE
04 ORDER BY Department ASC
```

셀프 리뷰

1. 관계형 데이터베이스에서 조인과 프로젝션 연산은 어떻게 다른가?
2. (참/거짓) 테이블에서 튜플 간 각 속성 값은 유일해야 한다.

▶ **풀이** 1) 조인 연산은 테이블 하나 이상으로부터, 프로젝션 연산은 한 테이블 속성들의 부분 집합으로부터 테이블을 만들어낸다. 2) 거짓. 프라이머리 키를 제외하면 여러 튜플이 동일한 속성 값을 가질 수 있다.

13.12.4 운영체제와 데이터베이스 시스템

Stonebraker는 데이터베이스 관리 시스템을 지원하는 다양한 운영체제 서비스에 관해 논의했다. 그 예로, 버퍼 풀 관리, 파일 시스템, 스케줄링, 프로세스 관리, 프로세스 간 통신, 데이터 일관성 통제와 페이지화된 가상 메모리 기능 등을 들 수 있다.[91] 그는 이러한 특징이 특별히 DBMS 환경에 최적화된 것이 아니므로 DBMS 설계자가 운영체제 서비스를 무시하고 자신의 필요에 맞게 직접 공급하는 경향이 있음을 발견했다. 따라서 이러한 데이터베이스 관리 시스템을 지원할 때는 최소 기능을 효율적으로 제공하는 운영체제가 바람직하다고 언급하고 있다. 데이터베이스를 지원하는 현대 시스템에서는 더 보편적인 특징이다. 예를 들어, 마이크로소프트는 다음 버전 윈도우 운영체제에서 모든 사용자 데이터를 저장하는 데 데이터베이스를 사용하려고 한다.[92]

셀프 리뷰

1. 운영체제가 일반적으로 데이터베이스 시스템을 직접 지원하는 것을 피해야 하는 이유는 무엇인가?
2. 앞으로 더 많은 운영체제가 직접적으로 데이터베이스 시스템을 지원할 수 있는 이유는 무엇인가?

▶ **풀이** 1) 각 데이터베이스 시스템은 요구 조건이 다를 수 있는데, 운영체제가 이를 예측하기는 어렵다. 이러한 데이터베이스 시스템은 자신만의 최적화된 서비스를 스스로 구비할 때 보통 좋은 성능을 낸다. 2) 운영체제가 사용자 정보를 저장하는 주요 방법으로 한 데이터베이스만 사용할 경우 운영체제는 해당 데이터베이스에 대한 최적의 서비스를 제공해야 한다.

요약 Summary

정보는 데이터의 계층 구조에 따라 컴퓨터에 저장된다. 데이터 계층의 가장 낮은 수준은 비트로 이루어져 있다. 비트들은 비트 패턴으로 그룹화되어 컴퓨터 시스템의 모든 데이터 항목을 나타낸다. 데이터 계층의 다음 수준은 바이트, 문자, 워드와 같은 고정 길이 비트 패턴이다. 일반적으로 1바이트는 8비트로 되어 있다. 워드 word는 프로세스가 한 번에 처리할 수 있는 수의 비트다. 문자 character는 바이트를 문자, 수, 구두점, 개행 기호 등과 대응시킨다. 오늘날 가장 많이 사용되는 문자 집합은 아스키 ASCII, American Standard Code for Information Interchange, EBCDIC Extended Binary-Coded Decimal Interchange Code, 유니코드 Unicode다.

필드 field는 문자의 그룹이고, 레코드는 필드의 그룹이다. 파일은 연관된 레코드의 그룹이다. 데이터 계층에서 가장 높은 수준은 파일 시스템 혹은 데이터베이스다. 볼륨은 여러 파일을 보유할 수 있는 데이터 저장소의 단위다.

파일은 이름을 붙인 데이터의 집합으로, 열기 open, 닫기 close, 생성 create, 파괴 destroy, 복사 copy, 이름 변경 rename, 리스트 list 등의 연산으로 조작할 수 있다. 파일 내의 개별적인 데이터 항목은 읽기 read, 쓰기 write, 갱신 update, 삽입 insert, 삭제 delete 등의 연산으로 조작할 수 있다. 파일의 특성에는 위치 location, 접근성 accessibility, 유형 type, 변동성 volatility, 활성도 activity 등이 있다. 파일은 하나 혹은 여러 레코드로 구성될 수 있다.

파일 시스템은 파일을 구성하고 데이터에 대한 접근을 관리한다. 파일 시스템은 파일 관리와 보조 저장소 관리, 저장소 관리, 파일 무결성 메커니즘, 접근 방법 등을 책임진다. 파일 시스템은 주로 2차 저장 공간, 특히 디스크 저장소를 관리해야 한다.

파일 시스템은 장치에 독립적이어야 한다. 사용자는 물리 장치 이름보다는 심볼릭 이름을 사용해 자신들의 파일을 참조할 수 있어야 한다. 파일 시스템은 또한 백업과 복구 기능을 제공해 사고로 정보를 잃거나 악의적인 공격에 의해 정보를 파손당하지 않도록 해야 한다. 파일 시스템은 또한 암호화와 복호화 기능을 제공해 정보가 의도된 수신자에게만 의미 있게 조회되도록 해야 한다.

파일 시스템은 디렉토리를 사용한다. 디렉토리는 파일들을 빨리 구성하고 찾을 수 있도록, 파일 시스템 내의 다른 파일들의 이름과 위치 정보를 담고 있는 파일이다. 디렉토리 엔트리는 파일 이름, 위치, 크기, 유형, 접근 시각, 수정 시각, 생성 시각 등의 정보를 저장한다. 가장 간단한 파일 시스템 구성은 단일 수준(또는 평면 flat) 시스템으로, 한 디렉토리를 사용해 모든 파일을 저장한다. 단일 수준 파일 시스템에서는 두 개 이상의 파일이 동일한 이름을 가질 수 없다. 또한 파일 시스템은 각 파일을 찾기 위해 디렉토리를 선형으로 탐색해야 한다. 이는 파일 수가 많아질수록 성능을 떨어뜨리게 된다.

계층적 파일 시스템에서는 루트를 사용해 저장 장치의 어디에서 루트 디렉토리가 시작하는지를 나타낸다. 루트 디렉토리는 다양한 디렉토리를 가리킨다. 각 디렉토리는 각 파일에 대한 엔트리를 담고 있다. 파일 이름은 주어진 사용자 디렉토리 안에서만 유일한 이름을 가지면 된다. 파일 이름은 대체로 루트 디렉토리에서 해당 파일까지의 경로명 형태를 띤다.

많은 파일 시스템에서 작업 디렉토리 개념을 지원해 경로명을 사용해 순회하는 일을 간편하게 해준다. 작업 디렉토리는 사용자가 루트 디렉토리에서 시작하지 않는 경로명(즉, 상대 경로)을 지정하게 해준다. 파일 시스템이 상대 경로명을 만나게 되면, 작업 디렉토리와 상대 경로 문자열을 붙여서 절대 경로를 형성한다.

링크는 다른 디렉토리에 있는 데이터 파일이나 디렉토리를 참조하는 디렉토리 엔트리로, 데이터 공유를 돕고 사용자가 파일 시스템의 디렉토리 구조에 걸쳐 파일에 쉽게 접근할 수 있게 해준다. 소프트 링크는 다른 파일의 경로명을 담고 있는 디렉토리 엔트리다. 하드 링크는 저장 장치에 있는 파일(특히 블록 번호)의 위치를 명시하는 디렉토리 엔트리다. 하드 링크는 파일의 물리적 위치를 명시하기 때문에, 하드 링크에 대응하는 파일의 물리적 위치가 바뀌게 되면 유효하지 않은 데이터를 참조한다. 소프트 링크는 파일의 논리적인 위치를 저장하므로 파일 데이터가 이동해도 갱신할 필요가 없다. 그러나 사용자가 파일을 다른 디렉토리로 옮기거나 파일 이름을 변경하면 해당 파일에 대한 소프트 링크도 더는 유효하지 않게 된다.

메타데이터는 파일 시스템의 무결성을 보호하는 정보로, 사용자가 직접 수정할 수 없다. 많은 파일 시스템에서 슈퍼블록에 파일 시스템의 무결성을 보호하는 중요한 정보들을 저장한다. 여기에는 파일 시스템 식별자와 저장 장치의 여유 블록 위치 정보 등이 속한다. 데이터 손실의 위험을 줄이려고 대부분의 파일 시스템은 슈퍼블록의 여러 사본을 저장 장치 전체에 걸쳐 분산한다.

파일 열기 연산은 파일 기술자 file descriptor를 반환한다. 파일 기술자는 음이 아닌 정수로, 열린 파일 테이블 open-file table에 대한 인덱스다. 이 지점에서부터 파일에 대한 접근은 파일 기술자를 통해 명시한다. 접근 권한과 같이 파일마다 특정한 정보에 빠르게 접근하기 위해, 열린 파일 테이블은 흔히 파일 속성이라고도 하는 파일 제어 블록을 가진다. 파일 제어 블록은 시스템에 많이 종속된 구조로, 파일의 심볼릭 이름, 2차 저장소에서의 위치, 접근 제어 데이터 등의 정보를 포함한다.

마운트 mount 연산은 여러 파일 시스템을 한 네임스페이스로 결합해 한 루트 디렉토리로부터 참조될 수 있게 한다. 마운트 명령어는 네이티브 파일 시스템에서 마운트 지점 mount point이라는 디렉토리를 마운트된 파일 시스템의 루트에 할당한다. 파일 시스템은 마운트 테이블을 통해 마운트된 디렉토리들을 관리한다. 이 테이블은 마운트 지점의 위치와 포인트가 가리키는 장치에 대한 정보를 갖는다. 네이티브 파일 시스템이 마운트 지점을 만나면 마운트 테이블을 사용해 장치와 마운트된 파일 시스템의 유형을 파악한다. 사용자는 마운트된 파일 시스템에서 파일들에 대한 소프트 링크를 생성할 수 있지만, 파일 시스템 간에 하드 링크를 생성할 수는 없다.

파일 구성이란 파일의 레코드들이 2차 저장소에 정렬되는 방식을 일컫는다. 파일 구성 스키마에는 순차 구성, 직접 구성, 인덱스를 사용한 비순차 구성, 파티션 구성 등이 있다.

2차 저장소의 공간을 할당하고 해제하는 문제는 가변 파티션 멀티프로그래밍에서 주요 저장소를 할당하는 문제와 어느 정도 비슷하다. 파일들은 시간이 지남에 따라 늘어나거나 줄어들기 때문에, 사용자는 자신의 파일이 얼마나 커질지 미리 알 수 없다. 그러므로 저장소를 연속적으로 할당하는 시스템은 점차 동적으로, 불연속적으로 저장소를 할당하는 시스템으로 대체되었다.

연속 할당을 사용하는 파일 시스템은 파일 데이터를 저장소의 연속적인 주소에 배치한다. 연속 할당의 한 가지 장점은 연속적인 논리 레코드들이 물리적으로도 서로 인접해 배치된다는 점이다. 연속 할당 스키마는 가변 파티션 멀티프로그래밍 시스템에 내재되어 있던 외부 단편화와 동일한 종류의 문제를 보여준다. 연속 할당은 파일들이 시간에 따라 늘어나고 줄어들 경우 성능이 나빠질 수 있다. 만일 파일이 원래 지정한 크기보다 커지고 연속된 여유 블록이 없을 경우, 이 파일을 적합한 크기를 가진 새로운 영역으로 옮겨야 하며, 이때 추가적인 입출력 연산을 야기한다.

섹터 기반 연결 리스트를 사용한 불연속 파일 할당 스키마에서는 디렉토리 엔트리가 파일의 첫 번째 섹터를 가리킨다. 섹터의 데이터 부분은 파일의 내용을 저장한다. 포인터 부분은 파일의 다음 섹터를 가리킨다. 공통의 파일에 속한 섹터들은 연결 리스트를 형성한다.

블록 할당을 수행할 때, 시스템은 연속된 섹터의 블록(영역 extent이라고도 한다)을 할당한다. 블록 체이닝에서 사용자 디렉토리의 엔트리들은 각 파일의 첫 번째 블록을 가리킨다. 파일을 구성하는 블록은 각각 두 부분으로 되어 있다. 하나는 데이터 블록이고, 다른 하나는 다음 블록을 가리키는 포인터다. 레코드를 찾을 때 체인은 처음부터 탐색되어야 하고 블록이 저장 장치 전체에 분산되어 있으면(이는 흔한 경우다) 탐색 과정은 블록 대 블록 탐색이 발생하면서 느려질 수 있다. 삽입과 삭제는 이전 블록의 포인터를 수정함으로써 이루어진다.

블록 크기가 크면 상당량의 내부 단편화를 야기할 수 있다. 블록 크기가 작으면 파일 데이터가 여러 블록에 걸쳐 분산될 확률이 높아지고, 저장 장치가 파일의 모든 레코드를 접근하기 위해 많은 탐색을 수행하느라 성능이 떨어질 수 있다.

테이블 형식 불연속 파일 할당은 표를 사용하는 파일 블록을 가리키는 포인터를 저장함으로써 특정 레코드를 접근할 때 필요한 긴 탐색 횟수를 줄인다. 디렉토리 엔트리는 파일의 첫 번째 블록을 가리킨다. 현재 블록 번호는 블록 할당 테이블의 인덱스로 사용되어 다음 블록의 위치를 결정한다. 만약 현재 블록이 파일의 마지막 블록이면 블록 할당 테이블의 엔트리는 널 null 값을 갖는다. 파일 데이터를 찾는 포인터가 중앙에 위치해 저장되어 있기 때문에 테이블을 캐시해 파일을 구성하는 블록의 체인들을 빠르게 탐색할 수 있게 한다. 그러나 파일의 마지막 레코드를

유 공간에 순차적으로 기록된다. 수정된 디렉토리와 메타데이터가 항상 로그의 끝에 기록되기 때문에 LFS는 특정 파일을 찾기 위해 로그 전체를 읽어야 할 수도 있으며, 이 경우 성능이 저하된다. 이러한 문제를 해소하기 위해 LFS는 파일 시스템 메타데이터의 위치를 캐시하고 이따금씩 다른 메타데이터의 위치를 나타내는 아이노드 맵이나 슈퍼블록을 써서 시스템이 부팅될 때 운영체제가 파일 메타데이터를 빠르게 찾고 캐시할 수 있게 한다. 몇몇 파일 시스템은 로그 구조 파일 시스템의 비용을 줄이기 위해 로그에 메타데이터만 저장하기도 한다. 이는 비교적 적은 오버헤드로 파일 시스템의 무결성을 보장해주지만 시스템이 다운될 경우에도 파일의 무결성을 보장하지는 못한다.

데이터가 순차적으로 기록되기 때문에 디스크에 여유 공간이 남아 있을 경우, 각 LFS의 쓰기 작업을 위해서는 한 번의 탐색만 요구된다. 로그가 가득 차면 파일 시스템의 단편화된 여유 공간은 유효하지 않은 블록을 요구함으로써 읽기 쓰기 성능을 전통적인 파일 시스템보다 낮은 수준으로 떨어뜨린다. 이 문제를 해결하기 위해 LFS는 유효 데이터를 로그의 끝에 있는 연속된 영역으로 복사함으로써 로그에 연속적인 여유 공간을 생성할 수 있다.

컴퓨터 네트워크에서 지역이 아닌 파일 참조를 다루기 위한 한 가지 방법은 그러한 요청을 모두 서버, 즉 컴퓨터 간 파일 참조를 해결하는 전용 컴퓨터 시스템으로 전달하는 것이다. 이러한 접근법은 참조들을 중앙 집중적으로 통제해주지만 파일 서버에 병목 현상이 발생하기 쉽다. 모든 클라이언트 컴퓨터가 모든 요청을 서버에 보내기 때문이다. 더 나은 방법은 각 컴퓨터들이 서로 직접적으로 통신하게 하는 것이다.

데이터베이스는 중앙 집중적으로 통제되는 데이터의 집합으로, 표준 포맷으로 저장된다. 데이터베이스 시스템은 데이터와, 데이터가 저장된 하드웨어, 데이터에 대한 접근을 제어하는 소프트웨어(데이터베이스 관리 시스템 DBMS이라고 한다)로 이루어져 있다. 데이터베이스는 데이터 중복성을 줄이고 데이터가 불일치 상태가 되는 일을 방지한다. 각 파일로부터 데이터를 결합해 중복성을 줄인다. 또한 데이터베이스는 데이터 공유를 가능하게 해준다.

데이터베이스 시스템이 가진 중요한 양상은 데이터 독립성이다. 이는 응용 프로그램에서 데이터가 물리적으로 어떻게 저장되거나 접근되는지 신경 쓰지 않아도 됨을 의미한다. 시스템 관점에서 볼 때 데이터 독립성은 저장소 구조와 접근 전략이 설치 필요에 따라 응용 프로그램의 기능 수정 없이 변경될 수 있게 해준다.

데이터베이스 언어는 정보에 접근하는 표준적인 방법을 제시함으로써 데이터베이스 독립성을 가능하게 한다. 데이터베이스 언어는 데이터 정의 언어 DDL, Data Definition Language와 데이터 조작 언어 DML, Data Manipulation Language, 질의 언어 query language로 구성된다. DDL은 데이터가 어떻게 구성되는지 명시하고, DML은 데이터가 수정될 수 있게 한다. 질의 언어는 사용자가 질의문을 작성해 특정 기준에 맞는 데이터를 찾을 수 있도록 하는 DML이다. 구조화된 질의 언어 SQL, Structured Query Language는 현재 가장 널리 사용되는 데이터베이스 언어 중 하나다.

분산 데이터베이스는 네트워크에 있는 컴퓨터 시스템에 퍼져 있는 데이터베이스로, 다른 컴퓨터에 있는 많은 데이터 집합에 효율적으로 접근할 수 있게 해준다.

데이터베이스는 데이터와 그들의 관계가 어떠한지 기술하는 모델에 기반을 두고 있다. 관계형 모델은 물리적이기보다는 논리적인 구조다. 관계형 데이터베이스 관리의 원칙은 자료 구조의 물리적 구현에 종속되지 않는다는 점이다. 관계형 데이터베이스는 한 개체의 다양한 속성을 나타내는 테이블들로 구성된다. 테이블의 특정 요소를 튜플(행 row)이라고 한다. 테이블의 각 속성(열) attribute(column)은 한 도메인에 속한다. 테이블에서 속성의 수는 릴레이션 정도라고 한다. 프로젝션 projection 연산은 속성들의 부분 집합을 생성한다. 조인 join 연산은 테이블들을 결합해 더 복잡한 테이블을 생성한다. 관계형 데이터베이스 모델은 비교적 구현하기 쉽다.

다양한 운영체제 서비스에서 데이터베이스 관리 시스템을 지원한다. 예를 들어, 버퍼 풀 관리, 파일 시스템, 스케줄링, 프로세스 관리, 프로세스 간 통신, 데이터의 일관성 제어와 페이지화된 가상 메모리 등이 그러하다. 이 기능 중 대부분은 특정 DBMS 환경에 맞게 최적화된 것은 아니다. 따라서 DBMS 설계자들은 운영체제의 서비스를 무시하고 자신들의 필요에 맞는 기능을 스스로 지원하는 경우가 많다.

Chapter_13 연습문제

01 가상 메모리 시스템은 페이지 크기가 p고, 이에 대응하는 파일 시스템 블록 크기는 b다. 그리고 고정 크기 레코드 크기는 r이다. p, b, r 사이의 다양한 관계에 관해 논의하라. 가능한 관계들이 어떤 면에서 의미 있고 타당성이 있는지 설명하라.

02 순차 디스크 파일에서 레코드들이 연속적으로 저장되지 않아도 되는 이유를 여러 가지로 설명하라.

03 분산 시스템이 중앙 집중 파일 서버를 사용해 사용자 수백 명을 위해 다수의 순차 파일을 저장하고 있다고 가정하자. 이러한 시스템이 (동적으로나 다른 방법으로) 정기적인 압축을 하도록 구성할 수 없는 이유를 설명하라.

04 프로세스의 가상 메모리 공간에서 논리적으로 연속적인 페이지들을 2차 저장소에 물리적으로 연속된 영역에 저장하는 것이 유용한 방법이 아닌 이유를 몇 가지 들어라.

05 어떤 파일 시스템은 '시스템 전체에 걸친' 이름을 사용한다. 즉, 사용자 중 한 사람이 일단 한 이름을 사용하면, 이 이름을 다른 새 파일에 동일하게 부여할 수 없다. 그러나 대부분의 파일 시스템은 특정 사용자 입장에서만 파일 이름이 유일하게 해야 한다. 즉, 사용자 두 명 이상이 충돌 없이 동일한 파일 이름을 선택할 수 있게 한다. 이 두 가지 스키마의 상대적인 장점은 무엇인지 구현과 응용 프로그램 모두를 고려해 설명하라.

06 몇몇 시스템은 여러 사용자가 동시에 한 파일을 읽게 함으로써 파일 공유를 구현한다. 다른 시스템은 공유 파일의 사본을 각 사용자에게 제공한다. 이 두 가지 방법의 상대적인 장점에 관해 논의하라.

07 인덱스를 사용한 순차 파일은 응용 프로그램 설계자들 사이에서 곧잘 사용된다. 그러나 경험에 따르면 인덱스를 사용한 순차 파일에 직접 접근하면 속도가 느려질 수 있다. 그 이유는 무엇인가? 어떤 환경일 때 그러한 파일에 순차적으로 접근하는 것이 좋은 방법인가? 어떤 상황일 때 응용 프로그램 설계자들이 인덱스 순차 파일보다 직접 파일을 사용해야 하는가?

08 컴퓨터 시스템이 다운되는 경우, 파일 시스템을 빠르고 정확하게 재구축해야 한다. 파일 시스템이 복잡한 포인터 정리의 디렉토리 긴 참조를 허용한다고 가정하자. 파일 시스템 설계자는 이러한 시스템의 신뢰성과 데이터 무결성을 보장하는 데 어떤 조치를 취할 수 있는가?

09 몇몇 파일 시스템은 다수의 접근 클래스 access class 를 지원하는 반면, 어떤 시스템은 소수만을 지원한다. 각 방법의 상대적인 장점에 관해 논의하라. 보안 수준이 높은 환경에서는 어떤 방법이 더 좋은가? 그 이유는 무엇인가?

10 파일을 2차 저장소에 할당할 때와 가변 파티션 멀티프로그래밍에서 실제 저장소에 할당할 때를 비교하라.

11 어떤 상황에서 2차 저장소의 압축이 유용한가? 압축에는 어떤 위험성이 내재되어 있는가? 이런 위험을 어떻게 피할 수 있는가?

12 파일 시스템을 계층적으로 만든 동기는 무엇인가?

13 인덱스를 사용한 순차적 파일 구성의 한 가지 문제는 파일에 대한 추가 내용이 오버플로우 영역에 배치되어야 할 수도 있다는 점이다. 이는 성능에 어떤 영향을 미치는가? 이러한 상황에서 성능을 향상시키려면 어떤 조치를 취할 수 있는가?

14 계층적 파일 시스템에서 경로명이 길어지는 경우가 있다. 대다수 파일 참조가 사용자 자신의 파일로 이루어진다고 가정할 때, 파일 시스템은 긴 경로명 사용을 최소화하기 위해 보통 어떤 지원을 하는가?

15 몇몇 파일 시스템은 정확히 사용자가 생성한 포맷으로 정보를 저장한다. 다른 파일 시스템은 데이터를 압축해 최적화를 도모한다. 압축과 해제 메커니즘을 어떻게 구현할 것인지 설명하라. 이러한 메커니즘은 실행 시간 오버헤드와 파일이 요구하는 저장소 용량을 줄이는 일 사이에 상충성이 필히 발생한다. 어떤 상황일 때 이런 상충성을 수용할 만한가?

16 주요 저장소 기술에 큰 발전이 이루어져 아주 크고 빠르면서도 저렴한 저장소를 생산할 수 있게 되고, 그 결과 모든 프로그램과 데이터를 한 칩에 저장할 수 있을 정도가 되었다고 하자. 이러한 단일 수준 저장소용 파일 시스템은 현재 사용하는 전통적인 계층적 저장소 시스템과 어떻게 다른가?

17 컴퓨터 시스템의 보안 검수를 수행해야 한다고 상상해보라. 시스템 관리자는 파일 시스템의 포인터 구조가 손상되어 인증되지 않은 사용자가 중요한 시스템 정보에 접근할 수 있게 되지 않았는지 의심한다. 보안 허점에 대해 누가 책임이 있는지 어떻게 판단할 수 있는가? 그리고 그들이 어떻게 포인터를 수정할 수 있었는가?

18 대부분의 컴퓨터에서는 파일 백업 중 일부만 파일 재구축에 사용한다. 따라서 백업을 수행할 때 고려해야 할 상충성이 있다. 필요할 때 파일 백업이 없을 경우 겪게 될 결과가 백업을 수행하는 데 드는 노력을 정당화할 만한가? 백업을 하지 않는 정책에 반대해 백업을 수행해야 할 필요성을 옹호하는 요인은 무엇인가? 백업을 수행하는 빈도를 결정하는 요인은 무엇인가?

19 순차 파일의 순차 접근은 인덱스를 사용한 순차 파일의 순차 접근보다 훨씬 빠르다. 그렇다면 많은 응용 프로그램 설계자가 인덱스를 사용한 순차 파일을 순차적으로 접근하도록 시스템을 구현하는 이유는 무엇인가?

20 대학교 환경에서는 사용자 접근 클래스인 '소유자', '그룹', '지정 사용자', '공개'가 파일에 대한 접근을 제어하는 데 어떻게 사용되는가? 학업과 연구를 위한 컴퓨팅뿐 아니라 행정 업무에서도 컴퓨터 시스템을 사용할 경우를 고려해보라. 수업뿐만 아니라 방대한 연구도 지원할 경우를 고려해보라.

21 파일 시스템은 마운트된 다른 파일 시스템뿐 아니라 네이티브 파일에 대한 접근 기능도 제공한다. 어떤 유형의 파일이 네이티브 파일 시스템에 가장 저장하기 좋은가? 또 어떤 유형의 파일이 다른 마운트된 파일 시스템에 저장하기 좋은가? 마운트된 파일 시스템 관리에서만 특징적으로 나타나는 문제들은 무엇인가?

22 다음 각 시스템에서 어떤 유형과 빈도로 백업하는 것이 가장 적합한가?

a. 주마다 실행되는 배치 처리 급여 시스템
b. ATM 뱅킹 시스템
c. 병원에서 환자의 청구서를 발행하는 시스템
d. 1년 전부터 예약할 수 있는 항공 예약 시스템
e. 100명의 프로그래머 그룹이 사용하는 프로그램 개발 분산 시스템

23 오늘날 대부분의 은행은 온라인 뱅킹 트랜잭션 시스템을 사용한다. 각 트랜잭션은 고객 계좌에 즉시 반영되어 잔액을 정확하게 갱신한다. 오류가 발생하면 안 되지만, 컴퓨터가 다운되거나 전원이 나갈 수 있으므로 이 시스템도 이따금씩 '다운'될 수 있다. 완료된 트랜잭션이 적절한 고객 계좌에 반영되도록 백업/복구 기능을 구현하는 방법을 기술하라. 또한 시스템 다운 시 부분적으로만 완료된 트랜잭션은 반영되면 안 된다.

24 인덱스를 사용한 순차 파일을 주기적으로 재구성하면 왜 유용한가? 재구성할 시점을 결정하는 기준은 무엇인가?

25 대기 접근 방법과 기본 접근 방법을 비교 설명하라.

26 신뢰성이 높은 시스템에서 프로그램과 데이터의 중복성은 어떤 유용성이 있는가? 데이터베이스 시스템은 데이터를 저장하는 데 연관된 중복성을 크게 줄일 수 있다. 이 사실이 실제로 데이터베이스 시스템이 다른 시스템보다 신뢰성이 떨어짐을 의미하는가? 답과 관련해 설명하라.

27 저장소 스키마 중 다수가 포인터를 사용한다. 포인터가 손상되는 경우 전체 자료 구조가 망가질 수 있다. 신뢰성이 높은 시스템 설계에서 이러한 자료 구조를 사용하는 것에 관해 논의하라. 포인터 기반 스키마들이 포인터 손상 때문에 민감하게 해를 입는 상황을 줄일 방법을 설명하라.

28 이기종 컴퓨터들이 있는 분산 파일 시스템이 원격 파일 접근을 지역 파일 접근과 동일하게(적어도 사용자 관점에서 볼 때) 처리할 때 문제점을 논의하라.

29 이기종 컴퓨터들이 있는 분산 파일 시스템에서 투명성 transparency 의 개념에 관해 논의하라. 분산 파일 시스템은 다양한 컴퓨터 아키텍처와 운영체제의 차이점을 어떻게 해결해 네트워크에 있는 모든 시스템이 차이에도 불구하고 원격 파일 접근을 수행할 수 있게 하는가?

30 [그림 13-8]은 아이노드 자료 구조를 보여준다. 이 구조를 사용하는 파일 시스템이 이중 간접 포인터로부터 나온 블록을 모두 채웠다고 가정하자. 파일에 한 바이트를 더 쓰는 데 디스크 접근이 몇 번 필요한가? 아이노드와 여유 블록 비트맵 전부가 모두 메모리에 있지만 버퍼 캐시는 없는 상황이이고, 블록은 초기화할 필요가 없다고 가정한다.

31 파일 시스템은 여유 블록 비트맵 또는 여유 블록 리스트를 사용해 여유 블록을 추적할 수 있다. 시스템은 크기가 b인 블록을 총 t개 포함하고 이 중에서 u개가 사용 중이면, 각 블록 번호는 s비트를 사용해 저장한다.

a. 이 장치의 여유 블록 비트맵의 크기를 주어진 변수를 사용해 비트로 표현하라.

b. 이 시스템의 여유 블록 리스트를 주어진 변수를 사용해 비트로 표현하라. 여유 리스트 연장 블록을 가리키는 포인터 때문에 소비하는 용량은 무시한다.

32 1KB 블록과 16비트(2바이트) 주소를 사용하는 시스템을 고려해보자. 이 파일 시스템이 다음 아이노드 구성을 가질 때 가능한 최대 파일 크기는 무엇인가?

a. 아이노드가 데이터 블록을 가리키는 직접 포인터 12개를 포함한다.

b. 아이노드가 데이터 블록을 가리키는 직접 포인터 12개와 간접 블록 1개를 포함한다. 데이터 블록을 가리키는 포인터를 저장하기 위해 간접 데이터 블록이 1,024바이트 모두를 사용한다.

c. 아이노드는 데이터 블록에 직접 포인터 12개와 간접 데이터 블록 1개 그리고 이중 간접 데이터 블록 1개를 포함한다.

33 고정 길이 디렉토리 엔트리를 갖는 것이 유용한 이유는 무엇인가? 이는 파일 이름에 어떤 제약을 주는가?

[추천 프로젝트]

34 다가오는 WinFS 파일 시스템에 관한 연구 보고서를 작성하고, NTFS 파일 시스템과 비교하라. WinFS는 NTFS 파일 시스템의 어떤 문제를 해결하는가?

35 분산 데이터베이스의 구현과 응용에 관한 연구 보고서를 작성하라.

36 윈도우나 리눅스와 같은 운영체제에서 파일 시스템 암호화와 복호화 기능을 제공하는 방법에 관한 연구 보고서를 작성하라.

【추천 시뮬레이션】

37 파일 시스템을 설계하라. 각 아이노드에 무엇을 포함할 것인가(예를 들어, 파일과 디렉토리는 다른 정보를 포함해야 하는가)? 메타데이터를 위해서는 무엇이 필요한가? 설계한 후 원하는 언어를 선택해 파일 시스템 시뮬레이션을 구현하라. create, open, close, read, write, cd(디렉토리 변경), ls(디렉토리 안에 있는 파일 나열) 기능을 구현하라. 가능하면 어떻게 파일 시스템을 파일에 저장하고 후에 로드할 수 있는지 설명하라.

핵심용어

- 2도 릴레이션 binary relation
- 3도 릴레이션 ternary relation
- EBCDIC Extended Binary-Coded Decimal Interchange Code
- FAT 파일 시스템 FAT file system
- MS-DOS
- n도 관계 n-ary relation
- 간접 블록 indirect block
- 갱신 update
- 경로명 pathname
- 계층 구조 파일 시스템 hierarchically structured file system
- 공개 public
- 관계 모델 relational model
- 구조화된 질의 언어 SQL, Structured Query Language
- 그룹 group
- 기본 접근 방법 basic access method
- 네임스페이스 namespace
- 네트워크 파일 시스템 NFS, Network File System
- 논리 레코드 logical record
- 논리 뷰 logical view
- 논리 블록 logical block
- 논리적 백업 logical backup
- 단일 수준 디렉토리 구조 single-level directory structure
- 닫기 close
- 대기 접근 방법 queued access method
- 데이터 계층 data hierarchy
- 데이터 독립성 data independence
- 데이터 의존적인 응용 프로그램 data-dependent application
- 데이터 정의 언어 DDL, Data Definition Language
- 데이터 조작 언어 DML, Data Manipulation Language
- 데이터베이스 database
- 데이터베이스 관리 시스템 DBMS, DataBase Management System
- 데이터베이스 시스템 database system
- 데이터베이스 언어 database language
- 도메인 domain
- 디렉토리 directory
- 레코드 record
- 로그 구조 파일 시스템 LFS, Log-structured File System
- 루트 root
- 루트 디렉토리 root directory
- 리스트 list
- 릴레이션 relation
- 링크 link
- 마운트 연산 mount operation
- 마운트 지점 mount point
- 마운트 테이블 mount table
- 메모리 맵 파일 memory-mapped file
- 메타데이터 metadata
- 멤버 member
- 문자 character
- 문자 집합 character set
- 물리 레코드 physical record
- 물리 뷰 physical view
- 물리 블록 physical block
- 물리적 백업 physical backup
- 물리 장치 이름 physical device name
- 바이트 byte
- 백업 backup
- 보조 저장소 관리 auxiliary storage management
- 복구 recovery
- 복사 copy
- 복호화 decryption
- 볼륨 volume
- 부모 디렉토리 parent directory
- 분산 데이터베이스 distributed database
- 분산 파일 시스템 distributed file system
- 블록 할당 block allocation

- 블록화되지 않은 레코드 unblocked record
- 블록화된 레코드 blocked record
- 비트 패턴 bit pattern
- 비트맵 bitmap
- 사용자 디렉토리 user directory
- 사용자 클래스 user class
- 삭제 delete
- 삽입 insert
- 상대 경로 relative path
- 생성 create
- 섀도우 페이지 shadow page
- 섀도우 페이징 shadow paging
- 소유자 owner
- 소프트 링크 soft link
- 순차적 파일 구성 sequential file organization
- 슈퍼블록 superblock
- 실행 접근 execute access
- 심볼릭 이름 symbolic name
- 쓰기 write
- 쓰기 접근 write access
- 아스키 ASCII, American Standard Code for Information Interchange
- 아이노드 inode
- 아이노드 맵 inode map
- 암호화 encryption
- 여유 리스트 free list
- 열기 open
- 영역 extent
- 예측 버퍼링 anticipatory buffering
- 워드 word
- 원자적 트랜잭션 atomic transaction
- 위치 location
- 유니코드 Unicode
- 유형 type
- 이름 변경 rename
- 인덱스 블록 index block
- 인덱스를 사용한 순차적 파일 구성 indexed sequential file organization
- 읽기 read
- 읽기 접근 read access
- 작업 디렉토리 working directory
- 장치 독립성 device independence
- 저널링 파일 시스템 JFS, Journaling File System
- 저장 장치 포맷 format a storage device
- 절대 경로 absolute path
- 접근 방법 access method
- 접근 제어 매트릭스 access control matrix
- 접근성 accessibility
- 정도 degree
- 조인 join
- 증분 백업 incremental backup
- 지정 사용자 specified user
- 직접 파일 구성 direct file organization
- 질의 언어 query language
- 체이닝 chaining
- 체크포인트 checkpoint
- 커밋한 트랜잭션 committed transaction
- 크기 size
- 튜플 tuple
- 트랜잭션 롤백 roll back a transaction
- 파괴 destroy
- 파일 file
- 파일 관리 file management
- 파일 구성 file organization
- 파일 기술자 file descriptor
- 파일 무결성 메커니즘 file integrity mechanism
- 파일 서버 file server
- 파일 속성 file attribute

핵심용어

Key Terms

- 파일 시스템 file system
- 파일 시스템 식별자 file system identifier
- 파일 제어 블록 file control block
- 파일 할당 테이블 FAT, File Allocation Table
- 파티션된 파일 partitioned file
- 평면 디렉토리 구조 flat directory structure
- 프라이머리 키 primary key
- 프로젝션 projection
- 필드 field
- 하드 링크 hard link
- 활성도 activity
- 휘발성 volatility

추천도서

Recommended Reading

파일 시스템에 관한 연구는 변하는 사용자의 요구에 부응하는 파일 시스템 구현을 위해 지속되어왔다. Golden과 동료들은 여러 가지 공통적인 파일 시스템 기능을 설명했다.[93] NT 파일 시스템에 관한 정보는 Custer가 저술한 『Inside the Windows NT File System』(Microsoft Press, 1994)을 참고하기 바란다.[94] 로그 구조 파일 시스템에 관해서는 Rosenblum과 동료들이 자세히 설명했다.[95] Wang과 동료들은 사용자 수준 커스텀 파일 시스템 개념을 소개했다. 이는 입출력 중심 인터넷 서버의 성능을 개선하는 기술이다.[96] 이 장의 참고 문헌 목록은 http://www.deitel.com/books/os3e/Bibliography.pdf를 참고하기 바란다.

그렇게 멀리 떨어진 곳에서 우리가 무엇을 해야 한단 말인가?

Napoleon Bonaparte

가장 겸손한 것은 가장 강력한 것의 벗이다.

John Marshall Harlan

1993년, 웹 인구가 늘어나면서 인터넷 사용은 말 그대로 폭발적으로 증가했다. 이제는 인터넷 기반 분산 응용 프로그램 개발에 대한 관심이 생겼다. 이는 운영체제 설계에 중대한 영향을 미쳤다. 14장에서는 분산 시스템을 소개하고 분산 시스템의 속성과 통신, 동기화, 상호 배제와 교착 상태 등에 관해 논의한다. 또한 스프라이트와 아메바 분산 운영체제에 대한 사례 연구도 제공한다.

Part 5

분산 컴퓨팅

Distributed Computing

Chapter 14 | 분산 시스템 소개

Chapter

14

분산 시스템 소개

Introduction to Distributed Systems

이 장에서 다루는 내용

- 분산 컴퓨팅의 필요성
- 분산 시스템의 기본 속성과 바람직한 특성
- 분산 시스템에서의 원격 통신
- 분산 시스템에서의 동기화, 상호 배제, 교착 상태
- 분산 운영체제의 예

01 소개
02 분산 시스템의 속성
03 분산 시스템에서의 통신
04 분산 시스템에서의 동기화
05 분산 시스템에서의 상호 배제
06 분산 시스템에서의 교착 상태
07 사례 연구: 스프라이트 분산 운영체제
08 사례 연구: 아메바 분산 운영체제

* 요약
* 연습문제
* 핵심용어

나는 위험을 향해 빨리 항해하지 않는 배와는 연락하고 싶지 않다.

John Paul Jones

…………

그렇게 멀리 떨어진 곳에서 우리가 무엇을 해야 한단 말인가?

Napoleon Bonaparte

…………

진보의 기술은 변화 속에서 질서를 유지하고 질서 속에서 변화를 유지하는 것이다.

Alfred North Whitehead

…………

질서와 단순화는 어떤 주제를 마스터하는 첫 번째 단계다. 실제적인 적은 '우리가 알지 못하는 것'들이다.

Thomas Mann

…………

현대 산업화 시대의 핵심 기계는 증기 엔진이 아니라 시계다.

Lewis Mumford

…………

어떤 고객에게 "당신은 지금 다른 사람의 일을 가지고 일하고 있소"라고 말하는 것은 참으로 우스꽝스러운 일이다.

Andrew Forthingham

…………

당신은 지체할지 모르지만, 시간은 그렇지 않다.

Benjamin Franklin

14.1 소개

네트워킹 속도와 신뢰성이 개선되면서 전 세계 컴퓨터는 점점 더 많이 연결되고 있다. 네트워크를 통한 원격 통신은 원래 다수의 컴퓨터를 설치하는 대학교 연구 환경에서 사용하던 것으로, 점차 널리 퍼지게 되었다. **분산 시스템** distributed system에서 네트워크를 통하는 원격 컴퓨터는 지역 시스템처럼 보인다. 분산 시스템과 네트워크 시스템 모두 네트워크로 연결된 컴퓨터에서 컴퓨팅과 저장을 분산해서 수행한다. 그러나 **분산 운영체제** distributed operating system 사용자는 마치 머신 한 대와 상호 작용하는 것처럼 느끼는 반면, 네트워크 운영체제 사용자는 분산 구현이라는 사실을 인식한다. 분산 시스템의 응용 프로그램은 지역 머신과 원격 머신에 있는 코드를 실행할 수 있고 파일, 데이터, 기타 자원을 공유할 수 있다.

분산 시스템은 흔히 단일 머신의 능력(처리 능력, 저장소 크기)과 신뢰성을 향상시키기 위해 만든다. 경제적 요인 때문에 시스템의 용량에 한계가 있을 수 있다. 이때 저렴한 머신 여러 대에 걸쳐 한 운영체제를 구현함으로써 고가의 머신 없이도 강력한 시스템을 설계할 수 있다. 예를 들어, 한 메인보드에 프로세서 수백 개를 연결하기는 어렵다. 대부분의 하드 디스크 인터페이스는 테라바이트 저장 공간에 필요한 디스크 수백 개를 지원하지 않는다.* 단일 사용자가 이러한 용량을 활용할 수 있는 경우는 드물기 때문에 한 머신에 과다한 자원이 있을 경우 낭비될 확률이 높다. 이보다는 시스템의 그룹들 사이에 자원을 나누어 여러 사용자가 자원을 공유할 수 있게 하면서 이따금씩 대규모 작업 발생을 보장해주는 것이 좋다. 분산 시스템을 채택하는 또 다른 이유는 많은 사용자층에게 서비스하기 위해서다. **분산 파일 시스템** distributed file system은 파일을 분리된 머신에 배치하면서도 단일 파일 시스템과 같은 뷰를 제공한다. 분산 파일 시스템은 많은 사용자가 동일한 파일 집합을 효율적이고 신뢰성 있게 접근하게 해준다.

분산 시스템은 단일 머신 운영체제보다 많은 장점을 제공하지만, 구현과 관리가 복잡하고 어려울 수 있다. 예를 들어, 분산 시스템은 네트워크 도처에 있는 통신 지연과 신뢰도 문제를 해결해야 한다. 분산 시스템에서는 시스템 고장도 처리하기 어렵다. 머신 n내에 걸쳐 있는 운영체제는 단일 머신 운영체제보다 시스템 고장을 경험할 확률이 훨씬 높다. 또 다른 노선거리는 시스템을 구성하는 각 컴퓨터가 전체 시스템과 같은 뷰를 갖추게 하기 어렵다는 점이다.

이 장에서는 분산 통신, 분산 처리, 분산 파일 시스템에 관해 논의한다. 분산 통신은 다른 머신에 있는 프로세스들이 통신하는 방법을 다루고, 분산 처리는 분산 프로세스 간 상호 작용을 기술한다. 분산 파일 시스템은 분산 시스템 안에서 파일을 관리하는 방법을 제공한다.

감수자주: 2009년 현재 단일 디스크의 저장 용량은 이미 테라바이트를 넘어섰다.

셀프 리뷰

1. 분산 시스템의 장점은 무엇인가?
2. 분산 시스템을 구현하고 관리하는 일을 복잡하고 어렵게 만드는 요인이 무엇인가?

▶ **풀이** 1) 분산 시스템은 단일 시스템보다 적은 비용으로 높은 성능을 얻어낼 수 있다. 분산 시스템은 또한 많은 사용자가 동일한 파일에 효과적이고 높은 신뢰성을 가지고 접근할 수 있게 해준다. 2) 하부 네트워크에서 발생하는 통신 지연과 신뢰성 문제 처리, 시스템 고장에 대처해 시스템에 있는 각 컴퓨터가 전체 시스템과 동일한 뷰를 갖게 하는 일 등이 복잡한 문제다.

14.2 분산 시스템의 속성

수십 년 동안 연구자들과 전문가들은 분산 시스템의 중요성을 강조해왔다. 1993년 월드 와이드 웹이 널리 보급되면서 인터넷 사용자가 폭발적으로 증가했고, 이 덕분에 분산 시스템이 보편화되었다. 이 절에서는 분산 시스템에서의 성능, 규모 확장성, 연결성, 보안, 신뢰성, 장애 내구성 등에 관해 논의한다.

14.2.1 성능과 규모 확장성

중앙 집중 시스템에서는 한 서버에서 모든 사용자 요청을 처리한다. 분산 시스템에서는 성능을 높이려고 사용자 요청을 병렬로 동작하는 서로 다른 서버에 보낼 수 있다. **규모 확장성** scalability 은 분산 시스템이 기존 응용 프로그램과 사용자에게 영향을 주지 않고 규모를 늘릴 수 있게(즉 시스템에 머신을 추가할 수 있게) 해준다.

셀프 리뷰

1. 분산 시스템은 어떻게 성능을 향상시킬 수 있는가?
2. 규모 확장성은 어떻게 분산 시스템을 중앙 집중 시스템보다 낫게 할 수 있는가?

▶ **풀이** 1) 여러 서버에서 사용자 요청을 동시에 처리할 수 있다. 2) 규모 확장성은 기존 응용 프로그램과 사용자에게 영향을 주지 않고 분산 시스템의 규모를 늘릴 수 있게 해준다.

14.2.2 연결성과 보안

분산 시스템은 네트워크에 분산된 자원들에 고르게 접근할 수 있게 해준다. 만약 자원이 프로세서라면, 분산 시스템은 어떤 머신에서든 작업을 실행할 수 있게 허용해야 한다. 만일 자원이 전체적으로 공유되는 파일 시스템이라면, 원격 사용자가 개인의 지역 시스템에 접근하듯이 파일 시스템에 접근할 수 있게 해야 한다. 예를 들어, 사용자가 파일 시스템을 탐색하고, FTP 프로그램을 사용하지 않아도 그래픽 브라우저나 셸을 통해 파일을 열 수 있어야 한다.

분산 시스템에서는 연결성 connectivity을 위해 통신 프로토콜이 필요하다. 프로토콜 protocol은 시스템 내의 모든 컴퓨터에 공통 인터페이스를 제공해야 한다. 많은 분산 시스템이 효율적인 연산을 위해 상태 정보를 주고받아야 한다. **상태 정보** state information는 자원 하나 이상의 상태를 기술하는 데이터로 구성된다. 부적절한 상태 정보는 불일치를 야기할 수 있다. 상태 정보를 너무 자주 전송해도 네트워크 통신에 과부하가 걸리고, 규모 확장성이 감소한다. 분산 시스템 설계자는 어떤 상태 정보를 유지해야 할지, 그러한 정보를 얼마나 자주 시스템에 알릴지 결정해야 한다.[1]

분산 시스템은 안전하지 않은 통신 매체(공용 네트워크 등)에 의존할 경우, 악의적인 사용자의 공격에 쉽게 해를 입을 위험이 있다. 분산 시스템은 보안을 강화하기 위해 인증된 사용자만 자원에 접근할 수 있게 허용해야 하고, 네트워크를 통해 전송되는 정보를 의도한 수신자만 읽을 수 있게 보장해야 한다. 또한 많은 사용자나 객체가 자원을 요청할 수 있기 때문에 자원이 공격받는 것을 방어하는 메커니즘도 제공해야 한다. '15장. 보안'에서 보안과 보호에 관해 논의한다.

셀프 리뷰

1. 분산 시스템 설계자는 상태 정보를 설계할 때 어떤 요인을 고려해야 하는가?
2. 상태 정보 설계가 잘못된 경우를 예로 들어보라.

▶ **풀이** 1) 분산 시스템 설계자는 시스템이 상태 정보를 유지할지, 어떤 상태 정보를 유지할지 그리고 이러한 정보를 시스템에 얼마나 자주 알려야 하는지 결정해야 한다. 2) 상태 정보 설계가 잘못된 예로, 동일한 자원에 대한 상태 정보를 위해 여러 엔트리를 가져서 불일치를 야기하는 경우 혹은 상태 정보를 너무 자주 전송해 네트워크 부하가 가중되고 규모 확장성을 제한하는 경우를 들 수 있다.

14.2.3 신뢰성과 장애 내구성

단일 머신에서 하나 혹은 여러 자원이 고장 나면 전체 시스템의 실패를 초래하거나 시스템에서 프로세스가 실행될 때 성능에 영향을 미칠 수 있다. 분산 시스템은 단일 머신 시스템보다 고장을 일으킬 확률이 높다. 고장을 일으킬 수 있는 구성 요소를 더 많이 포함하고 있기 때문이다.[2]

분산 시스템은 시스템에 걸쳐 자원을 중복으로 제공함으로써 장애 내구성을 갖춘다. 그러면 어느 한 컴퓨터가 고장을 일으켜도 시스템 자원의 가용성에는 영향을 미치지 않는다. 예를 들어,

분산 파일 시스템이 동일한 파일의 사본을 다른 서버에 저장할 경우가 있다. 사용자가 고장 난 서버에 있는 파일을 사용했을 경우, 분산 파일 시스템은 이후 유입되는 요청을 원래 파일의 사본으로 연결할 수 있다. 복제 replication는 단일 머신에 비해 사용자에게 신뢰성과 가용성이 높은 구현을 제공해준다.

물론 이에 대한 비용이 든다. 분산 시스템 설계자는 시스템 고장을 추적하고 이에 대응할 수 있는 소프트웨어를 개발해야 한다. 더 나아가 설계자는 서로 다른 머신에 있는 상태 정보의 일관성을 보장하는 메커니즘을 제공해야 한다. 이러한 시스템은 또한 고장 난 자원을 수리한 후 다시 통합할 수 있어야 한다.

셀프 리뷰

1. 분산 시스템이 단일 머신보다 고장 문제를 자주 겪는 이유는 무엇인가?
2. 신뢰성과 장애 내구성을 높일 때 수반하는 부작용은 무엇인가?

▶ **풀이** 1) 분산 시스템은 오동작할 수 있는 구성 요소의 수가 더 많기 때문이다. 2) 신뢰성과 장애 내구성을 높이면 분산 시스템 설계가 복잡해진다. 설계자는 고장 난 머신에서 제대로 동작하는 머신으로 전환하는 메커니즘을 제공해야 하고, 중복된 자원의 사본들을 시스템 전역에 걸쳐 일치하게 해야 한다.

14.2.4 투명성

분산 시스템의 한 가지 목표는 시스템의 사용자에게 분산 양상을 감춤으로써 **투명성** transparency을 제공하는 것이다.* 여러 원격 컴퓨터에 분산된 파일 시스템에 접근하는 일이 지역 파일 시스템에 접근하는 일과 다르면 안 된다. 분산 파일 시스템 사용자는 프로세스 사이의 통신, 사용자 요청을 처리하는 프로세스, 자원의 물리적 위치를 몰라도 자원에 접근할 수 있어야 한다.

ISO 개방형 분산 처리 참조 모델 ISO Open Distributed Processing Reference Model은 다음과 같이 분산 시스템이 제공할 수 있는 8가지 유형의 투명성을 정의하고 있다.[3]

- 접근 투명성
- 위치 투명성
- 고장 투명성
- 복제 투명성
- 영속 투명성

* 역자주: 여기서 말하는 투명성이란 내부의 상세 내용을 감추는 블랙박스와 유사한 개념이다.

- 이동 투명성
- 재배치 투명성
- 트랜잭션 투명성

접근 투명성 access transparency은 분산 컴퓨터 사이의 통신을 가능하게 하는 네트워킹 프로토콜의 세부 사항을 감춘다. 또한 시스템 전체에 걸쳐 다른 데이터 포맷으로 저장된 데이터에 접근할 수 있는 통일된 수단을 제공한다.

위치 투명성 location transparency은 분산 시스템에 있는 자원의 위치를 이에 접근하려는 사용자에게 감추는 특성이다. 위치 투명성을 제공하는 분산 파일 시스템은 마치 지역 파일에 접근하듯 원격 파일에 접근할 수 있게 해준다.

고장 투명성 failure transparency은 분산 시스템이 장애 내구성을 제공하는 방법이다. 하나 혹은 여러 자원이나 컴퓨터가 고장 나면 시스템의 사용자는 성능이 저하되는 정도만 느낄 수 있다. 고장 투명성은 대체로 **복제** replication 혹은 체크포인트/복구를 통해 구현한다. 복제를 했을 때, 시스템은 동일한 기능을 수행하는 여러 자원을 제공한다. 복제된 자원 중 하나만 남고 모두 고장이 나더라도 분산 시스템은 기능을 계속할 수 있다. 주기적인 체크포인팅을 사용하는 시스템은 분산 시스템의 고장 때문에 객체가 손실될 경우에 대비해 프로세스와 같은 객체의 상태를 다시 복구할 수 있는 상태로 주기적으로 저장한다.

복제 투명성 replication transparency은 시스템에 자원의 사본이 여럿 있다는 사실을 감춘다. 복제된 자원 그룹에 대한 모든 접근은 마치 이들 자원이 하나만 있는 것처럼 보인다. **영속 투명성** persistence transparency은 자원이 저장된 위치(메모리나 디스크)에 관한 정보를 감춘다.

이동 투명성 migration transparency과 **재배치 투명성** relocation transparency은 모두 분산 시스템 구성 요소의 이동을 감춘다. 이동 투명성은 파일을 한 서버에서 다른 서버로 이동하는 것처럼 한 객체를 한 위치에서 다른 위치로 변경할 수 있게 한다. 재배치 투명성은 한 객체의 재배치를 이와 통신하는 다른 객체에 감출 수 있게 해준다. 마지막으로 **트랜잭션 투명성** transaction transparency은 시스템이 자원 집합 사이의 결합을 감춤으로써 일관성을 확보할 수 있게 해준다. 트랜잭션('13.10.2 데이터 무결성과 로그 구조 파일 시스템' 참고)은 시스템의 상태를 변하게 할 수 있는 파일 접근과 함수 호출과 같은 서비스 요청을 포함한다. 결과적으로 트랜잭션은 흔히 분산 시스템의 다른 목적들을 충족시키기 위해 체크포인팅이나 복제를 요구한다. 트랜잭션 투명성은 이러한 서비스 구현에 대한 세부 사항을 감춘다.

셀프 리뷰

1. 위치 투명성에 대한 예를 들어보라.
2. 복제를 통해 고장 투명성을 구현할 때 설계자는 어떤 문제들을 고려해야 하는가?

▶ **풀이** 1) 분산 시스템에서 파일에 접근할 때, 어떤 서버가 해당 파일을 보유하고 있는지 알지 못한다. 2) 설계자는 복제된 자원 간의 일관성을 고려해야 한다.

14.2.5 네트워크 운영체제

네트워크 운영체제 network operating system는 독립적인 운영체제를 실행하는 원격 컴퓨터에 있는 자원에 접근한다. 그러나 원격 위치에 있는 자원 관리에 대한 책임은 없다. 결과적으로 분산 함수들은 투명하기보다는 명시적이다. 사용자나 프로세스는 네트워크에서 파일을 조회하거나 원격으로 프로그램을 실행할 때 자원의 위치를 명시적으로 지정해야 한다. 네트워크 운영체제에는 투명성이 없으므로 분산 운영체제의 몇 가지 장점을 제공할 수 없다. 하지만 투명성을 보장할 필요가 없으므로 분산 운영체제보다 구현하기 쉽다.[4]

셀프 리뷰

1. 네트워크 운영체제와 분산 운영체제는 어떻게 다른가?
2. 네트워크 운영체제가 분산 운영체제보다 구현하기 쉬운 이유는 무엇인가?

▶ **풀이** 1) 네트워크 운영체제는 투명성이 부족하므로, 클라이언트는 자원에 접근하려면 자원의 위치를 명시적으로 지정해야 한다. 2) 네트워크 운영체제는 투명성을 제공하지 않고 원격 위치에 있는 자원을 관리할 책임이 없다. 이러한 기능을 구현할 필요가 없으므로 분산 운영체제보다 구현하기 쉽다.

14.2.6 분산 운영체제

분산 운영체제 distributed operating system는 네트워크에 있는 여러 컴퓨터에 위치한 자원들을 관리한다. 분산 운영체제는 동일한 통신 방법, 파일 시스템 구조 그리고 네트워크 운영체제에서 발견할 수 있는 여러 프로토콜을 사용한다. 그러나 투명한 통신을 통해 시스템에 있는 객체들이 서비스를 제공하는 각각의 컴퓨터를 알아채지 못하게 한다. 이러한 수준의 투명성은 얻기 어려우므로 진정한 의미에서의 분산 시스템은 찾아보기 어렵다.[5]

14.3 분산 시스템에서의 통신

분산 시스템을 설계할 때 주요 도전거리는 컴퓨터 간 통신 관리다. 설계자는 이기종 컴퓨터와 응용 프로그램 간 상호 운용성을 확보해야 한다. 분산 컴퓨팅 초기에는 프로세스들이 원격 컴퓨터에 위치한 프로세스에 함수를 호출함으로써 통신을 수행했다. 그러나 현재 사용하는 많은 응용 프로그램은 메소드 호출을 사용한 원격 객체 사이의 상호 작용을 요구한다. 이 절에서는 원격 함수 호출과 원격 객체 간 원격 메소드 호출을 사용한 상호 작용을 살펴본다.[6]

상호 운용성 interoperability은 소프트웨어 구성 요소가 서로 다른 하드웨어와 소프트웨어 플랫폼, 프로그래밍 언어, 통신 프로토콜 사이에서 상호 작용할 수 있게 하는 속성이다. 인터페이스는 이기종 시스템이 서로 의미 있는 방식으로 통신할 수 있게 해서 상호 운용성을 증진한다. 클라이언트/서버 모델에서는 흔히 통신을 돕는 인터페이스를 사용해 클라이언트가 네트워크를 가로질러 서버에 요청을 보내고, 해당 서버는 요청을 수행한 후 클라이언트 컴퓨터에 응답을 보낸다. **표준화된 인터페이스** standardized interface는 각 클라이언트/서버 쌍이 서로 이해할 수 있는 공통 인터페이스를 사용해 통신할 수 있게 해준다.

셀프 리뷰

1. 분산 시스템에서 상호 운용성 확보가 어려운 이유는 무엇인가?
2. 클라이언트/서버 통신 모델이 어떻게 동작하는지 설명하라.

▶ **풀이** 1) 분산 시스템은 대체로 이기종 컴퓨터 시스템으로 구성되기 때문이다. 이러한 차이점에도 불구하고 어떤 방법으로든 원활하게 상호 운용할 수 있어야 한다. 2) 클라이언트/서버 통신 모델에서 클라이언트는 네트워크를 통해 서버에 요청을 보내고, 해당 서버는 요청을 처리해 클라이언트에 응답한다.

14.3.1 미들웨어

분산 시스템을 구성하는 머신은 흔히 서로 다른 네트워크 아키텍처를 통해 통신하며, 서로 다른 운영체제를 실행하는 서로 다른 하드웨어를 갖춘 이기종 머신이다. 이러한 환경에서는 응용 프로그래머가 컴퓨터 사이의 메시지를 변환하는 루틴을 제공하는 데 많은 시간을 소비하며, 오류가 발생하기 쉽다('에피소드: 오류의 결과' 참고). **미들웨어** middleware라는 소프트웨어는 분산 시스템에서 이식성, 투명성, 상호 운용성을 가능하게 한다. 이식성은 시스템이나 구성 요소를 한 환경(하드웨어와 소프트웨어 모두 포함)에서 다른 환경으로 변경 없이 옮길 수 있게 해준다.

어떤 고객이 상점에서 수표를 끊어 물건을 사는 경우를 생각해보자. 은행은 고객에게 수표를 발행해 거래에 사용할 수 있게 했다. 상점은 어떤 은행에서든(수표를 발행하지 않은 은행에서도) 수표를 처리할 수 있다. 은행은 투명하게(즉, 고객에게 보이지 않게) 거래의 유효성을 검증하고 자금을 이동하도록 처리한다. 이 예에서 은행은 미들웨어를 나타내고, 상점과 고객은 분산 시스템에 있는 두 컴퓨터를 나타낸다. 은행과 유사하게 미들웨어는 연산을 투명하게 수행하고, 트랜잭션을 검증하고, 네트워크 통신을 발생시킨다. 미들웨어는 트랜잭션을 간략하게 하는 메커니즘을 제공한다. 은행을 방문해서 돈을 인출해 상점에 지불한 후 상점 주인이 다른 은행을 방문해 자기 계좌에 예금하는 대신, 고객은 간단하게 수표를 사용하고 상점 주인은 직접 이를 예금한다. 비슷한 방식으로 미들웨어는 저수준의 상세한 구현을 사용자나 응용 프로그램 개발자들에게 숨김으로써 분산 시스템의 다양한 구성 요소 간 통신과 협력을 가능하게 한다.[7]

미들웨어는 표준적인 프로그래밍 인터페이스를 제공해 원격 컴퓨터 사이의 프로세스 간 통신을 가능하게 한다. 이들 인터페이스는 이식성과 투명성을 제공한다.[8] 이어지는 항목에서 많은 분산 시스템의 근간을 형성하는 몇 가지 공통적인 구현과 프로토콜을 설명한다.

셀프 리뷰

1. 분산 시스템은 왜 미들웨어를 요구하는가?
2. 미들웨어는 어떻게 투명성을 제공하는가?

▶ **풀이** 1) 분산 시스템은 이기종 머신들로 구성된다. 미들웨어는 이기종 머신들이 한 컴퓨터처럼 함께 동작할 수 있게 한다. 미들웨어는 이식성, 투명성, 상호 운용성을 가능하게 한다. 2) 미들웨어는 표준 인터페이스들을 제공해 이기종 컴퓨터들이 서로 통신할 수 있게 한다. 이로써 다른 컴퓨터의 프로시저 호출을 지역 프로시저 호출처럼 보이게 한다.

에피소드

오류의 결과

1억 2천 5백만 달러를 준다면 피트가 몇 미터에 해당하는지 대답할 수 있는가? 1999년 9월 23일, 엔지니어들은 1억 2천 5백만 달러짜리 위성인 NASA의 화성 궤도를 돌며 대기를 조사하는 Mars Climate Orbiter와 연결이 끊겼다. 후에 인공위성이 화성 대기권에 들어가 파괴되었다는 사실이 밝혀졌다. 오류의 원인이 무엇이었는지 궁금한가? 콜로라도에 있던 프로젝트 팀은 궤적을 계산할 때 표준 단위(즉, 피트와 파운드)를 썼는데 캘리포니아 팀은 미터 단위를 사용한 것이다. 두 측정 단위의 차이 때문에 양 팀은 인공위성의 베어링을 부정확하게 해석했고, 이는 결국 인공위성이 파괴되는 결과를 낳았다.

운영체제 설계자들에게 주는 교훈: 두 번 생각하라. 모든 것에 의문을 품어라. 더 깊이 파고들라. 여러분이 설계하는 시스템에서 오류의 결과는 심각한 문제가 될 수 있다.

14.3.2 원격 프로시저 호출

1970년대 중반에 **원격 프로시저 호출** RPC, Remote Procedure Call 개념이 소개되어 분산 시스템에서 구조화되고 수준 높은 프로세스 간 통신 방법을 제공했다. 원격 프로시저 호출은 컴퓨터에서 실행되는 프로세스가 다른 컴퓨터에서 실행되는 프로세서의 프로시저(혹은 함수)를 호출할 수 있게 한다. 이 메커니즘은 클라이언트/서버 모델을 전제로 한다. 원격 프로시저 호출을 발생시키는 클라이언트 컴퓨터는 네트워크를 통해 서버로 파라미터를 보낸다. 서버에는 호출된 프로시저가 있다. 실행은 서버에서 일어나고 결과(즉, 함수의 반환 값)는 네트워크를 통해 클라이언트로 전송된다.

RPC의 목표는 지역 프로시저 혹은 지역 함수 호출의 구문 syntax을 보존하고 네트워크 통신을 투명하게 일으킴으로써 분산 응용 프로그램을 작성하는 과정을 단순화하는 것이다. RPC는 단순화라는 주요 목표 외에도 효율성과 안전성을 목표로 한다.[9]

RPC는 분산 시스템 프로그래머들에게 투명성을 제공하기 위해 스텁이라는 개념을 도입했다. **스텁** stub은 나가는 데이터를 전송할 수 있게 준비하고, 들어오는 데이터를 변환해 올바르게 해석할 수 있게 한다. 클라이언트 프로세스는 RPC를 발생시키기 위해 **클라이언트 스텁** client stub에 있는 프로시저를 (적합한 파라미터를 보내면서) 호출한다. 클라이언트 스텁은 **데이터 마셜링** marshaling of data을 수행한다. 데이터 마셜링은 프로시저 인자를 프로시저 이름과 묶어서 네트워크를 통해 전송되는 메시지로 만들어준다.[10]

원격 프로시저 호출을 위해, 클라이언트 스텁은 메시지를 마셜링된 파라미터와 함께 서버로 보낸다([그림 14-1]). 서버 운영체제는 클라이언트 스텁으로부터 메시지를 받으면, 이를 **서버 스텁** server stub에 전달한다. 그러면 메시지는 언마셜 unmarshal되고, 스텁은 파라미터를 적절한 지역 프로시저에 보낸다. 프로시저가 수행을 완료하면, 서버 스텁은 결과를 마셜링하고 클라이언트에 보낸다. 마지막으로 클라이언트 스텁은 결과를 언마셜링한 후 프로세스에 알리고 결과를 보낸다. 클라이언트 관점에서는 원격 프로시저 호출이 지역 프로시저 호출 후 결과 값을 반환받는 것과 다르지 않아 보인다. 이는 정교한 메커니즘을 통해 RPC를 감췄기 때문이다.[11]

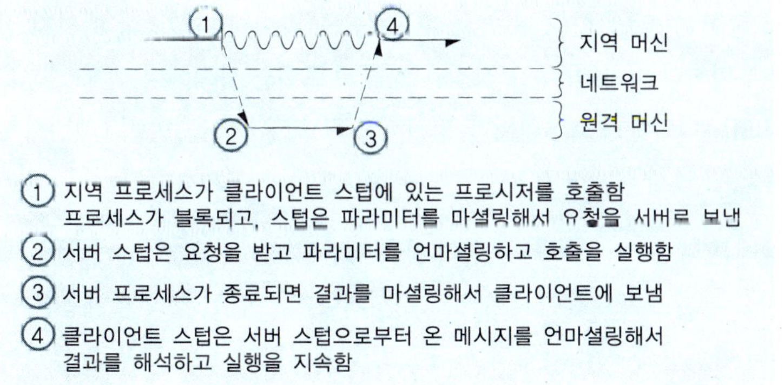

[그림 14-1] RPC 통신 모델

RPC와 관련해 몇 가지 복잡한 문제가 있다. RPC는 TCP나 UDP 중 하나를 통해 실행할 수 있는데, 이는 여러 다른 구현의 신뢰성 수준이 다를 수 있음을 의미한다. RPC가 UDP 기반 위에 실행된다면 RPC 구현은 통신의 신뢰성을 제공해야 한다. 더 나아가 두 가지 RPC 구현이 제공하는 보안 수준도 다를 수 있다(이 주제에 관해서는 '15장. 보안'에서 논의한다). 사실은 NFS에서 제공하는 보안 기능이 하부 RPC 구현에 직접적으로 연관된다.

또 다른 복잡한 문제는 RPC를 발생시키는 프로세스와 이에 대응하는 클라이언트 스텁이 상이한 메모리 주소 공간에 있다는 점이다. 이는 포인터를 파라미터로 전달하는 일을 복잡하게 하고, RPC의 투명성과 기능을 제한한다. 이와 유사하게 RPC는 전역 변수를 지원하지 않으므로, 프로시저가 사용하는 모든 변수를 인자로 전달해야 한다.

원격 프로시저 호출은 분산 시스템에서 상호 운용성을 증진시키지만, 분산 통신과 관련한 일반적인 문제를 해결하는 데는 불충분하다. 성능과 보안 문제 때문에 다음에 논의할 통신 프로토콜이 추가로 개발되었다.

셀프 리뷰

1. RPC의 주요 장점은 무엇인가?
2. RPC의 문제점을 몇 가지 나열하라.

▶ **풀이** 1) RPC는 프로세스들이 원격 컴퓨터에 있는 프로시저들을 지역 머신에 있는 프로시저처럼 쉽게 호출할 수 있게 해준다. 2) RPC는 다음과 같은 문제점이 있다. a. 신뢰성과 보안의 취약성 b. 투명성과 기능의 한계 c. 전역 변수 미지원 d. 복잡한 구현

14.3.3 원격 메소드 호출

자바 Java의 RPC 프로토콜로 **원격 메소드 호출** RMI, Remote Method Invocation이 있다. RMI는 한 컴퓨터에서 실행하는 자바 프로세스가 지역 메소드를 호출하는 것과 같은 구문을 사용해 원격 컴퓨터에 있는 객체의 메소드를 호출할 수 있게 한다. RPC와 비슷하게 파라미터 마셜링과 메시지 전송은 호출하는 프로그램에 투명하다. RMI의 주요 장점은 원격 프로세스 사이에서 객체 전송을 가능하게 한다는 점이다. RMI는 자바 프로그래머가 명시적으로 소켓 socket을 프로그래밍하지 않고도 분산 시스템을 구현할 수 있게 해준다.[12]

RMI 아키텍처는 **스텁/스켈레톤 계층** stub/skeleton layer, **원격 참조 계층** RRL, Remote Reference Layer, **전송 계층** transport layer이라는 세 가지 구분된 소프트웨어 계층으로 구성된다.[13] 스텁/스켈레톤 계층은 클라이언트와 유사한 파라미터 마셜링 구조와 RPC의 서버 스텁을 포함한다. RMI 스텁은 클라이

언트 프로세스와 원격 객체 사이의 인터페이스를 제공하는 클라이언트 머신에 있는 자바 객체다. 클라이언트 프로세스가 원격 객체의 메소드를 호출할 때 스텁 메소드가 먼저 호출된다. 스텁은 **객체 직렬화** object serialization를 사용해 마셜링된 메시지를 생성한다. 객체 직렬화는 객체를 바이트 스트림으로 인코딩하고, 한 주소 공간에서 다른 주소 공간으로 전송할 수 있게 하는 기능이다. 프로그램은 객체 직렬화를 통해 자바 객체를 파라미터로 보내고, 객체를 반환 값으로 받을 수 있다.[14]

일단 파라미터를 스텁을 통해 직렬화하면, 이를 RMI 시스템의 RRL 클라이언트 측 컴포넌트로 보낸다. RRL은 마셜링된 메시지를 클라이언트와 서버 사이에서 전송하는 데 전송 계층을 사용한다. RRL의 서버 측 컴포넌트가 마셜링된 파라미터를 받으면, 이를 **스켈레톤** skeleton에 보낸다. 스켈레톤은 파라미터를 언마셜링하고, 메소드 호출을 받는 객체를 식별해 해당 메소드를 호출한다. 메소드 실행이 완료되면, 스켈레톤은 결과를 마셜링해 RRL과 스텁을 통해 클라이언트에 되돌려준다.[15]

셀프 리뷰

1. RMI에서 스텁/스켈레톤은 어떤 기능을 하는가?
2. RMI는 RPC에 비해 어떤 이점을 제공하는가?

▶ **풀이** 1) 스텁/스켈레톤 계층은 파라미터를 마셜링, 언마셜링한다. 이는 사용자로부터 원격 호스트 사이의 통신을 감춘다. 2) RMI는 원격 메소드 호출에서 클라이언트가 객체를 인자로 보내고, 서버로부터 객체를 반환 값으로 받을 수 있게 객체 직렬화를 제공한다.

14.3.4 CORBA

CORBA Common Object Request Broker Architecture는 분산 시스템 아키텍처의 표준 명세로 널리 수용되고 있다.[16] 1990년대 초기에 OMG Object Management Group에서 고안한 CORBA는 동종 시스템뿐 아니라 이기종 시스템의 프로그램 간에 상호 운용성을 가능하게 하려고 설계된 공개 표준이다. RMI와 마찬가지로, CORBA는 프로세스 간 통신 동안에 원격 프로시저들이 파라미터와 반환 값으로 객체를 주고받을 수 있게 지원한다. 그러나 CORBA는 자바 기반 RMI와 달리 언어나 시스템에 독립적이다. 즉, 다른 언어로 만든 응용 프로그램과 이기종 운영체제가 공통 CORBA 코어 core에 접근해 상호 운용성을 갖춘다.[17]

CORBA 기반 분산 시스템은 구조가 비교적 간단하다. 클라이언트의 프로세스는 필요한 인자와 함께 프로시저 호출을 클라이언트 스텁에 보낸다. 클라이언트 스텁은 파라미터를 마셜링하고, 프로시저 호출을 자신의 **ORB** Object Request Broker를 통해 보낸다. ORB는 서버의 ORB와 통신한다. 그러면 서버의 ORB는 프로시저 호출을 서버 스켈레톤에 보내고, 서버 스켈레톤은 파라미터를 언마셜링한 후 호출을 원격 프로시저에 보낸다.[18]

CORBA는 **인터페이스 정의 언어** IDL, Interface Definition Language를 사용해 사용자에게 언어 독립성을 제공한다. IDL은 프로그래머들이 객체에서 호출할 수 있는 프로시저들을 엄격하게 정의할 수 있게 한다. IDL은 객체의 인터페이스로 알려져 있다. 따라서 어떤 언어로 작성한 응용 프로그램이든 각 객체의 IDL 명세를 준수해 CORBA를 통해 통신할 수 있다.[19]

셀프 리뷰

1. CORBA가 RMI에 비해 갖는 장점은 무엇인가?
2. 어떤 사용자가 CORBA보다 RMI를 선택하는 경우가 있다면 어떤 이유 때문일까?

▶ **풀이** 1) CORBA는 RMI와 달리 언어에 독립적이므로 다른 프로그래밍 언어로 작성한 프로그램도 공통 CORBA 코어에 접근함으로써 상호 운용성을 갖출 수 있다. 2) 만일 사용자가 자바만 사용해 작업한다면 CORBA의 언어 독립성이 불필요하다. 또한 CORBA를 사용하려면 사용자가 IDL을 배워서 클라이언트와 서버가 적절히 통신하게 해야 한다.

14.3.5 DCOM

1990년대에 마이크로소프트는 독립적으로 **DCOM** Distributed Component Object Model이라는 분산 객체 아키텍처를 개발했다.[20, 21] DCOM은 윈도우 95 이래 윈도우 운영체제에 포함되어왔고, 분산 객체 컴퓨팅 분야에서 CORBA의 핵심적인 경쟁 상대가 되었다. DCOM은 마이크로소프트의 **COM** Component Object Model의 분산형 확장이다. COM은 1993년에 윈도우 환경에서 컴포넌트 기반 개발을 돕기 위해 만들어졌다. COM 명세는 한 주소 공간 혹은 한 컴퓨터의 분리된 주소 공간에 있는 소프트웨어 컴포넌트들이 상호 작용할 수 있도록 설계되었다.

CORBA와 마찬가지로 DCOM 객체는 인터페이스를 통해 접근한다. 덕분에 다양한 이기종 플랫폼에서 여러 다른 프로그래밍 언어를 사용해 DCOM 객체를 작성할 수 있다. 그러나 CORBA와 달리 DCOM 객체는 여러 인터페이스를 가질 수 있다. 클라이언트가 서버에 DCOM 객체를 요청할 때는 해당 객체의 특정 인터페이스도 요청해야 한다.[22] 클라이언트 요청은 먼저 클라이언트 스텁(**프록시** proxy라고 한다)에 전달된다. 클라이언트 스텁은 네트워크를 통해 서버 스텁과 통신한다. 서버 스텁은 요청을 특정 DCOM 객체에 전달한다. DCOM 객체가 요청 수행을 완료하면 반환 값을 서버 스텁에 보낸다. 서버 스텁은 이 값을 네트워크를 통해 프록시에 보내고, 마지막으로 프록시는 해당 값을 호출한 프로세스에 보낸다.[23]

셀프 리뷰

1. DCOM은 어떤 면에서 CORBA와 유사한가?
2. DCOM 객체가 여러 인터페이스를 가짐으로써 어떤 이점을 주는가?

▶ **풀이** 1) DCOM과 CORBA 모두 다른 플랫폼에서 다른 프로그래밍 언어로 작성한 원격 객체를 지원할 수 있다. 2) 여러 인터페이스를 가지면 한 DCOM 객체가 다른 프로세스들과 다르게 상호 작용할 수 있다.

14.3.6 분산 시스템에서의 프로세스 이동

원격 통신의 대안은 프로세스 이동 migration이다. 프로세스 이동이란 프로세스를 분산 시스템에 있는 두 컴퓨터 사이에서 전송하는 것이다. 프로세스 이동은 멀티프로세서 시스템에서 로드 밸런싱 load balancing을 구현한다. 프로세스 이동은 원격 자원에 더 효율적으로 접근할 수 있게 해준다. 예를 들어, 컴퓨터 A, B가 네트워크로 연결되어 있고, 컴퓨터 A에 있는 프로세스가 빈번하게 컴퓨터 B에 있는 파일에 접근한다고 하자. 디스크와 네트워크 지연을 합하면 프로세스 성능이 크게 저하될 수 있다. 이러한 지연을 줄이려고 컴퓨터 A의 프로세스를 컴퓨터 B로 전송할 수 있다.[24]

프로세스 복제 process cloning는 원격 머신에 있는 프로세스의 사본을 생성한다. 프로세스 복제는 원본 프로세스를 파괴하지 않으므로, 두 프로세스가 공유 메모리 접근을 동기화 synchronize해야 할 수도 있다.[25]

셀프 리뷰

1. 분산 시스템에서 프로세스 이동을 사용하는 이유는 무엇인가?
2. 프로세스 이동과 프로세스 복제의 차이점을 설명하라.

▶ **풀이** 1) 프로세스 이동은 한 컴퓨터에서 실행되는 프로세스를 다른 컴퓨터로 전송해 자원의 사용 효율을 높이고, 여러 프로세스 간에 작업 부하를 분산할 수 있게 해준다. 따라서 프로세스들이 네트워크 지연 없이 실행할 수 있게 해 성능을 향상시킨다. 2) 프로세스 이동에서는 프로세스를 원격 컴퓨터로 전송해 실행한다. 프로세스 복제에서는 프로세스의 사본을 생성해 원격 컴퓨터에서 실행한다.

14.4 분산 시스템에서의 동기화

분산 시스템은 대체로 공통의 목표를 달성하려고 협력하는 많은 프로세스를 포함한다. 시스템의 한 노드에서 발생한 이벤트가 다른 노드의 이벤트에 의존하는 경우가 많다. 분산 네트워크에서는 통신 지연을 예측할 수 없기 때문에 이벤트가 발생하는 순서를 결정하기 어렵다. 만일 두 노드가 각각 제3의 노드에 메시지를 보내면, 두 메시지의 도착 순서가 보낸 순서와 일치하지 않을 수도 있다. 이러한 불확실성은 두 메시지가 연관되어 있을 때 중요한 차이를 가져올 수도 있다. 예를 들어, 어떤 분산 시스템에서 프로세스들이 임계 영역에 들어가고 나올 때마다 메시지를 브로드캐스트해 상호 배제를 보장한다고 가정하자. 한 프로세스가 자신의 임계 영역을 나오면 메시지를 브로드캐스트한다. 이 메시지를 받고 다른 프로세스가 자신의 임계 영역에 들어가며 메시지를 브로드캐스트한다. 만일 제3의 프로세스가 첫 번째 메시지를 받기 전에 두 번째 메시지를 받으면, 마치 이 프로세스에는 상호 배제가 위반된 것처럼 보일 것이다.

이 상호 배제 예에서는 **인과적 종속** causally dependent 관계를 보여준다. 프로세스가 자신의 임계 영역에서 실행되고 있다는 두 번째 메시지는 특정 프로세스가 자신의 임계 영역을 벗어났음을 가리키는 첫 번째 메시지가 브로드캐스트되었을 때만 발생할 수 있다. **인과적 순서** causal ordering는 모든 프로세스에서 인과적으로 종속적인 이벤트가 자신이 의존하는 이벤트가 발생한 후에만 일어날 수 있음을 인식하도록 보장한다.

인과적 순서는 $a \rightarrow b$로 표현하는 **이전 발생 관계** happens-before relation를 통해 구현한다. 이 관계는 이벤트 a와 b가 동일한 프로세스에 속한 경우 a가 b보다 먼저 발생하면 $a \rightarrow b$임을 의미한다. 이 관계는 또한 이벤트 a가 메시지를 보내고, 이벤트 b가 메시지를 받으면 $a \rightarrow b$임을 의미하기도 한다. 마지막으로 이 관계는 이행성 transitive이므로, $a \rightarrow b$고 $b \rightarrow c$면 $a \rightarrow c$가 성립한다.

인과적 순서는 **부분 순서** partial ordering일 뿐이다. 어떤 것이 먼저 일어나야 할지 결정할 수 없는 이벤트들이 있기 때문이다. 이 경우 이러한 이벤트를 **동시 발생** concurrent이벤트라고 한다. 때로는 인과적 순서가 충분히 강하지 않을 수도 있다. **완전 순서** total ordering는 모든 이벤트가 정렬되고 인과 관계 causality가 준수되도록 보장한다.[26]

완전 순서를 구현하는 한 가지 방법은 메시지를 주고받는 일, 변수에 접근하는 일 등 시스템에서 발생하는 각 이벤트에 수(혹은 **타임스탬프** time stamp)를 부여하는 **논리 시계** logical clock를 사용하는 것이다. 논리 시계는 시간이 아닌 이벤트가 발생하는 순서를 측정한다. 흔히 이벤트 카운터 등과 같이 간단한 구현일 수도 있다. 논리 시계는 $a \rightarrow b$면 이벤트 a와 관련한 시간을 이벤트 b와 관련한 시간보다 적게 한다는 의미에서 인과적 순서를 강제한다.[27]

스칼라 scalar 논리 시계는 원격 호스트에 있는 논리 시계와 동기화해 각 호스트에 하나의 시간 값만 유지한다. 이 시계들은 두 가지 단순한 규칙을 준수해 인과 관계를 보장한다. 첫 번째 규칙은 두 이벤트가 동일 프로세스 안에서 발생하면 실제로 먼저 발생한 이벤트가 더 이른 타임스탬프를 갖게 하는 것이다. 두 번째 규칙은 메시지 수신에 대응하는 이벤트가 해당 메시지 송신에 대응하는 이벤트보다 늦은 타임스탬프를 갖게 하는 것이다. 이 두 가지 규칙은 또한 스칼라 논리 시계도 인과 관계를 보장하게 해준다.[28]

프로세스는 첫 번째 규칙을 준수하기 위해 이벤트가 발생할 때마다 자신의 내부 시계 값을 증가시킨다. 또한 두 번째 규칙을 준수하기 위해 메시지를 수신할 때 자신의 논리 시계 값과 메시지의 타임스탬프를 비교해, 논리 시계 값을 둘 중 후자에 해당하는 값으로 설정한 후 증가시킨다.[29]

셀프 리뷰

1. 논리 시계는 어떻게 구현하는가?
2. 다른 프로세스들이 사용하는 시계들을 동기화하지 않으면 어떤 일이 발생하겠는가?

▶ **풀이** 1) 프로세스는 논리 시계를 구현하기 위해 어떤 이벤트를 실행하기 전에 자신의 시계 값을 증가시켜야 한다. 그리고 프로세스는 메시지의 끝에 타임스탬프(메시지를 보낸 지역 시간)를 덧붙여야 한다. 2) 다른 프로세스들이 사용하는 시계들을 동기화하지 않으면, 한 프로세스의 타임스탬프를 다른 프로세스에서 부정확하게 해석할 것이다.

14.5 분산 시스템에서의 상호 배제

이 절에서는 분산 시스템에서 상호 배제를 구현하는 방법을 논의한다. 앞 절에서 제시한 동기화 메소드들은 상호 배제를 강화하는 데 사용한다.

14.5.1 공유 메모리 없는 상호 배제

단일 프로세서와 공유 메모리를 사용하는 멀티프로세서 시스템을 위한 효율적인 상호 배제 알고리즘은 공유 메모리를 사용한다. 그러나 NORMA 멀티프로세서와 같이 공유 메모리가 없는 환경에서는 일종의 메시지 전달 message passing 형식을 사용해 상호 배제를 구현해야 한다. 메시지 전달에는 흔히 클록 동기화가 필요하다. **FIFO 브로드캐스트** FIFO broadcast는 한 프로세스에서 다른 프로세스로 메시지 두 개를 보낼 때, 먼저 보낸 메시지가 먼저 도착함을 보장한다. **인과적 브로드캐스트** causal broadcast는 메시지 M_1이 메시지 M_2에 인과적으로 종속되어 있을 경우, 어떤 프로세스도 M_2보다 M_1을 먼저 받지 않게 하는 방식이다. **원자적 브로드캐스트** atomic broadcast는 시스템의 모든 메시지가 각 프로세스에 동일한 순서로 전달됨을 보장한다. 원자적 브로드캐스트는 **완전 순서 브로드캐스트** totally ordered broadcast 혹은 **합의 브로드캐스트** agreed broadcast로도 알려져 있다.[30, 31]

셀프 리뷰

1. FIFO 브로드캐스트는 무엇인가?
2. 원자적 브로드캐스트와 인과적 브로드캐스트의 차이점은 무엇인가?

▶ **풀이** 1) FIFO 브로드캐스트는 한 프로세스에서 다른 프로세스로 메시지 두 개를 보낼 때 먼저 보낸 메시지가 먼저 도착함을 보장한다. 2) 인과적 브로드캐스트는 관련 없는 메시지들의 전달 순서를 보장하지 않는 반면, 원자적 브로드캐스트는 관련이 있든 없든 메시지들이 각 프로세스에 동일한 순서로 전달됨을 보장한다.

14.5.2 Agrawala와 Ricart의 분산 상호 배제 알고리즘

G. Ricart와 A. K. Agrawala는 1981년에 발표한 논문 「컴퓨터 네트워크에서 상호 배제를 위한 최적 알고리즘 An Optimal Algorithm for Mutual Exclusion in Computer Networks」[32]에서 NORMA 시스템에서 상호 배제를 보장하는 알고리즘을 제시했다. 이는 램포트의 연구에서 도출된 것이다.[33] 이 알고리즘은 프로세스가 먼저 시스템에 있는 다른 모든 프로세스에 요청 메시지를 보내고, 해당 프로세스가 자신의 임계 영역에 들어가기 전에 각 프로세스로부터 응답을 얻도록 요구한다. 이 알고리즘은 프로세스 사이의 통신이 믿을 만한(즉, 어떤 메시지도 손실되지 않는) 것이고, 프로세스들이 실패하지 않는다고 가정한다. 이러한 이슈를 다루는 알고리즘이 개발되어왔지만, 이 책에서 다루는 범위를 벗어난다.

프로세스가 임계 영역에 들어가기 위한 요청을 받고, 자신의 요청을 아직 보내지 못한 상태면, 우선 응답을 보낸다. 프로세스가 자신의 요청을 이미 보낸 상태면, 두 요청의 타임스탬프를 비교해 자신의 요청이 늦은 경우 응답을 보내고, 이른 경우 응답을 미룬다. 마지막으로, 두 요청의 타임스탬프가 동일하면 자신의 프로세스 번호를 요청을 보낸 프로세스의 번호와 비교해, 자신의 번호가 높으면 응답을 보내고, 그렇지 않으면 응답을 미룬다.

각기 다른 노드에 프로세스 P_1, P_2, P_3이 있다고 가정하자. 프로세스 P_2는 자신의 임계 영역에 들어가려고 P_1과 P_3에 요청 메시지를 보낸다. 프로세스 P_1과 P_3은 임계 영역에 들어가려 하지 않는 상태므로 즉시 응답을 보낸다. P_2가 두 군데서 모두 응답을 받으면 자신의 임계 영역에 들어간다. P_2가 임계 영역 안에서 실행되는 동안, P_1과 P_3이 자신의 임계 영역에 들어가려고 시도

한다. 각 프로세스는 요청 메시지를 보내고 양쪽 모두 우연히 동일한 타임스탬프를 가졌다. 프로세스 P_2는 두 요청을 받지만 아직 자신의 임계 영역 안에 있기 때문에 응답을 미룬다. 프로세스 P_3은 P_1로부터 요청 메시지를 받고 타임스탬프를 비교한다. 둘 다 같기 때문에 P_3은 프로세스 번호를 비교한다. P_3의 번호가 P_1보다 높으므로, P_3은 응답을 보낸다.

프로세스 P_1은 P_3으로부터 요청을 받고 타임스탬프를 비교한다. 이번에도 두 타임스탬프가 같지만 P_1의 번호가 P_3보다 낮으므로 응답을 미룬다. P_2가 자신의 임계 영역을 나올 때 P_1과 P_3 모두에 응답을 보낸다. 프로세스 P_2는 두 타임스탬프를 비교하지 않는다. 현재 자신이 임계 영역을 사용하는지에만 관심을 두고, 다른 프로세스가 그렇게 하고 있는지 여부에는 관심을 두지 않기 때문이다. 프로세스 P_1은 P_2로부터 응답을 받고 자신의 임계 영역에 들어간다(P_3으로부터는 이미 응답을 받은 상태기 때문이다). 프로세스 P_3은 P_2로부터 응답을 받았지만 여전히 P_1의 응답을 기다려야 하는 상태다. 마침내 P_1이 임계 영역 코드를 마치고 P_3에 응답을 보내면, P_3이 자신의 임계 영역에 들어간다.

이 알고리즘은 상호 배제를 보장한다. 만약 두 프로세스가 동시에 자신의 임계 영역에 들어간다면, 각 프로세스가 요청을 보내고, 다른 프로세스의 요청을 받고, 타임스탬프를 비교해 다른 프로세스의 요청이 자신보다 나중임을 발견했다는 의미다. 이는 불가능한 일이므로 상호 배제를 보장한다.[34]

이 알고리즘은 또한 무기한 연기를 방지한다. 만일 어떤 프로세스가 무기한 연기되면 요청들이 자신의 요청보다 먼저 보낸 것임을 의미한다. 그러나 타임스탬프는 단조 증가하므로, 연기된 프로세스의 요청 후에 보낸 모든 요청은 더 늦은 타임스탬프 값을 가지게 된다. 결국 더 이른 타임스탬프를 가진 모든 요청이 임계 영역 수행을 완료할 때, 연기된 프로세스의 요청이 가장 이른 타임스탬프 값을 갖고 진행할 수 있다. [연습문제 14-12]에서는 이 알고리즘이 교착 상태를 방지한다는 사실을 증명하도록 하고 있다.[35]

셀프 리뷰

1. 이 알고리즘에서 프로세스가 실패할 때는 어떤 결과가 발생하는가?
2. 시스템에 프로세스 n개가 있으면, 프로세스가 자신의 임계 영역에 들어가기 전에 메시지 몇 개를 전송해야 하는가?

▶ **풀이** 1) 만일 프로세스가 실패하면 다른 프로세스들이 요청을 보낼 경우, 실패한 프로세스로부터 응답을 받지 못한다. 프로세스가 실패했는지 판단하는 메커니즘이 없다면 전체 시스템이 교착 상태에 빠질 것이다.
2) 메시지 $2(n-1)$개를 보내야 한다.

14.6 분산 시스템에서의 교착 상태

분산 교착 상태 distributed deadlock는 네트워크에 있는 다른 컴퓨터에 분산된 프로세스들이 결코 일어날 수 없는 이벤트를 대기할 때 발생한다. 이 절에서는 분산 시스템에서 교착 상태 문제가 얼마나 복잡한지 그리고 이를 해결하는 알고리즘은 무엇인지 설명한다.

14.6.1 분산 교착 상태

분산 교착 상태는 세 가지 유형으로 분류할 수 있다. 자원 교착 상태는 '7장. 교착 상태와 무기한 연기'에서 논의한 유형이다.[36]

중앙 집중 시스템에서처럼 분산 시스템의 프로세스들도 흔히 블록된 채 다른 프로세스들로부터 신호를 기다린다. 이는 **통신 교착 상태** communication deadlock라는 새로운 유형의 교착 상태를 유발한다. 통신 교착 상태는 원형으로 통신 신호를 대기하는 데서 생긴다. 예를 들어, P_1이 P_2의 응답을, P_2는 P_3의 응답을, P_3은 다시 P_1의 응답을 대기하고 있다면, 이 시스템은 통신 교착 상태에 빠진다.[37]

분산 컴퓨팅과 관련한 통신 지연 때문에 7장에서 소개한 교착 상태 탐지 알고리즘이 실제로는 존재하지 않는 교착 상태를 탐지할 수도 있다. 예를 들어, 다른 노드에서 실행되는 프로세스 P_1, P_2와 교착 상태를 테스트하는 제3의 노드 N_3이 있다고 하자. 프로세스 P_1은 자원 R_1을, 프로세스 P_2는 자원 R_2를 점유하고 있다. 프로세스 P_1이 자원 R_1을 반납하고 노드 N_3에 메시지 M_1을 보낸다. 다음으로 프로세스 P_1은 자원 R_2를 요청해 노드 N_3에 메시지 M_2를 보낸다. 프로세스 P_2가 자원 R_2를 반납하고 노드 N_3에 메시지 M_3을 보낸다. 최종적으로 P_2가 자원 R_1을 요청해 노드 N_3에 메시지 M_4를 보낸다. 이때 만일 네트워크 지연 때문에 메시지 M_2, M_4가 M_1, M_3보다 먼저 노드 N_3에 도착한다면, 노드 N_3은 존재하지 않는 교착 상태를 탐지하는 것처럼 된다. 이러한 현상을 **환영 교착 상태** phantom deadlock라고 한다.[38]

셀프 리뷰

1. 어떤 경우에 환영 교착 상태가 발생하는가?
2. 분산 교착 상태를 관리하기 어려운 이유는 무엇인가?

▶ **풀이** 1) 환영 교착 상태는 두 프로세스 간 통신이 지연되고, 이 때문에 잘못된 전체 상태를 탐지할 때 발생한다. 2) 분산 시스템에서 교착 상태에 빠진 프로세스들은 네트워크의 다른 컴퓨터에 퍼져 있다. 분산 교착 상태를 관리하려면 각 프로세스가 공유 자원과 임계 영역의 전체적인 상태를 알아야 한다.

14.6.2 교착 상태 방지

단일 프로세서 머신에서 교착 상태를 방지하는 데는 교착 상태가 발생하는 네 가지 필요조건(즉, 상호 배제 조건, 대기 조건, 비선점 조건, 순환 대기 조건) 중 하나를 거부하는 것으로 충분했다. 이러한 기술을 분산 교착 상태를 방지하는 데도 사용할 수 있다. Rosenkrantz와 동료들은 1978년에 발표한 논문 「분산 데이터베이스 시스템을 위한 시스템 수준 병행성 제어 System Level Concurrency Control for Distributed Database Systems」를 통해 분산 시스템용으로 특별히 설계한 두 가지 알고리즘을 소개했다. 두 알고리즘 모두 각 프로세스가 시작한 시점에 근거한 프로세스 순서에 의존한다.[39]

손상 대기 전략

손상 대기 교착 상태 방지 전략 wound-wait deadlock prevention strategy([그림 14-2])은 비선점 조건을 거부함으로써 교착 상태를 방지한다. 다음과 같은 상황을 고려해보자. P_1과 P_2 두 프로세스가 있고, P_1이 P_2보다 먼저 생성되었다. 만일 프로세스 P_1이 P_2가 점유한 자원을 요청하면, P_1은 P_2에 **손상을 입힌다** wounds. 그러면 프로세스 P_2는 다시 시작되어 P_1이 요청한 자원을 포함해 자신의 모든 자원을 반납할 것이다. P_2가 P_1이 점유한 자원을 요청하는 경우, P_1이 자원 사용을 마치고 반납할 때까지 대기한다.[40]

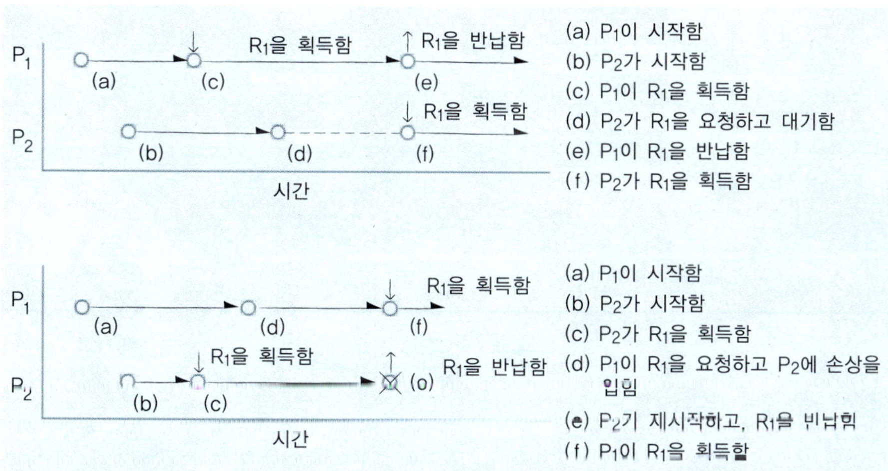

[그림 14-2] 손상 대기 전략

대기 종료 전략

대기 종료 교착 상태 방지 전략 wait-die deadlock prevention strategy([그림 14-3])은 대기 조건을 거부함으로써 교착 상태를 방지한다. 다음과 같은 상황을 고려해보자. P_1과 P_2 두 프로세스가 있고, P_1이 P_2보다 먼저 생성되었다. 프로세스 P_1은 P_2가 점유한 자원을 요청할 수 있고, P_2는 해당 자원을 반납할 때까지 대기한다. 그러나 P_2가 P_1이 점유한 자원을 요청하면, P_2는 **종료한다**dies. P_2가 종료할 때 자신의 자원을 모두 반납하고 재시작한다.[41]

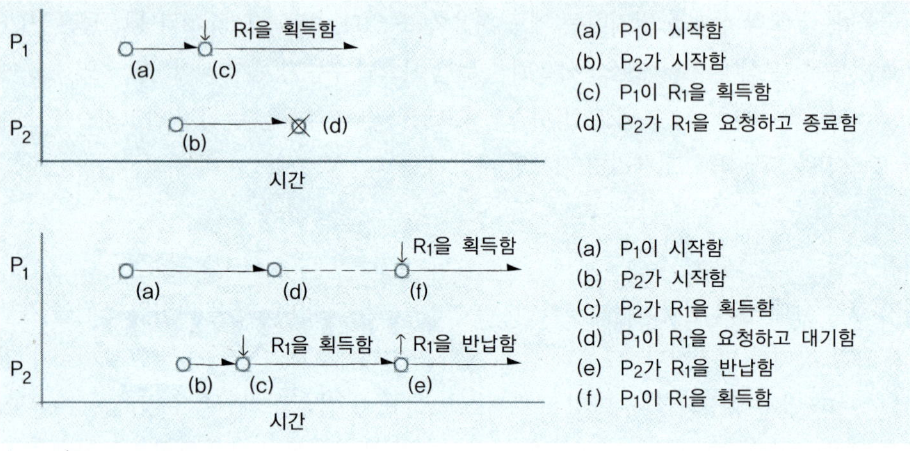

[그림 14-3] 대기 종료 전략

두 가지 전략 모두 교착 상태를 방지하지만, 두 전략에서 프로세스가 상호 작용하는 방식은 다르다. 손상 대기 전략에서는 최근 생성된 프로세스가 먼저 생성된 프로세스에서 요구하는 자원을 점유하고 있을 경우 재시작한다. 최근 생성된 프로세스는 또한 먼저 생성된 프로세스를 대기해야 한다. 프로세스가 에이징되면서 대기해야 하는 상황이 더 적어진다. 한편, 대기 종료 전략에서는 최근 생성된 프로세스가 자원을 대기하는 대신 종료한다. 프로세스가 에이징됨에 따라 더 자주 대기한다.[42]

셀프 리뷰

1. 손상 대기 전략과 대기 종료 전략은 어떻게 무기한 연기를 방지하는가?
2. 손상 대기 전략과 대기 종료 전략의 문제점은 무엇인가?

▶ **풀이** 1) 두 알고리즘에서 여러 번 롤백되는 프로세스는 궁극적으로는 실행할 수 있게 된다. 어떤 시점에 이르면 다른 모든 프로세스보다 오래된 타임스탬프를 가지기 때문이다. 2) 각 알고리즘에서 프로세스가 여러 번 재시작되게 한다. 이는 프로세스가 롤백 이전 코드를 여러 번 반복하게 만든다.

14.6.3 교착 상태 탐지

중앙 집중 시스템에서는 모든 자원과 프로세스가 한 머신에 위치한다. 그러나 분산 시스템에서는 자원과 프로세스가 멀리 떨어진 여러 머신에 분산되어 있다. 따라서 시스템은 프로세스 간 상호 작용을 조절하기가 어렵다. 세 가지 분산 교착 상태 탐지 전략으로 중앙 집중 방식, 계층적 방식, 분산 방식이 있다. **중앙 교착 상태 탐지** central deadlock detection를 사용하는 시스템은 전체 시스템을 모니터링하는 한 노드가 있다. 프로세스는 자원을 요청하거나 반납할 때마다 중앙에 있는 노드에 알려준다. 중앙 노드는 사이클이 생기는지 전체 시스템을 확인한다. 사이클을 탐지하면, 시스템은 다양한 교착 상태 복구 알고리즘을 수행한다. 중앙 집중 교착 상태 탐지 전략은 구현하기 쉽고, 비교적 작고 통신 속도가 높은 LAN에 효율적이다. 그러나 자원 요청이 중앙 노드에 몰리면서 병목 현상이 발생할 수 있다. 또한 중앙 교착 상태 탐지는 장애 내구성이 떨어진다. 중앙 노드에 문제가 생기면 시스템의 모든 노드가 자원을 얻을 수 없게 된다.[43, 44]

계층적 교착 상태 탐지 hierarchical deadlock detection 방법은 시스템에 있는 노드를 트리 구조로 구성한다. 각 노드는 리프 leaf 노드를 제외하고는 모든 독립적인 노드의 자원 할당 정보를 수집한다. 트리 구조는 중앙 집중 시스템보다 장애 내구성을 높여준다. 더 나아가 교착 상태 탐지가 계층으로 나뉘므로 트리의 각 브래치 branch는 해당 브랜치에 속한 자원에 관한 정보만 포함하면 된다.[45]

분산 교착 상태 탐지 전략 distributed deadlock detection Strategy은 각 프로세스가 교착 상태가 존재하는지 판단하게 한다. 이를 위해 각 노드가 다른 모든 노드에 질문을 보낸다. 이는 장애 내구성이 가장 뛰어난 교착 상태 탐지 방법이다. 어느 한 노드에 오류가 발생해도 다른 노드가 적절히 기능하는 데 방해가 되지 않기 때문이다. 그러나 분산 교착 상태 탐지를 위한 효율적인 알고리즘을 만드는 일은 쉽지 않다. 많은 프로세스 사이에 동기화된 통신이 되도록 관리해야 하기 때문이다.[46]

셀프 리뷰

1. WAN에서 동작하는 분산 시스템에서는 중앙 집중 교착 상태 탐지 전략을 사용하는 것이 부적절한 이유가 무엇인가?
2. 계층적 교착 상태 탐지 스키마에서 호스트 노드가 고장 나면 어떤 일이 발생하겠는가?

▶ **풀이** 1) WAN에서는 통신 지연 때문에 오랫동안 교착 상태를 탐지하지 못할 수도 있다. 이는 교착 상태에 연관된 프로세스들이 교착 상태가 해결될 때까지 필요 이상으로 오래 대기하게 만든다. 2) 오류가 발생한 호스트에 의존하는 모든 호스트의 교착 상태 탐지가 멈출 것이다. 이는 성능 저하의 원인이 될 수 있다.

14.6.4 분산 자원 교착 상태 알고리즘

존스톤 Johnston과 동료들은 1991년에 「자원 교착 상태 탐지를 위한 분산 알고리즘 A Distributed Algorithm for Resource Deadlock Detection」[47]이라는 논문을 통해 분산 시스템에서 교착 상태를 탐지하는 간단한 알고리즘을 소개했다. 이 알고리즘에서 각 운영체제는 자신의 자원에 대한 상호 배제를 강화하고 어떤 프로세스가 각 자원을 점유하는지를 추적한다. 프로세스들은 전체 분산 시스템에 걸쳐 유일하게 식별될 수 있다.

간단한 예를 고려해보자. 프로세스 P_1이 실행을 시작하고 자원 R_1을 요청한다. 자원 R_1이 사용 가능하므로 운영체제는 이 자원을 P_1에 할당한다. 다음으로 프로세스 P_2가 실행을 시작하고 자원 R_2를 요청하며, 사용 가능한 상태로 P_2에 할당된다. 그런 다음 프로세스 P_2가 R_1을 요청한다. 자원 R_1이 사용 중이므로 P_2는 블록되고 R_1의 운영체제는 요청한 자원을 점유하고 있는 P_1의 식별자를 P_2에 보낸다. 이 값은 P_2의 Held_by 변수에 저장된다. 프로세스 P_1은 또한 자신이 실행하는 데 필요한 모든 자원을 보유하고 있으므로 P_2는 P_1을 자신의 Wait_for 변수에 저장한다. 최종적으로 P_1은 자신의 Request_queue에 프로세스 P_2가 R_1을 요청한 사실을 기록한다.

이제 프로세스 P_3이 실행을 시작한다. P_3은 자원 R_3을 요청하는데, 이 자원은 사용 가능하므로 P_3에 할당된다. 다음으로 P_3은 프로세스 P_2가 점유한 자원 R_2를 요청한다. P_3은 블록되고 R_2의 운영체제는 P_3에 P_2의 식별자를 보낸다. P_2는 P_3의 Held_by 변수에 저장된다. P_2는 미해결 자원 요청을 가지므로, P_3은 P_2의 Wait_for 변수에 있는 값 P_1을 자신의 변수에 저장한다. 최종적으로 P_2는 자신의 Request_queue 변수에 프로세스 P_3이 R_2를 요청한 사실을 기록한다.

다음으로 프로세스 P_4가 실행을 시작하고, 또한 자원 R_2를 요청한다. P_4는 블록되고, R_2의 운영체제는 P_4에 P_2의 식별자를 보내며, 이는 P_4의 Held_by 변수에 저장된다. P_2는 미해결 자원 요청을 가지므로, P_4는 P_2의 Wait_for 변수의 값 P_1을 자신의 변수에 저장한다. 최종적으로 P_2는 자신의 Request_queue 변수에 프로세스 $P4$가 R_2를 요청한 사실을 기록한다.

[그림 14-4]는 이 시스템의 **트랜잭션 대기 그래프**TWFG, Transaction Wait-For Graph를 보여준다. TWFG에서 시스템의 각 프로세스는 그래프의 노드에 해당한다. 노드 사이의 선은 한 프로세스가 다른 프로세스에 점유된 자원을 요청했음을 나타낸다.

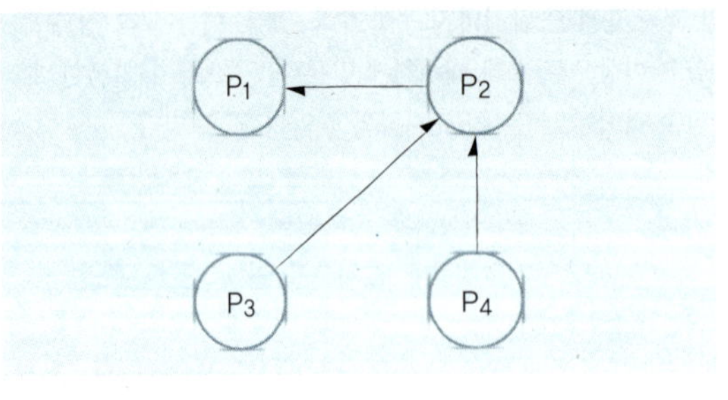

[그림 14-4] 교착 상태가 없는 시스템

이제 프로세스 P_1이 자원 R_3을 요청하고, 자원 R_3은 순환 대기를 마친 상황을 가정해보자([그림 14-5]). 이제 P_1이 블록되고, R_3의 운영체제는 P_1에 자원 R_3을 점유하고 있는 프로세스의 식별자 P_3을 보낸다. 이 프로세스는 P_1의 Held_by 변수에 저장된다. P_3이 미해결 자원 요청을 가지므로, P_1은 자신의 Wait_for 변수에 P_3의 Wait_for 변수에 있는 프로세스 P_1을 저장한다. 최종적으로 P_3은 자신의 Request_queue 변수에 프로세스 P_1이 자원 R_3을 요청한 사실을 기록한다.

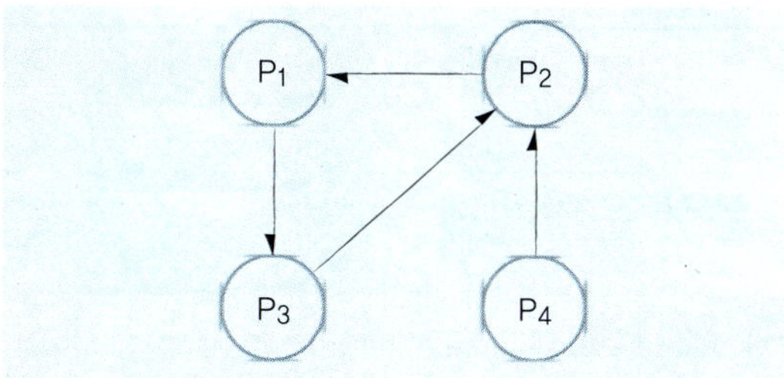

[그림 14-5] 교착 상태가 발생한 시스템

P_1이 자신의 Wait_for 변수를 널 null에서 P_1로 바꿀 때 Request_queue에 있는 모든 프로세스에 메시지를 보내 각 프로세스의 Wait_for 변수를 갱신하게 한다. 프로세스 P_2는 이 메시지를 받지만, 자신의 Wait_for 변수 값은 이미 P_1이기 때문에 아무 변화도 일어나지 않는다. P_2는 이때 Wait_for 변수에 있는 프로세스들이 P_2의 Request_queue에도 있는지 확인해 교착 상태를 확인한다. P_2의 Wait_for 변수에는 프로세스 P_1이 있고, Request_queue에는 P_3만 있다. 따라서 이 단계에서는 교착 상태가 탐지되지 않는다. 메시지는 이제 P_3과 P_4에 전달된다.

프로세스 P_3은 메시지를 받지만, Wait_for 변수 값은 이미 P_1이므로 아무 변화도 없다. 그래도 P_3은 다시 한 번 교착 상태를 확인한다. P_3의 Wait_for 변수에 있는 프로세스는 P_1이고, 이는 또한 P_3의 Request_queue에도 있다. 따라서 교착 상태가 탐지된다. 이 알고리즘에서 교착 상태를 탐지하는 프로세스는 중단 abort된다. 따라서 P_3은 R_3을 반납하고, P_1에 R_3이 해제되었음을 알리고 중단된다. 이제 P_1의 자원 요청을 충족하고, 교착 상태가 제거된다([그림 14-6]).

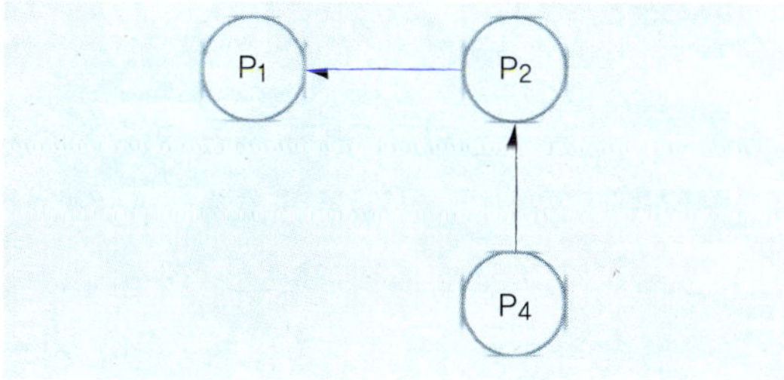

[그림 14-6] 교착 상태 제거 후 시스템

셀프 리뷰

1. 이 알고리즘에서 프로세스는 어떻게 교착 상태를 확인하는가?
2. 프로세스의 Request_queue에는 어떤 정보가 저장되는가?

▶ **풀이** 1) 프로세스는 자신의 Wait_for 변수에 있는 프로세스가 Request_queue 변수에도 있는 엔트리인지 확인함으로써 교착 상태를 확인한다. 2) Request_queue 원래의 프로세스에 점유된 자원을 요청한 프로세스들과 이들 프로세스가 요청한 자원을 추적한다.

14.7 사례 연구: 스프라이트 분산 운영체제

스프라이트 Sprite는 버클리 대학교 UC Berkeley에서 개발한 분산 운영체제다. 스프라이트는 고속 LAN에 있는 강력하지만 비싸지 않은 다수의 개인용 워크스테이션을 연결한다. 스프라이트 네트워크에서는 주어진 시간에 많은 컴퓨터가 한가하게 쉬고 있는 경우가 있다. 이 한가한 워크스테이션들은 스프라이트가 프로세스 이동을 사용해 시스템 작업 부하의 균형을 이룰 수 있게 해 준다.[48]

스프라이트에 있는 각 워크스테이션은 자신의 사용 여부를 모니터링해 한가하게 쉬고 있는지 확인한다. 워크스테이션이 30초 동안 키보드나 마우스 입력을 받지 않고, 프로세서보다 적은 수의 프로세스가 실행되고 있다면, 워크스테이션이 한가하다고 선언하고, 이를 **중앙 이동 서버** central migration server에 보고한다. 이 서버는 한가한 워크스테이션에 관한 정보를 유지하고 있다. 중앙 이동 서버는 프로세스를 해당 워크스테이션(**타깃 컴퓨터** target computer)으로 이동한다. 타깃 컴퓨터의 사용자가 돌아오면(즉, 이 워크스테이션이 키보드나 마우스 입력을 받으면), 워크스테이션은 중앙 이동 서버에 이 사실을 알리고, 해당 프로세스는 원래의 컴퓨터(**홈 컴퓨터** home computer)로 다시 이동한다.[49]

시스템의 각 워크스테이션은 스프라이트 커널을 실행하고 RPC를 통해 다른 워크스테이션과 통신할 수 있다. 스프라이트는 **암시적 승인** implicit acknowledgement을 사용해 메시지 전달의 신뢰성을 보장한다. 암시적 승인을 사용할 때, 응답 메시지는 요청 메시지에 대한 암시된 승인이다.

스프라이트 커널은 투명성을 보장하려고 두 종류의 호출을 구별한다. **위치 의존 호출** location-dependent call은 워크스테이션마다 다른 결과를 내는 시스템 호출이다. **위치 독립 호출** location-independent call은 모든 워크스테이션에 동일한 결과를 내는 호출이다. 시스템은 각 워크스테이션에 대해서 정확하게 동일한 파일 시스템 뷰를 제공함으로써 좀더 위치 독립적인 호출을 제공한다. 시스템은 위치 독립 호출이 필요할 때 호출을 홈 컴퓨터에 전달해 타깃 컴퓨터의 상태를 평가하거나, 프로세스의 상태 정보(가상 메모리, 열린 파일, 프로세스 식별자 등)를 홈 컴퓨터에서 타깃 컴퓨터로 옮긴다.

스프라이트 파일 시스템은 유닉스 파일 시스템과 동일한 형태로, 모든 클라이언트가 계층의 뷰와 동일한 뷰를 갖는다. 스프라이트 파일 시스템은 서버와 클라이언트 모두에 파일을 캐시한다. 서버 측에서는 파일이 요청될 때 서버 캐시를 먼저 확인한다. 요청된 파일이 캐시되지 않은 경우에는 서버가 해당 파일을 서버 캐시에 추가하고, 이를 클라이언트에 보낸다. 클라이언트 측에서는 파일이 요청되면, 클라이언트 캐시를 먼저 확인한다. 파일이 클라이언트 캐시에 있으면 여기서 파일을 가져가고, 그렇지 않으면 서버에서 해당 파일을 가져온 후 클라이언트 캐시에 추가한다.[50]

셀프 리뷰

1. 위치 의존 호출에 대한 예를 들어보라.
2. 스프라이트는 작업 부하의 균형을 이루기 위해 컴퓨터 능력을 어떻게 공유하는가?

▶ **풀이** 1) 홈 컴퓨터의 이름을 얻는 일은 위치 의존 호출이다. 2) 스프라이트는 프로세스 이동 메커니즘을 사용해 한가한 컴퓨터들이 컴퓨터 능력을 공유하게 한다. 프로세스 이동이 발생할 때 한 컴퓨터에 있는 프로세스가 한가한 컴퓨터로 이동해 시스템에 있는 컴퓨터 사이의 작업 부하를 분산시킨다.

14.8 사례 연구: 아메바 분산 운영체제

아메바 Amoeba는 암스테르담의 브리예 대학교에서 개발한 분산 운영체제다. 각 워크스테이션이 자신의 프로세서를 갖는 스프라이트와 달리, 아메바 사용자는 프로세서 풀 하나 이상에 있는 프로세서를 공유한다. **프로세서 풀** processor pool은 프로세서의 집합으로, 풀마다 고유의 메모리와 이더넷 Ethernet 연결을 갖는다. 프로세서 풀에 있는 프로세서는 사용자 사이에서 동등하게 공유된다. 사용자가 프로세스를 실행하는 명령을 내리면 프로세서 풀은 해당 사용자에게 동적으로 프로세서를 할당한다. 사용자 프로세스가 종료하면, 사용자는 할당받은 프로세서를 프로세서 풀에 반납한다. 스프라이트와 마찬가지로, 아메바는 프로세서의 수나 위치를 사용자에게 감추어 투명성을 제공한다.[51]

아메바 시스템에 있는 각 프로세서는 마이크로커널을 실행한다. 마이크로커널은 커널 프로세스 관리, 커널 메모리 관리, 클라이언트와 서버 사이의 통신을 지원하는 서비스의 집합이다. 또한 프로세스의 스레드를 관리하고 스케줄링하는 일도 마이크로커널의 책임이다.[52]

아메바는 점대점 point-to-point 통신과 그룹 통신이라는 두 가지 통신 유형을 지원한다. 점대점 통신에서는 클라이언트 스텁이 서버 스텁에 요청 메시지를 보내고 블록되어 서버의 응답을 대기한다. 아메바는 **명시적 승인** explicit acknowledgement을 사용한다. 명시적 승인이란 클라이언트가 서버로부터 응답을 받을 때 추가적인 패킷을 사용해 서버로 승인 신호를 보내는 것을 의미한다. 그룹 통신에서는 메시지들을 모든 수신자에게 동일한 순서로 보낸다.

아메바 파일 시스템에는 **불릿 서버** bullet server라는 표준 파일 서버가 있다. 불릿 서버에는 대용량 메인 메모리가 있다. 이 안에 저장된 파일들은 **변경 불가** immutable, 즉 생성 후 수정이 불가능하다. 만일 파일을 수정하면 새로운 파일을 생성해 오래된 파일을 대체하고, 오래된 파일은 서버에서 삭제한다.[53] 스프라이트는 파일들을 블록으로 저장하고 반드시 연속적일 필요는 없다. 반면에 불릿 서버는 파일들을 디스크에 연속으로 저장한다. 이는 불릿 서버가 스프라이트보다 빠른 속도로 파일을 이동할 수 있음을 의미한다. 스프라이트와 달리, 불릿 서버는 서버 측 캐싱만 지원한다. 캐시에 위치한 파일들도 연속으로 저장한다. 클라이언트 프로세스가 파일에 접근하려고 할 때는 요청을 불릿 서버에 보낸다. 불릿 서버는 파일이 캐시에 있으면 캐시에서 가져오고, 그렇지 않으면 디스크에서 파일을 조회해온다.[54]

셀프 리뷰

1. 아메바에 있는 프로세서들은 어떻게 관리되는가?
2. 불릿 서버에 저장된 파일의 수정은 어떻게 일어나는가?

▶ **풀이** 1) 모든 프로세서는 프로세서 풀 하나 이상에 위치한다. 풀에 있는 프로세서들은 특정 사용자에게 점유되지 않고 모든 사용자 사이에서 공유된다. 프로세서 풀은 각 클라이언트에 동적으로 프로세서를 할당한다. 프로세서가 클라이언트의 명령 실행을 마치면 프로세서 풀에 반납된다. 2) 불릿 서버들은 변경 불가능한 파일만 저장한다. 파일을 수정하려면 새로운 파일을 생성하고 오래된 파일을 서버에서 삭제한다.

요약 Summary

분산 시스템에서 원격 컴퓨터는 네트워크를 통해 협력해 지역 머신처럼 보이게 한다. 규모 확장성은 분산 시스템이 기존 응용 프로그램이나 사용자에 영향을 미치지 않고 증대될 수 있게 해준다. 분산 시스템은 불안전한 통신 매체에 의존할 경우, 악의를 가진 사용자의 공격에 민감하게 피해를 입을 수 있다. 보안 문제를 개선하기 위해 분산 시스템은 인증된 사용자만 자원에 접근할 수 있도록 허용해야 한다. 또한 네트워크를 통해 전송되는 데이터가 의도된 수신자에게만 의미 있게 읽히도록 보장해야 한다. 시스템은 또한 공격으로부터 자원을 보호하는 메커니즘을 제공해야 한다. 분산 시스템은 시스템 전체에 걸쳐 자원을 복제해 장애 내구성을 갖춘다. 복제는 단일 머신 구현보다 신뢰성 높고 가용성 높은 시스템을 제공해준다. 그러나 설계자들은 다른 머신들에 있는 상태 정보들이 일관성을 유지하도록 보장하는 메커니즘을 제공해야 한다.

접근 투명성 access transparency은 분산 컴퓨터 간의 통신을 가능하게 하는 네트워킹의 상세 정보를 감춘다. 위치 투명성 location transparency은 분산 시스템에서 자원의 위치를 감춘다.

장애 투명성 failure transparency은 분산 시스템이 장애 내구성을 제공하는 수단이다. 복제 replication는 시스템이 동일한 기능을 수행하는 여러 자원을 제공하는 것을 말한다. 체크포인팅을 사용하는 시스템은 주기적으로 객체의 상태를 저장해, 분산 시스템에서의 장애 때문에 객체가 손상될 경우 이로부터 복구할 수 있게 한다.

복제 투명성 replication transparency은 시스템에서 자원의 여러 사본이 사용 가능하다는 사실을 감춘다. 영속 투명성 persistence transparency은 자원이 메모리나 디스크, 어디에 저장되는가에 대한 정보를 감춘다.

이동 투명성 migration transparency과 재배치 투명성 relocation transparency은 모두 분산 시스템의 구성 요소가 이동하는 것을 감춘다. 이동 투명성은 객체가 시스템의 한 위치에서 다른 위치로 이동하는 것을 감춘다. 재배치 투명성은 한 객체가 그와 통신하는 다른 객체가 모르게 재배치되게 해준다. 트랜잭션 투명성 transaction transparency은 한 집합의 자원 사이의 협력을 가려줌으로써 시스템에 일관성을 부여한다.

원격 프로시저 호출 RPC, Remote Procedure Call은 한 컴퓨터에서 실행되는 프로세스가 다른 컴퓨터에서 실행되는 프로세스의 프로시저를 호출할 수 있게 해준다. RPC의 목표는 분산 응용 프로그램을 작성하는 과정을 간략하게 하는 것이다. RPC는 투명하게 네트워크 통신을 유발하면서도 지역 프로시저 호출과 같은 구문을 유지한다. RPC를 발생시키려면 클라이언트 프로세스가 클라이언트 스텁에 있는 프로시저를 호출한다. 클라이언트 스텁은, 데이터 마셜링을 수행해 프로시저 인자를 프로시저 이름과 패키지로 결합해 네트워크를 통해 전송할 수 있는 메시지를 만들어낸다. 클라이언트 스텁은 이 메시지를 서버에 보내고, 서버는 메시지를 서버 스텁에 보낸다. 그 후 메시지는 언마셜되고, 스텁은 파라미터를 적절한 지역 프로시저에 보낸다. 프로시저가 완료되면 서버 스텁은 결과를 마셜링해 클라이언트에 보낸다. 마지막으로 클라이언트 스텁은 결과를 언마셜링하고 프로세스에 알린 뒤 결과를 보내준다.

원격 메소드 호출 RMI, Remote Method Invocation은 한 컴퓨터에서 실행되는 자바 프로세스가 지역 메소드를 호출할 때와 동일한 구문을 사용해 원격 컴퓨터에 있는 객체의 메소드를 호출할 수 있게 해준다. RPC와 비슷하게, RMI에서도 파라미터 마셜링과 메시지 전달의 세부 사항은 호출하는 프로그램에 투명하다.

RMI의 스텁/스켈레톤 계층은 RPC의 클라이언트와 서버 스텁과 유사한 파라미터 마셜링 구조를 갖는다. 스텁은 프로그램들이 자가 객체를 파라미터로 보내고 객체를 반환 값으로 받을 수 있는 객체 직렬화를 사용한다. RMI의 원격 참조 계층 RRL, Remote Reference Layer과 전송 계층 transport layer은 협력해 마셜링된 메시지를 클라이언트와 서버 사이에서 주고받는다. 스켈레톤은 파라미터들을 언마셜링하고 메소드가 호출될 객체를 식별하고, 메소드를 호출한다. 메소드 수행이 완료되면 스켈레톤은 결과 값을 마셜링하고 RRL과 스텁을 통해 클라이언트에 돌려보낸다.

CORBA Common Object Request Broker Architecture는 동종 시스템뿐 아니라 이기종 시스템에 있는 프로그램 간에도 상호 운용될 수 있도록 하기 위해 설계된 공개 표준이다. CORBA는 프로세스 간 통신에서 원격 프로시저의 파라미터나 반환 값으로 객체를 지원해주며, 언어 독립적이다. CORBA에서 클라이언트에 있는 프로세스는 프로시저 호출을 요청된 인자와 함께 클라이언트 스텁으로 보낸다. 클라이언트 스텁은 파라미터들을 마셜링하고 ORB Object Request Broker를 통해 프로시저 호출을 보낸다. ORB는 서버에 있는 ORB와 통신한다. CORBA는 인터페이스 정의 언어 IDL, Interface Definition Language로 사용자에게 언어에 대한 독립성을 제공한다. 프로그래머들은 IDL을 사용해 객체에 대해 호출할 수 있는 프로시저를 엄격하게 정의한다.

DCOM Distributed Component Object Model은 원격 컴퓨터에 있는 소프트웨어 컴포넌트들이 서로 상호작용할 수 있도록 설계되었다. CORBA에서와 같이, DCOM에 있는 객체들은 인터페이스를 통해 접근한다. 그러나 CORBA와 달리, DCOM 객체들은 여러 인터페이스를 가질 수 있다. 클라이언트가 서버로부터 DCOM 객체를 요청할 때는 해당 객체의 특정 인터페이스도 호출해야 한다.

프로세스 이동 process migration은 분산 시스템에 있는 두 컴퓨터 사이에서 프로세스를 전송한다. 원격 컴퓨터 사이의 프로세스 이동은 프로세스들이 원격에 있는 자원들을 잘 활용할 수 있게 해주지만, 그러나 이는 복잡한 작업으로, 이동된 프로세스의 성능이 떨어질 때가 자주 있다. 프로세스 복제 process cloning는 프로세스 이동과 비슷하며, 프로세스를 원격 위치로 이동시키는 대신 원격 머신에 새로운 프로세스가 생성된다는 점만 다르다.

이벤트 발생 순서를 결정하는 일은 어렵다. 분산 네트워크에서의 통신 지연을 예측할 수 없기 때문이다. 인과적 순서는 모든 프로세스가 자신이 의존하는 이벤트가 발생한 후에야 인과적으로 종속적인 이벤트가 발생할 수 있다는 것을 인식시켜야 한다.

인과적 순서 casual ordering는 먼저 발생하는 관계에 의해 구현된다. 이는 다음과 같이 기술할 수 있다. 만일 이벤트 a와 b가 동일 프로세스에 속해 있다면, a가 b보다 먼저 발생할 경우 $a \rightarrow b$다. 이 관계는 또한 이벤트 a가 메시지를 보내는 것이고 이벤트 b가 그 메시지를 수신하는 것일 때 $a \rightarrow b$임을 나타낸다. 마지막으로 이 관계는 이행성 transitive이다. 인과적 순서는 부분 순서 partial ordering다. 어떤 것이 먼저 일어날지 결정할 수 없는 이벤트들을 동시 발생 concurrent이라고 한다. 완전 순서 total ordering는 모든 이벤트가 순서가 매겨지고 그 인과 관계가 준수됨을 보장한다.

완전 순서를 구현하는 한 가지 방법은 시스템에서 발생하는 각 이벤트에 타임스탬프를 부여하는 논리 시계 logical clock를 사용하는 것이다. 스칼라 scalar 논리 시계는 원격 호스트에 있는 논리 시계들을 동기화하고 인과 관계를 보장한다.

공유 메모리가 없는 환경에서는, 메시지 전달에 대해 상호 배제가 구현되어야 한다. 메시지 전달 시스템은 FIFO 브로드캐스트나 인과적 브로드캐스트 causal broadcast 혹은 원자적 브로드캐스트 atomic broadcast를 사용해 시스템을 동기화하도록 클록 동기화 개념을 사용한다. FIFO 브로드캐스트는 한 프로세스에서 다른 프로세스로 두 메시지를 보낼 때, 먼저 전송한 메시지가 먼저 도착하도록 보장해준다. 인과적 브로드캐스트는 메시지 m_1이 인과적으로 메시지 m_2에 의존적일 경우, 어떤 프로세스도 m_2를 전송하기 전에 m_1을 전송할 수 없도록 보장한다. 원자적 브로드캐스트는 시스템의 모든 메시지가 각 프로세스에서 동일한 순서로 수신되도록 보장한다.

Ricart와 Agrawala의 알고리즘은 프로세스가 먼저 시스템의 다른 모든 프로세스에 요청 메시지를 보내고 이들로부터 응답을 받은 후에야 자신의 임계 영역에 들어가도록 한다. 어떤 프로세스가 다른 프로세스가 자신의 임계 영역에 들어가겠다는 요청을 받을 경우, 만일 자신이 임계 영역에 들어가려고 요청을 보낸 상태가 아니라면 다른 요청에 대한 응답을 보낸다. 만일 해당 프로세스가 자신의 요청을 발생시킨 상태라면 두 요청의 타임스탬프를 비교하고 자신의 요청의 타임스탬프 값이 다른 요청보다 늦으면 응답을 보낸다. 반대로 자신의 요청 타임스탬프 값이 더 이르면 응답을 미룬다. 마지막으로 두 요청의 타임스탬프 값이 같으면 프로세스 번호를 비교해 자신의 프로세스 번호가 높으면 응답을 보내고 그렇지 않으면 응답을 지연한다.

분산 교착 상태에는 자원 교착 상태, 통신 교착 상태, 환영 교착 상태라는 세 가지 유형이 있다. 자원 교착 상태는 7장에서 소개한 유형의 교착 상태다. 통신 교착 상태는 통신 신호를 순환 대기할 때 발생하는 교착 상태다. 분산 컴퓨팅과 관련된 통신 지연 때문에 교착 상태 탐지 알고리즘이 실제로 존재하지도 않는 교착 상태(환영 phantom 교착 상태, 인지 perceived 교착 상태라고 한다)를 탐지할 수도 있다. 비록 이 형태의 교착 상태가 즉시 시스템을 멈추게 하는 것은 아니지만 효율을 떨어뜨리는 원인이 될 수 있다.

교착 상태를 방지하는 두 가지 알고리즘은 각 프로세스가 시작된 시간에 근거한 프로세스 순서에 의존한다. 손상 대기 전략은 비선점 조건을 거부함으로써 교착 상태를 깨뜨린다. 어떤 프로세스가 다른 것보다 먼저 생성되었다면 다른 프로세스를 대기할 것이다. 이 전략에서는 다른 프로세스보다 늦게 생성되었을 경우 다른 프로세스를 손상(즉, 재시작 restart)시킬 것이다. 대기 종료 전략은 대기 wait-for 조건을 거부함으로써 교착 상태를 깨뜨린다. 이 전략에서는 프로세스가 다른 프로세스보다 늦게 생성된 경우 다른 프로세스를 대기할 것이다. 프로세스가 다른 프로세스보다 먼저 생성되었다면 스스로 종료(즉, 재시작)할 것이다.

중앙 집중 교착 상태 탐지 시스템은 전체 시스템에 대한 모니터링을 전담하는 사이트를 하나 갖춘다. 중앙 사이트는 순환 대기가 있는지 지속적으로 시스템을 확인하며, 프로세스들은 자원을 요청하고 반납할 때마다 중앙 사이트에 보고한다. 중앙 집중 방식 알고리즘은 구현하기가 간단하고 LAN 환경에 적합하지만, 시스템 성능이 떨어질 수 있고 장애 내구성이 없다.

계층적 교착 상태 탐지 방법은 시스템에 있는 각 사이트를 트리의 노드로 배열한다. 단말 노드를 제외한 각 노드는 모든 자식 노드에 대한 자원 할당 정보를 수집한다. 이 트리 구조는 장애 내구성을 보장해준다. 더 나아가, 교착 상태 탐지가 계층으로 분리되기 때문에 특정 자원과 무관한 사이트는 교착 상태 탐지에 참여할 필요가 없다.

분산 교착 상태 탐지 알고리즘은 교착 상태 탐지의 책임을 각 사이트에 분담시킨다. 시스템에 있는 각 사이트는 교착 상태에 연루된 사이트가 있는지 판단하도록 요구받는다. 이는 장애 내구성이 가장 높은 교착 상태 탐지 방법이다. 한 사이트가 실패해도 다른 사이트에 영향을 주지 않기 때문이다.

존스톤과 동료들은 분산 시스템에서의 교착 상태 탐지를 위한 간단한 알고리즘을 제시했다. 이 알고리즘에서는 각 프로세스가 자신들이 관련되는 트랜잭션 대기 그래프 TWFG, Transaction Wait-For Graph로 추이를 추적한다. 프로세스가 다른 프로세스가 점유한 자원을 요청할 경우, 요청하는 프로세스는 블록되고 TWFG의 내용이 갱신된다. 이 일이 발생할 때 교착 상태가 존재한다면 탐지되고 제거된다.

스프라이트 Sprite 네트워크에서는 다수의 개인 워크스테이션이 연결된다. 어떤 특정 시간에서 볼 때, 많은 컴퓨터들이 한가하게 놀고 있을 수 있다. 한가한 워크스테이션은 스프라이트 프로세스 이동을 사용해 시스템의 부하를 분산시킬 수 있도록 허용한다. 중앙 이동 서버가 어떤 워크스테이션이 한가함을 통지받으면 프로세스를 해당 컴퓨터로 이동시킬 것이다. 타깃 컴퓨터의 사용자가 돌아오면 워크스테이션은 중앙 이동 서버에 이 사실을 알리고 프로세스는 다시 홈 컴퓨터로 이동한다.

스프라이트 커널은 각 워크스테이션에 파일 시스템에 대한 동일한 뷰를 제공함으로써 좀더 위치 독립 location-independent 호출을 제공한다. 위치 독립 호출이 필요할 때 시스템은 호출을 홈 컴퓨터로 보내어 평가하게 하거나 프로세스의 상태 정보를 홈 컴퓨터에서 타깃 컴퓨터로 보낸다. 스프라이트 파일 시스템은 또한 서버와 클라이언트 모두에 파일을 캐시한다.

아메바 Amoeba 사용자는 하나 혹은 여러 프로세스 풀에 있는 프로세서들을 공유한다. 사용자가 어떤 프로세스 실행 명령을 내리면 프로세서 풀은 사용자를 위해 동적으로 프로세서를 할당한다. 사용자 프로세스가 종료되면 사용자는 할당된 프로세서를 프로세서 풀에 반납한다. 아메바는 프로세서 수를 사용자에게 감추어 투명성을 제공한다.

아메바는 점대점 point-to-point 통신과 그룹 group 통신이라는 두 가지 형태의 통신을 지원한다. 점대점 통신에서는 클라이언트 스텁이 서버 스텁에 요청 메시지를 보내고 블록되어 서버의 응답을 대기한다. 그룹 통신에서는 메시지들이 모든 수신자에게 동일한 순서로 보내진다.

아메바 파일 시스템은 불릿 서버 bullet server라는 표준 파일 서버를 갖는다. 불릿 서버는 대규모 메인 메모리를 포함한다. 불릿 서버에 저장된 파일들은 변경이 불가능하다. 파일을 수정해야 할 때는 새 파일을 만들고 오래된 파일을 대체하며, 오래된 파일을 서버에서 삭제한다. 불릿 서버는 또한 파일들을 디스크에 순차적으로 저장해 스프라이트보다 빠르게 전송할 수 있다.

Chapter_14 연습문제

01 분산 시스템의 장점은 무엇인가?

02 각 유형의 투명성을 정의하라.

03 미들웨어의 역할은 무엇인가? 미들웨어의 예를 들어보라.

04 RPC가 어떻게 동작하는지 설명하라.

05 클라이언트와 서버가 RPC를 통해 통신할 때, 클라이언트는 서버로부터 응답을 받을 때까지 블록된다. 이러한 설계의 단점은 무엇인가? 이러한 한계를 제거하기 위한 대안을 제시하라.

06 CORBA에서 인터페이스 정의 언어인 IDL이 중요한 이유는 무엇인가?

07 DCOM와 CORBA의 주요 차이점을 설명하라.

08 프로세스 이동을 통해 자원의 지역성을 최대한 활용해 작업 부하의 균형을 이룰 수 있는 예를 들어보라.

09 다이어그램 두 개를 그려보자. 하나는 이벤트 e_2가 e_1에 의존하고, 다른 것은 이벤트 e_2와 e_1이 동시에 발생하는 경우를 나타내게 하라.

10 FIFO 브로드캐스트, 인과적 브로드캐스트, 원자적 브로드캐스트를 구별하라.

11 프로세스 P_1, P_2, P_3이 임계 영역을 공유하는 상황을 가정하자. P_1이 논리 시간 1에 임계 영역에 들어가려고 요청을 보낸다. P_2는 논리 시간 2에 임계 영역에 들어가려고 요청을 보낸다. P_3은 논리 시간 3에 임계 영역에 들어가려고 요청을 보낸다. Ricart와 Agrawala의 알고리즘을 적용해 상호 배제가 어떻게 이루어지는지 보여라.

12 Ricart와 Agrawala의 알고리즘이 교착 상태를 방지함을 증명하라.

13 프로세스 P_1, P_2, P_3이 각각 타임스탬프 1, 2, 3을 가진다고 하자. 이때 P_1이 P_2가 점유한 자원을 요청할 경우 손상 대기 알고리즘을 사용하면 어떤 프로세스가 롤백되는가?

14 프로세스 P_1, P_2, P_3이 각각 타임스탬프 1, 2, 3을 가진다고 가정하자. P_3이 P_2가 점유한 자원을 요청할 경우 대기 종료 알고리즘을 사용하면 어떤 프로세스가 롤백되는가?

15 스프라이트와 아메바 분산 시스템을 비교하라.

핵심용어

Key Terms

- COM Component Object Model
- CORBA Common Object Request Broker Architecture
- DCOM Distributed Component Object Model
- FIFO 브로드캐스트 FIFO broadcast
- ORB Object Request Broker
- RMI의 스텁/스켈레톤 계층 stub/skeleton layer in RMI
- 객체 직렬화 object serialization
- 계층적 교착 상태 탐지 hierarchical deadlock detection
- 고장 투명성 failure transparency
- 규모 확장성 scalability
- 네트워크 운영체제 network operating system
- 논리 시계 logical clock
- 대기 종료 교착 상태 방지 전략 wait-die deadlock prevention strategy
- 데이터 마셜링 marshaling of data
- 동시 발생 concurrent
- 명시적 승인 explicit acknowledgement
- 미들웨어 middleware
- 변경 불가 파일 immutable file
- 복제 replication
- 복제 투명성 replication transparency
- 부분 순서 partial ordering
- 분산 교착 상태 distributed deadlock
- 분산 교착 상태 탐지 전략 distributed deadlock detection strategy
- 분산 시스템 distributed system
- 분산 운영체제 distributed operating system
- 분산 파일 시스템 distributed file system
- 불릿 서버 bullet server
- 상태 정보 state information
- 상호 운용성 interoperability
- 서버 스텁 server stub
- 손상 wound
- 손상 내기 교착 상태 방지 전략 wound-wait deadlock prevention strategy
- 스켈레톤 skeleton
- 스텁 stub
- 암시적 승인 implicit acknowledgement
- 영속 투명성 persistence transparency
- 완전 순서 total ordering
- 원격 메소드 호출 RMI, Remote Method Invocation
- 원격 참조 계층 RRL, Remote Reference Layer
- 원격 프로시저 호출 RPC, Remote Procedure Call
- 원자적 브로드캐스트 atomic broadcast
- 위치 독립 호출 location-independent call
- 위치 의존 호출 location-dependent call
- 위치 투명성 location transparency
- 이동 투명성 migration transparency
- 이전 발생 관계 happens before relation
- 인과적 브로드캐스트 causal broadcast
- 인과적 순서 causal ordering
- 인과적 종속 causally dependent
- 인터페이스 정의 언어 IDL, Interface Definition Language
- 재배치 투명성 relocation transparency
- 전송 계층 transport layer
- 접근 투명성 access transparency
- 중앙 교착 상태 탐지 central deadlock detection
- 중앙 이동 서버 central migration server
- 클라이언트 스텁 client stub
- 타깃 컴퓨터 target computer
- 타임스탬프 time stamp
- 통신 교착 상태 communication deadlock
- 투명성 transparency
- 트랜잭션 대기 그래프 TWFG, Transaction Wait-For Graph
- 트랜잭션 투명성 transaction transparency
- 표준화된 인터페이스 standardized interface
- 프로세서 풀 processor pool
- 프로세스 복제 process cloning
- 프록시 proxy
- 홈 컴퓨터 home computer
- 환영 교착 상태 phantom deadlock

추천도서

Recommended Reading

이 장에서는 미들웨어 기술에 관한 고수준 개요만 설명했다. CORBA에 관한 더 많은 정보는 OMG[55]에서 얻을 수 있다. 추가적으로 이 장에서 소개한 많은 알고리즘에 관해서도 훨씬 상세하게 논의하는 논문들이 있다. Agrawala와 Ricart의 논문[56]은 상호 배제 알고리즘에 관한 세부 사항을 설명한다. Rosenkrantz과 동료들은 자신들의 논문[57]을 통해 분산 시스템에서 병행성 제어에 관해 논의한다. 이 외에도 존스톤과 동료들이 쓴 논문[58]에서는 자신들의 교착 상태 탐지 알고리즘에 관해 논의하고, Obermarck의 논문[59]에서는 이 장에서 언급하지 않은 또 다른 교착 상태 탐지 알고리즘에 관해 설명한다.

Memo

"작은 새여, 지성의 연약함인가?" 나는 외쳤다. "아니면, 그대의 작은 내부에 너무 딱딱한 벌레가 들어간 탓인가?"

W. S. Gilbert

실패할 만한 여러 가지 이유가 사방팔방에 있다. 그러나 변명거리가 될 만한 것은 단 한 가지도 없다.

Rudyard Kipling

컴퓨터는 데이터와 파일을 손상시키고, 시스템을 고장 내는 공격 때문에 해를 입을 수 있다. 운영체제 보안은 안전한 컴퓨팅 시스템을 위한 핵심적인 사안이다. 다음 장에서는 암호 기법(비밀키와 공개키)과 인증(생체 인식, 스마트 카드, 커베로스, 싱글 사인 온), 접근 제어, 보안 공격(암호 분석 기법, 바이러스, 웜, 서비스 거부 공격), 공격 예방(방화벽, 침입 탐지 시스템, 안티바이러스 소프트웨어), 키 합의 프로토콜, 디지털 서명, 공개키 기반 구조, 인증서, 인증기관, 보안 통신 프로토콜(SSL, 가상 사설망, 무선 보안), 스테가노그라피, 독점 소스 대 오픈 소스 보안 등 핵심적인 여러 보안 관련 주제에 관해 논의한다. 또한, 논란의 여지가 있지만, 세상에서 가장 안전한 운영체제라고 알려진 OpenBSD 사례 연구도 제공한다.

Part 6

보안

Security

Chapter 15 | 보안

Chapter 15

보안

Security

이 장에서 다루는 내용

- 공개키/개인키 암호 기법
- 안전한 시스템 제공에서 인증의 역할
- 접근 제어 모델, 정책, 메커니즘
- 바이러스, 웜, 취약점 악용, 서비스 거부 공격 등의 보안 위협
- SSL과 커베로스와 같은 보안과 인증 프로토콜
- 디지털 서명, 디지털 증명서, 인증기관
- 가상 사설망과 IPSec

01 소개
02 암호 기법
03 인증
04 접근 제어
05 보안 공격
06 공격 예방과 보안 해결책
07 보안 통신
08 키 합의 프로토콜
09 공개키 기반 구조, 인증서, 인증기관
10 보안 통신 프로토콜
11 스테가노그라피
12 독점 소스와 오픈 소스 보안
13 사례 연구: 유닉스 시스템 보안

* 요약
* 연습문제
* 핵심용어

모든 코드를 손수 만든 게 아니라면 믿지 말라(특히, 나 같은 사람들을 고용하는 회사에서 만든 코드를 조심하라).

Ken Thompson
1983 튜링 상 수상 강연에서
Association for Computing Machinery, Inc.

…………

실패할 만한 여러 가지 이유가 사방팔방에 있다. 그러나 변명거리가 될 만한 것은 단 한 가지도 없다.

Rudyard Kipling

…………

컴퓨터에 프라이버시라는 것은 없다. 누군가가 읽기를 원치 않는 것이라면, 아예 컴퓨터에 저장하지 말라.

Thomas Mande
Time 志 1987년 4월 6일자

…………

"작은 새여, 지성의 연약함인가?" 나는 외쳤다. "아니면, 그대의 작은 내부에 너무 딱딱한 벌레가 들어간 탓인가?"

W. S. Gilbert

15.1 소개

개인 컴퓨팅과 e-비즈니스가 확산됨에 따라 개인과 기관은 중요한 기밀 정보를 컴퓨터에 저장하고, 인터넷을 통해 민감한 정보를 전송하게 되었다. 소비자는 신용카드 번호를 전자상거래 사이트에 보내고, 회사는 비즈니스를 위해 독점권이 있는 데이터를 웹에 노출한다. 이와 동시에 기관은 보안 위반 사건을 점점 더 많이 경험하고 있다. 개인과 회사 모두 데이터 손상, 파일 손상, 시스템 침입 등 데이터 절도와 공격에 해를 입을 수 있다. 컴퓨터 산업계에서는 여러 기관에서 인터넷과 네트워크 보안을 개선하려는 노력 등으로 이러한 문제에 대응해왔다. 예를 들어, 마이크로소프트의 빌 게이츠가 시작한 '신뢰할 만한 컴퓨팅' trustworthy computing은 신뢰할 만하고 활용 가능하며 안전한 응용 프로그램을 제공하는 데 역점을 두기 위한 노력의 일환이다('운영체제적 생각: 윤리적인 시스템 설계' 참고).[1]

컴퓨터 보안은 승인되지 않은 사용자가 컴퓨터에서 유지하는 정보에 접근하는 일을 방지하는 문제를 다룬다. 컴퓨터 시스템은 네트워크 연결을 통해 외부에서 들어오는 보안 위협과 악의적인 사용자나 소프트웨어를 통한 내부적인 보안 위험을 다루는 메커니즘을 제공해야 한다.

컴퓨터 보안은 민감한 데이터의 프라이버시 privacy와 무결성 integrity을 지키고, 컴퓨터 자원의 사용에 제한을 두며 시스템 고장을 일으키려는 악의적인 시도로부터 보호하는 등의 공통 목표가

운영체제적 생각

윤리적인 시스템 설계

우리는 운영체제 설계자들에게 윤리적인 행동을 요구하는 방식으로 삶을 컴퓨터에 의존해왔다.[2] 컴퓨터와 통신 장비를 사용해 일하는 사람은 평소 잘 안 보이는 기밀한 정보를 다룰 때가 많다. 컴퓨터 시스템은 심장 박동 조절기를 제어하고, 항공 운항을 모니터링하고 금융 관련 기록이나, 병원 기록, 범죄 기록 같은 기밀 정보를 처리한다. 컴퓨터 시스템을 설계하는 사람은 이러한 시스템이 중요한 상황에서 사용되고 의존된다는 사실을 인식해야 한다. 다운될 가능성이 있는 시스템을 만들어도 되는가? '허용할 만한' 수준의 시스템 실패란 어떤 것을 말하는가? 컴퓨터 시스템이 실패하는 경우 누가 책임을 질 것인가? 너무 복잡해서 제대로 수행할지 확신할 수도 없는 시스템을 만들어야 하는가?[3] 운영체제 설계자는 이러한 문제와 다른 윤리적 이슈를 신중히 고려해야 한다.

엄청난 수의 바이러스와 웜이 컴퓨터 시스템을 공격할 때 시스템이 얼마나 취약한지, 전문가로서 방어 능력을 갖춘 시스템을 만들어야 할 책임이 어떠한지 진지하게 생각해봐야 한다. 아주 쉽게 공격받고 망가지는 시스템을 계속 만들 수 있겠는가? 그리고 이러한 시스템이 사람들의 건강과 생명을 위험에 빠뜨릴 수 있는 가능성을 지닌 것을 알고도 계속 사용할 수 있겠는가? 지금까지 공격에 가장 취약한 부분은 하드웨어가 아닌 소프트웨어였다. 운영체제 설계자는 의사나 변호사, 검사, 과학자, 엔지니어들이 직면했던 동일한 윤리적 문제를 양심적으로 다뤄야 한다.

있다. **보호** protection는 하드웨어와 운영체제와 같은 자원을 공격으로부터 보호하는 일들을 포함한다. 보안은 급속도로 컴퓨팅 분야에서 가장 연구할 사항이 많고 도전거리가 되는 주제가 되었다. 그리고 운영체제 보안은 컴퓨팅 시스템을 보호하기 위한 핵심 요소다.

이 장에서는 또한 안전한 전자 트랜잭션과 안전한 네트워크 구현 등을 포함해, 인터넷 보안의 기본에 관해서도 살펴본다. 암호 기법, 공개키 기반 구조 PKI, Public Key Infrastructure, 디지털 서명 digital signature, 보안 소켓 계층 SSL, Secure Sockets Layer, 가상 사설망 VPN, Virtual Private Network 같은 최신 기술을 사용해 네트워크 보안을 달성하는 방법을 살펴볼 것이다. 또한 인증 해결책, 방화벽, 침입 탐지 시스템에 관해서도 살펴본다. 이 장의 마지막 부분에서는 유닉스 보안에 관해 살펴본다. 리눅스 운영체제 보안은 16.13절에서 논의한다.

셀프 리뷰

1. 민감한 데이터를 저장하지 않은 컴퓨터에서도 보안과 보호가 중요한 이유는 무엇인가?
2. 보안 security과 보호 protection의 차이점은 무엇인가?

▶ **풀이** 1) 모든 컴퓨터는 이들이 관리하는 데이터에 관계없이 보안 허점이 있을 때, 바이러스 유포나 ID 도용 등에 악용되어 전체 시스템이 붕괴되기 쉽다. 2) 보안은 컴퓨터에서 관리하는 자원과 정보에 허가되지 않은 사용자가 접근을 하는 일을 막는다. 보호는 공격으로부터 하드웨어나 운영체제와 같은 자원을 보호하는 메커니즘을 가리킨다.

15.2 암호 기법

컴퓨팅의 중요한 목표 중 하나는 대량의 정보를 쉽게 사용할 수 있게 해주는 것이다. 전자적인 데이터 전송, 특히 공중망 public wire을 통한 전송은 근본적으로 안전하지 못하다. 이 문제에 대한 한 가지 해결책은 암호화를 통해 허가되지 않은 사용자는 데이터를 제대로 읽을 수 없게 하는 것이다. 많은 보안 메커니즘은 패스워드와 같은 민감한 데이터를 보호하는 데 암호화에 의존한다.

암호 기법 cryptography은 데이터를 암호화, 복호화해 의도된 수신자만 해석할 수 있게 하는 데 초점을 둔다. 데이터는 **암호** cipher 혹은 **암호 체계** cryptosystem(메시지를 암호화하는 수학적 알고리즘)를 사용해 변형한다. 문자열로 표현하는 **키** key가 암호에 대한 입력이다. 알고리즘은 키를 입력으로 사용해 암호화하지 않은 데이터인 **평문** plaintext을 암호화한 데이터인 **암호문** ciphertext으로 변환한다. 키가 달라지면 암호문도 달라진다. 암호화의 목적은 의도되지 않은 수신자(예를 들면, 복호화키를 지니지 않은 사람)가 데이터를 이해할 수 없게 변형하는 것이다. 오직 의도된 수신자만 암호문을 평문으로 복호화할 수 있는 키를 갖고 있어야 한다.

고대 이집트에서 처음 사용한 암호 기법의 암호는 소중한 정보를 감추고 보호하는 데 대대로 사용되어왔다. 고대의 암호 작성자는 메시지를 손으로 암호화하고, 메시지의 알파벳 글자를 변형하는 방법을 주로 사용했다. 고대에 주로 사용한 두 가지 암호 유형은 대체 암호와 전위 암호다. **대체 암호** substitution cipher에서는 주어진 모든 문자를 다른 문자로 대체한다. 예를 들면, 모든 'a'를 'b'로, 모든 'b'를 'c'로, 나머지 알파벳도 순차적으로 대체할 경우, "security"라는 단어는 "tfdvsjuz"가 된다. 최초의 대체 암호는 줄리어스 시저가 사용한 것으로 알려져 있고, 오늘날도 카이사르 암호 Caesar cipher로 알려져 있다. 카이사르 암호를 사용해 각 글자를 알파벳 순서로 세 자리 오른쪽으로 이동한 글자로 대체하는 경우, "security"라는 단어는 "vhfxulwb"로 암호화된다.[4]

전위 암호 transposition cipher에서는 글자의 순서를 변경한다. 예를 들면, "security"라는 단어에서 's'로 시작해 매 두 번째 글자를 암호문의 앞부분으로, 나머지 글자는 암호문의 뒷부분으로 한다면 암호문 "scrt euiy"가 된다. 대체 암호와 전위 암호를 결합한 암호를 사용하면 암호화된 메시지가 더욱 견고해진다(즉, 더 복호화하기 어려워진다). 예를 들어, 위의 예에서 대체 암호를 전위 암호와 함께 사용하면 "security"라는 단어가 "tdsu fvjz"라는 암호문이 된다.[5]

많은 초기 암호가 드러낸 큰 약점은 송신자와 수신자가 암호화 알고리즘을 기억하고 기밀을 유지하는 데 의존한다는 점이다. 이러한 알고리즘을 **제한된 알고리즘** restricted algorithm이라고 한다. 제한된 알고리즘은 많은 사람이 있는 그룹에서는 구현하기 적합하지 않다. 만일 미국 정부의 보안을 위해 모든 직원이 비밀을 유지해야 하는 데 의존한다고 상상해보자. 암호화 알고리즘이 쉽게 깨질 것이다.

현대 암호 체계는 알파벳 글자보다는 데이터의 개별 비트나 비트 그룹에 대한 연산 알고리즘에 의존한다. 암호화키와 복호화키는 주어진 키 길이를 가진 바이너리열이다. 예를 들어, 128비트 암호화 시스템은 128비트 키 길이를 갖는다. 키 길이가 길어질수록 강력한 암호화를 할 수 있다. 이런 암호를 깨려면 시간이나 컴퓨팅 능력이 더 많이 필요하기 때문이다. 또한 키 길이가 길면 데이터를 암호화하고 복호화하는 처리 시간이 더 길어져 시스템 성능이 떨어지기도 한다. 컴퓨터 네트워킹의 발전 때문에 보안과 성능 간 상충성으로 인한 도전거리가 더 많아졌다.

미국 정부는 2000년 1월까지 국외로 수출하는 암호화 알고리즘의 길이에 제한을 가해 암호 체계의 강도를 제한했다. 오늘날은 이러한 규율이 그리 엄격하지 않은 편이다. 최종 사용자가 수출 금지 제한에 걸린 국가의 정부나 국민이 아니라면 어떤 암호 작성용 제품도 수출할 수 있다.[6]

셀프 리뷰

1. 메시지에 있는 각 단어의 글자들을 임의로 재정렬하는 암호를 사용한다고 하자. 이러한 암호가 부적합한 이유는 무엇인가?
2. 제한된 알고리즘이 약한 주요 이유는 무엇인가?

▶ **풀이** 1) 수신자도 글자들이 어떻게 재정렬되었는지 알 수 없으므로 암호문 해독이 불가능하다. 2) 송신자와 수신자가 암호화 알고리즘을 기억해야 하고 비밀을 유지해야 한다. 따라서 제한된 알고리즘은 많은 사람이 있는 조직에는 적합하지 않다.

15.2.1 비밀키 암호 기법

대칭 암호 기법 symmetric cryptography, 즉 **비밀키 암호 기법** secret-key cryptography은 메시지를 암호화하고 복호화하는 데 동일한 키를 사용한다([그림 15-1]). 먼저, 송신자는 비밀키를 사용해 메시지를 암호화한 후 암호화된 메시지를 원하는 수신자에게 보낸다. 수신자는 동일한 비밀키를 사용해 메시지를 복호화한다. 비밀키 암호 기법의 한계는 양측이 안전한 방식으로 통신하기 전에 비밀키를 안전하게 교환할 방법을 찾아야 한다는 점이다.

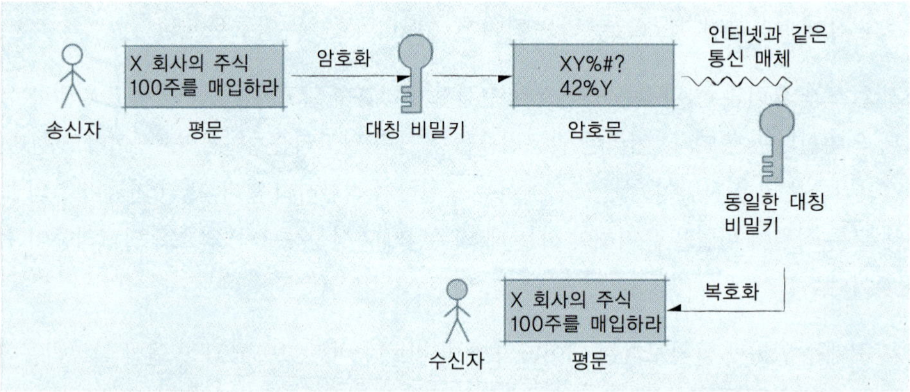

[그림 15-1] 비밀키를 사용한 메시지 암호화와 복호화

키를 교환하는 방법은 밀사나 우편으로 키를 전달하는 것이다. 이러한 접근법은 두 당사자가 통신할 경우에는 적합할지 모르지만 큰 네트워크에 맞춰 확장하기는 어렵다. 게다가 비밀키 암호화는 완전히 안전하다고 볼 수 없다. 제3자가 송신자와 수신자 사이에서 키를 가로채서 메시지의 프라이버시와 무결성을 손상시킬 수 있기 때문이다. 또한 양측 모두 동일한 키를 사용하기 때문에 어느 쪽이 메시지를 생성했는지 구별하기 어렵다. 이는 제3자가 송신자나 수신자 중 하나로 가장해 키를 캡처한 후 메시지를 생성할 수 있게 한다. 마지막으로 송신자는 사적인 통신

을 보장하려고 각 수신자용으로 구별된 비밀키를 가져야 한다. 따라서 규모가 큰 조직에서는 각 사용자의 비밀키를 유지해야 하므로, 저장 공간과 연산 비용이 많이 든다.

키 교환 문제를 개선하기 위한 대안 알고리즘은 **키 분배 센터** KDC, Key Distribution Center라는 중앙 기관을 두어 네트워크의 모든 사용자에게 다른 비밀키를 주게 하는 것이다. 키 분배 센터는 트랜잭션에 사용할 **세션키** session key를 생성하고([그림 15-2]), 이를 송신자와 수신자 간에 공유하게 한다. 세션키는 송수신자가 각각 키 분배 센터와 공유할 비밀키로 암호화한 키다. 예를 들어, 상인과 고객이 안전한 거래를 수행하고 싶을 때, 이들은 각각 키 분배 센터와 유일한 비밀키를 공유한다. 키 분배 센터는 상인과 고객이 거래에서 사용할 세션키를 생성한 후, 이를 상인에게 보낸다. 이 키는 상인이 센터와 이미 공유하고 있는 비밀키를 사용해 암호화한 키다.

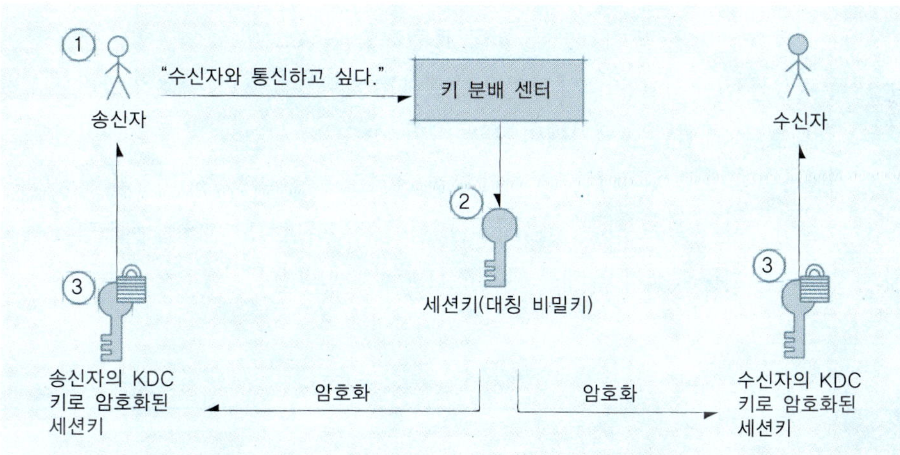

[그림 15-2] 키 분배 센터를 통한 세션키 분배

키 분배 센터는 이 거래를 위한 동일한 세션키를 고객에게 보낸다. 이때도 고객과 키 분배 센터가 이미 공유하고 있는 비밀키로 암호화한 키다. 상인과 고객이 거래용 세션키를 확보하면, 공유된 세션키를 이용해 메시지를 암호화해 서로 통신할 수 있다. 키 분배 센터는 네트워크에 있는 각 사용자 간에 비밀리에 비밀키를 전달해야 하는 횟수를 줄여준다. 또한 각 사용자가 네트워크에 있는 다른 사용자와 통신할 때마다 새로운 비밀키를 줌으로써 네트워크의 보안 수준을 훨씬 높여준다. 그러나 키 분배 센터의 보안이 뚫리면 전체 네트워크의 보안이 뚫린다.

흔히 사용하는 대칭 암호화 알고리즘은 **데이터 암호화 표준** DES, Data Encryption Standard이다. IBM의 호르스트 파이스텔 Horst Feistel은 미국 정부와 미국 국가 안보국 NSA, National Security Agency에서 1970년대에 DES로 채택한 **루시퍼 알고리즘** Lucifer algorithm을 개발했다.[7] DES는 56비트 키 길이를 가지며, 64비트 블록으로 데이터를 암호화한다. 이러한 유형의 암호화를 **블록 암호** block cipher라고 한다. 메시지로부터 비트 그룹을 생성한 후 암호화 알고리즘을 블록 전체에 적용하기 때문이다. 이러한 기술은 데이터를 암호화하기 위한 컴퓨터 처리 능력과 시간을 줄여준다.

DES는 여러 해 동안 미국 정부와 미국 표준 협회 ANSI, American National Standards Institute에서 선택한 암호화 표준이었다. 그러나 기술과 컴퓨팅 속도가 발전하면서 DES도 더는 안전하지 않게 되었다. 1990년대 후반에는 DES 전문 크랙커 머신이 만들어졌고, 몇 시간만에 DES 키를 찾아냈다.[8] 따라서 대칭 암호화 표준은 **삼중 DES** 3DES, Triple DES로 대체되었다. 3DES는 DES를 변형한 세 DES 시스템 시리즈로, 블록에 각기 다른 비밀키를 사용한다. 3DES는 더 안전하지만 DES 알고리즘을 세 번 통과하는 작업으로 암호화 오버헤드를 증가시키고 성능을 떨어뜨리기도 한다.

미국 정부는 2000년 10월에 대칭 암호화를 위해 DES를 대체할 더 안전한 표준으로 **고급 암호화 표준** AES, Advanced Encryption Standard을 채택했다. **미국 표준 기술 연구소** NIST, National Institute of Standards and Technology는 미국 정부를 위한 암호 기법의 표준을 수립하는 기관으로, AES 암호화 방법으로 **레인달** Rijndael을 채택했다. 레인달은 벨기에의 조안 다먼 Joan Daemen 박사와 빈센트 레이먼 Vincent Rijmen 박사가 개발한 블록 암호다. 레인달은 키와 블록 크기로 128, 192, 256비트를 사용할 수 있다. 레인달은 보안 수준이 높고 성능, 효율성, 유연성이 뛰어나면서도 컴퓨팅 시스템의 메모리를 적게 차지해 다른 최종 경쟁자 네 개를 제치고 AES로 채택되었다.[9]

셀프 리뷰

1. 비밀키 암호의 장단점을 기술하라.
2. 대부분의 암호화 알고리즘의 힘을 제한하는 것은 무엇인가?

▶ **풀이** 1) 비밀키 암호를 통한 암호화와 복호화의 장점은 양자가 동일한 키를 공유하기 때문에 분명하고 효율이 높다는 점이다. 단점은 인증을 제공하지 않고 제3자가 알아보지 못하게 비밀리에 비밀키를 교환할 안전한 방법을 확보해야 한다는 점이다. 2) 대부분의 암호화 알고리즘의 주요 제약 사항은 이들을 구현하는 데 필요한 계산 능력의 양이 매우 많다는 점이다.

15.2.2 공개키 암호 기법

1976년, 스탠포드 대학교의 연구생 휫필드 디피 Whitfield Diffie와 마틴 헬만 Martin Hellman은 대칭키를 안전하게 교환해야 하는 문제를 해결하려고 **공개키 암호 기법** public-key cryptography을 개발했다. 공개키 암호 기법은 **공개키** public key와 **개인키** private key라는 역으로 연관된 두 키를 사용한다는 점에서 비대칭이다. 개인키는 소유자가 비밀을 유지하고, 공개키는 자유롭게 배포한다. 공개키가 메시지를 암호화하면, 오직 이에 대응하는 개인키만 암호화된 메시지를 복호화할 수 있고, 그 역도 마찬가지다([그림 15-3]). 트랜잭션을 하는 각 당사자는 공개키와 개인키를 모두 가지고 있다. 송신자는 메시지를 안전하게 전송하려고 수신자의 공개키를 사용해 메시지를 암호화한다. 수신자는 자신의 고유한 개인키를 사용해 이 메시지를 복호화한다. 개인키에 대한 비밀이 지켜졌다고 가정할 때 의도한 수신자 외에는 메시지를 읽을 수 없다. 따라서 시스템은 메시지의 프라이버시를 확보할 수 있다.

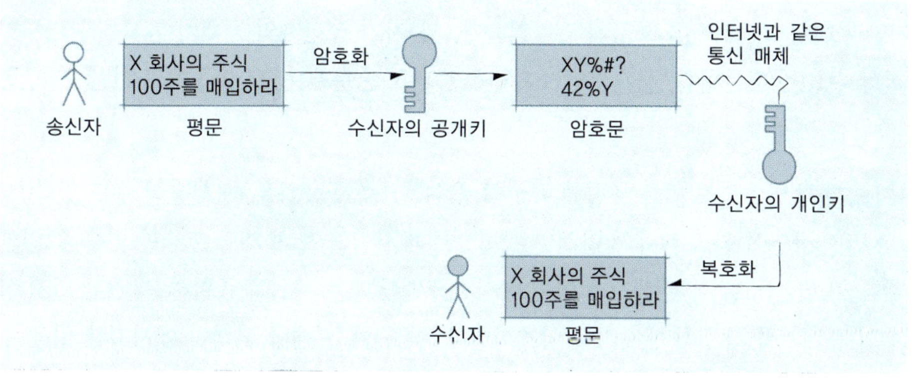

[그림 15-3] 공개키 암호 기법을 사용한 메시지 암호화와 복호화

안전한 공개키 알고리즘은 적절한 시간 안에 계산을 통해 공개키로부터 도출해내기 어려운 개인키에 의존한다. 이러한 알고리즘을 단방향 one-way 혹은 트랩도어 trap-door 함수라고 한다. 공개키를 사용해 메시지를 암호화하는 데는 적은 계산만 필요하지만 개인키를 모른 채 복호화하려면 엄청난 계산 능력이 필요하기 때문이다. 어느 정도 안전한 암호화라면, 컴퓨터 1대만으로 암호를 푸는 데 몇 년의 시간이 걸려야 한다.*

시스템의 보안은 개인키의 비밀성에 의존한다. 따라서 만일 제3자가 복호화에 사용된 개인키를 얻어낸다면 전체 시스템의 보안이 뚫리게 된다. 시스템의 무결성이 깨지면 사용자는 전체 암호화/복호화 알고리즘 대신 단순히 키를 바꿀 수 있다.

공개키나 개인키 모두 메시지를 암호화하거나 복호화하는 데 사용할 수 있다. 예를 들어, 어떤 고객이 메시지를 암호화하는 데 어떤 상점의 공개키를 사용하면 오직 해당 상점만 자신의 개인

* Distributed.net의 RC5 대회는 단방향 함수로 암호화한 메시지를 복호화하는 사람에게 상금을 준다. 이 대회는 키를 알아내려고 병렬로 작업하는 사람 수천 명을 모은다. 최근에는 참가자 300,000명 이상이 컴퓨터 능력을 모두 들여서 64비트 키로 암호화한 메시지를 해독하려고 시도하기도 했다. 이 키는 결국 대회가 시작한 지 1,757일 동안이나 계산한 끝에 2002년 8월에 해독되었고, 2GHz 프로세서 46,000개가 병행으로 작업한 일에 해당한다.[10] 당시 가장 강력한 컴퓨터는 Earth Simulator였는데 500MHz 프로세서 5,120개를 갖췄다.

키를 사용해 메시지를 복호화할 수 있다. 오직 해당 상인만 개인키를 알고 있으므로 상인의 신원을 증명할 수 있다. 그러나 상인이 고객의 신원을 검증할 수는 없다. 고객이 사용한 암호화키는 공개되어 있어 누구나 사용할 수 있기 때문이다.

만일 복호화키가 송신자의 공개키고, 암호화키가 송신자의 개인키라면, 메시지 송신자를 인증할 수 있다. 예를 들면, 어떤 고객이 상인에게 고객의 개인키를 사용해 암호화한 메시지를 보낸다고 가정하자. 상인은 고객의 공개키를 사용해 메시지를 복호화한다. 고객이 메시지를 자신의 개인키를 사용해 암호화했기 때문에 상인은 고객의 신원을 확인할 수 있다. 이 과정은 송신자는 인증하지만 기밀성 confidentiality을 보장하지는 않는다. 제3자가 송신자의 공개키를 사용해 메시지를 복호화할 수 있기 때문이다. 공개키의 소유권을 증명하는 문제는 '15.9 공개키 기반 구조, 인증서, 인증기관'에서 논의한다.

이 두 가지 공개키 암호화 방법을 조합해 통신의 송수신자를 인증하는 데 사용할 수도 있다([그림 15-4]). 어떤 상인이 한 고객에게 안전한 방법으로 메시지를 보내 해당 고객만 읽을 수 있게 하려고 한다. 또한 이 고객에게 해당 상인이 메시지를 보냈다는 사실을 증명하고 싶다. 먼저 상인은 고객의 공개키를 사용해 메시지를 암호화한다. 이 단계는 해당 고객만 메시지를 읽을 수 있게 보장한다. 다음으로, 상인은 자신의 개인키를 사용해 결과물을 암호화해 신원을 증명한다. 고객은 메시지를 역순으로 복호화한다. 먼저 고객은 상인의 공개키를 사용한다. 해당 상인만 역으로 연관된 개인키를 사용해 해당 메시지를 암호화할 수 있으므로, 이 단계는 상인을 인증한다. 다음으로, 고객은 개인키를 사용해 다음 수준의 암호화를 복호화한다. 이 단계는 메시지의 내용이 전송 중에도 프라이버시를 유지했음을 보장한다. 오직 해당 고객만 메시지를 복호화할 수 있는 키를 갖고 있기 때문이다.

가장 많이 사용하는 공개키 알고리즘은 1977년 MIT의 교수인 로널드 리베스트 Ronald Rivest, 아디 샤미르 Adi Shamir, 레오나르도 애들먼 Leonard Adleman('인물사: 리베스트, 샤미르, 애들먼' 참고)이 개발한 **RSA**라는 암호화 시스템이다.[11] 이들의 암호화 제품은 웹 브라우저나 전자상거래 서버, 이메일 시스템 등 수천만 가지 인터넷 응용 프로그램에 내장되었다. 인터넷에서 안전한 전자상거래와 통신은 대부분 RSA 제품을 사용한다.

PGP Pretty Good Privacy는 이메일 메시지와 파일을 암호화하는 공개키 암호화 시스템으로, 1991년에 필립 짐머맨 Phillip Zimmermann이 개발했다.[12] PGP는 또한 이메일이나 공개 게시물의 저자 신원을 확인하는 디지털 서명도 제공한다('15.8.2 디지털 서명' 참고).

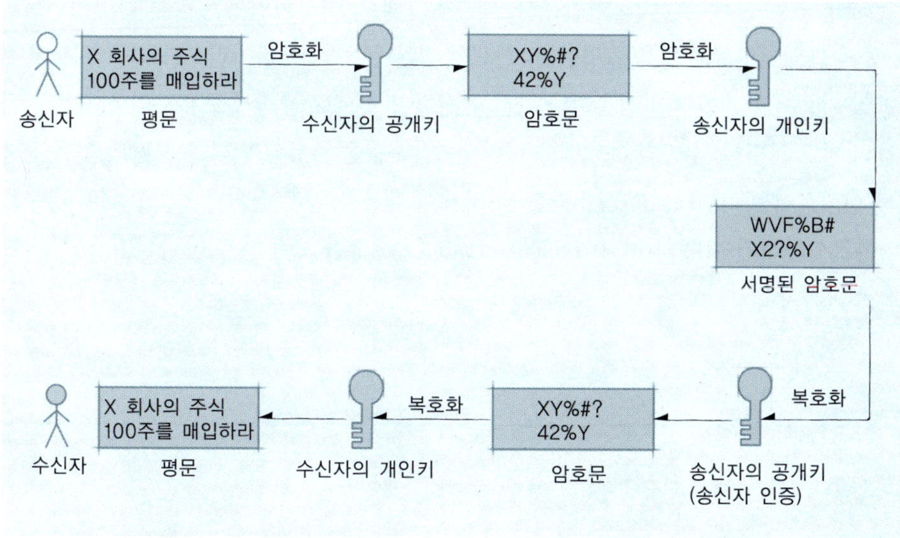

[그림 15-4] 공개키 알고리즘을 사용한 인증

인물사

리베스트 Rivest, **샤미르** Shamir, **애들먼** Adleman

리베스트, 샤미르, 애들먼은 RSA 암호화 알고리즘을 개발했다. 이 알고리즘은 십억 가지 이상의 안전한 소프트웨어 프로그램에 사용되었다.[13]

리베스트, 샤미르, 애들먼은 1970년대에 MIT의 수학과 조교수로 일하며 만났다. 1977년, 휫필드 디피와 마틴 헬만이 새로운 공개키 암호 이론을 발표했을 때 리베스트와 샤미르는 이를 실제적으로 구현할 방법을 모색했다. 이들은 애들먼을 영입해 자신들의 아이디어를 테스트해보도록 했고, 그는 40개가 넘는 이들의 설계를 반증해낸 끝에 마침내 1978년, ACM의 통신에서 「디지털 서명과 공개키 암호 체계를 얻는 방법 A Method for Obtaining Digital Signatures and Public-Key Cryptosystems」으로 발표한 메커니즘을 발견해냈다.[14] 리베스트, 샤미르, 애들먼은 이 알고리즘으로 특허를 얻었고, 1982년에 RSA 데이터 보안 회사(현재는 RSA Security)를 열었다.[15, 16]

2002년에는 RSA 코드를 개발한 것으로 함께 튜링상을 수상했다.[17]

RSA Security 사는 인증 메커니즘, 스마트 카드, 디지털 인증서, 소프트웨어 개발 키트 SDK 등을 포함한 보안 소프트웨어에 RSA 알고리즘을 사용해 안전한 응용 프로그램을 개발할 수 있게 해준다. RSA Security는 65% 이상의 시장 점유율을 가지며 인증 소프트웨어 분야를 석권하고 있다.[18]

PGP는 '신뢰성 있는 웹' web of trust에 기반한다. 네트워크의 각 클라이언트는 다른 클라이언트의 신원을 보증해 공개키의 소유권을 증명한다. 신뢰성 있는 웹은 각 클라이언트를 인증하는 데 사용한다. 만일 사용자가 개인적인 접촉이나 다른 안전한 방법으로 공개키 보유자의 신원을 안다면, 자신들의 키로 서명해 이 키의 유효성을 나타낸다. 더 많은 사용자가 다른 사람의 키를 검증할 때 웹의 신뢰성이 증가한다. PGP에 관한 더 자세한 내용을 알고 싶거나 소프트웨어의 무료 버전을 다운로드하려면 MIT의 PGP Distribution Center를 방문하기 바란다(http://web.mit.edu/network/pgp.html).

셀프 리뷰

1. 비밀키 암호와 공개키 암호는 어떻게 다른가?
2. PGP는 어떤 유형의 통신에 적합한가?

▶ **풀이** 1) 비밀키 암호는 메시지를 암호화/복호화하는 데 동일한 비밀키를 사용한다. 공개키 암호는 이와 반대로 연관된 두 키인 공개키와 개인키를 사용한다. 개인키는 소유자가 비밀리에 보관하지만, 공개키는 자유롭게 배포한다. 만일 공개키로 메시지를 암호화하면, 이에 대응하는 개인키로 복호화할 수 있다. 2) PGP의 보안은 신뢰성 있는 웹의 사용자 수가 늘어남에 따라 높아진다. 따라서 PGP는 이메일이나 공개 포럼 등 여러 사용자가 그룹을 이루어 통신할 때 적합하다.

15.3 인증

사용자와 이들이 수행할 수 있도록 허용되었는지 여부를 식별하는 일은 안전한 컴퓨팅 시스템을 유지하는 데 필수다. 다음을 통해 특정 사용자의 신원을 확인할 수 있다.

- 개인의 고유한 특징(예를 들면, 지문, 음성, 홍채 스캔, 서명 등)
- 배지나 신분증, 키, 스마트 카드 등 신원을 확인할 수 있는 아이템 소유
- 사용자의 지식(즉, 패스워드나 개인 식별 번호 PIN, Personal Identification Number, 자물쇠 번호 등)

이어서 나오는 항목들을 통해 흔히 사용하는 인증 방법을 논의한다.

셀프 리뷰

1. 앞에서 언급한 세 가지 식별 방법 중 침입자가 몰래 도용할 확률이 가장 낮은 것은 무엇인가?
2. 한 가지 신원 확인 아이템이나 사용자의 지식만을 통해 인증하는 시스템은 보안에 어떤 취약점이 있는가?

▶ **풀이** 1) 개인의 고유한 특징 2) 신원 확인 아이템 소유만으로 인증하는 시스템에서 해당 아이템을 도난해 도용할 수 있다. 사용자는 패스워드나 PIN 등의 정보를 어딘가에 기록하는 경향이 있으므로, 이런 정보를 허가되지 않은 사용자가 발견할 경우 보안이 뚫리게 된다.

15.3.1 기본 인증

가장 일반적인 인증 스키마는 단순한 **패스워드 보호** password protection다.[19] 사용자는 패스워드를 선택하고 외우며, 시스템의 자원에 대한 접근 허가를 받으려고 패스워드를 입력한다. 대부분의 시스템은 패스워드를 아무 의미 없는 마스크 문자(보통 별표(*))로 대체해 화면에 보이지 않게 하거나 패스워드 입력을 가린다.

패스워드로 보호하는 방식에는 몇 가지 약점이 있다.[20] 사용자는 배우자 이름이나 애완동물 이름 등 기억하기 쉬운 패스워드를 선택하는 경향이 있다. 누군가 사용자의 개인 정보를 얻게 되면 해당 사용자의 특징에 해당하는 문자열들을 이것저것 패스워드로 사용해 로그인을 시도할 수 있다. 최악의 경우, 몇 번의 시도만으로 패스워드를 알아내어 보안이 뚫리게 된다. 몇몇 초기 시스템에서는 사용자가 짧은 패스워드를 사용하도록 제한해 가능한 모든 패스워드를 시도해보는 단순한 방법(이를 **브루트포스 크래킹** brute-force cracking이라고 한다)으로 보안을 뚫을 수 있다.

오늘날 대부분의 시스템은 알파벳과 숫자를 조합한 더 긴 패스워드를 사용하도록 해서 이러한 침투를 막는다. 어떤 시스템은 사전에 나와 있는 단어를 패스워드로 사용하는 일을 금하기도 한다. 그러나 패스워드가 길다고 해서 반드시 시스템의 보안 수준이 높아지는 것은 아니다. 만일 패스워드가 기억하기 어려우면 사용자가 메모를 해둬야 할 필요성이 더 커지므로, 침입자가 패스워드를 획득할 확률도 높아진다.

운영체제의 방어를 뚫는다고 해서 반드시 심각한 보안 피해가 오는 것은 아니다. 예를 들어, 침입자가 어떻게든 해서 시스템의 패스워드 마스터 리스트에 접근했다고 하자. 패스워드가 평범한 문자열로 저장되어 있다면 이들 사용자를 가장해 시스템의 어떤 정보든 접근할 수 있다. 많은 운영체제에서 패스워드 파일이 도난당할 경우를 대비해 패스워드 파일을 암호화하거나 각 패스워드의 해시 값만 저장하기도 한다. 이 경우, 패스워드 파일을 복사한다고 해도, 이 패스워드들을 복호화하지 못하면 소용이 없다. 몇몇 시스템은 패스워드 도난에 대한 방지책으로 **패스워드 솔팅** password salting을 사용하기도 한다. 솔팅이란 패스워드를 암호화하기 전에 다양한 위치에 문자들을 추가로 삽입하는 기술을 말한다([표 15-1]). [표 15-1]에서 조금만 솔팅해도 암호문이 크게 변형됨을 볼 수 있다. 이는 대체 암호(Base 64 인코딩)와 같은 약한 암호를 사용할 때도 마찬가지다. 솔팅은 암호화를 거쳤더라도 동일한 패스워드를 통해 침입자들이 패턴을 알아내고, 이를 통해 암호화키를 알아내는 일을 방지해준다.

[표 15-1] 패스워드 솔팅(Base 64 인코딩)

평문	암호문
password	cGFzc3dvcmQ=
psasaswlortd	cHNhc2Fzd2xvcnRk
newpassword	bmV3cGFzc3dvcmQ=
nsewaplatssewodrd	bnNld2FwbGF0c3Nld29kcmQ=

사용자는 자주 패스워드를 변경하도록 권장받는다. 침입자가 패스워드를 알아내더라도 실제 피해를 입기 전에 패스워드가 바뀔 수도 있기 때문이다. 몇몇 시스템은 사용자가 정기적으로 새 패스워드를 선택하도록 한다. 불행히도 어떤 사용자는 패스워드 두세 개를 번갈아 사용하기도 하므로 보안 수준이 낮아지기도 한다. 이에 대응해 여러 인증 시스템에서 사용자가 가장 최근 사용한 패스워드를 반복해서 사용하는 일을 금하기도 한다.

브루트포스 공격을 방지하고 패스워드를 반복해 사용하는 일을 막는 간단한 방법은 특정 기간 동안에 로그인 횟수를 제한하는 것이다. 즉, 일정 기간 동일한 단말기나 워크스테이션 또는 한 계좌를 통해 로그인하지 못하게 막는 것이다. 분명 로그인 시에 철자를 틀릴 가능성이 있는 것은 사실이지만, 패스워드를 제대로 알고 있는 사람이 수십, 수백 번씩 잘못된 패스워드로 로그인을 시도하는 일은 없다. 따라서 시스템은 로그인을 서너 번만 허용하고, 몇 초 혹은 몇 분 동안 해당 터미널에서 접속하는 것을 차단하기도 한다. 그 후 어느 정도 시간이 흐른 뒤에야 해당 터미널을 통해 다시 접속할 수 있게 허용한다.

셀프 리뷰

1. (참/거짓) 더 복잡하고 긴 패스워드는 높은 보안 수준을 보장한다.
2. 솔팅은 패스워드 보안을 어떻게 향상시키는가?

▶ **풀이** 1) 거짓. 패스워드가 길고 복잡해질 경우 사용자가 패스워드를 어딘가에 기록할 확률이 높아지고, 침입자가 이를 획득해 도용할 확률도 높아진다. 2) 공통 패스워드는 암호화된 이후에도 일정한 패턴을 만들게 되어, 이를 근거로 사용자가 암호화키를 유추해낼 수 있다. 솔팅은 다양한 위치에 추가적인 문자들을 삽입하는 방법으로 이를 방지할 수 있다.

15.3.2 생체 인식과 스마트 카드

한때 영화에나 나올 법한 것이었지만, 오늘날 보안 시스템에서 흔히 사용하는 혁신적인 보안 방법은 **생체 인식** biometrics 이다. 생체 인식은 지문이나 안구 홍채 스캔 등 유일한 개인 정보를 사용해 사용자를 식별한다. 민감한 데이터를 안전하지 못한 unsecure 채널을 통해 전송하는 일이 많아지면서 일반적인 사용자가 기억해야 할 패스워드 수가 증가했다.* 그 결과 패스워드를 통해 컴퓨팅의 보안을 보장하는 일이 점점 부담이 되었다. 이러한 추세는 사용자가 패스워드를 종이에 기록하거나 여러 계정에 동일한 패스워드를 사용하게 해 보안에는 해가 될 수 있다. 결과적으로 생체 인식은 패스워드에 대한 매력적인 대안이 되었고, 생체 인식 장비의 비용도 크게 낮아졌다.

시스템에 로그인하고 이메일이나 네트워크를 통해 기밀 정보에 접근하는 데 점차 패스워드 대신 지문 스캔, 얼굴 스캔, 홍채 스캔 장비를 사용하고 있다. 각 사용자의 지문이나 얼굴 스캔, 홍채 스캔 정보는 안전한 데이터베이스에 저장된다. 사용자가 로그인할 때마다 스캔 내용을 데이터베이스의 내용과 비교한다. 일치하는 데이터가 있으면 로그인이 이루어진다. 생체 인식 장비 전문 회사로는 IriScan(http://www.iriscan.com)과 Keytronic(http://www.keytronic.com)이 있다. 더 많은 정보는 PDF로 제공하는 '웹 자료'를 참고하기 바란다.

아직까지는 패스워드가 컴퓨터 시스템과 전자상거래에서 가장 많이 사용되는 인증 방법이지만 몇몇 플랫폼은 생체 인식 기능을 포함하고 있다. 마이크로소프트는 2000년에 BAPI Biometric Application Programming Interface 를 발표했는데, 이는 윈도우 2000과 윈도우 XP 운영체제에 포함되어 개인이나 회사 시스템에서 생체 인식 방식을 간단히 통합할 수 있게 했다.[21]

Keyware(http://www.keyware.com)는 사용자의 음성 voiceprints 을 중앙 서버에 저장하는 무선 생체 인식 시스템을 구현했다. Keyware는 또한 **계층적 생체 인식 검증** LBV, Layered Biometric Verification 을 만들어 얼굴, 지문, 음성 등 여러 신체 측정치를 한꺼번에 사용할 수 있게 했다. LBV 기능은 무선 생체 인식 시스템이 생체 인식을 PIN이나 PKI('15.9 공개키 기반 구조, 인증서, 인증기관' 참고) 등 다른 인증 방법과 결합할 수 있게 해준다.[22]

Identix(http://www.identix.com)도 무선 트랜잭션을 위한 생체 인식 인증 기술을 제공한다. Identix의 지문 스캐닝 장비는 휴대용 기기에 내장되었다. Identix 서비스는 트랜잭션 관리와 내용 보호 서비스를 제공한다. 트랜잭션 관리 서비스는 트랜잭션이 발생했음을 증명하고, 내용 보호 서비스는 사용자가 전자 문서를 다운로드하거나 복사하는 권한을 제한하는 등 전자 문서에 대한 접근을 제어한다.[23]

* 보안 분야 종사자는 'insecure'보다 'unsecure'라는 단어를 선호한다.

스마트 카드 smart card는 종종 신용 카드를 본떠 설계하며, 특히 인증과 데이터 저장에 많이 사용한다. 많이 사용하는 대부분의 스마트 카드는 메모리 카드와 마이크로프로세서 카드다. 메모리 카드는 데이터를 저장하고 전송할 수 있다. 마이크로프로세서 카드는 운영체제에서 관리하는 컴퓨터 구성 요소를 포함해 보안과 저장 기능을 제공한다. 스마트 카드는 또한 읽기 장치에 대한 인터페이스로 특징짓는다. 하나는 데이터 전송을 위해 장치와 카드 사이에 물리적 접촉이 필요한 접촉 인터페이스로, 이를 통해 스마트 카드를 읽기 장치에 삽입한다. 다른 하나는 비접촉 방식 인터페이스로, 리더와 카드의 물리적 접촉 없이도 데이터를 전송할 수 있게 해주며, 흔히 카드 안에 무선 장치를 내장하는 방법으로 구현한다. [24]

스마트 카드는 PKI를 구현하는 데 반드시 필요한 개인키, 디지털 인증서, 기타 정보를 저장할 수 있다. 또한 신용카드 번호나 개인 연락 정보 등도 저장할 수 있다. 각 스마트 카드는 PIN과 결합해 사용할 수 있다. 이 기능은 사용자가 카드에 저장된 정보에 접근하려면 스마트 카드 소유는 물론 대응하는 PIN을 알고 있게 하여 두 단계 보안을 제공한다. 몇몇 마이크로프로세서 카드는 보안 기능을 더욱 강화하려고 카드를 악의적으로 손상시키는 일이 발생하면 저장된 데이터를 삭제하거나 손상시키기도 한다. 스마트 카드 PKI는 사용자가 동일한 스마트 카드를 사용해 여러 장치에 있는 정보에 접근할 수 있게 해준다.

이중 요소 인증 two-factor authentication은 사용자를 인증하기 위해 생체 인식과 패스워드, 스마트 카드와 패스워드 조합 등으로 두 가지 방법을 결합해 사용한다. 잠재적으로는 이러한 시스템도 손상될 가능성이 있지만 두 가지 인증을 병행함으로써 패스워드를 하나만 사용하는 것보다 더 나은 수준의 보안을 제공할 수 있다.

셀프 리뷰

1. 인증받지 않은 사용자가 생체 인식을 사용해 보안을 제공하는 시스템에 접근하는 것이 어려운 이유는 무엇인가?
2. 암호화되지 않은 사용자 정보를 스마트 카드에 저장할 때 어떤 단점이 있는가?

▶ **풀이** 1) 다른 사용자의 독특한 신체적 특징을 복제하는 일이 어렵기 때문이다. 2) 스마트 카드를 도난당할 경우 다른 개인이 민감한 정보에 접근할 가능성이 있다.

15.3.3 커베로스

내부 컴퓨터 공격(예를 들면, 유효한 사용자가 행하는 공격)은 흔히 있는 일이며, 아주 심각한 피해를 줄 수 있다. 예를 들면, 앙심을 품은 직원에게 네트워크 접근 권한이 있는 경우, 기관 전체의 네트워크 접근을 방해하거나 귀중한 지적 재산을 훔쳐갈 수도 있다. 기업 네트워크에서 일어난 공격 중 70~90%를 내부 공격으로 추정한다.[25] 중앙 집중적인 보안 인증 시스템은 이러한 보안 공격에 빠르게 대응할 수 있다. 무료로 사용할 수 있는 **커베로스** Kerberos는 MIT에서 개발한 오픈 소스 프로토콜로, 내부 보안 공격으로부터 시스템을 보호할 수 있게 해준다. 커베로스는 비밀키 암호를 사용해 네트워크 사용자를 인증하고 네트워크 통신의 무결성과 프라이버시를 유지한다.[26, 27]

커베로스의 인증은 인증 서버와 2차적인 **티켓 부여 서비스** TGS, Ticket Granting Service로 처리한다. 이 시스템은 '15.2.1 비밀키 암호'에서 설명한 키 분배 센터와 유사하다. 인증 서버는 클라이언트의 신원을 TGS에 인증한다. TGS는 특정 네트워크 서비스에 대한 클라이언트의 접근 권한을 인증한다.

네트워크에 있는 각 클라이언트는 커베로스 시스템과 비밀키를 공유한다. 이 비밀키는 커베로스 시스템의 여러 TGS를 통해 저장할 수도 있다. 커베로스 시스템은 다음과 같이 동작한다.[28]

1. 클라이언트가 먼저 사용자 이름과 패스워드를 커베로스 인증 서버로 보낸다.
2. 인증 서버는 네트워크에 있는 모든 클라이언트의 데이터베이스를 유지한다. 만일 사용자 이름과 패스워드가 유효하면 클라이언트의 비밀키로 암호화된 **티켓 부여 티켓** TGT, Ticket-Granting Ticket을 반환한다. 비밀키는 오직 인증 서버와 해당 클라이언트만 알기 때문에 해당 클라이언트만 TGT를 복호화할 수 있어 클라이언트의 신원을 확인해준다.
3. 클라이언트는 복호화된 TGT를 TGS에 보내 **서비스 티켓** service ticket을 요청한다. 서비스 티켓은 클라이언트가 특정 네트워크 서비스에 접근하는 것을 인증한다. 서비스 티켓에는 만료 시간이 부여되고, TGS를 통해 갱신하거나 철회할 수 있다. 만일 TGT가 유효하다면 TGS는 클라이언트의 세션키로 암호화된 서비스 티켓을 발행한다.
4. 클라이언트는 서비스 티켓을 복호화하고, 이로써 네트워크의 자원에 접근할 수 있음을 나타낸다.

셀프 리뷰

1. 커베로스 인증에서 클라이언트와 인증 서버 사이의 연결에 안전을 보장해야 하는 이유는 무엇인가?
2. 티켓에 만료 시간을 두는 방법이 적합한 이유는 무엇인가?

▶ **풀이** 1) 이 연결이 안전하지 못하면 침입자가 몰래 사용자 이름과 패스워드를 훔쳐갈 수 있다. 2) 티켓에 만료 시간을 두면 사용자가 자주 갱신할 수 있게 된다. 예를 들면, 인증된 사용자가 로그인한 채로 단말기 앞에서 자리를 떠날 경우 티켓이 만료됨으로써 인가되지 않은 사용자가 해를 입히는 일을 방지할 수 있다.

15.3.4 싱글 사인 온

싱글 사인 온 single sign-on 시스템은 사용자가 일단 로그인한 후에는 한 패스워드를 사용하게 함으로써 인증 과정을 간단하게 해준다. 싱글 사인 온 시스템으로 인증한 사용자는 여러 컴퓨터에 있는 여러 프로그램에 접근할 수 있다. 사인 온 패스워드는 철저히 보호해야 한다. 공격자가 패스워드를 알아낼 경우, 해당 패스워드를 통해 보호하는 모든 응용 프로그램이 공격당하기 때문이다.

워크스테이션 로그인 스크립트 workstation login script는 가장 간단한 형태의 싱글 사인 온이다. 사용자는 자신의 워크스테이션에서 로그인한 후 메뉴를 통해 응용 프로그램을 선택한다. 워크스테이션 로그인 스크립트는 사용자 패스워드를 응용 프로그램 서버에 보내 사용자가 향후 이 프로그램에 접근하는 것을 인증하도록 한다. 많은 워크스테이션 로그인 스크립트가 충분한 수준의 보안을 제공하지는 않는다. 사용자 패스워드가 클라이언트 컴퓨터에 평문으로 저장되는 경우가 많기 때문이다. 스크립트가 단순한 패스워드 암호화를 사용해도 해당 알고리즘은 시스템에 있어야 하며, 이는 해당 컴퓨터에 접근한 침입자가 있을 경우 암호화를 통한 보안을 깰 수 있음을 의미한다.

인증 서버 스크립트 authentication server script는 중앙 서버를 통해 사용자를 인증한다. 중앙 서버는 사용자와 사용자가 접근하려고 하는 응용 프로그램 사이의 연결을 통제한다. 인증 서버 스크립트는 워크스테이션 로그인 스크립트보다 안전한 경우가 많다. 패스워드가 클라이언트 컴퓨터보다는 훨씬 안전한 서버에 있기 때문이다. 그러나 서버의 보안이 뚫리면 전체 시스템의 보안이 위태로워진다.

가장 진보한 싱글 사인 온 시스템에서는 **토큰 기반 인증** token-based authentication을 사용한다. 사용자가 일단 인증되면 유일한 **토큰** token이 발행되어, 해당 사용자가 특정 응용 프로그램에 접근할 수 있게 된다. 토큰을 생성하는 로그인은 암호화나 단일한 패스워드를 통해 안전하게 보호된다. 예를 들어, 커베로스는 토큰 기반 인증을 사용하는데, 서비스 티켓이 토큰과 같은 역할을 한다. 토큰 인증의 가장 중요한 문제점은 전통적인 로그인 패스워드가 아닌 토큰을 수용할 수 있도록 응용 프로그램을 수정해야 한다는 점이다.[29]

현재 싱글 사인 온 기술을 개발하는 선두 기업으로는 Liberty Alliance Project(http://www.projectliberty.org), 마이크로소프트, 노벨 Novell이 있다. Liberty Alliance Project는 기술과 보안 기관의 컨소시엄으로 공개 싱글 사인 온 해결책을 개발한다. 비록 독점적인 방식이지만 마이크로소프트의 닷넷 패스포트 .NET Passport와 노벨의 시큐어로그인 SecureLogin 또한 실용적인 해결책이다. 싱글 사인 온과 다른 응용 프로그램에 제출된 정보의 프라이버시를 보호하기 위해 **프라이**

버시 설정 플랫폼 P3P, Platform for Privacy Preferences는 사용자가 사이트에서 수집하는 개인 정보를 제어할 수 있게 해준다.[30, 31]

셀프 리뷰

1. 세 가지 싱글 사인 온 서비스 중 무엇이 가장 안전한가?
2. 워크스테이션 로그인 스크립트가 인증 서버 스크립트보다 안전한 이유는 무엇인가?

▶ **풀이** 1) 토큰 기반 인증이 가장 안전하다. 그러나 가장 복잡한 스키마다. 2) 워크스테이션 로그인 스크립트는 한 워크스테이션 로그인 스크립트 보안이 뚫리더라도 시스템에 있는 다른 모든 사용자에 대한 보안이 뚫리지는 않는다는 점에서 더 안전하다.

15.4 접근 제어

자원 관리자로서 운영체제는 사용자가 무의식적으로 혹은 악의적으로 컴퓨터 자원을 잘못 사용하는 일을 막아야 한다. 그 결과 현재 사용하는 운영체제들은 컴퓨터 자원에 대한 접근 권한을 얻은 사용자와 소프트웨어로부터 운영체제 서비스와 민감한 정보들을 보호하도록 설계되었다. 접근 권한은 자원을 대상으로 수행할 수 있는 동작에 제한을 둠으로써 위험한 사용자로부터 시스템 자원을 보호한다. 이러한 권한은 대체로 접근 제어 목록 혹은 자격 목록 capability list으로 관리한다.

15.4.1 접근 권한과 보호 도메인

운영체제 보안의 핵심은 내부 데이터와 자원에 대한 접근 제어다. **접근 권한** access right은 다양한 주체가 다양한 객체에 어떻게 접근할지 정의한다. 주체 subject는 사용자나 프로세스, 프로그램, 그 외의 여러 개체 entity가 될 수 있다. 객체 object는 하드웨어나 소프트웨어, 데이터 등의 자원을 말한다. 디스크나 프로세서 혹은 메인 메모리와 같은 물리적인 대상일 수도 있고, 자료 구조나 프로세스 혹은 서비스와 같은 추상적인 것일 수도 있다. 주체는 시스템의 객체도 될 수 있다. 즉, 한 주체가 다른 주체에 접근할 권한을 가질 수도 있다. 주체는 능동적인 개체고, 객체는 수동적인 개체다. 시스템이 동작할 때 주체와 객체의 수가 변하는 경향이 있다. 주체가 객체에 접근하는 방식을 **권한** privilege이라고 하며, 예를 들면, 읽기, 쓰기, 출력 권한 등이 있다.

주체로부터 객체를 보호해야 한다. 만일 프로세스가 시스템에 있는 모든 자원에 접근하도록 허용한다면 어떤 사용자가 부주의로 혹은 의도적으로 시스템 보안을 해치거나 다른 프로그램을 방해할 수도 있다. 이런 일이 발생하지 않도록 각 주체가 시스템에 있는 객체에 접근하려면 인가를 받아야 한다.

보호 도메인 protection domain은 접근 권한을 모은 집합이다. 보호 도메인에 있는 각 접근 권한은 객체의 이름과 이에 대응하는 권한 필드를 가진 순서 쌍으로 표현한다. 보호 도메인은 각 주체마다 고유하다. 예를 들어, 어떤 사용자가 example.txt 파일을 읽고 쓸 수 있다면, 이 사용자의 접근 권한에 해당하는 순서 쌍은 〈example.txt, {read, write}〉와 같다.[32]

가장 흔한 접근 권한은 읽기, 쓰기, 실행이다. 몇몇 주체는 또한 다른 주체에 접근 권한을 부여할 수도 있다. 대부분의 컴퓨팅 시스템에서는 관리자가 모든 접근 권한을 처리하고 다른 사용자의 권한을 관리할 책임이 있다.

접근 권한은 한 도메인에서 다른 도메인으로 복사, 양도 혹은 전파될 수 있다. 접근 권한을 복사하려면 간단히 특정 사용자의 권한을 다른 사용자에게 주면 된다. 접근 권한을 주체 A에서 B로 양도하면, 양도 완료 시점에 주체 A의 접근 권한이 철회된다. 접근 권한의 전파는 접근 권한 복사와 비슷하지만 원래의 접근 권한을 공유하는 데 더해, 두 주체가 모두 권한을 다른 주체에 복사해줄 수 있다.

어떤 주체가 특정 객체에 더는 접근할 필요가 없게 되면 접근 권한을 철회할 수 있다. 이때 여러 문제가 제기된다. 철회 시 즉시 해야 하는가, 지연 후 해야 하는가? 모든 객체를 철회해야 하는가, 일부만 선택적으로 해야 하는가? 특정 주체에 철회를 적용해야 하는가, 전체 도메인에 적용해야 하는가? 또한 철회가 영속적이어야 하는가, 일시적이어야 하는가 등의 문제다. 접근 권한 관리 구현마다 철회 방법이 다르다. 15.4.3에서 몇 가지 구현을 살펴볼 것이다.[33]

셀프 리뷰

1. (참/거짓) 주체라는 용어는 항상 시스템의 사용자를 가리킨다.
2. 접근 권한 복사와 접근 권한 전파는 어떻게 다른가?

▶ **풀이** 1) 거짓. 주체라는 용어는 사용자, 프로세스, 프로그램, 그 외의 개체를 나타낼 수 있다. 2) 주체 A가 권한을 주체 B에 복사하면, 주체 B는 해당 권한을 다른 주체에 부여할 수 없다. 그러나 주체 A가 권한을 주체 B에 전파하면, 주체 B는 해당 권한을 다른 주체에 부여할 수 있다.

15.4.2 접근 제어 모델과 정책

접근 제어는 모델, 정책, 메커니즘이라는 세 수준의 개념으로 나눌 수 있다. **보안 모델** security model

은 시스템의 주체와 객체, 권한을 정의한다. **보안 정책** security policy은 대체로 사용자와 시스템 관리자가 지정하며, 객체에 대한 어떤 권한을 주체에 할당할지 정의한다. **보안 메커니즘** security mechanism은 시스템이 보안 정책을 구현하는 방법을 말한다. 많은 시스템에서 보안 정책은 시스템의 자원과 사용자가 변함에 따라 달라지지만 보안 모델과 접근 제어를 구현하는 메커니즘은 수정이 필요 없다. 따라서 보안 정책은 메커니즘과 모델로부터 구별된다.

많이 사용하는 보안 모델은 '13.8.2 사용자 클래스를 사용한 접근 제어'에서 논의한 것처럼 사용자를 클래스로 분류한다. 이 방법의 단점은 접근 권한을 각 파일에 저장하고 단일한 소유자와 그룹을 지정하므로, 기껏해야 한 그룹이 특정 파일에 접근할 수 있다는 점이다. 이에 더해 시스템이 한 그룹의 사용자에게 새로운 접근 권한을 부여할 때 그룹에 대한 권한을 변경하려고 여러 파일을 수정해야 한다. 이는 오류가 발생하기 쉽고 시간이 많이 걸리는 방식이다.

역할 기반 접근 제어 RBAC, Role-Based Access Control 모델에서는 사용자에게 역할 role을 부여한다. 각 역할은 대체로 조직의 구성원에게 할당된 임무 task의 집합을 나타낸다. 각 역할에는 일련의 권한을 부여하며, 이 권한들은 각 역할의 사용자가 접근할 수 있는 객체를 정의한다.[34] 사용자는 여러 역할에 속할 수 있다. 관리자가 한 그룹에 있는 사용자의 접근 권한을 바꾸려면 한 역할에 대한 허가 내용만 수정하면 된다. RBAC가 설득력 있는 점은 주체와 객체 사이에 의미 있는 관계를 부여해 소유자나 그룹과 같은 클래스에 제한받지 않는다는 것이다.

예를 들어, 대학교 컴퓨터 시스템에 다음과 같은 역할이 있다고 가정하자. 교수는 과제를 내고 점수를 매긴다. 학생은 완성한 과제를 제출한다. 교직원은 학생의 성적표를 발송한다. RBAC 모델에서 이 시스템은 교수, 학생, 교직원이라는 세 가지 역할로 구성되어 있고, 과제와 성적이라는 두 가지 객체가 있다. 그리고 읽기, 수정, 생성이라는 세 가지 허용 권한이 있다. 이 예에서 교수에게는 과제와 성적 모두에 대해 생성, 읽기, 수정 권한이 있다. 학생에게는 과제의 사본을 읽고 수정할 수 있고, 성적에 대해서는 읽기 권한이 있다. 교직원에게는 성적을 읽고 수정할 권한이 있다.

비록 보안 정책이 시스템의 사용자의 필요를 충족하기 위해 바뀌지만, 대부분의 정책은 최소 권한의 원칙 principle of least privilege을 지킨다. 이는 특정 주체는 자신의 임무를 수행하는 데 반드시 필요한 객체에만 접근할 수 있도록 허용함을 의미한다. 보안 정책은 또한 특정 환경의 보안 요구에 따라 자유 재량 혹은 강제 접근 제어를 구현할 수 있다. 대부분의 유닉스 기반 시스템은 **자유 재량 접근 제어** DAC, Discretionary Access Control 모델을 사용한다. 이로써 객체의 생성자는 해당 객체에 대한 권한을 제어한다. 반면에 **강제 접근 제어** MAC, Mandatory Access Control 정책은 모든 주체와 객체를 제어하는 중앙 집중 권한 스키마를 미리 정의한다. MAC은 클래스가 분류된 정부 시스템과 같이 보안 수준이 높은 시스템에서 찾아볼 수 있다.[35]

셀프 리뷰

1. 대체로 접근 제어 정책과 메커니즘을 분리하는 이유는 무엇인가?
2. MAC이 DAC보다 안전할 수 이유는 무엇인가?

▶ **풀이** 1) 정책은 하부 구현이 수정되지 않은 채 자주 바뀐다. 보안 정책이 보안 메커니즘과 분리되어 있을 경우, 정책이 바뀔 때 더 적은 작업으로 변화를 이룰 수 있다. 2) MAC은 사용자가 우연히 혹은 고의로 시스템 보안에 해를 입힐 권한(예를 들면, 파일 소유자가 민감한 정보를 공개하는 일 등)을 부여하는 일을 막아준다.

15.4.3 접근 제어 메커니즘

이 장에서는 운영체제가 접근 권한을 관리하는 데 사용할 수 있는 다양한 기술에 관해 논의한다. 접근 제어 매트릭스는 주체와 객체를 적절한 접근 권한과 짝을 맞춘다. 모델의 배경이 되는 개념은 간단하다. 그러나 대부분의 시스템에는 많은 주체와 객체가 존재하므로 매트릭스가 커져서 효율적인 접근 제어 수단이 되지 못한다. 접근 제어 목록과 자격 목록은 최소 권한의 원칙에 따라 도출되며, 접근 권한을 관리하기 위한 더 유연하고 효율적인 수단이 될 때가 많다. '16.13.2 접근 제어 방법'에서는 리눅스에서 시스템 보안을 위해 접근 제어 방법을 어떻게 사용하는지 논의한다.

접근 제어 매트릭스

접근 권한을 관리하는 한 가지 방법은 **접근 제어 매트릭스** access control matrix를 사용하는 것이다. 다양한 주체를 행 row에 나열하고, 이들이 접근하려는 객체는 열 column에 나열한다. 매트릭스의 각 셀은 특정 주체가 특정 객체에 수행할 수 있는 행동을 정의한다. 접근 제어 매트릭스에 있는 접근 권한은 최소 권한의 원칙에 따라 부여되므로, 매트릭스에서 접근 권한이 명시적으로 기술되지 않은 경우 사용자는 해당 객체에 대해 아무런 접근 권한이 없음을 의미한다.[36]

모든 권한 정보를 포함하는 접근 제어 매트릭스는 중앙에 위치하기 때문에, 운영체제에서 가장 조심스럽게 보호해야 할 개체다. 만약 매트릭스가 손상되면 이에 정의된 접근 권한으로 보호하는 모든 자원 역시 공격에 취약해진다.

[그림 15-5]에 있는 접근 제어 매트릭스는 사용자(Alice, Bob, Chris, David, Guest)가 객체(파일 A , 파일 B, 프린터)에 대해 지니는 접근 권한을 나타낸다. 한 사용자가 한 객체에 대해 지닐 수 있는 권한은 읽기 read, 쓰기 write, 출력 print이다. 읽기와 쓰기 접근 권한은 시스템에 있는 파일에만 적용되며, 이 경우는 파일 A와 파일 B에 해당한다. 어떤 환경에서는 모든 사용자가 프린터에 대한 접근 권한이 없는 경우가 있다. 즉, 특정 사용자가 내용을 프린터로 보내 출력하려면 명시적으로 출력 권한이 있어야 한다. 별표(*)가 붙은 모든 접근 권한은 한 사용자에서 다른 사

용자로 복사할 수 있다. 이 접근 제어 매트릭스에서 Alice에게는 모든 접근 권한이 있으며, 이들 권한을 다른 사용자에게 할당할 능력도 있다. David는 파일 A에 접근할 수 없다. 매트릭스에서 해당 셀에 아무 접근 권한이 없기 때문이다. Guest 계정은 기본으로 아무 접근 권한이 없다. Guest는 다른 사용자가 명시적으로 권한을 부여한 경우에만 자원에 접근할 수 있다. 접근 제어 매트릭스를 생성하고 해석하는 일은 간단하지만, 매트릭스가 아주 커질 수 있고 내용이 드문드문 있는 경우가 많다.

	파일 A	파일 B	프린터
Alice	Read* Write*	Read* Write*	Print*
Bob	Read* Write	Read* Write	Print
Chris	Read		Print
David		Read	
Guest			

[그림 15-5] 주체, 객체의 규모가 적은 경우의 접근 제어 매트릭스

접근 제어 목록

접근 제어 목록 ACL, Access Control List은 접근 제어 매트릭스와 동일한 데이터를 저장하지만, 특정 접근 권한을 지정하는 엔트리들의 기록만 유지한다. 어떤 시스템의 접근 제어 목록은 매트릭스의 행 row(주체)이나 열 column(객체)에 근거해 만들어진다. 운영체제의 각 객체에 대해 접근 제어 목록은 각 주체에 대한 엔트리와 해당 주체와 객체와 관련한 권한을 담고 있다. 어떤 주체가 특정 객체에 접근하려고 하면, 시스템은 해당 객체의 접근 제어 목록을 검색해 해당 주체가 권한이 있는지 확인한다.[37]

이 방법의 단점은 운영체제가 특정 객체에 대한 사용자 권한을 파악하는 일이 비효율적이라는 데 있다. 각 객체에 대한 접근 제어 목록은 모든 주체에 대한 엔트리를 담고 있고, 이는 잠재적으로 목록이 커질 수 있는 원인이 된다. 객체를 접근할 때마다, 시스템은 주체의 목록을 검색해 적절한 권한을 찾아야 한다. 접근 제어 목록을 사용할 때, 어떤 접근 권한이 특정 보호 도메인에 속하는지 찾기는 어렵다. 시스템에 있는 모든 객체에 대한 접근 목록을 탐색해 특정 주체에 해당하는 엔트리를 찾아야 한다.

[예제 15-1]에 있는 접근 제어 목록은 [그림 15-5]의 접근 제어 매트릭스를 통해 확립된 접근 권한 집합을 보여준다. 이 구현은 매트릭스에서 비어 있는 셀은 표현하지 않기 때문에 양이 적다. 만일 한 객체가 특정 사용자에 대한 엔트리를 포함하지 않으면, 해당 사용자는 해당 객체에 대한 권한이 없음을 의미한다.

예제 15-1 접근 제어 매트릭스에서 도출한 접근 제어 목록

```
File A:
    <Alice, {read*, write*}>
    <Bob, {read*, write}>
    <Chris, {read}>
File B:
    <Alice, {read*, write*}>
    <Bob, {read*, write}>
    <David, {read}>
Printer:
    <Alice, {print*}>
    <Bob, {print}>
    <Chris, {print}>
```

자격 목록

자격 capability은 이를 소유한 주체에 권한을 부여하는 포인터 혹은 토큰이다. 이는 스포츠 경기를 관람하기 위해 얻는 티켓과 비슷하다. 보통 자격을 수정하지 않지만, 다시 만들 수는 있다. 보호 도메인이 주체와 객체 사이의 권한 집합을 정의함을 상기하기 바란다. 방식을 달리 해, 보호 도메인을 한 주체에 속한 자격의 집합으로 정의할 수도 있다.[38]

자격은 흔히 고유한 객체 ID로 구현하는 경우가 많다. 자격은 한 주체에 주어져 이후 해당 객체에 대한 모든 접근에 대해 토큰과 같이 작용한다. 자격은 세심하게 보호되는 운영체제 루틴을 통해 생성할 수 있다. 특정 자격을 소유하는 주체는 해당 자격의 사본 생성이나 이를 파라미터로 넘기는 등의 특정 연산을 수행할 수 있다.

객체를 생성할 때 해당 객체의 자격도 생성된다. 이러한 원래의 자격은 새로운 객체를 위한 모든 권한 full privilege을 포함한다. 객체를 생성하는 주체는 해당 기능의 사본을 다른 주체에 보낼 수도 있다. 마찬가지로 기능을 하나 받은 주체도 이 기능을 사용해 객체에 접근하거나 추가로 사본을 생성해 다른 주체에 전달할 수도 있다. 한 주체가 기능을 다른 주체에 보낼 때, 관련 권한을 축소할 수도 있다. 따라서 한 기능을 시스템을 통해 전파할 때, 해당 권한 집합은 동일한 채로 남거나 크기가 줄어들 수 있다.

사용자가 임의로 기능을 생성하는 일은 방지해야 한다. 이렇게 하려면 사용자 프로세스가 접근할 수 없는 세그먼트에 자격 내용을 저장해야 한다.

자격에 있는 식별자는 원하는 객체를 가리키는 포인터로 구현할 수도 있고, 고유의 비트 시퀀스(예를 들어, 토큰)가 될 수도 있다. 포인터는 객체가 저장된 주소에 대한 접근을 간단하게 해주지만, 시스템에 있는 이들 포인터는 객체를 제거할 때 모두 갱신해야 하며, 이 때문에 성능이 저하될 수 있다. 토큰을 사용할 때, 자격 내용은 객체가 메모리에서 차지하는 위치에 의존하지 않는다. 그러나 토큰은 대응하는 객체의 위치를 명시하지 않기 때문에, 자격을 처음 사용할 때 객체의 주소를 결정하도록 요구한다. 해싱 메커니즘은 토큰 기반 자격 목록을 효율적으로 구현한다. 고속 캐시들은 흔히 동일한 객체를 반복적으로 참조하는 데서 오는 오버헤드를 줄여준다.

자격 목록을 사용하는 시스템은 유실 객체 lost object 문제로 곤란을 겪을 수도 있다. 만일 객체의 마지막 남은 자격이 삭제되면, 관련 객체에 더 이상 접근할 수 없다. 많은 운영체제에서 이러한 문제를 방지하려고 시스템은 객체마다 최소한 자격 하나를 유지하게 한다.

자격 전파를 제어하는 일은 어려운 문제다. 시스템은 일반적으로 사용자가 자격 목록을 직접 조작하는 일을 허용하지 않는다. 그 대신, 사용자를 대신해서 운영체제가 자격 목록을 조작한다. 여러 사용자가 사용하는 시스템이 많은 자격 목록을 포함하고 있을 때는 자격 내용을 추적하기가 더욱 어려워진다. 많은 시스템에서 자격 목록을 관리하는 데 디렉토리 구조를 사용한다.[39]

셀프 리뷰

1. 어떤 유형의 환경에서 접근 제어 목록이 접근 제어 매트릭스보다 적합한가?
2. 토큰 기반 자격 목록과 포인터 기반 자격 목록의 장단점을 논의하라.

▶ **풀이** 1) 매트릭스의 내용이 드문드문할 때 접근 제어 목록이 접근 제어 매트릭스보다 적합하다. 이 경우, 접근 제어 목록은 접근 제어 매트릭스보다 저장 용량이 훨씬 적게 들기 때문이다. 2) 포인터는 객체가 저장된 위치로 접근하는 일을 간단하게 해준다. 그러나 시스템에 있는 이러한 모든 포인터는 객체가 이동할 때 모두 갱신해야 하며, 이는 성능 저하를 초래한다. 토큰을 사용하면 자격 목록은 객체가 메모리에서 차지하는 위치에 독립적이다. 그러나 토큰은 대응하는 객체의 위치를 명시하지 않기 때문에 자격을 처음 사용할 때 객체의 주소를 결정하도록 요구한다.

15.5 보안 공격

최근 e-비즈니스에서 사이버 공격이 신문의 첫 장을 장식하고 있다. 기업들은 서비스 거부 공격 DoS(Denial-of-Service) attack, 바이러스와 웜 때문에 수십억 달러의 대가를 지렀고, 셀 수 없이 많은 시간을 고생했다. 이러한 공격들로 네트워크나 시스템이 침입을 당했고, 이 때문에 데이터 도난과 손상 등의 공격을 받았다. 이 절에서는 컴퓨터 시스템에 대한 몇 가지 공격 유형을 알아보

자. '15.6 공격 예방과 보안 해결책'에서는 컴퓨터의 정보와 무결성을 보호할 수 있는 해결책에 관해 논의한다.

15.5.1 암호 분석법

암호 분석 공격 cryptanalytic attack 은 복호화키를 소유하지 않은 채 암호문을 복호화하는 것이다. 가장 일반적인 암호 분석 공격은 암호화 알고리즘을 분석해 암호화키의 비트와 암호문의 비트 사이의 관계를 알아내는 것이다. 이러한 공격의 목표는 암호문으로부터 키를 알아내는 것이다.

암호문과 키 사이의 취약한 통계적 성향을 이용해 키를 알아낼 수도 있다. 따라서 적절한 키 관리와 키 만료일을 두어 암호 분석 공격으로 인한 피해를 줄여야 한다. 길이가 긴 암호화키를 사용하면 공격자는 더 많은 암호문을 사용해 키를 도출할 수 있다. 공격자가 몰래 키를 알아내면 해당 키를 사용하는 모든 메시지를 복호화할 수 있다.

셀프 리뷰

1. 키 만료일을 두면 암호 분석 공격의 영향을 어떻게 줄일 수 있는가?

▶ **풀이** 1) 더 긴 암호화키를 사용할수록 공격자는 더 많은 암호문을 사용해 키를 도출할 수 있다. 키 만료일은 각 키를 사용하는 시간을 제한하기 때문에 이러한 위험성을 줄인다.

15.5.2 바이러스와 웜

바이러스 virus 는 실행 코드로, 다른 파일에 첨부되거나 파일을 덮어써서 스스로 복제한다. 흔히 이메일 메시지에 첨부되거나 오디오, 비디오, 게임 등의 파일에 숨긴 채 발송된다. 바이러스는 파일을 손상시킬 수도 있고, 응용 프로그램을 제어하기도 하며, 심지어는 하드 드라이브를 지우기도 한다. 오늘날 바이러스는 이메일, 문서, 프로그램 등에 첨부된 '감염' infected 파일을 공유함으로써 네트워크를 통해 확산될 수 있다.

웜 worm 은 실행 코드로, 네트워크를 통해 파일을 감염시킴으로써 확산된다. 웜이 확산되는 데는 사용자의 행동이 필요한 경우가 드물고, 다른 프로그램이나 파일에 첨부되지 않아도 된다. 일단 바이러스나 웜이 퍼지면 빠른 속도로 확산되면서 수 분 혹은 몇 시간 만에 전 세계 컴퓨터 수백만 대를 감염할 수 있다. 바이러스는 다음과 같이 분류할 수 있다.

1. **부트 섹터 바이러스** boot sector virus – 컴퓨터 하드 디스크의 부트 섹터를 감염해, 바이러스가 운영체제와 함께 로드되어 시스템을 제어할 수 있게 한다.

2. **떠돌이 바이러스** transient virus – 자신을 특정 컴퓨터 프로그램에 첨부한다. 바이러스는 프로그램을 시작할 때 활성화되고, 해당 프로그램을 종료할 때 비활성화된다.
3. **상주 바이러스** resident virus – 일단 컴퓨터의 메모리에 로드되면 컴퓨터 전원이 꺼질 때까지 동작한다.
4. **논리폭탄** logic bomb – 특정 조건을 충족할 때 자신의 코드, 즉 **페이로드** payload를 실행한다. 논리폭탄의 예는 **시한폭탄** time bomb으로, 컴퓨터의 시계가 특정 일자, 특정 시각과 일치할 때 활성화된다.

트로이 목마 Trojan horse는 신뢰받는 프로그램 안에 숨어 있거나 합법적인 프로그램이나 기능을 흉내 내는 악성 프로그램으로, 실제로는 이 프로그램이 실행할 때 컴퓨터나 네트워크에 손상을 준다. 트로이 목마라는 이름은 그리스 신화의 트로이 전쟁 이야기에서 기인한다.* 트로이 목마 프로그램은 특히 탐지하기 어려운데, 이는 합법적이고 올바르게 기능하는 응용 프로그램처럼 보이기 때문이다.

백도어 프로그램 back-door program은 바이러스를 보낸 사람이 피해자의 컴퓨터 자원에 몰래 접근할 수 있게 해주는 상주 바이러스다. 이러한 형태의 바이러스는 특히 모든 키 입력 로그를 남기게 해 모든 패스워드나 신용카드 번호 등을 캡처하므로 피해자에게 큰 위협이 된다.

널리 피해를 준 바이러스의 예

매체들의 주목을 받은 두 가지 바이러스는 1999년 3월에 발생한 멜리사 Melissa와 2000년 5월에 발생한 ILOVEYOU다. 이들은 각각 수십억 달러의 손실을 입혔다. 멜리사 바이러스는 이메일을 통해 전송되는 마이크로소프트 워드 문서들을 감염시켰다. 워드 문서를 열 때 바이러스가 동작하기 시작해 사용자의 마이크로소프트 아웃룩 Outlook 주소록(예를 들면, 이메일 주소 목록)에 접근하고, 이 주소들을 이용해 최대 50명에게 감염된 워드 문서를 발송했다. 다른 사용자가 문서를 열 때마다 다시 50개 메시지를 추가로 발송하는 식이었다. 이 바이러스는 일단 시스템에 상주하면 마이크로소프트 워드를 사용해 저장한 모든 문서를 감염시켰다.

ILOVEYOU 바이러스는 러브 레터를 가장해 이메일에 첨부되어 전송되었다. 이메일의 메시지는 "Kindly check the attached love letter coming from me."라고 적혀 있고, 일단 파일을 열면 바이러스가 마이크로소프트 아웃룩 주소록에 접근해 각 주소에 메시지를 보냄으로써

* 그리스 전사들은 나무로 만든 거대한 목마에 숨어 있었고, 트로이 사람들은 목마를 트로이 성 안으로 들여왔다. 밤이 되어 트로이 사람들이 잠들었을 때, 그리스 전사들은 목마 밖으로 나와서 성문을 열고 그리스 군대가 들어오게 했다. 결국 트로이는 멸망했다.

전 세계로 빠르게 확산되었다. 바이러스는 운영체제 파일을 비롯해 여러 형식의 파일을 손상시켰다. 대량의 이메일 생성과 발송을 통해 여러 네트워크가 수일 동안 마비되었다.

이 바이러스는 이메일 보안의 취약점을 들춰냈다. 즉, 첨부 파일을 열기 전에 미리 스캔해 보안 위협을 감지하는 소프트웨어가 부재했던 것이다. 사용자는 이 바이러스 때문에 의심스러운 이메일이나, 심지어 친숙한 이들로부터 온 이메일조차 조심스럽게 다뤄야 함을 인식하게 되었다.

사파이어/슬래머 웜: 분석과 구현

웜은 소프트웨어나 응용 프로그램 혹은 운영체제에서 확립한 통신 채널의 취약점을 이용해 확산된다. 웜은 일단 취약점을 발견하면 한 컴퓨터나 네트워크를 마비시킬 만큼 네트워크 트래픽을 일으킨다. 더 나아가 웜은 감염한 컴퓨터에서 코드를 실행할 수도 있도록 설계할 수 있다. 이는 잠재적으로 웜 생성자가 민감한 정보를 얻거나 파괴할 수 있게 해준다.

매체의 관심을 끈 웜 공격으로는 님다 Nimda, 코드레드 Code Red, 슬래머 Slammer라고도 하는 사파이어 Sapphire가 있다. 슬래머는 2003년 1월 25일, 취약한 대부분의 컴퓨터를 10분 안에 감염시켰고 8.5초마다 감염 컴퓨터 수를 배가시켰다.* 감염 속도는 악명 높은 선배 바이러스 코드 레드 웜보다 두 자릿수 이상 빨랐다. 코드 레드 웜은 4KB 웜으로, 새로운 호스트를 감염시키기 위해 TCP 연결을 생성하는 여러 스레드를 생성했다. 이와 대조적으로 슬래머는 UDP에서 동작했고, 페이로드는 404바이트 UDP 패킷 하나에 담겨 있었다. 비연결 지향 UDP 프로토콜은 목적지 IP 주소를 생성하는 랜덤 스캐닝 알고리즘과 결합해 슬래머 웜은 더욱 전염성이 강해졌다. **랜덤 스캐닝 알고리즘** random-scanning algorithm은 난수와 비슷한 수를 사용해 감염 대상 IP 주소를 넓은 범위로 생성했다.

슬래머 웜은 UDP 패킷으로 네트워크를 포화 상태로 만들어 시스템과 네트워크가 중단되게 만들었다. 흥미롭게도 이 웜은 악성 페이로드를 포함하지는 않았고 비교적 제한된 범위 안에서만 취약한 응용 프로그램을 공격했다. 또한 자신의 랜덤 스캐닝 알고리즘에 논리적 오류처럼 보이는 문제가 있어서 웜이 도달할 수 있는 IP 주소의 수에 상당한 제한을 주었다.[40]

안티바이러스 소프트웨어는 바이러스와 웜으로부터 시스템을 보호할 수 있다. 대부분의 안티바이러스 소프트웨어는 반응적 reactive이다. 이는 알려지지 않은, 미래의 바이러스로부터 미리 보호하기보다는 알려진 바이러스를 공격함을 의미한다. 15.6.3에서 안티바이러스 소프트웨어를 살펴본다.

* 취약한 컴퓨터로는 2002년 7월에 발표된 보안 패치를 적용하지 않은 채 마이크로소프트 SQLServer 2000을 실행하는 컴퓨터가 있다.

셀프 리뷰

1. 웜은 다른 바이러스와 어떻게 다른가?
2. 멜리사와 ILOVEYOU 바이러스는 컴퓨터 시스템의 어떤 약점을 들춰냈는가?

▶ **풀이** 1) 웜은 보통 네트워크 연결을 통해 확산되고 사용자의 반응 없이도 확산될 수 있다. 2) 이들 바이러스는 첨부 파일을 미리 스캔해 보안 위협을 감지하는 소프트웨어가 없었다. 사실과 사용자가 의심스러운 이메일을 적절히 처리하지 않는다는 문제점도 들춰냈다.

15.5.3 서비스 거부 공격

서비스 거부 공격 DoS(Denial-of-Service) attack은 시스템이 정당한 요청에 대해서도 서비스하지 못하게 만든다. 많은 DoS 공격에서 인가되지 않은 트래픽이 네트워크 자원을 포화시킴으로써 합법적인 사용자가 접근하는 것을 막는다. 대체로 이러한 공격은 서버를 데이터 패킷으로 포화시키는 방식을 취한다. 서비스 거부 공격이 가능하려면 보통 네트워크의 컴퓨터들이 동시에 동작해야 한다. 하지만 기술적으로 뛰어난 공격은 한 컴퓨터만으로도 가능하다. 서비스 거부 공격은 네트워크에 연결된 컴퓨터들이 다운되거나 연결이 끊기게 해 웹사이트에서 서비스를 할 수 없게 하거나, 심지어는 원격 통신이나 항공 제어 센터와 같이 중요한 시스템마저 마비시킬 수 있다.

다른 유형의 서비스 거부 공격은 네트워크의 라우팅 테이블 routing table을 대상으로 한다. 라우팅 테이블은 네트워크 토폴로지의 뷰를 제공하며, 라우터는 이 라우팅 테이블을 사용해 데이터를 어디로 보낼지 결정한다. 그런데 보안 공격은 라우팅 테이블을 수정해 네트워크의 동작을 악의적으로 다른 방향으로 바꾼다. 예를 들면, 라우팅 테이블을 바꾸어 유입되는 모든 데이터를 네트워크에 있는 한 주소로 보내도록 바꿀 수 있다. 유사한 공격으로 **도메인 이름 시스템 공격** DNS(Domain Name System) attack이 있다. DNS 공격은 네트워크 트래픽을 특정 웹사이트로 보내도록 주소를 수정할 수 있다. 이러한 공격은 특정 웹사이트의 사용자를 다른 악성 사이트로 돌리며, 불법적인 웹사이트가 실제 사이트처럼 가장해 사용자가 민감한 정보를 공격자에게 노출하게 할 때 특히 위험하다.

분산 서비스 거부 공격 DDoS(Distributed Denial of Service) attack에서는 여러 컴퓨터에서 패킷이 한꺼번에 유입되어 포화 상태가 된다. 이러한 공격은 흔히 한 사람이 시작한다. 이 공격자는 바이러스로 컴퓨터 몇 대를 감염시켜 승인되지 않은 채 이들 컴퓨터에 접근한 후 공격을 수행한다. 분산 서비스 거부 공격은 멈추기 어렵다. 네트워크의 여러 요청 중 어떤 것이 합법적인 사용자 요청이고, 어떤 것이 공격자 요청인지 분간하기 어렵기 때문이다. 공격자의 컴퓨터에서 직접 나오는 것이 아니기 때문에 이러한 공격을 저지른 사람이 누구인지 식별하기 어렵다.

2000년 2월에 분산 서비스 거부 공격이 발생해 야후 Yahoo!, 이베이 eBay, CNN Interactive, 아마존 Amazon 등 사용량이 많은 웹사이트 다수가 서비스를 중단했다. 이 경우 사용자 단 한 명이 네트워크에 연결된 컴퓨터를 사용해 웹사이트들을 포화시켰다. 서비스 거부 공격은 단순히 웹사이트에 대한 접근을 방해할 뿐, 피해자 컴퓨터의 데이터에 영향을 주지는 않는다. 하지만 그 비용은 상당할 수 있다. 예를 들면, 이베이의 웹사이트가 24시간 동안 다운되었을 때, 주가가 큰 폭으로 떨어졌다.[41]

바이러스와 서비스 거부 공격은 누구의 책임인가? 대부분 공격자를 **해커** hacker라고 하지만 사실은 잘못된 이름이다. 컴퓨터 분야에서 해커란 숙련된 프로그래머, 흔히 응용 프로그램의 기능만큼이나 개인적인 즐거움을 위해 프로그램을 만드는 사람을 일컫는 말이다. 바이러스로 해를 입히는 사람을 가리키는 정확한 용어는 **크랙커** cracker다. 크랙커란 컴퓨터를 악의적으로 (그리고 흔히 불법적으로) 사용해 다른 시스템에 침투하거나 해를 입히는 사람을 일컫는다.

셀프 리뷰

1. DNS 공격은 어떤 해를 주는가?
2. 분산 서비스 거부를 탐지하고 중단하는 일이 어려운 이유는 무엇인가?

▶ **풀이** 1) 사용자는 민감한 정보를 크랙커에게 전송하는 등의 악의적인 동작을 인식하지 못한다. 사용자가 다른 허위 사이트를 사용함으로써 합법적인 웹사이트의 수익이 감소한다. 2) 합법적인 사용자와 불법적인 사용자를 구별하는 것이 어렵기 때문이다.

15.5.4 소프트웨어 취약점 악용

전자상거래에서 성행하는 또 다른 문제는 크랙커들이 행하는 소프트웨어 악용 exploitation이다. 네트워크에 연결된 머신에 있는 모든 프로그램을 대상으로 취약한 부분이 있는지 확인해야 한다. 그러나 수백만 가지 소프트웨어가 있고 매일매일 취약점이 발견되면서 쉽게 해결할 수 없는 일이 되어가고 있다. 일반적인 취약점 공격 방식은 **버퍼 오버플로우** buffer overflow다. 버퍼 오버플로우는 응용 프로그램이 할당된 버퍼 공간을 초과하는 큰 입력 값을 받을 때 발생한다.

버퍼 오버플로우 공격은 추가 데이터를 인접한 버퍼에 넣어 기존 데이터를 덮어쓴다. 세심하게 설계한 버퍼 오버플로우 공격은 응용 프로그램의 스택에 실행 코드를 대체해 넣어 프로그램의 동작 방식을 바꾸기도 한다. 버퍼 오버플로우 공격은 공격당한 응용 프로그램과 동일한 접근 권한으로 실행할 수 있는 악성 코드를 포함할 수도 있다. 사용자와 응용 프로그램에 따라 공격자가 전체 시스템에 대한 접근 권한을 얻기도 한다. 1993년에 만들어진 BugTraq(http://www.

securityfocus.com)은 소프트웨어들의 취약점과 이를 악용하는 방법 및 복구 방법에 대한 목록을 제시한다.

셀프 리뷰

1. 버퍼 오버플로우 공격이 위험한 이유는 무엇인가?
2. 버퍼 오버플로우 공격은 어떻게 예방할 수 있는가?

▶ **풀이** 1) 버퍼 오버플로우 공격은 응용 프로그램의 스택을 수정할 수도 있으며, 이 때문에 공격자가 시스템 전체에 접근할 수 있는 권한을 얻는 악성 코드를 수행할 수 있다. 2) 응용 프로그램이 입력 값을 받을 때 버퍼의 한계를 준수하도록 엄격히 검사할 수 있다. 또한 시스템이 실행할 수 없는 스택 세그먼트를 구현하는 방법도 있다.

15.5.5 시스템 침투

보안 공격의 결과로, 많은 시스템이나 네트워크가 침투를 당한다. 한 컴퓨터 보안 기관(http://www.gocsi.com)의 연구에 따르면 응답자 중 40%가 외부 침입자가 자신의 시스템에 성공적으로 침투하는 일을 당한 경험이 있다고 보고했다.[42] 공격자가 운영체제나 컴퓨터에서 실행하는 소프트웨어를 악용한 후에는 시스템이 데이터 도난이나 시스템 조작을 통한 다운 등 다른 많은 공격에도 취약해진다. **시스템 침투** system penetration란 허가되지 않은 외부 사용자가 컴퓨터 보안을 성공적으로 뚫은 것을 말한다.[43] 재빨리 대처해서 침입자가 심각한 해를 입히기 전에 막아낼 수 있다고 해도, 모든 시스템 침투는 잠재적으로 위험성을 안고 있다. 데이터 도난이나 웹 페이지 위조 등 많은 공격은 시스템 침투가 성공적으로 이루어진 경우다.

웹 위조 web defacing는 크래커가 불법적으로 기관 웹사이트에 대한 접근 권한을 얻어 사이트의 내용을 변경하는 일반적인 공격 형태다. 웹 위조는 매체의 관심을 많이 끌어왔다. 1996년에 발생한 유명한 사건은 스웨덴의 한 크래커가 중앙 정보국 CIA, Central Intelligence Agency의 웹사이트를 '중앙 바보국' Central Stupidity Agency으로 읽게 변경한 것이다. 이 피괴자는 외설적인 사진과 정치적 메시지 그리고 시스템 관리자에게 보내는 쪽지를 두었고, 페이지에 성인 사이트로 가는 링크도 두었다. 이외에도 많은 유명 대형 웹사이트가 이 공격을 받아왔다. 웹사이트 위조는 오늘날 크래커 사이에서 아주 인기가 많아졌고, 매일 피해 사례가 넘쳐남에 따라 공격을 당한 사이트의 아카이브(이 아카이브에 따르면 사이트 15,000개 이상이 위조 공격을 당한 경험이 있다) 작성도 중단될 지경이 되었다.[44]

시스템 침투는 흔히 트로이 목마나 백도어 프로그램 혹은 소프트웨어나 운영체제의 버그를 악용해 수행한다. 외부 사용자가 웹을 통해 응용 프로그램에 접근하도록 허용하면, 공격자가 또 다른 채널로 시스템을 침투할 기회를 얻는다.[45] 마이크로소프트 IIS Internet Information Service와 아파치 Apache HTTP 서버 등 많이 사용하는 웹 서버 응용 프로그램의 취약점 때문에, 시스템 관리자가 필요한 패치를 적용하지 못한 경우 공격자들은 잘 알려진 취약한 경로를 통해 시스템에 침투할 수 있다. 시스템 침투는 또한 웹 브라우저와 같이 인터넷에 연결된 소프트웨어를 통해 개인 컴퓨터에도 발생할 수 있다.

카네기멜론 대학교의 소프트웨어 공학 센터에 있는 CERT®/CC Computer Emergency Response Team Coordination Center(http://www.cert.org)는 연방 정부로부터 자금을 지원받는 연구 개발 센터다. CERT/CC는 바이러스와 서비스 거부 공격에 대한 보고가 들어오면 이에 대응하고, 시스템이 공격당했는지 판단할 수 있는 정보를 포함해 네트워크 보안에 관한 정보를 제공한다. 이 사이트에서는 사건의 경위와 영향, 해결책 등을 포함해 바이러스와 서비스 거부 공격에 대한 상세한 정보를 제공한다. 또한 유명한 운영체제와 소프트웨어 패키지의 취약점에 관해서도 보고한다. CERT 보안 개선 모듈 Security Improvement Module은 네트워크 보안에 대한 뛰어난 지침서다. 이 모듈들은 네트워크 보안 문제를 해결하기 위한 이슈와 기술을 설명한다.

셀프 리뷰

1. 크랙커가 시스템에 침투하기 위해 사용하는 몇 가지 기술을 나열하라.
2. 웹 위조와 DNS 공격을 비교하라.

▶ **풀이** 1) 크랙커는 트로이 목마나 백도어 프로그램을 만들거나, 소프트웨어나 운영체제에 악성 버그를 두거나, 조직의 웹사이트를 통해 응용 프로그램에 접근하는 등의 방법으로 시스템에 침투한다. 2) 웹 위조는 크랙커가 불법적으로 조직의 웹사이트를 변경할 수 있는 권한을 획득해 웹 페이지의 내용을 변경함으로써 발생한다. DNS 공격은 특정 웹사이트로 보낸 네트워크 트래픽의 목적 주소를 바꿔서 사용자가 다른 사이트로 접속되게 하는 것이다.

15.6 공격 예방과 보안 해결책

앞 절에서는 몇 가지 흔히 발생하는 컴퓨터 보안 공격을 살펴봤다. 컴퓨터 보안을 위협하는 수가 압도적인 것처럼 보이지만, 실은 상식을 갖추고 부지런히 대처하면 많은 공격을 예방할 수 있다. 보안을 강화하려고 다양한 공격을 막아내는 전문적인 하드웨어와 소프트웨어를 컴퓨터와 네트워크에 설치할 수도 있다. 이 절에서는 이런 종류의 잘 알려진 보안 해결책을 알아보자.

15.6.1 방화벽

방화벽 firewall은 **지역망** LAN, Local Area Network을 네트워크 외부의 침입자로부터 보호한다. 방화벽 정책은 LAN으로 들어오고 나가는 트래픽들을 관리한다. 방화벽은 명시적으로 허용되지 않은 모든 데이터 전송을 막을 수도 있고, 명시적으로 금지되지 않은 모든 데이터 전송을 허용할 수도 있다. 두 모델 중 무엇을 선택할지는 네트워크 보안 관리자가 결정할 수 있다. 전자는 보안 수준이 높지만 합법적인 데이터 전송도 방해할 우려가 있다. 후자는 시스템이 공격받을 가능성이 커지지만, 합법적인 네트워크 전송이 방해받지 않을 수 있다. 각 LAN은 흔히 방화벽을 포함하고 있는 게이트웨이를 통해 인터넷에 연결할 수 있다. 여러 해 동안 대부분의 심각한 보안 위협은 방화벽 내부에 있는 조직의 구성원 때문에 발생했다. 그러나 이제는 회사에서 인터넷 접속을 많이 하므로 방화벽 외부에서 오는 보안 위협의 비중이 증가하고 있다. 수백에서 수백만 명의 사용자가 인터넷을 통해 회사 네트워크에 접속하고 있다.[46]

방화벽에는 크게 두 가지 유형이 있다. **패킷 필터링 방화벽** packet-filtering firewall은 LAN의 외부에서 들어오는 모든 데이터를 조사해 미리 정해진 규칙에 따라 데이터 패킷을 거절한다. 이는 지역 네트워크 주소를 가진 패킷을 거절하거나 특정 주소 또는 포트에서 오는 패킷을 거절하는 등의 규칙이다. 예를 들면, 네트워크 외부의 크랙커가 네트워크에 있는 컴퓨터 주소를 획득하고, 마치 네트워크 안에 있는 컴퓨터에서 보낸 것처럼 가장해 해로운 데이터 패킷을 보내려 한다고 가정하자. 이 경우, 패킷 필터링 방화벽은 들어오는 패킷 inbound packet의 반환 주소가 명백히 수정된 사실을 인지하고 해당 데이터 패킷을 거절한다. 패킷 필터링 방화벽의 한계는 데이터 패킷의 원천만을 고려하고, 첨부된 데이터를 검사하지는 않는다는 점이다. 그 결과 공격자가 인증된 사용자의 컴퓨터에 악성 바이러스를 설치해 사용자 모르게 네트워크에 접근할 수 있도 있다. **응용 프로그램 수준 게이트웨이** application-level gateway의 목표는 패킷에 담긴 데이터로부터 네트워크를 보호하는 것이다. 만일 메시지가 바이러스를 포함하고 있으면 게이트웨이가 이를 막아 수신자에게 도달하지 못하게 할 수 있다.

방화벽 설치는 규모가 작은 네트워크에 보안 기능을 강화하는 가장 쉽고 효과적인 방법이다.[47] 작은 회사나 가정에서 케이블 모뎀 등을 통해 인터넷에 연결하는 사용자는 강력한 보안 조치를 하지 않는 경우가 많다. 그 결과 이들의 컴퓨터가 크랙커들의 공격 목표가 될 때가 많다. 인터넷에 연결된 모든 컴퓨터가 어느 정도 보안 수준을 갖추는 것이 중요하다. 라우터 등 많이 사용하는 네트워크 제품 중 다수가 방화벽 기능을 지원하며, 윈도우 XP와 같은 운영체제도 소프트웨어 방화벽을 제공한다. 사실 윈도우 XP 인터넷 연결 방화벽 ICF, Internet Connection Firewall은 기본으로 활성화된다. 이외에도 많은 방화벽 소프트웨어 제품이 있다. PDF로 제공하는 '웹 자료'에 몇 가지 제품의 목록을 실었다.

에어 갭 기술 air gap technology은 방화벽을 보완하는 네트워크 보안 해결책으로, 개인 데이터를 인터넷에 접근하는 외부 트래픽으로부터 안전하게 보호한다. 에어 갭은 내부 네트워크와 외부 네트워크를 구별하고, 조직에서 어떤 정보를 외부 사용자가 볼 수 있게 할 것인지 결정한다. 웨일 커뮤니케이션즈 Whale Communications는 컴퓨터 서버 두 대와 메모리 뱅크 memory bank로 구성된 e-Gap 시스템을 만들어냈다. 메모리 뱅크는 운영체제를 실행하지 않는다. 따라서 크랙커들이 일반적인 운영체제의 취약점을 악용해 네트워크 정보를 얻어낼 수 없다.

에어 갭 기술은 외부 사용자가 네트워크 구조를 볼 수 없게 해 크랙커들이 네트워크를 탐색해 약점을 찾지 못하게 한다. e-Gap 웹 셔틀 Web Shuttle은 시스템의 백 오피스 back office를 제한함으로써 안전하게 외부에 접근할 수 있게 해준다. 시스템의 백 오피스란 조직의 가장 민감한 정보와 IT 기반 비즈니스 프로세스를 통제하는 곳이다. 네트워크에 접근하려는 사용자는 에어 갭 뒤로 숨는다. 에어 갭에는 인증 서버가 위치하고 있다. 승인된 사용자는 싱글 사인 온 기능으로 접근 권한을 얻고, 로그인 패스워드 하나를 사용해 인가된 네트워크 영역에 접근할 수 있다.

e-Gap 보안 파일 셔틀 Secure File Shuttle은 파일을 네트워크 안팎으로 옮길 수 있는 기능이 있다. 각 파일은 에어 갭 뒤에서 검사한다. 파일이 안전하다고 판단되면 파일 셔틀을 통해 네트워크로 보낸다.[48]

에어 갭 기술은 전자상거래를 운영하는 기관에서 클라이언트와 파트너들이 투명한 보안을 가지고 정보에 접근하게 함으로써 재고 관리 비용을 절감한다. 군대와 우주 산업, 정부 등 민감한 정보를 많이 관리해야 하는 기관에서 에어 갭 기술을 많이 사용한다.

셀프 리뷰

1. 가정에 있는 개인 사용자는 명시적으로 허용되지 않은 모든 데이터를 금지하는 것과 명시적으로 금지되지 않은 모든 데이터를 허용하는 것 중 어떤 방화벽 모델을 더 많이 사용하겠는가?
2. 패킷 필터링 방화벽과 응용 프로그램 게이트웨이의 차이점을 논하라.

▶ **풀이** 1) 가정 사용자는 명시적으로 금지되지 않은 모든 데이터를 허용할 확률이 높다. 다른 IP 주소에 위치한 대규모 웹사이트에 자유롭게 접근하고 싶어 하기 때문이다. 2) 패킷 필터링 방화벽은 LAN 외부에서 보낸 모든 데이터를 검사하고 미리 정의된 규칙에 따라 특정 데이터 패킷을 거절한다. 응용 프로그램 수준 게이트웨이는 패킷에 담긴 데이터로부터 네트워크를 보호한다. 만일 메시지에 바이러스가 포함되어 있다면, 게이트웨이는 이 메시지가 의도된 수신자에게 도달하는 일을 막는다.

15.6.2 침입 탐지 시스템

침입 탐지 시스템 IDS, Intrusion Detection System은 네트워크와 응용 프로그램의 **로그 파일** log file을 검사한다. 이러한 로그 파일은 운영체제 서비스를 요청한 시각이나 이를 요청한 프로세스의 이름 등 시스템의 동작에 대한 정보를 기록한다. IDS는 로그 파일을 점검해 시스템 관리자에게 의심스러운 응용 프로그램이나 시스템 동작에 대해 경고해준다. 만일 응용 프로그램이 이상 현상이나 악의적인 동작을 하는 상황을 발견하면, IDS는 해당 프로세스의 실행을 중단할 수 있다.[49]

호스트 기반 침입 탐지 host-based intrusion detection 시스템은 시스템과 응용 프로그램의 로그 파일을 점검하는데, 이는 특히 트로이 목마를 탐지하는 데 유용하다. **네트워크 기반 침입 탐지** network-based intrusion detection 소프트웨어는 네트워크에서 발생하는 트래픽을 모니터링해 DoS 공격으로 의심되는 비정상적인 행동이나 허가되지 않은 사용자의 네트워크 접근이 있는지 알아낸다. 그러면 시스템 관리자는 로그 파일을 확인해 침입이 있었는지 판단하고, 만약 침입이 있었다면 위반자를 추적해낸다. 시스코 Cisco(http://www.cisco.com/warp/public/cc/pd/sqsw/sqidsz), 휴렛팩커드 Hewlett-Packard(http://www.hp.com/security/home.html), 시만텍 Symantec(http://www.symantec.com) 등에서는 침입 탐지를 위한 상용 제품을 내놓았다. 또한 스노트 Snort(http://www.snort.org)에서는 오픈 소스 네트워크 침입 탐지 시스템도 내놓았다.

정적 분석 static analysis을 통한 침입 탐지는 크랙커가 응용 프로그램을 손상시킨 시점을 알아낸다. 정적 분석 기술은 크랙커들이 시스템 호출을 사용해 시스템을 공격한다고 가정한다. 이러한 가정 아래침입 탐지의 첫 번째 단계는 응용 프로그램으로부터 기대하는 동작에 대한 모델을 만드는 것이다. 예를 들면, 응용 프로그램이 흔히 호출하는 시스템 호출의 유형 등을 말한다. 그런 다음 응용 프로그램이 실행할 때, 시스템 호출을 하는 패턴을 모니터링한다. 정적 모델과 다른 패턴이 보일 경우, 공격이 탐지된 것일 수 있다.[50]

옥타브 방법 OCTAVE^{SM}(Operationally Critical Threat, Asset and Vulnerability Evaluation Method)은 카네기멜론 대학교의 소프트웨어 엔지니어링 센터에서 개발한 것으로, 시스템의 보안 위협을 평가한다. 옥타브에는 위협 프로파일 생성, 취약점 식별, 보안 해결책과 계획 세우기라는 세 가지 단계가 있다. 첫 번째 단계에서는 조직의 중요 정보와 자산을 식별해내고 이들을 보호하는 데 필요한 보안 수준을 판단한다. 두 번째 단계에서는 중요한 데이터를 손상시킬 우려가 있는 시스템의 취약점들을 점검한다. 세 번째 단계에서는 옥타브에서 파견한 3~5명의 보안 전문가로 구성된 분석팀의 조언에 힘입어 보안 전략을 세운다. 이러한 접근법은 컴퓨터 시스템의 소유자가 전문적 분석 정보뿐 아니라 중요한 정보에 대한 보호 우선 사항 설정에도 참여한다.[51]

셀프 리뷰

1. IDS의 주요 단점은 무엇인가?
2. 호스트 기반 IDS와 네트워크 기반 IDS의 차이점을 말해보라.

▶ **풀이** 1) IDS는 완벽한 정확성을 기해 침입하는 경우는 탐지해내지 못한다. 따라서 IDS는 인가된 사용자가 합법적인 연산을 하는 것을 막고 침입자는 탐지되지 않은 채 침입하도록 허용할 수도 있다. 2) 호스트 기반 IDS는 현재 시스템의 로그 파일을 점검한다. 네트워크 기반 IDS는 네트워크를 통해 이동하는 패킷을 모니터링한다.

15.6.3 안티바이러스 소프트웨어

15.5.2에서 논의한 것처럼, 바이러스와 웜은 회사와 가정에 있는 사용자 모두에게 위협이 되어 왔고 수십억 달러의 손실을 초래했다.[52] 보고된 바이러스 수는 1990년대 중반 이후 꾸준히 증가하고 있다. 이에 대한 대응으로 안티바이러스 소프트웨어가 개발되고 수정되어, 컴퓨터 시스템에 대한 다양한 바이러스 공격에 대응해왔다. **안티바이러스 소프트웨어** antivirus software는 바이러스로부터 컴퓨터를 보호하고, 감염된 컴퓨터로부터 바이러스를 식별하고 제거하는 기능을 한다. 이 소프트웨어는 다양한 기술을 활용해 시스템에서 바이러스를 탐지하고 제거한다. 그러나 그 무엇도 완벽한 보호를 제공할 수는 없다.

서명 스캐닝 바이러스 탐지 signature-scanning virus detection는 컴퓨터 바이러스 코드에 대한 지식에 기반을 둔다. 예를 들어, 많은 안티바이러스 프로그램은 알려진 바이러스와 해당 코드에 대한 목록을 보유하고 있다. 모든 바이러스에는 **바이러스 서명** virus signature이라는 영역이 있는데, 이 영역은 바이러스가 확산될 때 변하지 않는다. 실제 대부분의 알려진 바이러스 목록에는 바이러스 서명 목록이 있다. 이 경우, 바이러스 탐지 소프트웨어는 컴퓨터를 스캔해 파일 데이터를 바이러스 코드와 비교한다.

알려진 바이러스 목록을 이용할 때 약점은 바이러스가 증가하면서 이 목록이 너무 커질 수 있다는 점이다. 또한 성공적으로 바이러스를 식별하려면 바이러스 목록을 정기적으로 갱신해야 한다. 알려진 바이러스 목록의 가장 큰 약점은 이미 식별되고 인식된 바이러스에 관한 정보만 제공할 수 있다는 점이다. 따라서 알려진 바이러스 목록으로는 새로운 바이러스나 아직 식별되지 않은 바이러스를 막기 어렵다.

알려진 바이러스 목록은 특히 바이러스 변종이나 다형적 바이러스에는 특히 비효율적이다. **변종** variant은 원래의 형태에서 코드가 변형된 채 악성 페이로드를 포함하고 있는 바이러스를 말한다. **다형적 바이러스** polymorphic virus는 확산되면서 자신의 코드를 변경(예를 들면, 암호화나 대체 또는 삽입 등의 방법으로)함으로써 알려진 바이러스 목록을 피해가기도 한다([그림 15-6]).

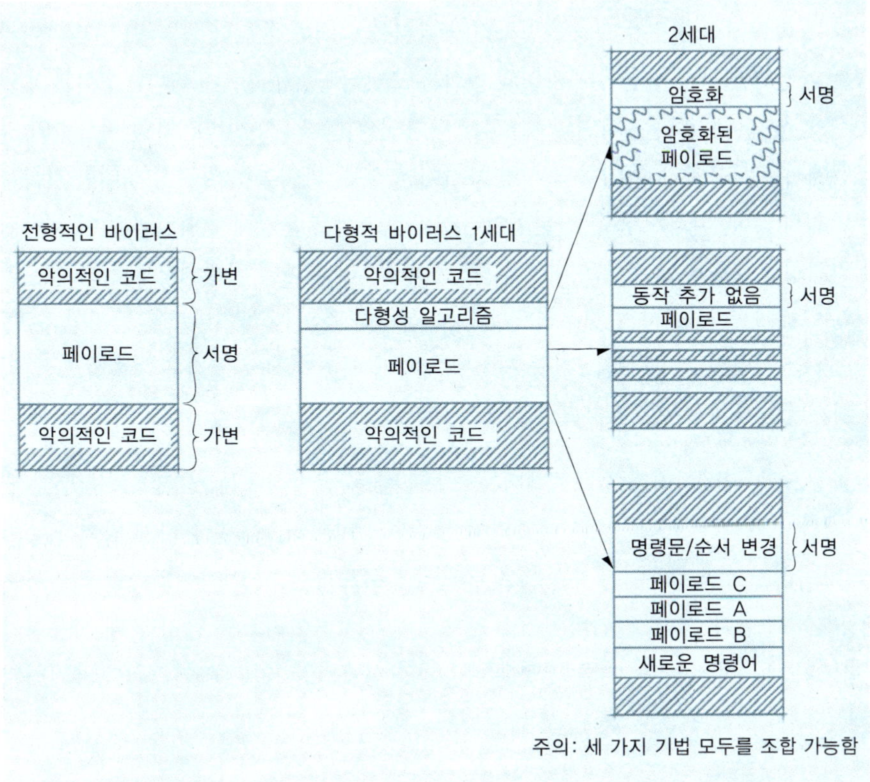

[그림 15-6] 다형적 바이러스

바이러스 서명은 바이러스 스캐너의 능력을 발전시켜 바이러스와 이들의 변종을 탐색하도록 돕지만, 한편으로는 허위 긍정 false positive과 허위 부정 false negative 바이러스 탐지 가능성도 생겨났다. 허위 긍정 바이러스 경고는 파일에 바이러스가 있다고 허위 사실을 알리는 것이고, 허위 부정은 감염된 파일이 있는데도 깨끗하다고 허위 사실을 알리는 것이다. 이렇게 부정확한 결과는 바이러스 서명의 크기가 작아질수록 더 자주 발생한다. 단 2바이트만큼 적은 양으로도 바이러스 서명이 가능하다는 사실이 증명된 만큼, 바이러스를 스캔할 때 허위 긍정과 허위 부정을 방지하는 문제는 많은 도전거리를 주는 난제다.[54, 55]

서명 스캐닝대신 쓸 수 있는 방법으로 **경험적 스캐닝** heuristic scanning이 있다. 바이러스의 특징으로는 복제, 메모리 상주, 파괴적인 코드를 들 수 있다. 경험적 스캐닝은 이러한 행동을 보이는 프로그램을 탐지하고 정지시킴으로써 바이러스 확산을 방지할 수 있다. 경험적 스캐닝의 주요 강점은 아직 식별되지 않은 바이러스도 탐지할 수 있다는 점이다. 그러나 서명 스캐닝과 유사하게 경험적 스캐닝 역시 허위 보고 가능성이 있다. 대부분의 안티바이러스 소프트웨어는 서명 스캐닝과 경험적 스캐닝을 조합하는 방식을 사용한다.

웜을 제외한 모든 바이러스는 컴퓨터를 감염하려면 파일을 수정해야 한다. 따라서 안티바이러스 기술 중에는 파일의 일관성을 점검해 파일의 변화를 모니터링하는 방식도 있다. 대부분의 일관성 점검 consistency check은 보호되는 파일의 체크섬 checksum을 사용해 구현한다. 파일 입출력의 양이 많은 시스템에서는 사용자가 빠른 응답 시간을 기대할 경우, 파일들의 일관성에 대한 기록을 유지하는 것이 쉽지 않다. 따라서 많은 안티바이러스 프로그램은 운영체제 파일과 같이 제한된 파일에 대한 일관성을 보장하는 것으로 대상을 축소한다. 그러나 파일 일관성 스캐닝으로는 안티바이러스 소프트웨어를 설치하기 전부터 컴퓨터에 상주하고 있는 바이러스를 탐지할 수 없다. 윈도우 XP와 같은 몇몇 운영체제는 가상 시스템 파일에 대해 일관성 점검을 수행하고, 파일이 변경되면 시스템의 무결성을 보호하려고 이들을 대체한다.[56]

스캐닝 기술 외에도, 안티바이러스 소프트웨어는 프로그램 동작 방식에서 저마다 특색이 있다. 예를 들어, **실시간 스캐너** real-time scanner는 메모리에 상주하고 바이러스를 활발하게 방어하는 반면, 다른 안티바이러스 소프트웨어는 수동으로 메모리에 로드해야 하고 바이러스를 식별하는 서비스만 제공하기도 한다. 몇몇 안티바이러스 소프트웨어는 바이러스를 탐지할 때 사용자가 재빨리 대처하도록 촉구하는 반면, 다른 몇몇은 사용자와 상호 작용 없이 바이러스를 제거하기도 한다.[57]

셀프 리뷰

1. 서명 스캐닝과 경험적 스캐닝 중 무엇이 새로운 바이러스, 알려지지 않은 바이러스에 더 잘 대처하는가?
2. 알려진 바이러스 목록의 몇 가지 약점을 기술하라.

▶ **풀이** 1) 경험적 스캐닝이 새롭고, 식별되지 않은 바이러스로부터 더 잘 보호한다. 바이러스 서명이 없는 새로운 바이러스도 동작 방식을 보고 탐지할 수 있기 때문이다. 2) 알려진 바이러스 목록의 약점은 바이러스가 증가함에 따라 목록이 지나치게 커질 수 있다는 점이다. 또한 정기적으로 바이러스 목록을 갱신해야만 최근 생겨난 바이러스를 식별할 수 있다. 가장 큰 약점은 알려진 바이러스 목록으로는 이전에 식별한 바이러스들만 인식할 수 있다는 점이다. 따라서 새로운 바이러스, 지금까지 식별되지 않은 바이러스로부터는 시스템을 제대로 보호하지 못한다.

15.6.4 보안 패치

운영체제와 다른 소프트웨어에는 흔히 여러 사용자가 설치해 사용해보기 전까지는 잘 발견되지 않는 여러 보안 결점이 있다. 적절한 시기에 보안 결점을 찾아내려면 소프트웨어 개발자가 다음 사항들을 고려해야 한다.

- 이전에 알려지지 않은 결점을 찾는다.
- 결점에 대한 패치를 신속하게 발표한다.
- 사용자와 함께 견고한 통신 회선을 구축한다.

개발자들은 보안 결점 때문에 발생하는 손실을 줄이려고 지금까지 발견한 보안 결점을 해결해야 하고, 아직 해결하지 못한 문제는 활발하게 연구해야 한다. 보안 결점을 해결하려고 배포하는 코드를 흔히 **보안 패치** security patch라고 한다.

그런데 단순히 보안 결점에 대한 패치를 배포하는 일만으로 보안이 충분히 개선되지는 않는다. 예를 들어, 슬래머 웜은 6개월 전에 보안 패치가 배포된 보안 결점을 악용했다. 따라서 소프트웨어 개발자들은 보안 결점을 사용자에게 신속하게 알리고, 쉽게 보안 패치를 적용할 수 있게 해주는 소프트웨어를 제공해야 한다.

OpenBSD는 BSD 유닉스 프로젝트로, 가장 안전한 유닉스 호환 운영체제('사례 연구: OpenBSD' 참고) 개발을 목표로 한다. 이 프로젝트에는 보안 결점을 지속적으로 점검하는 검수 팀이 있다. 또한 모든 보안 결점을 공개 포럼에 공개한다는 정책으로, 신속하게 보안 패치를 배포하는 팀도 있다. 사용자는 메일링 리스트에 등록하거나 웹 페이지를 방문해 새로운 보안 결점에 대한 정보를 얻고 패치를 다운로드해야 한다.[58] OpenBSD와 애플 MacOS X 운영체제 모두 보안을 개선하려고 모든 포트를 닫고, 모든 네트워크 서비스를 비활성화하는 정책을 기본으로 사용한다('사례 연구: 매킨토시' 참고).

마이크로소프트의 TCI Trustworthy Computing Initiative는 윈도우 계열 운영체제용으로 핫픽스 hotfix라는 보안 패치를 꾸준히 형성했다. 마이크로소프트는 '자동 업데이트' automatic update라는 무료 소프트웨어를 배포해, 윈도우 시스템이 새로운 핫픽스가 나왔는지 주기적으로 점검하게 한다. 자동 업데이트를 통해 보안 패치와 같은 중요한 업데이트 항목을 발견하면 대화 창을 통해 사용자가 핫픽스를 다운로드해서 설치하도록 한다.[59] 이 소프트웨어는 또한 사용자와 상호 작용 없이도 중요 업데이트를 설치하게 해 시스템 보안을 강화하기도 한다.

셀프 리뷰

1. 보안 패치를 배포할 때 소프트웨어 개발자와 사용자 사이에 견고한 통신 회선을 확립하는 것이 중요한 이유는 무엇인가?
2. 보안 결점이 악용된 후에 문제를 해결하는 것이 불충분한 이유는 무엇인가?

▶ **풀이** 1) 소프트웨어 개발자들은 보안 결점을 사용자에게 빨리 알리고, 보안 패치를 적용할 수 있게 돕는 소프트웨어를 제공해야 한다. 이로써 사용자가 알려진 보안 결점에 대해 스스로 보호할 수 있게 해야 한다. 2) 어떤 경우에는 보안 결점을 악용한 것이 개발자에게 탐지되지 않아 며칠 혹은 몇 달이나 몇 년씩 탐지되지 못한 채 시스템 보안을 해칠 수도 있다.

15.6.5 보안 파일 시스템

파일 시스템에 저장된 데이터를 포함한 시스템 자원 접근은 운영체제의 접근 제어 정책에 따라 관리할 수 있다. 그러나 이러한 메커니즘이 다른 운영체제에서 하드 드라이브에 저장된 데이터에 접근하는 것을 항상 막아주는 것은 아니다. 결과적으로 현재 사용하는 몇몇 운영체제는 보안

사례 연구

OpenBSD

NetBSD 프로젝트의 원년 멤버인 Theo de Raadt는 1995년에 NetBSD를 떠나 오픈 소스 NetBSD 소스 코드에 기반을 둔 OpenBSD 프로젝트를 시작했다.[61, 62] 많은 사람이 OpenBSD를 현재 사용할 수 있는 가장 안전한 OS라고 생각한다.[63, 64, 65] 이 책을 쓰는 시점에서 OpenBSD를 기본 설정 상태로 실행하는 동안 크랙을 당한 지 4년 이상이 흘렀다.[66, 67]

이토록 높은 OpenBSD의 보안 수준은 코어 팀의 코드 검수 과정을 통해 달성한 것이다. 시스템의 많은 소스 파일을 코어 프로젝트 팀에 속한 다양한 개발자가 몇 번씩 분석했다. 이러한 검수 확인 덕분에 버퍼 오버플로우와 같은 고전적인 보안 허점을 잡아내게 되었다. 버그를 발견하면 즉시 OpenBSD 프로젝트 사이트에 보내고, 보통 하루 이내에 수정되었다.[68, 69, 70, 71]

OpenBSD는 OpenSSH와 OpenSSL(SSH와 SSL 보안 프로토콜의 오픈 소스 구현) 지원 기능 내장을 비롯해 몇 가지 보안 기능을 포함한다.[72] OpenBSD는 또한 IPSec를 처음 구현한 운영체제다. IPSec는 VPN에서 널리 사용되는 IP 보안 프로토콜로, 15.10.2에서 자세히 논의한다. OpenBSD는 또한 네트워크 인증 프로토콜 커베로스 버전 5도 포함한다.[73]

OpenBSD 그룹(http://www.openbsd.org)은 운영체제 설치 시부터 안전한 상태가 되게 보장한다. 이를 위해 OpenBSD를 설치할 때 최소 서비스만 활성화하고, 모든 포트를 닫힌 상태로 두어 네트워크 공격을 막는다.[74, 75] 윈도우 서버 2003 역시 동일한 철학을 따른다는 점은 흥미로운 일이다. 이는 경험이 없는 관리자가 관리하는 환경에서 보안을 강화하려던 윈도우 2000에서 보여준 마이크로소프트의 정책과 완전히 반대기 때문이다.[76]

OpenBSD 팀에서는 주요 유닉스 기반 시스템용으로 작성한 프로그램이면 무엇이든 실행할 수 있다고 주장하지만, OpenBSD는 보안 핵심을 유지하기 위해 제한된 수의 응용 프로그램을 지원한다.[77] GUI가 없어서 대부분의 데스크톱 사용자는 사용하기 어렵지만, 안전성 확보가 중요하고 사용자와 직접적인 상호 작용이 적은 서버로는 적합하다.[78]

파일 시스템 secure file system을 지원한다. 이는 데이터를 어떻게 접근하든 민감한 데이터를 보호하는 것을 말한다. 윈도우 XP는 NTFS New Technology File System를 사용한다. NTFS는 접근 제어와 암호화를 통해 파일을 보호한다.

암호화 파일 시스템 EFS, Encrypting File System은 NTFS 파일 시스템에서 파일과 폴더를 보호하기 위해 암호 기법을 사용한다. EFS는 파일을 보호하는 데 비밀키와 공개키 암호화를 사용한다.[60] 각

사례 연구

매킨토시 Macintosh

애플 컴퓨터는 1970년대 후반에 두 가지 새로운 컴퓨터에서 동작했다. 하나는 고성능 개인용 컴퓨터 리사 Lisa, 다른 하나는 좀더 저렴한 개인용 컴퓨터인 **매킨토시** Macintosh다.[79, 80, 81] 1979년에 애플의 공동 창립자인 스티브 잡스 Steve Jobs(현재 애플의 CEO)는 제록스의 팔로알토 연구소 PARC를 방문했다.[82] 잡스는 이곳에서 GUI를 사용한 개인용 컴퓨터 알토 Alto와 컴퓨터 마우스 데모를 보게 되었다. 알토는 1970년대에 PARC에서 개발한 것으로, 개인 컴퓨터용으로 설계되었지만 실제로는 너무 크고 고가여서 전혀 팔리지 않았다.

알토에서 영감을 얻은 잡스는 애플의 리사와 매킨토시 운영체제 모두에 GUI와 마우스를 통합했다. 애플 GUI는 알토의 GUI와 비슷한 기능에 드래그 앤 드롭, 파일 아이콘 이동, 풀다운 메뉴, 가린 것을 없앨 때마다 화면을 다시 그려주는 윈도우 등 독창적인 기능을 추가했다. 이 모든 기능이 마우스를 통해 동작했다.

리사와 매킨토시 시스템은 마우스를 장착하고 시장에 출시한 최초의 개인용 컴퓨터다.[83] 리사는 1983년에 출시했지만, 가격이 1만 달러나 되어 성공을 거두지 못했다. 애플은 2년 후에 이 모델을 중단했다.[84] 매킨토시는 조지 오웰의 '1984년'이라는 소설로 유명한 1984년에 발표되었다.[85] 매킨토시는 공간을 좀더 효율적으로 사용했고 리사보다는 좀더 합리적인 가격($2,495)으로 큰 성공을 거뒀다.[86, 87]

최초의 매킨토시 운영체제는 System 1이다. 비록 GUI 기능을 갖추긴 했지만 아주 초보적인 운영체제였다. 가상 메모리도 없었고 멀티프로그래밍을 지원하지도 않았으며, 단일 수준 파일 시스템이었다.[88] 차후 버전에서 이러한 특징을 개선했다. 계층적 파일 구조는 System 3에서, 기본적인 멀티프로그래밍은 System 4에서 추가했고 가상 메모리는 1990년에 발표된 System 7에서 구현했다.[89] 1997년에는 많은 버그를 수정하고, 응용 프로그램을 갱신한 후 버전 7.6을 선보이며 운영체제 이름도 **맥 OS** Mac OS로 변경했다.[90, 91]

맥 OS는 2001년 맥 OS X을 위해 완전히 새롭게 구성되었다. 새로운 다윈 Darwin 커널이 마크 3 Mach 3 마이크로커널과 BSD 유닉스를 병합했다.[92] 다윈은 X11 윈도우 시스템을 옵션으로 포함하는 완전한 유닉스 환경이다.[93] 애플은 또한 다윈을 오픈 소스 프로젝트로 만들어 더 견고하고 안전한 시스템이 되게 했다.[94] 맥 OS X은 (앞선 사례 연구에서 논의한) OpenBSD를 따라 모든 포트를 닫고 모든 네트워크 서비스가 비활성화된 상태로 설치되게 해 보안을 강화했다.[95] 애플은 또한 맥 OS X을 윈도우 파일 소켓과 윈도우 익스체인지 Exchange 메일 서버와 호환되게 해 사용자가 비즈니스 환경을 쉽게 통합할 수 있게 했다.[96]

사용자는 키 쌍과 파일을 암호화한 사용자만 해당 파일에 접근할 수 있음을 보장하는 데 사용하는 인증서 certificate를 받는다. 키를 유실하면 파일 데이터를 잃게 된다. EFS는 흔히 여러 사용자가 사용하는 시스템이나 모바일 시스템에서 많이 사용되며, 도난당하거나 유실한 기기에서 보호하는 파일에는 접근하지 못하게 한다.

암호화는 개별 파일이나 폴더 전체에 적용할 수 있다. 폴더 전체에 적용할 경우, 폴더 안에 있는 모든 파일을 암호화한다. 암호화를 폴더 수준에서 적용하면 프로그램들이 임시 파일을 평문으로 생성하는 일을 방지해 보안 수준을 높일 수 있는 경우가 많다. 리눅스에서 파일 암호화에 관해서는 '16.7 파일 시스템'에서 살펴본다.

셀프 리뷰

1. 접근 제어 메커니즘만으로는 파일 데이터를 보호하는 것이 불충분한 이유는 무엇인가?
2. 암호화 파일 시스템을 구현할 때 가장 큰 위험 부담은 무엇인가?

▶ **풀이** 1) 접근 제어 메커니즘은 저장 장치를 컴퓨터에서 제거하는 경우, 파일 데이터를 충분히 보호할 수 없다. 기존 접근 제어 메커니즘에 걸리지 않고 통과하는 시스템이 파일 데이터에 접근할 수 있기 때문이다. 2) 파일 데이터는 암호화키를 유실할 경우 복구할 수 없다.

15.6.6 오렌지북 보안

미 국방부 DoD, Department of Defense에서는 운영체제의 보안 기능을 평가하기 위해서 1985년 12월에 「국방부 컴퓨터 신뢰성 평가 기준 Department of Defense Trusted Computer System Evaluation Criteria」이라는 문서(**오렌지북** Orange Book)를 내놓았다.[97, 98] 아직까지도 운영체제의 보안 수준을 정의하는 데 이 문서를 사용하고 있다. 오렌지북은 원래 군 시스템을 평가하고 시스템을 A, B, C, D 네 가지 보안 보호 수준으로 분류하려고 개발한 것이다. 가장 낮은 보안 수준은 D, 가장 높은 수준은 A다. 각 수준을 충족하기 위한 요구 사항은 다음과 같다.[99, 100]

- 수준 D – 다른 세 수준의 요구 사항을 모두 충족하지 못하는 시스템. 수준 D로 분류된 시스템은 전반적으로 안전하지 않다.
- 수준 C – 두 가지 하위 수준이 있다. 수준 C1은 운영체제가 사용자와 데이터를 구별해 개인이나 그룹이 시스템을 사용하려면 사용자명이나 그룹명 그리고 패스워드로 로그인하도록 한다. 개인이나 그룹에 속한 사적인 정보를 보호해 다른 개인이나 그룹이 읽거나 수정할 수 없게 한다. 초창기 유닉스가 이 수준에 속한다. 수준 C2는 패스워드를 사용한 개인별 로그인만 지원한다. 이는 사용자가 그룹명으로 로그인할 수 없음을 의미한다. 인증을 받은 개인은 특정 파일과 프로그램에만 접근할 수 있다. C1과 C2 모두 개인이 자신의 파일과 정보에 대한 접근을 통제할 수

있게 허용한다. 이는 개별 사용자가 자유 재량으로 접근을 제어하게 함을 의미한다. 윈도우 NT, 현대 유닉스 시스템, IBM OS/400[101] 등 대부분의 운영체제가 이 카테고리에 속한다.

- 수준 B - 이 수준에서는 강제 접근 제어를 요구한다. 이는 운영체제가 미리 정의된 중앙 집중 허가 스키마를 갖고 있어서 각 주체에 할당되는 권한을 결정해야 함을 의미한다. 객체를 생성한 사람은 해당 객체에 대한 권한을 제어하지 않는다. 이 수준에는 세 가지 하위 수준이 있다. B1에서는 C2를 위한 요구 사항 외에 운영체제가 미리 정의된 중앙 집중 권한 스키마를 가져야 하며, 주체와 객체들에 대해 데이터의 민감도를 나타내는 레이블(예를 들면, '기밀' 등)을 붙여야 한다. 접근 제어 메커니즘은 이러한 민감도 레이블을 사용해 허용 여부를 결정해야 한다. B1 수준의 요구 사항을 충족하는 운영체제는 HP-UX BLS[102], SEVMS[103], CS/SX[104]를 들 수 있다. B2 수준을 위해서는 B1의 요구 사항에 더해 안전하게 인증할 수 있는 운영체제와 사용자 간 통신 회선이 있어야 한다. B2 수준을 충족하는 운영체제로는 멀틱스[105]와 VSLAN[106]이 있다. B3은 B2의 요구 사항을 모두 충족해야 하며 보호 도메인을 구현해야 하고, 안전한 복구 메커니즘(시스템 실패 후 보호 체계를 손상시키지 않은 채 복구하는 메커니즘)을 제공해야 하며, 분석을 위해 모든 주체와 객체에 대한 접근을 모니터링해야 한다. XTS-300 운영체제[107]가 B3 수준을 충족한다.
- 수준 A - 두 가지 하위 수준이 있다. A1은 B3에서 제시한 요구 사항을 모두 충족해야 하며, 운영체제의 보안을 공식적으로 검증받아야 한다. A1의 요구 사항을 충족하는 운영체제로는 Boeing MLS LAN[108]이 있다. A2의 요구 사항은 추후에 별도로 설명한다.

셀프 리뷰

1. C2 카테고리에 속하는 시스템이 B 수준의 요구 사항을 충족해야 하는가?
2. C2 수준은 C1과 어떻게 다른가?

▶ **풀이** 1) 아니다. 수준 B는 수준 C2보다 높으므로, 수준 B에 추가적인 기능과 요구 사항이 있다. 2) 수준 C1 시스템은 개인과 그룹 로그인을 지원하지만 수준 C2 시스템은 개인별 로그인만 지원한다.

15.7 보안 통신

e-비즈니스는 컴퓨터를 소유하고 인터넷에 접속하는 인구가 급격히 증가하면서 이이이 증대되었다. 또한 온라인 트랜잭션이 증가함에 따라 인터넷을 통해 전송하는 민감한 데이터의 양도 늘어났다. 그러므로 트랜잭션을 처리하는 응용 프로그램은 데이터를 전송하기 위한 안전한 연결을 확보해야 할 필요가 생겼다. 최근 몇 년 동안, 보안 트랜잭션을 제공하기 위한 몇 가지 방법이 개발되었다. 이 절에서는 이러한 기술을 살펴보자.

성공적이고 보안성 있는 트랜잭션이 되려면 다음 5가지 기본적인 요건을 충족해야 한다.

- 프라이버시
- 무결성
- 인증
- 권한 부여
- 부인 방지

프라이버시 privacy는 인터넷을 통해 주고받는 정보를 사용자 모르게 제3자가 캡처하지 않는다고 어떻게 보장할 수 있는가 하는 문제다. **무결성** consistency은 사용자가 주고받는 정보가 변경되거나 파괴된 것이 아님을 어떻게 보장할 수 있는가 하는 문제와 관련이 있다. **인증** authentication은 메시지 송신자와 수신자가 서로 신원을 어떻게 검증하는가 하는 문제다. **권한 부여** authorization는 사용자의 **자격 증명** credential(사용자명과 같은 사용자의 신원과, 이 신원을 검증하는 패스워드 등으로 구성된다)에 근거해 보호되는 자원에 접근하는 것을 어떻게 관리할 것인가 하는 문제다. **부인 방지** nonrepudiation는 특정 메시지가 송신되고 수신되었다는 사실을 법적으로 어떻게 증명하는가 하는 문제다. 또한 네트워크 보안을 위해서는 가용성 availability, 즉 네트워크와 이에 연결하는 컴퓨터 시스템이 지속적으로 동작함을 어떻게 보장하는가 하는 문제도 해결해야 한다. 이어서 나오는 절들을 통해 15.2에서 다룬 암호 기법을 통해 도출한 보안 통신 구현 방법을 살펴볼 것이다.

셀프 리뷰

1. 암호화는 성공적이고 보안성 있는 트랜잭션을 위한 5가지 기본 요구 사항 중 무엇에 유용한가?
2. 5가지 요구 사항 중 무엇이 사용자 로그인을 다루는가?

▶ **풀이** 1) 암호화는 5가지 요구 사항 모두에 유용하다. 2) 권한 부여와 인증

15.8 키 합의 프로토콜

비록 공개키 알고리즘이 유연하고 신뢰성 있는 보안을 제공하지만, 많은 데이터를 보내는 데는 충분하지 않다. 따라서 공개키 알고리즘이 비밀키 알고리즘을 대체한다고 생각하면 안 된다. 그 대신, 비밀키를 안전하게 교환하는 데 주로 사용한다. 통신을 하는 양측이 불안전한 매체를 통해 키를 교환하는 과정을 **키 합의 프로토콜** key agreement protocol이라고 한다.

가장 보편적인 키 합의 프로토콜은 **디지털 엔벌로프** digital envelope([그림 15-7])다. 메시지는 비밀키를 이용해 암호화되고(1단계), 이 비밀키는 공개키 암호화를 통해 암호화된다(2단계). 송신자는 암호화된 비밀키를 암호화된 메시지에 첨부해 전체 패키지, 즉 엔벌로프를 수신자에게 보낸다. 또한 송신자는 보내기 전에 디지털 방식으로 엔벌로프에 서명해 송신자의 신원을 증명할 수도 있다('15.8.2 디지털 서명'에서 다룬다). 수신자는 엔벌로프를 복호화하려고 먼저 자신의 개인키를 사용해 비밀키를 복호화한다. 그런 다음 비밀키를 사용해 실제 메시지를 복호화한다. 오직 해당 수신자만 암호화된 비밀키를 복호화할 수 있기 때문에 송신자는 목표하는 수신자만 메시지를 읽을 수 있다고 확신할 수 있다.

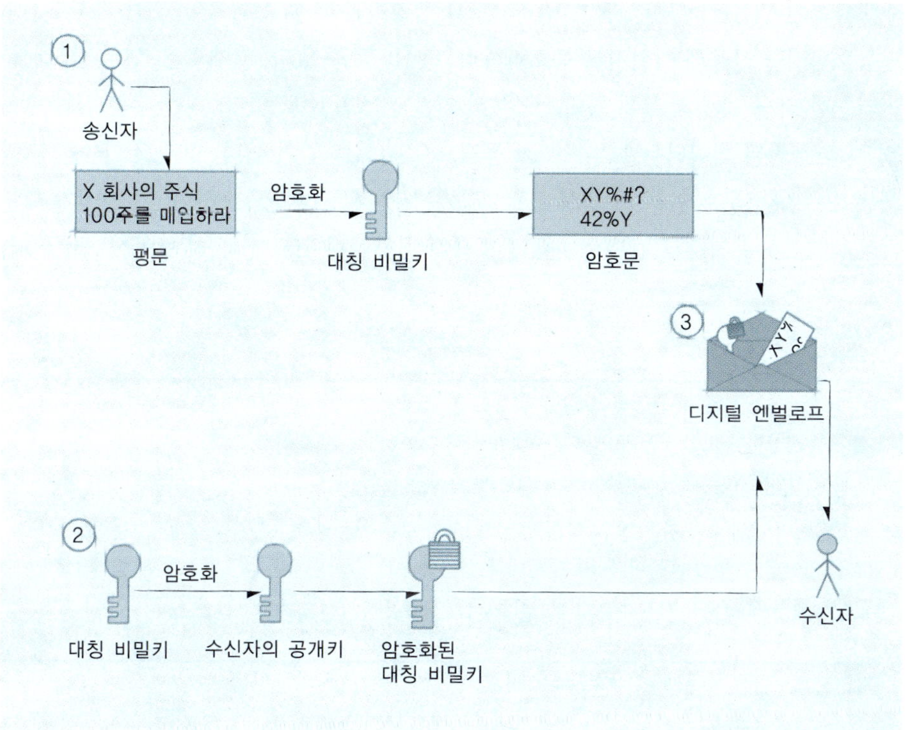

[그림 15-7] 디지털 엔벌로프 생성

셀프 리뷰

1. 비밀키를 교환하는 데 공개키 알고리즘을 사용하는 이유는 무엇인가?
2. 디지털 엔벌로프 프로토콜에서 메시지 전체를 공개키 암호화를 사용해 암호화하는 것이 부적절한 이유는 무엇인가?

▶ **풀이** 1) 공개키 알고리즘들은 소량의 데이터를 전송하는 데 효율적이다. 또한 공개키 알고리즘은 비밀키가 전송되는 동안 공격자가 이를 획득하는 일을 방지해준다. 2) 공개키 암호화는 상당한 처리 능력을 요구하기 때문에 대량의 데이터를 보내는 데는 비효율적이다.

15.8.1 키 관리

개인키의 비밀성 유지는 암호 기법을 사용하는 시스템 보안에서 필수적인 일이다. 대부분의 보안 위반은 암호 분석 공격보다는 키 관리를 소홀히 하는 데서 기인한다(예를 들면, 개인키를 잘못 다루어 도난당하는 일 등).[109]

키 관리에서 중요한 면은 **키 생성**key generation, 즉 키를 생성하는 과정이다. 악의 있는 제3자가 모든 가능한 복호화키를 사용해 메시지를 복호화하려고 시도할 수 있다. 때때로 키 생성 알고리즘이 우연히 가능한 키 중 소수의 부분 집합으로부터 키를 선택할 수도 있다. 해당 부분 집합이 너무 작은 경우, 암호화된 데이터는 브루트포스 공격으로 피해를 입기 쉽다. 따라서 가능하면 많은 키를 임의로 만들어낼 수 있는 키 생성 프로그램을 사용하는 것이 중요하다. 키 길이가 충분히 길어서 브루트포스 공격으로 키를 알아내려면 막대한 계산이 필요할 때 키 보안이 개선된다.

셀프 리뷰

1. 길이가 긴 키를 사용하는 것이 중요한 이유는 무엇인가?
2. 대부분의 보안 위반이 암호 분석 공격보다는 키 관리를 소홀히 하는 데 기인하는 이유는 무엇인가?

▶ **풀이** 1) 복호화키의 전체 수가 작을 경우, 악의 있는 제3자가 모든 가능한 복호화키를 생성해보는 방식으로 더 빨리 암호를 알아낼 수 있기 때문이다. 2) 키 길이가 길면 브루트포스 공격과 같은 암호 분석 공격으로 암호를 알아내기 어렵기 때문이다. 이보다는 키 관리가 소홀한 것을 이용하거나 개인키를 훔치는 것이 더 쉽다.

15.8.2 디지털 서명

디지털 서명digital signature은 전자적으로 작성한 서명을 의미하며, 공개키 암호에서 인증과 무결성 문제를 해결하려고 개발되었다. 디지털 서명은 송신자의 신원을 인증하며, 위조하기 어렵다.

디지털 서명을 생성하려면 송신자가 먼저 원본 평문 메시지에 해시 함수를 적용한다. 안전한 응용 프로그램을 위한 해시 함수들은 대개 해시 값으로부터 메시지를 계산하거나 동일한 해시 값으로 메시지 두 개를 생성하는 일을 아주 어렵게 만들도록 설계된다. 보안 해시 알고리즘은 다른 두 메시지가 동일한 메시지 다이제스트를 생성할 확률이 통계적으로 아주 낮도록 설계된다.

디지털 서명에서는 해시 값이 한 메시지를 유일하게 식별한다. 만일 악의 있는 자가 메시지를 변경하면 해시 값도 변경되어 수신자는 메시지가 변경된 사실을 탐지할 수 있다. 널리 사용하는 두 가지 해시 함수는 표준 기술 연구소 NIST, National Institute of Standards and Technology에서 개발한 **보안 해시 알고리즘** SHA-1, Secure Hash Algorithm과 MIT의 로널드 리베스트 Ronald L. Rivest 교수가 개발한 **MD5 메시지 다이제스트 알고리즘** MD5 message digest algorithm이다. SHA-1을 사용하면 "X 회사의 주식 100주를 매입하라 Buy 100 shares of company X"는 메시지에 대해 해시 값 "D8 A9 B6 9F 72 65 0B D5 6D 0C 47 00 95 0D FD 31 96 0A FD B5"를 생성한다. 해시 값을 **메시지 다이제스트** message digest라고 한다.

다음으로 송신자는 자신의 개인키를 사용해 메시지 다이제스트를 암호화한다. 이 단계는 디지털 서명을 만들고, 송신자의 신원을 검증한다. 이 개인키의 소유자만이 메시지를 암호화할 수 있기 때문이다. 디지털 서명을 포함한 메시지, 해시 함수, 암호화된 메시지가 수신자에게 전달된다. 수신자는 송신자의 공개키를 사용해 디지털 서명을 해독하고(이는 메시지의 신빙성 authenticity을 보장한다) 메시지 다이제스트가 드러나게 한다. 그러고 나서 수신자는 자신의 개인키를 사용해 원본 메시지를 해독한다. 마지막으로 수신자는 해시 함수를 원본 메시지에 적용한다. 만일 원본 메시지의 해시 값과 서명에 포함된 메시지 다이제스트가 일치하면 **메시지 무결성** message integrity이 확인된다. 즉, 전송 중인 메시지를 제3자가 변경하지 않았음을 확신한다.

디지털 서명은 손으로 작성하는 서명보다 훨씬 안전하다. 디지털 서명은 문서의 내용에 근거한다. 따라서 디지털 서명은 손으로 적은 서명과 달리 각 문서마다 다르다.

한편 디지털 서명은 메시지가 전송되었음을 증명하지는 못한다. 다음과 같은 상황을 고려해보자. 어떤 계약자가 한 회사에 디지털로 서명된 계약서를 보낸다. 후에 계약자는 이 계약서를 철회하려고 할 것이다. 계약자는 자신의 개인키를 풀어놓은 후 자신의 개인키를 훔쳐간 어떤 침입자가 디지털 서명된 해당 계약서를 생성했다고 주장할 수도 있다. **타임스탬핑** time stamping은 디지털 문서와 일시를 묶는 것으로, 부인 방지 nonrepudiation 문제를 해결하는 데 도움을 줄 수 있다. 예를 들어, 회사와 계약자가 계약서를 놓고 협상하고 있다고 하자. 회사는 이 계약자가 계약서에 디지털로 서명하길 원하고, 제3자를 통해 문서에 디지털 타임스탬프가 찍히게 하고 싶다(이러한 제3자를 **타임스탬핑 대리자** timestamping agency 혹은 **디지털 공증 서비스** digital notary service라고 한다).

계약자는 디지털 서명된 계약서를 타임스탬핑 대리자에게 보낸다. 타임스탬핑 대리자는 암호화되고 디지털 서명된 메시지를 보는 것이므로, 메시지의 프라이버시는 유지된다. 대리자는 암호화되고 서명된 메시지에 수신 날짜와 시각을 첨부하고, 전체 패키지를 대리자의 개인키로 디지털 서명한다. 대리자의 개인키를 가진 다른 사람이 없으므로, 이 대리자 외에는 그 누구도 타임스탬프를 변경할 수 없다. 계약자는 문서에 타임스탬프가 찍히기 전에 자신의 개인키가 도난당한 사실을 보고하지 않을 경우, 인증되지 않은 제3자가 서명을 위조한 사실을 법적으로 증명할 수 없다. 송신자는 또한 수신자가 메시지를 디지털 서명하고 타임스탬프를 찍어 수신을 증명할 수 있게 해야 한다. 타임스탬프에 대한 자세한 정보를 얻으려면 웹사이트 http://www.authentidate.com을 방문해보기 바란다.

미국 정부의 디지털 인증서 표준을 **디지털 서명 알고리즘** DSA, Digital Signature Algorithm이라고 한다. 2000년 6월 법안이 통과되면서 디지털 서명이 손으로 쓴 서명과 같은 법적인 구속력을 갖게 되어 많은 e-비즈니스 거래를 가능하게 했다. 미국 정부의 정보 보안 관련 법안에 관한 자세한 내용은 웹사이트 http://www.itaa.org/workforce를 참고하기 바란다.

셀프 리뷰

1. 만일 디지털 서명이 메시지 다이제스트를 생성하지 않으면, 악의 있는 제3자가 메시지의 암호문을 수정할 수 있는가?
2. 디지털 서명된 메시지를 해석할 때 메시지 인증과 메시지 무결성 검증의 차이는 무엇인가?

▶ **풀이** 1) 암호문을 수정할 수 있더라도, 암호화키를 모른 채 제3자가 해당 메시지를 의미 있는 문장으로 수정할 수 있을 확률이 낮다. 2) 메시지 인증을 목적으로 수신자는 디지털 서명을 해독하는 데 송신자의 공개키를 사용한다. 메시지의 무결성을 검증하려면, 수신자가 원본 메시지의 해시 값과 서명에 포함된 메시지 다이제스트를 확인한다.

15.9 공개키 기반 구조, 인증서, 인증기관

공개키 암호의 한계는 여러 사용자가 동일한 키 집합을 공유할 수 있어서 각 사용자의 개별성을 확립하기 어렵다는 점이다. 예를 들면, 한 고객이 온라인 상점에 주문하려고 한다고 하자. 고객은 자신이 보고 있는 웹사이트가 제3자가 위장해 신용 카드 정보 등을 훔쳐가기 위한 눈속임이 아니라는 사실을 알 수 있을까? **공개키 기반 구조** PKI, Public-key Infrastructure는 공개키 암호를 디지털 인증서와 트랜잭션에서 인증하는 인증기관과 통합함으로써 해결책을 제공한다.

디지털 인증서 digital certificate는 사용자를 식별하는 디지털 문서로, **인증기관** CA, Certificate Authority에서 발행한다. 디지털 인증서는 주체의 이름(회사 혹은 개인), 주체의 공개키, 일련 번호(인증을 식별하는 고유 번호), 만료일, 신뢰하는 인증기관의 서명과 기타 적절한 정보를 담는다. 인증기관은 금융 기관 혹은 VeriSign과 같은 신뢰할 수 있는 제3자다. 일단 발행이 되면, 인증기관은 이 디지털 인증서를 **인증서 저장소** certificate repository에 두어 공개적으로 사용할 수 있게 한다.

인증기관은 해당 기관의 개인키를 사용해 주체의 공개키나 공개키의 해시 값을 암호화해 인증서에 서명함으로써 수신자가 이 인증을 검증할 수 있게 한다. 인증기관은 모든 주체의 공개키를 검증 verify 해야 한다. 따라서 사용자가 인증기관의 공개키를 신뢰할 수 있어야 한다. 대체로 각 인증기관은 **인증기관 계층** certificate authority hierarchy 의 일부인 경우가 많다. 이 계층은 트리 구조로 볼 수 있다. 각 노드는 인증 정보를 위해 부모 노드에 의존한다. 인증기관 계층의 루트는 인터넷 정책 등록 기관 IPRA, Internet Policy Registration Authority 이다. IPRA는 루트 키 root key 를 사용해 인증에 서명하는데, **정책 생성 기관** policy creation authority 은 디지털 인증서를 획득하는 정책을 지정한 기관에만 허용한다. 그 다음에는 정책 생성 기관이 인증기관을 위해 디지털 인증서에 서명한다. 그러면 인증기관은 개인과 기관을 위해 디지털 인증서에 서명한다.

인증기관은 인증에 대한 책임이 있기 때문에 디지털 인증서를 발행하기 전에 사용자 정보를 신중히 확인해야 한다. VeriSign은 담당자의 실수로 마이크로소프트 직원을 사칭하는 사기꾼에게 디지털 인증서 두 개를 발행해준 경우가 있었다.[110] 이러한 실수는 심각한 결과를 초래할 수 있다. 예를 들어, 부적절하게 발행한 인증 때문에 사용자가 악성 코드를 다운로드할 수 있다. VeriSign(http://www.verisign.com)는 업계 선두 인증기관이다. PDF로 제공하는 '웹 자료'에 다른 디지털 인증서 업체들도 나열해놓았다.

디지털 인증서는 만료일이 있기 때문에 사용자는 주기적으로 키 쌍을 갱신해야 한다. 만일 개인키가 만료일 전에 손상되면 디지털 인증서가 취소될 수 있고, 사용자는 새로운 키 쌍과 디지털 인증서를 얻을 수 있다. 취소되고 무효화된 인증서는 **인증서 철회 목록** CRL, Certificate Revocation List 에 올라간다. 이 목록은 인증을 발행하는 인증기관에서 관리한다.

CRL은 이전에 소매상들이 판매 시 사용한 철회 신용카드 번호의 목록과 유사하다.[111] 이는 인증의 유효성을 확인하는 과정을 상당히 길게 만든다. CRL에 대한 대안으로 **온라인 인증서 상태 프로토콜** OCSP, Online Certificate Status Protocol 이 있다. OCSP는 실시간으로 인증의 유효성을 검증한다.[112]

아직도 전자상거래가 안전하지 못하다고 생각하는 사람이 많다. 그러나 PKI와 디지털 인증서를 사용하는 트랜잭션은 음성 전화선과 같은 암호화되지 않은 공용 매체를 통해 개인 정보를 주고받거나 우편을 통한 결제 또는 신용카드를 판매원에게 건네는 방법보다는 안전하다. 이와 대조적으로 대부분의 온라인 트랜잭션에서 사용하는 키 알고리즘은 깨기가 거의 불가능하다. 어떤 추정 결과에 따르면, 공개키 암호에 사용한 키 알고리즘은 아주 안전해 현재 사용하는 컴퓨터 수백만 대가 병렬로 작업해도 100년은 걸릴 것이라고 한다. 그러나 컴퓨팅 성능이 나날이 발전하기 때문에, 현재 견고하다고 인정하는 키 알고리즘도 미래에는 아주 쉽게 깰 수 있다.

셀프 리뷰

1. 인증기관은 어떻게 인증 보안을 강화하는지 설명하라.
2. PKI와 디지털 인증서를 사용한 온라인 트랜잭션이 개인적으로 혹은 전화로 수행하는 거래보다 안전한 경우가 많은 이유는 무엇인가?

▶ **풀이** 1) 각 CA는 인증기관 계층의 일부다. 이 계층은 인증기관은 트리 구조의 노드로 볼 수 있으며, 각 노드는 인증 정보를 부모 노드에 의존한다. 이 트리 구조의 루트는 IPRA로, 정책 생성 기관을 위한 인증에 서명하는 기관이다. 정책 생성 기관은 인증기관을 위한 디지털 인증서에 서명한다. 그러면 인증기관은 개인과 기관을 위한 디지털 인증서에 서명한다. 2) 온라인 트랜잭션을 안전하게 하는 데 사용하는 키 알고리즘을 깨려면 막대한 계산량이 필요해 거의 불가능할 정도기 때문이다. 어떤 추정 결과에 따르면, 공개키 암호에 사용한 키 알고리즘은 안전성이 아주 높아서, 현재 사용하는 컴퓨터 수백만 대가 병렬로 100년을 작업해도 코드를 깨기 어렵다고 한다. 이와 대조적으로 전화선을 도청하거나 개인이 직접 거래하는 동안 신용카드 번호를 기록하는 일은 훨씬 쉽다.

15.10 보안 통신 프로토콜

보안 통신 프로토콜 secure communication protocol은 전통적인 TCP/IP 스택을 몇 가지 계층 layer으로 개발했다. 이 절에서는 보안 소켓 계층과 인터넷 프로토콜 보안에 관해 논의한다. 또한 보안 무선 통신을 구현하는 데 많이 사용하는 프로토콜에 관해서도 논의한다.

15.10.1 보안 소켓 계층

보안 소켓 계층 SSL, Secure Sockets Layer 프로토콜은 넷스케이프 커뮤니케이션 Netscape Communication에서 개발했으며, 인터넷과 웹에 있는 두 컴퓨터 사이의 보안 통신을 위한 비독점 프로토콜이다.[113] 많은 e-비즈니스에서 안전한 온라인 트랜잭션을 위해 SSL을 사용하고 있다. 또한 모질라 Mozilla(넷스케이프 내비게이터 Netscape Navigator에 포함된 단독형 브라우저), 마이크로소프트의 인터넷 익스플로러 Internet Explorer, 기타 소프트웨어 제품에서 SSL을 지원한다. SSL은 인터넷의 TCP/IP 통신 프로토콜과 응용 프로그램 소프트웨어 사이에서 동작한다.[114]

전형적인 인터넷 통신이 이루어지는 동안 프로세스들은 소켓을 통해 메시지를 주고받는다. TCP는 메시지가 전달은 보장하지만, 전송 도중 고의적으로 패킷이 수정되는지 확인하지는 않는다. 예를 들면, 어떤 공격자가 패킷의 발신지 주소와 목적지 주소를 몰래 변경해 허위 패킷을 실제 패킷처럼 위장할 수도 있다.[115]

SSL은 RSA 알고리즘과 디지털 인증서를 사용해 공개키 암호를 구현함으로써 트랜잭션에서 서버를 인증하고, 인터넷을 통해 이동하는 사적인 정보를 보호한다. SSL 트랜잭션은 클라이언트 인증을 요구하지 않는다. 많은 서버에서 안전한 구매를 위한 인증에는 유효한 신용카드 번호만 있으면 충분하다고 여기기 때문이다. 먼저, 클라이언트가 소켓을 열기 위해 서버에 메시지를 보낸다. 서버는 응답을 하고 자신의 디지털 인증서를 클라이언트에 보내 인증하게 한다. 공개키 암호를 사용해 통신의 안전을 기하려면 클라이언트와 서버가 세션키를 협상해 트랜잭션을 계속한다. 세션키는 해당 트랜잭션이 지속되는 동안 사용되는 비밀키다. 일단 키가 확정되면 해당 통신은 세션키와 디지털 인증서를 사용해 안전성을 유지하고 인증을 받는다.

TCP/IP를 통해 메시지를 보내기 전에 SSL 프로토콜이 정보를 블록 단위로 나눈다. 각 블록은 압축되고 암호화된다. 수신자가 TCP/IP를 통해 데이터를 획득할 때 SSL은 패킷을 복호화하고 압축을 해제한 후 데이터를 다시 조합한다. SSL은 주로 점대점 연결 point-to-point connection, 즉 정확히 두 컴퓨터 사이의 상호 작용에서 안전성을 위해 사용한다.[116] SSL은 서버와 클라이언트 모두 인증하거나, 그렇지 않으면 둘 모두 인증할 수 없다. 그러나 대부분의 e-비즈니스 SSL 세션에서는 서버만 인증한다.

전송 계층 보안 TLS, Transport Layer Security 프로토콜은 IETF Internet Engineering Task Force 팀에서 개발한 SSL의 후속 프로토콜이다. 개념적으로는 SSL과 TLS가 거의 유사하다. 이들은 대칭키를 사용해 인증하고 비밀키를 사용해 데이터를 암호화한다. 두 프로토콜의 차이는 알고리즘의 구현과 TLS 패킷의 구조에 있다.[117]

SSL은 인터넷을 통해 전송하는 정보를 보호하지만, 일단 정보가 상용 서버에 저장되고 나면 신용카드 번호 등의 개인 정보를 보호하지는 않는다. 신용 카드 정보가 복호화되고, 주문이 올 때까지 평문 그대로 상용 서버에 저장되어 있을 수도 있다. 그리고 만에 하나 서버의 보안이 뚫리면 인증되지 않은 제3자가 이 정보에 접근할 수도 있다.

셀프 리뷰

1. SSL을 통한 트랜잭션 중 다수가 서버만 인증하는 이유는 무엇인가?
2. SSL을 사용할 때 정보를 암호화 전에 압축하는 이유는 무엇인가?

▶ **풀이** 1) 많은 서버에서 유효한 신용카드 번호만 있어도 안전한 구매를 위한 인증으로 충분하다고 간주하기 때문이다. 2) 한 가지 이유는 압축된 데이터가 저장 공간을 적게 차지하고 인터넷을 통해 전송되는 시간을 적게 소비한다는 점이다. 또 다른 이유는 압축을 통해 공격자가 암호화되지 않은 메시지를 더욱 해석하기 어렵게 할 수 있다는 점이다. 이로써 암호 분석 공격에 대한 보호를 강화할 수 있다.

15.10.2 가상 사설망과 IP 보안

가정이나 사무실 네트워크는 대부분 사설이다. 즉, 네트워크에 있는 컴퓨터들이 공개용이 아닌 통신 회선을 통해 연결된다. 기관들 또한 기존 인터넷 인프라를 사용해 **가상 사설망** VPN, Virtual Private Network을 만들 수 있다. VPN은 공중망 위에서 보안 통신 채널을 제공한다. VPN은 기존 인터넷 인프라를 사용하기 때문에 광대역 사설 네트워크보다는 경제적이다.[118] 암호화 기법을 통해 VPN이 사설 네트워크와 같은 수준의 서비스와 보안을 제공하게 할 수 있다.

VPN은 터널 tunnel이라는 보안 통신 채널을 확립함으로써 생성된다. 터널을 통해서 데이터를 인터넷으로 전송한다. **인터넷 프로토콜 보안** IPSec, Internet Protocol Security은 데이터의 프라이버시, 무결성, 인증을 제공함으로써 보안 터널을 구현하는 데 공통적으로 사용한다.[119] IPSec는 IETF에서 개발했으며, 공개키와 대칭키 암호화를 사용해 데이터 무결성, 인증, 기밀성을 보장한다.

인터넷 프로토콜 IP, Internet Protocol 표준 위에 발전한 기술은 IP 패킷을 해석하고 수정한 후 몰래 재전송할 수 있다는 보안 허점이 있다. 허가되지 않은 사용자가 **IP 스푸핑** IP spoofing(공격자가 인가된 사용자나 호스트의 IP 주소를 시뮬레이션해 자원에 불법으로 접근하는 방법) 등 몇 가지 잘 알려진 기술을 사용해 네트워크에 접근할 수도 있다. 두 응용 프로그램 간에 점대점 방식의 안전성 있는 연결을 보장하는 SSL 프로토콜과 달리, IPSec는 네트워크에 있는 모든 사용자 사이의 연결에 대한 안전성을 보장한다.

디피-헬만 Diffie-Hellman과 RSA 알고리즘은 IPSec 프로토콜에서 키 교환에 흔히 사용되며, 시스템과 해당 시스템이 요구하는 암호화 전략에 따라 DES 또는 3DES를 비밀키 암호화에 사용한다.* [120] IPSec는 페이로드 payload라는 패킷 데이터를 암호화한 후, 이를 암호화되지 않은 IP 패킷에 두어 터널을 형성한다. 수신자는 IP 패킷 헤더를 떼어낸 후 페이로드를 복호화해 패킷의 내용을 획득한다.[121]

VPN 보안은 사용자 인증, 데이터 암호화, 터널에 대한 통제된 접근이라는 세 가지 개념을 요구한다.[122] 이 세 가지 보안 관련 이슈를 다루려고 IPSec도 세 가지 구성 요소로 구성된다. **인증 헤더** AH, Authentication Header는 체크섬 checksum과 같은 정보를 각 패킷에 첨부해 송신자의 신원을 검증하며, 해당 데이터가 전송 중에 수정되지 않았음을 증명한다. **캡슐화 보안 페이로드** ESP, Encapsulating Security Payload는 대칭키를 사용해 데이터를 암호화해 IP 패킷이 공개 통신 회선을 통해 전송되는 동안 제3자가 엿듣지 못하게 보호한다. IPSec는 **인터넷 키 교환** IKE, Internet Key Exchange 프로토콜을 사용해 키 관리를 수행하고, 키 교환의 안전성을 보장한다.

* 디피-헬만 암호화 알고리즘은 공개키 알고리즘이다.

VPN은 비즈니스 영역에서 점점 많이 사용되고 있지만, 여전히 관리하기 어렵다. IP와 같은 네트워크 계층은 주로 사용자 응용 프로그램이 아닌 운영체제나 하드웨어로 관리한다. 따라서 VPN을 구축하기 어려울 수 있다. IPSec를 지원하려면 네트워크 사용자가 적절한 소프트웨어나 하드웨어를 설치해야 하기 때문이다. IPSec에 관한 더 자세한 정보를 얻으려면 IPSec 개발자 포럼 IPSec Developers Forum(http://www.ipsec.com)과 IETF의 IPSec 작업 그룹 IPSec Working Group(http://www.ietf.org/html.charters/ipsec-charter.html)을 참고하기 바란다.

셀프 리뷰

1. 기업에서 사설 WAN보다 VPN을 많이 선택하는 이유는 무엇인가?
2. 암호화된 IP 패킷을 암호화되지 않은 IP 패킷 안에 보내야 하는 이유는 무엇인가?

▶ **풀이** 1) VPN은 기존 인터넷 인프라를 사용하기 때문에 WAN보다 훨씬 경제적이다. 2) 존재하는 라우터들은 패킷을 포워딩할 수 있어야 한다. 만일 IP 패킷 전체가 암호화되어 있다면 라우터들이 목적지를 결정할 수 없게 된다.

15.10.3 무선 보안

무선 기기를 점점 많이 사용하면서 주식 거래와 온라인 뱅킹과 같은 트랜잭션도 무선으로 전송하는 예가 많아지고 있다. 제3자가 물리적으로 네트워크 안에 탭을 만들어야 하는 유선 환경의 전송과 달리, 무선 전송은 사실상 누구든지 전송되는 데이터에 접근할 수 있다. 무선 기기는 대역폭과 처리 능력이 제한되고, 지연 시간이 길고 연결이 불안정하므로 안전한 무선 통신을 확립하는 것은 아주 어려운 일이다.[123]

IEEE 802.11 표준은 무선 LAN에 대한 명세로, 무선 통신을 보호하기 위해 **WEP** Wired Equivalent Privacy 프로토콜을 사용한다. WEP는 전송되는 데이터를 암호화하고 인증되지 않은 사용자가 무선 네트워크에 접근하지 못하게 함으로써 보안을 강화한다. WEP는 메시지를 전송하기 위해 먼저 메시지에 체크섬을 덧붙여 수신자가 메시지 무결성을 검증할 수 있게 한다. 그리고 RC4 암호화 알고리즘을 적용한다. 이 알고리즘은 40비트 비밀키(송신자와 수신자가 공유한다)와 임의의 24비트 값(초기 값이라고 한다)이라는 두 인자 값을 요구하며 키스트림 keystream(바이트열)을 반환한다. 마지막으로 WEP는 키스트림과 평문에 배타적 논리합 XOR을 수행해 메시지를 암호화한다. 각 WEP 패킷은 암호화된 메시지와 암호화되지 않은 초기 값을 가지고 있다. 패킷을 받으면 수신자는 초기 값을 추출한다. 그리고 수신자는 초기 값과 공유하는 비밀키를 사용해 키스트림을 생성한다. 마지막으로 키스트림과 암호화된 메시지에 XOR를 수행해 메시지를 복호화한다. 수신자는 패킷 내용이 수정되었는지 알아내려고 체크섬을 계산해 메시지에 첨부된 체크섬과 비교한다.[124]

WEP 프로토콜이 제공하는 보안이 많은 환경에 적합하지는 않다. 한 가지 예를 들면, 24비트 초기 값은 너무 작은 수기 때문에 WEP가 다른 메시지들을 암호화하는 데 동일한 키스트림을 사용할 수 있고, 이는 제3자가 비교적 쉽게 평문을 복구해낼 수 있는 요인이 된다. WEP는 또한 키 관리가 약하다. 비밀키는 개인용 컴퓨터로 몇 시간만 계산하면 브루트포스 공격으로 알아낼 수 있다. WEP를 사용할 수 있게 만들어진 대부분의 무선 네트워크는 네트워크에 있는 모든 클라이언트 사이에서 단일 비밀키를 공유한다. 그리고 이 비밀키를 흔히 몇 달, 심지어 몇 년 동안 사용하기도 한다. 마지막으로 체크섬 계산은 간단한 산술 연산을 사용하므로, 공격자가 메시지의 몸체 부분과 체크섬 모두를 비교적 쉽게 변경할 수 있다.[125, 126]

2003년에 IEEE와 Wi-Fi Alliance(http://www.weca.net/OpenSection/index.asp)는 이러한 문제를 해결하려고 **WPA** Wi-Fi Protected Access라는 명세를 개발했다. WPA는 더 개선된 데이터 암호화 기법을 제공하고, WEP에서는 지원하지 않는 사용자 인증 기능을 추가함으로써 WEP를 대체할 것으로 기대한다. WPA는 또한 동적 키 암호화를 도입했다. 동적 키 암호화란 각 클라이언트마다 유일한 암호화키를 생성하는 것이다. 인증은 사용자의 자격 증명 credential을 저장하는 인증 서버를 통해 이루어진다.[127]

WEP와 WPA 모두 802.11 무선 표준을 사용하는 통신을 위해 설계되었다. 다른 무선 기술(예를 들면, 휴대전화, PDA, 무선 호출기를 위한 CDPD Cellular Digital Packet Data와 3GSM이 가능한 휴대폰이나 PDA, 무선 호출기를 위한 3세대 글로벌 이동 통신 시스템 3GSM, Third Generation Global System for Mobile Communications, TDMA 휴대폰을 위한 시분할 다중 접근 TDMA, Time Division Multiple Access 등)은 자신만의(흔히 독점적인) 무선 통신 및 보안 프로토콜을 갖고 있다.[128]

셀프 리뷰

1. 무선 기기의 어떤 특성이 안전한 무선 통신을 구현하기 어렵게 만드는가?
2. WPA는 WEP에서 키 관리가 허술한 문제를 어떻게 해결하는가?

▶ **풀이** 1) 제한된 대역폭, 제한된 처리 능력, 긴 지연 시간, 불안정한 연결 등의 특징이다. 2) WPA는 동적 키 암호화를 도입해 각 클라이언트마다 고유의 암호화키를 생성해준다.

15.11 스테가노그라피

스테가노그라피 steganography는 정보를 다른 정보 안에 숨기는 방법으로, '숨겨진 글' covered writing을 의미하는 그리스어에서 나온 말이다. 암호 기법과 마찬가지로 고대부터 사용되어왔다. 스테가노그라피는 메시지나 이미지 등의 정보를 다른 이미지나 메시지 혹은 다른 형태의 멀티미디어 안에 숨기는 데 사용한다.

간단한 텍스트를 예로 들어보자. 어느 증권 중개인의 클라이언트가 안전하지 않은 채널을 통해 거래하려고 하고 있다. 클라이언트는 "BURIED UNDER YARD"라는 메시지를 보내려고 한다. 만일 클라이언트와 중개인이 메시지는 각 단어의 첫 번째 문자에 담겨 있다고 동의한 상태라면, 수신한 메시지로부터 "BUY"라는 메시지를 추출할 수 있을 것이다.

스테가노그라피를 적용한 것 중 점점 더 많이 사용되는 것이 지적 재산권 보호를 위한 **디지털 워터마크** digital watermark다. 디지털 스테가노그라피는 이미지 내부 또는 분리 가능한 디스크에서 특정 포맷을 사용해 암호화된 파일의 사용되지 않는 부분을 활용한다. 디지털 파일은 의도한 의미를 유지하는 동안, 중요도가 떨어지는 공간에 숨겨진 메시지를 저장한다.[129] 디지털 워터마크는 보일 수도 있고, 안 보일 수도 있다. 디지털 워터마크는 회사 로고나 카피라이트 문구 혹은 문서의 소유자를 나타내는 다른 마크나 메시지가 될 수도 있다. 그리고 워터마크를 넣은 아이템을 도난당하면, 문서의 소유자는 숨겨진 워터마크를 법정에 증거물로 제시할 수 있다.

디지털 워터마킹은 전자상거래에 큰 영향을 미칠 수 있다. 음악 산업 분야를 고려해보자. 음악과 동영상 공급 업체는 MP3(압축 오디오)와 MPEG-4(압축 비디오) 기술이 발전하면서 자료가 불법으로 유포되는 일을 염려할 것이다. 결과적으로, 디지털 컨텐츠는 복사하기 쉽기 때문에 많은 음반사가 컨텐츠를 온라인에 공개하길 꺼리게 될 것이다. 또한 CD-ROM과 DVD-ROM은 디지털 정보를 저장하기 때문에, 사용자가 멀티미디어 파일을 복사하고 웹을 통해 공유할 수도 있다. 디지털 워터마크를 사용하면, 음반사가 사람의 귀에는 들리지 않는 주파수를 사용해 음악의 일부에 분간하기 어려운 변화를 줘 해당 음악이 복제본임을 증명할 수 있다.

Blue Spike의 Giovanni™ 디지털 워터마킹 소프트웨어는 암호화키를 사용해 스테가노그라피 디지털 워터마크를 생성해 디지털 음악과 이미지에 넣는다(http://www.bluespike.com). 워터마크는 구조를 알지 못하면 예측할 수 없도록 임의적인 방식으로 포함된다. 따라서 식별하거나 제거하기 어렵게 되어 있다.

셀프 리뷰

1. 스테가노그라피와 암호 기법을 비교, 대조하라.
2. 그레이스케일 grayscale 비트맵 이미지에서 각 화소는 0~255 사이의 수로 나타낼 수 있다. 이 수들은 0(검정)과 255(흰색) 사이에 있는 특정 농도의 회색조를 나타낸다. 이때, 가능한 스테가노그라피 설계를 기술하고, 그 방식이 효과를 내는 이유를 설명하라.

▶ **풀이** 1) 스테가노그라피와 암호 기법은 모두 메시지를 비공개적으로 보내는 일과 관련된다는 점에서 유사하다. 그러나 스테가노그라피를 사용할 때 메시지가 평문일지라도 제3자는 비밀 메시지가 전송된다는 사실을 모른다. 암호 기법을 사용할 때는 제3자가 비밀 메시지가 전송된다는 사실을 알지만 해당 메시지를 쉽게 해독할 수 없다. 2) 비밀 메시지는 그림의 최하위 비트 각각을 메시지의 한 비트로 대체함으로써 암호화할 수 있다. 이러한 방법으로 그림에는 큰 영향을 주지 않을 수 있다. 각 픽셀은 0~255 사이에서 1에 해당하는 값만큼만 밝아지거나 어두워지기 때문이다. 사실, 대부분의 사람은 그림에 다른 메시지가 감추어져 있다는 사실도 인식하지 못할 것이다.

15.12 독점 소스와 오픈 소스 보안

오픈 소스와 독점 proprietary 소프트웨어의 장점을 비교할 때, 보안은 중요한 화두다. 오픈 소스 보안 지지자들은 독점 솔루션이 은닉 obscurity을 통한 보안에 의존하고 있다고 주장한다. 독점 솔루션은 공격자들이 소스 코드를 분석해 보안 허점을 찾아낼 수 있는 확률이 낮으므로 보안 공격이 더 적어진다고 주장한다.

오픈 소스 보안 지지자들은 독점적인 보안 응용 프로그램에 대해 사용자가 보안 허점을 검사하고 응용 프로그램의 전반적인 보안 문제에 공헌할 수 있는 기회를 제한한다고 생각한다. 만일 소프트웨어의 소스 코드가 공개되지 않아 사용자가 점검할 수 없다면, 개발자들이 간과한 몇몇 버그가 악용될 것이다. 이에 대해 독점 소프트웨어 개발자들은 자신들의 소프트웨어를 보안 전문가가 적절하게 테스트했다고 주장한다.

또한, 오픈 소스 보안 지지자들은 독점 보안 개발자들이 보안 허점을 공개적으로 밝히기를 꺼려한다고 지적한다. 심지어 적절한 패치를 내놓을 때도 회사의 명성에 해를 입힐 것을 우려해 공지도 하지 않는다. 이는 제조사들이 보안 패치를 공개하길 꺼리게 해 제품의 보안 능력을 떨어뜨리는 결과를 가져올 수도 있다.

오픈 소스 응용 프로그램의 주요 장점은 상호 운용성 interoperability이다. 오픈 소스 소프트웨어는 표준과 다른 개발자들이 자신의 제품에 쉽게 포함할 수 있는 프로토콜을 구현하는 성향이 있다. 사용자가 소스 코드를 수정할 수 있기 때문에 자신이 만든 응용 프로그램의 보안 수준에 맞게 커스터마이즈할 수 있다. 따라서 관리자는 운영체제가 가장 안전한 접근 제어 정책이나 파일 시스템, 통신 프로토콜, 셸 등을 포함하도록 커스터마이즈할 수 있다. 이와 대조적으로, 독점 소프트웨어 사용자들은 제조사가 제공하는 기능에만 제한되거나, 다른 기능을 추가하려면 추가적인 비용을 지불해야 하는 경우가 많다.

오픈 소스 보안의 또 다른 장점은 사용자 커뮤니티에서 응용 프로그램의 소스 코드를 더 면밀하게 테스트하고 디버깅할 수 있다는 점이다. 예를 들면, 아파치 웹 서버는 4년 반 이상을 생존해온 오픈 소스 응용 프로그램으로, 이제까지 심각한 취약점을 보인 사실이 없다. 컴퓨터 보안 분야에서 이러한 업적은 찾아보기 힘든 것이다.[130, 131] 오픈 소스 해결책은 시스템에 배치deployment 하기 전에 안전성을 증명할 수 있는 코드를 제공할 수 있다. 이에 비해 독점 솔루션은 중요한 보안 트랙 기록이나 소수 전문가 집단의 추천에 의존해 보안을 보증한다.

한편 오픈 소스 응용 프로그램들의 주요 보안 약점은 오픈 소스 소프트웨어가 표준적인 기본 보안 설정 없이 배포되는 경우가 많아서 경험 부족이나 태만함 등 사람의 실수로 보안이 뚫릴 가능성으로 이어진다는 것이다. 예를 들면, 몇몇 리눅스 배포판의 경우 기본으로 많은 네트워크 서비스를 가능하게 했는데, 이는 컴퓨터를 외부 공격에 노출하는 셈이었다. 이러한 서비스는 솜씨 좋은 공격자들이 시스템을 공격하는 것을 막으려면 상당한 커스터마이징과 수정이 필요하다. 반대로 독점 시스템은 대체로 적절한 보안 설정을 기본으로 가지고 설치된다. 대부분의 유닉스 기반 배포 제품과 달리 오픈 소스 OpenBSD 운영체제는 기본으로 외부 공격에 대해 만반의 태세를 갖추고 설치된다고 주장한다. 그러나 사용해보면 금세 알 수 있듯이 가장 기본적인 통신 서비스를 위해서도 상당한 구성configuration이 필요하다.

독점 시스템은 오픈 소스 커뮤니티의 반대에도 불구하고 오픈 소스 시스템만큼 안전성을 갖출 수 있음을 주목해야 한다. 두 가지 방법 모두 상대적인 장점과 위험성을 가지고 있지만, 양측 모두 보안에 주의를 기울여야 하고, 보안 허점을 발견할 때마다 적절한 시기에 보안 패치를 내놓아야 할 것이다.

셀프 리뷰

1. 소프트웨어 개발 회사들이 보안 허점을 인정하길 꺼리는 이유는 무엇인가?
2. 오픈 소스 암호 기법 소프트웨어 해결책은 키를 생성하는 데 사용하는 기술을 공개해야 하는 문제를 어떻게 처리하는가?

▶ **풀이** 1) 보안 허점을 인정하면 회사의 명성에 해를 입을 수 있기 때문이다. 2) 이러한 소프트웨어는 제3자가 악의적으로 브루트포스 공격을 해 보안을 뚫기 어렵도록 복호화키 집합을 크게 해야 한다.

15.13 사례 연구: 유닉스 시스템 보안

유닉스 시스템은 사용자의 상호 작용을 촉진하도록 설계되었는데, 이 때문에 안전성을 확보하는 일이 더 어려워졌다.[132, 133, 134, 135, 136, 137, 138] 유닉스 시스템은 개방형 시스템을 의도했다. 즉, 유닉스 명세 specification와 소스 코드가 공개되고 널리 사용할 수 있게 되었다.

유닉스 패스워드 파일은 암호화되어 있다. 사용자가 패스워드를 입력하면 암호화되어 있는 패스워드 파일의 내용과 비교된다. 따라서 시스템 관리자도 패스워드를 알 수 없다. 유닉스 시스템은 패스워드를 암호화할 때 솔팅을 사용한다.[139] 솔팅은 두 문자열로, 시간과 프로세스 ID의 함수를 통해 임의로 선택된다. 그리고 솔팅의 12비트는 암호화 알고리즘을 수정한다. 따라서 우연히든 고의로든 동일한 패스워드를 선택하는 사용자도 다른 암호화된 패스워드를 가질 수도 있다(다를 확률이 높다). 몇몇 프로그램은 패스워드 프로그램을 수정해 사용자가 취약한 패스워드를 선택하는 일을 방지하기도 한다.

패스워드 파일은 어떤 사용자든 읽을 수 있어야 한다. 왜냐하면 이 파일에는 사용자 이름이나 ID, 기타 중요한 정보를 담고 있어서 많은 유닉스 도구에 필요하기 때문이다. 예를 들어, 디렉토리는 사용자 ID를 사용해 파일 소유자를 기록하며, 디렉토리 내용과 파일 소유자 목록을 보여주는 ls는 패스워드 파일을 읽어 사용자 ID로부터 사용자 이름을 알아내야 하기 때문이다. 크랙커가 패스워드 파일을 얻는 일이 발생하면, 이들이 패스워드 암호를 깰 가능성이 있다. 유닉스는 이 문제를 해결하려고 암호화된 패스워드 외의 정보를 정상적인 패스워드 파일에 저장하고, 루트 권한이 있는 사용자만 접근할 수 있는 **섀도우 패스워드 파일** shadow password file에 암호화된 패스워드를 저장함으로써 크랙커들로부터 패스워드 파일을 보호한다.[140]

유닉스의 setuid 허가 기능을 사용해 다른 사용자의 권한을 사용하는 사용자가 프로그램을 실행할 수도 있다. 이러한 강력한 기능이 보안 허점이 될 수 있다. 특히 결과 권한이 유닉스 시스템의 모든 파일에 접근할 수 있는 '슈퍼유저' superuser 권한일 경우 더욱 그러하다.[141, 142] 예를 들면, 일반 사용자가 슈퍼유저에게 속한 셸을 실행할 수 있다면, 그리고 이 셸에 setuid 비트가 설정되어 있다면, 이 사용자는 결국 슈퍼유저가 될 수 있다.[143] 분명 setuid는 조심스럽게 사용해야 한다. 슈퍼유저 권한을 포함해 사용자는 주기적으로 자신의 디렉토리를 점검해 setuid 파일이 있는지 확인하고 setuid로 설정되지 않아야 하는 파일이 있는지 확인해야 한다.

유닉스 시스템(혹은 다른 운영체제)의 보안을 비교적 쉽게 깨려면, 로그인 프롬프트를 출력하는 프로그램을 설치해 사용자가 타이핑하는 것을 복사하고, '유효하지 않은 로그인'인 것처럼 가장해 사용자가 다시 로그인을 시도하게 만드는 것이다. 사용자는 이런 사실을 전혀 모른 채 자신의 패스워드를 알려주게 된다! 이런 속임에 넘어가지 않는 한 가지 방법은 패스워드를 정확하

게 입력했다고 확신하는 경우, 다른 컴퓨터에서 로그인해 즉시 새로운 패스워드로 변경하는 것이다.[144]

유닉스 시스템에는 crypt 명령이 포함되어 있다. 이 명령은 사용자가 키와 평문을 입력하게 해주고, 암호문을 결과 값으로 내어준다. 이 변환은 단순히 동일한 키를 역으로 해서 수행할 수 있다. 이 방법에서 한 가지 문제는 사용자가 동일한 키를 반복적으로 사용하는 경향이 있다는 점이다. 키가 일단 알려지면 이 키를 사용해 암호화된 모든 다른 파일을 읽을 수 있다.

사용자는 때때로 암호화된 버전을 생성한 후 평문 파일을 삭제하는 일을 잊어버리기도 한다. 이 때문에 키를 훨씬 발견하기 쉬워진다. 너무 많은 사람이 슈퍼유저 권한을 부여받는 경우가 많은데, 슈퍼유저 권한을 제한하는 것도 미숙한 사용자의 실수 때문에 공격자가 시스템에 대한 통제권을 획득할 위험성을 줄여준다.

유닉스 시스템은 su substitute user identity 명령을 제공해 사용자가 다른 사용자 자격으로 셸을 실행할 수 있게 해준다. 이 명령은 어떤 사용자든 다른 사용자의 패스워드를 올바르게 입력하기만 하면, 심지어 슈퍼유저 권한까지도 획득할 수 있게 해준다. 따라서 모든 su 사용 내역을 로그로 남겨야 한다.

유명한 트로이 목마 기술 중에 허위 su 프로그램을 설치해 사용자의 패스워드를 얻어내어 공격자에게 이메일로 발송한 후 정상적인 su 프로그램으로 복구하게 하는 것이 있다.[145] 절대로 다른 사람이 당신의 파일, 특히 디렉토리에 쓰기 권한을 갖도록 허용하면 안 된다. 만약 쓰기 권한을 허용하면 누군가 트로이 목마를 설치하도록 초청하는 셈이다.

유닉스 시스템은 **패스워드 에이징** password aging이라는 기능을 갖추고 있어서 관리자가 패스워드의 유효 기간을 설정할 수 있게 해준다. 패스워드가 만료되면 사용자는 메시지를 받고 새로운 패스워드를 입력하도록 요청받는다.[146, 147] 이 기능에는 다음과 같은 몇 가지 문제점도 있다.

1. 사용자는 흔히 크랙하기 쉬운 패스워드를 사용하는 경향이 있다.
2. 시스템은 사용자가 이전 패스워드(혹은 어떤 다른 패스워드든)를 몇 주 동안 재설정하는 것을 금시해, 사용자가 약한 패스워드를 안전한 패스워드로 강화하는 것을 막는 경우가 많다.
3. 사용자는 단 두 패스워드를 번갈아 사용하는 경우가 많다.

패스워드는 자주 교체해야 한다. 사용자는 모든 로그인 일자와 시각을 추적해 허가되지 않은 사용자가 로그인한 경우가 있는지 확인할 수 있다(이 경우 사용자의 패스워드가 노출되었다는 의미다). 로그인에 실패하면, 로그는 흔히 패스워드를 저장한다. 사용자는 우연히 사용자 이름을 입력하려다가 패스워드를 입력할 때가 있기 때문이다.

몇몇 시스템은 몇 차례 로그인에 실패할 경우 해당 계정을 사용하지 못하게 한다. 이는 침입자가 모든 가능한 패스워드를 임의로 시도해보는 것을 방지한다. 시스템에 침투한 침입자는 이 기능을 사용해 사용자의 계정을 비활성화할 수도 있다. 때로는 침입을 탐지할 수 있는 시스템 운영자의 계정조차 막아버릴 위험성이 있다.[148]

일시적으로 슈퍼유저 권한을 얻은 공격자가 문서화되지 않은 기능을 이용해 트랩도어 프로그램을 설치할 수도 있다. 예를 들면, 소스 코드를 접근할 수 있는 누군가가 로그인 프로그램을 수정해 특정 로그인 이름을 허용하고, 해당 사용자에게는 패스워드 입력 없이도 슈퍼유저 권한을 주도록 만들 수도 있다.[149]

개별 사용자가 시스템을 '장악'해 다른 사용자가 접근할 수 없게 만들 위험성도 있다. 예를 들어, 어떤 사용자가 수백 개 파일을 여는 프로세스를 수천 개씩 생성할 수도 있다. 그러면 열린 파일 테이블의 모든 슬롯을 채워버리는 것이다.[150] 이를 방지하기 위해 한 부모 프로세스가 생성할 수 있는 자식 프로세스 수를 적정선에서 제한하거나, 한 프로세스가 열 수 있는 파일 수를 제한할 수도 있다. 그러나 이런 방법은 실제로 추가적인 자원 사용을 요구하는 합법적인 사용자까지 제한할 수 있다.

셀프 리뷰

1. setuid 기능을 사용할 때 주의해야 하는 이유는 무엇인가?
2. 유닉스 시스템은 허가되지 않은 사용자의 로그인으로부터 어떻게 시스템을 보호하며, 공격자는 이 메커니즘을 어떻게 우회하고 악용할 수 있는지 논의하라.

▶ **풀이** 1) 사용자가 프로그램을 실행할 때, 프로그램이 실행되는 동안만 사용자의 개인 ID나 그룹 ID 또는 두 가지 모두가 프로그램 소유자로 바뀔 수 있다. 만일 평범한 사용자가 슈퍼유저에게 속한 셸을 실행할 수 있고 해당 셸에 setuid 비트가 설정되어 있다면, 이 평범한 사용자가 슈퍼유저가 될 가능성이 있다. 2) 유닉스 시스템은 허가되지 않은 사용자의 로그인을 막으려고 패스워드 에이징 기법을 사용해 사용자가 자주 패스워드를 바꾸도록 한다. 그리고 사용자 로그인을 추적해 몇 번 실패하는 경우에는 해당 계정을 비활성화한다. 한편, 공격자는 트로이 목마를 사용하거나 su 명령과 setuid 기능을 악용해 사용자의 패스워드를 획득할 수도 있고, 계정(예를 들면, 시스템 관리자의 계정)을 비활성화해 사용자가 시스템 침입에 대처하지 못하게 훼방을 놓을 수도 있다.

요약

Summary

컴퓨터 보안 security은 인증되지 않은 사용자가 컴퓨터에서 유지하는 자원과 정보에 접근하는 일을 방지하는 문제들을 다룬다. 컴퓨터 보안은 흔히 민감한 데이터의 기밀성과 무결성을 보장하는 일, 컴퓨터 자원의 사용을 제한하는 일, 시스템을 무력화하기 위한 악의적인 공격으로부터 회복되는 방법을 제공하는 일을 포함한다. 보호 protection는 하드웨어와 운영체제 서비스와 같은 자원을 공격으로부터 막는 메커니즘을 말한다.

암호 기법 cryptography은 데이터를 암호화, 복호화해 의도된 수신자만 해석할 수 있게 하는 것이다. 데이터는 암호 cipher 혹은 암호 체계 cryptosystem를 통해 변형된다. 현대의 암호 체계는 알파벳 글자보다는 데이터의 개별 비트나 비트 블록에 대한 연산 알고리즘에 의존한다. 암호화와 복호화키는 주어진 길이의 바이너리열로 구성된다.

대칭 암호 기법은 비밀키 암호 기법이라고도 하며, 메시지를 암호화하고 복호화하는 데 동일한 비밀키를 사용한다. 송신자는 비밀키를 사용해 메시지를 암호화하고, 암호화된 메시지를 원하는 수신자에게 보낸다. 수신자는 동일한 비밀키를 사용해 메시지를 복호화한다. 비밀키 암호의 한계점은 송신자와 수신자가 안전하게 통신할 수 있으려면 그 전에 비밀키를 교환할 안전한 방법을 확보해야 한다는 것이다.

공개키 암호 기법은 대칭키를 안전하게 교환해야 하는 문제를 해결해준다. 공개키 암호는 공개키와 개인키라는 역으로 연관된 두 키를 사용한다는 점에서 비대칭이다. 개인키는 소유자가 비밀리에 관리하는 반면 공개키는 자유롭게 배포된다. 만일 공개키가 메시지를 암호화하면 이에 대응하는 개인키만 이를 복호화할 수 있다.

가장 흔히 사용하는 인증 방법은 간단히 패스워드를 사용하는 보호다. 사용자는 패스워드를 선택해 이를 기억하고 시스템이나 자원에 접근하려 할 때마다 시스템에 이를 입력한다. 패스워드 보호는 몇 가지 약점이 있다. 사용자는 기억하기 쉬운 패스워드를 선택하는 경향이 있다. 이 경우, 특정 사용자에 대한 개인적인 정보를 얻은 사람이 해당 사용자의 특징을 반영하는 단어들을 사용해 몇 차례 시도 끝에 패스워드를 알아낼 수도 있다. 예를 들어, 사용자가 배우자 이름이나 애완동물 이름 등으로 패스워드를 만든 경우, 몇 번 반복적으로 시도하다 보면 패스워드를 알아내어 보안이 뚫릴 수 있다.

생체 인식은 지문이나 홍채 스캔, 안면 스캔 등 각 사람의 고유한 정보를 사용해 개인을 식별한다. 스마트 카드는 신용 카드를 본떠 이와 비슷한 개념을 갖는다. 또한 인증뿐 아니라 데이터 저장 등 여러 기능을 할 수 있다. 많이 사용되는 대부분의 스마트 카드는 메모리 카드와 마이크로 프로세서 카드다.

싱글 사인 온 single sing-on 시스템은 사용자가 한 패스워드를 사용해 로그인하게 함으로써 인증 절차를 간략하게 해준다. 싱글 사인 온 시스템을 이용해 인증된 사용자는 여러 컴퓨터에 걸쳐 여러 응용 프로그램에 접근할 수 있다. 싱글 사인 온 패스워드를 보호하는 일은 특히 중요하다. 만일 이 패스워드를 크랙커에게 도난당하면 해당 패스워드로 보호하는 모든 응용 프로그램의 보안이 뚫리기 때문이다. 싱글 사인 온 시스템은 워크스테이션 로그인 스크립트 혹은 인증 서버 스크립트, 토큰 기반 인증 등의 형태로 사용할 수 있다.

운영체제 보안의 핵심은 시스템 자원에 대한 접근을 통제하는 것이다. 가장 보편적인 접근 권한으로는 읽기 read, 쓰기 write, 실행 execute 권한이 있다. 운영체제가 접근 권한을 관리하기 위해 사용하는 기술로는 접근 제어 매트릭스, 접근 제어 목록, 자격 목록 등이 있다.

컴퓨터 시스템에 대한 보안 공격에는 암호 분석 공격, 바이러스, ILOVEYOU 바이러스나 사파이어/슬래머 Sapphire/Slammer 등의 웜 worm, 도메인 이름 시스템 공격 DNS(Domain Name System) attack 등의 서비스 거부 공격, 버퍼 오버플로우 buffer overflow와 같이 소프트웨어 취약점을 악용하는 방법, 웹 위조 등의 시스템 침투 등 여러 형태가 있다.

흔히 사용되는 보안 해결책으로는 (패킷 필터링 방화벽과 응용 프로그램 수준 게이트웨이를 포함한) 방화벽과 (호스트 기반 및 네트워크 기반) 침입 탐지 시스템, 서명 스캐닝과 경험적 스캐닝을 사용하는 안티바이러스 소프트웨어, 핫픽스와 같은 보안 패치, 암호화를 사용하는 파일 시스템과 같은 보안 파일 시스템 secure file system 등이 있다.

성공적이고 보안성 있는 트랜잭션을 위해서는 프라이버시 privacy, 무결성 consistency, 인증 authentication, 권한 부여 authorization와 부인 방지 nonrepudiation라는 다섯 가지 기본적인 요건을 충족해야 한다. 프라이버시란 인터넷을 통해 전송되는 정보가 제3자에게 보이지 않도록 보장하는 것과 관련이 있다. 무결성은 전송한 혹은 전송받은 정보가 변경되지 않은 원래의 정보임을 보장하는 특성이다. 인증은 송신자와 수신자들이 서로의 신원을 검증하는 것과 관련이 있다. 권한 부여란 사용자의 자격 증명을 바탕으로 보호가 필요한 자원에 접근하는 것을 관리하는 것과 관련된다. 부인 방지는 네트워크가 지속적으로 기능하도록 보장하는 이슈들을 다룬다.

공개키 알고리즘은 비밀키를 안전하게 교환하기 위해 가장 많이 사용된다. 두 당사자가 키를 불안전한 매체를 통해 교환할 수 있게 하는 과정을 키 합의 key agreement 프로토콜이라고 한다. 보편적인 키 합의 프로토콜들은 디지털 엔벌로프 envelope와 (SHA-1와 MD5 해시 알고리즘을 사용하는) 디지털 서명이 있다.

공개키 암호의 한계는 여러 사용자가 동일한 키 집합을 공유할 수 있으므로, 각 당사자의 신원을 알기 어려울 수 있다는 점이다. 공개키 기반 구조 PKI, Public-Key Infrastructure는 공개키 암호와 디지털 인증서, 인증기관을 통합해 트랜잭션 당사자들을 인증하는 해결책을 제공한다.

보안 소켓 계층 SSL, Secure Sockets Layer 프로토콜은 인터넷에 있는 두 컴퓨터 사이의 보안 통신을 제공하는 비독점 프로토콜이다. SSL은 트랜잭션에서의 서버를 인증하고, 인터넷을 통해 전송되는 개인 정보를 보호하기 위해 RSA 알고리즘과 디지털 인증서를 사용해 공개키 암호화를 구현한다. SSL 트랜잭션은 클라이언트 인증을 필요로 하지 않는다. 많은 서버에서 안전한 구매를 위해서는 신용카드 번호만으로도 충분히 인증이 가능하다고 여긴다.

가상 사설망 VPN, Virtual Private Network은 공중망에서의 보안 통신을 위한 것이다. 암호화 기법을 통해 VPN은 개인 네트워크와 동일한 서비스와 보안을 제공할 수 있다. VPN은 인터넷에 보안 통신 채널을 확립함으로써 만들어질 수 있다. 인터넷 프로토콜 보안 IPSec은 공개키와 대칭키 암호화 기법을 사용해 데이터 무결성, 인증, 기밀성을 보장한다. IPSec는 보안 터널 tunnel을 구현하는 데 흔히 사용된다.

무선 기기들은 제한된 대역폭과 처리 능력을 갖고, 지연 시간이 많이 걸리며 연결이 불안정하다. 따라서 안전한 무선 통신을 구현하는 데는 많은 난제들이 따른다. WEP Wired Equivalent Privacy 프로토콜은 전송된 데이터를 암호화하고, 인증되지 않은 사용자가 무선 네트워크에 접근하는 일을 방지함으로써 무선 통신을 보호한다. WEP는 몇 가지 약점이 있어서 많은 환경에서 사용되기에는 너무 약하다. WPA Wi-Fi Protected Access는 더 개선된 데이터 암호화를 사용하고 WEP에서는 지원되지 않았던 사용자 인증 기능을 포함해 이러한 문제를 해결한다.

오픈 소스 보안 응용 프로그램의 주요 장점은 상호 운용성 interoperability이다. 오픈 소스 응용 프로그램은 여러 개발자가 자신의 제품에 포함하는 표준과 프로토콜을 준수하는 경향이 있다. 오픈 소스 보안의 또 다른 장점은 개발자 커뮤니티에 의해서 응용 프로그램의 소스 코드에 대해 테스트와 디버깅을 강화할 수 있다는 것이다. 독점 제품의 보안에서 주요 약점은 있는 그대로 공개되지 않는다는 것이고, 보안 허점을 찾고 응용 프로그램의 전반적인 보안 수준을 높일 수 있는 사용자 집단이 제한된다는 사실이다. 그러나 독점적인 시스템도 오픈 소스 시스템과 같은 안전성을 확보할 수는 있다.

유닉스 패스워드 파일은 암호화된 형태로 저장된다. 사용자가 패스워드를 입력하면, 이 패스워드는 암호화되고 패스워드 파일의 내용과 비교된다. 따라서 시스템 관리자라도 패스워드를 알아낼 수 없다.

유닉스의 setuid 허가 기능을 사용해 다른 사용자의 권한을 사용하는 사용자가 프로그램을 실행할 수도 있다. 이러한 강력한 기능이 보안 허점이 될 수 있다. 특히 결과 권한이 유닉스 시스템의 모든 파일에 접근할 수 있는 '슈퍼유저' superuser 권한일 경우 더욱 그러하다.

Chapter_15 연습문제

01 보안 요구 사항을 정확히 표현하는 것이 특정 시스템이 안전한지 여부를 결정하는 데 중요한 이유는 무엇인가?

02 공유와 보호는 상충하는 목표다. 운영체제에서 지원하는 공유의 세 가지 중요한 예를 보여라. 각 공유에 대해 어떤 보호 메커니즘이 필요한지 설명하라.

03 간단한 패스워드 보호가 오늘날 가장 흔히 사용하는 인증 스키마인 몇 가지 이유를 설명하라. 패스워드 보호 스키마의 취약점에 관해 논의하라.

04 어떤 운영체제 보안 전문가가 적합한 보안 수준을 구현하는 방법으로 다음과 같은 경제적인 방법을 제안했다. 단지 시스템을 사용해 일하는 모든 사람에게 운영체제가 최신의 가장 좋은 보안 메커니즘을 담고 있다고 말하라는 것이다. 이 전문가가 말하기를 실제로 이 메커니즘을 구축할 것이 아니라 그냥 모든 사람에게 이 메커니즘이 존재한다고 알리라고 주장한다. 이러한 방법으로 보안을 위협하려는 시도를 그만둘 만한 사람은 누구인가? 이런 방법으로 보안 위협 시도를 저지할 수 없을 만한 사람은 누구인가? 이러한 스키마의 장점과 단점을 논의하라. 어떤 유형의 시스템에서 이와 같은 스키마가 유용한가? 이 스키마를 간단히 수정해 포괄적인 보안 프로그램보다 훨씬 효율적이고 경제적으로 만드는 방법을 제안하라.

05 최소 권한의 원칙은 무엇인가? 최소 권한의 원칙이 의미가 있는 몇 가지 이유를 설명하라. 보호 도메인을 작게 유지해 보안에 최소 권한 접근법을 효율적으로 적용해야 하는 이유는 무엇인가? 작은 보호 도메인을 획득하는 데 자격 요건이 특히 중요한 이유는 무엇인가?

06 자격 목록은 접근 제어 목록과 어떻게 다른가?

07 운영체제 설계자가 암호 기법을 이해하는 것이 왜 중요한가? 운영체제에서 암호 기법으로 보안을 크게 향상시킬 수 있는 영역을 나열하라. 설계자가 운영체제의 모든 영역에서 암호화를 포함하지 않으려고 한다면 어떤 이유 때문이겠는가?

08 특정한 운영체제 보안 기능을 하드웨어에 직접 포함하는 방법이 바람직한 이유는 무엇인가? 특정 보안 기능을 마이크로프로그래밍하는 것이 유용한 이유는 무엇인가?

09 다음 각 용어를 간단히 정의하라.

a. 암호 기법
b. DES
c. 프라이버시 문제
d. 무결성 문제
e. 부인 방지 문제
f. 평문
g. 암호문
h. 봉인진한 채널
i. 도청자
j. 암호 분석법

10 다음 각 용어를 간단히 정의하라.

a. 공개키 시스템
b. 공개키
c. 개인키
d. 디지털 서명

11 서비스 거부 공격이 운영체제 설계자들에게 큰 관심사인 이유는 무엇인가? 서비스 거부 공격의 몇 가지 유형을 나열하라. 서버의 분산 서비스 거부 공격을 탐지하기 어려운 이유는 무엇인가?

12 로그 파일은 무엇인가? 운영체제는 로그 파일에 어떤 정보를 저장하는가? 로그는 보안을 위반하려고 하는 공격자의 행동을 어떻게 저지하는가?

13 공개키 암호 시스템은 디지털 서명을 구현하는 효율적인 수단을 어떻게 제공하는가?

14 다음 각 항목에 대해 암호 기법을 어떻게 유용하게 사용할 수 있는지 설명하라.

a. 시스템의 패스워드 마스터 리스트 보호
b. 저장된 파일 보호
c. 컴퓨터 네트워크에서 취약한 전송 보호

15 유닉스 시스템 관리자는 패스워드를 잊은 사용자의 패스워드를 알아낼 수 없다. 그 이유는 무엇인가? 어떻게 하면 사용자가 컴퓨터에 대한 접근 권한을 다시 얻을 수 있는가?

16 유닉스 시스템 사용자가 어떻게 시스템에 대한 제어권을 장악하고 다른 모든 사용자가 시스템을 사용하지 못하게 할 수 있는가? 이런 기술을 방지하기 위해 어떤 방법으로 보호할 수 있는가?

17 안티바이러스 소프트웨어 회사나 고수준 보안을 구현하는 회사들이 해커들을 고용하는 이유는 무엇인가?

[추천 프로젝트]

18 현재 시스템이 침투 목표가 되기 쉬운 것으로 보인다. 오늘날 시스템에 만연한 취약점의 종류를 나열하라. 이러한 취약점을 보완할 방법을 제시하라.

19 여러분이 익숙하게 알고 있는 대형 컴퓨터 시스템에 대한 침투 연구를 설계하라. 설계 시 다음 사항을 준수하라.

a. 컴퓨터 센터 관리자와 직원들과만 온전히 협력해 연구를 수행하라.
b. 모든 가용한 시스템 문서와 소프트웨어 소스 리스팅에 대한 접근 권한을 얻어라.

c. 발견되는 모든 보안 취약점을 수정할 때까지 공개하지 않는 데 동의하라.
d. 취약점을 찾아낸 것과 이를 보완할 방법을 발견한 것에 대해 상세한 보고서를 준비하라.
e. 여러분의 주요 목표는 다음을 성취하는 것이다.
   i. 총체적인 시스템 침투
   ii. 합법적인 시스템 사용자의 접근 거부
   iii. 시스템 고장
f. 권한이 없는 사용자가 사용할 수 있는 전통적인 메커니즘만을 통해 시스템에 접근할 수 있다.
g. 여러분의 공격은 소프트웨어 혹은 펌웨어 지향적이어야 한다.

20 RSA 알고리즘에 대한 연구 보고서를 작성하라. 어떤 수학적 원칙이 RSA 알고리즘을 깨는 것을 어렵게 만드는가?

21 안티바이러스 소프트웨어가 침입을 최소화하면서 보안을 강화하는 방법에 관한 연구 보고서를 작성하라.

22 PGP 구현에 대한 연구 논문을 작성하라. 'Pretty Good Privacy'라는 이름이 적절한 이유를 설명하라.

23 막대한 비용을 치르게 한 바이러스와 웜에 관한 연구 보고서를 작성하라. 이들 웜이나 바이러스는 어떻게 확산되는가? 이들은 어떤 보안 취약점을 악용하는가?

24 IP를 속이는 IP 스푸핑 IP spoofing에 관한 연구 보고서를 작성하라.

25 해킹 관행을 둘러싼 윤리적, 법적 이슈들에 관해 논의하라.

[추천 시뮬레이션]

26 비트맵 이미지 내의 비밀 메시지를 암호화하고 복호화하는 응용 프로그램을 작성하라. 암호화할 때, 메시지에 대한 정보를 저장하기 위해 각 바이트에서 중요도가 가장 낮은 비트를 수정하라. 복호화하려면 간단히 각 바이트의 LSB를 사용해 메시지를 재조합하라.

핵심용어

- 3DES
- IP 스푸핑 IP spoofing
- MD5 메시지 다이제스트 알고리즘 MD5 message digest algorithm
- OpenBSD
- PGP Pretty Good Privacy
- RSA
- WEP Wired Equivalent Privacy
- WPA Wi-Fi Protected Access
- 가상 사설망 VPN, Virtual Private Network
- 강제 접근 제어 MAC, Mandatory Access Control
- 개인키 private key
- 경험적 스캐닝 heuristic scanning
- 계층적 생체 인식 검증 LBV, Layered Biometric Verification
- 고급 암호화 표준 AES, Advanced Encryption Standard
- 공개키 public key
- 공개키 기반 구조 PKI, Public Key Infrastructure
- 공개키 암호 기법 public-key cryptography
- 권한 privilege
- 권한 부여 authorization
- 네트워크 기반 침입 탐지 network-based intrusion detection
- 논리폭탄 logic bomb
- 다형적 바이러스 polymorphic virus
- 대체 암호 substitution cipher
- 대칭 암호 기법 symmetric cryptography
- 데이터 암호화 표준 DES, Data Encryption Standard
- 도메인 이름 시스템 공격 DNS(Domain Name System) attack
- 디지털 공증 서비스 digital notary service
- 디지털 서명 digital signature
- 디지털 서명 알고리즘 DSA, Digital Signature Algorithm
- 디지털 엔벨로프 digital envelope
- 디지털 워터마크 digital watermark
- 디지털 인증서 digital certificate
- 떠돌이 바이러스 transient virus
- 랜덤 스캐닝 알고리즘 random-scanning algorithm
- 레인달 Rijndael
- 로그 파일 log file
- 루시퍼 알고리즘 Lucifer algorithm
- 루트 키 root key
- 매킨토시 Macintosh
- 맥 OS Mac OS
- 메시지 다이제스트 message digest
- 메시지 무결성 message integrity
- 무결성 integrity
- 미국 표준 기술 연구소 NIST, National Institute of Standards and Technology
- 바이러스 virus
- 바이러스 서명 virus signature
- 방화벽 firewall
- 백도어 프로그램 back-door program
- 버퍼 오버플로우 buffer overflow
- 변종 variant
- 보안 메커니즘 security mechanism
- 보안 모델 security model
- 보안 소켓 계층 SSL, Secure Sockets Layer
- 보안 정책 security policy
- 보안 패치 security patch
- 보안 해시 알고리즘 SHA-1, Secure Hash Algorithm
- 보호 protection
- 보호 도메인 protection domain
- 부인 방지 nonrepudiation
- 부트 섹터 바이러스 boot sector virus
- 분산 서비스 거부 공격 DDoS(Distributed Denial-of-Service) attack
- 브루트포스 크랙킹 brute-force cracking
- 블록 암호 block cipher
- 비밀키 암호 기법 secret-key cryptography

- 삼중 DES Triple DES
- 상주 바이러스 resident virus
- 생체 인식 biometrics
- 섀도우 패스워드 파일 shadow password file
- 서명 스캐닝 바이러스 탐지 signature-scanning virus detection
- 서비스 거부 공격 DoS(Denial-of-Service) attack
- 서비스 티켓 service ticke
- 세션키 session key
- 스마트 카드 smart card
- 스테가노그라피 steganography
- 시스템 침투 system penetration
- 시한폭탄 time bomb
- 실시간 스캐너 real-time scanner
- 싱글 사인 온 single sign-on
- 안티바이러스 소프트웨어 antivirus software
- 암호 cipher
- 암호 기법 cryptography
- 암호 분석 공격 cryptanalytic attack
- 암호 체계 cryptosystem
- 암호문 ciphertext
- 암호화 파일 시스템 EFS, Encrypting File System
- 에어 갭 기술 air gap technology
- 역할 role
- 역할 기반 접근 제어 RBAC, Role-Based Access Control
- 오렌지북 Orange Book
- 옥타브 방법 OCTAVE(Operationally Critical Threat, Asset and Vulnerability Evaluation) method
- 온라인 인증서 상태 프로토콜 OCSP, Online Certificate Status Protocol
- 워크스테이션 로그인 스크립트 workstation login script
- 웜 worm
- 웹 위조 web defacing
- 응용 프로그램 수준 게이트웨이 application-level gateway
- 이중 요소 인증 two-factor authentication
- 인증 authentication
- 인증 서버 스크립트 authentication server script
- 인증 철회 목록 CRL, Certificate Revocation List
- 인증 헤더 AH, Authentication Header
- 인증기관 CA, Certificate Authority
- 인증기관 계층 certificate authority hierarchy
- 인증서 저장소 certificate repository
- 인터넷 키 교환 IKE, Internet Key Exchange
- 인터넷 프로토콜 보안 IPSec, Internet Protocol Security
- 자격 capability
- 자격 증명 credential
- 자유 재량 접근 제어 discretionary access control
- 선위 암호 transposition cipher
- 접근 권한 access right
- 접근 제어 매트릭스 access control matrix
- 접근 제어 목록 ACL, Access Control List
- 정적 분석 static analysis
- 정책 생성 기관 policy creation authority
- 제한된 알고리즘 restricted algorithm
- 침입 탐지 시스템 IDS, Intrusion Detection System
- 캡슐화 보안 페이로드 ESP, Encapsulating Security Payload
- 커베로스 Kerberos
- 크랙커 cracker
- 키 key
- 키 분배 센터 KDC, Key Distribution Center
- 키 생성 key generation
- 키 합의 프로토콜 key agreement protocol
- 타임스탬핑 timestamping
- 타임스탬핑 대리자 time-stamping agency
- 토큰 token
- 토큰 기반 인증 token-based authentication
- 트로이 목마 Trojan horse
- 티켓 부여 서비스 TGS, Ticket Granting Service

핵심용어

Key Terms

- 티켓 부여 티켓 Ticket-Granting Ticket
- 패스워드 보호 password protection
- 패스워드 솔팅 password salting
- 패스워드 에이징 password aging
- 패킷 필터링 방화벽 packet-filtering firewall
- 페이로드 payload
- 평문 plaintext
- 프라이버시 privacy
- 프라이버시 설정 플랫폼 P3P, Platform for Privacy Preferences
- 해커 hacker
- 호스트 기반 침입 탐지 host-based intrusion detection

추천도서

Recommended Reading

컴퓨터 보안은 학계와 산업 환경에서 많이 연구해온 분야다. 이 분야에 속한 대부분의 주제는 아직도 계속해서 진화 중이다. 암호 기법과 접근 제어 문제는 특징들이 잘 정리되었지만, 보안 위협을 다루는 기술(소프트웨어 악용과 네트워크 공격 등)은 계속해서 새로운 하드웨어와 소프트웨어 그리고 상이한 취약점이 생길 때마다 프로토콜을 개발해야 한다.

암호 기법과 관련한 계산 문제에 관한 연구는 Jorg Rothe의 「Some Facets of Complexity Theory and Cryptography: A Five-Lecture Tutorial」이라는 논문에 나와 있다.[151] 접근 제어 문제는 활발히 논의되고 있는 분야다. 접근 제어에 관한 연구는 Sandhu와 Samarati의 「Access Control: Principles and Practice」라는 논문에서 참조할 수 있다.[152]

e-비즈니스와 인터넷 전화에서 보안의 중요성 때문에 1990년대 이후로 많은 보안 관련 저널과 출판물이 쏟아져 나왔다. 상용 저널로는 「Information Security, SC(Secure Computing) Magazine」과 「Access Control and Security Systems」가 있다. 학계 보안 저널로는 「Journal of Computer Security」와 「ACM Transactions on Information and System Security(TISSEC)」가 있다. Dieter Gollmann은 컴퓨터 보안 이론에 관한 철저한 논의를 제공한다.[153] 이 장의 참고 문헌 목록은 http://www.deitel.com/books/os3e/Bibliography.pdf를 참고하기 바란다.

찾아보기 Index

기호/숫자

.NET 50
2도 릴레이션 697
2차 기회 557
2차 저장소 96
3DES, Triple DES 766
3도 릴레이션 697

A

abort 161, 163
aborting 153
absolute assembler 448
absolute loading 124
absolute path 663
absolute translation 450
absolute translator 450
access control matrix 684, 780
access control mode 511
accessed bit 555
access graph 558
accessibility 657
access method 659
access right 509, 777
access transparency 725
accumulator 162
acknowledgment 165
acknowledgment protocol 165
ACL, Access Control List 144, 781
ACPI, Advanced Configuration and Power Interface 109, 364
acronym 353
action 50, 115
active connection 39
active entity 145
active list 573
active state 153
activity 658
actuator 596
Ada 115
adaptive mechanism 406
add-on card 89
address binding 124
address bus 98
address translation map 482
admission scheduling 385
AES, Advanced Encryption Standard 766
AFRAID, A Frequently Redundant Array of Independent Disks 634
aging 342, 391, 397
AGP, Accelerated Graphics Port 99
agreed broadcast 736
AH, Authentication Header 810
AIM, Access Isolation Mechanism 144
air gap technology 792
alternative sector 612
ALU, Arithmetic and Logic Unit 90
anticipatory buffering 686
anticipatory fetch strategy 440
anticipatory paging 546
antivirus software 794
API, Application Programming Interface 55, 117
append access 510
application base 56
application-level gateway 791
application programming 86
architecture 66
argument 203
ARPA, Advanced Research Projects Agency 46
ARPAnet 46
artificial contiguity 481
ASCII, American Standard Code for Information Interchange 655
ASLWP, Asynchronous Signal LightWeight Process 200
assembler 112
assembly language 112
associative mapping 490
associative memory 490
asynchronism 225
asynchronism vs. synchronism 157
asynchronous 157
asynchronous cancellation 202
asynchronous communication 165
asynchronous concurrent thread 225

asynchronous process 412
asynchronous signal 197
Atlas 475
atomic broadcast 736
atomic transaction 690
attribute 50, 115, 696
authentication 802
authentication problem 166
authentication server script 776
automata theory 543
auxiliary storage 96
auxiliary storage management 658
availability 802
average turnaround time 62
awaken 188

B

back-door program 785
back office 792
backup 659, 687
bandwidth 47, 96
BAPI, Biometric Application Programming Interface 773
base 450
base address 520
bash, Bourne-again shell 152
basic access method 686
batch process 394
batch processing 446
behavior 115
Belady's Anomaly 551
best-fit strategy 440, 457
binary 50
binary relation 697
binary semaphore 269
biometrics 773
BIOS, Basic Input/Output System 89
BIPS, Billions of Instructions Per Second 35
bitmap 682
bit pattern 655
block 148, 482
block allocation 672
block cipher 766
block device 97
blocked 146, 187
blocked list 146
blocked record 658
blocked state 146
blocking 618, 686
blocking receive 165
blocking send 164
block map table 483
block map table origin register 483
block mapping 482
boom 596
boot sector virus 784
bootstrapping 89
born 186
bottleneck 613
boundary register 445
bounded buffer 299
bounds register 104
branch predictor 90
breakpoint 161
broadcast 165
brute-force cracking 771
BSD 유닉스 41, 168
buffer 110
buffer overflow 788
bullet server 746
bus 89
business-critical system 57
bus interface 90
bus mastering 101
busy waiting 242
byte 655
bytecode 113

C

C 언어 41
C# 114
CA, Certificate Authority 806
cache 90, 439
cache entry 109
cache hit 109
cache line 109
cache miss 109
caching 95
Caesar cipher 763
cancel 189
capability 782
capability list 777
causal broadcast 735
causal ordering 734
causality 734
causally dependent 734

central deadlock detection 741
central migration server 744
certificate 800
certificate authority hierarchy 807
certificate repository 806
chaining 497, 673, 677
character 655
character set 655
checkpoint 364, 690
checkpoint/rollback 364
checksum 796, 810
child process 149, 151
chipset 89
cipher 762
ciphertext 762
circular buffer 299
circular chain 345
circular wait 337
circular-wait condition 345
class 115
client 46
client stub 729
clone 203
close 657
CMS, Conversational Monitor System 523
CMS Batch Facility 523
clock page replacement strategy 558
clocktick 92
C-LOOK, Circular LOOK 608
coalescing 455
coarse-grained strip 621
COBOL, COmmon Business Oriented Language 113
code/data bit 520
code generator 119
collision 497
column 696
COM, Component Object Model 732
command interpreter 59
commit 690
communication deadlock 738
compartmentalization 451
compile 118
compiler 112, 448
complexity theory 543
component 50
compression 618
computability theory 543
compute-bound job 38
concurrency 181
concurrent 225, 734
concurrent programming 61, 291
condition variable 292, 295
confidentiality 768
connectivity 723
consistency 67, 802
consistency check 796
constructor 209
consumer 227
consumer thread 227
context switch 155
contiguous allocation 671
contiguous memory allocation 441
continuation index block 679
controller 89, 98
cooperative multitasking 148
coprocessor 90
copy 657
copy-on-write 502
CORBA, Common Object Request Broker Architecture 731
core file 163
cost 35
counting semaphore 274
CP, Control Program 523
CP/CMS, Control Program/Conversational Monitor System 40
CPU, Central Processing Unit 44, 90
cracker 788
create 657
credential 802
critical instruction 240
critical region 236
critical section 236
CRL, Certificate Revocation List 807
C-SCAN, Circular SCAN 604
C-thread 183
CTSS, Compatible Time-Sharing System 40
crypt 817
cryptanalytic attack 784
cryptography 762
cryptosystem 762

currentThread 210
cycle 92
cycle stealing 98
cylinder 596

D

DAC, Discretionary Access Control 779
daemon 168, 213
DAT, Dynamic Address Translation 481
database 694
database language 695
database system 694
data bus 98
data compression 617
data independence 695
data regeneration 625
data region 144
data striping 620
DBMS, DataBase Management System 694
DCOM, Distributed Component Object Model 732
DDL, Data Definition Language 695
DDoS(Distributed Denial of Service) attack 787
DDR, Double Data Rate 98
dead 187
deadline rate-monotonic 412
deadline scheduling 364, 409
deadlock 246, 335, 338
deadlock avoidance 345
deadlock detection 346, 359
deadlock prevention 345
deadlock recovery 346
deadly embrace 337
deblocking 686
decompression 618
decryption 659, 660
dedicated resource 337
default action 163, 198
defers cancellation 202
degree of multiprogramming 38, 386
Dekker's Algorithm 239, 248
delete 657
demand fetch strategy 440
demand paging 502, 543
deployment 815
derived speed 93
DES, Data Encryption Standard 765
despooler 301
destroy 657
device driver 60
device independence 659
digital certificate 806
digital envelope 803
digital notary service 805
digital signature 762, 804
digital watermark 813
Dijkstra's Banker's Algorithm 352
Dining Philosophers 340
direct 670
direct access 593
direct-mapped 493
direct-mapping 488
directory 660
dirty bit 548
disable 162
disable cancellation 202
disk arm anticipation 618
disk cache buffer 615
disk mirroring 622
disk reorganization 617
disk scheduler 61
disk scheduling 598
dispatch 387
dispatcher 147, 387
dispatching 147
displacement 482
distributed computing 35, 45
distributed database 696
distributed deadlock 738
distributed deadlock detection Strategy 741
distributed file system 693, 721
distributed operating system 70, 721, 726
distributed system 70, 721
DMA, Direct Memory Access 99
DML, Data Manipulation Language 695
DNS(Domain Name System) attack 787
domain 697
DoS(Denial-of-Service) attack 783, 787

DRAM, Dynamic RAM 96
DSA, Digital Signature Algorithm 806
DSP, Digital Signal Processor 90
dynamic linking 123
dynamic loading 124
dynamic priority 390
dynamic real-time scheduling algorithm 412

E~F

EBCDIC, Extended Binary-Coded Decimal Interchange Code 655
EDF, Earliest-Deadline-First 412
efficiency 62
efficient operating system 62
EFI, Extensible Firmware Interface 108
EFS, Encrypting File System 799
elevator algorithm 603
e-mail, electronic mail 47
embedded system 57
encryption 659, 660
entity 144, 777
entry queue 306
entry set 306
ESP, Encapsulating Security Payload 810
Ethernet 43, 745
exception 105, 161
exception handler 105
exclusive·access 226
exec 169
execute access 510, 659
execute-only access 511
execution context 149
execution mode 103
execution unit 90
executive mode 445
exit 169
explicit acknowledgement 746
exploitation 788
ext2fs 667
extensibility 62
extensible operating system 63
extent 672
external fragmentation 454
external name 120
external reference 120
failure transparency 725
fair share group 407
fairness 392
false negative 795
false positive 795
far page replacement strategy 558
Fast File System 667
fast mutual exclusion algorithm 257
FAT, File Allocation Table 676
FAT file system 676
fault 161
fault tolerance 35, 623
favored thread 248
FCFS, First-Come-First-Served 258, 348, 395, 598, 601
fetch 541
fetch strategy 440
fiber 206
field 656
FIFO, First-In-First-Out 395
FIFO Anomaly 551
FIFO broadcast 735
FIFO(First-In-First-Out) page replacement 550
file 61, 655
file attribute 666, 879
file control block 666
file descriptor 666
file integrity mechanism 658
file management 658
file organization 669
file server 693
file system 658
file system manager 60
fine-grained strip 620
finite state machine 292
firewall 791
firmware 126
first-fit strategy 440, 457
fixed-partition multiprogramming 448
FLS, Fiber Local Storage 206
flushing 95, 548
fork 169, 203
format 665

Fortran 113
fragmentation 451
free block 665, 681
free list 681
free memory list 455
FSB, Front Side Bus 92
FSCAN 606
FSF, Free Software Foundation 51
FSS, Fair Share Scheduling 407

G ~ H

garbage 227
garbage collection 455
GDT, Global Descriptor Table 519
GDTR, Global Descriptor Table Register 519
general-purpose register 92
general semaphore 274
getName 210
global strategy 572
gLRU, global LRU 572
GNU, GNU's Not UNIX 51
GPF, General Protection Fault 520
GPL, General Public License 51
granularity bit 520
graph reduction 361
group 685
GUI, Graphical User Interface 45
hacker 788
Halting Problem 543
Hamming ECC, Hamming Error-Correcting Code 627
happens-before relation 734
hard disk drive 593
hard link 664
hard real-time scheduling 412
hard real-time system 57
hash anchor table 499
hash function 497
hash table 497
hash value 497
heuristic 109
heuristic scanning 795
hierarchical deadlock detection 741
hierarchically structured file system 661
hierarchical page table 494
hierarchical process structure 151
hierarchy 655
high-level language 112
high-level scheduling 385
hold-and-wait condition 344
holding queue 397
hole 454
host-based intrusion detection 793
hot spare disk 626
hot spot 618
hot swapping 101
hotfix 797
HRRN, Highest-Response-Ratio-Next 401
HTML, HyperText Markup Language 47
HTTP, HyperText Transfer Protocol 47
HWP, HeavyWeight Process 183

I

IBSYS 522
ICF, Internet Connection Firewall 791
identifier 118
IDL, Interface Definition Language 732
IDS, Intrusion Detection System 793
IEEE 1394 포트 101
IETF, Internet Engineering Task Force 809
ignore 163
IIS, Internet Information Service 790
IKE, Internet Key Exchange 810
immutable 746
implicit acknowledgement 744
inactive list 573
inbound packet 791
incremental backup 688

indefinite blocking 342
indefinite postponement 247, 338, 342
index block 677
indexed sequential 670
index node 679
indirect block 679
Inferno 42
information hiding 66, 293, 294
inheritance 50
initialized state 207
inode 679
inode map 692
I/O-bound 393
I/O-bound job 38
I/O channel 98
I/O completion event 146
I/O controller 99
I/O(Input/Output) device 60
I/O manager 60
insert 657
instruction decode unit 90
instruction fetch unit 90
instruction length 90
instruction register 90
integrity 761
intensive resource management 447
interactive operating system 63
interactive process 394
interactive user 39
interactivity 62
interconnectivity 35
interface 50
interfault time 565
intermediate code generator 119
intermediate-level scheduling 387
internal fragmentation 451
Internet 46
interoperability 727, 814
interpreter 113
interrupt 105, 161, 210
interrupt disabling 263
interrupt-driven I/O 99
interrupted 210
InterruptedException 210
interrupt handler 157
interrupting clock 147, 389
interrupt masking 263
interrupt vector 159
interval timer 106, 147, 389
inverted page table 497
IOCS, Input/Output Control System 443
IP, Internet Protocol 810
IP spoofing 810
IPC, InterProcess Communication 163
IPC(InterProcess Communication) manager 60
IPCS, Interactive Problem Control System 523
IPRA, Internet Policy Registration Authority 807
IPSec, Internet Protocol Security 810
isInterrupted 210
ISO 9660 669
ISO Open Distributed Processing Reference Model 724
ISV, Independent Software Vendor 55

J~L

Java 50, 114, 730
Java applet 414
JFS, Journaling File System 691
job 37
job control language 447
job scheduling 385
job stream processor 37, 447
job stream reader 37, 447
job-to-job transition 446
join 189, 697
JVM, Java Virtual Machine 58
KDC, Key Distribution Center 765
Kerberos 775
kernel 36, 59
kernel-level thread 192
kernel mode 103, 445
kernel process 168
kernel space 55
key 762
key agreement protocol 802
key generation 804

keystream 811
KIS, Keep It Simple 64
L1 캐시 91
L2 캐시 91
Lamport's Bakery Algorithm 256
LAN, Local Area Network 43, 791
laxity 413
layered approach 66
layering 66
lazy allocation 502
LBV, Layered Biometric Verification 773
LDT, Local Descriptor Table 519
LDTR, Local Descriptor Table Register 519
level 620
level of multiprogramming 38
lexer 118
lexical analyzer 118
LFS, Log-structured File System 690
LFU, Least-Frequently-Used 554
library 119
limit 450
linear address space 518
linear ordering 350
link 663
linked list 498
linking 119
linking loader 123
LinuxThread 204
list 657
load balancing 733
loader 124, 450
load module 120
load time address binding 125
locality 491, 542
local strategy 572
location 657
location-dependent call 744
location-independent call 744
location transparency 725
lock 264
lockstep synchronization 242
log file 793
logic bomb 785
logical address space 518
logical backup 688
logical block 658
logical clock 734
logical record 658
logical view 659
long-term scheduling 385
LOOK 607
look and feel 45
lost object 783
low-level scheduling 387
LRU, Least-Recently-Used 553
LSB, Least-Significant Bit 487
Lucifer algorithm 765
LWP, LightWeight Process 182

M

m-to-*n* thread mapping 194
MAC, Mandatory Access Control 779
Mach 123
machine code 50
machine language 111
Macintosh 799
magnetic tape storage 593
mainboard 88
main memory 94, 435
many-to-many thread mapping 194
many-to-one thread mapping 190
mapping 479
marshaling of data 729
mask 162
masking 164
massive parallelism 54
maximum need 353
MD5 message digest algorithm 805
mean response time 599
memory bank 792
memory compaction 455
memory controller 438
memory dump 163
memory hierarchy 93, 438
memory management strategy 437
memory manager 59, 437
memory-mapped file 686
memory organization 435

memory placement strategy 457
memory protection 104
memory protection key 509
message digest 805
message integrity 805
message passing 735
metadata 665
method 115
microcode 126
microkernel design 64
microkernel operating system 68
microprogramming 126
middleware 53, 127, 727
migration transparency 725
MIN 548
minimum-laxity-first 413
Minix 51
MIPS 49
mirroring 624
missing-segment fault 507
mission critical system 57, 622
MMU, Memory Management Unit 478
modified bit 548, 555
modularity 35, 66
module 119
monitor 166, 292, 293
monitor entry routine 293
monolithic design 64
monolithic operating system 65
Moore's law 86
most trusted user status 103
motherboard 88
mount 667
mount point 667
mount table 668
moving-arm assembly 596
MRU, Most-Recently Used 573
MSB, Most-Significant Bit 487
MS-DOS 676
MTTF, Mean-Time-To-Failure 621
Multics 40, 168
Multics Relational Data Store 144
multilevel feedback queue 403
multilevel page table 494
multimode system 39
multiprogramming 38
multithreading 181
Muphy's Law 689
mutual exclusion 226
mutual exclusion condition 344
mutual exclusion primitive 237
MVS, Multiple Virtual Storages 522

N～O

n-ary relation 697
N-Step SCAN 606
n-thread 상호 배제 256
namespace 667
natural language 111
network-based intrusion detection 793
network operating system 69, 726
next-fit strategy 459
NFS, Network File System 70, 693
nice 169
nonblocking receive 165
nonblocking send 164
noncontiguous file allocation 672
noncontiguous memory allocation 441
noncritical instruction 240
nonpreemptible 343
nonpreemptive 388
nonrepudiation 802, 805
nonuniform request distribution 614
nopreemption condition 344
notify 188, 227, 306
notifyAll 306
NPTL, Native POSIX Thread Library 204
NTFS, New Technology File System 799
NUR, Not-Used-Recently 555
object 50, 114, 777
object code 50, 118
object-oriented programming 50
object serialization 731

OCSP, Online Certificate Status Protocol 807
ODBC, Open DataBase Connectivity 127
offset 482
OLTP, OnLine Transaction Processing 614
OMG, Object Management Group 731
on-board 616
on-board device 89
one-to-one thread mapping 192
one-way 767
online 39
online spare 626
OOOS, Object-Oriented Operating System 50
OOP, Object-Oriented Programming 114
open 657
OpenBSD 798
open-file table 666
operator 118
OPT 548
optimal page replacement 548
optimizer 119
Orange Book 800
ORB, Object Request Broker 732
ordered pair 482
OS, Operating System 30
OS/360 522
OSF/1 169
OSI, Open Source Initiative 52
OSS, Open-Source Software 50
overflow 162
overhead 388
overlay 443
owner 685

P

P 연산 269
P3P, Platform for Privacy Preferences 777
packet-filtering firewall 791
PAE, Physical Address Extension 521
page 440, 482
page fault 487
page frame 440, 484
page map table 486
page replacement strategy 541
page table 486
page table origin register 488
page-to-page-frame 494
paging 441, 460, 482
parallel port 101
parent directory 663
parent process 149, 151
parity 627
parity logging 634
parser 119
partial ordering 734
partition 435, 448, 617
Pascal 115
password aging 817
password protection 771
password salting 771
pathname 661
payload 785, 810
PC, Personal Computer 55
PCB, Printed Circuit Board 88
PCB, Process Control Block 149
PCI(Peripheral Component Interconnect) bus 98
PCI Express 99
PDE, Page Directory Entry 521
PDF, Portable Document Format 694
pending interrupt queue 162
pending signal 197
performance 35, 62
periodic process 412
peripheral device 101
persistence transparency 725
persistent storage 96
PFF, Page-Fault Frequency 565
PGP, Pretty Good Privacy 768
phantom deadlock 738
physical address 104, 478
physical backup 688
physical block 658
physical device name 659

physical memory 41, 94, 435
physical record 658
physical view 659
PID, Process IDentifier 167
PID(Process IDentification) number 149
PIN, Personal Identification Number 770
PIO, Programmed I/O 99
pipe 165
PKI, Public Key Infrastructure 762, 806
placement 541
placement strategy 440
plaintext 762
Plan 9 42
platter 594
plug-and-play 53, 87
point-to-point connection 809
policy creation authority 807
polling 105, 157
polymorphic virus 795
port 98
portability 58, 62, 352
portable operating system 63
positioning time 610
POSIX, Portable Operating System Interface 54, 201
Postscript 694
predictability 392
predictability of resource charges 348
preemptible 343
preemptive 388
preferred direction 603
prefetching 546
prepaging 546
present bit 520
primary key 696
primary memory 435
primary thread 189, 206
principle of least privilege 104, 779
priority 387
priority inversion 392
privacy 761, 802
private key 766
privilege 777
privileged instruction 104
problem state 103
procedural programming language 116
process 40, 143
process cloning 733
process descriptor 149, 203
processor 90
processor-bound 393
processor-bound job 38
processor pool 745
processor scheduling discipline 385
processor scheduling policy 385
processor time 62, 393
processor utilization 242
process scheduler 59, 60
process state 143, 146
process table 150
producer 227
producer/consumer relationship 227
producer thread 227
productivity 39
program counter 92, 149
project 685
projection 697
property 115
protected variable 269
protection 63, 105, 444, 762
protection bit 507
protection domain 778
protocol 47, 723
proxy 732
PSE, Page Size Extension 521
PSW, Program Status Word 159
PTE, Page Table Entry 487
Pthread 184, 201
public 685
public key 766
public-key cryptography 766
punched card 37
purchase priority 390
pure procedure 500

Q～R

quad pumping 98
quantum 396
quantum size 398
query language 695
queued access method 686

RAID, Redundant Array of Independent Disks 61, 620
RAID controller 622
RAID level 0 623
RAID level 1 624
RAID level 2 627
RAID level 3 629
RAID level 4 631
RAID level 5 633
RAM, Random Access Memory 96
RAMAC, Random Access Method of Accounting and Control 593
random access 593
random seek pattern 598
random-scanning algorithm 786
RAND(random) page replacement 549
RBAC, Role-Based Access Control 779
read 657
read access 509, 659
read/execute access 511
read-modify-write cycle 628
read-only access 511
read-write head 593
read/write access 511
read/write bit 502, 520
read/write head 97
reader 165, 302
ready 146, 187
ready list 146
ready state 146, 207
real address 104, 478
real address space 478
real memory 41, 94, 435
real-time scanner 796
real-time scheduling 410
real-time system 39
record 656
record level 302
recovery 659, 687
reduce 361
redundancy 619, 620
reentrant 344
reentrant procedure 500
reference 210
referenced bit 555
register 90, 91
relation 696
relative address 120
relative path 662
release 294
relocatable loading 124
relocating 120
relocating translator 450
relocation transparency 725
rename 657
replacement 541
replacement strategy 441
replication 724, 725
replication transparency 725
request rate 598
resident bit 487
resident page set 505
resident virus 785
resource allocation graph 337
resource manager 36
resource type 352
response time 62
restricted algorithm 763
resume 154
retransmission 165
reusability 116
Rijndael 766
RM, Rate-Monotonic 412
RMI, Remote Method Invocation 730
RMW(Read-Modify-Write) memory operation 264
robust operating system 63
robust system 689
role 779
rollback 364
rolls in 459
rolls out 459
root 661
root directory 661
root key 807
rotational latency time 595
rotational optimization 598
routing table 787
row 696
RPC, Remote Procedure Call 166, 292, 729
RPM, Rotations Per Minute 612
RRL, Remote Reference Layer 730
RSA 768
RSCS, Remote Spooling Communications Subsystem 523

RTOS, Real-Time Operating System 411
run 209
runnable 187, 209
running 146, 187
running state 146, 207

S

safe state 353
SATF, Shortest-Access-Time-First 610
saturation 613
saturation threshold 339
scalability 62, 204, 393, 722
scalable operating system 63
SCAN 디스크 스케줄링 603
scanner 118
scheduler activation 196, 414
SCSI, Small Computer Systems Interface 101
second-chance 557
second extended file system 667
secondary storage 96
secret-key cryptography 764
sector 596
sector-based linked list 672
sector queuing 609
secure communication protocol 808
Secure File Shuttle 792
secure file system 799
secure operating system 63
security 35, 62, 683
security mechanism 779
security model 778
security policy 779
seek 596
seek operation 596
seek optimization 598
seek time 596
segment 441, 482, 503
segment descriptor 520
segment limit 520
segment map table origin register 505
segment-not-present exception 520
segment-overflow exception 507
segment-protection exception 507, 509
segment register 519
segment selector 519
segmentation 441, 482, 503
semaphore 166, 269
sequential 669
serial port 101
serially reusable resource 337
server stub 729
service ticket 775
session key 765
setName 210
setup time 446
SHA-1, Secure Hash Algorithm 805
shadowing 624
shadow page 690
shadow paging 690
shadow password file 816
share 343
shared library 122
shared memory 166
shell 59
shortcut 663
signal 105, 163, 169, 197, 269, 295
signal-and-continue 296, 306
signal-and-exit 295
signal handler 197
signal mask 198
signature-scanning virus detection 794
single-level 661
single sign-on 776
single stream batch processing 447
single-stream batch-processing system 37
single user contiguous memory allocation system 442
single-threaded language 182
size 657
skeleton 731
sleep 210
sleeping 188
sleep interval 188
SLTF, Shortest-Latency-Time-First 609

smart card 774
SoC, System-on-a-Chip 367
soft link 663
soft real-time scheduling 411
soft real-time system 57
software-generated interrupt 161
solaris 169
Solo 296
source code 118
space-time product 543
space-time tradeoff 544
spatial locality 542
spawn 151
specified user 685
SPF, Shortest-Process-First 400, 603
spindle 594
spooler 301
spooling, Simultaneous Peripheral Operations OnLine 110
SPTF, Shortest-Positioning-Time-First 610
SQL, Structured Query Language 695, 698
SRAM, Static RAM 96
SRR, Selfish Round-Robin 397
SRT, Shortest-Remaining-Time 402
SSL, Secure Sockets Layer 762, 808
SSTF, Shortest-Seek-Time-First 602
stack region 144
stack segment 167
standard conformance 194
standardized interface 727
standby state 207
start 209
starvation 342
state transition 147
static analysis 793
static method 210
static priority 390
static real-time scheduling algorithm 412
steganography 813
strip 620
stripe 620
structured programming 114
stub 729
stub/skeleton layer 730
su 817
subject 777
substitute user identity 817
substitution cipher 763
superblock 665
superuser 816
supervisor call 445
supervisor state 103
suspended 153
suspendedblocked 153
suspendedready 153
suspended state 153
swap 267
swapping 459
swaps in 459
swaps out 459
symbolic link 663
symbolic name 659
symbol resolution 121
symbol table 120
symmetric cryptography 764
synchronization 61
synchronize 228, 733
synchronized 306
synchronous 157
synchronous communication 165
synchronous signal 197
syntax analyzer 119
system call 55, 117, 445
system clock generator 92
system penetration 789
systems programming 86

T

table fragmentation 495
take-a-ticket 256
target computer 744
task 143, 203
TCI, Trustworthy Computing Initiative 797
TCP/IP, Transmission Control Protocol/Internet Protocol 47
teardown time 446
temporal locality 439
terminated state 208
termination housekeeping 236
ternary relation 697
test-and-set 264

text region 144
text segment 167
TGS, Ticket Granting Service 775
TGT, Ticket-Granting Ticket 775
THE operating system 67
thrashing 562
thread 60
ThreadGroup 210
thread pool 185, 207
thread pooling 195
thread state 186
throughput 62, 385, 599
tie-breaking 258
time bomb 785
time-of-day clock 106
time slice 396
time slicing 414
time stamp 734
time stamping 805
timestamping agency 805
timing constraint 410
TLB, Translation Lookaside Buffer 491
TLB hit 492
TLB miss 493
TLS, Thread Local Storage 206
TLS, Transport Layer Security 809
token 118, 776
token-based authentication 776
toString 210
total ordering 734
totally ordered broadcast 736
trace 89
track 596
transaction 364
transaction transparency 725
transfer time 97
transient virus 785
transition state 208
transmission time 596
transparency 724
transport layer 730
transposition cipher 763
trap 157, 161
trap-door 767
Trojan horse 785
TSS, Task Status Segment 159
TSS, Time Sharing System 40
tunnel 810
tuple 696
turnaround time 41, 389
TWFG, Transaction Wait-For Graph 742
two-factor authentication 774
type 520, 657

U~V

UC Berkeley 42
UDF, Universal Disk Format 669
unblocked record 658
Unicode 655
UNIVAC(UNIVersal Automatic Computer) 1 593
UNIX 41
UNIX File System 667
unknown state 208
unmarshal 729
unmount 668
unrestricted access 511
unsafe state 353
upcall 196
update 657
update image 634
UPS, Uninterruptable Power Supply 687
usability 62
usable operating system 63
USB, Universal Serial Bus 101
user class 685
user directory 661
user-level thread 190
user mode 103
user space 55
user state 103
UTF-8 656
variable-partition multiprogramming 453
variance of response times 599
variant 794
vertex 558
virtual address 478
virtual address space 167, 478

virtualization 476
virtual machine operating system 523
virtual memory 41, 475
virus 784
virus signature 794
VM, Virtual Machine 57
volatile 94
volatility 657
volume 656
voluntary page release 567
VPN, Virtual Private Network 762, 810

W ~ Z

wait 169, 227, 269, 295
wait-die deadlock prevention strategy 739
wait-for condition 344
wait queue 306
wait set 306
waiting 188, 338
waiting state 208
wall clock time 106, 442
web defacing 789
web service 53
Web Shuttle 792
WEP, Wired Equivalent Privacy 811
Win32 thread 103
Windows 49
word 655
work set theory of program behavior 560
worker thread 195
working directory 662
working group 165
working set 562
working set window size 562
workload 388
workstation 44
workstation login script 776
worm 784
WORM, Write-Once, Read-Many 97
worst-fit strategy 440, 457
wound-wait deadlock prevention strategy 739
WPA, Wi-Fi Protected Access 812
write 657
write access 510, 659
write-back caching 616
writer 165, 302
write-through caching 616
XOR ECC, eXclusive OR Error-Correcting Code 629
X-Y Position Indicator for a Display System 45
zombie 204

가

가변 파티션 멀티프로그래밍 453
가비지 227
가비지 컬렉션 455
가상 머신 57
가상 머신 운영체제 523
가상 메모리 41, 475
가상 사설망 762, 810
가상 주소 478
가상 주소 공간 167, 478
가상화 476
가용성 802
가장 신뢰받는 사용자 상태 103
간격 타이머 106, 147, 389
간접 블록 679
강도 높은 자원 관리 447
강제 접근 제어 779
개인 식별 번호 770
개인용 컴퓨터 55
개인키 766
객체 50, 114, 777
객체 기술 50
객체 직렬화 731
객체지향 운영체제 50
객체지향 프로그래밍 50, 114, 115
갱신 657
갱신 이미지 634
게으른 할당 502
견고한 시스템 689
견고한 운영체제 63
견고함 62
결합 189
경계 레지스터 104, 445
경계 버퍼 299
경량 프로세스 182
경로명 661
경험적 방법 109
경험적 스캐닝 795
계산 가능성 이론 543

계산 중심 작업 38
계층 구조 파일 시스템 661
계층적 교착 상태 탐지 741
계층적 생체 인식 검증 773
계층적 아키텍처 66
계층적 접근법 66
계층적 페이지 테이블 494
계층적 프로세스 구조 151
계층화 66
고급 구성 및 전원 인터페이스 109, 364
고급 암호화 표준 766
고급 언어 112
고도 병렬성 54
고수준 스케줄링 385
고장 투명성 725
고정 파티션 멀티프로그래밍 447, 448
고정된 동기화 242
공간과 시간의 상충성 544
공간적 지역성 542
공개 685
공개키 766
공개키 기반 구조 762, 806
공개키 암호 기법 766
공유 343
공유 라이브러리 122
공유 메모리 166
공평 분배 그룹 407
공평 분배 스케줄링 407
공평성 392
관리 모드 445
교착 상태 246, 335, 338
교착 상태 방지 345
교착 상태 복구 346, 363
교착 상태 탐지 346, 359, 740
교착 상태 회피 345
교체 541
교체 전략 441
구문 해석기 119
구조적 프로그래밍 114
구조화된 질의 언어 695, 698
구획화 451
권한 777
규모 확장성 62, 204, 393, 722
규모 확장성 있는 운영체제 63
균형 깨기 메커니즘 258
그래프 소거 361
그래픽 사용자 인터페이스 45
그룹 685
근거리 통신망 43
기계어 111
기밀성 768
기본 동작 163, 198
기본 인증 771
기본 접근 방법 686
기아 342
기준 레지스터 450
기준 주소 520
깨우기 188

나~다

낮은 경계 레지스터 450
내보내기 459
내부 단편화 451
넌블록킹 송신 164
넌블록킹 수신 165
네임스페이스 667
네트워크 기반 침입 탐지 793
네트워크 운영체제 69, 726
네트워크 파일 시스템 70, 693
논리 레코드 658
논리 뷰 659
논리 블록 658
논리 시계 734
논리 주소 공간 518
논리적 백업 688
논리폭탄 785
높은 경계 레지스터 450
누산기 162
다대다 스레드 맵핑 194
다대일 스레드 맵핑 190
다수준 페이지 테이블 494
다수준 피드백 큐 403
다익스트라의 은행원 알고리즘 352
다형적 바이러스 795
단방향 767
단순 단말기 39
단일 사용자 연속 메모리 할당 시스템 442
단일 수준 661
단일 수준 파일 시스템 661
단일 스레드 언어 182
단일 스트림 배치 처리 446, 447
단일 스트림 배치 처리 시스템 37
단편화 451, 617
닫기 657
닷넷 50
대기 338
대기 상태 188, 208
대기 연산 269
대기 접근 방법 686

대기 조건　344
대기 종료 교착 상태 방지 전략　739
대기 집합　306
대기 큐　306
대여　353
대역폭　47, 96
대체 섹터　612
대체 암호　763
대칭 암호 기법　764
대화식 문제 제어 시스템　523
대화식 사용자　39
대화식 운영체제　63
대화식 프로세스　394
대화형 모니터 시스템　523
더티 비트　548
데드 상태　187
데드라인 비율 단조 알고리즘　412
데드라인 스케줄링　364, 409
데몬　168
데몬 스레드　213
데이터 계층　655
데이터 독립성　695
데이터 마셜링　729
데이터 무결성 보호　687
데이터 버스　98
데이터 스트라이핑　620
데이터 암호화 표준　765
데이터 압축　617
데이터 영역　144
데이터 재생성　625
데이터 접근 기술　685
데이터 정의 언어　695
데이터 조작 언어　695
데이터베이스　694
데이터베이스 관리 시스템　694
데이터베이스 시스템　694
데이터베이스 언어　695
데커의 알고리즘　239, 248
도메인　697
도메인 이름 시스템 공격　787
도출 속도　93
독립 소프트웨어 개발사　55
동기　157
동기 신호　197
동기 통신　165
동기화　61, 228, 733
동시 발생　734
동작　50, 115
동적 램　96
동적 로딩　124
동적 링킹　123
동적 실시간 스케줄링 알고리즘　412
동적 우선순위　390
동적 주소 변환　481
두문자어　353
들어오는 패킷　791
디렉토리　660
디바이스 드라이버　60
디블록킹　686
디스크 미러링　622
디스크 스케줄러　61
디스크 스케줄링　598
디스크 암 예측　618
디스크 재구성　617
디스크 조각 모음　617
디스크 캐시 버퍼　615
디스패처　147, 387
디스패치　387
디스패칭　147
디스풀러　301
디스플레이 시스템용 X-Y 위치 인식기　45
디지털 공증 서비스　805
디지털 서명　762, 804
디지털 서명 알고리즘　806
디지털 신호 처리기　90
디지털 엔벌로프　803
디지털 워터마크　813
디지털 인증서　806
떠돌이 바이러스　785

라～마

라우팅 테이블　787
라운드로빈 스케줄링　396
라이브러리　119
라이터　165, 302
랜덤 스캐닝 알고리즘　786
램포트의 베이커리 알고리즘　256
레인달　766
레지던트 비트　487
레지스터　90, 91
레코드　656
레코드 수준　302
렉서　118
로그 구조 파일 시스템　690
로그 파일　793
로더　124, 450
로드 모듈　120
로드 밸런싱　733
로드 시점 주소 바인딩　125
로딩　124
로세스　143

롤백 364, 690
루시퍼 알고리즘 765
루트 661
루트 디렉토리 661
루트 키 807
룩앤필 45
리눅스 스레드 203
리더 165, 302
리스트 657
릴레이션 696
링크 663
링킹 119
링킹 로더 123
마그네틱 테이프 저장소 593
마더보드 88
마스크 162
마스킹 164
마운트 667
마운트 지점 667
마운트 테이블 668
마이크로커널 설계 64
마이크로커널 아키텍처 68
마이크로커널 운영체제 68
마이크로코드 126
마이크로프로그래밍 126
마크 123
매킨토시 799
맥 OS 799
맵핑 479
머신 코드 50
머피의 법칙 689
멀티모드 시스템 39
멀티스레딩 181
멀티프로그래밍 38
멀티프로그래밍 수준 38, 441
멀티프로그래밍 정도 38, 386
멀틱스 168
멀틱스 40
멀틱스 관계형 데이터 저장소 144
메모리 계층 93, 438
메모리 관리 장치 478
메모리 관리 전략 437
메모리 관리자 59, 437
메모리 구성 435
메모리 덤프 163
메모리 맵 파일 686
메모리 배치 전략 457
메모리 뱅크 792
메모리 보호 104
메모리 보호 키 509
메모리 압축 455
메모리 컨트롤러 438
메소드 115
메시지 다이제스트 805
메시지 무결성 805
메시지 전달 735
메인 메모리 94, 96, 435
메인보드 88
메타데이터 665
명령어 길이 90
명령어 레지스터 90
명령어 페치기 90
명령어 해석기 59, 90
명시적 승인 746
모놀리식 설계 64
모놀리식 아키텍처 65
모놀리식 운영체제 65
모니터 166, 292, 293
모니터 진입 루틴 293
모듈 119
모듈성 35, 66
무결성 761, 802
무기한 블록킹 342
무기한 연기 247, 338, 342
무빙 암 어셈블리 596
무빙 헤드 디스크 저장소 594
무시 163
무어의 법칙 86
무정전 전원 공급 687
무제한 접근 511
문맥 교환 155
문자 655
문자 집합 655
문제 상태 103
물리 레코드 658
물리 메모리 41, 94, 435
물리 뷰 659
물리 블록 658
물리 장치 이름 659
물리 주소 104, 478
물리 주소 확장 521
물리적 백업 688
미닉스 51
미들웨어 53, 127, 727
미러링 624
미세 단위 스트립 620
미션 크리티컬 시스템 57, 622
미지 상태 208

바

바로 가기 663
바쁜 대기 242
바이너리 50
바이너리 세마포어 269
바이러스 784

바이러스 서명 794
바이오스 89
바이트 655
바이트코드 113
반응 시간의 변량 599
방화벽 791
배시 152
배치 541, 815
배치 전략 440
배치 처리 446
배치 프로세스 394
배타적 논리합 오류 정정 코드 629
배타적인 접근 226
백 오피스 792
백도어 프로그램 785
백업 659, 687
버스 89, 98
버스 마스터링 101
버스 인터페이스 90
버퍼 110
버퍼 오버플로우 788
범용 레지스터 92
베라디의 이상 현상 551
변경 불가 746
변동성 657
번위 482
변송 704
변환 참조 버퍼 491
별칭 663
병렬 포트 101
병목 현상 613
병합 455
병행 225
병행 프로그래밍 61, 291
병행 프로그래밍 언어 54
병행성 181
보류 신호 197
보류 인터럽트 큐 162
보류 큐 397
보안 35, 62, 683
보안 메커니즘 779
보안 모델 778
보안 소켓 계층 762, 808
보안 정책 779
보안 통신 801
보안 통신 프로토콜 808
보안 파일 셔틀 792
보안 파일 시스템 798
보안 패치 797
보안 해시 알고리즘 805
보안성 있는 운영체제 63
보유 후 대기 조건 344
보조 저장소 96
보조 저장소 관리 658
보조 프로세서 90
보호 63, 105, 444, 762
보호 도메인 778
보호 변수 269
보호 비트 507
복구 659, 687
복사 657
복잡성 이론 543
복세 724, 725
복제 투명성 725
복호화 659, 660
볼륨 656
부모 디렉토리 663
부모 프로세스 149, 151
부분 순서 734
부인 방지 802, 805
부재 세그먼트 폴트 507
부트 섹터 바이러스 784
부트스트랩핑 89, 107
분기 예측기 90
분당 회전 수 612
분산 교착 상태 738
분산 교착 상태 탐지 전략 741
분산 데이터베이스 696
분산 서비스 거부 공격 787
분산 시스템 70, 721
분산 운영체제 70, 721, 726
분산 컴퓨팅 35, 45
분산 파일 시스템 693, 721
불러오기 459
불록 상태 146
불릿 서버 746
불안전 상태 353
불연속 메모리 할당 441
불연속 파일 할당 672
붐 596
브로드캐스트 165
브루트포스 크랙킹 771
블록 146, 148, 482
블록 레코드 658
블록 리스트 146
블록 맵 테이블 483
블록 맵 테이블 시작점 레지스터 483
블록 맵핑 482
블록 상태 187
블록 암호 766
블록 장치 97
블록 할당 672
블록 해제 146
블록킹 618, 686
블록킹 송신 164
블록킹 수신 165

블록화되지 않은 레코드 658
비균일 요청 분산 614
비동기 157
비동기 병행 스레드 225
비동기 신호 197
비동기 신호 경량 프로세스 200
비동기 취소 202
비동기 통신 165
비동기 프로세스 412
비동기성 225
비동기성 대 동기성 157
비밀키 암호 기법 764
비선점 조건 344
비선점형 스케줄링 규칙 388
비용 35
비율 단조 알고리즘 412
비임계 명령어 240
비즈니스 크리티컬 시스템 57
비트 패턴 655
비트맵 682
비활성 리스트 573
비활성화 162
빠른 상호 배제 알고리즘 257
빠른 파일 시스템 667

사

사용성 62
사용성 있는 운영체제 63
사용자 디렉토리 661
사용자 모드 103
사용자 상태 103
사용자 수준 스레드 190
사용자 영역 55
사용자 클래스 685
사이클 92
사이클 가로채기 98
삭제 657
산술 논리 장치 90
삼중 DES 766
삽입 657
상대 경로 662
상대 경로명 662
상대 주소 120
상속 50
상주 바이러스 785
상주 페이지 집합 565
상태 전이 147
상태 정보 723
상한 레지스터 450
상향 호출 196
상호 배제 225, 226
상호 배제 조건 344
상호 배제 프리미티브 237
상호 연결성 35
상호 운용성 727, 814
상호 작용성 62
생산성 39
생산자 227
생산자 스레드 227
생산자/소비자 관계 227
생성 151, 657
생성자 209
생체 인식 773
섀도우 패스워드 파일 816
섀도우 페이지 690
섀도잉 624
서명 스캐닝 바이러스 탐지 794
서버 스텁 729
서비스 거부 공격 783, 787
서비스 티켓 775
선입선출 395
선입선출 스케줄링 395
선입선출 페이지 교체 550
선점 가능 343
선점 불가능 343
선점형 스케줄링 규칙 388
선착 우선 서비스 348, 395, 598
선착 우선 서비스 스케줄링 601
선형 순서 350
선형 주소 공간 518
선호 방향 603
선호 스레드 248
설정 시간 446
성능 35, 62
세그먼테이션 441, 482, 503
세그먼트 441, 482, 503
세그먼트 기술자 520
세그먼트 레지스터 519
세그먼트 맵 테이블 시작점 레지스터 505
세그먼트 보호 예외 507, 509
세그먼트 부재 예외 520
세그먼트 선택기 519
세그먼트 오버플로우 예외 507
세그먼트 한계 520
세마포어 166, 269
세마포어 구현 275
세션키 765
섹터 596
섹터 기반 연결 리스트 672
섹터 큐잉 609
셸 59
소거 361
소비자 227

소비자 스레드 227
소스 코드 118
소유자 685
소켓 166
소프트 링크 663
소프트 실시간 시스템 57
소프트웨어 생성 인터럽트 161
속성 50, 115, 696
손상 대기 교착 상태 방지 전략 739
솔라리스 169
수정 비트 548, 555
수준 620
순서 쌍 482
순수 프로시저 500
순차 방식 669
순차적으로 재사용 가능한 자원 337
순환 고리 345
순환 대기 337
순환 대기 조건 345
슈퍼바이저 상태 103
슈퍼바이저 호출 445
슈퍼블록 665
슈퍼유저 816
스래싱 562
스레드 60
스레드 상태 186, 207
스레드 신호 전달 197
스레드 종료 200
스레드 지역 저장소 206
스레드 풀 185, 207
스레드 풀링 195
스마트 카드 774
스왑 명령어 267
스왑핑 459
스캐너 118
스케줄러 활성화 196, 414
스케줄링 기준 393
스케줄링 수준 385
스케줄링 알고리즘 395
스켈레톤 731
스택 세그먼트 167
스택 영역 144
스텁 729
스텁/스켈레톤 계층 730
스테가노그라피 813
스트라이프 620
스트립 620
스풀러 301
스풀링 110
스프라이트 분산 운영체제 744
스핀들 594
승인 165
승인 프로토콜 165
시간 클록 106
시간적 지역성 439
시공간 지수 543
시스템 부하 614
시스템 침투 789
시스템 클록 생성기 92
시스템 프로그래밍 86
시스템 호출 55, 117, 445
시한폭탄 785
식별자 118
신뢰성 723
신호 105, 163, 197
신호 마스크 198
신호 연산 269
신호 처리기 197
신호 후 계속 296
신호 후 계속 모니터 306
신호 후 종료 295
실린더 596
실시간 스캐너 796
실시간 스케줄링 410, 411
실시간 시스템 39
실시간 운영체제 411
실제 메모리 41, 94, 435
실제 시간 106, 442
실제 주소 104, 478
실제 주소 공간 478
실행 가능 상태 187
실행 모드 103
실행 문맥 149
실행 상태 146, 187, 207
실행 전용 접근 511
실행 접근 510, 659
실행 중 146
실행 처리기 90
심볼 테이블 120
심볼 확정 121
심볼릭 링크 663
심볼릭 이름 659
싱글 사인 온 776
쓰기 657
쓰기 시 복사 502
쓰기 접근 510, 659

아

아메바 분산 운영체제 745
아스키 655
아이노드 679
아이노드 맵 692
아키텍처 66
아틀라스 475

아파치 790
악용 788
안전 상태 353
안티바이러스 소프트웨어 794
암시적 승인 744
암호 762
암호 기법 762
암호 분석 공격 784
암호 분석법 784
암호 체계 762
암호문 762
암호화 659, 660
암호화 파일 시스템 799
압축 618
애드온 카드 89
액츄에이터 596
어셈블러 112
어셈블리 언어 112
어휘 분석기 118
언마셜 729
언마운트 668
에어 갭 기술 792
에이다 115
에이징 342, 391, 397
엔트리 집합 306
엔트리 큐 306
엘리베이터 알고리즘 603
여유 공간 관리 681
여유 리스트 681
여유 메모리 리스트 455
여유 블록 665, 681
여유 시간 413
역 페이지 테이블 497
역할 779
역할 기반 접근 제어 779
연결 리스트 498
연결성 723
연관 맵핑 490
연관 메모리 490
연산자 118
연속 메모리 할당 441
연속 할당 671
연장 인덱스 블록 679
열기 657
열린 파일 테이블 666
영구 저장소 96
영속 투명성 725
영역 672
예외 105, 161
예외 처리기 105
예측 가능성 392
예측 버퍼링 686
예측 페이징 546
예측 페치 전략 440
오렌지북 800
오버플로우 162
오버헤드 388
오브젝트 모듈 120
오브젝트 코드 50, 118
오토마타 이론 543
오프셋 482
오픈 소스 소프트웨어 50
옥타브 방법 793
온라인 39
온라인 스페어 626
온라인 인증서 상태 프로토콜 807
온라인 트랜잭션 처리 614
온보드 장치 89
온보드 캐시 616
옵티마이저 119
완전 순서 734
완전 순서 브로드캐스트 736
외부 단편화 454
외부 명칭 120
외부 참조 120
요구 353
요구 페이징 502, 543
요구 페치 전략 440
요청률 598
우선순위 387, 390
우선순위 구매 390
우선순위 역전 392
운영체제 36
운영체제 아키텍처 64
워드 655
워크스테이션 44
워크스테이션 로그인 스크립트 776
원거리 페이지 교체 전략 558
원격 메소드 호출 730
원격 스풀링 통신 서브시스템 523
원격 참조 계층 730
원격 프로시저 호출 166, 292, 729
원자적 브로드캐스트 736
원자적 트랜잭션 690
원형 버퍼 299
월드 와이드 웹 47
웜 784
웹 서비스 53
웹 셔틀 792
웹 위조 789
위치 657
위치 결정 시간 610
위치 독립 호출 744
위치 의존 호출 744

위치 투명성 725
윈도우 49
윈도우 API 117
윈도우 XP 스레드 205
유니코드 655
유닉스 41
유닉스 시스템 호출 169
유닉스 파일 시스템 667
유한 상태 머신 292
유형 520, 657
응답 시간 62
응용 프로그래밍 86
응용 프로그래밍 인터페이스 55, 117
응용 프로그램 기반 56
응용 프로그램 수준 게이트웨이 791
이기적인 라운드로빈 397
이더넷 43, 745
이동 투명성 725
이름 변경 657
이메일 47
이식성 58, 62, 352
이식성 있는 운영체제 63
이전 발생 관계 734
이중 요소 인증 774
인과 관계 734
인과적 브로드캐스트 735
인과적 순서 734
인과적 종속 734
인덱스 노드 679
인덱스 블록 677
인덱스 순차 방식 670
인쇄 회로 기판 88
인위적 연속성 481
인자 203
인증 802
인증 문제 166
인증 서버 스크립트 776
인증 헤더 810
인증기관 806
인증기관 계층 807
인증서 800
인증서 저장소 806
인증서 철회 목록 807
인터넷 46
인터넷 연결 방화벽 791
인터넷 정책 등록 기관 807
인터넷 키 교환 810
인터넷 프로토콜 810
인터넷 프로토콜 보안 810
인터럽트 105, 157, 161
인터럽트 구동 입출력 99
인터럽트 마스킹 263
인터럽트 벡터 159
인터럽트 비활성화 263
인터럽트 처리 158
인터럽트 처리기 157
인터럽트 클래스 161
인터럽팅 클록 147, 389
인터페이스 50
인터페이스 정의 언어 732
인터프리터 113
인퍼노 42
일관성 67
일관성 점검 796
일대일 스레드 맵핑 192
일반 보호 폴트 520
일반 세마포어 274
일시 정지 153
일시 정지 블록 153
일시 정지 상태 153
일시 정지 준비 153
읽기 657
읽기 전용 접근 511
읽기 접근 509, 659
읽기-수정-쓰기 메모리 연산 264
읽기-수정-쓰기 사이클 628
읽기/실행 접근 511
읽기/쓰기 비트 502, 520
읽기/쓰기 접근 511
읽기/쓰기 헤드 97, 593
임계 명령어 240
임계 영역 236
임베디드 시스템 57
임의 접근 593
임의 접근 메모리 96
임의 탐색 패턴 598
임의 페이지 교체 549
입자성 비트 520
입출력 관리자 60
입출력 완료 이벤트 146
입출력 장치 60
입출력 제어 시스템 443
입출력 중심 작업 38
입출력 중심 프로세스 393
입출력 채널 98
입출력 컨트롤러 99

자

자격 782
자격 목록 777
자격 증명 802
자바 50, 114, 730
자바 가상 머신 58
자바 모니터 305

자바 애플릿 414
자발적인 페이지 해제 567
자식 프로세스 149, 151
자원 관리자 36
자원 비용 예측 가능성 348
자원 유형 352
자원 할당 그래프 337, 359
자유 소프트웨어 재단 51
자유 재량 접근 제어 779
작업 37, 143, 203
작업 간 전환 446
작업 그룹 165
작업 디렉토리 662
작업 부하 388
작업 상태 세그먼트 159
작업 스케줄링 385
작업 스트림 리더 37, 447
작업 스트림 프로세서 37, 447
작업 제어 언어 447
작업 집합 562
작업 집합 모델 560
작업 집합 윈도우 크기 562
작업자 스레드 195
잠금 264
장기 스케줄링 385
장애 내구성 35, 623, 723
장치 독립성 659
재배치 120
재배치 가능한 로딩 124
재배치 변환기 450
재배치 투명성 725
재사용성 116
재시작 154
재전송 165
재진입 가능 344
재진입 프로시저 500
저널링 파일 시스템 690
저수준 스케줄링 387
적응 메커니즘 406
전송 계층 730
전송 계층 보안 809
전송 시간 97, 596
전역 LRU 572
전역 기술자 테이블 519
전역 기술자 테이블 레지스터 519
전역 전략 572
전용 자원 337
전위 암호 763
전이 상태 208
절대 경로 663
절대 로딩 124
절대 변환 450
절대 변환기 450
절대 어셈블러 448
절차적 프로그래밍 언어 116
점대점 연결 809
접근 격리 메커니즘 144
접근 권한 509, 777
접근 그래프 558
접근 방법 659
접근 비트 555
접근 제어 매트릭스 684, 780
접근 제어 모드 511
접근 제어 목록 144, 781
접근 투명성 725
접근성 657
정보 은닉 66, 293, 294
정적 램 96
정적 메소드 210
정적 분석 793
정적 실시간 스케줄링 알고리즘 412
정적 우선순위 390
정점 558
정지 문제 543
정책 생성 기관 807
제어 프로그램 523
제한된 알고리즘 763
조건 변수 292, 295
조인 697
존재 비트 520
좀비 상태 204
종료 상태 208
종료 정리 작업 236
주 메모리 435
주 스레드 189, 206
주기적인 프로세스 412
주변 장치 101
주소 바인딩 124
주소 버스 98
주소 변환 맵 482
주체 777
죽음의 포옹 337
준비 146
준비 리스트 146
준비 상태 146, 187, 207
중간 수준 스케줄링 387
중간 코드 생성기 119
중단 153, 161, 163
중단점 161
중량 프로세스 183
중복성 619, 620
중앙 교착 상태 탐지 741
중앙 이동 서버 744
중앙 처리 장치 44, 90
중첩 443
즉시 대기 상태 207
즉시 쓰기 캐싱 616

증분 백업 688
지역 기술자 테이블 519
지역 기술자 테이블 레지스터 519
지역 전략 572
지역망 791
지역성 491, 542
지정 사용자 685
직렬 포트 101
직접 맵 페이지 테이블 493
직접 맵핑 488
직접 메모리 접근 99
직접 방식 670
직접 접근 593
진입 허가 스케줄링 385
질의 언어 695

차～타

차선 적합 전략 459
참조 210
참조 비트 555
처리 시간 41, 389
처리량 62, 385, 599
천공 카드 37
철학자들의 만찬 340
체이닝 497, 673, 677
체크섬 796, 810
체크포인트 364, 690
체크포인트/롤백 364
초기화 상태 207
최고 응답률 우선 스케줄링 401
최근 미사용 페이지 교체 555
최근 사용 573
최단 데드라인 우선 412
최단 위치 결정 시간 우선 610
최단 접근 시간 우선 610
최단 지연 시간 우선 609
최단 탐색 시간 우선 스케줄링 602
최단 프로세스 우선 400, 603
최대 필요치 353
최상위 비트 487
최소 권한의 원칙 104, 779
최소 사용 빈도 페이지 교체 554
최소 여유 시간 우선 413
최소 잔여 시간 스케줄링 402
최소 최근 사용 페이지 교체 553
최악 적합 전략 440, 457
최적 페이지 교체 548
최적합 전략 440, 457
최초 적합 전략 440, 457
최하위 비트 487
추가 접근 510
충돌 497
취소 189
취소 비활성화 202
취소 지연 202
침입 탐지 시스템 793
칩셋 89
카운팅 세마포어 274
카이사르 암호 763
캐시 90, 439
캐시 라인 109
캐시 실패 109
캐시 엔트리 100
캐시 적중 109
캐싱 95
캡슐화 보안 페이로드 810
커널 36, 59
커널 모드 103, 445
커널 수준 스레드 192
커널 영역 55
커널 프로세스 168
커밋 690
커베로스 775
컨트롤러 89, 98
컬럼 696
컴파일 118
컴파일러 112, 448
컴파일링 118
컴포넌트 50
코드/데이터 비트 520
코드 생성기 119
코볼 113
코어 파일 163
쿼드 펌핑 98
퀀텀 396
퀀텀 크기 398
크기 657
크래커 788
큰 단위 스트립 621
클라이언트 46
클라이언트 스텁 729
클래스 115
클록 페이지 교체 전략 558
클록틱 92
키 762
키 분배 센터 765
키 생성 804
키 합의 프로토콜 802
키스트림 811
타깃 컴퓨터 744
타이밍 제약 410
타임스탬프 734

타임스탬핑 805
타임스탬핑 대리자 805
타임 슬라이스 396
타임 슬라이싱 414
탄생 상태 186
탐색 596
탐색 시간 596
탐색 연산 596
탐색 최적화 598
탐색 최적화 전략 608
터널 810
테스트 후 설정 264
테이블 단편화 495
테이블 형식 불연속 파일 할당 674
텍스트 세그먼트 167
텍스트 영역 144
토큰 118, 776
토큰 기반 인증 776
통신 교착 상태 738
통지 188
투명성 724
튜플 696
트랙 596
트랜잭션 364
트랜잭션 대기 그래프 742
트랜잭션 투명성 725
트랩 157, 161
트랩도어 767
트레이스 89
트로이 목마 785
특권 명령어 104
티켓 부여 서비스 775
티켓 부여 티켓 775
티켓 뽑기 256

파～하

파괴 657
파서 119
파스칼 115
파이버 206
파이버 지역 저장소 206
파이프 165
파일 61, 655
파일 관리 658
파일 구성 669
파일 기술자 666
파일 무결성 메커니즘 658
파일 서버 693
파일 속성 666, 879
파일 시스템 658
파일 시스템 관리자 60
파일 접근 제어 683
파일 제어 블록 666
파일 할당 670
파일 할당 테이블 676
파티션 435, 448, 617
파티션 방식 670
패리티 627
패리티 로깅 634
패스워드 보호 771
패스워드 솔팅 771
패스워드 에이징 817
패킷 필터링 방화벽 791
펌웨어 126
페이로드 785, 810
페이지 440, 482
페이지 교체 전략 541
페이지 디렉토리 엔트리 521
페이지 맵 테이블 486
페이지 크기 567
페이지 크기 확장 521
페이지 테이블 486
페이지 테이블 시작점 레지스터 488
페이지 테이블 엔트리 487
페이지 폴트 487
페이지 폴트 빈도 565
페이지 프레임 440, 484
페이지 해제 566
페이지-페이지 프레임 맵핑 494
페이징 441, 460, 482
페치 541
페치 전략 440
페터슨의 알고리즘 252
평균 고장 시간 347, 621
평균 반응 시간 62,599
평균 처리 시간
평문 762
포맷 665
포스트스크립트 694
포트 98
포트란 113
포화 613
포화 임계치 339
폴링 105, 157
폴트 161
폴트 간 시간 565
표준 적합성 194
표준화된 인터페이스 727
프라이머리 키 696
프라이버시 761, 802
프라이버시 설정 플랫폼 776
프로그래밍된 입출력 99

프로그램 동작의 작업 집합 이론 560
프로그램 상태 워드 159
프로그램 카운터 92, 149
프로세서 90
프로세서 스케줄링 규칙 385
프로세서 스케줄링 정책 385
프로세서 시간 62, 393
프로세서 중심 작업 38
프로세서 중심 프로세스 393
프로세서 풀 745
프로세서 활용도 242
프로세스 40
프로세스 간 통신 163
프로세스 간 통신 관리자 60
프로세스 기술자 149, 203
프로세스 복제 733
프로세스 상태 143, 146
프로세스 스케줄러 59, 60
프로세스 식별 번호 149
프로세스 식별자 167
프로세스 제어 블록 149
프로세스 테이블 150
프로젝션 697
프로젝트 685
프로토콜 47, 723
프로퍼티 115
프록시 732
프론트사이드 버스 92
프리페이징 546
프리페치 546
플래터 594
플랜 9 42
플러그 앤 플레이 53, 87, 108
플러싱 95, 548
필드 656
하드 디스크 드라이브 593
하드 링크 664
하드 실시간 스케줄링 412
하드 실시간 시스템 57
하드웨어 구성 요소 88
합의 브로드캐스트 736
핫 스왑핑 101
핫 스팟 618
핫 스페어 디스크 626
핫픽스 797
해밍 오류 정정 코드 627
해시 값 497
해시 앵커 테이블 499
해시 테이블 497
해시 함수 497
해제 294, 618
해제 시간 446
해커 788
행동 115
허위 긍정 795
허위 부정 795
협력형 멀티태스킹 148
호스트 기반 침입 탐지 793
홀 454
확장 펌웨어 인터페이스 108
확장성 62
확장성 있는 운영체제 63
환영 교착 상태 738
활성 개체 145
활성 리스트 573
활성 상태 153
활성 연결 39
활성도 658
회전 지연 시간 97, 595
회전 최적화 598, 609
효율성 62
효율적인 운영체제 62
후면 쓰기 캐싱 616
휘발성 94
휴면 간격 188
휴면 상태 188

Memo

Memo

Memo